1 MONTH OF
FREE
READING

at
www.ForgottenBooks.com

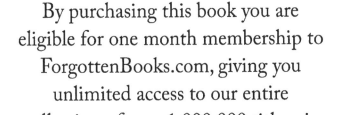

By purchasing this book you are eligible for one month membership to ForgottenBooks.com, giving you unlimited access to our entire collection of over 1,000,000 titles via our web site and mobile apps.

To claim your free month visit:
www.forgottenbooks.com/free958697

ISBN 978-0-260-59924-7
PIBN 10958697

DOCUMENTS PARLEMENTAIRES

VOLUME 10

CINQUIÈME SESSION DU DOUZIÈME PARLEMENT

DE LA

PUISSANCE DU CANADA

SESSION 1915

VOLUME L

INDEX ALPHABÉTIQUE

DES

DOCUMENTS PARLEMENTAIRES

DU

PARLEMENT DU CANADA

CINQUIÈME SESSION DU DOUZIEME PARLEMENT.

79241—1

2

,**Voir aussi la liste alphabétique, page 1.**

DOCUMENTS PARLEMENTAIRES

Arrangés par ordre numérique, avec les titres au long; les dates auxquelles ils ont été ordonnés et présentés aux deux Chambres du Parlement; le nom du sénateur ou du député qui a demandé chacun de ces documents, et si l'impression en a été ordonnée ou non.

VOLUME D.

Cinquième recensement du Canada, 1911, Agriculture, volume IV. Présenté par l'honorable M. Foster, le 8 février 1915. *Imprimé pour la distribution et les documents parlementaires.*

VOLUME 1.

(Ce volume est relié en trois parties.)

1. Rapport de l'Auditeur général pour l'exercise clos le 31 mars 1914. Volume I, parties A, B et A à L. Volume II, parties M à U. Volume III, parties V à Z. Présenté le 9 février 1915, par l'honorable M. White.
Imprimés pour la distribution et les documents parlementaires.

VOLUME 2.

2. Comptes publics du Canada pour l'exercice clos le 31 mars 1914. Présentés le 9 février 1915, par l'honorable M. White.
Imprimés pour la distribution et les documents parlementaires.

3. Budget des sommes requises pour le service du Canada pour l'exercice clos le 31 mars 1916. Présenté le 8 février 1915, par l'honorable M. White.
Imprimé pour la distribution et les documents parlementaires.

4. Budget supplémentaire des sommes requises pour le service du Canada pour l'exercice clos le 31 mars 1915. Présenté le 9 mars 1915, par l'honorable M. White.
Imprimé pour la distribution et les documents parlementaires.

5. Budget supplémentaire des sommes requises pour le service du Canada pour l'exercice clos le 31 mars 1915. Présenté le 27 mars 1915, par l'honorable M. White.
Imprimé pour la distribution et les documents parlementaires.

5a. Autre budget supplémentaire des sommes requises pour le service du Canada, pour l'exercice clos le 31 mars 1916. Présenté le 31 mars 1915, par l'honorable M. White.
Imprimé pour la distribution et les documents parlementaires.

VOLUME 3.

6. Liste des actionnaires des banques chartrées du Canada, à la date du 31 décembre 1914. Présentée par l'honorable M. White, le 9 février 1915.
Imprimée pour la distribution et les documents parlementaires.

VOLUME 4.

7. Rapports des chèques certifiés, des dividendes restant impayés, des soldes non réclamés et des traites et lettres de change impayées dans les banques chartées du Canada, pendant cinq ans et plus, avant le 31 décembre 1913. Présenté par l'honorable M. White, le 10 avril 1915.. .. ..*Imprimé pour la distribution et les documents parlementaires.*

VOLUME 5.

(Ce volume est relié en deux parties.)

8. Rapport du surintendant des assurances pour l'année finissant le 31 décembre 1914. Présenté par l'honorable M. White, 1915.
Imprimé pour la distribution et les documents parlementaires.

9. Relevé des états des compagnies d'assurance du Canada, pour l'année finissant le 31 décembre 1914. Présenté par l'honorable M. White, 1914.
Imprimé pour la distribution et les documents parlementaires.

VOLUME 6.

10. Rapport du ministère du Commerce, pour l'exercice clos le 31 mars 1914. Partie I. Commerce du Canada. Présenté le 8 février 1915, par sir George Foster.
Imprimé pour la distribution et les documents parlementaires.

VOLUME 7.

10a. Rapport du ministère du Commerce, pour l'exercice clos le 31 mars 1914. Partie II. Commerce du Canada (1) avec la France, (2) l'Allemagne, (3) le Royaume-Uni et (4) les Etats-Unis. Présenté le 8 février 1915, par sir George Foster.
Imprimé pour la distribution et les documents parlementaires.

10b. Rapport du ministère du Commerce, pour l'exercice clos le 31 mars 1914. Partie III. Commerce du Canada avec les pays étrangers autres que la France, l'Allemagne, le Royaume-Uni et les Etats-Unis. Présenté le 8 février, par sir George Foster.
Imprimé pour la distribution et les documents parlementaires.

10c. Rapport du ministère du Commerce, pour l'exercice clos le 31 mars 1914. Partie IV. Renseignements divers. Présenté le 27 mars 1915, par sir George Foster.
Imprimé pour la distribution et les documents parlementaires.

10d. Rapport de la Commission des grains. Statistiques des céréales, etc. Présenté par sir George Foster, le 4 juin 1914.
Imprimé pour la distribution et les documents parlementaires.

VOLUME 8.

10e. Rapport du ministère du Commerce, pour l'exercice clos le 31 mars 1914. Partie VI. Services de paquebots subventionnés et statistique du trafic par paquebots jusqu'au 31 décembre 1914, et estimations pour l'exercice 1915-1916. Présenté par sir George Foster, 1915.. .. .._Imprimé pour la distribution et les documents parlementaires._

10f. Rapport du ministère du Commerce, pour l'exercice clos le 31 mars 1914. Partie VII. Commerce des pays étrangers, et traités et conventions. Présenté par sir George Foster, 1915.. .. .._Imprimé pour la distribution et les documents parlementaires._

VOLUME 9.

11. Rapport du ministère des Douanes, pour l'exercice clos le 31 mars 1914. Présenté le 11 février 1915, par l'honorable M. Reid.
Imprimé pour la distribution et les documents parlementaires.

VOLUME 10.

12, 13, 14. Rapports, relevés et statistiques du Revenu de l'Intérieur du Canada, pour l'exercice clos le 31 mars 1914. (Partie I.—Accise.) (Partie II.—Inspection des poids et mesures, gaz et lumière électrique.) (Partie III.—Falsification des substances alimentaires.) Présentés le 1er mars 1915, par l'honorable M. Blondin.
Imprimé pour la distribution et les documents parlementaires.

15. Rapport du ministère de l'Agriculture du Canada, pour l'exercice clos le 31 mars 1914. Présenté le 8 février 1915, par l'honorable M. Burrell.
Imprimé pour la distribution et les documents parlementaires.

VOLUME 11.

(Ce volume est relié en deux parties.)

15a. Rapport du Commissaire de la laiterie et des installations frigorifiques, pour l'exercice clos le 31 mars 1914. (Laiterie, fruits, extension des marchés et emmagasinage à froid.) Présenté par l'honorable M. Burrell, 1915.
Imprimé pour la distribution et les documents parlementaires.

VOLUME 11—*Suite.*

15*b*. Rapport du directeur général vétérinaire, pour l'exercice clos le 31 mars 1915. Présenté par l'honorable M. Burrell, 1915.
Imprimé pour la distribution et les documents parlementaires.

16. Rapport du directeur et des officiers des fermes expérimentales, pour l'exercice clos le 31 mars 1914. Présenté le 1er mars 1915, par l'honorable M. Burrell.
Imprimé pour la distribution et les documents parlementaires.

VOLUME 12.

17. Statistiques criminelles, pour l'exercice terminé le 30 septembre 1913. (Annexe du rapport du ministère du Commerce, pour l'année 1913.) Présentées par sir George Foster, 1915.
Imprimées pour la distribution et les documents parlementaires.

18. Relevé des élections partielles (douzième parlement) de la Chambre des Communes, durant 1914. Présenté par l'honorable M. l'Orateur, le 12 mars 1915.
Imprimé pour la distribution et les documents parlementaires.

VOLUME 13.

19. Rapport du ministre des Travaux publics, pour l'exercice clos le 31 mars 1914. Présenté le 8 février 1915, par l'honorable M. Rogers.
Imprimé pour la distribution et les documents parlementaires.

VOLUME 14.

20. Rapport du ministère des Chemins de fer et des Canaux, pour l'exercice du 1er avril 1913 au 31 mars 1914. Présenté le 12 mars 1915, par l'honorable M. Cochrane.
Imprimé pour la distribution et les documents parlementaires.

20*a*. Statistiques des canaux, pour la saison de navigation de 1914. Présentée par l'honorable M. Cochrane, le 9 avril 1915.
Imprimées pour la distribution et les documents parlementaires

20*b*. Statistique des chemins de fer du Canada, pour l'année expirée le 30 juin 1914. Présentée le 12 mars 1915, par l'honorable M. Cochrane.
Imprimée pour la distribution et les documents parlementaires.

VOLUME 15.

20*c*. Le neuvième rapport du Bureau des commissaires des chemins de fer du Canada, pour l'année expirée le 31 mars 1914. Présenté le 8 février 1915, par l'honorable M. Cochrane.
Imprimé pour la distribution et les documents parlementaires.

20*d*. Statistique des téléphones du Canada, pour l'exercice clos le 30 juin 1914. Présentée le 17 mars 1915, par l'honorable M. Cochrane.
Imprimée pour la distribution et les documents parlementaires.

20*e*. Statistique des messageries du Canada, pour l'exercice clos le 30 juin 1914. Présentée par l'honorable M. Cochrane, 1915.
Imprimée pour la distribution et les documents parlementaires.

20*f*. Statistique des télégraphes du Canada, pour l'exercice terminé le 30 juin 1914. Présentée le 17 mars 1915, par l'honorable M. Cochrane.
Imprimée pour la distribution et les documents parlementaires.

VOLUME 16.

21. Quarante-septième rapport du ministère de la Marine et des Pêcheries, pour l'exercice 1913-1914. (Marine.) Présenté le 8 février 1915, par l'honorable M. Hazen.
Imprimé pour la distribution et les documents parlementaires.

21*b*. Rapport et témoignages devant la Commission royale d'enquête su rle désastre de l'*Empress of Ireland.* Présentés par l'honorable M. Hazen, 1914.
Imprimé pour la distribution et les documents parlementaires.

VOLUME 17.

22. Liste des navires publiée par le ministère de la Marine et des Pêcheries, étant une liste des navires inscrits sur les livres d'enregistrement du Canada le 31 décembre 1914. Présentée par l'honorable M. Hazen, 1915.
Imprimée pour la distribution et les documents parlementaires.

23. Supplément au quarante-septième rapport annuel du ministère de la Marine et des Pêcheries, de l'inspection des bateaux à vapeur, pour l'exercice. 1913-14. Présenté par l'honorable M. Hazen, le 3 mars 1915.
Imprimé pour la distribution et les documents parlementaires.

VOLUME 18.

24. Rapport du ministère des Postes, pour l'exercice clos le 31 mars 1914. Présenté le 8 février 1915, par l'honorable M. Casgrain.
Imprimé pour la distribution et les documents parlementaires.

VOLUME 19.

(Ce volume est relié en deux parties.)

25. Rapport annuel du ministère de l'Intérieur, pour l'exercice clos le 31 mars 1914.—Volume I. Présenté le 8 mars 1915, par l'honorable M. Roche.
Imprimé pour la distribution et les documents parlementaires.

VOLUME 20

25a. Rapport de l'astronome en chef, ministère de l'Intérieur, pour l'exercice clos le 31 mars 1911. Présenté par l'honorable M. Roche, 1915.
Imprimé pour la distribution et les documents parlementaires.

25b. Rapport annuel de la division des levés topographiques du ministère de l'Intérieur, 1912-13. Présenté par l'honorable M. Roche, 1914.
Imprimé pour la distribution et les documents parlementaires.

25c. Rapport sur le jaugeage des cours d'eau, pour l'année civile de 1914. Présenté par l'honorable M. Roche, 1914.
Imprimé pour la distribution et les documents parlementaires.

VOLUME 21.

25d. Treizième rapport de la Commission de géographie du Canada, pour l'exercice clos le 30 juin 1914. Présenté par l'honorable M. Roche, 1915.
Imprimé pour la distribution et les documents parlementaires.

25e. Rapport sur les forces hydrauliques, etc., de la rivière à l'Arc, saisons de 1911-1913. Présenté par l'honorable M. Burrell, 1915.
Imprimé pour la distribution et les documents parlementaires.

25f. Rapport sur le levé hydrographique de la Colombie-Britannique pour 1913. Présenté par l'honorable M. Burrell, 1915.
Imprimé pour la distribution et les documents parlementaires.

VOLUME 22.

26. Rapport sommaire de la division de géologie du ministère des Mines, pour l'année civile de 1913. Présenté, 1915.
Imprimé pour la distribution et les documents parlementaires.

26a. Rapport sommaire de la division des mines du ministère des Mines, pour l'année civile de 1913. Présenté, 1914. *Imprimé pour la distribution et les documents parlementaires.*

VOLUME 23.

27. Rapport du département des Affaires des Sauvages, pour l'exercice clos le 31 mars 1914. Présenté le 11 février 1915, par l'honorable M. Roche.

28. Rapport de la Royale gendarmerie à cheval du Nord-Ouest, 1914. Présenté le 8 février 1915, par l'honorable sir Robert Borden.
Imprimé pour la distribution et les documents parlementaires.

VOLUME 24.

29. Rapport du secrétaire d'Etat du Canada, pour l'exercice clos le 31 mars 1914. Présenté le 9 février 1915, par l'honorable M. Coderre.
Imprimé pour la distribution et les documents parlementaires.

29b. Rapport sur le travail de la division des Archives publiques, pour l'année 1913. Présenté, 1915.. .. ..*Imprimé pour la distribution et les documents parlementaires.*

30. Liste du Service civil, 1914. Présentée le 9 février 1915, par l'honorable M. Coderre.
Imprimée pour la distribution et les documents parlementaires.

VOLUME 25.

31. Sixième rapport annuel de la Commission du service civil du Canada, pour l'année finissant le 31 août 1914. Présenté lé 19 mars 1915, par l'honorable M. Coderre.
Imprimé pour la distribution et les documents parlementaires.

32. Rapport annuel du département de l'Imprimerie et de la Papeterie publiques, pour l'exercice clos le 31 mars 1914. Présenté le 6 avril 1915, par l'honorable M. Coderre.
Imprimé pour la distribution et les documents parlementaires.

33. Rapport du secrétaire d'Etat pour les Affaires extérieures, pour l'exercice clos le 31 mars 1914. Présenté le 18 février, par sir Robert Borden.
Imprimée pour la distribution et les documents parlementaires.

34. Rapport du ministre de la Justice sur les pénitenciers du Canada, pour l'exercice clos le 31 mars 1914. Présenté, 1915.
Imprimé pour la distribution et les documents parlementaires.

35. Rapport du conseil de la milice du Canada, pour l'exercice clos le 31 mars 1914. Présenté le 10 février 1915, par l'honorable M. Hughes.
Imprimé pour la distribution et les documents parlementaires.

VOLUME 26.

36. Rapport du ministère du Travail, pour l'exercice clos le 31 mars 1914. Présenté le 8 février 1915, par l'honorable M. Crothers.
Imprimé pour la distribution et les documents parlementaires.

36a. Septième rapport sur les procédures en vertu de la loi des enquêtes en matière de différends industriels, 1907, pour l'exercice clos le 31 mars 1914. Présenté le 8 février 1915, par l'honorable M. Crothers.
Imprimé pour la distribution et les documents parlementaires.

37. Dixième rapport annuel des Commissaires du chemin de fer Transcontinental, pour l'exercice clos le 31 mars 1914. Présenté par l'honorable M. Cochrane, le 8 février 1915.
Imprimé pour la distribution et les documents parlementaires.

37a. Rapport intérimaire des Commissaires du chemin de fer Transcontinental, pour les neuf mois terminés le 31 décembre 1914. Présenté le 15 février 1915, par l'honorable M. Cochrane.. .. ..*Pas imprimé.*

38. Rapport du département du Service naval pour l'exercice clos le 31 mars 1914. Présenté le 8 février 1915, par l'honorable M. Hazen.
Imprimé pour la distribution et les documents parlementaires.

VOLUME 27.

39. Quarante-septième rapport annuel du ministère de la Marine et des Pêcheries, 1913-14.—Pêcheries. Présenté le 8 février 1915, par l'honorable M. Hazen.
Imprimé pour la distribution et les documents parlementaires.

39a. Enquête sur les pêcheries dans les baies d'Hudson et de James. Présentée par l'honorable M. Hazen, 1915.. .. .. ..*Imprimées pour la distribution et les documents parlementaires.*

39b. Supplément au 47e rapport annuel du ministère de la Marine et des Pêcheries (division des pêcheries)—Articles sur la biologie canadienne, 1911-14. Partie I—Biologie maritime. Présenté le 16 février 1915, par l'honorable M. Hazen.
Imprimé pour la distribution et les documents parlementaires.

VOLUME 28.

40. Rapport des bibliothécaires conjoints du Parlement. Présenté par l'honorable M. l'Orateur, le 4 février 1914...*Pas imprimé.*

41. Rapport de R. A. Pringle, C.R., commissaire chargé de faire une enquête sur le paiement de subventions à la Compagnie du chemin de fer de Southampton, ainsi que la preuve, etc., faite devant le commissaire. Présenté par l'honorable M. Cochrane, le 8 février 1915...*Pas imprimé.*

42. Règlement radiotélégraphique 106 concernant la portée de l'onde radiotélégraphique que devront adopter les stations de bord licenciées, durant la période des hostilités; et Modification des règlements radiotélégraphiques n° 103 (stations de bord dans les eaux territoriales), et n° 104 (stations de bord dans les ports). Présenté par l'honorable M. Hazen, le 8 février 1915....................................*Pas imprimé.*

43. Copie du décret du conseil n° 260, du 3 février 1915, re constitution du rang de second dans la marine royale canadienne. Présentée par l'honorable M. Hazen, le 8 février 1915.
Pas imprimée.

43a. Copie de l'arrêté en conseil n° 304, du 18 février 1915, au sujet des positions de *Lieutenant Commander Engineer, Lieutenant Commander R.C.N.V.R.*, dans la marine royale canadienne, conformément à l'article 47, chap. 43, 9-10 Edouard VII. Présentée par l'honorable M. Hazen, le 11 mars 1915...................................*Pas imprimée.*

43b. Copie du décret du conseil n° 476, du 6 mars.—Règlements concernant la classification des ingénieurs officiers. Présentée par l'honorable M. Hazen, le 15 mars 1915.

44. Copie du décret du conseil n° 2175, du 21 août 1914, re supplément de solde pour service à bord des sous-marins.
Copie du décret du conseil n° 2251, re chiffre de la solde et allocations pour les sous-officiers et les marins prenant du service volontaire pour le temps de guerre.
Copie du décret du conseil n° 2960, re allocations aux membres de la famille de ceux qui sont en service à bord des navires canadiens de Sa Majesté. Présentées par l'honorable M. Hazen, le 8 février 1915....................................*Pas imprimées.*

45. Réponse à un ordre de la Chambre, en date du 20 avril 1914, pour copie de tous les documents, lettres, soumissions, etc., se rapportant à l'achat de voitures ou fourgons pour le chemin de fer Intercolonial au cours des années 1912 et 1913. Présentée le 9 février 1915.—*M. Macdonald*.......................................*Pas imprimée.*

45a. Réponse à un ordre de la Chambre, en date du 15 février 1915, pour copie de tous télégrammes, contrats, lettres et autres documents concernant l'achat de wagons pour le chemin de fer Intercolonial depuis le 1er juillet 1914. Présentée le 9 avril 1915.—*M. Macdonald*.......................................*Pas imprimée.*

46. Réponse à un ordre de la Chambre, en date du 26 février 1914 pour état indiquant: 1. Quel a été le coût moyen par mille de la construction du chemin de fer du Pacifique-Canadien, depuis le commencement jusqu'à ce jour. 2. Quel en a été le coût moyen par mille durant les dix dernières années. 3. Quel prix moyen par mille la Compagnie du chemin de fer du Pacifique-Canadien paie en loyer pour les lignes qu'elle a louées, et quels sont les noms des lignes ainsi louées. 4. Quel loyer paie le Pacifique-Canadien au chemin de fer de *Toronto, Grey and Bruce*, entre Toronto et Owen-Sound. Présentée le 9 février 1915.—*M. Middlebro*.....................................*Pas imprimée.*

47. Réponse à un ordre de la Chambre, en date du 1er juin 1914, pour état des revenus du fret expédié et reçu et des voyageurs aux stations suivantes de l'Intercolonial durant les exercices 1913 et 1914, en donnant séparément le montant pour chacune de ces stations: Drummondville, Rimouski, Sainte-Flavie, Matapédia, Campbellton et Bathurst. Présentée le 9 février 1915.—*M. Boulay*................................*Pas imprimée.*

48. Réponse à un ordre de la Chambre, en date du 1er juin 1914, pour état donnant les noms du personnel employé dans les divers départements des bureaux généraux du chemin de fer Intercolonial à Moncton, avec leurs salaires respectifs au 1er avril 1914 Présentée le 9 février 1915.—*M. Emmerson*...............................*Pas imprimée.*

49. Réponse à un ordre de la Chambre, en date du 18 mai 1914, pour relevé faisant connaître les noms des employés du chemin de fer de l'Ile-du-Prince-Edouard dont la nomination a été ordonnée entre le 1er janvier 1912 et le 1er mai 1914; les diverses fonctions qui leur ont été assignées, et le salaire ou les gages de chacun d'eux. Présentée le 9 février 1914.—*M. Hughes (King, I.-P.-E.)*................................*Pas imprimée.*

49a. Réponse à un ordre de la Chambre, en date du 18 mai 1914, pour relevé faisant connaître les noms et les adresses postales de toutes les personnes nommées à des emplois sur le chemin de fer de l'Ile-du-Prince-Edouard, entre le 1er octobre 1911 et le temps présent; avec énumération des emplois auxquels chacune de ces personnes a été nommée. Présentée le 22 mars 1915.—*M. Hughes (King, I.-P.-E.)*...........................*Pas imprimée.*

VOLUME 28—*Suite.*

50. Réponse à un ordre de la Chambre, en date du 11 février 1914, pour état indiquant les noms, le tonnage, le port d'enregistrement et le lieu de destination de tous les vaisseaux étrangers, tant à voiles qu'à vapeur, qui sont entrés dans le port de Sydney ou sont sortis de ce port pendant l'année terminée le 31 décembre 1913. Présentée le 9 février 1915.—*M. Sinclair...Pas imprimée.*

51. Réponse à un ordre de la Chambre, en date du 1er juin 1914, pour copie de toute la correspondance échangée entre le ministère de la Justice et le procureur général de Québec au sujet de la nomination de juges, depuis le premier jour de février 1913. Présentée le 9 février 1914.—*Sir Wilfrid Laurier...Pas imprimée.*

52. Réponse à un ordre de la Chambre, en date du 30 mars 1914, pour sommaire faisant connaître : 1. Les détails des inventeurs et de la valeur de la succession de feu George A. Montgomery, registrateur à Régina, dont la succession est revenue à la Couronne par déshérence. 2. La somme réalisée à Régina ou ailleurs, par la conversion en argent des biens de cette succession. 3. Les frais payés ou autorisés, avec les noms des personnes et les différentes sommes payées ou allouées, avant que le résidu ait été versé à la Couronne. 4. La somme définitive reçue par la Couronne. 5. Ce qui est advenu de cette dernière somme, les noms des personnes à qui quelque argent a été payé et les montants respectifs de ces paiements ainsi faits ou alloués depuis que la Couronne a reçu le résidu de la succession. 6. Un état indiquant la différence entre les rapports de l'ex-ministre et du ministre actuel de la Justice quant à la manière dont on a disposé de cette déshérence, et copie de la correspondance et des représentations qui ont été cause du changement. 7. La balance réelle maintenant en main, et comment on se propose d'en disposer. Présentée le 9 février 1915.—*M. Graham.....Pas imprimée.*

53. Réponse à un ordre de la Chambre, en date du 16 mars 1914, pour : 1. Relevé faisant connaître les noms de toutes les personnes des deux sexes qui ont été trouvées coupables d'offenses capitales en Canada, dans chaque province, en chaque année depuis le 1er juillet 1867 jusqu'au 2 février 1914, avec mention de l'offense, et si et comment la sentence a été exécutée, par l'application de la peine capitale ou autrement, et comprenant les noms des personnes trouvées coupables ; les dates des sentences ; les crimes dont elles étaient coupables ; la nature des sentences ; les noms des juges prononçant la sentence, et de quelle manière la sentence a été exécutée. 2. Relevé faisant connaître les personnes, de l'un ou l'autre sexe, trouvées coupables, et pour lesquelles il a été sursis à l'exécution de la peine capitale prononcée contre elles, au cours de la même période, y compris les noms de ces personnes ; la date de la sentence ; le crime commis ; la nature de la sentence ; les noms des juges qui ont prononcé la sentence, et les sentences commuées, et dans ce dernier cas, la nature de la commutation. 3. Relevé de toutes les personnes en Canada, et dans chaque province, au cours de la même période, trouvées coupables de meurtre ou d'homicide, dont les sentences ont été mitigées, ou qui ont obtenu le pardon absolu, avec mention des offenses dont elles ont été trouvées coupables, y compris les noms ; la date de la sentence ; la nature de l'offense ; la nature de la sentence, et la nature et la date de la mitigation de la sentence. 4. Relevé de cas survenus au cours de la même période et dans lesquels appel a été porté par les personnes trouvées coupables de crime capital à Son Excellence le Gouverneur en conseil, demandant l'exercice de la prérogative royale du pardon ou de la mitigation de la sentence, y compris les noms de ces personnes ; les dates des sentences et les endroits où elles ont été prononcées ; le crime ; la nature de la sentence : la date de l'appel et le résultat qui s'en est suivi. Présentée le 9 février 1915.—*M. Wilson (Laval).....Pas imprimée.*

54. Règlements et ordonnances générales de la cour de l'Echiquier du Canada édictés respectivement le 23 septembre 1914 et le 18 juin 1914. Présentés par l'honorable M. Coderre, le 9 février 1915...*Pas imprimés.*

54a Règlements et ordonnances générales de la cour de l'Echiquier édictés le 15 février 1915. Présentés par l'honorable M. Coderre, le 16 mars 1915.....*Pas imprimés.*

55. Ordonnances du Territoire du Yukon passées par le Conseil du Yukon en 1914. Présentées par l'honorable M. Coderre, le 9 février 1915.............*Pas imprimées.*

56. Réponse à un ordre de la Chambre, en date du 18 mai 1914, pour état détaillé des sommes d'argent payées aux personnes suivantes : J. F. Farrington, $248.25 ; B. H. Smith, $469.50 ; et H. C. Dash, $182.40,—tel que mentionné dans les Débats de cette session, page 3071. Présentée le 9 février 1915.—*M. McLean (Halifax).....Pas imprimée.*

57. Réponse à un ordre de la Chambre, en date du 16 mars 1914, pour copie des instructions données à 'Charles Wm Flynn, avocat, chargé de s'enquérir des accusations portées contre des employés du ministère de la Marine et des Pêcheries dans le comté de Bonaventure, et aussi, copie des rapports faits à la suite de ces enquêtes. Présentée le 9 février 1914.—*M. Marcil (Bonaventure)...Pas imprimée.*

VOLUME 28—*Suite.*

58. Réponse à un ordre de la Chambre, en date du 27 avril 1914, pour copie de tous documents concernant la demande adressée au ministère de la Marine et des Pêcheries de destituer Ulric Dion, gardien du phare à Saint-Charles de Caplan, Québec, et de nommer à sa place Omer Arsenault, et aussi, concernant la décision prise par le ministère à ce sujet. Présentée le 9 février 1915.—*M. Marcil (Bonaventure)*........*Pas imprimée.*

59. Réponse à un ordre de la Chambre, en date du 9 février 1914, pour copie de tous les arrangements faits et passés entre le ministère de la Marine et des Pêcheries, ou le gouvernement, et des compagnies de chemins de fer et de messageries, y compris l'Intercolonial, concernant le transport du poisson frais par train de fret rapide ou par messageries, depuis l'année 1906 ; aussi, copie de toutes garanties données à des compagnies de chemins de fer ou de messageries par le gouvernement ou quelqu'un de ses départements au sujet de ce transport, avec un état de tous déboursés faits par le département de la Marine et des Pêcheries, chaque année, aux termes des dits arrangements ou garanties, faisant la distinction entre les déboursés faits à compte du transport par train de fret rapide et les déboursés à compte du transport par messageries ; aussi, état donnant le nombre de wagons-glacières, subordonnément à garantie par le ministère de la Marine et des Pêcheries, expédiés par train de fret rapide de Mulgrave ou Halifax à Montréal, chaque année civile depuis 1906, et le nombre de tonnes de marchandises transportées par ces wagons chaque année ; aussi, le nombre de wagons-glacières de messageries expédiés de Mulgrave et Halifax à Montréal, jusqu'au 31 décembre 1913, aux termes d'un arrangement conclu depuis 1911 entre le ministère de la Marine et des Pêcheries et les compagnies de chemins de fer ou de messageries, ou les deux, aussi, le nombre de tonnes de poisson frais transportées par des compagnies de messageries avant le 31 décembre 1913, aux termes de l'arrangement en dernier lieu mentionné ; aussi, le montant payé jusqu'au 31 décembre 1913 par le ministère de la Marine et des Pêcheries, aux termes de l'arrangement en dernier lieu mentionné ; aussi, le nombre de tonnes de poisson frais transportées par des compagnies de messageries de Mulgrave et Halifax à des points dans l'ouest depuis 1906, dont le gouvernement a payé un tiers du transport, mais non conformément aux termes du dit arrangement conclu, comme il est dit ci-dessus, depuis 1911. Présentée le 9 février 1915.—*M. Sinclair.*
Pas imprimée.

60. Réponse à un ordre de la Chambre, en date du 20 avril 1914, pour état indiquant tous les bureaux de poste dans les divers comtés de la province de la Nouvelle-Ecosse pour lesquels il est payé une redevance ou un loyer, et une allocation pour chauffage et éclairage, avec mention du montant de ces allocations dans chaque cas. Présentée le 9 février 1915.—*M. Chisholm (Antigonish)*.................*Pas imprimée.*

61. Réponse à un ordre de la Chambre, en date du 16 mars 1914, pour copie de tous télégrammes, lettres, correspondance, etc., échangées en 1913 au sujet du transport des malles entre Grand-River-Falls et Grand-River, comté de Richmond, et de l'adjudication de l'entreprise à Malcolm McCuspic. Présentée le 9 février 1915.—*M. Kyte.*
Pas imprimée.

62. Réponse à un ordre de la Chambre, en date du 11 mai 1914, pour copie de tous télégrammes, lettres, correspondance et mémoires depuis le 1er novembre 1911, concernant le bureau de poste de Johnston, comté de Richmond, N.-E., les plaintes portées contre le maître de poste actuel et les recommandations faites pour sa destitution. Présentée le 9 février 1915.—*M. Kyte*....................*Pas imprimée.*

63. Réponse à un ordre de la Chambre, en date du 20 avril 1914, pour copie de tous télégrammes, papiers, lettres, pétitions, etc., concernant le changement du site du bureau de poste au village de Saint-Lazare, comté de Bellechasse, Québec. Présentée le 9 février 1915.—*M. Lemieux*....................*Pas imprimée.*

64. Sommaire des mandats du Gouverneur général émis depuis la dernière session du Parlement, imputables sur l'exercice financier 1914-1915. Présenté par l'honorable M. White, le 9 février 1915..................*Pas imprimé.*

65. Relevé des dépenses au chapitre des "Dépenses diverses imprévues", depuis le 18 août 1914 jusqu'au 4 février 1915, conformément à la loi des Subsides de 1914. Présenté par l'honorable M. White, le 9 février 1915.................*Pas imprimé.*

66. Relevé des sommes payées au cours de l'année terminée le 31 décembre 1914 pour pensions et retraites dans le service civil, et faisant connaître le nom, le grade, le salaire, le service, l'allocation et la cause de la fin d'emploi de chaque fonctionnaire mis à sa pension ou à sa retraite, et si la vacance a été remplie par promotion ou nouvelle nomination, et le salaire de tout fonctionnaire nouvellement nommé. Présenté par l'honorable M. White, le 9 février 1915...................*Pas imprimé.*

67. Relevé des recettes et des dépenses de la Commission d'embellissement d'Ottawa, au 31 mars 1914. Présenté par l'honorable M. White, le 9 février 1914.......*Pas imprimé.*

VOLUME 28—*Suite.*

68. Etat des affaires de la Société Royale du Canada, pour l'année expirée le 30 avril 1914. Présenté par l'honorable M. White, le 9 février 1915.................*Pas imprimé.*

69. Tableau indiquant la moyenne des hommes employés dans la police fédérale pendant chaque mois de l'année 1914, aevc la liste de leur rémunération et frais de route, en vertu des Statuts revisés du Canada, chap. 91, sec. 6, par. 2. Présenté par l'honorable M. Doherty, le 10 février 1915...........................*Pas imprimé.*

70. Réponse à un ordre du Sénat, en date du 16 janvier 1913, pour copie des plans, rapports, relevés des sondages, et toutes autres informations analogues sur les ports de Churchill et de Fort-Nelson venant du ministère des Chemins de fer et des Canaux.—(*Sénat*)..................................*Pas imprimée.*

71. Réponse à un ordre du Sénat, en date du 20 avril 1914, pour rapport indiquant: 1. Les titres de tous les livres, pamphlets et autres imprimés publiés par l'imprimeur du Roi pendant l'année expirée le 31 mars 1914. 2. Le nombre de chacun de ces livres, pamphlets et autres documents imprimés pendant la dite année, le nombre des exemplaires distribués ainsi que la date de distribution. 3. Le nombre de pages de chacun. 4. Le coût de chacun. 5. L'autorisation pour l'impression et la publication des dits livres, pamphlets et documents.—(*Sénat*)....................*Pas imprimée.*

72. Réponse à un ordre du Sénat, en date du 30 avril 1914, pour propositions soumises au gouvernement relativement à la construction du canal Montréal-Ottawa-Baie-Georgienne, et de toute la correspondance s'y rapportant.—(*Sénat*)............*Pas imprimée.*

72a. Réponse à un ordre de la Chambre, en date du 11 février 1914, pour copie de tous mémoires et pétitions provenant de corps commerciaux ou autres au sujet de la construction immédiate du canal de la baie Georgienne et de toute correspondance s'y rapportant depuis le 24 décembre 1914. Présentée le 4 mars 1915.—*Sir Wilfrid Laurier.*
Pas imprimée.

73. Copie des ordres généraux de la milice émis entre le 25 novembre 1913 et le 24 décembre 1914.—(*Sénat*).........................*Pas imprimée.*

74. Copie de la correspondance concernant le contrôle de l'exportation du nickel. Présentée par sir Robert Borden, le 11 février 1915...................*Pas imprimée.*

75. Mémoire sur les opérations du ministère de la Milice et de la Défense.—Guerre européenne, 1914-15. Présenté par l'honorable M. Hughes, le 11 février 1915.....*Pas imprimé.*

76. Réponse à un ordre de la Chambre, en date du 6 avril 1914, pour copie de tous télégrammes, correspondance, lettres, plaintes et documents de toute nature, reçus par le ministère du Commerce au cours des années 1913 et 1914 au sujet de la route suivie par les steamers à destination de Pictou, Mulgrave et Chéticamp. Présentée le 11 février 1915.—*M. Chisholm (Inverness)*.....................*Pas imprimée.*

77. Réponse à un ordre de la Chambre, en date du 8 juin 1914, pour copie de tous documents concernant une demande ou des demandes faites au surintendant général des Affaires des sauvages ou au département pour un amendement à la loi des sauvages en vue de faciliter la vente de la réserve Sauvage de Restigouche, Québec,—ou concernant l'acquisition, d'une autre manière, de toute ou partie de la dite réserve pour fins industrielles ou autres, et de toutes réponses faites dans l'espèce. Présentée le 11 février 1915.—*M. Marcil (Bonaventure)*.....................*Pas imprimée.*

78. Réponse à un ordre de la Chambre, en date du 2 février 1914, pour liste des noms des marins qui ont été employés sur l'*Eureka* durant les années 1910, 1911, 1912 et 1913. Présentée le 12 février 1915.—*M. Boulay*....................*Pas imprimée.*

79. Réponse à un ordre de la Chambre, en date du 15 avril 1914, pour relevé faisant connaître quel est le chiffre de l'émission totale des obligations de la *Canadian Northern Railway Company* et des compagnies affiliées ;—quel est, jusqu'à date, le coût total de la construction des lignes de chemins de fer composant le réseau du *Canadian Northern*, y compris les termini, voies de garage, etc. Présentée le 12 février 1915.—*M. Murphy.*
Pas imprimée.

80. Réponse à un ordre de la Chambre, en date du 18 mai 1914, pour copie de tous papiers, documents, rapports et preuve concernant la destitution ou la destitution projetée de W. A. Case, attaché au service de la quarantaine, à Halifax, N.-E. Présentée le 12 février 1915—*M. McLean (Halifax)*....................*Pas imprimée.*

81. Réponse à un ordre de la Chambre, en date du 26 février 1914, pour état indiquant: 1. Quels étaient les taux imposés en 1912 et 1913 pour le transport du blé des ports canadiens à des ports du Royaume-Uni par les lignes de steamers du Pacifique-Canadien, de la Compagnie Allan et du *Canadian Northern*. 2. Quels profits ont été réalisés par ces lignes de steamers qui transportaient seulement du blé, ou du blé avec d'autres produits. Présentée le 12 février 1915.—*Sir James Aikins*..............*Pas imprimée.*

VOLUME 28—*Suite.*

82. Réponse à un ordre de la Chambre, en date du 16 février 1914, pour copie de tous les rapports, requêtes, mémoires, lettres, télégrammes et autres documents concernant le déplacement, la suspension ou la destitution, par l'administration de l'Intercolonial, de Warren Carter et de Frederick Avard, employés dans le service du transport des marchandises, par l'Intercolonial, à Sackville, N.-B.; et de tous les télégrammes, lettres et autre correspondance de record au ministère des Chemins de fer et Canaux, au dans les bureaux de ce chemin de fer à Moncton, ou dans l'un quelconque des départements de l'administration, adressés au ministre des Chemins de fer et des Canaux, ou à l'un ou l'autre des membres du gouvernement ou des fonctionnaires du ministère des Chemins de fer et des Canaux ou de l'Intercolonial, par qui que ce soit du comté de Westmoreland, N.-B., se rapportant en quelque manière que ce soit aux employés susnommés et à leur destitution;—et notamment de toutes lettres envoyées à F. P. Brady, surintendant général de l'Intercolonial, par qui que ce soit de Sackville, N.-B., ou d'ailleurs, et de toute réponse aux documents susmentionnés. Présentée le 12 février 1915. —*M. Emmerson*...*Pas imprimée.*

83. Réponse à un ordre de la Chambre, en date du 23 mars 1914, pour sommaire faisant connaître quelles enquêtes ou autres missions ont été confiées par le gouvernement ou l'un ou l'autre de ses départements, à G. Howard Ferguson, député du collège électoral de Grenville, dans l'assemblée législative d'Ontario; quelle somme a été payée au dit G. Howard Ferguson par le gouvernement, ou l'un ou l'autre de ses départements, à titre d'honoraires ou pour déboursés, depuis le 21 septembre 1911, et quelle somme reste à lui payer; quelle somme a été payée au dit G. Howard Ferguson par le gouvernement, ou l'un ou l'autre de ses départements, depuis le 21 septembre 1911, à quelque autre titre que ce soit. Présentée le 12 février 1915.—*M. Proulx*...........*Pas imprimée.*

84. Autre réponse supplémentaire à un ordre de la Chambre, en date du 28 avril 1913, pour liste de tous les journaux en Canada dans lesquels ont été insérées des annonces par le gouvernement ou quelqu'un de ses ministres, officiers ou départements entre le 10 octobre 1911 jusqu'à date, avec un relevé du montant brut payé à cette fin, pendant la susdite période, à chacun de ces journaux ou à leurs propriétaires. Présentée le 12 février 1915. —*M. Sinclair*...*Pas imprimée.*

84a. Autre réponse supplémentaire à un ordre de la Chambre, en date du 30 avril 1913, pour état donnant la liste de tous les journaux en Canada dans lesquels ont été insérées des annonces par le gouvernement ou par quelqu'un de ses ministres, officiers ou départements entre le 10 octobre 1906 et le 10 octobre 1907, et entre les dites dates de chacune des années suivantes jusqu'au 10 octobre 1911; aussi, état du montant brut payé pour cet objet, pendant les années susdites à chacun des dits journaux ou à leurs propriétaires. Présentée le 12 février 1915.—*M. Thornton*...........................*Pas imprimée.*

85. Réponse partielle à un ordre de la Chambre, en date du 4 mars 1914, pour relevé faisant connaître combien d'employés du gouvernement fédéral du Canada à quelque titre que ce soit, et par l'un quelconque des départements, ont été destitués depuis le 10 octobre 1911 jusqu'à ce jour; combien ont démissionné; combien ont abandonné leur poste; combien parmi les déserteurs ont été punis; combien de nouveaux employés ont été nommés au cours de la période susdite. Présentée le 12 février 1915.—*M. Boivin.* *Pas imprimée.*

85a. Réponse à un ordre de la Chambre, en date du 4 mars 1914, pour relevé faisant connaître combien d'employés du gouvernement fédéral du Canada à quelque titre que ce soit, et par l'un quelconque des départements, ont été destitués depuis le 10 octobre 1911 jusqu'à ce jour; combien ont démissionné; combien ont abandonné leur poste; combien parmi les déserteurs ont été punis; combien de nouveaux employés ont été nommés au cours de la période susdite. Présentée le 4 mars 1915.—*M. Boivin* *Pas imprimée.*

85b. Autre réponse supplémentaire à un ordre de la Chambre, en date du 4 mars 1914, pour relevé faisant connaître combien d'employés du gouvernement fédéral du Canada, à quelque titre que ce soit, et par l'un quelconque des départements, ont été destitués depuis le 10 octobre 1911 jusqu'à ce jour; combien ont démissionné; combien ont abandonné leur poste; combien parmi les déserteurs ont été punis; combien de nouveaux employés ont été nommés au cours de la période susdite. Présentée le 12 mars 1915.— *M. Boivin*..*Pas imprimée.*

85c. Autre réponse supplémentaire à un ordre de la Chambre, en date du 4 mars 1914, pour relevé faisant connaître combien d'employés du gouvernement fédéral du Canada, à quelque titre que ce soit, et par l'un quelconque des départements, ont été destitués depuis le 10 octobre 1911 jusqu'à ce jour; combien ont démissionné; combien ont abandonné leur poste; combien parmi les déserteurs ont été punis; combien de nouveaux employés ont été nommés au cours de la période susdite . Présentée le 12 mars 1915.— *M. Boivin*..:*Pas imprimée.*

85d. Autre réponse supplémentaire à un ordre de la Chambre, en date du 4 mars 1915, pour relevé faisant connaître combien d'employés du gouvernement fédéral du Canada, à quelque titre que ce soit, et par l'un quelconque des départements, ont été destitués

VOLUME 28—*Suite.*

depuis le 10 octobre 1911 jusqu'à ce jour; combien ont démissionné; combien ont abandonné leur poste; combien parmi les déserteurs ont été punis; combien de nouveaux employés ont été nommés au cours de la période susdite.   Présentée le 7 avril 1915.— *M. Boivin*.. .. ..*Pas imprimée.*

86. Autre réponse supplémentaire à un ordre de la Chambre, en date du 18 février 1914, pour copie de tous les mémoires, accusations, plaintes, correspondance et télégrammes, qui n'ont pas déjà été produits, relatifs aux fonctionnaires de l'un quelconque des départements de l'Etat renvoyés du service, dans la province de l'Ile-du-Prince-Edouard, depuis le 10 octobre 1911, y compris le nombre de ces fonctionnaires; copie des rapports des enquêtes tenues au sujet des accusations portées; relevé faisant connaître les dépenses entraînées par chaque enquête, les noms des personnes nommées aux postes devenus vacants, et la nature des recommandations produites en faveur des nouveaux titulaires. Présentée le 12 février 1915.—*M. Hughes (King)*.. .. ..*Pas imprimée.*

87. Réponse partielle à un ordre de la Chambre, en date du 18 mai 1914, pour état indiquant tous les cas dans lesquels Charles Seager, de Goderich, a agi en qualité de commissaire du gouvernement pour s'enquérir de la conduite de fonctionnaires accusés d'ingérence politique ou autres méfaits depuis l'année 1896 jusqu'à l'année 1900, inclusivement, et donnant les noms de tous les fonctionnaires destitués à la suite des rapports du dit Seager, les emplois de ces fonctionnaires et la date des destitutions; aussi, copie de la preuve faite et des rapports des commissaires dans tous ces cas; aussi, relevé des honoraires payés au dit Charles Seager pour avoir conduit ces enquêtes. Présentée le 12 février 1915.—*M. Clark (Bruce)*.. .. ..*Pas imprimée.*

88. Réponse à un ordre de la Chambre, en date du 16 mars 1914, pour copie de tous les documents, lettres, correspondance, télégrammes, plaintes, etc., touchant en quelque manière que ce soit à l'administration de la piscifacture du saumon à North-East-Margaree, et du vivier à Margaree-Harbour, depuis 1911 jusqu'à ce jour. Présentée le 15 février 1915.—*M. Chisholm (Inverness)*.. .. ..*Pas imprimée.*

89. Réponse à une adresse à Son Altesse Royale le Gouverneur général, en date du 11 mai 1911, pour copie de tous papiers, lettres, télégrammes, arrêtés du conseil, contrats, soumissions et autres documents en la possession du ministère des Travaux publics ou du ministère de la Milice et de la Défense, concernant la construction d'un arsenal à Amherst, N.-E.   Présentée le 15 février 1915.—*M. Sinclair*.. .. ..*Pas imprimée.*

90. Lettres de l'honorable Louis P. Pelletier, M.P., et l'honorable Wilfrid B. Nantel, M.P., donnant leur démission comme ministre des Postes et ministre du Revenu de l'Intérieur, respectivement, et lettres du premier ministre en accusant réception. Présentées par sir Robert Borden, le 15 février 1915.. .. ..*Pas imprimées.*

91. Rapports des officiers enquêteurs sur les chaussures fournies au contingent canadien. Présenté par l'honorable M. Hughes, le 15 février 1915.. .. ..*Pas imprimé.*

92. Règlements édictés sous l'empire de la loi des insectes destructeurs et autres fléaux. Présentés par l'honorable M. Burrell, le 16 février 7915.. .. ..*Pas imprimés.*

93. Rapport sur les opérations de la loi d'instruction agricole, 1913, en conformité de l'article 8 de cette loi.   Présenté par l'honorable M. Burrell, le 16 février 1915.
Imprimé pour la distribution et les documents parlementaires.

93a. Réponse supplémentaire à une adresse à Son Altesse Royale le Gouverneur général, en date du 9 février 1914, pour copie de tous arrangements entre le gouvernement et les diverses provinces aux termes de la loi sur l'instruction agricole. Présentée le 19 février 1915.—*Sir Wilfrid Laurier*.. .. ..*Pas imprimée.*

93b. Réponse à un ordre de la Chambre, en date du 20 avril 1914, pour copie de tous documents, correspondance, lettres, requêtes, rapports, etc., échangés entre le Dr C. C. James, M. J. C. Chapais, et chacun des ministères d'agriculture provinciaux, se rapportant à la distribution et à l'administration du subside fédéral aux provinces pour l'agriculture, depuis l'octroi du dit subide.   Présenté le 23 février 1915.—*M. Lapointe (Kamouraska)*.. .. ..*Pas imprimée.*

94. Réponse à un ordre de la Chambre, en date du 11 février 1914, pour copie de tous télégrammes, correspondance, instructions, recommandations et autres documents échangés entre la Commission des pêcheries des crustacés de 1913 et le ministère de la Marine et des Pêcheries, à compter de la date de l'établissement de la dite commission jusqu'au 31 décembre 1914, excepté les documents qui ont été inclus dans le rapport imprimé de la février 1915.—*M .Chisholm (Inverness)*.. .. ..*Pas imprimée.*

95. Réponse à un ordre de la Chambre, en date du 16 mars 1914, pour copie de tous les documents, correspondance, soumissions, télégrammes, plaintes, etc., se rapportant en quelque manière que ce soit au service de la cueillette du frai pour l'établissement d'élevage du homard à Margaree au cours des années 1911-12, 1912-13 et 1913-14. Présentée le 16 16 février 1915.—*M. Chisholm (Inverness)*.. .. ..*Pas imprimée.*

VOLUME 28—*Suite.*

108. Réponse à un ordre de la Chambre, en date du 15 février 1915, pour copie de tous télégrammes, correspondance et autres documents concernant la destitution de Brown Pipes et de A. R. Gibbons, employés de douane à Lethbridge, Alta. Présentée le 23 février 1915.—*M. Buchanan*.. .. ..·.. .. .. ·.. .. ..*Pas imprimée.*

109. Réponse à un ordre de la Chambre, en date du 15 février 1915, pour état donnant les noms de tous les transports nolisés depuis le 1er août 1914 pour expédier les troupes, chevaux, approvisionnements et matériaux en ·Angleterre, le nom de chaque propriétaire de navire, courtier ou autre personne par l'entremise desquels le navire a été nolisé ; le tonnage de chaque navire, sa vitesse, le taux payé par tonne par semaine ou par mois, la durée minimum du n'olisement, la date du contrat, la date à laquelle le paiement a commencé et la date à laquelle il a pris fin et la somme totale payée par le gouvernement pour le nolisement des navires et autres dépenses. · Présentée le 23 février 1915.—*M. Murphy*.. .. .. ·.. .. ..*Pas imprimée.*

110. Réponse à un ordre de la Chambre, en date du 15 février 1915, pour état indiquant combien de fourgons de transport ont été achetés pour les deuxième et troisième contingents ; de qui ont-ils été achetés, et le nom de chaque particulier ou firme ; combien de ces fourgons ont été achetés de chaque particulier ou firme ; quel a été le prix de chaque fourgon ; si des soumissions ont été demandées ; s'il y a eu des soumissions reçues qui n'ont pas été acceptées ; et, s'il en est ainsi, quel était le chiffre de ces soumissions. Présentée le 23 février 1915.—*M. Nesbitt*.. .. ..*Pas imprimée.*

111. Réponse à un ordre de la Chambre, en date du 11 février 1915, pour état indiquant combien de prisonniers de guerre ont été faits au Canada depuis la déclaration de la guerre entre les alliés, l'Allemagne et l'Autriche ; où ils sont détenus ; le nombre dans chaque endroit et le nom de l'officier en charge de chaque endroit de détention. Présentée le 23 février 1915.—*M. Wilson (Laval)*.. .. ..*Pas imprimée.*

111*a.* Réponse à un ordre de la Chambre, en date du 19 février 1915, pour relevé faisant connaître en détail le nombre de prisonniers de guerre en ce pays ; le nombre de personnes libres sur parole ; le nombre de ceux qui sont gardés dans les champs de détention ; le nombre de camps de détention, leurs emplacements, les moyens de les atteindre, et le nombre de prisonniers dans chacun d'eux ; ce que coûte au Canada chacun de ces camps, respectivement, en fait de subsistance, de paie, d'habillement, de transport, de surveillance ; la nature du travail fait par les prisonniers et le valeur totale de leur ouvrage à ce jour. Présentée le 1er avril 1915.—*M. Clark (Red Deer)*.. .. .. *Pas imprimée.*

112. Réponse à un ordre de la Chambre, en date du 15 février 1915, pour copie de tous télégrammes, lettres, rapports d'enquête sur autres documents se rapportant à la destitution de James Brennan, contremaître sur l'Intercolonial, à Stellarton. Présentée le 25 février 1915.—*M. Macdonald*.. .. ..*Pas imprimée.*

113. Réponse à un ordre de la Chambre, en date du 15 février 1915, pour état indiquant si une déclaration officielle a été faite au nom de l'administration du chemin de fer Intercolonial à l'effet que les gages des employés du chemin de fer qui ont pris du service actif seraient payés pendant leur absence, et dans ce cas, quand et par qui ; si le ministère des Chemins de fer a donné ordre de pourvoir à ces paiements et quand cet ordre a été donné. Présentée le 23 février 1915.—*M .Macdonald*.. .. ..*Pas imprimée.*

114. Réponse à un ordre de la Chambre, en date du 9 février 1915, pour copie de tous papiers, télégrammes, pétitions, lettres et correspondance échangés entre la Chambre de Commerce de Québec et le ministère des Chemins de fer et Canaux au sujet de la circulation des trains sur la section du chemin de fer National Transcontinental entre Cochrane et la ville de Québec. Présentée le 23 février 1915.—*M. Lemieux*.. .*Pas imprimée.*

115. Etat (en tant que le ministère de l'Intérieur est concerné) donnant copies de tous les décrets du conseil, plans, documents et correspondance, qui doivent être soumis à la Chambre des Communes, en vertu d'une résolution adoptée le 20 février 1882, depuis la date de la dernière ·production de tels documents en vertu de cette résolution. Présenté par l'honorable M. Roche, le 24 février 1915.. .. ..*Pas· imprimé.*

116. Réponse à un ordre.—Relevé faisant connaître qui sont les commissaires de· la remonte pour le Canada ouest et le Canada est, respectivement. 2. Quand et par qui ils ont été nommés, et quelles sont les instructions générales qui leur ont été données. 3. Pourquoi on n'a pas suivi les ordres de mobilisation de 1913, et pourquoi des non-militaires ont été chargés des achats pour la remonte. 4. Quels sont les noms des acheteurs et inspecteurs vétérinaires nommés par le commissaire de la remonte du Canada est, dans les diverses divisions de remonte. 5. Si quelques-uns des acheteurs et des inspecteurs vétérinaires ont reçu instruction de ne plus faire d'achats, et, s'il en est ainsi, quels sont leurs noms, et quelles sont les raisons fournies par le commissaire de remonte à l'appui de cette décision. 6. Du 1er décembre au 31 janvier, combien de chevaux ont été achetés dans chaque division de remonte, dans le Canada est.. 7. Quel a été le prix moyen des chevaux ; à combien revient le coût moyen par cheval dans chaque division

VOLUME 28—*Suite.*

de remonte, en y incluant les dépenses, la paie ou allocation, et tous les frais de voyage et autres débours, dans la période de temps plus haut mentionné. Présenté le 24 février 1915.—*M. Lemieux.* . . . .*Pas imprimée.*

117. Réponse à un ordre,—Relevé faisant connaître : 1. A combien de firmes le gouvernement a donné des commandes de bottines pour les différents corps expéditionnaires que l'on équipe actuellement pour le service. 2. Quels sont les noms de ces firmes. 3. Combien de bottines ont été commandées à chaque firme. 4. Combien de bottines ont été livrées, jusqu'à ce jour, par chaque firme. 5. Combien de bottines chaque firme a encore à livrer. 6. Quel prix chaque firme reçoit pour ces bottines. Présentée le 24 février 1915. —*M. Lemieux.* . . . .*Pas imprimée.*

118. Réponse à la Chambre, en date du 22 février 1915, pour copie de toute correspondance, recommandations, soumissions ou autres papiers, dans le ministère des Chemins de fer et des Canaux concernant la fourniture de glace pour l'Intercolonial à Mulgrave, pour l'année 1915. Présentée le 25 février 1915.—*M. Sinclair.* . . .*Pas imprimée.*

119. Réponse à un ordre de la Chambre, en date du 18 février 1915, pour état indiquant : 1. Le nombre de camions-automobiles envoyés en Angleterre avec le premier corps expéditionnaire. 2. De qui ils ont été achetés, et par qui manufacturés. 3. Quelle était leur capacité. 4. Quel en a été le prix. 5. Si le gouvernement a retenu les services d'experts pour cet achat, et leurs noms. 6. Si le gouvernement a payé une commission à qui que ce soit en rapport avec cet achat. 7. Si les camions ont donné satisfaction en service, ou en quoi ils ont été trouvés défectueux. 8. Si une commission a été nommée par le ministère de la Milice en rapport avec l'achat de camions-automobiles pour le deuxième contingent et les autres corps expéditionnaires ; quels étaient les membres de cette commission et quelle était leur compétence spéciale. 9. Si un M. McQuarrie formait partie de cette commission, et s'il est vrai qu'il était et qu'il est encore un employé de la *Russell Motor Car Co.*, de Toronto. 10. Si un nommé Owen Thomas formait partie de cette commission à titre d'expert, combien lui a été payé, ou combien on doit lui payer, pour ses services, et durant combien de temps on a utilisé ses services. 11. Si M. Thomas reçoit une commission en rapport avec l'achat de camions-automobiles, soit du gouvernement, soit des manufactures. 12. Quelles recommandations ont été faites par la dite commission au ministère de la Milice ou au gouvernement au sujet des achats de camions-automobiles. 13. Si les camions-automobiles ont été achetés, en quel nombre, de qui et à quel prix. 14. S'il est vrai que ces camions ont été achetés de la Compagnie Kelly, de Springfield, Ohio, et dans l'affirmative, si l'on n'aurait pu acheter de manufacturiers canadiens des camions propres au service requis. 15. S'il est vrai que le gouvernement a décidé de s'engager dans la fabrication de camions-automobiles en donnant des commandes de pièces séparées à des fabricants canadiens, et en fournissant ces pièces à des manufacturiers, en Canada, chargés de faire l'assemblage et l'ajustage du camion, et, s'il en est ainsi, est-il vrai que la *Russell Motor Car Co.* a reçu ou reçoit des commandes pour ces camions. 16. Qui a recommandé M. Thomas au ministre de la Milice ou au gouvernement. Présentée le 25 février 1915.—*M. Copp.*   *Pas imprimée.*

120. Réponse à un ordre de la Chambre, en date du 15 février 1915, pour état indiquant, si, depuis le 1er août dernier, il a été exporté des articles d'alimentation à des pays d'Europe autres que le Royaume-Uni, la France et la Belgique ; leur nature, et à quels pays. Présentée le 25 février 1915.—*M. Cockshutt.* . . . .*Pas imprimée.*

121. Réponse à un ordre de la Chambre, en date du 11 février 1915, pour copie de la pétition et des papiers, documents et lettres concernant la constitution en corporation de la *Dominion Trust Company*, par une loi spéciale adoptée par le Parlement du Canada en 1912, chapitre 89, 2 George V. Présentée le 25 février 1915.—*M. Proulx.* . *Pas imprimée.*

121a. Réponse à un ordre de la Chambre, en date du 11 février 1915, pour copie de toute correspondance échangée entre le ministère de la Justice et le gouvernement de la province de la Colombie-Britannique, ou quelqu'un de ses membres, au sujet d'une certaine loi adoptée par la législature de la dite province en 1913, chapitre 89, 3 George V, et intitulé : "*An Act respecting The Dominion Trust Company*". Présentée le 4 mars 1915.—*M. Proulx.* . . . .*Pas imprimée.*

122. Réponse à un ordre de la Chambre, en date du 11 février 1915, pour copie de toute la correspondance échangée entre l'Auditeur général et le ministère de la Milice, ou tout autre ministère, touchant les dépenses faites sous l'opération de la loi des crédits de guerre, 1914. Présentée le 25 février 1915.—*M. Maclean (Halifax).*
Imprimée pour la distribution et les documents parlementaires.

122a. Mémoire du chef de la comptabilité et paie-maître général et du directeur des contracts, du ministère de la Milice et de la Défense, au sujet de la correspondance échangée entre l'Auditeur général et le ministère de la Milice, touchant les dépenses faites sous l'empire de la loi des crédits de guerre. Présenté par l'honorable M. Hughes, le 11 mars 1915. . . . .*Pas imprimé.*

VOLUME 28—*Suite.*

123 Copie de toute la correspondance échangée entre le ministre des Finances et l'Auditeur général, depuis le 18 août jusqu'à ce jour, au sujet des achats pour les corps expédition- naire destinés au service au delà des mers, des contrats pour l'armée, et autres achats pour des fins militaires, ou sous l'empire de la loi du service de la marine, 1910, ou en vertu de décrets du conseil concernant les affaires militaires. Présentée par l'honorable M. White, le 25 février 19915.......................................*Pas imprimée.*

124. Copie certifiée d'un rapport du comité du Conseil privé, approuvé par Son Altesse Royale le Gouverneur général, le 23 janvier 1915, relativement à l'allocation de sépara- tion à accorder aux personnes dont les soldats du premier corps expéditionnaire au delà des mers étaient les soutiens. Présentée par l'honorable M. Rogers, le 26 février 1915.
Pas imprimée.

124a. Copie certifiée d'un rapport du comité du Conseil privé, approuvé par Son Altesse Royale le Gouverneur général, le 28 janvier 1915, relativement aux requêtes présentées par les soldats qui se sont enrôlés pour service actif au delà des mers à l'effet qu'il leur soit permis de se marier et de faire inscrire les noms de leurs femmes sur la liste des personnes ayant droit à l'allocation de séparation. Présentée par l'honorable M. Rogers, le 26 février 1915....................................*Pas imprimée.*

125. Réponse à un ordre de la Chambre, en date du 16 février 1914, pour copie de tous télé- grammes, correspondance, requêtes et documents de toutes sortes se rapportant de quel- que manière que ce soit, à la construction projetée d'une salle d'exercice ou arsenal dans la ville d'Inverness, Nouvelle-Ecosse. Présentée le 26 février 1915.—*M. Chisholm* (*Inverness*)..................................*Pas imprimée.*

126. Etat détaillé des remises et remboursements de droits, sous l'autorité de l'article 92 de la loi du revenu consolidé et de l'audition fourni par le ministère du Commerce, pour l'année expirée le 31 mars 1914.—*(Sénat)*.........................*Pas imprimé.*

127. Décrets du Conseil qui ont été publiés dans la *Gazette du Canada,* entre le 1er décembre 1913 et le 11 janvier 1915, conformément aux dispositions de la loi des réserves fores- tières fédérales et des parcs, article 19, chapitre 10, 1-2 George V.—*(Sénat.)*
Pas imprimés.

127a. Sommaire des décrets du conseil publiés dans l'*Officiel* du Canada entre le 16 mai et le 25 juillet 1914, en conformité de l'article 19 de la loi des réserves forestières et des parcs fédéraux, chapitre 10, 1-2 George V. Présenté par l'honorable M. Roche, le 12 mars 1915...*Pas imprimé.*

128. Décrets du conseil publiés dans la *Gazette du Canada* entre le 1er décembre 1913 et le 15 janvier 1915, conformément aux dispositions de l'article 5 de la loi des arpentages fédé- raux, chapitre 21, 7-8 Edouard VII.—*(Sénat)*....................*Pas imprimés.*

128a. Relevé des arrêtés en conseil qui ont été publiés dans la *Gazette du Canada,* entre le 1er décembre 1913 et le 15 janvier 1915, sous le régime de l'article 77 de la loi des terres fédérales, chapitre 20 des Statuts du Canada, 1908. Présenté par l'honorable M. Roche, le 12 mars 1915..*Pas imprimé.*

128b. Décrets du conseil publiés dans la *Gazette du Canada* et la *Gazette de la Colombie-Bri- tannique,* entre le 1er décembre 1913 et le 15 janvier 1915, sous le régime des disposi- tions du paragraphe (*b*) de l'article des Règlements concernant l'arpentage, l'adminis- tration, la disposition et la gérance des terres publiques du Canada dans la zone de 40 milles des chemins de fer dans la province de la Colombie-Britannique. Présentés par l'honorable M. Roche, le 12 mars 1915............................*Pas imprimés.*

128c. Décrets du conseil publiés dans la *Gazette du Canada* et la *Gazette de la Colombie-Bri- tannique,* du 1er décembre 1913 au 15 janvier 1915, sous le régime des dispositions du paragraphe (*d*) des Règlements concernant l'arpentage, l'administration, la disposition et la gérance des terres publiques du Canada dans la zone de 40 milles des chemins de fer dans la province de la Colombie-Britannique.—*(Sénat.)*
Pas imprimés.

129. Décrets du conseil passés, règlements et formules prescrites entre le 1er décembre 1913 et le 15 janvier 1915, en vertu des dispositions de l'article 57 de la loi d'irrigation, cha- pitre 61 des Statuts revisés du Canada, 1906, selon que modifiées par le chapitre 38, 7-8 Edouard VII.—*(Sénat)*...........................*Pas imprimés.*

130. Réponse à un ordre de la Chambre, en date du 25 février 1915, pour relevé faisant con- naître si le gouvernement a acheté de la *Canada Cycle and Motor Company* des pneus pour les automobiles destinés au premier contingent canadien, et, dans l'affirmative, quel prix a été payé pour chaque jeu de pneus, et quel nombre a été acheté; si le gou- vernement a demandé des prix pour les pneus des camions-automobiles pour le second contingent, et dans l'affirmative, quel prix par jeu a été exigé. Présentée le 3 mars 1915.—*M. Gauvreau*..*Pas imprimée.*

VOLUME 28—*Suite.*

131. Réponse à un ordre de la Chambre, en date du 15 février 1915, pour copie de tous télégrammes, correspondance et autres documents concernant la nomination de A. H. Mc-Keown dans le service d'immigration, à Lethbridge, Alta. Présentée le 3 mars 1915.— *M. Buchanan.*..*Pas imprimée.*

132. Réponse à un ordre de la Chambre, en date du 15 février 1915, pour copie de tous télégrammes, correspondance et autres documents concernant le renvoi d'office de A. E. Humphries, ci-devant inspecteur d'immigration, à Lehbridge, Alta. Présentée le 3 mars 1915.—*M. Buchanan*..*Pas imprimée.*

133. Réponse à un ordre de la Chambre, en date du 15 février 1914, pour sommaire faisant connaître qui a obtenu le contrat de la malle entre Armagh-Station et Mailloux, comté de Bellechasse, Qué. ; combien de soumissions ont été reçues, et quels sont les noms des soumissionnaires et le chiffre de chaque soumission. Présentée le 3 mars 1915.—*M. Lemieux*..*Pas imprimée.*

134. Réponse à un ordre de la Chambre, en date du 6 avril 1914, pour copie de tous télégrammes, lettres, correspondance, plaintes et autres documents se rapportant en quelque manière à la demande de soumissions pour la route postale entre Low-Point et Creignish-Station au cours des années 1913-14. Présentée le 3 mars 1915.—*M. Chisholm (Inverness)*..*Pas imprimée.*

135. Réponse à un ordre de la Chambre, en date du 6 avril 1914, pour copie de tous télégrammes, lettres et autres documents concernant le contrat pour le transport des malles entre New-Ross et le bureau de poste de Vaughan, Waterville, N.-E. Présentée le 3 mars 1915.—*M. Macdonald*..*Pas imprimée.*

136. Réponse à un ordre de la Chambre, en date du 18 mai 1914, pour copie de tous les documents, correspondance, télégrammes, lettres, soumissions, etc., de quelque nature que ce soit, en la possession du ministère des Postes, reçus depuis 1913 jusqu'à ce jour, et se rapportant en quoi que ce soit au contrat du transport de la malle entre Mabou et Whycocomagh. Présentée le 3 mars 1915.—*M. Chisholm (Inverness)*....*Pas imprimée.*

137. Réponse à un ordre de la Chambre, en date du 25 février 1915, pour relevé faisant connaître le montant d'argent perçu par les sous-percepteurs de douane à Edmundston, Clair, St-Leonard et Green-River, province du Nouveau-Brunswick, au cours de chacun des cinq derniers exercices financiers, et quels ont été les salaires payés chaque année à chacun de ces ports. Présentée le 3 mars 1915.—*M. Michaud*............*Pas imprimée.*

138. Réponse à un ordre de la Chambre, en date du 10 février 1915, pour état indiquant la somme dépensée parmi les marchands de Medicine-Hat pour le compte des secours fournis par le gouvernement, à qui les paiements ont été faits et le montant total dans chaque cas. Présentée le 4 mars 1915.—*M. Buchanan*...............*Pas imprimée.*

139. Réponse à un ordre de la Chambre, en date du 2 février 1914, pour copie de tous les documents, lettres, correspondance, etc., au sujet de la destitution des personnes dont les noms suivent et qui occupaient les postes suivants dans le comté de Shelburne, N.-E. : J. V. Smith, sous-percepteur des douanes, à Lower-Wood-Harbour ; John H. Lyons, gardien de phare, Barrington-Passage ; William L. Smith, gardien de phare, Baccaro ; E. D. Smith, surveillant des pêcheries, Shag-Harbour ; J. A. Orechia, maître du havre, Wood-Harbour ; J. C. Morrison, maître du havre, Shelburne, et Albert Mahaney, maître de poste, à Churchover. Présentée le 4 mars 1915.—*M. Maclean (Halifax)*.
Pas imprimée.

139α. Réponse à un ordre de la Chambre, en date du 24 février 1915, pour copie de tous papiers, lettres et documents concernant la destitution des fonctionnaires suivants, dans le comté de Shelburne, N.-E. ; Wm L. Smith, gardien de phare, Baccaro, N.-E. ; J. A. Arechia, maître de havre, Lower-Wood-Harbour, et J. E. Morrison, maître de havre à Shelburne, N.-E. Présentée le 16 mars 1915.— *M. Law* *Pas imprimée.*

140. Réponse à un ordre de la Chambre, en date du 9 mars 1914, pour relevé faisant connaître quelles ont été les sommes dépensées pour travaux publics dans le comté de Portneuf, depuis le 1er juillet 1896 au 21 septembre 1911 ; quelle a été la nature des travaux exécutés dans chaque paroisse, en quelle année ils ont été exécutés et quelle a été la somme dépensée pour chacun de ces travaux. Présentée le 4 mars 1915.—*M. Sévigny.*
Pas imprimée.

141. Réponse à un ordre de la Chambre, en date du 22 février 1915, pour copie de tous papiers, requêtes, déclarations, serments ou prestations de serments, procédures, pétitions, jugements, certificats touchant la naturalisation de M. F. P. Gutelius, gérant général de l'Intercolonial, et tous autres documents s'y rapportant, de quelque nature qu'ils puissent être. Présentée le 4 mars 1915.—*M. Gauvreau*.................*Pas imprimée.*

142. Rapport des délégués nommés pour représenter le gouvernement du Canada au huitième congrès international dit *Purity Congress,* tenu sous les auspices de la *World's Purity League,* à Kansas City, Missouri, le 5-9 novembre 1914. Présenté par sir Robert Borden, le 4 mars 1915...*Pas imprimée.*

VOLUME 28—*Suite.*

143. Réponse à une adresse à Son Altesse Royale le Gouverneur général, en date du 22 février 1915, pour copie de toutes les plaintes adressées au gouvernement à la suite de coups de feu tirés par des soldats de la milice canadienne sur deux citoyens américains, entraînant la mort de l'un d'eux, sur les eaux du lac Erié, et de toute la correspondance échangée à ce sujet entre l'ambassade britannique et les autorités des Etats-Unis. Présentée le 5 mars 1915.—*Sir Wilfrid Laurier.. .. ..Pas imprimée.*

144. Réponse à un ordre de la Chambre, en date du 24 février 1915, pour état indiquant les montants en détail payés à Ward Fisher, de Shelburne, N.-E., inspecteur des pêcheries pour les années 1912 et 1913, à titre de salaire, frais de bureau, dépenses de voyage et toutes autres dépenses. Présentée le 5 mars 1915.—*M. Law.. .. ..Pas imprimée.*

145. Réponse à un ordre de la Chambre, en date du 15 février 1915, pour état donnant les noms et adresses postales de toutes les personnes, dans le comté de Yarmouth, qui ont reçu la gratification accordée par la "Loi des gratifications aux volontaires lors des invasions féniannes"; aussi, donnant les noms et adresses postales de toutes personnes, dans le dit comté, dont les demandes ont été rejetées; et, aussi, donnant les noms et les adresses postales de tous les postulants dans le dit comté dont les demandes n'ont pas encore été prises en considération. Présentée le 5 mars 1915.—*M. Law.. .. ..Pas imprimée.*

146. Réponse à un ordre de la Chambre, en date du 19 février 1915, pour relevé faisant connaître les noms et les adresses postales de toutes les personnes du comté de Guysborough, N.-E., auxquelles ont été payées des primes en vertu de la loi accordant des primes aux volontaires qui ont servi dans les invasions féniannes; les noms et les adresses postales de toutes les personnes dont les demandes ont été rejetées, et la raison du refus;— aussi, les noms et les adresses postales de toutes les personnes dont les demandes ont été reçues, mais auxquelles les primes n'ont pas été payées, en faisant la distinction entre les personnes dont les demandes ont été reçues et admises, et celles dont les demandes ont été reçues sans qu'une décision ait encore été prise, s'il en est. Présentée le 5 mars 1915.—*M. Sinclair.. .. ..Pas imprimée.*

147. Réponse à un ordre de la Chambre, en date du 12 février 1915, pour état indiquant, depuis juin 1914, combien de demandes de grain de semence ont été reçues de la part de personnes résidant dans les trois provinces des prairies; combien de boisseaux de grain se trouvent compris dans ces demandes; combien d'acres de terre devaient être ensemencés de ce grain; combien de boisseaux de blé, d'avoine et d'orge, respectivement, se trouvaient à la disposition du gouvernement pour faire face à ces demandes; et si on a conclu avec les différents gouvernements provinciaux des arrangements en vue de parer aux besoins des colons en fait de grain de semence. Présentée le 8 mars 1915.—*M. Mc-Craney.. .. ..Pas imprimée.*

148. Réponse à un ordre de la Chambre, en date du 2 février 1914, pour état indiquant le nombre de navires engagés depuis octobre 1911 par le gouvernement ou quelques-uns de ses départements, pour aller à la baie d'Hudson, ou à la baie James; le nom et le tonnage de chaque navire, et le nom et le domicile de chaque officier commandant; quel était le chargement de chaque navire, quelle partie de ce chargement a été débarquée et où, quelle partie a été perdue et où, et quelle partie a été rapportée, et quelle était la valeur dans chaque cas. Présentée le 8 mars 1915.—*M. Graham.. .. ..Pas imprimée.*

148a. Réponse à un ordre de la Chambre, en date du 3 mars 1915, pour état indiquant le nombre de navires employés par le ministre des Chemins de fer, le nombre d'hommes employés sur les navires et sur terre, et le montant dépensé pour approvisionnements, hommes et transport depuis le 30 mars 1914 jusqu'au 31 décembre 1914, en ce qui concerne le chemin de fer de la baie d'Hudson. Présentée le 22 mars 1915.—*M. Macdonald.*
Pas imprimée.

149. Réponse à une adresse à Son Altesse Royale le Gouverneur général, en date du 9 février 1914, pour copie de toute correspondance depuis le 1er janvier dernier au sujet de la convocation d'une conférence impériale sur la défense navale. Présentée le 8 mars 1915.—*Sir Wilfrid Laurier.. .. ..Pas imprimée.*

150. Réponse à un ordre de la Chambre, en date du 11 février, pour état donnant les noms et adresses postales de toutes les personnes dans le comté d'Antigonish, qui ont reçu la gratification accordée par la "Loi des gratifications aux volontaires lors des invasions féniannes"; aussi, donnant les noms et adresses postales de toutes personnes dans le dit comté dont les demandes ont été rejetées; et aussi, donnant les noms et les adresses postales de tous les postulants dans le dit comté dont les demandes n'ont pas encore été prises en considération. Présentée le 8 mars 1915.—*M. Chisholm (Inverness).*
Pas imprimée.

151. Réponse à un ordre de la Chambre, en date du 3 mars 1915, pour sommaire faisant connaître quels étaient les officiers commissionnés du 17me régiment de la Nouvelle-Ecosse à Valcartier avant le départ pour l'Angleterre, et quels sont maintenant les officiers commissionnés de ce régiment. Présentée le 8 mars 1915.—*M .Macdonald.Pas imprimée.*

VOLUME 28—*Suite.*

152. Réponse à un ordre de la Chambre, en date du 9 février 1915, pour copie de tous comptes pour le déplacement du signal de tempête, à Shippigan, N.-B., et son installation sur le quai public, faisant connaître le coût du transfert pendant les mois d'octobre et novembre 1911. Présentée le 8 mars 1915.—*M. Turgeon*................*Pas imprimée.*

153. Réponse à un ordre de la Chambre, en date du 4 mai 1914, pour copie de tous papiers, correspondance, télégrammes, pétitions, y compris les signatures, et tous autres documents en la possession du ministère du Commerce ou du ministre, ou en la possession du premier ministre concernant toute requête adressée entre le 1er novembre 1913 et la date actuelle par des personnes de la Nouvelle-Ecosse demandant l'aide du gouvernement pour le transport du poisson frais entre des ports de la Nouvelle-Ecosse et des Etats-Unis. Présentée le 9 mars 1915.—*M. Sinclair*............*Pas imprimée.*

154. Déclaration de M. H. C. Crowell, correspondant du journal *Halifax Chronicle*, et la correspondance se rattachant aux énoncés publiés dans les journaux au sujet des prétendus mauvais traitements infligés au 17me régiment de la Nouvelle-Ecosse, dans les plaines de Salisbury. Présentée par sir Robert Borden, le 9 mars 1915.......*Pas imprimée.*

155. Réponse à un ordre de la Chambre, en date du 3 mars 1915, pour relevé faisant connaître le coût estimatif de l'aménagement de la propriété de la *Canadian Car and Foundry Company, Limited,* à Amherst, N.-E., pour des fins militaires; le loyer, ou autre rémunération qui est ou sera payé à cette compagnie pour l'usage de ses ateliers et dépendances; les personnes qui devront fournir l'approvisionnement militaire, y compris les substances alimentaires pour les hommes, le charbon pour le chauffage et la cuisson, le fourrage et autres provisions pour les chevaux, pour les détachements qui y auront leurs quartiers, et à quels prix; s'il est vrai que l'on ne peut se procurer des formules de soumissions pour ces différents services qu'en s'adressant au bureau du député du comté de Cumberland, et que, en plus d'une instance, de ces formules de soumissions ont été refusées à des personnes qui en demandaient; si le gouvernement sait que, en ce qui concerne la fourniture du foin, on a allégué que non seulement on n'a pas permis à des libéraux de présenter une soumission, mais qu'on a averti les amis du gouvernement qu'il ne leur serait adjugé aucune partie du contrat si une partie quelconque du foin à fournir était achetée d'un libéral. Présentée le 11 mars 1915.—*M. Copp.*

Pas imprimée.

156. Réponse à une adresse à Son Altesse Royale le Gouverneur générale, en date du 1er mars 1915, pour copie de toute la correspondance échangée avec les autorités impériales au sujet de prêts par le trésor impérial au gouvernement canadien. Présentée le 11 mars 1915.—*M. Maclean (Halifax)*......................*Pas imprimée.*

157. Réponse à un ordre de la Chambre, en date du 3 mars 1915, pour copie de tous télégrammes, lettres, correspondance et recommandations concernant la nomination de H. W. Ingraham en qualité de sous-registraire des aubains ennemis, à Sydney, N.-E., et sa révocation du dit emploi. Présentée le 12 mars 1915.—*M. Kyte*.....*Pas imprimée.*

158. Réponse à une adresse à Son Altesse Royale le Gouverneur général, en date du 11 février 1915, pour copie de toute la correspondance relative à l'achat et au paiement, par le gouvernement, de deux sous-marins autorisés par le décret du conseil du 7 août 1914, et de tous autres décrets du conseil se rapportant au même sujet;—aussi, de tous rapports reçus par le gouvernement ou l'un ou l'autre de ses ministères touchant les dits sous-marins. Présentée le 12 mars 1915.—*M. Pugsley.*

Imprimée pour la distribution seulement.

158a. Réponse supplémentaire à une adresse à Son Altesse Royale le Gouverneur général, en date du 11 février 1915, pour copie de toute la correspondance relative à l'achat et au paiement, par le gouvernement, de deux sous-marins autorisés par le décret du 7 août 1914, et de tous autres décrets du conseil se rapportant au même sujet,—aussi, de tous rapports reçus par le gouvernement ou l'un ou l'autre de ses ministères touchant les dits sous-marins. Présenté le 15 mars 1915.—*M. Pugsley.*

Imprimée pour la distribution seulement.

158b. Réponse supplémentaire additionnelle à une adresse à Son Altesse Royale le Gouverneur général, en date du 11 février 1915, pour copie de toute la correspondance relative à l'achat et au paiement, par le gouvernement, de deux sous-marins autorisés par le décret du conseil du 7 août 1914, et de tous autres décrets du conseil se rapportant au même sujet,—aussi, de tous rapports reçus par le gouvernement ou l'un ou l'autre de ses ministères touchant les dits sous-marins. Présentée le 24 mars 1915.—*M. Pugsley.*

Imprimée pour la distribution seulement.

159. Réponse à un ordre de la Chambre, en date du 19 février 1915, pour copie de tous télégrammes, lettres, pétitions et autres documents se rapportant en quelque manière à la destitution de M. Mallet, capitaine du bateau de sauvetage à la station de Chéticamp, et à la nomination de son successeur.—*M. Chisholm (Inverness)*........*Pas imprimée.*

VOLUME 28—Suite.

160. Réponse à un ordre de la Chambre, en date du 3 mars 1915, pour copie de tous papiers, lettres et autres documents concernant la révocation du docteur John McKenzie, officier de santé des sauvages du comté de Pictou, et la nomination du docteur Keith comme son successeur. Présentée le 12 mars 1915.—*M. Macdonald.. .. .. ..Pas imprimée.*

161. Réponse à un ordre de la Chambre, en date du 15 février 1915, pour copie de tous télégrammes, rapports, correspondance, lettres, instructions et autres documents se rapportant à une demande faite par Udo F. Schraeder, d'un bail de terrain de pâturage dans les townships 40 et 41, rang 7, à l'ouest du 3me méridien, province de la Saskatchewan. Présentée le 12 mars 1915.—*M. McCraney.. .. ..Pas imprimée.*

162. Réponse à un ordre de la Chambre, en date du 3 mars 1915, pour état donnant les noms de tous les postulants du comté de Pictou qui n'ont pas encore reçu la gratification accordée pour services lors de l'invasion fénIane. Présentée le 15 mars 1915.—*M. Macdonald.. .. ..Pas imprimée.*

162a. Réponse à un ordre de la Chambre, en date du 19 février 1915, pour état donnant les noms et adresses de toutes les personnes, dans le comté de Pictou, qui ont reçu la gratification accordée pour service lors de l'invasion fénIane, et de toutes celles qui ont demandé cette gratification et qui ne l'ont pas encore reçue. Présentée le 15 mars 1915.—*M. Macdonald.. .. ..Pas imprimée.*

163. Réponse à un ordre de la Chambre, en date du 4 mars 1915, pour état indiquant: 1. De qui a été achetée la nourriture pour les hommes et les chevaux, ainsi que tous autres approvisionnements et effets d'équipement pour la batterie de campagne actuellement entraînée à Lethbridge. 2. Si c'est par soumissions, à quelle date elles ont été demandées. 3. Quand les soumissions ont été ouvertes et les contrats adjugés. 4. Quel sont les noms et adresses postales de tous ceux qui ont envoyé des soumissions. 5. Quels ont été les soumissionnaires heureux, et le montant mentionné dans chaque soumission. Présentée le 15 mars 1915.—*M. Buchanan.. .. ..Pas imprimée.*

164. Réponse à un ordre de la Chambre, en date du 1er mars 1915, pour copie de tous rapports, télégrammes, requêtes, recommandations, lettres et correspondance se rapportant au dragage dans le havre d'Antigonish, et à l'amélioration de l'accès au havre, reçus par le gouvernement ou par l'une ou l'autre de ses ministères depuis le 1er janvier 1912, et non déjà compris dans la réponse, présentée le 30 avril 1914, à l'ordre de la Chambre du 16 mars précédent. Présentée le 15 mars 1915.—*M. Chisholm (Inverness) .Pas imprimée.*

165. Copie d'un décret du conseil, en date du 9 mars 1915, à l'effet d'empêcher le transfert de navires britanniques. Présentée par l'honorable M. Hazen, le 16 mars 1915.
Pas imprimée.

166. Rapport des commissaires chargés de s'enquérir du niveau de l'eau dans le fleuve Saint-Laurent à Montréal et en aval, ainsi qu'un court précis préparé par le principal hydrographe de la commission. Présentée par l'honorable M. Hazen, le 16 mars 1915.
Pas imprimé.

167. Réponse à un ordre de la Chambre, en date du 8 mars 1915, pour copie de tous papiers, lettres, télégrammes et autres documents concernant le contrat actuel pour le service des malles entre Chance-Harbour et Trenton, comté de Pictou. Présentée le 18 mars 1915.—*M. Macdonald.. .. ..Pas imprimée.*

168. Réponse à un ordre de la Chambre, en date du 19 février 1915, pour copie de toute correspondance et de tous autres documents concernant l'adjudication du contrat pour le service des malles aux Caps-Maria, comté de Bonaventure, en 1914. Présentée le 18 mars 1915.—*M. Marcil.. .. ..Pas imprimée.*

169. Réponse à un ordre de la Chambre, en date du 15 février 1915, pour copie de tous télégrammes, lettres et soumissions (y compris la première et la seconde demandes de soumissions) concernant la livraison de la malle rurale dans le township de Dundee, comté de Huntingdon. Présentée le 18 mars 1915.—*M. Robb.. .. ..Pas imprimée.*

170. Réponse à un ordre de la Chambre, en date du 11 février 1915, pour copie de tous télégrammes, pétitions, lettres et correspondance concernant un projet de service postal quotidien entre Lower-South-River et South-Side-Harbour, comté d'Antigonish, et l'amélioration du service postal pour les résidents du district en dernier lieu nommé. Présentée le 17 mars 1915.—*M. Chisholm (Antigonish).. .. ..Pas imprimée.*

171. Réponse à un ordre de la Chambre, en date du 1er mars 1915, pour copie de tous documents, télégrammes, lettres, recommandations, requêtes et autres papiers reçus par le ministère des Postes, depuis le 1er janvier 1914, concernant le contrat pour le transport des malles entre Guysborough et Canso, N.-B. Présentée le 18 mai 1915.—*M. Sinclair.*
Pas imprimée.

VOLUME 28—*Suite.*

172. Réponse à un ordre de la Chambre, en date du 22 février 1915, pour relevé faisant connaître le nombre total des employés permanents et temporaires dans les bureaux de poste suivants: Montréal, Toronto, Winnipeg, Halifax, Québec, Saint-Jean, N.-B., et Vancouver; quel est le chiffre total des appointements payés dans chaque cas, et quel était le nombre total des employés et le chiffre des appointements payés dans les bureaux de poste ci-dessus à la date du 1er octobre 1911. Présentée le 18 mai 1915.—*M. Lemieux.*
Pas imprimée.

173. Réponse à un ordre de la Chambre, en date du 19 février 1915, pour copie de tous télégrammes, lettres, correspondance, pétitions et documents de toutes sortes se rapportant au changement projeté de la route postale entre Inverness-Station et Margaree-Harbour. Présentée le 18 mars 1915.—*M. Chisholm (Inverness)*...............*Pas imprimée.*

174. Réponse à un ordre de la Chambre, en date du 8 mars 1915, pour relevé faisant connaître à combien de firmes ou de particuliers le gouvernement ou l'un ou l'autre de ses ministères a donné des commandes d'uniformes pour les soldats, depuis le 1er juillet 1914. 2. Quels sont les noms de ces firmes. 3. Combien de ces uniformes ont été commandés à chaque firme. 4. Combien chaque firme en a livrés jusqu'à ce jour. 5. Combien chaque firme doit encore en livrer. 6. Quel prix chaque firme reçoit pour ces uniformes. Présentée le 18 mars 1915.—*M. Murphy.*..................*Pas imprimée.*

175. Réponse à un ordre de la Chambre, en date du 8 mars 1915, pour état indiquant: 1. A combien de firmes ou particuliers le gouvernement ou l'un ou l'autre de ses ministères, a donné des commandes de l'équipement *Oliver* depuis le 1er juillet 1914. 2. Quels sont les noms de ces firmes. 3. Combien de ces équipements ont été commandées à chaque firme. 4. Combien chaque firme en a livrés jusqu'à ce jour. 5. Combien chaque firme doit encore en livrer. 6. Quel prix chaque firme reçoit. Présentée le 18 mars 1915.—*M. Murphy*....................*Pas imprimée.*

176. Réponse à un ordre de la Chambre, en date du 11 mars 1915, pour copie de toutes lettres, correspondance, etc., concernant la nomination de William Gore Foster, de Dartmouth, N.-E., à la charge d'inspecteur des réserves sauvages. Présentée le 18 mars 1915.—*M. Carroll*......................*Pas imprimée.*

177. Réponse à un ordre de la Chambre, en date du 15 février 1915, pour copie de tous télégrammes, lettres, correspondance, baux et autres documents concernant la coupe du bois, par B. F. Smith et autres, sur la réserve sauvage Tobique, dans la province du Nouveau-Brunswick, depuis le 12 mars 1914 ;—aussi, copie de toutes conventions, offres et promesses faites par le dit B. F. Smith ou par le département dans lesdites affaires sauvages, au sujet de la vente ou disposition de quelque partie de la dite réserve sauvage de Tobique depuis la dite date, ou du bois abattu sur la dite réserve ;—aussi, relevé de tout le bois abattu par le dit B. F. Smith sur la dite réserve, des droits de souche imposés, et des montants effectivement payés de ce chef, depuis le 1er janvier 1912 jusqu'à date actuelle. Présentée le 18 mars 1915.—*M. Carvell*............*Pas imprimée.*

178. Réponse à un ordre de la Chambre, en date du 8 mars 1915, pour relevé faisant connaître : 1. Combien d'officiers de douane étaient employés au port douanier de Mansonville, Québec, le 20 septembre 1911. 2. Quels étaient les noms de ces officiers. 3. Quel salaire était payé à chacun d'eux. 4. Quel était le montant total des salaires payés aux officiers à ce port. 5. Combien d'officiers de douane sont employés à ce port à présent. 6. Quels sont leurs noms. 7. Quel salaire est reçu par chacun d'eux. 8. Quel est le montant total des salaires payés aux officiers à ce port. Présentée le 18 mars 1915.—*M. Kay*...........................*Pas imprimée.*

179. Réponse à un ordre de la Chambre, en date du 8 mars 1915, pour relevé faisant connaître : 1. Combien d'officiers de douane étaient employés au port douanier de Abercorn, Québec, le 20 septembre 1911. 2. Quels étaient les noms de ces officiers. 3. Quel salaire était payé à chacun d'eux. 4. Quel était le montant total des salaires payés aux officiers à ce port. 5. Combien d'officiers de douane sont employés à ce port à présent. 6. Quels sont leurs noms. 7. Quel salaire est reçu par chacun d'eux. 8. Quel est le montant total des salaires payés aux officiers à ce port. Présentée le 18 mars 1915.—*M. Kay*........................*Pas imprimée.*

180. Réponse à un ordre de la Chambre, en date du 8 mars 1915, pour relevé faisant connaître : 1. Combien d'officiers de douane étaient employés au port douanier de Highwater, Québec, le 20 septembre 1911. 2. Quels étaient les noms de ces officiers. 3. Quel salaire était payé à chacun d'eux. 4. Quel était le montant total des salaires payés aux officiers à ce port. 5. Combien d'officiers de douane sont employés à ce port à présent. 6. Quels sont leurs noms. 7. Quel salaire est reçu par chacun d'eux. 8. Quel est le montant total des salaires payés aux officiers à ce port. Présentée le 18 mars 1915.—*M. Kay*.........................*Pas imprimée.*

181. Réponse à un ordre de la Chambre, en date du 1er mars 1915, pour copie de tous documents, requêtes, lettres, communications, etc., se rapportant à la destitution de Leonard Dutchinson, gardien-chef du pénitencier de Dorchester. Présentée le 18 mars 1915.—*M. Copp*.........................*Pas imprimée.*

VOLUME 28—*Suite.*

182. Réponse à un ordre de la Chambre, en date du 22 février 1915, pour copie des lettres, télégrammes et documents en général au sujet de la construction d'un pont projeté entre l'île de Montréal et la terre ferme à Vaudreuil. Présentée le 18 mars 1915.—*M. Boyer.*
Pas imprimée.

182a. Réponse à un ordre de la Chambre, en date du 22 février 1915, pour copie de lettres, télégrammes et documents en général se rapportant à la construction d'un pont projeté entre l'île Perrot et la terre ferme à Vaudreuil. Présentée le 18 mars 1915.—*M. Boyer.*
Pas imprimée.

183. Réponse à un ordre de la Chambre, en date du 29 février 1915, pour relevé faisant connaître quelles propriétés ont été acquises par le gouvernement dans la cité de Régina depuis le 21 septembre 1911; les descriptions de ces propriétés par mesures et bornes; pour quelles fins elles ont été acquises; de qui elles ont été achetées; quel a été le prix total, et le prix de revient par pied de chacune d'elles; si quelqu'une des propriétés a été acquise par voie d'expropriation, quel tribunal a déterminé le prix à payer pour chaque propriété ainsi expropriée, et à quelles dates ces propriétés ont été acquises. Présentée le 18 mars 1915.—*M. Martin (Régina).*. .. ..*Pas imprimée.*

184. Réponse à un ordre de la Chambre, en date du 19 février 1915, pour copie de tous télégrammes, lettres, mémoires, bordereaux de paie, recommandations et autres documents se rattachant en quelque manière à la construction d'un quai à Lower-Burlington, dans le comté de Hants. Présentée le 18 mars 1915.—*M. Chisholm (Inverness).*
Pas imprimée.

185. Réponse à un ordre de la Chambre, en date du 24 février 1915, pour copie de toutes listes de paie, correspondance et pièces justificatives concernant les réparations au brise-lames de Jordan, comté de Shelburne, pour lesquelles Léander McKenzie était conducteur des travaux ou contremaître. Présentée le 18 mars 1915.—*M. Law.*.*Pas imprimée.*

186. Réponse à un ordre de la Chambre, en date du 24 février 1915, pour copie de tous télégrammes, correspondance, lettres et bordereaux de paie concernant la réparation et le rallongement du brise-lames à Bluff-Head, comté de Yarmouth, N.-E., en 1914. Présenté le 18 mars 1915.—*M. Law.*. .. ..*Pas imprimée.*

187. Réponse à un ordre de la Chambre, en date du 22 février 1915, pour relevé faisant connaître les sommes dépensées par le ministère des Travaux publics, dans le comté d'Inverness, au cours de chaque année de 1896 à 1915. Présentée le 18 mars 1915.—*M. Chisholm (Inverness).*. .. ..*Pas imprimée.*

188. Réponse à un ordre de la Chambre, en date du 24 février 1915, pour copie de tous télégrammes, lettres, correspondance et bordereaux de paie concernant les réparations et autres travaux au brise-lames de Sandford, comté de Yarmouth, N.-E., en 1914. Présentée le 18 mars 1915.—*M. Law.*. .. ..*Pas imprimée.*

189. Réponse à un ordre de la Chambre, en date du 1er mars 1915, pour copie de tous papiers, lettres, pétitions et autres documents concernant un contrat pour le transport des malles entre Whitby et la gare du Grand-Tronc conclu avec David D. Heard & Sons, ou avec John Gimblet, Whitby. Présentée le 19 mars 1915.—*M. Pardee.*. .. .. .*Pas imprimée.*

190. Copies de rapports du comité du Conseil privé, approuvés par Son Altesse Royale le Gouverneur général, concernant certaines avances à la *Canadian Northern Railway* et à la *Grand Trunk Pacific Railway Company*, respectivement, avec copies des traités conclus entre les dites compagnies et Sa Majesté. Présentées par l'honorable M. White, le 19 mars 1915. .. ..*Pas imprimées.*

191. Réponse à un ordre de la Chambre, en date du 11 février 1915, pour copie de toutes les soumissions reçues le 15 janvier écoulé, par le ministère des Postes pour le service de la malle entre Caraquet et Tracadie, comté de Gloucester, N.-B., avec les noms des soumissionnaires, le chiffre respectif des soumissions et le nom du nouvel entrepreneur. Présentée le 19 mars 1915.—*M. Loggie.*. .. ..*Pas imprimée.*

192. Réponse à un ordre de la Chambre, en date du 8 mars 1915, pour relevé faisant connaître: 1. Quelles fractions des homesteads dans la Saskatchewan ont été vendues en 1914. 2. Quel était le nom de l'acheteur, et quel a été le prix d'achat dans chaque cas. Présentée le 22 mars 1915.—*M. Martin (Régina).*. .. ..*Pas imprimée.*

193. Réponse à un ordre de la Chambre, en date du 25 février 1915, pour sommaire faisant connaître, en rapport avec la réponse faite le 15 février à la question posée le 9 février, page 161 des Débats non revisés—combien a coûté l'ameublement des bureaux du gouvernement dans chacun des dits édifices. Présentée le 22 mars 1915.—*M. Turriff.*
Pas imprimée.

VOLUME 28—*Suite.*

194. Réponse à un ordre de la Chambre, en date du 1er mars 1915, pour état donnant le montant des subventions de chemins de fer dans le comté d'Inverness depuis 1896 jusqu'à présent, et les dates de ces paiements. Présentée le 22 mars 1915.—*M. Chisholm (Inverness)*.. .. .., ...*Pas imprimée.*

195. Réponse à un ordre de la Chambre, en date 1er mars 1915, pour copie de tous papiers, lettres, télégrammes et autres documents depuis janvier 1911 jusqu'à date, concernant l'achat ou l'affermage du chemin de fer entre New-Glasgow et Thorburn, comté de Pictou, connu sous le nom de *Vale Railway*, de la *Acadia Coal Company*. Présentée le 22 mars 1915.—*M. Macdonald*.. .. ..*Pas imprimée.*

196. Réponse à un ordre de la Chambre, en date du 1er mars 1915, pour copie de tous documents, lettres, messages, correspondance, contrats, etc., se rapportant à la vente ou au bail par le département des Chemins de fer à Joseph Meunier, du foin croissant sur le terrain de l'Intercolonial, dans la paroisse du Bic, comté de Rimouski, vis-à-vis les propriétés de Charles Lavoie, Cléophas Leclerc et Joseph Parent. Présentée le 22 mars 1915.—*M. Lapointe (Kamouraska)*.. .. ..*Pas imprimée.*

197. Réponse à un ordre de la Chambre, en date du 3 mars 1915, pour copie de tous papiers, lettres, télégrammes, témoignages d'enquêtes, rapports et autres documents concernant la suspension ou autre punition infligée à la suite de l'accusation d'ivrognerie portée contre Newton Hopper, chef de train sur l'Intercolonial, et sa réinstallation subséquente. Présentée le 22 mars 1915.—*M. Macdonald*.. .. ..*Pas imprimée.*

198. Réponse à un ordre de la Chambre, en date du 1er mars 1915, pour copie de tous télégrammes, lettres et autres papiers concernant la destitution de Bruce Wiswell, cantonnier sur l'Intercolonial, à Stellarton, N.-E. Présentée le 22 mars 1915.—*M. Macdonald. Pas imprimée.*

199. Réponse à un ordre de la Chambre, en date du 22 février 1915, pour relevé faisant contre quel nombre de tonnes de marchandises a été reçu et a été expédié au Loggieville, de Chatham et de Newcastle, respectivement, sur la ligne de l'Intercolonial, chaque mois de 1914, et pendant le mois de janvier 1915, avec mention séparée du charbon et autres approvisionnements de chemins de fer ; quel a été le mouvement du trafic passagers local et d'entier parcours à chacune des stations susdites, chaque mois de la période susmentionnée. Présentée le 22 mars 1915.—*M. Loggie*.. .. ..*Pas imprimée.*

200. Réponse à un ordre de la Chambre, en date du 15 février 1915, pour copie de tous télégrammes, lettres et correspondance échangés avec Margaret Lynch, ou toute personne agissant en son nom, en rapport avec l'expropriation, par l'Intercolonial, d'un certain terrain appartenant à la dite Margaret Lynch, en la cité de Fredericton, N.-B. ;—aussi, de tous télégrammes, lettres et correspondance échangés avec F. P. Gutelius ou tout autre fonctionnaire de l'Intercolonial en la matière. Présentée le 22 mars 1915.—*M. Carvell*.. .. ..*Pas imprimée.*

201. Réponse à un ordre de la Chambre, en date du 3 mars 1915, pour copie de tous documents concernant le paiement à C. R. Scoles, de New-Carlisle, Québec, en juillet 1914, du reliquat de subvention votée en faveur du chemin de fer de l'Atlantique au lac Supérieur, sur la recommandation du contrôleur financier. Présentée le 22 mars 1915.—*M. Marcil. Pas imprimée.*

202. Réponse à un ordre de la Chambre, en date du 1er mars 1915, pour copie de tous télégrammes, lettres, correspondance et rapports concernant l'achat du chemin de fer *New Brunswick and Prince Edward Island*, entre Sackville et Cap-Tormentine, comté de Westmoreland. Présentée le 22 mars 1915.—*M. Copp*.. .. ..*Pas imprimée.*

203. Réponse à un ordre de la Chambre, en date du 1er mars 1915, pour copie des taux de transport de la farine, actuellement en vigueur sur les chemins de fer Québec Oriental et *Atlantic, Quebec and Western*. Présentée le 22 mars 1915.—*M. Marcil. Pas imprimée.*

204. Réponse à un ordre de la Chambre, en date du 22 février 1915, pour copie de toutes pétitions, correspondance, plaintes, et de tous rapports et documents concernant la destitution de Alfred H. Bonnyman, maître de poste à Mattatall-Lake, comté de Colchester, N.-E. Présentée le 24 mars 1915.—*M. Sinclair*.. .. ..*Pas imprimée.*

205. Réponse à une adresse à Son Altesse Royale le Gouverneur général, en date du 1er mars 1915, pour copie de tous documents, correspondance, plaintes, preuve, décisions et décrets du conseil au sujet de la destitution de John Thomas, maître de poste de Hammond's-Plains, comté de Halifax, N.-E. Présentée le 24 mars 1915.—*M. Maclean (Halifax)*. *Pas imprimée.*

205a. Réponse supplémentaire à une adresse à Son Altesse Royale, en date du 1er mars 1915, pour copie de tous documents, correspondance, plaintes, preuve, décisions et décrets du conseil au sujet de la destitution de John Thomas, maître de poste de Hammond's-Plains, comté de Halifax, N.-E. Présentée le 8 avril 1915.—*M. Maclean (Halifax)*. *Pas imprimée.*

VOLUME 28—*Suite.*

206. Copie certifiée d'un rapport du comité du Conseil privé, approuvé par Son Altesse Royale le Gouverneur général, concernant la question de procurer un secours adéquat sous forme de pension aux officiers et aux soldats devenus absolument ou partiellement invalides en service actif, ou aux personnes dépendant, pour leur soutien, de ces officiers et soldats qui seraient tués en service actif. Présentée par sir Robert Borden, le 24 mars 1915...*Pas imprimée.*

207. Réponse à un ordre de la Chambre, en date du 8 mars 1915, pour état indiquant: 1. Combien de firmes ou de particuliers ont reçu du gouvernement ou de quelqu'un des ministères des commandes pour des selles, depuis le 1er juillet 1914. 2. Quels sont les noms de ces firmes. 3. Combien de selles ont été commandées à chaque firme. 4. Combien de selles ont été livrées par chaque firme jusqu'à date. 5. Combien de selles chaque firme a encore à livrer. 6. Quel prix chaque firme reçoit pour ces selles. Présentée le 26 mars 1915.—*M. Murphy*...*Pas imprimée.*

208. Réponse à un ordre de la Chambre, en date du 8 mars 1915, pour copie de tóus documents, correspondance, lettres, télégrammes, etc., se rapportant à la destitution de M. P. B. Hurlbert, maître de poste à Springdale, comté de Yarmouth, N.-E., et le déplacement du bureau. Présentée le 30 mars 1915.—*M. Law*.............................*Pas imprimée.*

209. Réponse à un ordre de la Chambre, en date du 8 mars 1915, pour copie de toutes lettres, requêtes, télégrammes et correspondance, entre l'honorable L. P. Pelletier, ministre des Postes, et toute personne du comté de Lévis, dans le courant du mois d'avril 1912, concernant la nomination de G. A. Marois à une position à la douane de Québec, et la nomination de J. E. Gingras comme maître de poste de Saint-Romuald et d'Etchemin. Présentée le 30 mars 1915.—*M. Bourassa*........................*Pas imprimée.*

210. Réponse à un ordre de la Chambre, en date du 22 février 1915, pour copie de tous télégrammes, lettres, requêtes et documents de quelque nature que ce soit en la possession du ministère des Postes se rapportant en quoi que ce soit à la conduite du maître de poste à Grand-Etang depuis sa nomination jusqu'à ce jour. Présentée le 30 mars 1915. Chisholm (*Inverness*)..*Pas imprimée.*

211. Réponse à un ordre de la Chambre, en date du 1er mars 1915, pour copie de tous télégrammes, lettres, papiers, documents, preuve et rapports concernant la destitution de Charles H. Marshall, maître de poste à Nanton, Alta. Présentée le 30 mars 1915.—*M. Warwick*...*Pas imprimée.*

212. Réponse à un ordre de la Chambre, en date du 1er mars 1915, pour copie du rapport du fonctionnaire en charge de l'établissement pour l'élevage du homard à Port-Daniel-Ouest, et du rapport de l'inspecteur qui en a été fait pour la saison de 1914. Présentée le 31 mars 1915.—*M. Marcil*...*Pas imprimée.*

213. Réponse à un ordre de la Chambre, en date du 24 février 1915, pour copie de tous documents, correspondance, pétitions, etc., concernant une requête de Donald Williams et autres au sujet de la réglementation des rets à trappe à Green-Harbour et les environs. Présentée le 31 mars 1915.—*M. Law*................................*Pas imprimée.*

214. Réponse à un ordre de la Chambre, en date du 9 février 1915, pour copie de toute la correspondance, des requêtes, recommandations départementales et autres documents en la possession du ministère de la Marine et des Pêcheries au sujet de la définition de l'expression *navigation de cabotage*, tel que défini par la loi de la marine marchande au Canada, depuis la revision dés Statuts en 1886. Présentée le 1er avril 1915.—*M. Sinclair*..*Pas imprimée.*

215. Réponse à un ordre de la Chambre, en date du 1er mars 1915, pour copie de tous documents, annonces, soumissions, contrats, pièces comptables et correspondance concernant l'établissement d'un service par bateaux traversiers entre Halifax et Dartmouth, N.-E., pour les employés du ministère de la Marine et des Pêcheries résidant à Halifax, N.-E. Présentée le 1er avril 1915.—*M. Maclean (Halifax)*................*Pas imprimée.*

216. Réponse à un ordre de la Chambre, en date du 27 février 1915, pour copie de tous documents, listes de paie, pièces comptables détaillées et correspondance concernant les travaux publics suivants: brise-lames ou quai à East-Green-Harbour; hangar sur le quai public à Shelburne; et réparations au quai de Gunning-Cove. Présentée le 1er avril 1915.—*M. Law*...*Pas imprimée.*

217. Réponse à un ordre de la Chambre, en date du 22 février 1915, pour relevé faisant connaitre: 1. Quelles propriétés ont été acquises par le gouvernement dans la cité de Régina depuis le 21 septembre 1911. 2. Les descriptions de ces propriétés par mesures et bornes. 3. Pour quelles fins elles ont été acquises. 4. De qui elles ont été achetées. 5. Quel a été prix total et le prix de revient par pied de chacune d'elles. 6. Si quelqu'une des propriétés a été acquise par voie d'expropriation, quel tribunal a déterminé le prix à payer pour chaque propriété ainsi expropriée. 7. A quelles dates ces propriétés ont été acquises. Présentée le 1er avril 1915.—*M. Martin (Régina)*....*Pas imprimée.*

VOLUME 28—*Suite.*

218. Réponse à un ordre de la Chambre, en date du 11 février 1915, pour copie de tous les documents, lettres, télégrammes, etc., se rapportant à l'achat de la propriété connue sous le nom de l'hôtel Carslake, à Montréal, pour les fins du ministère des Postes. Présentée le 1er avril 1915.—*M. Lemieux*......................................,*Pas imprimée.*

219. Réponse à une adresse à Son Altesse Royale le Gouverneur général, en date du 1er mars 1915, pour copie de tous télégrammes, lettres, rapports, recommandations, décrets du conseil, bordereaux de paie, liste de dépenses, liste des noms du contremaître et des surintendants et tous autres documents se rapportant en quelque manière à la construction et à l'entretien du brise-lames à Phinney's-Cove et Young's-Cove, comté d'Annapolis. Présentée le 1er avril 1915.—*M. Macdonald*................*Pas imprimée.*

220. Réponse à un ordre de la Chambre, en date du 24 février 1915, pour copie de tous documents, correspondance et pétitions depuis le 31 octobre 1912, concernant le quai public projeté au havre de Lower-Wood. Présentée le 1er avril 1915.—*M. Law*..*Pas imprimée.*

221. Réponse à un ordre de la Chambre, en date du 1er mars 1915, pour copie de tous documents, correspondance, annonces, soumissions, comptes et pièces comptables concernant le rallongément du brise-lames, à Prospect, comté d'Halifax, N.-E. Présentée le 1er avril 1915.—*M. Maclean (Halifax)*.................................*Pas imprimée.*

222. Réponse à un ordre de la Chambre, en date du 1er mars 1915, pour copie de tous télégrammes, lettres, pétitions, rapports, recommandations et documents de toute nature concernant l'achat d'un terrain pour un édifice public à Port-Hawkesbury, et l'érection d'un édifice public sur ce terrain. Présentée le 1er avril 1915.—*M. Chisholm (Inverness)*...*Pas imprimée.*

223. Réponse à un ordre de la Chámbre, en date du 8 mars 1915, pour état faisant connaître tous les montants d'argent dépensés pour travaux publics dans les comtés de Wright, Pontiac et Labelle, depuis octobre 1911 jusqu'à date. Présentée le 1er avril 1915.—*M. Devlin*...*Pas imprimée.*

224. Réponse à un ordre de la Chambre, en date du 17 mars 1915, pour copie du bordereau de paie du mois d'octobre 1914 concernant les réparations au brise-lames de Shippigan-Gully, comté de Gloucester. Présentée le 1er avril 1915.—*M. Turgeon*...*Pas imprimée.*

225. Réponse à un ordre de la Chambre, en date du 8 mars 1915, pour état indiquant: 1. A combien de firmes ou de particuliers le gouvernement, ou l'un ou l'autre de ses ministères, a donné des commandes de bicycles, depuis le 1er juillet 1914. 2. Quels sont les noms de ces firmes. 3. Combien de bicycles ont été commandés à chaque firme. 4. Combien chaque firme en a livrés jusqu'à ce jour. 5. Combien chaque firme en a encore à livrer. 6. Quel prix chaque firme reçoit pour ces bicycles. Présentée le 1er avril 1915.—*M. Kyte*...*Pas imprimée.*

226. Réponse à un ordre de la Chambre, en date du 22 février 1915, pour relevé faisant connaître les noms et les adresses de tous les vétérans dans le comté d'Inverness qui ont reçu la récompense décrétée en faveur des volontaires qui ont servi lors de l'invasion féniane, les noms et les adresses de ceux qui ne l'ont pas encore reçue, et les noms et les adresses de ceux dont les demandes ont été refusées. Présentée le 1er avril 1915.—*M. Chisholm (Inverness)*..*Pas imprimée.*

227. Réponse à un ordre de la Chambre, en date du 8 mars 1915, pour relevé faisant connaître: 1. A combien de firmes ou de particuliers le gouvernement ou l'un ou l'autre de ses ministères, a donné des commandes de cycles automobiles, depuis le 1er juillet 1914. 2. Quels sont les noms de ces firmes. 3. Combien de cycles automobiles ont été commandés à chaque firme. 4. Combien chaque firme en a livrés jusqu'à ce jour. 5. Combien chaque firme doit encore en livrer. 6. Quel prix chaque firme reçoit pour ces cycles automobiles. Présentée le 1er avril 1915.—*M. Chisholm (Antigonish)*...*Pas imprimée.*

228. Réponse à une adresse à Son Altesse Royale le Gouverneur général, en date du 19 février 1915, pour copie de tous décrets du conseil et de tous télégrammes et lettres échangés entre le gouvernement fédéral et les diverse compagnies concernant le transfert projeté des pêcheries dans les eaux où la marée se fait sentir, du contrôle provincial à celui des autorités fédérales. Présentée le 1er avril 1915.—*M. Lemieux*......*Pas imprimée.*

229. Réponse à une adresse à Son Altesse Royale le Gouverneur général, en date du 4 mars 1915, pour copie de toute correspondance échangée entre le gouvernement du Canada ou l'un ou l'autre des ministres ou fonctionnaires de ces gouvernements concernant le contrôle des pêcheries dans la province de Québec; aussi, de tous documents se rapportant à cette question, avec la liste des permis accordés pour l'un ou l'autre de ces gouvernements au cours de la présente année. Présentée le 1er avril 1915.—*M. Marcil.* *Pas imprimée.*

230. Réponse à un ordre de la Chambre, en date du 24 février 1915, pour copie de tous télégrammes, correspondance, lettres et pétitions concernant la nomination de Alfred Bishop,

VOLUME 28—*Suite.*

comme conducteur des travaux de ferme, ou en toute autre qualité, à la ferme expérimentale de Kentville, N.-E. Présentée le 1er avril 1915.—*M. Kyte.. ..Pas imprimée.*

231. Réponse à une adresse, en date du 10 mars 1915, pour copie de toute la correspondance, des télégrammes et autres documents échangés entre le ministère de la Marine et des Pêcheries, le ministère du Service naval et le département de la Colonisation, des Mines et des Pêcheries de la province de Québec, relativement à la rescision de la prohibition de la pêche au filet dans les eaux des lacs des Deux-Montagnes, Saint-François et Saint-Louis, conformément à l'arrêté ministériel (197) rendu à Ottawa, le jeudi, 28 janvier 1915.—*(Sénat)..Pas imprimée.*

232. Réponse à un ordre de la Chambre, en date du 1er mars 1915, pour copie de tous papiers, lettres, requêtes et autres documents se rapportant à l'établissement d'une route postale rurale entre River-John et Hedgeville, comté de Pictou. Présentée le 3 avril 1915.—*M. Macdonald..Pas imprimée.*

233. Une déclaration venant du consul général de Belgique en Canada touchant la protestation lancée par le gouvernement belge contre l'affirmation de la chancellerie germanique à l'effet que, même dès 1906, la Belgique avait agi à l'encontre de sa propre neutralité en concluant une convention avec la Grande-Bretagne. Présentée par sir Robert Borden, le 5 avril 1915.................*Imprimée pour les documents parlementaires.*

234. Réponse à une adresse du Sénat, en date du 11 mars 1915, pour un état indiquant : 1. Combien le gouvernement a-t-il acheté de blé, d'avoine et d'orge en 1914 pour semence à être distribuée dans l'Ouest, indiquant la quantité dans chaque cas. 2. Où ce grain est-il emmagasiné, et quel taux d'emmagasinage le gouvernement paie-t-il. 3. Combien le gouvernement a-t-il payé par boisseau pour l'avoine, l'orge et le blé achetés pour les dites provinces, et quand ce grain a-t-il été acheté. 4. Un contrat a-t-il été donné pour le nettoyage du dit grain, à qui a-t-il été donné et à quel prix.—*(Sénat)..Pas imprimée.*

235. Réponse à un ordre du Sénat, en date du 18 mars 1915, pour : 1. Un état des résultats obtenus, par qualité, de tous les grains entreposés par chacun des élévateurs de tête de ligne à Fort-William et Port-Arthur, du relevé annuel des opérations, pour chacune des années 1912, 1913 et 1914. 2. Un état des différences, soit en plus soit en moins, qui se sont produites en chaque qualité de grain, dans chaque élévateur, pour chacune des dites années 1912, 1913 et 1914. 3. Un état du résultat net des opérations de chacun des dits élévateurs, soit en plus, soit en moins, de chaque qualité de grain, durant ces trois années.—*(Sénat)..Pas imprimée.*

236. Réponse à un ordre de la Chambre, en date du 8 mars 1915, pour état indiquant : 1. Quelles quantités de boissons spiritueuses (gallons de preuve), y compris l'ale, les vins et les bières, ont été sorties d'entrepôt à chaque port du Canada entre le 6 et le 21 août 1914. 2. Quelle quantité de cigares, de cigarettes et de tabac a été sortie d'entrepôt à chaque port du Canada, pendant la période précitée. Présentée le 7 avril 1915.—*M. Hughes (King, I.-P.-E.)..Pas imprimée.*

237. Réponse à un ordre de la Chambre, en date du 8 mars 1915, pour état indiquant : 1. Combien de firmes ou de particuliers ont reçu du gouvernement ou de quelqu'un des ministères des commandes pour bonnets de police depuis le 1er juillet 1914. 2. Quels sont les noms de ces firmes. 3. Combien de bonnets de police ont été commandés à chaque firme. 4. Combien de bonnets de police ont été livrés par chaque firme jusqu'à date. 5. Combien de bonnets de police chaque firme a encore à livrer. 6. Quel prix chaque firme reçoit pour ces bonnets de police. Présentée le 7 avril 1915.—*M. Murphy. Pas imprimée.*

238. Réponse à un ordre de la Chambre, en date du 11 mars 1915, pour copie du rapport du Dr Wm Wakeman sur l'étendue des pertes subies dans la baie des Chaleurs et le golfe Saint-Laurent par suite de la tempête du 5 juin 1914 ; aussi, un relevé faisant conna'tre le nombre de réclamations reçues, le nombre de réclamations admises, les noms et adresses des réclamants, les sommes payées à chacun d'eux ; aussi, copie des autres documents se rapportant à ce sujet. Présentée le 7 avril 1915.—*M. Marcil.. .. ...Pas imprimée.*

239. Réponse à un ordre de la Chambre, en date du 22 février 1915, pour copie de tous télégrammes, lettres, rapports, recommandations, décrets du conseil et autres papiers et documents au sujet des récompenses aux officiers et équipages des steamers *John L. Can* et *Westport III* pour l'héroïsme dont ils ont fait preuve lors du sauvetage des passagers et de l'équipage du steamer *Cobequid* qui a fait naufrage sur le récif Trinity, le 13 janvier 1914. Présentée le 7 avril 1915.—*M. Law.. .. .. .Pas imprimée.*

240. Réponse à un ordre de la Chambre, en date du 29 mars 1915, pour copie de tous documents, lettres, télégrammes, rapports, etc., se rapportant à la démission de Alexandre Blais, de la ville de Lévis, comme officier de douane à Bradore-Bay, et à la nomination de son ou ses successeurs. Présentée le 7 avril 1915.—*M. Bourassa.. ..Pas imprimée.*

VOLUME 28—*Suite.*

241. Réponse à une adresse du Sénat, en date du 18 mars 1915, pour un état indiquant toutes les nominations faites au ministère de l'Intérieur dans l'étendue de terrain compriso actuellement dans les divisions de Medicine-Hat et Macleod, donnant les noms, la date de nomination, le mode de nomination, le salaire depuis 1896 jusqu'à cette date. Aussi, les vacances créées par décès, résignation ou démission, donnant les noms, le temps de service, la cause de renvoi dans chaque cas, pendant la même période.—(*Sénat*).
Pas imprimée.

242. Réponse à un ordre de la Chambre, en date du 1er mars 1915, pour copie des accusations portées contre J. Herbert Sweetman, douanier à Port-Daniel-Ouest, Qué., et qui ont amené sa destitution ; aussi, copie des accusations portées contre Velson Hone, gardien de phare à Port-Daniel-Ouest, Qué., et qui ont amené sa destitution. Présentée le 8 avril 1915.—*M. Marcil (Bonaventure)*................................*Pas imprimée.*

243. Réponse à un ordre de la Chambre, en date du 22 février 1915, pour copie de toutes correspondance, recommandations, pétitions et de tous contrats, soumissions et autres papiers et documents se rattachant en quelque manière à l'adjudication du contrat pour le transport des malles entre Guysborough et Erinville, N.-E. Présentée le 8 avril 1915. —*M. Sinclair.*..*Pas imprimée.*

244. Réponse à un ordre de la Chambre, en date du 10 mars 1915, pour copie de tous rapports, pétitions, lettres, télégrammes et autres documents concernant la destitution de W. M. Thomson, maître de poste à Fort-Qu'Appelle, de toutes pétitions demandant sa réinstallation, et de toute correspondance à ce sujet. Présentée le 8 avril 1915.—*M. Thomson (Qu'Appelle)*...*Pas imprimée.*

245. Réponse à un ordre de la Chambre, en date du 22 mars 1915, pour copie de tous télégrammes, lettres, correspondance et pétitions reçus par le ministère des Postes concernant la demande de soumissions pour le service des malles entre Antigonish et Sherbrooke, lesquelles soumissions ont été ouvertes, ou étaient dues, au ministère des Postes, le 11 décembre dernier ; aussi, copie de toutes représentations ou requêtes recommandant la demande de nouvelles soumissions,—ce qui s'est fait au commencement de février dernier. Présentée le 8 avril 1915.—*M. Chisholm (Inverness)*....*Pas imprimée.*

246. Réponse à un ordre de la Chambre, en date du 3 mars 1915, pour copie de tous télégrammes, lettres, papiers et autres documents concernant l'établissement projeté d'un service de malle rurale entre Pictou et Saltsprings, comté de Pictou, et les arrangements pour le service actuel entre ces points. Présentée le 8 avril 1915. *M. Macdonald.*
Pas imprimée.

247. Réponse à une adresse à Son Altesse Royale le Gouverneur général, en date du 1er mars 1915, pour copie de tous télégrammes, lettres, rapports, recommandations, décrets du conseil et autres documents et papiers se rapportant en rapport à l'établissement de routes postales rurales et de livraisons de malles rurales entre Bridgetown et Granville-Ferry, comté d'Annapolis, et plus spécialement copie de tous télégrammes, lettres, rapports, recommandations et documents concernant la fermeture des bureaux de poste de Belle-Ile et d'Upper-Granville, et l'établissement du bureau de poste à Granville-Centre, tous dans le comté d'Annapolis. Présentée le 8 avril 1915.—*M. Macdonald.*
Pas imprimée.

248. Réponse à un ordre de la Chambre, en date du 22 février 1915, pour copie de tous télégrammes, lettres, rapports, requêtes et autres documents se rapportant en quoi que ce soit à la ligne de chemin de fer projetée entre Orangedale et Chéticamp. Présentée le 9 avril 1915.—*M. Chisholm (Inverness)*..........................*Pas imprimée.*

249. Réponse à un ordre de la Chambre, en date du 11 mars 1915, pour copie de tous les documents, enquêtes, rapports, correspondance, etc., se rapportant à l'incendie de certaines bâtisses appartenant à la *Trois Pistoles Pulp and Lumber Company*, et à André Leblond, près de la station Tobin, sur le chemin de fer Intercolonial. Présentée le 9 avril 1915.— *M. Lapointe (Kamouraska)*......................................*Pas imprimée.*

250. Réponse à un ordre de la Chambre, en date du 18 mars 1915, pour relevé faisant connaître les noms de tous les fonctionnaires, assistants et commis, employés dans les bureaux du chemin de fer à Moncton, N.-B., et le salaire respectif de chacun .d'eux ; aussi, les noms des fonctionnaires antérieurement employés dans ces bureaux qui ont quitté le service et reçoivent une allocation de pension et le chiffre de la pension que chacun d'eux reçoit. Présentée le 9 avril 1915.—*M. Copp.*...........................*Pas imprimée.*

251. Réponse à un ordre de la Chambre, en date du 24 mars 1915, pour relevé faisant connaître les noms de toutes les personnes de qui ont été achetés des terrains ou propriétés pour des fins de droit de passage ou de stations en rapport avec l'embranchement de l'Intercolonial allant de Dartmouth à Dean-Settlement ; la quantité de terra'n ainsi acquise, et le prix versé,—depuis la date de la dernière réponse à ordre (n° 128) déposée devant la Chambre à sa dernière session régulière. Présentée le 9 avril 1915.—*M. Maclean (Halifax)*..*Pas imprimée.*

VOLUME 28—*Suite.*

252. Réponse à une adresse à Son Altesse Royale.le Gouverneur général, en date du 17 mars 1915, pour copie de tous décrets du conseil, arrangements, correspondance, lettres, etc., concernant l'affermage ou le transfert de l'embranchement Windsor, de l'Intercolonial, au chemin de fer du Pacifique-Canadien. Présentée le 9 avril 1915.—*M. Maclean (Halifax)*...*Pas imprimée.*

253. Réponse à un ordre de la Chambre, en date du 22 février 1915, pour copie de toutes pétitions et correspondance et de tous rapports d'ingénieurs ou autres personnes, en la possession du ministère des Chemins de fer et des Canaux, au sujet de la construction d'un chemin de fer dans le comté de Guysborough, N.-E. Présentée le 9 avril 1915.—*M. Sinclair*...*Pas imprimée.*

254. Réponse à un ordre de la Chambre, en date du 10 mars 1915, pour copie de toutes lettres et correspondance, échangées entre D. McDonald, surintendant de l'Intercolonial, de Lévis, P. Brady, surintendant général, à Moncton, et autres officiers de la compagnie, et Théophile Bélanger, voyageur de commerce, de Montréal, et de tous rapports concernant la réclamation de ce dernier contre l'Intercolonial pour retard dans le transport de ses bagages de Drummondville à Matapédia en mai 1913. Présentée le 9 avril 1915.—*M. Ehteir*..*Pas imprimée.*

255. Réponse à un ordre de la Chambre, en date du 15 février 1915, pour copie de tous télégrammes, lettres, minutes d'enquête et autres documents concernant la destitution de Isaac Arbuckle, contremaître des charpentiers de l'Intercolonial, à Pictou, et la nomination de Alex. Talbot, à l'emploi vacant. Présentée le 9 avril 1915.—*M. Macdonald.*
Pas imprimée.

256. Réponse à un ordre de la Chambre, en date du 15 février 1915, pour copie de tous télégrammes, correspondance, lettres, de la part de qui que ce soit, échangés avec le ministère des Chemins de fer et des Canaux, ou F. P. Gutelius, gérant général de l'Intercolonial, ou tout autre fonctionnaire de cette voie ferrée, au sujet des taux de transport de marchandises sur cette partie du Transcontinental dans la province du Nouveau-Brunswick;—aussi, en rapport avec l'enlèvement du raccordement en Y à Wapske, dans le comté de Victoria, entre le dit Transcontinental et le Pacifique-Canadien à cet endroit. Présentée le 9 avril 1915.—*M. Carvell*....................................*Pas imprimée.*

257. Réponse à un ordre de la Chambre, en date du 15 janvier 1915, pour copie de tous télégrammes, contrats, lettres, correspondance et autres documents se rapportant à l'exploitation par l'Intercolonial du chemin de fer *St. John Valley*, ainsi qu'il est communément désigné, depuis le 1er juillet dernier,—de toutes lettres, correspondance, etc., échangées avec le ministère des Chemins de fer et des Canaux, ou avec F. P. Gutelius ou tout autre fonctionnaire de l'Intercolonial. Présentée le 9 avril 1915.—*M. Macdonald.*
Pas imprimée.

258. Réponse à un ordre de la Chambre, en date du 1er mars 1915, pour copie de tous mémoires, requêtes, lettres, télégrammes, communications et rapports touchant la construction d'une route conduisant au nouveau quai, à Sackville, N.-B.—aussi, concernant la construction d'un tronçon ou d'une voie subsidiaire, à Sackville, reliant l'Intercolonial et le dit quai. Présentée le 9 avril 1915.—*M. Copp*.......................*Pas imprimée.*

259. Réponse à un ordre de la Chambre, en date du 15 mars 1915, pour copie de toute correspondance échangée entre le ministère ou un fonctionnaire quelconque du gouvernement ou toute autre personne au sujet de l'établissement de colons sur des homesteads de la réserve boisée de la Montagne-du-Canard, et aussi de la preuve faite dans l'enquête conduite par l'inspecteur Cuttle au sujet de l'octroi d'inscriptions de homesteads sur la dite réserve boisée. Présentée le 9 avril 1915.—*M. Martin (Régina)*.....*Pas imprimée.*

260. Réponse à un ordre de la Chambre, en date du 8 mars 1915, pour relevé faisant connaître: 1. A combien de firmes ou de particuliers le gouvernement ou l'un ou l'autre de ses ministères, a donné des commandes de chemises de flanelle, depuis le 1er juillet 1914. 2. Quels sont les noms de ces firmes. 3. Combien de chemises de flanelle ont été commandées à chaque firme. 4. Combien chaque firme en a livrées jusqu'à ce jour. 5. Combien chaque firme doit encore en livrer. 6. Quel prix chaque firme reçoit pour ces chemises de flanelle. Présentée le 9 avril 1915.—*M. Carroll*........*Pas imprimée.*

260a. Réponse à un ordre de la Chambre, en date du 8 mars 1915, pour état indiquant: 1. A combien de firmes ou de particuliers le gouvernement ou l'un ou l'autre de ses ministères, a donné des commandes de chemises de coton, depuis le 1er juillet 1914. 2. Quels sont les noms de ces firmes. 3. Combien de chemises de coton ont été commandées à chaque firme. 4. Combien chaque firme en a livrées jusqu'à ce jour. 5. Combien chaque firme doit encore en livrer. 6. Quel prix chaque firme reçoit pour ces chemises de coton. Présentée le 9 avril 1915.—*M. Chisholm (Antigonish)*........*Pas imprimée.*

260b. Réponse à un ordre de la Chambre, en date du 8 mars 1915, pour relevé faisant connaître: 1. A combien de firmes ou de particuliers le gouvernement ou l'un ou l'autre de

VOLUME 28—*Suite.*

ses ministères, a donné des commandes de chemises de service, depuis le 1er juillet 1914. 2. Quels sont les noms de ces firmes. 3. Combien de chemises de service ont été commandées à chaque firme. 4. Combien chaque firme en a livrées jusqu'à ce jour. 5. Combien chaque firme doit encore en livrer. 6. Quel prix chaque firme reçoit pour ces chemises de service. Présentée le 10 avril 1915.—*M. Carroll.*. . . . . . *Pas imprimée.*

260c. Réponse à un ordre de la Chambre, en date du 8 mars 1915, pour état indiquant: 1. A combien de firmes ou de particuliers le gouvernement ou l'un ou l'autre de ses ministères, a donné des commandes de chemises d'hiver, depuis le 1er juillet 1914. 2. Quels sont les noms de ces firmes. 3. Combien de chemises d'hiver ont été commandées à chaque firme. 4. Combien de firmes en a livrées jusqu'à ce jour. 5. Combien chaque firme doit encore en livrer. 6. Quel prix chaque firme reçoit pour ces chemises d'hiver. Présentée le 12 avril 1915.—*M. McKenzie.*. . . . .*Pas imprimée.*

261. Réponse à un ordre de la Chambre, en date du 11 mars 1915, pour état indiquant: 1. Quels médicaments ou autres articles ont été achetés depuis le 1er août par le gouvernement ou quelqu'un des ministères, de M. T. A. Brownlee, d'Ottawa. 2. Quelles quantités de ces articles ont été achetées de lui, et quels ont été les prix payés. 3. Si le gouvernement ou quelqu'un des ministères a préparé une liste de prix pour démontrer ce qui constitue un prix équitable et raisonnable pour les articles ainsi achetés. 4. Si on a contrôlé avec soin les articles achetés pour s'assurer qu'un prix honnête et raisonnable a été imposé. 5. Quelle est la valeur totale des articles livrés par M. T. A. Brownlee jusqu'à date. 6. Quelle est la valeur totale des articles commandés à M. T. A. Brownlee, mais qui jusqu'à présent n'ont pas été livrés. Présentée le 9 avril.—*M. Kyte.*   *Pas imprimée.*

262. Réponse à un ordre de la Chambre, en date du 8 mars 1915, pour relevé faisant connaître : 1. A combien de firmes ou particuliers le gouvernement ou quelqu'un des ministères a acheté des havresacs, depuis le 1er juillet 1914. 2. Quels sont leurs noms. 3. Combien de havresacs ont été commandés à chaque firme. 4. Quel nombre chaque firme a livré jusqu'à date. 5. Quel nombre chaque firme a encore à livrer. 6. Quel est le prix payé à chaque firme pour ces havresacs. Présentée le 9 avril 1915.—*M. Kyte.* . *Pas imprimée.*

263. Réponse à un ordre de la Chambre, en date du 11 mars 1915, pour sommaire faisant connaître: 1. Quels sont les médicaments ou autres articles qui ont été achetés depuis le 1er août par le gouvernement ou quelqu'un des ministères, de M. S. J. Stevenson ou de la pharmacie Waverley. 2. Quelles quantités de ces articles ont été achetées de lui, et quels ont été les prix payés. 3. Si le gouvernement ou quelqu'un des ministères a préparé une liste de prix pour démontrer ce qui constitue un prix équitable et raisonnable pour les articles ainsi achetés. 4. Si on a contrôlé avec soin les articles achetés pour s'assurer qu'un prix honnête et raisonnable a été imposé. 5. Quelle est la valeur totale des articles livrés par M. Stevenson ou la pharmacie Waverley jusqu'à date. 6. Quelle est la valeur totale des articles commandés à M. S. J. Stevenson ou la pharmacie Waverley. Présentée le 9 avril 1915.—*M. Chisholm (Antigonish).* . . . .*Pas imprimée.*

264. Réponse à un ordre de la Chambre, en date du 8 mars 1915, pour état indiquant: 1. A combien de firmes ou de particuliers le gouvernement ou l'un ou l'autre de ses ministères, a donné des commandes de sous-vêtements, depuis le 1er juillet 1914. 2. Quels sont les noms de ces firmes. 3. Combien de sous-vêtements ont été commandés à chaque firme. 4. Combien chaque firme en a livrés jusqu'à ce jour. 5. Combien chaque firme doit encore en livrer. 6. Quel prix chaque firme reçoit pour ces sous-vêtements. Présentée le 9 avril 1915.—*M. Law.*. . . . .*Pas imprimée.*

265. Réponse à un ordre de la Chambre, en date du 11 mars 1915, pour état indiquant: 1. Quels médicaments ou autres articles ont été achetés depuis le 1er août par le gouvernement ou quelqu'un des ministères, de M. W. B. McDonald, d'Ottawa. 2. Quelles quantités de ces articles ont été achetées de lui, et quels ont été les prix payés. 3. Si le gouvernement ou quelqu'un des ministères a préparé une liste de prix pour démontrer ce qui constitue un prix équitable et raisonnable pour les articles ainsi achetés. 4. Si on a contrôlé avec soin les articles achetés pour s'assurer qu'un prix honnête et raisonnable a été imposé. 5. Quelle est la valeur totale des articles livrés par M. W. B. McDonald jusqu'à date. 6. Quelle est la valeur totale des articles commandés à M. W. B. McDonald, mais qui jusqu'à présent n'ont pas été livrés. Présentée le 9 avril 1915.—*M. Carroll.*. . . . .*Pas imprimée.*

266. Rapport de Thomas R. Ferguson, commissaire chargé de s'enquérir de certaines questions touchant la réserve des Indiens du Sang et l'acquisition de certaines propriétés des sauvages par MM. James A. Smart, Frank Pedley et William J. White, ainsi que la preuve faite au cours de la dite enquête. Présentée par l'honorable M. Coderre, le 10 avril 1915. . . . .*Pas imprimé.*

267. Réponse à un ordre de la Chambre, en date du 17 mars 1915, pour copie de toutes pétitions, lettres, documents, etc., échangés entre des personnes dans la province de la Nouvelle-Ecosse et le ministère du Commerce, depuis le 1er août dernier, concernant les taux exigés par des steamers subventionnés pour le transport des marchandises sur l'océan Atlantique. Présentée le 10 avril 1915.—*M. Maclean (Halifax).* .*Pas imprimée.*

VOLUME 28—*Suite.*

268. Réponse à un ordre de la Chambre, en date du 22 février 1915, pour copie du rapport de l'enquête faite vers le 1er juin 1914 par R. T. Ferguson, à titre de commissaire spécial, sur la répartition des homesteads dans la région retranchée de la réserve forestière de la Montagne-du-Dauphin en 1908 ou vers cette époque.—Présentée le 10 avril 1915.— *M. Cruise.. .. ..Pas imprimée.*

269. Copie du décret du conseil, en date du 6 avril 1915, pour règlements concernant les chalutiers à vapeur quittant des ports sur le littoral atlantique du Canada. Présentée par l'honorable M. Hazen, le 10 avril 1915.. .. ..*Pas imprimée.*

270. Réponse à un ordre de la Chambre, en date du 15 février 1915, pour copie de toutes soumissions se rapportant à la fourniture de bois de service au ministère de la Milice pour les camps d'entraînement à Medicine-Hat et à Calgary, et copie des factures des matériaux fournis. Présentée le 12 avril 1915.—*M. Buchanan.. .. ..Pas imprimée.*

271. Réponse à un ordre de la Chambre, en date du 17 mars 1915, pour copie de toute correspondance et de tous rapports concernant l'achat de 25,000 pelles d'un modèle spécial, mentionnées dans le décret du conseil n° 2302, en date du 4 septembre 1914, à la page 38 du mémoire relatif aux opérations du ministère de la Milice et de la Défense, et aussi concernant tous nouveaux achats des dites pelles. Présentée le 12 avril 1915.—*M. Hughes (King, I.-P.-E.).. .. ..Pas imprimée.*

272. Réponse à un ordre de la Chambre, en date du 15 mars 1915, pour état donnant les noms des personnes qui ont acheté les chevaux vendus à l'enchère à Valcartier, et le prix payé pour chaque cheval. Présentée le 12 avril 1915.—*M. Kay.. .. ..Pas imprimée.*

273. Réponse à un ordre de la Chambre, en date du 24 février 1915, pour sommaire faisant connaître si le gouvernement a, à une date quelconque, loué à la ville de Shelburne, N.-E., un terrain connu sous le nom de propriétés des casernes, et situé près de cette ville, et, s'il en est ainsi, quels sont la date, le prix de location et la durée du bail ; si ce bail est encore en vigueur ; si le gouvernement a vendu une partie du bois debout se trouvant sur ce terrain, et, s'il en est ainsi, quand, à qui et à quel prix ce bois a été vendu ; quel délai a été fixé à l'acquéreur pour débarrasser le terrain du bois ainsi acheté ; quelle est la moindre dimension à la souche de ce bois ; si le gouvernement a, à quelque époque que ce soit, fait faire une inspection suffisante par un inspecteur de bois de coupe compétent, et, s'il en est ainsi, qui a fait cette inspection, et quand elle a été faite ; si on a annoncé publiquement la vente du bois marchand qui se trouvait sur cette propriété, et si on a demandé des soumissions ; si on a donné aux autres personnes qui auraient pu désirer se porter acquéreurs de ce bois la moindre occasion favorable de le faire ; si on a reçu d'autres offres ; si, avant la vente, on a donné avis à la ville de Shelburne, et, dans l'affirmative, à quelle date ; quelle quantité de bois marchand le gouvernement comptait se trouver sur ce lopin de terre ; quelles mesures le gouvernement se propose de prendre en vue de s'assurer de la quantité de bois abattu sur cette propriété ; si le gouvernement sait que du bois est actuellement abattu sur cette propriété par une personne ou firme qui coupe du bois marchand sur une propriété privée contiguë ce lopin de terre ; quelles mesures sont prises par le gouvernement afin de s'assurer que le bois abattu sur le lopin de terre en question soit séparé du bois abattu sur la propriété contiguë, afin de pouvoir connaître exactement les quantité et mesure du premier de ces bois, et si le gouvernement produira une copie de toute la correspondance, des rapports des inspecteurs de bois de coupe et des contrats en rapport avec la vente de ce bois. Présentée le 12 avril 1915.—*M. Law.. .. ..Pas imprimée.*

274. Réponse à une adresse à Son Altesse Royale le Gouverneur général, en date du 11 février 1915, pour copie de tous télégrammes, correspondance, décrets du conseil, requêtes et tous autres documents, en rapport avec le renvoi d'office d'Edward N. Higginbotham, maître de poste à Lethbridge, Alta. Présentée le 13 août 1915.—*M. Buchanan.*
Pas imprimée.

275. Réponse à un ordre de la Chambre, en date du 10 mars 1915, pour copie de toutes correspondances, requêtes et autres documents se rapportant à la destitution de Emile Cyr, comme maitre de poste de Saint-Hermas, comté des Deux-Montagnes. Présentée le 13 avril 1915.—*M. Lapointe (Kamouraska).. .. ..Pas imprimée.*

276. Réponse à un ordre de la Chambre, en date du 7 avril 1915, pour état indiquant : 1. Quels sont les courriers pour la malle rurale dans le comté de Chicoutimi et Saguenay. 2. Quels sont les salaires de chacun des dits courriers et le trajet qu'ils ont à parcourir. 3. Quels sont les courriers de malle rurale pour la paroisse de Saint-Prime et pour la paroisse de Saint-Louis de Metabetchouan, et leur salaire respectif. Présentée le 13 avril 1915.—*M. Lapointe (Kamouraska).. .. ..Pas imprimée.*

277. Réponse à un ordre de la Chambre, en date du 29 mars 1915, pour copie de tous documents, lettres, télégrammes, rapports, etc., se rapportant à la réclamation de Télesphore Paradis, de la ville de Lévis, et résultant de l'incendie de ses quais et moulins qui aurait été allumé par une locomotive de l'Intercolonial. Présentée le 14 avril 1915.—*M. Bourassa.. .. ..Pas imprimée.*

VOLUME 28—*Suite.*

278. Réponse à un ordre de la Chambre, en date du 8 avril 1915, pour état indiquant : 1. Le nombre d'employés en rapport avec l'administration des postes à Trois-Rivières, le 21 septembre 1911, et le montant des salaires payés par an, à cette date, pour ce service. 2. Le nombre d'employés en rapport avec l'administration des postes à Trois-Rivières, à cette date, et le montant des salaires payés par an pour ce service. 3. Le nombre d'employés au département des Douanes, pour le district de Trois-Rivières, le 21 septembre 1911, et le montant des salaires payés par an pour ce service. 4. Le nombre d'employés au département des Douanes, pour le district de Tro's-Rivières, à cette date, et le montant des salaires actuellement payés par an pour ce service. 5. Le nombre d'employés au département du Revenu de l'Intérieur, pour le district de Trois-Rivières, le 21 septembre 1911, et le montant des salaires payés par an pour ce service. 6. Le nombre d'employés, à cette date, au département du Revenu de l'Intérieur, pour le district de Trois-Rivières, et le montant des salaires payés par an pour ce service. 7. Le nombre d'employés et le montant de salaires payés pour les travaux du Saint-Maurice, dans le comté de Champlain, en l'année 1911-1912. 8. Le nombre d'employés et le montant de salaires payés par an. pour les travaux sur le Saint-Maurice, dans le comté de Champlain, depuis 1911-1912. 9. Si les employés du gouvernement dont les noms suivent ont eu congé les 26 et 27 novembre 1914, et les 4 et 5 janvier 1915 : Wildé Lavallée, Pierre Thivierge, Joseph Paquin, père, Joseph Paquin, fils, Athanase Gélinas, commis. 10. Dans ce cas, à la demande de qui et pour quelles raisons. 11. Si ces journées ont été retranchées du salaire de ces employés. Présentée le 13 avril 1915.—*M. Bureau.* *Pas imprimée.*

279. Réponse à un ordre de la Chambre, en date du 4 mars 1915, pour copie de tous les documents se rapportant au transfert, de Flat-Lands à New-Mills, N.-B., du vivier à saumon ; aussi, de tous les rapports au sujet du maintien de ce vivier, avec un état détaillé des déboursés et frais encourus par ce transport, par l'installation et le maintien du nouveau vivier. Présentée le 13 avril 1915.—*M. Marcil............Pas imprimée.*

280. Réponse à une adresse à Son Altesse Royale le Gouverneur général, en date du 3 février 1913, pour copie de tous arrêtés du conseil, lettres, télégrammes, rapports, pétitions et autres papiers et documents dans le département de la Marine et des Pêcheries ou tout autre département du gouvernement concernant l'octroi de licences pour la mise en conserve du homard et datées du 1er janvier 1912 jusqu'au 25 janvier 1913. Présentée le 13 avril 1913.—*M. Sinclair........................Pas imprimée.*

281. Rapport de Thomas R. Ferguson, C.R., commissaire chargé de faire une enquête sur toutes les matières relatives, ou se rattachant à la demande (même si cette demande n'a pas été accordée ou est encore en instance) d'achat, de location, de concession, d'échange ou autre aliénation de quelque nature que ce soit, depuis le premier jour de juillet 1896, des : (a) terres fédérales ; (b) terres à bois et à mines, droits et privilèges miniers, y compris terres et concessions minières de houille, de pétrole et de gaz, terrains et terres affectés à l'irrigation, et coupe de bois sur les terres de l'Etat ; (c) forces et privilèges hydrauliques ; (d) terres et réserves des sauvages ; sous l'autorité directe ou présumée des lois des terres fédérales et de la loi de l'irrigation, ou d'autres lois du Parlement du Canada.—et sur les actes de toute personne ou corps incorporé par rapport aux matières ci-dessus mentionnées. Présenté par l'honorable M. Coderre, le 13 *Pas imprimé.*

282. Rapport et témoignages dans l'affaire connue sous la désignation de : "Concessions forestières 550½ et 528, Howard Douglas, R. E. A. Leech, D. J. McDonald et autres ". Présentés par l'honorable M. Coderre, le 13 avril 1915.............*Pas imprimés.*

283. Rapport et témoignages dans l'affaire connue sous la désignation de: "La *Kananaskis Coal Company, Limited,* Howard Douglas, George E. Hunter, Walter Garrett et autres ". Présentés par l'honorable M. Coderre, le 13 avril 1915.............*Pas imprimés.*

284. Rapport et témoignages dans l'affaire connue sous la désignation de: "Réserve des Gens-du-Sang et Frank Pedley ". Présentés par l'honorable M. Coderre, le 13 avril 1915. *Pas impri nés.*

285. Rapport et preuve dans l'affaire connue sous la désignation de *Southern Alberta Land Co., Ltd.,* et *Grand Forks Cattle Co.,* J. D. McGregor, Arthur Hitchcock et autres. Présentés par l'honorable M. Coderre, le 13 avril 1915.............*Pas imprimés.*

286. Rapport et preuve dans l'affaire connue sous la désignation de *The Bulletin Company, Ltd.,* l'honorable Frank Oliver et la *Grand Trunk Pacific Railway Company.* Présentés par l'honorable M. Coderre, le 13 avril 1915.............*Pas imprimés.*

287. Rapport et preuve dans l'affaire connue sous la désignation de *Aylwin Irrigation Tract,* E. A. Robert et J. D. McGregor. Présentés par l'honorable M. Coderre, le 13 avril 1915............................*Pas imprimés.*

288. Rapport et preuve dans l'affaire connue sous la désignation de *Timber Berths 1107 et 1108,* W. H. Nolan, A. W. Fraser et J. G. Turriff. Présentés par l'honorable M. Coderre, le 13 avril 1915.............................*Pas imprimés.*

VOLUME 28—*Suite.*

289. Rapport et preuve dans l'affaire connue sous la désignation de *Grazing Ranch No. 2422, J. G. Turriff, A. J. Adamson et J. T. McGregor.* ˙Présentés par l'honorable M. Coderre, le 13 avril 1915..*Pas imprimés.*

290. Rapport et preuve dans l'affaire connue sous la désignation de Craven Dam, Walter Scott, lieutenant-gouverneur Brown et J. G. Turriff. Présentés par l'honorable M. Coderre, le 13 avril 1915.˙...*Pas imprimés.*

291. Copies certifiées des rapports du comité du Conseil privé, nos 1109 et 1589, approuvés par Son Excellence l'Administrateur les 10 mai 1913 et 27 juin 1913, respectivement, *re* nomination de Thomas R. Ferguson, C.R., comme commissaire chargé de faire une enquête et rapport sur tout ce qui concerne l'aliénation, quelle qu'en soit la nature, depuis le premier jour de juillet 1896, des: (*a*) terres fédérales; (*b*) terres à bois et à mines, droits et privilèges miniers, y̅ compris̅ terres et concessions minières de houille, de pétrole et de gaz, terrains et terres affectés à l'irrigation, et coupe de bois sur les terres de l'Etat; (*c*) forces et privilèges hydrauliques; (*d*) terres et réserves des sauvages. Présentées par sir Robert Borden, le 13 avril 1915.....*Pas imprimés.*

292. Réponse à un ordre de la Chambre, en date du 11 mars 1915, pour copie de tous documents, lettres, télégrammes, accusations, correspondance, etc., se rapportant à la destitution de Joseph Day, à Little-Bras-d'Or, dans les comtés de Cap-Breton-Nord et Victoria; témoignages entendus et rapports de l'enquête tenue par M. H. B. Duchemin en cette matière, et état détaillé des dépenses de cette enquête. Présentée le 14 avril 1915. *M. McKenzie.*..*Pas imprimée.*

293. Réponse à un ordre du Sénat, en date du 30 mars 1915, pour la production des noms des compagnies fiduciaires qui se sont jusqu'à présent conformées aux prescriptions de l'article 69 de la loi des compagnies fiduciaires, 1914, et de toute correspondance s'y rapportant.—(*Sénat*)..*Pas imprimée.*

294. Rapport de R. A. Pringle, C.R., commissaire nommé pour s'enquérir des accusations de corruption et de fraude dans le cas de contrats pour la construction de certaines salles d'exercice dans la province de l'Ontario, ainsi que la preuve faite à la dite enquête. Présenté par sir Robert Borden, le 14 avril 1915..................*Pas imprimé.*

295. Réponse à un ordre de la Chambre, en date du 1er mars 1915, pour: 1. Relevé complet et description de tous les terrains dont le gouvernement a pris possession pour le camp de Valcartier. ˑ 2. Copie de tous les titres du gouvernement en ce qui concerne ces terrains, soit par voie d'expropriation, d'achat ou autrement. 3. Relevé détaillé de toutes les sommes réclamées et non encore soldées, soit pour terrains, soit pour dommages. 4. Relevé détaillé de toutes les sommes payées soit pour terrains, soit pour dommages. Présentée le 15 avril 1915.—*Sir Wilfrid Laurier*...............*Pas imprimée.*

296. Réponse à une adresse à Son Altesse Royale le Gouverneur général, pour: 1. Un état indiquant toutes les nominations faites au ˙ministère des Douanes dans l'étendue de terrain comprise actuellement dans les divisions de Medicine-Hat et Macleod, donnant les noms, la date de la nomination, le mode de nomination, le salaire depuis 1896 jusqu'à cette date. 2. Aussi, les vacances créées par décès, résignation ou démission, donnant les noms, le temps de service, la cause de renvoi dans chaque cas, pendant la même période.—(*Sénat*).....................................*Pas imprimée.*

297. Réponse à une adresse à Son Altesse Royale le Gouverneur général, pour faire produire copie de toutes lettres échangées entre le ministre de la Marine et des Pêcheries ou son département et l'inspecteur des pêcheries au Lac-au-Boulanger, province du Nouveau-Brunswick, ainsi que copie de toutes réclamations faites par cet inspecteur et des paiements auxquels ces réclamations ont donné lieu.—(*Sénat*....... ......*Pas imprimée.*

RAPPORTS, ÉTATS ET STATISTIQUES

DES

REVENUS DE L'INTÉRIEUR

DU

CANADA

POUR L'EXERCICE CLOS LE 31 MARS

1914

PARTIE I—ACCISE

(Traduit de l'anglais.)

IMPRIMÉ PAR ORDRE DU PARLEMENT

OTTAWA
IMPRIMÉ PAR J. de L. TACHÉ, IMPRIMEUR DE SA TRÈS EXCELLENTE
MAJESTÉ LE ROI
1914
[Nº 12—1915]

A Son Altesse Royale, le Fel l Maréchal, Prince Arthur Patrick Albert, duc de Connaught et de Strathearn, K.G., K.T., etc., Gouverneur Général et Commandant en chef du Dominion au Canada.

PLAISE À VOTRE ALTESSE ROYALE,

J'ai l'honneur de transmettre à Votre Altesse Royale les ETATS ET LA STATISTIQUE des Revenus de l'Intérieur du Canada, pour l'exercice clos le 31 mars 1914 tels que les a préparés et me les a présentés le Commissaire du Revenu de l'Intérieur.

W. B. NANTEL,
Ministre du Revenu de l'Intérieur.

12A½

TABLE DES MATIÈRES.

ÉTATS FINANCIERS.

STATISTIQUES (Annexe A.)

ACCISE.

	Spiritueux.	Malt.	Liqueur de malt.	Tabac manufacturé.	Tabac en file.	Tabac canadien en torquette.	Cigares.	Pétrole.	Marchandises en entrepôt.	Acide acétique.	Alcool méthylique.
	Pge	Pge	Pge	Pge	Pge	Pge	Pge	Pge	Pge	Pge	Pge
Mouvement de la fabrication—Tableau indiquant le nombre et le produit des licences; les matières employées; les quantités fabriquées; le chiffre des droits reçus à la sortie de la fabrique, et celui des droits à percevoir sur les articles entreposés assujétis à l'accise.	64	76	82	84	....	....	104	....	112	120	....
Tableaux comparatifs du mouvement de la fabrication pour les deux exercices clos les 31 mars 1913 et 1914 respectivement	64	77	83	86	....	....	106	....	114	120	....
Mouvement de la distillation pendant l'exercice terminé le 31 mars 1914	66										
Mouvement des entrepôts — Tableau indiquant la quantité des articles assujétis aux droits d'accise restés dans les entrepôts de chaque division, à la fin de l'exercice précédent; les quantités mises en entrepôts dans le cours de l'exercice terminé le 31 mars 1914, les quantités entreposées provenant d'autres divisions; les quantités retirées d'entrepôts pour la consommation, et les droits en provenant; les quantités sorties d'entrepôts pour être entreposées, dans d'autres divisions; les quantités sorties d'entrepôts pour l'exportation; les quantités employées dans les fabriques-entrepôts, et les quantités restées en entrepôt le 31 mars 1914	68	78	{88 90}	98	....	....	108	....	116	....	....
Tableau comparatif du mouvement des entrepôts pour les deux exercices clos les 31 mars 1913 et 1914, respectivement	72	80	{89 94}	100	....	....	110	....	118	....	....
État de la recette provenant du tabac canadien en torquette	....	....	....	....	....	103	....	....			
Tableau comparatif de la recette sur le tabac en torquette pour les deux exercices clos les 31 mars 1913 et 1914, respectivement	....	....	....	....	....	103	....	....			
Inspection du pétrole et du naphte—Produit de l'exercice terminé le 31 mars 1914	....	....	....	....	....	....	....	111			
Tableau comparatif des droits d'inspection du pétrole pour les deux exercices clos les 31 mars 1913 et 1914, respectivement	....	....	....	....	....	....	....	111			
Alcool méthylé—Quantité de matières premières en fabrique au commencement de l'exercice, matières premières employées, produits fabriqués, et écoulement	....	....	....	....	....	....	....	....			121

DÉPENSES—(Annexe B).

	Service intérieur	Accise.	Poids et mesures.	Gaz.	Éclairage électrique.	Falsification des substances alimentaires.
APPOINTEMENTS.	Page.	Page.	Page.	Page.	Page.	Page.
Payés aux employés préposés à la perception du revenu						
FONDS DE RETRAITE.						
Retenue sur les appointements des employés............ ...						
ASSURANCE.						
Retenue sur les appointements des employés.....	152	122	157	163	167	149
FONDS DE PENSION.						
Retenue sur les appointements des employés.....						
DÉPENSES IMPRÉVUES.						
Autorisées par le ministère pour loyer de bureau, combustible, frais de voyage, etc...................						

RAPPORT

DU

SOUS-MINISTRE DU REVENU DE L'INTÉRIEUR

A l'honorable W. B. NANTEL, C.R.,

Ministre du Revenu de l'Intérieur,

MONSIEUR,—J'ai l'honneur de vous présenter le compte des recettes de l'exercice expiré le 31 mars 1914, avec les renseignements ordinaires sur les frais qu'a entraînés la perception de ces recettes, ainsi que les détails statistiques sur leur provenance.

Voici le tableau comparatif des droits et redevances pour les exercices expirés les 31 mars 1910, 1911, 1912, 1913 et 1914.

—	1910.	1911.	112 .	1913.	1914.
	$	$	$	$	$
Accise	15,283,665	16,919,553	19,306,069	21,487,918	21,488,867
Bateaux-passeurs	553	474	1,024	529	964
Timbres de poids et mesures, du gaz et judiciaires	156,460	151,229	163,958	171,509	185,854
Eclairage électrique	46,316	59,583	66,060	74,833	80,476
Autres sources	4,571	20,837	5,669	7,501	5,523
Alcool méthylique	71,464	90,999	93,083	118,077	116,208
Totaux	15,563,029	17,242,675	19,635,863	21,860,367	21,877,892

DÉTAILS des recettes de l'accise durant les années sous-mentionnées:—

	1	2	3	4	5
	1910	1911	1912	1913	1914
	$	$	$	$	$
Spiritueux	7,169,760	7,913,376	8,667,666	9,474,142	9,038,028
Liqueur de malt	27,314	52,893	86,756	149,437	161,416
Malt	1,434,004	1,529,472	1,716,547	1,864,525	2,012,301
Tabac	6,067,599	6,784,140	8,130,776	9,192,181	9,489,426
Cigares	432,539	470,197	517,646	602,269	588,935
Acide acétique	6,037	10,242	11,300	10,526	11,413
Marchandises en entrepôt	77,811	77,840	84,720	91,460	92,160
Saisies	3,051	5,605	2,319	2,062	1,434
Autres recettes	65,549	75,789	90,659	102,324	93,753
Alcool méthylique	71,464	90,999	93,083	118,077	116,208
Totaux	15,355,128	17,010,553	19,401,472	21,607,003	21,605,074

Les spiritueux, dont la quantité produite dans le cours de l'exercice précédent était 6,258,452 gallons d'esprit de preuve, ont donné pour le dernier exercice le chiffre de 6,972,583 gallons d'esprit de preuve, dans la production desquels on a employé les matières suivantes:—

	Liv.
Malt	7,434,935
Maïs	72,170,255
Seigle	15,362,100
Blé	2,466,162
Avoine	712,642
Orge	....
Riz	....
Mélasses	19,690,720

On trouvera à l'annexe A (Etat n° 3), pages 66 et 67, un état détaillé du commerce des spiritueux dans les differentes distilleries.

Gallons d'esprit de preuve.

Il y avait en voie de fabrication le 1er avril 1913		425,712
Il a été fabriqué dans le cours de l'exercice		6,972,583
Rapporté aux distilleries pour re-distill.—Droits acquittés.	668	
" " " En entrepôt	566,006	
		566,674
Il est en outre entré dans les distilleries—Droits acquittés		11,067
" " En entrepôt		....
Total		7,976,036

On a disposé de ces spiritueux comme suït :—

	Gallons d'esprit de preuve.
Mis en entrepôt	7,488,904
Hydrate d'amyle	17,131
Manquants résultants de la rectification	2,001
Restant en voie de fabrication le 31 mars 1914, suivant l'inventaire	468,000
Total	7,976,036

SPIRITUEUX :—

Le tableau suivant fait voir le commerce d'entrepôt de spiritueux pour l'exercice terminé le 31 mars 1914, et les quatre exercices précédents :—

Exercice.	1 En entrepôt au commencement de l'exercice.	2 Mis en entrepôt pendant l'exercice à la sortie des distilleries.	3 Autrement mis en entrepôt.	4 Sortie pour la consommation.	5 Exportés.	6 Employés dans les manufactures en entrepôt.	7 Dont il est autrement rendu compte.	8 Pour être redistillé.	9 En entrepôt à la fin de l'exercice, y compris les spiritueux en transit.
	Galls. de preuve	Galls. le preuve.	Galls. de preuve.	Galls. de preuve.	Galls. de preuve.	Galls. de preuve.	Galls. de preuve.	Galls. de preuve.	Galls. de preuve.
1909-1910...	20,853,219	6,807,443	64	3,777,156	361,934	557,401	330,043	1,168,519	21,465,673
1910-1911....	21,465,673	6,015,018	151,623	4,146,452	273,963	455,598	413,562	781,819	21,560,925
1911-1912....	21,560,925	5,412,398	29,394	4,562,382	298,769	347,714	519,681	604,837	20,669,334
1912-1913....	20,669,334	6,993,602	203	4,999,937	333,802	440,826	581,305	639,109	20,668,160
Totaux......	84,549,151	25,228,461	181,289	17,485,927	1,268,468	1,801,539	1,844,591	3,194,284	84,364,092
Moyenne....	21,137,288	6,307,115	45,323	4,371,482	317,117	450,385	461,148	798,571	21,091,023
1913-1914....	20,668,160	7,488,904	66,510	4,762,618	335,970	451,567	545,437	566,006	21,561,976

La demande de l'étranger, pour les produits des distilleries du Canada, est un peu plus forte que celle des quatre dernières années, les quantités exportés étant les suivantes :—

	Gallons d'esprit de preuve.
1909-1910	361,934
1910-1911	273,963
1911-1912	298,769
1912-1913	333,802
1913-1914	335,970

5 GEORGE V, A. 1915

Le relevé qui suit fait voir les quantités totales sur lesquelles les droits ont été perçus dans le cours des différents exercices y mentionnés. On verra que la colonne des totaux s'accorde avec les chiffres de l'état financier n° 12, page 22 et 23 :—

Exercice.	Spiritueux indigènes.		Spiritueux importés empl. dans les fab. entrepôts.	Quantités totales acquittées des droits.	Droits supputés, y compris le produits des licences.
	Acquittés de droits à la sortie de la distillerie.	Acquittés de droits à la sortie de l'entrepôt.			
	Gallons de pr.	Gallons de pr.	Gallons de pr.	Gallons de pr.	$
1909-1910	5,280	3,777,156	....	3,782,436	7,169,760
1910-1911	7,058	4,146,452	151,387	4,304,897	7,913,376
1911-1912	9,317	4,534,785	27,597	4,571,699	8,667,666
1912-1913	2,508	4,999,937	....	5,002,445	9,474,142
Totaux	24,163	17,458,330	178,984	17,661,477	33,224,944
Moyenne	6,041	4,364,582	44,746	4,415,369	8,306,236
1913-14	2,001	4,762,618	66,497	4,831,116	9,038,028

MALT :

Le relevé qui suit représente le commerce du malt pendant l'exercice expiré le 31 mars 1914 et les quatre exercices précédents.—

Exercices.	En entrepôt au commencement de l'année, y compris l. spiritueux en transit.	Fabriqué pendant l'année.	Importé.	Augmentation par l'absorption.	Pris pour la consommation.	Exporté.	Dont il est autrement rendu compte.	En entrepôt à la fin de l'exercice, y compris les spiritueux en transit.	Droits supputés, y compris le produit des licences.
	1	2	3	4	5	6	7	8	9
	Liv.	Liv.	Liv.	Liv.	Liv.	Liv.	Liv.	Liv.	$
1909-1910	42,522,038	90,559,046	2,237,528	930,207	95,166,134	425,600	3,663,645	36,993,440	1,434,004
1910-1911	36,993,440	100,066,332	3,073,837	839,035	101,525,130	551,500	2,536,384	36,389,330	1,529,472
1911-1912	36,389,330	115,793,326	613,382	810,372	114,029,523	294,800	2,647,187	36,634,900	1,716,547
1912-1913	36,634,900	118,673,161	5,001,022	984,235	123,920,607	198,800	2,911,677	34,262,234	1,864,525
Totaux	152,539,708	425,111,565	10,925,769	3,563,849	434,641,694	1,470,700	11,748,893	144,279,904	6,544,548
Moyenne	38,134,927	106,277,966	2,731,442	890,962	108,660,423	367,675	2,937,223	36,069,976	1,636,137
1913-1914	34,262,234	135,740,168	10,263,724	736,800	133,794,639	161,820	4,894,662	40,151,805	2,012,301

TABAC:

Le tableau suivant représente le commerce du tabac, y compris le tabac en poudre et les cigarettes pour l'exercice expiré le 31 mars 1914 et les quatre exercices précédents.

Exercices.	1. En entrepôt au commencement de l'exercice, y compris l. tabac en transit.	2. Fabriqué pendant l'année.	3. Pris pour la consommation.	4. Exporté.	5. Dont il est au traitement du compte.	6. En entrepôt à la fin de l'exercice, y compris y pris transit.	7. En feuille pour la consommation.	8. Canadiennes en cigarettes pour la consommation.	9. Quantité totale, retirée pour la consommation.	10. Autres matières retirées pour la consommation.	11. Droits perçus, y compris le produit des licences.
	Lbs.	Lbs.	Lbs.	Lbs.	Lbs.	Lbs.	Lbs.	Lbs.	Lbs.	Lbs.	$
1909-1910	1,170,325	19,462,170	19,293,8 1	29,250	50,421	1,258,933	13,729,875	20,673	33,044,439	1,269,027	6,067,599
1910-1911	1,258,933	20,355,883	20,641,947	37,071	8,110	927,688	15,012,704	19,181	35,673,882	1,123,353	6,784,140
1911-1912	927,68∙	23,557,145	23,749,939	5,790	10,338	718,766	17,491,373	17,098	41,253,410	1,372,144	8,130,776
1912-1913	718,766	25,703,480	25,287,332	4,519	26,630	1,103,765	19,232,231	17,535	44,537,098	1,615,596	9,192,181
Totaux	4,075,712	89,078,678	88,973,109	76,630	95,499	4,009,152	65,466,183	74,487	154,513,779	5,380,150	30,174,696
Moyenne	1,018,928	22,269,669	22,243,277	19,157	23,875	1,002,288	16,366,546	18,622	38,628,445	1,345,037	7,543,674
1913-1914	1,103,765	25,485,345	25,735,773	3,358	3,916	846,066	18,775,803	11,067	44,522,633	1,510,010	9,489,42

CIGARES :

Le tableau suivant représente le mouvement des cigares pour l'exercice terminé le 31 mars 1914, et les quatre exercices précédents.

Exercice.	1 En entrepôt au commencement de l'année, y compris transit.	2 Fabriqués pendant l'exercice.	3 Taxés en vertu de l'art. 273, ch. 34, 46 Vict., S. R.	4 Pris pour la consommation.	5 Exporté.	6 Dont il est autrement rendu compte.	7 En entrepôt à la fin de l'exercice y compris	8 Droits supputés, y compris les produits des licences.
	Nombre.	Nombre.	Nombre.	Nombre.	Nombre.	Nombre.	Nombre.	$
1909-1910	27,271,840	204,295,596	36,795	205,820,851	19,000	....	25,754,380	432,539
1910-1911	25,754,380	227,498,932	10,295	227,585,692	17,000	....	25,660,915	470,197
1911-1912	25,660,915	248,906,934	128,468	252,718,242	15,000	22,625	21,940,450	517,646
1912-1913	21,940,450	297,762,388	383,922	294,772,933	10,100	22,500	25,281,222	602,269
Totaux	100,627,585	978,453,845	559,480	980,897,718	61,100	45,125	98,636,967	2,022,651
Moyenne	25,156,896	244,613,461	139,870	245,224,429	15,275	11,281	24,659,242	505,663
1913-1914	25,281,222	291,359,173	349,188	288,219,892	7,525	....	28,762,166	588,935

Les recettes provenant des marchandises en entrepôt, pour l'exercice expiré le 31 mars 1914 et les quatre exercices précédents, se chiffrent comme suit :—

1909–1910.	$77,811
1910–1911.	77,840
1911–1912.	84,720
1912–1913.	91,460
1913–1914.	92,160

ACIDE ACÉTIQUE :—

Les recettes provenant de l'acide acétique pour l'exercice expiré le 31 mars 1914 et les quatre exercices précédents, se chiffrent comme suit :

1909–1910	$ 6,037
1910–1911	10,242
1911–1912.	11,300
1912–1913.	10,526
1913–1914	11,413

INSPECTION DE PÉTROLE :—

	Galls.
Pétrole canadien	22,986,328·66
Naphtha	10,615,688·61
Total	33,602,017·27

POIDS ET MESURES, GAZ ET LUMIÈRE ÉLECTRIQUE :—

Comme d'habitude, il sera soumis, au sujet de ces services, un rapport contentant des renseignements statistiques complets.

Les recettes de ces services se sont élevées à $257,091.70, le coût des trois services à $258,004.73.

INSPECTION DES SUBSTANCES ALIMENTAIRES ET DES ENGRAIS :—

Le rapport supplémentaire ordinaire sur ce service sera présenté, et on y trouvera les détails de ce qui a été fait, ainsi que les rapports des analystes.

ALCOOL MÉTHYLIQUE :—

La quantité d'alcool méthylique fabriquée dans le cours de l'exercice a été de 246,686.40 gallons d'esprit de preuve, et les ventes 250,868.86 gallons de preuve. Etat détaillé page 61, 62 et 121.

Le prix de cet alcool dénaturé est pour ainsi dire le prix réel de revient, et voici comment il est réparti :

Qualité n° 1, conforme au type réglementaire.—Pour tous les points à l'est de Toronto et à l'ouest de Québec, inclusivement, 65c. par gallon impérial. Pour tous les points au-delà de Toronto et de Québec, 63c. par gallon impérial.

Qualité n° 1, benzine.—Pour tous les points, tels que ci-dessus, 55c. et 53c. par gallon impérial, respectivement.

Qualité n° 2, conforme au type réglementaire.—75c. par gallon impérial.

Qualité n° 2, coloré.—60c. par gallon impérial.

L'annexe A indique la consommation des spiritueux et tabacs, et autres produits sujets à l'accise ou aux droits de douane, et le revenu retiré annuellement de ces mêmes produits, par tête de population.

L'annexe B donne, comme d'ordinaire, les détails concernant les alambics en contravention saisis pendant l'exercice.

L'annexe C fait voir les recettes de l'exercice pour chacun des services à chacun des bureaux secondaires.

J'ai l'honneur d'être, monsieur,

Votre obéissant serviteur,

W. HIMSWORTH,
Sous-ministre.

Ministère du Revenu de l'Intérieur,
Ottawa, 1er juin 1914.

ANNEXE A.

Tableau indiquant la consommation annuelle, par tête, des articles ci-après énumérés, sujets aux droits de douane et d'accise, ainsi que le revenu que ces articles produisent annuellement.

Années.	Canada.									
	Quantité.					Droits.				
	Spiritueux.	Bière.	Vin.	Tabac.	Pétrole.	Spiritueux.	Bière.	Vin.	Tabac.	Pétrole.
	Galls.	Galls.	Galls.	Liv.	Galls.	$	$	$	$	$
1869	1·124	2·290	·115	1·755	·575	·761	·092	·037	·193	·041
1870	1·434	2·163	·195	2·190	1·103	·962	·085	·049	·259	·061
1871	1·578	2·490	·259	2·052	1·591	1·059	·095	·056	·336	·077
1872	1·723	2·774	·257	2·481	1·302	1·160	·108	·070	·422	·076
1873	1·682	3·188	·238	1·999	1·3b7	1·135	·120	·066	·350	·084
1874	1·994	3·012	·288	2·566	1·618	1·363	·119	·086	·442	·103
1875	1·394	3·091	·149	1·995	1·589	1·127	·114	·069	·428	·098
1876	1·204	2·454	·177	2·316	1·360	1·182	·098	·075	·513	·105
1877	·975	2·322	·096	2·051	1·103	·949	·109	·057	·446	·084
1878	·960	2·169	·096	1·976	......	·927	·147	·052	·439	.....
1879	1·131	2·209	104	1·954	......	1·005	·125	·057	·449	.....
1880	·715	2·248	·077	1·036	......	·772	·081	·055	·428	.....
1881	·922	2·293	·099	2·935	......	·990	·081	·073	·443	.....
1882	1·009	2·747	·120	2·150	......	1·084	·098	·092	·485	.....
1883	1·090	2·8~2	·135	2·230	......	1·186	·103	·097	·473	.....
1884	·988	2·924	·117	2·476	......	1·074	·104	·082	·365	.....
1885	1·126	2·639	·109	2·623	......	1·198	·111	074	·393	.....
1886	·711	2·839	·110	2·052	......	1·007	·091	·074	·502	.....
1887	·746	3·084	·095	2·062	......	1·045	·100	·066	·514	.....
1888	·645	3·247	·094	2·093	......	·944	·110	·066	·509	.....
1889	·776	3·263	·097	1·953	......	1·107	·114	·068	·529	.....
1890	·883	3·360	·104	2·043	......	1·257	·121	·072	·539	.....
1891	·745	3·790	·111	2·292	......	1·094	·137	·080	·590	.....
1892	·701	3·516	·101	2·291	......	1·156	·211	·075	·680	.....
1893	·740	3·485	·094	2·314	......	1·235	·218	·070	·691	..
1894	·742	3·722	·080	2·264	......	1·235	·205	·060	·683	.....
1895	·666	3·471	·090	2·163	......	1·124	·161	·056	·645	.....
1896	·623	3·528	·070	2·120	......	1·159	·164	·047	·639	.....
1897	·723	3·469	·084	2·243	......	1·341	·213	·041	·671	.....
1898	·536	3·808	·082	2·358	......	1·306	·126	·041	·615	.....
1899	·661	3·995	·086	2·174	......	1·367	·174	·045	·841	.....
1900	·701	4·364	·085	2·300	......	1·455	·185	·044	·853	.....
1901	·757	4·680	·099	2·375	......	1·574	·195	·047	·864	.....
1902	·786	5·035	·090	2·371	......	1·631	·211	·048	·902	.....
1903	·848	4·592	·094	2·483	......	1·766	·200	·049	·967	.....
1904	·917	4·739	·092	2·664	......	1·913	·217	·049	1·005	.....
1905	·895	5·123	·093	2·768	......	1·898	·214	·049	1·086	.....
1906	·898	5·484	·095	2·898	......	1·879	·238	·052	1·100	.....
*1907 (neuf mois)	·977	5·765	·095	3·048	......	2·035	·257	·054	1·317	.....
1908	·939	6·146	·102	3·066	......	1·965	·268	·057	1·194	.....
1909	·860	5·708	·091	3·105	......	1·794	·241	·050	1·101	.....
1910	·883	5·713	·105	3·183	......	1·843	·242	·057	1·059	.....
1911	·948	5·999	·114	3·323	......	1·988	·257	·059	1·157	.....
1912	1·030	6·598	·114	3·679	......	2·170	·288	·063	1·336	.....
1913	1·112	7·005	·131	3·818	......	2·340	·320	·076	1·462	.....
914	1·061	7·200	·124	3·711	......	2·249	·328	·069	1·438	.....
Moyenne	·969	3·840	·119	2·421	......	1·365	·165	·062	·702	.....

W. HIMSWORTH,
Sous-ministre.

ANNEXE B.

Relevé des saisies de fabrication illicite pour l'exercice terminé le 31 mars 1914.

Division.	Numéro.	Date.	Noms.	Résidences.	Valeur. $ c.	Observations.
		1913				
Moosejaw...	2	19 mai	Franz Frank	Régina		Amende de $100 imposée et payée.
Québec...	639	15 juillet	Alfred Morin	Paroisse de Woburn... Comté de Beauce	8 00	Amende de $100 imposée et payée.
"	642	16 sept.	F. Guérard	Paroisse de Fortierville Comté de Lotbinière.	24 00	Amende de $100 imposée et payée.
"	643	16 sept.	A. Marcoux	Paroisse de Frontenac... Comté de Lotbinière...	20 00	
		1914				
Montréal...	1,253	3 janvier	S. Lemetsky	Montréal	39 00	Amende de $100 imposée et payée.

MINISTÈRE DU REVENU DE L'INTÉRIEUR,

OTTAWA, 1er juin 1914.

W. HIMSWORTH,

Sous-ministre.

ANNEXE C.

ÉTAT indiquant le montant des recettes de l'accise et autres perçues aux bureaux secondaires ci-dessous mentionnés pour l'exercice terminé le 31 mars 1914.

Divisions	Bureaux secondaires	Licences	Spiritueux	Liqueur de malt	Malt	Tabac	Cigares	Marchandises en entrepôt	Autres recettes	Droits d'inspect. de la lumière électrique	Totaux
		$ c.	$ c.	$ c.	$ c.	$ c.	$ c.	$ c.	$ c.	$ c.	$ c.
Belleville	Deseronto										
	Picton										
	Trenton	50 00	10,081 89								10,134 89
Brantford	Delhi										
	Ingersoll	50 00						2,686 98	600 00		3,336 98
	Norwich										
	Paris										
	Port-Dover										
	Port-Rowan										
	Simcoe	125 00	14,581 21			50 68	120 25		40 49		14,917 63
	St-George										
	Tavistock										
	Waterford										
	Woodstock	100 00			582 00	1,012 76	332 10		1,566 20		3,593 06
Guelph	Berlin	300 00	38,780 32		26,722 08	2,784 18	1,971 89		3,313 06		73,872 13
	Galt	100 00			1,084 16						1,194 16
	New-Hamburg	50 00									50 00
	Preston	150 00			3,715 00	1,345 12	566 10		1,762 22		7,688 44
	Waterloo	550 00	277,645 37		54,492 57	1,703 80	1,951 00		3,658 74		340,001 48
Hamilton	Dundas	200 00			80,419 65						80,619 65
Kingston	Napanee								240 68		240 68
London	Petrolea	52 00	9,155 84						26 88		8,234 72
	Sarnia	101 00	30,947 56						45 52		31,094 08
	St-Thomas	200 00		3,000 00	8,398 02	3,419 60					15,017 62
	Strathroy								556 43		556 43
Ottawa	Buckingham	50 00	10,350 16								10,400 16
	Ville-Marie	50 00	3,326 33								8,376 33
Owen-Sound	Collingwood										
	Kincardine										
	Meaford										
	Newstadt	100 00			3,110 70						3,210 70
	Walkerton	100 00			4,462 96			395 43			4,958 39
	Wiarton										

Localité									Total
Perth									
Arnprior	100 00	16,974 49							17,074 49
Eganville	50 00	6,723 01							6,773 01
Haileybury	50 00	3,627 56							3,677 56
Mattawa	50 00	15,569 04							15,619 04
New-Liskeard	150 00	21,794 15	4,024 50	191 80	166 05				25,968 65
North-Bay	60 00			559 46	59 68				407 85
North-Cobalt	112 50	12,163 34							12,894 98
Pembroke									
Renfrew									
Sturgeon-Falls	56 00	18,791 48	35,887 80						18,841 48
Peterborough									
Sudbury	225 00	67,684 12		427 20					104,224 12
Cobourg	50 00	5,136 37							5,186 37
Lindsay	50 00		2,376 00						2,4.6 00
Port-Hope	50 00	4,298 81							4,348 81
Port-Arthur									
Dryden	50 00	1,653 86							1,703 86
Fort-Frances	150 00	5,257 41							5,307 41
Fort-William	125 00	49,405 42	18,195 00	91 00	46 60				67,750 42
Kenora	50 00	23,685 42	2,946 51						26,894 53
Rainy-River		10,271 55							10,821 55
Wabugcon									
Prescott									
Brockville	200 00	7,452 12	2,473 89	1,923 18	1,361 30		220 68		13,631 17
Cornwall	50 00		37,350 00				170 25		37,570 25
Ste-Catherine									
Beamsville									297 42
Crystal-Beach	50 00			129 92	117 50				
Dunville									
Fort-Erie	100 00								769 86
Grimsby				296 36	463 50				
Humberstone	75 00								1,660 36
Merritton				444 88	558 40		582 08		
Niagara-Falls	50 00								10,095 50
Niagara-on-the-Lake			10,045 50						
Port-Colborne									
Port-Dalhousie									
Queenstown									49 50
Thorold					24 50				2,816 05
Welland	25 00								6,997 52
Stratford									
Goderich	75 00		3,148 50	2,084 60	1,345 60		318 82		
Listowel	100 00	2,741 05							
Palmerston				202 58	118 75				371 33
St-Marys	50 00		1,084 83				29 14		29 11
Seaforth			2,522 79						1,184 83
Toronto									
Barrie	100 00		346 50						2,622 79
Hornby	140 00								446 50
Orillia	100 00			770 84	16 69 / 1,389 90				
Saut-Sainte-Marie	350 00	36,397 51	17,350 28						56,275 22
Windsor									
Whitby	56 00	5,651 21		756 94	825 25				5,701 21
Chatham	200 00	37,703 80		7,449 35		6,273 23			39,485 99
Kingsville	125 00			225 40	210 30				7,574 35
Leamington	175 00								7,483 93
Wallaceburg	1 00					600 00			1 00

ANNEXE C—Suite.

État indiquant le montant des recettes de l'accise et autres perçues aux bureaux secondaires ci-dessous mentionnés pour l'exercice terminé le 31 mars 1914—Suite.

Divisions	Bureaux secondaires	Licenses	Spiritueux	Liqueur de malt	Malt	Tabac	Cigares	Marchandises en entrepôt	Autres recettes	Droits d'inspect. de la lumière électrique	Totaux
Joliette	Berthierville	250 00	4,343 27		205 56				12,450 00	512 00	17,760 83
	L'Assomption	25 00				24 50					49 50
	L'Epiphanie	200 00				4,036 82	5,961 50				10,198 32
	Saint-Alexis	50 00				60 50					110 50
	Saint-Esprit	50 00				462 30					512 30
	Saint-Jacques	125 00				1,097 25					1,222 25
	Saint-Lin	100 00				3,921 28	1,322 00				5,343 28
	Saint-Rock	50 00				330 00					380 00
	Rawdon	25 00				35 00	48 60				108 60
Montréal	Bassin de Chambly										
	Lachine										
	Saint-Jérôme	100 00	20,244 31								20,344 31
	Saint-Laurent										
	Sainte-Thérèse										
	Valleyfield	200 00	108,931 27		9,256 20	390 88	557 85				119,336 20
Québec	Chicoutimi										
	Fraserville										
	Gaspé		1,749 81								1,749 81
	Lévis		61,776 48			15,170 40	6,634 35				83,581 23
	Roberval										
Saint-Hyacinthe	Farnham	100 00				6,374 70	960 50				7,435 20
	L'Ange-Gardien	50 00					31 30				81 30
	Saint-Césaire	75 00									75 00
	Saint-John	200 00	16,661 04			15 40	103 50	1,795 52			18,775 46
	Saint-Ours	50 00				376 75					426 75
	Sorel	200 00	23,811 44								24,011 44
	Victoriaville	50 00	26,961 98						363 52		27,375 50
Sherbrooke	Granby	225 00				320,191 92	6,909 14		331 17		327,657 23
Trois-Rivières	Grand Mère	50 00	976 68								1,026 68
	La Tuque	50 00	978 09								1,028 09
	Louiseville	50 00	6,302 73								6,352 73
	Saint-Boniface	50 00									
	Saint-Tite	75 00				4,217 60					4,292 60
	Shawinigan	50 00					84 00				134 00

Bureau	Sous-bureau									Total
Saint-Jean	Bathurst									
	Campobello									
	Chatham									
	Clair									
	Edmundston									
	Fredericton									
	Moncton									
	Newcastle									
	Sackville									
	Saint-Stephens	50 00	1,174 36			218 00				1,442 36
	Sussex	50 00				671 75				721 75
Halifax	Amherst									
	Lunenburg									
	Parrsborough									
	Truro	50 00				1,141 55				1,191 55
	Weymouth									
	Windsor									
	Yarmouth	50 00				399 56	641 25			1,090 81
Picton	Antigonish									
	New-Glasgow									
	North-Sidney									
	Sidney	250 00	8,289 41				211 26			8,750 67
Charlottetown	Georgetown									
	Souris									
	Summerside									
	Alberton									
	Cardigan									
	Crapaud									
	Murray-Harbour									
	Montague									
	St-Peters									
	Viguish									
Winnipeg	Brandon	350 00	66,935 38	72 50	14 297 85	3,608 36	2,110 58			87,374 67
	Dauphin	175 00	10,123 26							10,198 26
	Morden	100 00	4,876 27							4,976 27
	Portage-la-Prairie	100 00	21,730 87			299 60	139 90			22,380 37
	Selkirk	50 00	3,441 84							3,491 84
	Virden	50 00	7,011 52							7,061 52
Calgary	Blairmore	50 00			367 47	15 00				432 47
	Camrose	50 00	15,257 58							15,307 58
	Edmonton	975 00	162,378 28	6,903 00	26,288 32	17,977 12	5,252 68	1,577 68	5,977 01	227,329 09
	Fort-Saskatchewan									
	High-River	50 00	1,181 33							1,231 33
	Lacombe		15,205 29							15,265 29
	Lethbridge	300 00	25,994 93	27,935 90	29,275 47	1,444 80	532 20			85,483 30
	Medicine-Hat	175 00	12,991 79			810 52	266 40			14,243 71
	Pincher-Creek	50 00	464 22							514 22
	Red-Deer									
	Stettler	100 00	511 78			5,057 36	1,647 10			7,316 24
	Strathcona									

ANNEXE O—Fin.

Érat indiquant le montant des recettes de l'accise et autres perçues aux bureaux secondaires ci-dessous mentionnés pour l'exercice terminé le 31 mars 1914—Fin.

Divisions	Bureaux secondaires	Licences	Spiritueux	Liqueur de malt	Malt	Tabac	Cigares	Marchandises en entrepôt	Autres recettes	Droits d'inspect. de la lumière électrique	Totaux
Calgary—*Suite*	Taber	50 00	5,889 44								5,889 44
	Vermilion	50 00	1,766 51								1,816 51
	Wetaskiwin	50 00	8,834 95								8,884 95
	Estevan	50 00	7,548 32								7,598 32
	Gull-Lake	25 00	1,019 30								1,044 30
Moosejaw	Maple-Creek	50 00									
	Melville	50 00	10,739 87			703 38	184 00		2 88		10,789 87
	North-Battleford	200 00				400 40	129 63				946 26
	Prince-Albert	360 00	23,313 73		5,607 00	273 00	169 75				29,660 73
	Regina	50 00	5,461 77		7,028 48				100 07		65,573 07
	Rosthern	350 00	6,474 11								6,624 11
	Saskatoon	50 00	45,829 62	7,668 50	16,531 59	1,165 64	534 86		64 48		72,144 69
	Swift-Current	50 00	21,295 63						3 60		21,349 23
	Weyburn	50 00	10,628 81						3 60		10,682 41
Vancouver	Anacouda	200 00			98 50						148 50
	Cranbrook	200 00	15,380 50		660 00						16,240 50
	Fernie		19,998 92		18,010 10	497 56	287 30				38,993 88
	Fort-George	50 00									
	Golden	100 00	8,289 78								8,339 78
	Grand-Forks	50 00			330 00						430 00
	Greenwood	200 00	9,243 96								9,293 96
	Kamloops	50 00	8,079 07	1,375 50	2,200 34	1,205 54	459 10				12,114 05
	Kelowna	50 00				908 88	1,933 90				2,892 78
	Merritt	150 00	9,275 10		276 98						326 98
	Mel.				3,399 75						12,824 85
	Moyie	250 00									
	Nelson	275 00	31,003 01		3,705 00	2,446 64	909 61				38,314 26
	New-Westminster	50 00	7,066 00		6,701 10	8,976 24	3,010 00				27,383 84
	Phoenix	200 00			3,600 00						3,660 00
	Prince-Rupert	50 00	8,341 05			1,184 12	409 10				10,134 27
	Princeton	200 00			1,006 00						1,055 00
	Revelstoke	50 00	13,462 89		1,531 08	716 52	343 00				16,336 49
	Rossland	100 00	6,890 24		1,777 95	1,389 94	287 00				10,465 78

Victoria	Trail	50 00			3,030 60						3,080 60
	Vernon	200 00	5,539 69		414 82	136 61	55 04				6,346 19
	Cumberland	50 00			1,800 00						1,850 00
	Ladysmith										
	Nanaimo	450 00	5,574 97	668 77	8,922 85	4,572 54	1,378 40				21,567 53
	Sidney										
		15,541 50	1,726,287 85	47,624 17	487,124 85	438,681 61	55,150 78	12,728 84	33,027 52	512 00	2,816,679 12

MINISTÈRE DU REVENU DE L'INTÉRIEUR,

OTTAWA, 1er juin 1914.

W. HIMSWORTH,

Sous-ministre.

ÉTATS FINANCIERS, 1913-1914

Dr. N° 1—COMPTE GÉNÉRAL DU REVENU POUR L'EXERCICE CLOS LE 31 MARS 1914. Av.

Mémo des remboursements déduits ci-dessous.	Montants déposés au crédit du receveur général.	Balances dues le 31 mars 1914.	Totaux.	Services.	Revenus des années précédentes non perçus le 1er avril 1913.	Revenus de 1913-14 accumulés.	Totaux.
$ c.	$ c.	$ c.	$ c.		$ c.	$ c.	$ c.
152,686 12	21,489,949 57	20,212 35	21,510,161 92	Accise et saisie d'après l'état n° 3	21,294 47	21,488,867 45	21,510,161 92
6 35	113,862 40	100 57	113,962 97	Poids et mesures, d'après les états n°s 18 (A) et 18 (B)	257 67	113,705 30	113,962 97
28 00	62,909 90		62,909 90	Inspection du gaz, d'après l'état n° 20		62,909 90	62,909 90
	80,476 50		80,476 50	Inspection de la lumière électrique, d'après l'état n° 22		80,476 50	80,476 50
	9,238 75		9,238 75	Timbres judiciaires, d'après l'état n° 8		9,238 75	9,238 75
	45 04	45 04	45 04	Timbres d'effets de commerce, d'après l'état n° 7	45 04		45 04
55 00	5,523 06		5,523 06	Divers menus revenus, d'après l'état n° 9		5,523 06	5,523 06
	116,208 38		116,208 38	Spiritueux méthyliques, d'après l'état n° 25		116,208 38	116,208 38
	964 00	1,833 62	2,797 62	Revenus des licences de bateau-passeur, d'après l'état n° 11	1,833 62	964 00	2,797 62
152,775 47	21,879,132 56	22,191 58	21,901,324 14	Totaux	23,430 80	21,877,893 34	21,901,324 14
	152,775 47		152,775 47	MOINS—Remboursements d'après l'état n° 15		152,775 47	152,775 47
	21,726,357 09		21,748,548 67	Totaux		21,725,117 87	21,748,548 67

MINISTÈRE DU REVENU DE L'INTÉRIEUR,
OTTAWA, 1er juin 1914.

W. HIMSWORTH,
Sous-ministre.

12—1½

5 GEORGE V, A. 1915

Dт.   N° 2—COMPTE GÉNÉRAL DES DÉPENSES POUR

Balances dues aux percepteurs, etc., le 1er avril 1913.	Dépenses autorisées par le ministère.		Saisies.	Balances dues par les percepteurs, etc., le 31 mars 1914.	Totaux.	Services.
	Appointements.	Dépenses contingentes				
$ c.	$ c.	$ c.	$ c.	$ c.	$ c.	
49 08	485,409 82	267,221 66	234 88	343 98	753,259 42	Accise et saisies, d'après l'état n° 4......
......	......	......	1,474 09	......	1,474 09	Saisies de l'accise distribuées, d'après l'état n° 2, annexe B.........
......	1,954 05	8,424 73	......	......	10,378 78	Service douanier, d'après l'état n° 5.........
......	3,900 69	25,653 11	......	......	28,953 80	Falsification des substances alimentaires, d'après l'état n° 6, annexe B, l'état n° 4.........
......	......	1,423 50	......	......	1,423 50	Diverses menues dépenses, d'après l'état n° 10.........
......	106,530 14	8,972 77	......	16 66	115,519 57	Dépenses départementales, d'après l'état n° 16......
......	83,414 36	61,575 61	......	3 70	144,993 67	Poids et mesures, d'après l'état n° 19 (A).
......	43,815 12	19,064 35	......	212 88	63,092 35	Inspection du gaz, d'après l'état n° 21......
......	20,330 37	29,804 92	......	......	50,135 29	Inspection de la lumière électrique, d'après l'état n° 23...
......	......	96,128 20	......	......	96,128 20	Spiritueux méthyliques, d'après l'état n° 25 ....
49 08	743,354 55	517,668 85	1,708 97	577 22	1,263,358 67	...... Totaux......

MINISTÈRE DU REVENU DE L'INTÉRIEUR,
OTTAWA, 1er juin 1914.

DOC. PARLEMENTAIRE No 12

L'EXERCICE CLOS LE 31 MARS 1914.   A'v.

Balances dues par les percepteurs, etc., le 1er avril 1913.	Montants déboursés par le receveur général à la demande du ministère.	Déduction des appointements pour				Annuités.	Balances dues aux percepteurs, etc., le 31 mars 1914.	Totaux.
		Fonds de retraite	Assurance	Retraite.	Garantie.			
$ c.	$ c.	$ c.	$ c.	$ c.	$ c.	$ c.	$ c.	$ c.
343 98	730,955 54	3,885 83	2,126 66	13,350 70	1,350 54	140 40	1,105 77	753,259 42
....	1,474 09	....	....	....	....	....	....	1,474 09
....	10,375 90	....	....	....	2 88	....	....	10,378 78
....	28,923 81	13 92	....	....	16 07	....	....	28,953 80
....	1,423 50	....	....	....	....	....	....	1,423 50
16 66	111,292 76	532 75	445 92	3,231 48	....	....	....	115,519 57
3 70	144,546 77	188 50	66 00	....	188 70	....	....	144,993 67
212 88	62,613 01	33 22	....	92 47	140 77	....	....	63,092 35
....	50,075 20	....	....	7 47	52 62	....	....	50,135 29
....	96,128 20	....	....	....	....	....	....	96,128 20
577 22	1,237,808 78	4,654 22	2,638 58	16,682 12	1,751 58	140 40	1,105 77	1,265,358 67

W. HIMSWORTH,
Sous-ministre.

ACCISE,

Dt.   N° 3—Divisions de perception

Balances dues le 1er avril 1913.	Montants reçus durant l'année, y compris les honoraires de licences.							
	Spiritueux.	Liqueur de malt.	Malt.	Tabac	Cigares.	Acide acétique	Marchandises en entrepôt.	Saisies.
$ c.	$ c.	$ c.	$ c.	$ c.	$ c.	$ c.	$ c.	$ c.
	109,512 37	50 00	12,920 76	1,343 84	465 80		1,964 85	
112 61	45,216 40	100 00	9,513 50	15,261 26	8,033 95		2,736 98	
	337,816 19	300 00	104,240 00	7,225 26	5,500 19			
	339,017 74	100 00	74,877 97	676,434 86	34,272 18	25 00	5,228 26	
	66,475 25	100 00	6,209 27	14,317 38	5,928 00		3,494 96	
	86,383 93	200 00	82,629 68	222,866 70	83,824 71			
	309,316 70	100 00	18,807 27	1,173 04	1,279 35		533 95	
		200 00	9,886 76	4,742 08	1,906 65			
	210,262 52	100 00	40,012 30	1,282 76	589 53		100 00	
	9,527 93	100 00	11,055 26	563 36	274 55			
	139,562 02	150 00	31,654 44	91 00	71 60			
	179,979 11	150 00	51,873 92	1,946 18	1,461 30		300 00	
	15,403 73	100 00	25,649 13	3,104 08	3,630 15			
	28,447 26	100 00	6,982 50	9,594 73	3,775 33		25 00	
	1,111,943 07	575 00	346,628 27	144,909 09	50,503 75		35,663 50	50 00
	519,190 94	515 00	60,678 80	33,998 37	12,368 44		6,773 23	
522 89								
635 50	3,508,055 16	2,940 00	893,619 83	1,138,853 99	213,835 48	25 00	56,820 73	50 00
1,036 08	76,829 81		205 52	12,637 31	11,225 50			
1,949 20	2,176,835 57	15,759 50	442,166 91	7,567,858 20	276,275 48	11,387 59	10,309 38	415 45
254 75	453,340 92	150 00	42,530 74	249,968 75	14,042 27		3,583 24	447 50
	141,638 64	50 00	10,977 30	354,034 08	19,944 71		300 00	50 00
	130,767 13		2,061 00	25,641 59	1,347 30		2,405 21	
54 27	67,887 96	50 00	972 00	6,458 96	1,662 00			
3,295 57								
6,589 87	3,047,300 03	16,009 50	498,913 47	8,216,598 89	324,497 26	11,387 59	16,597 83	912 95
	165,849 65	100 00	21,678 18	5,004 32	6,893 80		2,987 37	165 00
1,442 62								
1,442 62	165,849 65	100 00	21,678 18	5,004 32	6,893 80		2,987 37	165 00
	46,524 26	150 00	53,112 00	3,421 90	1,830 99			
	8,289 41			2,806 26	606 50			
5,860 50								
5,860 50	54,813 67	150 00	53,112 00	6,228 16	2,437 49			
	464 39			12,449 33				
	1,055,289 75	1,503 70	184,652 62	27,832 22	11,332 60		12,275 13	
5,563 99	400,865 83	58,006 80	155,256 17	28,555 06	9,852 61		1,652 68	
	232,343 28	7,868 50	36,496 07	2,904 02	1,540 10			100 00

1913-1914.

EN COMPTE AVEC LE REVENU. Av.

Autres recettes	Total des droits.	Total au débit.	Divisions.	Déposé au crédit du receveur général.	Balances dues le 31 mars 1914.	Total à l'avoir.
$ c.	$ c.	$ c.		$ c.	$ c.	$ c.
.2,803 89	129,061 51	129,061 51	..Belleville..............	129,061 51	......	129,061 51
700 00	81,562 09	81,674 70	..Brantford............ .	81,562 09	112 61	81,674 70
3,046 06	458,127 70	458,127 70	..Guelph..............	458,127 70	....	458,127 70
2,206 75	1,132,162 76	1,132,162 76	..Hamilton.............	1,132,162 76	....	1,132,162 76
837 00	97,361 86	97,361 86	..Kingston..............	97,361 86	....	97,361 86
377 00	476,282 02	'476,282 02	..London................	476,282 02	....	476,282 02
601 00	331,811 31	331,811 31	..Ottawa...............	331,811 31	....	331,811 31
1 00	16,736 49	16,736 49	..Owen-Sound...........	16,736 49	....	16,736 49
1,127 00	253,474 11	253,474 11	..Perth	253,474 11	....	253,474 11
101 10	21,622 20	21,622 20	..Peterborough..........	21,622 20	....	21,622 20
450 00	171,979 06	171,979 06	..Port-Arthur...........	171,979 06	....	171,979 06
1,406 00	237,116 51	237,116 51	..Prescott.............	237,116 51	....	237,116 51
'75 50	47,962 59	47,962 59	..Ste-Catherine.........	47,962 59	....	47,962 59
172 00	49,096 82	49,096 82	..Stratford	49,096 82	....	49,096 82
26,069 55	1,716,342 23	1,716,342 23	..Toronto ../.............	1,716,342 23	. ...	1,716,342 23
25,064 04	658,588 82	658,588 82	..Windsor..............	658,588 82	....	658 588 82
....	....	522 89	..Compte indéterminé...	... .	522 89	522 89
65,037 89	5,879,288 08	5,879,923 58	.........Ontario........	5,879,288 08	635 50	5,879,923 58
12,576 60	113,474 74	114,510 82	..Joliette..............	113,474 74	1,036 08	114,510 82
4,266 78	10,506,274 86	10,507,224 06	..Montréal........:......	10,506,102 33	1,121 73	10,507,224 06
1,425 38	765,488 80	765,743 55	..Québec............. ..	765,743 55	....	765,743 55
302 00	527,296 73	527,296 73	..Sherbrooke............	527,296 73	....	527,296 73
770 00	162,992 23	162,992 23	..St-Hyacinthe.........	162,992 23	....	162,992 23
350 00	77,380 92	77,435 19	..Trois-Rivières	77,380 92	54 27	77,435 19
....,........ .		3,295 57	..Compte indéterminé....		3,295 57	3,295 57
19,690 76	12,151,908 28	12,158,498 15	.........Québec....	12,152.990 50	5,507 65	12,158,498 15
909·50	203,587 82	203,587 82	..St-Jean...............	203,587 82	....	203,587 82
....	....	1,442 62	..Compte indéterminé...	....	1,442 62	1,442 62
909 50	203,587 82	205,030 44	......Nouveau-Brunswick..	203,587 82	1,442 62	205,030 44
300 00	105,339 15	105,339 15	..Halifax...	105,339 15	....	105,339 15
200 00	11,902 17	11,902 17	..Pictou	11,902 17	....	11,902 17
....	....	5,860 50	..Compte indéterminé.....	....	5,860 50	5,860 50
500 00	117,241 32	123,101 82	.......Nouvelle-Ecosse	117,241 32	5,860 50	123,101 82
....	12,913 72	12,913 72	...Charlottetown, I.-P.-E..	12,913 72	....	12,913 72
2,485 00	1,295,371 02	1,295,371 02	... Winnipeg—Manitoba...	1,294,371 02	....	1,295,371 02
1,917 65	656,106 80	661,670 79	.....Calgary—Alberta......	656,106 80	5,563 99	661,670 79
925 00	282,176 97	282,176 97	Moose-Jaw, Saskatchewan...	282,176 97	....	282,176 97

5 GEORGE V, A. 1915

ACCISE,

Dt.   N° 3—Divisions de perception

Balances dues le 1er avril 1913.	Montants reçus durant l'année, y compris les honoraires de licences.							
	Spiritueux.	Liqueur de malt.	Malt.	Tabac.	Cigares.	Acide acétique	Marchandises en entrepôt.	Saisies.
$ c.	$ c.	$ c.	$ c.	$ c.	$ c.	$ c.	$ c.	$ c.
1,201 89	405,818 11	66,913 30	119,832 71	31,697 62	13,815 55	....	1,826 64	207 00
0 10	159,770 37	7,874 27	47,661 76	19,302 32	4,680 50	....	....	....
1,201 99	565,588 48	74,787 57	167,494 47	50,999 94	18,496 05	....	1,826 64	207 00
....	7,457 83	50 00	1,077 96	....	....	....	....	....
21,294 47	9,038,028 07	161,416 07	2,012,300 77	9,489,425 93	588,935 39	11,412 59	92,160 38	1,434 95
....	31,097 36	....	118,968 77	2,251 89	8 10	....	....	....
....	9,006,930 71	161,416 07	1,893,332 00	9,487,174 04	588,927 29	11,412 59	92,160 38	1,434 95

Ministère du Revenu de L'Intérieur;
Ottawa, 1er juin 1914.

DOC. PARLEMENTAIRE No 12

1913-1914—*Fin.*

EN COMPTE AVEC LE REVENU—*Fin.* Av.

Autres recettes.	Total des droits.	Total au débit.	Divisions.	Déposé au crédit du receveur général.	Balances dues le 31 mars 1914.	Total à l'avoir.
$ c.	$ c.	$ c.		$ c.	$ c.	$ c.
1,775 00	641,885 93	643,087 82	..Vancouver.......	641,885 73	1,202 09	643,087 82
412 50	239,701 72	239,701 82	..Victoria.	239,701 82	....	239,701 82
2,187 50	881,587 65	882,789 64	...*Colombie-Britannique*...	881,587 55	1,202 09	882,789 64
100 00	8,685 79	8,685 79	.........*Yukon*.........	8,685 79	....	8,685 79
93,753 30	21,488,867 45	21,510,161 92	.........Totaux.	21,489,949 57	20,212 35	21,510,161 92
360 00	152,686 12	....	..Moins—Remboursement, d'après l'état n° 16. ...	....	....	....
93,393 30	21,336,181 33	....	..Revenu net........ ...	....	....	....

W. HIMSWORTH,
Sous-ministre.

ACCISE,

Dt.   N° 4—DIVISIONS DE PERCEPTION.

Balances dues par les percepteurs le 1er avril 1913.	Montants reçus du ministère pour faire face aux dépenses.	Déductions sur appointements pour					Balances dues aux percepteurs le 31 mars 1914.	Totaux.	Divisions.
		Fonds de retraite.	Assurance.	Annuités	Retraite.	Garantie.			
$ c.	$ c	$ c.	$ c.	$ c.	$ c.	$ c.	$ c.	$ c.	
43 98	16,230 69	96 36	113 62	......	390 28	34 20	....	16,909 33	..Belleville..........
....	9,130 67	92 40	....	......	236 70	22 32	....	9,482 09	..Brantford ....
....	24,947 91	325 50	....	......	295 33	50 40	....	25,619 14	..Guelph..........
....	27,366 17	139 32	153 94	..	811 77	78 12	....	28,549 32	..Hamilton ....
....	7,410 33	81 36	....	......	122 32	23 04	....	8,037 05	..Kingston........
....	23,617 47	216 45	95 46	....	408 29	53 45	....	24,391 12	..London..........
....	10,665 66	24 00	....	....	337 59	28 08	....	11,055 33	..Ottawa..........
....	7,445 79	55 92	....	..	120 00	15 84	....	7,637 55	..Owen-Sound......
....	11,961 72	....	63 36	.....	383 39	32 88	....	12,441 35	..Perth..........
....	3,479 36	18 96	....		54 96	6 48	....	3,559 76	..Peterborough.....
....	5,141 30	....	....		222 90	12 24	....	5,376 44	..Port-Arthur......
....	13,517 17	37 92	44 64	140 40	490 82	35 52	....	14,266 47	..Prescott..........
....	6,802 37	75 60	....	.....	129 96	15 12	....	7,023 05	..Ste-Catherine....
....	7,275 29	8 00	231 52	....	236 66	24 28	....	7,775 75	..Stratford.........
....	52,192 03	385 23	301 56	.....	1,451 98	129 12	....	54,459 92	..Toronto..........
....	35,148 78	240 24	265 20	.....	827 99	94 93	49 08	36,626 22	..Windsor ....
....	9,224 41	88 92	....	.....	....	27 00	....	9,340 33	..Insp. de district...
43 98	271,957 32	1,886 18	1,271 30	140 40	6,515 94	683 02	49 08	282,550 22	..*Ontario* ....
....	14,367 31	38 43	35 04	.....	436 79	31 56	....	14,909 13	..Joliette ....
....	67,576 03	547 63	215 60	.....	1,777 49	174 72	1,056 69	71,348 16	..Montréal.........
....	29,434 66	179 17	36 24	.....	541 52	48 24	....	30,239 83	..Québec. ....
....	15,504 23	37 92	275 06	....	532 46	34 08	....	16,403 75	..St-Hyacinthe.....
....	9,205 73	75 84	....	.....	241 65	24 48	....	9,547 70	..Sherbrooke.......
....	5,048 17	51 84	....	.....	57 36	11 88	....	5,169 25	..Trois-Rivières.....
....	5,514 43	50 49	....	.....	129 96	15 75	....	· 5,710 63	..Insp. de district...
....	146,650 56	981 32	561 94	......	3,737 23	340 71	1,056 69	153,328 45	..*Québec*..........
....	12,488 63	134 38	....	..	267 98	32 64	....	12,923 63	..Saint-Jean........
....	2,530 28	4 83	....		91 63	8 25	....	2,634 99	.. Insp. de district...
....	15,018 91	139 21	....	...	359 61	40 89	......	15,558 62	..*Nouv.-Brunswick*..
....	13,245 95	225 78	....	.....	22 44	34 74	....	13,528 91	..Halifax....,......
....	4,376 74	42 96	....	..	71 35	9 48	....	4,503 53	..Pictou..........
....	17,622 69	268 74	....	......	96 79	44 22	....	18,032 44	..*Nouvelle-Ecosse*....
100 00	2,468 31	....	....	.....	86 43	7 56	....	2,662 30	..*Charlottetown, I.-P.-E*........
200 00	25,381 72	144 84	77 52	....	782 30	63 36	....	26,649 74	..Winnipeg ....
....	15,063 50	....	....	.....	369 68	23 22	....	15,456 40	..Calgary..........
....	7,042 13	18 81	....	.....	200 90	16 52	....	7,278 36	..Moose-Jaw ....
....	7,715 87	49 44	....	.....	....	18 00	....	7,783 31	..Insp. de district..
200 00	55,203 22	213 09	77 52	....	1,352 88	121 10	....	57,167 81	..*Manitoba, Alberta et Saskatchewan*..

1913-1914.

EN COMPTE AVEC LES DÉPENSES. Av.

Balances dues aux percepteurs le 1er avril 1913.	Dépenses autorisées par le ministère.						Balances dues par les percepteurs le 31 mars 1914.	Totaux.
	Appointements.	Frais de saisie.	Aide spécial.	Loyer.	Frais de voyage.	Divers.		
$ c.	$ c.	$ c.	$ c.	$ c.	$ c.	$ c.	$ c.	$ c.
....	14,312 09	......	956 25	......	1,480 00	117 01	43 98	16,909 33
....	8,237 22	....	778 31	....	304 73	161 83	......	9,482 09
....	23,877 50	....	777 28	135 00	464 74	364 62	....	25,619 14
....	27,762 14	....	464 09	....	71 05	252 04	....	28,549 32
....	7,524 80	....	400 00	....	38 70	73 55	....	8,037 05
....	21,595 27	....	2,008 14	....	290 80	496 91	....	24,391 12
....	9,457 26	1 35	1,385 05	....	99 05	112 62	....	11,055 33
....	6,999 96	....	300 00	....	235 30	102 29	....	7,637 55
....	9,874 54	....	1,161 66	455 66	661 80	287 69	....	12,441 35
....	2,049 84	....	1,260 00	....	175 58	74 34	....	3,559 76
....	4,462 38	....	200 00	....	488 90	225 16	....	5,376 44
....	12,723 74	....	885 23	....	41 35	616 15	....	14,266 47
....	6,699 72	....	60 00	60 00	110 10	93 23	....	7,023 05
....	7,037 43	....	405 00	......	206 15	127 17	....	7,775 75
....	49,417 03	....	3,785 28	......	727 40	530 21	....	54,459 92
49 08	33,894 59	....	1,750 00	......	388 84	543 71	....	36,626 22
....	7,249 86	....	48 00	250 00	1,302 91	489 56	....	9,340 33
49 08	253,175 37	1 35	16,624 29	900 66	7,087 40	4,668 09	43 98	282,550 22
....	10,667 58	....	3,479 81	......	441 44	320 30	....	14,909 13
....	58,571 24	36 10	10,130 78	......	1,225 10	1,384 94	....	71,348 16
....	18,000 75	184 13	10,568 21	......	804 97	681 74	....	30,239 83
....	12,955 15	....	2,529 09	396 00	336 43	187 08	....	16,403 75
....	8,637 25	....	72 00	......	578 55	259 90	....	9,547 70
....	3,749 88	....	1,116 46	......	123 95	178 96	....	5,169 25
....	5,124 90	....	....	......	465 65	120 08	....	5,710 63
....	117,706 78	220 23	27,896 35	396 00	3,976 09	3,133 00	....	153,328 45
....	12,088 67	13 30	668 59	....	25 25	127 82	....	12,923 63
....	2,074 92	....	....	....	464 75	95 32	....	2,634 99
....	14,163 59	13 30	668 59	....	490 00	223 14	....	15,558 62
....	13,249 77	....	....	....	151 90	127 24	....	13,528 91
....	3,638 58	....	121 45	....	637 48	106 02	....	4,503 53
....	16,888 35	....	121 45	....	789 38	233 26	....	18,032 44
....	2,456 19	....	60 00	....	1 90	44 21	100 00	2,662 30
....	23,458 10	....	1,902 66	60 00	573 15	455 83	200 00	26,649 74
....	7,396 61	....	5,932 31	....	1,383 25	744 23	....	15,456 40
....	4,653 20	....	1,327 19	130 00	910 00	257 97	....	7,273 36
....	5,374 89	....	....	....	2,274 65	133 77	....	7,783 31
....	40,882 80	....	9,162 16	190 00	5,141 05	1,591 80	200 00	57,167 81

Dr.

Balances dues par percepteurs le 1er avril 1913.	Montants reçus du ministère pour faire face aux dépenses.	Déductions sur appointements pour					Balances dues aux percepteurs le 31 mars 1914.	Totaux.	Divisions.
		Fonds de retraite.	Assurance.	Annuités	Retraite.	Garantie.			
$ c.	$ c.	$ c.	$ c.	$ c.	$ c.	$ c.	$ c.	$ c.	
....	27,181 76	43 92	212 90	.....	1,036 42	75 60	......	28,550 60	..Vancouver........
....	9,019 13	144 84	....	. ...	127 92	23 04	......	9,314 93	..Victoria.........
....	4,449 26	57 96	....	......	....	9 00	......	4,516 22	..Inspect. de district
....	40,650 15	246 72	212 90	.....	1,164 34	107 64	....	42,381 75	..Colombie-Britann..
....	711 87	......	....	......	37 48	·· 5 40	....	754 75	..Yukon ....
....	156 78	....	....	......	....	....	....	156 78	..Inspect. de march. en entrepôt.....
....	1,896 55	....	....	....	....	....	......	1,896 55	..Inspect. de brasseries et de malteries ... .
....	3,472 46	86 61	.....	....	....	....	....	3,559 07	..Inspecteur de distilleries..........
....	4,046 36	63 96	....	....	....	....	....	4,110 32	..Inspecteur de fabriques de tabac.
343 98	559,855 18	3,885 83	2,126 66	140 40	13,350 70	1,350 54	1,105 77	582,159 06	..Totaux des divisions, etc.......
....	11,826 01	....	....	....	....	....	....	11,826 01	..Dépenses générales.... .....
....	302 05	....	....	....	..... .	....	....	302 05	..Frais judiciaires ..
....	7,940 94	....	....	....	....	....	....	7,940 94	..Impressions ....
....	2,535 90	....	....	....	....	....	....	2,535 90	..Papeterie........
....	4,408 34	....	....	....	....	....	....	4,408 38	..Commission aux offic. de douane..
....	14,603 08	.....	....	.. ....	....	....	....	14,603 08	..Payé aux officiers en charge des établissements les plus importants,..
....	9,439 96	....	........,	...	....	....	....	9,439 96	..Allocation provisoire.:........
......	44 04	. .....	....	....	....	....	....	44 04	..Traduct. spéciale..·
... .	120,000 00	....	....	....	....	....	....	120,000 00	..Impress. d'estampilles à tabac....
343 98	730,955 54	3,885 83	2,126 66	140 40	13,350 70	1,350 54	1,105 77	753,259 42	..Grands totaux....

MINISTÈRE DU REVENU DE L'INTÉRIEUR,

OTTAWA, 1er juin 1914.

DOC. PARLEMENTAIRE No 12

1913-1914—*Fin.*

EN COMPTE AVEC LES DÉPENSES—*Fin.*   Av.

Balances dues aux percepteurs le 1er avril 1913.	Dépenses autorisées par le ministère.						Balances dues par les percepteurs le 31 mars 1914.	Totaux.
	Appointements.	Frais de saisies.	Aide spécial.	Loyer.	Frais de voyage.	Divers.		
$ c.	$ c.	$ c.	$ c.	$ c.	$ c.	$ c.	$ c.	$ c.
....	22,944 93	... .	2,786 15	537 00	1,118 90	1,163 62	....	28,550 60
....	7,562 25	....	1,341 43	....	134 20	277 05	....	9,314 93
....	2,899 92	....	....	....	1,527 20	89 10	....	4,516 22
....	33,407 10	....	4,127 58	537 00	2,780 30	1,529 77	....	42,381 75
....	754 75	....	....	.. ..	....	....	....	754 75
....	....	....	....	....	152 29	4 49	, ...	156 78
....	300 00	....	....	....	1,557 30	39 25	....	1,896 55
. ...	2,474 97	....	....	93 00	986 20	4 90	....	3,559 07
....	3,199 92	....	.. ..	....	879 90	30 50	....	4,110 32
49 08	485,409 82	234 88	58,660 42	2,116 66	23,841 81	11,502 41	343 98	582,159 06
....	....	....	....	....	....	11,826 01	....	11,826 01
....	....	....	....	....	....	302 05	....	302 05
....	... .	.. ..	....	....	....	7,940 94	....	7,940 94
....	....	....	....	....	....	2,535 90	....	2,535 90
....	....	....	....	.. ..	....	4,408 38	....	4,408 38
....	....	....	.... ,	.. ..	....	14,603 08	....	14,603 08
....	....	....	....	.. ..	....	9,439 96	....	9,439 96
....	. ...	....	....	.. ..	....	44 04	....	44 04
....	....	....	....	....	....	120,000 00	....	120,000 00
4? 08	485,409 82	234 88	58,660 42	2,116 66	23,841 81	182,602 77	343 98	753,259 42

W. HIMSWORTH,

Sous-ministre.

SERVICE DOUANIER.

N° 5—En compte avec les dépenses.

	Dr.				Av.				
	Montants reçus du ministère pour faire face aux dépenses.	Garantie.	Totaux.		Dépenses autorisées par le ministère.				Totaux.
					Appointements.	Aide spécial.	Frais de voyage.	Divers.	
	$ c.	$ c.	$ c.		$ c.	$ c.	$ c.	$ c.	$ c.
Ottawa	975 71	2 88	978 59		954 09		24 50		978 59
Owen-Sound	394 99		394 99			383 29	5 10	6 60	394 99
Prescott	823 95		823 95			781 85	40 40	2 00	823 95
Toronto	2,826 92		2,896 92			2,755 17	71 75		2,896 92
Joliette	150 00		150 00			150 00			150 00
Montréal	18 00		18 00				18 00		18 00
Québec	1,423 33		1,423 33		999 96	300 00	123 37		1,423 33
Saint-Hyacinthe	422 79		422 79			399 84	21 50	1 45	422 79
Sherbrooke	929 18		929 18			808 29	116 75	4 14	929 18
Saint-Jean, N.-B.									
Halifax									
Picton									
Charlottetown	609 65		609 65			600 00	9 65		609 65
Winnipeg	937 50		937 50			937 50			937 50
Vancouver	863 88		863 88					863 88	863 88
Général									
Totaux	10,375 90	2 88	10,378 78		1,954 05	7,115 64	431 02	878 07	10,378 78

MINISTÈRE DU REVENU DE L'INTÉRIEUR,
OTTAWA, 1er juin 1914.

W. HIMSWORTH
Sous-ministre.

INSPECTION DES SUBSTANCES ALIMENTAIRES, 1913-1914.

N° 6.—EN COMPTE AVEC LES DÉPENSES.

	Dr.				Av.					
	Montants reçus du ministère pour faire face aux dépenses	Fonds de retraite	Garantie	Totaux	Appointements	Acide spécial	Loyer	Frais de voyage	Divers	Totaux
Hamilton	413 02		45	413 47	166 65			119 80	127 02	413 47
Kingston	436 58		1 08	437 66	199 92			122 50	115 24	437 66
London	411 63		1 08	412 71	199 92			84 65	128 14	412 71
Ottawa	301 96			301 95				156 33	145 62	301 95
Toronto	420 55		1 08	421 63	199 92			85 50	136 21	421 63
...Ontario	1,983 73		3 69	1,987 42	766 41			568 78	652 23	1,987 42
Montréal (J. J. Costigan)	974 05	9 96	1 08	985 09	499 92	30 00		308 55	146 62	985 09
" (D. J. Kearney)	647 34		1 08	648 42	399 96			81 70	166 76	648 42
Québec	697 06		1 08	698 14	300 00		120 00	135 19	142 95	698 14
St-Hyacinthe	734 79		1 08	735 87	199 92			421 30	114 65	735 87
...Québec	3,063 24	9 96	4 32	3,067 52	1,399 80	30 00	120 00	946 74	570 96	3,067 52
St-Jean, N.-B.	556 06	3 96	1 08	561 10	199 92			223 05	138 13	561 10
...Halifax, N.-É.	681 03		1 08	682 11	349 92			227 88	104 31	682 11
Charlottetown, I.P.-É.	227 68		1 08	228 76	199 92			11 55	17 29	228 76
Winnipeg, Man.	423 98		1 08	425 06	233 28			67 10	124 68	425 06
Calgary, Alberta	528 38		63	529 01	175 00			218 75	135 26	529 01
Nelson	465 29		1 08	466 37	199 92			113 60	152 85	466 37
Vancouver	237 98		95	238 93	176 60			16 40	45 93	238 93
Victoria	363 49		1 08	364 57	199 92			39 20	125 45	364 57
...Colombie-Britannique	1,066 76		3 11	1,069 87	576 44			169 20	324 23	1,069 87
...Totaux	8,520 86	13 92	16 07	8,550 85	3,900 69	30 00	120 00	2,433 05	2,067 11	8,550 85

INSPECTION DES SUBSTANCES ALIMENTAIRES, 1913-1914

N° 6.—EN COMPTE AVEC LES DÉPENSES—*Fin.*

	Dr.				Av. — Dépenses autorisées par le ministère					
	Montants reçus du ministère pour faire face aux dépenses	Fonds de retraite	Garantie	Totaux	Appointements	Acide spécial	Loyer	Frais de voyage	Divers	Totaux
	$ c.	$ c.	$ c.	$ c.	$ c.	$ c.	$ c.	$ c.	$ c.	$ c.
Analyste en chef	3,827 00			3,827 00		510 00		501 03	2,815 97	3,827 00
En général	8,524 95			8,524 95					8,524 95	8,524 95
Impressions	5,490 21			5,490 21					5,490 21	5,490 21
Papeterie	416 27			416 27					416 27	416 27
Traduction spéciale	66 83			66 83					66 83	66 83
Armagh	126 41			126 41		74 97				126 41
Big Tracadie	140 70			140 70		130 37		40 70	10 74	140 70
Joliette	868 40			868 40		391 63		4 35	5 98	868 40
Montmagny	87 47			87 47		87 47		319 60	166 17	87 47
Régina	28 75			28 75						28 75
St-Jérôme	103 66			103 66		74 42		7 15	21 60	103 66
Ste-Perpétue	578 75			578 75		325 00		15 90	13 34	578 75
St-Philippe de Néri	143 55			143 55		143 55		159 00	94 75	143 55
	28,963 80	13 92	16 07	28,963 80	3,900 69	1,767 41	120 00	3,471 78	19,653 92	28,963 80

W. HIMSWORTH,
Sous-ministre.

MINISTÈRE DU REVENU DE L'INTÉRIEUR,
OTTAWA, 1er juin 1914.

TIMBRES D'EFFETS DE COMMERCE, 1913–1914.

N° 7.—DISTRIBUTEURS de timbres en compte avec le ministère du Revenu de l'Intérieur.

	Dr. Balances, 1er avril 1913.			Av. Balances, 31 mars 1914.		
	Timbres en mains. $ c.	Argent en mains. $ c.	Totaux. $ c.	Timbres en mains. $ c.	Argent en mains. $ c.	Totaux. $ c.
Ministère des Postes............................	1,372 77		1,372 77	1,372 77		1,372 77
Belleville, ex-percepteur E. R. Benjamin....		11 54	11 54		11 54	11 54
Trois-Rivières, ex-percepteur B. Lasalle.....		33 50	33 50		33 50	33 50
McLeod, colonel J. F., Fort-McLeod.........	160 00		160 00	160 00		160 00
Totaux........	1,532 77	45 04	1,577 81	1,532 77	45 04	1,577 81

MINISTÈRE DU REVENU DE L'INTÉRIEUR,
OTTAWA, 1er juin 1914.

W. HIMSWORTH,
Sous-ministre.

12—2

TIMBRES JUDICIAIRES, 1913-1914.

N° 8.—DISTRIBUTEURS de timbres en compte avec le ministère du Revenu de l'Intérieur.

	Dr.				Av.	
	Timbres en mains le 1er avril 1913.	Timbres reçus du ministère.	Totaux.	Déposé au crédit du receveur général.	Timbres en mains le 31 mars 1914.	Totaux.
	$ c.	$ c.	$ c.	$ c.	$ c.	$ c.
Cameron, R., registraire, cour Suprême	54 65	2,300 00	2,354 65	2,297 70	56 95	2,354 65
Morse, Charles, registraire, cour d'Echiquier	53 80	5,290 00	5,343 80	5,215 30	128 50	5,343 80
Contrôleur Dawson, cour territoriale du Yukon	5,867 80	....	5,867 80	1,725 75	4,142 05	5,867 80
Totaux	5,976 25	7,590 00	13,566 25	9,238 75	4,327 50	13,566 25

MINISTÈRE DU REVENU DE L'INTÉRIEUR,
OTTAWA, 1er juin 1914.

W. HIMSWORTH,
Sous-ministre.

Perçus durant l'exercice clos le 31 mars 1914.	Totaux.	—	Déposé au crédit du receveur général.	Totaux.
$ c.	$ c.		$ c.	$ c.
640 00	640 00	Honoraires d'inspection des engrais artificiels, $334— Licences $306.............................	640 00	640 00
2,236 00	2,236 00	Hon. d. falsifi. d. subst. alim., $330—Amendes, $1,906,	2,236 00	2,236 00
293 98	293 98	Revenu casuel...................................	293 98	293 98
1,833 08	1,833 08	Honoraires d'enregistrement de remèdes brevetés, $1,805—Amendes, $28—Estampilles, 8 cents.....	1,833 08	1,833 08
520 00	520 00	Hon. sur subs. d'ali. p. anim. d. com., $115—Lic.,$405.	520 00	520 00
5,523 06	5,523 06		5,523 06	5,523 06

W. HIMSWORTH,

Sous-ministre.

Ministère du Revenu de l'Intérieur.

Ottawa, 1er juin 1914.

5 GEORGE V, A. 1915

Dt.   N° 10—DIVERSES MENUES DÉPENSES, 1913–14.   Av.

Montants reçus du ministère pour pourvoir aux dépenses.	Totaux.		Impressions et papeterie.	Dépenses casuelles.	Totaux.
$ c.	$ c.		$ c.	$ c.	$ c
207 20	207 20	Diverses menues dépenses............	....	207 20	207 20
10 19	10 19	Impressions................	10 19	....	10 19
10 00	10 00	Papeterie..........	10 00	....	10 00
93 30	93 30	Exportation de pouvoir électrique.... .	....	93 30	93 20
14 90	14 90	Traduction spéciale............	....	14 90	14 90
640 00	640 00	Loi des médicaments brevetés....	....	640 00	640 00
400 87	400 87	" " Impressions	400 87	....	400 87
47 04	47 04	" " Papeterie...	47 04	....	47 04
1,423 50	1,423 50		468 10	955 40	1,423 50

W. HIMSWORTH,
Sous-ministre

Ministère du Revenu de l'Intérieur, ·
Ottawa, 1er juin 1914.

Dr.   N° 11—LICENCES DE BATEAUX-PASSEURS, RECETTES POUR 1913-1914.   Av.

Balances dues le 1er avril 1913.	Augmentation durant l'exercice clos le 31 mars 1914.	Totaux.	Bateaux-passeurs.	Déposé au crédit du receveur général.	Balances dues le 31 mars 1914.	Totaux.
$ c.	$ c.	$ c.		$ c.	$ c.	$ c.
	15 00	15 00	Buckingham et Cumberland	15 00		15 00
	50 00	50 00	Buffalo et Pointe-Abino	50 00		50 00
45 83		45 83	Clair-Station et Kent		45 83	45 83
	10 00	10 00	Courtright et Saint-Clair	10 00		10 00
	10 00	10 00	Cross-Point et Campbellton	10 00		10 00
20 00		20 00	Edmundston et Maine		20 00	20 00
	10 00	10 00	Fassett et Saint-Thomas d'Alfred	10 00		10 00
	50 00	50 00	Fort-Erié et Buffalo	50 00		50 00
1,736 79		1,736 79	Hull (men bail)		1,736 79	1,736 79
	6 00	6 00	Montebello et Allred	6 00		6 00
	30 00	30 00	Niagara et Youngs town	30 00		30 00
	1 00	1 00	Ouellette-Street, Detroit	1 00		1 00
1 00		1 00	Pembroke et Ile Allumette (ancien bail)		1 00	1 00
	130 00	130 00	Pembroke et Ile (nouveau bail)	130 00		130 00
	1 00	1 00	Prescott et Ogdensburg	1 00		1 00
	10 00	10 00	Queenston et Lewiston	10 00		10 00
	25 00	25 00	Rainy-River	25 00		25 00
	510 00	510 00	Rockliffe et Gatineau	510 00		510 00
	5 00	5 00	Sand-Point et Norway-Bay	5 00		5 00
	100 00	100 00	Sault-Sainte-Marie	100 00		100 00
30 00		30 00	Saint-Léonard et Van-Buren		30 00	30 00
	1 00	1 00	Walkerville et Détroit	1 00		1 00
1,833 62	964 00	2,797 62	Totaux	964 00	1,833 62	2,797 62

W. HIMSWORTH,
Sous-ministre.

MINISTÈRE DU REVENU DE L'INTÉRIEUR,
OTTAWA, 1er juin 1914.

5 GEORGE V, A. 1915

N° 12—ETAT indiquant les quantités des différents articles sujets aux
les 31 mars 1912, 1913, 1914, et

Articles sujet aux droits d'accise.	1912.			
	Quantités.			Droit.
	A la sortie de la fabrique.	A la sortie de l'entrepôt.	Totaux.	
	Gallons.	Gallons.	Gallons.	$ c.
Spiritueux .... { 9,317 Imporʲés	9,317 Imporʲés	4,534,785 27,597	4,544,102 27,597	8,655,636 60 8,279 22
Totaux	9,317	4,562,382	4,571,699	8,663,915 82
Liqueur de malt, le droit ayant été payé sur le malt.	47,518,647	....	47,518,647	81,156 14
	Lbs.	Lbs,	Lbs	
Malt....	347,576	113,681,947	114,029,523	1,710,796 62
Cigares—	Nombre.	Nombre.	Nombre.	
Etrangers		176,825	176,825	1,060 95
Sous taux de droits amendés (1909)......... ..	158,584,925	93,956,492	252,541,417	505,109 88
Totaux.......................... .	158,584,925	94,133,317	252,718,242	506,170 83
Cigarettes.................	755,700,845	26,872,996	782,663,841	1,889,376 74
	Liv.	Liv.	Liv.	
Tabac en feuilles, étranger......................		168	168	42 00
Tabac en torquettes, Canada...................		17,098	17,098	854 90
Tabac, sous taux de droits amendés (1909).........	12,905,153	7,962,559	20,867,712	1,043,385 75
Tabac à priser sous taux de droits amendés (1909)...	534,068	.....	534,068	26,703 40
Totaux....	13,439,221	7,979,825	21,419,046	2,960,362 79
Tabac en feuilles, brut, étranger..................		17,491,373	17,491,373	4,947,640 17
Autres matières.......		1,372,144	1,372,144	219,543 04
Total, droits sur tabac et cigarettes...	....	....	....	8,127,546 00
Vinaigre........	. ...	....	....	81,945 41
Acide acétique............	....	....	....	11,149 95
Licences, spiritueux....................	.. ..	... .	....	3,750 00
» liqueur de malt	....	....	....	5,600 00
» malt......................	....	....	....	5,750 00
» cigares.............. .... ;......	....	.. ..	.. ..	11,475 00
» tabac.... .. ..r.....	....	....	....	3,230 00
» marchandises en entrepôt..................	....	....	....	2,775 00
» Acide acétique......................	....	....	. ...	150 00
Grand total, droits..................	.. ..	....	....	19,215,410 77

*Spiritueux importés pour servir dans la fabrication du fulminate brut, sur lesquels un droit au

MINISTÈRE DU REVENU DE L'INTÉRIEUR,
OTTAWA, 1er juin 1914.

DOC. PARLEMENTAIRE No 12

droits d'accise, entrés pour la consommation pendant les exercices clos
les droits perçus sur ces articles.

	1913.				1914.		
Quantités.			Droit.	Quantités.			Droit.
A la sortie de la fabrique.	A la sortie de l'entrepôt.	Totaux.		A la sortie de la fabrique.	A la sortie de l'entrepôt.	Totaux.	
Gallons.	Gallons.	Gallons.	$ c.	Gallons.	Gallons.	Gallons.	$ c.
2,508	4,999,937	5,002,445	9,470,642 12	2,001	4,762,618	4,764,619	9,014,579 05
					66,497	66,497	19,949 02
2,508	4,999,937	5,002,445	9,470,642 12	2,001	4,829,115	4,831,116	9,034,528 07
52,314,400		52,314,400	143,612 30	56,060,846		56,060,846	155,566 07
Liv.	Liv.	Liv.		Liv.	Liv.	Liv.	
4,433	123,916,174	123,920,607	1,859,124 57	1,000	133,793,639	133,794,639	2,007,250 77
Nombre.	Nombre.	Nombre.		Nombre.	Nombre.	Nombre.	
	113,500	113,500	681 00		16,500	16,500	99 00
188,391,148	106,268,285	294,659,433	589,337 70	178,096,181	110,107,211	288,203,392	576,486 39
188,391,148	106,381,785	294,772,933	590,018 70	178,096,181	110,123,711	288,219,892	576,585 39
947,426,257	30,317,044	977,743,301	2,357,705 81	1,126,442,320	39,580,850	1,166,023,170	2,809,347 02
Liv.	Liv.	Liv.		Liv.	Liv.	Liv.	
	17,535	17,535	876 75		11,057	11,057	552 85
13,545,167	8,148,942	21,694,109	1,084,705 68	13,865,155	7,777,801	21,642,956	1,082,148 12
659,992		659,992	32,999 60	594,747		594,747	29,737 35
14,205,159	8,166,477	22,371,636	3,476,287 84	14,459,902	7,788,858	22,248,760	3,921,785 34
	19,232,231	19,232,231	5,453,935 76		18,775,803	18,775,803	5,322,240 99
	1,615,596	1,615,596	258,495 36		1,510,010	1,510,010	241,601 60
			9,188,718 96				9,485,627 93
			88,760 37				88,760 38
			10,475 60				11,337 59
			3,500 00				3,500 00
			5,825 00				5,850 00
			5,400 00				5,050 00
			12,250 00				12,350 00
			3,462 00				3,798 00
			2,700 00				3,400 00
			50 00				75 00
			21,384,539 62				21,393,679 20

taux de 30 centins par gallon a été perçu, et ensuite remboursé lors de l'exportation du fulminate.

W. HIMSWORTH,

Sous-ministre.

N° 13—Relevé des sommes déposées chaque mois au crédit du receveur général

	Ontario.	Québec.	Nouveau-Brunswick.	Nouvelle-Ecosse.
	$ c.	$ c.	$ c.	$ c.
Avril :—				
Accise.........................	460,732 09	861,742 99	16,530 38	8,988 83
" saisies	50 00	53 40		
Bacs...........................	110 00	16 00		
Inspection des poids et mesures.......	1,445 65	200 00		8 90
Inspection du gaz.................	22 20			
Inspection de la lumière électrique.....	310 50	46 20		
Honor. d'enreg. pour remèdes brevetés..	75 00	30 00	8 00	5 00
Falsification des substances alimentaires	20 00			
Honoraires d'engrais...............	23 00			10 00
Substances alimentaires commerciales..				
Spiritueux méthyliques	7,083 79	2,049 46	31 83	
Totaux	469,872 23	864,138 05	16,570 21	9,012 73
Mai :—				
Accise....	536,962 00	1,042 084 65	18,206 61	10,389 29
" saisies.......		125 00		
Bacs...........................	36 00	525 00		
Inspection des poids et mesures.......	3,846 35	2,773 05	111 05	330 42
Inspection du gaz	2,511 90	2,033 40	36 00	35 80
Inspection de la lumière électrique....	2,658 30	1,416 60	85 50	172 50
" transport de licences.......	250 00	75 00	25 00	
Timbres judiciaires (cour Suprême).....	266 35			
" " (" de l'Echiquier)	448 00			
" " (" territ., Yukon)				
Honor. d'enr. pour remèdes brevetés....	59 00	6 00	2 00	4 00
Timbres.....	06			
Falsification des substances alimentaires	10 00		5 00	
Honoraires d'engrais.....	11 00	3 00	2 00	2 00
Substances alimentaires commerciales...	11 00	7 00		
Spiritueux méthyliques......	6,892 33	2,725 76	108 89	
Revenu casuel.....................				
Totaux........	553,962 29	1,051,774 46	18,582 05	10,934 01
Juin :—				
Accise.....	486,264 87	1,048,551 26	14,689 99	10,679 28
" saisies........		25 00		
Bacs...........................	50 00			
Inspection des poids et mesures........	4,474 74	3,679 85	184 00	234 78
Inspection du gaz.................	3,014 55	1,643 80	145 60	8 00
Inspection de la lumière électrique.. ...	3,370 90	1,410 50	83 40	148 95
Modèles électriques de laboratoire......	1 80			
Timbres judiciaires (cour Suprême).....	141 10			
" " (" de l'Echiquier)	148 00			
" " (" territ., Yukon).				
Honor. d'enreg. pour remèdes brevetés..	30 00	30 00	3 00	1 00
Falsification des substances alimentaires	10 00			
Honoraires d'engrais.................	8 00			
Substances alimentaires commerciales..	18 00	7 00		
Spiritueux méthyliques....	6,140 66	2,709 39	27 29	
Inspection d'épreuves de bouteilles à lait.	567 75			
Revenu casuel.....................	70			
Totaux......	504,241 07	1,058,056 80	15,133 28	11,072 01

à compte du Revenu de l'Intérieur pour l'exercice clos le 31 mars 1914.

Ile-du-Prince-Edouard.	Manitoba.	Alberta.	Saskatchewan.	Colombie-Britannique.	Yukon.	Totaux.
$ c.	$ c.	$ c.	$ c.	$ c.	$ c.	$ c.
1,122 33	99,014 55	54,615 10	18,811 16	54,559 49		1,576,116 92
						103 40
						126 00
		129 73	191 35	103 00		2,075 63
						22 20
						356 70
	6 00	2 00	1 00	7 00		134 00
			10 00	10 00		40 00
		10 00				43 00
		4 00	9 00			13 00
	35 48			103 96		9,304 52
1,122 33	99,056 03	54,760 83	19,022 51	54,780 45		1,588,335 37
984 33	101,365 79	52,660 52	21,872 16	82,433 60	144 50	1,867,103 45
						125 00
						561 00
15 60	664 30	388 55	692 50	272 65		9,094 47
4 80	315 60	9 70		394 20		5,341 40
6 60	657 20	389 25	52 05	766 35		6,204 35
				100 00		450 00
						266 35
						448 00
					125 55	125 55
	5 00	2 00	1 00	2 00		81 00
						06
		65 00				80 00
						18 00
			2 00			20 00
	834 21			170 79		10,731 98
			225 00			225 00
1,011 33	103,842 10	53,515 02	22,844 71	84,139 59	270 05	1,900,875 61
1,077 74	99,404 82	59,482 04	19,453 97	83,809 80	724 05	1,824,137 82
				207 00		232 00
						50 00
11 90	774 30	352 00	783 10	387 05		10,881 72
	304 40	23 10		407 60		5,547 05
15 60	479 55	517 95	240 90	1,136 55		7,404 80
						1 80
						141 10
						148 00
					152 75	152 75
	4 00			6 00		74 00
	5 00			25 00		40 00
				5 00		13 00
	5 00					30 00
	564 39			526 71		9,968 44
						567 75
						70
1,105 24	101,541 46	60,375 09	20,477 97	86,510 71	876 80	1,859,390 43

5 GEORGE V, A. 1915

N° 13—RELEVÉ des sommes dépensées chaque mois au crédit du receveur général

	Ontario.	Québec.	Nouveau-Brunswick.	Nouvelle-Ecosse.
	$ c.	$ c.	$ c.	$ c.
JUILLET :—				
Accise.	476,285 08	1,017,806 31	16,905 29	9,216 11
" saisies		200 00	100 00	
Inspection des poids et mesures	4,978 95	3,807 25	56 80	334 40
Inspection du gaz	3,188 40	1,479 70	65 80	60 20
Inspection de la lumière électrique	3,236 55	1,511 20	117 00	196 70
Timbres judic. (cour Suprême)	187 60			
" " (cour de l'Echiquier)	162 70			
" " (cour territ. du Yukon)				
Honor. d'enreg. de remèdes brevetés	61 00	23 00	2 00	2 00
Falsification des substances alimentaires	93 00	119 00		
Honoraires, engrais artificiels		4 00		
Substances alimentaires commerciales		2 00		
Spiritueux méthyliques	6,377 27	1,884 59	78 02	75 93
Revenu casuel	3 50			
Totaux	494,574 05	1,026,837 05	17,324 91	9,885 34
AOÛT :—				
Accise	482,320 34	1,018,648 47	16,920 71	11,143 08
" saisies		87 50	50 00	
Inspection des poids et mesures	4,061 35	3,752 20	290 85	644 50
Inspection du gaz	3,103 70	988 30	120 80	5 40
Inspection de la lumière électrique	2,271 60	1,265 10	48 30	92 55
Timbres judic. (cour de l'Echiquier)	138 00			
" " (cour territ. du Yukon)				
Honor. d'enreg. de remèdes brevetés	41 00	16 00		1 00
Falsification de substances alimentaires	142 00	148 00	5 00	
Substances alimentaires commerciales	16 00			
Spiritueux méthyliques	6,829 84	1,941 67	55 52	
Revenu casuel	39 70			
Totaux	498,963 53	1,026,847 24	17,491 18	11,886 53
SEPTEMBRE :—				
Accise.	502,869 90	1,074,115 90	18,386 01	10,829 07
" saisies		116 95		
Bacs	36 00			
Inspection des poids et mesures	3,604 66	3,366 05	318 93	280 40
Saisies des poids et mesures	100 00			
Inspection du gaz	2,561 55	1,512 80	53 30	52 10
Inspection de la lumière électrique	1,773 75	627 40	90 75	194 55
Modèles électriques de laboratoire	6 25			
Timbres judic. (cour Suprême)	198 80			
" " (cour de l'Echiquier)	31 00			
" " (cour territ. du Yukon)				
Hon. d'enreg. de remèdes brevetés	14 00	5 00	1 00	
Falsification de substances alimentaires	120 00	34 00		
Honoraires, engrais artificiels	13 00		5 00	
Spiritueux méthyliques	6,683 35	2,451 14	78 15	76 11
Totaux	518,012 26	1,082,229 24	18,933 64	11,432 23

à compte du Revenu de l'Intérieur pour l'exercice clos le 31 mars 1914—*Suite*.

Ile du Prince-Edouard.	Manitoba.	Alberta.	Saskatchewan.	Colombie-Britannique.	Yukon.	Totaux.
$ c.	$ c.	$ c.	$ c.	$ c.	$ c.	$ c.
882 55	96,133 83	54,855 82	22,860 64	72,614 17		1,767,559 80
						300 00
72 60	781 45	302 65	835 10	228 35		11,287 55
9 00	256 40	44 40		471 40		5,575 30
28 80	326 10	376 05	481 65	943 35		7,217 40
						187 60
						162 70
					177 70	177 70
	3 00	3 00		9 00		103 00
	20 00		5 00			237 00
				7 00		11 00
						2 00
	517 55					8,933 36
	12 54			12 54		28 58
992 95	97,940 87	55,581 92	24,182 39	74,285 81	177 70	1,801,782 99
868 35	108,571 73	53,487 59	20,407 04	87,921 42	1,599 62	1,801,888 35
				100 00		237 50
131 25	1,045 00	265 02	271 50	347 40		10,809 07
	264 80	132 20		423 40		5,038 60
35 40	442 25	504 15	119 70	637 95		5,417 00
						138 00
					165 75	165 75
	1 00	1 00	3 00	1 00		64 00
	5 00			5 00		305 00
						16 00
	36 59			188 29		9,051 91
						39 70
1,035 00	110,366 37	54,389 96	20,901 24	89,524 46	1,765 37	1,833,170 88
1,043 69	114,444 39	49,361 45	27,268 39	75,511 10	1,030 24	1,874,860 14
						116 95
						36 00
52 95	712 65	664 69	680 75	359 50		10,040 58
						100 00
	242 80	48 30		398 40		4,869 75
12 60	296 40	475 65	201 15	505 80		4,178 05
						6 25
						198 80
						31 00
					191 50	191 50
		4 00		1 00		25 00
	37 00		5 00			196 00
						18 00
	313 49			160 09		9,762 83
1,109 24	116,046 73	50,554 09	28,155 29	76,935 89	1,221 74	1,904,630 35

N° 13—RELEVÉ des sommes déposées chaque mois au crédit du receveur général

—	Ontario.		Québec.		Nouveau-Brunswick.		Nouvelle-Ecosse.	
	$	c.	$	c.	$	c.	$	c.
OCTOBRE :—								
Accise	547,559	84	1,086,032	99	17,275	82	9,591	72
" saisies			88	00	15	00		
Inspection des poids et mesures	4,688	35	2,967	45	295	19	428	08
Saisies " "	30	00	5	00				
Inspection du gas	2,627	60	1,571	00	94	40	31	40
Inspection de la lumière électrique	3,557	35	1,342	05	114	65	85	65
Modèles électrique du laboratoire	7	25						
Timbres judiciaires (cour Suprême)	479	30						
" (cour de l'Echiquier)	311	60						
" (c. terr. du Yukon)								
Hon. d'enregistr. de remèdes brevetés	33	00	12	00	1	00	1	00
" " timbres	02							
Honoraires, engrais artificiels			99	00	5	00	5	00
Substances alimentaires commerciales	23	00					7	00
Spiritueux méthyliques	7,072	66	3,059	68	25	73		
Totaux	566,389	97	1,095,177	17	17,826	79	10,149	85
NOVEMBRE :—								
Accise	517,646	33	1,129,433	38	18,438	87	9,808	83
Bacs	130	00						
Inspection des poids et mesures	3,837	51	2,364	10	381	09	226	79
Inspection du gaz	2,903	30	1,455	00	81	80	27	80
Inspection de la lumière életrique	3,666	00	1,143	90	136	50	86	40
Timbres judiciaires (cour Suprême)	52	15						
" (cour de l'Echiquier)	681	50						
" (c. territ. du Yukon)								
Honor. d'enreg. de remèdes brevetés	26	00	10	00	2	00	1	00
Falsification des substances alimentaires	167	00	215	00				
Honoraires, engrois artificiels	25	00					2	00
Substances alimentaires commerciales	26	00						
Spiritueux méthyliques	6,697	40	2,608	08	79	51	74	27
Inspection d'épreuves de bouteilles à lait.	1,024	14						
Totaux	536,882	33	1,137,229	46	19,119	77	10,227	09
DÉCEMBRE :—								
Accise	523,520	34	1,165,223	34	20,277	71	9,952	10
" saisies			40	10				
Bacs	1	00			10	00		
Inspection des poids et mesures	3,966	33	1,888	30	237	74	219	17
Inspection du gaz	2,726	40	1,433	80	187	60	8	20
Inspection de la lumière électrique	3,621	55	1,731	90	108	30	227	10
Timbres judiciaires (cour Suprême)	208	00						
" (cour de l'Echiquier)	173	00						
" (c. territ. du Yukon)								
Honor. d'enregist. de remèdes brevetés	29	00	10	00	1	00		
" " amende	1	00						
Falsification des substances alimentaires	372	00	184	00				
Honoraires, engrais artificiels	63	00	13	00				
Substances alimentaires commerciales	156	00	20	00				
Spiritueux méthyliques	6,735	14	1,394	45	25	47	28	67
Totaux	541,572	76	1,171,888	89	20,847	82	10,435	24

DOC. PARLEMENTAIRE No 12

à compte du Revenu de l'Intérieur pour l'exercice clos le 31 mars 1914—*Suite.*

Ile du Prince-Edouard.	Manitoba.	Alberta.	Saskatchewan.	Colombie-Britannique.	Yukon.	Totaux.
$ c.	$ c.	$ c.	$ c.	$ c.	$ c.	$ c.
1,158 72	123,092 82	58,273 60	29,874 92	71,905 88	1,521 86	1,946,288 17
						103 00
103 19	1,673 40	623 22	539 75	426 10		11,744 73
						35 00
9 00	190 20	44 00		195 80		4,763 00
15 00	747 45	258 75	314 10	499 20		6,934 20
						7 25
						479 30
						311 60
					253 50	253 50
	3 00	2 00				52 00
						02
		5 00				114 00
						30 00
				53 59		10,211 66
1,285 91	125,706 87	59,206 57	30,728 77	73,080 57	1,775 36	1,981,327 83
1,242 97	138,751 90	61,700 02	36,220 91	65,597 04	1,221 83	1,980,062 08
						130 00
39 30	2,103 84	559 30	705 20	444 15		10,661 28
10 40	371 00	45 70		442 00		5,337 00
60 60	766 95	677 85	265 50	930 45		7,734 15
						52 15
						681 50
					213 00	213 00
			1 00			40 00
				5 00		387 00
				15 00		42 00
		2 00				28 00
	293 19			129 05		9,881 50
						1,024 14
1,353 27	142,286 88	62,984 87	37,192 61	67,562 69	1,434 83	2,016,273 80
1,209 87	132,719 21	67,826 80	28,614 11	74,576 22	1,391 82	2,025,311 52
						.40 10
						11 00
9 30	1,004 20	668 20	1,177 75	409 95		9,530 94
	321 00	20 60		282 20		4,979 80
50 25	686 55	742 65	136 35	679 80		7,984 45
						208 00
						173 00
					144 75	144 75
	2 00	1 00		1 00		44 00
						1 00
				20 00		576 00
				5 00		81 00
	20 00	10 00		15 00		221 00
	248 84			208 78		8,641 35
1,269 42	135,001 80	69,269 25	29,928 21	76,197 95	1,536 57	2,057,947 91

N° 13—RELEVÉ des sommes déposées chaque mois au crédit du receveur général

	Ontario.		Québec.		Nouveau-Brunswick.		Nouvelle-Ecosse.	
	$	c.	$	c.	$	c.	$	c.
JANVIER :—								
Accise	434,208	86	703,138	21	14,570	25	8,709	88
" Saisies			25	00				
Inspection des poids et mesures	2,911	09	905	30	361	03	172	61
Inspection du gaz	3,055	80	1,694	60	37	40	60	80
Inspection de la lumière électrique	2,999	40	1.197	70	103	65	145	15
Modèles électrique de laboratoire	15	75						
Timbres judiciaires (cour Suprême)	108	90						
" " (" de l'Echiquier)	701	00						
" " (" territ., Yukon)								
Honor. d'enrgist. de remèdes brevetés	28	00	14	00				
Amendes, " "	17	00						
Falsification des substances alimentaires	5	00	30	00				
Honoraires, engrais artificiels	91	00	24	00	6	00	44	00
Substances alimentaires commerciales	66	00	7	09			5	00
Spiritueux méthyliques	5,406	45	2,133	42	51	64		
Inspect. d'épreuves de bonteilles à lait	857	85						
Totaux	450,472	10	709,169	23	15,159	97	9,137	44
FÉVRIER :—								
Accise	417,365	44	1,005 795	43	12.925	40	8,092	44
" Saisies			100	00				
Inspection des poids et mesures	3,778	98	1,434	60	94	97	184	60
Inspection du gaz	2,496	70	1,38C	40	50	40	4	20
Inspection de la lumière électrique	3,046	00	1,250	20	171	15	239	85
Timbres judiciaires (cour Suprême)	337	40						
" " (" de l'Echiquier)	253	00						
Honor. d'enreg. de remèdes brevetés	209	00	42	00	11	00	8	00
Amendes, " "	10	00						
Falsification des substances alimentaires	5	00	24	00			15	00
Honoraires, engrais artificiels	54	00	34	00	7	00	18	00
Substances alimentaires commerciales	22	00	5	00				
Spiritueux méthyliques	5,720	02	2,839	44	52	82	75	09
Totaux	433,297	54	1,012,855	07	13,312	74	8,637	18
MARS :—								
Accise	493,502	99	996,504	62	18,295	78	9,840	65
" saisies			52	00				
Bacs	50	00						
Inspection des poids et mesures	5,629	62	2,810	00	244	61	98	50
Inspection du gaz	6,108	70	3,712	80	94	80	63	00
Inspection de la lumière électrique	6,223	45	2,175	95	289	20	316	35
Modèles électriques du laboratoire	4	00						
Timbres judiciaires (cour Suprême)	318	10						
" " (" de l'Echiquier)	2,167	50						
" " (" territ., Yukon)								
Honor. d'enreg. de remèdes brevetés	611	00	130	00	18	00	21	00
Falsification des substances alimentaires	79	00	29	00	5	00		
Honoraires, engrais artificiels	79	00	7	00	17	00	6	00
Substances alimentaires commerciales	30	00						
Spiritueux méthyliques	8,159	37	3,373	85	82	90	75	19
Insp. d'épreuves de bouteilles à lait	201	20						
Totaux	523,163	93	1,011,795	22	19,047	29	10,420	73

DOC. PARLEMENTAIRE No 12

à compte du Revenu de l'Intérieur pour l'exercice clos le 31 mars 1914—*Fin.*

Ile du Prince-Edouard.	Manitoba.	Alberta.	Saskatchewan.	Colombie-Britannique.	Yukon.	Totaux.
$ c.	$ c.	$ c.	$ c.	$ c.	$ c.	$ c.
1,090 14	105,044 01	55,709 22	21,716 43	63,375 50	186 54	1,407,749 04
						25 00
19 98	516 40	450 53	585 95	190 20		6,113 09
8 80	218 40	101 00		378 80		5,555 60
42 90	794 25	375 90	294 30	639 15		6,592 40
						15 75
						108 90
						701 00
					113 50	113 50
	1 00		1 00	3 00		47 00
						17 00
						35 00
				12 00		177 00
		5 00	5 00	10 00		98 00
	36 31			113 95		7,771 77
						857 85
1,161 82	106,610 37	56,641 65	22,602 68	64,722 60	300 04	1,435,977 90
793 48	80,649 68	35,386 71	16,302 78	63,941 81	429 91	1,641,683 08
						100 00
12 45	435 55	439 90	744 10	304 40		7,429 55
	194 20	69 70		239 40		4,385 00
10 20	505 60	420 90	347 55	550 20		6,541 65
						337 40
						253 00
2 00	8 00	2 00	1 00	17 00		300 00
						10 00
64 00	5 00					113 00
		13 00				126 00
				5 00		32 00
	394 15			232 50		9,314 02
882 13	82,192 18	36,332 21	17,395 43	65,290 31	429 91	1,670,624 70
1,439 55	96,178 29	52,747 93	18,674 46	85,134 52	435 42	1,775,754 25
						52 00
						50 00
26 70	963 00	667 92	484 00	483 50		11,407 85
9 00	638 20	267 70		600 60		11,494 80
18 00	1,351 80	710 40	801 75	1,539 90		13,426 82
						4 00
						318 10
						2,167 50
					187 75	187 75
2 00	18 00	11 00	3 00	27 00		841 00
						113 00
				2 00		111 00
						30 00
	450 66		64 29	429 28		12,635 54
						201 20
1,485 25	99,599 95	54,404 95	20,027 50	88,216 80	623 17	1,828,794 79

5 GEORGE V, A. 1915

RÉCAPITULATION du tableau n° 13 indiquant le revenu total

—	Ontario.		Québec.		Nouveau-Brunswick.		Nouvelle-Ecosse.	
	$	c.	$	c.	$	c.	$	c.
Accise	5,879,238	08	12,152,077	55	203,422	82	117,241	32
" saisies	50	00	912	95	165	00		
Bacs	413	00	541	00	10	00		
Inspection des poids et mesures	47,223	58	29,893	15	2,576	26	3,163	15
Saisies " "	130	00	5	00				
Inspection du gaz	34,320	80	18,855	60	968	40	356	90
Inspection de la lumière électrique	36,735	35	18,118	70	1,348	40	1.905	75
Licences d'exp. de pouv. de lum. électrique	250	00	75	00	25	00		
Modèles électriques de laboratoire	35	05						
Timbres judiciaires (cour Suprême)	2,998	70						
" " (cour de l'Echiquier)	4,514	30						
" " (cour territ., Yukon)								
Honoraires de remèdes brevetés	1,216	00	328	00	49	00	44	00
Amendes, remèdes brevetés	28	00						
Timbres de remèdes brevetés		08						
Honoraires, substances alimentaires	1,023	00	882	00	20	00	20	00
Honoraires, engrais artificiels	367	00	85	00	37	00	82	00
Substances alimentaires commerciales	368	00	48	00			12	00
Spiritueux méthyliques	79,798	28	29,170	93	727	77	405	26
Inspect. d'épreuves de bouteilles à lait	2,650	94						
Revenu casuel	43	90						
Totaux	6.091,401	06	12,247,997	88	209,349	65	123,230	38

MINISTÈRE DU REVENU DE L'INTÉRIEUR,
OTTAWA, 1er juin 1914.

DOC. PARLEMENTAIRE No 12

de chaque division pour l'exercice clos le 31 mars 1914.

Ile-du-Prince-Edouard.	Manitoba.	Alberta.	Saskatchewan.	Colombie-Britannique.	Yukon.	Totaux.
$ c.	$ c.	$ c.	$ c.	$ c.	$ c.	$ c.
12,913 72	1,295,371 02	656,106 80	282,076 97	881,380 55	8,685 79	21,488,514 62
			100 00	207 00		1,434 95
						964 00
495 22	10,564 09	5,511 71	7,691 65	3,953 25		111,076 46
						135 00
51 00	3,317 00	806 40		4,233 80		62,909 90
295 95	7,054 10	5,449 50	3,255 00	8,828 70		79,991 45
				100 00		450 00
						35 05
						2,998 70
						4,514 30
					1,725 75	1,725 75
4 00	51 00	28 00	11 00	74 00		1,805 00
						28 00
						08
64 00	72 00	70 00	20 00	65 00		2,236 00
		23 00		46 00		640 00
	25 00	21 00	16 00	30 00		520 00
	3,724 86		64 29	2,316 99		116,208 38
						2,650 94
	12 54		225 00	12 54		293 98
13,823 89	1,320,191 61	668,016 41	293,459 31	901.247 83	10,411 51	21,879,132 56

W. HIMSWORTH,
Sous-ministre.

12—3

5 GEORGE V, A. 1915

REVENUS

N° 14—Tableau comparatif mensuel

—		Avril.		Mai.		Juin.		Juillet.		Août.	
		$	c.	$	c.	$	c.	$	c.	$	c.
Spiritueux	1912-13	702,122	44	726,757	71	678,405	20	667,790	76	784,287	91
	1913-14	742,851	94	749,583	84	651,561	65	683,375	58	722,654	15
Augmentation		40,729	50	22,826	13			15,584	82		
Diminution						26,843	55			61,633	76
Liqueur de malt	1912-13	17,128	48	8,885	38	10,618	32	17,200	72	13,420	80
	1913-14	20,167	20	14,339	20	14,399	70	15,640	80	13,955	80
Augmentation		3,038	72	5,453	82	3,781	38			535	00
Diminution								1,559	92		
Malt	1912-13	166,145	25	176,275	29	171,212	54	200,038	75	176,705	04
	1913-14	182,052	75	195,691	97	197,287	93	201,669	95	180,658	84
Augmentation		15,907	50	19,416	68	26,075	39	1,631	20	3,953	80
Diminution											
Tabac	1912-13	743,242	72	779,010	39	740,998	09	794,743	20	827,047	16
	1913-14	839,666	09	830,169	69	815,854	53	861,873	36	799,051	31
Augmentation		96,423	37	111,159	30	74,856	44	67,130	16		
Diminution										27,995	85
Cigares	1912-13	54,684	10	48,700	16	48,572	14	51,920	30	51,053	95
	1913-14	62,127	83	50,654	29	50,180	26	52,206	26	51,208	63
Augmentation		7,443	73	1,954	13	1,608	12	285	96	154	68
Diminution											
Marchandises en entrepôt	1912-13	9,074	41	9,976	71	6,990	26	7,493	58	11,388	29
	1913-14	8,538	69	8,718	71	8,955	32	8,261	86	11,222	47
Augmentation						1,965	06	768	28		
Diminution		535	72	1,258	00					165	82
Acide acétique	1912-13	1,098	92	1,114	93	1,421	03	1,206	62	1,377	75
	1913-14	1,137	76	1,295	73	1,422	38	1,093	54	1,084	69
Augmentation		38	84	180	80	1	30				
Diminution								113	08	293	06
Saisies	1912-13	65	00	113	60	289	05	285	00	5	46
	1913-14	128	40	307	00	50	00	425	00	87	50
Augmentation		63	40	193	40			140	00	82	04
Diminution						239	05				
Autres recettes	1912-13	19,141	95	4,595	25	5,989	62	6,689	79	6,988	55
	1913-14	19,183	90	5,177	84	10,663	50	2,865	85	6,427	34
Augmentation		41	95	582	59	4,673	88				
Diminution								3,823	94	561	21
Revenu total	1912-13	1,712,708	27	1,755,429	42	1,664,496	30	1,747,368	72	1,872,274	91
	1913-14	1,875,854	56	1,915,938	27	1,750,375	27	1,827,412	20	1,786,350	73
Total de l'augmentation		163,151	29	160,508	85	85,878	97	80,043	48		
" de la diminution										85,924	18

Ministère du Revenu de l'Intérieur,
Ottawa, 1er juin 1914.

DOC. PARLEMENTAIRE No 12

REVENUS.

pour 1912-13 et 1913-14.

Septembre.	Octobre.	Novembre.	Décembre.	Janvier.	Février.	Mars.	Totaux.
$ c.	$ c.	$ c.	$ c.	$ c.	$ c.	$ c.	$ c.
794,751 95	882,910 90	948,578 92	1,127,802 80	731,858 54	694,108 76	734,766 23	9,474,142 12
738,603 77	890,232 11	871,718 57	1,017,422 35	634,020 84	650,769 42	635,233 85	9,038,028 07
....	7,321 21	....	....	....	....	....	....
6,148 18	....	76,860 35	110,380 45	97,837 70	43,339 34	99,532 38	436,114 05
13,636 60	10,380 80	14,548 40	10,990 30	9,549 40	10,764 40	12,313 70	149,437 30
11,972 00	13,694 20	10,915 00	12,125 20	10,037 50	8,764 00	15,405 47	161,416 07
....	3,313 40	....	1,134 90	488 10	....	3,091 77	11,978 77
1,664 60	....	3,633 40	....	....	-2,000 40	....	....
133,435 43	127,682 84	136,248 39	145,848 21	142,433 07	143,333 88	145,165 88	1,864,524 57
165,404 38	148,158 95	151,715 60	151,809 72	144,869 87	136,396 50	156,584 31	2,012,300 77
31,968 95	20,476 11	15,467 21	5,961 51	2,436 80	....	11,418 43	147,776 29
....	....	....	....	....	6,937 38	....	....
754,122 40	867,434 82	830,250 45	642,315 50	791,597 21	809,585 08	611,833 94	9,192,180 96
812,630 80	880,456 11	831,673 63	705,345 41	671,087 66	725,760 91	655,856 43	9,489,425 93
58,508 40	13,021 29	1,423 18	63,029 91	....	....	44,022 49	297,244 97
....	....	....	....	120,509 55	83,824 17	....	....
47,532 92	56,169 59	55,983 60	52,155 85	44,880 29	42,246 31	48,369 49	602,268 70
51,681 80	54,691 06	51,685 86	48,767 97	39,193 88	34,750 37	41,787 18	588,935 39
4,148 88	....	....	....	....	....	....	....
....	1,478 53	4,297 74	3,387 58	5,686 41	7,495 94	6,582 31	13,333 31
12,461 71	12,405 11	7,155 69	3,509 03	2,800 61	3,291 97	4,913 00	91,460 37
14,548 79	10,146 85	6,060 43	2,965 16	3,354 32	3,505 25	5,882 53	92,160 38
2,087 08	....	1,095 26	543 87	553 71	213 28	969 53	700 01
....	2,258 26	....	....	....	....	....	....
1,042 53	528 02	726 15	556 22	· 549 98	539 95	363 45	10,525 60
1,100 64	1,670 84	926 70	390 56	....	370 24	919 51	11,412 59
58 11	1,142 82	200 55	....	....	....	556 06	886 99
....	....	....	165 66	549 98	169 71	....	....
214 50	250 00	· 25 00	355 25	100 00	60 00	300 00	2,062 86
116 95	103 00	....	65 10	....	100 00	52 00	1,434 95
....	....	....	....	....	40 00	....	....
97 55	147 00	25 00	290 15	100 00	....	248 00	627 91
8,921 47	8,392 34	9,582 03	7,882 90	12,173 67	6,226 30	6,845 22	103,379 09
10,358 82	8,612 04	4,767 47	10,763 30	5,879 61	4,656 89	4,396 74	93,753 30
1,437 35	219 70	....	2,880 40	....	....	2,448 48	....
....	....	4,764 56	....	6,294 06	1,569 41	....	9,625 79
1,766,119 51	1,966,154 42	2,003,048 63	1,991,416 06	1,735,942 77	1,710,156 65	1,564,870 91	21,490,011 57
1,856,417 95	2,007,765 16	1,929,463 26	1,949,654 77	1,508,443 68	1,565,073 58	1,516,118 02	21,488,867 45
90,298 44	41,610 74	....	....	....	....	....	....
....	....	73,585 37	41,761 29	227,499 09	145,083 07	48,752 89	1,144 12

W. HIMSWORTH,
Sous-ministre.

12—3½

N° 15—REMISES de droits durant l'exercice clos le 31 mars 1914.

ACCISE.

Articles.	A qui payés.	Date.	Divisions.	En vertu de quelle autorité.	Montants.		Totaux.	
					$	c.	$	c.
Spiritueux	Parke, Davis et Cie	**1913.** 21 avril	Windsor	Droits remb. en vertu des stat. rev., ch. 51, art. 254	141	51		
	"	6 mai	"	254	548	75		
	"	12 "	"	254	850	19		
	Canadian Bank of Commerce pour A. L. Howard et Cie	20 "	Sherbrooke	254 51	4,601	72		
	Parke, Davis et Cie	21 "	Windsor	254 51	416	47		
	"	9 juin	"	254 51	589	33		
	"	24 "	"	254 51	395	20		
	"	30 "	"	254 51	128	81		
	"	16 juillet	"	254 51	756	64		
	"	28 "	"	254 51	303	43		
	"	- août	"	254 51	498	55		
	"	15 "	"	254 51	340	27		
	"	28 "	"	254 51	306	59		
	"	5 sept	"	254 51	106	12		
	"	24 "	"	264 51	1,266	27		
	Canadian Bank of Commerce pour A. L. Howard et Cie	21 oct	Sherbrooke	254 51	6,227	72		
	Parke, Davis et Cie	21 "	Windsor	254 51	152	80		
	"	27 "	"	254 51	555	96		
	Heney, John	13 nov	Prescott	254 51	9,119	58		
	Parke, Davis et Cie	17 "	Windsor	254 51	280	24		
	"	24 "	"	254 51	321	98		
	"	1er déc	"	254 51	136	12		
	"	22 "	"	254 51	158	41		
	"	**1914.** 11 janv	"	254 51	215	59		
	"	19 "	"	254 51	730	62		
	"	2 février	"	254 51	41	69		
	"	16 "	"	254 51	79	00		
	"	2 mars	"	254 51	366	65		
	"	9 "	"	254 51	429	82		
	"	27 "	"	254 51	327	44		
	"	14 avril	"	254 51	783	66		
					31,107	12		
				Moins remboursés par Parke, Davis et Cie	9	76		
							31,097	36

				Droits remb. en vertu des stat. rev., ch. 24 art.			
Malt....	O'Keefe Brewing Co., The.	9 mai	Toronto	"	51	92	5,618 25
	Vancouver Breweries ℀, Ltd	14 "	Vancouver	"	51	201.	360 00
	Canadian B. & M. Co., Ltd.	14 "	"	"	51	201.	865 00
	Hoeschen Wentzler Brewing Co., Ltd	14 "	Moosejaw	"	51	201.	289 50
	...on B. & M. Co., Ltd, The	11 "	Calgary	"	51	201.	144 00
	Lethbridge B. & M. Co., Ltd., The	14 "	"	"	51	201.	460 00
	...in Spring B. Co., Ltd	14	Montréal	"	51	201.	33 00
	Nelson, Nels ...s Ltd., The	14	Vancouver	"	51	201.	108 00
	Berlin Lion Brewery Ltd., The	16	"	"	51	201.	22 50
	Carling, T. H.	17	Guelph	"	51	141.	13 43
	Lethbridge B. & M. Co., Ltd., The	30	London	"	51	141.	112 34
	Hoeschen Wentzler Brewing Co., Ltd	20 juin	Calgary	"	51	201.	225 00
	National Breweries, Ltd., The	20	Moosejaw	"	51	201.	198 00
	Canadian B. & M. Co., Ltd.	20	Montréal	"	51	201.	108 00
	Vancouver Breweries Ltd	20	Montréal	"	51	201.	1,453 50
	Edmonton B. & M. Co., Ltd., The	20	"	"	51	201.	540 00
	Canada Malting Co., Ltd., The	24	Calgary	"	51	201.	180 00
	Dyson Vinegar Co., Ltd., The	28	Hamilton	"	51	92.	21 00
	National Breweries, Ltd., The	11 juillet	Winnipeg	"	24	92.	1,023 00
	Hoeschen Wentzler Brewing Co., Ltd	16	Mojaw	"	51	201.	162 00
	Mountain Spring B. Co., Ltd	16	Calgary	"	51	201.	145 50
	Vancouver Breweries, Ltd.	16	Calgary	"	51	201.	190 50
	Canadian M. & B. Co., Ltd.	16	Vancouver	"	51	903.	540 00
	Nelson, Nels	16	"	"	51	903.	1,026 00
	Edmonton B. & M. Co., Ltd., The	16	"	"	51	201.	48 00
	...ge B. & M. Co., Ltd., The	18	Calgary	"	51	201.	144 00
	Hoeschen Wentzler Brewing Co., Ltd	18	"	"	51	201.	987 00
	Edmonton B. & M. Co., Ltd., The	13 août	Moosejaw	"	51	201.	150 00
	Lethbridge B. & M. Co., Ltd., The	13	Calgary	"	51	201.	180 00
	...in Spring B. Co., Ltd	13	"	"	51	201.	1,038 00
	Vancouver Breweries Ltd	13	Vancouver	"	51	201.	279 00
	Nelson, Nels	13	"	"	61	201.	720 00
	National Breweries, Ltd., The	15	Montréal	"	51	201.	96 00
	Bauer, A.	15	Guelph	"	51	201.	108 00
	Hoeschen Wentzler Brewing Co., Ltd	16		"	51	141.	81 27
	...Co., Ltd	12 sept.	Moosejaw	"	51	201.	180 00

N° 15—REMISES DE DROITS—*Suite.*

ACCISE—*Suite.*

Articles.	À qui payés.	Date.	Divisions.	En vertu de quelle autorité.		Montants.	Totaux.
		1913.		Droits remb. en vertu des stat. rev., ch. 51 art. 201...		$ c.	$ c.
Malt—*Suite*	Edmonton B. & M. Co., Ltd., The	12 sept...	Calgary		51 201...	252 00	
	Lethbridge B. & M. Co., Ltd., The	12	"	"	51 201...	89 00	
	Calgary B. & M. G., Ltd.	12	"	"	51 201...	96 25	
	National Breweries Ltd., The	22	Montréal...	"	51 201...	108 00	
	Vancouver Breweries, Ltd...	22	Vancouver...	"	51 201...	720 00	
	Nelson, Nels	22	"	"	51 201...	49 50	
	Canadian B. & M. Co., Ltd.	22	"	"	51 201...	2,144 25	
	Walkerville Brewing G, Ltd.	7 oct...	Windsor...	"	51 201...	24 25	
	Dyson Vinegar Co., Ltd., The	13	Winnipeg...	"	51 201...	66 00	
	Vancouver Breweries, Ltd...	14	Vancouver...	"	51 201...	80 00	
	Canadian M. & B. Co., Ltd.	14	"	"	51 201...	1,072 50	
	Hoeschen Wentzler Brewing Co., Ltd	14	"	"	51 201...	57 22	
	B. & M. Co., Ltd., The	14	Calgary ...	"	51 201...	72 00	
	ge B. & M. G, Ltd., The	14	"	"	51 201...	90 00	
	Mountain Spring B. Co., Ltd.	14	"	"	51 201...	186 00	
	ry B. & M. G, Ltd.	14	"	"	51 201...	96 25	
	National Breweries, Ltd., The	15	Montréal...	"	51 201...	162 00	
	Wilson Lytle Badgerow Co., Ltd	16	Toronto...	"	51 201...	579 17	
	Walkerville Brewg. Co. Ltd., The	11 nov...	Windsor...	"	51 201...	666 00	
	National Breweries Ltd., The	14	Montréal...	"	51 201...	08 00	
	Hoeschen & Wentzler B. Co., Ltd	14	Moosejaw...	"	51 201...	95 42	
	Edmonton B. & M. Co., Ltd., The	14	Calgary ...	"	51 201...	72 00	
	Lethbridge B. & M. Co., Ltd., The	14	"	"	51 201...	814 50	
	Mountain Spring B. Co., Ltd.	14	"	"	51 201...	87 00	
	Calgary B. & M. G Ltd.	14	"	"	51 201...	206 25	
	Vancouver Breweries, Ltd..	14	Vancouver ...	"	51 201...	360 00	
	Canadian B. & M. Co., Ltd.	14	"	"	51 201...	877 50	

Company	Date	Location	Amount		
Nelson, Nels...	14	Halifax	48 00	51	20l.
Halifax Breweries, Ltd.,	11 déc.	"	61 80	51	141.
National Breweries, Ltd., The	13	Montréal	168 00	51	20l.
Frontenac Breweries, Ltd	13	"	421 50	51	20l.
Hoeschen & Wentzler B. Co., Ltd	13	Moosejaw	264 00	51	20l.
Edmonton B. & M. Co., Ltd.,	13	Calgary	156 00	51	20l.
Lethbridge B. & M. Co., Ltd., The	13	"	720 00	51	20l.
Mountain Spring B. G. Ltd.	13	"	79 50	51	20l.
Calgary B. & M. G. Ltd	13	"	103 13	51	20l.
Canadian B. & M Co., Ltd	17	Vancouver	487 50	51	20l.
Canada Malting Co.,	7 janv.	Winnipeg	15 00	24	92.
Dyson Vinegar Co., The.	14	"	1,044 00	51	20l.
Victoria Phoenix B. Co., Ltd., The	16	Victoria	912 00	51	20l.
Vancouver Breweries Ltd.,	16	Vancouver	360 00	51	20l.
Canadian B. & M. Co., Ltd The	16	"	685 50	51	20l.
Westminster Brewery.	16	"	27 00	51	20l.
National Breweries Ltd., The	16	Montréal	108 00	51	20l.
Frontenac Breweries	19	"	105 00	51	20l.
Wilson Lytle Badgerow Co., Ltd	23	fio	111 35	51	20l.
Edmonton B. & M Co., Ltd., The	23	Calgary	195 00	51	20l.
Lethbridge B. & M. G., Ltd.,	23	"	635 38	51	20l.
Mountain Spring B. Co., Ltd	23		294 0	51	20l.
Vancouver Breweries Ltd., The	12 fév.	Vancouver	180 00	51	20l.
Canadian B. & M. Co., Ltd.	12	"	840 00	51	20l.
Edmonton B. & M. Co. Ltd.	12	Calgary	117 00	51	20l.
Lethbridge B & M Co Ltd., The	12	"	261 00	51	2n 1.
Mountain Spring B. Co.,	12	"	252 00	51	20l.
Calgary B. & M. Co., Ltd	12	"	103 13	51	20l.
National Breweries Ltd., The	13	Montréal	108 00	51	20l.
Frontenac Breweries Ltd	13	"	100 59	51	20l.
Rau Mary & Grainger	2 mars	Guelph	70 50	51	141.
Farquharson & Grainger	5	Owen-Sound	27 72	51	141.
Lethbridge B. & M. Co., Ltd,	12	Calgary	180 00	1	20l.
Edmonton B. & M. Co., Ltd., The	12	"	333 00	51	20l.
Mountain Spring B. Co., Ltd	12	"	360 00	51	20l.

5 GEORGE V, A. 1915

N° 15—REMISES DE DROITS—*Suite.*

ACCISE—*Suite.*

Articles.	A qui payés.	Date. 1914.	Divisions.	En vertu de quelle autorité. Droits remb. en vertu des stat. rev., ch.			Montants.	Totaux.
				ch.	art.		$ c.	$ c.
Malt—*Suite.*	Calgary B. & M. Co., Ltd	12 mars	Calgary	51	201		103 12	
	Canadian B. & M. Co., Ltd	13 "	Vancouver	51	201		504 00	
	National Breweries Ltd., The	13 "	Montréal	51	201		108 00	
	Drewry, E. L	11 avril	Winnipeg	51	201		282 00	
	Wilson Lytle Badgenow Co., Ltd	16 "	Toronto	51	201		154 50	
	National Breweries, Ltd., The	18 "	Montréal	51	201		108 00	
	Frontenac Breweries, Ltd	18 "	"	51	201		202 50	
	Canadian B. & M. Co., Ltd	18 "	Vancouver	51	201		1,008 00	
	Hoeschen Wentzler B. Co., Ltd	18 "	Moosejaw	51	201		54 00	
	Lethbridge B. & M. Co., Ltd, The	18 "	Calgary	51	201		577 50	
	Mountain Spring B. Co., Ltd, The	18 "	"	51	201		522 00	
	Calgary B. & M. Co., Ltd	18 "	"	51	201		103 12	
	Dyson Vinegar Co	18 "	Winnipeg	51	201		285 90	
	Corby H. Distillery Co	22 "	Belleville	24	92		489 50	
	Ray, Jas. A	22 "	"	24	92		153 89	
	Bixel, A	22 "	Brantford	24	92		444 08	
	Oland, John C	22 "	"	24	92		29 10	
	Stevenson, Robt	22 "	Kingston	24	92		144 01	
	Fisher, John	22 "	"	24	92		163 95	
	Blake & Dunne	22 "	Ottawa	24	92		79 20	
	Capital Brewing Co., Ltd, The	22 "	"	24	92		60 54	
	Diamond Brewery Co., Ltd	22 "	Port-Arthur	24	92		523 40	
	Kakabeka Falls B. Co., Ltd, The	22 "	"	24	92		907 50	
	Lakewood Brewery Co	22 "	"	24	92		147 33	
	Bowie & Co.'s B., Ltd	22 "	Prescott	24	92		123 69	
	Wiser, J. P. & Sons	22 "	"	24	92		265 50	
	McCarthy, T. C	22 "	"	24	92		339 50	
	St. Lawrence Brewery, Ltd	22 "	Stratford	24	92		1,867 60	
	Watson, John	22 "	"	24	92		157 42	
	Devlin, Felix	22 "	"	24	92		91 70	

	avril					
Barrie Malting & Extrac Co., Ltd., The	22	Toronto	"	92.	24	54 24
Kemp, D. C.	22	"	"	92.	24	126 14
Wright, A. J.	22	"	"	92.	24	17 32
Soo Falls Brg. Co., Ltd.	22	"	"	92.	24	867 61
Kormann B. Ltd., The	22	"	"	92.	24	183 60
Gooderham & Worts, Ltd.	22	"	"	92.	24	194 40
Toronto B. & M. Co., Ltd.	22	"	"	92.	24	1,288 83
Lothar Reinhardt	22	"	"	92.	24	1,447 50
Dominion B. Co., Ltd., The	22	"	"	92.	24	1,531 47
Cosgrave B. Co., Ltd., The	22	"	"	92.	24	2,091 75
Copland B. Co., Ltd.	22	"	"	92.	24	2,333 49
O'Keefe B. Co., Ltd., The	22	"	"	92.	24	5,622 80
Walkerville B. Co., Ltd., The	22	"	"	92.	24	333 75
Hiram Walker & Sons, Ltd.	22	Windsor	"	92.	24	1,981 58
Irion, A. L.	22	"	"	92.	24	706 00
Schwan, V	22	"	"	92.	24	71 53
Huether, J. C	22	"	"	92.	24	84 00
Farquharson & Grainger	22	Owen-Sound	"	92.	24	63 75
Eaton, C. Estate of	22	"	"	92.	24	110 65
St. Hyacinthe Dis. G. Ltd.	22	St-Hyacinthe	"	92.	24	103 05
Ready's Breweries, Ltd., The	22	St-John	"	92.	24	798 90
Jones, Simeon	22	"	"	92.	24	285 00
Halifax Breweries, Ltd	22	Halifax	"	92.	24	654 22
Oland & Son	22	"	"	92.	24	299 10
Keith, D	22	"	"	92.	24	1,701 00
Moose-Jaw B. & M. Co., Ltd.	22	Moosejaw	"	92.	24	386 00
Golden Lion B. Co., Ltd	22	"	"	92.	24	280 35
Regina B. Co., Ltd	22	"	"	92.	24	345 00
Hoechen Wentzler B. Co., Ltd	22	Victoria	"	92.	24	795 00
Pilsener B. Co., Ltd., The	23	"	"	92.	24	90 00
Union Brewing Co., Ltd	23	"	"	92.	24	446 14
Victoria Phoenix B. Co., Ltd	23	"	"	92.	24	840 00
Silver Spring B., Ltd.	23	"	"	92.	24	870 00
Canada Malting Co., Ltd., The	23	Hamilton	"	92.	24	402 10
Hamilton B. Ass., Ltd., The	23	"	"	92.	24	869 82
Grants' Spring B. Co., Ltd.	23	"	"	92.	24	1,509 55
Victoria Phoenix B. Co., Ltd.	23	Victoria	"	92.	24	399 00
Hiesz & Tode	24	Owen-Sound	"	92.	24	155 39
Begg, G. C.	24	London	"	92.	24	165 00
Hamilton, J.	24	"	"	92.	24	94 50
Labatt, John	24	"	"	92.	24	1,875 93
Carling, T. H.	24	"	"	92.	24	1,898 24
Golden Lion B. Co., Ltd	24	Montréal	"	92.	24	345 00
Mongeau, V	24	"	"	92.	24	75 68
National Breweries, Ltd.	24	"	"	92.	24	4,451 68
Molson, H	24	"	"	92.	24	4,804 49

N° 15—REMISES DE DROITS—*Fin.*

ACCISE—*Fin.*

Articles.	A qui payés.	Date. 1914.	Division.	En vertu de quelle autorité.	Montants. $ c.	Totaux. $ c.
Malt—*Fin.*	Canada Malting Co., Ltd., The	24 avril	Montréal	Droits remb. en vertu des stat. rev., ch. 24 art. 92	11,695 92	
	Kerrigan, J	24 "	Vancouver	24 " 92	3 00	
	Brook B. Co	24 "	"	24 " 92	30 00	
	Fernie-Fort Steele Brewing Co., Ltd	24		24 92	351 70	
	Hartinger, F	21		24 92	16 50	
	Weiland, C	24		24 92	3 00	
	Imperial B. Co	24		24 92	110 02	
	Forcelmer, L. Co	24		24 92	4 50	
	Elk Valley B. Co., Ltd., The	24		24 92	169 99	
	Nelson Brewing Co., Ltd	24		24 92	182 25	
	Nelson, Nels	24		24 92	255 00	
	Nelson Brewing Co., Ltd	24		24 92	50 25	
	Enterprise B. Co., Ltd., The	24		24 92	78 35	
	Henderson, H	24		24 92	88 90	
	Mueller, A	24		24 92	30 00	
	British Dis. Co., Ltd., The	24		24 92	56 66	
	Phoenix B. Co., Ltd., The	24		24 92	180 00	
	Vancouver Breweries, Ltd	24		24 92	1,280 00	
	Canadian B. & M. Co., Ltd	24		24 92	2,131 34	
	Berlin Lion B. Ltd., The	30	Guelph	24 92	1,335 90	
	Luth, W. H	30		24 92	64 70	
	Bernhart, V. P	30		24 92	188 25	
	Rauer, A	30		24 92	1,463 09	
	Holliday, W. R	30		24 92	377 98	
	Sleeman, H. O	30		24 92	497 79	
	New Ontario B. Co., Ltd., The	30	Perth	24 92	201 22	
	Sudbury B. & M. Co., Ltd	30		24 92	1,792 50	
	National Breweries, Limited	30	Québec	24 92	776 83	
	Brasserie Champlain, Ltd., La	30	"	24 92	1,330 50	
						118,968 77

			Date	Année	Mois	Lieu	Droits remb. en vertu des stat. rev., ch. 24, art. 92		
Tabac...	Fair, T. J. & Co., Ltd.	of	26	1913.	mai	Brantford	Droits remb. en vertu des stat. rev., ch. 24, art. 92	16 80	
	Imperial Tobacco Co., Canada, Ltd		8		juillet	Montréal	24, " 92	554 57	
	" "		1er		oct.	"	24, " 92	108 00	
	Henry, James		1er		oct.	"	24, " 92	155 00	
	Imperial Tobacco Co., Canada, Ltd.	of	11		nov.	"	24, " 92	4 14	
	"		26	1914.	nov.	"	24, " 92	308 28	2,251 89
	Henry, James		16		janv.	"	24, " 92	567 53	
	"		13		février	"	24, " 92	416 15	
	Cooke, H. E.		13		mars	Owen-Sound	24, " 92	2 20	
	"		5		avril	"	24, " 92	5 88	
	Imperial Tobacco Co., Canada, Ltd.	of	11		avril	"	24, " 92	4 62	
Cigares.........	Imperial Tobacco Co., Canada, Ltd	of	15	1913.	avril	Montréal	24, " 92	108 72	
Salaires des officiers	Durocher, A.		26		nov.		24, " 92	8 10	8 10
			5		mai		24, " 92		300 00
Licences sur les timbres......	Shaw, H. V.		17	1914.	février	Calgary	24, " 92		10 00
Licences d'entrepôt	Arnold, H. R.		8	1913.	août	"	24, " 92		50 00
						Grand total pour accise......			152,686 12
Inspection des poids et mesures......	Campbell, D. A		8			Picton	Droits rend. en vertu des stat. rev, ch. 24, etc.		6 35
Inspection du gaz...	Union Gas Co., Ltd.		9		mai	Windsor	24, " 92	19 00	
			31		oct.	Québec	24, " 92	9 00	
Falsification des substances alimentaires	Fretz, Ltd.		4		juin	Hamilton	24, " 92	5 00	28 00
	Kidd, W. J.		13		déc.	Ottawa	24, " 92	50 00	55 00
						Grand total......			152,775 47

W. HIMSWORTH,
Sous-ministre.

MINISTÈRE DU REVENU DE L'INTÉRIEUR,
OTTAWA, 1er juin, 1914.

Dr.   Av.

No. 16—DÉPENSES DU MINISTÈRE POUR 1913-1914.

	Dé par diverses personnes, le 1er avril 1913.	Déboursé par le receveur général.	Déductions pour			Totaux.	Appointements.	Dépenses casuelles.	Dé par diverses personnes, le 31 mars 1914.	Totaux.
			Fonds de retraite.	Assurance.	Retraite.					
	$ c.	$ c.	$ c.	$ c.	$ c.	$ c.	$ c.	$ c.	$ c.	$ c.
...re du Revenu de l'Intérieur		7,000 00				7,000 00	7,000 00			7,000 00
Employés du ...ire		95,319 99	532 75	445 92	3,231 48	99,530 14	99,530 14			99,530 14
Abonnements aux journaux		349 22				349 22		349 22		349 22
Commis surnuméraires, etc.		3,253 81				3,253 81		3,253 81		3,253 81
Compagnies de télégraphe et de téléph.		336 42				336 42		336 42		336 42
I'vres et ...is parlementaires.		153 95				153 95		153 95		153 95
Impressions et lithographie.		2,290 24				2,290 24		2,290 24		2,290 24
Papeterie.		1,844 73				1,844 73		1,844 73		1,844 73
Diverses personnes.		744 40				744 40		744 40		744 40
Balance due.	16 66					16 66			16 66	16 66
Totaux.	16 66	111,292 76	532 75	445 92	3,231 48	115,519 57	106,530 14	8,972 77	16 66	115,519 57

MINISTÈRE DU REVENU DE L'INTÉRIEUR,
OTTAWA, 1er juin 1914.

W. HIMSWORTH,
Sous-ministre.

POIDS ET MÉSURES, GAZ, LUMIÈRE ÉLECTRIQUE ET TIMBRES JUDICIAIRES.

N° 17—TABLEAU indiquant le montant du revenu perçu durant l'exercice clos le 31 mars 1914.

Dr.

	Timbres des poids et mesures.	Timbres d'inspection du gaz.	Timbres d'inspection de la lumière électrique.	Timbres judiciaires.			Totaux.
				Cour suprême.	Cour de l'échiquier.	Territoire du Yukon.	
	$ c.	$ c.	$ c.	$ c.	$ c.	$ c.	$ c.
Montant des timbres entre les mains des distributeurs au 1er avril 1913..	126,984 41	105,553 55	119,833 45	54 65	53 80	5,867 89	358,347 66
Montant des timbres émis par le ministère du Revenu de l'Intérieur durant l'exercice clos le 31 mars 1914.	99,507 50	46,549 56	78,085 00	2,300 00	5,290 00	....	231,732 00
Totaux........	226,491 91	152,103 05	197,918 45	2,354 65	5,343 80	5,867 80	590,079 66

Av.

	Timbres des poids et mesures.	Timbres d'inspection du gaz.	Timbres d'inspection de la lumière électrique.	Cour suprême.	Cour de l'échiquier.	Territoire du Yukon.	Totaux.
Montant des timbres détruits et remis par les distributeurs.....	160 70	2,180 60	74 70	56 95	128 50	4,142 05	2,416 00
Montant des timbres entre les mains des distributeurs au 31 mars 1914..	115,567 12	87,119 55	117,852 30	2,297 70	5,215 90	1,725 75	324,866 47
Balance, étant le mont. du revenu durant l'exercice clos le 31 mars 1914.	110,764 09	62,802 90	79,991 45	......	......	......	262,797 19
Totaux......	226,491 91	152,103 05	197,918 45	2,354 65	5,343 80	5,867 80	590,079 66

W. HIMSWORTH,
Sous-ministre.

MINISTÈRE DU REVENU DE L'INTÉRIEUR,
OTTAWA, 1er juin 1914.

Dr.   Av.

POIDS ET MESURES, 1913-14.

N° 18 (A).—DIVISIONS D'INSPECTIONS en compte avec le revenu.

Balances dues par les inspecteurs, 1er avril 1913. Timbres en mains.	En caisse.	Timbres émis aux inspecteurs.	Saisies et amendes.	Autres revenus.	Totaux.	Divisions.	Timbres remis ou détruits.	Déposé au crédit du recoveur général.	Balances dues par les inspecteurs, 31 mars 1914. Timbres en mains.	En caisse.	Totaux.
3,420 50		5,200 00	5 00		8,625 50	Belleville		3,215 15	5,410 35		8,625 50
4,310 44		10,680 00	12		14,890 56	Hamilton		9,658 52	5,232 04		14,890 56
1,065 35		3,007 50			4,065 85	Kingston		3,141 00	924 85		4,065 85
11,435 05		11,560 00	15		22,995 20	London		11,813 90	11,181 30		22,995 20
6,361 81		4,930 00	150 00	100 00	11,541 81	Ottawa	48 45	6,331 23	5,162 13		11,541 81
9,211 36		10,875 00		30 00	20,116 36	Toronto		13,193 78	6,922 58		20,116 36
35,797 51		46,152 50	155 27	130 00	82,235 28	Ontario	48 45	47,363 58	34,833 25		82,235 28
42,670 85					42,670 85	Montréal		13,308 15	29,362 70		42,670 85
4,857 50		3,915 00			8,772 50	Québec		5,176 75	3,587 90		8,772 50
3,250 70	23 65	6,922 50		5 00	10,178 20	Sherbrooke		7,820 50	2,357 70		10,178 20
2,812 50		2,260 00			5,096 15	St-Hyacinthe		1,528 75	3,567 40		5,096 15
1,923 55		1,532 50			3,456 05	Trois-Rivières		2,069 00	1,387 06	7 85	3,456 05
55,515 10	23 65	14,630 00		5 00	70,173 75	Québec		29,903 15	40,262 75	7 85	70,173 75
1,439 36	141 30	2,605 00			4,185 66	St-Jean, N.-B.		2,576 26	1,609 40		4,185 66
2,647 19		2,429 00			5,067 19	Halifax	8 06	1,257 75	3,809 44		5,067 19
3,319 75		2,017 50			5,337 25	Pictou		1,905 40	3,423 80		5,337 25
5,966 94		4,437 50			10,404 44	Nouvelle-Ecosse	8 06	3,163 15	7,233 24		10,404 44
715 22		352 50			1,067 72	Charlottetown, I.P.-E.		495 22	572 50		1,067 72
9,222 25		11,020 00			20,242 25	Winnipeg, Man.		10,561 09	9,678 16		20,242 25

Localité							Total
...Saskatoon, Sask.	7,705 65		6,190 00	104 20	7,691 05	6,100 40	13,885 65
...Calgary, Alta.	2,617 03	164 95	9,425 00		5,511 71	6,530 32	12,042 03
...Nelson.	2,348 45		1,742 50		1,282 90	2,808 05	4,090 95
...Vancouver.	3,415 90		2,952 50		2,670 35	3,698 05	6,368 40
...Colombie-Britannique.	5,764 35	155 27	4,695 00		3,953 25	6,506 10	10,459 35
...Dawson, Yukon.	2,241 00					2,241 00	2,241 00
	126,984 41	164 95	99,567 50	160 70	111,211 46	115,567 12	226,947 13
Moins remboursement d'après l'état de compte n° 15			133 00		6 35	7 85	6 35
Totaux					111,205 11		226,940 78
Verres pour l'épreuve du lait					2,650 94		2,650 94
					113,856 05		229,591 72

MINISTÈRE DU REVENU DE L'INTÉRIEUR,
OTTAWA, 1er juin 1914.

W. HIMSWORTH,
Sous-ministre.

5 GEORGE V, A. 1915

POIDS ET MESURES, 1913-1914.

N° 18 (B).—Sous-inspecteurs des anciennes divisions—Compte du revenu.

Dt.   Av.

Balances dues le 1er avril 1913. En caisse.	Totaux.	Divisions.	Balances dues le 31 mars 1914. En caisse.	Totaux.
$ c.	$ c.		$ c.	$ c.
87 10	87 10	Essex, Ont............................	87 10	87 10
5 62	5 62	Hull, Qué	5 62	5 62
92 72	92 72		92 72	92 72

W. HIMSWORTH,

Sous-ministre.

Ministère du Revenu de l'Intérieur,

Ottawa, 1er juin 1914.

POIDS ET MESURES—1913-1914.

N° 19 (A)—Divisions d'Inspection—Compte des dépenses.

Av. — Dépenses autorisées par le ministère.

	Salaires.	Aide spéciale.	Saisies.	Loyer.	Frais de voyage.	Divers.	Balances dues par les inspecteurs le 31 mars 1914.	Totaux.
Belleville	3,133 08	540 83		466 00	1,096 55	357 57		5,594 03
Hamilton	7,199 52	42 30			1,523 95	114 94		8,880 71
Kingston	1,966 58	400 00			944 65	83 41		3,394 64
London	5,252 19	632 63		153 00	2,494 94	216 09		8,808 84
Ottawa	5,750 24	1,425 92			2,214 55	104 36		9,496 17
Toronto	7,960 39	226 66	1 10		2,206 24	95 33		10,488 62
Ontario	31,262 00	3,328 33	1 10	619 00	10,480 88	971 70		46,663 01
Montréal	9,241 42	749 04		1,291 64	2,656 82	241 86		14,180 78
Québec	6,845 21	3,169 62		400 00	2,227 22	172 28		12,814 33
St-Hyacinthe	3,149 84	430 00			636 42	47 27		4,263 53
Sherbrooke	2,833 22	1,163 33		600 00	990 81	79 06		5,666 42
Trois-Rivières	1,849 92				1,063 45	72 86		2,986 23
Québec	23,919 61	5,511 99		2,291 64	7,574 72	613 33		39,911 29
St-Jean, N.B.	4,449 80	100 00			376 24	101 74		5,027 78
Halifax	2,399 88	859 92		507 36	428 93	86 75		4,282 84
Picton	2,908 21	492 33			733 70	174 52		4,308 76
Nouvelle-Ecosse	5,308 09	1,352 25		507 36	1,162 63	261 27		8,591 60
Charlottetown, I.-P.-E.	1,949 88	60 00			254 53	13 99		2,278 40

Dr. — Déductions sur appointements pour

	Totaux.	Garantie.	Assurance.	Fonds de retraite.	Montants reçus du ministère pour faire face aux dépenses.	Balances dues par les inspecteurs le 1er avril 1913.
Belleville	5,594 03	7 65		10 64	5,575 74	
Hamilton	8,880 71	14 40			8,866 31	
Kingston	3,394 64	6 00			3,388 64	
London	8,808 84	11 25		31 97	8,797 59	
Ottawa	9,496 17	12 60		21 96	9,451 60	
Toronto	10,488 62	15 90			10,450 76	
Ontario	46,663 01	67 80	66 00	64 57	46,530 64	
Montréal	14,180 78	17 25		25 65	14,137 88	
Québec	12,814 33	15 60		38 40	12,760 33	
St-Hyacinthe	4,263 53	7 65			4,255 88	
Sherbrooke	5,666 42	6 96			5,659 52	
Trois-Rivières	2,986 23	5 40			2,914 83	
Québec	39,911 29	52 80		64 05	39,728 44	
St-Jean, N.B.	5,027 78	10 50			5,017 28	
Halifax	4,282 84	7 20		27 96	4,275 64	
Picton	4,308 76	6 90			4,273 90	
Nouvelle-Ecosse	8,591 60	14 10		27 96	8,549 54	
Charlottetown, I.-P.-E.	2,278 40	5 40			2,273 00	

POIDS ET MESURES—1913-1914.

N° 19 (A)—DIVISIONS D'INSPECTION—Compte des dépenses—*Fin.*

	Totaux	Balances dues par les inspecteurs le 31 mars 1914.	Divers.	Frais de voyage.	Loyer.	Saisies.	Aide spéciale.	Salaires.	Garantie.	Assurance.	Fonds de retraite.	Montants reçus du ministère pour faire face aux dépenses.	Balances dues par les inspecteurs le 1er avril 1913.
	\$ c.	\$ c.	\$ c.	\$ c.	\$ c.	\$ c.	\$ c.	\$ c.	\$ c.	\$ c.	\$ c.	\$ c.	\$ c.
Winnipeg, Man.	9,928 92		198 65	2,630 45		1 10	150 00	6,949 82	14 10		31 92	9,914 82	
Calgary, Alberta	6,160 60		130 33	2,322 64			1,506 57	2,199 96	4 50			6,124 18	
Saskatoon, Sask.	8,457 79	3 70	304 90	3,286 49			1,887 59	2,975 11	6 00			8,448 09	
Nelson	4,051 91		136 09	1,878 40			607 50	1,249 92	3 60			4,048 31	
Vancouver	3,136 93		467 95	249 10			20 00	2,399 88	7 20			3,129 73	
Colombie-Britannique	7,188 84		604 04	2,127 50	180 00		627 50	3,649 80	10 80			7,178 04	
Dawson, Yukon	750 29							750 29	2 70			747 59	
Inspecteur en chef	134,968 52		3,199 95	30,216 08	3,598 00	2 20	14,524 23	83,414 36	188 70	66 00	188 50	134,511 62	3 70
Dép. casuell. en général	516 45		67 37	449 08								516 45	
Impressions	4,163 39		4,163 39									4,163 39	
Papeterie	1,965 49		1,965 49									1,935 49	
Allocations provisoires	525 02		525 02									525 02	
Comité international	2,606 40		2,946 40									2,606 40	
poids et mesures	268 40		268 40									268 40	
Grand total	144,993 67	3 70	12,786 03	30,665 16	3,598 00	2 20	14,524 23	83,414 36	188 70	66 00	188 50	144,546 77	3 70

W. HIMSWORTH,
Sous-ministre.

MINISTÈRE DU REVENU DE L'INTÉRIEUR,
OTTAWA, 1er juin 1914.

POIDS ET MESURES, 1913-14.

Dт.   N° 19 (B).—Anciennes divisions d'inspection—Compte des dépenses.   Av.

Balances dues par diverses personnes le 1er avril 1913.	Totaux.	Divisions.	Balances dues par diverses personnes le 31 mars 1914.	Totaux.
$ c.	$ c.		$ c.	$ c.
39 56	39 56	Essex.................................	39 56	39 56
33 53	33 53	Waterloo..............................	33 53	33 53
73 09	73 09	.....................*Ontario*.............	73 09	73 09
0 33	0 33	Drummond............................	0 33	0 33
41 45	41 45	Laval................................	41 45	41 45
26 88	26 88	Montmorency.........................	26 88	26 88
27 51	27 51	Richelieu............................	27 51	27 51
96 17	96 17	.................*Québec*.............	96 17	96 17
24 00	24 00	Lunenburg, Nouvelle-Ecosse............	24 00	24 00
193 26	193 26	Tôtaux..............................	193 26	193 26

Ministère du Revenu de l'Intérieur,   W. HIMSWORTH,
Ottawa, 1er juin 1914.   *Sous-ministre.*

INSPECTION DU GAZ, 1913-14.

N° 20.—DISTRICTS D'INSPECTION—Compte du revenu.

Dr. / **Av.**

Districts	Dr — Balances dues par les inspecteurs, 1er avril 1913. En caisse	Dr — Balances dues par les inspecteurs, 1er avril 1913. Timbres en mains	Dr — Timbres émis aux inspecteurs	Dr — Transferts	Dr — Autres recettes	Totaux (Dr)	Av — Transferts	Av — Timbres endommagés retournés	Av — Déposé au crédit du receveur général	Av — Balances dues par les inspecteurs, 31 mars 1914. Timbres en mains	Av — Balances dues par les inspecteurs, 31 mars 1914. En caisse	Totaux (Av)
Barrie		899 70				899 70	899 70					899 70
Belleville		567 05	780 00	5,709 90		7,056 95		66 50	1,755 40	5,235 05		7,056 95
Berlin		1,542 70				1,542 70	1,497 50		45 20			1,542 70
Brockville		2,406 50				2,406 50	2,399 30		7 20			2,406 50
Cobourg		302 45				302 45	293 45		9 00			302 45
Guelph		854 80				854 80	854 80					854 80
[illisible]		817 25				817 25	802 25		15 00			817 25
Hamilton		6,472 80	880 00	1,497 50		8,850 30			7,479 10	1,371 20		8,850 30
Kingston		1,999 30				1,999 30	1,984 30		15 00			1,999 30
Listowel		215 30				215 30	215 30					215 30
London		3,882 20	6,500 00	4,121 00		14,503 20		235 30	5,900 60	8,367 30		14,503 20
Napanee		195 50				195 50	195 50					195 50
Ottawa		5,087 95	3,000 00	854 80		8,942 75		854 80	3,126 60	4,961 35		8,942 75
Owen-Sound		529 80				529 80	521 80		8 00			529 80
Peterborough		868 35				868 35	837 35		21 00			868 35
Sarnia		1,035 40				1,035 40	1,001 50		33 90			1,035 40
Stratford		1,819 05				1,819 05	1,819 05					1,819 05
Toronto		6,980 25	10,800 00	2,223 75		20,004 00		864 50	15,888 00	3,251 50		20,004 00
Woodstock		1,101 95				1,101 95	1,085 15		16 80			1,101 95
...Ontario		37,568 30	21,960 00	14,406 95		73,935 25	14,406 95	2,021 10	34,320 80	23,186 40		73,935 25
Montréal		2,746 70	16,744 00			19,490 70			17,812 70	1,678 00		19,490 70
Québec		3,251 60				3,251 60			751 90	2,499 70		3,251 60
Sherbrooke		526 60	600 00			1,126 60			159 60	967 00		1,126 60
St-Hyacinthe		994 80				994 80			131 40	863 40		994 80
...Québec		7,519 70	17,344 00			24,863 70			18,855 60	6,008 10		24,863 70
Fredericton		575 75				575 75	575 75					575 75
St-Jean		788 25	910 00	575 75		2,274 00			968 40	1,306 60		2,274 00

1,364 00	910 00	575 75		Nouveau-Brunswick	575 75		968 40	1,305 60	2,849 75
1,096 10	500 00			Halifax, N.-E.			356 90	1,179 20	1,536 10
1,169 05	300 00			Charlottetown, I.-P.-E.			51 00	1,418 05	1,469 05
41,877 65				Winnipeg, Man.			3,317 00	38,560 65	41,877 65
10,286 90	2,015 50		107 00	Calgary			806 40	9,587 50	10,393 90
				Edmonton				2,015 50	2,015 50
10,286 90	2,015 50		107 00	Alberta			806 40	11,603 00	12,409 40
161 55				Nanaïmo	161 55				161 55
840 50		840 50		New-Westminster	840 50				840 50
2,585 00	2,400 00	161 55		Vancouver		159 50	3,304 40	2,361 60	5,825 50
1,144 80	1,120 00			Victoria			929 40	1,496 95	2,426 35
4,731 85	3,520 90	1,002 05		Colombie-Britannique	1,002 05	159 50	4,233 80	3,858 55	9,253 90
105,653 55	46,549 50	15,984 75	107 00	Totaux	15,984 75	2,180 60	62,909 90	87,119 55	168,194 80
				Remboursé d'après le rapport no 15	28 00		28 00		28 00
							62,881 90		168,166 80

MINISTÈRE DU REVENU DE L'INTÉRIEUR,

OTTAWA, 1er juin 1914.

W. HIMSWORTH,

Sous-ministre.

Balances dues par les inspecteurs le 1er avril 1913.	Montants reçus du ministère pour faire face aux dépenses.	Déductions sur appointements pour			Totaux.	Districts.
		Fonds de retraite.	Retraite.	Garantie.		
$ c.	$ c.	$ c.	$ c.	$ c.	$ c.	
....	850 67	1 92	....	7 65	860 24	....Belleville ....
....	5,585 82	....	....	11 40	5,597 22	....Hamilton...................
....	4,452 63	....	....	18 00	4,470 63	...London ....
....	5,866 00	....	....	10 96	5,876 96	....Ottawa...................
....	11,948 16	7 92	89 98	29 70	12,075 76	....Toronto...................
....:.....	28,703 28	9 84	89 98	77 71	28,880 81	....Ontario................... .....
....	7,553 08	....	....	14 22	7,567 30	....Montréal...................
....	2,372 82	17 50	....	7 20	2,397 52	....Québec................... .. .
....	490 56	3 96	....	5 40	499 92	....Sherbrooke...................
....	98 16	....	....	1 80	99 96	....St-Hyacinthe...................
....	10,514 62	21 46	....	28 62	10,564 70	..·.Québec........... ... .
....	98 16	....	....	1 80	99 96	....Frédéricton...................
....	1,560 05	....	....	3 60	1,563 65	....St-Jean................... ....
....	1,658 21	....	....	5 40	1,663 61	....Nouveau-Brunswick...........
....	2,982 44	1 92	....	7 20	2,991 56	....Halifax...............'......
12 88	....	....	....	. ....	12 88	....Pictou. ....
12 88	2,982 44	1 92	....	7 20	3,004 44	....Nouvelle-Ecosse..............
....	496 32	....	....	3 60	499 92	....Charlottetown, I.·P.·E........
....	5,239 76	.... .	....	10 14	5,249 90	...Winnipeg, Man...............
....	402 64	....	....	....	402 64	....Calgary...................
....	14 38	....	....	....	14 38	...Edmonton...................
....	417 02	... .	....	....	417 02	....Alberta...................
....	46 59	....	2 49	90	49 98	....New-Westminster............
....	139 65	....	....	....	139 65	....Vancouver................ ..
....	1,506 53	....	....	7 20	1,513 73	...Victoria................... -
....	1,692 77	....	2 49	8 10	1,703 36	....Colombie-Britannique.........
12 88	51,704 42	33 22	92 47	140 77	51,983 76	...Général ....
200 00	....	....	....	....	200 00	.Inspecteur fédéral, de l'est.
.. ..	175 65	....	....	.. ..	175 65	.... " " , de l'ouest.
....	499 80	....	....	.. ..	499 80	....Dépenses contingentes en gén.
....	5,486 40	....	....	. :	5,486 40	....Impressions........'.........
....	3,328 66	.... ..	....	... ...	3,328 66	...Papeterie.,...........
....	1,418 08	....	....	... ...	1,418 08	
212 88	62,613 01	33 22	92 47	140 77	63,092 35	....Grand total............... ....

Ministère du Revenu de l'intérieur,
Ottawa, 1er juin 1914.

DOC. PARLEMENTAIRE No 12

TION, 1913-14·

COMPTE DES DEPENSES.

Dépenses autorisées par le ministère.					Balances dues par les inspecteurs le 31 mars 1911.	Totaux.
Salaires.	Aide spéciale.	Loyer.	Frais de voyage.	Divers.		
$ c.	$ c.	$ c.	$ c.	$ c.	$ c.	$ c.
324 96	101 50	200 00	152 53	81 25	....	860 24
3,433 31	1,357 95	120 00	493 85	192 11	....	5,597 22
3,370 51	476 74	19 50	493 35	110 53	....	1,470 63
4,433 22	955 00	420 00	....	68 74	....	5,876 96
11,391 19	449 98	....	80 55	·154 04	....	12,075 76
22,953 19	3,341 17	759 50	1,220 28	606 67	....	28,880 81
7,062 65	72 00	240 00	49 50	143 15	....	7,567 30
1,999 92	45 00	150 00	5 80	196 80	....	2,397 5?
499 92	....	....	....	....	....	499 92
99 96	.. . .	....	....	....	....	99 96
9,662 45	- 117 00	390 00	55 30	339 95	....	10,564 70
99 96	....	....	....	....	....	99 96
1,309 94	....	....	106 31	57 40	....	1,563 65
1,499 90	....	....	106 31	57 40	....	1,663 61
2,399 90	....	507 36	84 30	....	... .	2,991 56
....	....	....	. ...	....	12 88	12 88
2,399 90	....	507 36	84 30	....	12 88	3,004 44
499 92	....	......	....	....	....	499 92
5,249 90	... .	....	....	....	....	5,249 90
....	112 25	.. ..	134 45	155 94	....	402 64
....	....	....	....	14 38	....	14 38
....:	112 25	....	134 45	170 32	....	417 02
49 98	....	....	....	....	....	49 98
....	48 00	....	... .	91 65	....	139 65
1,499 88	....	....	8 85	5 00	....	1,513 73
1,549 86	. 48 00	....	8 85	96 65	....	1,703 36
43,815 12	3,618 42	1,656 86	1,609 49	1,270 99	12 88	51,983 76
....	....	... .	....	....	200 00	200 00
. . ..	....	....	175 65	....	....	175 65
. . ..	5 55	....	376 80	117 45	....	499 80
....	....	....	.... :.	5,486 40	....	5,486 40
....	....	....	....	3,328 66	....	3,328 66
....	....	....	....	1,418 08	....	1,418 08
43,815 12	3,623 97	1,656 86	2,161 94	11,621 58	212 88	63,092 35

W. HIMSWORTH,
Sous-ministre.

INSPECTION DE LA

Dt.   N° 22—Districts d'inspection.

Balances dues par les inspecteurs, 1er avril 1913.		Timbres émis aux inspecteurs.	Totaux.	Districts.
Timbres en mains.	En caisse.			
$ c.	$ c.	$ c.	$ c.	
2,004 30	....	2,000 00	4,004 30	....Belleville...... ....,...........
4,381 80	....	....	4,381 80	... Fort-William............. ....
3,870 50	....	5,400 00	9,270 50	....Hamilton..... ... .
2,470 45	....	6,900 00	9,370 45	....London.... ....
4,715 60	.. . .	3,150 00	7,865 60	...Ottawa ....
6,238 75	....	15,600 00	20,838 75	....Toronto................ ....
22,681 40	....	33,050 00	55,731 40	........*Ontario....* ....
6,027 30	....	12,350 00	18,377 30	...Montréal ... ...
1,818 15	....	1,200 00	3,018 15	....Québec........ .. ..
855 25	....	1,800 00	2,655 25	...Sherbrooke ....
793 50	....	1,680 00	2,473 50	...St-Hyacinthe..... ....
1,127 60	....	....	1,227 60	...Trois-Rivières .. . .
10,721 80	....	17,030 00	27,751 80	........*Québec*................ ... .
878 30	....	1,750 00	2,628 30	.......*St-Jean, N.·B*............. ....
1,544 95	....	1,400 00	2,944 95	........*Halifax, N.·E*........ ....
785 40	....	780 00	1,565 40	......*Charlottetown, I.P.·E.*...... ....
53,729 85	....	6,000 00	59,729 85	........*Winnipeg, Man*.......... ....· ....
12,390 20	.. . .	375 00	12,765 20	........*Régina, Sask*....................... .. ..
3,964 55	....	5,600 00	9,564 55	....Calgary........................
3,345 15	....	3,950 00	7,295 15	....Edmonton ....
7,309 70	....	9,550 00	16,859 70	... .*Alberta*........................ ....
6,097 85	....	6,000 00	12,097 85	....Vancouver................... ... .
2,344 00	....	2,150 00	4,494 00	...Victoria ... .
8,441 85	....	8,150 00	16,591 85	.... *Colombie-Britannique* ... .
1,350 00	....	....	1,350 00	....Yukon......... ....
119,833 45	....	78,085 00	197,918 45	....
			450 00	..Transport de licences de pouvoir électrique..
			35 05	..Etalon électrique, honoraires du laboratoire..
119,853 45	....	78,085 00	198,403 50	........*Grands totaux*............... ....

LUMIÈRE ÉLECTRIQUE, 1913-1914.

Compte du revenu.

Timbres endommagés, retournés.	Déposé au crédit du receveur général.	Balances dues par les inspecteurs, 31 mars 1914.		Totaux.
		Timbres en mains.	En caisse.	
$ c.	$ c.	$ c.	$ c.	$ c.
19 20	1,691 25	2,293 85	....	4,004 30
....	1,816 45	2,565 35	....	4,381 80
....	7,914 25	1,356 25	....	9,270 50
....	4,864 20	4,506 25	....	9.370 45
....	4,961 75	2,903 85	....	7,865 60
....	15,487 45	5,351 30	....	20,838 75
19 20	36,735 35	18,976 85	....	55,731 40
....	12,341 35	6,035 95	....	18,377 30
....	1,383 20	1,634 95	....	3,018 15
....	586 05	2,069 20	....	2,655 25
....	702 15	1,771 35	....	2.473 50
55 50	105 95	1,066 15	....	1,227 60
55 50	15,118 70	12,577 60	....	27,751 80
....	1,348 40	1,279 90	....	2,628 30
....	1,905 75	1,089 20	....	2,944 95
....	295 95	1,269 45	....	1,565 40
....	7,054 10	52,675 75	....	59,729 85
....	3,255 00	9,510 20	....	12,765 20
....	2,294 25	7,270 30	....	9,564 55
....	3,155 25	4,139 90	....	7,295 15
....	5,449 50	11,410 20	....	16,859 70
....	6,142 20	5,955 65	....	12,097 85
....	2,686 50	1,807 50	....	4,494 00
....	8,828 70	7,763 15	....	16,591 85
....	....	1,350 00	....	1,350 00
74 70	79,991 45	117,852 30	....	197,918 45
....	450 00	....	....	450 60
....	35 05	....	....	35 05
74 70	80,476 50	117,852 30	....	198,403 50

W. HIMSWORTH,
Sous-ministre

INSPECTION DE LA LUMIÈRE ÉLECTRIQUE, 1913-1914.

N° 23.—DISTRICTS D'INSPECTION. Compte des dépenses.

Dr.

Districts	Montants reçus du ministère pour faire face aux dépenses. $ c.	Fonds de retraite. $ c.	Garantie. $ c.	Totaux. $ c.
Belleville	1,513 01		8 55	1,521 56
Fort-William	1,567 48		3 60	1,571 08
Hamilton	682 00			682 00
Londron	1,066 50			1,066 50
Ottawa	671 45			671 45
Toronto	987 18			987 18
K. A. Kinsman	1,131 48		1 80	1,133 28
Ontario	7,619 10		13 55	7,633 05
Montréal	1,095 58			1,095 58
Québec	687 00			687 00
Sherbrooke	149 56		1 80	149 56
St-Hyacinthe	624 05		2 37	625 85
Trois-Rivières	526 13			528 50
Québec	3,082 32		4 17	3,086 49
St-Jean, N.-B	221 93			221 93
Halifax, N.-E.	732 16			732 16
Charlottetown, I.P.-E.	108 36			108 36
Winnipeg, Man.	2,056 18			2,056 18
Calgary	3,084 07		5 40	3,089 47
Edmonton	1,711 59		1 50	1,713 09
Alberta	4,795 66		6 90	4,802 56
Régina, Sask. Moosejaw, Ssak.	3,024 87		4 20	3,029 07

Av.

	Dépenses autorisées par le ministère.					Totaux.
	Salaires. $ c.	Aide spéciale. $ c.	Loyer. $ c.	Frais de voyage. $ c.	Divers. $ c.	$ c.
1,299 93	5 00		206 55	10 08	1,521 56
1,200 00	40 00		214 10	116 98	1,571 08
			680 00	2 00	682 00
			683 25	28 50	1,066 50
	304 75		670 70	0 75	671 45
		450 00	906 35	80 63	987 18
1,133 28					1,133 28
3,633 21	359 75		3,361 15	238 94	7,633 05
	971 91		99 15	24 49	1,095 58
	100 00		27 80	109 20	687 00
			122 96	26 60	149 56
300 00		125 00	320 70	5 15	625 85
350 75			40 35	12 40	528 50
650 75	1,071 94	575 00	610 96	177 84	3,086 49
			211 59	10 34	221 93
	60 00		586 58	85 58	732 16
	60 00		34 15	14 21	108 36
	1,233 24	300 00	379 10	143 84	2,056 18
2,700 00	25 00		256 30	108 17	3,089 47
604 83			914 30	193 96	1,713 09
3,301 83	25 00		1,170 60	302 13	4,802 56
1,699 96			1,197 60	131 51	3,029 07

Vancouver	7,141 58	120 60	694 50		900 00	5,516 48		5,516 48	7,120 61	13 50	7 47	7,141 58
Victoria	338 43	111 33	179 10		48 00				538 43			338 43
Colombie-Britannique	7,480 01	231 93	783 60		948 00	5,516 48			7,469 04	13 50	7 47	7,480 01
Yukon	375 28					375 28		375 28	372 58	2 70		375 28
Ingénieur en chef de trav. électriques	851 19	370 72	323 47		157 00	2,574 93		2,574 93	851 19			851 19
Inspecteur fédéral de l'est	2,867 18		292 25			2,574 93			2,863 58	3 60		2,867 18
" de l'ouest	3,545 13	98 26	371 96		499 98				3,541 53	3 60		3,545 13
Total pour districts, etc.	36,788 59	1,805 30	9,323 01	875 00	4,454 91	20,390 37		20,330 37	36,728 50	52 62	7 47	36,788 59
Dépenses contingentes en général	10,788 27	10,788 27							10,788 27			10,788 27
Impressions	5 75	5 75							5 75			5 75
Papeterie	422 25	422 25							422 25			422 25
Commission internationale électro-technique	243 61	243 61							243 61			243 61
Allocation provisoire	1,886 82	1,886 82							1,886 82			1,886 82
Grand total	50,135 29	15,152 00	9,323 01	875 00	4,454 91	20,330 37		20,330 37	50,075 20	52 62	7 47	50,135 29

MINISTÈRE DU REVENU DE L'INTÉRIEUR,
OTTAWA, 1er juin 1914.

W. HIMSWORTH,
Sous-ministre.

N° 24—ETAT indiquant le montant voté et la dépen·e autorisée pour chaque service pendant l'exercice clos le 31 mars 1914.

Services.	Crédits.	Dépenses.	Dépensé en plus.	Dépensé en moins.
	$ c.	$ c.	$ c.	$ c.
Traitement du ministre.....................	7,000 00	7,000 00	....	....
Appointements du ministère.........:....	115,450 00	99,530 14	....	15,919 86
Dépenses contingentes.....................	10,060 00	8,972 77	....	1,027 23
Appointements, accise.............	551,807 00	485,351 34	....	66,455 66
Dépenses contingentes, accise..............	118,000 06	117,669 51	....	330 49
Droits payés aux grandes distilleries et autres manufactures.............................	15,000 00	13,303 08	....	1,696 92
Droits payés autres que p. explorations spéc.	1,500 00	1,300 00	....	200 00
Service douanier, salaires et dépenses contingentes	13,000 00	10,378 78	....	2,621 22
Estampilles à tabac.............	120,000 00	120,000 00	....`........	....
Commission aux officiers de douane.	10,000 00	4,408 38	....	5,591 62
Commission sur estampilles à tabac.........	100 00	....	....	100 00
Traduction technique........	200 00	125 77	....	74 23
Allocation provisoire, accise............	10,000 00	9,439 96	... .	560 04
" poids et mesures ...	3,000 00	2,606 40	....	393 60
" gaz et lumière électriq.	4,000 00	1,886 82	....	2,113 18
Dépenses contingentes, spiritueux méthyl...	105,000 00	96,128 20	... .	8,871 80
Poids et mesures, appointements.......... ..	85,800 00	83,414 36	....	2,385 64
" dépenses contingentes.....	67,000 00	58,700 51	....	8,299 19
Gaz et lumière électrique, appointements....	67,100 00	64,145 49	....	2,954 51
" " dép. contingentes.	55,000 00	46,738 84	... .	8,261 16
Falsification des substances alimentaires, appointements et dépenses contingentes.....	30,000 00	28,886 97	....	1,113 03
Menues dépenses....	500 00	227 39	....	272 61
Exportation du pouvoir électrique	1,000 00	93 30	....	906 70
Comité international des poids et mesures.............................	400 00	268 40	....	131 60
Enregistrement des médicaments brevetés..	1,500 00	1,087,91	....	412 09
Commission internationale électro-technique.	300 00	243 61	....	56 39
	1,392 657 00	1,261,908 23	.. ..	130,748 77

MINISTÈRE DU REVENU DE L'INTÉRIEUR,   W. HIMSWORTH,
OTTAWA, 1er juin 1914.   *Sous-ministre.*

Dr. N° 25.—ÉTAT indiquant les transactions se rattachant à la fabrication de spiritueux méthyliques pour l'exercice clos le 31 mars 1914. Av.

	Montants.	Totaux.		Montants.	Totaux.
	$ c.	$ c.		$ c.	$ c.
En mains le 31 mars 1913:—		5,451 54	Argent reçu à compte de spiritueux méthyliques, etc., reçus durant l'année terminée le 31 mars 1912.		116,208 38
Spiritueux méthyliques=3,257·43 galls de preuve=			Spiritueux méthyliq., 146,064·69 galls étal.=241,883		
1,967·05 gallons étalons.			64 gallons de preuve:—		
1,056·46 gallons			30,974·69 gallons étalons à 53c.	16,416 69	
910·60 " à 65c.	581 04		41,911·54 " à 55c.	23,051 40	
1,5847·13 gallons de preuve à 20c.	591 89		819·13 " à 60c.	491 48	
Huile de bois, 1,892·88 gallons étalons=1,120·76	1,169 43		21,960·57 " à 63c.	13,835 21	
gallons de preuve à 74c.			32,969·69 " à 65c.	21,423 62	
Pyrodine en mains.	829 36		17,439·07 " à 75c.	13,079 28	
Baril en mains 266 à $4. Tambours 72 à $10; 4 à $4.	479 82		Barils, 5,204 à $4. 703 at $10.	27,846 00	
	1,800 00		11 can. à $3.25.	35 75	
			1 baril alcool, 69·46 grall. de preuve vendu à		
Méthyliques vendus et non payés au 31 mars 1913:—			20c et baril $4.	17 89	
3786·05 grall. étalons =6269·73 galls. de preuve :—			Fret sur tambours.	19 50	
901·04 " à 53c.	477 55				
1,021·61 " à 55c.	561 88		Moins allocation sur 1 uhté de S.M.	116,276 75	
79·18 " à 60c.	47 51		(Voir lettre n° 111,577).	8 37	
876·44 " à 63c.	552 16				
617·14 " à 65c.	401 13		Spirit. méthyl. vendus et non payés au 31 mars 1914.	116,208 38	
290·54 " à 75c.	217 98		5421·75 galls étal.—8985·22 gallons de preuve.		
Barils, 62 à $4. Tambours, 12 à $10.	368 00		1,223·81 galls étalons à 53c. (Winnipeg).	648 63	
		2,626 21	1,872·64 " à 53c.	994 62	
Débours pour achats de matériel, etc			gallons de preuve.	235 63	
Alcol 218,739·04 gallons de preuve à 20c.	43,747 80		428·41 " à 56c.	25 48	
Naphte de bois 22,951·27 gallons étalons=38,574·53			42·26 " à 60c.	453 43	
gallons de preuve.			719·71 " à 62c.	503 76	
17,040·61 Std. gallons à 74c.	12,610 04		775·08 " à 65c.	269 87	
5,910·66 " à 71c.	4,196 56		359·84 " à 75c.		
Gazoline, 818· gallons, 93·7 à 26½, 48·4 à 27c.; 45·2 à			Barils, 48 à $4. Tambours, 17 à $10 can. 1 à		
27⅜c.; 225·4 à 28c.; 270·1 à 29c.; 135·2 à 29½c.			$2.25.	364 25	
=$231.68 moins barils retournés $23.95=	207 73		Tambours, 21 à $10 (Winnipeg).	210 00	
Barils, 5,590 à $4. Tambours, 717 à $10.	29,530 00				
		90,093 85			3,705 67
Moins transport et charroyage.	90,292 13		Barils renvoyés et non payés au 31 mars 1914, 180		
	198 28		à $4.	720 00	
			Alcool acheté et renvoyé après le 31 mars 1913		1,934 25
	90,093 85				

Dr.　N° 25—ÉTAT indiquant les transactions se rattachant à la fabrication de spiritueux méthyliques pour l'exercice clos le 31 mars 1914.—*Fin.*　Av.

	Montants.	Totaux.
	$ c.	$ c.
Autres dépenses comme suit:—		
Appoint. payé sur crédit du gouvernement civil....	5,203 61	
" " dép. conting "	537 45	
Aide spéciale.....	110 00	
Transport......	4,674 40	
Papeterie......	18 73	
Impressions......	78 05	
Divers, y compris combustible, réparations, etc....	1,252 17	
		11,774 41
Profits nets......		19,229 59
		129,175 60

	Montants.	Totaux.
	$ c.	$ c.
7,531·27 gall. de preuve à 20c..........	1,506 25	
Barils, 107 à $4......	428 00	
		6,607 30
Marchandises en main de 31 mars 1914:—		
5·344·70 gall. de preuve. Spirituex méthyliq. =		
à 3,227·45 gallons étalons.		
1,896·90 gallons étalons à 55c.....	1,043 30	
661·10 " à 65c.....	429 71	
669·45 " à 75c.....	502 69	
dal 3,868·54 gall. de preuve à 20c....	771 71	
Naphte de bois 4734·24 gall. de preuve=2,818·		
gallons étalons		
342·75 gallons étalons à 74c.....	253 63	
2,475·25 " à 71c.....	1,757 43	
Barils, 318 à $4. Tambours, 56 à $10	1,832 00	
Barils détruits 18......		
1 Baril d'al ool perdu en transit=67·15 gallons de preuve à 20c. et 1 baril $4=17,43 (dont il doit être rmíu npí)	17 43	
En usage dans la fabri—alcool 213,059·75 gall. preuve		
Naphte de bois, 35,728·17 gallons de preuve.		
=21,256·03 gall. étalons.		
Total......		129,175 60

Spiritueux méthyliques manufacturés durant l'année
246,686·40 galls de preuve=148,960·79 gall. étalons

MINISTÈRE DU REVENU DE L'INTÉRIEUR,
OTTAWA, 1er juin 1914.

W. HIMSWORTH,
Sous-ministre.

ANNEXE A

STATISTIQUES

5 GEORGE V, A. 1915

ANNEXE A.—SPIRITUEUX.

N° 1.—RAPPORT des manufactures pour

Divisions.	Licences.		Produits employés pour la distillation.				
				Grain.			
	Nombre.	Honoraires.	Malt.	Maïs.	Seigle.	Avoine.	Blé.
		$	Liv.	Liv.	Liv.	Liv.	Liv.
Belleville, Ont..........	1	250	612,397	7,933,905	748,323	....	....
Guelph "	1	250	330,340	4,441,000	1,097,320	34,040	54,300
Hamilton "	1	250	188,650	3,188,450	573,055	26,950	334,895
Perth "	2	500	292,715	....	....	....	....
Prescott "	1	250	332,752	6,609,420	1,261,963	35,400	17,180
Toronto "	2	500	1,625,760	23,087,980	3,682,783	414,005	....
Windsor "	1	250	1,320,900	22,476,000	4,889,200	187,300	....
Totaux............	9	2,250	4,703,514	67,736,755	12,252,644	697,695	406,375
Joliette, Qué...........	1	250	2,469,920	2,164,050	2,774,350	....	....
Montréal "	1	250	....	....	....	....	....
Québec "	1	250	....	....	....	....	....
St-Hyacinthe, Qué.........	1	250	138,350	2,159,940	242,710	....	....
Totaux........:.....	4	1,000	2,608,270	4,323,990	3,017,060	....	....
Vancouver, C.-B..........	1	250	123,171	109,510	92,396	14,947	2,059,784
Grand totaux........	14	3,500	7,434,935	72,170,255	15,362,100	712,612	2,466,162

N° 2.—ETAT comparatif de la fabrication pour

1913.							
Ontario............	9	2,250	4,398,304	59,176,130	9,409,340	627,084	992,625
Québec............	4	1,000	2,139,625	3,817,550	2,245,475	....	36,125
Colombie-Britannique......	1	250	99,700	54,875	41,675	13,510	1,997,315
Totaux	14	3,500	6,637,629	63,048,555	11,696,490	640,594	3,026,065
1914.							
Ontario............	9	2,250	4,703,514	67,736,755	12,252,644	697,695	406,375
Québec............	4	1,000	2,608,250	4,323,990	3,017,060	....	....
Colombie-Britannique.....	1	250	123,171	109,510	92,396	14,947	2,059,787
Totaux............	14	3,500	7,434,935	72,170,255	15,362,100	712,642	2,466,162

MINISTÈRE DU REVENU DE L'INTÉRIEUR,
OTTAWA, 1er juin 1914.

l'exercice clos le 31 mars 1914.

Total, grain.	Mélasse.	PRODUITS EMPLOYÉS DANS LA DISTILLATION.		Spiritueux de preuve manufacturés.	Droits perçus à la sortie sur déficits et taxes.		Droits perçus à la sortie, y compris honoraires de licence.
		Grain.	Mélasse.				
Liv.	Liv.	Liv.	Liv.	Galls.	Galls.	$ c.	$ c.
9,294,625	....	9,273,625	....	599,008·71	....	....	250 00
5,957,000	....	5,978,000	....	364,692·69	....	....	250 00
4,312,000	....	4,311,600	....	260,123·57	1,012·95	1,924 61	2,174 61
292,715	....	290,032	....	16,013·82	4·48	8 60	508 60
8,256,715	....	8,200,715	....	493,407·86	....	....	250 00
28,810,528	8,934,128	28,720,528	8,934,128	2,219.844·56	....	....	500 00
28,873,400	....	28,873,400	....	1,751,297 07	103·76	197 14	447 14
85,796,983	8,934,128	85,647,900	8,934,128	5,704,478·28	1,121·19	2,130 35	4,380 35
7,408,300	....	7,408,300	....	378,729·54	....	....	250 00
....	10,756,592	....	10,756,592	593,081·92	....	....	250 00
....	....	....	....	....	....	....	250 00
2,541,000	....	2,541,000	....	145,655·58	880·12	1,672 23	1,922 23
9,949,300	10,756,592	9:949,300	10,756,592	1,117,467·04	880·12	1,672 23	2,672 23
2,399,811	....	2,447,611	....	150,637·74	....	....	250 00
98,146,094	19,690,720	98,044,811	19,690,720	6,972,583·06	2,001·31	3,802 58	7,302 58

les exercices clos le 31 mars 1913 et 1914.

74,583,483	17,152,346	74,295,647	17,152,346	5,335,624·69	2,502·20	4,754 51	7,004 51
8,238,775	9,733,150	8,193,125	9,733,150	1,001,181·86	....	....	1,000 00
2,207,075	....	2,190,875	....	121,645·47	5·61	10 66	260 66
85,029,333	26,885,496	84,679,647	26,885,496	6,458,452·02	2,507·81	4,765 17	8,265 17
85,796,983	8,934,128	85,647,900	8,934,128	5,704,478·28	1,121·19	2,130 35	4,380 35
9,949,300	10,756,592	9,949,300	10,756,592	1,117,4C7·04	880·12	1,672 23	2,672 23
2,399,811	....	2,447,611	....	150,637 74	....	....	250 00
98,146,094	19,690,720	98,044,811	19,690,720	6,972,583·06	2,001·31	3,802 58	7.302 58

W. HIMSWORTH,
Sous-ministre.

12—5

5 GEORGE V, A. 1915

ANNEXE A—Suite—SPIRITUEUX.

N° 3—ETAT indiquant le commerce dans les distilleries

Divisions.	En voie de fabrication, y compris les déficits reportés.	Fabriqués, y compris les surplus.	RENVOYÉS A LA DISTILLERIE POUR LA REDISTILLATION.	
			Droit payé.	En entrepôt.
	Gallons.	Gallons.	Gallons.	Gallons.
Belleville, Ont.	63,178·38	599,098·71		18,545·31
Guelph "	39,291·53	364,692·69		24·65
Hamilton "	15,777 83	260,123·57		109,516·04
Perth "	1,161·42	16,013·82		
Prescott "	9,965·40	493,407·86	574·55	3,672·45
Toronto "	139,715 38	2,219,844·56	93·96	130,900·24
Windsor "	86,873·98	1,751,297·07		300,780·83
Totaux	355,963·92	5,704,478·28	668·51	563,439·52
Joliette, Qué.	4,133·86	378,729·54		
Montréal "	31,363 78	593,081·92		318·29
St-Hyacinthe "	21,926 60	145,655·58		2,242·13
Totaux	57,424·24	1,117,467·04		2,560·42
Vancouver, C.-B.	12,323·74	150,637·74		5·77
Grands totaux	425,711·90	6,972,583·06	668·51	566,005·71

MINISTÈRE DU REVENU DE L'INTÉRIEUR,
OTTAWA, 1er juin 1914.

au Canada pour l'année expirée le 31 mars 1914.

Reçus d'autres divisions, droits payés.	Totaux.	Mis en entrepôt.	Huile amylique, retranchée.	Déficits sur lesquels les droits ont été perçus.	En voie de fabrication, y compris les déficits reportés.	Totaux.
Gallons.	Gallons.	Gallons.	Gallons.	Gallons.	Gallons.	Gallons.
2,361·85	683,184·25	631,136·36	4,837·95	....	47,209·94	683,184·25
2,136·92	406,145·79	375,839·93	1,959·57	....	28,346·29	406,145·79
618·62	386,036·06	369,957·58	66·50	1,012·95	14,999·03	386,036·06
....	17,175·24	16,401 94	....	4·48	768·82	17,175·24
1,135·99	508,756·25	497,025·99	644·58	....	11,085·68	508,756·25
2,587·91	2,493,142·05	2,275,504·78	4,206·34	....	213,430·93	2,493,142·05
182·43	2,139,134·31	2,065,639·8	....	103·76	73,390·72	2,139,134·31
9,023·72	6,633,573·95	6,231,506·41	11,714·94	1,121·19	389,231·41	6,633,573·95
....	382,863·40	368,761·45	....	....	14,101·95	382,863·40
82·75	624,846·74	582,977·62	5,178·97	....	36,690·15	624,846·74
449·80	170,274·11	151,126·29	133·39	880·12	18,134·31	170,274·11
532·55	1,177,984·25	1,102,865·36	5,312·36	880·12	68,926·41	1,177,984·25
1,510.95	164,478·20	154,532·53	103·85	....	9,841·82	164,478·20
11,067·22	7,976,036·40	7,488,904·30	17,131·15	2,001·31	467,999·64	7,976,036·40

W. HIMSWORTH,
Sous-ministre

REVENUS DE L'INTÉRIEUR

Dr.

ANNEXE A—*Suite*—SPIRITUEUX.

N° 4—ÉTAT du commerce d'entrepôt pour l'année expirée le 31 mars 1914.

Divisions.	Restant en entrepôt de l'année dernière.	Mis en entrepôt.	Importés.	Reçus d'autres divisions.		Totaux.
				Expédiés durant l'année.	En transit l'année dernière.	
	Gallons.	Gallons.	Gallons.	Gallons.	Gallons.	Gallons.
Belleville, Ont.	1,266,143·42	631,136·36		25,054·02	838·96	1,923,172·76
Brantford "	6,306·40			31,806·38	79·71	38,192·49
Guelph "	1,710,163·43	375,839·93		44,203·96	46·87	2,130,254·19
Hamilton "	758,841·68	369,957·58		123,443·58	3,028·85	1,285,271·69
Kingston "	5,871·34			46,603·05	23·11	5,897·50
London "	6,624·21			43,788·49	834·94	60,247·64
Ottawa "	28,489·57			155,648·55	2,064·76	186,202·88
Ottawa, entrepôt du gouvernement, Ont.	5,847·13			207,075·31	4,065·31	216,987·75
Ottawa, laboratoire de la division, Ont.				84·55		84·55
Perth, Ont.	88,900·84	16,401·94		96,501·74	3,427·56	202,822·08
Peterborough "	434·10			4,908·03		5,342·13
Port-Arthur "	14,870·67			72,172·56	6,128·95	93,172·18
Prescott "	851,364·84	497,025·99		5,681·68	1·12	1,384,472·24
Ste-Catherine "	465·93		30,398·61	8,692·92		9,158·85
Stratford "	1,378·55			15,433·11	155·70	16,967·36
Toronto "	5,210,497·46	2,275,504·78		489,817·46	15,145·05	7,990,964·75
Windsor "	7,574,598·03	2,065,639·83		11,925·47	6,077·08	9,658,240·41
Totaux	17,526,797·60	6,231,506·41	30,398·61	1,382,840·86	41,917·97	25,213,461·45
Joliette, Qué.	737,660·46	368,761·45		55,316·81	29,725·63	1,161,738·72
Montréal "	1,091,126·82	582,977·62	13·00	895,871·25	2,161·55	2,399,714·32
Québec "	352,345·46			254,197·33	2,161·55	408,704·34
St-Hyacinthe "	231,028·43	151,126·29		68,855·45	1,043·34	442,063·51
Sherbrooke "	7,994·24		36,098·12	71,200·91	711·90	116,005·17
Trois-Rivières "	3,406·58			33,646·58	365·58	39,417·74
Totaux	2,423,560·99	1,102,865·36	{ *13·00 / 36,098·12 }	1,371,088·33	34,008·00	4,967,633·50

St-Jean, N.-B.	25,969·51				84,114·20	1,687·63	111,771·34
Halifax, N.-E.	3,554·36				22,383·90	2,235·04	28,173·30
Picton "	620·53				3,991·32	369·94	4,981·79
' Totaux	4,174·89				26,375·22	2,604·98	33,155·09
Charlottetown, I.-P.-E.					243·98		243·98
Winnipeg, Man.	65,617·19				607,192·64	39,128·84	711,938·67
Moose-Jaw, Sask.	32,005·07				114,289·18	1,773·59	148,067·84
Calgary, Alberta	49,320·45				208,379·25	15,542·90	273,242·60
Vancouver, C.-B	361,124·86	154,532·53			139,912·39	10,646·61	666,216·39
Victoria "	15,640·37				80,359·59	7,015·60	103,015·56
Totaux	376,765·23	154,532·53			229,271·98	17,662·21	769,231·95
Dawson, territoire du Yukon	1,010·18				3,950·07		4,960·25
Divers	8,612·54						8,612·54
Grands totaux	20,513,833·65	7,488,904·30		*13·00 66,496·73	4,018,745·71	164,826·12	32,242,319·51

ANNEXE A—*Suite*—SPIRITUEUX.

N° 4.—ÉTAT du montant en entrepôt pour l'année expirée le 31 mars 1914.

Av.

Divisions.	Entrés pour la consommation.		Transportés en entrepôt, à d'autres divisions.		Transportés aux distilleries pour redistillation.	En franchise.		Exportés.	Employés dans les fabriques en entrepôt.	Restant en entrepôt.	Totaux.
	Quantité.	Droit.	En entrepôt aux divisions transportés.	En transit.		Alloués par la loi.	Autre.				
	Gallons.	$ c.	Gallons.	Gallons.	Gallons.	Gallons.	Gallons.	Gallons.	Gallons.	Gallons.	Gallons.
Belleville, Ont.	57,500·90	109,282·37	352,734·22	14,583·55	18,545·31	34,779·93	2,746·09	2,262·05	7,413·97	1,482,606·84	1,923,172·76
Brantford "	28,797·07	45,216·40	130·70						7,429·21	6,635·51	38,192·49
Guelph "	177,062·15	337,566·19	129,941·51	1,473·77	24·65	49,567·04	1,625·70	31,790·08		1,738,176·29	2,130,261·19
Hamilton "	177,547·63	336,843·13	114,431·09	360·05	109,516·04	28,781·77	618·62	1,615·03	23,114·47	801,286·99	1,255,271·69
Kingston "	34,984·60	66,475·25							12,101·48	5,411·42	52,497·50
London "	45,463·22	86,383·93								4,478·79	50,247·64
Ottawa "	162,601·40	309,316·70	139·30				195·60	5·63		22,173·22	186,202·88
Entr. du gouv., Ott. Ont.							69·46		1,093·36		216,987·75
Lab. de la dév. " "							84·55		213,069·75†	3,858·54	84·55
Ali, Ont.	110,366·48	209,753·92	4,155·79			772·65				86,947·16	202,232·08
Peterborough "	5,011·46	9,527·93								330·67	5,342·13
Port-Arthur "	73,428·00	139,562·02	216·23							19,537·95	93,172·18
Prescott "	80,792·13	179,729·11	225,284·00	1,202·84	3,672·45	7,934·37	1,540·66	1,485·25	30,398·61	1,023,161·93	1,384,472·24
Ste-Catherine "	8,107·23	15,403·73								1,461·62	9,158·85
Stratford "	15,107·96	28,497·26								1,859·40	1,867·36
Toronto "	593,895·09	1,111,443·07	1,479,204·99	27,342·69	130,900·24	33,031·78	2,654·48	6,892·51	144,763·18	5,572,279·79	7,990,964·75
Windsor "	270,214·67	518,743·80	681,134·97	13,963·92	300,790·83	146,773·04	930·40	290,675·52	28,271·46	7,919,495·60	9,658,240·41
Totaux	1,851,469·89	3,563,674·81	2,987,375·80	58,926·82	563,439·52	299,630·58	10,465·56	334,726·07	213,059·75‡ 254,580·74	18,639,781·72††	25,213,461·45
Joliette, Qué.	40,236·42	76,779·81	278,994·86	2,822·53		2,023·21	121·16	18·05	52,242·69	837,661·70	1,161,738·72
Montréal "	1,153,451·29	2,176,585·57	317,596·96	5,171·78	318·29	3,820·16	660·00		14,294·07	1,066,973·94	2,599,714·32
Québec "	238,255·69	453,090·92	316,716·90			6,722·37	749·54	216·99		32,055·31	608,704·34
St-Hyacinthe "	67,739·65	128,814·64	67,498·30	1,770·81	2,242·13	988·12		7·50	1,828·35	299,009·62	442,053·51
Sherbrooke "	68,828·32	141,638·64	453·00						39,252·92	7,463·43	116,005·17
Trois-Rivières "	35,697·10	67,887·96								3,729·64	39,417·74
Totaux	1,604,208·47	3,044,627·80	981,260·02	9,765·12	2,560·42	13,563·86	1,530·70	242·54	107,618·03	2,246,884·64	4,967,633·80

St-Jean, N.-B.	87,243·71	165,849 65	492·97			71·12		12,713·26	11,250·28	111,271·34
Halifax, N.-E.	24,462·04	46,524 26	290·38						3,406·70	28,173·30
Pictou "	4,362·74	8,289 41	103 49				104·18		515·56	4,981·79
Totaux	28,894·78	54,813 67	303·87				104 18		3,922·26	33,155·09
Charlottetown, I.P.-E.	243·98	464 39								243·98
Winnipeg, Man	555,982·11	1,055,289 75	20,909·50			912·79	2·82	60,448·28	73,683·17	711,938·67
Moose-Jaw, Sask.	122,190·93	232,343 28	521·75						25,355·16	148,067·84
Calgary, Alta	210,991·94	400,865 83	514·64					8,779·49	52,957·13	273,242 60
Vancouver, C.-B.	213,449·26	405,568 11	24,823·90	128·68	5·77	1,964·34	120·91	7,422·28	413,219·42	666,216·39
Victoria "	84,087·90	159,770 37	2,543·26	260 18		69·30	773·53		15,281·39	103,015·56
Totaux	297,537·16	565,338 48	27,367·16	388·86	5 77	2,033·64	894·44	7,422·28	428,500·81	769,231·96
Dawson, T.Y.	3,925·17	7,457 83							1,035·08	4,960·25
Divers									8,612·54	8,612·54
Grands totaux	4,762,617·54 9,030,725 49	4,018,745·71	69,993·59	566,005·71	318,276·27	14,101·02	335,970·05	‡213,059·75 451,567·08	21,491,982·79	32,242,319·51

*Saisies. ‡Employés dans la fabrication de spiritueux méthyliques à l'entrepôt de l'État, Ottawa.

MINISTÈRE DU REVENU DE L'INTÉRIEUR,
  OTTAWA, 1er juin 1914.

W. HIMSWORTH,
   Sous-ministre.

ANNEXE A—*Suite*—SPIRITUEUX.

Dr.   N° 5—ÉTAT COMPARATIF du commerce d'entrepôt pour les années expirées les 31 mars 1913 et 1914.

PROVINCES.	Restant en entrepôt de l'année dernière.	Mis en entrepôt.	Importés.	Reçus d'autres divisions.		Totaux.
				Expédiés durant l'année.	En transit l'année dernière.	
	Gallons.	Gallons.	Gallons.	Gallons.	Gallons.	Gallons.
1913.						
Ontario	17,029,442·21	5,885,291·29		1,519,260·66	22,900·37	24,426,903·53
Québec	2,918,846·20	1,002,038·99 ·87·93	†54·50	1,374,738·12	32,945·29	5,328,711·03
Nouveau-Brunswick	19,075·02			116,804·64	1,640·75	137,520·41
Nouvelle-Écosse	6,218·50			24,970·05	2,116·01	33,304·56
Ile-du-Prince-Edouard				68·24		68·24
Manitoba	91,576·53			607,011·01	37,811·40	736,498·94
Saskatchewan	29,050·32			127,852·51	8,456·49	165,359·32
Alberta	55,057·64			227,299·42	15,749·71	298,106·77
Colombie-Britannique	372,878·64	136,272·09	59·96	248,520·30	14,776·48	772,507·47
Yukon	2,071·11			704·92		2,776·03
Divers	8,612·54					8,612·54
Totaux	20,532,928·71	6,993,602·37 ·87·98	†54·50 59·96	4,247,229·87	136,405·50	31,910,368·84

1914.	Gallons.	Gallons.	Gallons.	Gallons.	Gallons.	Gallons.
Ontario	17,526,797·60	6,231,506·41	30,398·61	1,382,840·86	41,917·97	25 213,461·45
Québec	2,423,560·99	1,102,885·36	†13·00 ⎱ 36,098·12	1,371,088·33	34,008·00	4,967,633·80
Nouveau-Brunswick	25,969·51			84,114·20	1,687·63	111,771·34
Nouvelle-Ecosse	4,174·89			26,375·22	2,604·98	33,155·09
Ile du Prince-Edouard				243·98		243·98
Manitoba	65,617·19			607,192·64	39,128·84	711,938·67
Saskatchewan	32,006·07			114,289·18	1,773·59	148,067·84
Alberta	49,320·45			208,379·25	15,542·90	273,242·60
Kombie-Britannique	376,766·23	154,532·53		220, 27198	17,662·21	769,231·95
Territoire du Yukon	1,010·18			3,950·07		4,960·25
Divers	8,612·54					8,612·54
Totaux	20,513,833·65	7,488,904·30	66,496·73 ⎰ †13·00	4,018,745·71	154,326·12	32,242,319·51

*Surplus en entrepôt   †Saisie.

AENEXE A—*Suite*—SPIRITUEUX.

N° 5—ETAT comparatif du commerce d'entrepôt pour les années expirées les 31 mars 1913 et 1914—*Fin.*   Av.

Provinces.	Entrées pour la consommation.		Transports à d'autres divisions.		Transportés aux distilleries pour redistillation.	En franchise.		Exportés.	Employés dans les fabriques, en entrepôt.	Restant en entrepôt.	Totaux.
	Quantité.	Droit.	En entrepôt aux divisions, transportés.	En transit.		Alloués par la loi.	Autres.				
1913.	Gallons.	$ c.	Gallons.	Gallons.	Gallons.	Gallons.	Gallons.	Gallons.	Gallons.	Gallons.	Gallons.
Ontario	1,935,386·18	3,655,119 11	3,063,870·33	132,629·42	647,003·32	329,267·69	11,427·18	332,131·33	*212,007·21 246,383·28	}17,526,797·60	24,426,903·53
Québec	1,637,045·15	3,098,384 10	1,112,420·61	20,088·04	2,001·85	17,223·24	4,532·44	91·09	111,747·62	2,423,560·99	5,328,711·03
Nouveau-Brunswick	93,710·12	178,173 57	63·50	22·45					17,754·83	25,969·51	137,520·41
Nouvelle-Ecosse	28,942·01	55,028 07	68·24					119·42		4,174·89	33,304·56
Ile du Prince-Edouard	68·24	129 65									68·24
Manitoba	582,364·28	1,106,178 09	30,118·73	1,070·03				1·38	57,327·33	65,617·19	736,498·94
Saskatchewan	133,354·25	253,579 28								32,005·07	165,359·32
Alberta	246,856·33	469,063 08	1,654·91				276 08			49,320·45	298,106·77
Colombie-Britannique	340,445·29	646,866 88	39,633·56	516·18	103·71	4,988·86	1,582·55	1,458·53	7,613·53	376,765·23	772,507·47
Territoire du Yukon	1,765 85	3,355 12								1,010·18	2,776·03
Divers										8,612·54	8,612·54
Totaux	4,999,936·70	9,465,876 95	4,247,229·87	154,336 12	639,108·88	351,479·79	17,813·28	333,801·75	*212,007·21 440,826 66	}20,513,833·65	31,910,368·84

1914.	Gallons.	$ c.	Gallons.	Gallons.	Gallons.	Gallons.	Gallons.	Gallons.	Gallons.	Gallons.	Gallons.
Ontario	1,851,469·89	3,503,674 81	2,987,375·80	58,926·82	563,439·52	299,630·58	10,465·56	334,726·07	*213,059 75 / 254,586 74	*18,639,781 72	25,213,461·45
Québec	1,604,208·47	3,044,627 80	981,260·02	9,765·12	2,560·42	13,563·86	1,530·70	242·54	107,618·03	2,246,884·64	4,967,633·90
Nouveau-Brunswick	87,243·71	165,849 65	492·97				71·12		12,713·26	11,250·23	111,771·34
Nouvelle-Ecosse	28,824·78	54,813 67	303·57					104·18		3,922·26	33,155·09
Ile Prince-Edouard	243·98	464 39									243·98
Manitoba	555,982·11	1,055,289 75	20,909·50	912·79				2·82	60,448·28	73,683·17	711,938·67
Saskatchewan	122,190·93	232,343 28	521·75							25,355·16	148,067·84
Alta	210,991·34	400,865 83	514·64						8,779·49	52,957·13	273,242·60
Colombie-Britannique	297,537·16	563,338 48	27,367·16	388·86	5 77	5,081·83		894·44	7,422·23	428,500·81	769,231·95
Territoire du Yukon	3,925·17	7,457 83								1,035·08	4,960·25
Divers										6,612·54	8,612·54
Totaux	4,762,617·54	9,030,725 49	4,018,745·71	69,993·59	566,005·71	318,276·27	14,101·02	235,970·05	*213,059 75 / 451,567 08	21,491,982 79 / 32,242,319·51	

Employés dans la fabrication de spiritueux méthyliques à l'entrepôt de l'Etat, Ottawa.

	1913	1914
Total des droits perçus à la sortie de la fabrique et de l'entrepôt...	$9,470,642 12	$9,034,528 07
Honoraires de licence....	3,500 00	3,500 00
	$9,474,142 12	$9,038,028 07

MINISTÈRE DU REVENU DE L'INTÉRIEUR,
OTTAWA, 1er juin 1914.

W. HIMSWORTH,
Sous-ministre.

5 GEORGE V, A. 1915

ANNEXE A—*Suite*—MALT.

N° 6—Rapport des fabriques pour l'année expirée le 31 mars 1914.

Divisions.	Licences.		Grain trempé.	Grain employé dans la fabrication du malt.	Malt.			Total des droits perçus à la sortie de l'entrepôt et sur les licences.
	N°	Honoraires.			Fabriqué.	Droits payés.	Mis en entrepôt.	
		$	liv.	liv.	liv.	liv.	liv.	$ c.
Belleville, Ont.	1	50	271,841	271,841	215,431	....	215,431	50 00
Brantford "	1	50	647,971	646,738	518,566	....	518,566	50 00
Guelph "	5	650	7,555,491	7,499,831	6,034,458	....	6,034,458	650 00
Hamilton "	2	350	5,238,670	5,279,860	4,257,264	....	4,257,264	350 00
Kingston "	1	50	30,335	71,156	53,458	....	53,158	50 00
London "	2	400	6,351,600	6,338,400	5,040,910	....	5,040,910	400 00
Owen-Sound "	1	200	6,234,500	6,422,000	5,175,126	....	5,175,126	200 00
Perth "	2	100	319,023	321,473	270,087	....	2?0,087	100 00
Peterborough, "	1	50	453,350	460,090	365,238	....	365,238	50 00
Prescott "	2	150	411,697	427,652	341,445	....	341,445	150 00
Toronto "	6	750	13,014,594	12,967,240	10,204,840	....	10,204,840	750 00
Winsdor "	1	200	2,848,340	2,985,040	2,406,150	....	2,406,150	200 00
Totaux......	25	3,000	43,377,412	43,691,321	34,882,973	....	34,882,973	3,000 00
Montréal, Qué...	4	800	45,754,620	45,812,?26	36,849,265	1,000	36,848,265	815 00
Québec " ...	1	150	1,305,729	1,280,362	1,035,782	....	1,035,782	150 00
Totaux......	5	950	47,060,349	47,093,082	37,885,047		37,884,047	965 00
Winnipeg, Man.	3	500	41,246,448	40,875,088	34,377,064	....	34,377,064	500 00
Calgary, Alta....	3	500	32,524,370	31,921,360	26,011,840	....	26,041,840	500 00
Victoria, C.-B...	1	100	717,168	670,167	553,244	... ..	553,244	100 00
Grands totaux.	37	5,050	164,925,747	164,251,018	133-740,168	1,000	133,739,168	5,065 00

W. HIMSWORTH,
Sous-ministre.

Ministère du Revenu de l'Intérieur,
Ottawa, 1er juin 1914.

DOC. PARLEMENTAIRE No 12

ANNEXE A—*Suite*—MALT.

N° 7—ETAT comparatif de la quantité de malt fabriqué, pour les années expirées les 31 mars 1913 et 1914.

Provinces.	Licences.		Grain trempé.	Grain employé dans la fabrication du malt.	Malt.			Total des droits perçus à la sortie de l'entrepôt et sur les licences.
	Nombre.	Honoraires.			Fabriqué.	Droits payés.	Mis en entrepôt.	
1913.		$	Liv.	Liv.	Liv.	Liv.	Liv.	$ c.
Ontàrio	28	3,350	48,475,968	47,964,733	37,802,798	1,277	37,801,521	3,369 16
Québec	5	950	49,707,360	49,676,114	39,035,131	3,156	39,031,975	997 84
Manitoba	3	500	42,642,697	42,996,897	34,506,510		34,506,510	5 0 00
Alberta	3	500	9,057,435	8,364,225	6,723,710		6,723,710	500 00
Col.-Britannique	1	100	708,783	760,895	605,012		605,012	100 00
Totaux	40	5,400	150,592,243	149,762,864	118,673,161	4,433	118,668,728	5,466 50
1914.								
Ontario	25	3,000	43,377,412	43,691,321	34,882,973		34,882,973	3,000 00
Québec	5	950	47,060,349	47,003,082	37,885,047	1,000	37,884,047	965 00
Manitoba	3	500	41,246,448	40,875,088	34,377,064		34,377,064	500 00
Alberta	3	500	32,524,370	31,921,360	26,041,840		26,041,840	500 00
Col.-Britannique	1	100	717,168	670,167	553,244		553,244	100 00
Totaux	37	5,050	164,925,747	164,251,018	133,740,168	1,000	133,739,168	5,065 00

W. HIMSWORTH,
Sous-ministre.

MINISTÈRE DU REVENU DE L'INTÉRIEUR,
OTTAWA, 1er juin 1914.

ANNEXE A—Suite—MALT.

Dt.

N° 8—COMMERCE D'ENTREPÔT

Restant en entrepôt de l'année dernière.	Mis en entrepôt.	Augmentation.	Reçu d'autres divisions.		Importé.	Totaux.	Divisions.
			Expédié durant l'année.	En transit l'année dernière.			
Liv.	Liv.	Liv.	Liv.	Liv.	Liv.	Liv.	
101,511	215,431	1,244	692,660		191	1,011,037	..Belleville, Ont....
118,452	518,566	4,972	107,868			749,858	..Brantford " ....
3,148,798	6,034,458	89,006	2,650,000	180,000	1,383,558	13,485,820	..Guelph " ....
1,527,700	4,257,264	36,254	4,039,132	40,000	1,259,904	11,160,254	..Hamilton " ....
184,812	53,458	2,724	200,000			440,994	..Kingston " ....
1,948,969	5,040,910	83,381	518,000		103,705	7,694,965	..London " ....
46,768			1,250,420	45,010	5,684	1,347,882	..Ottawa " . ..
1,742,490	5,175,126	52,228	480,057			7,449,901	..Owen-Sound " ....
55,397	270,087	1,409	2,636,000	60,000	2,520	3,025,413	..Perth " ....
149,823	365,238	12,957	273,600			801,618	..Peterboro " ....
21,214			2,027,862	80,000	7,040	2,136,116	..Port-Arthur " ....
45,645	341,445	1,172	3,044,926	90,000		3,523,188	..Prescott " ....
73,730		800	1,633,416		42,026	1,749,972	..Ste-Catherine " ....
1,355,594			455,900			1,811,494	..Stratford " ....
5,608,848	10,204,840	56,019	12,043,396	356,000	1,920,015	30,189,118	..Toronto " ....
3,185,847	2,406,150	60,790	710,000		8,880	6,371,667	..Windsor " ....
19,315,598	34,882,973	402,956	32,763,237	851,010	4,733,523	92,949,297	..... Totaux.........
54,455		5,163	2,400,000	40,000		2,499,618	..Joliette, Qué....
5,447,019	36,848,265	93,492	6,822,055	98,924	1,424,416	50,734,171	..Montréal " ....
	1,035,782		1,720,000	54,000	15,608	2,825,390	..Québec " ....
			137,400			137,400	.St-Hyacinthe " ....
			690,000	40,000	1,820	731,820	..Sherbrooke " ....
			64,800			64,800	..Trois-Rivières ....
5,501,474	37,884,047	98,655	11,834,255	232,924	1,441,844	56,993,199	.....Totaux.........
			1,440,000		5,212	1,445,212	..St-Jean, N.-B.....
54,000			3,382,000	162,000	1,700	3,599,700	..Halifax, N.-E....
4,749,598	34,377,064	148,863	3,914,126		1,378,559	44,568,210	..Winnipeg, Man.....
35,000			2,410,000		51,271	2,496,271	..Moosejaw, Sask......
2,680,453	26,041,840	84,393	1,963,100	50,000	1,124,561	31,944,347	..Calgary, Alberta....
284,123			6,413,782	210,000	1,230,886	8,138,791	..Vancouver, C.-B....
11,120	553,244		2,600,000	120,000	175,928	3,460,292	..Victoria, C.-B......
295,243	553,244		9,013,782	330,000	1,406,814	11,599,083	..... Totaux. ...
4,934		1,943			120,240	127,107	..Dawson, Yukon.....
32,636,300	133,739,168	736,800	66,720,500	1,625,934	10,263,724	245,722,426	....Grands totaux...

pour l'année expirée le 31 mars 1914.   Av.

Entré pour la consommation.		Transporté en entrepôt à d'autres divisions.		Exporté.	En franchise.	Retranché.	Restant en entrepôt.	Totaux.
Quantité.	Droit.	En entrepôt aux divisions transporté.	En transit.					
Liv.	$ c.	Liv.	Liv.	Liv.	Liv.	Liv.	Liv.	Liv.
858,050	12,870 76						152,987	1,011,037
630,900	9,463 50						118,958	749,858
6,906,000	103,590 00	3,155,528	52,158				3,372,134	13,485,820
4,968,526	74,527 97	4,938,648	43,000				1,210,080	11,160,254
410,618	6,159 27						30,376	440,994
5,481,935	82,229 68	72,000					2,141,030	7,694,965
1,253,818	18,807 27						94,064	1,347,882
645,781	9,686 76	4,640,262	175,000	40,000			1,948,858	7,449,901
2,660,820	39,912 30				292,715	11,588	60,290	3,025,413
733,684	11,005 26						67,934	801,618
2,110,296	31,654 44						25,820	2,136,116
3,448,261	51,723 92						74,927	3,523,188
1,709,942	25,649 13						40,030	1,749,972
465,500	6,982 50					1,345,994		1,811,494
23,037,550	345,878 27	3,315					7,148,253	30,189,118
4,081,920	60,478 80	252,660		100	765,945		1,321,042	6,371,667
59,353,601	890,619 83	13,062,413	270,158	40,100	1,058,660	1,357,582	17,806,783	92,949,297
13.701	205 52				2,469,900		16,017	2,499,618
29,423.461	441,351 91	11,923,126	228,000	112,000			9,047,584	50,734,171
2,825,390	42,380 74							2,825,390
137,400	2,061 00							137,400
731,820	10,977 30							731,820
64,800	972 00							64,800
33,196,572	497,948 47	11,923,126	228,000	112,000	2,469,900		9,063,601	56,993,199
1,445,212	21,678 18							1,445,212
3,540,800	53,112 00				9,720		49,180	3,599,700
12,276,841	184,152 62	24,098,179	784,000			8,520	7,400,670	44,568,210
2,433,071	36,496 07						63,200	2,496,271
10,317,080	154,756 17	17,395,000	950,000				3,282,267	31,944,347
7,987,814	119,832 71						150,975	8,138,791
3,170,783	47,561 76	241,782	47,727					3,460,292
11,158,599	167,394 47	241,782	47,727				150,975	11,599,083
71,863	1,077 96						55,244	127,107
133,793,639	2,007,235 77	66,720,500	2,279,885	161,820	3,528,560	1,366,102	37,871,920	245,722,42

W. HIMSWORTH,
Sous-ministre.

ANENXE A—*Suite*—MALT.

Dt.   N° 9—ETAT COMPARATIF du commerce du malt en entrepôt

Restant en entrepôt à la fin de l'année dernière.	Mis en entrepôt.	Augmentation.	Reçu d'autres divisions.		Importé.	Totaux.	Provinces.
			Expédié pendant l'année.	En transit l'année dernière.			
Liv.	Liv.	Liv.	Liv.	Liv.	Liv.	Liv.	1913.
21,564,331	37,801,521	668,661	27,345,744	535,200	1,307,048	89,222,505	..Ontario............
8,390,484	39,031,975	222,023	5,670,470	90,000	501,860	53,906,812	..Québec.............
....	....	....	1,360,000	....	....	1,360,000	..Nouveau-Brunswick.
24,700	....	....	2,974,000	40,000	45,100	3,083,800	..Nouvelle-Écosse.....
4,461,968	34,506,510	72,348	1,080,000	....	*1,440,407	41,561,233	..Manitoba...........
3,100	....	....	2,560,000	120,000	41,701	2,724,804	..Saskatchewan.......
596,537	6,723,710	20,146	4,000,000	40,000	383,980	11,764,373	..Alberta......... ...
211,807	605,012	582	9,823,281	530,000	1,246,363	12,417,045	..Colombie-Britanniq..
26,773	....	475	....	....	34,560	61,808	..Territ. du Yukon...
35,279,700	118,668,728	984,235	54,813,495	1,355,200	*5,001,022	216,102,380	.....Totaux..........
							1914.
19,315,598	34,882,973	402,956	32,763,237	851,010	4,733,523	92,949,297	.Ontario............
5,501,474	37,884,047	98,655	11,834,255	232,924	1,441,844	56,993,199	..Québec.............
....	....	....	1,440,000	....	5,212	1,445,212	..Nouveau-Brunswick.
54,000	....	....	3,382,000	162,000	1,700	3,599,700	..Nouvelle-Ecosse ....
4,749,598	34,377,064	148,863	3,914,126	....	1,378,559	44,568,210	..Manitoba...........
35,000	....	....	2,410,000	....	51,271	2,496,271	..Saskatchewan.......
2,680,453	26,041,840	84,393	1,963,100	50,000	1,124,561	31,944,347	..Alberta............
295,243	553,244	....	9,013,782	330,000	1,406,814	11,530,063	..Col.-Britannique....
4,934	... .	1,933	....	....	120,240	127,107	..Territ. du Yukon...
32,636,300	133,739,168	736,800	66,720,500	1,625,934	10,263,724	245,722,426	....Totaux...........

* 32,300 liv. re-importées.

MINISTÈRE DU REVENU DE L'INTÉRIEUR,
OTTAWA, 1er juin 1914.

DOC. PARLEMENTAIRE No 12

pour les années finissant les 31 mars 1913 et 1914.   Av.

Entré pour la consommation		Transporté en entrepôt à d'autres divisions.		Exporté.	En franchise.	Retranché.	Restant en entrepôt.	Totaux.
Quantité.	Droit.	En entrepôt aux divisions, où transporté.	En transit.					
Liv.	$ c.	Liv.	Liv.	Liv.	Liv.	Liv.	Liv.	Liv.
55,860,503	838,203 95	12,878,718	223,934	43,600	893,900	6,252	19,315,598	89,222,505
29,122,813	436,856 15	16,813,000	350,000	108,000	2,011,525	....	5,501,474	53,906,812
1,320,000	19,800 00	40,000	....	....	....	....	....	1,360,000
2,974,104	44,611 56	48,496	....	7,200	....	....	54,000	3,083,800
11,619,635	174,294 54	24,380,000	772,000	40,000	....	....	4,749,598	41,561,233
2,689,804	40,347 06	....	....	....	....	....	35,000	2,724,804
8,543,920	128,158 88	260,000	280,000	....	....	....	2,680,453	11,764,373
11,728,521	175,927 81	393,281	....	....	....	....	295,243	12,417,045
56,874	853 12	....	....	....	....	....	4,934	61,808
123,916,174	1,859,058 07	54,813,495	1,625,934	198,800	2,905,425	6,252	32,636,300	216,102,380
59,353,601	890,619 83	13,062,413	270,158	40,100	1,058,660	1,357,582	17,806,783	92,949,297
83,196,572	497,948 47	11,923,126	228,000	112,000	2,469,900	....	9,063,601	56,993,199
1,445,212	21,678 18	....	....	....	....	....	....	1,445,212
3,540,890	53,112 00	....	....	9,720	....	....	49,180	3,599,700
12,276,841	184,152 62	24,098,179	784,000	....	....	8,520	7,400,670	44,568,210
2,433,071	36,496 07	....	....	....	....	....	63,200	2,496,271
10,317,080	154,756 17	17,395,000	950,000	....	....	....	3,282,267	31,944,347
11,158,599	167,394 47	241,782	47,727	....	....	....	150,975	11,599,083
71,863	1,077 96	....	....	....	....	....	55,244	127,107
133,793,639	2,007,235 77	66,720,500	2,279,885	161,820	3,528,560	1,366,102	37,871,920	245,722,426

	1913.	1914.
Total des droits perçus à la sortie de la fabriq. et de l'entrepôt	$1,859,124 57	$2,007,250 77
Honoraires de licences..........	5,400 00	5,050 00
	$1,864,524 57	$2,012,300 77

W. HIMSWORTH,
Sous-ministre.

12—6

5 GEORGE V, A. 1915

ANNEXE A—*Suite*—LIQUEUR DE MALT.

N° 10—RAPPORT des fabriques pour l'année expirée le 31 mars 1914.

Divisions.		Licences.		Malt employé.	Autres matières employées.	Liqueur de malt exportée.	Droits perçus, y compris les honoraires de licences.
	Nombre.	Honoraires.					
		$	c.	Liv.	Liv.	Galls.	$ c.
Belleville, Ont	1	50	00	207,581	....	97,593	50 00
Brantford "	2	100	00	630,864	....	261,715	100 00
Guelph "	6	300	00	6,706,931	....	2,552,950	300 00
Hamilton "	2	100	00	4,488,508	....	2,097,300	100 00
Kingston "	2	100	00	410,193	....	152,250	100 00
London "	4	200	00	5,618,984	....	2,148,004	200 00
Ottawa "	2	100	00	1,887,218	....	955,500	100 00
Owen-Sound "	4	200	00	512.504	....	211,140	200 00
Perth "	2	100	00	2,721,320	....	1,290,596	100 00
Peterborough "	2	100	00	735,700	....	271,492	100 00
Port-Arthur "	3	150	00	2,129,408	....	1,022,400	150 00
Prescott "	3	150	00	3,100,394	....	1,374,720	150 00
Ste-Catherine "	2	100	00	1,650,970	....	747,510	100 00
Stratford "	2	100	00	453,870	....	224,900	100 00
Toronto "	11	575	00	21,341,702	....	9,608,595	575 00
Windsor "	2	100	00	2,421,095	4,080	1,176,954	515 00
Totaux	50	2,525	00	55,017,242	4,080	24,193,619	2,940 00
Montréal, Qué	10	500	00	27,105,717	130,120	12,133,195	15,759 50
Québec "	3	150	00	4,219,875	....	1,779,500	150 00
Sherbrooke "	1	50	00	733,300	....	414,196	50 00
Trois-Rivières "	1	50	00	64,800	....	29,500	50 00
Totaux	15	750	00	32,123,692	130,120	14,356,391	16,009 50
St-Jean, N.-B	2	100	00	1,416,231	....	546,121	100 00
Halifax, N.-E	3	150	00	3,541,624	....	1,171,109	150 00
Winnipeg, Man	7	350	00	11,177,337	5.300	5,005,223	1,503 70
Moose-Jaw, Sask	4	200	00	2,430,079	58,400	1,200,672	7,868 50
Calgary, Alta	8	375	00	9,656,129	366,850	4,526,957	58,006 80
Vancouver, C.-B	20	1,000	00	7,926,714	580,650	3,690,700	66,913 30
Victoria "	7	350	00	3,158,493	61,995	1,342,669	7,874 27
Totaux	27	1,350	00	11,085,207	642,645	5,033,369	74,787 57
Dawson, T.Y	1	50	00	61,688	... ...	27,394	50 00
Grands totaux	117	5,850	00	126,509,229	1,207,395	56,060,846	161,416 07

W. HIMSWORTH,
Sous-ministre.

MINISTÈRE DU REVENU DE L'INTÉRIEUR,
OTTAWA, 1er juin 1914.

ANNEXE A—*Suite*—LIQUEUR DE MALT.

N° 11—ETAT COMPARATIF de la fabrication pour les années expirées les 31 mars 1913 et 1914.

Provinces.	Licences. Nombre.	Licences. Honoraires.	Malt employé.	Autres matières employées.	Liqueur de malt fabriquée.	Liqueur de malt exportée.	Total des droits perçus y compris les honoraires de licences.
1913.		$	liv.	liv.	Galls.	Galls.	$ c.
Ontario	54	2,700	51,448,711	....	23,112,781	5,265	2,700 00
Québec	13	650	27,928,666	99,640	13,104,571	....	10,752 30
Nouveau-Brunswick	2	100	1,313,070	....	521,348	....	100 00
Nouvelle-Ecosse	3	150	3,022,181	....	979,735	....	150 00
Manitoba	6	300	10,250,888	2,200	4,403,240	....	556 10
Saskatchewan	4	200	2,667,381	89,650	1,316,552	....	11,939 00
Alberta	7	325	8,122,642	285,672	3,787,805	....	42,073 30
Colombie-Britannique	27	1,350	11,684,437	715,168	5,066,714	....	81,116 60
Territoire du Yukon	1	50	56,874	....	21,654	....	50 00
Totaux	117	5,825	116,494,850	1,192,330	52,314,100	5,265	149,437 30
1914.							
Ontario	50	2,525	55,017,242	4,080	24,193,619	....	2,940 00
Québec	15	750	32,123,692	130,120	14,356,391	....	16,009 50
Nouveau-Brunswick	2	100	1,416,231	....	546,121	....	100 00
Nouvelle-Ecosse	3	150	3,541,624	....	1,171,100	....	150 00
Manitoba	7	350	11,177,337	5,300	5,005,223	....	1,503 70
Saskatchewan	4	200	2,430,079	58,400	1,200,672	....	7,868 50
Alberta	8	375	9,656,129	366,850	4,526,957	....	58,006 80
Colombie-Britannique	27	1,350	11,085,207	642,645	5,033,369	....	74,787 57
Territoire du Yukon	1	50	61,688	....	27,394	....	50 00
Totaux	117	5,850	126,509,229	1,207,395	56,060,846	....	161,416 07

W. HIMSWORTH,
Sous-ministre.

MINISTÈRE DU REVENU DE L'INTÉRIEUR,
OTTAWA, 1er juin 1914.

ANNEXE A—*Suite*—TABAC.

N° 12—RAPPORT des manufactures pour

Divisions.	Licences.		Poids total du tabac en feuilles brutes et autres matières employées.	Tabac. A 5 centins la liv.		
	Nombre.	Honoraires.		Manufacturé.	Payant droits.	En entrepôt.
		$ c.	Liv.	Liv.	Liv.	Liv.
Hamilton, Ont.	1	50 00	1,355,035½	1,307,429$\frac{3}{10}$	636,501$\frac{3}{10}$	670,928
Perth "	1	25 00	412			
Toronto "	4	200 00	138,926	143,428	15,128	128,300
Windsor "	5	225 00	153,104	158,341	158,341	
Totaux	11	500 00	1,647,477½	1,609,198$\frac{3}{10}$	800,970$\frac{3}{10}$	799,228
Joliette, Qué.	10	450 00	116,964	121,067	121,067	
Montréal "	40	1,875 00	14,231,932½	11,846,404½	5,122,273	6,724,131½
Québec "	5	250 00	3,408,312½	3,367,565½	3,367,565½	
St-Hyacinthe "	2	100 00	7,704	7,785	7,785	
Sherbrooke "	2	75 00	3,900,813	4,087,564	4,087,494	70
Trois-Rivières "	3	125 00	106,457½	106,457½	106,457½	
Totaux	62	2,875 00	21,772,183½	19,536,843½	12,812,642	6,724,201½
Pictou, N.-E.	2	75 00	13,485	14,279$\frac{7}{10}$	12,386¼	1,893½
Charlottetown, I.-P.-.E	4	200 00	190,984	227,657	227,657	
Winnipeg, Man.	1	50 00	5,345½			
Calgary, Alberta	1	25 00	300	300	300	
Vancouver, C.-B.	1	25 00	2,200	2,200	2,200	
Grand totaux	82	3,750 00	23,631,975½	21,390,478$\frac{11}{10}$	13,865,155$\frac{11}{10}$	7,525,323

MINISTÈRE DU REVENU DE L'INTÉRIEUR,
OTTAWA, 1er juin 1914.

DOC. PARLEMENTAIRE No 12

ANNEXE A—*Suite*—TABAC.

l'année terminée le 31 mars 1914.

Cigarettes. A $2.40 le M.			Cigarettes. A $7.00 le M.			Tabac à priser. A 5c. la liv.		Total des droits perçus à la sortie de la fabrique, y compris les honoraires de licences.
Manufacturées.	Payant droits.	En entrepôt.	Manufacturées.	Payant droits.	En entrepôt.	Manufacturés.	Payant droits.	
Nombre.	Nombre.	Nombre,	Nombre.	Nombre.	Nomb.	Liv.	Liv.	$ c.
40,963,700	40,963,700							130,187 95
256,000	178,000	78,000						152 20
145,670	145,670							1,306 01
								8,142 05
41,365,370	41,287,370	78,000						140,088 21
								6,503 35
1,120,282,090	1,081,151,950	39,130,140	2,376,700	2,336,200	40,500	551,217	551,217	2,896,667 58
999,950	638,300	361,650				43,530	43,530	172,336 77
								489 25
								204,449 68
								5,447 83
1,121,282,040	1,081,790,250	39,491,790	2,376,700	2,336,200	40,500	594,747	594,747	3,285,894 51
								694 36
								11,583 01
1,683,500	1,028,500	655,000						2,518 40
								40 00
								135 00
1,164,330,910	1,124,106,120	40,224,790	2,376,700	2,336,200	40,500	594,747	594,747	3,440,953 49

W. HIMSWORTH,
Sous-ministre.

5 GEORGE V, A. 1915

ANNEXE A—*Suite*—TABAC.

N° 13—ETAT COMPARATIF des manufactures pour

Provinces.	Licences.		Poids total du tibac en feuilles brutes et autres matières employées.	Tabac. A 5c. la liv.		
	Nombre.	Honoraires.		Manufacturé.	Payant droits.	En entrepôt.
1913.		$ c.	Liv.	Liv.	Liv.	Liv.
Ontario	9	400 00	1,609,240½	1,584,290	795,512½	788,777½
Québec	56	2,675 00	22,008,118	20,285,637½	12,513,713½	7,771,924
Nouvelle-Ecosse	1	50 00	10,571	11,523	11,523	
Ile-du-Prince-Edouard	4	175 00	202,060	221,418½	221,418½	
Manitoba	1	50 00	17,152			
Colombie-Britannique	1	50 00	2,846	3,000	3,000	
Totaux	72	3,400 00	23,849,987½	22,105,869	13,545,167½	8,560,701½
1914.						
Ontario	11	500 00	1,647,477½	1,609,198₁₀ⁿ	809,970₁₀ⁿ	799,228
Québec	62	2,875 00	21,772,183½	19,536,843½	12,812,642	6,724,201½
Nouvelle-Ecosse	2	75 00	13,485	14,279₁₀ⁿ	12,386½	1,893½
Ile-du-Prince-Edouard	4	200 00	190,984	227,657	227,657	
Manitoba	1	50 00	5,345½			
Alberta	1	25 00	300	300	300	
Colombie-Britannique	1	25 00	2,200	2,200	2,200	
Totaux	82	3,750 00	23,631,975½	21,390,478½½	13,865,155½½	7,525,323

MINISTÈRE DU REVENU DE L'INTÉRIEUR,
OTTAWA, 1er juin 1914.

les années terminées le 31 mars 1913 et 1914.

Cigarettes. A $2.40 le M.			Cigarettes. A $7 le M.			Tabac à priser. A 5c. la liv.		Total des droits perçus à la sortie de la fabrique, y compris les honoraires de licences.
Manufacturées.	Payant droits.	En entrepôt.	Manufacturées.	Payant droits.	En entrepôt	Manufacturé.	Payant droits.	
Nombre.	Nombre.	Nombre.	Nombre.	Nombre.	Nombre.	Liv.	Liv.	$ c.
39,384,500	39,384,500	....	1,100	1,100	....	....	....	134,706 13
931,925,907	903,595,307	28,330,600	2,407,100	2,377,100	30,000	659,992	659,992	2,846,628 80
....	....	....	....	....	....	....	....	626 15
5,487,800	2,068,250	3,419,550	....	....	....	....	....	11,246 00
....	....	....	....	....	....	....	....	5,013 80
								200 00
976,798,207	945,048,057	31,750,150	2,408,200	2,378,200	30,000	659,992	659,992	2,998,420 88
41,365,370	41,287,370	78,000	....	....	....	....	....	140,088 21
1,121,282,040	1,081.790,250	39,491,790	2,376,700	2,336,200	40,500	594,747	594,747	3,285,894 51
....	....	....	....	....	....	....	....	694 36
1,683,500	1,028,500	655,000	....	....	....	....	....	11,583 01
								2,518 40
....	....	....	....	....	....	....	....	40 00
....	....	....	....	....	....	....	....	135 00
1,164,330,910	1,124,106,120	40,224,790	2,376,700	2,336,200	40,500	594,747	594,747	3,440,953 49

W. HIMSWORTH,
Sous-ministre.

5 GEORGE V, A. 1915

ANNEXE A—*Suite*—TABAC FABRIQUÉ AVANT LE 1er JUIN 1908.

Dт.   N° 14—Eтaт сомрaratif du commerce d'entrepôt pour les années terminées
le 31 mars 1914.   Av.

Restant en entre-pôt de l'année dernière.	Totaux.	Divisions.	Dépôt de la marine.	Restant en entrepôt	Totaux.
Liv.	Liv.		Liv.	Liv.	Liv.
461	461	Saint-Jean, N.-B..		461	461
4,039½	4,039½	..Victoria, C.-B	40	3,999½	4,039½
19,719½	19,719½	..Divers.................	... .	19,719½	19,719½
24,220	24,220	.. ..Totaux...........	40	24,180	24,220

W. HIMSWORTH,
Sous-ministre.

Ministère du Revenu de l'Intérieur,
Ottawa, 1er juin 1914.

DOC. PARLEMENTAIRE No 12

ANNEXE A—*Suite*—TABAC FABRIQUÉ AVANT LE 1ᴇʀ JUIN 1908.

Dᴛ. N° 15—Eᴛᴀᴛ ᴄᴏᴍᴘᴀʀᴀᴛɪғ du commerce d'entrepôt pour les années terminées
le 31 mars 1913 et 1914. Aᴠ.

Restant en entrepôt de l'année dernière.	Totaux.	Provinces.	Dépôts de la marine.	Restant en entrepôt.	Totaux.
Liv.	Liv.	1913.	Liv.	Liv.	Liv.
461	461	..Nouveau-Brunswick..........	....	461	— 461
4,179½	4,179½	..Colombie-Britannique..........	140	4,039½	4,179½
19,719½	19,719½	..Divers......................	....	19,719½	19,719½
24,360	24,360	..........Totaux.............	140	24,220	24,360
		1914.			
461	461	..Nouveau-Brunswick.......	....	461	461
4,039½	4,039½	. Colombie-Britannique.........	40	3,999½	4,039½
19,719½	19,719½	..Divers.......	....	19,719½	19,719½
24,220	24,220	..........Totaux..............	40	24,180	24,220

W. HIMSWORTH,
Sous-ministre.

Mɪɴɪsᴛèʀᴇ ᴅᴜ Rᴇᴠᴇɴᴜ ᴅᴇ ʟ'Iɴᴛéʀɪᴇᴜʀ,
Oᴛᴛᴀᴡᴀ, 1er juin 1914.

ANNEXE A—*Suite*—TABAC, D'APRÈS

Dr.   N° 16—COMMERCE d'entrepôt

Divisions.	Restant en entrepôt de l'année dernière.		En entrepôt.			Reçu d'autres Tabac.	
	Tabac.	Cigarettes	Tabac.	Cigarettes.	Cigarettes excédant le poids.	Transporté durant l'année.	En transit l'année dernière
	Liv.	Nombre	Liv.	Nombre.	Nombre.	Liv.	Liv.
Belleville, Ont......						1,240	
Hamilton "	260,563½		670,928				
Ottawa "							
Owen-Sound "						34,390	2,220
Perth "				78,000		1,200	
Stratford "						36,172	1,020
Toronto "	22,767		128,300				
Totaux........	283,330½		799,228	78,000		73,002	3,240
Montréal, Qué.........	745,942½	4,602,45)	6,724,131½	39,130,140	40,500		
Québec "	22,129½	298,800		361,650			
Sherbrooke "			70				
Totaux........ .	768,072	4,901,250	6,724,201½	39,491,790	40,500		
St-Jean, N.-B.....						4,360	... .
Halifax, N.-E..........						34,371	1,895
Pictou "			1,893½				
Totaux..........			1,893½			34,371	1,895
Winnipeg, Man......		1,554,550	. .....	655,000			
Vancouver, C.- B........	2,660					9,336	980
Victoria "						144,468	
Totaux........	2,660					153,804	980
Grands totaux...	1,054,062½	6,455,800	7,525,323	40,224,790	40,500	265,537	6,115

DOC. PARLEMENTAIRE No 12

LE TARIF AMENDÉ DES DOUANES, 1er JUIN 1908.

pour l'année terminée le 31 mars 1914.   Av.

divisions.	Totaux.			Entré pour la consommation.			
Cigarettes.							
En transit l'année dernière.	Tabac.	Cigarettes.	Cigarettes excédant le poids.	Tabac.	Cigarettes.	Cigarettes excédant le poids.	Droits.
Nombre.	Liv.	Nombre.	Nombre.	Liv.	Nombre.	Nombre.	$ c.
	1,240			1,240			62 00
	931,491½			697,339			34,866 95
13,500		13,500					
	36,610			36,610			1,830 50
	1,200	78,000		1,200			60 00
	37,192			36,720			1,836 00
	151,067			134,986			6,749 30
13,500	1,158,800½	91,500		908,095			45,404 75
	7,470,074	43,732,590	40,500	6,671,636	37,330,750	31,500	423,396 11
	22,129½	660,450			455,300		1,092 72
	70						
	7,492,273½	44,393,040	40,500	6,671,636	37,786,050	31,500	424,488 83
	4,360			4,360			218 00
	36,266			36,266			1,813 30
	1,893½						
	38,159½			36,266			1,813 30
		2,209,550			1,763,300		4,231 92
	12,976			12,976			648 80
	144,468			144,468			7,223 40
	157,444			157,444			7,872 20
13,500	8,851,037½	46,694,090	40,500	7,777,801	39,549,350	31,500	484,029 00

5 GEORGE V, A. 1915

ANNEXE A—*Suite*—TABAC, D'APRÈS LE TARIF

N° 16.—Commerce d'entrepôt

Divisions.	Transporté dans d'autres divisions.			Exporté.		Dépôts de la marine.		En franchise et biffé.	
	Tabac.		Cigarettes.						
	Mis en entre-pôt aux divisions, transporté.	En transit.	Mis en entre-pôt aux divisions, transportées.	Tabac.	Cigarettes	Tabac.	Cigarettes	Tabac.	Cigarettes
	Liv.	Liv.	Nombre.	Lbs.	Nombre.	·Liv.	Nombre.		
Belleville, Ont......									
Hamilton "				1,197			1,664		
Ottawa "									13,500
Owen-Sound "									
Perth "									
Stratford "									
Toronto "									
Totaux........				1,197			1,664	13,500	
Montréal, Qué	265,537	3,056	13,500	2,036	5,000		182,820		
Québec "									
Sherbrooke "				70					
Totaux........	265,537	3,056	13,500	2,106	5,000		182,820		
St-Jean, N.-B.........									
Halifax, N.-E.........									
Pictou "									
Totaux									
Winnipeg, Man.......									
Vancouver, C.-B......									
Victoria "									
Totaux....									
Grands totaux...	265,537	3,056	13,500	3,303	5,000	1,664	196,320		

Ministère du Revenu de l'Intérieur,
Ottawa, 1er juin 1914.

DOC. PARLEMENTAIRE No 12

AMENDÉ DES DOUANES, 1er JUIN 1908.

pour l'année terminée le 31 mars 1914—*Fin.*   Av.

Renvoyé à la fabrique.		Restant en entrepôt.			Totaux.		
Tabac.	Cigarettes.	Tabac.	Cigarettes.	Cigarettes excédant le poids.	Tabac.	Cigarettes.	Cigarettes excédant le poids.
Liv.	Nombre.	Liv.	Nombre.	Nombre.	Liv.	Nombre.	Nombre.
....	....	....	....	....	1,240	....	....
....	....	231,291½	....	....	931,491½	....	....
....	....	....	....	....	....	13,500	....
....	....	....	....	....	36,610	....	....
....	....	....	78,000	....	1,200	78,000	....
....	....	472	....	....	37,192	....	....
....	....	16,081	....	....	151,067	....	....
....	....	247,844½	78,000	....	1,158,800½	91,500	....
1,558½	35,000	526,250½	6,165,520	9,000	7,470,074	43,732,590	40,500
....	....	22,129½	205,150	....	22,129½	660,450	....
....	....	....	....	....	70	....	....
1,558½	35,000	548,380	6,370,670	9,000	7,492,273½	44,393,040	40,500
....	....	....	....	....	4,360	....	....
....	....	....	....	....	36,266	....	....
....	....	1,893½	....	....	1,893½	....	....
....	....	1,893½	....	....	38,159½	....	....
....	....	....	446,250	....	....	2,209,550	....
....	....	....	....	....	12,976	....	....
....	....	....	....	....	144,468	....	....
....	....	....	....	....	157,444	....	....
1,558½	35,000	798,118	6,894,920	9,000	8,851,037½	46,694,090	40,500

W. HIMSWORTH,
Sous-ministre.

5 GEORGE V, A. 1915

'ANNEXE A—*Suite*—TABAC, D'APRÈS

Dt.   N° 17—Etat comparatif du commerce d'entrepôt

Provinces.	Restant en entrepôt de l'année dernière.			En entrepôt.		
	Tabac.	Cigarettes	Cigarettes excédant le poids.	Tabac.	Cigarettes.	Cigarettes excédant le poids.
1913.	Liv.	Nombre.	Nombre	Liv.	Nombre.	Nombre.
Ontario	308,516			788,777½		
Québec	354,353	4,018,944	9,600	7,771,924	28,330,600	30,000
Nouveau-Brunswick						
Nouvelle-Ecosse	1,490					
Manitoba		1,046,350			3,419,550	
Colombie-Britannique						
Totaux	664,359	5,065,294	9,600	8,560,701½	31,750,150	30,000
1914.						
Ontario	283,330½			799,228	78,000	
Québec	768,072	4,901,250		6,724,201½	39,491,790	40,500
Nouveau-Brunswick						
Nouvelle-Ecosse				1,893½		
Manitoba		1,554,550			655,000	
Colombie-Britannique	2,660					
Totaux	1,054,062½	6,455,800		7,525,323	40,224,790	40,500

DOC. PARLEMENTAIRE No 12

LE TARIF AMENDÉ DES DOUANES, LE 1er JUIN 1908.

pour l'année terminée le 31 mars 1913 et 1914.

Reçu d'autres divisions.				Totaux.		
Tabac.		Cigarettes.				
Transporté durant l'année.	En transit l'année dernière.	Transporté durant l'année.	En transit l'année dernère.	Tabac.	Cigarettes.	Cigarettes excédant le poids.
Liv.	Liv.	Nombre.	Nombre.	Liv.	Nombre.	Nombre.
96,040	2,660	17,200	500	1,195,993½	17,700	
3,304				8,129,581	32,349,544	39,600
5,245				5,245		
39,454	1,100			42,044		
					4,465,900	
264,715	11,060			275,775		
408,758	14,820	17,200	500	9,648,639½	36,833,144	39,600
73,002	3,240	13,500		1,158,800½	91,500	
				7,492,273¾	44,393,040	40,500
4,360				4,360		
34,371	1,895			38,159½		
					2,209,550	
153,804	980			157,444		
265,537	6,115	13,500		8,851,037½	46,694,090	40,500

ANNEXE A—Suite—TABAC,

N° 17—ETAT comparatif

Provinces.	Entré pour la consommation.				Transporté à d'autres divisions.			Exporté.	
					Tabac.				
	Tabac.	Cigarettes.	Cigarettes excédant le poids.	Droit.	Mis en entrepôt aux divisions, transporté	En transit.	Cigarettes mises en entrepôt aux divisions transportées.	Tabac.	Cigarettes.
1913.	Liv.	Nombre.	Nombre	$ c.	Liv.	Liv.	Nombre	Liv.	Nombre.
Ontario	911,559½			45,577 98				1,103½	
Québec	6,938,138½	27,366,094	39,600	112,862 79	387,598	6,115	17,200	3,334	27,000
Nouvean-Brunswick	5,245			262 25					
Nouvelle-Ecosse	42,044			2,102 20					
Manitoba		2,911,350		6,987 24					
Colombie-Britanniq.	251,955			12,597 75	21,160				
Totaux	8,148,942	30,277,444	39,600	480,390 21	408,758	6,115	17,200	4,437½	27,000
1914.									
Ontario	908,095			45,404 75				1,197	
Québec	6,671,636	37,786,050	31,500	424,488 83	265,537	3,056	13,500	2,106	
Nouveau-Brunswick	4,360			218 00					
Nouvelle-Ecosse	36,266			1,813 30					
Manitoba		1,763,300		4,231 ½					
Colombie-Britanniq.	157,444			7,872 20					
Totaux	7,777,801	39,549,350	31,500	484,029 00	265,537	3,056	13,500	3,303	

Total des droits en dehors de manufacture et entrepôt y compris
torquettes, feuilles brutes et autres.. ... .
Honoraires de licences. .. ..

MINISTÈRE DU REVENU DE L'INTÉRIEUR,
OTTAWA, 1er juin 1914.

DOC. PARLEMENTAIRE No 12

LE TARIF AMENDÉ DES DOUANES, LE 1er JUIN 1908.

pour l'année terminée le 31 mars, etc.—*Fin.*   Av.

Dépôts de la mar.—Cigarettes.	En franchise et biffé.		Renvoyé à la fabrique.		Restant en entrepôt.			Totaux.		
No.	Tabac. Liv.	Cigarettes. No.	Tabac: Liv.	Cigarettes. No.	Tabac. Liv.	Cigarettes. No	Cigarettes excédant le poids. No.	Tabac. Liv.	Cigarettes. No.	Cigarettes excédant le poids. No.
	17,700				283,330½			1,195,993½	17,700	
			26,323½	38,000	768,072	4,901,230		8,129,581	32,349,544	39,600
								5,245		
								42,044		
						1,554,550			4,465,900	
					2,660			275,775		
	17,700		26,323½	38,000	1,054,062½	6,455,800		9,648,638½	36,833,144	39,600
	1,664	13,500			247,844½	78,000		1,158,800½	91,500	
5,000		182,820	1,558½	35,000	548,380	6,370,670	9,000	7,492,273½	44,393,040	40,500
					1,893½			4,360		
							446,250	38,159½	2,209,550	
								157,444		
5,000	1,664	196,320	1,558½	35,000	798,115	6,894,920	9,000	8,851,037½	46,694,090	40,500

1913.	1914.
$9,188,718 96	$9,485,627 93
3,462 00	3,798 00
$9,192,180 96	$9,489,425 93

W. HIMSWORTH,
Sous-ministre.

12—7

ANNEXE A—*Suite*—TABAC EN FEUILLES BRUT,

DT.

N° 18—ETAT COMPARATIF du commerce d'entrepôt

Restant en entrepôt de l'année dernière.	Importé.	Mis en entrepôt au sortir de la fabrique.	Reçu d'autres divisions.		Totaux.	Divisions.
			Expédié pendant l'année.	En transit l'année dernière.		
Liv. étal.	Liv. étal.	Liv. étal.	Liv. étal.	Liv. étal.	Liv. étal.	
1,309	4,358	974	117	....	6,758	....Belleville, Ont....
25,194	49,058	2,102	3,112	1	79,467	....Brantford " ....
11,821	22,087	1,317	1,313	....	36,038	....Guelph " ....
1,888,847	2,384,460	254,410	7,568	....	4,535,285	....Hamilton " ....
52,776	40,836	8,740	....	....	102,352	....Kingston " ....
282,871	721,580	64,625	10,950½	126¾	1,080,153¼	....London " ....
1,364	3,177	....	602	....	5,143	..Ottawa " ....
4.325	9,018	1,454	....	....	14,797	....Owen-Sound " ....
2,615	2,113	....	....	....	4,728	....Perth " ....
741	2,066	....	....	....	2,807	....Peterborough " ....
....	....	....	353	....	353	....Port-Arthur " ....
2,541	6,704	....	....	111	9,356	....Prescott " ....
7,909	8,945	795	743	350	18,832	...Ste-Catherine " ....
6,079	25,956¼	....	2,252	....	34,287¼	....Stratford " ....
283.842	532,786	46,383	3,643	....	866,654	....Toronto " ....
25,350	83,083	4,836	1,553	....	114,822	....Winsdor " ....
2,597,174	3,896,227¼	385,636	32,206½	588¾	6,911,832½	.... Totaux.......
12,266¼	10,192	....	16,789	327	39,574¼	....Joliette, Qué....
8,414,487	12,139,389¾	344,999	19,590	1,163¾	20,919,629½	....Montréal " ....
98,659½	264,030½	11,193	10,081	....	383,964	..Québec " ....
18,634½	53,157	....	51,188¼	....	122,979¾	....St-Hyacinthe " ....
211,507	525,404	34,571	793	225	772,500	....Sherbrooke " ....
813	3,583	....	457	....	4,853	....Trois-Rivières " ....
8,756,367¼	12,995,756¼	390,763	98,898¼	1,715¾	22,243,500½	........Totaux.........
13,625	17,497	....	1,311	....	32,433	....St-Jean, N.-B........
1,854	4,626	1,335	550	....	8,365	....Halifax, N.-E.......
1,525	7,364	....	1,173	....	10,062	....Pictou " ....
3,379	11,990	1,335	1,723	....	18,427	.........Totaux.........
29,667	....	....	....	....	29,667	....Charlottetown, I.P.-E.
43,975	61,692	1,405	3,369	196	110,637	....Winnipeg, Man......
6,292	9,037	....	713	253	16,295	....Moose-Jaw, Sask.....
37,433	106,528	6,038	657	633	151,289	...Calgary, Alta ......
58,111	91,714	2,233	328	258	152,644	....Vancouver, C.-B......
19,987	36,414	6,046	401	106	62,954	....Victoria " ......
78,098	128,128	8,279	729	364	215,598	.........Totaux.........
11,566,010¼	17,226,855½	793,456	139,606¾	3,750½	29,729,679	........Grands totaux .

MINISTÈRE DU REVENU DE L'INTÉRIEUR.
OTTAWA, 1er juin 1914.

DOC. PARLEMENTAIRE No 12

Y COMPRIS LES TIGES ET LES DÉCHETS.

pour l'exercice expiré le 31 mars 1914. Av.

Entré pour la consommation.		Transporté dans d'autres divisions.		Exporté.	Déduction autorisée.	Restant en entrepôt.	Totaux.
Quantité.	Droits.	Mis en entr. dans les div. où ils ont été transportés.	En transit.				
Liv. étal.	$ c.	Liv. étal.	Liv. étal.	Liv. étal.	Liv. étal.	Liv. étal.	Liv. étal.
4,578	1,281 84	....	....	974	....	1,206	6,758
54,399	15,261 26	....	....	2,102	....	22,966	79,467
24,481	7,225 26	1,003	....	1,679	....	8,875	36,038
1,820,139	511,379 96	4,465	....	512,746	....	2,197,935	4,535,285
51,108	14,317 38	786	....	8,740	....	41,718	102,352
725,114¼	222,866 70	11,005	....	74,096	79	269,859	1,080,153¼
4,093	1,146 04	899	....	1,454	....	1,050	5,143
8,902	2,911 58	....	....	....	....	3,542	14,797
2,752	770 56	....	....	....	49*	1,927	4,728
2,012	563 36	....	....	....	....	795	2,807
325	91 00	....	....	....	....	28	353
6,801	1,923 18	....	....	....	....	2,555	9,356
10,994	3,104 08	253	....	795	....	6,790	18,832
26,383¼	7,758 73	533	....	....	....	7,371	34,287¼
480,814	136,853 78	7,071	....	47,650	224	330,895	866,654
86,212	25,856 32	1,760	....	10,237	....	16,613	114,822
3,309,107½	953-311 03	27,775	....	660,473	49* 303	2,914,125	6,911,832½
21,476½	6,133 96	10,046¼	....	....	....	8,051½	39,574¾
14,187,368⅝	4,005,642 06	89,584	851½	380,753½	14,934	6,246,137⅞	20,919,629½
273,329½	76,539 26	1,382	....	11,193	2,756	95,303½	383,964
8[illegible],133½	25,152 34	1,904½	385	....	20	34,536¾	122,979⅝
534,230	149,584 40	1,600	....	37,202	122	199,346	772,500
3,611	1,011 08	....	....	....	....	1,242	4,853
15,106,149⅛	4,264,063 10	104,516¾	1,236½	429,148½	17,832	6,584,617⅝	22,243,500½
17,094	4,786 32	152	....	....	341	14,846	32,433
5,745	1,608 60	....	....	1,335	....	1,285	8,365
7,428	2,111 90	....	....	....	....	2,634	10,062
13,173	3,720 50	....	....	1,335	....	3,919	18,427
3,094	866 32	2,174	....	....	....	24,399	29,667
72,138	21,081 90	2,000	13,191	1,940	387	20,981	110,637
10,235	2,904 02	896	460	157	....	4,547	16,295
101,434	28,515 06	1,490	140	7,204	14	41,007	151,289
103,582	30,913 82	245	....	3,129	....	45,688	152,644
39,796	12,078 92	358	....	6,947	....	15,853	62,954
143,378	42,992 74	603	....	10,076	....	61,541	215,598
18,775,802⅝	5,322,240 99	139,606¾	15,027½	1,110,333½	49* 18,877	9,669,982⅝	29,729,679

* Ré ntré pour usage.

W. HIMSWORTH.

Sous-ministre.

ANNEXE A—*Suite*—TABAC EN FEUILLES BRUT,

DT.

N° 19—ETAT COMPARATIF du commerce d'entrepôt pour

Restant en entrepôt à la fin de l'exercice précédent.	Importé.	Mis en entrepôt	Reçu d'autres divisions.		Totaux.	Provinces.
			Transporté pendant l'année.	En transit l'année dernière.		
Liv. étal.	Liv. étal.	Liv. étal.	Liv. étal.	Liv. étal.	Liv. étal.	1913.
2,023,471	4,473,455	485,737	29,084½	1,736	7,013,483½	....Ontario..............
7,725,823¼	16,065,884¾	326,893	69,523½	153½	24,188,278	....Québec.............
12,163	18,583	....	742	....	31,488	....Nouveau-Brunswick..
2,508	11,082	....	1,028	....	14,618	..Nouvelle-Ecosse....
33,154	....	....	....	....	33,154	....Il -du Prince-Edouard.
56,174	115,570	8,672	1,940½	....	182,356½	...Manitoba............
3,315	14,964	....	276	....	18,555	....Saskatchewan.......
19,833	121,648	15,085	534	....	157,100	....Alberta..............
67,347	192,077	13,067	3,645	428	276,564	....Colombie-Britannique.
9,943,788¼	21,013,263¾	849,454	106,773½	2,317½	31,915,597	.......Totaux..........
						1914.
2,597,174	3,896,227¼	385,636	32,206½	588¾	6,911,8 2½	....Ontario..............
8,756,367¼	12,995,756¼	390,763	98,898¼	1,715¾	22,243,500½	....Québec..............
13,625	17,497	....	1,311	....	32,453	....Nouveau-Brunswick...
3,379	11,990	1,335	1,723	....	18,427	....Nouvelle-Ecosse......
29,667	....	....	....	....	29,667	....Ile-du-Prince-Edouard
43,975	61,692	1,405	3,369	196	110,637	....Manitoba............
6,292	9,037	....	713	253	16,205	....Saskatchewan........
37,433	106,528	6,038	657	633	151,289	....Alberta............
78,098	128,128	8,279	729	364	215,598	....Colombie-Britannique.
11,566,010¼	17,226,855½	793,456	139,606¾	3,750½	29,729,679	........Totaux........

MINISTÈRE DU REVENU DE L'INTÉRIEUR,
OTTAWA, 1er juin 1914.

Y COMPRIS LES TIGES ET DÉCHETS.

les exercices terminés les 31 mars 1913 et 1914. Av.

Entré pour la consommation.		Transporté dans d'autres divisions.		Exporté.	Détruit.	Restant en entrepôt.	Totaux.
Quantité.	Droits.	Mis en entrepôt d. les div. où ils ont été transportés.	En transit.				
Liv. étal.	$ c.	Liv. étal.	Liv. étal.	Liv. étal.	Liv. étal.	Liv. étal.	Liv. étal.
3,781,358½	1,086,656 90	43,160	2,661	586,653	2,477	2,597,174	7,013,483½
14,998,058¼	4,236,457 69	59,663½	1,089½	369,840	3,259½	8,756,367¼	24,188,278
17,863	5,001 64	....	....	....	....	13,625	31,488
11,239	3,146 92	....	....	....	....	3,379	14,618
3,439	962 92	....	....	....	48	29,667	33,154
125,012½	35,725 76	1,024	....	11,426	919	43,975	182,356½
11,337	3,234 98	....	....	926	....	6,292	18,555
102,724	28,874 30	1,078	....	15,759	106	37,433	157,100
181,200	53,874 65	1,848	....	15,418	....	78,098	276,564
19,232,231¼	5,453,935 76	106,773½	3,750½	1,000,022	6,809½	11,566,010¼	31,915,597
					49*		
3,309,107½	953,311 03	27,775	....	660,473	303	2,914,125	6,911,832½
15,106,149⅝	4,264,063 10	104,516¾	1,236½	429,148½	17,832	6,584,617⅝	22,243,500½
17,094	4,786 32	152	....	....	341	14,846	32,433
13,173	3,720 50	....	....	1,335	....	3,919	18,427
3,094	866 32	2,174	....	....	....	24,399	29,667
72,138	21,081 90	2,000	13,191	1,940	387	20,981	110,637
10,235	2,904 02	896	460	157	....	4,547	16,295
101,434	28,515 06	1,490	140	7,204	14	41,007	151,289
143,378	42,992 74	603	....	10,076	....	61,541	215,598
18,775,802⅝	5,322,240 99	139,606¾	15,027½	1,110,333½	49* 18,877	9,669,982⅝	29,729,679

* Entré pour la consommation.

W. HIMSWORTH,
Sous-ministre.

5 GEORGE V, A. 1915

ANNEXE A—*Suite*—AUTRES MATÉRIAUX.

Dt.   N° 20—COMMERCE D'ENTREPÔT pour l'exercice terminé le 31 mars 1914.   Av.

| Restant en entrepôt l'an dernier. | En entrepôt. | Totaux. | Divisions. | Entré pour la consommation. | | Restant en entrepôt. | Totaux. |
				Quantité.	Droits.		
Liv.	Liv.	Liv.		Liv.	$ c.	Liv.	Liv.
193,157	1,384,297	1,577,454	Mont éal, Q.	1,510,010	241,601 60	67,444	1,577,454
193,157	1,384,297	1,577,454	Totaux..	·1,510,010	241,601 60	67,444	1,577,454

MINISTÈRE DU REVENU DE L'INTÉRIEUR,   W. HIMSWORTH,
    OTTAWA, 1er juin 1914.   *Sous-ministre.*

ANNEXE A—*Suite*—AUTRES MATÉRIAUX.

Dt.   N° 21—ETAT COMPARATIF du commerce d'entrepôt pour les exercices   Av.
       terminés les 31 mars 1913 et 1914.

| Restant en entrepôt l'an dernier. | En entrepôt. | Totaux. | Provinces. | Entré pour la consommation. | | Restant en entrepôt. | Totaux. |
				Quantité.	Droits.		
Liv.	Liv.	Liv.	1913.	Liv.	$ c.	Liv.	Liv.
120,156	1,688,597	1,808,753	Québec......	1,615,596	258,495 36	193,157	1,808,753
			1914.				
193,157	1,384,297	1,577,454	Québec......	1,510,010	241,601 60	67,444	1,577,454

MINISTÈRE DU REVENU DE L'INTÉRIEUR,   W. HIMSWORTH,
    OTTAWA, 1er juin 1914.   *Sous-ministre.*

ANNEXE A—*Suite.*—TABAC CANADIEN EN TORQUETTES.

N° 22—ETAT du revenu perçu sur le tabac canadien en torquettes pour l'exercice terminé le 31 mars 1914.

Divisions.	Licences.		Tabac canadien en torquettes à 5c. par livre.	Droits perçus, y compris les honoraires de licences.
	Nombre.	Montant.		
		$	Liv.	$ c.
Ottawa, Ont............	2	4	460	27 00
Prescott	1	2	420	23 00
Totaux................	3	6	880	50 00
Montréal, Qué...........	21	42	10,177	550 85
Totaux.....	21	42	10,177	550 85
Grands totaux...........	24	48	11,057	600 85

MINISTÈRE DU REVENU DE L'INTÉRIEUR, W. HIMSWORTH,

OTTAWA, 1er juin 1914. *Sous-ministre.*

ANNEXE A—*Suite*—TABAC CANADIEN EN TORQUETTES.

N° 23—ETAT comparatif pour les exercices expirés les 31 mars 1913 et 1914.

Provinces.	Licences.		Tabac canadien en torquettes à 5 c. par livre.	Droit perçus, y compris les honoraires de licences.
	Nombre.	Montant.		
1913.		$	Liv.	$ c.
Ontario.........................	3	6	920	52 00
Québec.........................	28	56	16,615	886 75
Totaux................	31	62	17,535	938 75
1914.				
Ontario.........................	3	6	880	50 00
Québec..........	21	42	10,177	550 85
Totaux.	24	48	11,057	600 85

MINISTÈRE DU REVENU DE L'INTÉRIEUR, W. HIMSWORTH,

OTTAWA, 1er juin 1914. *Sous-ministre.*

ANNEXE A—Suite—CIGARES.

N° 24—ÉTAT de la fabrication pour l'exercice terminé le 31 mars 1914.

Divisions	Licences Nombre	Licences Montant $ c.	Poids total du tabac brut en feuilles et autres matières actuellement employées dans la fabrication. Liv.	Droits payés pour imperfections. Cigares. Nombre	Cigares à $3 le mille Produits Nombre	Droits payés Nombre	En entrepôt Nombre	Cigares à $2 le mille Produits Nombre	Droits payés Nombre	En entrepôt Nombre	Droits perçus, y compris les honoraires de licences. $ c.
Belleville, Ont.	1	50 00	4,015	6,097				217,350	22,900	194,450	95 80
Brantford "	6	275 00	74,466		2,400	2,400		3,901,700	2,638,675	1,963,025	5,571 75
Guelph "	7	350 00	60,643		4,200	4,200		2,568,670	1,302,195	1,296,475	2,964 39
Hamilton "	11	525 00	384,784					16,896,990	6,654,015	10,242,975	13,845 63
Kingston "	2	100 00	51,308					2,740,650	906,000	1,832,650	1,916 00
London "	24	1,175 00	799,151¼	54,918	30,000	30,000		40,337,450	30,636,875	9,700,575	62,648 59
Ottawa "	2	100 00	10,514½					539,675	539,675		1,179 35
Owen-Sound "	2	100 00	21,024	5,391				1,017,565	659,075	358,490	1,418 15
Perth "	3	150 00	5,440					260,075	199,375	60,700	569 53
Peterborough "	1	50 00	1,996					110,775	110,775		271 55
Port Arthur "	2	25 00	439¾					23,300	23,300		71 60
Prescott "	10	475 00	13,936					726,400	408,775	317,625	917 55
Ste-Catherine "	5	250 00	27,252					1,622,575	1,557,575	65,000	3,590 15
Stratford "	22	1,025 00	34,892¼	2,220	150	150		1,753,695	1,438,945	314,660	3,132 33
Toronto "	5	250 00	465,862	8,315				24,374,240	15,116,800	9,257,440	31,275 74
Windsor "			109,913					5,834,195	5,587,495	246,700	11,424 99
Totaux	104	5,000 00	2,025,627¾	76,971	36,750	36,750		102,925,205	67,804,450	35,120,755	140,873 10
Joliette, Qué.	7	325 00	117,410	100				6,129,200	3,665,200	2,464,000	7,655 60
Montréal "	43	2,075 00	2,537,489¼	84,643	33,288	33,288		137,826,115	78,654,590	59,171,525	159,653 34
Québec "	3	150 00	107,010		9,360	1,200	8,160	6,379,850	4,238,840	2,141,010	8,631 28
St-Hyacinthe "	5	250 00	88,728¼					4,814,200	494,300	4,319,900	1,288 60
Sherbrooke "	6	300 00	171,165					9,278,110	3,984,910	5,293,300	8,269 82
Trois-Rivières "	3	150 00	12,921					733,075	583,400	149,675	1,316 80
Totaux	67	3,250 00	3,029,723¾	84,743	42,648	34,488	8,160	165,160,550	91,621,240	73,539,310	186,765 44

Saint-Jean, N.-B.	3	125 00	64,268				3,496,025	670,800	2,815,225	1,466 60
Halifax, N.-E.	2	100 00	17,847				884,720	536,920	347,800	1,173 84
Picton "	2	100 00	4,961				263,250	237,250	26,000	574 50
Totaux	4	200 00	22,811				1,147,970	774,170	373,800	1,748 34
Winnipeg, Man.	15	750 00	107,269	76,882	1,200	1,200	5,233,035	3,878,360	1,354,675	8,664 09
Moosejaw, Sask.	7	350 00	11,966	95			594,955	501,275	93,680	1,352 74
Calgary, Alberta	13	625 00	94,219	31,258			4,582,550	4,582,550		9,852 61
Vancouver, C.-B.	30	1,450 00	117,783	79,239			6,108,035	5,801,460	306,575	13,211 40
Victoria "	12	600 00	39,376				2,040,250	2,040,250		4,680 50
Totaux	42	2,050 00	157,159	79,239			8,148,285	7,841,710	306,575	17,891 90
Grands totaux	255	12,350 00	5,513,043½	349,188	90,59b	72,438 8,160	291,278,575	177,674,555	113,604,020	368,614 82

MINISTÈRE DU REVENU DE L'INTÉRIEUR,
OTTAWA, 1er juin 1914.

W. HIMSWORTH,
Sous-ministre.

5 GEORGE V, A. 1915

ANNEXE A—*Suite*—CIGARES.

N° 25—ETAT COMPARATIF de la fabrication pour les exercices expirés les 31 mars 1913 et 1914.

Provinces.	Licences. Nombre.	Honoraires. $ c.	Poids total du tabac brut en feuilles et autres matières actuellement employées dans la fabrication. liv.	Droits payés sur imperfections. Cigares. Nombre.	Cigares à $3 le mille. Produits. Nombre.	Droits payés. Nombre.	En entrepôt. Nombre	Cigares à $2 le mille. Produits. Nombre.	Droits payés. Nombre.	En entrepôt. Nombre.	Droits perçus, y compris les honoraires de licences. $ c.
1913.											
Ontario	102	5,025 00	2,303,672½	11,191	5,220	4,200	1,020	114,210,185	72,500,405	41,700,780	150,078 79
Québec	68	3,250 00	2,953,147¼	343,898	6,642	4,650	1,992	157,059,460	93,848,060	63,211,400	191,647 87
Nouveau-Brunswick	2	100 00	68,274					3,762,210	.923,590	2,838,650	1,947 18
Nouvelle-Ecosse	4	290 00	22,269					1,097,220	751,815	345,405	1,763 63
Manitoba	15	750 00	146,592½	23,779	3,006	3,006		7,063,255	5,658,220	1,394,035	12,128 00
Saskatchewan	8	300 00	9,495	2,415				602,525	602,525		1,509 85
Alberta	12	600 00	94,344	2,622				4,613,000	4,613,000		9,831 25
Colombie-Britannique	42	2,025 00	177,614	14	6,000	6,000		9,344,630	9,082,755	261,875	20,208
Totaux	253	12,250 00	5,775,308¼	383,922	20,868	17,856	3,012	297,741,615	187,988,370	109,752,145	359,050 11

1914.

Ontario	104	5,000 00	2,025,627½	76,971	36,750	36,750	......	102,925,205	67,804,450	36,120,755	140,873 10
Qc	67	3,250 00	3,029,723½	84,743	42,648	34,488	8,160	165,160,550	91,621,240	73,539,310	186,765 44
Nouveau-Brunswick	3	125 00	64,208	......	......	......	......	3,486,025	670,800	2,815,225	1,466 60
Nouvelle-Ecosse	4	200 00	22,811	......	......	......	......	1,147,970	774,170	373,800	1,748 34
Manitoba	15	750 00	107,269	76,882	1,200	1,200	......	5,233,035	3,878,360	1,354,675	8,664 09
Saskatchewan	7	350 00	11,966	96	......	......	......	594,965	501,275	93,680	1,352 74
Alberta	13	625 00	94,219	31,258	......	......	......	4,562,550	4,562,550	......	9,952 61
Colombie-Britannique	42	2,050 00	157,159	79,239	......	......	......	8,148,285	7,841,710	306,575	17,891 90
Totaux	255	12,350 00	5,513,043½	349,188	80,598	72,438	8,160	291,278,575	177,674,555	113,604,020	368,614 82

Memo:
Total du nombre de cigares manufacturés—
1913.......................... 297,762,333
1914.......................... 291,359,173

MINISTÈRE DU REVENU DE L'INTÉRIEUR,
OTTAWA, 1er juin 1914.

W. HIMSWORTH,
Sous-ministre.

ANNEXE A—*Suite.*

AV. N° 26—COMMERCE D'ENTREPÔT pour

Remis en entrepôt pour la fin de l'année.	En entrepôt.	Reçus d'autres divisions.		Totaux.	Divisions.
		Transporté durant l'année.	En transit l'année dernière.		
Nombre.	Nombre.	Nombre.	Nombre.	Nombre.	
82,950	194,450	....	....	277,400	...Belleville, Ont..........
1,0ª0,025	1,263,025	....	....	2,343,050	...Brantford ''......... .
281,785	1,266,475	....	....	1,548,260	....Guelph '' . ...
1,808,325	10,242,975	992,800	37,500	13,081,600	... Hamilton '' ....
830,400	1,832,650	....·......	....	2,663,050	....Kingston ''............
3,880,235	9,700,575	....	....	13 580,810	...London '' ....
50,000	....	....	....	50,000	...Ottawa '' ....
....	358,490	....	....	358,490	....Owen-Sound '' ....
....	60,700	....	....	60,700	... Perth '' ....
1,500	.. ..	....	....	1,500	...Peterborough '' ....
27,700	317,625	.. ..	... .	345,325	....Prescott '' ....
....	65,000	....	... .	65,000	...Ste-Catherine '' ....
51,600	314,6ℓ0	....	....	366,250	....Stratford '' ....
1,695,730	9,257,440	200,000	....	11,153,170	....Toronto '' ....
368,250 ⎫ a 20,300 ⎭	246,700	....	....	635,250	...Windsor '' . ...
10,178,800	35,120,755	1,192,800	37,500	46,529,855	....Totaux.... ....,
436,950	2,464,000	10,000	....	2,910,950	...Joliette, Qué... .. ....
9,328,470 ⎫ a 19,300 ⎭	59,171,525 ⎫ b 5,000 ⎭	4,263,425	167,500	72,955,220	...Montréal '' ....
1,315,36ɕ ⎫ c 1,992 ⎭	2,141,010 ⎫ c 8,160 ⎭	... .	....	3,466,522	...Québec '' ....
30,325	4,319,900	.. ..	....	4,350,225	... St-Hyacinthe '' ....
2,488,265	5,293,200	....	... .	7,781,465	....Sherbrooke '' ....
114,950	149,675	....	....	264,625	....Trois-Rivières '' .. . .
13,735,612	{ 73,547,470 ⎫ { b 5,000 ⎭	4,273,425	· 167,500	91,729,007	.........Totaux..... .
671,375	2,815,225	....	....	3,486,600	... St-Jean, N.-B...... ....
89,380	347,800	....	....	437,180	...Halifax, N.-E.............
16,000	26,000	....	....	42,000	....Pictou '' ....
105,380	373,800	.. ..	....	479,180	.... .Totaux...... ....
324,555	1,354,675	....	....	1,679,230	...Winnipeg, Man... ......
....	93,680	....	...........·	93,680	....Moosejaw, Sask... ....
60,500	306,575	....	. ...	367,075	....Vancouver, C.-B....... ...
25,076,222	113,612,180 ⎫ b 5,000 ⎭	5,466,225	205,000	144,364,627	............Grands totaux......

a Old foreign à $6 par M.   b Réentreposé.   c Cigares à $3 par M.

MINISTÈRE DU REVENU DE L'INTÉRIEUR,
OTTAWA, 1er juin 1914.

l'exercice expiré le 31 mars 1914. Av.

Entré pour la consommation.		Transporté dans d'autres divisions.		Exporté.	Restant en entrepôt.	Totaux.
Quantité.	Droits.	Mise en entrepôt dans les divisions où ils ont été transportés.	En transit.			
Nombre.	$ c.	Nombre.	Nombre.	Nombre.	Nombre.	Nombre.
185,000	370 00				92,400	277,400
1,231,100	2,462 20				1,111,950	2,343,050
1,272,900	2,545 80				275,360	1,548,260
10,213,275	20,426 55			5,025	2,863,300	13,081,600
2,006,000	4,012 00				657,050	2,663,050
10,588,060	21,176 12	29,800			2,962,950	13,580,810
50,000	100 00					50,000
244,250	488 50				114,240	358,490
15,000	30 00				45,700	60,700
1,500	3 00					1,500
271,875	543 75				73,450	345,325
20,000	40 00				45,000	65,000
321,500	643 00				44,750	366,250
9,614,005	19,228 01				1,539,165	11,153,170
434,225 } a 12,500 }	943 45				180,725 } a 7,800 }	635,250
36,481,190	73,012 38	29,800		5,025	10,013,840	46,529,855
1,784,950	3,569 90	315,900			810,100	2,910,950
58,299,070 } a 4,000 }	116,622 14	1,173,000			13,463,850 } a 15,300 }	72,955,220
2,694,775 } c 7,146 }	5,410 99				761,595 } c 3,006 }	3,466,522
54,350	108 70	3,947,525	117,500		230,850	4,350,225
5,837,445	11,674 89			7,500	1,936,520	7,781,465
172,600	345 20				92,025	264,625
68,854,336	137,731 82	5,436,425	117,500	7,500	17,313,246	91,729,007
2,713,600	5,427 20				773,000	3,486,600
328,575	657 15				108,605	437,180
16,000	32 00				26,000	42,000
344,575	689 15				134,605	479,180
1,334,255	2,668 51				344,975	1,679,230
93,680	187 36					93,680
302,075	604 15				65,000	367,075
110,123,711	220,320 57	5,466,225	117,500	12,525	28,644,666	144,364,627

W. HIMSWORTH,
Sous ministre.

Dr.　ANNEXE A—*Suite*—CIGARES.　Av.

N° 27—ÉTAT COMPARATIF du commerce d'entrepôt pour les exercices expirés les 31 mars 1913 et 1914.

Restant en entrepôt à la fin de l'exercice précédent.	Entrepôt.	Reçu d'autres divisions.		Totaux.	Provinces.	Entré pour la consommation.		Transporté dans d'autres divisions.				Restant en entrepôt.	Totaux.
		Transporté pendant l'année.	En transit l'année dernière.			Quantité.	Droits.	Mis en entrepôt dans les divisions où ils ont été transportés.	En transit.	Exporté.	Déduction autorisée.	Restant en entrepôt.	
Nombre.	$.	Nombre.	Nombre.	Nombre.	**1913.**	Nombre.	$ c.	Nombre.	Nombre.	Nombre.	Nombre.	Nombre.	Nombre.
7,753,760	41,701,800	1,383,000	50,000	50,888,560	Ontario	40,709,760	81,874 54	3,070,750	205,000	10,100	22,500	10,178,800	50,888,560
12,600,225	63,213,392	1,687,750	25,000	77,526,367	Québec	60,482,405	120,964 81					13,735,612	77,526,367
880,225	2,838,650			3,723,875	Nouveau-Brunswick	3,052,500	6,105 00					671,375	3,723,875
61,950	345,405			397,355	Nouvelle-Écosse	291,975	583 95					165,380	397,355
512,690	1,394,035			1,906,725	Manitoba	1,682,170	3,164 34					324,555	1,906,725
17,400				17,400	Alberta	17,400	34 90						17,400
44,200	261,575			306,075	Colombie-Britannique	245,575	491 15					60,500	306,075
21,865,450	109,755,157	3,070,750	75,000	134,766,357	Totaux	106,381,785	213,218 59	3,070,750	205,000	10,100	22,500	25,076,222	134,766,357
					1914.								
10,178,800	35,120,755	1,192,800	37,500	46,529,855	Ontario	36,481,190	73,012 38	29,800		5,025		10,013,840	46,529,855
3,735,612	73,547,470	4,273,425	167,500	91,729,007	Québec	68,854,336	137,731 82	5,436,425	117,500	7,500		17,313,246	91,729,007
	*5,000												
671,375	2,815,225			3,486,600	Nouveau-Brunswick	2,713,660	5,427 20					773,000	3,486,600
105,380	373,890			479,180	Nouvelle-Écosse	344,575	689 15					134,600	479,180
324,555	1,354,675			1,679,230	Manitoba	1,331,255	2,668 51					344,975	1,679,230
	93,680			93,680	Saskatchewan	93,680	187 36						93,680
60,500	306,575			367,075	Colombie-Britannique	302,075	604 15					65,000	367,075
2?,076,222	113,612,180	5,466,225	205,000	144,364,627	Totaux	110,123,711	220,320 57	5,466,225	117,500	12,525		28,644,666	144,364,627
*5,000													

	1913.	1914.
Total des droits perçus à la sortie de la fabrique et de l'entrepôt. $	590,018 70	576,595 39
Honoraires des licences.	12,250 00	12,350 00
Totaux. $	602,268 70	588,935 39

* Réentreposé.

MINISTÈRE DU REVENU DE L'INTÉRIEUR,
　OTTAWA, 1er juin 1914.

W. HIMSWORTH,
Sous-ministre.

DOC. PARLEMENTAIRE No 12

ANNEXE A—*Suite*—INSPECTION DU PETROLE.

N° 28—Etat comparatif du pétrole et du naphte inspectés expédiés des raffineries durant l'exercice expiré le 31 mars 1914.

Divisions.	Licences.		Pétrole.	Naphte.	Totaux.
	Nombre.	Honoraires.			
		$	Gallons.	Gallons.	Gallons.
London, Ont.	3	3	21,197,049 55	8,104,519 40	29,301,568 95
Toronto "	1	1	1,558,852 71	2,456,718 41	4,015,571 12
Windsor "	1	1	230,426 40	54,450 80	284,877 20
Totaux	5	5	22,986,328 66	10,615,688 61	33,602,017 27

W. HIMSWORTH,
Sous-ministre.

Ministère du Revenu de l'Intérieur,
Ottawa, .1er juin 1914.

ANNEXE A—*Suite*—INSPECTION DU PETROLE.

N° 29—Etat comparatif du pétrole et du naphte inspectés expédiés des raffineries durant les exercices expirés les 31 mars 1913 et 1914.

Provinces.	Licences.		Pétrole.	Naphte.	Totaux.
	Nombre.	Honoraires.			
1913.		$	Gallons.	Gallons.	Gallons.
Ontario.	5	5	22,485,437 34	6,880,761 85	29,366,199 19
1914.					
Ontario.	5	5	22,986,328 66	10,615,688 61	33,602,017 27

W. HIMSWORTH,
Sous-ministre.

Ministère du Revenu de l'Intérieur,
Ottawa, 1er juin 1914.

ANNEXE A—*Suite*—MARCHANDISES EN ENTREPOT.

N° 30—ETAT de la fabrication

| Divisions. | Licences. | | | Matières employées. | | |
	Nombre.	Honoraires.	Spiritueux.	Bière, vin, etc.	Acide nitrique.	Mercure.
		c.	Gallons.	Gallons.	Liv.	Liv.
Belleville, Ont.	1	50 00	7,413 97	103 00	....	....
Brantford "	1	50 00	7,429 21	108 00*	....	....
Hamilton "	3	150 00	23,114 47	355 10	....	....
Kingston "	2	100 00	12,101 48	171 11	....	....
Ottawa "	1	50 00	1,093 36	5 50	....	....
Perth "	2	100 00	....	....	....	....
Prescott "	1	300 00	30,398 61	....	149,793	16,427
Stratford "	1	25 00	....	....	....	....
Toronto "	10	475 00	144,763 18	1,693 20	....	....
Windsor "	10	500 00	28,271 46	250 22	....	....
Totaux..........	32	1,800 00	2)4,585 74	108 00* 2,578 13	149,793	16,427
Montréal, Qué.	13	650 00	52,242 69	362 50	....	....
Québec "	1	50 00	14,294 07	280 00	....	....
St-Hyacinthe "	2	100 00	1,828 35	155 00	....	....
Sherbrooke "	1	300 00	39,252 92	....	181,076	22,925
Totaux..............	17	1,100 00	107,618 03	797 50	181,076	22,925
St-Jean, N.-B.	2	100 00	12,713 26	97 00	....	....
Winnipeg, Man.	6	275 00	60,448 28	994 60	....	....
Calgary, Alberta.	2	75 00	8,779 49	44 00† 187 50	....	....
Vancouver, C.-B.	1.	50 00	7,422 28	101 60	....	....
Grands Totaux.	60	3,400 00	451,567 08	44 00† 108 00* 4,756 33	330,869	39,352

* Extrait de malt.   † Vinaigre.

MINISTÈRE DU REVENU DE L'INTÉRIEUR,
OTTAWA, 1er juin 1914.

ANNEXE A—*Suite*—MARCHANDISES EN ENTREPOT.

pour l'exercice terminé le 31 mars 1914.

Manufacturées.		Droits perçus à la sortie de la fabrique.		En entrepôt.		Total des droits perçus à la sortie de la fabrique, y compris les honoraires de licences.
Vinaigre.	Fulminate brut.	Vinaigre.	Droits.	Vinaigre.	Fulminate.	
Gallons.	Liv.	Gallons.	$ c.	Gallons.	Liv.	$ c.
48,302 20	....	39,703 60	1,588 12	8,598 60	....	1,638 12
45,429 48	....	45,429 48	1,817 28	....	....	1,867 28
139,541 40	....	51,534 96	2,061 40	88,006 44	....	2,211 40
84.287 17-	....	13,614 66	544 58	70,672 51	....	644 58
2,815 11	....	1,757 63	70 30	1,057 48	....	120 30
....	....	....	....	....	....	100 00
....	20,290	....	....	....	20,290	300 00
....	....	....	....	....	....	25 00
932,242 90	....	111,738 53	4,469 53	820,504 37	....	4,944 53
156,831 61	....	156,831 61	6,273 23	....	....	6,773 23
1,409,449 87	20,290	420,610 47	16,824 44	988,839 40	20,290	18,624 44
258,815 55	....	190,618 43	7,624 79	68,197 12	....	8,274 79
83,515 87	....	71,240 43	2,849 56	12,275 44	....	2,899 56
10,181 99	....	4,945 39	197 83	5,236 60	....	297 83
....	27,121	....	....	....	27,121	300 00
352,513 41	27,121	266,804 25	10,672 18	85,709 16	27,121	11,772 18
62,116 39	....	47,991 13	1,919 64	14,125 26	....	2,019 64
300,777 33	....	223,795 80	8,951 81	76,981 53	....	9,226 81
39,442 46	....	39,442 46	1,577 68	....	....	1,652 68
39,522 54	....	39,522 54	1,580 91	....	....	1,630 91
2,203,822 00	47,411	1,038,166 65	41,526 66	1,165,655 35	47,411	44,926 66

W. HIMSWORTH,
Sous-ministre.

5 GEORGE V, A. 1915

ANNEXE A—*Suite*—MARCHANDISES EN ENTREPOT.

N° 31—ETAT COMPARATIF de la fabrication

Provinces.	Licences.			Matières employées.		
	Nombre.	Honoraires.	Spiritueux.	Bière, vin, etc.	Acide nitrique.	Mercure.
1913.		$ c.	Gallons.	Gallons.	Liv.	Liv.
Ontario............'.........	28	1,375 00	246,383 28	*109·15 ⎫ 2,250·06 ⎬ †408·00 ⎭	....	....
Québec...................	16	1,025 00	111,747 62	425·18	188,838	23,775
Nouveau-Brunswick............	2	100 00	17,754 83	161·80	....	....
Manitoba................	3	150 00	57,327 33	380·00	....	....
Colombie-Britannique.........	1	50 00	7,615 53	113·20	....	....
Totaux..............	50	2,700 00	440,826 59	*109·15 †408·00 3,330·24	188,838	23,775
1914.						
Ontario	32	1,800 00	254,585 74	*108 00 ⎫ 2,578 13 ⎬	149,793	16,427
Québec...................	17	1,100 00	107,618 03	797 50	181,076	22,925
Nouveau-Brunswick	2	100 00	12,713 26	97 00	....	....
Manitoba..................	6	275 00	60,448 28	994 60	....	....
Alberta.................	2	75 00	8,779 49	†44 00	....	....
Colombie-Britannique.........	1	50 00	7,422 28	187 50 101 60	....	....
Totaux..............	60	3,400 00	451,567 08	†44 00 *108 00 4,756 33	330,869	39,352

* Extrait de malt.   † Vinaigre.

MINISTÈRE DU REVENU DE L'INTÉRIEUR,

OTTAWA, 1er juin 1914.

ANNEXE A—*Suite*—MARCHANDISES EN ENTREPOT.

pour les exercices expirés les 31 mars 1913 et 1914.

Manufacturées.		Droits perçus à la sortie de la fabrique.		En entrepôt.		Total des droits perçus à la sortie de la fabrique y compris les honoraires de licences.
Vinaigre.	Fulminate.	Vinaigre.	Droits.	Vinaigre.	Fulminate.	
Gallons.	Liv.	Gallons.	$ c.	Gallons.	Liv.	$ c.
1,545,688·09	....	368,313·64	14,732 55	1,177,374·45	....	16,107 55
369,232·70	27,493	269,319·27	10,772 71	99,913·43	27,493	11,797 71
100,604·81	....	67,223·27	2,688 97	33,381·54	....	2,788 97
334,025·78	..............!	268,627·61	10,745 11	65,398·17	....	10,895 11
42,957·04	....	38,063·69	1,522 56	4,893·35	....	1,572 56
2,392,508·42	27,493	1,011,547·48	40,461 90	1,380,960·94	27,493	43,161 90
1,409,449·87	20,290	420,610·47	16,824 44	988,839·40	20,290	18,624 44
352,513·41	27,121	266,804·25	10,672 18	85,709·16	27,121	11,772 18
62,116·39	..:....	47,991·13	1,919 64	14,125·26	.........'......	2,019 64
300,777·33	....	223,795·80	8,951 81	76,981·53	....	9,226 81
39,442·46	....	39,442·46	1,577 68	....	....	1,652 68
39,522·54	....	39,522·54	1,580 91	....	....	1,630 91
2,203,822·00	47,411	1,038,166·65	41,526 66	1,165,655·35	47,411	44,926 66

W. HIMSWORTH,
Sous-Ministre.

5 GEORGE V, A. 1915

ANNEXE A—*Suite*—MARCHANDISES EN ENTREFOT.

D₁.

N° 32—ETAT de la fabrication

Restant en entrepôt de l'année dernière.	Mis en entrepôt.		Reçu d'autres divisions. Vinaigre.	Totaux.		Divisions.
Vinaigre.	Vinaigre.	Fulminate brut.	Transporté durant l'année.	Vinaigre.	Fulminate brut.	
Gallons.	Gallons.	Liv.	Gallons.	Gallons.	Liv.	
8,168·16	8,598·60	....	.....	16,766·76	....	Bellevile, Ont..... ......
....	....	....	21,742·40	21,742·40	....	Brantford ... .
23,732·93	88,006·44	....	3,616·89	115,356 26	....	Hamilton ....
22,566·42	70,672·51	....	....	93,238·93	....	Kingston - .... · ··
9,283·66	1,057·48	....	.....	10,341·14	....	Ottawa .. ..
....	....	20,290	....	....	20,290	Prescott ....
263,290·97	820,504·37	....	... .	1,083,795 34	....	Toronto ....
327,042·14	988,839·40	20,290	25,359·29	1,341,240·83	20,290	... Totaux... ....
36,923 47	68,197·12	....	....	105,120·59	....	Montréal, Qué............
17,092·11	12,275·44	....	....	29,367·55	....	Québec ... .
47,448·20	5,236·60	....	....	52,684·80	....	St.-Hyacinthe, Qué.. ....
....	....	....	27,121	.........·..	27,121	Sherbrooke, Qué.........
101,463·78	85,709·16	27,121	....	187,172·94	27,121	....Totaux..............
33,967·03	14,125·26	....	....	48,092·29	....	St-Jean, N.-B......... ..
58,925·84	76,981·53	....	..,......	135,907·37	....	Winnipeg, Man..........
4,893·35	....	....	....	4,893·35	....·	Vancouver, C.-B....... ....
526,292 14	1,165,655·35	47,411	25,359·29	1,717,306·78	47·411	....Grands totau.x.. .....

MINISTÈRE DU REVENU DE L'INTÉRIEUR,
OTTAWA, 1er juin 1914.

DOC. PARLEMENTAIRE No 12

ANNEXE A—*Suite*—MARCHANDISES EN ENTREPOT.

pour l'exercice expiré le 31 mars 1914.   Av.

Entré pour la consommation.		Transporté à d'autres divisions. Vinaigre.	Exporté.	Restant en entrepôt.	Totaux.	
Vinaigre.	Droits.	En entrepôt dans les divisions où transporté.	Fulminate brut.	Vinaigre.	Vinaigre.	Fulminate brut.
Galls.	$ c.	Galls.	Liv.	Galls.	Galls.	Liv.
8,168·16	326 73	....	....	8,598 60	16,766·76	....
21,742·40	869 70	....	....	....	21,742·40	....
75,421·73	3,016 46	....	....	39,934·53	115,356 26	....
71,258 74	2,650 38	....	....	21,980·19	93,238·93	....
10,341·14	413 65	....	....	....	10,341·14	....
....	....	....	20,290	....	....	20,290
767,974 10	30,718 97	25,359·29	....	290,461 95	1,083,795·34	....
954,906·27	38,196 29	25,359·29	20,290	360,975 27	1,341,240·83	20,290
50,864·72	2,034 59	....	....	54,255·87	105,120·59	....
17,092·11	683 68	....	....	12,275·44	29,367·55	....
52,684·80	2,107 38	....	....	....	52,684·80	....
....	....	....	27,121	....	....	27,121
120,641·63	4,825 65	....	27,121	66,531 31	187,172·94	27,121
24,192·44	967 73	*35·70	....	23,864·15	48,092·29	....
76,208·13	3,048 32	....	....	~ 59,699·24	135,907·37	....
4,893·35	195 73	....	....	....	4,893·35	....
1,180,841·82	47,233 72·	*35·70 25 359·29	47,411	511,069·97	1,717,306·78	47,411

* Biffé.

W. HIMSWORTH,
Sous-ministre.

ANNEXE A—*Suite.*—MARCHANDISES EN ENTREPOT.

Dt.   N° 33—ETAT COMPARATIF du commerce d'entrepôt

Restant en entrepôt de l'année dernière.	Mis en entrepôt.		Reçu d'autres divisions. Vinaigre.		Totaux		Provinces.
Vinaigre.	Vinaigre.	Fulminate brut.	T ansporté durant l'année.	Vinaigre.	Vinaigre.	Fulminate brut.	
Galls.	Galls.	Liv.	Galls.	Galls.	Galls.	Liv.	1913.
193,976·82	1,177,374.45	....	23,356.22		1,394,707·49	....	..Ontario..........
109,342·49	99,913·43	27,493	...,..........		209,295·92	27,493	..Quebec..........
8,149·21	33,381·54	....	....		41,530·75	....	..Nouveau-Brunswick
33,082·56	65,398·17	....	8,780·97		112,261·70	....	..Manitoba..........
4,834·80	4,893·35	....	....		9,728·15	....:.....	..Col.-Britangique....
354,423·88	1,380,960·94	27,493	32,137·19		1,767,524·01	27,493	....Totaux..........
							1914.
327,042·14	988,839·40	20,290	25,359·29		1,341,240·83	20,290	..Ontario..........
101,463·78	85,709·16	27,121	....		187,172·94	27,121	..Quebec..........
33,967·03	14,125·26	....	....		48,092·29	....	..Nouveau-Brunswick
58,925·84	76,981·53	....	....		135,907·37	....	..Manitoba. ..,.......
4,893·35	....	....	....		4,893·35	....	..Col.-Britannique....
526,292·14	1,165,655·35	47,411	25,359.29		1,717,306·78	47,411	....Totaux..........

MINISTÈRE DU REVENU ED L'INTÉRIEUR,
OTTAWA, 1er juin 1914.

ANNEXE A—*Suite*—MARCHANDISES EN ENTREPOT.

pour les exercices expirés le 31 mars 1913 et 1914.   Av.

Entré pour la consommation.		Trnnsporté à d'autres divisions. Vinaigre.	Exporté.	Restant en entrepôt.	Totaux.	
Vinaigre.	Droits.	En entrepôt dans les divisions où transporté.	Fulminate brut.	Vinaigre.	Vinaigre.	Fuiminate brut.
Galls.	$ c.	Galls.	Liv.	Galls.	Gals.	Liv.
1,035,528·16	41,421 07	32,137·19	....	327,042·14	1,394,707·49	....
106,201·39	4,248 02	*1,630·75	27,493	101,463·78	209,295·92	27,493
7,563·72	302 55	....	....	33,967·03	41,530·75	.......: .....
53,335·86	2,133 44	....	....	58,925·84	112,261·70	....
4,834·80	193 30	....	....	4,893·35	9,728·15	....
1,207,463·93	48,298 47	*1,630·75 32,137·19	27,493	526,292·14	1,767,524 01	27,493
954,906·27	38,196 29	25,359·29	20,290	360,975·27	1,341,240 83	20,290
120,641·63	4,825 65	....	27,121	66,531·31	187,172·94	27,121
24,192·44	967 73	*35·70	....	23,864·15	48,092·29	....
76,208·13	3,048 32	....	....	59,699·24	135,907·37	....
4,893·35	195 73	....	....	....	4,893·35	....
1,180,841·82	47,233 72	*35·70 25,359 29	47,411	511,069 97	1,717,306·78	47,411

*Biffé.

	1913.	1914.
Total des droits perçus à la sortie de la fabrique et de l'entr...$	88,760 37	$ 88,760 38
Honoraires de licences.....................................	2,700 00	3,400 00
Totaux...................... .... $	91,460 37	$ 92,160 38

W. HIMSWORTH,
Sous-ministre.

5 GEORGE V, A. 1915

ANNEXE A—*Suite.*—ACIDE ACÉTIQUE.

N° 34—ETAT de la fabrication pour l'exercice expiré le 31 mars 1914.

Division.	Licences.		Fabriqué.	Droits payé à la sortie de la fabrique.		Total des droits perçus à la sortie de la fabrique et sur les licenses.
	Nom-bre.	Hono-raires.	Acide acétique.	Acide acétique.	Droits.	
		$ c.	Galls.	Galls.	$ c.	$ c.
Hamilton, Ont....	1	25 00	....	....	....	25 00
Montréal, Qué.	1	50 00	283,439 54	283,439 54	11,337 59	11,387 59
Totaux.	2	75 00	283,439 54	283,439 54	11,337 59	11,412 59

W. HIMSWORTH,
    Sous-ministre.

MINISTÈRE DU REVENU DE L'INTÉRIEUR,
    OTTAWA, 1ᵉʳ juin 1914.

ANNEXE A—*Suite.*—ACIDE ACÉTIQUE.

N° 35—ETAT COMPARATIF de la fabrication pour les exereices expirés les 31 mars 1913 et 1914.

Provinces.	Licences.		Fabriqué.	Droits payé à la sortie de la fabrique.		Total des droits perçus à ls sortie de la fabrique et sur les licences.
	Nom-bre.	Hono-raires-	Acide acétique.	Acide acétique.	Droits.	
1913.		$ c.	Galls:	Galls.	$ c.	$ c.
Québec	1	50 00	261,890 28	261,890 28	10,475 60	10,525 60
1914.						
Ontario ....:	1	25 00	....	....	....	25 00
Québec..............	1	50 00	283,439 54	283,439 54	11,337 59	11,387 59
Totaux	2	75 00	283,439 54	283,439 54	11,337 59	11,412 59

W. HIMSWORTH,
    Sous-ministre.

MINISTÈRE DU REVENU DE L'INTÉRIEUR,
    OTTAWA, 1ᵉʳ juin 1914.

(A)

SPIRITUEUX PYROXYLIQUES.

N° 38—ETAT de la quantité de matières premières en magasin le 1er avril 1913 et le 31 mars 1914, et apportées et employées durant l'exercice expiré le 31 mars 1914.

DT.   AV.

Noms des articles.	En magasin, 1er avril 1913.	Entré durant l'année.	Total à rendre compte.	Employé dans la fabrication de spiritueux pyroxyliques.	Vendus.	En magasin le 31 mars 1914.	Total dont il a été rendu compte.
	Gall. de pr.	Gall. de pr.	Gall. de pr.	Gall. de pr.	Gall. de pr.	Gall. de pr.	Gall. de pr.
Alcool..........	5,847·13	211,140·62	216,987·75	213»059·75	69·46	3,858·54	216,987·75
Naphte de bois	1,882·88	38,574.53	40,457·41	35,723·17	....	4,734·24	40,457·41
		Gall. imp.	Gall. imp.	Gall. imp.			Gall. imp.
Gazoline.....:	....	818·00	818·00	818·00	....	....	818·00

(B)

ETAT de la quantité de matières premières employées et des spiritueux pyroxyliques produits.

DT.   AV.

Alcool employé, tableau (A) ci-dessus.	Naphte de bois employé, tableau (A) ci-dessus.	Spiritueux pyroxyliques employés, tableau (C) ci-dessous.	Total à rendre compte.	Spiritueux pyroxyliques produits.	Pertes dans la fabrication.	Total dont il a été rendu compte.
Gall. de pr.	Gall. de pr.	Gall. de pr.	Gall. de pr.	Gall. de pr.	Gall. de pr.	p.c.	Gall. de pr.
213,059·75	35,723·17	818·00	249,600·92	246,686·40	2,914·52	1·02	249,600·92

(C)

ETAT de la quantité de spiritueux pyroxyliques en magasin au 1er avril 1913 et le 31 mars 1914 : aussi quantité apportée, fabriquée, vendue ou autrement disposée pendant l'exercice expiré le 31 mars 1914.

DT.   AV.

En magasin, 1er avril 1913.	Fabriqués d'après le tableau (B) ci-dessus.	Entrées durant l'année.	Total à rendre compte.	Vendus.	Employés de nouveau dans la fabrique.	En magasin le 31 mars 1914.	Total dont il a été rendu compte.
Gall. de pr.	Gall. de pr.	Gall. de pr.	Gall. de pr.	Gall. de pr.	Gall. de pr.	Gall. de pr.	Gall. de pr.
3,257·43	246,686·40	....	249,943·83	244,599·13	....	5,344·70	249,943·83

MINITTÈRE DU REVENUE DE L'INTÉRIEUR,   W. HIMSWORTH,
OTTAWA, 1er juin 1914.   *Sous-ministre*

5 GEORGE V, A. 1915

ANNEXE B.

N° 1—Détails des dépenses de l'accise pour l'exercice expiré le 31 mars 1914.

A qui payé.	Service.	Déductions pour — Fonds de pension.	Fonds de retraite.	Fonds de garantie.	Montants payés.	Total des montants payés.
		$ c.	$ c.	$ c.	$ c.	$ c.
Belleville.						
Iler, B.	Appointements de percepteur pour l'année		{ 91 20	{ 7 30	2,792 76	
o ¶W. J.	de sous-percepteur, classe "A", pour l'année		*51 36	3 60	1,678 80	
Standish, J. G.	de préposé à l'accise, classe spéciale, pour l'année	43 92	{ 77 40	3 96	2,152 08	
Brown, W. J.	" "		*23 76	4 32	1,444 44	
McFee, A. C.	de préposé à l'accise, 1re classe, pour l'année	52 44	66 24	2 88	1,444 68	
Wilson, H. R.	1re "		59 31	2 88	1,255 50	
Sprague, F. W.	2e "		49 92	2 88	1,125 24	
Lally, J. E.	3e "		*38 50	2 88	908 66	
Treverton, C. B.	3e — "		36 18	2 88	685 89	
Allen, B. K.	3e stagiaire du 1er déc. 1913		10 00	0 72	189 28	
	Appointements	96 36	503 90	34 20	13,677 63	
	Dépenses contingentes				2,563 26	16,220 89
Brantford.						
O'Donohue, M. J.	Appointements de percepteur pour l'année	39 96	75 00	7 30	1,962 76	
Sloan, W.	de sous-percepteur, classe "A", pour l'année		39 96	3 60	1,421 40	
Fairley, W.	classe "B"			2 88	757 08	
Orr, H. N.	"			2 88	1,444 68	
Newsome, I.	de préposé à l'accise, 1re classe, pour l'année	52 44	62 40	2 88	1,184 64	
Schuler, F. C.	2e "		59 34	2 88	1,125 24	
	Appointements	92 40	236 70	22 32	7,885 80	
	Dépenses contingentes				1,244 87	9,130 67
Guelph.						
Powell, J. B.	Appointements de percepteur pour l'année	39 96	7 90	7 90	2,792 76	
Till, T. M.	de sous-percepteur, classe "A", pour l'année		3 60	3 60	1,956 36	

Nom	Description					Total
Dawson, W.	préposé à l'accise, classe spéciale, mis à la retraite le 1er mars 1914.	40 26			2 16	1,974 2
Gerald, W. H.	prép. à l'acc., cl. spéc., transf. de la div. de Prescott le 1er oct. 1913.	21 96			2 16	1,075 86
Broadfoot, S.	de comptable pour l'année	36 00			2 44	1,759 68
Spence, F. H.	préposé à l'accise, 1re classe, pour l'année	30 00			2 88	1,467 12
Bowman, A.	"	30 00			2 88	1,467 12
Eigener, A.	" 1re	30 00			2 88	1,467 68
Altemann, P. J.	" 1re	52 44			2 88	1,444 68
Coutts, J.	" 1re		75 00		2 88	1,422 12
Hanlon, J. R.	" 1re		63 60		2 88	1,207 23
Martin, N.	" 1re		63 13		2 88	1,292 70
Thomas, F. W.	" 1re		63 60		2 88	1,207 23
O'Brien, E. C.	" 2e				2 88	1,222 08
Howie, A.	" 3e	24 96	15 00		2 44	977 16
Uffelmann, Adam.	" 3e classe, stagiaire du 1er oct. 1913	19 92	10 00		1 44	283 56
Feak, ...	" 3e " 1er déc. 1913				0 72	189 28
	Appointements	325 50	295 33		50 40	3,206 27
	Dépenses contingentes					1,741 64

Hamilton.

Nom	Description					Total
	Appointements de percepteur pour l'année					24,947 91
Miller, F. W.	Sous-percepteur, classe "A", pour l'année		99 96		14 40	2,785 56
O'Brien, J.	préposé à l'accise, classe spéciale, mis à la retraite le 1er sept. 1913.				7 20	1,892 76
Cameron, D. M.	" pour l'année				1 80	664 85
Baby, W. A. D.	"				3 32	2,195 64
O'Brien, J. F.	"				4 32	1,563 72
Cline, J. H.	"	31 92	79 92 * 65 28		4 32	1,450 44
Dumbrille, R. W.	de comptable pour l'année	30 00	75 00		4 32	1,465 68
Hayhurst, F. H.	préposé à l'accise, 1re classe pour l'année				2 88	1,422 12
Boyd, J. F. S.	" 1re	52 44	75 00		2 88	1,444 68
Lawlor, J. J.	" 1re		66 24		2 88	1,422 12
Elliot, W. J.	" 1re		29 76 *		2 88	1,226 04
Kirkpatrick, H. J.	" 1re	24 96	63 60		2 88	1,207 23
Amer, W.	" 2e				2 88	1,222 08
Ballentine, A.	" 2e				2 88	1,125 24
Hiscott, J. O.	" 2e		59 34 51 54 * 27 96		2 88	950 04
Mitchell, J. L.	" 2e		59 34		2 88	1,125 24
Beasley, M. C.	" 2e		49 44		2 88	937 65
Griffin, P. F.	" 3e		48 69		2 88	923 40
Henderson, G. D.	" 3e		43 74 30 94 *		2 88	797 42
Blackman, C.	Messager		39 96		2 88	757 08
	Appointements	139 32	965 71		78 12	26,578 99
	Dépenses contingentes					787 18
						27,366 17

* Assurance.

ANNEXE B—N° 1—Détails des dépenses de l'accise pour l'exercice expiré le 31 mars 1914—*Suite.*

A qui payé.	Service.	Déductions pour			Montants payé.	Total des montants payé.
		Fonds de pension.	Fonds de retraite.	Fonds de garantie.		
		$ c.	$ c.	$ c.	$ c.	$ c.
	Kingston.					
Grimason, T.	Appointements de percepteur pour l'année.	36 00		7 20	1,756 80	
Hanley, A.	" sous-percepteur pour l'année (Classe "A").	25 44		3 60	1,245 96	
Montgomery, W. H.	" préposé à l'accise, 2e classe, pour l'année.			2 88	1,184 64	
Fahey, E.	" 3e "			2 88	997 16	
Hogan, J.	" 3e "		62 40	2 88	947 08	
Frizell, W.	" 3e classe, stagiaire du 1er déc. 1913.		49 92 / 10 00	72	189 28	
O'Donnell, J.	" Messager pour l'année.	19 92		2 88	977 16	
	Appointements.	81 36	122 32	23 04	7,298 08	
	Dépenses contingentes.				512 25	7,810 33
	London.					
Davis, T. G.	Appointements de percepteur pour l'année.			7 20	2,092 80	
Mr, W. A.	" sous-percepteur, classe "A" pour l'année.		99 96 / 77 52*	3 60	1,818 84	
Girard,	" "A"	31 92		3 60	1,564 44	
Coles, F. H.	" "A"			4 32	1,795 68	
D.	" de comptable pour l'année.	27 00		2 88	1,320 12	
d, J. P.	" sous-comptable pour l'année.		37 44	2 88	709 68	
Fiddes, J.	" sous-percepteur, classe "B", pour l'année.		39 96	2 88	757 08	
Cousin, T.	" "B"		48 66	2 33	922 34	
Hicks, W. H.	" "B" du 9 juin 1913.	16 00		1 92	782 08	
Lee, E.	" "B" du 1er août 1913. Transf. de Stratford.	30 00		2 88	1,467 12	
Boyle, P.	" préposé à l'accise, 1re classe, pour l'année.	11 25	17 94*	72	345 69	
Foster, H.	" 1re classe, mis à la retraite le 1er juillet 1913.	52 44		2 88	1,444 68	
Webbe, C. E. A.	" 1re " pour l'année.	24 96		2 88	1,222 08	
Tracy, J.	" 2e " décédé le 21 février 1914.	23 88		2 64	1,130 24	
Talbot, J.	" 2e " pour l'année.		49 92	2 88	947 16	
Pleasance, W.	" 3e "		49 92	2 88	630 18	
Farnworth, F. H.	" 3e "		32 75	2 88	315 45	
Robinson, John T.	" 3e cl., du 1er nov. 1913. Tranf. de la div. P. et M.		16 68	1 20	629 40	
Tyyler, J. M.	" sténographie pour l'année.		33 03			
	Appointements.	216 45	503 75	53 45	20,821 69	
	Dépenses contingentes.				2,795 85	23,617 47

Ottawa.

Freeland, A.	Appointements de percepteur pour l'année	99 96		7 20	1,892 76
McGuire, T.	" sous-percepteur, classe "A", pour l'année	75 00		3 60	1,421 40
Bennett, J	" " " "B" "	62 40		2 88	1,184 64
Laporte, G.	" " " "B" "			2 88	1,173 12
Ladouceur, A.	" " " "B" "	15 00	24 00	2 88	282 12
Fox, T.	" préposé à l'accise, 1re classe, pour l'année			2 88	1,497 12
Noonan, J. M	" "	49 05		2 88	930 54
Chisholm, J. A.	" "	36 18		2 88	685 89
	Appointements	337 59	24 00	28 08	9,067 59
	Dépenses contingentes.				1,598 07
					10,665 66

Owen-Sound.

Graham, W. J	Appointements de percepteur pour l'année		25 92		1,796 40
Chisholm, W. N	" sous-percepteur, classe "A", pour l'année	45 00		3 60	1,270 44
Cryderman, C. W.	" " " "B" "			3 60	852 12
Johnson, J. J.	" préposé à l'accise, 1re classe, pour l'année	75 00	30 00	2 88	1,467 12
Blyth, A.	" "			2 88	1,422 12
	Appointements	120 00	55 92	15 84	6,808 20
	Dépenses contingentes.				637 59
					7,445 79

Perth.

Noonan, H. T.	Appointements de percepteur pour l'année	{ 71 16 / 63 36* }		3 60	1,286 88
Mason, F.	" préposé à l'accise, classe spéciale, pour l'année	45 00		4 32	2,195 64
Clarke, T.	" sous-percepteur, classe "B" pour l'année	39 96		2 88	852 12
McNaughton, J. C.	" " " "B" "	30 00		2 88	757 08
Rowan, W. E.	" " " "B" "	39 00		3 60	567 12
Baikie, D	" " " "B" "	39 96		2 88	756 36
Georges, J.	" " " "B" "	24 96		2 88	472 08
Maurice, E.	" " " "B" "	24 96		2 88	472 08
Armstrong, T. E.	" préposé à l'accise, 3e ass.	48 69		2 88	923 40
Miller, R. M.	" "	38 70		2 88	733 35
Meighen, R. S.	" 3rd stagiaire du 1er déc. 1913 au 31 mars 1914.	10 00		72	189 28
MacMartin, A.	" "	10 00		46	189 52
	Appointements	446 75		32 88	9,394 91
	Dépenses contingentes.				2,566 81
					11,961 72

*Assurance.

ANNEXE B—N° 1.—Détails des dépenses de l'accise pour l'exercice expiré le 31 mars 1914—*Suite*

A qui payé.	Service.	Déductions pour			Montants payés.	Total des montants payés.
		Fonds de pension.	Fonds de retraite.	Fonds de garantie.		
		$ c.	$ c.	$ c.	$ c.	$ c.
	Peterborough.					
Rork, T.	Appointements de sous-percepteur, classe "A", pour l'année.		54 96	3 60	1,041 36	
Bickle, J. W.	" " "B", "	18 96		2 88	928 08	
	Appointements	18 96	54 96	6 48	1,969 44	
	Dépenses contingentes				1,509 92	3,479 36
	Port-Arthur.					
Bridgman, M. W.	Appointements de percepteur pour l'année.		90 00	3 60	1,706 40	
Barnes, G.	sous-percepteur, classe "B", pour l'année.		32 40	2 88	614 64	
Smith, B. H.	préposé à l'accise, 2e classe, pour l'année.		50 58	2 88	959 04	
Wink, J. C.	" "		49 92	2 88	947 16	
	Appointements		222 90	12 24	4,227 24	
	Dépenses contingentes				914 06	5,141 30
	Prescott.					
Melville, T. R.	Appointements de percepteur pour l'année.		120 00	7 20	2,272 80	
White, J. B.	sous-percepteur, classe "A", pour l'année.	21 96	91 30	3 60	1,730 16	
Gerald, W. H.	préposé à l'accise, classe spéciale, à Guelph au 1er oct. 1913.			2 16	1,075 86	
Murray, D.	" " de Québec au 1er oct. 1913	15 96		2 16	781 86	
Wood, J. A.	sous-percepteur, classe "B", pour l'année.		47 40	2 88	997 08	
Bissall, C. H.	" "B"		38 57	2 88	899 64	
Ι bin, W. H.	" "B"		63 13	3 60	729 80	
McPherson, E. A.	préposé à l'accise, 1re classe, pour l'année.		{ 140 40† / 44 64* }	2 88	1,107 66	
Byrnes, W. P.	" "		48 96	2 88	928 14	
Granton, C.	" "		49 92	2 88	947 16	
MNally, E.	" " du 1er juillet 1913 au 31 mars 1914.		26 64	2 40	504 28	
	Appointements	37 92	675 86	35 52	11,974 44	
	Dépenses contingentes				1,542 73	13,617 17

Sainte-Catherine.

Nom	Détail					Total
Hesson, C. A.	Appointements de percepteur pour l'année	31 92			1,564 44	
Johnston, H. J.	" de sous-percepteur, classe "A", pour l'année		54 96	3 60	1,042 08	
Simpson, W. A.	" de préposé à l'accise, 1re classe		75 00	2 88	1,422 12	
Milliken, E.	" 2e			2 88	1,247 04	
Schram, R. L. H.	" 2e			2 88	1,203 36	
	Appointements	43 68			6,479 04	
	Dépenses contingentes		129 96	15 12	323 33	
						6,802 37

Stratford.

Nom	Détail					Total
Rennie, Geo.	Appointements de percepteur pour l'année	75 60				
Tobin, T. S.	" de sous-percepteur, classe "A", pour l'année		75 00 / 97 92*	7 20 / 3 60	1,992 72 / 1,323 48	
Jeffrey, A. J.	" de comptable		64 92	4 32	1,129 20	
Hicks, W. H	"		101 52*			
Dalton, M. J.	" de sous-percepteur, classe "B", du 1er avril 1913, transféré à Londres, le 1er août 1913	8 00	49 92	0 96	391 04	
Relihan, Jas	" de sous-percepteur, classe "B", pour l'année			3 60	946 44	
	Mort le 27 octobre 1913.					
Billings, W	" de sous-percepteur, classe "B", du 16 déc. 1913 au 31 mars 1914		2 87	2 10	53 34	
Young, R. E.	" de sous-percepteur, classe "B", du 1er avril au 31 octobre 1913		1 45	1 06	26 77	
	" prép. à l'accise, du 1er av. 1913 au 1er oct. 1913. Transféré à Toronto.		37 60 / 37 08*	1 44	673 98	
	Appointements	8 00			6,536 97	
	Dépenses contingentes		468 18	24 28	738 82	
						7,275 29

Toronto.

Nom	Détail					Total
Frankland, H. R.	Appointements de percepteur, pour l'année		139 92 / 113 04*	14 40	2,532 60	
Mackenzie, J. H.	" de sous-percepteur, classe "A", pour l'année	36 00	99 96	3 60	1,896 36	
Gerald, C.	" de préposé à l'accise, cl. spéciale	31 92		4 32	2,195 64	
Jamieson, R. C.	"			4 32	1,759 64	
Graham, W. T.	"	30 96		4 32	1,563 72	
Doyle, B. J.	"	31 92		4 32	1,514 64	
Hurst, L. B.	"		79 92	4 32	1,563 72	
Graham, A. L.	" de comptable		79 92	4 32	1,515 72	
Burns, K. J	"			4 32	1,515 72	
Boomer, J. B.	"	36 00	75 00	4 32	1,759 68	
Ritchie, H.	"	32 44		2 88	1,444 68	
....., A.	" de sous-percepteur, classe "B", pour l'année			7 20	1,417 80	
Shanacy, M.	"			2 88	1,075 08	
Elliot, T. H.	" "B",	21 96	69 96 / 41 76*	2 88	1,285 32	
Coleman, J.	" "B", mis à la retraite le 1er sept. 1913	9 15		0 48	358 84	
Dager, H. J.	" "B", pour l'année		49 92	2 88	947 16	

* Indemnité. † Assurance.

ANNEXE B—N° 1—Détails des dépenses de l'accise pour l'exercice expiré le 31 mars 1914—Suite.

A qui payé.	Service.	Déductions pour — Fonds de pension.	Fonds de retraite.	Fonds de garantie.	Montants payés.	Total des montants payés.
	Toronto—Suite.	$ c.	$ c.	$ c.	$ c.	$ c.
Hall, W. H.	Appointements de sous-percepteur, "B" du 1er nov. 1913 au 31 mars 1914	30 00	25 00	1 20	473 80	
Halliwell, H. N.	préposé à l'accise, 1re classe, pour l'année	30 00		2 88	1,467 12	
O'Leary, T. J.	" 1re	30 00		2 88	1,467 12	
Cook, W. R.	" 1re			2 88	1,467 12	
Falconer, R. H.	" 1re		75 00	2 88	1,422 12	
Gillies, A. L.	" 1re		75 00	2 88	1,422 12	
Walsh, W. H.	" 1re		70 65	2 88	1,340 22	
Dunbar, G. E.	" 1re		62 40	2 88	1,184 64	
Johnston, E. J. A.	" 1re		55 89	2 88	1,039 90	
Young, R. E.	" 1re Transféré de Stratford, 1er oct. 1913.		37 50 / 37 08ª	1 44	673 98	
Barber, J. S.	" 1re pour l'année	24 96		2 88	1,222 08	
Oliver, J. T.	" 1re		59 34 / 49 92ª	2 88	1,075 32	
Sykes, W. J.	" 2e		58 20 / 53 07	2 88	1,103 88	
Young, J. J.	" 2e	19 92	19 92ª / 50 58	2 88	986 55	
Abbot, H. F.	" 2e		48 69	2 88	959 04	
Jones, A.	" 3e		43 74	2 88	977 16	
Shorey, A. B.	" 3e		37 44 / 39 81ª	2 88	923 40	
Eakins, G. G.	" 3e			2 88	828 36	
MacKay, J. C.	" 3e		39 96 / 34 92	2 88	669 78	
Mather, A. P.	" 3e		30 00		757 06	
Fielding, L. G.	sténographe et typewriter pour l'année				665 04	
Sloan, J. B.	messager pour l'année			2 88	567 12	
	Appointements	385 23	1,733 54	129 12	47,149 14	
	Dépenses contingentes				5,012 89	
						52,192 03
	Windsor.					
McSween, Jas	Appointements de percepteur pour l'année			14 40	2,785 56	
Marion, H. R.	de sous-percepteur, classe "A" pour l'année		99 96	7 20	1,892 76	
Bouteiller, G. A.	de préposé à l'accise, cl. spéciale	43 92		4 32	2,151 72	
Brennan, J.	"	31 92		4 32	1,563 72	
Lane, T. M.	"	30 48		4 32	1,490 19	

		35,148 78			14,367 31
Belleperche, A. J. E.	comptable pour l'année	1,705 68	4 32	90 00	24 00
Dunlop, C.	sous-percepteur, classe "B", pour l'année	1,496 40	3 60		30 00
Keogh, P. M.	" "	1,172 40	3 88		30 00
Thomas, R.	préposé à l'accise, 1re classe, pour l'année	1,467 12	2 88		
Bayard, G. A.	" 1re "	1,467 12	2 88		
Berry, H. L.	"	1,347 96		75 00	
Neil, J.	" 1re	1,422 12	2 88	74 16	
Bénéteau, S.	" 1re	1,452 12	2 88	75 00	
Lyons, E.	" 1re	1,467 12	2 88	75 00	
Love, G. G.	" 2e	1,184 64	2 88		
Falconer, J.	" 3e	997 08	2 88	62 40	
Cahill, J. N.	"	997 16	2 88		
Adam, A. R.	"	862 20		49 92	19 92
Bergeron, R. J.	"	897 24	2 88	*34 96	
Cummingford, F. D.	"	874 38		49 92	
Morforton, E. R.	"	862 12	2 88	*49 92	
Niven, T. D.	"	804 60	2 88	49 05	
Bezaire, T. M.	"	757 08	2 88	*56 16	
Moynaham, J.	"	145 47	2 88	45 00	
Fry, J.	" démissionné le 1er juillet 1913.	646 32	0 72	42 48	
O'Neil, G.	" pour l'année.	425 96	2 05	39 96	
"	" du 14 juillet 1913, au 31 mars 1914.			7 69	
Legart, A. E.	Sténog. et clav. stagiaire du 1er déc. 1913 ar 31 mars 1914.	190 00		34 10	
"				22 51	
"				10 00	
Appointements		32,466 23	94 93	1,093 19	240 24
Dépenses contingentes		2,682 55			

Joliette.

Minville, C. P.	Appointements comme percepteur pour l'année	1,881 12	5 40	*84 39	38 43
Gamache, J. N.	sous-percepteur, classe "A", pour l'année	1,565 64	3 60	*33 04	
Snowdon, J. W.	préposé à l'accise, classe spéciale, pour l'année	1,800 72	4 3c	94 92	
Normandin, G.	préposé à l'accise, 1re classe, du 1er avril au 1er oct. 1913, et classe spéciale, du 1er oct. 1913, au 31 mars 1914.	1,421 40	3 60	75 00	
Richard, J. B. F.	sous-percepteur, classe "B", pour l'année	233 88	3 60	12 48	
Gariépy, L. N.	préposé à l'accise, 2e classe, pour l'année	1,125 24	2 88	59 34	
Olivier, H.	" 3e	947 16	2 88	49 92	
Olivier, J. A.	"	646 32	2 88	34 10	
Barrette, J. E.	" du 1er juin 1913 au 31 mars 1914.	504 28	2 40	26 64	
Appointements		10,125 76	31 56	471 83	38 43
Dépenses contingentes		4,241 55			

12—9

*Assurance.   †Pension.

ANNEXE B—N° 1—Détails des dépenses de l'accise pour l'exercice expiré le 31 mars 1914—*Suite.*

Montréal.

A qui payé.	Service.	Déductions pour — Fonds de pension.	Fonds de retraite.	Fonds de garantie.	Montants payés.	Total des montants payés.
Bernier, J. A.	Appointements du sous-percepteur, classe "A" du 1er avril au 30 juin 1913 et percepteur du 1er juillet 1913 au 31 mars 1914		101 55	12 60	1,917 09	
Caven, W	percepteur du 1er avril au 30 juin 1913. Promu insp. 1er juill. 1913	12 00		3 60	584 40	
Hudon, M. L. E.	sous-percepteur, classe "A", pour l'année	67 50		7 20	1,856 55	
Renaud, A. H.	" "B", du 1er avril au 1er juillet 1913, et sous-percepteur, classe "A", du 1er juillet 1913 au 31 mars 1914			6 12	1,513 90	
Walsh, D. J.	préposé à l'accise, classe spéciale, pour l'année	55 05		4 32	2,063 68	
Kearney, D. J.	" "	42 00		3 32	1,515 72	
Forest, E. R.	comptable pour l'année		79 92	7 20	1,462 80	
Fox, J. D.	" "	30 60		4 32	1,759 68	
Chagnon, C. P.	" "	36 00		7 20	1,132 80	
Patterson, C. E. A.	sous-percepteur, classe "B", pour l'année		60 00	3 60	888 92	
St. Michel, F. X.	" "B" "		47 40	3 60	471 36	
Lefebvre, A.	" "B" "		24 96		946 44	
Scollion, W. J.	" "B" "		49 92	2 88	1,467 12	
Desaulniers, J. E. A.	préposé à l'accise, 1re classe	30 00		2 88	1,422 12	
Bousquet, J. O.	" 1re "		75 00	2 88	1,365 64	
Harwood, J. O. A.	" 1re "		75 00	2 88	1,213 32	
McGuire, L. J.	" 1re "		*56 48	2 88	1,268 94	
Longtin, H	1re "		*42 48	2 88	1,340 24	
David, T.	1re "		66 24	2 88	1,340 22	
Milot, J. F.	1re "		66 93	2 88	1,355 90	
Dumouchel, L.	1re "		70 65	2 88	1,222 08	
Courtney, J. J.	2e "	24 96	70 65	2 88	1,222 08	
Dixon, H. G. S.	2e "	24 96	66 24	2 88	1,222 08	
Andrews, A. A.	2e "	24 96		2 88	1,203 36	
Codd, H. J.	2e du 1er avril au 1er oct.'13, décédé, 4 oct.'13	43 68		1 68	713 38	
Laurier, J. L.	2e "	14 56	62 40	2 88	1,101 12	
Brabant, J. B. G. N.	2e pour l'année	24 96	*83 52	2 88	1,222 08	
Comte, L. A. A. J.	2e "	37 32		2 88	1,027 20	
Lambert, J. A.	2e "	24 96	62 40	2 88	1,184 64	

68,632 72

Appointements de préposé à l'accise 2e classe, pour l'année							
Lamoureux, J. A.	2e			62 40	1,184 64	2 88	
Lespérance, J. A.	2e			62 58	1,132 00	2 88	
Millier, E.	3e		19 92		977 16	2 88	
Panneton, G. E.	3e		19 92		977 16	2 88	
Costigan, J. J.	3e		19 92		977 16	2 88	
Bélair, A. P.	3e		19 92		947 16	2 88	
Daveluy, J. P.	3e				947 16	2 88	
Maranda, N. A.	3e			49 92	947 16	2 88	
Marin, L. H.	3e			49 92	947 16	2 88	
Crevier, J. H.	3e			49 92	947 16	2 88	
Thurber, G.	3e			49 92	947 16	2 88	
Graveline, D. P.	3e			49 92	947 16	2 88	
Gervais, J. A.	3e			49 92	914 04	2 88	
Robillard, G. A.	3e			*33 12	947 16	2 88	
Mantha, J. A.	3e			49 92	662 16	2 88	
Boucher, A.	3e			34 92	662 16	2 88	
Joubert, P. E. C.	3e			34 92	709 62	2 88	
Prévost, P.	3e			37 44	504 28	2 88	
Prévost, Jos	3e	du 1er juin 1913 au 31 mars 1914		26 64	449 58	1 68	
Roux, G.	3e	du 1er juillet 1913 au 31 mars 1914		23 73	313 24	1 44	
Beaulieu, Rosaire	3e	du 15 sept. 1913 au 31 mars 1914		16 55	505 48	1 44	
Belliveau, L. O.	3e	du 1er juin 1913 au 31 mars 1914		26 64	141 78	1 20	
Bosquet, A.	3e	stagiaire du 1er janv. au 31 mars 1914		7 50	486 84	72	
O'Donnell, M. J.	3e	sténographe et clavigraphiste		25 59	757 08		
		messager		39 96			
		Appointements	547 63	1,993 09	55,855 80	174 72	
		Dépenses contingentes			12,776 92		

Québec.

Arcand, D.	Appoi	nts de percepteur, pour l'année.		129 96	2,462 76	7 20	
Simmons, R.	"	sous-percepteur, classe "A", pour l'année.		80 85	1,532 46	5 40	
Murray, D.	"	préposé à l'accise, classe spéciale, du 1er avril au 30 sept. 1913. Transféré à Prescott, 1er oct. 1913.	15 96		781 86	2 16	
Bergeron, E. L.	"	préposé à l'accise, 1re classe, du 1er avril au 31 décembre 1913 et comptable du 1er janv. au 31 mars 1914		57 45	1,089 24	3 24	
LaRue, A.	"	sous-percepteur, classe "B", pour l'année	49 43		1,359 43	3 60	
Bourget, O.	"	" du 1er juillet 1913 et préposé à l'accise, 1re classe, pour les trois premiers mois	25 92		1,270 44	3 60	
Lemoine, J.							
Ronleau, C. E.		sous-percepteur, classe "B" du 1er juil. 1913 et préposé à l'accise, 1re classe, pour les trois premiers mois	22 94		1,124 17	2 88	
Coleman, J. J.		préposé à l'accise, 1re classe, pour l'année	30 00	57 20	1,084 93	2 88	1,467 12
Martineau, O. E. J.		2e		59 34	1,089 00	2 88	
				*36 24			
Poitras, W.		2e	34 92	59 31	1,125 24	2 88	
Beaulieu, J. B.		3e			962 16	2 88	

*Assurance.

12—9½

ANNEXE B—N° 1—Détails des dépenses de l'accise pour l'exercice expiré le 31 mars 1914— Suite.

A qui payé	Services	Déductions pour — Fonds de pension	Fonds de retraite	Fonds de garantie	Montants payés	Total des montants payés
		$ c.	$ c.	$ c.	$ c.	$ c.
	Québec—Suite.					
Filteu, J. R.	Appointements de préposé à l'accise, 3e classe, pour l'année........		47 46	2 88	899 64	
Mercier, C. A.	" non classifié, pour l'année		49 92	2 88	947 16	
	Appointements........	179 17	577 76	48 24	17,195 61	
	Dépenses contingentes........				12,239 05	29,434 66
	St-Hyacinthe.					
Benoit, L. V.	Appointements de percepteur pour l'année........		99 96	7 20	1,834 20	
Langelier, F.	sous-percepteur, classe "A", pour l'année....		*58 56	3 60	1,417 86	
MacDonald, A. B.	préposé à l'accise, classe spéciale, pour l'année		74 79	3 32	1,857 72	
Archambault, F. X.	sous-percepteur, classe "B", pour l'année		38 28	2 88	725 48	
Francœur, A.	"		45 00	2 88	853 12	
Gilbert, A.	"		39 96	2 88	757 08	
Bernard, N. J. D.	préposé à l'accise, 1re classe, du 1er avril au 31 oct. Mort, 6 oct. 1913....		43 75 / 79 94	1 68	749 63	
Dumaine, J. D.	préposé à l'accise, 1re classe, pour l'année....		72 12 / *	2 88	1,314 27	
Rouleau, J. C.	"		54 48	2 88	1,286 67	
Gauvin, E.	"		72 12 / *82 08 / 66 48	2 88	1,260 60	
	Appointements........	37 92	827 52	34 98	12,065 63	
	Dépenses contingentes........				3,448 60	
	Sherbrooke.					
Simpson, A. F.	Appointements de percepteur pour l'année........	43 92		7 20	2,148 84	
Chartien, E.	sous-percepteur, classe "A", pour l'année.		79 92	3 60	1,516 44	
Quinn, J. D.	préposé à l'accise, pour l'année.	31 92		4 32	1,563 72	
Rousseau, E. H.	sous-percepteur, classe "B" pour l'année.	52 47	3 60	993 98		15,504 23

Nom	Désignation					Total
De Grosbois, C.B.	préposé à l'accise, 2e classe pour l'année	75 84	59 34	2 88	1,125 24	
Bowen, S. C.	" 3e "		49 92	2 88	947 16	
	Appointements		241 65	24 48	8,295 28	9,205 73
	Dépenses contingentes				910 45	
Trois-Rivières.						
Hébert, C. D.	Appointements de percepteur pour l'année	31 92		3 60	1,564 44	
Duplessis, C. Z.	sous-percepteur, classe "B", pour l'année	19 92		3 60	976 44	
Dontigny, H.	"			1 90	140 76	
Auger, L. H.	préposé à l'accise, 3e classe pour l'année			2 88	947 16	
	Appointements	51 84	7 44		3,628 80	5,048 17
	Dépenses contingentes		49 92	11 88	1,419 37	
St-Jean, N.-B.						
Bolyea, T. H.	Appointements de percepteur pour l'année	39 96		7 20	1,952 76	
Clark, J. A.	sous-percept., classe "A", du 1er, au 30 avril 1913, mis à la retraite.	2 50			122 50	
Law, A. L.	" " du 19 mai 1913 au 31 mars 1914...		52 09		986 72	
Geldart, O. A.	préposé à l'accise, classe spéciale, pour l'année	31 92			1,563 72	
Dwyer, D. T.	sous-percepteur, classe "B", pour l'année.		9 96	3 12	186 36	
Fitzpatrick, W. J.	préposé à l'accise, 1re classe, pour l'année.	30 00		4 32	1,467 12	
Ferguson, J. C.	"	30 00		2 88	1,467 12	
McGowan, J.	" 2e "		68 13	2 88	1,292 70	
Casey, F. J.	"		59 34	2 88	1,125 24	
Farmer, R. C.	"		59 34	2 88	1,125 24	
Ward, C.	sténographie et clavig. du 1er juin 1913 au 31 mars 1914...		19 12	2 88	361 19	
	Appointements	134 38	287 98	32 64	11,653 67	12,488 63
	Dépenses contingentes				834 96	
Halifax.						
Grant, H. H.	Appointements de percepteur pour l'année	45 96		7 20	2,246 76	
King, R. M.	sous-percepteur, classe "A", pour l'année.	33 96		3 60	1,662 36	
James, F. E.	comptable pour l'année.	30 00		4 32	1,465 68	
Tompkins, P.	préposé à l'..., 3e classe, du 1er avril 1913, stagiaire sous-percepteur, classe "B", du 1er janvier au 31 mars 1914...	20 94	22 44	3 06	1,025 97	
Waddell, S. J.	sous-percepteur, classe "B" pour l'année.			3 60	423 96	
Carroll, D.	préposé à l'accise, 1re classe, pour l'année.	15 00		2 88	1,497 12	
Blethen, C. W.	" du 1er avril au 31 juillet 1913, et du 4 février au 31 mars 1914. Transféré à Picton entre ces deux périodes.		22 44	1 44	733 56	
Hubley, H. H.	préposé à l' " 1re classe, pour l'année	30 00		2 88	1,467 12	
Gorman, A. M.	" 3e "	30 00		2 88	1,467 12	
Munro, H. D.	"	19 92		2 88	977 16	
	Appointements	225 78	22 44	34 74	12,966 81	13,245 95
	Dépenses contingentes				279 14	

* Assurance.

ANNEXE B—N° 1—Détails de dépenses de l'accise pour l'exercice expiré le 31 mars 1914—*Suite.*

A qui payé.	Service.	Déductions pour.			Montants payé.	Total des montants payé.
		Fonds de pension.	Fonds de retraite.	Fonds de garantie.		
		$ c.	$ c.	$ c.	$ c.	$ c.
Pictou.						
Fraser, P.	Appointements de percepteur pour l'année.	27 96			1,368 36	
Macdonald, A. J.	" sous-percepteur, classe "B", services non requis le 1er août 1913.	15 00		3 60	284 04	
McKeen, E. T.	" " du 16 janv. au 31 mars 1914.			96	178 67	
Blethen, C. W.	" préposé à l'accise, 1re classe, du 1er août 1913, au 31 janv. 1914.		9 43	1 44	733 56	
Carroll, F. P.	" 3e " pour l'année.			2 88	947 16	
	Appointements	42 96	49 92	9 48	3,511 79	
	Dépenses contingentes		74 35		864 95	4,376 74
Charlottetown.						
Moore, T.	Appointements de percepteur, du 1er avril au 30 sept. 1913. Décédé, 1er sept. 1913.		51 51	1 80	723 18	
Weeks, W. A.	" sous-percepteur, classe "A", pour l'année.		34 92	2 88	976 86	
Doyle, S. F.	" préposé à l'accise, 3e classe, pour l'année.			2 88	662 16	
	Appointements		86 43	7 56	2,362 20	
	Dépenses contingentes				106 11	2,468 31
Winnipeg.						
Gosnell, T. S.	Appointements de percepteur pour l'année.	39 96		7 20	2,792 76	
Code, A.	" sous-percepteur, classe "A", pour l'année.		84 96	3 60	1,966 36	
McArthur, G. H.	" préposé à l'accise, classe spéciale, pour l'année.	52 44	*77 52	4 32	1,610 64	
Verner, T. H.	"		86 04	3 60	1,366 44	
Long, W. H. A.	" comptable pour l'année.		54 96	4 32	1,630 88	
Sparling, J. W.	" sous-percepteur, classe "B", pour l'année.		70 89	2 88	1,042 08	
Earl, R. W.	" "		19 92	2 88	1,314 90	
McNiven, J. D.	" "		46 62	2 88	377 16	
Barrett, J. P.	" "			3 60	863 28	
Larivière, A. C.	" préposé à l'accise, 1re classe, pour l'année	52 44	59 61	2 88	1,444 68	
Forsythe, D.	" 2e "		50 34	2 88	1,131 18	
Hammond, T. W.	" 2e "		50 58	2 88	1,125 24	
Currie, W. W.	" 2e "		50 58	2 88	959 04	
Greig, W. G.	" 3e "		49 92	2 88	959 04	
Morri, T. H	" 3e "			2 88	947 16	

Nom	Désignation				Total
Nichol, F. A.	Appointements de préposé à l'accise, 3e classe, pour l'année	46 23	2 88	875 88	
Ivey, W. J.	" 3e "	43 74	2 88	828 36	
Fegan, P. J.	" 3e "	36 18	2 16	688 89	
Rainey, G. Y.	" 3e du 1er juin 1913 au 31 mars 1914	23 73	2 16	449 10	
	Appointements	859 82	63 36	22,390 08	
	Dépenses contingentes	144 84		2,991 64	25,381 72

Calgary.

Nom	Désignation				Total
Fletcher, R. W.	Appointements de percepteur pour l'année	88 74	3 60	1,632 64	
Richardson, W.	de sous-percepteur, classe "B", pour l'année	63 19	2 88	1,197 33	
Wood, C. T.	"	60 00	3 60	1,136 40	
Walker, J. H.	" renstcé de ses serv. au 1er janv.14	11 25	2 16	211 59	
Markley, A. W. R.	" pour l'année au 1er janv.1914	49 09	2 14	930 66	
Bernard, A. H.	" du 1er janv. au 31 mars 1914	3 75	3 72	70 03	
Bruce, G. B.	de préposé à l'accise, 3e classe, pour l'année	49 92	3 84	946 20	
Fidler, H.	" 3e	43 74	2 88	828 36	
	Appointements	369 68	23 22	7,003 71	
	Dépenses contingentes			8,059 79	15,063 50

Moose-Jaw.

Nom	Désignation				Total
C nklin, W. M.	Appointements de percepteur pour l'année	90 00	3 60	1,706 40	
Goudie, D. A.	de sous-percepteur, classe "B", pour l'année	45 00	3 60	851 40	
MacGregor, D. N.	"	49 92	1 68	946 44	
Ross, H. E.	" mis à sa retraite le 1er nov. 1913		2 88	224 70	
Jameson, S. B.	" pour l'année	6 93		385 20	
Campbell, F. N.	" du 7 nov. 1913 au 31 mars 1914	11 88	1 16	302 83	
	Appointements	18 81	200 90	16 52	4,416 97
	Dépenses contingentes				2,625 16
					7,042 13

Vancouver.

Nom	Désignation				Total
Parkinson, E. B.	Appointements de percepteur pour l'année	114 96	7 20	2,177 76	
Power, J. J.	de sous-percepteur, classe "A", du 1er avril au 19 nov. 1913	55 40	2 73	1,050 28	
Allen, G. A.	de préposé à l'accise, classe spéciale, pou l'année	74 31	4 32	2,151 72	
Thorburn, Jas.	de comptable, du 1er avril, stagiaire sous-percepteur, classe "A",	43 92	4 59	1,352 37	
	du 1er janv. au 31 mars 1914				
Deely, F.	de préposé à l'accise, 1re classe, stagiaire compt. le 1er janv. 1914	*56 16	3 24	1,292 34	
Scanlan, T. J.	de sous-percepteur, classe "B", pour l'année	68 13	3 60	1,231 44	
Wolfenden, Wm.	"	64 92	3 60	1,041 03	
Howell, T.	"	54 96	3 60	661 44	
Gray, R. S.	"	34 92	3 88	518 88	
Keay, W. S.	"	27 48	3 60	947 16	
Hambly, S. E.	"	49 92	3 60	1,136 40	
Grigor, W.	"	60 00	3 60	233 88	
*Assurance.		12 48	3 60	946 44	
		49 92			

REVENUS DE L'INTERIEUR

ANNEXE B—N° 1—Détails des dépenses de l'accise pour l'exercice expiré le 31 mars 1914—*Suite.*

A qui payé.	Service.	Déductions pour			Montants payés.	Total des montants payés.
		Fonds de pension. $ c.	Fonds de retraite. $ c.	Fonds de garantie. $ c.	$ c.	$ c.
	Vancouver—Suite.					
Gilpin, R. R.	Appointements de sous-percepteur, classe "B", pour l'année		2 48	1 80	235 68	
Campbell, A. E.	" " " "		9 96	3 60	186 36	
Jephson, W. J.	" " " "		39 96	2 88	757 08	
Grace, A. B.	" " " " du 25 juillet 1913 au 31 mars 1914.		23 00	2 76	434 24	
Simpson, G.	de préposé à l'accise, 1re classe, pour l'année		55 89 / *51 36	2 88	1,008 54	
Chilver, F. W	" " 1re "		75 00 / *18 72	2 88	1,403 40	
Morgan, E. J.	" " 2e "		51 54 / *42 02	2 88	935 98	
Macdonald, G.	" " 2e "		50 58	2 88	914 40	
Sutherland, W.	" " 2e "		*44 64 / 50 58	2 88	959 04	
	Appointements	43 92	1,249 32	75 60	21,576 09	
	Dépenses contingentes				5,605 67	27,181 76
	Victoria.					
Jones, R.	Appointements de percepteur pour l'année.	39 96		7 20	1,952 76	
O'Sullivan, D.	de sous-percepteur, classe "A", pour l'année.	52 44		3 60	1,443 96	
Shaw, J.	" " classe "B", "		32 40	3 60	613 92	
Ridgman, A. H.	de préposé à l'accise, 1re classe, pour l'année	52 41	59 34	2 88	1,144 68	
Huggett, A. P.	" " 1re "		36 18	2 88	1,125 24	
Clements, R. S.	" " 3e "			2 88	685 89	
	Appointements	144 84	127 92	23 04	7,266 45	
	Dépenses contingentes				1,752 68	9,019 13
	Yukon					
McDonald, J. F.	Appointements de percepteur, du 1er avril au 31 déc. 1913.		37 48	5 40	711 87	
	Appointements		37 48	5 40	711 87	711 87

* Assurance.

DOC. PARLEMENTAIRE No 12

ANNEXE B—N° 1—Détails des dépenses de l'accise-pour l'exercice expiré le
31 mars 1914—*Suite.*

| A qui payé. | Service. | Déductions pour | | | Montants payés. | Total des montants payés. |
		Fonds de pension.	Fonds de retraite.	Fonds de garantie.		
	INSPECTEUR DE DISTRICT	$ c.	$ c.	$ c.	$ c.	$ c.
	Ontario.					
Gow, Jno. E.....	Appointements pour l'année	48 96	....	9 00	2,392 02	
	Dépenses contingentes.......	....	....	....	1,235 23	
						3,627 25
Evans, Geo. F....	Appointements pour l'année........ ...	39 96	....	9 00	1,950 96	
	Dépenses contingentes........	....	....	....	319 16	
						2,270 12
Alexander, Thos..	Appointements pour l'année ...	.....	....	9 00	2,790 96	
	Dépenses contingentes........	.....	....	....	536 08	
						3,327 04
	Québec.					
Toupin, J. A.....	Appoint. (surnuméraire, juillet 1913) du 1er avril au 1er juillet 1913	14 49	....	....	710 49	
Caven, W........	Appointements du 1er juillet 1913 au 31 mars 1914...............	36 00	....	6 75	1,757 25	
	Appointements...............	50 49	....	6 75	2,467 74	
	Dépenses contingentes	....	....	......	183 80	
						2,651 54
Dumontier, J. A..	Appointements pour l'année...	.....	129 96	9 00.	2,460 96	
	Dépenses contingentes.. ...	....	....	....	401 93	
						2,862 89
	Nouveau-Brunswick.					
Burke, T........	Appointements du 1er avril au 30. Surnuméraire, 1er mai 1913............	4 83	....	....	236 83	
McDonald, J. (jr.).	Appointements du 1er mai 1912 au 31 mars 1914	....	91 63	8 25	1,733 38	
	Appointements....	4 83	91 63	8 25	1,970 21	
	Dépenses contingentes.......	....	....	....	560 07	
						2,530 28
	Manitoba.					
Barrett, J. K.....	Appointements pour l'année....	....	....	9 00	2,890 92	
	Dépenses contingentes........	....:	....	....	920 02	
						3,810 94
	Alberta.					
Saucier, F. X. ..	Appointements pour l'année...... ...	49 44	....	9 00	2,416 53	
	Dépenses contingentes.......	....	....	....	1,488 4C	
						3,904 93
	Colombie-Britannique.					
Miller, J. E......	Appointements pour l'année........	57 96	.... ..	9 00	2,832 96	
	Dépenses contingentes........	....	....	... ...	1,616 30	
						4,449 26
	Inspecteur de fabrique de Tabac.					
Lawlor, H	Appointements pour l'année	63 96	....	....	3,135 96	
	Dépenses contingentes	....	....	....	910 40	
						4,046 36
	Inspecteur de distilleries.					
Brain, A. F.....	Appointements pour l'année.........	86 61	....	....	2,388 36	
	Dépenses contingentes	....	... ...	....	1,084 10	
						3,472 46
	Inspecteur de marchandisé en entrepôt.					
Low, Jno. E	Dépenses contingentes	... .	....	.... .	156 78	
						156 78
	Inspecteur de brasseries et de malteries.					
Barrett, J. K.....	Appointements pour l'année.........	...	....	....	300 00	
	Dépenses contingentes........	....	....	....	1,596 55	
						1,896 55

5 GEORGE V, A. 1915

ANNEXE B—N° 1—Détails des dépenses de l'accise pour l'année terminée le - 31 mars 1914—*Suite.*

A qui payé.	Service.	Montants payé.	Total des montants payés.
	Dépenses contingentes en général.	$ c.	$ c.
American Bank Note Co.	Payé pour timbres et étiquettes	120,600 00	
British American Bank Note Co......	Payé pour étiquettes d'embouteillage....	9,245 50	
Thorton & Truman....	" Pyromètres, serrures et répations générales.......	714 00	
McKinley & Northwood.	" 24 fournaux à tabac, etc................	408 40	
Scales, Mnie C..... .. .	" Nettoyage de magasins, etc., pour l'année...	313 00	
Pritchard & Andrews Co. Ltd., Tne.	" Tablettes, rouleaux, dateurs, timbres et réparations.	254 87	
Oertling, L.............	" Réparer hydromètres, serrures, etc...............	215 40	
Guerney Scales Co......	" 24 balances..... `	168 00	
Gallenkamp, A. & Co. ..	" 3 doz. burettes et 3 doz. pipettes	103 40	
Percepteur des douanes..	" Droits de douanes sur marchandises importées.....	65 60	
Canadian Consolidated Rubber Co........ ..	" Tubes en caoutchouc, accouplements, etc..........	54 31	
Gerald, W. H	" Frais de voyages.................	69 60	
Gooderham & Worts	" Alcool, 16·89 gals, etc..........................	25 57	
Lymans, Ltd.....	" Entonnoirs en verre.........	22 85	
Renaud, G	" Service pour destruction de planches, 2 jours......	5 00	
Borne, J. B.......... ..	" " " " "	5 00	
Registraire de la cour de l'échiquier	" 2 ordres d'assistance	5 80	
Dominion Express	" Messageries...........	5 50	
Birkett, Thos. & Sons Co., Ltd.	" 6 grosses de vis	96	
Himsworth, W.........	" Menues dépenses	148 15	
	Total.................	....	131,828 91

Frais judiciaires.

Grenier, A. W	Frais judic. *re* le Roi *vs* G. L. J. Tremblay..	25 00	
Langlois, Jules	" " Paul Sirois...	27 75	
Fraser, Macdonald & Rugg	" " J. Péloquin	10 00	
Leblanc, Brossard, Forest & Nantel	" " Geo. Brais	20 00	
Bolduc, Rémi.	" " A. Morin .` 394 15		
"	" " " 62 25		
		156 40	
Baird, J............	" " J. Gampoulos........ 15 00		
"	" " Yama Mota........ 15 00		
"	" " Peter Orlich........ 20 00		
"	" " Nick Kokinas 10 00		
		60 00	
	Total des frais judiciaires...	....	299 15

Annexe B—N° 1—Details des dépenses de l'accise pour l'exercice expiré le 31 mars 1914—*Suite.*

A qui paé.	Service.	Montants payés.	Total des montants payés.
	Allocations provisoires payées durant l'année.	$ c.	$ c.
Gosnell, T. S.	Payé Forsyth, D	124 92	
Winnipeg.	" Hammond, T. W	124 92	
	" Sparling, J. W	124 92	
	" Verner, T. H	99 96	
	" Earl, R. W	124 92	
	" Morris, T. H	124 92	
	" Nichol, F. A	143 73	
	" Currie, W. W	143 73	
	" Ivey, W J	150 00	
	" Greig, W G	143 73	
	" Barrett, J. P	147 91	
	" Fegan, P. J	150 00	
	" Davis, T. J	150 00	
	" Ashton, H	150 00	
	" Bélanger, A.	150 00	
	" Rainey, G. G	129 16	
	" Johnson, J. D	150 00	
	" Code, A.	99 96	
	" McArthur, G. H	99 96	
	" Larivière, A. C.	99 96	
	" Long, W. H. A	99 96	
	" McNiven, J. D	49 92	
			2,782 58
Fletcher, R. W	" Foucar, H.	50 00	
Calgary.	" Gray, W. B	50 00	
	" Saucier, X	100 00	
	" Libbey, J. J	25 00	
	" Schofield, Jas. H	54 13	
	" McKenty, John	50 00	
	" Fletcher, R. W	100 00	
	" Dalgetty, Jas	150 00	
	" Davis, W. E	150 00	
	" Markley, A. W. R	122 92	
	" Bruce, Geo. B	122 95	
	" Sobey, R. E.	50 00	
	" Walker, J. H	56 25	
	" Wood, C. T	125 00	
	" Fidler, H	150 00	
	" Richardson, W	125 00	
	" Jourghin, W. C	130 24	
	" Jamieson, John F	62 50	
	" Greenwood, Jas. E. B	137 50	
	" Miller, Lawrence	35 08	
	" Pierce, A. H	123 33	
	" McKibbon, Walter Scott	100 00	
	" Richards, D. H	60 83	
	" Barnard, A. H	18 75	
			2,149 48
Conklin, W. M	" Edmondson, R. W	20 80	
Moosejaw.	" McGowan, W. J. H	50 00	
	" Panton, A. M	75 00	
	" Jameson, S. B	116 66	
	" Conklin, W. M	100 00	
	" MacGregor, D. N	125 00	
	" Ross, H. E	72 87	
	" Goudie, D. A	150 00	
	" Bell, W. H	129 52	
	" Lowe, W. C	6 25	
	" Hayes, Fred. C.	29 20	
	" Campbell, T. N	60 04	
			935 34

ANNEXE B—N° 1—Détails des dépenses de l'accise pour l'exercice expiré le 31 mars 1914—*Suite.*

A qui payé.	Service.	Montants payés.	Total des montants payés.
	Allocations provisoires payées durant l'année—Suite.	$ c.	$ c.
Parkinson. E. B	Payé MacDonald, G	143 73	
Vancouver.	" Morgan, E. J	124 92	
	" Simpson, G	124 92	
	" Sutherland, W	143 73	
	" Gibson, J. V	150 00	
	" Carmichael, D	137 46	
	" Jephson, J	150 00	
	" Chilver, F. W	99 96	
	" Gray, R. S	124 92	
	" Keay, W. S	124 92	
	" Scanlan, T. J	124 92	
	" Wolfenden, Wm	124 92	
	" Deeley, Fred	124 92	
	" Thorburn, Jas	118 68	
	" Parkinson, E. B	99 96	
	" Power, J. F	63 24	
	" Allen, G. A	99 96	
	" Atkins, B. R	75 00	
	" Howell, Thos	75 00	
	" Grigor, R. W	75 00	
	" Leishman, A	50 04	
	" Delahay, Wm	50 04	
	" Armstrong, F	50 04	
	" Quinn, Thos	61 09	
	" McSpadden, Melrose	41 19	
			2,558 56
Jones, R	" Clements, R. S	150 00	
Victoria.	" Robinson, W	150 00	
	" Johnson, Geo	150 00	
	" Ridgman, A. H	100 00	
	" Huggett, A. P	125 00	
	" Shaw, John	125 00	
	" O'Sullivan, D	100 00	
	" Jones, R	100 00	
			1,000 00
	Mont. payé en plus p. être détaill. l'année prochaine.. (Vancouver)	14 00	14 00
	Totaux		9,439 96

ANNEXE B—N° 1—Détails des dépenses de l'accise pour l'exercice expiré
le 31 mars 1912—*Suite.*

A qui payé.	Domicile.	Service.	Montants payés.		Total des montants payés.	
		Commission aux douaniers.	$	c.	$	c.
White, H..........	Cranbrook, C.-B....	Du 1er avril 1912 au 31 mars 1913.....	346	40		
Nuruh, T..........	Rosthern, Sask.....	" 1er avril au 10 mai 1913.............	43	88		
Munro, H. P.......	Faber, Alta.........	" 1er avril 1912 au 31 mars 1914.......	392	80		
Brimacombe, N. A..	Vermilion, Alta.....	" " "	111	17		
Andrew, B. G.....	Cranbrook, C.-B....	" 1er avril au 24 juin 1913.............	136	00		
Marsh, R. J. F.....	Fort-Frances, Ont...	" 1er avril au 31 oct. 1913......... ...	113	43		
Pierce, H. A. P....	" " ..	" 1er nov. 1913 au 31 mars 1914.......	148	29		
Porter, N......:...	Simcoe, Ont	" 1er avril 1913 au 31 mars 1914.......	346	40		
Thomson, J. M.....	Napanee, Ont.......	" " "	8	43		
Glass, J. J.........	Lindsay, Ont..... .	" " "	115	20		
Kavanag, A. J......	Gaspé, Qué........	" " "	83	89		
Ratchford, C. E....	Amherst, N.-E....	" " "	32	49		
Porter, A. R......	Melville, Sask	" " "	346	40		
Hodson, F. H.......	Rosthern, Sask......	" 11 mai 1913 "	246	80	
Fowlie, E. A........	Gull-Lake, Sask....	" 23 sept. 1913 "	49	08		
Halliwell, H. T....	Estevan, Sask......	" 13 avril 1913 "	247	24		
Polley, W. H.......	Trenton, Ont.......	" 1er avril 1913 "	346	40		
Sanborn, J. B	Vermilion, Alta.....	" " "	87	23		
Bell, J. A..........	Dauphin, Man......	" " "	346	40		
McMillan, D. H....	Morden, Man.......	" " "	246	40		
Gilhuly, R. H	Selkirk, Man.......	" " "	146	40		
Jackson, H. B	Rainy-River, Ont...	" " "	346	40		
Gilhuly, R. H	Selkirk, Man.......	Garantie du 1er avril, 13 au 31 mars 1914	3	60		
McMillan, D. W...	Morden, Man,......	" " "	3	60		
Munro, H. P.	Taber, Alta	" " "	3	60		
Ball, J. A..........	Dauphin, Man......	" " "	3	60		
Porter, A. R.......	Melville, Sask	" " "	3	60		
Sanborn, J. B......	Vermilion, Alta.....	" " "	3	60		
Boyd, A...:.......	Antigonish, N.-E...	" " "	3	60		
Clark, A. J	Campobello, N.-B ..	" " "	3	60		
Kirk, J. T.	Sussex, N.-B.......	" " "	3	60		
McDonald, J. F'...	New-Glasgow, N.-E.	" " "	3	60		
McPherson, J	North-Sydney, N.-E.	" " "	3	60		
Park, W. A	New-Castle, N.-B..	" " "	3	60		
Ratchford, C. E....	Amherst, N.-E.....	" " "	3	60		
Watt, G...........	Chatham, N.B.....	" " "	3	60		
Thomson, J. M....	Napanee, Ont......	" " "	3	60		
Britton. W. H	Gananoque,Ont.....	" " "	3	60		
Ross, W. T........	Picton, Ont........	" " "	3	60		
Valleau, A. S......	Deseronto, Ont.....	" " "	3	60		
Polley, W. H......	Trenton, Ont......	" " "	3	60		
Brown, G..........	Meaford, Ont......	" " "	3	60		
Daly, J. A.........	Cambellford, Ont....	" " "	3	60		
Jackson, H. B......	Rainy River, Ont...	" " "	3	60		
Macpherson, M. J .	Kincardine, Ont....	" " "	3	60		
Porter, N..→......	Simcoe, Ont.	" " "	3	60		
Tyson, A M...... .	Wiarton, Ont.......	" " "	3	60		
Glass, J. J	Lindsay, Ont.	" " "	3	60		
Blair, A...........	Chicoutimi, Qué....	" " "	3	60		
Kavanagh, A. J....	Gaspé, Qué...	" " "	3	60		
Martel, L.........	Thedford-Mines,Qué.	" " "	3	60		
Halliwell, T.... ...	Estevan, Sask......	" 17 av. '13 "	2	76		
Hodson, F. H	Rosthern, Sask.....	" 11 mai '13 "	3	20		
Ironside, E. S	Dawson, Y.T.......	" 1er juillet "	2	70		
Fowlie, E. A.......	Gull-Lake, Sask.....	" 23 sept. "	1	88		
Bannerman, J. S....	Cumberland, B.C...	" 1er nov. "	1	50		
Nuruh, T..........	Estevan, Sask.... ...	" 1er avril 1913 au 6 mai 1913		36		
Grace, A. B	Canbrook, N.B.....	" 1er avril 1913 au 25 juin '13		85		

5 GEORGE V, A. 1915

ANNEXE B—N° 1—Détails des dépenses de l'accise pour l'exercice expiré le
31 mars 1914—*Suite.*

A qui payé.	Domicile.	Service.	Montants payés.	Total des montants payés.
		Commission aux douaniers—Suite.	$ c.	$ c.
Marsh, R. J. F......	Fort-Frances, Ont ..	Garantie du 1er avril '13 au 22 oct. '13·.	2 02	
Pierce, H. A. P.....	" " ..	" 22 oct. '13 au 31 mars '13·..	1 58	
		Total, commission aux douaniers...	....	4,408 38

Annexe B—N° 1—Détails des dépenses de l'accise pour l'exercice expiré
le 31 mars 1914—*Suite.*

A qui payé.	Service.	Montants payés.		Total des montants payés.	
	Impôt.	$	c.	$	c.
Bouteiller, G. A.....	Du 1er avril 1913 au 31 mars 1914...............	300	00		
Lane, T. M............	" "	200	00		
Lyons, E.	" "	113	03		
Bayard, G. A.	" "	150	00		
Thomas, R..	" "	150	00		
Cummnford, F.........	" "	150	00		
Falconer, J. E	" "	150	00		
Cahill, J. W...........	" "	150	00		
Bergeron, R. J.........	" "	150	00		
Keog, P. M.	" "	150	00		
Gerald, C.....	" "	300	00		
Jamieson, R. C...-.. .	" "	300	00		
Hurst, L. B............	" "	200	00		
Doyle, B. J.....	" "	150	00		
O'Leary, T. J..... ..	" "	150	00		
Jones, A...............	" "	150	00		
Abbott, H. F..........	" "	150	00		
Shorey, A. B..........	" "	150	00		
Eakins, G. G..........	" "	150	00		
Walsh, W. H..........	" "	150	00		
Young, J. J.......	" "	150	00		
Helliwell, H. N.	" "	150	00		
Martin, N	" "	200	00		
Howie, A......	" "	150	00		
Thomas, F. W.........	" "	150	00		
Egener, A.............	" "	150	00		
Feik, L.......	" "	145	83		
Baby, W. A. D.......	" "	250	00		
O'Brien, J. F....... ...	" "	200	00		
Elliott, W. J...	" "	150	00		
Boyd, J. F............	" "	150	00		
McFee, A. C..........	" "	150	00		
Sprague, F. W.........	" "	150	00		
Lally, J. E...........	" "	150	00		
Gerald, W. H........	" "	300	00		
McPherson, E. A......	" "	200	00		
Bissell, C. H.......... .	" "	1 0	00		
Byrne, W. P...........	" "	150	00		
Granton, C............ ..	" "	150	00		
McNally, C............	" "	108	87		
Snowden, J. W........	" "	300	00		
Normandin, G..	" "	227	68		
Olivier, H.............	" "	150	00		
Denis, J. L............	" "	150	00		
Gariépy, L. N.........	" "	150	00		
Murray, D............	" "	300	00		
Walsh, D. J...........	" "	300	00		
Milot, J. F............	" "	175	00		
Davidson. Jas........	" "	150	00		
Macdonald, A. B.......	" "	250	00		
Mason, F.............	" "	200	00		
Adam, A. R..........	" "	150	00		
Allen, G. A..........	" "	300	00		
Chilver, F. W.........	" "	200	00		
Sutherland, W........	" "	150	00		
Gray, R. S....	" "	150	00		
Desaulniers, J. E. A....	" "	200	00		
Amor, W.....	" "	200	00		
Graham, A. L..........	" "	200	00		
Coleman, J. J.........	" "	300	00		
Berry, H. L...........	" "	200	00		
Morforton, E..........	" "	100	00		
Johnson, J. J........ ..	" "	100	00		
Bousquet, J. O.........	" "	100	00		

5 GEORGE V, A. 1915

ANNEXE B—N° 1—Détails des dépenses de l'accise pour l'exercice expiré
le 31 mars 1914—*Suite.*

A qui payé.	Service.	Montants payés.		Total des montants payés.	
	Impôt.—Fin.	$	c.	$	c.
Corriveau, O.	Du 1er avril 1913 au 31 mars 1914.	100	00		
Poitras, W.	" "	100	00		
Quinn, J. D.	" "	150	00		
Morris, T. H.	" "	100	00		
Davis, T. J.	" "	100	00		
Fairley, W.	" "	100	00		
Niven, T. D.	Du 1er avril au 10 août et du 3 nov. 1913 au 31 mars 1914.	115	70		
Brennan, J.	Du 12 mai 1913 au 31 mars 1914.	133	06		
Moynahan, J.	Du 1er avril au 30 juin 1913.	25	00		
O'Neil, G.	Du 14 juillet 1913 au 31 mars 1914.	71	50		
Dawson, W.	Du 1er avril au 30 sept. 1913.	150	00		
Standish, J. G.	Du 1er avril 1913 au 31 jan. 1914.	250	00		
Brown, W. J.	Du 1er avril au 10 août et du 25 août 1913 au 31 mars 1914.	209	14		
Wilson, H. R.	Du 1er avril au 15 juin et du 28 juin au 10 août et du 25 août 1913 au 31 mars 1914.	139	36		
Tellier, J. O.	Du 1er avril au 20 oct. et du 5 nov. 1913 au 31 mars 1914.	143	89		
Olivier, J. A.	Du 1er avril 1913 au 10 oct. 1913 et du 11 janv. au 31 mars 1914.	163	85		
Bouchard, Jos	Du 1er avril 1913 au 31 janv. 1914	116	53		
Côté, R.	" " "	116	53		
Thérien, E. C.	Du 11 juillet au 30 sept. 1913.	17	32		
Bernard, N. J. D.	Du 1er avril au 30 sept. 1913.	100	00		
Chaput, N. J.	Du 1er avril au 31 mai et du 1er juil. 1913 au 31 mars 1914.	137	50		
Millier, E.	Du 1er avril au 14 juil. et du 5 août 1913 au 31 mars 1914.	141	54		
Graveline, D. P.	Du 15 juillet au 4 août 1913.	8	46		
Gauthier, W.	Du 7 juillet au 27 juillet 1913.	5	65		
Barrette, J. E.	Du 6 oct. 1913 au 10 janv. 1914.	26	35		
Gauvin, L. E.	Du 21 oct. 1913 au 31 mars 1914.	66	94		
MacMartin, A.	Du 1er oct. 1913 au 31 mars 1914.	50	00		
Dalgetty, J.	" " "	50	00		
Uffelman, A.	" " "	50	00		
Marin, L. H.	Du 1er avril au 6 juil. et du 28 juil. 1913 au 31 mars 1914.	94	35		
	Total			14,603	08

ANNEXE B—N° 1—Détails des dépenses de l'accise pour l'année terminée
le 31 mars 1914—*Fin.*

A qui payé.	Service.	Montants payés.	Total des montants payés.
		$ c.	$ c.
Laframboise, L..........	Traduction technique spéciale............	....	41 04
	Total..... ,..............	....	721,535 39
	AJOUTEZ—Impression........	7,940 94	
	Pateterie........	2,535 90	
			10,476 84
	Grand total	....	732,012 23
	AJOUTEZ—Bal. dues par les percept., 1914....	343 98	
	" aux " 1913....	49 08	
			393 06
			732,405 29
	MOINS—Bal. dues par les percept., 1913......	343 98	
	" aux " 1914......	1,105 77	
			1,449 75
	Déboursés actuels moins pension de retraite, assurance, retraite, garantie et annuités correspondant au tableau n° 4, page 12	... .	730,955 54

MINISTÈRE DU REVENU DE L'INTÉRIEUR,   W. HIMSWORTH,
OTTAWA, 1er juin 1914.   *Sous-ministre.*

5 GEORGE V, A. 1915

ANNEXE B—N° 2—Distribution des saisies pour l'année terminée le 31 mars 1914.

Divisions.	A qui payé.	Service.	Montants payés.		Total des montants payés.	
			$	c.	$	c.
Toronto ... .,..	Frankland, H. R...	Pour payer au dénonc. ½ am. s. saisie n° 428	25	00		
		Pour sa part de la saisie " 458	8	33		
					33	33
	Flody, E...........	" " " 458	....		8	33
	Halley, W. H	" " " 458	....		8	34
Montréal.......	Bernier, J. A..... ..	Pour payer au dénonc. ½ am. s. saisie " 1,245	25	00		
		" " " " 1,246	25	00		
		" " " " 1,247	12	50		
		" " " " 1,248	25	00		
		" " " " 1,249	12	50		
		" " " " 1,252	12	50		
		" " " " 1,253	50	00		
					162	50
	Brabant, G. N	Pour sa part de la saisie " 1,226	13	37		
		" " " 1,242	12	50		
		" " " 1,244	51	00		
		" " " 1,245	29	75		
		" " " 1,246	26	85		
		" " " 1,248	12	90		
		" " " 1,249	6	85		
		" " " 1,252	5	75		
					158	97
	Lesperance, J. A....	" " " 1,247	6	25		
		" " " 1,248	12	90		
		" " " 1,249	6	85		
					26	00
	Caven, W	" " " 1,242	....		12	50
	Warren, G	" " " 1,247	....		6	25
	Bernier, J. A..... .	" " " 1,226	....		13	37
	Costigan, J. J	" " " 1,226	....		13	36
	Comte, J	" " " 1,252	....		5	75
Québec..... ...	Arcand, D.........	Pour payer au dénonc. ½ am. s. saisie " 630	50	00		
		" " " " 635	25	00		
		" " " " 636	12	50		
		" " " " 637	12	50		
		" " " " 638	6	25		
		" " " " 640	12	50		
		" " " " 641	25	00		
		" " " " 642	50	00		
		" " " " 644	12	50		
					206	25
	Poitras, W.	Pour sa part de la saisie " 628		31		
		" " " 630	21	53		
		" " " 631	2	79		
		" " " 635		10		
		" " " 640		15		
		" " " 641	6	39		
					31	26
	Bourget, O....... ...	" " " 628		31		
		" " " 630	21	52		
		" " " 631	2	78		
		" " " 635		10		
		" " " 637	3	55		
		" " " 638	3	65		
		" " " 640		14		
		" " " 641	6	39		
		" " " 642	54	10		
					92	53
Sherbrooke	Simpson, A. F.....	Pour payer au dénonc. ½ am. s. saisie G. " 5,398	25	00		
		Pour sa part de la saisie G. " 5,398	25	00		
					50	00
St-Jean.........	Beleyea, T. H.......	Pour payer au dénonc. ½ am. s. saisie " 196	50	00		
		" " " " 197	25	00		
		" " " " 198	25	00		

ANNEXE B—N° 2— Distribution des saisies pour l'année terminée le 31 mars 1914— *Suite.*

Divisions.	A qui payé.	Service.	Montants payés.	Total des montants payés.
			$ c.	$ c.
St-Jean—*Suite.*	Beleyea, T. H..	Pour payer au dénonciat. ½am. s. saisie n° 199	25 00	
		" " " " 200	25 00	
		" " " " 201	25 00	
		" " " " 202	7 50	
				182 50
	Kelly, J. T.........	Pour sa part de la saisie. " 196	46 50	
		" " " 197	19 15	
		" " " 198	21 00	
		" " " 199	20 00	
		" " " 200	21 25	
		" " " 201	22 70	
		" " " 202	5 25	
				155 85
Moose-Jaw......	Conklin, W. M......	" " " 2	50 00	
		Pour payer au dénonciat. ½ am. s. saisie 2	50 00	
				100 00
Vancouver......	Parkinson, E. B.....	" " " " 65	25 00	
		" " " " 66	25 00	
		" " " " 97	25 00	
		" " " " 68	25 00	
				100 00
	Thornburn, J......	Pour sa part de la saisie. " 65	27 00	
		" " " 66	27 00	
		" " " 67	26 00	
		" " " 68	27 00	
				107 00
				1,474 09

RÉCAPITULATION.

Ontario............... . . .. $ 50 00
Québec....... .... 878 74
Nouveau-Brunswick.. 338 35
Saskatchewan............ .... 100 00
Vancouver... 107 00

Totaux................ .... $ 1,474 09

MINISTÈRE DU REVENU DE L'INTÉRIEUR,   W. HIMSWORTH,
    OTTAWA, 1er juin 1914. ˙   *Sous-ministre.*

5 GEORGE V, A. 1915

ANNEXE B— *Suite.*

N° 3—Détails des diverses menues dépenses pour l'année terminée le 31 mars 1914.

A qui payé.	Service.	Montants payés.	Total des montants payés.
	Acte de propriété des médecines brevetées.	$ c.	$ c.
Rudolf, Prof. D. R..	Pour consultation comme expert......................	300 00	
Blakader, Dr A. D..	" "	300 00	
Graydon & Graydon.	Frais judiciaires Roi *vs.* W. S. Bryan Barkwell & Canadian Druggist Syndicate, Ltd......................	20 00	
McDonnell & Costello	Frais judiciaires, Roi *vs.* Brock Oxtrom & Sons	10 00	
Wigle E. S...	" " Gardener Rickard Drug. Co........	10 00	
			640 00
	Impressions............ ...	400 87	
	Papeterie.	47 04	
Pembroke Standard,			447 91
The........	Annonces de soumissions pour traverse entre Norway-Bay et Sand-Point, 70 lignes, 1 insertion	7 00	
" ..	Annonces de soumission pour traverse entre Mansfield et Lapasse, 66 lignes, 2 insertions..	9 90	
German Post, The ..	Annonces de soumission pour traverse entre Manfield et Lapasse, 66 lignes, 2 insertions.............	9 90	
" ..	Annonces de soumissions pour traverse entre Norway-Bay et Sand Point, 70 lignes, 1 insertion............	7 00	
Equity, The.'........	Annonces de soumissions pour traverse entre Mansfield et Lapasse, 66 lignes, 2 insertions....	9 90	
Arnprior Chronicle,			
The	Annonces de soumissions entre Norway-Bay et Sand-Point, 70 lignes, 1 insertion..........................	7 00	
" ..	Annonces de soumissions entre Mansfield et Lapasse, 66 lignes, 1 insertion..........	6 60	
Cowan, J. A........	Annonces de soumissions entre Norway-Bay et Sand-Point, 70 lignes, 1 insertion......	7 00	
Davidson, A. F....	Frais judiciaires, Roi vs. F. J. Russell	142 90	
			207 20
	Impressions..	10 19	
	Papeterie.............	10 00	
			20 19
Laframboise, L.....	Traduction spéciale...............................	....	14 90
	Exportations d'énergie électrique.		
Lambe, A. B.	Frais de voyage......	....	93 30
	Grand total, concordant avec l'état n° 10, page 20....... .. ...'.. ...	.. ..	1,423 50

W. HIMSWORTH,
Sous-ministre.

Ministère du Revenu de l'Intérieur,
Ottawa, 1er juin 1914.

ANNEXE B—*Suite.*

N° 4—Détails des dépenses concernant la falsification des substances alimentaires
pour l'année terminée le 31 mars 1914.

A qui payé.	Service.	Déduction pour fonds de retraite.	Garantie.	Montants payés.	Total des montants payés.
	Falsification des substances	$ c.	$ c.	$ c.	$ c.
	alimentaires.				
Cameron, D. M., Hamilton, Ont.	Appoint. d'inspecteur d'aliments,	...r....	0 45	166 20	
	du 1er avril au 31 août 1913.				
Hogan, Jas., Kingston, Ont.....	Appoint. d'inspecteur d'aliments,	....	1 08	198 84	
	pour l'année.				
Talbot, J., London, Ont........	" "	....	1 08	198 84	
Dager, H J., Toronto, Ont.	" "	....	1 08	198 84	
Costigan, J. J. Montréal, Q.....	" "	9 96	1 08	488 88	
Kearney, D. J., Montréal, Q....	" "	....	1 08	398 88	
Béland, F. X., Québec, Q.......	" "	....	1 08	298 92	
Rouleau, J. C.. St-Hyacinthe, Q..	" "	....	1 08	198 84	
Ferguson, J. C., St-Jean, N.-B..	" "	3 96	1 08	194 88	
Waugh, R. J., Halifax, N.-E...	" "	....	1 08	348 84	
Weeks, W. A,, Charlottetown,					
I.P.E.........................	" "	....	1 08	198 84	
Larivière, A. G., Winnipeg, Man.	" "	....	1 08	232 20	
Markley, A.W.R, Calgary, Alta	Du 1er sept. 1913 au 31 mars 1914..	....	0 63	174 37	
Power, J. F., Vancouver, C.-B..	Appoint. d'inspecteur d'aliments,	....	0 95	175 65	
	pour l'année.				
O'Sullivan, D. Victoria, C.-B....	" "	....	1 08	198 84	
Parker, T., Nelson, C.-B.........	" "	....	1 08	198 84	
		13 92	16 07	3,870 70	3,870 70

ANNEXE B—*Suite.*

N° 4—Détails des dépenses concernant la falsification des substances alimentaires
pour l'année terminée le 31 mars 1914—*Suite.*

A qui payé.	Service.	Montants payés.	Total des montants payé.
	FALSIFICATION DES SUBSTANCES ALIMENTAIRES.	$ c.	$ c.
	Dépenses contingentes.		
McGill, pour le laborat. d'Ottawa.	Frais de voyages	501 03	
	Assistance spéciale	510 00	
	Divers	2,815 97	
Cameron, D. M., Hamilton, Ont.	Frais de voyages et achats d'échantillons, etc	246 82	
Hogan, Jas., Kingston, Ont.	" "	237 74	
Talbot, J., London, Ont.	" "	212 79	
Rickey, J. A., Ottawa et Hull		301 95	
Dager, H. J., Toronto, Ont	"	221 71	
Costigan, J. J., Montréal, Qué.		485 17	
Kearney, D. J., Montréal, Qué.		248 46	
Béland, F. X., Québec, Qué.	" "	398 14	
Rouleau, J.C.,St-Hyacinthe,Qué.		535 95	
Ferguson, J. C., St-Jean, N.-B.		361 18	
Waugh, R. J., Halifax, N.-E	• "	332 19	
Weeks, W. A., Charlottetown, I.-P.-E.	"	28 84	
Larivière, A.G., Winnipeg, Man.		191 78	
Markley, A. W. R., Calgary, Alberta	"	354 01	
Power, J. F., Vancouver, C.-B.		62 33	
O'Sullivan, D., Victoria, C.-B.	" "	164 65	
Parker, D., Nelson, C.-B.	" "	266 45	
Brochu, O., Armagh, Qué.	Assistance spéciale et frais de voyages, etc	126 41	
Delorey, M. Big-Tracadie,N.-B.	" " "	140 70	
Lavallée, V. P., Joliette, Qué.	" "	868 40	
Renault, L., Montmagny, Qué.	" "	87 47	
Scott, J. O, Régina, Moosejaw.	"	28 75	
Cadieux, N., St-Jérôme, Qué.		103 66	
Pelletier, Alp., Ste-Perpétue,Qué.		578 75	
Roy, F.X., St-Philippe de Néri.	" "	143 55	
			10,554 85
Valade, Dr. F. X	Allocat. sur honor. retenus en vertu de la loi	200 00	
	" pour loyer	100 00	
	" mat. e^npl. p. analyse	100 00	
			400 00
Fagan, Dr C. J	" retenus en vertu de la loi	200 00	
	" pour loyer	100 00	
	" en v, du mat. empl. p. analyse	100 00	
			400 00
Bowman, M	" retenus en vertu de la loi	200 00	
	" empl. ρ. analyse	100 00	
			300 00
Donald, Dr J. T	" retenus en vertu de la loi	200 00	
	" pour loyer	100 00	
	" mat. empl. p. analyse	100 00	
	Honoraires retenus comme employé du laboratoire des aliments types	300 00	700 00
Ellis, Dr W. H	" "		300 00
Carnew, W	Frais judiciaires *vs.* diverses personnes		40 00
Thurston & Boyd	" "		300 00
Béland, F. X. W	" "		205 10
Gellan, C. E	" "		30 00
Murray & McKinnon	" "		36 00
Wells, T	" "		60 15
Fortin, G	" "		60 00
Rigne , T. J	" "		67 40
Woody R. E	" • "		40 00
Graydon & Graydon	" "		50 00

ANNEXE B—*Suite.*

N° 4—Détails des dépenses concernant la falsification des substances alimentaires pour l'année terminée le 31 mars 1914—*Suite.*

A qui payé.	Service.	Montants payés.	Total des montants payés.
	FALSIFICATION DES SUBSTANCES ALIMENTAIRES.	$ c.	$ c.
	Dépenses contingentes.		
Curran, T. J.	Frais judiciaires *vs.* diff. pers		386 00
Shurtleff, W. L	" "		42 20
Sangsters, H. W	" "		30 00
Tiette, J. A	" "		52 25
Kidd, W. J	" "		20 00
Brassard, E	" "		154 00
Lefèbre, F	" "		35 20
Lewinson, E. R	" "		20 00
Macdonald, A. A.	" "		58 00
DelaRonde, R. P	" "		117 80
Baird, W. J	Frais jud. *vs.* W. Cro-sin		20 00
Ward, H. A	" T. Rosevear		10 00
Taylor, G. T	" D. G. Macdonald		10 00
Wood, C. E	" W. J. Rantley		20 00
Renson, R. S	" W. Robinson, Ltd.		10 00
Unsworth, W. W	" Schnier		10 00
Coleman, W. W	" Turketop		20 00
Lussier & Guimond	" Adolphe Gladu		20 00
Saunders & Ingram	" Reeks & Co.		30 00
Rochon, G	" T. H. Leollins		16 50
McIver, W. E	" L. Lafrance		10 00
MacDonnell & Costello	" D. J. McDonald		10 00
Evans, T. W. W	" J. O. Wilson & Co.		42 40
Stewart, H. A	" Cameron & Downing		5 00
Lymans, Ltd	Fournitures et appareils pour laboratoire		1,491 36
Topley Co., The	" "		813 39
American Can Co	" "		70 82
Eimer & Amend	" "		68 85
International Instrument Co	" "		18 36
3 H. Manfg. Co	Fournitures pour laboratoire		9 85
American Platinum Works	"		117 55
McLennan, J. R	Installation et completion de garnit. de chaudière.		67 16
Collectors of Customs	Droit sur importation d'effets		13 46
Beaty Snow & Naswith	Frais judiciaires		5 00
The 2 Macs	9 habits de laboratoires		20 25
McKenzie, prof. J. J	Frais de voyages *re* bureau des examinateurs		124 60
Girdwood, Dr G. P.	"		100 00
Choquette, Revd. C. P	"		104 56
Gooderham & Worts, Ltd	Alcool pour laboratoires et frais de messag., etc.		52 51
Pritchard&AndrewsCo.,Ltd.,The	Estampes et réparations		13 90
Julian Sole Leather Goods Co., Ltd., The	Caisses à 25 bouteilles		28 75
Guimond, Mme	Nettoyage du laboratoire		120 00
Lafleur, E., Mme	"		266 00
Dessaint, Mme	"		364 00
Turpin, A., Mme	"		312 00
Esmonde Mfg. Co	1 réfrigérateur, etc.		134 96
Postmaster, Ottawa	Timbres		20 00
Himsworth, W. H	Menus déboursés		49 62
Laframboise, L	Traduction spéciale		15 33
David, J. A	"		51 50
	Total		23,017 33
	Ajoutez—impressions	5,490 21	
	papeterie	416 27	
			5,906 48
	(Déboursés actuels, moins fonds de pension et de garantie) correspondant à l'état n° 6, pages 15-16		28,923 81

Ministère du Revenu de l'Itérieur,   W. HIMSWORTH
Ottawa, 1er juin 1914,   *Sous-ministre*

ANNEXE B—*Suite.*

N° 5—Dé[r]aILS des dépenses concernant la falsification des substances alimentaires pour l'année terminée le 31 mars 1914—*Suite.*

Noms.		Division.	Sub-division.	Période.	Déductions pour			Montants payés.	Total des montants payés.
					Fonds de pension.	Fonds de retraite.	Assu-rance.		
					$ c	$ c. $ c.		$ c.	$ c.
Nantel, Hon. W B.........	Ministre.....			Pour l'année..				7,000 00	
H[.]msworth, W..	Sous-ministre.	1	A	"				5,575 00	
Vincent, J. U...	Ass.-sous-min	1	A	Du 1er octobre 1913 au 31 mars 1914...			82 50	1,567 50	
Valin, J. E.....	Compt. chef..	1	A	Pour l'année..				2,825 00	
Taylor, G. W..	Secrétaire....	1	A	"	....	51 00		2,499 00	
Shaw, J. F.....	1er com. de la statistique..	1	A	"	....			2,700 00	
Doyon, J. A....	Com[.]nis	1	B	"	....	54 00		2,646 00	
Westman, T...	"	1	B	"	....	48 00		2,352 00	
Laflamme, J. L. K.........	Secrét. partic.			"	....			600 00	
"	Commis . .	1	B	"	....		111 25	2,113 75	
Quain, R.	Ass.-secrétaire	1	B	"	....	66 00	61 92	2,072 08	
Fowler, G ...	Commis......	1	B	"	....		87 50	2,200 00	
Brodeur, P. E S.	"	2	A	"	....			1,662 50	
Hughes, P. A...	"	2	A	"	....	59 50	55 92	1,584 58	
McCullough. A.	"	2	A	"	....	34 00		1,666 00	
Halliday, W. A.	"	2	A	"	....	57 75		1,592 25	
Roy, L. G	"	2	A	"	....	57 75		1,592 25	
Chateauvert, G. E.........	"	2	B	"	....	80 00		1,520 00	
Gervais, J.H....	"	2	B	"	....	80 00		1,520 00	
Learoyd, D.....	"	2	B	Du 1er avril au 30 septembre 1913...........	....	21 24		403 84	
Lawless, E. M..	"	3	A	Pour l'année..	....	60 00		1,140 00	
Hagerty, B.....	"	3	A	"		60 00		1,140 00	
Doyle, E. F ...	"	3	A	"		60 00		1,140 00	
Watson, V. M..	"	3	A	"		60 00		1,140 00	
Goodhue, M. L. E. B.........	"	3	A	"		60 00		1,140 00	
Trumpour, G...	"	3	A	"		60 00		1,140 00	
Furlong, C. J...	"	3	A	"		60 00		1,140 00	
Beard, M. H...	"	3	A	"		60 00		1,140 00	
Griffith, M. L..	"	3	A	"		60 00		1,140 00	
Yetts, R. P....	"	3	A	"		36 75		1,013 25	
Lewis, H. B . .	"	3	A	"		54 38		1,033 12	
Teevens, L. P..	"	3	A	"		52 50	47 28	950 22	
Allen, A. T....	"	3	A	"		52 50		997 50	
Lyon, Anna V..	"	3	A	"		54 38		1,033 12	
Robert, A......	"	3	A	"		50 00		950 00	
Evans, C. J	"	3	A	"		60 00	41 04	1,098 96	
Cantin, J.W.Z..	"	3	B	Du 1er avril au 31 août 1913...........		50 00	53 04	896 96	
Bourgeois, E. ..	Messager.....			Pour l'année..		11 87		225 62	
Roy, L.........	"			"		40 00		760 00	
Desroches, L. ..	"			"		40 00		760 00	
McGill, A	Analiste en ch.	1	A	"		31 25		593 75	
Lemoine, A.....	Analiste......	2	A	"	68 00			3,332 00	
Valin, J. A. G.	"	2	A	"		85 00		1,615 00	
Forster, F. L. C..	"	2	A	"		85 00	36 24	1,578 76	
Forward, C. C..	"	2	A	"		85 00		1,615 00	
Kitto, W. V....	"	2	A	"		85 00		1,615 00	
Rickey, J. A. ..	Commis	3	A	"		81 88		1,585 62	
Wright, S. E..	"	3	A	"		60 00	75 36	1,064 64	
				"		60 00		1,140 00	

ANNEXE B—*Suite.*

Nº 5—DÉTAILS des dépenses du ministère pour l'année terminée le 31 mars
1913—*Suite.*

Noms.		Division.	Sub-division.	Période.	Fonds de pension.		Fonds de retraite.		Assurance	Montants payés.		Total des montants payés.	
					$	c.	$	c.	$ c.	$	c.	$	c.
Dawson, J.A.M.	Ass. analyste..	2	B	Du 1er mai 1913 au 31 mai 1914...			73 33		......	1,393 24			
Couture, Papineau A.....	"	2	B	Pour l'année..			65 00		......	1,235 00			
Ladouceur, J...	Commis	3	A	" ..			60 00		75 12	1,064 88			
Leckie, T. L....	Messager....			" ..			28 75		......	546 25			
Armstrong, W. .	Surint. de la fabri. de spiri. méthyliques..	1	B	" ..			105 00		.....	1,995 00			
Parent, F......	Commis ....'..	3	A	" ..			60 00		.....	1,140 00			
Popham, F. H ..	Gardien d'entrepôt......			Du 1er avril 1913 au 28 février 1914.			86 63		.....	696 63			
Rioual, Yves...	"			Pour l'année..			27 50		.....	522 50			
Cloutier, E....	"			" ..			27 50		.....	522 50			
Dunn, John T..	"			Du 2 mars au 31 mars 1914...			2 02		.....	38 30			
Higman, O......	Ing.-électriq ie en chef et insp. du gaz......	1	A	Pour l'année..			160 00		......	3,040 00			
Dupré, H. A. ..	Commis......	1	B	Du 5 mai 1913 au 31 mars 1914..			95 12		.....	1,807 30			
Cole, N. R.	"	3	A	Pour l'année..			58 75		.....	1,116 25			
Mathews,E.D.K	"	3	A	" ..			47 50		.....	902 50			
McKell, M.E.E.	"	3	B	" ..			38 75		.....	736 25			
Way, E. O......	Insp. en chef des p. et m..	1	B	" ..			107 50		.....	2,042 50			
Ostigny, L. R..	Commis......	2	B	" ..			80 00		.. .	1,520 00			
Barbeau, L.....	"	3	B	" ..			40 00		.. .	760 00			
Burgess, T. H..	Charpentier ..			" ..			50 00		.....	950 00			
Chénier, E.....	Grade infér...			" ..			26 88		.....	510 62			
				Totaux	532 75		3,231 43		445 92	102,319 99		102,319 99	

ANNEXE B—*Suite.*

N° 5—Détails des dépenses du ministère pour l'année terminée le 31 mars 1914—*Suite.*

Noms.	Services.	Montants payés	Total des montants payés.
		$ c.	$ c.
L'hon. W. B. Nantel............	Frais de voyages..................................	400 00	
W. Himsworth.................	Menus dépenses..................................	195 33	
E. Berland	Appoint. pour commis suppl. du 1er avril au 30 juin 1913................	325 01	
L. B. Brossard	" du 1er avril au 30 sept. 1913.	650 00	
H. Cyr	" pour l'année	537 45	
V. Labelle...................	" du 1er avril au 30 sept. 1913.	250 00	
J. T, Keliber.................	" du 7 fév. au 30 sept. 1913...	495 37	
M. Lefebvre..................	" du 16 juin au 20 août 1913..	89 37	
J. P. Ethier..................	" du 3 sept. au 31 mars 1914..	288 84	
L. Lallier....................	" du 23 sept. 1913 au 31 mars 1914...	250 00	
Eugène Grignon	" du 11 novembre au 28 février 1914...................	152 75	
C. F. Sheppard................	" du 1er janv. au 31 mars 1914	124 98	
J. M. Bouliane...............	" du 27 janv. au 31 mars 1914.	90 04	
Cie de télégraphe du G.N.G.....	Télégrammes	110 54	
Cie de télégraphe du Pac. Can.....	"	225 88	
Cie de la téléphone Bell	Messages	127 25	
Cr. R. G. pour imprimeur du roi...	Impressions..............	1,844 73	
" " ..	Publications	153 95	
Cr. R. G. p. dép. cont. de la papet..	Papeterie..................	2,290 24	
Thorton & Truman	Réparations, etc...................	6 75	
Birkett, T. & Son Co., Ltd........	Ferronneries.....................	3 07	
G. Verdier	Photographie agrandie, etc.............	12 00	
Edmonton Journal.	Abonnement........................	3 00	
The Citizen, Vancouver.........	"	1 00	
Daily Province, Vancouver........	"	3 00	
Saturday Sunset "	"	6 00	
Daily Colonist, Victoria..........	"	5 00	
The Week "	"	2 00	
Le Manitoba, St-Boniface	"	1 00	
Les Cloches, de "	"	2 00	
Grain Growers' Guide, Winnipeg..	"	1 00	
Northwest Review " ..	"	1 00	
Winnipeg Telegram " ..	"	2 00	
The World, Chatham, N.-B.......	"	2 00	
L'Evangeline, Moncton......... ...	"	1 00	
Le Moniteur Acadien, Shediac ...	"	1 00	
St. John Globe. St. John	"	5 00	
Bridgwater Bulletin	"	1 00	
Halifax Herald	"	5 00	
Evening Mail, Halifax..........	"	2 00	
Windsor Tribune, N.-E.........	"	1 00	
The Intelligencer, Belleville......	"	3 00	
The Planet, Chatham	"	4 00	
Guelph Herald	"	4 00	
Hamilton Herald	"	3 60	
The Spectator, Hamilton........	"	3 00	
Labor News, Hamilton........	"	1 00	
Free Press, London	"	3 00	
Evening Citizen, Ottawa........	"	30 70	
Evening Journal "	"	14 40	
Free Press "	"	10 80	
United Canada "	"	1 50	
Times, Peterborough	"	10 00	
The Standard, St. Catharines......	"	3 00	
Canadian Mining Journal, Toronto.	"	4 00	
Mail and Empire, Toronto........	"	3 00	
Evening Telegram "	"	3 00	

ANNEXE B—*Suite.*

N° 5—DÉTAILS des dépenses du ministère pour l'année terminée le 31 mars
1914—*Suite.*

Noms.	Services.	Montants payés.	Total des montants payés.
		$ c.	$ c.
Daily Star	Abonnements	3 00	
Globe, Toronto	"	6 00	
Freemason, Toronto	"	1 00	
Catholic Register and Cenadian Extension, Toronto	"	1 00	
The News, Toronto	"	4 50	
Toronto World	"	5 00	
Saturday Night, Toronto	"	9 00	
The Express, Woodstock	"	1 00	
Daily Examiner, Charlottetown	"	2 50	
Progrès du Saguenay, Chicoutimi	"	1 00	
L'Action Canadienne, Fraserville	"	1 00	
La Semaine, Grand Mère	"	1 00	
L'Etoile du Nord, Joliette	"	0 75	
L'Avenir, de Joncquières	"	1 00	
Le Peuple Montmagny	"	1 00	
Gazette, Montréal	"	18 00	
L'Action "	"	4 00	
La Patrie "	"	7 00	
La Presse "	"	7 00	
La Revue Canadienne, Montréal	"	6 00	
Moniteur du Commerce "	"	2 00	
Nationaliste, Montréal	"	2 00	
Le Pays "	"	2 00	
Le Devoir "	"	9 00	
Revue Franco-Americaine, Montréal	"	4 00	
The Herald, Montréal	"	6 00	
Montreal Star "	"	6 00	
Daily Telegraph and Witness, Montréal	"	6 00	
L'Action Sociale, Québec	"	6 00	
La Nouvelle-France "	"	3 00	
La Semaine Commerciale, Québec	"	2 00	
L'Evénement, Québec	"	3 00	
La Vérité "	"	2 00	
The Chronicle "	"	3 00	
Progrès du Golfe, Rimouski	"	1 00	
L'Eveil, Sorel	"	1 00	
Le Sorelois, Sorel	"	2 00	
La Tribune, St-Hyacinthe	"	1 00	
Le Ralliement, St-Joseph Beauce	"	2 00	
Le Bien Public, Trois-Rivières	"	1 00	
Le Mineur, Thetford Mines	"	1 00	
L'Echo des Bois Francs, Victoriaville	"	1 00	
Le Journal, Waterloo	"	1 00	
Canada Français, St-Jean	"	1 00	
La Sociéte de Géographie, Québec	"	2 00	
Le Patriote, Duck-Lake, Sask.	"	1 00	
Jones, Yarnell & Co., Londres, Ang	"	17 03	
Journal of Gas Lighting "	"	6 69	
Le Canada, Londres, Ang	"	7 00	
American Food Journal, Chicago	"	1 50	
Munn & Co., New-York	"	8 25	
Tobacco World, Philadelphia	"	2 00	
La Canadienne, Paris, France	"	4 00	
The Standard of Empire, Toronto	"	4 00	
	Totaux		8,972 77

5 GEORGE V, A. 1915

ANNEXE B—*Suite.*

N° 5—Détails des dépenses du ministère pour l'année terminée le 31 mars
1914—*Fin.*

Noms.	Services.	Montant payés.	Total des montants payés.
		$ c.	$ c.
	Total dépensé....................	....	111,292 76
	Ajoutez—Balance due au 31 mars 1914....	....	16 66
			111,309 42
	Moins—Balance due le 30 avril 1913.......	.. ..	16 66
	Ces déboursés correspondent avec l'état n° 16, page 44........	....	111,292 76

Ministère du Revenu de l'Intérieur,   W. HIMSWORTH,
Ottawa, 1er juin 1914.   *Sous-ministre.*

' ANNEXE B—*Suite.*

N° 6—DÉTAILS des dépenses des poids et mesures pour l'année terminée
le 31 mars 1914—*Suite.*

A qui payé.	Service.	Déductions pour			Montants payés.	Total des montants payés.
		Fonds de pension.	Fonds de retraite.	Fonds de garantie.		
	Belleville.	$ c.	$ c.	$ c.	$ c.	$ c.
Diamond, F. D...	Appoint. d'inspecteur pour l'année....				3 60	
Slattery, T.. ...	" de sous-inspecteur, mis à sa retraite le 1er déc. 1913.. ...		10 64		45	996 36 522 19
Kylie, R.:.......	" de sous-inspecteur, pour l'année				1 80	798 12
Howson, G. H....	" " "				1 80	798 12
	Appointements..		10 64		7 65	3,114 79
	Dépenses contingentes.........					2,460 95
						5,575 74
	Hamilton.					
Sealey, J. C	Appoint. d'inspecteur, pour l'année....				3 60	1,396 32
Fitzgerald, E. W..	" de sous-inspecteur, pour l'année				1 80	998 16
Wheatley, A. E...	" " "				1 80	1,098 12
Laidman, R. H...	" " "				1 80	1,098 12
Robins, S. W.....	" " "				1 80	948 12
Clegg, J.........	" " "				1 80	848 16
Brick, J. H.......	" " "				1 80	798 12
	Appointements....				14 40	7,185 12
	Dépenses contingentes.........					1,681 19
						8,866 31
	Kingston.					
Gallagher, T......	Appoint. d'inspecteur, pour l'année. ..				3 60	1,096 32
MacLean, C. E...	" de sous-inspecteur, pour l'année				1 80	614 86
Davis, J. M...	" de sous-inspecteur, du 1er nov. 1913 au 31 mars 1914........				60	249 40
	Appointements.				6 00	1,960 58
	Dépenses contingentes.........					1,428 06
						3,38
	London.					
Hughes, R. A	Appoint. d'inspecteur, pour l'année....				3 60	1,346 34
Coughlin, D	" de sous-inspecteur, pour l'année				1 80	998 16
Thomas, J. S.....	" " "				1 80	998 16
Liddle, D.........	" " "				1 80	900 61
Cada, T. A.......	" de sous inspecteur, du 1er juin 1913 au 31 mars 1914...				75	332 56
Robinson, J. T....	" de sous-inspecteur, du 1er avril 1913 au 1er nov. 1913........				1 50	665 11
	Appointements.				11 25	5,240 94
	Dépenses contingentes.........					3,556 65
						8,797 59
	Ottawa.					
Hinchey, E. H. ..	Appoint. d'inspecteur pour l'année.....				3 60	1,564 39
Breen, J.........	" de sous-inspecteur, pour l'année				1 80	1,073 13
Findlay, R.......	" " "				1 80	1,048 20
Hodgins, G. C....	" " "				1 80	661 07
Trumpour, F.T.T.	" " "				1 80	610 68
Church, G. C.....	" " "				1 80	748 20
	Appointements.. ... .,..... .				12 60	5,705 67
	Dépenses contingentes.........					3,745 93
						9.451 60

ANNEXE B—*Suite.*

N° 6—Détails des dépenses des poids et mesures pour l'année terminée
31 mars 1914—*Suite.*

A qui payé.	Service.	Déductions pour			Montants payés.	Total des montants payés.
		Fonds de pension.	Fonds de retraite.	Fonds de garantie.		
		$ c.	$ c.	$ c.	$ c.	$ c.
	Toronto.					
McConvey, J. J..	Appoint. d'inspecteur, pour l'année....			3 60	1,496 40	
Wright, R. J.....	" de sous-inspecteur, pour l'année	21 96		1 80	1,076 16	
Smith, J. C......	" " "			1 80	1,008 90	
Murdock, Jas,. ..	" " "			1 80	998 16	
Cruickshank, J.L.	" " "			1 80	898 20	
Fallowdown, W.A	" " "			1 80	814 79	
McEachern, C. A.	" " "			1 80	798 12	
Stokes, R. A.....	" d'inspecteur, du 1er juin 1913 au 31 mars 1914......... ..			1 50	831 80	
	Appointements...	21 96		15 90	7,922 53	
	Dépenses contingentes........				2,528 23	10,450 76
	Montréal.					
Archambault, J.E.	Appoint. d'inspecteur, pour l'année....			3 60	1,796 40	
Daoust, .J. A.....	" de sous-inspecteur, pour l'année	25 65		1 80	1,255 85	
Hébert, J. A.....	" " "			1 80	1,281 50	
Boudet, E.......	" " "			1 80	1,039 81	
Beaulac, J. H....	" " du 1er avril au 31 oct. 1913. Décédé le 23 oct. 1913			1 05	582 26	
Galipeau, J. B. N.	" de sous-inspecteur, pour l'année			1 80	939 85	
Wilson, J. C......	" " "			1 80	939 85	
Pélanger, S. F....	" " "			1 80	681 50	
Chapleau, J. R...	" " "			1 80	681 50	
	Appointements....	25 65		17 25	9,198 52	
	Dépenses contingentes......				4,939 36	14,137 88
	Québec.					
Roy, C. E........	Appoint. d'inspecteur, pour l'année			3 60	1,596 36	
Lebel, J. A. W...	" de sous-inspecteur. Suspendu du 22 août au 1er oct. 1913..	38 40		1 80	938 49	
Préfontaine, F. H..	" de sous-inspecteu. Service dispensé le 1er août 1913........			0 60	316 04	
Knowles, C	" de sous-inspecteur, pour l'année			1 80	998 16	
Caldwell, A. B...	" " Service dispensé le 1er août 1913			0 60	149 40	
Beauchamp, L. E.	" de sous-inspecteur, pour l'année			1 80	598 20	
Bernatchez, A....	" " "			1 80	598 20	
Duchesne, N.....	" " "			1 80	598 20	
Bourget, L. J. ...	" " "			1 80	998 16	
	Appointements..............	38 40		15 60	6,791 21	
	Dépenses contingentes.				5,969 12	12,760 33
	St-Hyacinthe.					
Morin, J. P	Appoint. d'inspecteur, pour l'année....			3 60	1,296 36	
Dessert, V.....	" de sous-inspecteur, pour l'année			1 80	948 12	
Champagne, J. A.	" " "			1 80	698 16	
Boisvert, J. F	" " du 1er déc. au 31 mars 1914.			0 45	199 55	
	Appointements.............			7 65	3,142 19	
	Dépenses contingentes.......				1,113 69	4,255 88

DOC. PARLEMENTAIRE No 12

ANNEXE B—*Suite.*

N° 6—DÉTAILS des dépenses des poids et mesures pour l'année terminée le
31 mars 1914—*Suite.*

A qui payé.	Service.	Fonds de pension.	Fonds de retraite.	Garantie.	Montants payés.	Total des montants payés.
		\$ c.	\$ c.	\$ c.	\$ c.	\$ c.
	Sherbrooke.					
Fournier, L. A ..	Appoint. d'inspecteur pour l'année....			3 60	1,396 36	
Délorme, O. C....	" sous-inspecteur pour l'année..			1 80	898 14	
Lemire, J. N.... .	" " du 1er juin 1913 au 31 mars 1914........			1 50	531 82	
	Appointements......			6 90	2,826 32	
	Dépenses contingentes				2,833 20	
						5,659 52
	Trois-Rivières.					
Lessard, A......	Appoint. d'inspecteur pour l'année.....			3 60	996 36	
Bolduc, E........	" sous-inspecteur pour l'année..		*66 00	1 80	782 16	
	Appointements..............		66 00	5 40	1,778 52	
	Dépenses contingentes. ...				1,136 31	
						2,914 83
	St-Jean.					
Barry, Jas..	Appoint. d'inspecteur pour l'année........			3 60	1,496 40	
Bernier, J. A.....	" sous-inspecteur pour l'année..			1 80	798 12	
White, H. E.....	" " "			1 80	948 12	
LeBlanc, O. J. O..	" " "			1 80	698 16	
Limerick, A. K..	" " du 1er juin 1913 au 31 mars 1914........			1 50	498 0	
	Appointements.....			10 50	4,439 30	
	Dépenses contingentes.				577 98	
						5,017 28
	Halifax.					
O'Brien, W.......	Appoint. d'inspecteur pour l'année.....			3 60	1,096 32	
Waugh, R. J.. ...	" sous-inspecteur pour l'année..			1 80	698 16	
Dillon, D. H......	" " "			1 80	598 20	
	Appointements.............			7 20	2,392 68	
	Dépenses contingentes......				1,882 96	
						4,275 64
	Pictou.					
Dustan, W.M... .	Appoint. d'inspecteur pour l'année.....	27 96		3 60	1,368 36	
Chisholm, J. J....	" sous-inspecteur pour l'année..			1 80	906 53	
Campbell, D. A...	" " du 1er juin 1913 au 31 mars 1914...			1 50	598 46	
	Appointements	27 96		6 90	2,873 35	
	Dépenses contingentes				1,400 55	
						4,273 90
	Charlottetown.					
Davy, Edw.......	Appoint. d'inspecteur pour l'année.....			3 60	1,096 32	
Hughes, H	" sous-inspecteur pour l'année..			1 30	848 16	
	Appointements.....			5 40	1,944 48	
	Dépenses contingentes......				328 52	
						2,273 00
	Winnipeg.					
Walton, Geo......	Appoint. d'inspecteur pour l'année.....			3 60	1,696 32	
McKay, R.......	" sous-inspecteur pour l'année..			1 80	1,098 14	
Gilby, W. F.....	" " "			1 80	698 16	

*Assurance.

ANNEXE B—*Suite.*

N° 6—DÉTAILS des dépenses des poids et mesures pour l'année terminée le 31 mars 1914—*Suite.*

A qui payé.	Service.	Déductions pour			Montants payés.	Total des montants payés.
		Fonds de pension.	Fonds de retraite.	Fonds de garantie.		
	Winnipeg—Suite.	$ c.	$ c.	$ c.	$ c.	$ c.
Spicer, H.........	Appoint. de sous-inspecteur pour l'année			1 80	898 20	
MacLean, D. J...	" " "			1 80	898 20	
Grant, C. D.....	" " "			1 80	898 20	
Kerr, John.......	" " du 1er juin 1913, au 31 mars 1914...			1 50	748 50	
	Appointements......			14 10	6,935 72	
	Dépenses contingentes......				2,979 10	
						9,914 82
	Calgary.					
Costello, J. W....	Appoint. d'nspecteur pour l'année.....	31 92		3 60	1,564 44	
Gibson, C........	" sous-inspecteur du 1er déc. 1913 au 31 mars 1914. ...			45	299 55	
McLeod N. T....	" " "			45	299 55	
	Appointements..............	31 92		4 50	2,163 54	
	Dépenses contingentes.....				3,960 64	
	Saskatoon.					6,124 18
Johnston, C. W..	Appoint. d'inspecteur pour l'année.....			3 60	1,596 36	
MacKinnon, J. W.	" sous-inspecteur, du 1er avril 1913 Démission, 1er sept. 1913........			75	374 25	
Hayward, A. C...	" sous-inspecteur du 20 aout 1913 au 31 mars 1914.....			75	299 40	
Welch, W. R.....	" sous-inspecteur du 1er déc. 1913 au 31 mars 1914....			45	299 55	
Wallace, R.......	" " "			45	399 55	
	Appointements...............			6 00	2,969 11	
	Dépenses contingentes......				5,478 98	
	Nelson.					8,448 09
Parker, Thos	Appoint. d'inspecteur pour l'année			3 60	1,246 32	
	Appointements.......... ...			3 60	1,246 32	
	Dépenses contingentes .				2,801 99	
	Vancouver.					4,048 31
Dutton, A. H.....	Appoint. d'inspecteur pour l'année			3 60	1,196 40	
Harris, W. H.....	" sous-inspecteur pour l'année..			1 80	848 16	
Shaw, J..........	" " "			1 80	348 12	
	Appointements...............			7 20	2,392 68	
	Dépenses contingentes......				737 05	
	Yukon.					3,129 73
MacDonald, J. F.	Appoint. d'inspecteur du 1er avril 1913 au 1er janv. 1914.........			2 70	747 59	
	Appointements...............			2 70	747 59	
	Inspecteur en chef.					747 59
Way, E. O	Dépenses contingentes......				516 45	516 45

ANNEXE B—*Suite.*

N° 6—DÉTAILS des dépenses des poids et mesures, pour l'année terminée le 31 mars 1914—*Suite.*

A qui payé.	Service.	Montants payés.	Total des montants payés.
	Allocations provisoires.	$ c.	$ c.
Walton, G., Winnipeg, Man.	Payé à McKay, R.	150 00	
" "	" Gilby, W. F	150 00	
" "	" Spicer, H.	150 00	
" "	" McLean, D. J.	150 00	
" "	" Grant, C. D.	150 00	
" "	" Kerr, Jno.	150 00	
" "	" Walton, Geo.	99 97	
			999 97
Costello, J. W., Calgary, Alta	" Gibson, Christian	92 74	
" "	" Macleod, N. T.	149 98	
" "	" McDougall, J. C	106 85	
" "	" Costello, J. W	99 97	
Dutton, Art. H.,			449 54
Vancouver, C.-B.	" Dutton, A. H	124 92	
" "	" Harris, W. H.	150 00	
Johnston, C. W.,			274 92
Saskatoon, Sask.	" Mackinnon, J. W.	62 50	
" "	" Hayward, A. C.	50 00	
" "	" Welch, Wm. R.	131 45	
" "	" McIntosh, Wm.	40 73	
" "	" Johnston, C. W.	99 96	
" "	" Wallace, Richard.	82 50	
" "	" Wood, Stephen	62 50	
" "	" Shaw, A	47 17	
" "	" Greig, J. T.	30 24	
			607 05
Parker, Thos., Nelson, C.-B.	" Sutherland, J. W.	150 00	
" "	" Parker, Thos.	124 92	
			274 92
	Total pour allocations provisoires		2,606 40
	Dépenses contingentes générales.		
Fyfes G. D	Appointements pour l'année		1,200 00
Percepteurs des douanes	Droits payés sur marchandises importées		35 84
Pritchard & Andrews, Ltd., The	Etampes et réparations, etc		643 16
Chaudière Machine and Foundry Co., Ltd	700 mesures étalon : 27,500 liv. à $5 par 100		1,375 00
American Bank Note Co	Timbres fournis.		392 65
Central Hardware Co., Ltd	3 douz. de boîtes d'étampes		27 00
Thornton & Truman	Clefs et réparations		3 50
Edwards, W. C., Co	500 pds de pin blanchi et charroyé		17 75
Ottawa Electric Co	Courant fourni pendant 9 mois		75 00
Thurston & Boyd	Frais légaux, Rex vs. T. Taylor		20 00
Steel Equipment Co.	Plaquer en nickel 3 jeux de balances		9 00
Muir, Jephson, Adams & Browlee	Frais légaux, Rex vs. Adolphe Johnston		20 00
Birkett & Son Co., Ltd., The	3 douz. de cadenas pour valises		18 00
Bertschinger, A. H.	Réparations au moteur électrique		29 75
Dominion Warehousing Co.	Frais d'emmagasinage		9 16
Campbell & Gendron	Frais légaux, Rex vs. G. Lemay		20 00
Stewart, H. A	Frais légaux, Rex vs. J. R. McLaurin		25 00
American Express Co	Frais de messagerie		16 12
Guimond, Madame	Services comme femme de journée pour l'année		177 00
Himsworth, W.	Menues dépenses		49 46
	Total des dépenses contingentes générales		4,163 39

5 GEORGE V, A. 1915

ANNEXE B—*Suite*.

Nº 6—DÉTAILS des dépenses des poids et mesures, pour l'année terminée le 31 mars
1914—*Fin*.

A qui payé.	Service.	Montants payés.	Total des montants payés.
	Comité international des poids et mesures:	$ c.	$ c.
	Contribution annuelle du Canada à la commission internationale des poids et mesures p. l'année 1913.	....	268 40
	AJOUTEZ—Impressions........ .. . .`.............	1,955 49	
	Papeterie.....................	525 02	
			2,480 51
	Grand total.................	....	144,546 77
	AJOUTEZ—Vieilles balances dues par les inspecteurs, 31 mars 1914............. ...	....	3 70
			144,550 47
	MOINS—Vieilles balances dues par les inspecteurs, 31 mars 1913...........	....	3 70
	Déboursés actuels (moins fonds de retraite, assurance, pension et garantie) correspondant avec les tableaux nº 19a et nº 19b, pages 50, 51.....	....	144,546 77

MINISTÈRE DU REVENU DE L'INTÉRIEUR,   W. HIMSWORTH,
OTTAWA, 1er juin 1914.   *Sous-ministre*.

ANNEXE B—*Suite.*

N° 7—Détails des dépenses de l'inspection du gaz pour l'année terminée le 31 mars 1914.

A qui payé.	Service.	Fonds de pension.	Fonds de retraite.	Fonds de garantie.	Montants payés.	Total des montants payés.
	Belleville.	$ c.	$ c.	$ c.	$ c.	$ c.
Diamond, F. D. ...	Appoint. de sous-inspect. du 1er avril au 1er juil. 1913. Tranf. à lum. élect....			45	74 55	
Bickle, J. W......	Appoint. de sous-inspect. pour l'année..	1 92		3 60	94 44	
Rork, Thos.......	,, ,, ,,			3 60	146 40	
	Appointements..............	1 92		7 65	315 39	
	Dépenses contingentes......				535 28	
						850 67
	Hamilton.					
Lutz, H.........	Appoint. d'inspecteur pour l'année. ...			3 60	1,496 40	
Murphy, F. C....	,, de sous-inspect. pour l'année..			1 80	1,198 20	
Dennis, W. A....	,, ,, ,,			1 80	148 20	
Powell, J. B......	,, ,, ,,			3 60	296 40	
Lovell, Ernest....	,, ,, du 1er déc. 1913 au 31 mars 1914.....			0 60	282 71	
	Appointements ...			11 40	3,421 91	
	Dépenses contingentes......				2,163 91	
						5,585 82
	London.					
Nash, A. F.......	Appoint. d'inspecteur pour l'année.....			3 60	1,696 40	
Skelton, A. R....	,, de sous-inspect. pour l'année..			1 80	968 99	
Male, T...... ..	,, ,, ,,			3 (0	96 36	
Thrasher, W. A .	,, ,, ,,			3 60	196 32	
Rennie, Geo......	,, ,, ,,			3 60	196 32	
Orr, H. N...... .	,, ,, ,,			1 80	198 12	
	Appointements..........			18 00	3,352 51	
	Dépenses contingentes......				1,100 12	
						4,452 63
	Ottawa.					
Roche, H. G......	Appoint. d'inspecteur du 1er avril au 1er fév. 1914. Déc. le 11 janv. 1914			3 00	1,321 97	
Roche, W. J......	,, de sous-inspect. pour l'année..			2 88	1,022 07	
Bond, M. B .. .	,, ,, ,,			2 88	1,022 07	
Couvrette, A. A.	,, ,, du 1er avril 1913. Nom. insp. le 15 janv. 1914			2 18	1,042 73	
Chevrier, Roméo J.	,, de sous-inspecteur du 27 mars 1914			0 02	13 42	
	Appointements....			10 96	4,422 26	
	Dépenses contingentes......				1,443 74	
						5,866 00
	Toronto.					
Stiver, J. L.......	Appoint. d'inspecteur pour l'année........ .	89 98		3 60	1,706 42	
Pape, Jas........	,, de sous-inspect. pour l'année .			1 80	1,448 16	
Reesor, M. M. W....	,, ,, ,,			1 80	1,298 16	
Renahan, M. J...	,, ,, ,,			1 80	989 82	
Ogden, G. J	,, ,, ,,			1 80	948 12	
Clark, H. M....	,, ,, ,,			1 80	998 17	
Johnstone, S. G ..	,, ,, ,,			1 80	998 16	
Wilson, H. H....	,, ,, ,,			1 80	998 16	
Mills, A. E......	,, ,, ,,			1 80	898 20	

5 GEORGE V, A. 1915

ANNEXE B—*Suite.*

N° 7—DÉTAILS des dépenses de l'inspection du gaz pour l'année terminée le 31 mars 1914—*Suite.*

A qui payé.	Service.	Fonds de pension.	Fonds de retraite.	Fonds de garantie.	Montants payés.	Total des montants payés.
		$ c.	$ c.	$ c.	$ c.	$ c.
	Toronto—Fin.					
Shanacy, M......	Appoint. de sous-inspect. pour l'année..	1 92	......		3 60	94 44
Broadfoot, S.....	" " " ..	6 00	......		3 60	290 40
Graham, W. J....	" " " ..	..	......		3 60	196 32
Hacker, A. N....	" " du 1er oct. 1913 au 31 mars 1914		......		0 90	399 06
	Appointements......	7 92	89 98	29 70	11,263 59	
	Dépenses contingentes......				684 57	
						11,948 16
	Montréal.					
Aubin, A........	Appoint. d'inspecteur pour l'année.....			3 60	1,996 32	
O'Flaherty, M.J..	" de sous-inspect. pour l'année..	...		1 80	1,081 51	
Aubin, C........	" " " ..			2 88	1,180 40	
Mann, W........	" " " ..			2 88	1,047 09	
Boucher, A. ...	" " du 1er avril au 30 juin 1913. Démissionné..			0 45	249 54	
Blandford, E. B...	" de sous-inspect. pour l'année..			1 80	1,048 17	
Clayton, J. W....	" " du 21 oct. 1913 au 31 mars 1914........			0 81	445 40	
	Appointements......			14 22	7,048 43	
	Dépenses contingentes......				504 65	
						7,553 08
	Québec.					
Levasseur, N.....	Appoint. d'inspecteur pour l'année	17 50	......	3 60	1,478 90	
Béland, E........	" de sous-inspect. pour l'année..		......	3 60	496 32	
	Appointements......	17 50		7 20	1,975 22	
	Dépenses contingentes				397 60	
						2,372 82
	Sherbrooke.					
Simpson, A. F....	Appoint. d'inspecteur pour l'année....	3 96	......	3 60	192 36	
Bowen, F. C....	" de sous-inspect. pour l'année..			1 80	298 20	
	Appointements........	3 96	......	5 40	490 56	
						490 56
	St-Hyacinthe.					
Benoit, L. V......	Appoint. d'inspecteur pour l'année.....			1 80	98 16	
						98 16
	Fredericton.					
Wilson, J. E......	Appoint. d'inspecteur pour l'année.....			1 80	98 16	
						98 16
	St-Jean.					
Wilson, J. E......	Appoint. d'inspecteur pour l'année.....			3 60	1.396 34	
	Dépenses contingentes.....				163 71	
						1,560 05

ANNEXE B—*Suite.*

N° 7—DÉTAILS des dépenses de l'inspection du gaz pour l'année terminée le 31 mars 1914—*Suite.*

A qui payé.	Service.	Déductions pour Fonds de pension.	Fonds de retraite.	Fonds de garantie.	Montants payés.	Total des montants payés.
	Halifax.	$ c.	$ c.	$ c.	$ c.	$ c.
Toale, J.........	Appoint. d'inspecteur pour l'année.....				3 60	1,296 37
Withers, S. W...	" de sous-inspect. pour l'année..				1 80	998 17
Munro, H. D.....	" " " ..	1 92			1 80	96 24
	Appointements...........	1 92			7 20	2,390 78
	Dépenses contingentes.....					591 66
	Charlottetown.					2,982 44
Bell, J. H........	Appoint. d'inspecteur pour l'année.....				3 60	496 32
	Winnipeg.					496 32
Hamilton, R....	Appoint. d'inspecteur pour l'année.....				3 45	1,646 40
Babington, F. C..	" de sous-inspect. pour l'année..				1 80	1,173 20
Ross, W. A.....	" " , "				1 89	848 07
Weber, Louis.....	" " " ..				1 95	998 16
Hood, H..........	" de sous-inspect., du 1er mars au 31 mars 1914...... ...				15	74 85
Pankhurst, Geo. F.	" de sous-inspect., du 1er oct. 1913 au 31 mars 1914				90	499 08
	Appointements...				10 14	5,239 76
	Calgary.					5,239 76
Kyle, W. P.	Dépenses contingentes.................					
	Edmonton.					402 64
Jones, Bruce B...	Dépenses contingentes.................					
	New-Westminster.					1 38
Wolfenden, W....	Appoint. d'inspecteur, du 1er avril au 1er juillet 1913		2 49	90	46 59	
	Vancouver.					46 59
Stott, Jas........	Dépenses contingentes.................					
	Victoria.					139 65
Dresser, F......	Appoint. d'inspecteur pour un an......				3 60	1,396 32
Shaw, J.........	" de sous-inspect. pour l'année...				3 60	96 36
	Appointements........				7 20	1,492 68
	Dépenses contingentes....					13 85
	Inspecteur fédéral de l'est.					1,506
Lambe, A. B.....	Dépenses contingentes...					175 6
	Inspecteur fédéral de l'ouest.					
Higman, O., jr....	Dépenses contingentes.................					499 8

`ANNEXE B—*Suite.*

N° 7—Détails des dépenses de l'inspection du gaz pour l'année terminée le
31 mars 1914—*Fin.*

A qui payé.	Service.	Montants payés.	Total des montants payés.

	Dépenses contingentes en général.	$ c.	$ c.
Pritchard & Andrews, Co., Ltd., The	Etampes, réparations générales, etc.	176 17	
Percepteur des douanes	Droits payés sur marchandises importées	322 25	
American Bank Note Co	Timbres fournis	150 00	
Canadian Consolidated Rubber Co	Boyaux en caoutchouc	321 12	
Baid, W. J	Frais judiciaires Rex *vs.* Vancouver Gas Co	138 50	
Wright, A. & Co., Ltd	24 brûleurs d'épreuves de soufre	88 82	
Lymans, Ltd	Entonnoirs, etc	5 25	
McPhillips & Wood	Frais judiciaires Rex *vs.* Vancouver Gas Co	59 60	
Dominion Warehousing Co	Fret et frais d'emmagasinage	63 15	
Sugg, W. & Co., Ltd	Appareil, etc., pour le laboratoire	1,208 71	
Roper, W. P	29 colorimètres	2,920 00	
Cie de messagerie Dominion	Frais de messagerie	5 64	
Cie de Ch. de fer Grand-Tronc	Fret	2 49	
Himsworth, W	Menues dépenses en argent comptant	24 70	
	Total, dépenses contingentes générales		5,486 40
	Ajoutez—Impressions	3,328 66	
	" Papeterie	1,418 08	
			4,746 74
	Grand total		62,613 01
	Ajoutez—Balanc. dues p. les insp. le 31 mars 1914		212 88
			62,825 89
	Moins—Balances dues par les insp. le 31 mars 1914		212 88
	Déboursés actuels (moins fonds de pension, fonds de retraite et fonds de garantie) correspondant à l'état n° 21, page 54		62,613 01

Ministère du Revenu de l'Intérieur,
Ottawa, 1er juin 1914.

W. HIMSWORTH,
Sous-ministre.

ANNEXE B—*Suite.*

N° 8—DÉTAILS des dépenses de l'inspection de la lumière électrique pour l'année
terminée le 31 mars 1914.

A qui payé.	Service.	Déductions pour garantie.	Montants payés.	Total des montants payés.
	Belleville.	$ c.	$ c.	$ c
Fraser, H	Appoint. de sous-inspecteur du 1er avril au 30 juin, et d'inspecteur du 1er juillet au 31 mars 1914	7 20	1,067 73	
Diamond, F. D...	" sous-inspect. du 1er juillet au 31 mars 1914	1 35	223 65	
	Appointements......	8 55	1,291 38	
	Dépenses contingentes......	.... ..	221 63	
	Fort-William.			1,513 01
Little, E	Appoint. d'inspecteur pour l'année......	3 60	1,196 40	
	Dépenses contingentes.....................	....	371 08	
	Hamilton.			1,567 48
Lutz, H	Dépenses contingentes....	....	....	682 00
	London.			
Nash, A. F.......	Dépenses contingentes..................	....	....	1,066 50
	Ottawa.			
Couvrette, A. A ..	Dépenses contingentes. ..../..............	....	....	671 45
	Toronto.			
Stiver, J. L..... ..	Dépenses contingentes......................	....	....	987 18
	Ontario.			
Kinsman, E. A....	Appoint. d'inspecteur pour l'année............	1 80	1,131 48	1,131 48
	Montréal.			
Aubin, A.........	Dépenses contingentes....	....	....	1,095 58
	Québec.			
Levasseur, N	Dépenses contingentes	....	....	687 00
	Sherbrooke.			
Simpson, A. F....	Dépenses contingentes....	....	....	149 56
	St-Hyacinthe.			
Provost, J. E.	Appoint. d'inspecteur pour l'année..................	1 80	298 20	
	Dépenses contingentes.....................	....	325 85	ᵌ
	Trois-Rivières.			624 05
Robitaille, G. W..	Appoint. d'inspecteur pour avril 1913..	15	41 51	
Olivier, A	" " du 19 août 1913 au 31 mars 1914.....................	2 22	306 87	
	Appointements..	2 37	348 38	
	Dépenses contingentes.	....	177 75	
				526 13

ANNEXE B—*Suite.*

Nº 8—Détails des dépenses de l'inspection de la lumière électrique pour l'année
terminée le 31 mars 1914—*Suite.*

A qui payé.	Service.	Déductions pour garantie.	Montants payés.	Total des montants payés.
	St-Jean.	$ c.	$ c.	$ c.
Wilson, J. E......	Dépenses contingentes			221 93
	Halifax.			
Toale, John.......	Dépenses contingentes..............			732 16
	Charlottetown.			
Bell, J. H........	Dépenses contingentes..			108 36
	Winnipeg.			
Hamilton, R......	Dépenses contingentes....			2,056 18
	Calgary.			
Kyle, W. P.......	Appoint. d'inspecteur pour l'année.................	3 60	1,496 40	
Jones, B. B.	" de sous-inspecteur pour l'année......... ...	1 80	1,198 26	
	Appointements..	5 40	2,694 60	
	Dépenses contingentes.................	... .	389 47	
	Edmonton.			3,084 07
Roe, E. A........	Appoint. d'inspecteur du 1er avril au 27 août 1913, résigné......................	1 50	603 33	
	Dépenses contingentes..................		1,108 26	
	Régina.			1,711 59
Hunter, W. M....	Appoint. d'inspecteur pour l'année..............	3 60	1,296 36	
Hart, S. N......	" de sous-inspecteur du 1er déc. 1913 au			
	mars 1914.............	0 60	399 40	
	Appointements	4 20	1.695 76	
	Dépenses contingentes.....	....	1,329 11	
	Vancouver.			3,024 87
Stott, Jas........	Appoint. d'inspecteur pour l'année.., -............ .	3 60	1,763 06	
Templeton, W. A.	" de sous-inspecteur pour l'année...... '.....	3 60	1,246 32	
Power, O. S . ..	" "	1 80	1,148 16	
Scouler, G. T....	" "	1 80	1,198 20	
Wolfenden, W....	" " du 1er juillet 1913 au 31 {	2 70	} 139 77	
	mars 1914................	7 47*		
	Appointements..	20 97	5,495 51	
	Dépenses contingentes...	....\	1,625 10	
	Victoria.			7,120 61
Dresser, F. ..·....	Dépenses contingentes.....	....	....	338 43
	Yukon.			
Macdonald, J. F..	Appoint. d'inspecteur du 1er avril au 31 déc. 1913....	2 70	372 58	
				72 5

Funds de retraite.

ANNEXE B—*Suite.*

N° 8—Détails des dépenses de l'inspection de la lumière électrique pour l'année
terminée le 31 mars 1914—*Suite.*

A qui payé.	Service.	Déductions pour garantie.		Montants payés.		Total des montants payés.	
	Mécanicien en chef.	$	c.	$	c.	$	c.
Higman, O., sr...	Dépenses contingentes.............................					851	19
	Inspecteur fédéral de l'est.						
Lambe, A. B....	Appointements pour l'année....................	3	60	2,571	33		
	Dépenses contingentes:.....................			292	25		
	Inspecteur fédéral de l'ouest.					2,863	58
Higman, O., jr...	Appointements pour l'année...................	3	60	2,571	33		
	Dépenses contingentes............. .			970	20		
						3,541	53

ANNEXE B—*Suite.*

N° 8—DÉTAILS des depenses de l'inspection de la lumière électrique pour l'année
terminée le 31 mars 1914—*Suite.*

A qui payé.	Service.	Montants payés.	Total des montants payés.
	Allocations provisoires.	$ c.	$ c.
Hamilton, R., Winnipeg.........	A payé Hamilton, R............................	99 96	
	" Babington, F. C	124 92	
	" Pankhurst, G ....:	124 92	
	" Ross, W. A.........................	150 00	
	" Hood, Henry	104 13	
	" Weber, L.........	124 92	
			728 85
Jones, B. B., Edmonton..........	" Roe, E. A	41 66	
	" Kyle, Wm. P....................	100 02	
	" Jones, B. B....	125 03	
			266 71
Hunter, W. M., Regina..........	" Hunter, W. M......	124 86	
	" Hart, S. N.................. ...	41 60	
			166 46
Stott, Jas., Vancouver...........	" Stott, Jas	99 97	
	" Costello, E. R	99 97	
	" Higman, O., Jr....................	25 00	
	" Templeton, W. A........	124 94	
	" Power, O. S........................	124 94	
	" Scanler G. T.......................	124 94	
			599 76
Dresser, F., Victoria..............	" Dresser, F....	125 04	125 04
	Total pour allocations provisoires...	.... ..	1,886 82

ANNEXE B—*Suite*.

· N° 8—Détails des dépenses de l'inspection de la lumière électrique pour l'année
terminée le 31 mars 1914—*Fin*.

A qui payé.	Service.	Montants payés.		Total des montants payés.	
	Dépenses contingentes en général.	$	c.	$	c.
American Bank Note Co...	Timbres fournis.....	118	50		
Ahearn & Soper, Ltd.............	3 transformateurs portatifs..................	112	35		
Canadian General Electric Co.,Ltd., Toronto...	Appareils et fournitures pour laboratoire.....	2,269	00		
Siemens Co. of Canada, Ltd.	Appareils pour laboratoire.............	3,204	20		
Tinsley H. & Co....	" "	794	15		
States Co., The	3 volets pour table..........	546	68		
Lambe, A. B..	Dépenses de voyage.....	566	05		
Weston Electrical Instrument Co..	Appareils, etc., pour laboratoire..	441	64		
Collectors of Customs...........	Droits payés sur marchandis·s importées......	1,356	00		
Canadian Fairbanks Morse Co.,The	12 jarres en verre et 2 hydromètres........ ...	8	65		
Schaeffer & Budenberg Mfg. Co....	Jauges à pression 36 "U"...................	151	40		
Canadian General Electric Co.,Ltd., Ottawa........................	Appareils pour laboratore......	127	00		
Ottawa Electric Co. The........	Courant électrique pour éprouvette (9 mois)....	187	50		
Marchand & Donneley	1 moteur..................................	7	50		
Standard Underground Cable Co., Ltd..	Fournitures géaérales.	135	07		
Cutter-Hammer Mfg. Co.........	3 jeux Rheostats	57	93		
Canadian Westinghouse Co., Ltd.	Réparations d'instruments, etc..............	42	90		
Gould, A. L......................	Réparation de batterie, etc........	39	60		
Pittsburg Motor Co	2 orifices provers................	200	25		
Dominion Warehousing Co......	Messageries et emmagasinage, etc.`...	14	00		
Smith, S. & Son, Ltd.............	12 montres chronographe et réparations........	202	70		
Lymans, Ltd....................	30 livres de mercure ....'.	19	75		
Meadows & Co...................	Assurance........	5	10		
Smith, Miss T.....	Femme de journée..·.	156	30		
Himsworth, W....	Menus paiements............	24	35		
	Total des dépenses contingentes. ...			10,788	27
	Commission Internationale Electro-Technique			243	61
	Grand total...... :.............			49,647	20
	Ajoutez—Impressions....	5	75		
	Papeterie	422	25		
				428	00
	Déboursés actuels correspondant avec l'état n° 23, page 59............			50,075	20

Ministère du Revenu de l'Intérieur,
Ottawa, 1er juin 1914.

W. HIMSWORTH,
Sous-ministre.

5 GEORGE V, A. 1915

ANNEXE B—*Suite.*

ÉTAT N° 9—Montrant le montant payé durant les annéés 1913-14 à différentes compagnies pour la garantie des officiers extérieurs du ministère du Revenu dé l'Intérieur.

——	Montants payés.
	$ c.
Railway Passengers Assurance Co	200 66
The Imperial Guarantee and Accident Insurance Co. of Canada	515 94
The Dominion of Canada Guarantee and Accident Insurance Co.............	408 36
The Guarantee Co. of North America...................................	473 08
London Guarantee and Accident Co....................................	178 33
The Employers Liability Assurance Corporation, Ltd	476 29
Total...	2,252 6

W. HIMSWORTH,
Sous-ministre.

MINISTÈRE DU REVENU DE L'INTÉRIEUR,
OTTAWA, 1er juin 1914.

ANNEXE B—*Suite.*

N° 10—ETAT donnant le nombre de licenciés pour l'année 1914-15.

Divisions.	Distillateurs.	Brasseurs et fabricants de malt.	Brasseurs.	Fabricants de malt.	Fabricants de tabac.	Fabricants de cigares.	Entrepôts.	Fabricants en entrepôt.	Vinaigre.	Liniment.	Alambics chimiques.	Fabricants d'acide acétique.	Fabricants de préparations pharmaceutiques.	Fabricants de parfums.	Raffineurs de pétrole.	Fabricants d'alcool de bois.	Fabricants en entrepôt (divers)
Belleville (distillerie dans le township de Thurlow), H. Corby Distillery Co., Ltd	1	1					1	4	1								
Brantford		1	1				5	2	1								
Guelph (distillerie à Waterloo), Joseph E. Seagram	1	4	2	1			7	2									
Hamilton, Wm. Marshall	1	1	1	1	1		14	3	2	1	1	1					
Kingston		1	1				2	4	1		1		1				
London		2	2				27	6			2				3		
Ottawa			2				1	8	1							1	
Owen-Sound			4	1			2		1							1	
Perth, Spalding & Stewart ; suc. de John A. McLaren	2		2	2	1		2	12			2		1	1			1
Peterborough		1					1	2									1
Port-Arthur			3				1	8									
Prescott, J. P. Wiser & Sons, Ltd	1	1	2	1			2	1									1
St. Catharines			2				9	1			1						
Stratford			2				5	3					1				
Toronto, Gooderham & Worts, Ltd.; The General Distillery Co., Ltd	2	4	7	1	4		24	9	2		27		4	4	1	4	3
Windsor (distillerie, à Walkerville) Hiram, Walker & Sons, Ltd	1		2	1	3		5	4	1		3		5	2	1		1
Ontario	9	16	33	8	9		108	69	10	1	37	1	11	8	5	6	7
Joliette (distillerie à Berthierville), Melchers Gin and Spirits Distillery Co., Ltd	1				8		6	3			1						
Montréal, The Montreal Products Co., Ltd	1	3	3	1	87		35	19	2		18	1	4	4		2	2
Québec		1	1		5		3	15	1								
St-Hyacinthe, The St. Hyacinthe Distillery Co., Ltd	1				3		6	9									
Sherbrooke			1		1		6	4								2	1
Trois-Rivières			1		4		4	5									
Québec	3	4	6	1	58		60	55	3		19	1	4	4		4	3
St-Jean ....Nouveau-Brunswick			2				3	7	2								
Halifax			3				3	4									
Pictou					1		2	4									
Nouvelle-Ecosse			3		1		5	8									
Charlottetown .... Ile du Prince-Edouard					4												
Winnipeg .. .. .Manitoba		1	6	2	1		11	26	2		2		3	3			1
Moose-Jaw......... ... Saskatchewan			4				5	17									
Calgary.............Alberta		2	5	1	3		11	28	2		2			2			1
Vancouver (distillerie à New-Westminster), The B.C. Distillery Co., Ltd	1		20		4		23	21	1		9						
Victoria		1	6				11	7			3						
Colombie-Britannique	1	1	26		4		34	28	1		12						
Dawson .... Territoire du Yukon			1				2										
Grands totaux	13	24	86	12	80		237	246	20	1	72	2	18	17	5	10	12

MINISTÈRE DU REVENU DE L'INTÉRIEUR,   W. HIMSWORTH,

ANNEXE B—*Suite.*

N° 11—ETAT sommaire donnant le nombre des fonctionnaires permanents employés dans les différents services du ministère du Revenu de l'Intérieur durant l'année terminée le 31 mars 1914.

MINISTÈRE À OTTAWA.

—	Nombre d'employés.
Service intérieur...	67

ACCISE (service extérieur).

DIVISIONS.	PROVINCES.	Nombre d'employés.
Belleville	Ontario..	10
Brantford	"	6
Guelph	"	17
Hamilton..	"	20
Kingston...	"	7
London	"	19
Ottawa..	"	8
Owen-Sound	"	5
Perth..	"	12
Peterborough......................................	"	2
Port-Arthur.......................................	"	4
Prescott...	"	10
St. Catharines	"	5
Stratford..	"	6
Toronto...	"	38
Windsor...	"	27
Joliette	Québec..	9
Montréal..	"	52
Québec	"	13
St-Hyacinthe......................................	"	10
Sherbrooke	"	6
Trois-Rivières.....................................	"	4
St-Jean...	Nouveau-Brunswick...............................	11
Halifax...	Nouvelle-Ecosse...................................	9
Pictou...	"	5
Charlottetown	Ile du Prince-Edouard.............................	3
Winnipeg..	Manitoba	19
Calgary	Alberta	8
Moosejaw..	Saskatchewan	6
Vancouver...	Colombie-Britannique..............................	22
Victoria...	"	6
Dawson..	Territoire du Yukon...............................	1

Inspecteurs de district.

Inspecteur de district et inspecteur d'entrepôts de fabriques...	Ontario...	1
Inspecteurs de district.....	"	2
" "	Québec..	2
" "	Nouveau-Brunswick...............................	1
Inspecteur de district et inspecteur de dépôts de malt et brasseries.................	Manitoba	1
Inspecteur de district.............	Alberta	1
" "	Colombie-Britannique..............................	1
Inspecteur des fabriques de tabac...........	Dominion	1
Inspecteur des distilleries.............	"	1
	Grand total pour l'accise........	391

ANNEXE B—*Suite.*

N° 11—ETAT sommaire donnant le nombre des fonctionnaires permanents—*Suite*

POIDS ET MESURES (service extérieur.)

DISTRICTS.	PROVINCES.	Nombre d'employés.
Belleville	Ontario	4
Hamilton	"	7
Kingston	"	3
London	"	6
Ottawa	"	6
Toronto	"	8
Montréal	Québec	9
Québec	"	9
Saint-Hyacinthe	"	4
Sherbrooke	"	3
Trois-Rivières	"	2
Saint-Jean	Nouveau-Brunswick	5
Halifax	Nouvelle-Ecosse	3
Pictou	"	3
Charlottetown	Ile du Prince-Edouard	2
Winnipeg	Manitoba	7
Calgary	Alberta	3
Saskatoon	Saskatchewan	5
Nelson	Colombie-Britannique	1
Vancouver	"	3
Dawson	Territoire du Yukon	1
	Grand total pour poids et mesures	94

GAZ (service extérieur.)

DISTRICTS.	PROVINCES.	Nombre d'employés.
Belleville	Ontario	3
Hamilton	"	5
London	"	6
Ottawa	"	5
Toronto	"	13
Montréal	Québec	7
Québec	"	2
Sherbrooke	"	2
Saint-Hyacinthe	"	1
Fredericton et Saint-Jean	Nouveau-Brunswick	1
Halifax	Nouvelle-Ecosse	3
Winnipeg	Manitoba	6
Charlottetown	Ile du Prince-Edouard	1
Calgary	Alberta	1
Edmonton	"	1
New-Westminster	Colombie-Britannique	1
Vancouver	" "	1
Victoria	" "	2
	Grand total pour gaz	61

ANNEXE B—Suite.

N° 11—ETAT sommaire donnant le nombre des fonctionnaires permanents—Suite.

LUMIÈRE ÉLECTRIQUE (service extérieur.)

DISTRICTS.	PROVINCES.	Nombre d'employés.
Belleville	Ontario	2
Fort-William	"	1
Hamilton	"	1
London	"	1
Ottawa	"	1
Toronto	"	1
"	" (général)	1
Montréal	Québec	1
Québec	"	1
Sherbrooke	"	1
Saint-Hyacinthe	"	1
Trois-Rivières	"	2
Saint-Jean	Nouveau-Brunswick	1
Halifax	Nouvelle-Ecosse	1
Charlottetown	Ile du Prince-Edouard	1
Winnipeg	Manitoba	1
Calgary	Alberta	2
Edmonton	"	1
Regina	Saskatchewan	2
Vancouver	Colombie-Britannique	5
Victoria	" "	1
Dawson	Territoire du Yukon	1
Canada-Est	Général	1
Canada-Ouest	"	1
	Grand total pour lumière électrique	32

FALSIFICATION DES SUBSTANCES ALIMENTAIRES (service extérieur.)

RÉSIDENCES.	PROVINCE.	Nombre d'employés.
Hamilton	Ontario	1
Kingston	"	1
London	"	1
Toronto	"	1
Montréal	Québec	1
"	"	1
Québec	"	1
Saint-Hyacinthe	"	1
Saint-Jean	Nouveau-Brunswick	1
Halifax	Nouvelle-Ecosse	1
Charlottetown	Ile du Prince-Edouard	1
Winnipeg	Manitoba	1
Calgary	Alberta	1
Vancouver	Colombie-Britannique	1
Victoria	" "	1
Nelson	" "	1
	Grand total, falsification des substances alimentaires	16

ANNEXE B— *Fin.*

N° 11 —ETAT sommaire donnant le nombre des fonctionnaires permanents—*Fin.*

SERVICE PRÉVENTIF.

Divisions.	Provinces.	Nombre d'employés.
Toronto..	Ontario.........	1
Saint-Jean.............................. ..	Nouveau-Brunswick.......	1
	Total..................	2

RÉCAPITULATION.

Personnel du ministère, Ottawa...	67
Accise (service extérieur)...............................	363
Accise poids et mesures et éclairage électrique......................................	1
Accise et gaz.	13
Accise et substances alimentaires....	13
Accise, poids et mesures	1
Poids et mesures......	89
Poids et mesures et substances alimentaires.......	2
Poids et mesures, et gaz...........	1
Gaz......	29
Gaz et éclairage électrique	17
Gaz et substances alimentaires	1
Éclairage électrique	14
Service préventif....	2
Grand total des fonctionnaires..................	613

MINISTÈRE DU REVENU DE L'INTÉRIEUR,   W. HIMSWORTH,
  OTTAWA, 1er Juin 1914.   *Sous-ministre.*

INDEX

PAGE.

RAPPORTS, ÉTATS ET STATISTIQUES

DES

REVENUS DE L'INTÉRIEUR

DU

CÁNADA

POUR L'EXERCICE CLOS LE 31 MARS

1914

PARTIE II

INSPECTION DES POIDS ET MESURES, DU GAZ ET DE L'ECLAIRAGE ELECTRIQUE

IMPRIMÉ PAR ORDRE DU PARLEMENT

OTTAWA
IMPRIMÉ PAR J. DE L. TACHÉ, IMPRIMEUR DE SA TRÈS EXCELLENTE
MAJESTÉ LE ROI
1914

[N° 13—1915]

RAPPORT

DU

SOUS-MINISTRE DU REVENU DE L'INTÉRIEUR

SUR

L'INSPECTION DES POIDS ET MESURES, DU GAZ ET DE L'ÉCLAIRAGE ÉLECTRIQUE.

A l'honorable Ministre
    du Revenu de l'Intérieur.

MONSIEUR,— J'ai l'honneur de vous soumettre mon rapport annuel sur les services d'inspection des poids et mesures, du gaz et de l'éclairage électrique, ainsi que les tableaux statistiques ordinaires y relatifs, pour l'exercice terminé le 31 mars 1914.

1. Le total des droits perçus pendant l'exercice pour l'inspection des poids et mesures s'est élevé à $113,705.30 ; pour l'exercice précédent le chiffre était de $100,696.52.

2. La dépense totale a été de $144,989.97 ; elle était de $131,344.71 pour l'exercice terminé le 31 mars 1913.

3. A l'annexe A se trouve un tableau de la dépense et de la recette de chaque division d'inspection.

4. Les annexes B, C et D donnent un état détaillé des poids, mesures et instruments de pesage présentés à la vérification, vérifiés et rejetés pendant l'exercice. Voici un résumé des opérations du service :—

	Présentés.	Vérifiés.	Rejetés.	Pour-cent des rejets.
Poids, du Canada............	67,184	66,846	338	·503
Mesures de capacité, du Canada....	122,869	122,819	50	·040
Mesures de longueur...........................	10,169	10,157	12	·118
Balances à bras égaux......	13,214	13,068	176	1.331
Romaines..........................	5,200	5,131	69	1·328
Balances-bascules	48,185	46,639	1,546	3·208
Divers poids.....-....................	1,237	1,235	2	·161
Diverses mesures de capacité	13,700	13,636	64	·467
" balances........"	57,000	56,611	389	·682

5 GEORGE V, A. 1915

5. Dans mon dernier rapport, j'ai déclaré qu'il y avait une demande croissante d'inspection plus efficace. Les statistiques de cette année démontrent qu'il y a eu une légère amélioration. Durant l'année close le 31 mars 1913, le pourcentage des rejets sur tous les instruments de pesage a été de 1·28 p.c.,—il s'est élevé à 1·70 p.c. durant l'année close le 31 mars 1914. Il n'y a là qu'une légère amélioration, mais elle est dans la bonne voie. La division de Hamilton fait bonne figure sous ce rapport, avec 5 p.c. de rejets. _ Saint-Hyacinthe vient ensuite avec 4 p.c.

Il y a aussi améljoration sous le rapport de l'efficacité, car, bien qu'il y a eu bon nombre d'augmentations de salaires, les recettes du service représentent environ 78 p.c. de ses dépenses totales. L'année dernière elles étaient de 77 p.c.

Je dois aussi parler du travail fait par la division des étalons des poids et mesures en ce qui concerne la vérification des pèse-lait. Durant l'année close le 31 mars 1914, on a vérifié 52,936 instruments, ce qui a produit une recette de $2,650.94.

Notre service doit enregistrer la perte de deux de ses officiers les plus compétents : l'inspecteur Geo. Walton, de Winnipeg, démissionnaire, et L. A. Fournier, de Sherbrooke, inspecteur, dont nous regrettons le décès.

6. L'augmentation des dépenses est due au fait qu'il faut parcourir virtuellement le même territoire pour l'inspection annuelle que pour l'inspection bi-annuelle, tandis que les frais de voitures et le transport des mesures-étalons et de l'équipement des inspecteurs sont en majeure partie à la charge du service.

7. Je pourrais faire remarquer ici qu'il y a dans tout le Dominion, parmi le public, les fabricants de balances, les marchands en gros et en détail, les personnes intéressées dans les élévateurs, une demande pressante et croissante d'inspection plus fréquente et plus efficace des poids et mesures et aussi de réduction considérable des honoraires d'inspection perçus. Il semblerait alors que le temps est arrivé où le déficit encouru par le service des poids et mesures doit être accepté comme nécessité administrative, nécessité qui doit naturellement augmenter et à laquelle il faut pourvoir dans l'intérêt de la stabilité et de l'intégrité du commerce canadien.

8. Voici une liste des étalons, balances et poids mentionnés plus haut et achetés, comme les étalons de 1874, chez L. Oertling, de Londres, Angleterre.

Poids-étalons—

Un jeu d'étalons Troy, 500 onces jusqu'à .001.
      "   avoir du poids, 50 livres jusqu'à ½ dram.
      "   métriques, 20 kilogr. jusqu'à .05 milligr.

Balances—

Une balance à lingot portant 1,000 onces Troy dans chaque plateau et sensible à 1 grain.

Une balance à lingot portant 500 onces Troy dans chaque plateau et sensible à 1 grain.

Une balance à lingot portant 200 onces Troy dans chaque plateau et sensible à .01 grain.

Une balance d'essai portant 2 grammes dans chaque plateau et sensible à .005 millig., ou .000077 grains.

Ces étalons sont étampés par la Chambre de Commerce d'Angleterre et portent leur certificat de vérification, indiquant dans le cas de chaque pesée le poids exact *in vacuo* jusqu'à la quatrième ou cinquième décimale du grain et ont été achetés pour servir d'étalons de référence primaire de la division en remplacement de ceux qui ont servi depuis 1874.

On s'est procuré la balance de fin essai afin que la division des étalons soit en mesure de vérifier, avec toute l'exactitude voulue, les étalons d'essais dont on se sert à l'épreuve annuelle du Pyx à l'Hôtel des Monnaies Royal Canadien.

Chacun des étalons ci-haut mentionnés a été désigné par la lettre " C ".

9. Le total des revenus perçus durant les douze mois terminés le 31 mare 1914 pour l'inspection du gaz et des compteurs a été de $62,909.90, comparé à $62,747.40 durant l'année terminée le 31 mars 1913.

10. Le total des dépenses a été de $62,879.47 contre $50,253.49 durant l'année terminée le 31 mars 1913.

11. A l'annexe E se trouve un relevé des recettes et des dépenses dans chaque district d'inspection du gaz.

12. On trouvera à l'annexe F un état du pouvoir éclairant et de la pureté du gaz inspecté durant l'exercice.

13. Là où l'inspection a été faite, on a constaté que le pouvoir éclairant était comme suit :—

Endroits.	Nombre d'épreuves	Trop faible.	Endroits.	Nombre d'épreuves	Trop faible.
Barrie	12		Ste-Catherine	12	
Belleville	15		St-Thomas	23	
Berlin	12		Toronto	104	
Brockville	18		Windsor		
Cobourg	18		Woodstock	9	
Cornwall	18		Montréal	105	
Deseronto	17		Québec	12	
Guelph	12		Sherbrooke	12	
Hamilton	10		St-Hyacinthe	12	
Ingersoll	12	4	Frédéricton		
Kingston	12		Moncton		
Listowel	12		St-Jean, N.-B.	8	
London	104		Halifax	12	
Napanee	17	1	Yarmouth	13	4
Ottawa	82	26	Charlottetown	15	6
Owen-Sound	12		Winnipeg	102	75
Peterborough	20		Nanaïmo	12	
Port-Hope	17		New-Westminster	12	
Sarnia			Vancouver	102	17
Stratford	11		Victoria	23	21

Les recettes de l'inspection de l'éclairage électrique ont été comme suit :—

```
Droits perçus pour compteurs, etc.....................      $80,476.50
Frais d'inspection (annuelle)...................  $37,347.02
Déboursés pour instruments étalons, etc..........   10,788.27
                                                  ------------
                                                                50,135.29
                                                             ------------
Recettes nettes ......................................    $30,341.21
```

5 GEORGE V, A. 1915

Depuis l'année 1896-97, les deux services d'inspection du gaz et de l'éclairage électrique, qui sont faits en grande partie par le même personnel, en sont arrivés à un point où ils ont cessé d'être une charge pour les contribuables en général, ainsi que l'indiquent les chiffres suivants : —

ANNÉES.	Gaz et lumière électrique.	
	Recettes.	Dépenses.
	$ c.	$ c.
*1899-1900	35,523 50	26,424 48
1900-01	37,536 57	28,247 20
1901-02	43,663 05	33,328 48
1902-03	49,054 55	36,006 47
1903-04	50,218 75	33,426 15
1904-05	62,561 37	34,774 02
1905-06	76,539 00	38,917 48
1906-07	57,868 18	30,793 84
1907-08	86,552 20	48,831 75
1908-09	92,450 21	54,018 71
1909-10	100,647 20	55,514 14
1910-11	112,150 25	63,385 03
1911-12	117,917 45	80,537 37
1912-13	138,090 95	93,000 82
1913-14	143,386 40	113,014 76

* Non compris le coût des instruments étalons.

On remarquera que la réduction des honoraires du service d'inspection du gaz et de la lumière électrique faite en 1909 et en 1911 (à laquelle il a été fait allusion dans un précédent rapport, n'a pas établi l'équilibre entre les recettes et les dépenses. On devrait attendre une autre année avant de prendre une décision concernant toute réduction subséquente. Les honoraires réduits (1911) n'ont été en vigueur que pour une partie de l'exercice financier de 1911-12.

Il est à remarquer que le service conjoint de l'inspection des poids et mesures paie à peu près 78 pour cent de son coût réel, les dépenses, ainsi qu'il a déjà été dit ayant été de $144,989.97 contre un revenu de $113,705.30.

J'ai l'honneur d'être, monsieur,

Votre obéissant serviteur,

W. HIMSWORTH,
Sous-ministre.

MINISTÈRE DU REVENU DE L'INTÉRIEUR,

OTTAWA, 1er juin 1914.

ANNEXE A.

RECETTES et dépenses des poids et mesures pour l'année finissant le 31 mars 1914.

Division d'inspection.	Inspecteurs et aides.	Dépenses.							Recettes.
		Appointements.	Aide spéciale.	Saisies.	Loyer.	Frais de voyage.	Diverses.	Total.	
		$ c.	$ c.	$ c.	$ c.	$ c.	$ c.	$ c.	$ c.
Belleville . . .	Diamond, F. D... Howson, G. H.... Slattery, T....... Kylie, R....... Worrell, J.......	3,133 08	540 83	..	466 00	1,096 55	357 57	5,594 03	3,215 15
Hamilton...	Sealey, J. C ..... Clegg, Jos........ Fitzgerald, E. W. Laidman, R. H. .. Wheatley, A. E... Robins, S. W. ... Brick, J. H., Jr ..	7,199 52	42 30	....	....	1,523 95	114 94	8,880 71	9,658 52
Kingston ...	Gallagher, Thos... McLean, C. E.... Davis, J. M......	1,966 58	400 00	....	....	944 65	83 41	3,394 64	3,141 00
London	Hughes, R. A .... Coughlin, D...... Liddle, D .... Thomas, J. S..... Robinson, J. T.... Cada, T. A....... Webb, S. S.	5,252 19	692 62	....	153 00	2,494 94	216 09	8,808 84	11,813 90
Ottawa......	Hinchey, E. H. .. Breen, J.......... Findley, Robt.... Hodgins, Gerald.. Dugal, G. A...... Robinson, A. N.. Trumpour, T..... Church, G. C.....	5,750 24	1,425 92	1 10	....	2,214 55	104 36	9,496 17	6,331 23
Toronto.....	McConvey, J. J.. Cruikshank, J. L. Murdoch, Jas..... Smith, J. C....... Wright, R. J..... Fallowdown, W.A. McEachern, C. A. Stokes, R. A.	7,960 39	226 66	....	....	2,206 24	95 33	10,488 62	13,193 78
	Ontario	31,262 00	3,328 33	1 10	619 00	10,480 88	971 70	46,663 01	47,353 58

13—1

5 GEORGE V, A. 1915

ANNEXE A —*Suite*.

RECETTES et dépenses des poids et mesures pour l'année finissant le 31 mars 1914.

Division d'inspection.	Inspecteurs et Aides.	Appointements.	Aide spéciale.	Saisies.	Loyer.	Frais de voyage.	Diverses.	Total.	Recettes.
		$ c.	$ c.	$ c.	$ c.	$ c.	$ c.	$ c.	$ c.
Montréal ...	Archambault, J. E. D'Aoust, J. A ... Boudet, E. .... Beaulac, J. H..... Hébert, J. A. P.. Galipeau, J. B. N. Wilson, J. C .... Bélanger, S. F.... Chapleau, Raoul.. Clément, A.... .. Bowen, A. A.	9,241 42	749 04	....	1,291 64	2,656 82	241 86	14,180 76	13,308 15
Québec	Roy, C. E......... Bourget, L. J..... Lebel, J. A. W... Caldwell, A. B.... Gauvin, B........ Knowles, Chas ... Préfontaine, F. H. Beauchamp, L. E. Duchesne, Naz.... Miles, G......... Desjardins, H.... Lortie, Ad........ Bernatchez, Abel. Dionne, L. A .... Pidgeon, S. L.....	6,845 21	3,169 62	....	400 00	2,227 22	172 28	12,814 33	5,176 75
St-Hyacinthe	Morin, J. P ...... Dessert, V........ Boisvert, F. ..... Champagne, J. A.	3,149 84	430 00	....	....	636 42	47 27	4,263 53	1,528 75
Sherbrooke..	Fournier, L. A ... Delorme, O. C.... Lemire, J. N...... Van Antwerp,C.B. Champagne, J. A.	2,833 22	1,163 33	...	600 00	990 81	79 06	5,666 42	7,820 50
Trois-Rivières.	Lessard, A. ...... Bolduc, E........	1,849 92	....	....	....	1,063 45	72 86	2,986 23	2,069 00
	Québec.........	23,919 61	5,511 99	....	2,291 64	7,574 72	613 33	39,911 29	29,903 15
Saint-Jean, N.-B....	Barry, James..... Leblanc, J. O..... White, H. E...... Bernier, J. A..... Limerick, A. K...	4,449 80	100 00	..	....	376 24	101 74	5,027 78	2,576 26

ANNEXE A—*Suite.*

RECETTES et dépenses des poids et mesures pour l'année finissant le 31 mars 1914.

Division d'inspection.	Inspecteurs et aides.	Appointements.	Aide spéciale.	Saisies.	Loyer.	Frais de voyage.	Diverses.	Total.	Recettes.
		$ c.	$ c.	$ c.	$ c.	$ c.	$ c.	$ c.	$ c
Halifax......	O'Brien, W....... ⎱ Sargent, F. H.... Waugh, R. J...... Dillon, D. H..... ⎰	2,399 88	859 92	....	507 36	428 93	86 75	4,282 84	1,257 75
Pictou	Dustan, W. M... ⎱ Chisholm, J. J.... Campbell, D. A... Lawrence, G. C... ⎰	2,908 21	492 33	....	......	733 70	174 52	4,308 76	1,905 40
Charlotte- town, I.-P.-E....	Nouv.-Ecosse...	5,308 09	1,352 25	....	507 36	1,162 63	261 27	8,591 60	3,163 15
	Davy E.......... ⎱ Hughes, Hy ... ⎰	1,949 88	60 00	....	......	254 53	13 99	2,278 40	495 22
Winnipeg, Man......	Walton, G ..... ⎱ Gilby, W. F...... Grant, C. D...... McKay, R....... McLean, D. G.. · Spicer, Hy. ..... Landry, Thos..... · Kerr, John........ Bowen, A. A.... White, J. G.... ⎰	6,949 82	150 00	....	......	2,630 45	198 65	9,928 92	10,564 09
Saskatoon, Sask......	Johnston, C. W.. ⎱ Hayward, A. C... MacKinnon, J. W. Illingsworth, Hy.. Welch, W. R..... McIntosh, W..... Wallace, R....... Wood, S. H...... Shaw, A. I...... ⎰	2,975 11	1,887 59	....	......	3,286 49	304 90	8,454 09	7,691 05
Calgary, Alta	Costello, J. W.... ⎱ McLeod, N. T..... McDougall, J. C.. Gibson, C.... ... ⎰	2,199 96	1,506 57	1 10	......	2,322 64	130 33	6,160 60	5,511 71
Nelson	Parker, Thos...... ⎱ Sutherland, J. W. ⎰	1,249 92	607 50	....	180 00	1,878 40	136 09	4,051 91	1,282 90
Vancouver ..	Dutton, A. H..... ⎱ Shaw, J .... Harris, W. H.... ⎰	2,399 88	20 00	...	......	249 10	467 95	3,136 93	2,670 35
	Col.-Britannique..	3,649 80	627 50	....	180 00	2,127 50	604 04	7,188 84	3,953 25
Dawson, Yukon....	McDonald, J. F....	750 29	......	....	......	......	......	750 29	....
Verre d'essai du lait....	....	....	......	....	......	......	......	....	2,650 94

REVENUS DE L'INTERIEUR

ANNEXE A— *Fin.*

RECETTES et dépenses des poids et mesures pour l'année finissant le 31 mars 1914.

RÉCAPITULATION.

—	Appointements	Aide spéciale	Saisies	Loyer	Frais de voyage	Diverses	Total	Recettes
	$ c.	$ c.	$ c.	$ c.	$ c.	$ c.	$ c.	$ c.
Ontario	31,262 00	3,328 33	1 10	619 00	10,480 88	971 70	46,663 01	47,353 58
Québec	23,919 61	5,511 99	....	2,291 64	7,574 72	613 33	39,911 29	29,903 15
Nouveau-Brunswick	4,449 80	100 00	....	....	376 24	101 74	5,027 78	2,576 26
Nouvelle-Ecosse	5,308 09	1,352 25	....	507 36	1,162 63	261 27	8,591 60	3,163 15
Ile-du-Prince-Edouard	1,949 88	60 00	....	....	254 53	13 99	2,278 40	495 22
Manitoba	6,949 82	150 00	....	....	2,630 45	198 65	9,928 92	10,564 09
Saskatchewan	2,975 11	1,887 59	....	....	3,286 49	304 90	8,454 09	7,691 05
Alberta	2,199 96	1,506 57	1 10	....	2,322 64	130 33	6,160 60	5,511 71
Colombie-Britannique	3,649 80	627 50	...	180 00	2,127 50	604 04	7,188 84	3,953 25
Yukon	750 29	....	..	....	....	....	750 29	....
Verres d'essai du lait	....	.	....	....	....	....	....	2,650 94
Inspecteur en chef	....	....	....	....	449 08	67 37	516 45	....
Dép. cont. en général	....	....	....	....	....	4,163 39	4,163 39	....
Impressions	....	....	....	....	....	1,955 49	1,955 49	....
Papeterie	....	....	....	....	....	525 02	525 02	....
Allocation provisoire	....	. ..	....	....	....	2,606 40	2,606 40	....
Comité international des poids et mesures	....	....	....	....	....	268 40	268 40	....
Grands totaux	83,414 36	14,524 23	2 20	3,598 00	30,665 16	12,786 02	144,989 97	113,862 40

MINISTÈRE DU REVENU DE L'INTÉRIEUR,
OTTAWA, 1er juin 1914.

W. HIMSWORTH,
Sous-ministre.

ANNEXE B

5 GEORGE V, A. 1915

ANNEXE

RAPPORT des poids et mesures inspectés pour l'année finissant le 31 mars 1913
dans chaque division

Division d'inspection.	Poids.								Mesures de capacité.					
	DuCanada.			De Troy.		Divers.			Du Canada.			Diverses.		
	Présentés à la vérification.	Vérifiés.	Rejetés.	Présentés à la vérification.	Vérifiés.	Présentés à la vérification.	Vérifiés.	Rejetés.	Présentés à la vérification.	Vérifiées.	Rejetées.	Présentés à la vérification.	Vérifiées.	Rejetées.
Belleville	1,562	1,540	22			9	9	..	1,010	993	17	127	127	....
Hamilton	8,340	8,340				29	29	..	8,259	8,255	4	878	874	4
Kingston	1,570	1,570				7	7	..	3,495	3,495	..	102	102	....
London	3,346	3,345	1			6	6	..	33,285	33,2×5	..	1,201	1,194	7
Ottawa	9,143	9,105	38	39	39	13	13	..	2,161	2,151	10	254	244	10
Toronto	6,164	6,164	..	20	20			..	24,237	24,237	..	2,916	2,898	18
Ontario	30,125	30,064	61	59	59	64	64	..	72,447	72,416	31	5,478	5,439	39
Montréal	11,003	10,969	34	56	56	189	189	..	27,277	27,277	..	1,545	1,545	...
Québec	6,159	5,953	206			148	147	1	6,833	6,821	12	226	225	1
Sherbrooke	7,045	7,018	27			346	346	..	1,045	1,045	..	166	161	5
St-Hyacinthe	1,002	1,002							1,548	1,548	..	82	78	4
Trois-Rivières	1,628	1,628							1,564	1,564	..	29	29	...
Québec	26,837	26,570	267	56	56	683	682	1	38,267	38,255	12	2,048	2,038	10
St-Jean, N.-B	1,991	1,991				8	8	..	3,318	3,318	..	9,997	2,996	1
Halifax	398	898				240	240	..	377	377	..	346	342	4
Pictou	868	869				11	11	..	1,039	1,039	..	170	170	....
Nouvelle-Ecosse	1,766	1,766				251	251	..	1,416	1,416	..	516	512	4
Charlottetown, I.-P.-E.	372	372				3	3	..	163	163	..	48	48	....
Winnipeg, Man.	4,185	4,181	4			85	84	1	6,872	6,865	7	2,296	2,294	2
Saskatoon, Sask	284	278	6					..	119	119	..	128	126	2
Calgary, Alta	632	632				1	1	..	88	88	..	154	148	6
Nelson	338	338				1	1	..	121	121	..	15	15	....
Vancouver	654	654				141	141	..	58	58	..	20	20	...
Col.-Britanniq.	992	992	..			142	142	..	179	179	..	35	35	...
Dawson, Yukon														
Grand totaux.	67,184	66,846	338	115	115	1,237	1,235	2	122,869	122,819	50	13,700	13,636	64

MINISTÈRE DES REVENU DE L'INTÉRIEUR,
OTTAWA, 1er juin 1913.

DOC. PARLEMENTAIRE No 13

B.

indiquant le nombre total présenté à la vérification, vérifié ou rejeté
chaque province et dans tout le Canada.

Mesures de longueur.			A bras égaux.			Balances, etc. Romaines.			Balances-bascules, ponts à bascules, etc.			Divers.		
Présentées à la vérification.	Vérifiées.	Rejetées.	Présentées à la vérification.	Vérifiées.	Rejetées.	Présentées à la vérification.	Vérifiées.	Rejetées.	Présentées à la vérification.	Vérifiées.	Rejetées.	Présentées à la vérification.	Vérifiées.	Rejetées.
135	135	..	374	372	2	31	29	2	1,433	1,406	27	464	457	7
1,021	973	48	2,148	2,060	88	1,754	1,736	18	6,213	5,742	471	2,243	2,186	57
275	275	..	243	243	....	26	26	..	1,766	1,766	....	630	630	....
3,626	3,626	..	736	736	....	193	191	2	4,604	4,393	211	4,784	4,744	40
516	478	38	1,530	1,527	3	20	20	..	2,296	2,229	67	3,291	3,282	9
714	714	..	1,292	1,265	27	787	772	15	4,187	4,011	176	11,280	11,190	90
6,287	6,201	86	6,323	6,203	120	2,811	2,774	37	20,499	19,547	952	22,692	22,489	203
1,942	1,942	..	2,253	2,223	30	768	763	5	5,421	5,244	177	9,016	9,008	8
1,120	1,094	26	1,018	1,008	10	244	231	13	2,293	2,250	43	1,063	1,061	2
164	164	..	1,355	1,347	8	664	653	11	6,843	6,768	75	476	465	11
153	153	..	219	218	1	92	91	1	866	816	50	143	141	2
53	53	.	328	328	...	30	30	..	1,398	1,386	12	149	149	....
3,432	3,406	26	5,173	5,124	49	1,798	1,768	30	16,821	16,464	357	10,847	10,824	23
20	20	..	430	430	....	28	28	..	882	877	5	1,196	1,194	2
3	3	..	224	224	....	10	10	..	542	517	25	431	430	1
32	32	..	188	188	....	17	17	..	707	701	6	335	335	....
35	35	..	412	412	....	27	27	..	1,249	1,218	31	766	765	1
......	...	..	73	73	....	9	9	..	317	317	....	229	229	....
286	286	..	466	463	3	264	263	1	2,829	2,750	79	12,283	12,156	127
18	18	..	35	34	1	18	18	..	2,402	2,316	86	1,039	1,029	10
35	35	..	148	146	2	78	77	1	1,631	1,603	28	3,120	3,100	20
38	38	..	72	72	....	67	67	..	640	638	2	292	291	1
18	18	..	112	111	1	100	100	..	915	909	6	4,536	4,534	2
56	56	..	184	183	1	167	167	..	1,555	1,547	8	4,828	4,825	3
......	.....	.	.....	.....	....	....	....	..	....	....	...	....	....	....
10,169	10,057	112	13,244	13,068	176	5,200	5,131	69	48,185	46,639	1,546	57,000	56,611	389

WM. HIMSWORTH,
Sous-ministre.

5 GEORGE V, A. 1915

ANNEXE

Poids du Canada et mesures linéraires, de chaque dénomination
pour l'année finissant

Division d'inspection.	60 liv.	50 liv.	30 liv.	25 liv.	20 liv.	10 liv.	5 liv.	4 liv.	3 liv.	2 liv.	1 liv.	8 onces.	4 onces.	2 onces.
Belleville		36	36	..	....	16	68	84	150	333	325	105	96	91
Hamilton		352	....	..	....	14	709	69	1,704	2,547	1,810	304	203	194
Kingston		....	....	..	....	23	60	80	142	353	303	206	167	100
London		50	....	..	....	7	68	100	280	736	676	326	304	290
Ottawa		24	24	..	....	22	139	114	273	636	592	1,191	1,129	1,086
Toronto		95	68	..	3	193	474	554	261	1,687	1,303	332	291	253
Ontario		557	128	..	3	275	1,518	1,010	2,810	6,292	5,009	2,464	2,190	2,014
Montréal		347	11	6	7	274	854	623	934	2,134	1,815	1,152	965	797
Québec		58	5	..	11	51	367	529	695	1,003	913	794	739	583
Sherbrooke		587	....	10	10	36	118	612	200	1,731	1,741	732	413	242
St-Hyacinthe							67	30	202	209	207	108	80	44
Trois-Rivières						7	123	57	289	324	291	199	179	109
Québec		992	16	16	28	368	1,529	1,851	2,220	5,401	4,967	2,985	2,376	1,775
St-Jean, N.-B.				1		9	92	89	196	492	432	222	171	132
Halifax		35	..			7	36	51	124	243	182	80	59	40
Pictou		11	1	2	2	9	28	40	148	225	201	61	46	40
Nouvelle-Ecosse		46	1	2	2	16	64	91	272	468	383	141	165	80
Charlottetown, I.-P.-E.						5	14	24	38	118	73	27	21	19
Winnipeg, Man		1,970	9	2	48	56	90	160	91	472	435	148	136	133
Saskatoon, Sask			3	..	3	12	12	15	5	55	47	24	24	24
Calgary, Alberta		13	14	1	7	30	46	53	40	180	127	19	18	18
Nelson						1	5	8	32	85	72	27	24	22
Vancouver		16	20	..	15	22	18	31	55	107	99	52	47	42
Colombie-Brit		16	20	..	15	23	23	39	87	192	171	79	71	64
Dawson, Yukon														
Totaux		3,594	191	22	106	794	3,388	3,332	5,859	13,670	11,644	6,109	5,112	4,259

MINISTÈRE DU REVENU DE L'INTÉRIEUR,
OTTAWA, 1er juin 1914.

inspectés et vérifiés dans chaque division d'inspection,
le 31 mars 1914.

Canada.									Mesures linéaires.									
du-pois.																		
1 once.	8 drs.	4 drs.	2 drs.	1 dr.	½ dr.	Nombre total.	Poids de Troy.	Divers poids.	6 pieds.	5 pieds.	1 verge.	½ verge.	2 pieds.	1 pied.	½ pied.	Chaînes de 100 pds / Chaînes de 66 pds / Galons ou rubans.	Nombre total.	Diverses mesures.
80	112	25	4	1	...	1,562	....	9	...	...	...	135	...	...	...		135	....
221	148	42	13	10	...	8,340	....	29	...	...	...	1,021	...	...	...		1,021	....
76	36	14	5	4	1	1,570	....	7	...	...	...	275	...	...	...		275	....
261	158	77	3	1	...	3,346	....	6	...	...	...	3,625	1	...	...		3,626	....
1,041	987	1,847	24	10	4	9,143	....	13	...	...	...	512	3	1	...		516	....
223	165	102	57	100	3	6,164	...	...	...	...	...	702	...	...	12		714	....
1,902	1,606	2,107	106	126	8	30,125	..	64	...	...	...	6,270	4	1	12		6,287	....
499	267	123	70	125	...	11,003	...	189	...	...	...	1,918	24	...	...		1,942	....
291	81	27	10	1	1	6,159	...	148	...	...	...	1,120	...	...	...		1,120	....
279	232	81	15	6	...	7,045	...	346	...	...	...	164	...	...	...		164	....
33	11	4	3	2	2	1,002	...	...	...	...	...	153	...	...	...		153	....
49	1	...	...	...	...	1,628	...	...	...	...	...	53	...	...	...		53	...
1,151	592	235	98	134	3	26,837	...	683	...	...	...	3,408	24	...	...		3,432	....
95	42	17	1	...	...	1,991	....	8	...	...	...	20	...	...	...		20	....
24	6	7	4	...	...	898	....	240	...	...	...	3	...	...	...		3	....
30	13	8	2	1	...	868	....	11	...	...	...	32	...	...	...		32	....
54	19	15	6	1	...	1,776	....	251	...	...	...	35	...	...	...		35	....
16	10	5	2	...	...	372	....	3	...	...	...	...	...	...	...		...	...
134	107	79	60	55	...	4,185	....	85	...	...	...	286	...	...	...	••	286	....
24	17	17	2	...	..	284	...	...	...	...	...	18	...	...	...		18	....
18	15	13	11	8	1	632	....	1	...	...	...	35	...	...	...		35	....
21	18	15	7	1	...	338	....	1	...	...	...	38	...	...	...		38	....
40	38	34	18	...	...	654	....	141	...	...	...	18	...	...	...		18	....
61	56	49	25	1	...	992	....	142	.	. ...	...	56	...	...	...		56	....
...	...	...	...	...	...	...	...	...	...	...	...	...	...	...	...		...	...
3,455	2,464	2,537	311	325	12	67,184	....	1,237	...	...	...	10,128	28	1	12		10,169	....

WM. HIMSWORTH,
Sous-ministre.

5 GEORGE V, A. 1915

ANNEXE

Poids du Canada et mesures linéaires, de chaque dénomination,
pour l'année finissant

Poids du

Avoir-

Division d'inspection.	60 liv.	50 liv.	30 liv.	25 liv.	20 liv.	10 liv.	5 liv.	4 liv.	3 liv.	2 liv.	1 lv.	8 onces	4 onces	2 onces
Belleville		36	36			16	67	82	148	329	313	104	96	91
Hamilton		352				14	709	69	1,704	2,547	1,810	304	203	194
Kingston						23	60	80	142	353	303	206	167	100
London		50				7	68	109	280	736	676	326	304	290
Ottawa		24	24			22	135	112	270	630	583	1,187	1,125	1,083
Toronto		95	68	..	3	193	474	554	261	1,687	1,303	332	291	253
Ontario		557	128	..	3	275	1,513	1,006	2,805	6,282	4,988	2,459	2,186	2,011
Montréal		347	11	6	7	273	852	621	931	2,127	1,807	1,148	962	794
Québec		58	5	..	11	42	347	510	674	974	877	770	710	569
Sherbrooke		587	...	10	10	36	117	612	197	1,723	1,735	730	411	240
St-Hyacinthe							67	30	202	209	207	108	80	44
Troi-Rivières						7	123	57	289	324	291	199	179	109
Québec		992	16	16	28	358	1,506	1,830	2,293	5,357	4,917	2,955	2,342	1,756
St-Jean, N.-B				1	....	9	92	89	196	492	432	222	171	132
Halifax		35				7	36	51	124	243	182	80	59	40
Pictou		11	1	2	2	9	28	40	148	225	201	61	46	40
Nouvelle-Ecosse		46	1	2	2	16	64	91	272	468	383	141	105	80
Charlottetown, I.-P.-E.						5	14	24	38	118	73	27	21	19
Winnipeg, Man		1,970	9	2	48	55	90	159	91	471	434	148	136	133
Saskatoon, Sask			3	..	3	11	11	14	5	53	46	24	24	24
Calgary, Alta		13	14	1	7	30	46	53	40	180	127	19	18	18
Nelson						1	5	8	32	85	72	27	24	22
Vancouver		16	20	..	15	22	18	31	55	107	99	52	47	42
Columbie-Britanniq		16	20	..	15	23	23	39	87	192	171	79	71	64
Dawson, Yukon														
Grands totaux		3,594	150	22	106	782	3,359	3,305	5,827	13,613	11,571	6,074	2,888	4,237

MINISTÈRE DU REVENU DE L'INTÉRIEUR,

    OTTAWA, 1er juin 1914.

C—*Suite.*

inspectés et verifiés dans chaque division d'inspection,
le 31 mars 1914.

Canada. | Mesures linéaires.

du-poids.

1 once.	8 drs.	4 drs.	2 drs.	1 dr.	½ dr.	Nombre total.	Poids de Troy.	Divers poids.	6 pieds.	5 pieds.	1 verge.	½ verge.	2 pieds.	1 pied.	½ pied.	Chaînes de 100 pds.	Chaînes de 60 pds.	Galons ou rubans.	Nombre o at 1	Diverses mesures.
80	112	25	4	1	....	1,540	....	9			135								135	....
221	148	42	13	10	....	8,340	....	29			973								973	....
76	36	14	5	4	1	1,570	....	7			275								275	....
260	158	77	3	1	....	3,345	....	16			3,626								3,626	....
1,040	986	1,846	24	10	4	9,105	....	13			478								478	....
223	165	102	57	100	3	6,164					714								714	....
1,900	1,605	2,106	106	126	8	30,064	....	64			6,201								6,201	....
498	267	123	70	125	...	10,969	....	189			1,942								1,942	....
287	80	27	10	1	1	5,953	....	147			1,094								1,094	....
277	231	81	15	6	..	7,018	....	346			164								164	....
33	11	4	3	2	2	1,002	....				153								153	....
49	1					1,628					53								53	....
1,141	590	235	98	134	3	26,570	....	682			3,406								3,406	....
95	42	17	1			1,991	...	8			20								20	....
24	6	7	4			898	....	240			3								3	....
30	13	8	2	1		868	....	11			32								32	....
54	19	15	6	1		1,766	...	251			35								35	....
16	10	5	2			372	...	3												
134	107	79	60	55	....	4,181	....	84			286								286	....
24	17	17	2			278					18								18	....
18	15	13	11	8	1	632	...	1			35								35	....
21	18	15	7	1		338	...	1			38								38	....
40	38	34	18			654	...	141			18								18	...
61	56	49	25	1	...	992	...	142			56								56	....
3,443	2,461	2,536	311	325	11	66,846	....	1,235			10,057								10,057	....

W. HIMSWORTH,
Sous-ministre.

5 GEORGE V, A. 1915

ANNEXE

Poids du Canada et mesures linéaires, de chaque dénomination,
pour l'année finissant

Poids du

Avoir-

Division d'inspection	60 liv.	50 liv.	30 liv.	25 liv.	20 liv.	10 liv.	5 liv.	4 liv.	3 liv.	2 liv.	1 liv.	8 onces	4 onces	2 onces
Belleville							1	2	2	4	12	1		
Hamilton														
Kingston														
London														
Ottawa							4	2	3	6	9	4	4	3
Toronto														
Ontario							5	4	5	10	21	5	4	3
Montréal						1	2	2	3	7	8	4	3	3
Québec						9	20	19	21	29	36	24	29	14
Sherbrooke							1		3	8	6	2	2	2
Saint-Hyacinthe														
Trois-Rivières														
Québec						10	23	21	27	44	50	30	34	19
Saint-Jean, N.-B.														
Halifax														
Pictou														
Nouvelle-Ecosse														
Charlott., I.-du-P.-E.														
Winnipeg, Man						1		1			1	1		
Saskatoon, Sask.						1	1			2	1			
Calgary, Alta														
Nelson														
Vancouver														
Colombie-Britanniq.														
Dawson, Yukon														
Totaux						12	29	27	32	57	73	35	38	22

MINISTÈRE DU REVENU DE L'INTÉRIEUR,
OTTAWA, 1er juin 1914.

C—Fin.

inspectés et vérifiés dans chaque division d'inspection,
le 31 mars 1913.

Canada.									Mesures linéaires.											
du-poids.																				
1 once.	8 drs.	4 drs.	2 drs.	1 dr.	½ dr.	Nombre total.	Poids de Troy.	Divers poids.	6 pieds.	5 pieds.	1 verge.	½ verge.	2 pieds.	1 pied.	½ pied.	Chaînes de 100 pds.	Chaînes de 66 pds.	Galons ou rubans.	Nombre total.	Diverses mesures.
						22					48								48	
1						1														
1	1	1				38					38								38	
2	1	1				61					86								86	
1						34														
4	1					206		1			26								26	
2	1					27														
7	2					267		1			26								26	
						4		1												
						6														
9	3	1				338		2			112								112	

W. HIMSWORTH,
Sous-ministre.

5 GEORGE V, A. 1915

ANNEXE

Mesures de capacité du Canada, balances et instruments de pesage de
d'inspection, pendant l'année

Mesures de capacité.

Canada.

Division d'inspection	Boisseau.	½ boisseau.	¼ de bois.	Gallon.	½ gallon.	Pinte.	Chopine.	½ chopine.	Roquille.	½ roquille.	Nombre total.	Diverses.
Belleville	7	8	55	210	237	298	176	17	2	....	1,010	127
Hamilton	394	373	487	1,193	1,429	1,732	2,175	437	39	....	8,259	878
Kingston	18	325	297	434	777	1,021	615	8	....		3,495	102
London	801	2,100	2,031	5,745	4,8·9	8,911	8,045	763	....		33,285	1,201
Ottawa	1	10	45	408	559	650	405	73	9	1	2,161	254
Toronto		1,829	2,479	3,573	3,282	5,979	5,378	1,415	2	....	24,237	2,916
Ontario	1,221	4,645	5,394	11,863	11,173	18,591	16,794	2,713	52	1	72,447	5,478
Montréal		944	1,345	4,386	4,758	7,423	6,301	1,903	217	....	27,277	1,545
Québec	1	147	203	973	1,914	1,677	1,261	515	134	8	6,833	226
Sherbrooke		4	11	213	322	335	124	35	1	....	1,045	166
St-Hyacinthe		49	52	219	397	403	271	130	27	....	1,548	82
Trois-Rivières		11	17	271	528	463	202	67	5	....	1,564	29
Québec	1	1,155	1,628	6,062	7,919	10,301	8,159	2,650	384	8	38,267	2,048
St-Jean, N.-B.		170	245	738	815	695	600	53	2	....	3,318	2,997
Halifax	1	5	2	92	162	80	27	6	2	....	377	346
Pictou		3	6	244	385	284	117	....	....		1,039	170
Nouvelle-Ecosse	1	8	8	336	547	364	144	6	2	....	1,416	516
Charlottetown, I.-P.-E		1	7	22	82	45	6	....	....	....	163	48
Winnipeg, Man.	96	72	......	1,733	1,454	2,057	1,438	20	1	1	6,872	2,296
Saskatoon, Sask.	...	....	......	47	34	23	11	4	....		119	128
Calgary, Alberta	...	....	......	26	33	20	9	....	....	...	88	154
Nelson	..	....	......	30	42	33	13	3	....		121	15
Vancouver	....	....	......	1	......	41	15	1	....		58	20
Colombie-Britannique	....	....	......	31	42	74	28	4	....		179	35
Totaux	1,391	5,800	7,282	20,858	22,099	32,170	27,189	5,450	441	10	122,869	13,700

MINISTÈRE DU REVENU DE L'INTÉRIEUR,
OTTAWA, 1er juin 1914.

D.

chaque dénomination, présentés à la vérification dans chaque division
finissant le 31 mars 1914.

Balances.

A bras égaux.				Romaines à bras inégaux.				Balances-bascules ou ponts à bascules, etc.							
5 liv. et au-dessous.	6 liv. à 50 liv.	51 liv. à 100 liv.	101 liv. et au-dessus.	500 liv. et au-dessous.	501 liv. à 1,000 liv.	1,001 liv. à 2,000 liv.	2,001 liv. et au-dessus.	250 liv. et au-dessous.	251 liv. à 500 liv.	501 liv. à 2,000 liv.	2,001 liv. à 4,000 liv.	4,001 liv. à 6,000 liv.	6,001 liv. et au-dessus.	Total.	Diverses.
155	183	....	36	23	5	3	....	396	87	528	138	41	243	1,838	464
672	1,476	....	....	1,699	49	5	1	3,0×2	114	2,326	276	111	304	10,115	2,243
105	138	....	....	24	2	....	...	478	148	891	57	40	152	2,035	630
388	348	....	....	179	12	1	1	977	119	2,361	300	104	743	5,533	4,731
1,154	350	....	26	17	1	2	....	853	159	944	90	74	176	3,846	3,291
603	634	2	53	684	80	21	2	2,295	82	1,075	193	77	465	6,266	11,280
3,077	3,129	2	115	2,626	149	32	4	8,081	709	8,125	1,054	447	2,083	29,633	22,692
809	1,439	2	4	746	18	4	1	1,564	1,100	1,993	247	148	369	8,442	9,016
190	818	1	9	241	3	..	....	819	603	672	77	32	90	3,555	1,063
628	725	2	....	615	26	14	9	3,605	768	1,687	192	278	313	8,862	476
40	158	21	....	59	33	...	...	251	172	313	8	40	82	1,177	143
52	276	...	...	30	...	..	...	377	448	514	12	24	23	1,756	149
1,719	3 415	26	13	1,690	80	18	10	6,616	3,091	5,179	536	522	877	23,792	10,847
157	273	...	....	25	3	...	..	331	153	263	34	9	92	1,340	1,196
80	143	..	1	9	1	...	...	239	58	140	12	15	78	776	431
38	148	..	2	17	...	...	...	293	89	143	22	22	138	912	335
118	291	...	3	26	1	...	...	53²	147	283	34	37	216	1,688	766
17	56	...	....	9	...	...	...	88	23	16½	13	15	16	399	229
218	230	4	14	220	39	4	1	579	39	622	126	491	972	3,559	12,283
19	15	1	...	12	5	1	..	154	15	215	72	626	1,320	2,455	1.039
70	66	6	6	36	25	17	....	371	23	503	68	128	538	1,857	3,120
27	45	....	....	31	11	23	2	294	12	217	19	10	88	779	292
51	53	....	8	40	14	46	....	325	40	431	35	9	75	1,127	4,536
78	98	...	8	71	25	69	2	619	52	648	54	19	163	1,906	4,828
5,473	7,573	39	159	4,715	327	141	17	17,371	4,252	16,000	1,991	2,294	6,277	66,629	57,000

WM. HIMSWORTH,
Sous-ministre.

5 GEORGE V, A. 1915

ANNEXE

MESURES de capacité du Canada, balances et instruments de pesage, de d'inspection, pendant l'année

Mesures de capacité.

Division d'inspection.	Boisseau.	½ boisseau.	¼ de boisseau	Gallon.	½ gallon.	Pinte.	Chopine.	½ chopine.	Roquille.	½ roquille.	Nombre total.	Diverses.
					Canada.							
Belleville	7	8	46	208	232	297	176	17	2	....	993	127
Hamilton	394	373	487	1,190	1,429	1,732	2,174	437	39	....	8,255	874
Kingston	18	325	297	434	777	1,021	615	8	....	.	3,495	102
London	801	2,100	2,031	5,745	4,889	8,911	8,045	763	....	....	33,285	1,194
Ottawa	1	10	45	405	558	646	403	73	9	1	2,151	244
Toronto	....	1,829	2,479	3,873	3,282	5,979	5,378	1,415	2	....	24,237	2,898
Ontario	1,221	4,645	5,385	11,855	11,167	18,586	16,791	2,713	52	1	72,416	5,439
Montréal		944	1,345	4,386	4,758	7,423	6,301	1,903	217	...	27,277	1,545
Québec	1	147	203	970	1,913	1,671	1,260	514	134	8	6,831	225
Sherbrooke	.	4	11	213	322	335	124	35	1	....	1,045	161
St-Hyacinthe		49	52	219	397	403	271	130	27	....	1,548	78
Trois-Rivières	....	11	17	271	528	463	202	67	5	....	1,564	29
Québec	1	1,155	1,628	6,059	7,918	10,295	8,158	2,649	384	8	38,255	2,038
St-Jean, N.-B	.,...	170	245	738	815	695	600	53	2	:...	3,318	2,996
Halifax	1	5	2	92	162	80	27	6	2	....	377	342
Pictou		3	6	244	385	284	117			....	1,039	170
Nouvelle-Ecosse	1	8	8	336	547	364	144	6	2	....	1,416	512
Charlottetown, I.-P.-E	....		1	7	22	82	45	6		....	163	48
Winnipeg, Man	96	72	...	1,733	1,454	2,050	1,438	20	1	1	6,865	2,294
Saskatoon, Sask				47	34	23	11	4		....	119	126
Calgary, Alta	..			26	33	20	9			....	88	148
Nelson				30	42	33	13	3	..		121	15
Vancouver				1		41	15	1		....	58	20
Colombie-Britanniq			:....	31	42	74	28	4	. .	....	179	35
Dawson, Yukon												
Totaux	1,319	6,050	7,267	20,832	20,032	32,189	272,211	4,835	436	9	122,819	13,636

MINISTÈRE DU REVENU DE L'INTÉRIEUR.
OTTAWA, 1er juin 1914.

D—*Suite.*

chaque dénomination présentés à la vérification dans chaque division
finissant le 31 mars 1914.

Balances.

Balances à bras égaux.				Romaines à bras inégaux.				Ponts à bascules ou balances-bascules.							
5 liv. et au-dessous.	6 liv. à 50 liv.	51 liv. à 100 liv.	101 liv. et au-dessus.	500 liv. et au-dessous.	501 liv. à 1,000 liv.	1,001 liv. à 2,000 liv.	2,001 liv. et au-dessus.	250 liv. et au-dessous.	251 liv. à 500 liv.	501 liv. à 2,000 liv.	2,001 liv. à 4,000 liv.	4,001 liv. à 6,000 liv.	6,001 liv. et au-dessus.	Total.	Divers.
155	18)	....	36	21	5	3	....	391	86	525	134	40	230	1,807	457
633	1,427	....	....	1,682	49	4	1	2,977	97	2,131	231	98	208	9,538	2,186
105	138	....	....	24	2	....	....	478	148	891	57	40	152	2,035	630
388	348	....	....	178	11	1	1	951	115	2,274	280	96	677	5,320	4,744
1,154	347	....	26	17	1	2	....	832	153	915	88	71	170	3,776	3,282
594	616	2	53	671	79	20	2	2,269	74	997	177	73	421	6,048	11,190
3,029	3,057	2	115	2,593	147	30	4	7,898	673	7,733	967	418	1,858	28,524	22,489
794	1,423	2	4	740	18	4	1	1,538	1,069	1,903	241	137	356	8,230	9,008
187	811	1	9	228	3	....	....	814	587	657	76	31	85	3,489	1,061
628	717	2	....	604	26	14	9	3,591	756	1,664	192	269	296	8,768	465
40	158	20	....	59	32	....	....	240	157	293	7	39	80	1,125	141
52	276	....	....	30	....	....	....	377	446	504	12	24	23	1,744	149
1,701	3,385	25	13	1,661	79	18	10	6,560	3,015	5,021	528	500	840	23,356	10,824
157	273	....	....	25	3	....	....	331	153	261	33	9	90	1,335	1,194
80	143	....	1	9	1	....	....	236	57	129	11	14	70	751	430
38	148	....	2	17	....	....	....	293	89	143	22	21	133	906	335
118	291	....	3	26	1	....	....	529	146	272	33	35	203	1,657	765
17	56	....	....	9	....	....	....	88	23	162	13	15	16	399	229
216	230	4	13	219	39	4	1	575	39	6 1	121	468	936	3,476	12,156
19	14	1	....	12	5	1	....	153	15	208	69	612	1,259	2,368	1,029
68	66	6	6	35	25	17	....	368	23	494	67	126	525	1,826	3,100
27	45	....	....	31	11	23	2	294	12	216	19	10	87	777	291
50	53	..	8	40	14	46	....	325	40	427	33	9	75	1,120	4,534
77	98	....	8	71	25	69	2	619	52	643	52	19	162	1,897	4,825
......	......	....	....	......	....	....	....	......	......	......	......	......	......	......	......
5,402	7,470	38	158	4,651	324	139	17	17,121	4,139	15,405	1,883	2,202	5,889	64,838	56,611

W. HIMSWORTH,
Sous-ministre.

5 GEORGE V, A. 1915

ANNEXE

MESURES de capacité du Canada, balances et instruments de pesage, de
pour l'année

Division d'inspection.	Boisseau.	½ boisseau.	¼ de boisseau.	Gallon.	½ gallon.	Pinte.	Chopine.	½ chopine.	Roquille.	½ roquille.	Nombre total.	Diverses.
Belleville			9	2	5	1					17	
Hamilton							1				4	4
Kingston												
London												7
Ottawa				3	1	4	2				10	10
Toronto												18
Ontario			9	8	6	5	3				31	39
Montréal												
Québec				3	1	6	1	1			12	1
Sherbrooke												5
St-Hyacinthe												4
Trois-Rivières												
Québec				3	1	6	1	1			12	10
St-Jean, N.-B												1
Halifax												4
Pictou												
Nouvelle-Ecosse												4
Charlottetown, I.P.-E												
Winnipeg, Man							7				7	2
Saskatoon, Sask												2
Calgary, Alta												6
Nelson												
Vancouver												
Colombie-Britannique												
Dawson, Yukon												
Grands totaux			9	11	7	18	4	1			50	64

MINISTÈRE DU REVENU DE L'INTÉRIEUR,
OTTAWA, 1er juin 1914.

DOC. PARLEMENTAIRE No 13

D—*Fin.*

chaque domination, inspectés et rejetés dans chaque division d'inspection,
finissant le 31 mars 1914 —*Fin.*

Balances.

Balance à bras égaux.				Romaines à bras inégaux.				Ponts à bascules ou balances-bascules.						Total.	Diverses.
5 liv. et au-dessous.	6 liv. à 50 liv.	51 liv. à 100 liv.	101 liv. et au-dessus.	500 liv. et au-dessous.	501 liv. à 1,000 liv.	1,001 liv. à 2,000 liv.	2,001 liv. et au-dessous.	250 liv. et au-dessous.	251 liv. à 500 liv.	501 liv. à 2,000 liv.	2,001 liv. à 4,000 liv.	4,001 liv. à 6,000 liv.	6,001 liv. et au-dessus.		
....	2	....	....	2	....	....	....	5	1	3	4	1	13	13	7
39	49	....	....	17	....	1	....	105	17	195	45	13	96	577	57
....	....	....	....	1	1	....	....	26	4	57	20	8	66	213	40
....	3	....	...	....	....	....	....	21	6	29	2	3	6	70	9
9	18	....	....	13	1	1	....	26	8	78	16	4	44	218	90
48	72	....	....	33	2	2	....	183	36	392	87	29	225	1,109	2o3
15	15	....	..	5	....	....	....	26	31	90	6	11	13	212	8
3	7	....	....	13	....	....	....	5	16	15	1	1	5	66	2
....	8	...	1	11	....	....	....	14	12	23	...	9	17	94	11
....	....	1	....	....	1	....	....	11	15	20	1	1	2	52	2
...	...								2	10	....	....	....	12	....
18	30	1	....	29	1	....	....	56	76	153	8	22	37	436	23
....	..								2	1	....		2	5	2
....								3	1	11	1	1	8	25	1
....	.											1	5	., 6	
....	.							3	1	11	1	2	13	31	1
....															
2	....	.	1	1				4	....	11	5	23	36	83	127
...	1	....						1	....	7	3	14	61	87	10
2	....			1				3	....	9	1	2	13	31	20
										1	....		1	2	1
1										4	2	....	....	7	2
1										5	2	....	1	9	3
....													....		
71	103	1	1	64	2	2	....	250	113	595	108	92	389	1,791	389

W. HIMSWORTH,
Sous-ministre

ANNEXE E.

DÉPENSES et recettes de l'inspection du gaz pour l'année finissant le
31 mars 1914.

Districts.	Inspecteurs et aides.	Dépenses.						Recettes.
		Appointe- ments.	Aide spéciale.	Loyer.	Frais de voyages.	Diverses.	Total.	
		$ c.	$ c.	$ c.	$ c.	$ c.	$ c.	$ c.
Belleville.........	Diamond, F. D*. ⎫ Bickle, W ...... ⎬ Rork, Thos...... ⎭	324 96	101 50	200 00	152 53	81 25	860 24	1,755 40
Berlin.								45 20
Brockville ...								7 20
Cobourg........								9 00
Guelph								15 00
Hamilton.........	Lutz, H...... ⎫ Murphy, F. C. ⎪ Dennis, W. A.. ⎬ Powell, J. B.... ⎪ Lovell, Ernest.. ⎭	3,433 31	1,357 95	120 00	493 85	192 11	5,597 22	7,479 10
Kingston.........								15 00
London....	Nash, A. F ⎫ Skelton, A. R.. ⎪ Male, T....... ⎬ Thrasher, W. A. ⎪ Rennie, George. ⎭ Orr, H. N	3,370 51	476 74	19 50	493 35	110 53	4,470 63	5,900 60
Ottawa..	Roche, H. G.... ⎫ Couvrette, A. A. ⎪ Bond, M. B.... ⎬ Roche, W. J.... ⎪ Chevrier, R. J.. ⎭	4,433 22	955 00	420 00		68 74	5,876 96	3,126 60
Owen-Sound								8 00
Peterborough.....								21 00
Sarnia...........								33 90
Toronto.	Stiver, J. L..... ⎫ Pape, Jas....... ⎪ Reesor, M. W.. ⎪ Renahan, M. J. ⎪ Ogden, E. J .... ⎪ Clark, H. M.... ⎬ Johnstone, S. G. ⎪ Wilson, H. H... ⎪ Mills, A, E .... ⎪ Shanacy, M..... ⎪ Broadfoot, S... ⎪ Graham, W. J.. ⎪ Hacker, A. N... ⎭	11,391 19	449 98		80 55	154 04	12,075 76	15,888 00
Woodstock........								16 80
	Ontario......	22,953 19	3,341 17	759 50	1,220 28	606 67	28,880 81	34,320 80
Montréal....	Aubin, A...... ⎫ O'Flaherty, M.J. ⎪ Aubin, C....... ⎬ Mann, W....... ⎪ Boucher, A..... ⎪ Blandford, E. B. ⎭ Clayton, J. W..	7,062 65	72 00	240 00	49 50	143 15	7,567 30	17,812 70
Québec..、	Levasseur, N.... ⎫ Béland, E. ...... ⎭	1,999 92	45 00	150 00	5 80	196 80	2,397 52	751 90
Sherbrooke........	Simpson, A. F.. ⎫ Bowen, F. C.... ⎭	499 92					499 92	159 60
St-Hyacinthe......	Benoit, L. V....	99 96					99 96	131 40
	Québec......	9,662 45	117 00	390 00	55 30	339 95	10,564 70	18,855 60

* Pour appointements, *voir* lumière électrique, Ann. H.

ANNEXE E—*Fin.*

Dépenses et recettes de l'inspection du gaz pour l'année finissant le 31 mars 1914—*Fin.*

Districts.	Inspecteurs et aides.	Dépenses.						Recettes.
		Appointe- ments.	Aide spéciale.	Loyer.	Frais de voyages.	Diverses.	Total.	
		$ c.	$ c.	$ c.	$ c.	$ c.	$ c.	$ c.
Fredericton......	Wilson, J. E....	99 96					99 96	
St-Jean..........	Wilson, J. E. ...	1,399 94			106 31	57 40	1,563 65	968 40
	Nouv.-Brunswick.	1,499 90			106 31	57 40	1,663 61	968 40
Halifax, N.-E.....	Toale, J........							
	Withers, S. W..	2,399 90		507 36	84 30		2,991 56	356 90
	Munro, H. D...							
Charlottetown,								
I.P.-E	Bell, J. H........	499 92					499 92	,51 00
Winnipeg, Man...	Hamilton, R....							
	Babington, F. C							
	Weber, Louis...							
	Ross, W. A.....	5,249 90					5,249 90	3,317 00
	Hood, H.......							
	Pankhurst, G. F							
Calgary, Alt......	*Kyle, W. P		112 25		134 45	155 94	402 64	806 40
Edmonton..... ..	*Jones, B. B.....					14 38	14 38	
	Alberta		112 25		134 45	170 32	417 02	806 40
New-Westminster .	Wolfenden, Wm..	49 98					49 98	
Vancouver........	*Stott, James....		48 00			91 65	139 65	3,304 40
Victoria..........	Dresser, F.......							
	Shaw, J	1,499 88			8 85	5 00	1,513 73	929 40
	Col.-Britannique	1,549 86	48 00		8 85	96 65	1,703 36	4,233·80
Dépenses générales.................						5,486 40	5,486 40	
Inspection de l'Est du Canada........					175 65		175 65	
,, de l'Ouest ,, ...			5 55		376 80	117 45	499 80	
Impressions.....						3,328 66	3,328 66	
Papeterie.						1,418 08	1,418 98	
Grands totaux................		43,815 12	3,623 97	1,656 86	2,161 94	11,621 58	62,879 47	62,909 90

* Pour appointements, voir lumière électrique, Annexe H.

MINISTÈRE DU REVENU DE L'INTÉRIEUR,   W. HIMSWORTH,
OTTAWA, 1er juin 1914.   *Sous-ministre.*

ANNEXE.

POUVOIR d'éclairage et pureté du gaz inspecté

Bureau d'inspection.	Pouvoir d'éclairage—Étalon. 16 bougies.					Soufre dans 100 pieds cubes. Épreuves—35 grains.				
	Maximum. Bougies.	Minimum. Bougies.	Moyenne. Bougies.	Trop faible (nombre d'épreuves).	Totaux des épreuves.	Maximum. grains.	Minimum. grains.	Moyenne. grains.	Excès de soufre (nombre d'épreuves).	Totaux des épreuves.
Belleville—										
Avril										
Mai										
Juin			16·00	0	1					
Juillet	18·97	16·00	17·48	0	2					
Août			16·84	0	1					
Septembre	16·89	16·84	16·86	0	2					
Octobre			19·45	0	1					
Novembre	19·45	17·74	18·50	0	2					
Décembre			17·50	0	1					
Janvier	17·67	17·50	17·58	0	2					
Février			1R·57	0	1					
Mars	17·53	16·57	17·05	0	2					
				0	15					
Deseronto—										
Avril										
Mai			19·20	0	1					
Juin			19·61	0	1					
Juillet			19·10	0	1					
Août			17·06	0	1					
Septembre	19·10	17·06	17·92	0	3					
Octobre			16·50	0	1					
Novembre			22·70	0	1					
Décembre	22·70	16·50	19·76	0	3					
Janvier			24·60	0	1					
Février			22·20	0	1					
Mars			22·20	0	3					
				0	17					
Brockville—										
Avril			18·60	0	1					
Mai	18·60	18·00	18·30	0	2					
Juin			22·18	0	1					
Juillet	22·18	20·30	21·24	0	2					
Août			21·08	0	1					
Septembre	21·08	19·46	20·27	0	2					
Octobre			20·00	0	1					
Novembre	21·00	20·00	20·50	0	2					
Décembre			20·50	0	1					
Janvier	20·50	19·15	19 82	0	2					
Février			19·00	0	1					
Mars	20·00	19 00	19·50	0	2					
				0	18					
Cobourg—										
Avril			17·34	0	1					
Mai			17·70	0	1					
Juin			17·21	0	1					
Juillet			17·48	0	1					
Août			17·19	0	1					
Septembre	17·48	17·10	17·26	0	3					
Octobre			16·36	0	1					
Novembre			17·57	0	1					
Décembre	17·57	16·36	16·79	0	3					
Janvier			17·56	0	1					
Février			17·43	0	1					
Mars	18·06	17·43	17·68	0	3					
				0	18					

DOC. PARLEMENTAIRE No 13

F.

pour l'année finissant le 31 mars 1914.

Ammoniaque dans 100 pieds cubes. Epreuves—4 grains.					Hydrogène sulfuré.			Remarques.
Maximum. Grains	Minimum. Grains	Moyenne. Grains	Excès d'amo. (nombre d'épreuves).	Totaux des épreuves.	Absence (nombre d'épreuves).	Présence (nombre d'épreuves).	Totaux des épreuves.	
					1	0	1	Photomètre dérangé—Pas de perceptions d'honoraires avril et mai—Réf. 104546.
					1	0	1	
					1	0	1	
					2	0	2	
					1	0	1	
					2	0	2	
					1	0	1	
					2	0	2	
					1	0	1	
					2	0	2	
					1	0	1	
					2	0	2	
					17	0	17	
					1	0	1	
					1	0	1	
					1	0	1	
					1	0	1	
					3	0	3	
					1	0	1	
					0	1	1	
					2	1	3	
					1	0	1	
					1	0	1	
					3	0	3	
					15	2	17	
					1	0	1	
					2	0	2	
					1	0	1	
					2	0	2	
					1	0	1	
					2	0	2	
					1	0	1	
					2	0	2	
					1	0	1	
					2	0	2	
					1	0	1	
					2	0	2	
					18	0	18	
					2	0	2	
					2	0	2	
					1	0	1	
					1	0	1	
					1	0	1	
					3	0	3	
					1	0	1	
					1	0	1	
					3	0	3	
					1	0	1	
					1	0	1	
					3	0	3	
					20	0	20	

5 GEORGE V, A. 1915

ANNEXE

POUVOIR d'éclairage et pureté du gaz inspecté

Bureau d'inspection.	Pouvoir d'éclairage—Etalon. 16 bougies.					Soufre dans 100 pieds cubes. Epreuves—35 grains.				
	Maximum. Bougies.	Minimum. Bougies.	Moyenne. Bougies.	Trop faible (nombre d'épreuve).	Totaux des épreuves.	Maximum. Grains.	Minimum. Grains.	Moyenne. Grains.	Excès de soufre (nombre d'épreuves).	Totaux des épreuves.
Kingston—										
Avril			18·60	0	1					
Mai			18·80	0	1					
Juin			19·81	0	1					
Juillet			18·53	0	1					
Août			21·11	0	1					
Septembre			20·78	0	1					
Octobre			21·20	0	1					
Novembre			21·70	0	1					
Décembre			21·60	0	1					
Janvier			25·60	0	1					
Février			20·18	0	1					
Mars			20·60	0	1					
				0	12					
Napanee—										
Avril										
Mai			18·02	0	1					
Juin			22·90	0	1					
Juillet			17·70	0	1					
Août			21·30	0	1					
Septembre	21·80	17·70	19·34	0	3					
Octobre			22·00	0	1					
Novembre			20·20	0	1					
Décembre	22·00	20·20	21·20	0	3					
Janvier			18·00	0	1					
Février			16·60	0	1					
Mars	18·00	16·60	15·23	1	3					
				1	17					
Peterborough—										
Avril	18·10	18·00	18·05	0	2					
Mai	18·60	18·00	18·33	0	3					
Juin			18·10	0	1					
Juillet	18·10	18·10	18·10	0	2					
Août			18·70	0	1					
Septembre	18·70	18·50	18·60	0	2					
Octobre			18·90	0	1					
Novembre	19·10	18·90	19·00	0	2					
Décembre			18·10	0	1					
Janvier	18·30	18·10	18·20	0	2					
Février			17·90	0	1					
Mars	18·00	17·90	17·95	0	2					
				9	20					
Port-Hope—										
Avril			18·30	0	1					
Mai										
Juin			18·79	0	1					
Juillet			18·62	0	1					
Août			19·02	0	1					
Septembre	19·02	18·61	18·75	0	3					
Octobre			17·81	0	1					
Novembre			18·30	0	1					
Décembre	18·55	17·81	18·27	0	3					
Janvier			18·54	0	1					
Février			18·62	0	1					
Mars	18·62	17·03	18·06	0	3					
				0	17					

F—*Suite.*

pendant l'année finissant le 31 mars 1914.

Ammoniaque dans 100 pieds cubes. Epreuves—4 grains.					Hydrogène sulfuré.			Remarques.
Maximum.	Minimum.	Moyenne.	Excès d'ammoniaque (nombre d'épr.)	Totaux des épreuves.	Absence (n. d'épreuves).	Présence (n. d'épreuves).	Totaux des épreuves.	
Grains.	Grains.	Grains.						
					1	0	1	
					1	0	1	
					1	0	1	
					1	0	1	
					1	0	1	
					1	0	1	
					1	0	1	
					1	0	1	
					1	0	1	
					1	0	1	
					12	0	12	
					1	0	1	
					1	0	1	
					1	0	1	
					1	0	1	
					3	0	3	
					1	0	1	
					1	0	1	
					3	0	3	
					1	0	1	
					1	0	1	
					3	0	3	
					17	0	17	
					2	0	2	
					3	0	3	
					1	0	1	
					2	0	2	
					1	0	1	
					2	0	2	
					1	0	1	
					2	0	2	
					1	0	1	
					2	0	2	
					1	0	1	
					2	0	2	
					20	0	20	
					2	0	2	Aucun essai fait.
					2	0	2	
					1	0	1	
					1	0	1	
					1	0	1	
					3	0	3	
					1	0	1	
					1	0	1	
					3	0	3	
					1	0	1	
					1	0	1	
					3	0	3	
					20	0	20	

ANNEXE

Pouvoir d'éclairage et pureté du gaz inspecté

Bureaux d'inspection.	Pouvoir d'éclairage—Etalon. 16 bougies.					Soufre dans 100 pieds cubes. Epreuves—35 grains.				
	Maximum. Bougies.	Minimum. Bougies.	Moyenne. Bougies.	Trop faible (nombre d'épreuves).	To aux des épreuves.	Maximum. Grains.	Minimum. Grains.	Moyenne. Grains.	Trop faible (nombre d'épreuves).	To aux des épreuves.
Hamilton—										
Avril			17·71	0	1					
Mai			16·78	0	1					
Juin			17·43	0	1					
Juillet			17·64	0	1					
Août			17·64	0	1					
Septembre			17·43	0	1					
Octobre			17·97	0	1					
Novembre			17·76	0	1					
Décembre			16·42	0	1					
Janvier			17·98	0	1					
Février										
Mars										
				0	10					
Berlin—										
Avril			17·74	0	1					
Mai			18·18	0	1					
Juin			18·07	0	1					
Juillet			19·24	0	1					
Août			16·72	0	1					
Septembre			17·80	0	1					
Octobre			17·77	0	1					
Novembre			17·60	0	1					
Décembre			19·49	0	1					
Janvier			17·60	0	1					
Février			17·45	0	1					
Mars			17·50	0	1					
				0	12					
St. Catharines Gas Co.—										
Avril			16·78	0	1					
Mai			16·78	0	1					
Juin			16·75	0	1					
Juillet			16·33	0	1					
Août			16·47	0	1					
Septembre			16·78	0	1					
Octobre			16·97	0	1					
Novembre			16·54	0	1					
Décembre			16·54	0	1					
Janvier			16·54	0	1					
Février			16·78	0	1					
Mars			16·75	0	1					
				0	12					
Brantford Natural Gas Co.—										
Avril										
Mai										
Juin										
Juillet										
Août										
Septembre										
Octobre										
Novembre										
Décembre										
Janvier										
Février										
Mars										

DOC. PARLEMENTAIRE No 13

F—*Suite.*

pendant l'année finissant le 31 mars 1914.

Ammoniaque dans 100 pieds cubes. Epreuves—4 grains.					Hydrogène sulfuré.			Remarques.
Maximum. Grains.	Minimum. Grains.	Moyenne. Grains.	Excès d'ammon. (nomb. d'épreuves.)	Nombre des épreuves.	Absence (nombre d'épreuves.)	Présen. (nombre d'épreuves.)	Totaux des épreuves.	
					1	0	1	
					1	0	1	
					1	0	1	
					1	0	1	
					1	0	1	
					1	0	1	
					1	0	1	
					1	0	1	
					1	0	1	
					10	0	10	
					1	0	1	
					1	0	1	
					1	0	1	
					1	0	1	
					1	0	1	
					1	0	1	
					1	0	1	
					1	0	1	
					1	0	1	
					1	0	1	
					1	0	1	
					1	0	1	
					12	0	12	
					1	0	1	
					1	0	1	
					1	0	1	
					1	0	1	
					1	0	1	
					1	0	1	
					1	0	1	
					1	0	1	
					1	0	1	
					1	0	1	
					12	0	12	
					4	0	4	
					4	0	4	
					5	0	5	
					4	0	4	
					4	0	4	
					5	0	5	
					4	0	4	
					4	0	4	
					2	3	5	
					4	0	4	
					0	4	4	
					0	5	5	
					40	12	52	

Pouvoir d'éclairage et pureté du gaz inspecté

Bureau d'inspection.	Pouvoir d'éclairage—Etalon. 16 bougies.					Soufre dans 100 pieds cubes. Epreuves—35 grains.				
	Maximum. Bougies.	Minimum. Bougies.	Moyenne. Bougies.	Trop faible (nomb. d'épreuves.	Totaux des épreuves.	Maximum. Grains.	Minimum. mnm. Grains.	Moyenne. Grains.	Excès de soufre (nombre d'épreuves.)	Totaux des épreuves.
Dominion Natural Gas Co., Dundas & Dunnville—										
Avril										
Mai										
Juin										
Juillet										
Août										
Septembre										
Octobre										
Novembre										
Décembre										
Janvier										
Février										
Mars										
Provincial Natural Gas Co., Niagara Falls.—										
Avril										
Mai										
Juin										
Juillet										
Août										
Septembre										
Octobre										
Novembre										
Décembre										
Janvier										
Février										
Mars										
Ontario—Pipe line, Hamilton—										
Avril										
Mai										
Juin										
Juillet										
Août										
Septembre										
Octobre										
Novembre										
Décembre										
Janvier										
Février										
Mars										

DOC. PARLEMENTAIRE No 13

F—Suite.

pour l'année finissant le 31 mars 1914.

Ammoniaque dans 100 pieds cubes. Epreuves—4 grains.					Hydrogène sulfuré.			Remarques.
Maximum.	Minimum.	Moyenne.	Excès d'ammoniaque (n. d'épreuves.	Totaux des épreuves.	Absence (n. d'épreuves.	Présence (n. d'épreuves	Totaux des épreuves.	
Grains.	Grains.	Grains.						
					4	0	4	
					4	0	4	
					5	0	5	
					4	0	4	
					4	0	4	
					5	0	5	
					4	0	4	
					4	0	4	
					5	0	5	
					4	0	4	
					4	0	4	
					5	0	5	
					52	0	52	
					0	4	4	
					0	4	4	
					0	5	5	
					0	4	4	
					0	4	4	
					0	5	5	
					0	4	4	
					0	4	4	
					0	5	5	
					0	4	4	
					0	4	4	
					0	5	5	
					0	52	52	
					4	0	4	
					4	0	4	
					5	0	5	
					4	0	4	
					4	0	4	
					5	0	5	
					4	0	4	
					5	0	5	
					4	0	4	
					4	0	4	Fusionnée avec la "Hamilton Gas Light Co.," 1er janv. 1914, sous le nom de "United Gas & Fuel Co."
					5	0	5	
					52	0	52	

5 GEORGE V, A. 1915

ANNEXE

POUVOIR d'éclairage et pureté du gaz inspecté

Bureaux d'inspection.	Pouvoir d'éclairage—Etalon 16 bougies.					Soufre dans 100 pieds cubes. Epreuves—35 grains.				
	Maximum. Bougies.	Minimum. Bougies.	Moyenne. Bougies.	Trop faible (n. d'épreuves.)	Totaux des épreuves.	Maximum. Grains.	Minimum. Grains.	Moyenne. Grains.	Excès de soufre (nombre d'épreuves.)	To dix des épreuves.
United Natural Gas Co., Ste-Catherine—										
Avril										
Mai										
Juin										
Juillet										
Août										
Septembre										
Octobre										
Novembre										
Décembre										
Janvier										
Février										
Mars										
Dominion (Galt) Natural Gas Co										
Avril										
Mai										
Juin										
Juillet										
Août										
Septembre										
Octobre										
November										
Décembre										
Janvier										
Février										
Mars										
Sterling Natural Gas Co., Port-Colborne—										
Avril										
Mai										
Juin										
Juillet										
Août										
Septembre										
Octobre										
Novembre										
Décembre										
Janvier										
Février										
Mars										
London City Gas Co—										
Avril	20·66	17·47	18·36	0	8					
Mai	19·25	16·28	17·40	0	10					
Juin	19·13	16·85	18·10	0	8					
Juillet	20·55	17·13	18·30	0	8					
Août	18·10	16·00	17·41	0	10					
Septembre	18·73	17·73	18·06	0	8					
Octobre	18·51	17·01	17·99	0	8					
Novembre	18·52	16·56	17·78	0	10					
Décembre	18·65	16·80	17·76	0	8					
Janvier	18·96	16·22	17·96	0	10					
Février	18·55	16·60	17·46	0	8					
Mars	18·09	16·46	17·40	0	8					
				0	104					

F—*Suite.*

pour l'année finissant le 31 mars 1914.

Ammoniaque dans 100 pieds cubes. Epreuves—4 grains.					Hydrogène sulfuré.			Remarques.
Maximum.	Minimum.	Moyenne.	Excès d'ammoniaque (nomb. d'épreuve).	Totaux des épreuves.	Absence (nombre d'épreuves).	Présence (nombre d'épreuves).	Totaux des épreuves.	
Grains.	Grains.	Grains.						
					1	0	1	
					1	0	1	
					1	0	1	
					1	0	1	
					1	0	1	
					1	0	1	
					1	0	1	
					1	0	1	
					1	0	1	
					1	0	1	
					12	0	12	
					1	0	1	
					1	0	1	
					1	0	1	
					1	0	1	
					1	0	1	
					1	0	1	
					1	0	1	
					0	1	1	
					0	1	1	
					0	1	1	
					0	1	1	
					8	4	12	
					1	0	1	
					1	0	1	
					1	0	1	
					0	1	1	
					1	0	1	
					1	0	1	
					1	0	1	
					1	0	1	
					1	0	1	
					1	0	1	
					11	1	12	
					8	0	8	
					10	0	10	
					8	0	8	
					8	0	8	
					10	0	10	
					8	0	8	
					8	0	8	
					10	0	10	
					8	0	8	
					10	0	10	
					8	0	8	
					8	0	8	
					104	0	104	

5 GEORGE V, A. 1915

ANNEXE

POUVOIR d'éclairage et pureté du gaz inspecté

Bureau d'inspection.	Pouvoir d'éclairage—Etalon. 16 Bougies.					Soufre dans 100 pieds cubes. Epreuves—35 grains.				
	Maximum. Bougies.	Minimum. Bougies.	Moyenne. Bougies.	Trop faible (nombre d'épreuves).	Totaux des épreuves	Maximum. Grains.	Minimum. Grains.	Moyenne. Grains.	Excès de soufre (nomb. d'épreuves).	Totaux des épreuves.
Chatham, Gas Co—										
Avril										
Mai										
Juin										
Juillet										
Août										
Septembre										
Octobre										
Novembre										
Décembre										
Janveir										
Février										
Mars										
Ingersoll, Gas Light Co—										
Avril			19·92	0	1					
Mai			15·65	1	1					
Juin			16·72	0	1					
Juillet			16·67	0	1					
Août			20·30	0	1					
Septembre			18·02	0	1					
Octobre			20·88	0	1					
Novembre			19·13	0	1					
Décembre			14·71	1	1					
Janvier			15·42	1	1					
Février			14·22	1	1					
Mars			15·44	0	1					
				4	12					
St-Thomas, cité de—										
Avril	18·81	17·93	18·37	0	2					
Mai	18·78	18·07	18·42	0	2					
Juin	19·70	18·53	19·11	0	2					
Juillet	18·84	18·64	18·74	0	2					
Août	18·10	18·08	18·09	0	2					
Septembre	17·59	17·27	17·43	0	2					
Octobre	19·54	18·83	19·18	0	2					
Novembre			19·53	0	1					
Décembre	16·97	16·70	16·83	0	2					
Janvier	21·00	17·85	19·42	0	2					
Février	18·48	17·88	18·18	0	2					
Mars				0	2					
				0	23					
Windsor, Gas Co—										
Avril										
Mai										
Juin										
Juillet										
Août										
Septembre										
Octobre										
Novembre										
Décembre										
Janvier										
Février										
Mars										

DOC. PARLEMENTAIRE No 13

F—*Suite.*

pour l'année finissant le 31 mars 1914.

Ammoniaque dans 100 pieds cubes. Épreuves—4 grains.					Hydrogène sulfuré.			Remarques.
Maximum. Grains.	Minimum. Grains.	Moyenne. Grains.	Excès d'ammoniaque (n. d'épreuves).	Totaux des épreuves.	Absence (nombre d'épreuves).	Présence (nombre d'épreuves).	Totaux des épreuves.	
					2	0	2	
					1	0	1	
					0	1	1	
					2	0	2	
					1	0	1	
					0	1	1	
					0	1	1	
					1	0	1	
					0	1	1	
					0	1	1	
					1	0	1	
					1	0	1	
					9	5	14	
					1	0	1	
					1	0	1	
					1	0	1	
					1	0	1	
					1	0	1	
					1	0	1	
					1	0	1	
					1	0	1	
					1	0	1	
					1	0	1	
					12	0	12	
					2	0	2	
					2	0	2	
					2	0	2	
					2	0	2	
					2	0	2	
					2	0	2	
					2	0	2	
					1	0	1	
					2	0	2	
					2	0	2	
					2	0	2	
					23	0	23	
					0	4	4	
					0	5	5	
					0	4	4	
					2	2	4	
					0	5	5	
					1	3	4	
					1	3	4	
					5	0	5	
					4	0	4	
					2	3	5	
					0	4	4	
					0	4	4	
					15	37	52	

5 GEORGE V, A. 1915

ANNEXE

POUVOIR d'éclairage et pureté du gaz inspecté

Bureaux d'inspection.	Pouvoir d'éclairage—Etalon. 16 bougies.					Soufre dans 100 pieds cubes. Epreuves—35 grains.				
	Maximum. Bougies.	Minimum. Bougies.	Moyenne. Bougies.	Trop faible (nombre d'épreuves).	Totaux des épreuves.	Maximum. Grains.	Minimum. Grains.	Moyenne. Grains.	Excès de soufre (nombre d'épreuves).	Totaux des épreuves.
Sarnia, Gas & El. Co—										
Avril............										
Mai.............										
Juin...........										
Juillet........										
Août.........										
Septembre........										
Octobre..										
Novembre....										
Décembre										
Janvier...........										
Février.....										
Mars.............										
Petrolia—										
Avril.........										
Mai...............										
Juin............										
Juillet										
Août........										
Septembre										
Octobre										
Novembre........										
Décembre....										
Janvier.........										
Février........										
Mars.....										
Stratford, Gas Co—										
Avril			16·95	0	1					
Mai....			17·02	0	1					
Juin			18·04	0	1					
Juillet...........			17·52	0	1					
Août........			17·16	0	1					
Septembr e.....			16·67	0	1					
Octobre....			16·65	0	1					
Novembre.			16·14	0	1					
Décembre.			16·82	0	1					
Janvier...........										
Février....., ...			17·78	0	1					
Mars			17·90	0	1					
				0	**11**					
Woodstock, Gas Light Co										
Avril............			17·78	0	1					
Mai......			17·38	0	1					
Juin....			17·26	0	1					
Juillet...........			17·51	0	1					
Août........			17·36	0	1					
Septembre.........			17·62	0	1					
Octobre.			17·39	0	1					
Novembre.			16·89	0	1					
Décembre.....			17·16	0	1					
Janvier										
Février.....										
Mars										
				0.	**9**					

DOC. PARLEMENTAIRE No 13

F—Suite.

pendant l'exercice terminé le 31 mars 1914.

Ammoniaque dans 100 pieds cubes. Épreuve—4 grains.					Hydrogène sulfuré.			Remarques.
Maximum. Grains.	Minimum. Grains.	Moyenne. Grains.	Exc. d'ammoniaq. (nomb. d'épreuves).	Totaux des épreuves.	Absence (nomb. d'épreuves).	Présence (nomb. d'épreuves).	Totaux des épreuves.	
					2	0	2	
					2	0	2	
					2	0	2	
					2	0	2	
					2	0	2	
					0	1	1	
					2	0	2	
					2	0	2	
					1	0	1	
					1	0	1	
					0	1	1	
					0	1	1	
					16	3	19	
					0	1	1	
					0	1	1	
					1	0	1	
					1	0	1	
					1	0	1	
					3	2	5	
					1	0	1	
					1	0	1	
					1	0	1	
					1	0	1	
					1	0	1	
					1	0	1	
					1	0	1	
					1	0	1	
					1	0	1	Pas d'essais à cause des changements et réparations fait dans le bureau d'inspect. du gaz.
					1	0	1	
					11	0	11	
					1	0	1	
					1	0	1	
					1	0	1	
					1	0	1	
					1	0	1	
					1	0	1	
					1	0	1	
					1	0	1	
					10	0	10	
					6	0	6	
					4	0	4	
					29	0	29	

5 GEORGE V, A. 1915

ANNEXE

Pouvoir d'éclairage et pureté du gaz inspecté

Bureaux d'inspection.	Pouvoir d'éclairage—Étalon. 16 bougies.					Soufre dans 100 pieds cubes. Epreuve—35 grains				
	Maximum. Bougies.	Minimum. Bougies.	Moyenne. Bougies.	Trop faible (nomb. d'épreuves).	Totaux des épreuves.	Maximum. Grains.	Minimum. Grains.	Moyenne. Grains.	Excès de soufre (nombre d'épreuves.)	Totaux des épreuves.
Ottawa—										
Avril..	16·25	15·55	15·98	3	8	14·59	14·41	14·50	0	2
Mai	16·23	15·83	16·05	1	8	14·97	14·30	14·63	0	2
Juin	16·31	15·76	16·05	2	10	14·70	14·11	14·40	0	2
Juillet	16·29	15·85	16·07	3	8	14·95	14·38	14·66	0	2
Août	16·27	15·82	16·05	3	8	14·72	14·36	14·54	0	2
Septembre	16·23	15·70	16·05	2	10	14·54	14·37	14·45	0	2
Octobre	16·24	15·76	16·06	1	8	14·64	14·19	14·41	0	2
Novembre.	16·28	15·83	16·03	4	8	14 81	14·47	14·64	0	2
Décembre.	16·27	15·76	16·02	4	10	14·97	14·38	14·67	0	2.
Janvier										
Février										
Mars	17·00	15·19	15·97	3	4					
				26	82				0	18
Stormont, Gas & El. Power Co—										
Avril										
Mai			17·22	0	1					
Juin										
Juillet										
Août										
Septembre										
Octobre										
Novembre										
Décembre										
Janvier										
Février										
Mars										
Toronto, Consumer's Gas Co—				0	1					
Avril	18·67	17·62	18·03	0	8	22·99	15·07	19·03	0	2
Mai	18·47	17·63	18·07	0	8	14·80	8·55	11·67	0	2
Juin	18·20	17·15	17·80	0	10			7·55	0	1
Juillet	18·15	17·03	17·73	0	8					
Août	19·00	17·28	18·04	0	8					
Septembre	19·02	17·28	18·17	0	10					
Octobre	19·06	18·14	18·54	0	8					
Novembre	18·89	18·41	18·68	0	8	18·39	15·63	17·01	0	2
Décembre	19·14	17·51	18·65	0	10	22·31	15·63	18·77	0	3
Janvier	18·86	17·92	18·58	0	8	18·26	14·64	16·45	0	2
Février	19·29	18·48	18·72	0	8	21·41	19·33	20·37	0	2
Mars	18·86	17·89	18·41	0	10	24·16	19·68	21·92	0	2
				0	104				0	16
Barrie, Gas Co—										
Avril			18·38	0	1					
Mai			19·50	0	1					
Juin			19·22	0	1					
Juillet			19·20	0	1					
Août			20·71	0	1					
Septembre			19·62	0	1					
Octobre			19·95	0	1					
Novembre			19·23	0	1					
Décembre			18·20	0	1					
Janvier			19·40	0	1					
Février			19·84	0	1					
Mars			18·47	0	1					
				0	12					

N. B.—Pour le bureau de la Light and Heat Commissioners, Guelph, voir page 46

F—*Suite.*

pendant l'exercice terminé le 31 mars 1914.

Ammoniaque dans 100 pieds cubes. Epreuves—4 grains.					Hydrogène. sulphuré.			Remarques.
Maximum. Grains.	Minimum. Grains.	Moyenne. Grains.	Excès d'ammoniaq. (n. d'épreuves).	Totaux des épreuves.	Absence (n. d'épreuves).	Présence (n. d'épreuves).	Totaux des épreuves.	
2·14	1·91	2·02	0	2	8	0	8	
2·25	1·98	2·11	0	2	8	0	8	
2·21	1·16	1·68	0	2	10	0	10	
2·29	1·09	1·69	0	2	8	0	8	
1·87	1·27	1·57	0	2	8	0	8	
2·25	1·25	1·75	0	2	10	0	10	
2·17	2·14	2·15	0	2	8	0	8	
2·26	2·24	2·25	0	2	8	0	8	
2·14	2·08	2·11	0	2	10	0	10	
								Aucun essai fait.
					4	0	4	"
			0	18	82	0	82	
					0	1	1	Aucun essai fait.
					0	1	1	
0·00	0·00	0·00	0	2	8	0	8	
0·00	0·00	0·00	0	2	8	0	8	
0·00	0·00	0·00	0	2	10	0	10	
					8	0	8	Aucun essaie d'ammon. ou de soufre.
					8	0	8	" "
					10	0	10	" "
					8	0	8	
0·00	0·00	0·00	0	2	8	0	8	
0·00	0·00	0·00	0	2	10	0	10	
0·00	0·00	0·00	0	2	8	0	8	
0·00	0·00	0·00	0	2	8	0	8	
0·00	0·00	0·00	0	2	10	0	10	
			0	16	104	0	104	
					1	0	1	
					1	0	1	
					1	0	1	
					1	0	1	
					1	0	1	
					1	0	1	
					1	0	1	
					1	0	1	
					1	0	1	
					1	0	1	
					1	0	1	
					1	0	1	
					12	0	12	

ANNEXE

Pouvoir d'éclairage et pureté du gaz inspecté

Bureaux d'inspection.	Pouvoir d'éclairage—Etalon. 16 bougies.					Soufre dans 100 pieds cubes. Epreuves—35 grains.				
	Maximum. Bougies.	Minimum. Bougies.	Moyenne. Bougies.	Trop fa b e l (nombre d'épreuves).	Totaux des épreuves.	Maximum. Bougies.	Minimum. Bougies.	Moyenne. Bougies.	Exc. de soufre (nombre d'épreuves).	Totaux des épreuves.
Owen-Sound, dépt. du gaz—										
Avril			16·10	0	1					
Mai			16·50	0	1					
Juin			16·33	0	1					
Juillet			16·18	0	1					
Août			16·10	0	1					
Septembre			16·00	0	1					
Octobre			16 12	0	1					
Novembre			16·05	0	1					
Décembre			16.00	0	1					
Janvier			16·01	0	1					
Février			16·10	0	1					
Mars			16·50	0	1					
				0	**12**					
Montréal —										
Avril	18·66	16·25	17·28	0	9	15·32	15·11	15·21	0	2
Mai	18·41	16·62	17·39	0	9	17·83	13 60	15·71	0	2
Juin	18·41	17·05	17·49	0	8	17·56	14·50	15·93	0	2
Juillet	18·69	17·16	17·61	0	9	14·97	13·92	14·44	0	2
Août	19·61	16·83	18·02	0	9	18·43	15·00	16·71	0	2
Septembre	18·33	16·10	17·35	0	9	18·96	17·00	17·98	0	2
Octobre	18·84	16·99	17·75	0	9	15·03	12·64	13·83	0	2
Novembre	17·61	16·80	17·23	0	8	20·27	17·28	18·77	0	2
Décembre	17·83	16·05	16·91	0	9	20·21	15·31	17·76	0	2
Janvier	16·98	16·11	16·51	0	9	18·17	16·87	17·50	0	2
Février	16·47	16·00	16·18	0	8	19 02	17·40	18·21	0	2
Mars	16·44	16·01	16·24	0	9	14·28	11·80	13·04	0	2
				0	**105**				**0**	**24**
Québec—										
Avril						21·62	21·17	21·39	0	2
Mai						17·18	16·80	16·99	0	2
Juin						19·42	17·79	18·60	0	2
Juillet						18·38	16·84	17·61	0	2
Août						16·99	16·94	16·96	0	2
Septembre						19·77	18·54	19·15	0	2
Octobre	17·75	17·59	17·67	0	2	17·97	13·75	15·86	0	2
Novembre	17·88	17·78	17·83	0	2	18·15	15·25	16·70	0	2
Décembre	17·72	17·58	17·65	0	2	18·09	14·81	16·45	0	2
Janvier	17 96	17·73	17·79	0	2	20·59	16·80	18 69	0	2
Février	18·00	17·59	17·79	0	2	18·83	17·03	17·93	0	2
Mars	17·71	17·00	17·35	0	2	19·55	16·84	18·19	0	2
				0	**12**				**0**	**24**
Sherbrooke—										
Avril			32·53	0	1					
Mai			30·66	0	1					
Juin			27·94	0	1					
Juillet			28·21	0	1					
Août			24·77	0	1					
Septembre			28·27	0	1					
Octobre			31·05	0	1					
Novembre			25·05	0	1					
Décembre			28·33	0	1					
Janvier			29·06	0	1					
Février			26·29	0	1					
Mars			22·42	0	1					
				0	**12**					

DOC. PARLEMENTAIRE No 13

F—Suite.

pour l'année finissant le 31 mars 1914.

Ammoniaque dans 100 pieds cubes. Epreuves—4 grains.					Hydrogène sulfuré.			Remarques.
Maxi- mum. grains.	Mini- mum. grains.	Moy- enne. grains.	Excès d'am- moniaque (n. d'épreuves)	Totaux des épreuves.	Absence (nombre d'épreuves).	Présence, (nombre d'épreuves).	Totaux des épreuves.	
					1	0	1	
					1	0	1	
					1	0	1	
					1	0	1	
					1	0	1	
					1	0	1	
					1	0	1	
					1	0	1	
					1	0	1	
					1	0	1	
					12	**0**	**12**	
0·00	0·00	0·00	0	2	14	0	14	
0·00	0·00	0·00	0	2	14	0	14	
0·00	0·00	0·00	0	2	12	0	12	
0·00	0·00	0·00	0	2	14	0	14	
0·00	0·00	0·00	0	2	14	0	14	
0·00	0·00	0·00	0	2	14	0	14	
0·00	0·00	0·00	0	2	14	0	14	
0·00	0·00	0·00	0	2	12	0	12	
0·00	0·00	0·00	0	2	14	0	14	
0·00	0·00	0·00	0	2	14	0	14	
0 00	0·00	0·00	0	2	12	0	12	
0·00	0·00	0·00	0	2	11	0	14	
			0	**24**	**162**	**0**	**162**	
0·00	0·00	0·00	0	2				
0·06	0·00	0·00	0	2				
0·00	0·00	0·00	0	2				
0·00	0·00	0·00	0	2				Pas d'essais sur l'éclairage. Photomètre dérangé.
0·00	0·00	0·00	0	2				
0·00	0·00	0·00	0	2				
0·00	0·00	0·00	0	2	2	0	2	
0·0)	0·00	0·00	0	2	2	0	2	
0·00	0 00	0·00	0	2	2	0	2	
0 00	0·00	0·00	0	2	2	0	2	
0·00	0·00	0·00	0	2	2	0	2	
0·00	0·00	0·00	0	2	2	0	2	
			0	**24**	**12**	**0**	**12**	
					1	0	1	
					1	0	1	
					1	0	1	
					1	0	1	
					1	0	1	
					1	0	1	
					1	0	1	
					1	0	1	
					1	0	1	
					0	1	1	
					1	0	1	
					11	**1**	**12**	

5 GEORGE V, A. 1915

· ANNEXE

POUVOIR d'éclairage et pureté du gaz inspecté

Bureau d'inspection.	Pouvoir d'éclairage—Etalon. 16 bougies.					Soufre dans 100 pieds cubes. Epreuves—35 grains.				
	Maximum. Bougies	Minimum. Bougies	Moyenne. Bougies	Trop faible (nombre d'épreuves).	Totaux des épreuves.	Maximum. grains.	Minimum. grains.	Moyenne. grains.	Excès de soufre (nombre d'épreuves).	Totaux des épreuves.
St-Hyacinthe—										
Avril			18·62	0	1					
Mai			18·52	0	1					
Juin			18 34	0	1					
Juillet			18·72	0	1					
Août			18·24	0	1					
Septembre			18·32	0	1					
Octobre			18·48	0	1					
Novembre			18·60	0	1					
Décembre			18 84	0	1					
Janvier			18·84	0	1					
Février			18·92	0	1					
Mars			18·24	0	1					
				0	12					
St-Jean—										
Avril								18·36	0	1
Mai								20·08	0	1
Juin								22·25	0	1
Juillet								21·09	0	1
Août			17·50	0	1			22·20	0	1
Septembre			17·54	0	1			20·85	0	1
Octobre			17·91	0	1			20·51	0	1
Novembre			17·45	0	1			22·46	0	1
Décembre			17·64	0	1			23·57	0	1
Janvier			17·60	0	1			25·13	0	1
Février			17·41	0	1			23·06	0	1
Mars			17·53	0	1			23·91	0	1
				0	8				0	12
Moncton—										
Avril										
Mai										
Juin										
Juillet										
Août										
Septembre										
Octobre										
Novembre										
Décembre										
Janvier										
Février										
Mars										
Halifax—										
Avril			16·59	0	1			11·08	0	1
Mai			17·19	0	1			11·84	0	1
Juin			16·65	0	1			15·26	0	1
Juillet			16 67	0	1			21·62	0	1
Août			17·04	0	1			15·28	0	1
Septembre			17·08	0	1			6·65	0	1
Octobre			16·91	0	1			12 92	0	1
Novembre			16 13	0	1			21·14	0	1
Décembre			17·19	0	1			23·82	0	1
Janvier			16·72	0	1			6·46	0	1
Février			16·66	0	1			11·82	0	1
Mars			17·07	0	1			21·58	0	1
				0	12				0	12

F—*Suite.*

pendant l'année finissant le 31 mars 1914.

Ammoniaque dans 100 pieds cubes. Epreuves—4 grains.					Hydrogène sulfuré.				Remarques.
Maximum. Grains.	Minimum. Grains.	Moyenne. Grains.	Excès d'ammoniaque (n. d'épreuve.)	Totaux des épreuves.	Absence (nombre d'épreuves.)	Présence (nombre d'épreuves.)	Totaux des épreuves.		
					1	0	1		
					1	0	1		
					1	0	1		
					1	0	1		
					1	0	1		
					1	0	1		
					1	0	1		
					1	0	1		
					1	0	1		
					1	0	1		
					12	0	12		
								L'on a pas fait d'essais sur l'éclairage ; l'appareil étant dérangé.	
					1	0	1		
					1	0	1		
					1	0	1		
					1	0	1		
					1	0	1		
					1	0	1		
					8	0	8		
					1	0	1		
					1	0	1		
					1	0	1		
					1	0	1		
					1	0	1		
					1	0	1		
					1	0	1		
					1	0	1		
					1	0	1		
					12	0	12		
					1	0	1		
					1	0	1		
					1	0	1		
					1	0	1		
					1	0	1		
					1	0	1		
					1	0	1		
					1	0	1		
					1	0	1		
					12	0	12		

5 GEORGE V, A. 1915

ANNEXE

Pouvoir d'éclairage et pureté du gaz inspecté

Bureaux d'inspection.	Pouvoir d'éclairage—Etalon. 16 bougies.					Soufre dans 100 pieds cubes Epreuves—35 grains.				
	Maximum. Bougies.	Minimum. Bougies.	Moyenne. Bougies.	Trop faible (nombre d'épreuves).	Totaux des épreuves.	Maximum. Grains.	Minimum. Grains.	Moyenne. Grains.	Excès de soufre (n. d'épreuves.)	Totaux des épreuves.
Yarmouth—										
Avril	12·21	11·50	11·85	2	2					
Mai			16·29	0	1					
Juin			17·71	0	1					
Juillet			16·65	0	1					
Août			17·19	0	1					
Septembre			17·37	0	1					
Octobre			17·91	0	1					
Novembre			16·60	0	1					
Décembre			16·77	0	1					
Janvier			16·00	0	1					
Février			10·87	1	1					
Mars			13·35	1	1					
				4	13					
Charlottetown—										
Avril			14·91	1	1					
Mai			15·73	1	1					
Juin			16·91	0	1					
Juillet			17·50	0	1					
Août			15·16	1	1					
Septembre			16·10	0	1					
Octobre			16·02	0	1					
Novembre			17·85	0	1					
Décembre			15·21	1	1					
Janvier			15·89	1	1					
Février			18·11	0	1					
Mars	17·80	14·67	16·54	1	4					
				6	15					
Winnipeg—										
Avril	15·80	13·15	14·00	8	8					
Mai	15·00	14·07	12·90	10	10					
Juin	15·60	15·09	14·53	8	8					
Juillet	16·30	13·40	15·28	9	10					
Août	16·80	15·43	14·00	6	8					
Septembre	16·80	15·80	14·30	4	8					
Octobre	16·70	14·30	15·99	2	8					
Novembre	17·60	14·12	16·44	2	8					
Décembre	16·34	13·06	14·45	9	10					
Janvier	16·42	14·60	15·79	3	8					
Février	16·61	14·83	15·51	7	8					
Mars	16·18	15·11	13·60	7	8					
				75	102					
Calgary—										
Avril										
Mai										
Juin										
Juillet										
Août										
Septembre										
Octobre										
Novembre										
Décembre										
Janvier										
Février										
Mars										

F—*Suite.*

pendant l'année finissant le 31 mars 1914.

Ammoniaque dans 100 pieds cubes. Epreuves—4 grains					Hydrogène. sulfuré.			Remarques.
Maxi- mum.	Mini- mum.	Moyen- ne.	Trop faible (nombre d'épreuves).	Totaux des épreuves.	Absence (nombre d'épreuves).	Présent (nombre d'épreuves).	Totaux des épreuves.	
Grains.	Grains.	Grains.						
					2	0	2	
					1	0	1	
					1	0	1	
					1	0	1	
					1	0	1	
					1	0	1	
					1	0	1	
					1	0	1	
					1	0	1	
					1	0	1	
					13	0	13	
					1	0	1	
					1	0	1	
					1	0	1	
					1	0	1	
					1	0	1	
					1	0	1	
					1	0	1	
					1	0	1	
					1	0	1	
					0	4	4	
					11	4	15	
					8	0	8	
					10	0	10	
					8	0	8	
					10	0	10	
					8	0	8	
					8	0	8	
					8	0	8	
					10	0	10	
					8	0	8	
					8	0	8	
					8	0	8	
					102	0	102	
					1	1	2	
					1	1	2	
					2	0	2	
					4	0	4	
					3	1	4	
					5	0	5	
					4	0	4	
					3	1	4	
					5	0	5	
					4	0	4	
					4	0	4	
					5	0	5	
					41	4	45	

POUVOIR d'éclairage et pureté du gaz inspecté

Bureau d'inspection	Pouvoir d'éclairage —Etalon. 16 bougies.					Soufre dans 100 pieds cubes. Epreuves—35 grains.				
	Maxi. mum.	Mini. mum.	Moyen. ne.	Trop faible (nombre d'épreuves).	Totaux des épreuves.	Maxi. mum.	Mini. mum.	Moyen. ne.	Excès de soufre (nombre d'épreuves).	Totaux des épreuves.
	Bougies.	Bougies.	Bougies.			Grains.	Grains.	Grains.		
Vancouver—										
Avril	17·50	15·90	16·76	1	8					
Mai	17·80	15·50	16·71	1	10					
Juin	19·00	16·20	17·40	0	8					
Juillet	19·70	15·00	16·97	3	10					
Août	19·10	15·90	16·88	1	8					
Septembre	19·40	16·80	17·71	0	8					
Octobre	23·50	16·00	17·91	0	10					
Novembre	17·17·	13·60	16·00	3	8					
Décembre	18·70	14·80	16·94	3	10					
Janvier	17·00	16·10	14·60	2	6					
Février	17·00	15·75	16·50	1	8					
Mars	18·10	14·23	16·28	2	8					
				17	102					
New-Westminster—										
Avril			21·41	0	1					
Mai			21·67	0	1					
Juin			20·93	0	1					
Juillet			19·50	0	1					
Août			19·91	0	1					
Septembre			20·05	0	1					
Octobre			19·61	0	1					
Novembre			19·42	0	1					
Décembre			19·35	0	1					
Janvier			19·51	0	1					
Février			19·42	0	1					
Mars			19·25	0	1					
				0	12					
Nelson—										
Avril										
Mai										
Juin										
Juillet										
Août										
Septembre										
Octobre										
Novembre										
Décembre										
Janvier										
Février										
Mars										
Victoria—										
Avril			13·90			1		1		
Mai	16·15	15·04	15·59			1		2		
Juin	15·20	14·75	14·97			2		2		
Juillet	14·27	14·03	14·15			2		2		
Août	14·30	14·07	14·16			2		2		
Septembre	14·55	13·57	14·06			2		2		
Octobre	16·20	15·70	15·95			2		2		
Novembre	15·00	14·20	14·60			2		2		
Décembre	13·50	13·10	13·30			2		2		
Janvier	14·20	13·90	14·05			2		2		
Février	13·40	12·80	13·10			2		2		
Mars	14·20	13·89	14·04			2		2		
						21		23		

DOC. PARLEMENTAIRE No 13

F—*Suite.*

pour l'année finissant le 31 mars 1914.

Ammoniaque dans 100 pieds cubes. Epreuves—4 grains.					Hydrogène sulfuré.			Remarques.
Maximum. Grains.	Minimum. Grains.	Moyenne. Grains.	Exc. d'ammoniaq. (nombre d'épreuves).	Totaux des épreuves.	Absence nombre d'épreuves.	Présence nombre d'épreuves.	Totaux des épreuves.	
					8	0	8	
					10	0	10	
					8	0	8	
					10	0	10	
					8	0	8	
					8	0	8	
					10	0	10	
					8	0	8	
					10	0	10	
					6	0	6	
					8	0	8	
					8	0	8	
					102	0	102	
					1	0	1	
					1	0	1	
					1	0	1	
					1	0	1	
					1	0	1	
					1	0	1	
					1	0	1	
					1	0	1	
					1	0	1	
					1	0	1	
					1	0	1	
					1	0	1	
					12	0	12	
					1	0	1	
					2	0	2	
					2	0	2	
					2	0	2	
					2	0	2	
					2	0	2	
					2	0	2	
					2	0	2	
					2	0	2	
					2	0	2	
					2	0	2	
					2	0	2	
					23	0	23	

5 GEORGE V, A. 1915

ANNEXE

POUVOIR d'éclairage et pureté du gaz inspecté

Bureaux d'inspection.	Pouvoir d'éclairage—Etalon. 16 bougies.					Soufre dans 100 pieds cubes. Epreuves—35 grains.				
	Maximum.	Minimum.	Muyenne.	Trop faible (nombre d'épreuves).	To aux des épreuves.	Maximum.	Minimum.	Moyenne.	Excès de soufre (nombre d'épreuves).	To aux des épreuves.
	Bougies.	Bougies.	Bougies.			Grains.	Grains.	Grains.		
Nanaïmo—										
Avril			16·09	0	1					
Mai			17·10	0	1					
Juin			16·60	0	1					
Juillet			17·20	0	1					
Août			16·83	0	1					
Septembre			17·01	0	1					
Octobre			16·30	0	1					
Novembre			16·41	0	1					
Décembre			16·59	0	1					
Janvier			16·94	0	1					
Février			16·51	0	1					
Mars			16·30	0	1					
				0	12					
Guelph—										
Avril			20·64	0	1					
Mai			19·86	0	1					
Juin			19·29	0	1					
Juillet			20·18	0	1					
Août			20·84	0	1					
Septembre			19·20	0	1					
Octobre			20·63	0	1					
Novembre			20·68	0	1					
Décembre			19·58	0	1					
Janvier			20·12	0	1					
Février			20·05	0	1					
Mars			20·34	0	1					
				0	12					

MINISTÈRE DU REVNNU DE L'INTÉRIEUR,
OTTAWA, 1er juin 1914.

DOC. PARLEMENTAIRE No 13

F— *Fin.*

pendant l'année finissant le 31 mars 1914.

Ammoniaque dans 100 pieds cubes. Epreuves—4 grains.					Hydrogène sulfuré.			Remarques.
Maximum.	Minimum.	Moyenne.	Excès d'ammon. (nomb. d'épreuves.)	Totaux des épreuves.	Absence (nombre d'épreuves.)	Présence nombre d'épreuves).	Totaux des épreuves.	
Grains.	Grains.	Grains.						
......	......	......	....	......	1	0	1	
......	......	......	....	......	1	0	1	
......	......	......	....	......	1	0	1	
......	......	......	....	......	1	0	1	
......	......	......	....	......	1	0	1	
......	......	......	....	......	1	0	1	
......	......	......	....	......	1	0	1	
......	......	......	....	......	1	0	1	
......	......	......	....	......	1	0	1	
......	......	......	....	......	1	0	1	
......	......	......	....	......	1	0	1	
					12	0	12	
......	......	......	....	......	1	0	1	
......	......	......	....	......	1	0	1	
......	......	......	....	......	1	0	1	
......	......	......	....	......	2	0	2	
......	......	......	....	......	2	0	2	
......	......	......	....	......	2	0	2	
......	......	......	....	......	2	0	2	
......	......	......	....	......	2	0	2	
......	......	......	....	......	2	0	2	
......	......	......	....	......	2	0	2	
					21	0	21	

W. HIMSWORTH,
Sous-ministre.

5 GEORGE V, A. 1915

ANNEXE G.

Tableau indiquant le nombre de compteurs de gaz présentés pour la vérification, vérifiés, rejetés et vérifiés après un premier rejet, pour l'année finissant le 31 mars 1913.

Districts.	Présentés à la vérification.	Nature.		Vérifiés (inexactitude tolérée par la loi.)			Rejetés.			Vérifiés après un premier rejet.			Totaux.	
		Humides.	Secs.	Justes.	Rapides.	Lents.	Incertains.	Rapides.	Lents.	Justes.	Rapides.	Lents.	Vérifiés.	Rejetés.
Belleville	1,892	....	1,892	703	260	895	3	19	12	....	....	....	1,858	34
Berlin	74	....	74	12	62	....							74	....
Brockville	80	....	80	45	13	21	1		....				79	1
Cobourg	15	....	15	....	6	8			1	....			14	1
Hamilton	9,560	....	9,560	3,504	598	5,458							9,560	73
London	6,828	....	6,828	1,737	1,133	3,885	....	36	37				6,755	....
Ottawa	4,236	....	4,236	267	79	3,890							4,236	....
Owen-Sound	12	....	12	12	....								12	..
Peterborough	114	....	114	44	2	68							114	....
Sarnia	39	....	39	27	3	8	1						39	....
Woodstock	28	....	28	....	10	18							28	....
Toronto	24,098	....	24,098	8,202	2,466	13,234	....	124	72				23,902	196
Montréal	28,067	..	28,067	4,252	9,359	14,094	111	167	84				27,705	362
Québec	884	....	884	363	28	493						..	884	....
Sherbrooke	182	....	182	75	57	50							182	....
St-Hyacinthe	157	....	157	103	19	35							157	....
St-Jean	1,192	....	1,192	629	34	528			1	....			1,191	1
Halifax	209	....	209	119	27	63							209	....
Charlottetown	25	....	25	2	5	9	7		2	..	4		16	9
Winnipeg	4,463	....	4,463	2,110	933	1,393	....	12	3	3	4	5	4,436	27
Calgary	569	....	569	45	41	444	....	25	1				543	26
New-Westminster	4	....	4	1	....	3							4	....
Vancouver	4,348	....	4,348	1,007	845	2,389	....	17	63	7	9	11	4,241	107
Victoria	1,056	....	1,056	369	273	414							1,056	....
Totaux	88,132	..	88,132	23,641	16,253	47,400	123	400	276	10	13	16	87,295	837

W. HIMSWORTH,
Sous-ministre.

Ministère du Revenu de l'Intérieur,
Ottawa, 1er juin 1914.

ANNEXE H.

DÉPENSES et recettes du service de l'éclairage électrique pour l'exercice terminé le 31 mars 1914.

Districts.	Inspecteurs et aides.	Dépenses.						Recettes.
		Appointements.	Aide spéciale.	Loyer.	Frais de voyage.	Divers.	Total.	
		$ c.	$ c.	$ c.	$ c.	$ c.	$ c.	$ c.
Belleville	Fraser, H.	1,299 93	5 00		206 55	10 08	1,521 56	1,691 25
Fort-William	Little, E	1,200 00	40 00		214 10	116 98	1,571 08	1,816 45
Hamilton	*Lutz, H				680 00	2 00	682 00	7,914 25
London	*Nash, A. F		354 75		683 25	28 50	1,066 50	4,864 20
Ottawa	*Roche, H. G..							
	*Couvrette, A.A				670 70	0 75	671 45	4,961 75
Toronto	*Stiver, J. L				906 55	80 63	987 18	15,487 45
Spécial	Kinsman, E. A	1,133 28					1,133 28	
Ontario		3,633 21	399 75		3,361 10	238 94	7,633 05	36,735 35
Montréal	*Aubin, A		971 94		99 15	24 49	1,095 58	12,341 35
Québec	*Le Vasseur, N.		100 00	450 00	27 80	109 20	687 00	1,383 20
Sherbrooke	*Simpson, A. F				122 96	26 60	149 5	586 05
St-Hyacinthe	Provost, J. E	300 00			320 70	5 15	625 8	702 15
Trois-Rivières	Robitaille, G. W							
	Olivier, A	350 75		125 00	40 35	12 40	528 50	105 95
Québec		650 75	1,071 94	575 00	610 96	177 84	3,086 49	15,118 70
St-Jean, N.-B.	*Wilson, J. E				211 59	10 34	221 93	1,348 40
Halifax, N.-E.	*Toale, John		60 00		586 58	85 58	732 16	1,905 75
Charlottetown, I.P.-E.	*Bell, J. H		60 00		34 15	14 21	108 36	295 95
Winnipeg, Man	*Hamilton, R		1,233 24	300 00	379 10	143 84	2,056 18	7,054 10
Régina, Sask.	Hunter, W. M.							
	Hart, S. N	1,699 96			1,197 60	131 51	3,029 07	3,255 00
Calgary	Kyle, W. P } Jones, B. B }	2,700 00	25 00		256 30	108 17	3,089 47	2,294 23
Edmonton	Roe, E. A	604 83			914 30	193 96	1,713 09	3,155 25
Alberta		3,304 83	25 00		1,170 60	302 13	4,802 56	5,449 50
Vancouver	Stott, Jas. } Templeton, W. A. } Power, O. S. } Scouler, G. T. } Wolfenden, W }	5,516 48	900 00		604 50	120 60	7,141 58	6,142 20
Victoria	Dresser, F.*		48 00		179 10	111 33	338 43	2,686 50
Colombie-Britan.		5,516 48	948 00		783 60	231 93	7,480 01	8,828 70
Yukon	MacDonald,J.F.	375 28					375 28	
Ingénieur électriq. en chef.			157 00		323 47	370 72	851 19	
Inspecteur pour l'Est du Dominion	Lambe, A. B	2,574 93			292 25		2,867 18	

* Pour appointements, voir Gaz, Annexe E.

13—4

50

REVENUS DE L'INTERIEUR

5 GEORGE V, A. 1915

ANNEXE H—*Fin.*

Dépenses et recettes du service de l'éclairage électrique pour l'exercice terminé le 31 mars 1914.

Districts.	Inspecteurs et aides.	Dépenses.						Recettes.
		Appointements.	Aide spéciale.	Loyer	Frais de voyage.	Divers.	Total.	
		$ c.	$ c.	$ c.	$ c.	$ c.	$ c.	$ c.
Inspecteur pour l'Ouest du Dominion......	Higman, O., jr..	2,574 93	499 98	.....	371 96	98 26	3,545 13	....
	Total pour districts, etc....	20,330 37	4,454 91	875 00	9,323 01	1,805 30	36,788 59	79,991 45
Licences d'export. électriq.	....	....	....	......	....	....	....	450 00
Etalons électriques, laboratoire........								
Honoraires...	....	....	....	....	....	....	....	35 05
Dép. conting. en général...	....	...	.	....	....	......	10,788 27	10,788 27	....
Impressions....	....	....	......	......	....	5 75	5 75	....
Papeterie...	....	....	......	......	....	422 25	422 25	....
Commission internationale électro - technique........	.. ..	....	......	......	....	243 61	243 61	....
Allocation provisoire.	.. ..	....	....	......	....	1,886 82	1,886 82	....
	Grands totaux	20,330 37	4,454 91	875 00	9,323 01	15,152 00	50,135 29	80,476

W. HIMSWORTH,
Sous-ministre.

MINISTÈRE DU REVENU DE L'INTÉRIEUR,
OTTAWA, 1er juin 1914.

DOC. PARLEMENTAÌRE No 13

ANNEXE I.

TABLEAU indiquant le montant de compteurs électriques présentés pour la vérification vérifiés, rejetés et vérifiés après un premier rejet, pour l'année finissant le 31 mars 1914.

Districts.	Présentés à la vérification.	Vérifiés (inexactitude tolérée par la loi).			Rejectés.			Vérifiés après un premier rejet.			Totaux.	
		Justes.	Rapides.	Lents.	Incertains	Rapides.	Lents.	Justes.	Rapides.	Lents.	Vérifiés.	Rejectés.
Belleville	2,753	995	1,312	442	...	3	1	...	...	...	2,749	4
Fort-William	3,937	1,332	1,311	1,264	...	12	18	...	...	...	3,907	30
Hamilton	12,428	8,855	1,231	2,341	...	...	1	...	...	...	12,427	1
London	7,696	2,798	2,820	2,069	...	5	4	...	...	...	7,687	9
Ottawa	8,108	1,369	4,199	2,506	9	7	18	...	...	...	8,074	34
Toronto	23,829	13,238	7,178	3,405	...	1	7	...	...	...	23,821	8
Montréal	20,486	18,242	1,701	539	...	3	1	...	...	...	20,482	4
Québec	2,263	1,232	601	430	...	...	...	...	...	...	2,263	
Sherbrooke	941	375	238	328	...	...	...	...	...	...	941	
St-Hyacinthe	1,157	305	655	192	...	3	2	...	...	...	1,152	5
Trois-Rivières	157	136	16	5	...	...	...	...	...	...	157	
St-Jean	2,210	1,008	662	529	5	2	3	1	...	...	2,199	11
Halifax	3,032	1,994	464	539	36	3	6	...	...	...	2,987	45
Charlottetown	490	. 178	71	226	...	1	14	...	...	...	475	15
Winnipeg	11,014	2.916	7,855	733	...	1	9	...	...	...	11,004	10
Régina	5,325	1,830	2,167	1,320	3	3	2	...	...	...	5,317	8
Calgary	3,706	1,347	1,976	371	...	8	4	...	...	...	3,694	12
Edmonton	5,143	1,709	2,938	472	1	13	10	...	...	...	5,119	24
Vancouver	9,845	2,881	5,838	1,122	...	4	...	...	...	...	9,841	4
Victoria	4,175	2,152	1,085	938	...	...	...	...	...	...	4,175	
Totaux	128,695	64,882	43,818	19,771	54	69	100	1	...	...	128,471	224

W. HIMSWORTH,
Sous-ministre.

MINISTÈRE DU REVENU DE L'INTÉRIEUR,
OTTAWA, 1er juin 1914.

ANNEXE J.

TABLEAU indiquant le montant d'énergie électrique, gaz ou fluide généré ou produit pour l'exportation et la consommation au Canada, en vertu de la Loi concernant l'exportation de l'électricité et des fluides pour l'exercice clos le 31 mars 1914.

Nom de l'entrepreneur et siège d'affaires.	Mois.	Unités produites pour l'exportation.		Unités produites pour la consommation au Canada.		Production totale de la station génératrice et d'autres source.	
		Heures K.W.	Années, C.-V.	Heures K.W.	Années, C.-V.	Heures K.W.	Années, C.-V.
Canadıan Niagara Power Company, Niagara Falls, Ontario.	Avril	31,761,460	4,860·24	1,104,540	169·02	32,866,000	5,029·26
	Mai	32,746,370	5,010·95	1,068,630	163·53	33,815,000	5,174·48
	Jufn	30,759,160	4,706·86	990,840	151·62	31,750,000	4,858·48
	Juillet	32,667,130	4,908 83	790,870	121·02	33,458,000	5,119·85
	Août	32,593,310	4,987·53	762,690	116·71	33,356,000	5,104·24
	Septembre	33,336,340	5,101·23	873,660	133 69	34,210,000	5,234·92
	Octobre	35,504.650	5,442·21	727,350	111·30	36,292,000	5,553·51
	Novembre	34,426,130	5,268·00	946,870	144·89	35,373,000	5,412·89
	Décembre	36,605,590	5,601·50	988,410	151·25	37,594,000	5,752·75
	Janvier	34,242,010	5,239·82	1,060,990	162·36	35,303,000	5.402·18
	Février	30,098,380	4,604·75	1,089,620	166·74	31,183,000	4,771·49
	Mars	35,414,150	5,419·23	1,015,550	155 40	36,430,000	5,574·63
	Totaux	400,214,980	61,241·15	11,420,020	1,747·53	411,635,000	62,988·68
Electrical Development Company of Niagara Falls, Ontario.	Avril	3,173,000	485·54	13,199,585	2,019·84	16,372.585	2,505·38
	Mai	3,253,000	497·78	14,145,715	2,164·63	17,398,715	2,662·41
	Juin	3,508,000	536·81	13,818,110	2,114·49	17,326,110	2,651·30
	Juillet	3,190,000	488·14	13,456,931	2,059·22	16,646,931	2.547·36
	Août	2,795,000	427·70	14,608,579	2,235·45	17,403,579	2,663·15
	Septembre	5,502,000	841·93	16,050,268	2,456·98	21,554,268	3,298·91
	Octobre	6,648.000	1,017 30	17,535,284	2,677·13	24,183,2⁴⁴	3,694·43
	Novembre	7,196,000	1,091·97	19,475,294	2,980·17	26,611,298	4,072·14
	Décembre	3,367,000	515·23	20,607,466	3,153·42	23,974,466	3,668·65
	Janvier	-3,582,000	541·13	17,242,285	2,638·47	20,824,285	3,186·60
	Février			15,405,113	2,357·34	15,405,113	2,357·34
	Mars			16,335,036	2,499·64	16,335,036	2,499·64
	Totaux	42,154,000	6,443·53	191,885,670	29,356·78	234,039,670	35,800·31
Ontario Power Company of Niagara Falls, Ontario.	Avril	23,052,194	3,527·52	28,713,006	4,393·75	51,765,200	7,921·27
	Mai	22,699,754	3,473·59	28,601,146	4,376·64	51,300,900	7,850·23
	Juin	21,695,278	3,319·88	27,810,022	4,255·58	49,505,30	7,575·46
	Juillet	22,683,914	3,471·17	31,987,386	4,894·8⁸	54,671,300	8,366·05
	Août	23,817,398	3,644.61	31,749,602	4,858·43	55,567,000	8,503·04
	Septembre	24,991,88⁵	3,821·34	35,043,912	5,362·53	60,035,800	9,186·87
	Octobre	26,085,686	3,991·71	36,707,714	5,617·13	62,793,400	9,608·84
	Novembre	24,114,596	3,690 09	36,619,504	5,603·63	60,734,100	9,293·72
	Décembre	24,586,826	3,762·35	38,211,274	5,847·21	62,798,100	9,609·56
	Janvier	24,625,348	3,768·25	39,226,752	6,002·60	63,852,100	9,770·85
	Février	21,340,990	3,265·67	34,558,310	5,594·27	57,899,300	8,859·94
	Mars	22,429,132	3,432·18	41,369,268	6,330·45	63,798,400	9,762.63
	Totaux	282,123,004	43,168 36	412,597,896	63,137·10	694,720,900	106,30⁵·46

ANNEXE J—*Suite.*

TABLEAU indiquant le montant d'énergie électrique, gaz ou fluide généré ou produit pour l'exportation et pour la consommation au Canada en vertu de la Loi concernant l'exportation de l'électricité et des fluides, pour l'exercice clos le 31 mars 1914.

Nom de l'entrepreneur et siège d'affaires.	Mois.	Unités produites pour l'exportation.		Unités produites pour la consommation au Canada.		Production totale de la station génératrice et d'autre source.	
		Heures, K.W.	Années, C.-V.	Heures, K.W.	Années, C.-V.	Heures, K.W.	Années, C.-V.
Ontario and Minnesota Power Co., Fort-Frances,Ont	Avril	1,745,360	267·13	78,688	12·04	1,824,048	279·17
	Mai..	1,830,040	280·05	62,642	9·59	1,892,682	289·64
	Juin........	1,766,850	270 37	43,505	6·66	1,810,355	277·03
	Juillet......	1,704,500	260·84	50,705	7·76	1,755,205	268·60
	Août.	1,761,600	269·57	53,810	8·23	1,815,410	277·80
	Septembre..	1,757,050	262·87	61,045	9·34	1,818,095	278·21
	Octobre.....	1,875,180	286 95	76,404	11·69	1,951,584	298·64
	Novembre..	1,762,170	269·63	100,398	15·36	1,862,568	285·01
	Décembre ..	1,813,310	271·16	101,968	15·60	1,915,278	286·76
	Janvier.....	1,935,870	296·23	66,519	10·18	2,002,389	306·41
	Février.....	1,784,137	273 01	86,459	13·23	1,870,596	286·24
	Mars.......	1,913,260	292·77	86,713	13·27	1,999,973	306·04
	Totaux .	21,649,327	3,306·60	868,856	132·95	22,518,183	3,439·55
Maine and New Brunswick Power Co., Aroostook Falls, N.-B.	Avril ...	178,100	27·25	4,303	·66	182,403	27·91
	Mai..	164,300	25 14	3,108	·49	167,480	25·63
	Juin.......	161,800	24·76	2,746	·42	164,546	25·18
	Juillet......	193,267	29·57	2,833	·43	196,100	30·00
	Août.	220,204	33·70	2,896	·44	223,100	34·14
	Septembre..	227,900	34 88	3,349	·51	231,300	35·39
	Octobre.. .	277,109	42·40	5,991	·92	283,100	43·32
	Novembre..	272,046	41 63	6,154	·94	278,200	42·57
	Décembre ..	297,696	45 55	6,204	·95	303,900	46·50
	Janvier. ...	298,834	45·73	9,866	1·43	308,200	47·16
	Février	278,600	42 63	5,265	·84	283,865	43·44
	Mars..	276,100	42·25	5,689	·87	281,789	43·12
	Totaux .	2,846,016	435·49	57,967	7·87	2,903,983	444·36
British Columbia Electric Railway Co., Vancouver, A.-B.	Avril	26,700	4·09	10,385,264	1,589·29	10,411,964	1,593·38
	Mai........	19,085	2·92	10,123,301	1,549·10	10,142,386	1,552·02
	Juin........	21,580	3·31	9,280,214	1,420·09	9,301,794	1,432·40
	Juillet.....	26,420	4·04	9,151,806	1,400·44	9,178,226	1,404·48
	Août......	40,340	6·17	9,241,228	1,414·12	9,281,568	1,420·29
	Septembre..	36,250	5·55	9,368,486	1,433·59	9,404,736	1,439·14
	Octobre....	39,020	5·97	10,158,407	1,554·47	10,197,427	1,560·44
	Novembre..	39,820	6 09	10,148,830	1,553·01	10,188,650	1,559·10
	Décembre ..	40,896	6·26	9,612,284	1,470·90	9,653,180	1,477·16
	Janvier ...	39,700	6 08	9,541,800	1,460·12	9,581,500	1,466·20
	Février	32,570	4 98	9,324,130	1,426·81	9,356,700	1,431·79
	Mars.......	33,450	5 12	8,361,650	1,279·62	8,395,100	1,284·74
	Totaux..	395.831	60·58	114,697,400	17,551·56	115,093,231	17,612·14

5 GEORGE V, A. 1915

ANNEXE J—*Fin.*

TABLEAU indiquant le montant d'énergie électrique, gaz ou fluide généré ou produit pour l'exportation et pour la consommation au Canada, en vertu de la Loi concernant l'exportation de l'électricité et des fluides, pour l'exercice clos le 31 mars 1914.

Nom de l'entrepreneur et siège d'affaires.	Mois.	Unités produites pour l'exportation.		Unités produites au Canada.		Production totale de la station génératrice et d'autre source.	
		Heures, K.W.	Années, C.-V.	Heures, K.W.	Années, C.-V.	Heures, K.W.	Années, C.-V.
Western Canada Power Company, Vancouver, C.-B.	Avril	1,207,731	184·81	1,606,237	245·79	2,813,968	430·60
	Mai	1,688,100	258·32	3,997,520	611·71	5,685,620	870·03
	Juin	1,912,000	292·58	2,885,996	441·63	4,797,996	734·21
	Juillet	1,651,760	252·76	3,297,430	504·58	4,949,190	757·34
	Août	2,348,600	359·39	3,793,460	580·49	6,142,060	939·88
	Septembre	2,566,700	392·76	2,980,070	456·02	5,546,770	848·78
	Octobre	2,648,940	405·35	3,916,130	599·26	6,565,070	1,004·61
	Novembre	2,460,000	376·44	3,847,960	588·83	6,307,960	965·27
	Décembre	1,904,000	291·36	3,794,230	580·61	5,698,230	871·97
	Janvier	1,076,818	164·78	3,511,086	537·28	4,587,900	702·06
	Février	1,707,110	261·23	2,133,130	326·42	3,840,240	587·65
	Mars	2,042,142	312·50	3,575,990	547·21	5,618,140	859·71
Totaux		23,213,891	3,552·28	39,339,239	6,019·83	62,553,130	9,572 11

RÉCAPITULATION.

	Unités produites pour l'exportation.		Unités produites au Canada.		Production totale de la station génératrice et d'autre source.	
	Heures, K.W.	Années, C.-V.	Heures, K.W.	Années, C.-V.	Heures, K.W.	Années, C.-V.
Ontario Power Co	282,123,004	43,168·36	412,597,896	63,137·10	694,720,900	106,305·46
Canadian Niagara Power Co..	400,214,980	61,241·15	11,420,020	1,747·53	411,685,000	62,988·68
Electrical Development Co.	42,154,000	6,443 53	191,885,670	29,356·78	234,039,670	33,800·31
‡International Railway Co.						
‡Electric Distributing Co..						
Ontario and Minnesota Power Co	21,649,327	3,306·60	868,856	132·95	22,518,183	3,439·55
Maine & New Brunswick Electric Power Co	2,846,016	435·49	57,967	7·87	2,903,983	444·36
‡Cedar Rapids Power and Manufacturing Co						
‡Sherbrooke Railway and Power Co						
British Columbia Electric Railway Co	395,831	60·58	114,697,400	17,511·56	115,093,231	17,612·14
Western Canada Power Co.	23,213,891	552·28	39,339,239	6,019·83	62,553,130	9,572·11
Totaux	772,597,049	118,207·99	770,867,048	117,955·62	1,543,464,097	236,162·61

‡ Ces compagnies n'ont pas encore commencé à exporter.

W. HIMSWORTH,
Sous-ministre.

MINISTRE DU REVENU DE L'INTÉRIEUR,
OTTAWA, 1er juin 1914.

RAPPORTS, ÉTATS ET STATISTIQUES

DES

REVENUS DE L'INTÉRIEUR

DU

CANADA

POUR L'EXERCICE CLOS LE 31 MARS

1914

PARTIE III

FALSIFICATION DES SUBSTANCES ALIMENTAIRES

(Traduit de l'anglais)

IMPRIMÉ PAR ORDRE DU PARLEMENT

OTTAWA
IMPRIMÉ PAR J. DE L. TACHÉ, IMPRIMEUR DE SA TRÈS EXCELLENCE
MAJESTÉ LE ROI
1915

[N° 14—1915]

TABLE DES MATIÈRES

RAPPORT

DU

SOUS-MINISTRE DU REVENU DE L'INTÉRIEUR

A l'honorable W. B. NANTEL,
Ministre du Revenu de l'Intérieur.

MONSIEUR,—J'ai l'honneur de vous faire tenir ci-joint un état du travail fait par l'analyste en chef et son personnel à Ottawa, dans l'année terminée le 31 mars 1914.

Description.	Authentique.	Douteux.	Frelaté.	Solide comme composé.	Total.	Remarques.
Sucre d'érable	47	1	34	1	83	
Sirop d'érable	86	3	37	....	128	1 perdu, brisé en transit. Un échantillon n'aurait pas dû être levé.
Tafia de laurier (bay-rum) et eau de Floride	60	2	4	....	70	35 échantillons de bay rum et 35 échantill. d'eau de Floride, 4 échantill. vendus illégalem.
Cordiaux	98	....	....	....	98	Nul étalon établi. On n'a rien trouvé de nocif dans l'échantillon.
Jus de limon	5	....	15	....	30	10 légèrem. inférieurs à l'étalon.
Crème de tartre	143	....	5	....	148	94 classe commerciale authentiq. 49 authent. sel. la pharmaco. brit.
Fertilisants	358	....	21	....	431	27 se conf. presq. à la garantie. 25 insuffisamment identifiés.
Poudres Seidlitz	82	....	73	....	167	12 pesés sans soin.
Huile de lin	36	10	7	....	53	
Extraits de viande	Apparemment pur.	....	....	....	80	Extr. de viande ferme... 12 Extr. de viande normale....25 Extr. de viande fluide .....42 Jus de viande. 1 Total 80
Poudres céphalagiques	163	....	8	....	171	Un échantil. levé par erreur.
Fruits séchés et empaquetés	138	20	17	....	176	
Sel de table	....	....	....	....	139	Nul étalon établi.
Moutarde					167	Nul étalon établi.

Description.	Authentique.	Douteux.	Frelaté.	Solide comme composé.	Total.	Remarques.
Saindoux..	169	1	8	1	182	3 contenant un excès d'eau.
Gélatine............					_161	Nul étalon établi.
Saindoux et substituts	145	7	5 saindoux.	43	243	
Substituts..... .. ...,.....	Saindoux non vend.com.tel.		Saindoux. 3 comp., 2 non vend.com.sain.	Pur......		
Sauce piquante aux tomates..	....	.. ..	....	... .	70	Nul étalon.
Crème glacée........ ...;	77	.. ..	49	....	137	8 légèrem. infér. à l'étal.; 2 perd.; 1 vendu comme imitation.
Teinture d'iode....	62	2	8	....	72	
Nourr. p. enfants et invalides.	86	.. ..	.. ..	....	86	
Farine..................	139	....	....	....	139	
Breuvages de tempérance et eaux gazeuses...... ,.....	....	....	....	.,.....	150	Nulle définition légale.
Beurre............	342	... .	6	... .	366	18 acceptés com. étant en deçà d. bornes remarq. d'erreur.
Remèdes pour bétail... ...	....	....	:	....	120	Expliqué dans le bulletin n° 282.
Ale (bière)..:	... .	... .	....	....	75	Expliqué dans le bulletin n° 283.
Arséniate de plomb........	....	....	;	....	82	Expliqué dans le bulletin n° 284.

Comme il est dit dans le rapport de l'an dernier, le bureau consultatif sur les étalons d'aliments ayant complété son enquête au sujet des produits alimentaires suivants, on a établi des étalons dans ce sens selon les dispositions de l'article 26 de la loi des falsifications alimentaires :—

        Produits de glucose.

        Vinaigre.

Les étalons de fruits et de produits de fruits ont aussi été modifiés de façon à déterminer clairement les exigences portant sur l'étiquetage des marmelades, des gelées et des confitures, quand elles embrassent deux genres de fruits ou plus.

Nous avons l'espoir de terminer l'installation de laboratoires-succursales au cours de l'année actuelle, à Halifax, Winnipeg et Vancouver, ce qui facilitera de beaucoup l'examen des échantillons, et permettra à ce service du département d'agrandir largement la portée de son travail.

        (Signé)   J. U. VINCENT,

                Sous-ministre-adjoint.

OTTAWA, 9 sept. 1914.

M. J.-U. VINCENT,
    Sous-ministre-adjoint,
        Reveiiu de l'Intérieur.

CHER MONSIEUR,—J'ai l'honneur de vous soumettre le rapport suivant sur le travail des laboratoires dans l'année terminée le 31 mars 1914 :
    Des échantillons d'aliments, de médecines, et de fertilisants, au nombre de 3,825, ont été officiellement levés par nos inspecteurs et soumis à l'analyse. Le résultat des analyses a été publié de temps à autre sous forme de Bulletins, en complément des séries lancées par le miuistère depuis 1887.

Numéro du bulletin.	Sujet.	Nombre des échantillons.
258	Sucre d'érable	83
259	Sirop d'érable	128
260	Tafia de laurier (bay-rum) et eau de Floride	70
261	Vins cordiaux	98
262	Jus de limon	30
263	Crème de tartre	148
264	Fertilisants	431
265	Poudres Seidlitz	167
266	Huile de lin	53
267	Extraits de viande	80
268	Poudres céphalagiques	171
269	Fruits sechés et empaquetés	176
270	Sel de table	139
271	Moutarde	167
272	Saindoux	182
273	Gélatine	161
274	Saindoux et substituts	243
275	Nourriture pour enfants et invalides	86
276	Crème glacée	136
277	Farine	141
278	Teinture d'iode	72
279	Sauce piquante aux tomates	79
280	Ale au gingembre (ginger ale)	150
281	Beurre	366
282	Remèdes pour bétail	120
283	Bière	75
284	Arséniate de plomb	82
	Total	3,825

On a fait rapport au sous-ministre des analyses des échantillons contingents suivants :—

	Échantillons.
Acide acétique	67
Arséniate de plomb	3
Arsenic	1
Ambre gris	1
Préparations pour barbiers	5
Cognac	1
Beurre	245
Bière	45
Colorants de beurre	1

Échantillons.

Scorie basique	6
Son	2
Orge brûlée	2
Sucre des brasseurs	3
Lait condensé	7
Crème de tartre	11
Pois en conserves	1
Scories	1
Clous de girofle	1
Café	1
Huile de pétrole	1
Oeufs séchés	2
Dattes	1
Sang séché	1
Remèdes	1
Farine	17
Fertilisants	40
Extraits aromatisants	4
Figues	3
Fusel-Oil	1
Sirop d'or (sirop de maïs)	1
Gingembre	1
Pastilles de Hoffmann	1
Miel	5
Raifort	1
Crème glacée	6
Encre	2
Confitures	2
Soude brute	2
Kieselguhr (tuf siliceux)	1
Saindoux	7
Jus de limon	28
Poudre de réglisse	1
Huile de citron	6
Savon liquide	1
Huile de lin	2
Poudres lactées	4
Beurre d'érable	6
Sucre d'érable	2
Sirop d'érable	12
Lait	2
Alcool méthylique	7
Macis	1
Fromage d'érable	1
Huile d'olive	1
Préservaline	1
Poivre	2
Médecine brevetée	1
Farine de riz	1
Préservants de saucisse	2
Strychnine	1
Esprits	11
Sucre	1
Sel	1
Tomates	1
Pulpe de tomates	1

Echantillons.

Thé..	1
Pastilles...	6
Cordial...	1
Extrait de vanille..	5
Fèves de vanille..	1
Vinaigre...	5
Eau..	23
Vin..	2
Total...	645

Le nombre total des analyses faites est donc de 4,470

Quant au service de l'accise, nous avons un total de 357 échantillons de vinaigre venant des manufactures travaillant à l'entrepôt, et nous avons fourni à ces manu'actures et aux bureaux des percepteurs du revenu de l'intérieur les solutions étalonnées suivantes:

Winchesters de soude normale............................	98
Bouteilles d'acide normal	9
Bouteilles de Phénolphthaline............................	20
Total...	127

Le travail de recherche ayant pour objet d'établir des étalons d'aliments selon les dispositions de l'article 26 de la loi sur les falsifications alimentaires, a pris beaucoup de temps; les étalons suivants ont été autorisés par arrêté en conseil comme susdit:

Produits de glucose (G 1064) le 2 juin 1913.

Fruits et produits, modification (G 1080), 4 septembre 1913.

Vinaigre (G 1096), 29 décembre 1913.

On a compris depuis longtemps que la distance entre les bornes orientale et occidentale du Canada nécessitait l'établissement de laboratoires-succursales du revenu de l'Intérieur dans des endroits convenables, pour avantager l'administration efficace de la loi des falsifications, de la loi des fertilisants et d'autres lois dont l'application est confiée au département.

Un décret du conseil du 16 octobre 1913 prévoit l'établissement de sous-laboratoires à Halifax, Winnipeg et Vancouver; et la construction et la direction de ces laboratoires occupera l'attention du comité exécutif du département pour quelque temps encore.

J'ai l'honneur d'être, monsieur,
Votre obéissant serviteur,

A. McGill,
Analyste en chef.

5 GEORGE V, A. 1915

ANNEXE A.

BULLETIN N° 258—SUCRE D'ÉRABLE.

OTTAWA, 4 juin 1913.

M. WM HIMSWORTH,
Sous-ministre suppléant,
Revenu de l'Intérieur.

MONSIEUR,—J'ai l'honneur de vous soumettre ci-joint un rapport traitant de quatre-vingt-trois échantillons (83) achetés par nos inspecteurs comme sucre d'érable en décembre et janvier derniers. Quarante-sept (47) échantillons paraissent être authentiques, à en juger par les étalons légalisés par décret du conseil du 27 octobre 1911, et rendus publics comme G. 994.

Les trente-six autres échantillons doivent être considérés comme falsifiés ou du moins comme douteux. J'ai considéré les deux échantillons (n°s 51651, 49820) comme étant douteux, parce que leurs indices analytiques approchaient de très près les minima requis par les étalons ; mais le dernier indiqué a depuis été reconnu comme étant un composé.

Depuis la date du prélèvement, nombre de vendeurs m'ont écrit, admettant qu'ils savaient que l'article offert comme sucre d'érable était un composé et ajoutant qu'ils l'avaient vendu comme tel ou bien qu'ils présumaient que l'acheteur connaissait le caractère de l'article offert. Les comptes et rapports de nos inspecteurs témoignent que tous les échantillons ont été reçus en réponse à une demande pour du sucre d'érable.

Plusieurs échantillons sont appelés par les fabricants "Sucre de Crème" et sont facturés comme tels au détaillant, lequel les vend cependant comme sucre d'érable. Un coup-d'œil jeté sur les résultats analytiques de ces échantillons (voir n°s 41509, 51510, 47926) démontre qu'ils ne contiennent pas plus d'eau que le sucre dur, et qu'ils ne peuvent en aucun sens être considérés comme des crèmes. Ils ne contiennent pas non plus de matières grasses du lait. L'introduction du mot "crème", dans le nom ne peut donc pas être considérée comme justifiée.

Il y a sur le marché une substance connue communément sous le nom de "Crème d'Erable" (Maple Cream). C'est un sucre mou, approchant quelque peu de la consistance de la crème, et constituant un produit intermédiaire entre le sirop et le sucre d'érable. L'autre article offert comme "sucre de crème" ne lui ressemble en aucune manière et doit être considéré comme un sucre. Si le mot "crème" doit ici avoir une signification quelconque, l'intention a dû être d'attirer l'attention sur la supériorité de l'article, absolument comme la crème est supérieure au lait. Cela étant, la chose ne peut être considérée que comme une tentative de tromper l'acheteur.

Un autre fabricant prétend que son produit n'est pas vendu comme sucre d'érable mais comme Pains de sucre d'érable (M. S. Cakes). Le même jugement doit s'appliquer à cet article.

DOC. PARLEMENTAIRE No 14

Ainsi que j'en ai déjà fait la remarque dans plusieurs rapports précédents, un mélange de sucre ordinaire avec du sucre d'érable est un article fort agréable au goût, et il n'y a pas lieu de trouver à redire parce que cet article est mis sur le marché. Mais il est nécessaire et il faut que cet article soit déclaré être un mélange, ou bien qu'il soit décrit de telle manière que les acheteurs ne soient pas trompés.

J'ai l'honneur de recommander que le présent rapport soit publié comme Bulletin n° 258.

J'ai l'honneur d'être, monsieur,

Votre obéissant serviteur,

A. McGILL,

Analyste en chef

8   REVENUS DE L'INTERIEUR

5 GEORGE V, A. 1915

BULLETIN N° 258 –

Date du prélèvement de l'échantillon.	Nature de l'échantillon.	Numéro de l'échantillon.	Nom et adresse du vendeur.	Prix.		Nom et adresse du fabricant ou fournisseur tel que communiqué par le vendeur.		Rapport de l'inspecteur (ne comportant aucune expression d'opinion).
				Quantité.	Cents.	Fabricant.	Fournisseur.	

DISTRICT DE LA NOUVELLE-ECOSSE—

1913.								
23 janv.	Sucre d'érable.	46681	Ryan Bros., Truro, N.-E.	1 liv..	20	M. Ross, Springhill, N.-E.	Fabricant ...	....
23 "	" .	46682	R. T. Craig & Co., Truro, N.-E	1 " ..	20	" .	"	....

DISTRICT DE L'ILE DU PRINCE-EDOUARD—

10 janv.	Sucre d'érable.	46344	Auld Bros., Charlottetown,I.-P.-E	1 liv..	15	Sugars & Canners, Ltd., Montréal.	....	Twin Bar ....
10 "	" .	46345	" .	1 " ..	15	Ramsay's Ltd., Montréal.	....	" ....
10 "	" .	46346	Carvell Bros., Ch. Town, I.-P.-E.	1 " ..	15	Sugars & Canners, Ltd., Montréal.	....	Garanti pur sucre d'érable.
14 "	" .	46347	A. Bowness, Kensington, I.-P.-E.	1 " ..	20	"	....	Twin Bar ....
14 "	" .	46348	J. A. Hynes, Kensington, I.-P.-E.	1 " ..	20	"	....	" ....
14 "	" .	46349	J. A. Leslie, Kensington, I.-P.-E.	1 " ..	20	....	Carvell Bros., Ch. Town, I.-P.-E.	" ....

DISTRICT DU NOUVEAU-BRUNSWICK—

1912.								
19 déc.	Sucre d'érable.	50520	Pidgeon & Co., St-Jean, N.-B.	1 liv..	16	H. S. Goddard, Elgin, N.-B.	....	....
21 "	" .	50521	Ben. Robertson, St-Jean, N.-B.	1 " ..	16	....	Keith & Co., St. Jean, N.-B.	Produit du comté d'Albert, N.-B.
21 "	" .	50522	Chas. F. Tilton, St-Jean, N.-B.	1 " ..	20	Inconnu..	Inconnu......	Vend. n'a pas voulu garantir la pureté
23 " 1913.	" .	50523	N. C. Scott, St Jean, N.-B.	1 " ..	10	"	"	" .
7 janv.	" .	50524	Geo. Dunphy, Fredericton, N.-B	1 " ..	15	Ed. Parent, Upper-Queensbury, N.-B.	....	....
7 "	" .	50525	CurrieBros.,Fredericton, N.-B.	1 " ..	15	M. Hagerman, Bear-Island, N.-B.	....	....
9 "	" .	50526	B. H. Smith & Sons, Woodstock, N.-B.	1 " ..	25	Rowell Son&Co., Sherbrooke, P.Q.	....	....
15 "	" .	50527	Sussex Mercantile Co., Ltd., Sussex, N.-B.	1 " ..	20	A.Parlee,Waterford, N.-E.	....	
15 "	" .	50528	S. L. Stockton, Petitcodiac,N.-B	1 " ..	22	Inconnu.....	Inconnu......	....
15 "	" .	50529	H. W. Church & Co., Petitcodiac, N.-B.	1 " ..	15	"	" ...	....

DOC. PARLEMENTAIRE No 14

SUCRE D'ÉRABLE—*Suite.*

Eau.	Matières solides.	Indice de plomb, méthode canadienne.	Total des cendres.	Cendres solubles dans l'eau.	Cendres insolubles.	Cendres solubles dans l'eau. Cendres insolub.	Valeur acide malique.	Numéro de l'échtáh on.	Remarques et opinion de l'analyste en chef.
			Résultats analytiques.	Calculé à base d'eau libre.					
p.c.	p.c.	p.c.	p.c.	p.c.	p.c.	p.c.	p.c.		

R. J. WAUGH, INSPECTEUR.

p.c.	p.c.	p.c.	p.c.	p.c.	p.c.	p.c.	p.c.		
1·48	98·52	3·90						46681	Normal.
1·98	98·02	4·38						46682	"

WM. A. WEEKS, INSPECTEUR.

2·24	97·76	0·02	0·06	0·06	0·00		Aucune trace.	46344	Falsifié.
3·34	96·66	2·31						46345	Normal.
3·20	96·80	0·04	0·09	0·08	0·01		Aucune trace.	46346	Falsifié.
0·80	99·20	1·16	0·44	0·28	0·16	1·75	0·26	46347	Falsifié. Etiquette sur la boîte porte la mention "Pure Maple Sugar."
1·60	*98·40	0·88	0·42	0·29	0·13	2·23	0·12	46348	Falsifié.
2·20	97·80	0·02	0·11	0·06	0·05	1·20	0·08	46349	Falsifié. Etiq. sur la boîte garantit pur. du produit.

J. C. FERGUSON, INSPECTEUR.

0·60	99·40	2·44						50520	Normal.
2·18	97·82	2·81						50521	"
1·10	98·90	2·32						50522	"
1·12	98·88	3·33						50523	"
1·74	98·26	5·49						50524	"
2·78	97·22	2·03						50525	Conforme à l'étalon.
4·60	95·40	3·29						50526	Normal.
0·70	99·30	3·46						50527	"
0·80	99·20	4·31						50528	"
0·16	99·84	3·10						50529	"

5 GEORGE V, A. 1915

BULLETIN N° 258—

Date du prélèvement de l'échantillon.	Nature de l'échantillon.	Numéro de l'échantillon.	Nom et adresse du vendeur.	Prix.		Nom et adresse du fabricant ou fournisseur tel que communiqué par le vendeur.		Rapport de l'inspecteur (ne comportant aucune expression d'opinion).
				Quantité.	Cents.	Fabricant.	Fournisseur.	

DISTRICT DE QUÉBEC—

1912.								
23 déc	Sucre d'érable	37108	Elzéar Gagnon, 135 rue Dorchester, Québec.	1 liv.	12	Inconnu.........	Inconnu..	....
23 "	"	37109	J D. Marier, 136 rue Dorchester, Quebec.	1 "	14	"	"	....
23 "	"	37110	Boulet & Lamontagne, 105 rue Dorchester, Québec.	2 "	28	Césaire Fillion, Chât.-Richer..	Fabricant....	....
26 "	"	37111	Jos. Goslin, 50 rue Dorchester, Québec.	1 "	20	Eubert Mitchell, St.-Féréole.	" ...:..	...:....
26 "	"	37112	Ed. Verreault, 204 rue de la Reine, Québec.	2 "	27	C. Premont, Chât.-Richer.	"	......
26 "	"	37113	A. Cloutier, 132 rue Laliberté, Québec.	1 "	12	Inconnu.........	T. B. E. Letellier, Québec.	.:........
27 "	"	37114	W. Haifield, 60 rue Ste-Marguerite, Québec.	1 "	16	Célestin Beaurivage, St-Michel.	Mfr.....	....
27 ,	"	37115	A. Lyonais, 51 rue du Pont, Québec.	2 "	20	Clish Preserv. Co.,Co.Joliette	Fabricant....:	....
1913.								
3 janv..	"	37116	L. Desgagné, 914 rue St - Valier, Québec.	3 "	45	J. Boilard, Ste. Catherine.	G. E. Hamel, 45avenueParent, Co. Portneuf.	. ....:.....
3 "	"	37117	Cantin Frère, 271 rue St-Joseph, Québec.	1¼ "	17	J. D. Paré, St-Raymond.	" " ..	. ...

DISTRICT DE QUÉBEC-EST—

1912.								
26 déc..	Sucre d'érable.	53311	T.Theriant,Fraserville.	1 "	20	Inconnu...: ...	Inconnu..	....

DISTRICT DES TOWNSHIPS DE L'EST—

1913.								
28 janv..	Sucre d'érable.	51141	Dean & Lacey, Sherbrooke.	1 "	20	....	....	....
28 "	"	51142	Bernard & Cie, Sherbrooke.	1 "	15	....	....	....
28 "	"	51143	D. M. Stenson, Sherbrooke.	1 "	15	....	Vallelandry et frère, Danville, P.Q.	....

SUCRE D'ERABLE—*Suite.*

Eau.	Matières solides.	Indice de plomb, méthode canadienne.	Total des cendres.	Cendres solubles dans l'eau.	Cendres insolubles.	Cendres solubles dans l'eau. / Cendres insolub.	Valeur acide malique.	Numéro de l'échantillon.	Remarques et opinion de l'analyste en chef
				Résultats analytiques.					
				Calculé à base d'eau libre.					

F. X. W. E. BÉLAND, INSPECTEUR.

p.c.	p.c.		p.c.	p.c.	p.c.	p.c.	p.c.		
4·16	95·84	4·36						37108	Normal.
3·48	96·52	5·32						37109	''
7·06	92·94	4·43						37110	''
2·10	97·90	4·51						37111	''
3·46	96·52	5·90						37112	''
1·64	98·36	0·07	0·09	0·06	0·03		2·00	37113	Falsifié.
						Aucune trace.			
6·44	94·56	3·91						37114	Normal.
1·46	98·52	0·04	0·07	0·07	Aucune trace.		0·03	37115	Falsifié. Facture des fabricants porte la mention "Spécialités Composées."
3·44	96·56	6·00						37116	Normal.
1·56	98·44	7·32						37117	''

A. PELLETIER, INSPECTEUR.

p.c.	p.c.		p.c.	p.c.	p.c.	p.c.	p.c.		
0·52	99·48	5·50						53311	Normal.

J.-J. COSTIGAN, INSPECTEUR ADJOINT.

p.c.	p.c.		p.c.	p.c.	p.c.	p.c.	p.c.		
4·96	95·04	4·88						51141	Normal.
0·80	99·20	4·73						51142	''
0·72	99·28	4·13						51143	''

5 GEORGE V, A. 1915

BULLETIN N° 258—

Date du prélèvement de l'échantillon.	Nature de l'échantillon.	Numéro de l'échantillon.	Nom et adresse du vendeur.	Prix.		Nom et adresse du fabricant ou fournisseur tel que communiqué par le vendeur.		Rapport de l'inspecteur (ne comportant aucune expression d'opinion).
				Quantité.	Cents.	Fabricant.	Fournisseur.	

DISTRICT DES TOWNSHIPS DE L'EST—

1913.								
28 janv.	Sucre d'érable.	51144	Lemay et Fissette, Sherbrooke.	1½ liv.	23			
28 "	"	51145	Herbert et Fortier, Sherbrooke.	1 "	14		J. T. Armstrong, Sherbrooke, P.Q.	
29 "	"	51146	Woodman & Mc-Kee, Coaticooke.	1 "	15			
29 "	"	51147	B. J. Smith & Son, Coaticooke.	1 "	12			
29 "	"	51148	Lovell Bros., Coaticooke.	1 "	12			
29 "	"	51149	D S. Bachaud, Coaticooke.	1 "	8			
30 "	"	51150	L. Lafrance, Danville, P.Q.	1 "	12			

DISTRICT DE MONTREAL–

13 janv.	Sucre d'érable.	51111	M.Galler,1137Boulevard St. Laurent, Montréal	1 blk.	15		S. Zeidler, 765 rue Cadieux.	
17 "	"	51112	J. D. Boileau, 54 rue Bonsecours, Montréal.	1 "	28			
17 "	"	51113	L. Rochon, 524 rue Lagauchetière E., Montréal.	1 "	12			
17 "	"	51114	"	1 "	10			
17 "	'	51115	H. Lagacé, 252 rue Amherst, Montréal.	1 "	25			
17 "	"	51116	R. Desautels, 441 rue Ontario, E., Montréal.	1 "	15		Ramsay Bros...	Guérin, Langlois et Cie.
17 "	"	51117	C. Guay & Co., 313 rue Ontario-Est, Montréal.	1 "	15		"	"
17 "	"	51118	S. Dever & Son, 107 Ave. Colonial, Montréal.	1 "	15			
18 "	"	51119	J. E. Courteman-che, 24 r. Rachel-E., Montréal.	1 "	13		V. Charbonneau, 510 rue Panet.	
18 "	"	51120	Geo. Ouellette, 209 rue DeMontigny-Est, Montréal.	1 "	10		A. Raymond, Montréal.	

SUCRE D'ERABLE—*Suite.*

Eau.	Matières solides.	Indice de plomb, méthode canadienne.	Total des cendres.	Cendres olubles dans l'eau.	Cendres insolubles.	Cendres solubles dans l'eau. Cendres insolub.	Valeur acide malique.	Numéro de l'échantillon.	Remarques et opinion de l'analyste en chef.
				Résultats analytiques.					
				Calculé à base d'eau libre.					

Fin.

p.c.	p.c.		p.c.	p.c.	p.c.	p.c.	p.c.		
5·80	94·20	3·54						51144	Normal.
0·40	99·60	4·41						51145	"
2·20	97·80	3·35						51146	"
5·40	94·60	4·65						51147	"
2·36	97·64	2·99						51148	"
3·04	96·96	2·20						51149	"
2·66	97·34	0·08	0·12	0·09	0·03	3·00	0·16	51150	Falsifié. Vendeur déclare qu'il a acheté et vendu le produit comme composé

J. J. COSTIGAN, INSPECTEUR.

0·56	99·44	0·70	0·44	0·25	0·19	1·30	0·02	51111	Falsifié. Le marchand de gros a fourni garantie de pureté au vendeur.
2·24	97·76	5·11						51112	Normal.
5·34	94·66	0·04	0·21	0·17	0·04	4·25	0·03	51113	Falsifié.
3·88	96·12	0·04	0·19	0·14	0·05	2·80	0·04	51114	"
5·00	95·00	4·04						51115	Normal.
3·02	96·98	0·40	0·33	0·20	0·13	1·53	0·06	51116	Falsifié. Vendu au vendeur comme pur.
3·04	96·96	1·16	0·42	0·24	0·18	1·33	0·09	51117	Falsifié. Vendu comme sucre ayant été fondu de nouveau, mais pur.
2·50	97·50	4·40						51118	Normal.
4·34	95·66	0·04	0·04				0·09	51119	Falsifié.
5·60	94·40	0·04	0·32	0·19	0·13	1·46	0·34	51120	Falsifié. A Raymond a déclaré dans la suite au vendeur que le sucre était un composé.

BULLETIN N° 258—

Date du prélèvement de l'échantillon.	Nature de l'échantillon.	Numéro de l'échantillon.	Nom et adresse du vendeur.	Prix.		Nom et adresse du fabricant ou fournisseur tel que communiqué par le vendeur.		Rapport de l'inspecteur (ne comportant aucune expression d'opinion).
				Quantité.	Cents.	Fabricant.	Fournisseur.	

DISTRICT D'OTTAWA—

Date	Nature	Numéro	Nom et adresse	Quantité	Cents	Fabricant	Fournisseur	Rapport
1912.								
23 déc.	Sucre d'érable.	51647	L. M. Davison, Kemptville.	1 pain	10	Inconnu.....	Abbot Grant & Co., Ltd., Brockville.	Vendu comme sucre d'érable.
26 "	"	51648	W. J. Martin, Buckingham.	1 "	10	Sugars & Canners, Ltd., Montréal.	....	Twin Blocks Pure Maple Sugar.
26 "	"	51649	P. Lamoureux & Cie, rue Dalhousie, Ottawa.	1 "	38	Inconnu.....	Provost & Allard, Ottawa	....
26 "	"	51650	A. E. Rea & Co., Ltd., Ottawa.	3 "	15	M. F. Goddard, Waterloo, P.Q.	Fabricant.....	....
27 "	"	51651	Soublière & Tremblay, Hull, P.Q.	1 "	10	Can. Maple Exchange, Ltd.	J. G. Whyte & Sons, Ottawa	Small's Maple Sugar.
28 "	"	51652	R. E. Powell, rue Wellington, Ottawa.	1 "	20	M. F. Goddard, Waterloo, P.Q.	Fabricant....	....
28 "	"	51653	Gloucester Trading Co., rue Rideau, Ottawa.	1 "	17	A. W. Westover, Sutton-Jct., P Q.	"	Pure Maple Sugar.
31 "	"	51654	Crabtree & Trawbridge, rue Elgin, Ottawa.	3 "	30	W. F. Goddard, Waterloo, P.Q.	....	Les vendeurs ont fourni le sirop d'érable à Goddard, et il l'a converti en sucre
31 "	"	51655	D. A Younghusband, rue Elgin, Ottawa.	3 "	30	Maple Tree Producers Asso'n, Montréal.	J. G. Whyte & Sons, Ottawa	Pride of Canada — Pure Maple Sugar
1913.								
2 jan.	"	51656	G. W. Langdon, rue Elgin, Ottawa.	1 "	10	Inconnu........	C. E. Plain, Ottawa.	....

DISTRICT DE TORONTO—

Date	Nature	Numéro	Nom et adresse	Quantité	Cents	Fabricant	Fournisseur	Rapport
1912.								
24 déc.	Sucre d'érable.	51501	J. Munholland, 455 rue Young, Toronto.	1 livre	20	....	Maples, Ltd., Toronto.	....
24 "	"	51502	Kennedy Bros., 978 rue Queen-E., Toronto.	1 "	20	....	" " ..	....
26 "	"	51503	Roy Cook, 1914 rue Dundas-O., Toronto.	1 "	20	....	....	....
24 "	"	51504	E. S. Clark, 2010 rue Dundas-O., Toronto.	1 "	16	....	McWilliams & Everst, Toronto.	....

SUCRE D'ÉRABLE—*Suite.*

Résultats analytiques.

J. A. RICKEY, INSPECTEUR.

Eau.	Matières solides.	Indice de plomb, méthode canadienne.	Total des cendres.	Cendres solubles dans l'eau.	Cendres insolubles.	Cendres solubles dans l'eau. / Cendres insolubl.	Valeur acide malique.	Numéro de l'échantillon.	Remarques et opinion de l'analyste en chef.
p.c.	p.c.		p.c.	p.c.	p.c.	p.c.	p.c.	p.c.	
0·54	99·46	0·06	0·13	0·09	0·04	2·28	0·25	51647	Falsifié. Fourn. prétend vendre c. sucre de sirop,et non comme sucre ordin.
4·92	95·08	0·06	C·10	0·07	0·03	2·33	0·05	51648	Falsifié.
4·70	95·30		4·03					51649	Normal.
2·20	97·80		2·25					51650	"
0·70	99·30		1·91					51651	Presque conforme à l'étalon. Douteux.
4·50	95·50		2·97					51652	Normal.
2·60	97·40		2·50					51653	"
3·86	96·14		3·41					51654	"
0·52	99·48		5·37					51655	"
2·70	97·30	1·44	0·37	0·23	0·14	1·64	0·05	51656	Falsifié.

H. J. DAGER, INSPECTEUR.

Eau.	Matières solides.	Indice de plomb, méthode canadienne.	Total des cendres.	Cendres solubles dans l'eau.	Cendres insolubles.	Cendres solubles dans l'eau. / Cendres insolubl.	Valeur acide malique.	Numéro de l'échantillon.	Remarques et opinion de l'analyste en chef.
1·24	98·76	0·02	0·14	0·05	0.09	0·55	0·04	51501	Falsifié.
3·12	96·88	1·24	0·93	0·79	0·14	5·64	0·18	51502	"
2·60	97·40	1·08	0·29	0·17	0·12	1·41	0·05	51503	"
0·50	99·50	2·11						51504	Conforme à l'étalon.

5 GEORGE V, A. 1915

BULLETIN N° 258—

Date du prélèvement de l'échantillon.	Nature de l'échan- tillon.	Numéro de l'échantillon.	Nom et adresse du vendeur.	Prix.		Nom et adresse du fabricant ou fournisseur tel que communiqué par le vendeur.		Rapport de l'inspecteur (ne comportant aucune expression d'opinion).
				Quantité.	Cents.	Fabricant.	Fournisseur.	

DISTRICT DE TORONTO—

1912.								
27 déc..	Sucre d'érable.	51506	F. F. Farewell, 489 rue du Parlement, Toronto.	1 liv..	20	....	Inconnu.. ..	....
28 "	"	51507	Robt. Bell, 4737 rue Young, Toronto.	1 "	20	....	Davidson & Hay, Ltd., Toronto.	....
28 "	"	51508	R. Mathews, 509 rue Young, Toronto.	1 "	20	....	Inconnu	....
1913.								
2 janv.	"	51509	H. W. Scott, 266 Ave. Spadina, Toronto.	1 "	20	Maples Ltd., Toronto.	Jno. Sloan & Co., Toronto	....
3 "	"	51510	H. Coxwell, 17 rue Howard, Toronto.	1 "	20	....	Clewes Bros., Toronto	Ech. prov. de la bte port. la mention"pure Maple Cream Sug. "Lion" Br'd Maples, Ltd.,Toronto.
7 "	"	51585	T. J. Medland, Ltd., 118 rue King, Toronto.	1 "	13	....	G. H. Hall, Barnston, P.Q.	Vendu comme pur sucre d'érable.

DISTRICT DE WINDSOR—

1913.								
2 janv.	Sucre d'érable.	47901	E. Gallagher, Strathroy.	1 liv..	20	Inconnu		....
2 "	"	47902	J. C. Best, Strathroy.	3 barr.	30	"	....	.. ..
2 "	"	47903	Wm. Cross, Strathroy.	3 "	25	"	... .	....
2 "	"	47905	J. Madill, Strathroy.	1 liv..	23	"	... .	.. ..
6 "	"	47920	Reeks & Co, St-Thomas.	3 barr.	25	....	M. Masuret & Co., London, Ont.	....
7 "	"	47925	M. Masurett & Co., London, Ont.	3 "	20	Canada Maple Exchange.	....	....
7 "	"	47926	Elliott Marr & Co, London, Ont.	3 "	22	Maples Ltd., Toronto.	....	Maple Cream Sugar.
7 "	"	47928	A. J. Clark & Co., London, Ont.	3 "	30	Maple Tree Producers Asso., Montréal.	....	

SUCRE D'ÉRABLE —Suite.

Fin.

Eau.	Matières solides.	Indice de plomb, méthode canadienne.	Total des cendres.	Cendres solubles dans l'eau.	Cendres insolubles.	Cendres solubles dans l'eau / Cendres insolub.	Valeur acide malique.	Numéro de l'échantillon.	Remarques et opinion de l'analyste en chef.
				Calculé à base d'eau libre.					
p. c.	p. c.	p. c.	p. c.	p. c.	p. c.	p. c.	p. c.		
0·90	99·10	0·04	0·17	0·10	0·07	1·42	0·01	51506	Falsifié.
0·50	99·50	0·72	0·40	0·24	0·16	1·50	0·05	51507	"
5·60	94·40	0·06	0·20	0·13	0·07	1·85	0·03	51508	"
3·94	96·06	0·24	0·37	0·21	0·10	1·31	0·09	51509	Falsifié. Fournisseur vend comme sucre de crème.
3·32	96·68	0·10	0·17	0·12	0·05	2·40	0·02	51510	" "
2·40	97·60	4·02	......	......	......	......	......	51585	Normal.

JNO. TALBOT, INSPECTEUR.

Eau.	Matières solides.	Indice de plomb, méthode canadienne.	Total des cendres.	Cendres solubles dans l'eau.	Cendres insolubles.	Cendres solubles dans l'eau / Cendres insolub.	Valeur acide malique.	Numéro de l'échantillon.	Remarques et opinion de l'analyste en chef.
0·54	99·46	0·78	0·36	0·22	0·14	1·57	0·26	47901	Falsifié.
5·74	94·26	0·24	0·34	0·20	0·14	1·43	0·14	47902	"
0·06	99·40	2·48	......	......	......	......	......	47903	Normal.
0·70	99·30	0·56	0·34	0·14	0·20	0·70	0·34	47905	Falsifié.
5·04	94·96	0·26	0·28	0·13	0·15	0·86	0·39	47920	"
3·14	96·86	1·36	0·39	0·20	0·19	1·05	0·21	47925	"
5·80	94·20	0·30	0·26	0·16	0·10	1·60	0·07	47926	Falsifié. Sucre de crème.
1·76	98·24	2·74	......	......	......	......	......	47928	Normal.

Date du prélèvement de l'échantillon.	Nature de l'échantillon.	Numéro de l'échantillon.	Nom et adresse du vendeur.	Prix.		Nom et adresse du fabricant ou fournisseur tel que communiqué par le vendeur.		Rapport de l'inspecteur (ne comportant aucune expression d'opinion).
				Quantité.	Cents.	Fabricant.	Fournisseur.	

DISTRICT DES MONTAGNES ROCHEUSES -

1913.								
8 janv..	Sucre d'érable.	49813	Choquette Bios., Nelson, C.-B.	1 briq.	40	N. Beauregard, West-Shefford-Stn., P.Q.	....	....
6 fév...	" ..	49819	C. B. Hume & Co., Revelstoke, C.-B	2pains	20	Ramsay Bros., Vanc., C.-B.		
14 "	" ..	49820	Wilson Grocery Co., Kamloops, C.-B.	2 " .	30	"		
14 "	" ..	49821	F. Lawrie, Kam-loops, C.-B.	3 " .	30		W. H. Malkin & Co., Vancouver, C.-B.	...

DISTRICT DE VANCOUVER—

25 fév...	Sucre d'érable.	53411	McTaggart's Grocery, rue Gran-ville, Vancouver, C.-B.	3pains	25			

DISTRICT DE VICTORIA—

15 janv..	Sucre d'érable.	53502	Acton Bros., 1317 rue Douglas, Victoria, C.-B.	1 liv..	25		Gayin Bros., Vancouver, C.-B.	....

SUCRE D'ÉRABLE—*Fin.*

THOS. PARKER, INSPECTEUR.

Eau.	Matières solides.	Indice de plomb, méthode canadienne.	Total des cendres.	Cendres solubles dans l'eau.	Cendres insolubles.	Cendres solubles dans l'eau. Cendres insolub.	Valeur acide malique.	Numéro de l'échantillon.	Remarques et opinion de l'analyste en chef.
p. c.	p. c.		p. c.	p. c.	p. c.	p. c.	p. c.		
3·20	96·80	3·20	....	....	......	....	....	49813	Normal.
0·52	99·48	3·01	....	.... ..	......	....	....	49819	"
4·64	95·36	1·91	0·57	0·38	0·19	2·10	0·15	49820	Douteux. Ramsay Frères prêt. que sucre a été vendu comme composé; Etait facturé comme sucre d'ér.
0·84	99·16	3·18	....	....	......	.. ..	....	49821	Normal.

J. F. POWER, INSPECTEUR.

2·50	97·50	1·26	0·47	0·28	0·19	1·46	0·26	53411	Falsifié.

D. O'SULLIVAN, INSPECTEUR.

2·34	97·66	0·92	0·14	0·07	0·07	1·00	0·09	53502	Falsifié.

ANNEXE B.

BULLETIN N° 259—SIROP D'ÉRABLE.

OTTAWA, 7 juin 1913.

M. WM. HIMSWORTH,
Sous-ministre suppléant,
Revenu de l'Intérieur.

MONSIEUR,—J'ai l'honneur de vous soumettre ci-joint un rapport sur 128 échantillons vendus comme sirop d'érable, durant la période écoulée de décembre 1912 à avril 1913.

Sur ce nombre, 86 échantillons ont été trouvés authentiques, au sens qu'ils sont conformes à l'article légalisé par décret du Conseil du 27 octobre 1911 (G. 994).

Un échantillon a été perdu, le récipient s'étant brisé en route (50515) et un échantillon a été acheté par erreur (37102). Cet échantillon portait bien lisiblement sur l'étiquette le mot " Composé " et n'aurait pas dû être accepté par notre inspecteur.

Trois échantillons ont été jugés douteux. Les résultats analytiques sont presque conformes aux prescriptions légales ; mais leur caractère, considéré à l'égard de chacun d'eux, est de nature à mettre en doute leur authenticité.

Trente-sept (37) échantillons sont falsifiés, faute d'être conformes aux prescriptions légales pour le sirop d'érable.

En plusieurs cas, les vendeurs ont admis qu'ils avaient vendu du sirop d'érable artificiel, et ont allégué négligence de leur part sans intention de mal faire.

En divers autres cas, le vendeur prétend avoir agi de bonne foi, croyant que l'article offert en vente était du véritable sirop d'érable, acheté par lui comme tel. Un examen attentif de l'étiquette, ou de la forme de garantie fournie par le fabricant, aurait suffi à faire découvrir l'erreur ; et cependant, dans certains cas, on est forcé de conjecturer que le libellé de ces étiquettes ou garanties est tel qu'il témoigne d'un désir de la part du fabricant de dissimuler la véritable nature de ses produits.

Bien qu'il soit admis qu'un mélange de sirop d'érable et de sirop de canne à sucre puisse être un article très désirable et entièrement sain, nous devons exiger, en toute justice pour le producteur de l'article véritable, que les mélanges de sirop d'érable avec du sirop de canne à sucre, ou tout autre substance délayante acceptable, soient simplement étiquetés de telle manière que l'acheteur puisse savoir parfaitement quelle est la sorte d'article qu'on lui vend.

J'ai l'honneur de rcommander que le présent rapport soit publié comme Bulletin N° 259.

J'ai l'honneur d'être, monsieur,
Votre obéissant serviteur,

A. McGILL,
Analyste en chef.

Date du prélèvement de l'échantillon.	Nature de l'échantillon.	Numéro de l'échantillon.	Nom et adresse du vendeur.	Prix. Quantité.	Cents.	Fabricant.	Fournisseur.	Rapport de l'inspecteur (ne comporte aucune expression d'opinion).

DISTRICT DE LA NOUVELLE-ECOSSE—

1913.								
17 janv.	Sirop d'érable.	46671	Bauld Bros., Ltd., Halifax, N.-E.	1 ch..	26	Maple Tree Pro-ducers Ass'cn., Montréal.	Fabricants....	
20 "	"	46672	Shand Bros., Ltd., Windsor. Ont.	1 " ..	30	D. A. Lavers, Southampton, N.S.	Fabricant....	
20 "	"	46673	Murphy &Demont, Windsor, N.-E.	1 " ..	40	Sugars &Canners Montréal.	Fabricants....	Pure Maple Leaf Brand.
22 "	"	46674	B. H. Dodge,Kent-ville, N.-E.	1 " ..	35	Canada Maple Exchange,Can-ada.	"	
23 "	"	46675	Colchester Co. Far-mers Co-op. Ass. Truro, N.-E.	1 " ..	35	T. Skidmore, Brown's Brook, N.-E.	Fabricant....	
24 "	"	46676	B. O. Bishop,Dart-mouth, N.-E.	1 " ..	25	Imperial Syrup Co., Montréal.	Fabricants..	

DISTRICT DE L'ILE DU PRINCE-ÉDOUARD—

4 janv.	Sirop d'érable.	46334	Beer & Goff, Ch. Town, I.P.-E.	1 pte.	30	Sugars &Canners Ltd., Montréal		"Silver Bell" Brand. Pure Maple Syrup
4 "	"	46335	Sanderson & Co., Ch.Town, I.P.-E	2bout.	70	Imperial Maple Syrup Co., Montréal.		
8 "	"	46336	J. C. Crabbs, Ch. Town, I.P.-E.	1 pte.	35	Canada Maple Exchange Ltd. Montréal.		
8 "	"	46337	W. W. Walker, Ch. Town,I.P.-E	2bout.	70	Standard Maple Exchange Ltd. Montréal.		
10 "	"	46338	Peter Trainor, Ch. Town, I P.-E.	1 pte.	40	Sugars &Canners Ltd., Montréal		"Silver Leaf" Brand ga-ranti absolu-ment pur.

DISTRICT DU NOUVEAU-BRUNSWICK—

1912.								
19 déc.	Sirop d'érable. Miel.	50510	McPherson Bros., St-John, N.-B.	2bout.	70	H. S. Colter, Up-per Keswick, Ridge York Co., N.-B.		
19 "	Sirop d'érable.	50311	W. A. Porter, St-John, N -B.	2 "	60	M. J. Callicutt, Elgin, N.-B.		Non vendu comme pur. Ne garantit pas sa pureté. Brûlé durant l'ébullition.

SIROP D'ÉRABLE.

Eau.	Matières solides.	Indice de plomb, méthode canadienne.	Total des cendres.	Cendres solubles dans l'eau.	Cendres insolubles.	Cendres solubles dans l'eau. / Cendres insolub.	Valeur acide malique.	Numéro de l'échantillon.	Remarques et opinion de l'analyste en chef.
				Résultats analytiques.					
				Calculé à base d'eau libre.					

R. J. WAUGH, INSPECTEUR.

p.c.	p.c.		p.c.	p.c.	p.c.	p.c.	p.c.		
33·45	66·55	3·92						46671	Normal.
34·62	65·38	5·56						46672	"
34·72	65·28	0·48	0·35	0·24	0·11	2·18	0·03	46673	Falsifié.
35·99	64·01	1·68	0·59	0·40	0·19	2·22	0·34	46674	Douteux.
35·67	64·33	5·90						46675	Normal.
31·94	68·06	3·56						46676	"

WM. A. WEEKS, INSPECTEUR.

31·52	68·48	4·32						46334	Normal.
31·19	63·81	0·34	0·36	0·26	0·10	2·60	None.	46335	Falsifié. Garanti ne contenir ni glucose préservatif ou acide.
39·49	60·51	2·61						46336	Normal.
33·71	66·29	2·40						46337	"
34·00	66·00	0·54	0·31	0·24	0·07	3·34	0·08	46338	Falsifié.

J. C. FERGUSON, INSPECTEUR.

34·71	65·29	3·76						50510	Normal.
33·15	66_85	4·57						50511	"

24   REVENUS DE L'INTERIEUR

5 GEORGE V, A. 1915

BULLETIN N° 259—

Date du prélèvement de l'échantillon.	Nature de l'échantillon.	Numéro de l'échantillon.	Nom et adresse du vendeur.	Prix. Quantité.	Prix. Cents.	Fabricant.	Fournisseur.	Rapport de l'inspecteur. (Ne comporte aucune expression d'opinion).

DISTRICT DU NOUVEAU-BRUNSWICK—

1912.								
20 déc.	Sirop d'érable. Honey.	50512	Frank E. Williams Co., Ltd., St. John, N.-B.	2 bout.	70	W. B. Parent & Sons, Upper Queensbury, N.-B.		....
23 ,,	,,	50513	P. Nase & Son, St. John, N.-B.	2 ,,	70	H. J. Hagerman Upper Bear Island, York Co. N.-B.		.....
1913.								
7 janv.	,,	50514	D. Lenihan, Fredericton, N.-B.	1 qt...	30	C. Hallet, Upper Bear Island, York Co. N.-B		......
7 ,,	,,	50515	Currie Bros., Fredericton, N.-B.	2 bout.	56	A. Rossbrough, Bear Island, York Co. N.-B		......
9 ,,	Sirop d'érable.	50516	M. S. Morehouse, Woodstock, N.-B	2 ,,	70	Imperial Syrup Co., Montréal.		......
14 ,,	,,	50517	R. V. Allaby, Norton, N.-B.	1 bout.	35	Jas. T. Allaby, Central Norton N.-B.		......
16 ,,	,,	50518	D. A. McBeath, Moncton, N.-B.	1 pte..	40	C. W. Briggs, Stilesville,N.B		......
18 ,,	Sirop d'érable. Honey.	50519	J. E. Quinn, St. John, N.-B.	2 bout.	70	H. J. Hagerman Upper Bear Island, N.-B.		......

DISTRICT DE QUÉBEC—

1912,								
26 déc.	Sirop d'érable.	37101	Jos. Goslin, 50 rue Dorchester, Québec.	2 bout.	30	Huot, Chateau Richer.	Fabricant.	......
27 ,,	,,	37102	A. Lyonnais, 51 rue du Pont, Québec	1 pte..	25	Ramsay, Ltd...	,,	Vendu comme composé.
1913.								
7 janv.	,,	37103	L. F. Martel, 64 rue du Pont, Québec.	1 ,, ..	35	F. Beaudoin, BroughtonStn, Beauce Co.	,,	......
7 ,,	,,	37104	C.O.Simard, 8 rue St-Jean, Québec.	1 ,, ..	100	E. Albert Norris, Ste. Cecile de Milton.	,,	......
7 ,,	,,	37105	F. Savard, 35 rue St-Jean, Québec.	1 ,, ..	35	Tourangeau, Beauce.	,,	......
13 ,,	,,	37106	A. Grenier, 94 rue St-Jean, Québec.	2 bout.	70	Laperrière, St. Gervais, Co., Bellechasse.	,,	......
13 ,,	,,	37107	,,	2 ,, ..	70	Laliberté, Ste. Marguerite Co. Dorchester.	,,	......

DOC. PARLEMENTAIRE No 14

SIROP D'ERABLE—*Suite.*

Résultats analytiques.

Eau.	Matières solides.	Indice de plomb, méthode canadienne.	Total des Cendres.	Cendres solubles dans l'eau.	Cendres inso lubles.	Cendres solubles dans l'eau.	Valeur acide malique.	Numéro de l'échantillon.	Remarques et opinion de l'analyste en chef.
				Calculé à base d'eau libre.					
						Cendres insolubl.			
Fin.									
p.c.	p.c.	p.c.	p.c.	p.c.	p.c.	p.c.	p.c.		
33·88	66·12	4·44						50512	Normal.
33·10	66·90	4·32						50513	,,
32·20	67·80	3·30						50514	,,
								50515	Échantillons brisés en route
33·45	66·65	0·60	0·37	0·21	0·16	1·31	0·36	50516	Falsifié.
35·00	65·00	5·56						50517	Normal.
32·49	67·51	4·02						50518	,,
35·14	64·86	6·20						50519	,,

F. X. W. E. BÉLAND, INSPECTEUR.

34·79	65·21	5·48						37101	Normal.
37·77	62·23	0·04	0·11	0·06	0·05		1·20	37102	Aucune trace Vendu comme composé.
31·02	68·98	5·04						37103	Normal.
33·66	66·34	2·92						37104	,,
37·89	62·11	6·20						37105	,,
31·97	68·03	5·60						37106	,,
36·67	63·33	5·46						37107	,,

Date du prélèvement de l'échantillon.	Nature de l'échantillon.	Numéro de l'échantillon.	Nom et adresse du vendeur.	Prix.		Nom et adresse du fabricant ou fournisseur, tel que communiqué par le vendeur.		Rapport de l'inspecteur. (Ne comporte aucune expression d'opinion).
				Quantité.	Cents.	Fabricant.	Fournisseur.	

DISTRICT DE QUÉBEC—

1913.								
3 jan.	Sirop d'érable.	37298	Hamel et Bédard, 728 rue St-Valier, Québec.	2 bout.	60	Ludger Lawlor, Pont Rouge.		
3 "	"	37299	Cantin et Frère, 271 rue St-Joseph, Québec.	2 " ..	50	A. P. Ker, Québec.		
3 "	"	37300	Myrand et Pouliot, 50 rue de la Couronne, Québec.	2 " ..	60	Jos. Thibeau, St-Augustin.		

DISTRICT DES TOWNSHIPS DE L'EST—

28 janv.	Sirop d'érable.	51131	Dean & Lacey, Sherbrooke, P.Q.	1 pt...	30	S R. Adams, Danville, P.Q.		
29 "	"	51132	Woodman & McKee, Coaticooke	1 " ..	35			
11 fév.	"	51133	Tenny & Loisel, Waterloo, P Q.	1 " ..	40	C. B. Laughlin, Brills, P.Q.		Garanti pur.
11 "	"	51134	Neil Bros., Waterloo, P.Q.	1 " ..	35	John Taylor, Waterloo,P.Q.		
11 "	"	51135	W. R. Horner, Granby, P.Q.	1 bout.	30	F. U. Lynch, Granby, P.Q.		Garanti pur sirop d'érable.
11 "	"	51136	Monty Bros., Granby, P.Q.	1 bout.	30		J. St. Jean, Granby.	
11 "	"	51137	Nelson Mitchell Co., Granby P.Q.	1 pt...	30	E. Streeter, Granby.		
11 "	"	51138	Beaudry & Beauchemin, Granby, P.Q.	1 " .	40		J. Olmstead, Milton, P.Q	
12 "	"	51139	P. Larochelle, Farnham, P.Q.	1 " ..	50	P. W. Beaudry, East-Farnham		
12 "	"	51140	A. Robert, Farnham, P.Q.	1 " ..	50		J. D. Lafond, Freligsburgh, P.Q.	

DISTRICT DE MONTRÉAL—

23 janv.	Sirop d'érable.	51101	James Graham, 4451 rue Ste-Catherine, Westmount, P.Q.	1 btl..	40			"Silver Sheaf" Brand.
23 "	"	51102	King, Risdon & Co., 2206 rue Ste-Catherine, Westmount,P.Q.	1 pt..	40	Can. Maple Syrup Exchange.		
23 "	'	51103	W. J. Winter, 1255 Greene Ave., Westmount,P.Q.	1 " ..	35	Sugar & Canners, Ltd.		"Silver Sheaf" Brand.
23 "	"	51104	J. A. Renaud, 622 rue St-Antoine, Montréal.	1 " ..	30			

DOC. PARLEMENTAIRE No 14

SIROP D'ÉRABLE.—*Suite.*

Eau.	Matières solides.	Indice de plomb, méthode canadienne.	Total des cendres.	Cendres solubles dans l'eau.	Cendres insolubles.	Cendres solubles dans l'eau. Cendres insolub.	Valeur acide malique.	Numéro de l'échalt on.	Remarques et opinion de l'analyste en chef.
				Calculé à base d'eau libre.					

Fin.

p. c.	p. c.		p. c.	p. c.	p. c.	p. c.	p. c.		
34·62	65·38	4·27						37298	Normal.
31·69	68·31	8·06						37299	"
32·09	67·91	4·02						37300	"

J. J. COSTIGAN, INSPECTEUR ADJOINT.

35·01	64·99	2·00						51131	Normal.
31·87	68·13	3·20						51132	"
36·69	63·31	3·11						51133	"
35·00	65·00	2·48						51134	"
33·09	66·91	2·52						51135	"
32·79	67·21	2·01						51136	"
33·72	66·28	2·60						51137	"
34·17	65·83	3·26						51138	"
32·66	67·34	2·30						51139	"
33·69	66·31	3·53						51140	"

J. J. COSTIGAN, INSPECTEUR.

35·59	64·41	0·22	0·31	0·21	0·10		2·10	51101	Falsifié.
							Aucune trace.		
30·67	69·33	0·10	0·29	0·18	0·11		1·65 "	51102	"
30·08	69·92	0·46	0·50	0·35	0·15		2·33 "	51103	"
34·37	65·63	0·06	0·17	0·15	0·02		7·60 "	51104	"

BULLETIN N° 259—

Date du prélèvement de l'échantillon.	Nature de l'échantillon.	Numéro de l'échantillon.	Nom et adresse du vendeur.	Prix. Quantité.	Prix. Cents.	Fabricant.	Fournisseur.	Rapport de l'inspecteur. (Ne comporte aucune expression d'opinion.)

DISTRICT DE MONTRÉAL—

Date du prélèvement de l'échantillon.	Nature de l'échantillon.	Numéro de l'échantillon.	Nom et adresse du vendeur.	Quantité.	Cents.	Fabricant.	Fournisseur.	Rapport de l'inspecteur.
1913.								
27 janv..	Sirop d'érable.	51105	A. Théoret, 384 rue St-Antoine, Montréal.	1 pte.	30	J. Mainville, Montréal.		
23 "	"	51106	J. N. Chartrand, 114 Fulford, Montréal	1 " ..	40	Alex. Petrie, Lachute, P.Q.		
24 "	"	51107	Swift Provision Store 2000 Waverly Montréal.	1 " ..	35			
24 "	"	51108	Rappaport Bros., 2068 boul.St-Laurent, Montréal.	1 " ..	20		V. Brosseau, Montréal.	
24 "	"	51109	A. Lamarche, 2101 boulev. St-Laurent, Montréal.	1 bout.	35			
24 "	"	51110	M. Goldberg & Co., 46 rue Cathcart Montréal.	1 pte.	30			
14 avril.	"	51296	Ramsays Ltd; rue Nicolet, Montréal.	3 bout.	90	Vendeurs...		Snow Shoe Brand.
14 "	"	51297	" ..	3 bout.	90	"		" ..

DISTRICT D'OTTAWA—

Date du prélèvement de l'échantillon.	Nature de l'échantillon.	Numéro de l'échantillon.	Nom et adresse du vendeur.	Quantité.	Cents.	Fabricant.	Fournisseur.	Rapport de l'inspecteur.
1912.								
23 déc..	Sirop d'érable.	51637	A. Parkinson & Son, Kemptville.	2 bout.	50	W. H. Buchanan, Kemptville.	Fabricant	
24 "	"	51638	W. West, Almonte.	1 gal.	100	Thos. Barr, Halls Mills.	"	
26 "	"	51639	W. J. Martin, Buckingham.	1 bout.	40	Canada Maple Exchange Ltd.	Cole & Co., Montréal.	Porte la ment. "Small's Selected Maple Syrup."
26 "	"	51640	McCallum & Lahaie, Buckingham.	2 bout.	50	" ..	H. N. Bate & Sons, Ottawa.	Porte la ment. "Pure Maple Syrup. "Monument" Brand
28 "	"	51641	R. E. Powell, rue Wellington,—Ottawa.	3 " .	75	Maple Tree Producers' Association, Ltd., Montréal	Fabricant	Porte la ment. "Pride of Canada" Pure Maple Syrup, made from the sap of the maple tree and is absolutely pure.
28 "	"	51642	C. Moreland, rue Sparks, Ottawa.	1 boîte	35	A. W. Westover, Sutton Jct., P.Q.	Fabricant	Finest Eastern Townships Maple Syrup. Guaranteed pure.

SIROP D'ÉRABLE—*Suite.*

Eau.	Matières solides.	Indice de plomb, méthode canadienne.	Total des cendres.	Cendres solubles dans l'eau.	Cendres insolubles.	Cendres solubles dans l'eau / Cendres insolubl.	Valeur acide malique.	Numéro de l'échantillon.	Remarques et opinion de l'analyste en chef.
			Calculé à base d'eau libre.						
Fin.									
p. c.	p. c.		p. c.	p. c.	p. c.	p. c.	p. c.		
34·85	65·15	0·02	0·18	0·15	0·03	5·00	Aucune.	51105	Falsifié. Vendeur déclare que "composé" a été vendu par erreur.
31·28	68·72	4·36	....	....	....	....	....	51106	Normal.
32·52	67·48	4·20	....	....	....	....	....	51107	"
34·79	65·21	0·10	0·19	0·18	0·01	....	Aucune.	51108	Falsifié.
33·63	66·37	2·20	....	....	....	....	....	51109	Normal.
31·66	68·34	4·50	....	....	....	....	....	51110	"
28·88	71·12	1·90	0·69	0·43	0·26	1·65	0·45	51296	"
29·13	70·87	1·90	0·61	0·36	0·25	1·44	0·29	51297	"

J. A. RICKEY, INSPECTEUR.

Eau.	Matières solides.	Indice de plomb, méthode canadienne.	Total des cendres.	Cendres solubles dans l'eau.	Cendres insolubles.	Cendres solubles dans l'eau / Cendres insolubl.	Valeur acide malique.	Numéro de l'échantillon.	Remarques et opinion de l'analyste en chef.
30·66	69·34	3·20	....	....	....	....	....	51637	Normal.
32·97	67·21	4·25	....	....	....	....	....	51638	"
34·22	65·78	0·10	0·19	0·17	0·02	8·50	0·07	51639	Falsifié.
36·17	63·83	0·20	0·27	0·20	0·07	2·85	0·22	51640	"
31·25	68·75	2·93	....	....	....	....	....	51641	Normal.
32·35	67·65	3·40	....	....	....	....	....	51642	"

Date du prélèvement de l'échantillon.	Nature de l'échantillon.	Numéro de l'échantillon.	Nom et adresse du vendeur.	Prix.		Nom et adresse du fabricant ou fournisseur tel que communiqué par le vendeur.		Rapport de l'inspecteur. (Ne comporte aucune expression d'opinion).
				Quantité.	Cents.	Fabricant.	Fournisseur.	

DISTRICT D'OTTAWA—

1912.								
30 déc..	Sirop d'érable.	51643	Bryson, Graham Ltd., Ottawa.	1 bout.	35	A. Brown, Philipsville, Ont.	Fabricant.	
31 "	"	51644	Seely & Stewart, rue Bank, Ottawa.	1 " ..	40	Maples Ltd., Toronto.		Porte la ment. "Old Tyme" Pure Sap Maple Syrup. Guaranti absolument pure.
31 "	"	51645	J. C. Ray, rue Elgin, Ottawa.	1 " ..	25	Inconnu	J. Moyneur, Ltd.,Ottawa.	Vendu comme sirop d'érable.
1913.								
2 janv.	"	51646	Kavanagh Bros., rue Queen, Ottawa.	1 pte.	45	G. B. Hall, Barnston, P.Q.	Fabricant.	

DISTRICT DE KINGSTON—

1912.								
17 déc..	Sirop d'érable.	53001	A. Glover, Kingston.	1 pte.	35	Small's		
18 "	"	53002	Wallbridge&Clark Belleville.	1 " ..	45	C. A. Westover, Frelyhsburg, P.Q.		
18 "	"	53003	E. Guillet,Cobourg	1 " ..	40	T. H. Lawrence,		
18 "	"	53004	Thompson Macdonald, Cobourg	1 " ..	30	G. Safford & Co., Sutton, P.Q.		
19 "	"	53005	G. O'Brien, Peterboro.	1 " ..	30	R. Neill, Waterloo, P.Q.		
19 "	"	53006	W. H. Hamilton, Peterboro.	1 " ..	35	E. B. Hall, Barnston, P.Q.		
19 "	"	53007	J. B. Bell, Peterboro.	1 " ..	35		Canada Maple Exchange Co.	
19 "	"	53008	E. F. Mason, Peterboro.	1 " ..	40	Small's	"	
19 "	"	53009	Duthou & Co., Peterboro.	1 " ..	40	"		

DISTRICT DE TORONTO—

20 déc..	Sirop d'érable.	51511	J. H, Kerr, 408 Ave. Spadina, Toronto.	1 pte.	40		L.H.Lawrence West Shefford, P.Q.	Vendu comme pur sirop d'érable.
21 "	"	51512	John O'Neil, 105 Ave. Delaware, Toronto.	1 " ..	35		White & Co., Ltd.,Toronto	Garanti pur.
23 "	"	51513	W. Forester, 104 rue Queen, East-Toronto.	1 " ..	35	Canada Maple Exchange.	Eby Blain Ltd. Toronto.	

DOC. PARLEMENTAIRE No 14

SIROP D'ÉRABLE—*Suite.*

Eau.	Matières solides.	Indice de plomb, méthode canadienne.	Total des cendres.	Cendres solubles dans l'eau.	Cendres insolubles.	Cendres solubles dans l'eau. Cendres insolub.	Valeur acide malique.	Numéro de l'échantillon.	Remarques et opinion de l'analyste en chef.
Fin.									
p. c.	p. c.	p. c.	p. c.	p. c.	p. c.	p. c.	p. c.		
34·74	65·26	2·88						51643	Normal.
34·25	65·75	0·22	0·31	0·24	0·07	3·42	0·06	51644	Falsifié.
34·45	65·55	0·10	0·21	0·15	0·06	2·50	0·17	51645	„ Vendeur déclare échantillon être du sirop à saveur d'érable.
34·51	65·39	3·49						51646	Normal.

JAS. HOGAN, INSPECTEUR.

32·86	67·15	0·34	0·32	0·22	0·10	2·20	Aucune trace.	53001	Falsifié.
33·67	66·33	3·50						53002	Normal.
32·42	67·58	2·54						53003	„
33·77	66·23	2·54						53004	„
33·47	66·53	3·56						53005	„
33·67	66·33	2·06						53006	„
34·81	65·79	0·30	0·16	0·12	0·04	3·00	Aucune trace.	53007	Falsifié.
32·40	67·60	0·36	0·24	0·15	0·09	1·66	„ ...	53008	„ Garanti pur.
34·21	65·79	0·40	0·27	0·17	0·10	1·70	„ ...	53009	Falsifié.

H. J. DAGER, INSPECTEUR.

33·52	66·48	2·07						51511	Normal.
33·33	66·67	4·50						51512	„
36 62	63·38	0·14	0·06				0·15	51513	Falsifié.

5 GEORGE V, A. 1915

BULLETIN N° 259—

Date du prélèvement de l'échantillon.	Nature de l'échantillon.	Numéro de l'échantillon.	Nom et adresse du vendeur.	Prix.		Nom et adresse du fabricant ou fournisseur tel que communiqué par le vendeur.		Rapport de l'inspecteur (Ne comporte aucune expression d'opinion).
				Quantité.	Cents.	Fabricant.	Fournisseur.	

DISTRICT DE TORONTO—

1912.								
26 déc..	Sirop d'érable.	51514	Birkett Bros., 1916 Dundas St., West, Toronto.	1 pte.	40	....	Maple Tree Producers Assn., Ltd., Montréal.	Porte la ment. "Pride of Canada" pure maple syrup made from sap of maple tree only. Is absol y pure.
27 " .	"	51515	McDonald Bros., 1064 Yonge St., Toronto.	1 " ..	40	....	Parsons Brow & Co., Toronto.	Porte la ment. "Snowshoe" Brand pure maple syrup. Imperial Syrup Co., Montreal.
1913.								
2 janv.	"	51517	Somers Bros., 291 King St., West, Toronto.	1 " ..	25	....	Rutherford Marshall & Co., Toronto	....
2 " :	"	51518	A. Copp, 1005 Dundas St., Toronto.	1 " ..	45	....	Parson Brown & Co., Toronto.	Porte la ment. "Old Tyme" pure sap. Maple syrup guarant'd absolut'ly pure. Maples Ltd., Toronto.
2 " .	"	51519	Wm. Forster, 177 Roncensvalles St. Toronto.	1 " ..	40	....	G. B. Hall, Barnston, P.Q.	....
3 " 3	"	51520	W. B. Rennick, 389 Church St., Toronto.	1 " ..	35	....	Inconnu......	Porte la ment. "Lion" Brand pure sap Maple Syrup Ltd Toronto
4 " .	"	51584	F. Spooner, 273 Church St., Toronto.	1 " ..	35	Canada Maple Exchange.	McLaren's Ltd Toronto.	Porte la ment. Smalls Selected Maple Syrup. Guaranteed not only pure but of high grade
21 avril.	"	51598	Maples Ltd., Toronto.	3 ch..	60	....	Vendeurs.....	Porte la ment. "Old Tyme' pure sap. maple syrup guaranteed absolutely pure. Canned as it comes direct from the sug. bush.
21 " .	"	51599	"	1 pte..	35	....	"	"
8 mai.	"	57409	F. G. Parker, Broadview, Toronto.	1 " ..	25	....	Inconnu..	Etiqueté et vendu comme sirop d'érable

SIROP D'ÉRABLE.

			Résultats analytiques.						
			Calculé à base d'eau libre.						
Eau.	Matières solides.	Indice de plomb, méthode canadienne.	Total des cendres.	Cendres solubles dans l'eau.	Cendres insolubles.	Cendres solubles dans l'eau. / Cendres insolub.	Valeur acide malique.	Numéro de l'échantillon.	Remarques et opinion de l'analyste en chef.

Fin.

p.c.	p.c.	p.c.	p.c.	p.c.	p.c.	p.c.	p.c.		
34·86	65 14	3·93	... ...					51514	Normal.
34·04	65 96	2·01						51515	"
33·25	66 75	0·04	0·15	0·11	0·04	2·75	0·06	51517	Falsifié. Fournisseur déclare échantillon avoir été vendu comme composé.
32·87	67·13	2·05						51518	Normal.
33·64	66·36	3·58						51519	"
32·35	67·65	0·24	0·22	0·13	0·09	1·66	0·07	51520	Falsifié.
33·20	66·80	0·12	0·22	0·17	0·05	3·40	0·19	51584	"
39·00	61·00	4·16	0·69	0·36	0·33	1·09	0·90	51598	Normal.
38·40	61·60	0·76	0·34	0·19	0·15	1·26	0·45	51599	Falsifié.
38·36	61·64	0·04	0·26	0·21	0·05	4·20	0·02	57409	Falsifié. Vendeur explique éch avoir été fait avec du sucre et de la "mapléine."

5 GEORGE V, A. 1915

BULLETIN N° 259—

Date de prélèvement de l'échantillon.	Nature de l'échantillon.	Numéro de l'échantillon.	Nom et adresse du vendeur.	Prix.		Nom et adresse du fabricant ou fournisseur tel que communiqué par le vendeur.		Rapport de l'inspecteur. (Ne comporte aucune expresion d'opinion).
				Quantité.	Cents.	Fabricant.	Fournisseur.	

DISTRICT D'HAMILTON—

1913.								
24 avril	Sirop d'érable.	57402	O. W. Bessey, 23-24 Market Hall, Hamilton.	1 pte..	25	....	C. W. Lamy & Sons, Hamilton.	....
24 "	"	57403	David Green, 43-47 Market Hall, Hamilton.	1 " ..	30	....	"	.... :

DISTRICT DE WINDSOR—

3 janv.	Maple. Syrup.	47907	Fred. Williams, Woodstock, Ont.	3 jar..	30	J. B. Strong, West Sutton, P.Q.	....	Garanti être un produit exclusif de la sève d'érable.
3 "	"	47909	E. J. Coles Co., Woodstock. Ont.	3 " ..	30	....	Omer Brown, Delta, Ont.	....
3 "	"	47912	A. M. Smith & Son, Woodstock, Ont.	2bout	50	Maple Tree Producers'Ass'cn., Waterloo,P.Q.	....	Porte la ment. "Pride of Canada" Maple Sap Syrup, a genuine maple sap syrup, guar. absol. pure.
6 "	"	47919	Reeks & Co., St. Thomas, Ont.	1bout.	35	Canada Maple Exchange, Ltd.	....	Porte la ment. Small's selected Maple Syrup, guar. notoniypure, but of high grade.
7 "	"	47924	M. Masuret & Co., London, Ont.	1 " ..	30	"	....	Porte la ment. Small's sel. Maple Syr., guar. pure..
7 "	"	47927	A. J. Clark & Co., London, Ont.	1 " ..	40	Maples, Ltd., Toronto.	....	Porte la ment. "Lion" Brand pure M. S.
7 "	"	47929	H. Ranahan, London, Ont.	1 " ..	35	Imperial Syrup Co., Montreal.	.... :	Porte la ment. "Snowshoe" Br., p. M. S.
7 "	"	47930	Thos. Shaw, London, Ont.	1 " ..	40	Maple Tree Producers'Ass'cn., Montreal.	....	Porte la ment. "Pride of Canada" p. M.S.
7 "	"	47931	Ken. McCormick, London, Ont.	1 " ..	40	Imperial Syrup Co., Montreal.	....	Porte la ment. "Snowshoe" Brand, pure MapleSyrup.

DOC. PARLEMENTAIRE No 14

SIROP D'ÉRABLE.

Eau.	Matières solides.	Résultats analytiques.			Calculé à base d'eau libre.					Numéro de l'échan̄.	Remarques et opinion de l'analyste en chef.
		Indice de plomb, méthode canadienne.	Total des cendres.	Cendres solubles dans l'eau.	Cendres insolubles.	Cendres solubles dans l'eau. Cendres insolub.		Valeur acide malique.			

H. J. DAGER, INSPECTEUR SUPPL^ᵛANT, D. M. CAMERON, INSPECTEUR.

p. c.	p. c.		p. c.	p. c.ᶜ	p. c.	p. c.	p. c.			
32·80	67·20	0·08	0·14	0·10	0·04	2·50	0·19	57402	Falsifié. vendeur a déclaré, après la vente, que l'éch. n'était pas pur.
33·00	67·00	0·04	0·06	0·03	0·03	1·00	0·04	57403	" "

JNO. TALBOT, INSPECTEUR.

33·13	66·87	2·53						47907	Normal.
33·59	66·41	4·14						47909	"
36·89	63·11	3·89						47912	"
34·42	65·58	0·34	0·27	0·19	0·08	2·12	None.	47919	Falsifié.
33·84	66·16	0·18	0·33	0·24	0·09	2·66	0·25	47924	"
32·25	67·75	0·82	0·27	0·17	0·10	1·70	None.	47927	
35·75	64·25	1·28	0·47	0·31	0·16	1·93	0·14	47929	"
33·19	66·81	3·31						47930	Normal.
32·30	67·70	2·28						47931	"

5 GEORGE V, A. 1915

BULLETIN N° 259—

Date du prélèvement de l'échantillon.	Nature de l'échantillon.	Numéro de l'échantillon.	Nom et adresse du vendeur.	Prix. Quantité.	Prix. Centins.	Fabricant.	Fournisseur.	Rapport de l'inspecteur. (Ne comportant aucune expression d'opinion).
								DISTRICT DU MANITOBA—
1913.								
6 fév.	Sirop d'érable.	48816	J. D. Score, Ave. Portage, Winnipeg.	1 pte.	50	Maple Tree Producers'Ass'cn., Montréal.	Jobin, Marrin & Co., Winnipeg.	....
6 "	"	48817	A. Hendry, 398 Ave. Portage, Winnipeg.	1 " ..	50	"	.. CampbellBros. & Wilson, Winnipeg.	" Pride of Canada " pure MapleSyrup.
6 "	"	48818	H. E. Weldon & Co.,383 Av. Portage, Winnipeg.	1 " ..	50	"	.. The Codville Co., Winnipeg.	....
6 "	"	48819	Hudson Bay Co., rue Main, Winnipeg.	1 " ..	45	"	.. W. L. Mackenzie & Co., Winnipeg.	....
6 "	"	48820	J. J. Jackson, 252 rue Main, Winnipeg.	1 " ..	45	"	.. CampbellBros. & Wilson, Winnipeg.	....
6 "	"	48821	J. G. Hargrave & Co.,334 rueMain, Winnipeg.	1 " ..	45	Imperial Syrup Co., Montréal.	J. D. Brack & Co., Winnipeg.	....
7 "	"	48822	J. A. McKerchar, 600 rue Main, Winnipeg.	1 " ..	50	Maple Tree Producers'Ass'cn., Montréal.	CampbellBros. & Wilson, Winnipeg.	....
7 "	"	48823	W. H. Stone, 648 rue Main, Winnipeg.	1 " ..	45	"	.. Foley Bros., Winnipeg.	....
7 "	"	48824	Robinson & Co., rue Main, Winnipeg.	1 " ..	45	Imperial Syrup Co., Montréal.	J. D. Brack & Co., Winnipeg.	....
7 "	"	48825	Mme A. Toby, 361 Notre Dame, Winnipeg.	1 " ..	65	Maple Tree Producers'Ass'cn., Montréal.	Hudson Bay Co., Winnipeg.	" Pride of Canada " pure MapleSyrup.
								DISTRICT DES MONTAGNES ROCHEUSÉS—
3 janv.	Sirop d'érable.	49796	J. Davis & Co., Grand-Forks,C.-B	1 pte.	60	Sugars & Canners, Ltd., Montréal.		....
3 "	"	49797	N. C. McInn s & Co. Grand-Forks, C.-B.	1 " ..	50	....	Balfour, Smye &Co.,Hamilton.	....
3 "	"	49798	J. Donaldson, Grand-Forks,C -B	1 " ..	60	Maple Tree Producers'Ass'cn., Montréal.		....
3 "	"	49799	" " ..	1 " ..	60	Imperial Syrup Co , Montréal.		.... Snowshoe Brand.
8 "	"	49806	J. Svoboda,Nelson, C.-B.	1 boîte	85	Sugars & Canners, Ltd., Montréal.		....
8 "	"	49807	Hudson Bay Co., Nelson, C.-B.	1 " ..	100	W. Rock,L'Avenir, P.Q.		....
8 "	"	49811	Citizens' Co-op. Asso'cn., Nelson, C.-B.	1 " ..	195	Canada Maple Exchange, Ltd., Montréal	A. Macdonald Co., Nelson, C.-B.	Smalls........
8 "	"	49812	Choquette Bros., Nelson, C.-B.	1 " ..	225	N. Beauregard, West-Shefford-Stn., P.Q.		....

DOC. PARLEMENTAIRE No 14

SIROP D'ÉRABLE.

Eau.	Matières solides.	Indice de plomb, méthode canadienne.	Résultats analytiques.						Numéro de l'échantillon.	Remarques et opinion de l'analyste en chef.
			Calculé à base d'eau libre.							
			Total des cendres.	Cendres solubles d. l'eau.	Cendres insolubles.	Cendres solubles dans l'eau. Cendres insolubl.		Malic Acid Value.		

H. ASHTON, INSPECTEUR SUPPLÉANT.

p. c.	p. c.		p. c.	p. c.	p. c.	p. c.	p. c.		
34·24	65·76	3·00	....	... .	... .	....	....	48816	Normal.
29·19	70·81	2·90	.... .	....	....	....	....	48817	"
31·87	68·13	3·00	....	... .	....	....	....	48818	"
34·87	65·13	2·50	....	......	....	....	....	48819	"
35·42	64·56	2·30	... ...	....	... ..	....	....	48820	"
38·19	66·81	1·69	0·63	0·37	0·25	1·48	0·37	48821	Douteux.
35·11	64·89	3·00	... .	....	... ..	....	......	48822	Normal.
30·85	69·15	2·70	......	....	.... .	....	....	48823	"
30·80	69·20	1·64	0·65	0·42	0·23	1·82	0·36	48824	Douteux.
31·16	68·84	2·60	....	....	......	....	......	48825	Normal.

THOS. PARKER, INSPECTEUR.

34·44	65·66	0·96	0·36	0·21	0·15	1·40	0·10	49796	Falsifié.
36·72	63·28	2·18	....	......	....	....	...	49797	Normal.
34·16	65·84	3·22	....	....	....	.... ..	.. ....	49798	"
33·75	66·35	0·62	0·33	0·21	0·12	1·75	None.	49799	Falsifié.
35·75	64·25	0·54	0·40	0·22	0·18	1·22	0·04	49806	"
33·03	66·97	2·50	. ....	....	....	....	......	49807	Normal.
32·01	67·99	1·32	0·52	0·32	0·20	1·60	0·21	49811	Falsifié.
35·10	64·90	2·70	....	....	....	....	......	49812	Normal.

Date du prélèvement de l'échantillon.	Nature de l'échantillon.	Numéro de l'échantillon.	Nom et adresse du vendeur.	Prix.		Nom et adresse du fabricant ou fournisseur tel que communiqué par le vendeur.		Rapport de l'inspecteur. (Ne comportant aucune expression d'opinion.)
				Quantité.	Centins.	Fabricant.	Fournisseur.	

DISTRICT DES MONTAGNES ROCHEUSES—

Date	Nature	Numéro	Vendeur	Quantité	Centins	Fabricant	Fournisseur	Rapport
1913.								
1er fév.	Sirop d'érable.	49814	Hunter Bros., Rossland, C.-B.	1 can.	150	E. J. Lee, West-Sutton, P.Q.		
1er "	"	49818	Union Co-op. Asso'cn., Rossland, C.-B.	1 " ..	90	East Tp. Maple S. & S. Exchange, Sutton, P.Q.		

DISTRICT DE VANCOUVER—

Date	Nature	Numéro	Vendeur	Quantité	Centins	Fabricant	Fournisseur	Rapport
21 fév.	Sirop d'érable.	53401	David Spencer, Vancouver, C. B.	1 pt..	45	Bakers Ltd., Montreal.		Embouteil. par les vend-urs.
21 "	"	53402	Frank Wright, Seymour St., Vancouver, C.-B.	1 " ..	50	Maple Tree Producers' Ass'cn., Montréal.		PureMaple Syrup. "Pride of Canada" Brand.

DISTRICT DE VICTORIA—

Date	Nature	Numéro	Vendeur	Quantité	Centins	Fabricant	Fournisseur	Rapport
13 jan.	Sirop d'érable.	49281	Windsor Grocery Co., 817 Govt. St., Victoria, C.-B.	1 pt..	50	Maple Tree Producers' Ass'cn., Montréal.		"Pride of Canada" Pure MapleSyrup
13 "	"	49284	The West End GroceryCo., Ltd., 1002 Govt. St., Victoria, C.-B.	1 " ..	50	Canada Maple Exchange, Ltd., Canada.	Nelson, Shakspere, Watkins, Ltd.	"Small'sMaple Leaf" Brand
14 "	"	49287	Dixi H. Ross & Co., 1317 Govt. St., Victoria, C.-B.	1 " ..	60	Horner, Granby, P.Q.		
14 "	"	49290	Harrison & McDonald, 1218 Douglas St., Victoria, B.-C.	1 " ..	60	East T. Maple S. & S. Exchange, Sutton, P.Q.		Garanti pur sirop d'érable.
15 "	"	49295	Copas & Young, 631 Fort St., Victoria, C.-B.	1 " ..	50	Maple Tree Producers' Ass'cn., Montréal.		
15 "	"	49297	H. O. Kirkham & Co., 741 Fort St., Victoria, C.-B.	1 " ..	60	"		
15 "	"	49299	Acton Bros., 1317 Douglas St., Victoria, C.-B.	1 " ..	50	"		
15 "	"	49300	"	1 " ..	50	Canada Maple Exchange, Ltd., Canada.		
15 "	"	53504	Woods & White, 1309 Glatstone Ave., Victoria, C.-B	1 " ..	50	Sugars & Canners, Ltd., Montréal.		
15 "	"	53506	Wm. Marshall, 1422 Fort St., Victoria, C.-B.	1 " ..	65	Maple Tree Producers' Ass'cn., Ltd., Montréal		

DOC. PARLEMENTAIRE No 14

SIROP D'ÉABLE.

Eau.	Matières solides.	Résultats analytiques.							Numéro de l'échantillon.	Remarques et opinion de l'analyste en chef.
		Indice de plomb, méthode canadienne.	Calculé à base d'eau libre.							
			Total des cencres.	Cendres solubles dans l'eau.	Cendres insolubles.	Cendres solubles dans l'eau. Cendres insolub.	Valeur acide malique.			

Fin.

p. c.	p. c.		p. c.	p. c.	p. c.	p. c.	p. c.			
32·75	67·25	3·90	.....	.....	.. ..	.....	.....		49814	Normal.
34·90	65·10	3·94	.....	.....	.....	.....	.....		49818	"

J. F. POWER, INSPECTEUR.

34·56	65·44	1·92	0·72	0·53	0·19	2·78	.....		53401	Normal.
35·55	64·45	3·60	.....	.....	.....	.....	.....		53402	"

D. O'SULLIVAN, INSPECTEUR.

34·96	65·04	·70	.....	.....	.....	.....	.....		49281	Normal.
33·58	66·42	1·28	0·64	0·45	0·19	2·36		0·15	49284	Falsifié. Fournisseur ont déclaré que le produit leur était absolument garanti.
33·27	66·73	3·60	.....	.....	.....	.....	.....		49287	Normal.
35·72	64·28	2·70	.....	.....	.....	.....	.....		49290	"
33·99	66·01	4·20	.....	.....	.....	.....	.....		49295	"
34·23	65·67	2·70	.....	.....	.....	.....	.....		49297	"
36·79	63·21	2·80	.....	.....	.....	.....	.....		49299	"
34·62	65·38	1·27	0·49	0·30	0·19	1·57		0·33	49300	Falsifié.
34·37	65·63	0·36	0·35	0·23	0·12	1·91		0·04	53504	"
36·64	63·36	4·60	.....	.....	.....	.....	.....		53506	Normal.

5 GEORGE V, A. 1915

APPENDICE C.

BULLETIN N° 260—BAY-RUM ET EAU DE FLORIDE.

M. WM HIMSWORTH,
Sous-ministre intérimaire,
Revenu de l'Intérieur.

OTTAWA, le 11 juin 1913.

MONSIEUR,—J'ai l'honneur de vous soumettre le rapport de l'analyse de trente-cinq échantillons vendus à titre de Bay-Rum, de même qu'un nombre égal d'échantillons vendus à titre d'Eau de Floride, au cours de février et mars de cette année.

Le Bay-Rum ne se trouve pas dans la Pharmacopée Britannique. On le définit sous le nom d'Esprit de Myrcia (*Spiritus Myrciæ*) dans la Pharmacopée des Etats-Unis de 1890 (septième revision), et on y exige que sa fabrication soit telle que pour 2,000 centimètres cubes de ce produit on y trouve 1,200 centimètres cubes d'alcool (91·1 pour 100, en volume, d'alcool éthylique). Il ne figure pas dans la huitième revision de la Pharmacopée des Etats-Unis (1900).

L'Eau de Floride n'a jamais, que je sache, été officiellement reconnue. Elle semble être une solution d'essence d'huiles dans plus ou moins d'alcool éthylique.

On s'est, dans plus d'une occasion, plaint auprès de ce département, de ce que les produits ci-dessus comportent la présence illégale d'esprit de bois (Esprit de Colombie) au lieu d'alcool éthylique.

La loi 7-8 Edouard VII, chapitre sixième (approuvée le 10 avril 1908), section 7, se lit comme suit :—

"La section 266 de cette Loi (Loi du Revenu de l'Intérieur, chap. 51, S.R., 1906), est amendée par suite de l'introduction de la subdivision suivante :—

2. Quiconque emploie l'alcool méthylique ou des essences contenant de l'alcool méthylique, sous une forme quelconque, et dans une préparation pharmaceutique, médicale ou autre quelconque pour l'usage externe, devra apposer sur le récipient qui renfermera cette préparation, une étiquette indiquant, en lettres noires d'une hauteur jamais moindre qu'un quart de pouce, la présence dans ce produit de l'alcool méthylique; et quiconque viendra en contravention avec les dispositions de cette subdivision, sera passible d'une amende de pas moins de cinquante dollars et de pas plus de deux cents dollars ".

Les échantillons suivants mis en vente à titre de Bay-Rum contiennent de l'alcool méthylique :—

N° 37185. Il ne se trouve rien sur l'étiquette ou dans la mise en vente qui indique la présence d'alcool méthylique. Ce produit est considéré comme falsifié ; mais il se peut que le mot VENDU CONTRAIREMENT À LA LOI soit plus conforme à la situation.

N° 37186. Contient de l'alcool méthylique en même temps que de l'alcool éthylique et, selon toutes probabilités, est fabriqué au moyen d'esprit de méthyl.

L'étiquette ne porte aucune indication de la présence d'alcool méthylique, et il convient de la faire entrer dans la catégorie du précédent.

N° 51236. Contient des alcools méthyliques et éthyliques. Les mots "alcool méthylique" apparaissent, à peine visibles, sur l'étiquette écrite à la main; les mots "Bay-Rum"' seuls, sont en évidence. J'ai qualifié ce produit de douteux; mais, suivant le sens écrit de la sous-division citée plus haut où l'on voit que la présence de l'alcool méthylique doit être indiquée "par des lettres noires hautes de pas moins d'un quart de pouce", ce produit est certainement contraire aux prescriptions de la loi.

N° 51754. Est fabriqué au moyen d'alcool méthylique. L'étiquette est en caractères d'imprimerie et porte: "Bay-Rum Pur Importé". Le mot "Methyl" est placé au-dessus et entre les mots "Pur" et "Importé", et se lit facilement. J'ai déclaré ce produit "douteux" de ce que le mot "Methyl" ne fait pas, par sa position, partie intégrale de l'étiquette.

N° 51593. Cet échantillon est fabriqué au moyen d'alcool méthylique. L'étiquette porte "Bay-Rum Pur Importé" et n'indique d'aucune façon la présence d'alcool méthylique. Il est de ce chef contraire à la loi.

N° 51595. Cet échantillon porte pour étiquette "Bay-Rum", et ne fait aucune mention d'alcool méthylique qui a servi à sa fabrication. Je l'ai porté comme falsifié ou contraire à la loi.

EAU DE FLORIDE.

N° 46914. Contient de l'alcool méthylique. Elle porte l'étiquette "Eau de Floride Royale", sans indication de la présence d'alcool méthylique. Contraire à la loi.

N° 51243. Porte l'étiquette "Eau de Floride" et ne fait aucune mention d'alcool méthylique, malgré que ce dernier entre presque exclusivement dans sa fabrication. Contraire à la loi.

N° 57051. Porte l'étiquette "Eau de Floride" sans aucune mention d'alcool méthylique, qui en constitue, cependant, l'unique ingrédient. Contraire à la loi.

N° 57161. Porte l'étiquette "Eau de Floride de Toilette de Holman" sans que mention y soit faite d'alcool méthylique qui s'y trouve. Il est de ce chef contraire à la loi.

Je vous prierais de faire la publication de ce rapport comme constituant le Bulletin n° 260.

J'ai l'honneur d'être, monsieur,

Votre obéissant serviteur,

A. McGILL,
Analyste en chef.

Date du prélèvement.	Nature de l'échantillon.	Numéro de l'échantillon.	Nom et adresse du vendeur.	Prix. Quantité.	Centins.	Nom et adresse du fabricant ou fournisseur tel que communiqué par le vendeur. Fabricant.	Fournisseur.	Rapport de l'inspecteur. (Ne comportant aucune expression d'opinion).

DISTRICT DE LA NOUVELLE-ECOSSE—

1913.								
6 mars.	Bay Rum.	46906	National Drug Co., Halifax, N.-E.	1 pte.	90	Michelsen, St-Thomas, Antill.	Fabricant....	
7 "	"	46907	Kinleys Ltd., Halifax, N.-E.	3bout.	75	Vendeurs....		
7 "	"	46908	Succession de J. R. Rawley, Halifax, N.-E.	3 " ..	75	N. D. & C. Co., Halifax, N.-E.	Fabricants....	
10 "	"	46909	F. W. Woolworth, Halifax, N.-E.	3 " ..	45	C. H. Selick, New-York.	Fabricant...	
27 "	"	46910	Buckley Bros., Halifax, N.-E.	3 " ..	105	H. Michelsen, Antilles.	Lymans Ltd., Montréal..	

DISTRICT DE QUEBEC—

25 fév..	Bay Rum.	37183	Dr A. Fournier, 65 rue Cremasie, Montcalmville.	3bout.	180	W. Brunt & Cie, Québec.	Fabricants...	
26 "	"	37184	Ed. Del.àle, 19 rue Notre-Dame des Anges, Québec.	3 " ..	450	C. Michelsen, St-Thomas, Antilles.	W. Brunet & Cie, Québec.	
26 "	"	37185	" ..	3 " ..	150	Vendeur....		
6 mars.	"	37186	A. F. Francœur, 379½ rue Saint Jean, Québec.	3 " ..	195	"		
7 "	"	37187	Alfred Jolicœur, 338 rue St-Jean, Québec.	3 " ..	300	"		

DISTRICT DE MONTRÉAL—

7 mars.	Bay Rum.	51236	Dr. J. A. Champagne, rue Wellington Verdun, P.Q.	1½cho-pine	150	Vendeur....		L'Etiquette (porte le mot : ;alcool méthy-lique.
10 "	"	51237	E. Vadboncœur, 51 Boulev. St-Laurent, Montréal.	3bout.	100	"		Marqué pur.
10 "	"	51238	A. F. Larose, 2 Sherbrooke E., Montréal.	3 " ..	75	"		
10 "	"	51239	Dr. Leduc Drug Co., 1181 Boulevard St-Laurent, Montréal.	3 " .	75	Vendeurs ...		
10 "	"	51240	J. L. Roberge,1231 Boulev. St-Laurent, Montréal.	3 " ..	75	Vendeur... .		

DOC. PARLEMENTAIRE No 14

BAY RUM.

Résultats de l'analyse.

Alcool.		Le réfractomètre d'immersion marquant 20° C d'alcool.			Diff. entre l'analyse et la théorétique.		Conclusion.	Numéro de l'échantillon.	Remarques et opinion de l'analyste en chef.
En volume.	En pesanteur.	Théorétique de l'alcool éthylique.	Théorétique de l'alcool méthylique.	Analysé.	Pour l'alcool éthyl.	Pour l'alcool méthyl.			

R. J. WAUGH, INSPECTEUR.

p. c.	p. c.	°	°	°	°	°			
50·8	43·2	84·5	39·2	85·3	0·8	....	Alcool éthylique.	46906	
55·4	47·7	88·4	39·7	89·4	1·0	....	"	46907	
32·2	26·5	62·8	30·6	62·9	0·1	....	"	46908	
26·5	21·7	53·7	27·6	54·4	0·7	....	"	46909	
50·9	43·3	84·5	39·2	85·3	0·8	....	"	46910	

F. X. W. E. BÉLAND, INSPECTEUR.

45·7	38·5	79·6	37·5	80·3	0·7	....	Alcool éthylique.	37183	
50·3	42·8	84·0	39·1	84·6	0·6	....	"	37184	
52·1	44·5	85·7	39·3	40·0	....	0·7	Alcool méthylique.	37185	Fabriqué au moyen d'alcool de bois. Falsifié.
39·2	32·6	72·5	34·5	51·6	....	17·1	45% d'alcool éthyliq. —55% d'alcool méthylique.	37186	Fabriqué au moyen d'un mélange d'alcool et d'alcool de bois. Falsifié.
48·1	40·7	82·0	38·3	82·0	0·0	....	Alcool éthylique.	37187	

J. J. COSTIGAN, INSPECTEUR.

60·2	52·3	92·0	39·6	61·4	....	21·8	41·6% d'alcool éthyl. —58·4% d'alcool méthylique.	51236	Fabriqué au moyen d'un mélange d'alcool et d'alcool de bois. Douteux.
44·2	37·2	78·2	36·9	78·7	0·5	....	Alcool éthylique.	51237	
46·7	39·4	80·6	37·9	81·3	0·7	....	"	51238	
44·5	37·4	78·5	37.0	79·5	1·0	....	"	51239	
21·6	17·6	45·5	24·9	45·8	0·7	....	"	51240	

5 GEORGE V, A. 1915

BULLETIN N° 260—

Date du prélèvement	Nature de l'échantillon.	Numéro de l'échantillon.	Nom et adresse du vendeur.	Prix. Quantité.	Centins.	Nom et adresse du fabricant ou fournisseur tel que communiqué par le vendeur. Fabricant.	Fournisseur.	Rapport de l'inspecteur (ne comportant aucune expression d'opinion).

DISTRICT D'OTTAWA—

1913.								
3 mars.	Bay Rum.	51750	J. Skinner & Son, Ottawa.	1½ ch.	125	Vendeurs......	......	......
24 fév..	"	51751	J. C. Switzer, Arn-prior.	1½ " .	100	"	......	......
3 mars.	"	51752	Halliday&Sproule, Ltd., Ottawa.	1 pte	100	Jones Bros. & Co., Toronto.	Fabricants....	......
4 " .	"	51753	Allen & Cochrane, Ottawa.	24 on.	75	Vendeurs.	.	Bay Rum d'importation étiqueté.
6 " .	"	51754	Ottawa Drug Co., Ottawa.	1½ ch.	100	"	......	Bay Rum méthylique étiqueté.

DISTRICT DE TORONTO—

1er mars	Bay Rum.	51593	The F. E. Karn Co., Ltd., rues Queen et Victoria, Toronto.	3 bout	87	Vendeurs......	......	Bay Rum d'importation pur et étiqueté.
1er " .	"	51594	The T. Eaton Co., Ltd., rues Queen et Yonge, Toronto.	3 " ..	75	"	......	Bay Rum de qualité supérieure étiqueté.
1er " .	"	51595	G. Tamblyn, 232½ rue Yonge, Toronto.	3 " ..	57	Vendeur......	......	......
1er " .	"	51596	Liggetts Ltd., 224 rue Yonge, Toronto.	3 " ..	57	Vendeurs.	......	Bay Rum de Saint-Thomas étiqueté.
10 " .	"	51597	The Hooper Drug Co., Ltd., 83 rue King West, Toronto.	3 " ..	120	......	The DrugTradingCo.,Ltd., Toronto.	......

DISTRICT D'HAMILTON—

24 avril.	Bay Rum.	57156	T. W. Woolworth Co., Ltd., rue King-est, Hamilton.	6 bout	90	Ed. Gerarde Perfume Co., Chicago, Ill.	......	Bay Rum Royal étiqueté. Ce produit renferme 33½ % d'alcool.
24 " .	"	57157	Stanley Mills Co., Ltd., 11-15 rue King-est, Hamilton.	3 " ..	75	......	Inconnu......	Bay Rum supérieur étiqueté.
24 " .	"	57158	T. C. Watkins Co., Ltd., rue King-est, Hamilton.	6 " ..	150	......	"	Porte l'étiq Bay Rum distillé deux fois. H. Michaelson, St-Thomas, Antilles.

BAY RUM.

Résultats de l'analyse.

Alcool.		Le réfractomètre d'immersion marquant 20° C. d'alcool.			Diff. entre l'analyse et la théorétique.		Conclusion.	Numéro de l'échantillon.	Remarques et opinion de l'analyste en chef.
En volume.	En pesanteur.	Théorétique de l'alcool éthylique.	Théorétique de l'alcool méthylique.	Analysé.	Pour l'alcool éthyl.	Pour l'alcool méthyl.			

J. A. RICKEY, INSPECTEUR.

p. 100	p. 100	°	—	°	°	°	°			
57·1	49·3	89·7	39·8	90·4	0·7	....	Alcool éthylique.	51750	
60·6	52·8	92·3	39·6	93·0	0·7	......	"	51751	
50·8	43·2	84·4	39·2	85·2	0·8	....	"	51752	
49·7	42·2	83·5	38·9	84·0	0·5	....	"	51753	
47·1	39·8	81·1	38·0	38·3	......	0·3	Alcool méthyliq.	51754	Fabriq. au moyen d'alcool méthylique. Douteux. L'étiq. porte en caract. d'imprimerie le mot "méthylique".

H. J. DAGER, INSPECTEUR.

67·3	59·6	96·0	38·1	38·5	......	0·4	Alcool méthyliq.	51593	Fabriq. au moy. d'esprit de bois. Falsifié.
46·4	39·1	80·3	37·7	81·0	0·7	... ...	" éthylique.	51594	
56·8	49·0	89·5	39·8	40·3	....	0·5	" méthyliq.	51595	Fabriq. au moy. d'esprit de bois. Falsifié.
47·5	40·2	81·5	38·2	81·9	0·4	....	" éthylique.	51596	
48·1	40·7	82·0	38·3	82·4	0·4	... ...	" éthylique.	51597	

H. J. DAGER, INSPECTEUR INTÉRIMAIRE.

28·4	23·3	56·9	28·6	57·5	0·6	....	Alcool éthylique.	57156	
38·4	31·9	71·6	33·7	71·8	0·2	... .	"	57157	
51·0	43·4	84·6	39·4	85·4	0·8	....	"	57158	

5 GEORGE V, A. 1915

BULLETIN N° 260—

Date du prélèvement de l'échantillon.	Nature de l'échantillon.	Numéro de l'échantillon.	Nom et adresse du vendeur.	Prix.		Nom et adresse du fabricant ou fournisseur tel que communiqué par le vendeur.		Rapport de l'inspecteur. (Ne comportant aucune expression d'opinion).
				Quantité.	Centins.	Fabricant.	Fournisseur.	

DISTRICT D'HAMILTON—

1913.								
25 avril.	Bay rum..	57159	Roy C. Sexsmith, 240 rue York, Hamilton.	3 bout.	75	Vendeur.. .		Porte p. étiq. Duncan Carson, phar. B, Hamilton, Ont.
25 "	"	57160	Parke & Parke, 17-20 Market Square, Hamilton.	1 "	50	Vendeurs......		Porte l'étiq. de Bay Rum Supér. Se vend à titre de Bay Rum des Coiffeurs.

DISTRICT DE VANCOUVER—

5 mars.	Bay rum..	53421	H. O. Torrence, rues Davie et Denman, Vancouver. C.-B.	3 bout.	65	Vendeur..		
5 "	"	53422	Harrison's Drug Store, rues Granville et 7me, Vancouver, C.-B.	3 "	75	"		
5 "	"	53423	Ferguson's Drug Store, 2043 rue Granville, Vancouver. C.-B.	3 "	75	H. Michaelson, St - Thomas, Antilles.	Nat. Drug Co.	
5 "	"	53424	Cunningham's Drug Store, rues Denman et Nelson, Vancouver, C.-B.	3 "	105	Vendeur.......		
6 "	"	53425	Harrison's Drug Store, Rogers Block, Vancouver, C.-B.	3 "	75	"		

BAY RUM.

Alcoool.		Résultats de l'analyse.					Conclusion.	Numéro de l'échantillon.	Remarque et opinion de l'analyste en chef.
En volume.	En pesanteur.	Théorétique de l'alcool éthylique.	Théorétiquo de l'alcool mcthylique.	Analysé.	Diff. entre l'analyse et la théorétique.				
					Pour l'alcool éthyl.	Pour l'alcool méthyl.			

Fin.

p. c.	p. c.	°	°	°	°	°			
36·5	30·3	69·3	32·9	69·3	0·0		.... Alcool éthyliqne.	57159	
24·0	19·6	49·7	26·1	49·9	0·2		.... " ..	57160	

J. F. POWER, INSPECTEUR.

56·3	48·5	89·1	39·7	89·4	0·3		.... Alcool éthylique.	53421	
50·0	42·4	83·5	38·9	83·9	0·4		.... " ..	53422	
50·8	43·2	84·4	39·2	85·3	0·9		.... " ..	53123	
59·2	51·4	91·3	39·7	92·1	0·8		.... "	53424	
50·0	42·4	83·5	38·9	83·9	0·4		.... " ..	53425	

48　　　　　REVENUS DE L'INTERIEUR

5 GEORGE V, A. 1915

BULLETIN N° 260—

Date du prélèvement.	Nature de l'échantillon.	Numéro de l'échantillon.	Nom et adresse du vendeur.	Prix. Quantité.	Cents.	Nom et adresse du fabricant et fournisseur tel que communiqné par le vendeur. Fabricant.	Fournisseur.	Rapport de l'inspecteur. (Ne comi ortant aucune expression d'opinion).

DISTRICT DE LA NOUVELLE-ECOSSE—

1913.								
6 mars.	Eau de floride.	46911	G. A. Burbidge, Halifax, N.-E.	3 bout.	75	Lanman&Kemp, Montréal.	N. D. Co., Halifax,N.-E	
6 "	"	46912	National Drug Co., Halifax, N.-E.	3 " ..	50	Vendeurs, div. de Montréal.		
7 "	"	46913	Kinleys l. t d., Halifax, N.-E.	3 " ..	75	F. F. Ingram Co., Detroit, Mich.	Fabricants....	
10 "		46914	F. W. Woolworth, Halifax, N.-E.	3 " ..	45	E. G e r a r d e, Chicago, Ill.	Fabricant....	
27 "		46915	W. H. Stevens, Dartmouth,N -E	3 ..	75	Lanman&Kemp, Montréal. '	N. D. Co., H a l i f a x Branch, Halifax, N.-E.	

DISTRICT DE QUÉBEC—

24 fév.	Eau de floride.	37158	Benjamin C r é - peault, 68 rue Ramaise, Montcalmville.	3 bout.	115	Lanman&Kemp, Montréal.	Jos. Amiot & fils, Québec.	
25 "	"	37159	Dr A. Fournier, 65 rue Crémasie, Montcalmville.	3 " ..	150	Murray & Lanman, New-York.	Nat. Drug Co., Montréal.	
26 "	"	37160	Ed. Delisle, 19 rue Notre-Dame des Anges, Québec.	3 " ..	150	Murray & Lanman,Montréal.	W. Brunet & Cie, Québec.	
6 mars.	"	37161	A. Francœur, 379½ rue Saint-Jean, Québec.	3 " ..	150	John Taylor, Toronto.	Fabricant....	
7 "	"	37162	Alfred Jolicœur, 338 rue St-Jean, Québec.	3 " ..	150	Seely M'fg. Co., Windsor, Ont.	Fabricants..	

DISTRICT DE MONTRÉAL—

7 mars.	Eau de floride.	51241	Dr J. Champagne, rue Wellington, Verdun, P.Q.	3 bout.	150	Seely M'fg. C., Windsor, Ont		
10 "	"	51242	E. Vadboncœur, 51 B. St-Laurent, Montréal.	3 " ..	150	Nat. Drug and Chem.Co.,Ltd.		Marque "De Leon"
10 "	"	51243	Dr Leduc Drug Store, 1181 B. St-Laurent, Montréal.	3 " ..	115	C. F. Booth,New-York.		
10 "	"	51244	J. L. Roberge, 1231 B. St-Laurent, Montréal.	3 " ..	150	Lanman& Kemp, Montréal.		
10 "	"	51245	Lymans Ltd., rue St-Paul, Montréal.	3 " ..	100	Vendeurs.		

EAU DE FLORIDE.

Résultats de l'analyse.

R. J. WAUGH, INSPECTEUR.

Densité spécifique de l'échantillon.	Densité spécifique après distillation.	Alcool.		Esprit de preuve.	Le réfractomètre marquant 20° C.	Alcool méthylique en pesanteur.	Résidu de l'évaporation.	Cendres.	Numéro de l'éch...	Remarques et opinion de l'analyste en chef.
		En pesanteur.	En volume.							
		p. c.	p. c.	p. c.	°	p. c.	gram.	gram.		
0·8757	0·8726	69·79	76·72	134·25	105·0	....	0·446	0·0031	46911	
0·8769	0·8781	67·50	74·67	130·85	104·1	....	0·040	0·0022	46912	
0·9157	0 9152	51·29	59·14	103·63	94·5	....	0·066	0·0702	46913	
0·9346	0·9343	2·62	3·28	5·74	41·1	40·0	0·027	0·0142	46914	Contient de l'alcool méthylique. Contraire aux prescriptions de la loi.
0·8754	0·8788	67·21	74·40	130·39	105·0	....	0·492	0·0043	46915	

F. X. W. E. BÉLAND, INSPECTEUR.

Densité spécifique de l'échantillon.	Densité spécifique après distillation.	En pesanteur.	En volume.	Esprit de preuve.	Le réfractomètre marquant 20° C.	Alcool méthylique en pesanteur.	Résidu de l'évaporation.	Cendres.	Numéro de l'éch...	Remarques
0·8722	0·8729	69·67	76·71	134·25	104·8	....	0·467	0·0032	37158	
0·8768	0·8723	69·92	76·83	134·64	105·0	....	0 521	0·0035	37159	
0·8722	0·8743	69·08	76·09	133·34	104·9	....	0·444	0 003	37160	
0·8995	0 8997	58·18	65·94	115·09	99 0	....	0·109	0·0055	37161	
0·8872	0·8856	64·26	71·74	125·63	101·3	....	0·191	0·0032	37162	

J. J. COSTIGAN, INSPECTEUR.

Densité spécifique de l'échantillon.	Densité spécifique après distillation.	En pesanteur.	En volume.	Esprit de preuve.	Le réfractomètre marquant 20° C.	Alcool méthylique en pesanteur.	Résidu de l'évaporation.	Cendres.	Numéro de l'éch...	Remarques
0·8838	0·9003	57·92	65·69	114·11	97·9	....	0·170	......	51241	
0·8750	0 8895	62·59	70·14	122·91	101·6	....	0·055	0·0023	51242	
0·9326	0·9326	43·43	51·02	89·41	40·6	· 43·43	0·108	0·0139	51243	Contient de l'alcool méthylique. Contraire aux prescriptions de la loi.
0·8740	0·8794	66·96	74·17	129·99	104·9	....	0·412	... .	51244	
0·8720	0·8318	65·92	73·22	128 32	101·3	....	0·104	0·0057	51245	

Date du prélèvement de l'échantillon	Nature de l'échantillon	Numéro de l'échantillon	Nom et adresse du vendeur	Prix Quantité	Prix Cents	Nom et adresse du fabricant ou fournisseur tel que communiqué par le vendeur — Fabricant	Fournisseur	Rapport de l'inspecteur (ne comportant aucune expression d'opinion).

DISTRICT D'OTTAWA—

Date	Nature	N°	Nom et adresse du vendeur	Quantité	Cents	Fabricant	Fournisseur	Rapport de l'inspecteur
1913.								
3 mars	Eau de Floride.	51755	Halliday & Sproule Ltd., Ottawa.	3 bout.	225	Sovereign Perfumes, Ltd., Toronto.	Fabricants....	Marque "Ideal".
25 fév.	"	51756	B. F. Smith, Winchester, Ont.	3 " ..	150	. " ..	"	"
4 mars.	"	51757	T. T. Beattie, Ottawa.	3 " ..	150	Seely M'fg. Co., Windsor, Ont.	"	....
4 "	"	51758	R. M. Arbuthnot, Ottawa.	3 " ..	150	Lanman& Kemp, Montréal.	Inconnu......	....
6 "	"	51759	National Drug Co., Ottawa.	3 " ..	113	Vendeurs.......	....	Eau de Floride "De Leon".

DISTRICT DE TORONTO—

Date	Nature	N°	Nom et adresse du vendeur	Quantité	Cents	Fabricant	Fournisseur	Rapport de l'inspecteur
27 fév.	Eau de Floride.	57051	C. Hughel Co.,224½ rue Parlement, Toronto.	3 bout.	75	Vendeurs.......	... .	......
1 mars	"	57052	G. Tamblyn, Ltd., 443 rue Yonge, Toronto.	3 " ..	78	Sovereign Perfume, Ltd., Toronto.	....	Porte l'étiqu.: Eau de Floride "Ideal.'
7 "	"	57053	C. B. Borland,1585 rue Dundas-Ouest, Toronto.	3 " ..	170	Jno. Taylor & Co., Ltd., Toronto.	....	Porte l'étiqu. Eau de Flo. ride "Saint Augustin."
10 "	"	57054	Jones Bros. & Co., Ltd , 31 rue Adelaïde-Ouest, Toronto.	3 " ..	100	....	....	Porte l'étiqu. Eau de Flo. ride "'Jay. Bee-See"
10 "	"	57055	Geo. E. Gibbard, 295 rue King-Ouest, Toronto.	3 " ..	120	....	F. F. Ingram, Detroit, Mich.	Porte l'étiqu. Eau de Flor "Ingrams"

DISTRICT DE HAMILTON—

Date	Nature	N°	Nom et adresse du vendeur	Quantité	Cents	Fabricant	Fournisseur	Rapport de l'inspecteur
24 avril.	Eau de Floride.	57161	Brewesters, Ltd., 19-21 rue King-Est, Hamilton.	6 bout.	90	....	Holman, Chicago.	Porte l'étiqu.: Eau de Flor. de toilette "Holman."
24 "	"	57162	John Mack, 1 rue James-Nord, Hamilton.	3 " ..	150	Seely Mfg. Co., Windsor, Ont.	....	Porte l'étiqu.: "Eau de Floride."
24 "	"	57163	R. C. Porter, 244 rue James-Nord, Hamilton.	3 " ..	150	H. K. Wampole Co., Ltd., Perth, Ont.	....	Porte l'étiqu.: Eau de Flor. "Tallahassee", distillée par les fab.
25 "	"	57164	A. Patrick, rues York et Queen, Hamilton.	3 " ..	75	....	Nerlich & Co., Toronto.	Porte l'étiqu. Eau de Flor. de qualité supér., fabriq. en Allemag.
25 "	"	57404	H. P. Teetre, 663 rue King-Est, Hamilton.	3 " ..	120	....	Inconnu......	Porte l'étiqu.: Eau de Floride extra-fine "De Leon", fab. excl. par Nat.Drug Co.

DOC. PARLEMENTAIRE No 14

EAU DE FLORIDE.

Résultats de l'analyse.

Densité spécifique de l'échantillon.	Densité spécifique après distillation.	Alcool. En pesanteur.	Alcool. En volume.	Esprit de preuve.	Le réfractomètre marquant 20°C.	Alcool méthylique en pesanteur.	Résidu de l'évaporation.	Cendres.	Numéro de l'échantillon.	Remarques et opinion de l'analyste en chef.
		p. c.	p. c.	p. c.	°	p. c.	gram	gram.		

J. A. RICKEY, INSPECTEUR.

Densité spécifique de l'échantillon.	Densité spécifique après distillation.	Alcool. En pesanteur.	Alcool. En volume.	Esprit de preuve.	Le réfractomètre marquant 20°C.	Alcool méthylique en pesanteur.	Résidu de l'évaporation.	Cendres.	Numéro de l'échantillon.	Remarques et opinion de l'analyste en chef.
0·9056	0·9079	54·62	62·45	109·45	96 5	....	0·066	0·0067	51755	
0·9031	0·9099	53 61	61·45	107·60	95·0	....	0·053	0·0055	51756	
0·8889	0·8955	60·04	67·73	118·70	99·7	....	0·062	0·0056	51757	
0·8742	0·8900	62·36	69·92	122·53	102·3	....	0·445	0·0011	51758	
0·8868	0·9020	57·21	65·01	113·92	98·1	....	0·061	0·0068	51759	

H. J. DAGER, INSPECTEUR.

Densité spécifique de l'échantillon.	Densité spécifique après distillation.	Alcool. En pesanteur.	Alcool. En volume.	Esprit de preuve.	Le réfractomètre marquant 20°C.	Alcool méthylique en pesanteur.	Résidu de l'évaporation.	Cendres.	Numéro de l'échantillon.	Remarques et opinion de l'analyste en chef.
0·8830	0·8381	63·22	70·73	123·95	33·2	63·22	0·025	0·0045	57051	Renferme de l'alcool méthylique. Contraire à la loi.
0·9068	0·9155	51·17	59·01	103·41	93·5	....	0·0;5	0·0066	5705J	
0·8948	0·8994	58·32	66·07	115·80	93·5	..····	0·038	0·0022	57053	
0·8331	0·9025	57·0)	64·80	113·57	93·5	....	0·149	0·0713	57054	
0·9131	0·9200	49·16	58·93	90·86	91·9	....	0·061	0·0033	57055	

H. J. DAGER, INSPECTEUR INTERIMAIRE.

Densité spécifique de l'échantillon.	Densité spécifique après distillation.	Alcool. En pesanteur.	Alcool. En volume.	Esprit de preuve.	Le réfractomètre marquant 20°C.	Alcool méthylique en pesanteur.	Résidu de l'évaporation.	Cendres.	Numéro de l'échantillon.	Remarques et opinion de l'analyste en chef.
0·9649	0·9647	....	......	......	29·7	24·85	0·040	0·0113	57161	Renferme de l'alcool méthylique. Contraire à la loi.
0·8871	0·8867	63·83	71·30	124·94	101·9	......	0·185	0·0038	57162	
0·9057	0·9038	55·50	63·33	111·00	97·5	.. ....	0·132	0·0036	57163	
0·9328	0·9313	44·05	51·68	90·56	85·0	....		0·0015	57164	
0·8792	0·8804	73·77	66·52	129·29	103·4	....	0·041	......	57404	

5 GEORGE V, A. 1915

BULLETIN N° 260—

Date du prélèvement de l'échantillon.	Nature de l'échantillon.	Numéro de l'échantillon.	Nom et adresse du vendeur.	Prix. Quantité.	Prix. Cents.	Nom et adresse du fabricant ou fournisseur tel que communiqué par le vendeur. Fabricant.	Nom et adresse du fabricant ou fournisseur tel que communiqué par le vendeur. Fournisseur.	Rapport de l'inspecteur (ne comporte aucune expression d'opinion).

DISTRICT DE VANCOUVER—

1913.								
5 mars	Eau de Floride.	53426	Ferguson's Drug store, rues Granville et Davie, Vancouver, C.-B.	3 buot.	75	Nat. Drug Co., Vancouver, C.-B.		....
6 "	"	53427	Campbell's. Ltd., rues Hastings et Granville, Vancouver, C.-B.	3 " ..	75	Seely Mfg. Co., Windsor, Ont.		....
6 "	"	53428	Owl Drug Co., rues Dunsmuir et Granville, Vancouver, C.-B.	3 " ..	75	Lanman & Kemp, Montréal.		....
"	"	53429	Vanc. Drug Co., 649 rue Granville, Vancouver, C.-B.	3 " ..	75	Sovereign Perfumes, Ltd., Toronto.		....
7 "	"	53430	Broadway Phar-macy, rues Broadway et Granville, Vancouver, C.-B.	3 " ..	75	H. K. Wampole, Perth, Ont.		....

EAU DE FLORIDE.

Résultats de l'analyse.

| Densité spécifique de l'échantillon. | Densité spécifique après distillation. | Alcool. | | Esprit de preuve. | Le réfractomètre marquant 20° C. | Alcool méthylique en pesanteur. | Résidu de l'évapo- ration. | Cendres. | Numéro de l'échantillon. | Remarques et opinion de l'analyste en chef. |
| | | En pesanteur. | En volume. | | | | | | | |

J. F. POWER, INSPECTEUR.

		p. 100	p. 100	p. 100	°	p. 100	gr.	gr.		
0·8789	0·8893	63·23	69·79	122·31	100·4	......	0·041	0·0038	53426	
0·8841	0·8903	61·79	69·38	121·59	100·0	....	0·158	0·0046	53427	
0·8722	0·8736	69·38	76·35	133·80	105·0	....	0·508	0·0116	53428	
0·9059	0·9048	55·95	63·78	111·79	97·3	....	0·081	0·004	53429	
0·9040	0·9042	56·23	64·04	112·26	97·1	....	0·126	0·006	53430	

APPENDICE D.

BULLETIN N° 261—VINS TONIQUES.

OTTAWA, le 24 juin 1913.

M. WM HIMSWORTH,
Sous-ministre intérimaire du Revenu de l'Intérieur.

MONSIEUR,—J'ai l'honneur de vous apprendre que, le 15 juin 1910, le sous-ministre du Revenu de l'Intérieur a recommandé l'inspection des vins médicamentés, tels que vendus au Canada (*voir* L. 71528), à la suite des renseignements reçus et portant que certains de ces vins contenaient de la cocaïne sans reconnaissance du fait.

On a prescrit un prélèvement de ces vins le 1er septembre 1910 et terminé l'analyse des échantillons. Un rapport des résultats gisait sur mon bureau lors de l'incendie de nos laboratoires, survenu le 4 janvier 1911, et il a été détruit. Parmi les pièces sauvées, nous avons plus tard découvert certaines parties des livres dans lesquels l'analyste avait inscrit ses premières notes. Grâce à ces notes, il a été jugé possible de recouvrer assez de données analytiques pour en justifier la publication. Ceci forme la Partie I du présent rapport.

Le 26 août 1912, vous avez recommandé un plus ample prélèvement (*voir* L. 95872, F. 99147), et, à la suite de cette recommandation, il a été donné, en décembre dernier, instructions d'opérer le prélèvement. Les résultats des opérations faisant suite à ce prélèvement constituent la Partie II du présent rapport.

On comprendra facilement que la somme de travail nécessaire dans ces opérations est très grande; et dans les cas où nos inspecteurs dans différents districts ont transmis des échantillons de la même marque de vin, je n'ai pas jugé justifiable, étant donnée la somme considérable de travail nécessaire dans d'autres catégories d'aliments et de drogues, de soumettre chaque échantillon à l'analyse. Ainsi, il a été transmis dix échantillons du vin connu sous le nom de Saint-Michel dans le prélèvement de 1910; et un échantillon dans le prélèvement de cette année. Sur ces onze échantillons, il n'en a été examiné que quatre sur lesquels il a été adressé des rapports.

Les renseignements contenus dans le présent rapport seront utiles aux médecins et à ceux qui font usage de vins médicamentés. Il serait odieux d'établir une comparaison entre ces articles, qui sont, pour la plupart, sinon tous, dits *proprietary*. Il suffit de dire que tous ces articles ne contiennent quoi que ce soit de nature à nuire à la santé du consommateur qui en fait usage d'une manière intelligente.

La présence de cocaïne n'est pas permise dans les vins médicamentés, ni dans tout médicament depuis l'entrée en vigueur de la Loi concernant les médicaments dits *proprietary* ou les médicaments brevetés (le 1er avril 1909). Il n'a pas été trouvé de cocaïne dans les échantillons mentionnés dans la Partie II.

La Partie I comprend 58 échantillons représentant 29 marques différentes.

La Partie II comprend 40 échantillons représentant apparemment 38 marques différentes.

J'ai l'honneur de recommander la publication du présent rapport à titre de Bulletin n° 261.

J'ai l'honneur d'être, monsieur,
Votre obéissant serviteur,

A. McGILL,
Analyste en chef.

Date du prélèvement de l'échantillon.	Nature de l'échantillon.	Numéro de l'échantillon.	Nom et adresse du vendeur.	Prix. Quantité.	Cents.	Nom et adresse du fabricant ou fournisseur tel que communiqué par le vendeur. Fabricant.	Fournisseur.

DISTRICT DE LA NOUVELLE-ÉCOSSE—

1910.							
17 oct..	Vin tonique..	42145	Nat. Drug & Chem. Co., Halifax, N.-É.	3 bout.	300	Inconnu......	Boivin, Wilson, Montréal.
18 "	" ..	42146	J. St. Clair Coombs, Halifax, N.-É.	3 " ..	300	L. C. Wilson.....	N. D. & C. Co. Halifax, N.-É.
....	" ..	42147	Grace & Gastonguay, Halifax, N.-É.	3 " ..	190	Inconnu	....
....	" ..	42148	Kelley & Glassey, Halifax, N.-É.	3 " ..	300	"	J. M. Douglas, Montréal.

DISTRICT DU NOUVEAU-BRUNSWICK—

12 sept.	Vin tonique .	45334	Nat. Drug & Chem. Co., Ltd., St-Jean, N.-B.	3 bout.	213	....	L. A. Wilson, Montréal.
12 "	" ..	45335	" " ..	3 " ..	250	....	Nat. Drug & Chem. Co., Ltd., Montréal.
15 "	" ..	45336	John O'Regan, St-Jean, N.-B.	3 " ..	213	....	Boivin, Wilson & Co., Montréal.
15 "	" ..	45337	" " ..	3 " ..	238	... ...	Vin de Carmes, Québec.
17 . "	" ..	45338	R. Sullivan & Co., St-Jean, N.-B.	3 " ..	225	....	J. M. Douglas & Co., Montréal.

DISTRICT DE QUÉBEC—

12 sept.	Vin tonique..	36486	Jos. Masson, 808 rue St-Valier, Québec.	3 bout.	225	A. Toussaint & Cie, Québec.	Dr Ed. Morin & Cie, Québec.
12 "	" ..	36487	" " ..	3 " ..	225	Inconnu...... ..	" ..
13 "	" ..	36488	Alphon-e Martineau, 784 rue St-Valier, Québec.	3 " ..	180	"	" ..
13 "	" ..	36489	Arthur Drolet, 714 rue St-Valier, Québec.	3 " .	225	Fournier & Fournier, Ltée., St-Hyacinthe.	Fabricants. .,...
14 "	" ..	36490	W. Brunet & Cie, 139 rue St-Joseph, Québec.	3 " ..	300	Franco - American Chem. Co., Montréal.	" ....

DISTRICT DE MONTRÉAL—

15 sept.	Vin tonique..	40756	Nat. Drug & Chem. Co., Ltd., Montréal.	3 bout.	113	....	....
15 "	" ..	40757	" " ..	3 " ..	225	....	....
27 "	" ..	40758	Hudon & Orsali, rue St-Paul, Montréal.	3 " ..	188	....	....
27 "	" ..	40759	" " ..	3 " ..	200		

VINS TONIQUES—PARTIE I.

Rapport de l'inspecteur (ne comportant aucune expression d'opinion).	Ccs $\frac{N}{10}$ KOH par 100ccs.	Acide tartarique en gms d'acidité par 100ccs.	Réduction de sucre en dextrose.	Solides totaux.	Solides non sucrés	Observations, alcaloïdes, etc.	Numéro de l'échantillon.	Remarques et opinion de l'analyste en chef.
						Résultats de l'analyse.		

R. J. WAUGH, INSPECTEUR.

Vin St-Michel....							42145	
Wilson's Invalid Port Wine.							42146	
Vin des Carmes..	0·63	15·05	18·74	3·69	Principalement de la cinchonine, 133 mgms au litre. Trace de cocaïne.	42147	
Red Heart Tonic Wine.	0·35	17·08	19·37	2·29	Alcaloïdes spécifiquement indéterminés, 58 mgms au litre.	42148	

J. C. FERGUSON, INSPECTEUR.

Wilson's Invalid Port.							45334	
Vin Mariana.....				8·07		Alcaloïdes, 70 mgms au litre. Contient de la cocaïne.	45335	
Vin St-Michel....	0·36	17·55			Alcaloïdes bruts, spécifiquement indéterminés, 45 mgms au litre.	45336	
Vin des Carmes...							45337	
Red Heart.. ...							45338	

F. X. W. E. BÉLAND, INSPECTEUR.

....	0·52	15·70	19·58	3·88	Principalement de la cinchonine, 123 mgms au litre. Pas de cocaïne.	36486	
....							36487	
....	90·33		1·77	4·44	2·67 Quinine au titre de 1·409 gms au litre.]	36488	
....							36489	
....							36490	

J. J. COSTIGAN, INSPECTEUR.

Morin's Wine. Creso phosphate.	0·32	8·58			Alcaloïdes spécifiq. indéterm., 48 mgms au litre. Contient de la créosote.	40756	
Vin St-Michel....							40757	
Vin des Carmes. ..							40758	
Vin St-Martin....	0·68	17·20	21·49	4·29	Principalement de la cinchonine. 187 mgms au litre.	40759	

5 GEORGE V, A. 1915

BULLETIN No 261—

Date du prélèvement de l'échantillon.	Nature de l'échantillon.	Numéro de l'échantillon.	Nom et adresse du vendeur.	Prix.		Nom et adresse du fabricant ou fournisseur tel que communiqué par le vendeur.	
				Quantité.	Cents.	Fabricant.	Fournisseur.

DISTRICT DE MONTRÉAL—

1910.							
27 sept.	Vin tonique..	40760	Hudon & Orsali, rue St-Paul, Montréal.	3 bout.	212		
4 oct.	"	41063	Dr C. P. Verdun, Granby, P.Q.	3 " ..	225		
5 "	"	41064	T. H. Welch, Waterloo, P.Q.	3 " ..	375		
10 "	"	41065	J. H. E. Brodeur, St-Hyacinthe, P.Q.	3 " ..	150		
10 "	"	41066	" "	3 " ..	255		

DISTRICT D'OTTAWA—

23 sept.	Vin tonique..	43094	The Ottawa Nat. Phar., Ltd., Ottawa.	3 bout.	300	Inconnu	Lymans, Ltd., Montréal.
7 "	"	43095	Beattie & Argue, Ottawa.	3 " ..	300	" ...: ..	Nat. Drug & Chem. Co., Ltd., Ottawa.
8 "	"	43096	F. W. Day, Ottawa	3 " ..	300	"	"
28 "	"	43097	D. Bélanger, Hull, P.Q ..	3 " ..	300	"	Inconnu.
28 "	"	43098	Ottawa Drug Co., Ottawa.	3 " ..	150	Dr Ed. Morin & Cie, Québec.	Fabricant.

DISTRICT DE KINGSTON—

4 oct.	Vin tonique	46529	G. W. Mahood, Kingston.	3 bout.	300		
5 "	"	46530	Geo. Thompson, Kingston.	3 " ..	225	H. Kola. Ltd., Toronto.	
5 "	"	46531	E. Beaupré, Kingston ..	3 " ..	300		
5 "	"	46532	R. Lawler, Kingston	3 " ..	375	The Ont. Grape Growing, St. Catharines.	
5 "	"	46533	J. B. McLeod, Kingston .	3 " ..	300	H. K. Wampole, Perth, Ont.	

DISTRICT DE TORÒNTO—

13 sept.	Vin tonique..	47202	The Nat. Drug & Chem. Co., Ltd., Toronto.	3 bout.	200		Boivin, Wilson, Montréal.
13 "	"	47203	G. Tamblyn, 133 rue Yonge, Toronto.	3 " ..	267		Lyman Bros. & Co., Ltd., Toronto.
13 "	"	47204	Hygiene Kola, Ltd., 1383 rue Queen-Ouest, Toronto.	3 " ..	200	Vendeurs ..	
20 "	"	47205	The Nat. Drug & Chem. Co., Ltd., Hamilton.	3 " ..	225	L. A. Wilson, Montreal.	
27 "	"	47206	The T. Eaton Co., Ltd., Toronto.	3 " ..	150	C. Lewis de la T. Eaton Co., Ltd., Toronto.	

DOC. PARLEMENTAIRE No 14

VINS TONIQUES—PARTIE 1—*Suite.*

Rapport de l'inspecteur (ne comportant aucune expression d'opinion).	Ces. ᴺ K O H par 100cs.	Acide tartarique en gms d'acidité par 100cs.	Réduction de sucre en dextrose.	Solides totaux.	Solides non sucrés	Observations, alcaloïdes, etc.	Numéro de l'échantillon.	Remarques et opinion de l'analyste en chef.
Fin.								
Ovonol ...,............							40760	
Vin St.Martin.....							41063	
Vin St-Michel							41064	
Vin Morin........						...:..........	41065	
Vin des Carmes...							41066	

J. A. RICKEY. INSPECTEUR.

Vin Bonaparto Iodo Quinique.		0·77	20·89	28·17	7·28	Quinine, 206 mgms au litre.	43094	
Carter's Aromatic Quinine Wine.	3·57	....	7·15	8·85	1·70	Quinine au titre de 0·275 gms au litre.	430s5	
Vin St-Michel....							43096	
Vin des Carmes...							43097	
Vin Morin........							43098	

JAS. HOGAN, INSPECTEUR.-

Wilson's Invalid Port.							46529	
							46530	
Vinho do Porto...		0·50	10·01	12·30	2·29		46531	
.. ..		0·68	16·92	19·55	2·63	Acide volatile, 0·08 p.c..	46532	
....		0 74	13·29	16·52	3·23	Extrait au moyen du chloroforme donne réaction de caféine.	46533	

H. J. DAGER, INSPECTEUR.

Vin St-Michel....							47202	
Vin Mariana a la Coca du Pe·u.						Alcaloïdes, 74 mgms au litre. Contient de la cocaïne.	47203	
Kola Tonic Wine. Kola Celery and Pepsin.							47204	
Wilson's Invalid Port.							47205	
Lewis Quinine Wine.	78·1					4·90	Quinine au titre de 1 778 gms au litre.	47206	

60 REVENUS DE L'INTERIEUR

5 GEORGE V, A. 1915

BULLETIN N° 261—

Date du prélèvement de l'échantillon.	Nature de l'échantillon.	Numéro de l'échantillon.	Nom et adresse du vendeur.	Prix.		Nom et adresse du fabricant ou fournisseur tel que communiqué par le vendeur.	
				Quantité.	Cents.	Fabricant.	Fournisseur.

DISTRICT DE MANITOBA—

1910.							
14 nov.	Vin tonique..	45804	Anderson's Drug Store, Winnipeg.	3 bout.	300	Inconnu......	Inconnu........
14 "	" ..	45805	The Public Drug Co., Winnipeg.	3 " ..	300	L. A. Wilson, Montréal.	The 'Nat. Drug. Co., Winnipeg.
14 "	" ..	45806	The Gordon Mitchell Drug Co., Winnipeg.	3 " ..	300	Inconnu........	Vendeurs.......
14 "	" ..	45807	Harrison Bros'., Winnipeg.	3 " ..	150	The Hygienic Kola Co., Winnipeg.	" ......
14 "	" ..	45808	" " ..	3 " ..	150	The Martin Bole Wynn Co., Winnipeg.	" ....

DISTRICT DE CALGARY—

22 sept	Vin tonique..	43929	The Nat. Drug & Chem. Co., Calgary.	3 bout.	300	....	Boivin, Wilson, Montréal.
22 "	" ..	43930	The Great West Liq. Co., Ltd., Calgary	3 " ..	300	L. A. Wilson, Montréal.	..
22 "	" ..	43931	James Findlay Drug Co., Calgary.	3 " ..	300	Lyman Sons & Co., Montréal.	.
22 "	" ..	43932	The Hudson's Bay Co., Calgary.	3 " ..	300	Mariana, 41 Bd. Hausmann, Paris	....
22 "	" ..	43933	Calgary Wine & Spirit Co., Calgary.	3 " ..	300	....	S. B. Townsend & Co., Montréal.

DISTRICT DE VANCOUVER—

5 oct.	Vin tonique.	38004	Le Patrourel & McRae, Vanc., C.-B.	3 bout.	375	L. A. Wilson, Montréal.	.. ....
5 "	" ..	38005	Gold Seal Liquor Co., Vanc., C.-B.	3 " ..	450	....	W. A. Gilby. Expédié du Portugal.
5 "	" .	38006	Georgia Pharmacy, Vanc., C.-B.	3 " .	300	Ont. Grape Growers' Association.	....
5 "	" ..	38007	W. M. Harrison, Vanc., C.-B.	3 " ..	300	Northrop & Lyman'.	....
5 "	" ..	38008	W. E. Lay, rues Davie et Granville, Vanc., C.-B.	3 " ..	150	Hudson's Bay Co.	....

VINS TONIQUES—PARTIE I—*Suite.*

Rapport de l'inspecteur (ne comportant aucune expression d'opinion).	Ccs. x KOH par 100ccs.	Acide tartarique en gms d'acidité par 100ccs.	Réduction de sucre en dextrose.	Solides totaux.	Solides non sucrés.	Observations, alcaloïdes, etc.	Numéro de l'échantillon.	Observations et opinion de l'analyste en chef.
						Résultats de l'analyse.		

A. C. LARIVIÈRE, INSPECTEUR.

Vin St-Michel.....							45804	
Wilson's Invalid Port Wine.							45805	
Vin St-Michel.....							45806	
Kola Tonic Wine..	62·9	....	10·73	14·35	3·62	Acide salicylique, 0 0733 gms par 100ccs, donne réaction de caféine, indiquant kola.	45807	
Murray's Orange Quinine Wine.	38·7	......	3·60	7·01	3·41	Quinine au titre de 0·713 gms au litre.	45808	

R. W. FLETCHER, INSPECTEUR.

Vin St-Michel.....	......	0·30	17·80	.....	.....		43929	
Wilson's Invalid Port Wine.	....	......	......	.....	.....		43930	
Lyman's Quinine Wine.	129·9	.....	14 00	18·24	4 15	Quinine au titre de 1·490 gms au litre.	43931	
Vin Tonique Mariana.	......	0 49	6·19 après inversion.	8·17	......	Sucre de canne, 0·52 %, alcaloïdes, 70 mgms au litre. Contient de la cocaïne.	43932	
Vin St-Michel.....	......	.. ..	17·13	....		Caramel en quantité considérable dans tous les échantillons de Vin St-Michel.	43933	

J. F. POWER, INSPECTEUR.

....	......	0·47	10·92	....	......	Alcaloïdes specifiquement indéterminés, 45 mgms au litre.	38004	
.. ..	......	0·37	8 55	10·51	1 96	Alcaloïdes spécifiquement indéterminés, 20 mgms au litre.	38005	
....	....	0·81	19·30	22·41	3·11	Acide volatile, 0·06 p.c., alcaloïdes par crystallisation, 102 mgms au litre, principalement de la quinine. Quinine au titre de = 89·6 mgms.	38006	
....	41·61	......	2·88	4·13	1 25	Quinine au titre de 0 178 gms au litre.	38007	
....	......	0·76	15·83	18·69	2·86	Acide volatile, 0 16 p.c ..	38008	

5 GEORGE V, A. 1915

BULLETIN N° 261—

Date du prélèvement de l'échantillon.	Nature de l'échantillon.	Numéro de l'échantillon.	Nom et adresse du vendeur.	Prix.		Nom et adresse du fabricant et fournisseur tel que communiqué par le vendeur.	
				Quantité.	Cent.	Fabricant.	Fournisseur.

DISTRICT DE VICTORIA—

1910.							
Oct. 20	Vin tonique ..	44995	John Cochrane, Victoria, C.-B.	3 bou.	300	Lyman's, L t d., Montréal.	....
„ 20	„ ..	44996	Hall & Co., Victoria, C.-B.	3 „ ..	300	F. Stearns & Co., Windsor, Ont.	....
„ 20	„ ..	44997	F. J. Williams, Victoria, C.-B. .	3 „ ..	300	Nat. Drug & Chem. Co., Victoria, B.-C.	... ...
„ 24	„ ..	44998	Nat. Drug & Chem. Co., Victoria, C.-B.	3 „ ..	300	Nat. Drug & Chem. Co., Montréal.	....
„ 24	„ ..	41999	Dean & Hiscocks, Victoria, C.-B.	3 „ ..	300	....	Houde & Co., Vancouver.

VINS TONIQUES—PARTIE I—*Fin.*

Rapport de l'inspecteur (ne comportant aucune expression d'opinion).	Ccs. N KOH par 100ccs.	Acide tartarique en gms d'acidité par 100ccs.	Réduction de sucre en dextrose.	Solides totaux.	Solides non sucrés.	Observations, alcaloïdes, etc.	Numéro de l'échantillon.	Remarques et opinion de l'analyste en chef.
						Résultats de l'analyse.		

D. O'SULLIVAN, INSPECTEUR.

	Ccs. N KOH par 100ccs.	Acide tartarique en gms d'acidité par 100ccs.	Réduction de sucre en dextrose.	Solides totaux.	Solides non sucrés.	Observations, alcaloïdes, etc.	Numéro de l'échantillon.
Vin De Veal..........		0·92	17·89	22·96	5·07	Alcaloïdes spécifiquement indéterminés, 44 mgms au litre.	44995
Vin de Stearns....		0·58	7·53	11·65	4·12	Alcaloïdes spécifiquement indéterminés, 46 mgms au litre.	44996
Wilson's Invalid Port.							44997
Quinine Wine.....	40·6		1·17	2·30	1·13	Quinine au titre de 0·405 gms au litre.	44998
Kemp's Invalid Port.		0·33	6·82	8·66	1·84		44999

Date du prélèvement de l'échantillon.	Nature de l'échantillon.	Numéro de l'échantillon.	Nom et adresse du vendeur.	Prix. Quantité.	Prix. Cents.	Fabricant.	Fournisseur.	Rapport de l'inspecteur (ne comportant aucune expression d'opinion).

DISTRICT DE MONTRÉAL—

1912.								
20 déc.	Vin tonique.	51031	Hudson, Hébert & Cie, Ltd., rue St-Sulpice, Montréal.	3 bou.	213			Vin St-Michel.
20 "	"	51032	"	3 "	175			Vin Phosphat au quinquine La Trapp.
20 "	"	51033	"	3 "	175			Vin desCarmes
20 "	"	51034	"	3 "	175			Campbell's Quinine Wine.
20 "	"	51035	J. H. Goyer, 1759 St-Laurent B, Montréal.	3 "	197	Rex Chem. Co.		Rex Quinine Wine.
23 "	"	51036	Hudon & Orsali, rue St-Paul, Montréal.	3 "	188			Vin St-Martin.
23 "	"	51037	"	3 "	250			Dubonnet ....
23 "	"	51038	"	3 "	250			Byrrh........
23 "	"	51039	Lymans, Ltd., rue St-Paul, Montréal.	3 "	150	Vendeurs		Lyman's Quinine Wine.
23 "	"	51040	"	3 "	213	H. K. W. Co., Ltd.		Wampole's Digestive Kola Wine.
26 "	"	51041	The Nat. Drug & Chem. Co., Ltd., Montréal.	3 "	138	Vendeurs		Na-Drug-Co. Quinine Wine.
26 "	"	51042	"	3 "	225	L. A. Wilson, Montréal.		Wilson's Invalid Port.
26 "	"	51043	"	3 "	150	Vendeurs		Carter's Quinine Wine.
27 "	"	51044	John J. Weinfeld, rue Bleury, Montréal.	3 "	275			St. David's Invalid Port.
27 "	"	51045	Elp. Ethier, 933 Notre-Dame-Est, Montréal.	3 "	255	F. L. Wooley, Montréal.		Imperial Quinine Wine.
27 "	"	51046	"	3 "	300	Universal Drug Co.		Vin Ste-Célestine.
1913.								
5 fév.	"	51047	The Chapman Dart Co., rue Craig-Est, Montréal.	3 "	150	Vendeurs		Wattson's Tonic Wine.

DOC. PARLEMENTAIRE No 14

VINS TONIQUES—PARTIE II.

'Résultats de l'analyse.

J. J. COSTIGAN, INSPECTEUR

Acidité en gms d'acide tartarique par 100ccs.	Alcool pour-cent par volume.	Calc. extrait de sp. gr. gms. par 100ccs.	Réduct. de sucre en gms de dextrose par 100ccs.	Sucre de canne.	Solides, non sucrés	Quinine en grammes par litre.	Quinine au titre.	Observations, alcaloïdes, etc.	Numéro de l'échantillon.	Observations et opinion de l'analyste en chef.
0·41	14·84	18·68	15·71	0·71	2·75			Alcaloïdes bruts, 6 mgms au litre, fortement coloré au moyen de caramel.	51031	
0·99	13·62	17·43	14·24	...	3·19	0·066	....	Cinchonine 77·3 mgms au litre. Faible quantité de caféine et de teinture anilique.	51032	
0·50	11·75	22·25	13·45	6·94	1·84				51033	
0·37	16·52	3·02	1·60	..	1·42	1·269	1·232		51034	
0·58	16·33	4·16	2·00		2·16	0·106			51035	
0·66	11·52	21·40	18·03		3·37	..		Cinchonine, princip. de la quinine 153·5. Porte un timbre du Revenu de l'Intérieur antérieur à avril 1909.	51036	
0·43	17·86	20·05	18·77		1·28	...	....	Principal. de la cinchonidine, 93·5 mgms au litre.	51037	
0·44	20·20	13·91	12·04		1·87	...	....	Cinchonine, 21·7 mgms au litre.	51038	
0·81	18·03	12·35	9·59	....	2·76	1·500	13·93		51039	
0·67	15·14	21·66	18·02		3·64		..	Caféine, environ 0·75 gms au litre.	51040	
0·28	16·70	1·50	0·52		0·98	0·447	0·445		51041	
...	...								51042	
0·36	16·33	6·88	3·27	2·66	0·95	0·756	0·729		51043	
0·62	15·86	16·39	13·95	...	2·44				51044	
0·48	15·77	13·31	5·00	5·46	2·85	0·979	0·955		51045	
0·51	15·68	10·92	8·12		2·80			Cinchonine, 24·3 mgms au litre. Contient une teinture anilique.	51046	
0·55	13·90	12·30	3·17	6·19	2·94			Cinchonine, surtout de la cinchonidine 458·7 mgms au litre. Contient une teinture anilique.	51047	

5 GEORGE V, A. 1915

BULLETIN N° 261—

Date du prélèvement de l'échantillon.	Nature de l'échantillon.	Numéro de l'échantillon.	Nom et adresse du vendeur.	Prix. Quantité.	Cents.	Nom et adresse du fabricant ou fournisseur, tel que communiqué par le vendeur. Fabricant.	Fournisseur.	Rapport de l'inspecteur (ne comportant aucune expression d'opinion).

DISTRICT DE MONTRÉAL—

1913.								
6 fév.	Vin tonique.	51048	Lanctôt & Brault, Blvd St-Laurent, Montréal.	3 bou.		300	Henri Lanctôt, Montréal.	Vin de Quiniquina.
6 "	"	51049	"	3 " ..		375	Burroughs, Wellcome & Co., Londres, Ang.	Vance Tonic Wine.
6 "	"	51050	A. Lefaivre, 337 Ontario-E., Montréal.	3 " ..		200	Vendeur.	Kina Lefaivre.

DISTRICT DE TORONTO—

8 janv.	Vin tonique.	51533	Liggetts Ltd, 224 Yonge St., Toronto.	3 bou.		300	United DrugCo., Ltd., Toronto.	Rexall Wine of Cod Liver Extract, containing 24% alcohol.
8 "	"	51534	The T. Eaton Drug Co., Ltd., Toronto.	3 " ..		100	Vendeurs.	Lewis Quinine Wine.
8 "	"	51536	The United Drug Co., Ltd., Lake St., Toronto.	3 " ..		103	" *	Rexall Celery and Iron Tonic.
8 "	"	51537	The Turner Co., Ltd., 106 Front St. east, Toronto.	3 " ..		150	"	Turner's Invalid Port.
8 "	"	51538	Hygiene Kola Co., Ltd., 12 Agnes St., Toronto.	3 " ..		225	"	Hygiene, Kola, Celery and Pepsin.
.9 "	"	51539	The Chemists Co. of Canada, Ltd., 92 Sherbourne St., Toronto.	3 " ..		155	"	Ontario Chemists Quinine Wine.
9 "	"	51542	The T. A. Lytle Co., Ltd., Sterling Road, Toronto.	3 " ..		125	"	Lytle's Medicated Invalid Port.
9 "	"	51543	J. P. Taylor, 1487 rue Queen-Ouest, Toronto.	3 " ..		300		E. G. West & Co., Toronto.	" Diamond Brand Invalids' Port' Wine à la quinia du Peroo.

DOC. PARLEMENTAIRE No 14

VINS TONIQUES—PARTIE II—*Suite.*

			Résultats de l'analyse.							
Acidité en gms d'acide tartarique par 100ccs.	Alcool pour-cent par volume.	Calc. extrait d'esp. gr. gms par 100 ccs.	Réduct. de sucre en gms de dextrose par 100ccs.	Sucre de canne.	Solides, non sucrés.	Quinine en grammes par litre.	Quinine en titre.	Observations, alcaloïdes, etc.	Numéro de l'échantillon.	Observations et opinion de l'analyste en chef.
Fin.										
0·60	13·43	16·18	10·13	......	6·05	0·355	....	Une grande proportion de cinchonidine.	51048	
3·30	20·06	24·14	19·84	......	4·30	......	....	Quinine et cinchonidine, 190 mgms au litre.	51049	
0·70	13·15	12·87	10·16	......	2·71		....	Quinine 22·6 mgms au litre.	51050	

H. J. DAGER, INSPECTEUR.

0·55	23·10	13·31	7·51	2·21	3·49		....	Pas d'alcaloïdes.......	51533	
0·41	8·45	24·91	14·67	7·80	2·44	1·624	1·587		51534	
0·38	18·16	17·12	11·46	0·40	5·26			Pas d'alcaloïdes. Cendre =0·330gms par 100ccs. Fer=0·018 gms par 100ccs. Fe₂ O₃.	51536	
0·72	12·96	13·49	11·02	. ,...	2·47		....	Cinchonine, environ 15 mgms par litre. Cont. de l'acide salicylique et une teint. anilique.	51537	
0·50	2·50	17·20	8·75	5·45	3·00			Caféine, environ 75 mgms présence d'extrait de céleri, coloré au moyen de caramel. Contient une grande quantité d'acide salicylique.	51538	
0·88	14·84	10·37	7·12	0·46	2·79	0·608	0·567	......	51539	
0·67	9·13	19·86	15·95	1·22	2·69			Cinchonine principalement de la quinine, 43 mgms au litre. Cont. de l'acide benzoïque et une teint. anilique.	51542	
0·92	9·54	18·35	15·77	......	2·58		....	Une grande quantité d'acide salicylique et une teinture anilique. Trace d'alcaloïdes.	51543	

5 GEORGE V, A. 1915

BULLETIN N° 261—

Date du prélèvement de l'échantillon.	Nature de l'échantillon.	Numéro de l'échantillon.	Nom et adresse du vendeur.	Prix.		Nom et adresse du fabricant ou fournisseur tel que communiqué par le vendeur.		Rapport de l'inspecteur (ne comportant aucune expression d'opinion).
				Quantité.	Cents.	Fabricant.	Fournisseur.	

DISTRICT DE TORONTO—

1913.								
9 janv..	Vin tonique.	51544	Canadian Wine Co., 887 rue Queen-Ouest,Toronto.	3bout.	165	Vendeurs	....	Invalids' Fine Old Port Wine.
11 "	"	51548	T. F. Carey, 84 rueQueen-Ouest, Toronto.	3 " ..	210	....	Inconnu......	Royal Crest Port Wine.
14 "	"	51586	G. Tamblyn, 1574 rue Dundas-Ouest, Toronto.	3 " ..	255	... .	Vendeur......	Wilson's Invalid Port.

VINS - TONIQUES—PARTIE II—*Suite.*

Acidité en gms d'acide tartarique par 100cs.	Alcool pour-cent par volume.	Calc. extrait de sp. gr. gms par 100 ccs.	Réduct. de sucre en gms de dextrose par 100ccs.	Sucre de canne.	Solides, non sucrés.	Quinine en grammes au litre.	Quinine au red	Observations, alcaloïdes, etc.	Numéro de l'échantillon.	Observations et opinion de l'analyste en chef.
				Résultats de l'analyse.						
Fin.										
0·74	11·87	17·58	15·55	......	2·03	......	......	Contient de l'acide salicylique et une teinture anilique.	51544	
0·71	10·38	15·48	13·17	......	2·31	......	......	Grande quantité d'acide salicylique et une teinture anilique.	51548	
0·63	15·12	11·86	9·25	......	2·61	......	......	Alcaloïdes, 13 mgms au litre. Donne réaction de quinine.	51586	

5 GEORGE V, A. 1915

BULLETIN N° 261—

Date du prélèvement de l'échantillon.	Nature de l'échantillon.	Numéro de l'échantillon.	Nom et adresse du vendeur.	Prix.		Nom et adresse du fabricant ou fournisseur, tel que communiqué par le vendeur.		Rapport de l'inspecteur, (ne comportant aucune expression d'opinion).
				Quantité.	Cents.	Fabricant.	Fournisseur.	

DISTRICT DE TORONTO—

1913.								
7 jan.	Vin tonique.	51531	The Nat. Drug & Chem. Co., Ltd., Toronto.	3 bou.	150	Vendeurs		Na - Drug - Co. Beef, Iron and Wine.
8 "	"	51532	G. Tamblyn, 232½ Yonge St., Toronto.	3 "	100	Vendeur		Tamblyn's Beef, Iron and Wine.
8 "	"	52535	The United Drug Co., Ltd., Lake St., Toronto.	3 "	100	Vendeurs		Predigested Beef, Iron and Wine.
9 "	"	51540	The Druggists' Corporation, 82 Church St., Toronto.	3 "	85	"		Beef, Iron and Wine.
9 "	"	51541	F. E. Karn Co., Ltd., Queen & Victoria Sts., Toronto.	3 "	75	"		" ..
10 "	"	51545	T. P. Hartley, 411½ Parliament St., Toronto.	3 "	90		Toronto Phar. Co., Ltd., Toronto.	" ..
10 "	"	51546	H. O. Wilson, 374 Queen St., ouest, Toronto.	3 "	200	Toronto Phar. Co., Ltd., Toronto.		" ..
11 "	"	51547	The Robt. Simpson Co., Ltd., Yonge & Queen Sts., Toronto.	3 "	120	Vendeurs		Morden's Beef, Iron and Wine.
14 "	"	51549	F. Merck, Danforth Ave. & Main Sts., est, Toronto.	3 "	150	H. K. Wampole, Perth, Ont.		Beef, Iron and Wine.

DOC. PARLEMENTAIRE No 14

VINS TONIQUES—PARTIE II—*Fin.*

			Résultats de l'analyse.							
Acidité en gms d'acide tartarique par 100ccs.	Alcool pour-cent, par volume.	Cal. extrait de sp. gr. gms p.100ccs.	Déduction de sucre en gms de dextrose par 100ccs.	Sucre de canne.	Solides, non sucrés.	Cendres, totaux.	Fer de $Fe_2 O_3$.	Nitrogène, totaux.	Numéro de l'échantillon.	Observations et opinion de l'analyste en chef.

H. J. DAGER, INSPECTEUR.

0·40	16·24	18·43	13·31	0·90	4·22	0·435	0·143	0·022	51531	
0·58	14·18	12·20	9·00	....	3·20	0·239	0·007	0·020	51532	
0·93	24·78	22·59	7·87	6·75	7·97	1·557	0·237	0·294	51535	
0·42	12·58	13·92	6·87	1·38	5·67	0·701	0·064	0·084	51540	
0·72	9·95	18·08	13·90	....	4·18	0·361	0·206	0·034	51541	
0·15	17·70	9·57	1·67	5·83	2·07	0·205	0·147	0·066	51545	
0·16	17·26	9·08	2·23	4·72	2·13	0·204	0·143	0·058	51546	
0·54	14·74	13·38	7·30	....	6·08	0·597	0·206	0·248	51547	
0·54	15·68	19·81	16·50	....	3·31	0·252	0·113	0·034	51549	

5 GEORGE V, A. 1915

APPENDICE E.

BULLETIN N° 262—JUS DE LIMON.

OTTAWA, le 12 juillet 1913.

M. Wm HIMSWORTH,
  Sous-ministre suppléant,
    Revenu de l'Intérieur.

MONSIEUR,—Dans les bulletins n° 83 (décembre 1902) et n° 197 (janvier 1910), on a fait un rapport de l'examen du jus de limon, qui avait pour objet de définir exactement cet article, sous l'article 26 de la Loi de la falsification. Cette définition est devenue loi en février 1911, par un arrêté en conseil de cette date, et est publiée, dans la circulaire G. 947, par ce département. L'arrêté en conseil, ici mentionné, traite du sujet général des breuvages. Quant au jus de limon en particulier, il contient les ingrédients suivants:—

5. LE JUS DE LIMON, JUS DU FRUIT DU LIMONIER, est le jus du limon frais obtenu du fruit du limonier (*Citrus limetta*); à un poids specifique à 20°C. d'au moins 1·030 et d'au plus 1·040, et contient au moins dix (10) pour cent de solides et au moins sept (7) pour cent d'acide citrique libre. Son activité optique (pouvoir rotatoire à la lumière polarisée) varie entre les limites + 0°5 et — 0°5 de l'échelle Soleil-Ventzke, observée dans une colonne de 200 mm. de longueur, à 20°C.

Cinq échantillons seulement, des 30 dont on a fait rapport, ont été trouvés conformes aux exigences de la loi. Au nombre des autres, quelques-uns y sont un peu moins conformes, mais au moins trente pour cent des échantillons analysés ont démontré une forte addition d'eau, ou ont donné preuve d'un second pressage du fruit (Nachpresse), ce qui revient au même résultat. Bien que l'on y ait introduit aucune substance dangereuse, il est injuste envers le consommateur, et le fabricant honnête, qu'un jus quelconque affaibli par l'eau soit placé sur le marché, surtout quand on l'annonce pur. Si on rendait compte, sur l'étiquette, de la présence de l'eau dans un tel article de commerce, le danger serait moins grand, et l'article 24 de la loi prévoit ces cas.

J'ai l'honneur de recommander la publication de ce rapport, plutôt dans le but d'attirer l'attention du public sur le sujet, que d'en faire une matière de poursuite. Ce rapport traite d'un examen très limité, mais donne le résultat du premier examen de cet article de commerce depuis sa définition légale.

DOC. PARLEMENTAIRE No 14

Prochainement on s'occupera d'amasser une collection considérable d'échantillons, en vue de mettre à exécution les exigences de la loi.

J'ai l'honneur de recommander la publication de ce rapport sous le titre de bulletin n° 262.

Je suis, monsieur,

. Votre tout dévoué,

A. McGILL,

Analyste en chef.

Date du prélèvement de l'échantillon.	Nature de l'échantillon.	Numéro de l'échantillon.	Nom et adresse du vendeur.	Prix.		Nom et adresse du fabricant ou du fournisseur, tel que communiqué par le vendeur.	
				Quantité.	Cents.	Fabricant.	Fournisseur.

DISTRICT DE MONTRÉAL—

1912.							
20 déc.	Jus de limoon ..	51051	Laporte, Martin Cie, Ltd., rue St-Paul, Montréal.	3 bou.		70	Dalton B r o s ., ... Toronto.
20 "	"	51052	" " ..	3 "	..	94	....
20 "	"	51053	" " ..	3 "	..	40	T. A. Lytle Co., ... Ltd.
20 "	"	51054	H. E. Archambault, 78 Notre-Dame-Est, Montréal.	3 "	..	75	....
20 "	"	51055	J. H. Goyer, 179 B. St-Laurent, Montréal.	3 "	..	75	N. D. & C. Co., ... Co., Ltd.
21 "	"	51056	M. Albert, B. St. Laurent, Montréal.	3 "	..	75	Rose Co., Ltd., ... London.
23 "	"	51057	Lymans, Ltd., rue St-Paul, Montréal.	3 "	..	45	Vendeurs.....................
26 "	"	5 8	Nat. Drug & Chem. Co., Ltd., rue St - Gabriel, Montréal.	3 "	..	56	" ....
26 "	"	51059	" " ..	3 "	..	69	" ....
26 "	"	51060	L. McEwen Co., Ltd., rue St-Urbain, Montréal.	3 "	..	63	Embouteillé par .... les vendeurs.
26 "	"	51061	E. P. Dame, rue Bleury, Montréal.	3 "	..	75	....
1913.							
4 fév.	" ...	51062	I. Gougeon, rue Dorchester-Ouest, Montréal.	3 "	..	60	Sutcliffe, Bingham, L t d ., Manchester.

DISTRICT DE TORONTO—

1912.							
19 déc.	Jus..........	51551	The T. A. Lytle Co., Ltd., Sterling Road, Toronto.	3 bou.		24	Vendeurs.......
20 "	" ..	51552	Fred Coward, 402 Spadina Ave., Toronto.	3 "	..	60	.... Cordellio Fruit Co., Toronto.
20 "	" ..	51553	R. Lawson, 350 Spadina Ave., Toronto.	3 "	..	75	.... Non connu.
23 "	" ..	51554	The Nat. Drug & Chem. Co., Ltd., 27-29 rue Wellington, Toronto.	3 "	..	75	Vendeurs.......
23 "	" ..	51555	Dalton Bros., 11 rue Front-Est, Toronto.	3 "	..	30	" ....
23 "	" ..	51556	E. G. West & Co., 11 rue George, Toronto.	3 "	..	56	" ....

JUS DE LIMON.

Rapport de l'inspecteur (ne comportant aucune expression d'opinion).	Gr. sp. du jus.	Matière solide total.	Acidité cc. KOH N	Acidité en acide citrique.	Pouvoir rotatoire. (2 dm.)	Préservatifs.	Numéro de l'échantillon.	Observations et opinion de l'analyste en chef.
			p. c.	p. c.				
....	1·033	7·9	92	6·5	- 0·5	Acide benzoïque.	51051	Au-dessous de l'étalon en solides et en acide citrique.
"Montserrat"....	1·035	10·0	117	8·19	- 0·2	....	51052	Pur.
"Sterling".......	1·025	6·0	74	5·2	....	....	51053	Au-dessous de l'étalon en solides et en acide citrique et en densité. Falsifié dans des limites légales.
"Olympia"......	1·034	8·7	102	7·2	- 0·4	Acide benzoïque.	51054	Au-dess. de l'étal. en solides.
"Sovereign"......	1·030	6·9	96	6·72	- 0·2	''	51055	Au-dess. de l'étal. en solides. Fals. dans les lim. légales.
"Rose".........	1·035	8·4	111	7·77	+ 0·3	''	51056	Au-dess. de l'étal. en solides.
"Dominica"....	1·034	10·0	114	7·98	- 0·3	''	51057	Pur.
"Olympia"......	1·024	7·8	102	7·20	.....	''	51058	Au-dess. de l'étal. en solides.
"Sovereign".....	1·031	7·2	95	6·65	- 0·2	''	51059	Au-dess. de l'étal. en solides. Fals. dans les lim. légales.
....	1·017	3·6	54	3·78	......	Acide salicylique	51060	Réduit en pureté par l'eau. Fals. dans les lim. légales.
Jus de limon "Sterling"	1·030	6·4	82	5·81	+ 0·3	- ''	51061	Au-dess. de l'étalon en solides et en acide citrique. Fals. dans les limites légales.
"Kkovah" Brand.	1·025	6·1	79	5·53	- 0·4	''	51062	Au-dess. de l'étalon en solides et en acide citrique. Fals. dans les limites légales.

J. J. COSTIGAN, INSPECTEUR.

H. J. DAGER, INSPECTEUR.

Rapport	Gr. sp. du jus.	Matière solide total.	Acidité cc. KOH N	Acidité en acide citrique.	Pouvoir rotatoire.	Préservatifs.	Numéro	Observations
"Sterling".......	1·027	6·6	82	5·74	.....	....	51551	Au-dess. de l'étalon en solides et en acide citrique. Fals. dans les limites légales.
'Standard".....	1·026	7·1	50	3·50	......	Acide salicylique	51552	Au-dess. de l'étal. en solid. et en acide citrique; est color. Falc. dans les limites légales
Jus de limon "Olympia"	1·032	8·5	100	7·00	......	Acide benzoïque.	51553	Au-dess. de l'étal. en solides.
Jus de limon 'Sovereign"	1·030	10·0	98	6·86	- 0·2	''	51554	Pur.
Jus de limon "D.B. East India"	1·027	6·2	81	5·67	.....	''	51555	Au-dess. de l'étal. en solides et en acide citrique. Fals. dans les limites légales.
Non-alcooliq. Les vendeurs ne connaissaient pas l'étalon de pur. p. le jus de limon jusqu'à récemment.	1·020	5·1	65	4·55	......	Acide salicylique	51556	''	''

Date du prélèvement de l'échantillon.	Nature de l'échantillon.	Numéro de l'échantillon.	Nom et adresse du vendeur.	Prix. Quantité.	Cents.	Nom et adresse du fabricant ou fournisseur, tel que communiqué par le vendeur. Fabricant.	Fournisseur.
						DISTRICT DE TORONTO —	
1912.							
¯23 déc.	Jus de limon...	51557	T. E. Robinson, 1098 Queen St. west, Toronto.	3 bou.	75	.... Inconnu.	
24 ″	″	51558	The J. F. Taylor Pharmacal Co., Ltd., 355½ Yonge St., Toronto.	3 ″ ..	75	Vendeurs	....
1913.							
7 janv.	″	51559	The Lyman Bros. Co., Ltd., 71 Front St. east, Toronto.	3 ″ ..	90	.... Nat. Drug and Chem. Co., Ltd., Toronto.	
″	″	51560	The T. Eaton Drug Co., Ltd., 190 Yonge St., Toronto.	3 ″ ..	50	Vendeurs......	....
″	″	51561	Drug Trading Co., Ltd., 6-8 Ontario St., Toronto.	3 ″ ..	52	....	Maclure & Langley, Ltd., Toronto.
10 ″	″	51562	F. H. Page, 186 Carleton St., Toronto.	3 ″ ..	75	....	Drug Trading Co., Ltd., Toronto
10 ″	″	51563	Estate of J. R. Lee, Queen and Seaton St., Toronto.	3 ″ ..	75	.... Inconnu........	
10 ″	″	51564	Breen Drug Co., 216 Queen St. east, Toronto.	3 ″ ..	75	.... Lyman Bros.Co., Ltd., Toronto.	
10 ″	″	51565	M. E. Bush, 304 College St., Toronto.	3 ″ ..	75	.... Holbrook, Ltd., Toronto.	
10 ″	″	51566	J. F. Cleary, 409 College St., Toronto.	3 ″ ..	75	.... Inconnu......	
10 ″	″	51567	W. Parkhill, 674 Queen St. west, Toronto.	3 ″ ..	75	.... Dalton Bros., Toronto.	
11 ″	″	51568	W. Greaors, 593 College St., Toronto.	3 ″ ..	75	... . Nat. Drug. an Chem. Co., Ltd., Toronto.	
17 avril.	Jus de l'orange..	57165	St. Kitts Bottling Works, John Gallagher, Prop., 35 Centre St., St. Catharines.	3 ″ ..	25	Vendeurs........	....

Rapport de l'inspecteur (ne comportant aucune expression d'opinion).	Gr. sp. du jus.	Matière solide totale.	Acidité oc. $\frac{KOH}{N}$	Acidité en acide citrique.	Pouvoir rotatoire. (2 dm).	Préservatifs.	Numéro de l'échal on.	Observations et opinion de l'analyste en chef.
				Résultats de l'analyse.				

H. J. DAGER, INSPECTEUR.—Fin.

	p.		p. c.					
Ils relèvent du marché le produit actuel et en introduisent un nouveau conforme à la loi.								
Jus de limon 'Rose' préparé de l'Inde occidentale.	1·035	9·0	110	7·70	+ 0·3	Acide benzoïque.	51557	Près de l'étalon.
Jus de limon 'Crystal' pur et clarifié prov. de l'Inde oc.	1·026	6·6	75	5·25	+ 0·1	Acide salicylique	51558	Au-dessous de l'étalon en solides et en acide citrique. Falsifié.
'Montserat,' garanti pur. Evans Sons, Lescher & Webb, Liverpool.	1·036	10·1	118	8·26	– 0·2	....	51559	Pur.
'Eaton's.' Pur...	1·031	8·7	98	6·86	+ 0·5	Acide salicylique	51560	Près de l'étalon.
'Kovak.' Jus de limon. Sutcliffe & Bingham, Ltd., Manchester.	1·026	6·6	88	6·16	....	" ..	51561	Au-dessous de l'étalon en solides et en acide citrique. Falsifié.
Stower, jus de limon, pur. Ne contient pas d'alcool. Alex. Riddle & Co., Ltd., London.	1·030	8·0	93	6·51	+ 0·5	" ..	51562	"
Jus de limon, pur..	1·031	8·7	100	7·00	......	Acide benzoïque.	51563	Près de l'étalon.
Jus de limon pur, de la Jamaïque.	1·035	9·8	113	7·91	+ 0·1	....	51564	Pur.
Ross's. Jus de limon préparé de l'Inde occident. L. Ross & Co., Ltd., Londres, Leith et Indes occidentales.	1·035	9·0	110	7·70	+ 0·3	Acide benzoïque.	51565	Près de l'étalon.
Rowat & Co., mfrs., Glasgow.	1·024	6·1	77	5·39	...	....	51566	Au-dessous de l'étalon en solides et en acide citrique. Falsifié.
Dalton's West India Lime Juice impor. et embouteillé par Dalton Bros., Toronto.	1·070	17·2	74	5·18	– 11·3	Acide benzoïque.	51567	Contient le sucre. Au-dessous de l'étalon en solides et en acide citrique. Falsifié.
Olympia Lime Juice.	1·032	8·6	103	7·21	.....	" ..	51568	Près de l'étalon.
Etiqueté St. Kitts Orange Juice.	1·0434	11·5	340	2·38	+13·8	....	57165	Contient 4·8 p.c. de sucre et est coloré. Est artificiel.

DOC. PARLEMENTAIRE No 14

APPENDICE F.

BULLETIN N° 263—CREME DE TARTRE.

OTTAWA, 15 juillet 1913.

M. WM HIMSWORTH,
Sous-ministre intérimaire du Revenu de l'Intérieur.

MONSIEUR,—J'ai l'honneur de soumettre un rapport sur une collection de 148 échantillons de crème de tartre achetés dans tout le Canada pendant les mois de février et mars de cette année.

La dernière inspection de crème de tartre fut faite en 1910, et les résultats de l'analyse publiés dans le bulletin n° 222. Dans ce rapport, je suggérais l'idée de légaliser un étalon pour une qualité commerciale de crème de tartre, moins sévère que celui de la Pharmacopée britannique. L'étalon de la P.B. est pour un article de très haute qualité, ne contenant pas moins de 97·5 pour 100 de bi-tartrate de potasse.

On verra que 49 des échantillons de la présente collection atteignent ce point, tandis que 94 échantillons de bonne qualité, et contenant environ 90 pour 100 de bi-tartrate de potasse, sont relégués à la classe que j'ai désignée sous le nom d'étalon du commerce, manquant de peu pour-cent aux règles de la P.B.

Cinq échantillons sont falsifiés, contenant de l'amidon et autres matières étrangères.

J'ai l'honneur de recommander la publication de ce rapport comme bulletin n° 263.

J'ai l'honneur d'être, monsieur,
Votre obéissant serviteur,

A. McGILL,
Analyste en chef.

Date du prélèvement de l'échantillon.	Nature de l'échantillon.	Numéro de l'échantillon.	Nom et adresse du vendeur.	Quantité.	Cents.	Fabricant.	Fournisseur.
						Prix.	**Nom et adresse du fabricant ou fournisseur, tel que communiqué par le vendeur.**

DISTRICT DE LA NOUVELLE-ECOSSE

Date du prélèvement de l'échantillon.	Nature de l'échantillon.	Numéro de l'échantillon.	Nom et adresse du vendeur.	Quantité.	Cents.	Fabricant.	Fournisseur.
1913.							
6 mars.	Crème de tartre.	46936	National Drug Co., Halifax, N.-E.	¾ liv.	30	Vendeurs....ₓ	....
6 "	"	46937	Wm. Moore, Halifax, N.-E...	¾ "	25	J. P. Mott & Co., Halifax, N.-E.	Fabricants......
6 "	"	46938	R. B. Seeton & Co., Halifax, N.-E.	¾ "	21	W. H. Schwartz & Sons, Halifax, N.-E.	" ....
10 "	"	46939	A. J. Baker, Halifax, N.-E...	¾ "	30	J. P. Mott & Co., Halifax, N.-E.	" ....
10 "	"	46940	Dillon Bros., Halifax, N.-E..	¾ "	30	"	" ....
10 "	"	46941	W. J. Hopgood & Son, Halifax, N.-E.	¾ "	30	W. H. Schwartz & Sons, Halifax, N.-E.	" ....
11 "	"	46942	E. Donohue & Son, Halifax, N.-E.	¾ "	21'	"	" ....
11 "	"	46943	Jno. P. Mott & Co., Halifax, N.-E.	¾ "	Nil.	Vendeurs...	....
24 "	"	46944	McCulloch, Creelman & Morrison, Truro, N.-E.	¾ "	18	Puddington Wetmore & Morrison, St-Jean, N.-B.	Fabricants......
27 "	"	46945	Forsyth, Jr., Dartmouth, N.-E.	¾ "	30	J. P. Mott & Co., Halifax, N.-E.	" ....

DISTRICT DE L'ILE-DU-PRINCE-EDOUARD—

Date du prélèvement de l'échantillon.	Nature de l'échantillon.	Numéro de l'échantillon.	Nom et adresse du vendeur.	Quantité.	Cents.	Fabricant.	Fournisseur.
27 fév..	Crème de tartre.	46389	L. A. Haszard, Ch. Town, I.-P.-E.	¾ liv.	30	E. W. Gillett Co., Ltd., Toronto, Ont.	....
28 "	"	46390	A. Gates & Co., Ch. Town, I.-P.-E.	¾ "	30	W. H. Schwartz & Sons, Halifax, N.-E.	....
28 "	"	46391	Beer & Goff, Ch. Town, I.P.-E.	¾ "	30	J. P. Mott & Co., Halifax, N.-E.	....
28. "	"	46392	P.N. Rowe, Ch. Town, I.-P.-E.	¾ "	30	....	N. Rattenbury & Co., Ch. Town
5 mars.	"	46393	S. Beaton, Bonshaw, I.P.-E.	¾ "	30	E. W. Gillett Co., Toronto.	....
5 "	"	46394	Lord Co., Cape-Traverse, I.-P.-E.	¾ "	30	Dearborn & Co., Ltd., St-Jean, N.-B.	....
6 "	"	46395	P.D. Hogan, Tyrone, I.-P.-E.	¾ "	30	White Swan Spices & Cereals Ltd., Toronto.	....
7 "	"	46396	J. A. Farquharson & Co., Ch. Town, I.-P.-E.	¾ "	30	J. P. Mott & Co., Halifax	....
7 "	"	46397	Carvell Bros., Ch. Town, I.-P.-E.	¾ "	25	Crown Spice Mills, Halifax	...........ᵧ.....
25 avril.	"	46398	Dr F. W. Jardine, Kensington, I.-P.-E.	¾ "	25	The Nat. Drug & Chem. Co., Halifax.	....

CRÈME DE TARTRE.

Rapport de l'inspecteur (ne comportant aucune expression d'opinion).	Acidité CC. N. par 100 grams.	Bitartrate de potasse quant à la pesanteur.	Résultats analytiques.						Numéro de l'échantillon.	Remarques et opinion de l'analyste en chef.
			Chaux (CaO).	Phosphates.	Sulfates.	Amidon.	Alumine (Al₂O₃).	Acide tartrique brut.		
R. J. WAUGH, INSPECTEUR.										
			p.c.	p.c.	p.c.	p.c.	p.c.	p.c.	p.c.	
....	495	93	Présent.	......	....	......	......	46936	Etalon du commerce.
....	495	93	"	......	....	......	....	.....	46937	" "
....	495	93	"	....	....	...	....	.....	46938	" "
....	500	94	"	....	....	....	.....	....	46939	" "
....	500	94	"	....	....	....	....	... .	46940	" "
....	500	94	"	.... .	...	......	....	46941	"
....	500	94	"	....	......	....	.....	46942	" "
....	495	93	"	......	....	......	... .	46943	" "
....	495	93	"	.... .	...	......	....	46944	" "
....	500	94	"	....	......	....	......	46945	" "

WM. A. WEEKS, INSPECTEUR.

....	525	98	......	.....	......	......	... .	46389	Etalon de la P.B.
.. ..	500	94	Présent.	....	......	......	......	46390	Etalon du commerce.
....	500	94	"	......	....	......	......	46391	
....	490	92	"	......	......	....	....	46392	" "
....	525	98	....	....	.....	....	...	46393	Etalon de la P.B.
....	495	93	Présent.	.....	......	... .	......	46394	Etalon du commerce.
....	495	93	"	....	......	....	.....	46395	" "
De Crystal importée par J. A. Farquharson Son & Co.	475	89	"	......	......	....	46396	" "
....	510	95	"	....	......	....	....	46397	" "
....	515	96	"	....	......	....	46398	" "

5 GEORGE V, A. 1915

BULLETIN N° 263

Date du prélèvement de l'échantillon.	Nature de l'échantillon.	Numéro de l'échantillon.	Nom et adresse du vendeur.	Prix.		Nom et adresse du fabricant ou du fournisseur, tel que communiqué par le vendeur.	
				Quantité.	Cents.	Fabricant.	Fournisseur.

DISTRICT DU NOUVEAU-BRUNSWICK—

1913.							
25 fév.	Crème de tartre.	50565	H. W. Cole, Ltd., St-Jean, N.-B.	3 pqts.	30	Vendeurs.......	....
25 "	"	50566	Dearborn & Co., Ltd., St-Jean, N.-B.	3 " ..	18	"	....
27 "	"	50567	Baird & Peters, St-Jean, N.-B.	3 " ..	7	"	.. ..
27 "	"	50568	Puddington, Wetmore, Morrison, Ltd., St-Jean, N.-B.	3 " ..	21	"	. ...
7 mars	"	50569	W. A. Simonds, St - Jean, N.-B.	3 " ..	60	E. W. Gillett Co., Ltd., Toronto.	....
7 "	"	50570	Jones & Schofield, St-Jean, N.-B.	3 " .	18	....	....
7 avril	"	50571	G. E. Barbour Co., Ltd., St-Jean, N.-B.	3 " ..	18	Vendeurs	....
18 "	"	50572	C. W. Lewis, Perth, N.-B....	3 " ..	30	A W. Hugman, Ltd., Montréal.	....
23 "	"	50573	J. A. Davidson, Sussex, N.-B.	3 " ..	30	Scott's Extract Co., St-Jean, N.-B.	....
24 "	"	50574	Reed & Co., Ltd., Moncton, N.-B.	3 " ..	25	Jno. P. Mott & Co , Halifax, N.-E.	....

DISTRICT DE QUÉBEC—

26 fév.	Crème de tartre.	37148	H. M. Côté, 23 Chemin Ste-Foy, Québec.	3 pqts.	60	E. W. Gillett Co., Toronto.	J. B. Renaud & Cie, Québec.
3 mars	"	37149	Jos. F. Goslin, 50 rue Dorchester, Québec.	3 " ..	30	" ..	Turcot & Frère, Québec.
4 "	"	37150	Charle Martel, 49 rue Artillerie, Québec.	3 " ..	30	The Litster Pure Food Co., Toronto.	Fabricants......
6 "	"	37151	J. Noël Rondeau, 6 rue Lachevrotière, Québec.	3 " ..	30	" ..	" ... .
7 "	"	37152	J. P. Miller, 152 rue St-Jean, Québec.	3 " ..	30	E. W. Gillett Co., Toronto.	Whitead & Turner, Québec.
10 "	"	37153	H. Devarenne, Sillery, Québec.	3 " ..	30	" ..	Fabricants......
10 "	"	37154	Thom. Kenny, 258 rue Champlain, Québec.	3 " ..	30	" ...	" ....
11 "	"	37155	A. D. Lachance, Lacanardière, Québec.	3 " ..	30	Herron & Lablanc, Montréal.	Quebec Preserving Co.,. Québec.
11 "	"	37156	Charles Clonet, Beauport, Québec.	3 " ..	30	E. W. Gillett Co., Toronto.	J. B. Renaud & Cie, Québec.
12 "	"	37157	Mulcaine & Bros., 21 rue St-Michel, Québec.	3 " ..	30	....	C. H. Cochrane & Co., Ottawa.

CRÈME DE TARTRE.

Rapport de l'inspecteur (ne comportant aucune expression d'opinion).	Acidité CC. N. par 100 grans.	Bitartrate de potasse quant à la pesanteur.	Chaux (CaO).	Phosphates.	Sulfates.	Amidon.	Alumine (Al₂O₃).	Acide tartrique brut.	Numéro de l'échantillon.	Remarques et opinion de l'analyste en chef.
				Résultats de l'analyse.						

J. C. FERGUSON, INSPECTEUR.

			p. c.	p. c.	p. c.	p. c.	p. c.	p. c.	p. c.		
Marque "Thistle"..	500	94	Présent.							50565	Etalon-du commerce.
....	530	99								50566	" de la P.B.
....	520	97	Présent.							50567	" "
....	490	92	"							50568	" du commerce.
... ...	520	97·2								50569	" de la P.B.
Marque " Holly "...	500	94								50570	" du commerce.
Marque " Acorn "..	520	98								50571	" de la P.B.
Hugman's Green Label.	475	89	Présent.							50572	" du commerce.
....	430	92	"							50573	" "
....	495	93	"							50574	" "

F. X. W. E. BÉLAND, INSPECTEUR.

....	520	97·6								37148	Etalon de la P.B.
....	525	99								37149	" "
....	500	94	Présent.							37150	" du commerc .
....	500	94	"							37151	" "
....	525	99								37152	" de la P.B.
....	520	98								37153	"
....	530	99·7								37154	"
....	195		15·90	8·96	2·06	5·10	1·85			37155	Falsifiée.
....	525	98								37156	Etalon de la P.B.
....	480	90	Présent.							37157	" du commerce.

14—6½

Date du prélèvement de l'échantillon.	Nature de l'échantillon.	Numéro de l'échantillon.	Nom et adresse du vendeur.	Prix.		Nom et adresse du fabricant ou fournisseur, tel que communiqué par le vendeur.	
				Quantité.	Cents.	Fabricant.	Fournisseur.

DISTRICT DE TROIS-RIVIÈRES—

1913.							
17 mars.	Crème de tartre.	57219	G. H. Read, St-Félix de Valois.	3 pqts	30	E. W. Gillett Co., Ltd., Toronto.	
17 "	"	57220	Thos. Guibord, St-Félix de Valois.	3 "	30	"	
17 "	"	57225	Jos. Mousseau, St-Félix de Valois.	3 "	45	"	
22 "	"	57239	C. Barrette, Joliette, P.Q...	¾ liv.	30	Dalley, Hamilton.	

DISTRICT DES CANTONS DE L'EST—

10 mars.	Crème de tartre.	1512	L. T. Paradis, Victoriaville...	¾ liv.	30		L. Chaput fils & Cie, Montréal.
10 "	"	1523	Maison Normandie, Victoriaville.	3 pqts	25	S. H. Ewing & Sons, Montréal	
13 "	"	1524	J. E. Gagné, Scott's ..	3 "	30	E. W. Gillett Co., Ltd., Toronto.	
17 "	"	1525	Aug. Provencher, Windsor-Mills.	3 "	30	Pure Gold Mfg. Co., Toronto.	
17 "	"	1526	A. N. Hutton, Richmond.....	3 "	30	White Swan Spices & Cereals, Ltd., Toronto.	
18 "	"	1527	J. Audet, jr., Coaticook......	3 "	30	S. H. Ewing & Sons, Montréal.	
18 "	"	1528	White & Wiggett, Lennoxville.	3 "	25	Pure Gold, Toronto.	
16 avril.	"	1529	J. H. Vilandre & Cie, Danville.	3 "	25	The F. F. Dalley Co., Ltd., Hamilton.	
17 "	"	1530	J. A. Lavoie, Danville.......	3 "	30	E. W. Gillett Co., Ltd., Toronto.	
17 "	"	1531	E. Turgeon, Roxton-Falls....	3 "	..	"	

DISTRICT DE MONTRÉAL—

11 mars	Crème de tartre.	51246	Dupuis Frère, rue Ste-Catherine-Est, Montréal.	3 pqts	25	A. W. Hugman, Ltd., Montréal	
11 "	"	51247	E. Goudry, 31 Laurier ave., Ouest, Montréal.	3 "	30	E. W. Gillett Co., Ltd., Toronto.	
17 "	"	51248	H. Russell, 847 rue Ste-Catherine-Ouest, Montréal.	3 btes	30	McLaren's, Ltd.	
17 "	"	51249	S. J. Geddes, 705 rue Ste-Catherine-Ouest, Montréal.	3 pqts	30	S. H. Ewing & Son.	
17 "	"	51251	W. Brouillet, 555 rue Université, Montréal.	3 "	15	McLaren's, Ltd.	
18 "	"	51252	A. Poitrais, avenue Mt-Royal-ouest, Montréal.	3 "	30	The Litster Pure Food Co., Ltd.	
18 "	"	51253	G. E. Beauvais & Cie, 276 Sherbrooke-Ouest, Montréal.	3 "	15	S. H. Ewing & Son.	

DOC. PARLEMENTAIRE No 14

CRÈME DE TARTRE.

Rapport de l'inspecteur (ne comportant aucune expression d'opinion).	Ac à é CC. N. par 00 grms.	Bitartrate de potasse quant à la pesanteur.	Chaux (CaO).	Phosphates.	Sulfates.	Amidon.	Alumine (Al₂O₃).	Acide tartrique brut.	Numéro de l'échantillon.	Remarques et opinion de l'analyste en chef.
			p.c.	p.c.	p.c.	p.c.	p.c.	p.c.	p.c.	

DR V. P. LAVALLÉE, INSPECTEUR.

....	520	98							57219	Etalon de la B.P.
....	520	98							57220	"
....	520	98							57225	"
....	495	93·1	Présent.						57239	Etalon du commerce.

J, C. ROULEAU, INSPECTEUR.

....	490	99	Présent.						1512	Etalon de la P.B.
....	394	74·07	5·10			15·30			1523	Falsifiée avec de l'amidon.
....	525	98							1524	Etalon de la P.B.
....	495	93·06	Présent.						1525	Etalon du commerce.
. ...	505	93 40	"						1526	"
....	414	77·83	"			13·70			1527	Falsifiée avec de l'amidon.
....	495	93·06	"						1528	Etalon du commerce.
....	500	94	"						1529	"
....	520	98							1530	Etalon de la P.B.
....	520	98							1531	"

J. J. COSTIGAN, INSPECTEUR.

....	475	89	Présent.						51246	Etalon du commerce.
....	520	98							51247	Etalon de la P.B.
....	500	94	Présent.						51248	Etalon du commerce.
Marque Prince of Wales.	495	92	"						51249	"
....	500	94	"						51251	"
....	505	94	"						51252	"
Marque Trade	495	93·06	6·40						51253	"

Date du prélèvement de l'échantillon.	Nature de l'échantillon.	Numéro de l'échantillon.	Nom et adresse du vendeur.	Prix.		Nom et adresse du fabricant ou fournisseur, tel que communiqué par le vendeur.	
				Quantité.	Cents.	Fabricant.	Fournisseur.

DISTRICT DE VALLEYFIELD—

1913.							
13 mars.	Crème de tartre.	51346	J. Z. Daoust, Valleyfield, P.Q.	3 pqts	30	The Litster Pure Food Co., Ltd.	....
13 "	"	51347	The Industrial Co-Op. Society, Ltd., Valleyfield, P.Q.	3 " ..	30	F. F. Dalley Co., Ltd.	....
19 "	"	51348	McCuaig, Cheney & Co, Vankleek Hill, Ont.	3 " ..	30	Pure Gold Mfg. Co., Ltd.	....
20 "	"	51349	A. M. Steele, Hawkesbury, Ont.	3 " ..	30	Birks CornerCo., Montréal.	....
24 "	"	51350	D. J. McDonald, Alexandria, Ont.	3 " ..	30	F. F. Dalley Co., Ltd.	....
24 "	"	51351	" " ..	3 " ..	30	Forbes Bros., Montréal.	....
24 "	"	51352	John Boyle, Alexandria, Ont.	3 " ..	30		....
24 "	"	51353	A. Markson, Alexandria, Ont.	3 " ..	30	J. V. Boudrais, Montréal.	....
24 "	"	51354	E. J. Devers, Alexandria, Ont.	3 " ..	30	T. W. Chamberlin Co., Prescott.	....

DISTRICT D'OTTAWA—

21 fév.	Crème de tartre.	51703	T. F. Dextras, Cornwall......	3 pqts	30	Gorman, Eckert & Co., Ltd., London, Ont.	Fabricants......
22 "	"	51721	Thos. Stevens, Carleton Place.	3 " ..	30	Geo. Robertson & Son, Kingston.	" ....
25 "	"	51722	Hugh Fraser & Son, Winchester.	3 " ..	30	Birks, Corner & Co., Montréal.	" ....
25 "	"	51723	A. Sweet & Co., Winchester..	3 " ..	30	Vendeurs......	....
27 "	"	51724	S. Dignard, rue Saint-Patrick, Ottawa.	3 " ..	30	Windsor Spice Mills.	Provost&Allard, Ottawa.
28 "	"	51725	S. G. Lindsay, Aylmer, P.Q.	3 " ..	15	White Swan Spices & Cereals Co., Ltd., Toronto.	Fabricants......
28 "	"	51726	M. E. Cormier, Aylmer, P.Q.	3 " ..	30	E. W. Gillett Co., Ltd., Toronto.	H. N. Bate & Sons, Ottawa.
28 "	"	51727	P. Daoust & Cie, Hull, P.Q ..	3 " ..	30	The F. F. Dalley Co., Ltd., Hamilton.	Fabricants......
28 "	"	51728	A. Labelle, Hull, P.Q........	3 " ..	30	O. H. Cochrane & Co., Ottawa.	" ....
28 "	"	51729	E. McEwen, Hull, P.Q.	3 " ..	30	Litster Pure Food Co., Ltd., Toronto.	" .:........

DOC. PARLEMENTAIRE No 14

CRÈME DE TARTRE.

Rapport de l'inspecteur (ne comportant aucune expression d'opinion).	Acidité CC. N, par 100 grams.	Bitartrate de potasse quant à la pesanteur.	Chaux (CaO).	Phosphates.	Sulfates.	Amidon.	Alumine (Al$_2$O$_3$).	Acide tartrique brut.	Numéro de l'échantillon.	Remarques et opinion de l'analyste en chef.
			Résultats de l'analyse.							

J. J. COSTIGAN, INSPECTEUR SUPPLÉANT.

Rapport de l'inspecteur	Acidité CC. N	Bitartrate p.c.	Chaux p.c.	Phosphates p.c.	Sulfates p.c.	Amidon p.c.	Alumine p.c.	Acide tartrique p.c.	Numéro	Remarques
	510	95	Présent.						51346	Etalon du commerce.
	490	92	"						51347	" "
	520	98							51348	" de la P.B.
	520	95	Présent.						51349	" du commerce.
	490	92	"						51350	" "
	490		11·60	7·50	9·20	5·70	0·67		51351	Falsifiée.
Préparée avec le nom du vendeur sur le paquet par T. W. Chamberlain.& Co., Prescott, Ont.	470	89	Présent.						51352	Etalon du commerce.
	480	90	"		Présent.				51353	" "
	505	93·40							51354	" "

J. A. RICKEY, INSPECTEUR.

Rapport de l'inspecteur	Acidité CC. N	Bitartrate	Chaux	Phosphates	Sulfates	Amidon	Alumine	Acide tartrique	Numéro	Remarques
Etiquetée crème de tartre pure moulue.	500	94	Présent.						51703	Etalon du commerce.
"Charm." Absolument pure.	495	93	"						51721	" "
	505	94·7	"						51722	" "
Empaq. p. le vendeur par T. Chamberlain & Co., Prescott.	480	90	4·0						51723	" "
Marque " Reina "	535		16·80	8·70	4·98	7·00	2·23		51724	Falsifiée.
Marque "White Swan"	490	92	Présent.						51725	Etalon du commerce.
Garantie comme étant chimiquement pure	520	98							51726	" de la P.B.
Crème de tartre pure de Dalley.	495	93	Présent.						51727	" du commerce.
Garantie comme étant pure.	490	92	"						51728	" "
Crème de tartre française pure.	510	95							51729	" "

Date du prélèvement de l'échantillon	Nature de l'échantillon	Numéro de l'échantillon	Nom et adresse du vendeur.	Prix. Quantité.	Prix. Cents.	Fabricant.	Fournisseur.

DISTRICT DE KINGSTON—

Date	Nature	Numéro	Nom et adresse du vendeur	Quantité	Cents	Fabricant	Fournisseur
1913.							
10 mars.	Crème de tartre.	45772	Newman Livingston, Napanee.	3 pqts.	30	E. W. Gillet Co., Toronto.	
10 "	"	45773	R. Elvins, Belleville	3 " ..	30	White Swan, Toronto.	
10 "	"	45774	H. E. Fairfield, Belleville....	3 " ..	30	J. M. Lowes Co., Toronto.	
23 fév..	"	53062	W. J. Arniel, Kingston	3 " ..	30	N. C. Polson, Kingston.	
20 "	"	53063	W. J. Nesbit "	3 " ..	30	J. M. Lowes Co., Ltd., Toronto.	
20 "	"	53064	C. Saunders "	3 " ..	30	E. W. GillettCo., Toronto.	
21 "	"	53065	D. B. Gage "	3 " ..	30	"	
21 "	"	53066	Geo. Gibson "	3 " ..	30	J. M. Lowes Co., Ltd., Toronto.	
24 "	"	53067	S. R. Artis, Belleville	3 " ..	45	E. W. GillettQo., Toronto.	
25 "	"	53070	S. Sleeman, Port Hope	3 " ..	30	White Swan Co., Ltd., Toronto.	

DISTRICT DE TORONTO—

Date	Nature	Numéro	Nom et adresse du vendeur	Quantité	Cents	Fabricant	Fournisseur
28 fév..	Crème de tartre.	57021	J. J. Ilmurray, 234 avenue Bolton, Toronto.	3 pqts.	15		Dalton Bros., Toronto.
28 "	"	57022	John Kelday, 366 avenue Ossington, Toronto.	3 " .	15		Todhunter, Mitchell & Co., Toronto.
5 mars.	"	57023	J. A. Powell, 255 avenue Danforth, Toronto.	3 " ..	15		The Carter Drug Co., Toronto.
6 "	"	57024	J. & W. McFarren, 214 rue Queen-est, Toronto.	3 " ..	30	E. W. GillettCo., Ltd., Toronto.	
6 "	"	57025	F. Gench, 356 rue Queen-est, Toronto.	3 " ..	15		Dalton Bros., Toronto.
6 "	"	57026	A. Bell, 1906 rue Queen-est, Toronto.	3 " ..	15		The J. M. Lowes Co., Ltd., Toronto.
7 "	"	57027	Mme E. Shuttleworth, 1545 rue Dundas-ouest, Toronto.	3 " ..	15		R. B. Hayhoe & Co., Toronto.
7 "	"	57028	J. H. Rountree, 1995 rue Dundas-ouest, Toronto.	3 " ..	15	Pure Gold M'fg. Co., Ltd., Toronto.	
10 "	"	57029	E. Dawe, 339 avenue Spadina, Toronto.	3 " ..	15		R. B. Hayhoe & Co., Toronto.
10 "	"	57030	H. W. Scott, 266 avenue Spadina, Toronto.	3 " ..	15		The J. M. Lowes Co., Ltd., Toronto.

CRÈME DE TARTRE.

Rapport de l'inspecteur (ne comportant aucune expression d'opinion).	Acidité CC. N. par 100 grams.	Bitartrate de potasse quant à la pesanteur.	Résultats de l'analyse.							Numéro de l'échantillon.	Remarques et opinion de l'analyste en chef.
			Chaux (CaO).	Phosphates.	Sulfates.	Amidon.	Alumine(Al$_2$O$_3$).	Acide tartrique brut.			

JAS. HOGAN, INSPECTEUR.

		p. c.	p. c.	p. c.	p. c.	p. c.	p. c.	p. c.	p. c.		
....	520	98	.....	.....	.....	.....	.....	.....	.....	45772	Etalon de la P.B.
....	480	90	Présent.	.....	.....	.....	.....	.....	.....	45773	" du commerce.
....	510	96	"	.....	.....	.....	.....	.....	.....	45774	" "
....	490	92·1	"	.....	.....	.....	.....	.....	.....	53062	" "
....	475	89	"	.....	.....	.....	.....	.....	.....	53063	" "
....	525	98·7	.....	.....	.....	.....	.....	.....	.....	53064	" de la P.B.
....	525	98·7	.....	.....	.....	.....	.....	.....	.....	53065	" "
....	500	94	Présent.	.....	.....	.....	.....	.....	.....	53066	" du commerce.
....	525	98	.....	.....	.....	.....	.....	.....	.....	53067	" de la P.B.
....	485	91	Présent.	.....	.....	.....	.....	.....	.....	53070	" du commerce.

H. J. DAGER, INSPECTEUR.

Etiquetée crème de tartre parfaitement pure de Dalton.	510	96	Présent.	.....	.....	.....	.....	.....	.....	57021	Etalon du commerce.
Etiquetée crème de tartre pure choisie de Todhunter.	500	94	"	.....	.....	.....	.....	.....	.....	57022	" "
Etiquetée crème de tartre pure de Carter.	495	93·2	"	.....	.....	.....	.....	.....	.....	57023	" "
Garantie comme étant chimiquem. pure.	520	98	.....	.....	.....	.....	.....	.....	.....	57024	" de la P.B.
Crème de tartre parfaitement pure de Dalton.	510	96	Présent.	.....	.....	.....	.....	.....	.....	57025	" du commerce.
La crème de tartre pure de 1re qualité J. M. L.	510	96	"	.....	.....	.....	.....	.....	.....	57026	" "
Crème de tartre de Hayhoe. Absolument pure.	485	91	"	.....	.....	.....	.....	.....	.....	57027	" "
Crème de tartre Pure Gold. Qualité garantie.	510	96	.....	.....	.....	.....	.....	.....	.....	57028	" "
Crème de tartre Hayhoe. Absolument pure.	485	91	Présent.	.....	.....	.....	.....	.....	.....	57029	" "
La crème de tartre pure de 1re qualité J. M. L.	516	.96	.....	.....	.....	.....	.....	.....	.....	57030	" "

5 GEORGE V, A. 1915

BULLETIN N° 263—

Date du prélèvement de l'échantillon.	Nature de l'échantillon	Numéro de l'échantillon.	Nom et adresse du vendeur.	Prix.		Nom et adresse du fabricant ou fournisseur, tel que communiqué par le vendeur.	
				Quantité.	Cents.	Fabricant.	Fournisseur.

DISTRICT DE HAMILTON—

1913.							
9 avril	Crème de tartre.	57121	J. H. Adams, 54 rue Peel, Brantford.	3 pqts.	28	....	Pure Gold Mfg. Co., Ltd., Toronto.
10 "	"	57122	Chas. McCausland, Paris.....	3 "	30	....	Geo. Foster & Son, Brantford
11 "	"	57123	Mme G. H. Archer, Lynden..	3 "	30	....	Inconnu........
14 "	"	57124	John Nott & Son, Dunnville..	3 "	30	....	Gorman Eckert Co., Ltd., London, Ont.
14 "	"	57125	W. N. Moot & Son, Dunnville	3 "	30	....	Balfour Smye & Co., Hamilton.
17 "	"	57126	John Muir, 29 rue Queen, Niagara-Falls, Ont.	3 "	30	Todhunter Mitchell & Co., Toronto.	....
18 "	"	57127	W. L. Effrick, 173 rue Main, Niagara-Falls South.	3 "	30	McLaren's Ltd., Hamilton.	....
18 "	"	57128	W. Carroll, 232 rue York, Hamilton.	3 "	30	The F. F. Dalley Co., Ltd., Hamilton.	......:.......
18 "	"	57129	G. Hitzroth, 89 rue Napier, Hamilton.	3 "	15	"	....
19 "	"	57130	H. Spicer, 89 rue Augusta, Hamilton.	3 "	15	....	Inconnu ......

DISTRICT DE WINDSOR—

3 mars	Crème de tartre.	47947	Bradley & Son, Chatham, Ont	3 pqts.	30	E. W. Gillet Co. Toronto.	...... :.....
3 "	"	47950	Alfred Deloge, Chatham, Ont.	3 "	30	Gorman Eckert Co., London, Ont.	....

DOC. PARLEMENTAIRE No 14

CRÈME DE TARTRE.

Rapport de l'inspecteur (ne comportant aucune expression d'opinion).	Acidité CC. N. par 100 grams.	Bitartrate de potasse quant à la pesanteur.	Chaux (CaO).	Phosphates.	Sulfates.	Amidon.	Alumine (Al$_2$O$_3$).	Acide tartrique brut.	Numéro de l'échantillon.	Remarques et opinion de l'analyste en chef.
H. J. DAGER, INSPECTEUR SUPPLÉANT.										
		p.c.	p.c.	p.c.	p.c.	p.c.	p.c.	p.c.		
Etiquetée crème de tartre 'Pure Gold'. Qualité garantie.	525	98·7							57121	Etalon de la P.B.
Etiquetée crème de tartre moul. de Gillett garantie comme étant chimiquement pure.	520	98							57122	"
Qualité 'Red Feather' de crème de tartre française pure.	495	93·1	Présent.						57123	Etalon du commerce.
Etiq. crème de tartre pure "Forest City Mills". Gar. comme étant strictement pure.	495	93·1	"						57124	"
Etiq. crème de tartre marque Tartan, garantie absolument pure.	495	93·1	"						57125	"
Etiquetée crème pure choisie de tartre de Todhunter.	525	98·7							57126	Etalon de la P.B.
Etiquetée crème de tartre moulue "McLaren Invincible".	495	93	Présent.						57127	Etalon du commerce.
Etiquetée marque "Alliance" qualité la plus pure.	495	93·1	"						57128	"
Etiq. crème de tartre pure Dalley, 2 onc. poids net.	500	94	"						57129	"
Etiquetée crème de tart. pure 'Young's improved', Young, Windfield, Ltd., Hamilton, Ont.	480	90·2	"						57130	"
JNO. TALBOT, INSPECTEUR.										
Etiquetée crème de tartre moulue de Gillet, chimiquement pure.	520	98							47947	Etalon de la P.B.
Etiquetée crème de tartre pure moulue de Gorman.	500	94	Présent.						47950	Etalon du commerce.

Date du prélèvement de l'échantillon.	Nature de l'chantillon.	Numéro de l'échantillon.	Nom et adresse de vendeur.	Prix.		Nom et adresse du fabricant ou fournisseur, tel'que communiqué par le vendeur.	
				Quantité.	Cents.	Fabricant.	Fournisseur.

DISTRICT DE WINDSOR—

1913.							
3 mars.	Crème de tartre.	47953	J. D. Stark, Chatham, Ont...	3 pqts	30	E. W. Gillet Co., Toronto.	....
4 ''	''	47955	H. A. Andrew, Chatham, Ont	3 '' .	30	Gorman Eckert Co., London:	....
5 ''	''	47970	Wm. Burnie, Windsor, Ont..	3 '' .	30	''	....
5 ''	''	47974	A. St-Denis, '' Ont..	3 '' .	30	E. W. Gillet Co., Toronto.	....
6 ''	''	47979	Laing & Moore, Essex........	3 '' .	30	Gorman Eckert Co., London, Ont.	....
6 ''	''	47983	J. R. Miller, Essex........ ...	3 '' .	30	''	....
6 ''	''	47986	A. H..Scarff, Essex..........	3 '' .	30	E. W. Gillet Co., Toronto.	....

DISTRICT DE MANITOBA—

24 fév.	Crème de tartre.	45819	Blue Ribbon Ltd., Winnipeg.	¾ liv..	24	Vendeurs........	....
24 ''	''	45820	Campbell Bros. & Wilson, Winnipeg.	¾ '' ..	Nil.	''	....
25 ''	''	45821	The Dyson Co., Winnipeg....	¾ '' ..	''	''	....
25 ''	''	45822	The White Star Mfg. Co., Winnipeg.	3 btes.	50	''	....
26 ''	''	45823	The Gold Standard Mfg. Co., Winnipeg.	3 '' ..	Nil.	''	....
4 mars.	''	45824	S. Elliott & Co., rue Main-nord, Winnipeg.	3 pqts	30	E. W. GillettCo., Ltd., Toronto.	....
4 ''	''	45825	D. Campbell, rue Main-nord, Winnipeg.	3 '' ..	30	Todhunter, Mitchell Co., Toronto.	....
5 ''	''	45826	J. Paterson, rue Main-nord, Winnipeg....	3 '' ..	30	Campbell Bros. & Wilson, Winnipeg.	....
11 ''	''	45827	J. T. Acheson & Son, Morden.	3 '' ..	75	E. W. GillettCo., Toronto.	....
13 ''	''	45828	J. B. Coyle,.Winnipeg......	3 '' ..	30	''	....

CRÈME DE TARTRE.

Rapport de l'inspecteur (ne comportant aucune expression d'opinion).	Acidité CC. N. per 100 grans.	Bitartrate de potasse quant à la pesanteur.	Résultats de l'analyse.						Numéro de l'échantillon.	Remarques et opinion de l'analyste en chef.
			Chaux (CaO).	Phosphates.	Sulfates.	Amidon.	Alumine (Al₂O₃).	Acide tartrique brut.		

Fin.

			p. c.	p. c.	p. c.	p. c.	p. c.	p. c.	p. c.	
Etiquetée crème de tartre moulue de Gillett, chimiquement pure.	525	98·7							47953	Etalon de la P.B.
Etiquetée crème de tartre pure moulue de Gorman.	500	94	Présent.						47955	Etalon du commerce.
"	510	96	"						47970	"
Etiquetée crème de tartre moulue de Gillett, chimiquement pure.	520	98							47974	Etalon de la P.B.
Etiquetée crème de tartre pure moulue de Gorman.	500	95							47979	Etalon du commerce.
"	515	97	Présent.						47983	Etalon de la P.B.
Etiquetée crème de tartre moulue de Gillett, garantie comme étant chimiquement pure.	520	98							47986	"

A. C. LARIVIÈRE, INSPECTEUR.

			p. c.	p. c.	p. c.	p. c.	p. c.	p. c.	p. c.	
Marque Blue Ribbon.	510	96							45819	Etalon du commerce.
"Royal Shield"	475	90	Présent.						45820	" "
Dyson Red Cross....	495	93	"						45821	" "
"White Star"	505	95	"						45822	" "
"Gold Standard". .	515	97·2							45823	" de la P.B.
....	520	98							45824	" "
....	500	94	Présent.						45825	" du commerce.
"Royal Shield"	485	91·3	"						45826	" "
....	520	98							45827	" P.B.
....	520	98							45828	" "

5 GEORGE V, A. 1915

BULLETIN N° 263—

Date du prélèvement de l'échantillon.	Nature de l'échan- tillon.	Numéro de l'échantillon.	Nom et adresse du vendeur.	Prix.		Nom et adresse du fabricant ou fournisseur, tel que donné par le vendeur.	
				Quantité.	Cents.	Fabricant.	Fournisseur.

DISTRICT DES MONTAGNES-ROCHEUSES—

1913.

4 mars.	Crème de tartre.	49836	Star Grocery, Nelson, C.-R....	3 pqts	45	E.W. GillettCo., Toronto.	
4 " .	"	49839	Christie & Benson, Nelson, C.-B.	3 btes	40	Empress Mfg. Co., Vancouver, C.-B.	
7 " .	"	49845	Morrin, Thompson Co., Phœnix, C.-B.	3 pqts	45	E.W. GillettCo., Toronto.	
13 " .	"	49849	E. T. Rahl, Hosmer, C.-B....	3 " ..	30	White Star Mfg. Co., Winnipeg.	
13 " .	"	49856	M. Lund, Hosmer, C--B......	3 " ..	40	Blue Ribbon Ltd., Winnipeg	
17 " .	"	49858	A. Hobson, Revelstoke, C.-B..	3 btes	75	Kelly, Douglas & Co., Vancouver, C.-B.	
17 " .	"	49859	C. B. Hume & Co., Revelstoke, C.-B.	3 " ..	45	Empress Mfg. Co., Vancouver, C.-B.	
26 " .	"	49891	W. R. Braden, Rossland,C.-B.	3 " ..	75	Kelly, Douglas Co., Vancouver, C.-B.	
26 " .	"	49892	Agnew & Co., "	3 pqts	45	E.W. GillettCo., Toronto.	
26 " .	"	49893	Hunter Bros., "	3 btes	75	Empress Mfg. Co., Vancouver, C.-B.	

DISTRICT DE VANCOUVER—

11 mars.	Crème de tartre.	53456	Edgett & Co., Vancouver, C.-B.	3 pqts	30	Kelly, Douglas & Co., Vancouver, C.-B.	
11 " .	"	53457	Nat. Drug & Chem. Co., Vancouver, C.-B.	3 " ..	30	Vendeurs.......	
11 " .	"	53458	Gruchy & Carlaw, Vancouver, C.-B.	3 " ..	30	Pure Gold Mfg. Co., Toronto.	

DISTRICT DE VICTORIA—

14 mars.	Crème de tartre.	53545	Acton Bros., 1317 ave Douglas, Victoria, C.-B.	1½ liv.	75	E.W. GillettCo., Ltd., Toronto.	
18 " .	"	53553	Copas & Young, 631 rue Fort, Victoria, C.-B.	1½ " .	60	Pure Gold Mfg. Co., Ltd., Toronto.	
18 " .	"	53555	James Adams, 1309 ave Gladstone, Victoria, C.-B.	¾ " .	30	Wm. Braid & Co., Vancouver, C.-B.	
19 " .	"	53560	H. O. Kirkham, 741 rue Fort, Victoria, C.-B.	¾ " .	30	Kelly, Douglas & Co., Ltd., Vancouver, C.-B.	
19 " .	"	53562	W. A. Jamieson Coffee Co., 75 r. Broughton, Victoria, C.-B.	¾ " .	45	Thompson & Co., Montréal.	
19 " .	"	53564	Pioneer Coffee & Spice Mills, 641 rue Pembroke, Victoria, C.-B.	1½ " .	30	" ..	

CRÈME DE TARTRE.

Rapport de l'inspecteur (ne comportant aucune expression d'opinion).	Ac d e CC. N. par 10 grams.	Bitartrate de potasse quant à la pesanteur.	Résultats de l'analyse.						Numéro de l'échantillon.	Remarques et opinion de l'analyste en chef.
			Chaux (CaO).	Phosphates.	Sulfates.	Amidon.	Alumine (Al₂O₃).	Acide tartrique brut.		

THOS. PARKER, INSPECTEUR.

			p. c.	p. c.	p. c.	p. c.	p. c.	p. c.		
....	520	98	....	......	....	......	......	......	49836	Etalon de la P.B.
....	520	98	....	......	....	......	......	......	49839	" "
....	520	98	....	......	....	......	......	......	49845	" "
....	500	94	Présent.	......	....	......	......	......	49849	" du commerce.
....	500	94	....	......	....	......	......	......	49856	" "
....	490	92	Présent.	......	....	......	......	......	49858	" "
....	520	98·7	....	......	....	......	......	......	49859	" de la P.B.
....	495	93	Présent.	......	....	......	......	......	49891	" du commerce.
....	525	98	....	......	....	......	......	......	49892	" de la P.B.
....	520	98	Présent.	......	....	......	......	......	49893	" "

J. F. POWER, INSPECTEUR.

Marque "Nabob"..	490	92·1	Présent.	......	....	......	......	......	53456	Etalon du commerce.
....	520	99·7	....	......	....	......	......	......	53457	" de la P.B.
....	525	98·7	....	......	....	......	......	......	53458	" "

D. O'SULLIVAN, INSPECTEUR.

Gillett's	530	99·6	....	......	....	......	......	......	53545	Etalon de la P.B.
Pure Gold	525	98·7	Présent.	......	....	......	......	......	53553	" "
....	495	93·1	"	......	....	......	......	......	53555	" du commerce.
Nabob	490	92	"	......	....	......	......	......	53560	" "
....	495	93·1	"	......	....	......	......	......	53562	" "
....	495	93·1	"	......	....	......	......	......	53564	" "

ANNEXE G.

BULLETIN N° 264—ENGRAIS, 1913.

OTTAWA, 21 octobre 1913.

M. WM. HIMSWORTH,
    Sous-ministre,
    Revenu de l'Intérieur.

MONSIEUR,—J'ai l'honneur de vous soumettre un rapport sur 431 échantillons d'engrais obtenus par nos inspecteurs en mars et avril de la présente année.

Les analyses de ces engrais sont terminées depuis déjà quelques mois; et le retard apporté à l'envoi du présent rapport provient du surcroît de correspondance avec les marchands et autres, pour essayer d'éclaircir des difficultés d'identification, dues en grande partie à la négligence des marchands, mais aussi en certains cas à des erreurs commises par nos inspecteurs. Je ne puis pas dire que toutes ces difficultés ont été résolues de façon satisfaisante, et c'est à cela qu'il faut attribuer un certain degré d'incertitude en ce qui concerne les résultats analytiques.

Autant que je puis voir, le sommaire suivant représente ces résultats:—

Echantillons conformes à garantie................. 358
    "   presque conformes à garantie.............   27
    "   non enregistrés ou non suffisamment identifiés..   25
    "   accusant un manque....................   21
                                                    ————
        Total............................... 431

Quand on considère la simplicité de notre loi des engrais et la clarté avec laquelle ses dispositions sont établies; et quand on tient compte qu'elle est en vigueur depuis maintenant trois ans, il semble très étrange que des difficultés puissent encore se produire pour la bonne observation de toutes ces dispositions. Il peut être bon d'énoncer, en termes simples, quels sont les différents objets de la loi et dans quelles conditions elle peut être le mieux rendue efficace.

DOC. PARLEMENTAIRE No 14

L'objet principal de la loi est de protéger l'acheteur d'engrais en lui assurant la pleine valeur de ce qu'il achète.

Dans ce but, nous nous efforçons d'obtenir, par nos inspecteurs, des échantillons de toutes les marques d'engrais qui se trouvent sur les marchés du Canada. C'est toujours notre inspecteur qui prend l'échantillon en présence du vendeur qui a le privilège de s'assurer que notre inspecteur se procure un échantillon fidèle de l'engrais dont il s'agit. Notre inspecteur sait parfaitement ce qu'il y a à faire; mais il exige que le vendeur soit présent; et le vendeur est le fabricant qui est, comme tel, intéressé à voir à ce qu'on prenne un échantillon réellemnt fidèle.

Il ne faut pas oublier que les résultats de l'analyse s'appliquent non à la production entière de la marque, mais à la quantité de marchandises qui est en la possession de l'analyste. Cependant, c'est sur le résultat de l'analyse de cette quantité que doit être basée l'action du ministère; et l'importance de se procurer un échantillon réellement fidèle est par là évidente.

C'est le devoir du marchand de s'assurer qu'il n'offre en vente que des engrais légalement enregistrés et étiquetés (ou autrement désignés).

C'est son devoir de s'assurer que l'étiquette est lisible, et qu'elle appartient au colis auquel elle est attachée.

Le numéro d'enregistrement constitue une identification légale de la marque; et le fabricant est tenu de fournir une marchandise ayant la valeur garantie enregistrée au ministère conformément au numéro de l'étiquette.

Toute question se rapportant à la manière d'attacher les étiquettes, les numéros d'enregistrement aux colis respectifs, doit être réglée entre le marchand et le fabricant.

Le devoir de notre inspecteur est de voir à ce que le colis ou les colis dont il prend des échantillons soient étiquetés ou marqués, comme le prescrit la loi; ou, s'ils ne sont pas étiquetés ou marqués, de rapporter le fait au département. Dans ce cas, le marchand est passible d'une amende de cinquante dollars. C'est aussi le devoir de nos inspecteurs de se procurer un échantillon exact des marchandises; de les diviser en trois parties; de sceller chaque partie, et d'en laisser une au marchand. S'il le désire le marchand peut apposer son propre sceau à l'une des trois parties, en outre du sceau de l'inspecteur. Les deux autres parties sont envoyées à ces laboratoires.

Bien que le département reconnaisse que les analyses d'engrais sont faites d'abord dans l'intérêt de l'acheteur de l'engrais, il n'oublie pas l'importance commerciale attachée à la publication de nos résultats, pour le fabricant ou le marchand.

L'identification de la marque regarde le vendeur et l'inspecteur; le premier étant responsable de l'exactitude de l'information fournie à notre inspecteur; le dernier de la transmission exacte de cette information au ministère.

La partie reçue au laboratoire est échantillonnée avec soin par un homme expérimenté, et on embouteille environ huit onces de la substance pour l'usage de l'analyste. Quand toute la série a été examinée, les échantillons qui ne correspondent pas à la garantie sont mis à part.

On les transvide dans de nouvelles bouteilles (pour empêcher qu'on en reconnaisse le contenu) et on leur donne un numéro; l'analyste en chef seul en a la clef en sa possession. On les soumet alors à une nouvelle analyse, et ce n'est que lorsque les résultats de cette seconde analyse correspondent aux premiers résultats, qu'on les considère comme finals.

Aucun soin de la part de nos fonctionnaires ne peut rendre justice au fabricant dont l'agent (le marchand) est négligent. Le fabricant doit étiqueter ou marquer chaque colis de ses marchandises.

Ces colis viennent en possession du marchand, qui, peut-être, a, en vente plusieurs autres marques.

Les étiquettes sont déchirées ou les marques deviennent illisibles. Le marchand bien souvent n'a pas soin d'étiquetter de nouveau. Nous avons souvent trouvé un échantillon d'un engrais complet vendu avec d'autres qui n'étaient que des scories, ou vice versa, et nous trouvons bien souvent des contradictions si grandes entre la réclamation correspondant au numéro de l'étiquette et les rsultats de l'analyse, qu'il est certain qu'il y a eu quelque erreur dans l'identification de la marque. D'après la lettre de la loi, nous sommes justifiables de publier les résultats, dans ces cas, et de tenir le marchand entièrement responsable, comme agent, de ce que l'échantillon, tel qu'il le vend, ne correspond pas à la réclamation indiquée sur l'étiquette qu'il porte.

Malheureusement, cependant, une telle manière d'agir porte préjudice au fabricant de la marque, lequel peut être parfaitement innocent; cela nuit à sa réputation, et il n'est nullement responsable de la marque particulière dont il s'agit.

Je suis convaincu qu'on devrait faire sentir aux marchands d'engrais la responsabilité qu'ils ont envers l'acheteur et envers le fabricant dont ils vendent les marchandises. On peut le faire surtout en appliquant strictement les articles de la loi contre eux, dans tous les cas où il est évident que la négligence a été cause d'erreurs du genre décrit ci-dessus.

Quinze chantillons de cette collection qu'on a vendus sans aucun numéro d'enregistrement, ont été fournis avec des numéros supposés être le leur, comme le laisse supposer l'information fournie par les marchands. Dans tous ces cas les numéros d'enregistrement supposés sont placés entre guillemets pour les distinguer des numéros d'enregistrement qu'ont fournis nos inspecteurs. Dans douze de ces cas, les résultats de l'analyse sont conformes à la garantie supposée. Dans les trois autres cas, il n'y a pas, naturellement, de base sur laquelle on puisse porter plainte contre les fabricants. L'identification de la marque est une supposition.

Il est injuste que le fabricant qui s'était procuré un numéro d'enregistrement pour ses différentes marques, soit tenu, dans aucun cas, responsable de l'identité d'un échantillon d'engrais non étiqueté; et à l'avenir on abandonnera cette pratique. La seule manière juste de traiter les engrais offerts en vente sans étiquette, est d'imposer le maximum d'amende déterminé par l'article 15 de la loi (cinquante dollars) au marchand.

DOC. PARLEMENTAIRE No 14

Je recommande respectueusement la publication de ce rapport sous le titre de bulletin n° 264.

J'ai l'honneur d'être, monsieur,
Votre obéissant serviteur,

A. McGILL,
Analyste en chef.

5 GEORGE V, A. 1915

BULLETIN N° 264—

Date du prélèvement de l'échantillon.	Désignation.	Numéro de l'échantillon.	Nom et adresse du vendeur.	Prix.		Nom et adresse du fabricant ou fournisseur, tel que communiqué par le vendeur.		Rapport de l'inspecteur. (Ne comportant aucune expression d'opinion.)
				Quantité.	Cents.	Fabricant.	Fournisseur.	

DISTRICT DE LA NOUVELLE-ECOSSE—

1913.								
20 mars.	Potato and Vegetable Phosphate	46966	F. W. Dimock, Windsor, N.-E.	3 liv.	rien	Bowker Co., Boston, Mass.	Fabricant...	....
20 "	Stockbridge Special Complete Manure for Potatoes and Vegetables.	46967	"	3 "	"	"	"	....
20 "	Bowkers Square Brand Bone and Potash.	46968	"	3 "	"	"	"	....
20 "	Scottish Potato Manure.	46969	C. P. Blanchard, Truro, N.-E.	3 "	"	A. Cross & Son, Glasgow, Ecosse.		....
20 "	'A' Quality Basic Slag.	46970	"	3 "	"	Cross Fert. Co., Sydney, N.-E.	"	....'......
20 "	Montreal Special Manure.	46971	H. H. McNutt, Truro, N.-E.	3 "	"	Montreal Abattoirs Ltd.	"	....
20 "	Gilt Edge Potato and Tobacco Manure.	46972	"	3 "	"	"	"	....
20 "	Fine Bone	46973	"	3 "	"	"	"	.... Pas de n° sur le sac ou l'étiquette.
15 avril.	Fertilizer....	46974	Halifax Seed Co., Halifax, N.-E.	3 "	"	Lowell Fert. Co., Windsor, N.-E.	Colonial Fert. Co., Windsor, N.-E.	....
15 "	Empress Brand.	46975	"	3 "	"	"	"	....
15 "	Cereal Brand...	46976	"	3 "	"	"	"	....
15 "	Ground Bone...	46977	"	3 "	"	"	"	....
23 "	1-8-5 Brand. ..	46978	Amherst Trading Co., Amherst, N.-E.	3 "	"	Dom. Fert. St. Stephen, N.-B.	Fabricant...	'... ....
23 "	2-8 10 Brand...	46979	"	3 "	"	"	"	....
23 "	Basic Slag......	46980	"	3 "	"	Anglo Continental Guano Works, Londres, Ang.	"	....
23 "	Potato Manure..	46981	R. A. Beckwith, Amherst, N.-E.	3 "	"	A. Cross & Sons, Glasgow, Ecosse.	"	...':...|...... ......
25 "	Muriate of Potash.	46982	F. Wescott, Gaspereany, N.-E.	3 "	"	German Kali Works, New-York.\	Inconnu....	....

ENGRAIS DU COMMERCE.

.Résultats des analyses.

R. J. WAUGH, INSPECTEUR.

Numéro d'enregistrement.	Analyse de l'échantillon.	Azote, p.c.		Acide phosphorique, p.c.				Total utilisable.	Potasse.	Pourcentage de pureté.	Numéro de l'échantillon.	Remarques et opinion de l'analyste en chef.
		Total, y compris l'acide nitrique ou l'ammoniaque.	Total calculé en ammoniaque.	Soluble dans l'eau.	Soluble dans l'acide citrique.	Insoluble.	Total.					
		p.c.	p.c.	p.c.	p.c.	p.c.	p.c.	p.c.	p.c.	p.c.		
92	Tel que garanti	1·65	2·0	6·0	2·0	1·0	9·0	8·0	2·0	.....	46966	
	Tel qu'analysé	.....	1·90	5·80	2·53	1·30	9·63	8·33	2·14	.....	.....	Conforme à la
88	Tel que garanti	3·29	4·0	4·0	2·0	1·0	7 0	6·0	10·0	.....	46967	garantie.
	Tel qu'analysé	...	3·5	3·45	2·25	1·48	7·18	5·70	9·50	.....	.....	"
95	Tel que garanti	1·65	2·0	4·0	2·0	1·0	7·0	6·0	2·0	.....	46968	
	Tel qu'analysé	.....	2·22	3·70	2·68	1·67	8·05	6·38	2·04	..	.....	"
515	Tel que garanti	2·47	·0	7·0	1·0	1·0	9·0	8·0	3·5	.....	46969	Essentiellement
	Tel qu'analysé	...:	3·05	2·52	6·97	2·01	11 50	9·49	3·63	.....	.....	conforme à la garantie, l'acide phospho r i q u e utilisable étant conf. à la gar'tie
557	Tel que garanti					12·8					46970	
	Tel qu'analysé					13·35	0·88	14·23	13·35	.....	90·9	.....	Conforme à la garantie.
556	Tel que garanti	.....	1·0					8·0	5·0	.....	46971	
	Tel qu'analysé	.....	1·5	...	10·24	1·96	12 20	10·24	4·56	.....		"
555	Tel que garanti	...	3·0					7·0	10·0	....	46972	*De beaucoup infér. en potasse, défaut 8·5 p. 100
	Tel qu'analysé	.....	3·20	.:....	11·23	2·10	13·33	11·23	1·54	.....		
	Tel qu'analysé	....	4·39	.....	16·31	8·77	25·08	16·31	....	.....	46973	Non identifié et appare m m en t non enregistré.
803	Tel que garanti	1·64	2·0	4·0	4·0	1·0	9·0	8·0	3·0	.....	46974	
	Tel qu'analysé	....	2·10	5·03	3·41	0·94	9·38	8·44	2·94	.....		Conforme à la garantie.
802	Tel que garanti	1·24	1·5	3·0	4·0	1·0	8·0	7·0	2·0	.....	46975	
	Tel qu'analysé	.....	1·90	4·81	2·56	1·13	8·50	7·37	2·61	.....		"
799	Tel que garanti	0·82	1·0	4·0	3·0	1·0	8·0	7·0	1·0	.....	46976	
	Tel qu'analysé	.....	1·10	4·28	3·51	1·06	8·85	7·79	1·88	.....		"
463	Tel que garanti	2·46					23·0				46977	
	Tel qu'analysé	.....	3·64	...	16·90	6·65	23·5	16·90		.....		"
492	Tel que garanti	0·80	1·0	6·0	2·0	1·0	9·	8·0	5·0	.....	46978	
	Tel qu'analysé	.....	1·10	3·55	4·17	0·88	8·50	7·72	5·74	...		"
489	Tel que garanti	1·6	2·0	6·0	2·0	1·0	9·0	·0	10·0	.....	46979	Infér. à la garantie en potasse.
	Tel qu'analysé	....	1·75	6·73	1·89	0·66	9·28	8·62	8·51	.....		
106	Tel que garanti				11·2		14·0			80·0	46980	Conforme à la garantie.
	Tel qu'analysé	.....	....	...	11 83	1·22	13·05	11·₃3	..	85·2	....	
339	Tel que garanti	1·65	2·0				9·0	8·0	2·0	.....	46981	
	Tel qu'analysé	..	2·43	.....	8·16	3·54	11·70	8·16	2·55	.....		"
691	Tel que garanti								48·0	.....	46982	
	Tel qu'analysé								50·89	....		"

* Les fabriquants prétendent qu'il y a eu erreur dans l'identification de la marque ; elle devrait porter le numéro 552 ; l'analyse serait alors conforme à la garantie.

BULLETIN N° 264—

Date du prélèvement.	Désignation.	Numéro de l'échantillon.	Nom et adresse du vendeur.	Prix.		Nom et adresse du fabricant ou fournisseur, tel que communiqué par le vendeur.		Rapport de l'inspecteur. (Ne comportant aucune expression d'opinion).
				Quantité.	Cents.	Fabricant.	Fournisseur.	

DISTRICT DE LA NOUVELLE-ECOSSE—

1913.								
25 avril.	Superphosphate with Potash.	46983	Burgess & Co., Wolfville, N.-E.	3 liv.	rien	Bowker Co., Boston,Mass.	Fabricants..	
25 "	6% Brand.....	46984	" "	3 "	"	"	"	
28 "	Pidgeons' Ground Bone.	46985	Colonial Fert. Co., Windsor, N.-E..	3 "	"	Vendeurs.....		
28 "	Bas... ..ng . ..	46986	" "	3 "	"	Staachman Co., Allemagne.	Fabricants..	
28 "	Essex Potato Grower.	46987	" "	3 "	"	Vendeurs.....		
28 "	Colonial Potato Grower.	46988	" "	3 "	"	"		
28 "	Colonial Acid Phosphate.	46989	" "	3 "	"	"		
28 "	Essex Complete Manure.	46990	" "	3 "	"	"		
28 "	Bone and Phosphate.	46991	F. H. Manning, Falmouth, N.-E.	3 " .	"	Montreal abatoirs, Montréal.	Fabricant...	Pas de n° sur le sac ou l'étiquette.
29 "	Bone and Potash.	46992	A. L. Melvin & Co., Halifax, N.-E.	3 " .	"	Nova Scotia Fert. Co., Halifax, N-.E.	"	
29 "	10% Potato Phosphate.	46993	" "	3 " .	"	"	"	
29 "	Bone Meal.....	46994	" "	3 " .	"	"	"	
29 "	Potato Phosphate.	46995	" "	3 " .	"	"	"	
29 "	Ceres Brand....	46996	" - "	3 " .	"	"	"	
29 "	Imperial Superphosphate.	46997	E. D. Smith, Dartmouth, N.-E.	3 " .	"	Prov.Chem.Co St-Jean,N.-B		
29 "	Potato Phosphate.	46998	"	3 " .	"	"		
29 "	Potato Manure.	46999	"	3 " .	"	"		
6 mai..	4-8-4 Potato Fertilizer.	47000	United Fruit Co., Berwick, N.-E.	3 " .	"	A. Cross & Sons,Glasgow, Ecosse.		
"	Slag..........	54101	Nova Scotia Fert. Co., Halifax, N.-E	3 " .	"	Staachman & Co., Allemagne.		

DOC. PARLEMENTAIRE No 14

ENGRAIS DE COMMERCE.

Résultats des analyses.

Fin.

Numéro d'enregistrement	Analyse de l'échantillon	Azote, p.c. — Total, y compris l'acide nitrique ou l'ammoniaque	Azote, p.c. — Total calculé en ammoniaque	Acide phosphorique, p.c. — Soluble dans l'eau	Soluble dans l'acide citrique	Insoluble	Total	Total utilisable	Potasse	Pourcentage de pureté	Numéro de l'échantillon	Remarques et opinion de l'analyste en chef
		p.c.	p.c.	p.c.	p.c.	p.c.	p.c.¶	p.c.	p.c.	p.c.		
99	Tel que garanti			6·0	4·0	1·0	11·0	10·0	2·0		46983	
	Tel qu'analysé			7·0	2·66	0·94	10·60	9·66	2·49			Conforme à la garantie.
96	Tel que garanti	0·82	1·0	4·0	2·0	1·0	7·0	6·0	6·0		46984	
	Tel qu'analysé		0·90	5·19	1·86	0·50	7·55	7·05	7·40			"
786	Tel que garanti	2·47	3·00				20·00				46985	
	Tel qu'analysé		3·78		13·86	8·72	22·58	13·86				"
861	Tel que garanti						17·0				46986	
	Tel qu'analysé				14·78	3·05	17·83	14·78		86·3		"
790	Tel que garanti	2·46	3·0	3·0	3·0	1·0	7·0	6·0	10·0		46987	
	Tel qu'analysé		2·90	4·55	1·35	0·65	6·55	5·90	10·66			"
765	Tel que garanti	3·28	4·0	3·0	3·0	1·0	7·0	6·0	10·0		46988	
	Tel qu'analysé		4·00	4·80	2·09	0·94	7·83	6·89	9·19			* "
859	Tel que garanti						15·0	14·0			46989	
	Tel qu'analysé				15·42	1·38	16·80	15·42				"
788	Tel que garanti	3·28	4·0	3·0	3·0	1·0	7·0	6·0	10·0		46990	
	Tel qu'analysé		3·78	4·45	2·10	0·58	7·13	6·55	10·08			
	Tel qu'analysé				6·95	3·78	10·73	6·95	26·20		46991	†Non identifié et apparemment non enregistré.
465	Tel que garanti		2·0	6·0	2·0		8·0	6·0	2·0		46992	
	Tel qu'analysé		2·80	8·16	1·14		9·30	8·16	4·68			Conforme à la garantie.
41	Tel que garanti		2·5			2·0	8·0	6·0	10·0		46993	Inférieur à la garantie en phosphate, mais l'excès de potasse compense amplement.
			2·79		4·05	0·61	4·66	4·05	14·62			
44	Tel que garanti		3·00				23·0				46994	Inférieur à la garantie en total d'acide phosphorique.
	Tel qu'analysé		3·87		12·88	8·15	21·03	12·88				
38	Tal que garanti		2·0			2·0	9·0	7·0	4·0		46995	
	Tel qu'analysé		2·72		7·20	1·35	8·55	7·20	5·29			Conforme à la garantie.
37	Tel que garanti		2·0			2·0	9·0	7·0	2·0		46996	
	Tel qu'analysé		2·96		7·70	1·30	9·00	7·70	4·74			"
69	Tel que garanti		3·0				10·0		1·5		46997	
	Tel qu'analysé		3·00				11·68		1·89			"
63	Tel que garanti		2·5				8·0		6·0		46998	
	Tel qu'analysé		2·70				9·03		5·97			* "
70	Tel que garanti		2·0				7·0		4·0		46999	
	Tel qu'analysé		2·00				8·85		3·92			"
689	Tel que garanti	3·29	4·0	7·0	1·0	1·0	9·0	8·0	4·0		47000	
	Tel qu'analysé		4·10	5·58	4·00	1·77	11·35	9·58	5·24			"
47	Tel que garanti						14·0	12·0			54101	
	Tel qu'analysé				13·76	0·69	14·45	13·76		84·9		-

* Les échantillons, supposés être semblables, donnent respectivement 9·81 et 8·57 de potasse, valeur moyenne, 9·19.

† Le vendeur prétend que cet engrais n'était pas destiné au commerce, mais à son propre usage.

5 GEORGE V, A. 1915

BULLETIN N° 264—

Date du prélèvement.	Désignation.	Numéro de l'échantillon.	Nom et adresse du vendeur.	Prix. Quantité.	Cents.	Nom et adresse du fabricant ou fournisseur, tel que communiqué par le vendeur. Fabricant:	Fournisseur.	Rapport de l'inspecteur. (Ne comportant aucune expression d'opinion).

DISTRICT DE L'ILE DU PRINCE-EDOUARD—

1913.								
16 avril.	Superphosphate	46424	Auld Bros., Charlottetown, I. P.-E.	3 liv.	rien	Thos. Vickers & Son, Manchester, Ang.		
16 "	Nitrate of Soda.	46425	" *	3 "	"	The Am. Agr. Chem. Co., Weymouth, Mass.		
16 "	Sulphate of Potash.	46426	"	3 "	"	German Kali Works., Leopoldshall. Strassfurt.		
16 "	Muriate of Potash.	46427	"	3 "	"	"		
16 "	Swans Thomas Phosphate.	46428	"	3 "	"	Swan Bros. Wks., Wigan, Ang.		
16 "	Sure Growth....	46429	"	3 "	"	Montréal Abattoirs Ltd., Montreal.		
16 "	Montreal Special Potato Manure.	46430	"	3 "	"	"		
17 "	Corn and Cereal Special.	46431	"	3 "	"	"		
19 "	Early Fruit and Vegetable Grower.	46432	"	3 "	"	"		
19 "	Gilt E lge Potato and Tobacco Manure.	46433	Auld Bros., Charlottetown, I. P.-E.	3 "	"	Montréal Abattoirs Ltd., Montreal.		
7 mai.	Nitrate of Soda.	46434	J. H. Gill, Charlottetown, I. P.-E.	3 "	"	Alex. Cross & Sons, Ltd., Glasgow.		
7 "	Superphosphate.	46435	" " ..	3 "	"	"		
10 "	Muriate of Potash.	46436	" . " ..	3 "	"	German Kali Works, Leopoldshall, Strassfort, Allemagne.		

DISTRICT DU NOUVEAU-BRUNSWICK—

17 mars	Bowker's 6 %...	50301	D. J. Seely & Son, St-Jean, N.-B.	3 jarres.	10	Bowker Fert. Co., Boston, Mass.		
17 "	Stockbridge complete Manure for Potatoes and Vegetables.	50302	" " ..	3 " .	10	"		

* Marchand en gros seulement.

DOC. PARLEMENTAIRE No 14

ENGRAIS DU COMMERCE.

WM. A. WEEKS, INSPECTEUR.

Numéro d'enregistrement.	Analyse de l'échantillon.	Azote, p.c. Total, y compris l'acide nitrique ou l'ammoniaque.	Azote Total calculé en ammoniaque.	Acide phosphorique, p.c. Soluble dans l'eau.	Soluble dans l'acide citrique.	Insoluble.	Total.	Total utilisable.	Potasse.	Pourcentage de pureté.	Numéro de l'échantillon.	Remarques et opinion de l'analyste en chef.
		p. c.	p. c.	p. c.	p. c.	p. c.	p. c.	p. c.	p. c.	p. c.		
324	Tel que garanti	...	....	....	....	....	....	16·0	....	....	46424	Conforme à la garantie.
	Tel qu'analysé	......	....	17·50	0·45	0·53	18·50	17·97	....	....		
179	Tel que garanti	15·0	18·23	......							46425	"
	Tel qu'analysé	...	18·20	..								
306	Tel que garanti	....	....					48·0	....		46426	"
	Tel qu'analysé	....	....					47·80	....			
305	Tel que garanti	....	....					50·0	....		46427	"
	Tel qu'analysé	....	....					48·96	....			
323	Tel que garanti	....	....	11·20	2·80	14·0	11·20	....			46428	"
	Tel qu'analysé	....	....	11·53	3·25	14·78	11·53	....	86·0			
551	Tel que garanti	....	1·0					8·0	1·0	....	46429	"
	Tel qu'analysé	....	2·20	..	8·31	1·49	9·80	8·31	2·12			
556	Tel que garanti		1·0					8·0	1·0	...	46430	De beaucoup supér. à la garantie en potasse.
	Tel qu'analysé		1·20		8·65	1·70	10·35	8·65	5·87			
552	Tel que garanti	...	2·0					8·0	2·0	....	46431	
	Tel qu'analysé		2·00		8·81	3·34	12·15	8·81	2·59			Conforme à la garantie.
553	Tel que garanti		4·0					6·0	4·0	....	46432	
	Tel qu'analysé		4·30		8·14	3·16	11·30	8·14	5·57			
555	Tel que garanti		3·0					7·0	10·0	....	46433	*Inférieur à la garantie.
	Tel qu'analysé	....	3·10		9·53	3·57	13·10	9 53	6·32			
174	Tel que garanti	15·5	18·8								46434	
	Tel qu'analysé	...	18·30									Conforme à la garantie.
327	Tel que garanti			16·0							46435	
	Tel qu'analysé			16·86		1·24	18·10	16·86				"
691	Tel que garanti							48·0			46436	
	Tel qu'analysé							48·38				"

J. C. FERGUSON, INSPECTEUR.

Num.	Analyse	Azote total	Azote calculé	Soluble eau	Soluble citrique	Insoluble	Total	Total utilisable	Potasse		Numéro	Remarques
96	Tel que garanti	0·82	1·0	4·0	2·0	1·0	7·0	6·0	6·0	....	50301	Conforme à la garantie.
	Tel qu'analysé	....	1·10	4·00	3·48	1·02	8·50	7·48	5·22			
88	Tel que garanti	3·29	4·0	4·0	2·0	1·0	7·0	6·0	10·0	....	50302	Presq. conforme à la garantie.
	Tel qu'analysé	....	3·20	4·50	2·54	1·71	8·75	7·04	8·92			

* Les fabriquants prétendent que la chose est accidentelle.

5 GEORGE V, A. 1915

BULLETIN N° 264—

Date du prélèvement.	Désignation.	Numéro de l'échantillon.	Nom et adresse du vendeur.	Prix.		Nom et adresse du fabricant ou fournisseur, tel que communiqué par le vendeur.		Rapport de l'inspecteur. (Ne comportant aucune expression d'opinion).
				Quantité.	Cents.	Fabricant.	Fournisseur.	

DISTRICT DU NOUVEAU-BRUNSWICK—

1913.								
17 mars.	Sure Crop.....	50303	D. J. Seely & Son, St-Jean, N.-B.	3 jas. res.	10	Bowker Fert Co., Boston, Mass.		
17 "	Farm and Garden.	50304	" " ..	3 " .	10	"		
17 "	Square Brand...	50305	" " ..	3 " .	10	"		
17 "	Bowker's Potato and Vegetable Phosphate.	50306	" " ..	3 " .	10	"		
22 "	10% Complete Aroostook.	50307	The Prov. Chem. Fert. Co., Ltd., St-Jean, N.-B.	3 " .	10	Fabricants....		
22 "	Complete Potato Grower.	50308	" " ..	3 " .	10	"		
22 "	Special Potato Phosphate.	50309	" " .	3 " .	10	"		
22 "	Potato Manure.	50310	" " ..	3 " .	10	"		
22 "	Imperial Superphosphate.	50311	The Prov. Chem. Fert. Co., Ltd., St-Jean, N.-B.	3 " .	10	Fabricants....		
22 "	Blood Bone and Potash.	50312	"	3 "	10	. "		
22 "	Victor Guano...	50313	"	3 "	10	"		
10 avril.	4-6-10.........	50314	Dom. Fert. Co., Ltd.,St.Stephen, N.-B.	3 "	10	"		
10 "	3 6-10.........	50315	"	3 "	10	"		
10 "	2-8-10	50316	"	3 "	10	"		
10 "	2-9-5.........	50317	"	3 "	10	"		
10 "	Bradley's X.L..	50318	Hill Bros., St. Stephen, N.-B.	3 "	10	A m. A g r. Chem. Co., Boston, Mass.		
10 "	Bradley's Potato Manure.	50319	"	3 "	10			
15 "	10 p.c. Potato Phosphate.	50320	Byron Brewer, Fredericton,N.-B.	3 "	10	Nova Scotia Fert. Co., Halifax,N.-E.		
15 "	Potato Phosphate.	50321	"	3 "	10	".		
15 "	Special Potato Phosphate.	50322	"	3 "	10	"		
15 "	High Grade Potato Phosphate	50323	"	3 "	10	"		
16 "	Harab.........	50324	Benn & Turney, Woodstock, N.-B.	3 "	R'n	The Harris Abattoir Co., Ltd., Toronto		

ENGRAIS DU COMMERCE.

Résultats des analyses.

Suite.

Numéro d'enregistrement	Analyse de l'échantillon	Azote, p.c. Total, y compris l'acide nitrique ou l'ammoniaque.	Azote, p.c. Total calculé en ammoniaque.	Acide phosphorique, p.c. Soluble dans l'eau.	Acide phosphorique, p.c. Soluble dans l'acide citrique.	Acide phosphorique, p.c. Insoluble.	Acide phosphorique, p.c. Total.	Acide phosphorique, p.c. Total utilisable.	Potasse.	Pourcentage de pureté.	Numéro de l'échantillon.	Remarques et opinion de l'analyste en chef.
773	Tel que garanti	0·82	1·0	7·0	2·0	1·0	10·0	9·0	2·0	......	50303	
	Tel qu'analysé	......	1·10	6·65	2·57	1·16	10·38	9·22	2·69	......		Conforme à la garantie.
94	Tel que garanti	1·65	2·0	6·0	2·0	1·0	9·0	8·0	2·0	...	50304	garantie.
	Tel qu'analysé	......	2·80	5·75	3·24	1·24	10·23	8·99	2·42	......		"
95	Tel que garanti	1·65	2·0	4·0	2·0	1·0	7·0	6·0	2·0	......	50305	
	Tel qu'analysé	......	2·27	4·51	2·96	0·98	8·45	7·47	2·49	......		"
92	Tel que garanti	1·65	2·0	6·0	2·0	1·0	9·0	8·0	2·0	....	50306	
	Tel qu'analysé	......	1·97	5·53	2·46	1·64	9·63	7·99	2·21	......		"
65	Tel que garanti	......	4·0	....	......	.....	8·0	.....	10·0	......	50307	
	Tel qu'analysé	......	3·75	....	......	.....	7·55	....	11·00	......		"
64	Tel que garanti	......	3·0				6·0	....	10·0	.....	50308	
	Tel qu'analysé	......	3·20	....			5·60	....	10·72	.....		"
63	Tel que garanti	......	2·5				8·0	.....	6·0	.....	50309	
	Tel qu'analysé	......	2·50				7·50	.....	6·23	.....		"
70	Tel que garanti	......	2·0				7·0	.....	4·0	....	50310	
	Tel qu'analysé	......	2·00				7·25	.....	3·88	.....		"
69	Tel que garanti	......	3·0				10·0	....	1·5	.....	50311	
	Tel qu'analysé	......	3·00				9·88	....	2·12	.....		"
71	Tel que garanti	......	2·0				7·0	....	4·0		50312	
	Tel qu'analysé	......	2·10				·10	....	·4		50313	
68	Tel que garanti	......	2·0				0					
	Tel qu'analysé	......	2·20				·90		·2			
487	Tel que garanti	3·3	4·0	4·0	2·0	1·0	0	6·0			50314	
	Tel qu'analysé	...	3·90	2·30	4·31	·02	·63	1	1·2			"
488	Tel que garanti	2·4	3·0	4·0	2·0		7·0	9·0	10·0	....	50315	
	Tel qu'analysé		2·90	1·70	4·08		8·73	8·8	10·06	....		"
489	Tel que garanti	1·6	2·0	6·0	2·0		0				50316	
	Tel qu'analysé	....	2·00	7·13	1·29		33	2	·16			"
490	Tel que garanti	1·6	2·0	7·0	2·0		0	1·0			50317	
	Tel qu'analysé		2·25	3·43	5·45		·20	8	·96			"
2	Tel que garanti	2·06	2·5	6·0	2·0		0				50318	
	Tel qu'analysé		2·35	4·68	3·60		18	8	56			"
190	Tel que garanti	2·47	3·0	4·0	2·0	1·0	7·0	6·0	5·0		50319	
	Tel qu'analysé		2·80	3·50	2·71	0·99	7·20	6·21	5·13			"
41	Tel que garanti		2·5			2·0	8·0	6·0	10·0		50320	Conforme à la garantie en valeur compensée.
	Tel qu'analysé		2·50		4·85	0·79	5·64	4·85	11·72			"
38	Tel que garanti		2·0			2·0	7·0	7·0	4·0		50321	Conf. à la garant.
	Tel qu'analysé		2·80		6·55	1·9	·7	·8	·54			
40	Tel que garanti		2·5			2·			0		50322	Inférieur à la gar. en acide phosphorique. Conforme à la garantie en val. compensée.
	Tel qu'analysé		2·50		5·40	0· 5	·5		·65			
36	Tel que garanti		4·0			2·0	8·0	6·0	10·0		50323	compensée. Conforme à la garantie.
	Tel qu'analysé		3·90		5·93	1·17	7·10	5·93	11·74			"
695	Tel que garanti		4·0				7·0	6·0	10·0		50324	
	Tel qu'analysé		3·80		7·56	1·04	8·60	7·56	11·12			"

BULLETIN N° 264—

Date du prélèvement	Désignation	Numéro de l'échantillon	Nom et adresse du vendeur.	Prix. Quantité.	Cents.	Fabricant.	Fournisseur.	Rapport de l'inspecteur. (Ne comportant aucune expression d'opinion).

DISTRICT DU NOUVEAU-

Date du prélèvement	Désignation	Numéro de l'échantillon	Nom et adresse du vendeur.	Quantité.	Cents.	Fabricant.	Fournisseur.	Rapport de l'inspecteur.
1913.								
18 avril.	3-6-10	50325	Porter Manzer Co., Woodstock, N.-B.	3 jarres.	rien	Int. Agr. Corporation, Buffalo Fert. Wks		
18 "	Thomas Phosphate Powder.	50326	J. Warren Jamer, Andover, N.-B.	3 "	10	H & E. Albert, Londres, Ang.		
23 "	Bone Meal	59327	Mills Eveleigh Co., Ltd., Sussex, N.-B.	3 jars.	10	Dom. Fert. Co., St. Stephen, N.-B.		
23 "	Basic Slag, "A" Quality.	50328	"	3 "	10	The Cross Fert. Co., Ltd., Sydney, N.-É		
23 "	2-8-2	50329	"	3 "	10	Dom. Fert. Co., St. Stephen, N.-B.		
23 "	Ground Bone...	50330	Sussex Mercantile Co., Ltd., Sussex, N.-B.	3 "	10	New England Fert. Co., Windsor, N.-É.		
23 "	Potato Fertilizer	50331	"	3 "	10	"		
23 "	Corn and Grass..	50332	"	3 "	10	"		
4 juin.	Basic Slag	50333	Walter K. Reade, Melrose, N.-B.	3 "	rien	Glengarnock Phosphate W'ks, Glengarnock.	Woodford Allen, Upper Cape, N.-B. Rich. Joyce, Melrose, N.-B.	Peint sur le sac, 24% phosphates solubles.
4 "	Basic Slag	50334	"	3 "	"			
4 "	Basic Slag	50335	Job Fillmore, Port Elgin, N.-B.	3 "	"		Colonial Fertilizer Co., Windsor, N.-É.	
5 "	Basic Slag	50336	Isaac Winslow Kaye, Little Shemogue, N.-B.	3 "	"		The Cross Fert Co., td., Sydney, N.-É	

ENGRAIS DU COMMERCE.

B RUNSWICK—Fin.

Numéro d'enregistrement	Analyse de l'échantillon	Azote, p.c.		Acide phosphorique, p.c					Potasse.	Pourcentage de pureté.	Numéro de l'échantillon.	Remarques et opinion de l'analyste en chef.
		Total, y compris l'ac de n tr ÷te ou l'ammo-niaque.	To ÷ l¢a cu é en moniaque.	Soluble dans l'eau.	Soluble dans l'acide citrique.	Insoluble.	Total.	Total utilisable.				
		p.c.	p c.	p.c.	p.c.	p.c.	p.c.	p.c.	p.c.	p.c.	p.c.	
753	Tel que garanti	2·46	3·0	4·0	2·0	1·0	7·0	6·0	10·0	.....	50325	Conforme à la garantie.
	Tel qu'analysé	.....	2·60	1·35	4·76	0·97	7·08	6·11	10·03	....	......	
1	Tel que garanti			...	12·0	.....	15·0			.....	50326	"
	Tel qu'analysé				14·88	1·02	15·90	14·88	....	86·6	...	
572	Tel que garanti	2·46	3·0	...	...	......	22·0			.....	50327	"
	Tel qu'analysé	......	3·37	.....	16·33	7·20	23·53	16·33				"
557	Tel que garanti			...	12·80	......				.....	50328	
	Tel qu'analysé				13.08	0·72	13·80	13·08	.....	81·0		"
491	Tel que garanti	1·6	2·0	6·0	2·0	1·0	9·0	8·0	2·0	....	50329	
	Tel qu'analysé	... .	1·92	3·45	4·85	1·10	9·40	8·30	2·28	.....	.....	"
93	Tel que garanti	1·65	2·00	6·00	2·00	1·00	9·00	8·00	2·00	......	50330	Erreur probable dans l'identifi-cation ou la des-cription à la pleine valeur garantie.
	Tel qu'analysé	.....	4·07	... .	13·85	5·55	19·40	13·85			.....	
814	Tel que garanti	1·64	2·0	4·0	3·0	1·0	8·0	7·0	4·0	.....	50331	Conforme à la garantie.
	Tel qu'analysé	......	2·05	5·00	1·86	1·02	7·88	6·86	3·94	.....	.	
815	Tel que garanti	0·82	1·0	4·0	3·0	L0	8·0	7·0	1·0	......	50332	Conforme à la garantie.
	Tel qu'analysé	. ...	1.50	5·75	2·29	1·31	9·35	8·04	2·52	:.....	......	
254	Tel que garanti	....						.....	.....	85·0	50333	Conforme à la garantie.
	Tel qu'analysé	......		......	14·58	0·27	14·85	14·58	.....	85·2	......	
....	Tel qu'analysé	......		...	14·28	1·97	16·25	14·28	.....	79·3	50334	Non identifié et apparemment non enregistré. Dit avoir été acheté par M. Reade c. échant. seulem. et non p. le commerce.
862	Tel que garanti						16·0	.....		80·0	50335	
	Tel qu'analysé	.../		......	14·45	1·43	15·88	14·45	....	81·4	.....	Conforme à la garantie.
557	Tel que garanti				12·8					.....	50336	
	Tel qu'analysé	....	....	.....	12·13	0·43	12·56	12·13	.....	94·8	......	Conforme à la garantie.

* (24 pour 100 de phosphates solubles)=1ɔ p.c. $P_2 O_5$.

Date du prélèvement.	Nature de l'échantillon.	Numéro de l'échantillon.	Nom et adresse du vendeur.	Prix.		Nom et adresse du fabricant ou fournisseur, tel que communiqué par le vendeur.		Rapport de l'inspecteur. (Ne comportant aucune expression d'opinion).
				Quantité.	Cents.	Fabricant.	Fournisseur.	

DISTRICT DE QUÉBEC—

1913.								
26 mars.	Capital	37023	Georges Tanguay, Québec.	3 liv.	rien	Fabricant		
26 "	Jupiter	37024	"	3 "	"	"		
26 "	Phœnix	37025	"	3 "	"	"		
26 "	Monarch	37026	"	3 "	"	"		
26 "	Union	37027	"	3 "	"	"		
26 "	Nestor	37028	Georges Tanguay, Québec.	3 "	"	"		
26 "	Celtic	37029	" " ..	3 "	"	"		
27 "	Muriate of Potash.	37030	J. B. Reneaud et Cie, Québec.	3 "	"	British Oil and Cake, Mills, Liverpool.		
26 "	Globe	37031	Georges Tanguay, Québec.	3 "	"	Fabricant.		
27 "	Nitrate of Soda.	37032	J. B. Reneaud et Cie, Québec.	3 "	"	British Oil and Cake Mills, Liverpool.		
27 "	Sulphate of Potash.	37033	" "	3 "	"	"		
27 "	Basic Slag	37034	" "	3 "	"	"		
18 avril.	Defiance	37036	P. T. Légaré, Ltée, Québec.	3 "	"	Mich. Carbon Wks. Detroit.	Fabricants..	
18 "	Thomas Phosphate Basic Slag.	37037	"	3 "	"	Cross Fert. Co. Ltd., Sydney, N.-É	"	
18 "	Fruit and Vine..	37038	" " ..	3 "	"	Mich. Carbon Wks., Détroit	"	
18 "	Virginia Tobacco	37039	" " ..	3 "	"	"	"	
18 "	High Grade Garden and Vegetable.	37040	" " ..	3 "	"	"	"	
18 "	Royal Canadian.	37041	" " ..	3 "	"	Cap. Chem. and Fert. Co., Buckingham.		
18 "	Victor	37042	" " ..	3 "	"	"	"	
23 "	North Western Canadian Potash Fertilizer.	37043	Eug. Julien et Cie, Ltée, Québec.	3 "	"	The Am. Agr. Chem. Co., Buffalo, N.-Y.	"	

DOC. PARLEMENTAIRE No 14

ENGRAIS DE COMMERCE.

Résultats des analyses.

F. X. W. E. BELAND, INSPECTEUR.

Numéro d'enregistrement	Analyse de l'échantillon	Azote — Total, y compris l'acide nitriq. ou l'ammoniaque (p.c.)	Azote — Total calculé en ammoniaque (p.c.)	Acide phosphorique — Soluble dans l'eau (p.c.)	Soluble dans l'acide citrique (p.c.)	Insoluble (p.c.)	Total (p.c.)	Total utilisable (p.c.)	Potasse (p.c.)	Pourcentage de pureté (p.c.)	Numéro de l'échantillon	Remarques et opinion de l'analyste en chef
511	Tel que garanti	4·0	5·0					8·0	6·0		37023	Inférieur à la garantie en acide phosphori., mais conf. à la gar. en val. compensée.
	Tel qu'analysé		5·70		6·17	0·66	6·83	6·17	9·03			
510	Tel que garanti	2·06	2·5					8·0	5·0		37024	
	Tel qu'analysé		4·30		8·35	1·23	9·58	8·35	7·58			Conf. à la garant.
548	Tel que garanti	2·47	3·0					6·0	7·0		37025	
	Tel qu'analysé		3·00		9·40	1·08	10·48	9·40	7·60			"
682	Tel que garanti	1·67	2·0					9·0	8·0		37026	Infér. à la gar. en potasse, m. con. en valeur compensée.
	Tel qu'analysé		1·50		11·13	1·43	12·53	11·13	6·70			
507	Tel que garanti	2·47	3·0					8·0	3·5		37027	
	Tel qu'analysé		2·15		9·13	1·32	10·45	9·13	5·20			Conf. à la garant.
683	Tel que garanti	1·65	2·0					8·0	3·0		37028	
	Tel qu'analysé		1·50		7·98	1·25	9·23	7·98	4·69			"
512	Tel que garanti							10·0	5·0		37029	Erreur probable dans l'identification
	Tel qu'analysé				14·64	3·61	18·25	14·64		82·5		
443	Tel que garanti								50·0		37030	Conf. à la garant.
	Tel qu'analysé								49·24			
547	Tel que garanti							18·0			37031	Erreur probable dans l'identification.
	Tel qu'analysé				10·66	1·14	11·80	10·66	6·73			
273	Tel que garanti	15·0	18·5								37032	Conf. à la garant.
	Tel qu'analysé		18·00									
299	Tel que garanti								48·0		37033	
	Tel qu'analysé								48·18			"
302	Tel que garanti				15·4	3·85	19·25				37034	
	Tel qu'analysé				15·80	5·08	20·88	15·80		86·3		"
203	Tel que garanti	1·65	2·0	6·0	2·0	1·0	9·0	8·0	2·0		37036	
	Tel qu'analysé		2·18	4·50	4·09	1·74	10·33	8·59	2·52			"
591	Tel que garanti						13·6				37037	
	Tel qu'analysé				15·18	1·30	16·48	15·18		85·5		"
212	Tel que garanti	1·65	2·0	6·0	2·0	1·0	9·0	8·0	10·0		37038	
	Tel qu'analysé		2·25	6·58	1·91	1·24	9·73	8·49	10·79			"
207	Tel que garanti	1·65	2·0	6·0	2·0	1·0	9·0	8·0	4·0		37039	
	Tel qu'analysé		2·0	5·00	3·23	1·37	9·60	8·23	3·77			"
210	Tel que garanti	1·65	2·0	6·0	2·0	1·0	9·0	8·0	6·0		37040	
	Tel qu'analysé		2·16	7·05	1·49	1·31	9·85	8·54	6·41			"
84	Tel que garanti	4·0						9·0	5·0		37041	
	Tel qu'analysé		4·31					9·43	6·37			"
83	Tel que garanti	2·0						7·0	3·0		37042	
	Tel qu'analysé		1·72					9·65	3·36			"
335	Tel que garanti	0·82	1·0	4·0	2·0	1·0	7·0	6·0	6·0		37043	"
	Tel qu'analysé		1·00	2·12	4·01	1·02	7·15	6·13	7·06			

5 GEORGE V, A. 1915

BULLETIN N° 264—

Date du prélèvement de l'échantillon.	Désignation.	Numéro de l'échantillon.	Nom et adresse du vendeur.	Prix.		Nom et adresse du fabricant ou fournisseur, tel que communiqué par le vendeur.		Rapport de l'inspecteur. (Ne comportant aucune expression d'opinion.)
				Quantité.	Cents.	Fabricant.	Fournisseur	

DISTRICT DE

1913.								
23 avril	Thomas Phosphate Flour.	37044	Eug. Julien & Cie, Ltée, Québec.	3 liv.	rien	The Leeds Phosphate Wks, Leeds, Ang.	Fabricants..	....
23 „	North Western Complete Manure.	37045	„ „	3 „	„	The Am. Agr. Chem. Co., Buffalo, N.-Y.	„	....
18 „	North Western Havana Tobacco Grower.	37046	„ „	3 „	„	„	„	....., ...
18 „	Juliens Special Canadian Fertilizer.	37047	„ „	3 „	„	„	„	....
18 „	North Western High grade Potash Fertilizer.	37048	„ „	3 „	„	„	„	... .
18 „	Thomas Phosphate Meal.	37049	„ „	3 „	„	Glengarnock Phosphate Wks, Leeds, Ang.	„	....

DISTRICT DE TROIS-RIVIÈRES—

7 avril	Fertilizer......	57251	I. A. Coutu, St-Félix-de-Valois.	4 liv.	20	....		....
7 „	Bowkers Superphosphate with Potash.	57252	„ „	4 „	30	....		....
7 „	Thomas Phosphate.	57253	„ „	4 „	40	....		....
11 „	Victor..........	57254	Frs Rivest, Joliette.	4 „	10	Cap. Chem. & Fert. Co., Buckingham		....
14 „	Guano..........	57255	Chevalier et Fils, Joliette.	4 „	20	....		....
14 „	Grain Fertilizer.	57256	„ „	4 „	10	....		......
14 „	Victor..........	57257	E. Goulet et Fils, St-Jacques.	3 „	6	Cap. Chem. & Fert. Co., Buckingham		....
14 „	Fertilizer. ...	57258	A. M. Melançon, St-Jacques.	4 „	10	..........:		....

ENGRAIS DU COMMERCE.

Résultats analytiques.

Numéro enregistré.	Analyse de l'échantillon.	Azote p.c.		Acide phosphorique p.c.					Potasse.	Eau.	Numéro de l'échantillon.	Remarques et opinion de l'analyste en chef.
		Total, y compris l'acide nitrique ou l'ammoniaque.	Total calculé en ammoniaque.	Soluble dans l'eau.	Soluble dans l'acide citrique.	Insoluble.	Total.	Total utilisable.				
		p.c.	p.c.	p.c.	p.c.	p.c.	p.c.	p.c.	p.c.	p.c.		

QUÉBEC—*Fin.*

253	Tel que garanti				13·5		18·0			80·0	37044	
	Tel qu'analysé				13·25	4·20	17·45	13·25		90·1		Conforme à la garantie.
226	Tel que garanti	2·06	2·5	6·0	2·0	1·0	9·0	·0	3·0		37045	
	Tel qu'analysé		2·38	5·70	2·20	1·68	9·58	·90	2·81			
686	Tel que garanti	1·65	2·0	6·0	2·0	1	9·0	8·0	·0		37046	
	Tel qu'analysé		2·13	6·60	1·49	1·99	9·38	8·09	4·90			
685	Tel que garanti	1·65	2·0	6·0	2·0	1·0	9·0	8·0	·0		37047	
	Tel qu'analysé		2·11	3·83	5·29	1·53	10·65	9·12	3·30			
687	Tel que garanti	0·82	1·0	4·0	1·0	1·0	6·0	5·0	10·0		37048	
	Tel qu'analysé		1·7	1·98	4·35	0·87	7·20	6·33	10·19			
254	Tel que garanti				13·5		18·0			85·0	37049	
	Tel qu'analysé				13·98	2·86	16·84	13·98		90·4		Presque confor. à la garantie.

DR V. P. LAVALLÉE, INSPECTEUR.

449	Tel que garanti	2·47	3·0		5·0	1·0	6·0	5·0	10·0		57251	
	Tel qu'analysé				9·05	4·50	13·55	9·05		82·6		Erreur probable dans l'identification.
2	Tel que garanti			6·0	4·	1·0	11·0	10·0	2·0		57252	
	Tel qu'analysé			10·35	2·8o	2·87	16·05	13·18	0·70			Erreur probable dans l'identification.
338	Tel que garanti				12·0	2·0	14·0				57253	
	Tel qu'analysé				5·86	2·14	8·00	5·86	8·69			Identifi. erronée. Le num. d'enregist. 338 est une sco. basfç.
(83)	Tel que garanti		2·0				7·0		3·0		57254	
	Tel qu'analysé		2·40				10·48		3·38			Conforme à la garantie.
65	Tel que garanti		4·0				8·0		10·0		57255	
	Tel qu'analysé		1·91		7·46	1·09	8·55	7·46	10·68			Non ident. Err. de l'inspecteur.
65	Tel que garanti		4·0				8·0		10·0		57256	
	Tel qu'analysé		0·60		11·88	1·42	13·30	11·88	10·22			Non ident. Err. de l'inspecteur.
(83)	Tel que gàranti		2·0				7·0		3·0		57257	Conforme à la garantie.
	Tel qu'analysé		2·1				11·0		3·59			
65	Tel que garanti		4·0				8·0		10·0		57258	
	Tel qu'analysé		1·80		6·85	0·83	7·68	6·85	10·54			Non ident. Err. de l'inspecteur.

DISTRICT DES

Date du prélèvement.	Désignation.	Numéro de l'échantillon.	Nom et adresse du vendeur.	Quantité.	Cents.	Fabricant.	Fournisseur.	Rapport de l'inspecteur (ne comportant aucune expression d'opinion.)
1913.								
14 avril	Victor..........	57259	Laurion, L'Epiphanie.	3 liv.	10	Cap. Chem. & Fert. Co., Buckingham.		
18 "	Fertilizer.....	57260	L. Provost, L'Epiphanie.	3 "	10	Lesage Packing & Fert. Co., Montréal		
18 "	Mich. Carbon Wks. Complete Fertlr.	57261	Simon Forest, L'Epiphanie.	3 "	20	The Am. Agr. Chem. Co., Buffalo, N.-Y.		
18 "	Mich Carbon Wks. Virginia Tobacco.	57262	"	3 "	20	" "		
18 "	Thomas Phosphate.	57263	I. A. Marion, St-Jacques.	3 "	20			
18 "	Fertilizer.......	57264	"	3 "	20	The Am. Agr. Chem. Co., New-York.		
18 "	N. W. Havana TobaccoGrower	57265	"	3 "	15	The Am. Agr. Chem. Co., Buffalo, N.-Y.		
18 "	Fertilizer.......	57266	I. -P. Charlebois, L'Assomption.	4 "	10	Lesage Packing Fert. Co., Montréal.		
18 "	"	57267	"	4 "	10			
18 "	N. Western Complete Havana Grower.	57268	Louis Pauzé, L'Assomption.	4 "	25	Am. Agr. Chem. Co., Buffalo, N.-Y.	Eugène Jubec. lien, Qué-	
18 "	N. Western Complete Havana.	57269	"	4 "	15			"
18 "	Fertilizer.......	57270	"	4 "	15			"
18 "	"	57271	T. Brazeau, L'Assomption.	4 "	20		Dupuy & Ferguson, Montréal.	
18 "	"	57272	"	4 "	20	Lesage Packing Fert. Co., Montréal.		
18 "	Eng. Virginia Complete Fert.	57273	Bédard et Cie, L'Assomption.	3 "	25		P. T. Légaré, Québec.	
18 "	" ..	57274	"	3 "	25			
28 "	Crockers High-Grade Special Fertilizer.	57275	Ls. Alexis Piette, Berthier.	4 "	20	Am. Agr. Chem. Co., New-York.		
28 "	Mich. Carbon Wks. Complete Fertilizer.	57276	Pierre Beaudoin, Berthier.	4 "	20	Mich. Carbon Wks. Buffalo N.-Y.		

DOC. PARLEMENTAIRE No 14.

ENGRAIS DU COMMERCE.

Résultats analytiques.

TROIS-RIVIÈRES—Suite.

Numéro enregistré	Analyse de l'échantillon	Azote p.c.		Acide phosphorique p.c.					Potasse	Eau	Numéro de l'échantillon	Remarques et opinion de l'analyste en chef.
		Total y compris l'acide nitrique ou l'ammoniaque.	Total calculé en ammoniaque.	Soluble dans l'eau.	Soluble dans l'acide citrique.	Insoluble.	Total.	Total utilisable.				
		p. c.	p. c.	p. c.	p. c.	p. c.	p. c.	p. c.	p. c.	p. c.		
(83)	Tel que garanti		2·0				7·0		3·0		57259	Conforme à la garantie.
	Tel qu'analysé		2·00				9·30		3·24			
449	Tel que garanti	2·47	3·0		5·0	1·0	6·0	5·0	10·0		57260	"
	Tel qu'analysé		2·00		5·59	2·11	7·70	5·59	10·22			
206	Tel que garanti	1·65	2·0	6·0	2·0	1·0	9·0	8·0	4·0		57261	"
	Tel qu'analysé		2·35	5·23	2·78	1·52	9·53	8·01	4·23			
207	Tel que garanti	1·65	2·0	6·0	2·0	1·0	9·0	8·0	4·0		57262	"
	Tel qu'analysé		2·10	3·25	5·36	1·19	9·80	8·61	4·36			
253	Tel que garanti						18·0			80·0	57263	"
	Tel qu'analysé				14·93	5·70	20·63	14·93		86·3		
687	Tel que garanti	0·82	1·0	4·0	1·0	1·0	6·0	5·0	10·0		57264	"
	Tel qu'analysé		1·10	3·65	2·09	0·96	6·70	5·74	10·40			
686	Tel que garanti	1·65	2·0	6·0	2·0	1·0	9·0	8·0	4·0		57265	"
	Tel qu'analysé		2·30	6·90	1·53	1·20	9·63	8·43	4·17			
448	Tel que garanti	1·65	2·0		5·0	1·0	6·0	5·0‾	7·0		57266	"
	Tel qu'analysé		1·75		6·94	1·34	8·28	6·94	7·20			
331	Tel que garanti	1·0	1·25		5·0	1·0	6·0		3·0		57267	"
	Tel qu'analysé		1·10		5·55	1·23	6·78	5·55	3·96			
226	Tel que garanti	2·06	2·5	6·0	2·0	1·0	9·0	8·0	3·0		57268	"
	Tel qu'analysé		2·50	4·70	4·55	2·30	11·55	9·25	3·13			
686	Tel que garanti	1·65	2·0		2·0	1·0	9·0	8·0	4·0		57269	Err. prob. dans l'identification.
	Tel qu'analysé				12·45	5·40	17·85	12·45		88·4		
686	Tel que garanti	1·65	2·0	6·0	2·0	1·0	9·0	8·0	4·0		57270	Conforme à la garantie.
	Tel qu'analysé		2·10	6·58	1·62	1·48	9·68	8·20	4·48			
259	Tel que garanti	0·82	1·0	6·0	2·0	1·0	9·0	8·0	4·0		57271	Très inférieur à la garantie en acide phosphorique et en potasse, mais idendification douteuse.
	Tel qu'analysé		1·20	0·21	4·22	0·72	5·15	4·43	0·30			
446	Tel que garanti	1·65	2·0		5·0	1·0	6·0	5·0	2·0		57272	Conforme à la garantie.
	Tel qu'analysé		2·00		4·78	1·22	6·00	4·78	2·09			
206	Tel que garanti	1·65	2·0	6·0	2·0	1·0	9·0	8·0	4·0		57273	"
	Tel qu'analysé		2·25	3·63	5·05	1·35	10·03	8·68	4·11			
209	Tel que garanti	1·65	2·0	6·0	2·0	1·0	9·0	8·0	5·0		57274	"
	Tel qu'analysé		2·50	5·23	3·67	1·65	10·55	8·90	4·22			
261	Tel que garanti	1·65	2·0	6·0	2·0	1·0	9·0	8·0	4·0		57275	"
	Tel qu'analysé		2·10	6·95	2·39	1·24	10·58	9·34	3·94			
206	Tel que garanti	1·65	2·0	6·0	2·0	1·0	9·0	8·0	4·0		57276	"
	Tel qu'analysé		2·10	4·83	3·41	2·34	10·58	8·25	3·91			

14—8½

Date du prélèvement	Désignation.	Numéro de l'échantillon.	Nom et adresse du vendeur.	Coût. Quantité.	Coût. Cents.	Nom et adresse du fabricant ou fournisseur, tel que communiqué par le vendeur. Fabricant.	Fournisseur.	Rapport de l'inspecteur (ne comportant aucune expression d'opinion.)

DISTRICT DES

Date du prélèvement	Désignation.	Numéro de l'échantillon.	Nom et adresse du vendeur.	Quantité.	Cents.	Fabricant.	Fournisseur.	Rapport de l'inspecteur.
1913								
28 avril	Thomas Phosphate.	57277	L. N. Tourdain, Trois-Rivières.	3 liv.	25	The Cross, Fort. Co. Sydney, N.-E.	P.T. Légaré, Québec.	....
5 mai	Thomas Phosphate.	57278	S. G. Laviolette, St-Jérôme.	3 "	R'n.	Thos. Phosphate, Leeds, Ang.	E. Julien...	....
5 "	Fertilizer.....	57279	" "	3 "	"	Leeds Phosphate Wks., Leeds, Ang.	"	....
5 "	Mich. Carbon Works High Grade Garden and Vegetable Fertilizer.	57280	Moïse Dubois, Ste-Thérèse.	3 "	15	Am. Agr. Chem. Co., Buffalo, N.-Y.		....
5 "	Mich. Carbon Wks. Complete Fertilizer.	57281	" "	3 "	15	" "		....
5 "	Bowkers Potato & Veg. Phosphate.	57282	Alex. MacMillin, Ste-Thérèse.	3 "	15	Bowker Fert. Co., Bayway, N.-J.		....
5 "	Bowkers Canadian Tobacco Special.	57283	Alex. McCubbin..	3 "	15	" "		....
5 "	Bowkers Potato & Veg. Fertil.	57284	" "	3 "	15	" "		....
5 "	Bowkers 6 p.c. Potato Fertilizer.	57285	" "	3 "	15	" "		....
21 "	Thomas Phosphate.	57286	Edouard Valin, St-Augustin, Portneuf.	3 "	R'n.	Anglo - Canadian Chem. Co.		....
21 "	Fertilizer.......	57287	" "	3 "	"	German Kali Wks., New-York.		....
22 "	"	57288	I. B. Ferland, Sorel.	3 "	"	Lesage Packing & Fert. Co., Montréal.		....
22 "	"	57289	" "	3 "	"	" "		....

DOC. PARLEMENTAIRE No 14

ENGRAIS DU COMMERCE.

Résultats analytiques.

TROIS-RIVIERES—Suite.

Numéro enregistré	Analyse de l'échantillon	Azote p.c. Total y compris l'acide nitrique ou l'ammoniaque	Azote p.c. Total calculé en sel ammoniaque	Soluble dans l'eau	Acide phosphorique p.c. Soluble dans l'acide citrique	Insoluble	Total	Total utilisable	Potasse	Eau	Numéro de l'échantillon	Remarques et opinion de l'analyste en chef
(591)	Tel que garanti				13·6					80·0	57277	Conforme à la garantie.
	Tel qu'analysé				13·63	1·10	14·73	13·63		86·0		
253	Tel que garanti						18·0			80·0	57278	" "
	Tel qu'analysé			15·85	4·10	19·95	15·85			93·6		
253	Tel que garanti						18·0			80·0	57279	Erreur évid. dans l'identification. L'échant. n'est pas une scorie.
	Tel qu'analysé				6·70	1·05	7·75	6·70	6·22			
(210)	Tel que garanti	1·65	2·0	6·0	2·0	1·0	9·0	8·0	6·0		57280	Inférieur à la garantie en potasse. Identificat. douteuse.
	Tel qu'analysé		2·23	5·85	2·60	1·50	9·95	8·45	4·43			
206	Tel que garanti	1·65	2·0	6·0	2·0	1·0	9·0	8·0	4·0		57281	Conforme à la garantie.
	Tel qu'analysé		2·15	5·21	2·96	1·59	9·83	8·24	7·45			
(468)	Tel que garanti	1·65	2·0	6·0	2·0	1·0	9·0	8·0	2·0		57282	" "
	Tel qu'analysé		1·50	3·53	3·58	1·74	8·85	7·11	5·75			
506	Tel que garanti	1·65	2·00	6·0	2·0	1·0	9·0	8·0	4·0		57283	Infér. à la gar. en potasse.
	Tel qu'analysé		2·30	4·15	4·65	2·23	11·03	8·80	1·95			
550	Tel que garanti	2·47	3·0	6·0	2·0	1·0	9·0	8·0	4·0		57284	"
	Tel qu'analysé		2·23	5·88	3·23	1·97	11·08	9·11	2·18			
405	Tel que garanti	0·82	1·0	4·0	2·0	1·0	7·0	6·0	6·0		57285	Inférieur à la garantie en potasse, mais amplement compensé p. l'excès d'azote et d'acide phosphor. Erreur possible d. l'identificat. de la marque.
	Tel qu'analysé		3·30	5·88	3·23	1·97	11·08	9·11	4·24			
1	Tel que garanti			12·0			15·0				57286	Conforme à la garantie.
	Tel qu'analysé			12·68	2·12	14·80	12·68					
691	Tel que garanti									48·00	57287	" "
	Tel qu'analysé									51·36		
446	Tel que garanti	1·65	2·0		5·0	1·0	6·0	5·0	2·0		57288	" "
	Tel qu'analysé		1·30		5·08	1·77	6·85	5·08	5·37			
447	Tel que garanti	1·65	2·0		5·0	1·0	6·0	5·0	5·0		57289	" "
	Tel qu'analysé		2·12		5·62	2·23	7·85	5·62	6·33			

Date du prélèvement.	Désignation.	Numéro de l'échantillon.	Nom et adresse du vendeur.	Coût.		Nom et adresse du fabricant ou fournisseur, tel que communiqué par le vendeur.		Rapport de l'inspecteur (ne comportant aucune expression d'opinion.)
				Quantité.	Cents.	Fabricant.	Fournisseur.	

DISTRICT DES

1913.								
27 mai..	Mich. Carbon Virg. Tobacco Fertilizer	57290	P. Contant, St-Alexis.	3 liv.	15	Mich. Carbon Works, Buffalo, N.-Y.		
27 "	Mich. Carbon, Bone and Potash.	57291	"	.	"	"	"	
29 "	Engrais.......	57292	D. Dupuis et Fils, St-Georges, P.Q.		"	"		
29 "	"	57293	"	..	"	"		
29 "	"	57294	"	..	"	"		
29 "	"	57295	"	..	"	Germau Kali Works, Berlin.		
29 "	"	57296	I. E. Dupuis, St-Georges, P.Q.		"	Mich. Carbon Works, Buffalo, N.-Y.		
29 "	Mich. Carbon, North West'n Havana Tobacco Fertilizer.	57297	"	..	"	"	" ..	I. E. Julien, Québec.
30 "	Victor........	57298	Jos. Alexis Piette, Berthier.		"	Cap. Chem. and Fert. Co., Buckingham		
30 "	Eureka........	57299	"	..	"	"		
2 juin.	Mich Carbon Works, Virg. Tobacco Fertilizer.	57300	Henri Leblanc, St-Jacques.		5	Am. Agr Chem. Co., New-York.		
2 "	Engrais.........	58901	"	..	"	"		
9 "	North Western Havana Tobacco Grower.	58902	Alexandre Varin, St-Alexis.		"	"	"	
7 "	High Grade Potato Phosphate	58903	Thermas Durval, St-Esprit.		"	Nova Scotia Fert. Co.		

ENGRAIS DU COMMERCE.

Résultats analytiques.

TROIS-RIVIÈRES—*Suite.*

Numéro enregistré.	Analyse de l'échantillon.	Azote p.c. Total y compris l'acide nitrique ou l'ammoniaque.	Total calculé en ammoniaque.	Acide phosphorique p.c. Soluble dans l'eau.	Soluble dans l'acide citrique.	Insoluble.	Total.	Total utilisable.	Potasse.	Eau.	Numéro de l'échantillon.	Remarques et opinion de l'analyste en chef.
		p. c.	p. c.	p. c.	p. c.	p. c.	p. c.	p. c.	p. c.	p. c.	p. c.	
207	Tel que garanti	1·65	2·0	6·0	2·0	1·0	9·0	8·0	4·0	.....	57290	
	Tel qu'analysé	.....	2·20	4·90	4·18	1·42	10·50	9·08	4·35	.....	.....	Conformé à la garantie.
205	Tel que garanti	1·65	2·0	6·0	2 0	1·0	9·0	8·0	4 0	.....	57291	
	Tel qu'analysé	.....	2·10	5·13	2·63	1·44	9·20	7·76	4·07	.....	.....	"
53	Tel que garanti	. . .	1·0					9·0	2·0	.....	57292	
	Tel qu'analysé	.....	1·20	.....	5·95	1·38	7·83	5·95	3·49	.....	.....	Inférieur à la garantie en acide phosphorique profitable, com- -pensé par l'excès de potasse. Erreur probable dans l'identific.
447	Tel que garanti	1·65	2·0	.....	5·0	1·0	6·0	5·0	5·0	.....	57293	Conforme à la garantie.
	Tel qu'analysé	.....	2·10	.....	6·02	1·78	7·80	6·02	5·98	.....	.....	
448	Tel que garanti	1·65	2·0	.....	5·0	1·0	6·0	5 0	7·0	.....	57294	"
	Tel qu'analysé	.....	1·80	.....	6·46	1·44	7·90	6·46	7·69	.....	.....	
17	Tel que garanti	2·06	2·50	6·0	2·0	1·0	9.0	8·0	1·5	....	57295	Apparemment mauvais numéro d'enregistre- ment—c'est un sel de potasse de bonne qualité.
	Tel qu'analysé									51·16		
206	Tel que garanti	1·65	2·0	6·0	2·0	1·0	9·0	8·0	4·0	.....	57296	
	Tel qu'analysé	.....	2·30	4·95	3·75	1·25	9·95	8·70	4·04	.....	.....	Conforme à la garantie.
(686)	Tel que garanti	1·65	2·0	6·0	2·0	1·0	9·0	8·0	4·0	...	57297	
	Tel qu'analysé	.....	2·20	6·45	1·55	1·35	9·35	8·0	4·8	..	..	"
(83)	Tel que garanti		2·0					7·0	2·0	.....	57298	
	Tel qu'analysé	.....	2·90	...	6·34	1·89	8·23	6·34	2·27	.....	.....	"
(85)	Tel que garanti		3·0					5·0	4·0	.....	57299	
	Tel qu'analysé	.....	1·90	.....	6·32	3·18	9·50	6·32	4·50	.....	.....	Inférieur à la garantie en azote, mais compensé en valeur. Iden- tification dou- teuse.
207	Tel que garanti	1·65	2·0	6·0	2·0	1·0	9·0	8·0	4·0	.....	57300	
	Tel qu'analysé	.....	1·85	5 18	3·22	1·08	9·48	8·40	6·83	.....	.....	Conforme à la garantie.
206	Tel que garanti	1·65	2·0	6·0	2·0	1·0	9·0	8·0	4·0	.....	58901	
	Tel qu'analysé	.....	2·05	3·65	4·36	1·54	9·55	8·01	4·66	.....	.....	"
686	Tel que garanti	1·65	2·0	6·0	2·0	1·0	9·0	8·0	4·0	.....	58902	
	Tel qu'analysé	...	2·20	4·20	4·34	1·39	9·93	8·54	4·60	.....	.....	"
687	Tel que garanti									10·0	58903	
	Tel qu'analysé	.....	.....	4·21	2·08	0·74	7·03	6·29		9·84	.....	

5 GEORGE V, A. 1915

BULLETIN N° 264—

Date du prélèvement.	Désignation.	Numéro de l'échantillon.	Nom et adresse du vendeur.	Coût.		Nom et adresse du fabricant ou fournisseur, tel que communiqué par le vendeur.		Rapport de l'inspecteur (ne comportant aucune expression d'opinion.)
				Quantité.	Cents.	Fabricant.	Fournisseur.	

DISTRICT DES

1913.								
4 juin.	Engrais.........	58904	Ulric Beaudoin, Ste-Julienne.	3 liv.	R'n	Cap. Chem. and Fert. Co., Buckingham.		....
6 "	"	58905	Félix Maloin, St-Roch.	"	"	"		....
9 "	Northwestern Havana Tobacco Grower.	58906	Félix Lebeau, St-Paul L'Ermite.	3 "	"	Am. Agr. Chem. Co., New-York.		....
5 "	Engrais........	58907	Frs. Godfrind, L'Assomption.	3 "	"	Lesage Packing and Fert. Co.		....
10 "	"	58908	Camille Pelletier, St-Jacques.	3 "	5	"		....
10 "	"	58909	"	3 "	5	"		....
10 "	"	58910	"	3 "	5	"		....
11 "	"	58911	K. Monahan, St-Lin.	3 "	R'n	Cap. Chem. and Fert. Co., Buckingham.		....
11 "	Bowkers Potash Bone.	58912	"	3 "	"	Bowker Fert. Co.		....
11 "	Bowkers Superphosphate with Potash.	58913	"	3 "	"	"		....
11 "	Virginia Tobacco Fertilizer.	58914	Alfred Henri, St-Lin.	3 "	"	Am. Agr. Chem. Co., Buffalo, N.-Y.		....
12 "	North Western Complete Manure.	58915	J. B. Limoges, Ste-Anne.	3 "	"	"		....
12 "	North Western Havana Grower.	58916	"	3 "	"	"		....

DOC. PARLEMENTAIRE No 14

ENGRAIS DE COMMERCE.

TROIS-RIVIÈRES—*Fin.*

Résultats analytiques. (toutes les valeurs chiffrées en p. c.)

Numéro enregistré.	Analyse de l'échantillon.	Azote — Total y compris l'acide nitrique ou l'ammoniaque.	Azote — Total calculé en ammoniaque.	Acide phosph. — Soluble dans l'eau.	Soluble dans l'acide citrique.	Insoluble.	Total.	Total utilisable.	Potasse.	Eau.	Numéro de l'échantillon.	Remarques et opinion de l'analyste en chef.
83	Tel que garanti	2·0						7·0	3·0		58904	
	Tel qu'analysé	1·80		5·99	4·01	10·0		5·99	2·92			Presque conforme à la garantie.
83	Tel que garanti	2·0						7·0	3·0		58905	
	Tel qu'analysé	2·10		6·33	4·01	10·0		6·33	3·21			Conf. à la garan.
686	Tel que garanti	1·65	2·0	6·0	2·00	1·0	9·0	8·0	4·0		58906	
	Tel qu'analysé				14·33	4·50	18·83	14·33		89·9		Scorie basique; enregistrement erroné fourni par l'inspecteur.
486	Tel que garanti	3·7	4·5	6·0	2·0	1·0	9·0	8·0	9·0		58907	
	Tel qu'analysé				5·50	2·15	7·65	5·50	3·16			Identification erronée par l'inspecteur.
448	Tel que garanti	1·65	2·0		5·0	1·0	6·0	5·0	7·0		58908	
	Tel qu'analysé		3·20		5·05	1·85	6·90	5·05	7·10			Conforme à la garantie.
331	Tel que garanti	1·0	1·25		5·0	1·0	6·0		3·0		58909	
	Tel qu'analysé		1·00		5·20	2·15	7·35	5·20	3·59			''
447	Tel que garanti	1·65	2·		5·0	1·0	6·0	5·0	5·0		58910	
	Tel qu'analysé		1·0 40		5·00	1·50	6·50	5·00	5·50			''
	Tel qu'analysé				5·61	3·47	9·08	5·61	2·12		58911	L'inspecteur ne donne pas le n° d'enreg. et on ne peut identif.
404	Tel que garanti	0·82	1·0	4·0	2·0	1·0	7·0	6·0	2·0		58912	
	Tel qu'analysé		1·30		2·75	1·49	10·03	8·54	2·79			Conforme à la garantie.
402	Tel que garanti			6·0	4·0	1·0	11·0	10·0	2·0		58913	
	Tel qu'analysé			7·55	3·89	1·89	13·33	11·44	2·13			''
207	Tel que garanti	1·65	2·0	6·0	2·0	1·0	9·0	8·0	4·0		58914	
	Tel qu'analysé	1·80		6·00	3·02	1·01	10·03	9·02	4·40			''
226	Tel que garanti	2·06	2·50	6·0	2·0	1·0	9·0	8·0	3·0		58915	
	Tel qu'analysé		2·70	6·03	2·26	1·14	9·43	8·29	5·40			''
[?]7	Tel que garanti	1·65	2·0	6·0	2·0	1·0	9·0	8·0	4·0		58916	
	Tel qu'analysé				15·20	3·05	18·23	15·20		95·6		Scorie basique; enregistrement erroné fourni par l'inspecteur.

5 GEORGE V, A. 1915

BULLETIN N° 264—

Date du prélèvement.	Désignation.	Numéro de l'échantillon.	Nom et adresse du vendeur.	Coût.		Nom et adresse du fabricant ou fournisseur, tel que communiqué par le vendeur.		Rapport de l'inspecteur (ne comportant aucune expression d'opinion.)
				Quantité.	Cents.	Fabricant.	Fournisseur.	

DISTRICT DES CANTONS DE L'EST—

1913.								
10 mars.	Thomas Phosphate Basic Slag.	1561	O. Lemire, Victoriaville.	3 jares	R'n			
10 "	Michigan Carbon Wks., Complete Fertilizer.	1562	"	3 "	"	Mich. Carbon Wks., Buffalo		
13 "	Jupiter........	1563	C. Mercier, Ste-Marie, Beauce.	3 "	"	Geo. Tanguay, Québec.		
17 "	Fruit and Vine.	1564	O.- Bolduc, St-George de Windsor.	3 "	"	Mich. Carbon Wks., Buffalo		
15 avril.	Bowker 6 p. c. Potato.	1565	A. R. Dionne, South-Durham.	3 "	"	Bowker Fert. Co., Boston.		
15 "	Sure Crop Phosphate.	1566	"	3 "	"	"		
15 . "	Superphosphate with Potash.	1567	"	3 "	"			
15 "	Animal Fertilizer.	1568	G. H. Farquhar, South Durham.	3 "	"	Burlington Rendering Co., Burlington.		
15 "	Special Potato..	1569	"	3 "	"	"		
15 "	Grain Fertilizer.	1570	C. W. Nixon, L'Avenir.	3 "	"	"		
16 "	Eclipse Phosphate for all Crops.	1571	McLeay & Riddle Bros., Danville.	3 "	"	The Am. Agr. Co., Boston.		
16 "	Bone, Blood and Potash.	1572	H. Roux & Fils, Danville.	3 "	"	Prov. Chem. Fert. Co., St-Jean, N.-B.		
16 "	Victor Guano...	1573	"	3 "	"	"		
16 "	Grain & Potash	1574	"	3 "	"			
16 "	Potato & Vegetable Phosphate	1575	D. Taylor, Richmond.	3 "	"	Bowker Fert. Co., Boston.		
16 "	Corn phosphate.	1576	"	3 "	"	"		
16 "	Potato & Vegetable.	1577	"	3 "	"			
17 "	Victor Complete	1578	L. F. Thibaudeau, Plessisville.	3 "	"	Cap. Chemical & Fert. Co., Buckingham		
17 "	Royal Canadian	1579	"	3 "	"			
17 "	Union.....	1580	Geo. Lavoie, Plessisville.	3 "	"	Geo. Tanguay, Québec.		
17 "	Celtic.........	1581	"	3 "	"	"		

.DOC. PARLEMENTAIRE No 14

ENGRAIS DU COMMERCE.

Résultats analytiques.

J. C. ROULEAU, INSPECTEUR.

Numéro enregistré.	Analyse de l'échantillon.	Azote p.c.		Acide phosphorique p.c.					Potasse.	Eau.	Numéro de l'échantillon.	Remarques et opinion de l'analyste en chef.
		Total y compris l'acide nitrique ou l'ammoniaque.	Total calculé en ammoniaque.	Soluble dans l'eau.	Soluble dans l'acide citrique.	Insoluble.	Total.	Total utilisable.				
		p.c.	p.c.	p.c.	p.c.	p.c.	p.c.	p.c.	p.c.	p.c.		
591	Tel que garanti	.....	.....	.....	13·60	.....	.....	.....	.....	.....	1561	Conforme à la garantie
	Tel qu'analysé	.....	.....	.....	13·25	0·83	14·18	13·25	.....	84·2	.....	
206	Tel que garanti	1·65	2·0	6·0	2·0	1·0	9·0	8·0	4·0	.....	1562	''
	Tel qu'analysé	.....	2·37	5·70	2·48	1·50	9·68	8·18	4·13	.....		
510	Tel que garanti	2·06	2·5	.....	.....	.....	.....	8·0	5·0	.....	1563	Un peu inférieur en potasse;mais valeur compensée par l'excès d'acide phosphorique.
	Tel qu'analysé	.....	2·40	11·20	1·10	1·03	13·33	12·30	3·51	.....		
212	Tel que garanti	1·65	2·0	6·0	2·0	1·0	9·0	8·0	10·0	.....	1564	Conforme à la garantie.
	Tel qu'analysé	.....	2·50	5·08	2·95	1·52	9·55	8·03	9·76	.....		
96	Tel que garanti	0·82	1·0	4·0	2·0	1·0	7·0	6·0	6·0	.....	1565	''
	Tel qu'analysé	.....	1·05	3·63	3·29	1·31	8·23	6·92	7·69	.....		
97	Tel que garanti	0·82	1·0	6·0	2·0	1·0	9·0	8·0	2·0	.....	1566	''
	Tel qu'analysé	.....	1·05	5·15	4·09	1·36	10·60	9·24	2·30	.....		
99	Tel que garanti	.....	.....	6·0	4·0	1·0	11·0	10·0	2·0	.....	1567	''
	Tel qu'analysé	.....	1·17	5·35	3·76	1·57	10·68	9·11	2·47	.....		
834	Tel que garanti	2·0	2·5	2·85	2·15	3·0	8·0	5·0	4·0	.....	1568	''
	Tel qu'analysé	.....	2·60	2·94	4·46	2·00	9·40	7·40	4·22	.....		
832	Tel que garanti	2·46	·0	2·52	2·48	3·0	8·0	5·0	6·0	.....	1569	
	Tel qu'analysé	.....	·0	3·46	3·95	1·09	8·50	7·41	6·22	.....		
833	Tel que garanti	1·0	8·25	4·71	2·29	1·0	8·0	7·0	4·0	....	1570	''
	Tel qu'analysé	.....	·60	6·00	1·77	0·58	8·35	7·77	4·03	.....		
4	Tel que garanti	1·03	·25	6·0	2·0	1·0	9·0	8·0	2·0	.....	1571	''
	Tel qu'analysé	.....	1·50	5·08	3·34	1·51	9·93	8·42	2·46	.....		
71	Tel que garanti	.....	2·0	.....	.....	.....	7·0	.....	4·0	.....	1572	''
	Tel qu'analysé	.....	2·25	.....	6·58	0·82	7·40	6·58	5·33	.....		
68	Tel que garanti	.....	2·0	.....	.....	.....	7·0	.....	2·5	.....	1573	''
	Tel qu'analysé	...	2·10	.....	.....	.....	9·85	.....	2·62	.....		
67	Tel que garanti	.....	.....	.....	.....	.....	12·0	.....	2·0	...	1574	''
	Tel qu'analysé	.....	.....	.....	10·62	1·63	12·25	10·62	2·22	.....		
92	Tel que garanti	1·65	2·0	6·0	2·0	1·0	9·0	8·0	2·0	.....	1575	''
	Tel qu'analysé	...	1·90	4·00	4·13	1·47	9·60	8·13	2·05	.....		
93	Tel que garanti	1·65	2·0	6·0	2·0	1·0	9·0	8·0	2·0	.....	1576	''
	Tel qu'analysé	.....	1·80	3·80	4·50	1·55	9·85	8·30	2·23	.....		
716	Tel que garanti	2·47	3·0	6·0	2·0	1·0	9·0	8·0	4·0	.....	1577	''
	Tel qu'analysé	.....	2·18	4·08	4·44	1·26	9·78	8·52	5·14	.....		
83	Tel que garanti	.....	2·0	.....	.....	.....	7·0	.....	3·0	.....	1578	''
	Tel qu'analysé	.....	2·20	.....	.....	.....	11·30	.....	3·61	.....		
84	Tel que garanti	.....	4·0	.....	.....	.....	9·0	.....	5·0	.....	1579	''
	Tel qu'analysé	.....	4·75	.....	.....	.....	9·10	.....	5·91	.....		
597	Tel que garanti	2·47	3·0	.....	8·0	.....	.....	8·0	3·5	.....	1580	''
	Tel qu'analysé	.....	3·10	.. ..	7·55	0·65	8·20	7·55	4·83	.....		
512	Tel que garanti	.....	.....	.....	.....	.....	.....	.....	5·0	.....	1581	''
	Tel qu'analysé	.....	.....	.....	10·39	1·04	11·43	10·39	4·94	.....		

5. GEORGE V,-A. 1915

BULLETIN N° 264—

Date du prélèvement.	Désignation.	Numéro de l'échantillon.	Nom et adresse du vendeur.	Coût. Quantité.	Cents.	Fabricant.	Fournisseur.	Rapport de l'inspecteur (ne comportant aucune expression d'opinion.)

DISTRICT DES CANTONS

1913.

Date	Désignation	No	Vendeur	Qté	Cts	Fabricant / Fournisseur	Rapport
17 avril	Nestor	1582	Geo. Lavoie, Plessisville.	3 jares	R'n.	Geo. Tanguay, Québec.	
17 "	Capital	1583	"	3 "	"	"	
17 "	Monarch	1584	"	3 "	"	"	
17 "	Jupiter	1585	"	3 "	"	"	
21 "	Fish Guano	1586	J. T. Ralston, Sutton.	3 "	"	National Agr. Corporation, Chicago.	
21 "	Bone & Potash Square Brand.	1587	J. T. Ralston, Sutton.	3 "	"	Bowker Fert. Co., Boston.	
12 "	Farmers' Choice.	1588	"	3 "	"	Nat. Agr. Corporation, Chicago.	
21 "	Extra Superphosphate and Potash.	1589	"	3 "	"	"	
21 "	Pacific Nobsque Guano for all crops.	1590	R. J. Crowell, Sutton.	3 "	"	The Am. Agr. Chem. Co., Boston.	
21 "	Soluble Pacific Guano.	1591	"	3 "	"	"	
21 "	Reads Practical Potato Special.	1592	"	3 "	"	"	
23 "	Sure Crop Phosphate.	1593	Tinny & Loiselle, Waterloo.	3 "	"	Bowker Fert, Co., Boston.	
23 "	Vermont Phosphate.	1594	"	3 "	"	"	
23 "	Dissolved Phosphate.	1595	A. L. Ralston, Knowlton.	3 "	"	Buffalo Fert, Co., Buffalo	
23 "	Bradley's Potato Fertilizer.	1596	"	3 "	"	The Am. Agr Chem. Co., Boston.	
23 "	Eclipse Phosphate for all crops.	1597	"	3 "	"	"	
24 "	Mich. Carbon Homestead Dissolved Bone.	1598	J. H. Aubin, East Angers.	3 "	"	Mich Carbor Wks., Buffalo	
25 "	Corn and Vegetable Fertlr.	1599	L. A. Plante, St-Hyacinthe.	3 "	"	Lesage Pack.& Fert. Co., Ltd., Montréal.	
25 "	Thomas Phosphate.	39081	"	3 "	"	"	
25 "	Potato Fertilizer	39082	"	3 "	"	"	

DOC. PARLEMENTAIRE No 14

ENGRAIS DU COMMERCE.

DE L'EST—Suite.

Résultats analytiques. — Azote p.c. : Total y compris l'acide nitrique ou l'ammoniaque ; Total calculé en ammoniaque. — Acide phosphorique p.c. : Soluble dans l'eau ; Soluble dans l'acide citrique ; Insoluble ; Total ; Total utilisable ; Potasse ; Eau.

Numéro enregistré	Analyse de l'échantillon	Total y compris l'acide nitrique ou l'ammoniaque	Total calculé en ammoniaque	Soluble dans l'eau	Soluble dans l'acide citrique	Insoluble	Total	Total utilisable	Potasse	Eau	Numéro de l'échantillon	Remarques et opinion de l'analyste en chef
683	Tel que garanti	1·65	2·0					8·0	3·0		1582	Conforme à la garantie.
	Tel qu'analysé.		2·00		10·87	1·13	12·00	10·87	3·44			
511	Tel que garanti	4·0	5·0					8·0	6·0		1583	"
	Tel qu'analysé.		6·40		8·94	0·64	9·58	8·94	6·47			
682	Tel que garanti	1·67	2·0					9·0	8·0		1584	"
	Tel qu'analvsé.		2·50		9·14	1·09	10·23	9·14	10·36			
510	Tel que garanti	2·06	2·5					8·0	5·0		1585	"
	Tel qu'analysé.		3·50		9·57	2·03	13·60	9·57	6·14			
637	Tel que garanti	0·80	1·0	7·0	2·0	1·0	10·0	9·0	2·0		1586	"
	Tel qu'analysé.		1·20	6·50	2·80	1·68	10·98	9·30	2·32			
95	Tel que garanti	0·82	1·0	4·0	2·0	1·0	7·0	6·0	2·0		1587	"
	Tel qu'analysé.		1·21	4·35	2·16	0·72	7·23	6·51	2·78			
639	Tel que garanti	0·80	1·0	6·0	2·0	1·0	9·0	8·0	5·0		1588	"
	Tel qu'analysé.		1·18	4·20	3·55	2·03	9·78	7·75	5·66			
636	Tel que garanti			8·0	2·0	1·0	11·0	10·0	8·0		1589	"
	Tel qu'analysé.		0·17	8·90	1·38	2·05	12·33	10·28	7·20			
16	Tel que garanti	1·03	1·25	6·0	2·0	1·0	9·0	8·0	2·0		1590	"
	Tel qu'analysé.		1·30	3·85	4·21	1·72	9·78	8·06	2·14			
14	Tel que garanti	2·06	2·5	6·0	2·0	1·0	9·0	8·0	1·5		1591	"
	Tel qu'analysé.		2·50	5·20	3·37	1·38	9·95	8·57	1·89			
9	Tel que garanti	0·82	1·0	3·0	1·0	1·0	5·0	4·0	8·0		1592	"
	Tel qu'analysé.		1·20	3·14	1·42	0·87	5·43	4·56	6·93			
773	Tel que garanti	0·82	1·0	6·0	2·0	1·0	9·0	8·0	2·0		1593	"
	Tel qu'analysé.		1·00	6·05	2·71	1·89	10·65	8·76	2·80			
91	Tel que garanti	2·47	3·0	6·0	2·0	1·0	9·0	8·0	4·0		1594	"
	Tel qu'analysé		2·50	6·40	1·86	1·34	9·60	8·26	4·96			
49	Tel que garanti			12·0		1·0	15·0	14·0			1595	"
	Tel qu'analysé.			11·85	1·53	3·67	17·05	13·38				
3	Tel que garanti	2·06	2·5	6·0	2·0	1·0	9·0	8·0	3·0		1596	"
	Tel qu'analysé.		2·20	4·53	3·75	1·62	9·90	8·28	5·84			
4	Tel que garanti	1·03	1·25	6·0	2·0	1·0	9·0	8·0	2·0		1597	"
	Tel qu'analysé.		1·25	4·40	4·46	1·89	10·75	8·86	1·60			
202	Tel que garanti			10·0	2·0	1·0	13·0	12·0			1598	"
	Tel qu'analysé.			8·23	2·90	1·45	12·58	11·13				
447	Tel que garanti	1·65	2·0		5·0	1·0	6·0	5·0	5·0		1599	"
	Tel qu'analysé.		1·75		6·33	1·47	7·80	6·33	5·74			
338	Tel que garanti				12·0	2·0	14·0				39081	Inférieur à la garantie. Moulu très grossièr.
	Tel qu'analysé.				9·40	3·31	12·71	9·40		77·6		
449	Tel que garanti	2·47	3·0		5·0	1·0	6·0	5·0	10·0		39082	Conforme à la garantie.
	Tel qu'analysé.		2·30		6·59	1·21	7·80	6·59	9·74			

Date du prélèvement.	Désignation.	Numéro de l'échantillon.	Nom et adresse du vendeur.	Coût. Quantité.	Cents.	Fabricant.	Fournisseur.	Rapport de l'inspecteur (ne comportant aucune expression d'opinion.)
								DISTRICT DES CANTON**S**
1913.								
25 avril.	Fine Ground Bone.	39083	L. A. Plante, St. Hyacinthe.	3 jars.	R'n.	Lesage Packing and Fertilizer Co., Ltd., Montreal.		....
25 ,,	Special for Tobacco.	39084	,, ,,	.. 3	,,	,,		.. ..
25 ,,	Lesage Grain and Wheat Fertilizer.	39085	,, ,,	.. 3	,,	,,		.. ..
								DISTRICT DE MONTRÉAL—
8 avril.	Bradley's Potato and Vegetable.	51266	Dupuy & Ferguson, carré Jacques-Cartier, Montréal.	3 liv.	R'n.	Am. Ag. Chem. Co.		....
8 ,,	Bean and Potato Phosphate.	51267	,, ,,	.. 3	,,	,,		....
8 ,,	Bradley B.....	51268	,, ,,	.. 3	,,	,,		....
9 ,,	Gilt Edge Potato and Tobacco Manure.	51269	Montréal Aba-toirs, Ltd., Montréal.	3	,,	Vendeurs.....		....
9 ,,	Corn and Cereal Special.	51270	,, ,,	.. 3	,,	,,		....
9 ,,	Montreal Special Potato Manure	51271	,, ,,	.. 3	,,	,,		....
9 ,,	4-7-10 Special ..	51272	,, ,,	.. 3	,,	,,		....
11 ,,	Lesage's Royal Potato Manure.	51273	Lesage Packing and Fert. Co., Montréal.	3	,,	,,		....
11 ,,	Quebec Special..	51274	,, ,,	.. 3	,,	,,		....
11 ,,	Lesage's Tobacco Fertilizer.	51275	,, ,,	.. 3	,,	,,		....
11 ,,	Lesage's Grain and Wheat.	51276	,, ,,	.. 3	,,	,,		....
16 ,,	Crockers New General Crop.	51277	Lepailleur frères, Lachine, P.Q.	3	,,	,,		....
26 ,,	Tobacco Manure	51278	Wm. Ewing Co., Ltd., Montréal.	3	,,	,,	W. A. Freeman Co., Ltd., Hamilton.	....
26 ,,	Sure Growth....	51279	,,	3	,,	,,		....
26 ,,	Phosphate Powder.	51280	,,	3	,,	,,		....
26 ,,	Potato Manure.	51281	,,	3	,,	,,		....

DOC. PARLEMENTAIRE No 14

ENGRAIS DE COMMERCE.

		Azote p. c.		Acide phosphorique p. c.								Remarques et opinion de l'analyste en chef.
Numéro enregistré.	Analyse de l'échantillon.	Total y compris l'acide nitrique ou l'ammoniaque.	Total calculé en ammoniaque.	Soluble dans l'eau.	Soluble dans l'acide citrique.	Insoluble.	Total.	Total utilisable.	Potasse.	Eau.	Numéro de l'échantillon.	

Fin.

		p. c.	p. c.	p. c.	p. c.	p. c.	p. c.	p. c.	p. c.	p. c.		
330	Tel que garanti	2·47	3·0				22·58				39083	
	Tel qu'analysé.		3·00		16·63	9·60	26·23	16·63				Conforme à la garantie.
448	Tel que garanti	1·65	2·0		5·0	1·0	6·0	5·0	7·0		39084	
	Tel qu'analysé.		2·10		5·71	1·29	7·00	5·71	7·61			"
446	Tel que garanti	1·65	2·0		5·0	1·0	6·0	5·0	2·0		39085	
	Tel qu'analysé.		1·80		5·49	2·01	7·50	5·49	3·58			"

J. J. COSTIGAN, INSPECTEUR.

735	Tel que garanti	3·29	4·0	6·0	2·0	1·0	9·0	8·0	7·0	...	51266	Conforme à la garantie.
	Tel qu'analysé.		3·10	7·70	1·87	0·96	10·53	9·57	7·47			
260	Tel que garanti	0·82	1·0	6·0	2·0	1·0	9·0	8·0	4·0		51267	
	Tel qu'analysé.		1·25	7·48	1·52	1·00	10·00	9·0	4·84			"
259	Tel que garanti	0·82	1·0	6·0	2·0	1·0	9·0	8·0	4·0		51268	
	Tel qu'analysé.		1·20	7·38	1·76	1·11	10·25	9·14	4·92			"
555	Tel que garanti		3·0						7·0	10·5		51269	*De beaucoup in- férieur à la gar. en potasse.
	Tel qu'analysé.		2·65		11·09	2·39	13·48	11·09	2·49			
552	Tel que garanti		2·0					8·0	2·0		51270	
	Tel qu'analysé.		2·67		9·38	3·62	12·70	9·38	3·98			Conforme à la garantie.
556	Tel que garanti		1·0					8·0	5·0		51271	Presque confor- me à la garantie
	Tel qu'analysé.		1·07		8·96	2·9₄	11·90	8·96	3·82			
856	Tel que garanti	4·0	4·58					7·0	10·0		51272	Infér. à la garan- tie en potasse.
	Tel qu'analysé.		4·80		9·41	3·62	1·03	9·41	6·76			
449	Tel que garanti	2·47	3·0		5·0	1·0	·0	5·0	10·0		51273	
	Tel qu'analysé.		2·85		6·81	1·87	8·68	6·81	12·14			Conforme à la garantie.
331	Tel que garanti	1·0	1·25		5·0	1·0	6·0		3·0		51274	
	Tel qu'analysé.		1·31		7·43	1·82	9·25	7·43	5·45			"
448	Tel que garanti	1·65	2·0		5·0	1·0	6·0	5·0	7·00		51275	
	Tel qu'analysé.		1·89		7·06	0·99	8·05	7·06	8·07			"
446	Tel que garanti		2·0		5·0	1·0	6·0	5·0	2·0		51276	
	Tel qu'analysé.		1·99		7·21	1·12	8·33	7·21	3·07			"
301	Tel que garanti	0·82	1·0	6·0	2·0	1·0	9·0	8·0	1·0		51277	
	Tel qu'analysé.		1·10	6·22	1·99	1·09	9·30	8·21	1·31			"
149	Tel que garanti	2·47	3·0	5·0	2·0	0·25	7·25	7·0	5·0		51278	
	Tel qu'analysé.		2·20	4·31	6·36	·52	12·22	10·70	6·47			"
144	Tel que garanti	2·89	3·5	5·0	3·0	0·25	8·25	8·0	·0		51279	
	Tel qu'analysé.		2·30	4·01	6· 9	1·80	11·90	10·10	3·78			"
151	Tel que garanti			13·0	2·	0·50	15·50	15·0			51280	
	Tel qu'analysé.			14·93	1· 2	1·03	17·58	16·55				"
145	Tel que garanti	2·47	3·0	5·0	3·	0·25	8·25	8·0	·5·0*		51281	
	Tel qu'analysé.		2·20	3·91	6·⁹₈	1·44	11·63	10·19	6·53			"

* Le fabricant prétend que le numéro d'enregistrement devrait être 552, l'analyse serait alors conforme à la garantie.

Date du prélèvement.	Désignation.	Numéro de l'échantillon.	Nom et adresse du vendeur.	Coût. Quantité.	Cents.	Nom et adresse du fabricant ou fournisseur, tel que communiqué par le vendeur. Fabricant.	Fournisseur.	Rapport de l'inspecteur (ne comportant aucune expression d'opinion.)

DISTRICT DE VALLEYFIELD—

1913.

Date	Désignation	N°	Vendeur	Qté		Fabricant	Fournisseur	Rapport
22 avril.	Corn Phosphate	51356	Besner & Chasle, Valleyfield.	3 liv.		B'n	Bowker Fert. Co.	Fabricants..
22 "	Sure Crop Phosphate.	51357	"	3 "		"	"	
2? "	Northwestern Can. Potash.	51358	N. Langevin, Valleyfield.	3 "		"	"	
22 "	Thomas Phosphate Flour.	51359	"	3 "		"		
14 mai..	Bowkers Potato	51360	W. J. Boyd, Lachute, P.Q.	3 "			Bowker Fert. Co.	
14 "	Corn Phosphate	51361	"	3 "			"	
14 "	Bowkers Superphosphate with potash.	51362	"	3 "			"	
21 "	Royal Canadian	51363	D. M. Macpherson Lancastor, Ont.	3 "			"	

DISTRICT D'OTTAWA—

Date	Désignation	N°	Vendeur	Qté		Fabricant	Fournisseur	Rapport
16 avril.	Bradley's New Method.	51768	H. Brown & Sons, Brockville.	3 liv.		R'n	Amer. Agr. Chem. Co., Buffalo,N.-Y.	
16 "	Bradley's Potato Fertilizer.	51769	"	3 "		"	"	
16 "	Bradley's Complete Manure for Potatoes Vegetables.	51770	"	3 "		"	"	
16 "	Bradley's B.D. Sea Fowl Guano	51771	"	3 "		"	"	
16 "	Read's High Grade Farmer's Friend.	51772	A. E. Cameron, Brockville.	3 "		"	Amer. Agr. Chem. Co., Carteret, N.-J.	
16 "	Read's Standard Superphosphate	51773	"	3 "		"	"	
16 "	Read's Practical Potato Special.	51774	"	3 "		"	"	
16 "	Read's Corn, Wheat and Rye	51775	"	3 "		"	"	
16 "	Read's Pioneer..	51776	"	3 "		"	"	
16 "	Read's Farmer's Reliable.	51777	W. J. Wood, Smith's-Falls.	3 "		"	"	
16 "	Read's All Crop.	51778	"	3 "		"	"	

ENGRAIS DU COMMERCE.

Résultats analytiques.

J. J. COSTIGAN, INSPECTEUR INTÉRIMAIRE.

Numéro enregistré.	Analyse de l'échantillon.	Azote p.c. Total y compris la-cide nitrique ou l'ammoniaque.	Azote p.c. Total calculé en ammoniaque.	Soluble dans l'eau.	Acide phosphorique p.c. Soluble dans l'acide citrique.	Insoluble.	Total.	Total utilisable.	Potasse.	Eau.	Numéro de l'échantillon.	Remarques et opinion de l'analyste en chef.
		p. c.	p. c.	p. c.	p. c.	p. c.	p. c.	p. c.	p. c.	p. c.		
409	Tel que garanti	1·65	2·0	6·0	2·0	1·0	9·0	8·0	2·0	....	51356	Infér. à la gar. en acide phosphor.
	Tel qu'analysé	......	1·24	2·99	3·14	1·13	7·26	6·13	3·48	.....	......	Conforme à la garantie en val.
406	Tel que garanti	0·82	1·0	6·0	2·0	1·0	9·0	8·0	2·0	....	51357	Conforme à la garantie.
	Tel qu'analysé	......	1·60	5·88	1·80	2·22	9·90	7·68	3·11	...	......	
335	Tel que garanti	0·82	1·0	4·0	2·0	1·0	7·0	6·0	6·0	.....	51358	
	Tel qu'analysé	......	1·30	5·25	0·55	1 08	6·88	5·80	5·81	...	......	
253	Tel que garanti					13·5		18·0				51359	"
	Tel qu'analysé				14·63	2·90	17·53	14·63	....	87·5			"
411	Tel que garanti	2·47	3·0	6·0	2·0	1·0	9·0	8·0	4·0	......	51360	Inf. à la gar. en azote et en pot.
	Tel qu'analysé	......	1·00	7·15	2·21	1·74	11·10	9·36	2·36	.....	......	
409	Tel que garanti	1·65	2·0	6·0	2·0	1·0	9·0	8·0	2·0	....	51361	Conforme à la garantie.
	Tel qu'analysé	......	2·50	3·85	4·40	1·85	10·10	8·25	2·39	.....	......	
402	Tel que garanti			6·0	4·0	1·0	11·0	10·0	2·0	.....	51362	"
	Tel qu'analysé			7·03	2·73	2·32	12·03	9·76	3·29	.....	......	
84	Tel que garanti	......	4·0				9·0		5·0	.....	51363	"
	Tel qu'analysé	......	4·30		10·03	2·75	12·78	10·03	5·45	.....	......	

J. A. RICKEY, INSPECTEUR.

Numéro enregistré.	Analyse de l'échantillon.	Total y compris la-cide nitrique ou l'ammoniaque.	Total calculé en ammoniaque.	Soluble dans l'eau.	Soluble dans l'acide citrique.	Insoluble.	Total.	Total utilisable.	Potasse.	Eau.	Numéro de l'échantillon.	Remarques
379	Tel que garanti	0·82	1·0	6·0	2·0	1·0	9·0	8·0	2·0	......	51768	Conforme à la garantie.
	Tel qu'analysé	.....	1·20	6·40	2 35	1·35	10·10	8·75	2.67	.....	......	
392	Tel que garanti	2·06	2·5	6·0	2·0	1·0	9·0	8·0	3·0	......	51769	"
	Tel qu'analysé	.....	2·40	6·30	2·23	1·22	9·75	8·53	2·72	.....	......	
394	Tel que garanti	3·29	4·0	6·0	2·0	1·0	9·0	8·0	7·0	......	51770	"
	Tel qu'analysé	.....	3·80	6·15	2·39	1·09	9·63	8 54	7·22	.....	......	
188	Tel que garanti	2·06	2·5	6·0	2·0	1·0	9·0	8·0	1·5	......	51771	"
	Tel qu'analysé	......	2·40	5·00	3·02	1·28	9·30	8·02	2 38	.....	......	
743	Tel que garanti	3·29	4·0	4·0	2·0	1·0	7·0	6 0	10·0	......	51772	"
	Tel qu'analysé	......	4·20	4·96	2·04	1·00	8·00	7·00	9·75	.....	......	
383	Tel que garanti	0·82	1·0	6·0	2·0	1·0	9·0	8·0	4·0	......	51773	"
	Tel qu'analysé	......	1·20	7·50	1·23	0·95	9·68	8·73	4·59	.....	......	
382	Tel que garanti	0·82	1·0	3·0	1·0	1·0	5·0	4·0	8·0	......	51774	"
	Tel qu'analysé	......	1·20	2·32	2·27	1·11	5·70	4·59	8 42	.....	......	
234	Tel que garanti	1·65	2·0	6·0	2·0	1·0	9·0	8·0	4·0	......	51775	"
	Tel qu'analysé	...	2·00	5·80	3·20	1·38	10·38	9·00	4·50	.....	......	
738	Tel que garanti	0·82	1·0	6·0	2·0	1·0	9·0	8·0	2·0	......	51776	"
	Tel qu'analysé	......	1·20	6·55	2·77	0·88	10·20	9 32	2·50	.....	......	
737	Tel que garanti			10·0	2·0	1·0	13·0	12·0	5·0	......	51777	"
	Tel qu'analysé			10·88	1·20	1·07	13·15	12·08	5·42	.....	......	
739	Tel que garanti	0·82	1·0	7·0	2·0	1·0	10·0	9·0	3·0	......	51778	"
	Tel qu'analysé	......	1·00	7·83	2·59	0·68	11·10	10·42	3·21	.....	......	

Date du prélèvement.	Désignation.	Numéro de l'échantillon.	Nom et adresse du vendeur.	Coût.		Nom et adresse du fabricant ou fournisseur, tel que communiqué par le vendeur.		Rapport de l'inspecteur (ne comportant aucune expression d'opinion.)
				Quantité.	Cents.	Fabricant.	Fournisseur.	

DISTRICT D'OTTAWA—

1913.								
18 avril.	Victor..........	51779	Cap. Chem. and Fert. Co., Buckingham.	3 liv.	rien	Vendeurs.....		
18 "	Reliance.......	51780	"	3 "	"	"		
18 "	Royal Canadian.	51781	"	3 "	"	"		
18 "	Eureka Tobacco.	51782	"	3 "	"	"		
18 "	Potato Special..	51783	"	3 "	"	"		
18 "	Corn Special....	51784	"	3 "	"	"		
18 "	Capleton.......	51785	"	3 "	"	"		
18 "	Monarch.......	51786	"	3 "	"	"		
21 "	Sure Growth Manure.	51787	K. McDonald & Sons, Ottawa.	3 "	"	The W. A. Freeman Co., Ltd., Hamilton.	Fabricants..	
21 "	Pure Bone Meal.	51788	"	3 "	"	"	"	
21 "	Bone and Potash	51789	"	3 "	"	"	"	
21 "	Celery and Early Veg. Manure.	51790	"	3 "	"	"	"	

DISTRICT DE KINGSTON—

22 avril.	Special Potash Mixture.	57301	John Gunyo, Brighton.	3 liv.	10	Am. Agr. Chem. Co., Buffalo.		
22 "	Bradley's B. D. SeaFowlGuano	57302	"	3 "	10	"		
22 "	High Grade Potash Compound	57303	"	3 "	10	"		
22 "	Crockers New York Special Phosphate.	57304	"	3 "	10	"		
22 "	Bradley's Potato Fertilizer.	57305	"	3 "	10	"		
22 "	Bradley's Complete Man. for Potatoes and Veg.	57306	"	3 "	10	"		

ENGRAIS DE COMMERCE.

Résultats analytiques.

Numéro enregistré	Analyse de l'échantillon.	Azote p.c.		Acide phosphorique p.c.							Numéro de l'échantillon.	Remarques et opinion de l'analyste en chef.
		Total y compris l'acide nitrique ou l'ammoniaque.	Total calculé en ammoniaque.	Soluble dans l'eau.	Soluble dans l'acide citrique.	Insoluble.	Total.	Total utilisable.	Potasse.	Eau.		
		p.c.	p.c.	p.c.	p.c.	p.c.	p.c.	p.c.	p.c.			

Fin.

		p.c.	p.c.	p.c.	p.c.	p.c.	p.c.	p.c.	p.c.			
83	Tel que garanti	2·0					9···	7·0	3·0		51779	
	Tel qu'analysé.	2·00		6·12	3·66	9·78	6·12	3·20				Pr. conf. à la gar. en valeur.
86	Tel que garanti	2·0				6·0		2·0			51780	
	Tel qu'analysé.	2·40		7·23	1·70	8·93	7·23	2·70				Conf. à la garant.
84	Tel que garanti	4·0					9·0	5·0			51781	
	Tel qu'analysé.	4·70		8·14	2·46	10·60	8·14	5·47				"
85	Tel que garanti	3·0					5·0	4·0			51782	
	Tel qu'analysé.	3·00		6·28	1·90	8·18	6·28	3·81				"
336	Tel que garanti	2·0					6·0	8·0			51783	
	Tel qu'analysé.	2·26		7·24	2·01	9·25	7·24	6·54				"
82	Tel que garanti	1·0					7·0		3·0		51784	
	Tel qu'analysé.	1·20		9·15	1·98	11·13	9·15	3·00				"
337	Tel que garanti						7·0				51785	
	Tel qu'analysé.			6·36	3·72	10·08	6·36					"
857	Tel que garanti	1·0					8·0	8·0			51786	
	Tel qu'analysé.	3·70		7·66	1·34	9·00	7·66	10·06				"
144	Tel que garanti	2·89	3·5	5·0	3·0	0·25	8·25	8·0	3·0		51787	
	Tel qu'analysé.		3·30	3.45	6·04	1·81	11·30	9·49	4·73			
146	Tel que garanti	2·47	3·0		20·0	1·0	21·0	20·0			51788	Suffisam. conf. à la gar. en acide phosph profita. Conf. à la garantie en valeur.
	Tel qu'analysé.		5·10		12·45	8·75	21·20	12·45				
147	Tel que garanti		2·0					9·0	6·0		51789	
	Tel qu'analysé.		2·20		8·34	1·41	9·75	8·34	8·52			Conf. à la garant.
148	Tel que garanti	4·12	5·0	5·5	3·5	0·25	9·25	9·0	5·0		51790	
	Tel qa'analysé.		5·10	2·48	4·65	1·35	8·48	7·18	8·27			"

JAS. HOGAN, INSPECTEUR.

181	Tel que garanti	0·82	1·0	7·0	2·	1·0	10·0	9·0	7·0		57301	
	Tel qu'analysé.		1·25	6·95	2·03	1·17	10·55	9·38	7·38			Conforme à la garantie.
188	Tel que garanti	2·06	2·5	6·0	2·0	1·0	9·0	8·0	1·5		57302	
	Tel qu'analysé.		2·65	6·13	1·57	1·45	9·15	7·70	1·83			"
182	Tel que garanti	1·65	2·0	6·0	2·0	1·0	9·0	8·0	10·0		57303	
	Tel qu'analysé.		2·20	3·10	4·80	1·55	9·45	7·90	10·84			"
192	Tel que garanti			8·0	2·0	1·0	11·0	10·0	8·0		57304	
	Tel qu'analysé.			6·73	2·66	1·54	10·93	9·39	8·80			"
392	Tel que garanti	2·06	2·5	6·0	2·0	1·	9·0	8·0	3·0		57305	
	Tel qu'analysé.		2·57	3·70	4·29	1· 1	9·30	7·99	3·69			"
394	Tel que garanti	3·29	4·0	6·0	2·0	1·	9·0	8·0	7·0		57306	
	Tel qu'analysé.		4·20	5·85	2·77	1·63	9·95	8·62	7·28			"

14—9½

Date du prélèvement.	Désignation.	Numéro de l'échantillon.	Nom et adresse du vendeur.	Coût.		Nom et adresse du fabricant ou fournisseur, tel que communiqué par le vendeur.		Rapport de l'inspecteur (ne comportant aucune expression d'opinion.)
				Quantité.	Cents.	Fabricant.	Fournisseur.	

DISTRICT DE

1913.								
22 avril	Sure Growth Manure.	57307	Thompson Mc-donald, Cobourg.	3 liv.	10	W. A. Freeman Co., Ltd., Hamilton.	....	....
	Potato Manure.	57308	"	3 "	10	"	....	....

DISTRICT DE TORONTO—

17 mars	Gunn's Shur-Crop General Garden No. 9.	57060	Gunn's Ltd., Toronto-Ouest.	3 liv.	15	Vendeurs....	....	....
17 "	Gunn's Shur-Crop Wheat Spec. No. 8.	57061	"	3 "	15	"	....	....
17 "	Gunn's Shur-Crop Tobacco Producer No. 1.	57062	"	3 "	15	"	....	....
17 "	Gunn's Shur-Crop Corn Manure No. 4.	57063	"	3 "	15	"	....	....
17 "	Gunn's Shur-Crop Bean Grower No. 6.	57064	"	3 "	15	"	....	....
18 "	Harab No. 1 Potato Special.	57065	Harris Abattoir Company, Ltd., Toronto.	3 "	15	"	....	....
18 "	Harab No. 6 Cereal and Corn Ferter.	57066	"	3 "	15	"	....	....
18 "	Harab No. 7 Potash Compound.	57067	"	3 "	15	"	....	....
18 "	Harab No. 12 Lambton Special.	57068	"	3 "	15	"	....	....
18 "	Harab No. 13 Farmer's Special.	57069	"	3 "	15	"	....	....
19 "	Harab No. 2 General Garden.	57070	"	3 "	15	"	....	....
19 "	Harab No. 5 Orchard.	57072	"	3 "	15	"	....	....
19 "	Harab No. 15 Fall Wheat Special.	57073	"	3 "	15	"	....	....
19 "	Harab No. 2 N. B. Potato Special with 10 p.o. Potash.	57074	"	3 "	15	"	....	....

DOC. PARLEMENTAIRE No 14

ENGRAIS DU COMMERCE.

		Résultats analytiques.										
		Azote p.c.			Acide phosphorique p.c.							
Numéro enreg s ré.	Analyse de l'échantillon.	To al y compris l'a-c de l n r que ou l'ammoniacale.	To al calcu é en ammoniaque.	Soluble dans l'eau.	Soluble dans l'acide citrique.	Insoluble.	Total.	Total utilisable.	Potasse.	Bau.	Numéro de l'échantillon.	Remarques et opinion de l'analyste en chef.

KINGSTON—Fin.

		p.c.	p.c.	p.c.	p.c.	p.c.	p.c.	p.c.	p.c.	p.c.		
144	Tel que garanti	2·89	3·5	5·0	3·0	0·25	8·25	8·0	3·0	...	57307	Conforme à la garantie.
	Tel qu'analysé.....		3·10	4·08	6·14	1·88	12·10	10·22	4·67	......	....	
145	Tel que garanti	2·47	3·0	5·0	3·0	0·25	8·25	8·0	5·0	...	57308	"
	Tel qu'analysé......		2·50	4·58	6·28	2·32	13·18	10·86	4·19	......	....	

H. J. DAGER—INSPECTEUR.

619	Tel que garanti	3·0	·64	5·0				5·0	6·0	.....	57060	Conforme à la garantie.
	Tel qu'analysé......		3·50	1·00	7·08	1·32	9·40	8·08	7·16	......	....	
618	Tel que garanti	2·0	2·4	9·0				9·0	2·0	......	57061	"
	Tel qu'analysé......		1·96	6·68	2·58	2·12	11·38	9·26	1·94	......	....	
611	Tel que garanti	3·0	·4	8·0				8·0	8·0	.....	57062	"
	Tel qu'analysé......		3·62	3·83	5·38	2·22	11·43	9·21	8·58	......	....	
614	Tel que garanti	2·0	2·40	9·0				9·0	5·0		57063	"
	Tel qu'analysé......		2·40	6·08	2·30	2·00	10·38	8·38	6·10	.....		
616	Tel que garanti	2·0	2·40	7·0				7·0	8·0		57064	"
	Tel qu'analysé		2·20	3·90	4·30	1·70	9·90	8·20	8·82			
471	Tél que garanti	3·0	·4					8·0	8·0		57065	"
	Tel qu'analysé......		3·60					8·63	8·20			
701	Tel que garanti	2·0	2·40					9·0	3·0		57066	"
	Tel qu'analysé		2·50					9·43	3·06			
476	Tel que garanti	2·0	2·40					7·0	8·0		57067	"
	Tel qu'analysé.....		2·40					7·63	9·52			
652	Tel que garanti	2·0	2·40					8·0	10·0		57068	"
	Tel qu'analysé.....		2·80					9·33	10·92			
633	Tel que garanti	1·0	1·2					8·0	5·0		57069	"
	Tel qu'analysé.. .		1·25					8·60	4·74			
472	Tel que garanti	3·0	3·64					7·0	3·0		57070	"
	Tel qu'analysé.. .		3·62					7·78	2·93			
654	Tel que garanti	1·0	1·2					8·0	8·0		57072	"
	Tel qu'analysé.....		1·4					8·75	7·84			
663	Tel que garanti	2·0	2·4					7·0	2·0		57073	"
	Tel qu'analysé.....		2·4					8·40	2·28			
696	Tel que garanti	3·0	3·64					7·0	6·0	10·0	57074	"
	Tel qu'analysé......		2·90		7·24	0·94	8·18	7·24	10·27			

Date du prélèvement.	Désignation.	Numéro de l'échantillon.	Nom et adresse du vendeur.	Coût. Quantité.	Cents.	Nom et adresse du fabricant ou fournisseur, tel que communiqué par le vendeur. Fabricant.	Fournisseur.	Rapport de l'inspecteur (ne comportant aucune expression d'opinion.)

DISTRICT DE TORONTO—

1913.

20 mars	Gunn's Shur-Crop Blood & Bone Compound No. 15.	57075	Gunn's, Ltd., Toronto-Ouest.	3 liv.	15	Vendeurs.....		
20 "	Gunn's Shur-CropFertilizer. Fine Steamed Bone No. 13.	57076	" "	3 "	15	"		
20 "	Gunn's Shur-Crop Potato & Celery Special No. 5.	57077	" "	3 "	15	"		
20 "	Green Bone Meal	57078	" "	3 "	15	"		Pas de numéro d'enreg. sur le sac. On s'est adressé au Départ. pour enregistrement.
22 "	H. Brand Fertilizer.	57079	W. Harris & Co., Toronto.	3 "	15	"		Les fabric. disent qu'ils s'étaient adressés au Départ. pour enregistrement.
24 "	Cereal Fertilizer	57080	The Wm. Davies Co., Ltd., Toronto-Ouest.	3 "	15	"		
24 "	Sure Growth....	57081	" "	3 "	15	"		
24 "	General Crop...	57082	" "	3 "	15	"		
24 "	Grape and Small Fruit Special.	57083	" "	3 "	15	"		
24 "	Corn Special....	57084	" "	3 "	15	"		
25 "	Basic Slag, A Quality.	57085	" "	3 "	15	.	The Cross Fert. Co., Ltd., Sydney, N.-E.	
25 "	Tobacco Grower	57086	" "	3 "	15	Vendeurs....		
25 "	Potato Grower..	57087	" "	3 "	15	"		
25 "	Pure Bone Meal	57088		3 "	15	"		

DOC. PARLEMENTAIRE No 14

ENGRAIS DU COMMERCE.

Résultats analytiques.

Suite.

Numéro enregistré.	Analyse de l'échantillon.	Azote p.c. Total y compris l'acide nitrique ou l'ammoniaque.	Total calculé en ammoniaque.	Acide phosphorique p.c. Soluble dans l'eau.	Soluble dans l'acide citrique.	Insoluble.	Total.	Total utilisable.	Potasse.	Eau.	Numéro de l'échantillon.	Remarques et opinion de l'analyste en chef.
		p. c.	p. c.	p. c.	p. c.	p. c.	p. c.	p. c.	p. c.	p. c.		
657	Tel que garanti	7·0	8·5	7·0	.....	.....	.....	7·0	2·0	.....	57075	Conforme à la garantie.
	Tel qu'analysé.	.....	7·90	0·29	8·81	1·75	10·85	9·10	1·89	.....		
623	Tel que garanti	3·0	3·64	22·0	.....	.....	.....	22·0	.....	.....	57076	Inférieur à la garantie en acide phosphoriq. profitable. Réclamat. déraisonnable; err. poss. dans la réclama.
	Tel qu'analysé.	.....	3·50	0·47	15·14	4·67	20·28	15·61	.....	.....		
615	Tel que garanti	2·0	2·4	8·0	.....	.....	.....	8·0	10·0	.....	57077	Conforme à la garantie.
	Tel qu'analysé.	.....	2·40	.....	8·51	1·99	10·50	8·51	10·04	.....		
....	....	....	....	....	11·85	11·78	23·63	11·85	.....	.....	57078	Non identifié et apparem. non enregistré.
(855)	Tel que garanti	5·35	6·50 Trace.	7·02	5·35	12·37	7·02	.....	.....		57079	Conforme à la garantie.
	Tel qu'analysé.	.....	7·30	.....	7·86	4·27	12·13	7·86	.....	.....		
364	Tel que garanti	2·06	2·5	6·0	3·0	2·0	11·0	9·0	2·0	.....	57080	Conforme à la garantie.
	Tel qu'analysé.	.....	2·60	8·05	3·14	1·61	12·80	11·19	2·77	.....		
674	Tel que garanti	2·47	3·0	.....	.....	.....	10·0	9·0	3·0	.....	57081	"
	Tel qu'analysé.	.....	3·20	.....	10·17	1·73	11·90	10·17	3·37	.....		
249	Tel que garanti	2·47	3·0	.....	.....	.....	10·0	8·0	2·0	.....	57082	"
	Tel qu'analysé.	.....	3·20	.....	8·20	1·15	9·35	8·20	2·09	.....		
675	Tel que garanti	1·64	2·0	.....	.....	.....	9·0	8·0	10·0	.....	57083	"
	Tel qu'analysé.	.....	2·10	.....	7·68	1·22	8·90	7·68	9·14	.....		
669	Tel que garanti	1·64	2·0	.....	.....	.....	9·0	8·0	2·0	.....	57084	"
	Tel qu'analysé.	.....	2·00	.....	8·31	1·67	9·98	8·31	1·81	.....		
557	Tel que garanti	.....	.....	.....	.....	.....	12·80	.....	.....	.....	57085	"
	Tel qu'analysé.	.....	.....	.....	13·45	0·60	14·05	16·45	.....	86·2		
369	Tel que garanti	1·64	2·0	3·0	5·0	2·0	10·0	8·0	5·0	.....	57086	"
	Tel qu'analysé.	.....	3·70	2·94	6·62	1·32	10·88	9·56	6·84	.....		
670	Tel que garanti	2·47	3·0	.....	.....	.....	7·0	6·0	10·0	.....	57087	Infér. à la gar. en potas., mais val. totale amp. suffi,
	Tel qu'analysé.	.....	3·10	3·90	5·24	7·25	16·39	9·14	8·00	.....		
244	Tel que garanti	3·29	4·0	.....	.....	.....	20·0	.....	.....	.....	57088	Conforme à la garantie.
	Tel qu'analysé.	.....	3·68	.....	12·05	11·53	23·58	12·05	.....	.....		

5 GEORGE V, A. 1915

BULLETIN N° 264—

Date du prélèvement.	Désignation.	Numéro de l'échantillon.	Nom et adresse du vendeur.	Coût.		Nom et adresse du fabricant ou fournisseur, tel que communiqué par le vendeur.		Rapport de l'inspecteur (ne comportant aucune expression d'opinion.)
				Quantité.	Cents.	Fabricant.	Fournisseur.	

DISTRICT DE

1913.								
25 mars.	Fine Steamed Bone.	57089	The Wm. Davies Co., Ltd., To ronto-Ouest.	3 liv.	15	Vendeurs.....	....	....
25 "	Bean and Pea Special.	57090	"	3 "	15	"	.....	....
26 "	Blood and Bone.	57091	"	3 "	15	"	....	....
26 "	Hay and Meadow Special.	57092	"	3 "	15	"	.....	....
26 "	Sugar Beet Special.	57093	"	3 "	15	"	....	....
26 "	Wheat Phosphate.	57094	"	3 "	15	"	....	....
26 "	Potato Special..	57095	"	3 "	15	"	.....	....
28 avril.	Harab No. 11, Clover and Hay.	57096	The Harris Abattoir Co., Ltd., Toronto.	3 "	15	"	....	....
28 "	Harab No. 3, Early Vegetable.	57097	"	3 "	15	"	....	....
28 "	Harab No. 14, Tobacco Special.	57098	"	3 "	15	"	....	....
28 "	Harab No. 4, Gardeners Special.	57099	"	3 "	15	"	....	....
28 "	Harab Complete Fert., with 10 p.c. Potash.	57100	"	3 "	15	"	....	....
30 "	Pure Ground Blood.	57196	"	3 "	15	"	....	....
30 "	Harab No. 10, Blood and Bone.	57197	"	3 "	15	"	....	....
30 "	Harab No. 8, Fine Steamed Bone.	57198	"	3 "	15	"	.....	....
1er mai.	GunnsShur-Crop Berry Special, No. 12.	57199	Gunn's Ltd., To ronto-Ouest.	3 "	15	"	.....	....

DOC. PARLEMENTAIRE No 14

ENGRAIS DU COMMERCE.

TORONTO—Suite.

Numéro enregistré.	Analyse de l'échantillon.	Azote p.c.		Acide phosphorique p.c.				Total utilisable.	Potasse.	Eau.	Numéro de l'échantillon.	Remarques et opinion de l'analyste en chef.
		Total y compris l'acide nitrique ou l'ammoniaque.	Total calculé en ammoniaque.	Soluble dans l'eau.	Soluble dans l'acide citrique.	Insoluble.	Total.					
		p. c.	p. c.	p. c.	p. c.	p. c.	p. c.	p. c.	p. c.	p. c.	p. c.	
366	Tel que garanti	4·93	6 0	....	.....	.....	22 0	....	.....	.....	57089	
	Tel qu'analysé	.....	6·70	....	16 88	7·15	24·03	16·88	.....	.....		Conf. à la garantie.
668	Tel que garanti	1·0	1·0	..	.....	.....	9 0	8·0	5·0	.....	57090	
	Tel qu'analysé	....	1·00	3·85	5·29	14·98	24·12	9·14	6·83	.....		Conf. à la garant. Excès considérable d'acide phosphorique. Identificat. apparemment erronée de la marque. H.I.M
678	Tel que garanti	4·93	6·0	.....	.....	.....	13·0	10·0	.....	.....	57091	
	Tel qu'analysé	....	7·30	.....	10·97	3·53	14·50	10·97	1·45	....		Conf. à la garantie.
673	Tel que garanti	3·3	4·0	....	.....	.....	6·0	5·0	3·0	.....	57092	
	Tel qu'analysé	.....	3·60	.....	6·87	1·06	7·93	6·87	4·62	.....		"
667	Tel que garanti	1·64	2·0	.....	.....	.....	11·0	10·0	5·0	.....	57093	
	Tel qu'analysé	.....	2·20	.....	11·38	7·35	18·73	11·38	5·70	.....		"
666	Tel que garanti	1·64	2·0	.....	.....	.....	11·0	10·0	2·0	.....	57094	
	Tel qu'analysé	.....	1·80	....	9·24	1 84	11·08	9·24	2·73	.....		"
360	Tel que garanti	3·3	4·0	1·0	5 0	2·0	8·0	6·0	3·0	.....	57095	
	Tel qu'analysé	.....	4·40	1·81	6·59	1·05	9·45	8·40	9·15	.....		Conf. à la garant. Excès de potasse. Erreur possible dans l'identific.
479	Tel que garanti	6·0	7·28	.....	.....	.....	3·0	....	5·0	.....	57096	Conf. à la garantie.
	Tel qu'analysé	.....	7 00	.....	.....	.....	5·91	.....	4·31	.....		
473	Tel que garanti	4·0	4·8	.....	.....	.....	6·0	.....	4·0	.....	57097	"
	Tel qu'analysé	.....	4·90	.....	.....	.....	7·58	.....	3 90	.....		
482	Tel que garanti	3·0	3·6	.....	....	.....	8·0	.....	6·0	.....	57098	"
	Tel qu'analysé	...	3·70	.....	.....	.....	9·53	.....	6·89	.....		
655	Tel que garanti	5·0	6·1	.....	.....	.....	6·0	.....	8·0	.....	57099	Inférieur à la garantie en potasse
	Tel qu'analysé	.....	5·71	.....	.....	.....	7·58	.....	4·86	.....		
695	Tel que garanti	.....	4·0	.....	.....	.....	7·0	6·0	10·0	.....	57100	"
	Tel qu'analysé	.....	4 30	.....	7·14	1·11	8·25	7·14	7 53	.....		
653	Tel que garanti	11·0	13·35	.....	.....	.....	2·0	.....	.....	.....	57196	Inférieur à la garantie en azotes.
	Tel qu'analysé	.....	11·65	.....	.....	.....	1·14	.....	.....			
478	Tel que garanti	7·0	8·5	.....	.....	.....	10·0	.....	.....	.....	57197	
	Tel qu'analysé	.....	8·13	.....	.....	.....	9·25	.....	.....			Conf. à la garantie.
293	Tel que garanti	3·5	4·0	.....	.....	.....	22·0	.....	.....	.....	57198	Inférieur à la garantie en acide phosphorique.
	Tel qu'analysé	.....	3·48	.....	13·99	4·67	18·66	13·99	.....	.....		
622	Tel que garanti	1·0	1·2	8·0	.....	.....	.....	8·0	8·0	.....	57199	
	Tel qu'analysé	.....	1·2	4·33	3·42	0·93	8·68	7·75	8·17	.....		Conf. à la garantie.

Date du prélèvement.	Désignation.	Numéro de l'échantillon.	Nom et adresse du vendeur.	Coût.		Nom et adresse du fabricant ou fournisseur, tel que communiqué par le vendeur.		Rapport de l'inspecteur (ne comportant aucune expression d'opinion.)
				Quantité.	Cents.	Fabricant.	Fournisseur.	

DISTRICT DE

1913.								
1er mai.	GunnsShur-Crop Bowling Green and Lawn Special.	57200	Gunn's Ltd., Toronto-Ouest.	3 liv.	15	Vendeurs.....		....
1er "	GunnsShur-Crop Forcing Gr'th, No. 7.	57405	" ..	3 "	15	"		......
1er "	GunnsShur-Crop Sugar Beet Special, No. 2.	57406	" ..	3 "	15	"	....	....
1er "	GunnsShur-Crop Early Vegetable, No. 10.	57407	" ..	3 "	15	"		......
1er "	GunnsShur-Crop Pulverized Steamed Bone, No. 14.	57408	" ..	3 "	15	"		......

DISTRICT DE HAMILTON—

9 avril.	Bone Meal......	57167	Ward and Kelly, Brantford, Ont.	3 liv.	15	International Agr. Co., Buffalo, N.-Y.	..	....
9 "	Wheat Special..	57168	" ..	3 "	15	" .		....
9 "	Extra Phosphate and Potash.	57169	" ..	3 "	15	"		....
9 "	Chapman's Tomato Special.	57170	" ..	3 "	15	" ..		....
9 "	Fruit and Vine .	57171	The Brant Seed Co., Brantford.	3 "	15	Shaal Sheldon Fert. Co., Buffalo.	...	......
9 "	Grass and Grain	57172	" ..	3 "	15			......
9 "	Stone Brand, XXX Potato Fertilizer.	57173	E. Pitts, Paris....	3 "	15	Wm. Stone & Sons, Ltd., Ingersoll.	......	......
10 "	Stone Brand Grain and Root Fertilizer.	57174	E. Pitts, Paris....	3 "	15	Wm. Stone & Sons, Ltd., Ingersoll.	......	:......

-DOC. PARLEMENTAIRE No 14

ENGRAIS DU COMMERCE.

Résultats analytiques.

Numéro enregistré.	Analyse de l'échantillon.	Azote p.c.		Acide phosphorique p.c.					Potasse.	Eau.	Numéro de l'échantillon.	Remarques et opinion de l'analyste en chef.
		Total y compris l'acide nitrique ou l'ammoniaque.	Total calculé en ammoniaque.	Soluble dans l'eau.	Soluble dans l'acide citrique.	Insoluble.	Total.	Total utilisable.				

TORONTO—*Suite.*

		p. c.	p. c.	p. c.	p. c.	p. c.	p. c.	p. c.	p. c.	p. c.		
613	Tel que garanti	5·0	......	6·0	......	......	......	6 0	7 0	......	57200	
	Tel qu'analysé	......	5·95	5·43	1·78	0·79	8·00	7·21	7·99	......		Conforme à la garantie.
617	Tel que garanti	5·0	6·07	8·0	......	......	..	8·0	7·0	......	57405	
	Tel qu'analysé	...	4·06	6·45	1·56	0·94	8·95	8·01	7·13	......		Infér. à la gar. en azote. Expliq. ea disant. que l'éch. a été pris sur une quant. non suffi-
612	Tel que garanti	2·0	2·4	6·0′	......	......	......	6·0	·9·0	......	57406	sam. mélangée.
	Tel qu'analysé	...	2·15	2·95	3·51	0·99	7·45	6·46	8·55	......		Conforme à la garantie.
620	Tel que garanti	4·0	4·86	6·0	......	......	......	6·0	7·0	......	57407	
	Tel qu'analysé	......	3·0	3·70	5·23	1·20	10·13	8·93	6·72	......		Légèrement infé- rieur à la gar.
624	Tel que garanti	3·0	3·64	22·0	......	......	......	22·0	......	......	57408	
	Tel qu'analysé	......	4·36	0·44	13·71	6·10	20·25	14·15	......	......		Infér. à la gar. en acide phosp. Ré- clamation dérai- sonnable de ma- tières profitab. Err. poss. dans la réclamation.

H. J. DAGER, INSPECTEUR-INTÉRIMAIRE.

648	Tel que garanti	2·40	3·0	......	......	......	......	22·0	......	......	57167	
	Tel qu'analysé	......	3·0	......	13·16	7·37	20·53	13·16	......	......		Presque confor- me à la garantie
638	Tel que garanti	2·0	2·5	6·0	2·0	1·0	9·0	8·0	1·5	......	57168	
	Tel qu'analysé	......	2·50	4·50	3·37	2·01	9·88	7·87	2·65	......		Conforme à la
636	Tel que garanti	......	......	8·0	2·0	1·0	11·0	10·0	8·0	......	57169	garantie.
	Tel qu'analysé	......	......	8·20	1·52	1·33	11·05	9·72	8·13	......		"
644	Tel que garanti	1·60	2·0	6·0	2·0	1·0	9·0	8·0	10·0	... ..	57170	
	Tel qu'analysé	......	2·50	5·85	2·60	1·55	10·0	8·45	9·82	......		"
383	Tel que garanti	0·82	1·0	6·0	2·0	1·0	9·0	8·0	4·0	......	57171	
	Tel qu'analysé	...	1·60	4·85	4·97	1·96	11·78	9·82	5·24	......		"
356	Tel que garanti	1·23	1·50	6·0	2·0	1·0	9·0	8·0	7·0	......	57172	
	Tel qu'analysé	......	1·90	5·60	3·06	1·24	9·90	8·66	7·84	......		"
546	Tel que garanti	1·64	2·0	6·50	1·50	1·25	9·25	9·30	6·14	......	57173	
	Tel qu'analysé	......	2·0	4·10	5·20	1·63	10·93			......		"
545	Tel que garanti	1·64	2·0	6·50	1·50	1·25	9·25	8·0	2·0	......	57174	
	Tel qu'analysé	.. ...	2·15	4·33	5·18	1·64	11·15	9·51	2·07	.·......		"

Date du prélèvement.	Désignation.	Numéro de l'échantillon.	Nom et adresse du vendeur.	Coût.		Nom et adresse du fabricant ou fournisseur, tel que communiqué par le vendeur.		Rapport de l'inspecteur (ne comportant aucune expression d'opinion.)
				Quantité.	Cents.	Fabricant.	Fournisseur.	

DISTRICT DE HAMILTON—

1913.								
11 avril	Crocker's Practical Potato Fertilizer.	57175	Howard L. Knox, Lynden.	3 liv.	15	The Am. Agr. Chem. Co., N.-Y.		
11 ‖	Crocker's Wheat and Corn Fertilizer.	57176	‖ ‖ ..	3 ‖	15	‖		
11 ‖	Crocker's Best Potash Fertilizer.	57177	‖ ‖ ..	3 ‖	15	‖		
11 ‖	Crocker's New York Special Phosphate.	57178	‖ ‖ ..	3 ‖	15	‖		
15 ‖	Bowker's Market Garden Fertilizer.	57179	E. W. Moore & Son, Dunnville.	3 ‖	15	Bowker Fert. Co., Boston et N.-Y.		
15 ‖	Farm and Garden Phosphate.	57180	‖ ‖ ..	3 ‖	15	‖		
15 ‖	Crocker's Complete Manure.	57181	H. Bartlett, Dunnville.	3 ‖	15	The Am. Agr. Chem. Co. N.-Y.		
15 ‖	Ideal Wheat and Corn.	57182	B. L. Edgecombe, Dunnville.	3 ‖	15	The Inter national Agr. Co., Buffalo, N.-Y.		
15 ‖	Sugar Beet Grower.	57183	‖ ‖ ..	3 ‖	15	‖		
15 ‖	Fish Guano....	57184	‖ ‖ ..	3 ‖	15	‖		
15 ‖	Celery and Potato Special.	57185	‖ ‖ ..	3 ‖	15	‖		
15 ‖	Farmers' Choice.	57186	‖ ‖ ..	3 ‖	15	‖		
16 ‖	Bradley's B.D. Sea Fowl Guano.	57187	Titterington Bros., Ste-Catherine.	3 ‖	. 15	The Am Agr Chem. Co., N.-Y.		
19 ‖	Celery and Early Vegetable Manure.	57188	The W. A. Freeman Co., Ltd., Hamilton.	3 ‖	15	Fabricants....		
19 ‖	Potato Manure.	57189	‖	3 ‖	15	‖		
19 ‖	Sure Growth Manure.	57190	‖	3 ‖	15	‖		
19 ‖	Lawn Fertilizer.	57191	‖	3 ‖	15	‖		
19 ‖	Ontario Manure.	57192	‖	3 ‖	15	‖		
19 ‖	Pure Bone Meal	57193	‖	3 ‖	15	‖		

ENGRAIS DU COMMERCE.

Résultats analytiques.

Suite.

Numéro enregistré	Analyse de l'échantillon	Azote p.c. Tel y compris l'acide nitrique ou l'ammoniaque	Azote p.c. Tel doté en ammoniaque	Soluble dans l'eau	Acide phosphorique p.c. Soluble dans l'acide citrique	Insoluble	Total	Total utilisable	Potasse	Eau	Numéro de l'échantillon	Remarques et opinion de l'analyste en chef.
		p. c.	p. c.	p. c.	p. c.	p. c.	p. c.	p. c.	p. c.	p. c.		
198	Tel que garanti	0·82	1·0	3·0	1·0	1·0	5·0	4·0	8·0	. .	57175	Conforme à la garantie.
	Tel. qu'analysé	....	1·11	3·25	0·88	0·90	5·03	4·13	7·79	....		
195	Tel que garanti	2·06	2·50	6·0	2·0	1·0	9·0	8·0	1·5	..	57176	"
	Tel qu'analysé	....	2·55	4·60	3·17	1·31	9·08	7·77	2·01	....		
194	Tel que garanti	1·65	2·0	6·0	2·0	1·0	9·0	8·0	10·0	....	57177	"
	Tel qu'analysé	....	2·05	5·30	3·11	1·64	10·05	8·41	10·58	....		
192	Tel que garanti	....	....	8·0	2·0	1·0	11·0	10·0	8·0	....	57178	"
	Tel qu'analysé	....	....	7·38	2·60	0·80	10·78	9·98	7·42	....		
578	Tel que garanti	2·47	3·0	4·0	2·0	1·0	7·0	6·0	10·0	....	57179	Inférieur à la garantie en potasse, mais valeur compensée
	Tel qu'analysé	....	4·10	3·70	4·52	1·78	10·00	8·22	8·01	....		
577	Tel que garanti	1·65	2·0	6·0	2·0	1·0	9·0	8·0	2·0	....	57180	Conforme à la garantie.
	Tel qu'analysé	.. ..	2·10	2·28	5·40	2·07	9·75	7·68	2·20	....		
380	Tel que garanti	0·82	1·0	6·0	2·0	1·0	9·0	8·0	4·0	....	57181	"
	Tel qu'analysé	....	1·00	6·70	0·87	1·18	8·75	7·57	4·04	....		
641	Tel que garanti	1·60	2·0	7·0	2·0	1·0	10·0	9·0	5·0	....	57182	"
	Tel qu'analysé	....	2·90	7·95	0·99	1·81	10·75	8·94	5·58	....		
640	Tel que garanti	1·60	2·0	6·0	2·0	1·0	9·0	8·0	4·0	....	57183	"
	Tel qu'analysé	....	2·0	6·0	0·2	1·1	0·63	8·2	4·9	....		
637	Tel que garanti	0·80	.	.	0	.	1·00	9	2·		57184	"
	Tel qu'analysé	....	0	0	20	3	1·2	9·0	3·4			
643	Tel que garanti	1·60	.	.	.	.	0	8	10·		57185	"
	Tel qu'analysé	....	5	0	0	0	·5	8·0	9·0			
639	Tel que garanti	0·80	.	.	.	.	0	8	5·		57186	"
	Tel qu'analysé	....	0	0	7	3	·5	7·7	5·2			
188	Tel que garanti	2·06	.	.	.	.	0	8	1·		57187	"
	Tel qu'analysé	....		8	4	3	03	7·2	2·1			
148	Tel que garanti	4·12	5·0	5·5	3·5	0·25	9·25	9·0	5·0	...	57188	"
	Tel qu'analysé	....	5·61	7·63	2·77	1·13	11·53	10·40	5·78	....		
145	Tel que garanti	2·47	3·0	5·0	3·0	0·25	8·25	8·0	5·0		57189	"
	Tel qu'analysé	....	35	4·25	01	87	18·3	11·26	6·87			
144	Tel que garanti	2·89	5	5·0	0	·5	·5	8·0	3·0		57190	"
	Tel qu'analysé	....	40	4·05	49	1·5	10·54	3·13				
157	Tel que garanti	2·47	0	5·5	·5	·5	9·0	4·0			57191	"
	Tel qu'analysé	....	13	10·0	1	7	1·5	11·18	4·82			
374	Tel que garanti	....	5·5	5	·0	·0	8·0	5·0			57192	"
	Tel qu'analysé	....	7·2	3	6	·0	8·64	4·78				
146	Tel que garanti	2·47	3·0	....	2·0	....	20·0				57193	Essentiell. conf. à la garantie. Réclam. excessive pour l'acide phosphor. profit.
	Tel qu'analysé	....	5·29	....	1·95	·5	2·0	12·95				

5 GEORGE V, A. 191**5**

BULLETIN N° 264—

Date du prélèvement	Désignation.	Numéro de l'échantillon.	Nom et adresse du vendeur.	Coût.		Nom et adresse du fabricant ou fournisseur, tel que communiqué par le vendeur.		Rapport de l'inspecteur (ne comportant aucune expression d'opinion.)
				Quantité.	Cents.	Fabricant.	Fournisseur.	

DISTRICT D**E**

1913.

24 avril.	Bone and Potash	57194	The W. A. Freeman Co., Ltd., Hamilton.	3 liv.	15	Vendeurs.....		
24 "	Tobacco Manure	57195	"	3 "	15	"		

DISTRICT DE WINDSOR—

15 avril.	Harab Potash Compound.	47987	M.J. Smith, Chatham, Ont.	3 jarres.	rien	Harris Abattoir Co., Toronto.		
15 "	Davies Corn Special.	47988	F. W. Chartei's... Chatham.	3 "	"	Davies Co.,Toronto.		
15 "	Davies Tobacco Special.	47989	"	3 "	"	"		
15 "	Cereal and Corn	47990	M. J. Smith, Chatham, Ont.	3 "	"	Harris Abattoir Co., Toronto.		
15 "	Potato Special..	47991	"	3 "	"	"		
15 "	Farmers Special.	47992	"	3 "	"	"		
15 "	Tobacco Special.	47993	"	4 "	"	"		
15 "	Davies Sugar Beet Special.	47994	F. W. Chartei's, Chatham.	3 "	"	Davies Co.,Toronto.		
15 "	Davies Sure Growth.	47995	"	3 "	"	"		
15 "	Chapmans Tomato Special.	47996	J. D. Soutar, Chatham.	3 "	"	Buffalo Fert. Co., Buffalo.		
15 "	Ideal.....	47997	"	3 "	"	"		
15 "	Fish Guano	47998	"			"		
16 "	Bone, Blood and Potash.	54801	Wm. Stone & Sons, Ingersoll.	3 "	"	Vendeurs.....		
16 "	Garden Truckers	54802	"	3 "	"	"		
16 "	Fodder Special..	54803	"	3 "	"	"		
16 "	Tobacco Manure	54804	"	3 "	"	"		
16 "	Grain and Root.	54805	"	3 "	"	"		
16 "	Potato and Beet.	54806	"	3 "	"	"		
16 "	Fruit Special....	54807	"	3 "	"	"		
16 "	Potato Manure .	54808	A. Hasting & Sons, Woodstock.	3 "	12½	W. A.Freeman Co.,Hamilton		
16 "	Sure Growth....	54809	"	3 "	12½	"		

DOC. PARLEMENTAIRE No 14

ENGRAIS DE COMMERCE.

Résultats analytiques.

HAMILTON—Fin.

Numéro enregistré.	Analyse de l'échantillon.	Azote p.c.		Acide phosphorique p.c.					Potasse.	Eau.	Numéro de l'échantillon.	Remarques et opinion de l'analyste en chef.
		Total y compris l'acide nitrique ou l'ammoniaque.	Total calculé en ammoniaque.	Soluble dans l'eau.	Soluble dans l'acide citrique.	Insoluble.	Total.	Total utilisable.				
		p. c.	p. c.	p. c.	p. c.	p. c.	p. c.	p. c.	p. c.	p. c.		
147	Telquegaranti	1.65	2·0	5·50	3·50	0·25	9·25	9·0	6·0	......	57194	Conforme à la
	Telqu'analysé.	....	2·76	3·88	6·32	1·88	12·08	10·20	5·12	......		garantie.
149	Telquegaranti	2·47	3·0	5·0	2·0	0·25	7·25	7·0	5·0	.....	57195	Conforme à la
	Telqu'analysé.	.....	4·51	4·30	5·59	1·46	11·35	9·89	4·22			garantie.

JNO. TALBOT, INSPECTEUR.

Numéro enregistré.	Analyse	Azote total	Azote ammoniaque	Soluble eau	Soluble acide citrique	Insoluble	Total	Total utilisable	Potasse	Eau	Numéro échantillon	Remarques
476	Telquegaranti	2·0	2.4				7·0		8·0		47987	
	Telqu'analysé.	...	2·25				8·93		6·49			Conforme à la garantie.
669	Telquegaranti	1·64	2·0				9·0	8·0	2·0		47988	
	Telqu'analysé.	......	1·77		7·78	1·27	9·05	7·78	1·17			Presque conf.
369	Telquegaranti	2·47	3·0				10·0	8·0	6·0		47989	la garantie.
	Telqu'analysé.	..	4·5		9·65	2·00	11·65	9·65	6·00			Conforme à la ga-
701	Telquegaranti	2·0	2·4				9·0		3·0		47990	rantie.
	Telqu'analysé.	......	2·45				9·38		3·21			"
471	Telquegaranti	3·0	3·64				6·0		8·0		47991	
	Telqu'analysé.	......	3·25		7·74	2·29	10·03	7·74	9·00			
633	Telquegaranti	1·0	1·2				8·0		5·0		47992	Inférieur à la ga-
	Telqu'analysé.	......	1·22				6·34		3·00			rantie en po-
												tasse et en
482	Telquegaranti	3·0	3·64				8·0		6·0		47993	acide phospho-
	Telqu'analysé.	.(....	4·00				7·78		8·31			rique.
667	Telquegaranti	1·64	2·0				11·0	10·0	5·0		47994	Conforme à la
	Telqu'analysé.	....	2·20		9·90	6·35	16·25	9·90	5·42			garantie.
674	Telquegaranti	2·47	3·0				10·0		9·0		47995	
	Telqu'analysé.	......	3·90		11·03	1·87	12·90	11·03	3·05			"
644	Telquegaranti	1·60	2·0	6·0	2·0	1·0	9·0	8·0	10·0		47996	"
	Telqu'analysé.	......	2·00	5·50	1·74	1·06	8·30	7·24	14·18			"
641	Telquegaranti	1·60	2·0	7·0	2·0	1·0	10·0	9·0	5·0		47997	"
	Telqu'analysé.	......	2·00	6·60	2·53	1·47	10·60	9·13	5·18			"
637	Telquegaranti	0·80	1·0	7·0	2·0	1·0	10·0	9·0	2·0		47998	"
	Telqu'analysé.	....	1·20	5·50	3·74	1·91	11·15	9·24	2·58			"
544	Telquegaranti	3·29	4·0	5·5	2·5	1·5	9·5	8·0	7·0		54801	"
	Telqu'analysé.	.....	3·40	4·50	5·75	1·50	11·75	10·25	6·67			"
543	Telquegaranti	4·94	6·0	4·0	3·0	1·75	8·75	7·0	5·0		54802	"
	Telqu'analysé.	......	6·00	3·15	5·87	0·81	9·83	9·02	5·01			"
702	Telquegaranti	0·82	1·0				10·0	9·0	2·0		54803	"
	Telqu'analysé.	..	0·95		9·13	1·20	10·33	9·13	1·64			"
541	Telquegaranti	2·47	3·0	5·5	1·5	1·25	8·25	7·0	4·0		54804	"
	Telqu'analysé.	..	3·00	3·28	3·53	0·92	7·73	6·81	4·64			"
545	Telquegaranti	1·64	2·0	6·5	1·5	1·25	9·25	8·0	2·0		54805	"
	Telqu'analysé.	......	1·90	4·38	3·89	1·18	9·45	8·27	2·03			"
709	Telquegaranti	1·64	2·0			1·25	9·25	8·0	10·0		54806	"
	Telqu'analysé.	......	1·90		8·08	1·42	9·50	8·08	5·30			"
539	Telquegaranti	1·64	2·0	6·5	1·5	1·25	9·25	8·0	7·0		54807	"
	Telqu'analysé.	......	2·00	5·73	3·01	1·11	9·85	8·74	9·33			"
145	Telquegaranti	2·47	3·0	5·0	3·0	0·25	8·25	8·0	5·0		54808	"
	Telqu'analysé.	......	2·50	4·40	5·60	2·15	12·15	10·00	4·82			"
144	Telquegaranti	2·89	3·5	5·0	3·0	0·25	8·25	8·0	3·0		54809	"
	Telqu'analysé.	....	2·70	3·00	6·48	2·45	11·93	9·48	2·79			"

Date du prélèvement	Désignation	Numéro de l'échantillon	Nom et adresse du vendeur.	Quantité.	Cents.	Fabricant.	Fournisseur.	Rapport de l'inspecteur (ne comportant aucune expression d'opinion.)

DISTRICT DE WINDSOR—

						Nom et adresse du fabricant ou fournisseur, tel que communiqué par le vendeur.		

Date	Désignation	Numéro	Nom et adresse du vendeur	Quantité	Cents	Fabricant	Fournisseur	Rapport
1913.								
16 avril.	Nitrate of Soda..	54810	A.Hastings & Son, Woodstock, Ont	3 jarres.	25	W. A. Freeman Co., Hamilton.		Pas demarq. Pas de numéro d'enr.
16 "	Bone Black.....	54811	A., Patrick, Woodstock, Ont.	3 "	rien	Mich. Carbon Wks., Détroit		Numéro d'enreg. illisible.
21 "	Fodder Special..	54812	O'Brien Bros., St-Marys, Ont.	3 "	"	Wm. Stone & Sons, Ingersoll.		
21 "	Potato Brand...	54813	" ..	3 "	"	"		
21 "	Homestead Bean Special.	54814	Frank Standeaven, St. Marys, Ont.	3 "	"	Mich. Carbon Wks., Détroit		
21 "	A.1.Potash Fertilizer.	54815	" ..	3 "	"	"		
21 "	Bone Black.....	54816	" ..	2 "	"	"		
21 "	Davies Lawn Dressing.	54817	J. A. Andrew, Stratford.	3 "	10	Davies Co., Toronto.		
21 "	Bone Meal.. ...	54818	" ..	3 "	10	Nitrate Agencies Co., New-York.		Pas de numéro.
22 "	Homestead Bone Black.	54819	Chas. Layton, Seaforth.	3 "	rien	Mich. Carbon Wks., Détroit		
"	Grain and Root	54820	Ford & McLeod, Clinton.	3 "	"	Wm. Stone & Sons, Ingersoll.		
"	Tomato Special.	54821	Geo. Philp, jr., St-Thomas.	3 "	"	Buffalo Fert. Co., Buffalo.		
23 "	High Grade Manure.	54822	" ..	3 "	"	"		
23 "	Celery and Potato Special.	5 1823	" ..	3 "	"	"		
23 "	Dissolved Phosphate.	54824	" ..	3 "	"	"		
24 "	Potato Manure..	54825	A. M. Hamilton, London, Ont.	3 "	10	W.A.Freeman Co., Hamilton.		
24 "	Canadian Manure.	54826	"	3 "	10	"		
24 "	Sure Growth....	54827	"	3 "	10	"		

DISTRICT DES MONTAGNES ROCHEUSES—

Date	Désignation	Numéro	Nom et adresse du vendeur	Quantité	Cents	Fabricant	Fournisseur	Rapport
23 avril.	A. Fertilizer....	49877	Brackman Ker M. Co.,Nelson, C.-B.	3 liv.	15	VictoriaChem. Co., Victoria, C.-B.		
23 "	B. "	49878	"	3 "	15	"		
23 "	C. "	49879	"	3 "	15	"		

ENGRAIS DU COMMERCE.

Numéro enregistré.	Analyse de l'échantillon.	Azote p.c. Total y compris l'acide nitrique ou l'ammoniaque.	Azote p.c. Total calculé en ammoniaque.	Acide phosphorique — Soluble dans l'eau.	Soluble dans l'acide citrique.	Insoluble.	Total.	Total utilisable.	Potasse.	Eau.	Numéro de l'échantillon.	Remarques et opinion de l'analyste en chef.
		p.c.	p.c.	p.c.	p.c.	p.c.	p.c.	p.c.	p.c.	p.c.		
(153)	Tel que garanti	15·0	18·0								54810	Conforme à la garantie énoncée.
	Tel qu'analysé		18·40									
(213)	Tel que garanti	2·06	2·5	6·0	2·0	1·0	9·0	8·0	1·5		54811	"
	Tel qu'analysé		2·60	7·30	1·99	1·41	10·70	9·29	1·96			
702	Tel que garanti	0·82	1·0			1·0	10·0	9·0	2·0		54812	Conforme à la garantie.
	Tel qu'analysé		1·11		9·22	1·43	10·65	9·22	2·12			
546	Tel que garanti	1·64	2·0	6·5	1·5	1·25	9·25	8·0	6·0		54813	"
	Tel qu'analysé		2·72	4·05	5·93	3·10	13·08	9·98	6·68			
525	Tel que garanti	1·65	2·0	6·0	2·0	1·0	9·0	8·0	3·0		54814	"
	Tel qu'analysé		2·26	6·88	1·51	1·64	10·3	8·39	3·70			
526	Tel que garanti	0·82	1·0	6·0	2·0	1·0	9	8·0	3·0		54815	"
	Tel qu'analysé		1·63	6·75	2·19	1·36	10·60	8·94	3·97			
213	Tel que garanti	2·06	2·5	6·0	2·0	1·0	9·0	8·0	1·5		54816	"
	Tel qu'analysé		2·64	6·88	1·45	1·62	9·95	8·33	1·87			
361	Tel que garanti	3·3	4·0	1·0	5·0	2·0	8·0	6·0	3·0		54817	"
	Tel qu'analysé		4·44	1·02	6·20	1·78	9.0	7·22	3·37			
	Tel qu'analysé		3·25		14·20	5·80	20·00	14·20			54818	Non identifié et apparemment non enregistré.
213	Tel que garanti	2·06	2·5	6·0	2·0	1·0	9·0	8·0	1·5		54819	Conforme à la garantie.
	Tel qu'analysé		2·55	6·03	3·11	1·81	10·95	9·14	1·77			
545	Tel que garanti	1·64	2·0	6·5	1·5	1·25	9·25	8·0	2·0		54820	"
	Tel qu'analysé		2·55	4·80	5·08	2·20	12·08	9·83	2·76			
644	Tel que garanti	1·60	2·0	6·0	2·0	1·0	9·0	8·0	10·0		54821	"
	Tel qu'analysé		2·00	6·60	2·08	1·00	9·68	8·68	9·32			
647	Tel que garanti	3·3	4·0	5·0	2·0	1·0	8·0	7·0	10·0		54822	"
	Tel qu'analysé		3·50	6·23	2·15	0·77	9·15	8·38	11·00			
643	Tel que garanti	1·60	2·0	6·0	2·0	1·0	9·0	8·0	10·0		54823	"
	Tel qu'analysé		2·00	5·83	3·97	1·83	11·33	9·80	9·18			
634	Tel que garanti			12·0	2·0	1·0	15·0	14·0			54824	"
	Tel qu'analysé			11·80	1·71	2·57	16·08	13·51				
145	Tel que garanti	2·47	3·0	5·0	3·0	0·25	8·25	8·0	5·0		54825	"
	Tel qu'analysé		4·54	3·95	5·37	2·08	11·40	9·32	6·18			
375	Tel que garanti	2·47	2·5	5·5	2·	0·50	8·50	8·0	1·5		54826	"
	Tel qu'analysé		2·17	5·63	3·52	0·58	11·03	9·35	2·38			
144	Tel que garanti	2·89	3·5	5·0	3·0	0·25	8·25	8·0	3·0		54827	"
	Tel qu'analysé		1·39	3·80	3·48	1·12	8·40	7·28	4·55			

THOS. PARKER, INSPECTEUR.

Numéro enregistré.	Analyse de l'échantillon.	Azote total	Azote ammon.	A.P. eau	citrique	Insoluble	Total	Total utilisable	Potasse	Eau	Numéro	Remarques
73	Tel que garanti	4·0	4·85	10·0					7·0		49877	Conforme à la garantie.
	Tel qu'analysé		3·39	10·18	1·09	0·76	12·03	11·27	8·81			
74	Tel que garanti	3·5	4·25	10·0					11·0		49878	"
	Tel qu'analysé		3·80	9·35	1·72	0·76	11·83	11·07	10·44			
75	Tel que garanti			12·5					11·0		49879	Infér. à la garantie en potasse.
	Tel qu'analysé			13·18	1·80	1·12	16·10	14·98	9·26			

Date du prélèvement.	Désignation.	Numéro de l'échantillon.	Nom et adresse du vendeur.	Quantité.	Cents.	Coût. Nom et adresse du fabricant ou fournisseur, tel que communiqué par le vendeur. Fabricant.	Fournisseur.	Rapport de l'inspecteur (ne comportant aucune expression d'opinion.)

DISTRICT DES MONTAGNES

1913.								
23 avril.	Nitrate of Soda..	49880	Brackman Ker M. Co., Nelson, C.-B.	3 liv.	15	VictoriaChem. Co, Victoria, C.-B.		
23 "	Sulphate of Potash.	49881	" ..	3 "	15	"		
23 "	Muriate of Potash.	49882	" ..	3 "	15	"		
23 "	Superphosphate of Lime.	49883	"	3 "	15	"		
23 "	A. Fertilizer.. .	49884	Swift Canadian Co., Nelson, C.-B	3 "	25	Swift Canadian Co., Edmonton.		
23 "	B. Fertilizer.....	49885	" ..	3 "	25	"		
23 "	C. Fertilizer....	49886	" ..	3 "	25	"		
23 "	A. Fertilizer....	49887	P. Burns & Co., Nelson, C.-B.	3 "	15	P. Burns & Co., Calgary.		
23 "	B. Fertilizer....	49888	P. Burns & Co., Nelson.	3 "	15	P. Burns & Co, Calgary.		
23 "	C. Fertilizer.. .	49889	" ..	3 "	15	"		

DISTRICT DE VANCOUVER—

26 avril.	B. & K. Bone Meal.	53486	Brackman Ker M. Co., Vancouver, C.-B.	3 liv.	rien	Vendeurs.....		
26 "	Blood.......	53487	" ..	3 "	"	Vanc. Prince Rupert Meat Co., Vancouver, C.-B.		Non enregistré.
26 "	B. Fertilizer ...	53488	" ..	3 "	"	Vict. Chem. Co., Victoria, C.-B.		
26 "	Slag..........	53489	" ..	3 "	"	"		Non enregistré.
26 "	Dried Blood	53490	Brown Bros., Vancouver, C.-B.	3 "	"	P. Burns & Co, Vancouver, C.-B.		
28 "	A. Fertilizer ...	53491	Brackman & Ker, New-Westminister, C.-B.	3 "	"	Vict. Chem. Co., Victoria, C.-B.		
28 "	Nitrate of Soda.	53492	" ..	3 "	"	"		
28 "	Superphosphate of Lime.	53493	" ..	3 "	"	"		

ENGRAIS DU COMMERCE.

Numéro enregistré.	Analyse de l'échantillon.	Azote p.c.		Soluble dans l'eau.	Acide phosphorique p.c.				Potasse.	Eau.	Numéro de l'échantillon.	Remarques et opinion de l'analyste en chef.
		Total y compris l'acide nitrique ou l'ammoniaque.	Total calculé en ammoniaque.		Soluble dans l'acide citrique.	Insoluble.	Total.	Total utilisable.				
		p. c.	p. c.	p. c.	p. c.	p. c.	p. c.	p. c.	p. c.	p. c.	p. c.	

ROCHEUSES—Fin.

77	Tel que garanti	15·0	18·2								49880	
	Tel qu'analysé.		18·20									Conforme à la
78	Tel que garanti								50·0		49881	garantie.
	Tel qu'analysé.								49·82			"
79	Tel que garanti								50·0		49882	Presque confor-
	Tel qu'analysé.								48·55			me à la garan-
80	Tel que garanti				16·0						49883	tie.
	Tel qu'analysé.				19·18		1·10	20·28	19·18			Conf. à la garant.
341	Tel que garanti	4·12	5·0	6·87						12·0	49884	Infér. à la garan-
	Tel qu'analysé.		5·9	trace.	5·60	2·00	7·60	5·60	9·58			tie en potasse.
342	Tel que garanti	4 52	5·50	7·32					9·0		49885	Essentiell. conf.
	Tel qu'analysé.		5·50	0·17	5·92	1·46	7·55	6·09	9·32			à la garantie.
343	Tel que garanti	4·93	6·0	7·78					6·0		49886	
	Tel qu'analysé.		6·12	0·42	7·47	2·81	10·70	7·89	7·37			"
430	Tel que garanti	2·80	3·40	0·26	1·15	13·89	15·30	1·41	3·80		49887	
	Tel qu'analysé.		4·66	0·11	11·47	8·20	19·78	11·58	5·81			Conforme à la
431	Tel que garanti	6·10	7·40	0·11	9·28	2·81	12·20	9·39	4·77		49888	garantie.
	Tel qu'analysé.		9·23	0·36	8·13	2·56	11·05	8·49	4·82			"
432	Tel que garanti	5·51	6·81	0·86	3·07	6·67	10·60	3·93	5·71		49889	
	Tel qu'analysé.		7·35	0·34	7·26	3·15	10·75	7·60	6·30			"

J. F. POWER, INSPECTEUR.

335	Tel que garanti		3·5				26·0				53486	
	Tel qu'analysé.		3·50		12·72	13·28	26·10	12·72				Conforme à la garantie.
											53487	
	Tel qu'analysé.		14·50									*Non enregistre.
74	Tel que garanti	3·5	4·25				10 0		11·0		53488	
	Tel qu'analysé.		3·50				9·53		13·39			Conforme à la garantie.
	Tel qu'analysé.						16·0				53489	
603	Tel que garanti	12·34	15·0		17·00	1·68	18·68	17·00		80·2	53490	"
	Tel qu'analysé.		15·10									"
73	Tel que garanti	-4·0	4·86				10·0		7·0		53491	
	Tel qu'analysé.		4·75				10·38		6·82			
77	Tel que garanti	15·5	18·8								53492	
	Tel qu'analysé.		18·30									
80	Tel que garanti						16·0				53493	
	Tel qu'analysé.						19·33					"

* Les fabricants prétendent vendre comme nourriture pour volailles

BULLETIN N° 264—

Date du prélèvement.	Désignation.	Numéro de l'échantillon.	Nom et adresse du vendeur.	Quantité.	Coût. Cents.	Nom et adresse du fabricant ou fournisseur, tel que communiqué par le vendeur. Fabricant.	Fournisseur.	Rapport de l'inspectéur (ne comportant aucune expression d'opinion.)
								DISTRICT DE
1913.								
28 avril.	Blood Fertilizer.	53494	Swift Canadian Co., Eburne, C.-B.	3 liv.	rien	Vendeurs.....	....	Non-enregistré.
28 "	Unground Tankage Diamond I.	53495	" ..	3 "	"	" "	.....	.....
28 "	Rennie's Plant Food.	53496	Rennie & Co., Ltd., Vancouver, C.-B.	3 pqts	40	"	.....	.....
								DISTRICT DE VICTORIA—
5 avril.	Swift's Animal Fertilizer B.	53572	The BrackmanKer M. Co., Ltd., Victoria, C.-B.	3 liv.	6	Swift's Canadian Co., Ltd., W'peg et Edmonton.		.....
25 "	Swift's Animal Fertilizer C.	53573	" ..	3 "	6	" ..		.....
25 "	Swift's Animal Fertilizer D.	53574	" ..	3 "	6	" ..		.....
25 "	B and K Bone Meal.	53576	" ..	3 "	6	Canadian North Pacific Fisheries, Ltd., Victoria, C.-B		.....
25 "	Whale Guano...	53577	" ..	3 "	6	"		Pas de n° d'enregistr. ou d'analyse sur les sacs.
26 "	A. Fertilizer....	53578	VictoriaChem.Co., Ltd., Victoria, C.-B.	3 "	6¼	Vendeurs.....		.....
26 "	B. Fertilizer....	53579	" ..	3 "	6¼	"		.....
26 "	C. Fertilizer....	53580	" ..	3 "	6¼	"		.....
26 "	D. Fertilizer....	53581	" ..	3 "	6¼	"		.....
26 "	Nitrate of Soda.	53582	" ..	3 "	9	Grace & Co., San Francisco, Cal.		.....
26 "	Sulphate of Potash.	53583	" ..	3 "	9	Myer, Wilson & Co., San Francisco,Cal.		.....
26 "	Muriate of Potash.	53584	" ..	3 "	9	" ..		.....
26 "	Bone Superphosphate of Lime.	53585	" ..	3 "	6½	VictoriaChem. Co., Ltd., Victoria, C.-B.		.....
26 "	Rock Superphosphate of Lime.	53586	" ..	3 "	6½	Mountain, Copper Co., San Francisco, Cal.		Les fabric. ont dit que c'était un nouvel engrais non encore enregistré.

DOC. PARLEMENTAIRE No 14

ENGRAIS DE COMMERCE.

Résultats analytiques.

N° enregistré	Analyse de l'échantillon	Azote p.c. — Total y compris l'acide nitrique ou l'ammoniaque	Azote p.c. — Total calculé en ammoniaque	Acide phosphorique p.c. — Soluble dans l'eau	Soluble dans l'acide citrique	Insoluble	Total	Total utilisable	Potasse	Eau	N° de l'échantillon	Remarques et opinion de l'analyste en chef
VANCOUVER—Suite.												
	Tel qu'analysé.	8·30									53494	Non enregistré d'après le rapp. de l'inspecteur.
705	Tel que garanti	4·93	6·0				10·0				53495	Conf. à la garant.
	Tel qu'analysé.		7·40	15·28	11·45		26·73	15·28				
276	Tel que garanti		2·5	8·0					2·0		53496	supérieur à la garantie en acide phosphoriq. Conf. à la garant.
	Tel qu'analysé.		3·40	10·48		1·42	11·90	10·48	5·45			
D. O'SULLIVAN, INSPECTEUR.												
707	Tel que garanti	4·52	5·0				7·32		9·0		53572	Inférieur à la garantie en potas.
	Tel qu'analysé.		6·40				9·23		3·42			
708	Tel que garanti	4·93	6·0				7·78		6·0		53573	Conf. à la garant.
	Tel qu'analysé.		7·1				9·65		5·15			
(344)	Tel que garanti	5·34	6·50	8·24					3·00		53574	Essentiellement conf. à la gar.
	Tel qu'analysé.		6·82		6·81	2·07	8·88	6·81	5·07			
355	Tel que garanti		3·5				25·0				53576	Con. à la garant.
	Tel qu'analysé.		3·30	12·58	13·15		25·73	12·58				
(589)	Tel que garanti	10·30	12·50								53577	Conf. à la garant. énoncée, mais mal étiqueté.
	Tel qu'analysé.		13·35									
73	Tel que garanti	4·0	4·9	10·0					7·0		53578	Conf. à la garant.
	Tel qu'analysé.		4·37	9·83	0·51	0·51	10·85	10·34	7·62			
74	Tel que garanti	3·5	4·25	10·0					11·0		53579	Presque conf. à la garantie.
	Tel qu'analysé.		4·2	9·85	1·05	0·60	11·50	10·90	10·11			
75	Tel que garanti			12·5					11·0		53580	Inférieur à la garantie en potas.
	Tel qu'analysé.			14·75	0·31	0·97	16·03	15·06	8·52			
76	Tel que garanti	2·5	3·04	10·0					11·0		53581	Conf. à la garant.
	Tel qu'analysé.		2·97	10·18	0·07	0·60	10·85	10·25	11·05			
77	Tel que garanti	15·5	18·8								53582	"
	Tel qu'analysé.		18·00									
78	Tel que garanti								50·0		53583	"
	Tel qu'analysé.								49·25			
79	Tel que garanti								50·0		53584	"
	Tel qu'analysé.								54·35			
80	Tel que garanti			16·0							53585	"
	Tel qu'analysé.			17·20		0·28	17·48	17·20				
	Tel que garanti						16·0				53586	"
	Tel qu'analysé.						18·93					

5.GEORGE V. A. 1915

ANNEXE H

BULLETIN N° 265—POUDRES SEIDLITZ.

M. Wm Himsworth,
Sous-ministre intérimaire,
Revenu de l'Intérieur,

OTTAWA, 2 août 1913.

Monsieur,—J'ai l'honneur de faire rapport sur 167 échantillons achetés par nos inspecteurs comme poudres Seidlitz en mars et avril de cette année.

La Pharmacopée britannique contient le renvoi suivant (Ed. 1898, p. 273) " La poudre de soude tartrée effervescente est communément connue sous le nom de Poudre Seidlitz ".

La Pharmacopée américaine (8e revision) n'emploie pas le terme " Poudre Seidlitz " sauf dans l'index, où elle est identifiée avec le *Pulvis Effervescens Compositus.*

Le Codex pharmaceutique britannique (1911) fait de " Poudre Seidlitz " un synonyme de " Poudre de soude tartrée effervescente ".

La formule de la Pharmacopée britannique pour cette dernière est la suivante:—

—	Impérial.	Métrique.
	grains.	grammes.
Tartrate de sodium et de potassium en poudre sèche.......	120	7·77
Bicarbonate de soude en poudre sèche.....:.....	40	2·59
Mélangé—Enveloppé dans du papier bleu..		
Acide tartrique en poudre sèche.	38	2·46
Enveloppé dans du papier blanc ....,...........		

Le *Pulvis Effervescens Compositus* de la Pharmacopée américaine donne la formule suivante:—

Grammes.

Bicarbonate de soude, sec, et en poudre fine, 31 grammes.. .. 31..

Tartrate de sodium et de potassium, sec, et en poudre fine, quatre-vingt-treize grammes.. 93

Acide tartrique, séché, et en poudre fine, vingt-sept grammes.. 27

DOC. PARLEMENTAIRE No 14

Mélangez le bicarbonate de soude intimement avec le tartrate de soude et de potasse; divisez la mixture en douze parties égales, et enveloppez chaque partie séparément dans un papier bleu.

Puis divisez l'acide tartrique en douze parties égales, et enveloppez chaque partie séparément dans un papier blanc.

Le contenu des papiers bleus et blancs dans les deux pharmacopées est de caractère identique. Les faibles différences de quantité sont démontrées comme suit:—

	P.B.	P.A.
Papier bleu..	10·36 grammes.	10·34 grammes.
Papier blanc..	2·46 .. _"._	2·25 "

Le Codex britannique définit les variétés distinctes suivantes de poudres Seidlitz:—

Poudres Seidlitz extra fortes, dans lesquelles le tartrate de sodium-potassium de de chaque papier bleu est augmenté de moitié.

Poudres Seidlitz double force, dans lesquelles la quantité de tartrate de sodium-potassium est augmentée.

Poudres Seidlitz perfectionnées, dans lesquelles l'acide tartrique du papier blanc est remplacé par 35 graihs d'acide citrique, assaisonné d'huile essentielle de citron.

Il est important de remarquer que ces poudres portent des noms très distinctifs et ne doivent pas être confondues avec les Poudres Seidlitz.

Le contenu du papier bleu, pour les Poudres Seidlitz, devrait peser 160 grains (10 grammes ·36), et celui du papier blanc 38 grains (2 grammes ·46). Le poids inscrit aux tableaux est calculé d'après cet étalon. Pour chaque échantillon, on a pesé le contenu de deux papiers bleus et de deux papiers blancs, et les différences constatées peuvent indiquer le soin donné par le fabricant à son travail. Il est difficile de définir la différence qu'on peut tolérer dans les pesages; mais il est sûr de conclure qu'une différence de dix pour cent démontre qu'on a fortement négligé le pesage. Là où l'on constate ces divergences dans le poids de deux poudres venant du même paquet, j'emploie les mots "Pesage négligé".

Dix-neuf échantillons tombent dans cette catégorie quant au papier bleu, et dix quant au papier blanc. On verra qu'il existe de grandes différences dans le poids réel des ingrédients des papiers bleu et blanc. Au lieu de 160 grains pour le poids total du contenu du papier bleu, je trouve des quantités variant de 85 à 295 grains. Si nous considérons 170 et 150 grains comme maximum et minimum autorisés (pareil écart est·excessif à mon avis) nous ne trouvons que 81 échantillons du total qui demeurent dans ces limites quant au papier bleu. Trente-quatre échantillons pèsent plus de 170 grains, et cinquante-deux pèsent moins de 150 grains. Il s'ensuit qu'une bonne moitié de la collection entière est adultérée aux yeux de la loi, même si nous tenons compte de la limite libérale proposée ci-dessus, sans oublier qu'il ne s'agit ici que du papier bleu.

Le papier blanc devrait contenir 38 grains d'acide tartrique. Cette quantité est notoirement dépassée dans quelques échantillons seulement; et dans quelques-uns elle est approximativement proportionnelle à l'excès de poids du papier bleu correspondant

Il arrive bien plus souvent que la quantité d'acide tartrique est notoirement inférieure aux exigences de la pharmacopée. Dans la plupart de ces échantillons, le poids du papier bleu est lui aussi inférieur à l'étalon, mais il n'en est pas toujours ainsi.

On remarquera que d'après l'inspection les ingrédients employés dans la préparation des poudres Seidlitz sont bons. Il faut aussi remarquer que le mélange de sels de La Rochelle et de bicarbonate de soude contenu dans le papier bleu est généralement bien proportionné. Sur 19 échantillons, la proportion de bicarbonate de soude et de sel de La Rochelle du papier bleu est fort anormale, et j'ai employé le mot "anormal" pour ces échantillons.

Comme nous l'avons déjà dit, 29 échantillons indiquent de la négligence dans le pesage; cela veut dire que les poudres différentes (bleue et blanche) d'un même paquet diffèrent de plus de dix pour cent en poids. Ceci devrait constituer une falsification, en tant que les exigences de la pharmacopée sont parfaitement définies. Toutefois, s'il n'existe aucune autre raison de décréter que l'échantillon est falsifié, je n'ai pas cru nécessaire d'indiquer la falsification tout simplement par suite de négligence dans le pesage. Douze échantillons qui accusent de la négligence dans le pesage ne sont toutefois pas indiqués comme falsifiés. Nous décrétons falsification pour les raisons suivantes :—

(a) Défaut de poids, là où le poids du papier bleu ou du papier blanc tombe de dix grains au dessous du poids-étalon de 160 grains pour le contenu du papier bleu et de 38 grains pour le contenu du papier blanc :—

	Echantillons.
Papier bleu..................................	42
Papier blanc..................................	5
	47

(b) Excès de poids, là où le poids du papier bleu ou du papier blanc dépasse de dix grains le poids réglementaire :—21 échantillons.

(c) Là où la proportion des ingrédients est décidément anormale, bien que le poids total de chaque papier soit dans les limites indiquées ci-dessus :—5 échantillons.
Total des échantillons déclarés falsifiés pour les raisons données—73.

RÉSUMÉ.

Acceptés comme normaux..........................	82
Falsification décrétée..............................	73
Négligence dans le pesage..........................	12
Total..............................	167

Le rapport précédent indique un degré imprévu de négligence et de fraude dans la fabrication des Poudres Seidlitz. Cela vient sans doute du fait qu'on croit que la Poudre Seidlitz n'est employée qu'à titre de rafraîchissement ou comme apéritif n'ayant aucune composition définie. Ce n'est pas toutefois l'avis des médecins, et cela ne s'accorde pas non plus avec les exigences de la pharmacopée; et cette impression fausse devrait disparaître si elle existe. Le fait que les ingrédients de ces poudres sont fréquemment mesurés au lieu d'être pesés, dans leurs enveloppes respectives, ne justifie pas une irrégularité de poids aussi grande que celle qu'on signale ici. Le mesurage ne doit être toléré que s'il ne donne pas un résultat qui diffère matériellement de celui qu'on obtient par l'usage des balances.

DOC. PARLEMENTAIRE No 14

Quelques pharmaciens se plaignent du fait que par suite de la concurrence fiévreuse des producteurs, ils n'ont pas les moyens d'accorder grand soin à la préparation des Poudres Seidlitz. Cette considération ne saurait valoir aux yeux de la loi. L'article connu sous le nom de Poudre Seidlitz est une drogue parfaitement bien définie, et doit être jugée par la définition qu'en donne la pharmacopée.

Je suis d'avis que la limite de variation que je suppose admissible est fort suffisante. Néanmoins, il nous faut admettre que nous n'avons aucune autorité déterminée par rapport à la variation. Pour cette raison, et parce que c'est là la première inspection générale des Poudres Seidlitz faite en vertu de la loi, je recommanderais respectueusement qu'on publiât ce rapport pour le renseignement et pour l'avertissement du commerce, plutôt que l'employer comme base de poursuites, et qu'on l'imprimât comme Bulletin n° 265.

J'ai l'honneur d'être, monsieur,
Votre obéissant serviteur,

A. McGILL,
Analyste en chef.

Date du prélèvement.	Nature de l'échantillon.	Numéro de l'échantillon.	Nom et adresse du vendeur.	Prix.		Nom et adresse du fabricant ou fournisseur, tel que communiqué par le vendeur.	
				Quantité.	Cents.	Fabricant.	Fournisseur.

DISTRICT DE LA NOUVELLE-ECOSSE—

1913.							
6 mars	Poudres Seidlitz	46946	Nat. Drug Co., Halifax, N.-E.	1 douz	25	N. D. & C. Co., Montréal.	Fabricants......
7 "	"	46947	Kinley's Ltd., Halifax, N.-E.	1 " ..	25	United DrugCo., Toronto, Ont.	" ..:........
7 "	"	46948	Brown Bros. & Co., Halifax, N.-E.	1 " ..	25	Vendeurs......	....
10 "	"	46949	C. A. Barnstead, Halifax, N.-E	1 " ..	25	Vendeur....:....	....
10 "	"	46950	Buckley Drug Co., Halifax, N.-E.	1 " ..	25	Vendeurs......	....
10 ' "	"	46951	J. McD. Taylor, Halifax, N.-E	1 " ..	25	Wampole Co., Perth, Ont.	Fabricants......
10 "	"	46952	R. S. McDonald, Halifax, N.-E	1 " ..	25	Toronto Phar. Co., Toronto.	" ....
11 "	"	46953	H. A. Watson, Halifax, N.-E.	1 " ..	25	N. D. & C. Co., Halifax, N.-E.	" ....· .·.
19 "	"	46954	G. C. McDougall, Kentville, N.-E.	1 " ..	25	United DrugCo., Toronto.	" ....
24 "	"	46955	Crowe Bros., Truro, N.-E....	1 " ..	15	"	" ....

DISTRICT DE L'ILE DU PRINCE-EDOUARD—

26 fév.	Poudres Seidlitz	46404	J. G. Jamieson, Charlottetown, I.P.-E.	1 bte .	25	Vendeur......	....
3 mars	"	46405	Reddin Bros., Charlottetown, I.P.-E.	1 " ..	25	Lyman Sons & Co., Montréal.	....
4 "	"	46406	The Two Macs, Charlottetown, I.P.-E.	1 ",.	25	H. K. Wampole, Perth, Ont.	....··· ···
4 "	"	46407	The McKinnon Drug Co., Charlottetown, f.P.-E.	1 " ..	25	United DrugCo., Toronto.	....
11 "	"	46408	C. D. Rankin, Charlottetown, I.P.-E.	¾ douz	30	Howard & Sons, Londres, Ang.	....
25 avril	"	46409	Keir & McFadyen, Kensington, I.P.-E.	1 paq.	25	Lyman Sons & Co., Montréal.	... .
25 "	"	46410	Dr. F. W. Jardine, Kensington, I.P.-E.	1 bte..	25	Nat. Drug & Chem. Co., of Canada, Ltd.	....
25 "	"	46411	Gourlies Ltd., Summerside, I.P.-E.	1 " ..	25	United Drug Co., Toronto.	....
25 "	"	46412	McLellan & Co., Summerside, I.P.-E.	1 " ..	25	....	Gourlies Ltd., Summerside, I.P.-E.

DISTRICT DU NOUVEAU- BRUNSWICK—

27 fév.	Poudres Seidlitz	50580	William Hawker & Son, St-Jean, N.-B.	3 pqts	30	Toronto Phar. Co., Ltd., Toronto.	....
28 "	"	50581	Nat. Drug & Chem. Co., Ltd., St-Jean, N.-B.	1 pqts	25	Vendeurs.... .	....
6 mars	"	50582	The Canadian Drug Co., Ltd., St-Jean, N.-B.	1 " ..	25	"	......

DOC. PARLEMENTAIRE No 14

POUDRES SEIDLITZ.

Rapport de l'inspecteur (ne comportant aucune expression d'opinion.)	Résultats de l'analyse.							Numéro de l'échantillon.	Remarques et opinion de l'analyste en chef.
	Tartrate en poudre.				Poudre acide.				
	Poids des poudres en grains.		Bicarbonate de soude.	Sel de Rochelle.	Poids des poudres en grains.		Acide tartrique.		
	N° 1.	N° 2.			N° 1.	N° 2.			

R. J. WAUGH, INSPECTEUR.

			p. c.	p. c.			p. c.		
....	145	146	26·2	72·0	25	26	99·75	46946	Défaut de poids. Falsifié.
....	157	158	25·2	72·6	36	37	99·75	46947	
....	170	171	24·4	74·7	40	42	99·75	46948	
....	156	159	25·6	73·6	40	41	99·40	46949	
....	118	142	25·8	74·7	40	49	99·75	46950	Pesage négligé. Défaut de poids. Falsifié.
....	149	158	23·8	75·3	38	39	99·60	46951	
....	168	170	24·6	75·3	38	39	99·75	46952	
....	148	152	26·0	72·4	24	24	9^9·60	46953	Défaut de poids. Falsifié.
....	166	166	24·4	75·5	33	35	99·75	46954	
....	160	165	26·8	71·5	37	38	99·75	46955	

WM. A. WEEKS, INSPECTEUR.

....	173	173	24·8	73·7	39	42	99·00	46404	
....	145	146	25·2	73·7	40	41	99·75	46405	Défaut de poids. Falsifié.
....	135	160	24·8	74·7	34	36	99·75	46406	Pesage négligé.
....	162	164	25·6	74·0	39	42	99·75	46407	
....	161	172	25·6	72·6	34	45	99·75	46408	''
....	181	185	25·2	73·3	37	38	99·75	46409	Excès de poids. Falsifié.
....	143	147	25·2	73·3	30	31	99·75	46410	Défaut de poids. ''
....	157	158	27·6	71·4	40	41	99·75	46411	
....	161	164	25·6	72·6	35	37	99·75	46412	

J. C. FERGUSON, INSPECTEUR.

....	153	154	24·4	74·5	27	28	100·0	50580	
....	160	161	25·0	73·6	39	39	97·0	50581	
....	154	156	25·6	74·4	38	39	99·75	50582	

5 GEORGE V, A. 1915

BULLETIN N° 265—

Date du prélèvement	Nature de l'échantillon	Numéro de l'échantillon	Nom et adresse du vendeur.	Prix.		Nom et adresse du fabricant ou fournisseur, tel que recommandé par le vendeur.	
				Quantité.	Cents.	Fabricant.	Fournisseur.

DISTRICT DU NOUVEAU-BRUNSWICK—

1913.							
10 mars.	Poudres Seidlitz.	50583	Frank E. Porter, St-Jean, N.-B.	1 pqt.	25	Vendeur........	....
12 "	"	50584	E. Clinton Brown, St-Jean, N.-B.	1 "	25	"	....
10 avril.	"	50585	J o h n s t o n & Johnston, St. Stephen, N.-B.	1 "	25	United Drug Co. Ltd., Toronto.	....
15 "	"	50586	John M. Wiley, Fredericton, N.-B.	1 douz	30	Vendeur......	....
16 "	"	50587	The Baird Co., Ltd., Woodstock, N.-B.	1 "	34	The W i n g a t e C h e m . C o ., Montréal.	....
23 "	"	50588	B. J. Sharp, Sussex N.-B....	1 boîte	25	Gibson Howell & Co., Philadelphie, Pa.	....
24 "	"	50589	The Léger Drug Co., Ltd., Moncton, N.-B.	1 "	25	H. K. Wampole, Perth, Ont.	

DISTRICT DE QUÉBEC—

24 fév..	Poudres Seidlitz.	37163	Benjamin Crépeault, 68 rue Crémazie, Montcalmville.	12 paq	15	Red Cross Phar. Co., Québec.	N. Turcot & Cie, Québec.
25 "	"	37164	F. Racine, 66 rue Crémazie, Montcalmville.	1 "	18	"	
25 "	"	37165	Dr A. Fournier, 65 rue Crémazie, Montcalmville.	1 "	25	W. Brunet & Cie, Québec.	Fabricants.. ....
26 "	"	37166	Joseph Brulot, 11 rue Chénier, Ste-Foie.	1 "	25	Red Cross Phar. Co., Québec.	" ....
27 "	"	37167	François Cliche, 4ème rue 131 Stadacona, Québec.	1 "	15	Dr Ed. Morin & Cie, Québec.	" ....
3 mars.	"	37168	J o s . F . G o s l i n , 5 0 r u e Dorchester, Québec.	1 "	20	"	" ....
4 "	"	37169	Charles Martel, 49 rue Artillery, Québec.	1 "	15	Inconnu	Inconnu.....
4 "	"	37170	A. Roy, 112½ rue Scott, Québec.	1 "	12	....	W. Brunet & Cie, Québec.
5 "	"	37171	J. A. Martel, 155 rue St-Patrice, Québec.	1 "	20	L. E. Martel, 19 rue St-Joseph, Québec.	Inconnu.. ....
5 "	"	37172	Ernest Tessier, 121 rue Scot, Québec.	1 "	15	Dr Ed. Morin & Cie, Québec.	Fabricants......

DISTRICT DE TROIS-RIVIÈRES—

18 mars.	Poudres Seidlitz.	57229	Ernest Asselin, St-Félix de Valois.	1 boîte	18	Chevalier P o u liot, Joliette.	....
19 "	"	57233	Eudras Asselin, St-Félix de Valois.	1 "	18	"	....
22 "	"	57242	C. Barrette, Joliette...	1 "	20	Jos. C o n t a n t, Montréal.	....

DOC. PARLEMENTAIRE No 14

POUDRES SEIDLITZ.

Rapport de l'inspecteur (ne comportant aucune expression d'opinion.)	Résultats analytiques.							Numéro de l'échantillon.	Remarques et opinion de l'analyste en chef.
	Tartrate en poudre.				Poudre acide				
	Poids des poudres en grains.		Bicarbonate de soude.	Sel de Rochelle.	Poids des poudres en grains.		Acide tartrique.		
	N° 1.	N° 2.			N° 1.	N° 2.			
Fin.									
			p.c.	p.c.			p.c.		
……………	145	146	26·0	72 5	21	24	97·50	50583	Défaut de poids. Falsifié.
……………	133	140	25·2	73·4	43	44	99·00	50584	"
Poudres Seidlitz Rexall.	156	159	27·7	71·3	35	36	99·75	50585	—
……………	123	165	21·8	77·7	29	32	99·75	50586	Pesage négligé.
Préparé spécialement pour les vendeurs.	126	128	26·0	72·9	24	25	99·00	50587	Défaut de poids. "
……………	162	169	24·8	74·4	36	40	99·75	50588	
……………	177	178	24·4	75·0	36	38	99·75	50589	Excès de poids "

F. X. W. E. BELAND, INSPECTEUR.

……………	138	143	68·0	32·0	39	36	99·40	37163	Anormal. Défaut de poids. Falsifié.
……………	171	165	69·7	30·2	35	36	99·75	37164	Anormal. Adultéré.
……………	292	295	77·7	21·8	32	32	99·75	37165	" " Excès de poids.
……………	135	147	66·8	33·2	33	32	99·75	37166	Anormal. Adultéré. Défaut de poids.
……………	138	119	50·8	49.0	37	38	99·40	37167	Pesage négligé. Anormal. Adultéré. Défaut de poids.
……………	128	128	55·0	38·8	41	44	99·73	37168	Anormal. Adultéré. Défaut de poids.
……………	160	165	26·6	73·4	42	45	99·40	37169	
……………	273	270	77·0	23·0	34	36	99·75	37170	Anormal. Adultéré. Excès de poids.
……………	170	182	22·7	76·6	50	54	98·65	37171	Excès d'acide tarrique. Excès de poids total. Adultéré.
……………	172	181	78·1	21·5	31	33	99·75	37172	Anormal. Adultéré. Excès de poids.

DR V. P. LAVALLÉE, INSPECTEUR.

……………	168	169	76·0	24·7	29	31	99·10	57229	Anormal. Adultéré.
……………	169	171	72·2	27·9	30	30	99·40	57233	Anormal. Adultéré. Une troisième poudre de ce numéro n'était normale.
……………	160	165	25·8	74·4	25	25	99·75	57242	Défaut de poids. Adultéré

Date du prélèvement.	Nature de l'échantillon.	Numéro de l'échantillon.	Nom et adresse du vendeur.	Quantité.	Cents.	Nom et adresse du fabricant ou fournisseur, tel que communiqué par le vendeur. Fabricant.	Fournisseur.

DISTRICT DES CANTONS DE L'EST—

1913.							
10 mars.	Poudres Seidlitz.	1534	Pharmacie Massicotte, Victoriaville.	1 boîte	25	Vendeurs	
17 ,,	,,	1535	A. J. Bédard, Richmond.....	1 ,, .	25	The T. Milburn Co., Ltd., Toronto.	....
18 ,,	,,	1536	W. J. H. McKindsey, Lennoxville.	1 ,, .	25	Lyman Knox, Montréal.	... .
18 ,,	,,	1537	Dr. Lambly, Cookshire.	1 ,, .	25	Lyman's Ltd., Montréal.	....
19 ,,	,,	1538	John West, Magog.	1 ,, .	25	Nat. Drug Co., Montréal.	....
4 avril.	,,	1539	L. D. Girouard, Drummondville.	1 ,, .	25	H. K. Wampole Perth, Ont.	....
23 ,,	,,	1540	J. T. Dozois, Granby........	1 ,, .	25	Toronto Phar. Co., Toronto.	....
23 ,,	,,	1541	C. H. Welch, Waterloo	1 ,, .	25	Nat. Drug Co., Montréal.	....
25 ,,	.. ,,	1542	Pharmacie Viger, St-Hyacinthe.	1 ,, .	20	Vendeur	
25 ,,	,, .	1543	Dr E. St-Jacques, St-Hyacinthe.	1 ,, .	25	Inconnu...... ..	Inconnu... .....

DISTRICT DE MONTRÉAL—

24 fév..	Poudres Seidlitz.	51201	C. A. Campagne, 717 rue Ontario, Maisonneuve.	1 boîte	20	Toronto Phar. Co., Ltd., Toronto.	....
24 ,,	,,	51202	Dr D. Chouinard, rue Adam, Maisonneuve.	1 ,, .	20	Vendeur.........	....
27 ,,	,,	51203	A. Lebeau, 465 rue St-Jacques, Montréal.	1 douz	25	,,	....
27 ,,	,,	51204	A. M. Brunnette, 1048 rue St-Jacques Montréal.	1 ,, .	25	Lyman's Ltd., Montréal.	....
3 mars.	,,	51205	A. D. Mann, 190 rue Ville-neuve O., Montréal.	1 boîte	25	....	....
3 ,,	,,	51206	L. S. Desautels, 1661 Boul. St-Laurent, Montréal.	1 douz	25	....	
4 ,,	,,	51207	O. T. Pinck, 348 rue Notre-Dame O., Montréal.	1 ,, .	25	Nat. Drug & Chem. Co.	....
4 ,,	,,	51208	J. Pigeon, 412 rue Notre-Dame O., Montréal.	1 boîte	25	Toronto Phar. Co., Ltd.	....
4 ,,	,,	51209	Dr. Leduc Drug Co., 456 rue Notre-Dame O., Montréal.	1 ,, .	25	Vendeurs	....
4 ,,	,,	51210	Lyons Cut Rate Drug Store, 10 rue Bleury, Montréal.	1 ,, .	15	Lyman's, Ltd.,	....

DOC. PARLEMENTAIRE No 14

POUDRES SEIDLITZ.

Rapport de l'inspecteur. (Ne comportant aucune expres- sion d'opinion).	Résultats de l'analyse.								Remarque et opinion de l'analyste en chef.
	Tartrate en poudre.				Poudre acide.				
	Poids des poudres en grains.		Carbonate de soude.	Sel de Ro- chelle.	Poids des poudres en grains.		Acide tartri- que.	Numéro de l'échantillon.	
	N° 1.	N° 2.			N° 1.	N° 2.			

J. C. ROULEAU, INSPECTEUR.

			p.c.	p.c.			p.c.		
....	152	161	25·0	73·2	52	57	99·70	1534	Excès d'acide tartrique. Adul- téré.
Reg. No. 71.....	92	105	25·2	72·9	20	26	99·70	1535	Pesage négligé. Défaut de poids. Adultéré.
....	169	176	25·0	73·2	51	52	99·75	1536	Excès d'acide tartrique. Adultéré.
... .	153	156	19·5	79·0	42	42	99·75	1537	Anormal. Adultéré.
.. .. ,.....	140	145	26·2	72·1	26	26	99·80	1538	Défaut de poids. Adultéré.
....	150	163	23·1	74·4	36	38	99·75	1539	
....	152	155	25·6	73·0	41	42	99·75	1540	
· 156	156	158	25·4	73·2	37	37	99·60	1541	
....	129	135	27·3	71·3	33	36	99.80	1542	Défaut de poids. Adultéré.
....	210	213	19·3	78·2	38	40	99·90	1543	Anormal. Excès de poids. Adul- téré.

J. J. COSTIGAN, INSPECTEUR.

....	168	164	25·9	72·7	28	29	99·75	51201	
.·...............	156	159	25·1	74·9	38	38	100·0	51202	
....	186	197	24·6	73·9	36	40	52·8	51203	Adultéré. Excès de poids.
......·....	156	163	24·4	75·6	37	37	99·75	51204	
....	158	158	25·1	75·0	36	36	99·75	51205	
..........·.....	170	174	25·4	74·1	40	45	100·0	51206	
..............·...	156	158	23·6	74·7	38	38	99·75	51207	
....	163	170	24·8	75·2	28	28	99·75	51208	
......·.........	155	157	25·8	74·2	42	47	99·75	51209	
....	157	160	24·6	75·5	35	37	100·0	51210	

5 GEORGE V, A. 1915

BULLETIN N° 265—

Date du prélèvement.	Nature de l'échantillon.	Numéro de l'échantillon.	Nom et adresse du vendeur.	Prix.		Nom et adresse du fabricant ou fournisseur, tel que communiqué par le vendeur.	
				Quantité.	Cents.	Fabricant.	Fournisseur.

DISTRICT DE VALLEYFIELD—

1913.							
13 mars.	Poudres Seidlitz.	51316	W. Plante, Valleyfield, P.Q..	1 boîte	25	Wingate Chem. Co., Ltd., Montréal.	....
13 "	"	51317	Dr S. W. Laroche, Valleyfield, P.Q.	1 " ..	25	H. K. Wampole Co., Perth, Ont.	....
13 "	"	51318	The Ind. Co-op. Soc., Ltd., Valleyfield, P.Q.	1 " ..	25	B. E. McGale, Montréal.	.... :..
18 "	"	51319	D. J. McIntosh, Vankleek-Hill, Ont.	1 " ..	25	Toronto Phar. Co., Ltd., Toronto.	....
18 "	"	51320	P. J. McLaurin, Vankleek-Hill, Ont.	1 " ..	25	Lyman's Ltd., Montréal.	....
19 "	"	51321	E. H. Elridge, Vankleek-Hill, Ont.	1 " ..	25	United DrugCo., Toronto.	....
20 "	"	51322	W. A. McCrea, Hawkesbury, Ont.	1 " ..	25	H. K. Wampole Ltd., Perth, Ont.	....
20 "	"	51323	Banford & Dunning, Hawkesbury, Ont.	1 " ..	25	Wingate Chem. Co., Montréal.	....
24 "	"	51324	John McLeister, Alexandria, Ont.	1 " ..	25	Toronto Phar. Co., Ltd., Toronto.	....
24 "	"	51325	Brock, Ostrom & Son, Alexandria, Ont.	1 doz.	25	Lyman's Ltd., Montréal.	....

DISTRICT D'OTTAWA—

28 fév.	Poudres Seidlitz.	51730	M. E. Cormier, Aylmer, P.Q.	1 boîte	20	J. L. Rochester, Ltd., Ottawa.	Fabricants. ....
21 "	"	51731	Mme Barrett, Cornwall.	1 " ..	25	T. Milburn & Co., Toronto.	" ....
24 "	"	51732	Wm. J. Kelly, Arnprior......	1 " ..	20	Wingate Chem. Co., Ltd., Montréal.	H. N. Bate & Sons, Ottawa.
27 "	"	51733	C. J. Neate, rue Sussex, Ottawa.	1 " ..	15	....	J. G. Whyte & Sons, Ottawa.
27 "	"	51734	W. H. McCreery, rue Creighton, Ottawa.	1 " ..	15	OttawaDrugCo., Ottawa.	Fabricants......
27 "	"	51735	E. Ackland, rue Creighton, Ottawa.	1 " ..	15	Provost & Allard, Ottawa.	" :..........
27 "	"	51376	P. Daoust & Cie, Hull, P.Q ..	1 " ..	15	F. F. Dalley Co., Ltd., Hamilton.	" ....
27 "	"	51737	A. Labelle, Hull, P.Q...	1 " ..	15	P. H. Derocher, Hull, P.Q.	" ....
27 "	"	51738	E. McEwen, Hull, P.Q	1 " ..	15	Frank P. Savage, Ottawa.	" ... .
27 "	"	51739	R. Picard, Hull, P.Q.........	1 " ..	15	Hull Medical Hall, Hull, P.Q.	" ....

DOC. PARLEMENTAIRE No 14

POUDRES SEIDLITZ.

Rapport de l'inspecteur (ne comportant aucune expression d'opinion).	Résultats de l'analyse.							Numéro de l'échantillon.	Remarques e op rfion de l'analyste en chef.
	Tartrate en poudre.				Poudre acide.				
	Poids des poudres en grains.		Bicarbonate de soude.	Sel de Rochelle.	Poids des poudres en grains.		Acide tartrique.		
	N°1.	N°2.			N°1.	N°2			

J. J. COSTIGAN, INSPECTEUR SUPPLÉANT.

			p. c.	p. c.			p. c.		
....	128	129	29·0	70·5	25	25	99·75	51316	Défaut de poids. Adultéré.
....	148	153	22·0	77·7	24	29	99·90	51317	" "
....	140	142	24·8	73·6	40	41	99·65	51318	"
....	145	164	25·0	73·2	26	27	99·75	51319	Pesage négligé.
....	152	159	23·8	72·5	39	41	99·75	51320	
....	151	157	26·6	71·6	41	43	99·80	51321	
....	168	175	25·0	73·9	39	43	99·80	51322	
....	85	119	26·2	72·6	22	26	100·0	51323	Pesage négligé. Défaut de poids. Adultéré.
....	164	165	24·8	74·2	36	41	99·90	51324	
....	135	141	25·6	72·6	36	38	99·75	51325	Défaut de poids. Adultéré.

J. A. RICKEY, INSPECTFUR.

....	161	162	28·3	72·7	38	36	99·75	51730	
....	105	98	25·2	75·0	31	31	99·75	51731	Défaut de poids. Adultéré.
....	122	123	27·3	72·7	26	17	99·75	51732	Pesage négligé. Défaut de poids. Adultéré.
....	156	147	25·3	74·7	37	39	99·75	51733	
....	138	128	27·5	72·3	35	34	100·0	51734	Défaut de poids. Adultéré.
....	126	129	23·6	76·4	29	28	99·75	51735	"
....	118	125	24·3	75·7	43	39	99·75	51736	"
....	127	124	26·7	73·3	31	30	99·40	51737	" "
Vraies poudres seidlitz impériales.	141	149	43·0	57·0	19	19	99·75	51738	Anormal. Adultéré. Défaut de poids.
....	155	149	25·1	74·8	35	38	100·0	51739	

14—11

5 GEORGE V, A. 1915

BULLETIN N° 265—

Date du prélèvement.	Nature de l'échantillon.	Numéro de l'échantillon.	Nom et adresse du vendeur.	Quantité.	Cents.	Fabricant.	Fournisseur.
					Prix.	Nom et adresse du fabricant ou fournisseur, tel que communiqué par le vendeur.	

DISTRICT DE KINGSTON—

Date	Nature	Num.	Vendeur	Quantité	Cents	Fabricant	Fournisseur
1913.							
10 mars.	Poudres Seidlitz.	45775	T. B. Wallace, Napanee......	1 boît.	25	United Drug Co. Toronto.	....
10 "	"	45776	F. L. Hooper, Napanee	1 "	25	Vendeur........	....
10 "	"	45777	D. B. Bleecker, Belleville	1 "	25	"	....
10 "	"	45778	J. S. McKeown, Belleville....	1 "	25	United Drug Co. Toronto.	....
10 "	"	45779	Belleville Pharmacy, Belleville.	1 "	25	Vendeur........	....
20 fév..	"	53077	W. M. Medley, Kingston.....	1 paq.	25	Wampole, Perth, Ont.	....
21 "	"	53078	T. H. Sargent, Kingston.... ..	1 "	25	"	....
21 "	"	53079	C. S. Prouse, Kingston.......	1 "	25	Lyman Co., Toronto	....
21 "	"	53080	A. P. Chown, Kingston......	1 "	25	Wampole, Perth, Ont.	....
21 "	"	53081	Geo. Mahood, Kingston......	1 "	25	Vendeur........	....
24 "	"	53082	J. S. McKeown, Belleville....	1 boît.	25	United Drug Co. Toronto.	....
24 "	"	53083	Belleville Pharmacy, Belleville.	1 paq.	25	Vendeur........	....
25 "	"	53084	W. H. Semple, Cobourg.....	1 "	25	"	....
25 "	"	53085	W. J. B. Davison, Port-Hope	1 "	25	Drug Trading Co., Toronto.	....
26 "	"	53086	Warne Drug Co., Ltd., Peterboro.	1 "	25	Nat. Drug Co., Toronto.	....

DISTRICT DE TORONTO—

Date	Nature	Num.	Vendeur	Quantité	Cents	Fabricant	Fournisseur
23 fév..	Poudres Seidlitz.	57031	W. H. Field, 675 ave Spadina, Toronto.	1 douz	30	Vendeur........	....
4 mars.	"	57032	The Ferrate Drug Co., rues Bloor & Bathurst, Toronto.	1 "	25	....	Toronto Phar. Co., Ltd., Toronto.
5 "	"	57033	F. W. Smith, 7 ave Danforth, Toronto.	1 "	15	....	Lyman Bros. & Co., Ltd., Toronto.
5 "	"	57034	Mme L. Fayle, 311 ave Danforth, Toronto.	1 "	20	The Carter Drug Co., Toronto.	....
5 "	"	57035	F. L. Cole, 1230 rue du Collège, Toronto.	1 "	25	Vendeur........	....
6 "	"	57036	Geo. Marshall, 137 ave Wilton, Toronto.	1 "	25	....	The Drug Trading Co., Ltd., Toronto.

DOC. PARLEMENTAIRE No 14

POUDRES SEIDLITZ.

Rapport de l'inspecteur. (ne comportant aucune expression d'opinion.	Résultats analytiques.							Numéro de l'échantillon.	Remarques et opinion de l'analyste en chef.
	Tartrate en poudre.				Poudre acide.				
	Poids des poudres en grains.		Bicarbonate de Soude.	Sel de Rochelle.	Poids des poudres en grains.		Acide tartrique.		
	N° 1.	N° 2.			N° 1.	N° 2.			

JAS. HOGAN, INSPECTEUR.

			p.c.	p.c.			p.c.		
.....	159	162	25·4	73·6	38	39	99·90	45775	
.....	144	147	25·2	73·4	28	33	99·75	45776	Pesage négligé. Défaut de poids. Adultéré.
.....	157	157	24·0	74·2	35	35	99·60	45777	
.....	157	157	28·1	70·4	37	38	99·75	45778	
.....	197	205	25·0	73·6	55	55	99·90	45779	Excès de poids et excès d'acide tartrique. Adultéré.
.....	173	182	25·4	73·6	42	40	99·40	53077	Excès de poids. Adultéré.
.....	174	177	25·0	73·6	42	39	99·40	53078	''
.....	165	166	25·2	72·9	35	36	99·75	53079	
.....	159	169	27·1	73·9	32	30	100·0	53080	
.....	145	154	33·2	65·4	52	47	99·75	53081	Excès d'acide tartrique. Anormal. Adultéré.
.....	147	149	29·7	72·6	51	52	99·75	53082	Excès d'acide tartrique. Adultéré.
.....	195	197	25·0	75·5	54	54	99·76	53083	Excès de poids et excès d'acide tartrique. Adultéré.
.....	100	112	28·1	75·5	23	24	99·75	53084	Pesage négligé. Poids défecteux. Adultéré.
.....	152	155	26·6	76·3	39	40	99·40	53085	
.....	127	138	26·0	75·0	23	24	99·75	53086	Défaut de poids. Adultéré.

H. J. DAGER, INSPECTEUR.

Etiquetée: Poudres Seidlitz de poids régl.	156	160	25·2	73·6	37	39	99·75	57031	
Etiquetée: Poudres Seidlitz plein poids.	163	175	25·2	73·4	38	40	99·75	57032	
''	118	127	24·6	74·4	28	28	99·65	57033	Défaut de poids. Adultéré.
Etiqu.: Poudres Seid. parfaites Carter N° 442 Loi des Pr. Ph.	92	102	26·2	73·2	31	34	99·00	57034	''
Etiqu.: Poudres Seid. import. de hautes qual.	131	165	24·6	74·4	30	35	99·75	57035	Pesage négligé.
Etiquetée: oudres Seidlitz plein poids.	158	159	25·2	72·4	39	40	99·75	57036	

14—11½

5 GEORGE V, A. 1915

BULLETIN N° 265—

Date du prélèvement	Nature de l'échantillon.	Numéro de l'échantillon.	Nom et adresse du vendeur.	Prix.		Nom et adresse du fabricant ou fournisseur, tel que communiqué par le vendeur.	
				Quantité.	Cents.	Fabricant.	Fournisseur.

DISTRICT DE TORONTO—

1913.							
6 mars.	Poudres Seidlitz.	57037	H. R. Mitchull, 1928 rue Queen Est, Toronto.	1 douz	25	....	Lyman Bros. Co. Ltd., Toronto.
10 "	"	57038	E. E. Rutherford, 400 Avenue Spadina, Toronto.	1 "	25	Vendeur.......	....
12 " -	"	57039	W. H. Lee, ave Road & ave MacPherson, Toronto.	1 " ..	25	"	....
13 "	"	57040	N. A. Vetter, 55 ave Road, Toronto.	1 " ..	25	"	.. ..

DISTRICT DE HAMILTON—

8 avril.	Poudres Seidlitz.	57131	H. E. Perrott, rues King & Colborne, Brantford.	1 douz	25	Vendeur.......	....
9 "	"	57132	M. H. Robertson, 72 rue Erie, Brantford.	1 " ..	30	"	....
10 "	"	57133	H. A. Crooks, Paris.........	1 " ..	25	"	....
17 "	"	57134	F. W. Jeffs, 68 rue King, Ste-Catherine.	1 " ..	25	"	....
17 "	"	57135	Walker, Abbs & Co., 295 rue St-Paul, Ste-Catherine.	1 " ..	30	Vendeurs......	....
17 "	"	57136	J. L. Macartney, Ave Erie, Niagara-Falls.	1 " ..	35	Vendeur.......	....
18 "	"	57137	W. W. Kerr, 829 rue Ferry, Niagara-Falls Sud.	1 " ..	30	"	....
18 "	"	57138	The Hennesey Drug Stores, Ltd., 268 rue King Ouest, Hamilton.	1 " ..	30	Vendeurs......	....
19 "	"	57139	E. B. Mealley, 165 rue King Est, Hamilton.	1 " ..	25	Vendeur.......	....
23 "	"	57140	Hawkins, Ltd., 6 Market Square, Hamilton.	1 " ..	20	Vendeurs......	....

POUDRES SEIDLITZ.

Rapport de l'inspecteur (ne comportant aucune expression d'opinion).	Résultats analytiques.							Numéro de l'échantillon.	Remarques et opinion de l'analyste en chef.
	Tartrate en poudre.				Poudre acide.				
	Poids des poudres en grains.		Bicarbonate de soude.	Sel de Rochelle.	Poids des poudres en grains.		Acide tartrique.		
	N° 1.	N° 2.			N° 1.	N° 2.			

H. J. DAGER, INSPECTEUR—Suite.

	p. c.	p. c.			p. c.				
Etiquet.: Poud. Seidlitz importées de haute qualité; pleine vigueur et ingrédients purs garantis.	154	157	24·4	74·2	3⁵	35	99·40	57037	
Etiquet.: Poud. Seidlitz, plein poids.	148	154	24·5	73·2	39	42	99·85	57038	
....	144	148	25·6	74·7	46	48	99·40	57039	
Etiquet.: Poud. Seidlitz, plein poids.	162	177	24·2	73·9	38	39	99·85	57040	

H. J. DAGER, INSPECTEUR SUPPLÉANT.

Etiquette:Vraies poudr. Seidlitz plein poids.	113	137	28·1	71·7	40	43	99·40	57131	Pésage négligé. Défaut de poids. Adultéré.
Etiquet.: Vraies poudr.Seidlitz.	130	137	25·6	74·4	41	43	99·75	57132	Défaut de poids. Adultéré.
Etiquette: Poud. Seidlitz perfect. Plein poids garanti.	163	170	25·4	73·9	33	35	99·75	57133	
Etiquet.: Vraies poud. Seidlitz.	128	153	25·4	73·6	37	40	99·75	57134	Pesage négligé.
" " ..	171	186	24·2	75·3	43	44	99·75	57135	
Etiquet.: Vraies poudr. Seidlitz apéritives.	146	181	22·3	77·5	33	40	99·40	57136	Pesage négligé
Etiquet.: Vraies poudr.Seidlitz, plein poids.	120	140	29·2	71·8	52	56	99·75	57137	Pesage négligé. Excès d'acide tartrique. Défaut de poids. Adultéré.
Etiquet.: Vraies poudr. Seidlitz posséd.toutes l. propriét. médicinales d. sources Eff, en Allemagne.	154	157	24·4	73·9	54	60	99·75	57138	Excès d'acide tartrique. Adultéré.
Etiquette: Poudr. Seidlitz perfectionnées.	123	147	24·8	74·7	45	49	99·60	57139	Pesage négligé. Défaut de poids. Adultéré.
" " ..	118	119	26·5	72·9	47	50	99·40	57140	Excès d'acide tartrique. Défaut de poids. Adultéré.

5 GEORGE V, A. 1915

BULLETIN N° 265—

Date du prélèvement.	Nature de l'échantillon	Numéro de l'échantillon.	Nom et adresse du vendeur.	Prix.		Nom et adresse du fabricant ou fournisseur, tel que communiqué par le vendeur.	
				Quantité.	Cents.	Fabricant.	Fournisseur.

DISTRICT DE WINDSOR—

1913.							
4 mars	Poudres Seidlitz.	47958	S. F. Park & Co., Chatham, Ont.	1 bte.	25	Vendeurs.	....
4 "	"	47959	J. G. Clark, Chatham, Ont...	1 " ..	25	Vendeurs.	....\.
4 "	"	47961	Powell, Davis Co, Chatham, Ont.	1 pqt.	25	Vendeurs.'...'.	....
5 "	"	47964	W. A. Pond, Windsor, Ont..	1 " ..	25	United DrugCo., Toronto.	....
5 "	"	47967	F. H. Laing, Windsor, Ont...	1 " ..	25	Vendeur..	.. ..
5 "	"	47969	Gardner Pickard Drug Co., Windsor, Ont.	1 " ..	25	Vendeurs.	....
5 "	"	47973	A. J. Wilkinson, Windsor, Ont.	1 bte.	25	Vendeur..	....
5 "	"	47976	H. O. Fleming, Windsor, Ont.	1 pqt.	25	"	....
6 "	"	47977	S. H. Sadler, Essex, Ont......	1 " ..	25	United DrugCo., Toronto.	....
6 "	"	47985	Theo. B. S. Tweedale, Essex, Ont.	1 " ..	30	Vendeur.. ..	....

DISTRICT DU MANITOBA—

25 fév..	Poudres Seidlitz.	48826	P. F. Braund, ave du Portage, Winnipeg.	1 bte.	25	The Martin Bole Wynn Co., Winnipeg.	Fabricants......
26 "	"	48827	Public Drug Co., Winnipeg...	1 " ..	25	The Toronto Phar. Co., Toronto.	" ....
26 "	"	48828	The Gordon Mitchell Drug Co., Winnipeg.	1 " ..	25	Inconnu........	Inconnu........
27 "	"	48829	Colcleugh & Co., Notre-Dame & Sherbrooke, Winnipeg.	1 " .	25	....	....
27 "	"	48830	D. W. Bradshaw, ave Notre-Dame, Winnipeg.	1 " .	25	Martin Bole Wynn Co., Winnipeg.	Fabricants .....
11 mars.	"	48831	Morden Pharmacy, Morden ..	1 " ..	25	Dr. Wilson Med. Co., Toronto.	....
11 "	"	48831 A	W. Collins Co , Winnipeg....	1 " ..	25	The Martin Bole Wynn Co., Winnipeg.	....
13 "	"	48832	St. John Pharmacy, Winnipeg	1 " ..	25	Toronto Phar., Co., Ltd., Toronto.	....
14 "	"	48833	W. G. Lang, Norwood Grove, B.P.	1 " .	25	The Martin Bole Wynn Co., Winnipeg.	....
15 "	"	48834	Elmwood Drug Store, Elmwood, B.P., Winnipeg.	1 " .	25	Toronto Phar. Co., Ltd., Toronto.	....

DOC. PARLEMENTAIRE No 14.

POUDRES SEIDLITZ.

Rapport de l'inspecteur (ne comportant aucune expression d'opinion).	Résultats analytiques.							Numéro de l'échantillon.	Remarques et opinion de l'analyste en chef.
	Tartrate en poudre. Poids des poudres en grains.		Bicarbonate de soude.	Sel de Rochelle.	Poudre acide. Poids des poudres en grains.		Acide tartrique.		
	N° 1.	N° 2.			N° 1.	N° 2.			
			p.c.	p.c.			p.c.		
JNO. TALBOT, INSPECTEUR.									
....	130	131	25·0	74·7	36	35	100·0	47958	Défaut de poids. Adultéré.
....	154	151	26·4	75·0	44	34	99·75	47959	Pesage négligé.
....	157	162	25·0	75·0	48	47	99·75	47961	
Rexall.........	158	158	28·6	71·3	40	40	99·75	47964	
....	142	153	25·6	73·9	36	37	99·75	47967	
....	120	124	29·4	70·2	43	47	100·0	47969	Défaut de poids. Adultéré.
....	151	139	25·8	74·2	35	45	99·75	47973	Pesage négligé.
....	177	168	26·4	73·4	56	53	99·75	47976	Excès d'acide tartrique. Adultéré.
Rexall.........	160	160	22·7	77·1	36	37	99·75	47977	
....	216	218	25·2	75·8	42	39	99·75	47985	Excès de bois. Adultéré
A. C. LARIVIERE, INSPECTEUR.									
....	126	138	33·8	65·2	33	37	99·50	48826	Anormal. Défaut de poids. Adultéré.
....	150	154	25·2	73·4	34	35	99·75	48827	
Préparé pour la Gordon Mitchell Drug Co., Winnipeg.	172	175	25·4	73·2	42	43	99·90	48828	
....	164	172	24·4	73·9	29	30	99·60	48829	
....	124	143	34·6	64·1	33	37	99·75	48830	Pesage négligé. Anormal. Défaut de poids. Adultéré.
....	158	166	24·8	73·6	37	38	99·75	48831	
....	106	115	31·1	67·0	34	36	99 75	48831 A	Anormal. Défaut de poids. Adultéré.
....	165	166	25·4	73·2	44	44	99·75	48832	
Poudres Seidlitz Marwyn.	117	127	36·1	62·4	34	37	99·60	48833	Anormal. Défaut de poids. Adultéré.
....	159	159	25·6	73·2	38	38	99·75	48834	

5 GEORGE V, A. 1915

BULLETIN N° 265—

Date du prélèvement	Nature de l'échantillon	Numéro de l'échantillon	Nom et adresse du vendeur	Prix — Quantité	Cents	Nom et adresse du fabricant ou fournisseur, tel que communiqué par le vendeur — Fabricant	Fournisseur

DISTRICT DES MONTAGNES ROCHEUSES—

Date du prélèvement	Nature de l'échantillon	Numéro de l'échantillon	Nom et adresse du vendeur	Prix — Quantité	Cents	Fabricant	Fournisseur
1913.							
4 mars.	Poudres Seidlitz.	49822	Rutherford Drug Co., Nelson, C.-B.	1 dou.	40	Vendeurs.......	....
4 "	" .	49827	Canada Drug & Book Co., Nelson, C.-B.	1 " .	40	Toronto Phar. Co., Toronto.	....
7 "	" .	49848	Phœnix Drug Co., Phœnix, C.-B.	1 " .	50	H. K. Wampole, Perth, Ont.	....
13 "	" .	49852	J. Wylie, Hosmer, C.-B	2 bolt.	50	The Martin Bole & Wynn Co., Winnipeg.	....
13 "	" .	49853	"	1 " .	50	....	W. C. Wholesale Co., Fernie, C.-B.
17 "	" .	49863	C. R. Macdonald, Revelstoke, C.-B.	1 dou.	40	Nat. Drug & Chem. Co., Montréal.	....
17 "	" .	49864	Walter Bews, Revelstoke, C.-B	1 " .	40	Vendeur.......	....
7 avril.	" .	49870	A. Reeves, Enderby, C.-B ...	1 " .	40	H. K. Wampole, Perth, Ont.	....
9 "	" .	49876	E. T. Abbot, Armstrong, C.-B	1 bolt.	25	R. E. Berry, Vernon, C.-B.	....
26 "	" .	49890	Thos. Stout, Rossland, C.-B. .	1 doû.	35	Toronto Phar., Co., Toronto.	....

DISTRICT DE VANCOUVER—

Date du prélèvement	Nature de l'échantillon	Numéro de l'échantillon	Nom et adresse du vendeur	Prix — Quantité	Cents	Fabricant	Fournisseur
6 mars.	Poudres Seidlitz.	53431	Leslie Henderson, rues Georgia et Granville, Vanc., C.-B.	1 pqt.	25	Vendeur.......	....
6 "	"	53432	Burns & Cairns, Vancouver Block, Vancouver, U.-B.	1 " ..	25	Nat. Drug Co., Vancouver.	....
7 "	"	53433	Vancouver Drug Co., rues Richard et Hastings, Vanc., B.-C	1 " ..	15	Manchester Drug Co. Toronto.	....
7 "	"	53434	Brown & Dawson, 439 rue Hastings, Vancouver, C.-B.	1 " ..	25	Inconnu.......	....
7 "	"	53435	McDuffey Bros., 132 rue Cordova, Vancouver, C.-B.	1 " ..	25	J. A. Teepoorten, & Co., Vanc.	....
7 "	"	53436	Owl Drug Store, rues Abbott et Cordova, Vanc., C.-B.	1 " ..	25	Vendeurs.......	....
7 "	"	53437	Central Drug Stores, 16 rue Cordova ouest, Vanc., C.-B.	1 " ..	25	"	....
10 "	"	53438	W. E. Almas, rues Pender et Burrard, Vanc., C.-B.	1 " ..	25	Vendeur.......	....
10 "	"	53439	Manhattan Pharmacy, r. Robson et Thurton, Vanc., C.-B.	1 " ..	25	"	....
10 "	"	53440	Harrison's Drug Store, r. Robson et Granville, Vanc., C.-B.	1 " ..	25	"	....

POUDRES SEIDLITZ.

Rapport de l'inspecteur (ne comportant aucune expression d'opinion).	Tartrate en poudre. Poids des poudres en grains.		Bicarbonate de soude.	Sel de Rochelle.	Poudre acide. Poids des poudres en grains.		Acide tartrique.	Numéro de l'échantillon.	Remarques et opinion de l'analyste en chef.
	N° 1.	N° 2.			N° 1.	N° 2.			

THOS. PARKER, INSPECTEUR.

			p. c.	p. c.			p. c.		
....	132	140	23·5	73·9	48	54	99·75	49822	Pesage négligé: excès d'acide tartrique. Défaut de poids. Adultéré.
....	165	167	25·2	73·6	29	31	99·90	49827	
....	163	164	25·2	73·9	27	28	99·75	49848	
Marwyn	140	153	25·2	73·4	30	34	99·75	49852	
....	167	168	25·2	73·6	38	39	99·40	49853	.
....	163	168	25·6	72·0	32	34	99·75	49863	
....	158	159	24·6	74·4	39	44	99·60	49864	
....	150	150	25·8	73·0	20	24	99·75	49870	Acide tartrique faible. Adultére.
....	168	172	23·5	75·4	23	29	99·40	49876	"
....	161	164	25·6	72·6	26	28	99·80	49890	

J. F. POWER, INSPECTEUR.

....	162	163	26·2	73·6	37	38	99·60	53431	
....	163	169	25·4	74·4	39	40	99·60	53432	
....	169	176	25·2	72·9	40	42	99·75	53433	
....	156	170	27·5	70·5	35	44	99·75	53434	Pesage négligé.
....	157	159	25·4	72·8	40	40	99·75	53435	
....	119	175	27·3	72·5	40	41	99·75	53436	Pesage négligé.
....	151	167	25·0	72·9	36	38	99·75	53437	
....	142	150	25·6	72·9	33	36	99·75	53438	
....	194	197	26·2	71·0	49	60	99·80	53439	Pesage négligé. Excès de poids. Adultéré.
....	154	159	27·1	71·3	38	41	99·75	53440	

5 GEORGE V, A. 1915

BULLETIN N° 265—

DISTRICT DE VICTORIA–

Date du prélèvement.	Nature de l'échantillon.	Numéro de l'echantillon.	Nom et adresse du vendeur.	Prix.		Nom et adresse du fabricant ou fournisseur, tel que communiqué par le vendeur.	
				Quantité.	Cents.	Fabricant.	Fournisseur.
1913.							
10 mars	Poudres Seidlitz.	53519	F.-J. Williams, 613 Fort St., Victoria, C.-B.	1 pqt	25	H. K. Wampole, Perth, Ont.	....
10 ″	″	53521	D. E. Campbell, 650 Fort St., Victoria, C.-B.	1 douz.	50	Vendeur........	....
10 ″	″	53523	Terry's Drug Store, 705 Fort St., Victoria, C.-B.	1 ″ ..	35	Toronto P h a r. Co., Toronto.	....
10 ″	″	53525	Geo. A. Fraser & Co., 912-914 Govt. St., Victoria, C.-B.	1 ″ ..	50	Vendeurs......	....
10 ″	″	53527	Cyrus H. Bowes, 228 Govt. St., Victoria, C.-B.	1 ″ ..	50	Vendeur......	....
10 ″	″	53529	Ivels Pharmacy, 1415 Govt. St., Victoria, C.-B.	1 ″ ..	40	″	....
11 ″	″	53531	Dean & Hiscocks, 627 Yates St., Victoria, C.-B.	1 ″ ..	35	H. K. Wampole, Perth, Ont.	....
11 ″	″	53533	John Cochrane, 1300 Douglas St., Victoria, C.-B.	1 ″ ..	50	Vendeur......	....
11 ″	″	53535	W. Jackson & Co., Victoria, C.-B.	1 ″ ..	50	Vendeurs......	....
11 ″	″	53537	Hall & Co., 702 Yates St.. Victoria, C.-B.	1 ″ ..	50	Nat. D r u g & Chem. Co,, Victoria, C.-B.	....

DOC. PARLEMENTAIRE No 14

POUDRES SEIDLITZ.

Rapport de l'inspecteur (Ne comportant aucune expression d'opinion).	Résultats analytiques.								Remarques et opinion de l'analyste en chef.
	Tartrate en poudre.				Poudre acide.			Numéro de l'échantillon.	
	Poids des poudres en grains.		Bicarbonate de soude.	Sel de Rochelle.	Poids des poudres en grains.		Acide tartrique.		
	N° 1.	N° 2.			N° .	N° 2.			

D. O'SULLIVAN, INSPECTEUR.

			p.c.	p.c.			p.c.		
....	147	152	27·1	71·5	42	44	99·60	53519	
....	160	161	25·4	73·9	40	41	99·75	53521	
....	165	167	19·5	79·0	26	29	99·60	53523	Anormal. Adultéré.
....	154	162	29·0	68·9	40	42	99·75	53525	
....	156	156	26·0	73·6	31	33	99·75	53527	
.. ·	156	162	26·5	73·4	41	44	99·00	53529	
....	153	171	25·6	73·4	37	41	99·40	53531	Pesage négligé.
....	204	216	25 6	73·4	39	44	99·75	53533	Excès de poids. Adultéré.
....	152	159	24·8	73·4	42	47	99·75	53535	
....	151	162	24·4	73·4	36	37	99·75	53537	

APPENDICE I.

BULLETIN N° 266—HUILE DE LIN.

M. WM HIMSWORTH,
Sous-ministre,
     Revenu de l'Intérieur.

OTTAWA, 6 septembre 1913.

MONSIEUR,—J'ai l'honneur de vous présenter un rapport concernant l'huile de lin. Ce rapport vous donne, sous forme synoptique, les résultats d'analyses et autres renseignements relatifs à cinquante-trois (53) échantillons qui ont été achetés par nos inspecteurs au cours des mois de décembre de l'an dernier et de janvier de cette année.

L'huile de lin est régie par la Loi des falsifications tant comme drogue que comme matériel de peinture, et, mélangée au blanc de plomb, elle est comprise dans l'annexe 4 de la dite loi.

En tant que drogue elle est décrite comme suit par la Pharmacopée britannique (éd. 1898) :—

"L'huile est extraite de la graine de lin à la température ordinaire. Caractère : glutineuse, jaune, odeur légère mais distincte et suave au goût. Gravité spécifique, 0·930 à 0·940. Soluble dans 10 parties d'alcool (90 pour 100) et dans l'huile de térébenthine. Etant exposée à l'air elle épaissit, et appliquée en couche mince sur du verre on obtient un vernis dur et transparent. Elle ne congèle pas au-dessus de 4 degrés Fahr. (—20 deg. C.)."

Cette description s'applique à l'article sous le nom d' "huile crue".

La principale valeur commerciale de l'huile de lin provient de son utilité comme matériel de peinture et de vernis. Cette huile absorbe rapidement l'oxygène de l'atmosphère et se transforme en une substance dure et résineuse et elle est le type le mieux connu de ce qu'on appelle "huile siccative". La propriété qu'elle a d'absorber l'oxygène est augmentée en la chauffant jusqu'à 180 deg. C., et lui donnant cette chaleur avec présence de certains oxydes et de sels métalliques. Ayant été traitée ainsi on l'appelle "huile bouillie".

La graine de lin de commerce n'étant jamais pure, il s'ensuit que l'huile qui est extraite de ces graines varie dans son caractère jusqu'à un certain point et ceci dépend de la nature et de quantité des graines étrangères qui se trouvent dans le mélange. Les extrêmes qui suivent sont pris de l'ouvrage intitulé *Allen's Commercial Organic Analysis*, 4e édition, tome II, p. 70:—

Gravité spécifique à 15·5 deg. C..........	0·9315 à 0·9410	
Point de solidification..................	—16 deg. "	—27 C.
Point de fusion des acides gras...........	17 "	24 C.
Rapport de saponification................	190 "	201
Rapport Reichert Meisel.................	0	
Rapport Hehner........................	95 "	95·5
Indice d'iode..........................	175 "	201

L'huile de lin, crue et bouillie, est souvent falsifiée en y ajoutant des hydrocarbones, de l'huile de résine et des huiles de poisson. On y ajoute quelquefois de l'huile de coton, et il y a aussi des indices d'huile de soya.

La découverte de la falsification dans l'huile de lin est loin d'être une chose facile à cause du caractère divers des substances qui servent à falsifier l'huile de lin et à cause de la nature changeante du produit même lorsqu'il est normal au point de vue commercial.

Ceux qui achètent l'huile de lin en grande quantité doivent spécifier l'article qu'ils demandent ou bien acheter sur échantillon. La société dite *American Society for Testing Materials* a fixé les spécifications suivantes pour l'année 1910 (*Oil and Colour Journal*, 1909, 36) :—

Huile de lin crue.	Max.	Min.
Gravité spécifique à 15 deg................	0·836	0·932
" à 25 "	0·931	0·927
Indice d'acide	6·000	....
Valeur de la saponification ...	192	189
Matière non-saponifiable..........	1·5	....
Index réfractaire à 25 deg..........	1·4805	1·4790
Indice d'iode de Hanns........	190	178

Ces tableaux donnent des renseignements au sujet de l'huile de lin telle qu'on la trouve sur le marché canadien. Comme la plupart de ces échantillons doivent être utilisés dans les arts et non en pharmacie, il ne serait pas juste d'y appliquer la lettre stricte de la Pharmacopée britannique. D'après les résultats complets des analyses, j'ai pu les classifier comme suit :—

Normale en apparence.................	36	échantillons.
Douteuse............................	10	"
Falsifiée............................	7	"
Total....................	53	

La falsification la plus fréquente se fait en ajoutant de l'huile minérale, c'est le procédé le plus usité sur ce continent.

C'est la première fois que l'on fait un examen systématique de l'huile de lin sous l'empire de la Loi des falsifications, et l'importance première de ce rapport consiste à signaler le fait que la falsification n'est pas inconnue en Canada. Il ne peut y avoir aucun doute que le moyen le plus efficace pour empêcher l'importation de l'huile de lin frelatée dans ce pays serait d'adopter le plan que j'ai déjà recommandé, c'est-à-dire d'acheter le produit avec spécifications détaillées.

Je recommande la publication du présent rapport à titre de bulletin n° 266.

J'ai l'honneur d'être, monsieur,
Votre obéissant serviteur,

A. McGILL,
Analyste en chef.

5 GEORGE V, A. 1915

BULLETIN N° 266—

Date du prélèvement.	Nature de l'échantillon	Numéro de l'échantillon.	Nom et adresse du vendeur.	Prix.		Nom et adresse du fabricant ou du fournisseur, tel que communiqué par le vendeur.	
				Quantité.	Cents.	Fabricant.	Fournisseur.

DISTRICT DE LA NOUVELLE-ÉCOSSE—

1913.							
16 janv.	Huile de lin.	46651	Wm. Stairs Son & Morrow, Halifax, N.-E.	1 pinte	25	Canadian Lin-seed Oil Co., Toronto.	Fabricants......
16 "	" ..	46652	Crowell Bros., Halifax, N.-E.	1 " ..	25	" ..	" ....
16 "	" ..	46653	A. M. Bell & Co., Halifax, N.-E.	1 " ..	30	Inconnu........	Inconnu.. ....
14 "	" ..	46654	Nat. Drug Co., Halifax, N.E.	1 " ..	45	Dominion Lin-seed Oil Co., Toronto.	Fabricants......
16 "	" ..	46655	Wm. Stairs Son & Morrow, Halifax, N.-E.	1 " ..	23	Canadian Lin-seed Oil Co., Toronto.	" ....
24 "	" .	46656	Jas. Simmond Co., Dartmouth, N.-E.	1 " ..	25	"	" ....

DISTRICT DE QUÉBEC—

1912.							
19 déc.	Huile de lin.	37292	H. Young, 111 rue du Pont, Québec.	3 pintes.	43	Canadian Seed Oil Co.	Fabricants......
20 "	" ..	37293	E. Martineau, 135 rue St-Joseph, Québec.	1 " ..	45	Irving Williams B.	" ....
20 "	" ..	37294	C. A. Parent, 106 rue St-Joseph, Québec.	1 " ..	50	Canadian Seed Oil Co.	" ....
19 "	" ..	37295	N. Young, 111 rue du Pont, Québec.	1 " ..	43	" ..	" ....
20 "	" ..	37296	E. Martineau, 135 rue St-Joseph, Québec.	1 " ..	45	Irving Williams B.	" ....
21 "	" ..	37297	C. A. Parent, 106 rue St-Joseph, Québec.	1 " ..	50	Canadian Seed Oil.	" ....

DISTRICT DE QUÉBEC-EST—

24 déc.	Huile de lin.	53303	Talbot Ltd., Rimouski, P.Q..	1 pinte	17	Oil, Montréal...	....
24 "	Huile.	53304	" "	1 " ..	17	" ..	....
26 "	Huile de lin.	53309	T. Pelletier, Fraserville, P.Q.	1 " ..	15	Livingston Lin-seed Oil, Montréal.	....
27 "	" ..	53312	Union Agricole, St.-Pascal, P.Q.	1 " ..	20	Sherwin-Wil-liams, Co.,	....
27 "	Huile........	53313	" "	1 " ..	20	" ..	....

DOC. PARLEMENTAIRE No 14

HUILE DE LIN:

Rapport de l'inspecteur (ne comportant aucune expression d'opinion).	Grav é spécifique à 15·5°C.	Indice de saponification.	Mauméné.	Résultats analytiques.		Matière non saponifiable.	Durée du séchage à 70°C.	Numéro de l'échantillon.	Remarques et opinion de l'analyste en chef.
				Epreuve à l'acide sulfurique.					

R. J. WAUGH, INSPECTEUR.

Bouillie	0·935	198·9	117·5	Lin			20 heures...	46651	
"	0·935	191	112	Léger indice d'huiles minérales et autres.	2·04	15	"	46652	Douteuse.
"	0·941	199·5	111	Indices de falsification.	1·65	36	"	46653	"
Crue	0·934	196	116	Lin		48	"	46654	
"	0·932	198	112	"		48	"	46655	
"	0·932	197·8	111	"		48	"	46656	

F. X. W. E. BELAND, INSPECTEUR.

Bouillie	0·935	196	105	Lin			24 heures...	37292	
"	0·937	190	118	"	2·70	12	"	37293	
"	0·938	198·7	106	"		20	"	37294	
Crue	0·931	154·5	108	Indice d'huile minérale.	19·76	36	" ...	37295	Falsifiée.
"	0·935	194·6	120	Lin		36	"	37276	
"	0·933	193·2	108	"		36	"	37297	

A. PELLETIER, INSPECTEUR.

Crue	0·934	196	114	Lin			36 heures...	53303	
Bouillie	0·934	186·3	120	Minérale	5·00	30	"	53304	Douteuse.
"	0·935	176·8	128	Indices d'huiles étrangères.	5·12	15	"	53309	"
Crue	0·942	189	119	Lin		20	" ...	53312	
Bouillie	0·932	196·5	114	"		48	"	53313	

Date du prélèvement.	Nature de l'échan-tillon.	Numéro de l'échantillon.	Nom et adresse du vendeur.	Prix.		Nom et adresse du fabricant ou fournisseur, tel que commu-niqué par le vendeur.	
				Quantité.	Cents.	Fabricant.	Fournisseur.

DISTRICT DES CANTONS DE L'EST—

1913.							
29 janv..	Huile de lin.	51166	W. C. Webster & Sons, Coati-cook.	1 pte..	25	....	....
30 "	"	51167	E. Boucher, St-Hyacinthe.....	1 " ..	25	....	....
30 "	"	51168	S. Bourgeois Co., Incorporated, St-Hyacinthe.	1 " ..	20	....	....
29 "	"	51169	W. C. Webster & Sons, Coati-cook.	1 " ..	25	....	....
30 "	"	51170	E. Boucher, St-Hyacinthe.....	1 " ..	25	....	....
30 "	"	51171	Beaunoyer & Lalime, St-Hya-cinthe.	1 " ..	30	....	....

DISTRICT DE MONTRÉAL—

8 janv..	Huile de lin.	51082	H. Sylvester & fils, 1111 Bou-levard St-Laurent, Mont-réal.	3chop.	45	Mount Royal Colour & Var-nish Co., Ltd.	....
8 "	"	51083	The People's Hardware Co., 152 Boulevard St-Laurent, Montréal.	3 " .	45	....	....
8 "	"	51084	Beanoyer & Brouillet, 1387 Boulevard Saint-Laurent, Montréal.	3 " .	45	Mount Royal Colour & Var-nish Co., Ltd.	....
8 "	"	51085	St. Lawrence Hardware Co., 993 Boulevard St-Laurent, Montréal.	3 " .	36	A. Ramsay Son & Co.	....
8 "	"	51086	The People's Hardware Co., 152 Boulevard St-Laurent, Montréal.	3 " .	45	....	....
10 "	"	51087	A. Goyette, 124 ave Mont-Royal, Montréal.	3 " .	45	....	....

DISTRICT D'OTTAWA—

1912.							
27 déc..	Huile de lin.	51677	Hull Medical Hall, Hull, P.Q.	24onc.	40	....	Imperial Oil Co. Ottawa.
30 "	"	51678	D. J. Stalker, Ottawa........	3bout.	75	Imperial Oil Co., Ottawa.	Fabricants......
31 "	"	51679	Mulhall Hardware Co., Otta-wa.	24onc.	16	Dom. Linseed Oil Co., Mon-tréal.	" ......
27 "	"	51680	Adam Scott, Almonte........	1 pte.	25	Sherwin Wil-liams Co.,Mon-tréal.	....
30 "	"	51681	Cuzner Hardware Co., Ltd., Ottawa.	1 " ..	25	Standard Linseed Oil Co , Cleve-land, E.-U.	....
31 "	"	51682	Mulhall Hardware Co., Otta-wa.	24onc.	16	Dom. Linseed Oil Co., Mon-tréal.	....

HUILE DE LIN.

Rapport de l'inspecteur. (ne comportant aucune expression d'opinion.)	Gravité spécifique à 15·5° C.	Indice de saponification.	Mauméné.	Résultats de l'analyse.		Matière non saponifiable.	Durée de séchage à 70° C.	Numéro de l'échantillon.	Remarques et opinion de l'analyste en chef.
				Epreuve à l'acide sulfurique.					

J. J. COSTIGAN, INSPECTEUR INTÉRIMAIRE.

Bouillie	0·934	195·0	106	Lin			30 heures	51166	
"	0·932	176·4	108	Huiles minérales et autres.	8·10	24	"	51167	Falsifiée,
"	0·934	197·2	105	Lin		30	"	51168	
Crue	0·934	196·0	116	"		36	"	51169	
"	0·937	194·6	122	"		48	"	51170	
"	0·933	194·3	114	"		36	"	51171	

J. J. COSTIGAN, INSPECTEUR.

Crue	0·935	196·5	116	Lin		36 heures	51082	
"	0·935	193·2	110	"	48	"	51083	
Bouillie	0·909	150·0	94	Minérale	24	"	51084	Falsifiée.
"	0·934	191·5	122	Lin	36	"	51085	
"	0·936	185·0	96	Indices d'huiles étrangères.	5·40	24	"	51086	Douteuse.
	0·936	196·2	112	Lin	48	"	51087	

J. A. RICKEY, INSPECTEUR.

Crue	0·934	194·3	112	Lin		40 heures	51677	
"	-0·935	194·8	120	"	36	"	51678	
"	0·933	190·0	116	"	36	"	51679	
Bouillie	0·938	189·3	103	"	1·79	24	"	51680	
"	0·941	162·0	99	Minérale	15·30	24	"	51681	Falsifiée.
"	Broken.						51682	

5 GEORGE V, A. 1915

BULLETIN N° 266—

Date du prélèvement	Nature de l'échantillon	Numéro de l'échantillon	Nom et adresse du vendeur.	Quantité.	Cents.	Fabricant.	Fournisseur.
						Nom et adresse du fabricant ou fournisseur, tel que communiqué par le vendeur.	
							DISTRICT DE KINGSTON—
1912.							
16 déc.	Huile de lin.	53036	W. A. Mitchell, Kingston....	3 chop	45		Dalton & Son, Kingston.
16 "	" ..	53037	A. Chown & Co., Kingston.,.	3 " .	23	Livingston,Montréal.	
16 "	" ..	53038	J. B. Bunt & Co., Kingston..	3 " .	45	Southern States Turpentine Co., Cleveland.	
16 "	" ..	53039	W. A. Mitchell, Kingston....	3 " .	45		Dalton & Son, Kingston.
16 "	" ..	53040	A. Chown & Co., Kingston. .	3 "	24	Shering, Montréal.	
16 "	" ..	53041	J. B. Bunt & Co., Kingston..	3 " .	45	Livingston,Montréal.	
							DISTRICT DE TORONTO—
19 déc.	Huile de lin.	49496	P. H. Finkle, 1520 Queen St. west, Toronto.	3 ch..	40		Sanderson Percy Co., Ltd., Toronto.
27 "	Huile......	49497	Howard Furnace Hardware Co., 371 Yonge St., Toronto.	1 pt..	35		Reynolds Bros., Toronto.
27 "	"	49498	Geo. Pearsall & Son, 417 Yonge St., Toronto.	1 " ..	35		The Sherwin-Williams Co., Toronto.
24 "	"	51581	Geo. Matthewson, 734 Queen St. east, Toronto.	1 " ..	25		Turpentine Producing Agency, Toronto.
26 "	"	51582	May Bros., 1680 Dundas St. west, Toronto.	1½ ch.	45		" ..
27 "	"	51583	T. W. Brown, 242 Carleton St., Toronto.	1 pt..	50		" ..
							DISTRICT DE VICTORIA—
1913.							
21 jan.	Huile de lin.	53513	E. B. Marion & Co., 1202 Wharf St., Victoria, C.-B.	3 ch...		Sherwin-Williams, Montréal.	
21 "	" ..	53514	P. McQuade & Son, 1214 Wharf St., Victoria, C.-B.	3 " .	65	J. T. Donald & Co., Glasgow.	
21 "	" ..	53515	B.C. Hardware Co., Ltd., 825 Fort St., Victoria.	3 " .	40		B. A. Paint Co., Victoria,-C.B.
21 "	" ..	53516	E. B. Marvin & Co., 1202 Wharf St., Victoria.	3 " .		Sherwin-Williams, Montréal.	
21 n	" ..	53517	P. McQuade & Son, 1214 Wharf St., Victoria.	3 " .	60	J. T. Donald & Co., Glasgow.	
21 "	" ..	53518	B.C. Hardware Co., Ltd., 825 Fort St., Victoria.	3 " .	35		B. A. Paint Co., Victoria, C.-B.

HUILE DE LIN.

Rapport de l'inspecteur (ne comportant aucune expression d'opinion).	Gravité spécifique à 15·5° C.	Indice de saponification.	Mauméné.	Épreuve à l'acide sulfurique.	Matière non saponifiable.	Durée de séchage à 70° C.	Numéro de l'échantillon.	Remarques et opinion de l'analyste en chef.
JAS. HOGAN, INSPECTEUR.								
Crue	0·934	197·1	112	Lin		48 heures	53036	
"	0·934	195·6	110	"		36 "	53037	
"	0·932	159	106	Indices d'huile de résine..	19·50	48 "	53038	Falsifiée.
	0·934	169	118	Indices adultérées.	8·34	20 "	53039	"
	0·937	189·7	119	Lin	2·66	15 "	53040	
	0·934	194	115	"		15 "	53041	
H. J. DAGER, INSPECTEUR.								
Crue	0·931	194·6	120	Lin		48 heures	49496	
"	0·925	149	91	Indices d'huile minérale.		36 "	49497	Douteuse.
"	0·932	194·9	110	Lin		48 "	49498	
Bouillie	0·933	157·8	101	Minérale		24 "	51581	Douteuse.
"	0·924	156	103	"		36 "	51582	Falsifiée.
"	0·930	147·7	90	"		24 "	51583	Douteuse.
D. O'SULLIVAN, INSPECTEUR.								
Crue	0·933	194	115	Lin		36 heures	53513	
"	0·931	194·3	129	"		48 "	53514	
"	0·930	194·3	128	"		48 "	53515	
Bouillie	0·933	189·9	124	"		24 "	53516	
"	0·946	189·3	112	Indices d'huile minérale.	5·00	30 "	53517	Douteuse.
"	0·936	195·6	117	Huiles minérales et aut.	1·94	20 "	53518	"

5 GEORGE V, A. 1915

APPENDICE J.

BULLETIN N° 267—EXTRAITS DE VIANDE.

OTTAWA, 10 septembre 1913.

M. WM HIMSWORTH,
    Sous-ministre du Revenu de l'Intérieur.

MONSIEUR,—J'ai l'honneur de vous soumettre un rapport sur l'analyse de quatre-vingts (80) échantillons d'Extraits de Viande, prélevés par tout le Dominion en mars et en février de l'année dernière. Nous avons été obligés d'abord de faire l'analyse de certains articles qui ne se conservaient pas facilement, ou dont la demande était pressante, et de retarder ainsi l'analyse de ces extraits pendant dix-huit longs mois. Bien que nous croyons que la nature de cet article, le soin apporté à sa préparation et à sa conservation pendant qu'il était en notre possession, aient empêché toute détérioration, il n'est que juste de dire qu'on doit considérer les résultats obtenus plutôt comme une étude sur les Extraits de Viande qu'une analyse légale de l'article tel qu'on le trouve sur le marché.

Notre dernier travail sur les Extraits de Viande (Bœuf) a été publié en avril 1899 dans le Bulletin n° 63, et était aussi complet que possible à l'époque. Depuis on a fait beaucoup de recherches sur ce sujet aux Etats-Unis (Bureau de Chimie) et en Europe. Les Extraits de Viande que l'on trouve sur le marché, en tant qu'ils ont une valeur réelle, possèdent certaines caractéristiques qui nous permettent d'établir les étalons de qualité. Ceux qui ne possèdent pas ces qualités sont impurs. Conformément au décret de l'arrêté ministériel, en date du 24 octobre 1910, et en vertu des dispositions du 26e article de la Loi des Falsifications, on a établi les étalons suivants de qualité pour les Extraits de Viande et les produits connexes :—

C.—EXTRAITS DE VIANDES, PEPTONES DE VIANDES, GÉLATINE, ETC.

1. L'extrait de viande est le produit obtenu par l'extraction de la viande fraîche avec de l'eau et concentration de la partie liquide par évaporation après l'enlèvement des matières grasses. Il contient au moins soixante-quinze (75) pour cent de matières solides, dont pas plus de vingt-sept (27) pour cent est de la cendre, pas plus de douze (12) pour cent est du chlorure de sodium (calculé d'après le total du chlore présent), pas plus de six-dixièmes (0·6) pour cent est de la matière grasse, et au moins huit (8) pour cent est de l'azote. Les composés azotés contiennent au moins quarante (40) pour cent de bases de viandes et au moins (10) pour cent de créatine et créatinine.

2. L'extrait fluide de viande est identique à l'extrait de viande, à cette exception près qu'il est concentré à un degré plus bas et contient au plus soixante-quinze (75) pour cent et au moins cinquante (50) pour cent de matières solides.

3. L'extrait d'os est le produit obtenu par extraction à l'eau bouillante d'os propres, frais et râpés, provenant d'animaux sains à l'époque de l'abatage, et concentration de la partie liquide par évaporation, après enlèvement des matières grasses. Cet extrait contient au moins soixante-quinze (75) pour cent de matières solides.

4. L'extrait fluide d'os est identique à l'extrait d'os, à cette exception près qu'il est concentré à un degré plus bas et contient au plus soixante-quinze (75) pour cent et au moins cinquante (50) pour cent de matières solides totales.

5. Le jus de viande est la partie fluide de la fibre musculaire, obtenue par pression ou autrement, et pouvant être concentrée par évaporation à une température plus basse que le point de coagulation des matières protéiques solubles. Les matières solides contiennent au plus quinze (15) pour cent de cendre, au plus deux et cinq dixièmes (2·5) pour cent de chlorure de sodium (calculé d'après le total du chlore présent), au plus quatre (4), au moins deux (2) pour cent d'acide phosphorique ($P_2 O_5$) et au moins douze (12) pour cent d'azote. Les corps azotés contiennent au moins trente-cinq (35)

DOC. PARLEMENTAIRE No 14

pour cent de matières protéiques coagulables et au plus quarante (40) pour cent de bases de viandes.

6. Les peptones sont les produits préparés pour la digestion des matières protéiques au moyen des enzimes ou autrement, et contiennent au moins quatre-vingt-dix (90) pour cent de protéoses et de peptones.

L'Extrait de Viande se vend soit sous forme de solide, généralement en cubes; soit comme Extrait ordinaire contenant environ 75 pour 100 de matière solide; ou sous forme d'Extrait fluide de Viande contenant moins de 75 pour 100 de matière solide. D'après nos étalons ou types réglementaires les extraits doivent contenir au moins 50 pour 100 de matière solide. Parmi les échantillons dont nous avons fait l'analyse nous avons:—

Extraits solides de Viande.............................. 12
Extraits réglementaires de Viande...................... 25
Extraits fluides de Viande............................. 42
Jus de Viande.. 1
                                                   —
                                                 80

La cendre, qui se compose des matières minérales de la viande et du sel ordinaire ajouté, ne doit pas former plus de 27 pour 100 du total des matières solides; et le sel (chlorure de sodium) pas plus de 12 pour 100.

Dans tous les Extraits solides, la quantité de sel et de cendre dépasse la limite fixée par nos étalons de qualité pour les Extraits de Viande. Nous ne devrions peut-être pas appliquer des règlements aux Extraits de Viande sous forme de solides. Il faudra étudier cette question davantage.

La matière grasse doit former moins de six-dixièmes pour cent (0·6) du total de la matière solide. L'extrait d'éther de pétrole, indiqué dans le tableau, qui est essentiellement une matière grasse, est contenu en trop grande quantité dans 17 échantillons. Sauf quelques-uns, ces échantillons sont des extraits solides, et il est fort possible que nous reconsidérions la quantité de matière grasse permise dans ces sortes d'extraits.

La donnée la plus importante est la quantité de nitrogène contenue dans les extraits. Le nitrogène devra former au moins huit pour cent du total de la matière solide contenue dans l'extrait. Tous les échantillons sauf quatre sont conformes à cette provision. Deux de ceux-là ne sont pas vendus sous forme d'Extraits de Viande (46159, 50139), mais sous forme de Concentrés de Viande et de Légumes. Le n° 47014 n'atteint pas tout à fait la limite prescrite par les étalons ou types réglementaires, et le n° 39056 est tout à fait au-dessous de la limite. Le nitrogène est présent dans diverses combinaisons, les principales, et à vrai dire les seules qui donnent une certaine valeur à ces extraits de viande sont connues sous le nom de "bases de viande". Elles doivent former au moins 40 pour 100 du total des composés de nitrogène.

Plusieurs des échantillons qui contiennent la quantité requise de nitrogène n'ont pas la quantité de composés de nitrogène requise par les étalons ou types réglementaires pour les Extraits de Viande. Ceci est dû à ce que le nitrogène protéique, sous forme de bœuf pulvérisé, a été uni au tout, comme l'indique la grande quantité de nitrogène dans les composés insolubles. Bien que les vrais Extraits de Viande contiennent moins qu'une demie de un pour cent de nitrogène insoluble, les échantillons en question en contiennent de un à deux pour cent.

La créatine et la créatinine doivent former au moins un quart du total des bases de viande. Les extraits purs en possèdent beaucoup plus que ce minimum; mais nous ne trouvons pas cette quantité dans les extraits de qualité inférieure. Afin de mieux faire ressortir ce fait, nous avons groupé dans des tables auxiliaires tous les

échantillons de même marque. On remarquera qu'on fabrique la plupart de ces produits intelligemment et soigneusement, comme l'indique leur composition moyenne et les résultats obtenus dans les analyses. Nous avons placé des notes au bas de chaque table subsidiaire, et nous nous contenterons d'ajouter que ce travail nous sera d'une grande utilité dans nos recherches futures sur ce sujet.

Je recommande la publication du présent rapport comme bulletin n° 267.

J'ai l'honneur d'être, monsieur,

Votre obéissant serviteur,

A. McGILL.

Analyste en chef.

TABLES AUXILIAIRES.

EXTRAIT D'ARMOUR.

Numéro de l'échantillon.	Eau.	Solides.	Extrait à l'éther de pétrole.	Cendre.	Chlorure de sodium.	Nitrogène.				Créatinine.	Créatine.
						Total.	Insoluble.	Précipité au sel de tanin.	Filtré au sel de tanin. (bases de viande).		
p.c.	p.c.	p.c.	p.c.	p.c.	p.c.	p.c.	p.c.	p.c.	p.c.	p.c.	p.c.
40834...	21·75	78·25	0·75	19·76	5·19	8·764	0·273	4·557	3·934	0·78	0·48
45617...	21·65	78·35	1·00	19·40	4·49	8 764	0·322	4·536	3·906	0·81	0·42
46160...	22·40	77·60	1·00	19·20	4·91	8·540	0·189	4·339	3·962	0·70	0·60
47895...	23·30	76·70	0·65	20·50	5·11	8·792	0·202	4·726	3·864	0·67	0·53
48100...	23·90	76·10	1·03	19·30	5·23	8·764	0·266	4·886	3·612	0·62	0·61
49111...	21·35	78·35	0·75	19·80	5·19	8·204	0·315	4·501	3·388	0·60	0·74
49267...	22·25	77·75	0·90	20 55	5·58	8·484	0·364	4·480	3·610	0·65	0·55
49538...	24·30	75·70	1·10	19·00	4·93	8·456	0·231	4·725	3·500	0·73	0·71
49536...	21·50	78·50	1·05	19·80	5·72	8·428	0·203	4·585	3·640	0·65	0·08
50136...	21·00	79·00	0·85	19·40	5·28	8·596	0·308	4·480	3·803	0·57	0·62
38313...	23·50	76·50	1·05	20·30	5·32	8·260	0·399	4·194	3·667	0·63	0·60
Moy'ne	22·41	77·56	0·92	19·68	5·17	8·541	0·279	4·542	3·720	0·67	0·59

Vendu comme extrait de viande pur. La quantité de matières grasses est un peu trop considérable Il satisfait entièrement aux autres conditions.

BEEFENE.

Numéro de l'échantillon.	Eau.	Solides.	Extrait à l'éther de pétrole.	Cendre.	Chlorure de sodium.	Nitrogène.				Créatinine.	Créatine.
						Total.	Insoluble.	Précipité au sel de tanin.	Filtré au sel de tanin. (bases de viande).		
p.c.	p.c.	p.c.	p.c.	p.c.	p.c.	p.c	p.c.	p.c.	p.c.	p.c.	p.c.
39052...	45·90	54·10	1·00	14·10	8·12	5·488	1·764	2·384	1·340	0·45	0·13
38312...	45·25	54·75	1·35	14·62	8·39	5·684	1.361	3·021	1·302	0·53	0·10
Moyenne	45·57	54·43	1·17	14·36	8·25	5·586	1·562	2·703	1·321	0·49	0·12

Un extrait fluide de viande. Contient un peu trop de matières grasses et de sel. La quantité de nitrogène sous forme de bases de viande n'est pas tout à fait suffisante.

CUBES-BOVIN.

Numéro de l'échantillon.	Eau.	Solides.	Extrait à l'éther de pétrole.	Cendre.	Chlorure de sodium.	Nitrogène.				Créatinine.	Créatine.
						Total.	Insoluble.	Précipité au sel de tanin.	Filtré au sel de tanin (bases de vian-de).		
	p.c.	p.c.	p.c.	p.c.	p.c.	p.c.	p.c.	p.c.	p.c.	p.c.	p.c.
50139...	7·00	93·00	2·60	43·70	19·63	3·324	0·105	1·469	1·750	0·21	0·18

Un extrait solide de viande. On ne devrait peut-être pas appliquer les conditions posées pour les extraits de viande ordinaires. La quantité de cendre, de sel et de matières grasses est beaucoup trop élevée. Cet extrait ne contient pas assez de nitrogène ; le nitrogène sous forme de bases de viande est proportionnellement normal. On admet qu'il contient des légumes.

EXTRAIT BOVRIL.

Numéro de l'échantillon.	Eau.	Solides.	Extrait à l'éther de pétrole.	Cendre.	Chlorure de sodium.	Nitrogène.				Créatinine.	Créatine.
						Total.	Insoluble.	Précipité au sel de tanin.	Filtré au sel de tanin (bases de vian-de).		
	p.c.	p.c.	p.c.	p.c.	p.c.	p.c.	p.c.	p.c.	p.c.	p.c.	p.c.
47013 ...	45·52	54·48	0·55	14·98	8·60	5·432	1·015	2·401	2·016	0·54	0·26
48079 ..	45·25	54·75	0·75	14·18	9·00	5·460	1·029	2·457	1·974	0·61	0·14
49357 ...	45·15	54·85	0·95	14·63	8·44	5·208	1·085	2·289	1·834	0·54	0·30
49359 ...	41·05	58·95	1·05	15·15	9·10	5·404	1·057	2·401	1·946	0·54	0·36
47892 ...	45·45	54·55	0·90	15·45	9·30	5·544	1·092	2·492	1·960	0·53	0·27
38311 ...	43·15	56·85	0·60	14·40	8·34	5·152	1·001	1·897	2·254	0·60	0·23
45619 ...	44·23	55·77	0·55	14·90	8·61	5·152	1·078	2·072	2·002	0·56	0·39
50138 ..	43·10	56·90	0·65	15·33	9·11	5·376	1·106	2·212	2·058	0·64	0·23
40831 ...	41·24	58·76	0·95	14·35	8·83	5·348	1·155	2·193	2·000	0·62	0·14
49537 ...	45·15	54·85	1·05	14·90	8·35	5·040	1·085	2·135	1·820	0·67	0·38
49539 ...	41·90	58·10	0·75	14·48	8·90	5·040	1·099	2·009	1·932	0·64	0·30
49540 ...	44·95	55·05	1·00	15·20	8·88	5·572	1·057	2·639	1·876	0·57	0·36
44137 ...	44·75	55·25	1·00	14·99	8·39	5·628	1·036	2·632	1·960	0·62	0·27
48601 ...	40·25	59·75	0·75	14·36	8·71	·5·124	1·008	2·156	1·960	0·57	0·49
39053 ...	40·75	59·25	0·65	15·23	8·63	5·208	0·994	2·310	1·904	0·73	0·15
49113 ..	43·00	57·00	0·80	15·67	9·15	5·656	1·085	2·550	·2·021	0·64	0·24
49615 ...	44·70	55·30	0·85	15·30	8·90	5·628	1·090	2·498	2·040	0·76	0·28
Moye'ne	43·51	56·49	0·75	14·91	8·77	5·351	1·063	2·331	1·957	0·61	0·30

Un extrait fluide de viande. Contient un peu trop de sel. Le nitrogène sous forme de bases de viande n'est pas présent en quantité tout à fait suffisante.

184

REVENUS DE L'INTERIEUR

5 GEORGE V, A. 1915

ESSENCE DE BRANDS.

Numéro de l'échantillon.	Eau.	Solides.	Extrait à l'éther de pétrole.	Cendre.	Chlorure de sodium.	Nitrogène.				Créatinine.	Créatine.
						Total.	Insoluble.	Précipité au sel de tanin.	Filtré au sel de tanin (bases de viande).		
	p.c.	p.c.	p.c.	p.c.	p.c.	p.c.	p.c.	p.c.	p.c.	p.c.	p.c.
38310 ...	90·30	9·70	0·90	1·40	0·98	1·652	0·044	0·343	1·265	Trace.	Trace.

Vendu comme essence de bœuf ou jus de viande. Il est conforme au type réglementaire.

EXTRAIT DAVIES.

Numéro de l'échantillon.	Cendre.	Solides.	Extrait à l'éther de pétrole.	Cendre.	Chlorure de sodium.	Nitrogène.				Créatinine.	Créatine.
						Total.	Insoluble.	Précipité au sel de tanin.	Filtré au sel de tanin (bases de viande).		
	p.c.	p.c.	p.c.	p.c.	p.c.	p.c.	p.c.	p.c.	p.c.	p.c.	p.c.
49358 ...	20·80	79·20	0·25	15·12	8 32	9·184	0·196	5·088	4·900	1·30	0·80

Jugé comme extrait de bœuf pur. Satisfait entièrement aux conditions réglementaires.

EXTRAIT GILMOUR.

Numéro de l'échantillon.	Eau.	Solides.	Extrait à l'éther de pétrole.	Cendre.	Chlorure de sodium.	Nitrogène.				Créatinine.	Créatine.
						Total.	Insoluble.	Précipité au sel de tanin.	Filtré au sel de tanin (bases de viande).		
	p.c.	p.c.	p.c.	p.c.	p.c.	p.c.	p.c.	p.c.	p.c.	p.c.	p.c.
9056 ...	40·75	59·25	1·50	22·60	6·70	2·968	0·378	2·666	0·924	0·33	0·14

Un extrait fluide de bœuf. La proportion de cendre et de matières grasses est un peu trop élevée. Le total de nitrogène et de nitrogène sous forme de bases de viande est tout à fait insuffisant.

CUBES-IVELCON.

Numéro de l'échantillon.	Eau.	Solides.	Extrait à l'éther de pétrole.	Cendre.	Chlorure de sodium.	Total.	Nitrogène.				Créatinine.	Créatine.
							Insoluble.	Précipité au sel de tanin.	Filtré au sel de tanin. (bases de viande).			
	p.c.	p.c.	p.c.	p.c.	p.c.	p.c.	p.c.	p.c.	p.c.	p.c.	p.c.	
46159...	9·25	90·75	4·45	53·65	23·93	2·996	0·133	0·973	1·890	0·33	0·11	

Un extrait solide de viande. On ne devrait peut-être pas appliquer les conditions réglementaires établies pour les extraits de viande ordinaires. La proportion de cendre, de sel et de matières grasses est beaucoup trop élevée. La quantité totale de nitrogène n'est pas suffisante; les bases de viande satisfont aux exigences réglementaires· On reconnaît que l'extrait contient des légumes.

LEMCO.

Numéro de l'échantillon.	Eau.	Solides.	Extrait à l'éther de pétrole.	Cendre.	Chlorure de sodium.	Total.	Nitrogène.				Créatinine.	Créatine.
							Insoluble.	Précipité au sel de tanin.	Filtré au sel de tanin. (bases de viande).			
	p.c.	p.c.	p.c.	p.c.	p.c.	p.c.	p.c.	p.c.	p,c.	p.c.	p.c.	
46156...	24·80	75·20	0·55	18·00	3·05	10·640	0·364	5·264	5·012	0·70	1·50	
48603...	24·50	75·50	0·85	18·50	2·68	9·884	0·402	4·610	4·872	0·72	1·27	
47012...	24·40	75·60	0·50	18·20	3·07	10·388	0·434	5·096	4·858	0·72	1·47	
37375..	24·20	75·80	0·35	18·70	2·74	10·360	0·392	4·942	5·026	0·75	1·76	
Moyenne	24·48	75·52	0·56	18·35	2·88	10·318	0·398	4·978	4·942	0·72	1·50	

Vendu comme extrait de boeuf pur. Satisfait entièrement aux conditions réglementaires.

EXTRAIT NA-DRU. CO.

Numéro de l'échantillon.	Eau.	Solides.	Extrait à l'éther de pétrole.	Cendre.	Chlorure de sodium.	Total.	Nitrogène.				Créatinine.	Créatine.
							Insoluble.	Précip·é au sel de anih.	F·ltré au sel de tan ïi. (bases de v ande).			
	p.c.	p.c.	p.c.	p.c.	p.c.	p.c.	p.c.	p.c.	p.c.	p.c.	p.c.	
45620 ...	24·20	75·80	0·50	22·40	13·69	7·000	0·125	4·453	2·422	0·18	0·15	
47884...	24·15	75·85	0·75	21·90	13·70	6·692	0·441	3·661	2·590	0·17	0·05	
48098...	24·05	75·95	1·20	22·01	13·88	6·524	0·326	3·622	2·576	0·20	0·00	
48488...	25·90	74·10	0·40	22·75	14·09	7·22a	0·658	4·466	2·100	0·13	0·15	
Moyenne	24·57	75·43	0·66	22·26	13·90	6·860	0·387	4·050	2·423	0·17	0·09	

Vendu comme extrait de bœuf ordinaire. La quantité de sel est un peu élevée, mais il satisfait aux conditions réglementaires quant au total du nitrogène pur et sous forme de bases de viande. La proportion de créatine et de créatinine est tout à fait insuffisant.

5 GEORGE V, A. 1915

EXTRAIT NUTRI-OX.

Numéro de l'échantillon.	Eau.	Solides.	Extrait à l'éther de pétrole.	Cendre.	Chlorure de sodium.	Total.	Insoluble.	Nitrogène.		Créatinine.	Créatine.
								Précipité au sel de tanin.	Filtré au sel de tanin. (bases de viande).		
	p.c.	p.c.	p.c.	p.c.	p.c.	p.c.	p.c.	p.c.	p.c.	p.c.	p.c.
38314...	45·35	55·65	2·35	16·30	9·69	4·340	0·546	1·302	2·492	0·50	0·22

Un extrait fluide de boeuf. La proportion de sel et de matières grasses est un peu élevée. Autrement il satifait entièrement aux conditions réglementaires.

CUBES OXO.

Numéro de l'échantillon.	Eau.	Solides.	Extrait à l'éther de pétrole.	Cendre.	Chlorure de sodium.	Total.	Insoluble.	Nitrogène.		Créatinine.	Créatine.
								Précipité au sel de tanin.	Filtré au sel de tanin. (bases de viande).		
	p.c.	p.c.	p.c.	p.c.	p.c.	p.c.	p.c.	p.c.	p.c.	p.c.	p.c.
47015...	11·15	88·85	3·35	34·90	26·50	7·280	1 628	3·328	2·324	0·53	0·55
49361...	11·10	88·90	2·90	35·05	25·77	7·868	1·778	3·514	2·576	0·57	0·38
48087...	10·45	89·55	3·45	35·05	24·43	7·616	1·610	3·346	2·660	0·70	0·38
50137..	11·95	88·05	3·55	34·80	24·88	7·924	1·624	3·794	2·506	0·62	0·32
47011...	11·00	89·00	3·00	34·55	25·07	7·672	1·631	3·437	2·604	0·67	0·38
45616...	10·10	88·90	3·25	33·50	25·27	7·476	1·603	3·283	2·590	0·59	0·56
46158...	10·65	89·35	3·70	34·05	24·87	7·672	1·582	3·486	2·601	0·67	0·45
48602...	12·05	87·95	3·85	35·20	24·74	7·476	1·582	3·612	2·282	0·70	0·44
48202...	10·75	89·25	3·50	35 05	25·62	7·420	1·589	3·311	2·520	0·70	0·34
Moyenne	11·02	88·98	3·39	34·68	25·24	7·600	1·625	3·456	2·519	0·63	0·42

Un extrait solide de viande. On ne devrait peut-être pas appliquer les conditions posées pour les extraits de viande ordinaires. La proportion de cendre, de sel et de matières grasses est beaucoup trop élevée. Le total du nitrogène satisfait aux conditions réglementaires. La quantité de nitrogène sous forme de bases de viande eàt relativement faible.

DOC. PARLEMENTAIRE No 14

BŒUF FLUIDE OXO.

Numéro de l'échantillon.	Eau.	Solides.	Extrait à l'éther de pétrole.	Cendre.	Chlorure de sodium.	Nitrogène.				Créatinine.	Créatine.
						Total.	Insoluble.	Précipité au sel de tanin.	Filtré au sel de tanin. (Bases de viande).		
	p.c.	p.c.	p.c.	p.c.	p.c.	p.c.	p.c.	p.c.	p.c.	p.c.	p.c.
44138 ...	34·75	65·25	1·10	19·90	9·78	6·160	0·812	3·066	2·282	0·76	0·18
47886 ...	34·10	65·90	1·15	19·39	9·33	5·852	0·840	2·534	2·478	0·54	0·26
40833 ...	35·00	65·00	1·25	19·21	9·19	6·048	0·840	2·828	2·380	0·64	0·23
49114 ...	34·10	65·90	1·00	19·69	9·45	5·740	0·840	2·548	2·352	0·62	0·30
44136 ...	34·70	65·30	1·30	19·30	9·28	5·964	0·994	2·478	2·492	0·50	0·44
49360 ...	34·90	65·10	1·30	19·65	9·65	6·244	1·000	2·752	2·492	0·50	0·46
47864 ...	33·30	66·70	1·15	20·20	9·82	5·992	0·728	2·772	2·492	0·62	0·32
Moyenn.	34·40	65·60	1·17	19·62	9·50	6·000	0·865	2·711	2·424	0·63	0·31

Un extrait fluide de viande. La proportion de cendre, de sel et de matières grasses est un peu trop élevée. Autrement il satisfait aux conditions réglementaires.

EXTRAIT PORTRAIT BRAND.

Numéro de l'échantillon.	Eau.	Solides.	Extrait à l'éther de pétrole.	Cendre.	Chlorure de sodium.	Nitrogène.				Créatinine.	Créatine.
						Total.	Insoluble.	Précipité au sel de tanin.	Filtré au sel de tanin. (Bases de viande).		
	p.c.	p.c.	p.c.	p.c.	p.c.	p.c.	p.c.	p.c.	p.c.	p.c.	p.c.
40835 ...	19·55	80·45	0·95	28·30	12·20	8·960	0·252	3·598	5·110	2·32	0·70

Vendu comme extrait de viande pur. La proportion de cendre est un peu élevée. Autrement il satisfait aux conditions réglementaires.

RAMONIE.

Numéro de l'échantillon.	Eau.	Solides.	Extrait à l'éther de pétrole.	Cendre.	Chlorure de sodium.	Nitrogène.				Créatinine.	Créatine.
						Total.	Insoluble.	Précipité au sel de tanin.	Filtré au sel de tanin. (Bases de viande).		
	p.c.	p.c.	p.c.	p.c.	p.c.	p.c.	p.c.	p.c.	p.c.	p.c.	p.c.
37373 ...	17·33	82·67	0·70	22·80	4·37	8·962	0·261	3·925	4·774	2·32	1·16
37374 ...	17·70	82·30	0·90	23·15	5·03	8·840	0·350	3·632	4·858	2·32	0·70
37376 ...	17·05	82·95	0·55	23·25	4·52	8·960	0·335	3·641	4·984	2·12	1·47
37377 ...	17·85	82·15	0·83	22·75	5·21	9·268	0·364	4·116	4·788	0·62	2·15
Moyenn.	17·48	82·52	0·75	22·98	4·79	9·007	0·327	3·829	4·851	1·84	1·17

Vendu comme extrait de bœuf pur. Satisfait aux conditions réglementaires.

EXTRAIT RED CROSS.

Numéro de l'échantillon.	Eau.	Solides.	Extrait à l'éther de pétrole.	Cendre.	Chlorure de sodium.	Nitrogène.				Créa̱n ne.	Créatine.
						Total.	Insoluble.	Précipité au sel de an s.	F sél au sel de ta-nin. (Bases de v ande).		
p.c.	p.c.	p.c.	p.c.	p.c.	p.c.	p.c.	p.c.	p c.	p.c.	p.c.	p.c.
39054...	37·70	62·30	1·15	18·19	7·62	7·280	2·128	3·890	1·260	0·10	0·04
40832...	42·00	58·00	1·25	17·83	7·89	5·292	1·505	2·457	1·330	0·40	0·32
39055...	55·60	44·40	1·15	19·00	8·13	4·592	1·652	2·173	0·767	0·13	0·07

NOTE.—Trois différentes sortes.

Extraits fluides de viande, vendus sous forme d'extraits de différentes qualités. La proportion de cendre et de matières grasses est un peu élevée dans tous ces extraits ; et le nitrogène sous forme de bases de viande n'est pas présent en quantité suffisante. La proportion de créatine et de créatinine n'est pas assez élevée, sauf dans le n° 40832.

EXTRAIT VIGORAL.

Numéro de l'échantillon.	Eau.	Solides.	Extrait à l'éther de pétrole.	Cendre.	Chlorure de sodium.	Nitrogène.				Créatinine.	Créatine.
						Total.	Insoluble.	Précipité au sel de tanin.	Filtré au sel de ta-nin. (Bases de viande).		
p.c.	p.c.	p.c.	p.c.	p.c.	p.c.	p.c.	p.c.	p.c.	p.c.	p.c.	p.c.
48605...	50·70	49·30	0·35	14·60	8·20	4·032	0·350	1·288	2·394	0·60	0·20
49112...	50·8)	49·20	0·25	15·23	8·60	3·808	0·448	1·830	2·030	0·58	0·21
49631..	52·20	47·80	0·30	15·40	8·33	3·752	0·175	1·673	1·904	0·36	0·16
Moyenn.	51·23	48·77	0·30	15·07	8·37	3·864	0·324	1·431	2·109	0·51	0·19

Un extrait fluide de viande. Ne contient pas assez de matières solides ; la proportion de sel et de cendre est un peu élevée. Autrement il satisfait au conditions réglementaires.

DOC. PARLEMENTAIRE No 14

CUBES—VIMBOS.

Numéro de l'échantillon.	Eau.	Solides.	Extrait à l'éther de pétrole.	Cendre.	Chlorure de sodium.	Nitrogène.				Créatinine.	Créatine.
						Total.	Insoluble.	Préparation au sel de tanin.	Filtré au sel de tanin. (Bases de viande.)		
p.c.	p.c.	p.c.	p.c.	p.c.	p.c.	p.c.	p.c.	p.c.	p.c.	p.c.	p.c.
47014...	7·40	92·60	1·70	34·75	19·36	6·860	2·625	1·953	2·282	0·57	0·33

Un extrait solide de viande. On ne devrait peut-être pas appliquer les conditions posées pour les extraits de viande réglementaires. La proportion de cendre, de sel et de matières grasses est beaucoup trop élevée. Il contient presqu'assez de nitrogène ; cependant le nitrogène sous forme de bases de viande n'est pas en quantité tout à fait suffisante.

EXTRAIT VIMBOS.

Numéro de l'échantillon.	Eau.	Solides.	Extrait à l'éther de pétrole.	Cendre.	Chlorure de sodium.	Nitrogène.				Créatinine.	Créatine.
						Total.	Insoluble.	Préparation au sel de tanin.	Filtré au sel de tanin. (Bases de viande.)		
p.c.	p.c.	p.c.	p.c.	p.c.	p.c.	p.c.	p.c.	p.c.	p.c.	p.c.	p.c.
44139...	33·02	66·98	0·65	17·05	8·27	7·610	1·180	4·819	1·631	0·57	0·28
45618...	33·22	66·78	0·55	17·24	8·33	7·500	1·160	4·790	1·550	0·70	0·23
50140...	33·00	67·00	0·55	17·80	8·51	7·530	1·100	4·862	1·568	0·68	0·28
49110...	33·12	66·88	0·60	17·12	8·10	7·220	1·130	4·620	1·470	0·59	0·53
46157...	32·22	67·78	0·60	17·90	6·72	7·220	1·300	4·400	1·520	0·57	0·14
44140...	32·40	67·60	0·65	17·00	7·48	7·420	1·510	4·286	1·624	0·62	0·30
48604...	32·97	67·03	0·50	17·00	7·48	7·080	1·580	3·820	1·680	0·48	0·51
49605...	33·00	67·00	0·75	17·45	8·99	7·280	1·393	4·267	1·62C	0·7C	0·04
Moyenn.	32·87	67·13	0·60	17·82	7·98	7·357	1·294	4·480	1·583	0·60	0·29

Un extrait fluide de viande. Satisfait aux conditions réglementaires sauf pour le nitrogène sous forme de bases de viande, qui n'est pas contenu en quantité suffisante.

Date du prélèvement	Nature de l'échantillon.	Numéro de l'échantillon.	Nom et adresse du vendeur.	Prix.		Nom et adresse du fabricant ou fournisseur, tel que communiqué par le vendeur.		Rapport de l'inspecteur (ne comportant aucune expression d'opinion).
				Quantité.	Cents.	Fabricant.	Fournisseur.	

DISTRICT DE LA NOUVELLE-ECOSSE—

1912.								
9 fév.	Extrait de viande.	47011	P. H. Holdsworth, Digby, N.-E.	3 boît.	30	Oxo Co., Londres, Ang.	Fabricants....	....
16 "	"	47012	Nat. Drug & Chem. Co., Digby, N.-E.	3 "	125	Leibigs, Londres, Ang.	"	
16 "	"	47013	" "	3 oz..	50	Bovril Ltd., Londres, Ang.	"	
19 "	"	47014	J. McD. Taylor, Digby, N.-E.	3 paq.	30	Bovril Ltd., Montréal.	A. B. Mitchell, Halifax, N.-E.	
29 "	"	47015	S. A. Rounsefell, Lunenburg, N.-E.	1 "	25	Oxo Co., Londres, Ang.	Fabricants....	

DISTRICT DE L'ILE-DU-PRINCE-EDOUARD—

6 fév.	Extrait de viande.	46156	J. G. Jamieson, Ch'town., I.-P.-E.	3 paq.	105	Leibigs Ltd., Londres, Ang.		......
6 "	"	46157	Apothecaries Hall Co., Charlottetown, I.-P.-E.	3 "	105	Bovril Ltd., Montréal.		
7 "	"	46158	Stewart & Son, Charlottetown, I.-P.-E.	3 "	30		Corneille, David & Co., Toronto.	
7 "	"	46159	Beer & Goff, Bar-'lottetown, I.-P.-E.	3 "	90	Alpln & Barrett, Yeovil, Angleterre.		
9 "	"	46160	John McKenna, Ch'town., I.-P.-E.	3 "	105	Armours Ltd., Toronto.		

DISTRICT DU NOUVEAU-BRUNSWICK—

6 fév.	Extrait de viande.	45616	H. W. Cole, Ltd., St-Jean, N.-B.	3 boît.	30	Oxo, Londres, Ang.		Oxo.........
6 "	"	45617	Pidgeon & Co., St-Jean, N.-B.	3 paq.	75	Armours Ltd., Toronto.		Armours......
14 "	"	45618	Nat. Drug & Chem. Co., St-Jean, N.-B.	3 boît.	82	Bovril Ltd., Montréal.		Vimbos.......
14 "	"	45619	" "	3 flac.	50	" "		Bovril........
13 "	"	45620	Fairweather Bros., Moncton, N.-B.	3 paq.	75	Nat. Drug & Chem. Co. of Canada.		Extract of Beef.

DOC. PARLEMENTAIRE No 14

EXTRAITS DE VIANDE.

Résultats des analyses.

R. J. WAUGH, INSPECTEUR.

Eau.	Solides.	Extrait à l'éther de pétrole.	Cendre.	Chlorure de sodium.	Nitrogène. Total.	Insoluble.	Précipité au sel de tanin.	Filtré au sel de tanin. (Bases de viande).	Créatinine.	Créatine.	Numéro de l'échantillon.	Remarques et opinion de l'analyste en chef.
p. c.	p. c.	p. c.	p. c.	p. c.	p. c.	p. c	p. c.	p. c.	p. c.	p. c.		
11·00	89·00	3·00	34·55	25·07	7·672	1·631	3·437	2·604	0·67	0·38	47011	Cubes. Prop. de cendre et de sel trop élevée. Contient trop de matières grasses.
21·40	75·60	0·50	18·20	3·07	10·388	0·434	5·096	4·858	0·72	1·47	47012	
45·52	54·48	0·55	14·98	8·60	5·432	1·015	2·401	2·016	0·54	0·26	47013	Extrait fluide de viande.
7·40	92·60	1·70	34·75	19·36	6·860	2·625	1·953	2·282	0·57	0·33	47014	Ext. sol.: Cubes. Pr. de cend. et de sel tr. élevée. Cont. tr. de mat.gr. Quant.de nit.ins.
11·15	88·85	3·35	34·90	26·50	7·280	1·628	3·328	2·324	0·53	0·55	47015	Cubes. Prop. de cendre et de sel trop élevée. Contient trop de matières grasses.

WM. A. WEEKS, INSPECTEUR.

Eau.	Solides.	Extrait éther.	Cendre.	Chlorure Na.	Total.	Insoluble.	Précipité sel tanin.	Filtré sel tanin.	Créatinine.	Créatine.	Numéro.	Remarques.
24·80	75·20	0·55	18·00	3·05	10·640	0·364	5·264	5·012	0·70	1·50	46156	
32·22	67·78	0·60	17·90	6·72	7·220	1·300	4·400	1·520	0·57	0·14	46157	Extrait fluide de viande.
10·65	89·35	3·70	34·05	24·87	7·672	1·582	3·486	2·604	0·67	0·45	46158	Cubes. Prop. de cendre et de sel trop élevée. Contient trop de matières grasses.
9·25	90·75	4·45	53·65	23·93	2·996	0·133	0·973	1·890	0·33	0·11	46159	Extrait solide : Cubes. Prop. de cendre et de sel trop élev. Cont. trop de mat. grasses. Quantité de nitrogène insuf. Sensé contenir des légumes.
22·40	77·60	1·00	19·20	4·91	8·540	0·189	4·389	3·962	0·70	0·60	46160	

J. C. FERGUSON, INSPECTEUR.

Eau.	Solides.	Extrait éther.	Cendre.	Chlorure Na.	Total.	Insoluble.	Précipité sel tanin.	Filtré sel tanin.	Créatinine.	Créatine.	Numéro.	Remarques.
10·10	88·90	3·25	33·50	25·27	7·476	1·603	3·283	2·590	0·59	0·56	45616	Cubes. Prop. de cendre et de sel trop élevée. Contient trop de matières grasses.
21·65	78·35	1·00	19·40	4·49	8·764	0·322	4·536	3·906	0·81	0·42	45617	
33·22	66·78	0·55	17·24	8·33	7·500	1·160	4·790	1·550	0·70	0·23	45618	Extrait fluide de viande.
44·23	55·77	0·55	14·90	8·61	5·152	1·078	2·072	2·002	0·56	0·39	45619	" "
24·20	75·80	0·50	22·40	13·69	7·000	0·125	4·453	2·422	0·18	0·15	45620	

5 GEORGE V, A. 1915

BULLETIN N° 267—

Date du prélèvement.	Nature de l'échantillon.	Numéro de l'échantillon.	Nom et adresse du vendeur.	Prix.		Nom et adresse du fabricant ou fournisseur, tel que communiqué par le vendeur.		Rapport de l'inspecteur, ne comportant (aucune expression d'opinion).
				Quantité.	Cents.	Fabricant.	Fournisseur.	

DISTRICT DE QUÉBEC—

1912.								
5 fév..	Extrait de viande.	37373	V. Giroux, 16 rue St-Pierre, Québec.	3	pqts.	150	Australian Meat Co.	Watt, Scott & Goodacer.
5 "	"	37374	Dr Ed. Morin, 113 Côte Lamontagne, Québec.	3	" .	105	" " ..	" ..
5 "	"	37375	Laroche Co., 4 rue La Fabrique, Québec.	3	" .	240	Leibigs, Londres, Ang.	Lyman's Ltd..
5 "	"	37376	J. E. Livernois, St-Jean & Bouvillard, Québec.	3	" .	75	Australian Meat Co.	Fabricants....
5 "	"	37377	F. C. Lachevretière, 224 rue St-Jean.	3	" .	120	" ..	W. Brunet & Cie, Québec.

DISTRICT DE ST-HYACINTHE—

20 fév..	Extrait de viande.	39052	Ed. Leblanc, St-Jean	3	boîte	135	American Fluid Beef Co.	
21 "	"	39053	Alb. Pratte, Magog..	3	" .	75	Bovril Ltd., London.	
21 "	"	39054	Nap. Hamel, Magog.	3	" .	100	Colonial Fluid Beef Co., Montréal.	
27 "	"	39055	Jos. Picard, St-Guillaume.	3	" .	300	"	
6 mars.	"	39056	Neal Bros., Waterloo	3	" .	45		De l'approvisionnement de A.C.Gilmore, Waterloo.

DISTRICT DE MONTRÉAL—

16 fév..	Extrait de viande.	40831	Bovril Ltd., Montréal	3	bout.	70	Vendeurs.	Bovril.
16 "	"	40832	Colonial Fluid Beef & Specialty Co., Montréal.	3	" .	45	"	Red Cross....
16 "	"	40833	B. Fox, 168 Boulevard Saint-Laurent, Montréal.	3	" .	75		Oxo.
16 "	"	40834	B. Kam, 395 Boulevard Saint-Laurent, Montréal	3	" .	75	Armour's Ltd., Toronto.	
16 "	"	40835	L. O. D'Argencourt, 379 rue St-Denis, Montréal.	3	" .	105		Leibigs.

DOC. PARLEMENTAIRE No 14

EXTRAITS DE VIANDE.

Résultats des analyses.

F. X. W. E. BELAND, INSPECTEUR.

Eau.	Solides.	Extrait d'éther de pétrole.	Cendre.	Chlorure de sodium.	Total.	Insoluble.	Azote — Précipité au sel de tanin.	Azote — Filtré au sel de tanin (bases de viande.)	Azote — Créatinine.	Créatine.	Numéro de l'échantillon.	Remarques et opinion de l'analyste en chef.
p. c.	p. c.	p. c.	p. c.	p. c.	p. c.	p. c.	p. c.	p. c.	p. c.	p. c.		
17·33	82·67	0·70	22·80	4·37	8·962	0·261	3·925	4·774	2·32	1·16	37373	
17·70	82·30	0·90	23·15	5·05	8·840	0·350	3·632	4·858	2·32	0·70	37374	
24·20	75·80	0·35	18·70	2·74	10·360	0·392	4·942	5·026	0·75	1·76	37375	
17·05	82·95	0·55	23·25	4·52	8·960	0·335	3·641	4·984	2·12	1·47	37376	
17·85	82·15	0 85	22·75	5·21	9·268	0·364	4·116	4·788	0·62	2·15	37377	

J. C. ROULEAU, INSPECTEUR.

Eau.	Solides.	Extrait d'éther de pétrole.	Cendre.	Chlorure de sodium.	Total.	Insoluble.	Azote — Précipité	Azote — Filtré	Azote — Créatinine.	Créatine.	Numéro	Remarques
45·90	54·10	1·00	14·10	18 12	5·488	1·764	2·384	1·340	0·45	0·13	39052	Extrait de fluide de viande. Proportion de sel trop élevée.
40·75	59·25	0 65	15·23	8 63	5·208	0·994	2·310	1·904	0·73	0·16	39053	" "
37·70	62·30	1·15	18·19	.7 62	7·280	2·128	3·890	1·260	0·10	0·04	39054	" "
55·60	44·40	1·15	19·00	8 13	4·592	1·652	2 173	0·767	0·13	0·07	39055	" " Pas assez de matière solide.
40·75	59·25	1·50	22·60	6·70	2·968	0·378	2·666	0·924	0·33	0·14	39056	Extrait de fluide de viande. Proportion de matières grasses trop élevée. Ne contien pas assez de nitrogéne.

J. J. COSTIGAN, INSPECTEUR.

Eau.	Solides.	Extrait d'éther de pétrole.	Cendre.	Chlorure de sodium.	Total.	Insoluble.	Azote — Précipité	Azote — Filtré	Azote — Créatinine.	Créatine.	Numéro	Remarques
41·24	58·76	0·95	14·35	8·83	5·348	1·155	2·193	2·000	0·62	0·44	40831	Extrait fluide de viande.
42·00	58·00	1·25	17 83	7·89	5·292	1·505	2·457	1·330	0·40	0·32	40832	" "
35·00	65·00	1·25	19·21	9·19	6·048	0·840	2·828	2·380	0·64	0·23	40833	" "
21·75	78·25	0·75	19·76	5·19	8·764	0·273	4·557	3·934	0·78	0·48	40834	
19·55	80·45	0·95	28·30	12·20	8·960	0·252	3·598	5·110	2·32	0·70	40835	

14—13

Date du prélèvement	Nature de l'échantillon.	Numéro de l'échantillon.	Nom et adresse du vendeur.	Coût.		Nom et adresse du fabricant ou fournisseur tels que communiqués par le vendeur.		Rapport de l'inspecteur (ne comportant aucune expression d'opinion)
				Quantité.	Cents.	Fabricant.	Fournisseur.	

DISTRICT D'OTTAWA—

1912.								
12 fév.	Extrait de viande.	50136	Ellis Bros., rue Somerset, Ottawa.	3 floc.	75	Armour's Ltd., Toronto.	Fabricants....	Armour's. Fabriq. avec du bœuf frais de 1ère qual.
12 "	"	50137	Wm. York, rue Somerset, Ottawa.	3 btes.	30		Corneille Davis & Co., Toronto.	Cubes Oxo....
12 "	"	50138	T. Bowman, rue Somerset, Ottawa.	3 bout	75	Bovril Ltd., Londres, Ang.	F. J. Castle & Co., Ottawa	Bovril........
19 "	"	50139	Jos. P. Valiquette, rue Dalhousie, Ottawa.	3 btes.	75	E. S. Burnham Co., New-York.	S. J. Major, Ltd., Ottawa	Extrait Bovin de viande et de légumes fortement concentré.
20 "	"	50140	Bryson Graham, Ltd. Ottawa.	3 "	69	Bovril Ltd., Montréal.	Fabricants....	Bœuf fluide de Johnston.

DISTRICT DE KINGSTON—

5 fév.	Extrait de viande.	49536	H. M. Stover, Kingston.	3 paq.	75	Armour's, Toronto.		
5 "	"	49537	W. J. Arnill, Kingston.	3 "	75	Bovril, London		
7 "	"	49538	W. D. Stephens, Port Hope.	3 "	75	Armour's, Toronto.		
8 "	"	49539	J. E. Lillico, Peterboro.	3 "	60	Bovril..		
8 "	"	49540	A. Pearson, Peterboro.	3 "	105	"		

DISTRICT DE TORONTO—

7 fév.	Extrait de viande.	49357	Geo. Harding, 227 King St., Hamilton.	3 bout	60	Bovril Ltd., London.		Bovril........
17 "	"	49358	The Wm. Davies Co., Ltd., 521 Queen St. east, Toronto.	3 paq.	30	Vendeurs.....		Extrait solide de bœuf.
17 "	"	49359	J. E. Sweet, 481 Queen St., east, Toronto.	3 "	60		Inconnu.	Bovril........
20 "	"	49360	J. A. Armour, Owen Sound.	3 bout	60		Corneille David & Co., Toronto.	Oxo.........
28 "	"	49361	F. T. Higgins, 808 Queen St. east, Toronto.	3 paq.	30		Wenen Bros., Toronto.	Cubes Oxo....

DOC. PARLEMÉNTAIRE No 14

EXTRAITS DE VIANDE.

— Résultats des analyses.

J. A. RICKEY, INSPECTEUR.

Eau	Solides	Extrait d'éther de pétrole	Cendres	Chlorure de sodium	Azote				Créatinine	Créatine	Numéro de l'échantillon	Remarques et opinion de l'analyste en chef.
					Total.	Insoluble.	Précipité au sel de tanin.	Filtré au sel de tanin(bases de viande).				
p. c.	p. c.	p. c.	p. c.	p. c.	p. c.	p. c.	p. c.	p. c.	p. c.	p. c.	p. c.	
21·00	79·00	0·85	19·40	5·28	8·596	0·308	4·480	3·808	0·57	0·62	50136	
11·95	88·05	3·55	34·80	24·88	7·924	1·624	3·794	2·506	0·62	0·32	50137	Cubes. Proportion de cendre et de sel trop élevée. Contient trop de matières grasses.
43·10	56·90	0·65	15·33	9·11	5·376	1·106	2·212	2·058	0·64	0·23	50138	Extrait fluide de viande.
7·00	93·00	2·60	43·70	19·63	3·324	0·105	1·469	1·750	0·21	0·18	50139	Viande et légumes, cubes. Proportion de cendre et de sel trop élevée. Contient trop de matières grasses. Quantité insuffisante de nitrogen. Sensé contenir des légumes.
33·00	67·00	0·55	17·80	8·51	7·530	1·100	4·862	1·568	0·68	0·28	50140	Extrait fluide de viande.

JAS. HOGAN, INSPECTEUR.

Eau	Solides	Extrait d'éther de pétrole	Cendres	Chlorure de sodium	Total	Insoluble	Précipité au sel de tanin	Filtré au sel de tanin	Créatinine	Créatine	Numéro	Remarques
21·50	78·50	1·05	19·30	5·72	8·428	0·203	4·585	3·640	0·65	0·68	49536	
45·15	54·85	1·05	14·90	8·35	5·040	1·085	2·135	1·820	0·67	0·38	49537	Extrait fluide de viande.
24·30	75·70	1·10	19·00	4·93	8·456	0·231	4·725	3·500	0·73	0·71	49538	
41·90	58·10	0·75	14·48	8·90	5·040	1·099	2·009	1·932	0·64	0·30	49539	Extrait fluide de viande.
44·95	55·05	1·00	15·20	8·88	5·572	1·057	2·639	1·876	0·57	0·36	49540	" "

H. J. DAGER, INSPECTEUR.

Eau	Solides	Extrait d'éther de pétrole	Cendres	Chlorure de sodium	Total	Insoluble	Précipité au sel de tanin	Filtré au sel de tanin	Créatinine	Créatine	Numéro	Remarques
45·15	54·85	0·95	14·63	8·44	5·208	1·085	2·289	1·834	0·54	0·30	49357	Extrait fluide de viande.
20·80	79·20	0·25	15·12	8·32	9·184	0·196	5·088	4·900	1·30	0·80	49358	
41·05	58·95	1·05	15·15	9·10	5·404	1·057	2·401	1·946	0·54	0·36	49359	Extrait fluide de viande.
34·90	65·10	1·30	19·65	9·65	6·244	1·000	2·752	2·492	0·50	0·46	49360	Extrait fluide de viande. Contient trop de mat. grasses.
11·10	88·90	2·90	35·05	25·77	7·868	1·778	3·514	2·576	0·57	0·38	49361	Cubes. Proportion de cendre et de sel trop élevée. Contient trop de matières grasses.

14—13½

5 GEORGE V, A. 1915

BULLETIN N° 267—

Date du prélèvement.	Nature de l'échantillon.	Numéro de l'échantillon.	Noms et adresse du vendeur.	Coût. Quantité.	Cents.	Noms et adresses du fabricant ou fournisseur tel que communiqué par le vendeur. Fabricant.	Fournisseur.	Rapport de l'inspecteur (ne comportant aucune expression d'opinion)

DISTRICT DE LONDON—

1912.								
Fév. 19	Extrait de viande.	47884	W. S. Cole, Exeter..	3 paq.	75	Nat. Drug Co.	....	Na - Drug - Co. Marque.
" 19	"	47886	W. S. Howey, Exeter.	3 " .	75	Leibigs Co., Londres, Ang.	....	....
" 20	"	47892	W. S. R. Holmes, Clinton.	3 " .	75	Bovril Ltd., Londres, Ang.	....	....
" 20	"	47895	J. E. Hovey, Clinton.	3 " .	75	Armour's Ltd., Toronto	....	Armour's....
" 20	"	48202	W. A. McConnell, Clinton.	3 " .	75	Leibigs Co., Londres, Ang.	....	Cubes Oxo....

DISTRICT DE WINDSOR—

Fév. 9	Extrait de viande.	47864	Anderson & Nelles, London.	3 paq.	75	LeibigOxoCo., Londres, Ang.	....	Oxo.........
" 6	"	48079	John Diprose, London.	3 floc.	60	Bovril Ltd., J. S. Johnstone.	....	....
" 7	"	48087	Thos. Shaw, London, east.	3 paq.	30	Oxo, Londres, Ang.	....	....
" 8	"	48098	Taylor Drug Co., London.	3 " .	75	Nat. Drug Co.	....	....
" 9	"	48100	W. T. Strong, London.	3 floc.	75	Armour's Co., Ltd., Toronto.	....	....

DISTRICT DE MANITOBA—

Fév. 20	Extrait de viande.	48601	A. Macdonald & Co., Portage Ave., Winnipeg.	3 paq.	105	Bovril Ltd, Angleterre.	....	....
" 20	"	48602	" " ..	3 " .	30	....	....	Oxo.........
" 21	"	48603	H. E. Weldon & Co., Portage Ave., Winnipeg.	3 " .	105	Leibigs Ltd., Londres, Ang.	....	....
" 21	"	48604	The Codville Co., Winnipeg.	3 " .	82	Johnstons Fluid Beef.	....	....
" 21	"	48605	" " ..	3 " .	75	Armour & Co., Chicago.	....	Vigoral.,.....

DISTRICT DE CALGARY—

Mars 6	Extrait de viande.	44136	Capital Mercantile Co., Edmonton.	3 bout	100	Leibigs Co., Ltd.,Londres. Ang.	....	....
" 7	"	44137	Hudson Bay Co., Edmonton.	3 " .	160	Bovril, Ltd., Londres, Ang.	....	... .
" 7	"	44138	Acme Co., Edmonton	3 " .	100	Leibigs Co., Ltd., Londres, Ang.	....	....
" 8	"	44139	Hallier & Aldridge, Edmonton.	3 btes.	150	Bovril Ltd., Montréal.	....	....
" 8	"	44140	J. H. Morris & Co., Ltd., Edmonton.	3 pots	100	"	....	....

DOC. PARLEMENTAIRE No 14

EXTRAITS DE VIANDE.

Résultats des analyses.

Eau.	Solides.	Extrait d'éther de pétrole.	Cendre.	Chlorure de sodium.	Total.	Insoluble.	Nitrogène Précipité au sel de tanin.	Nitrogène Filtré au sel de tanin bases de viande.	Créatinine.	Créatine.	Numéro de l'échantillon.	Remarques et opinion de l'analyte en chef.
p. c.	p. c.	p. c.	p. c.	p. c.	p. c.	p. c.	p. c.	p. c.	p. c.	p. c.		
JNO. TALBOT, INSPECTEUR INTÉRIMAIRE.												
24·15	75·85	0·75	21·90	13·70	6·692	0·441	3·661	2·590	0·17	0·05	47884	
31·10	65·90	1·15	19·39	9·33	5·852	0·840	2·534	2·478	0·54	0 26	47886	Extrait fluide de viande.
45·45	54·55	0·90	15·45	9·30	5·544	1·092	2·492	1·960	0·53	0·27	47892	,, ,,
23·30	76·70	0·65	20·50	5·11	8·792	0·202	4·726	3·864	0·67	0·53	47895	
10·75	89·25	3·50	35·05	25·62	7·420	1·589	3·311	2·520	0·70	0·34	48202	Cubes. Prop. de cend et de sel trop élevé. Cont. tr. de m. g.
JNO. TALBOT, INSPECTEUR.												
33·30	66·70	1·15	20·20	9·82	5·992	0·728	2·772	2·492	0·62	0·32	47864	Extrait fluide de viande.
45·25	54·75	0·75	14·18	9·00	5·460	1·029	2·457	1·974	0·61	0·14	48079	u ,,
10·45	89·55	3·45	35·05	24·43	7·616	1·610	3·346	2·660	0·67	0·38	48087	Cubes. Proportion de cendre et de sel trop élevé. Contient trop de matières graisse
24·05	75·95	1·20	22·01	13·88	6·524	0·326	3·622	2·576	0·20	0·00	48098	
23·90	76·10	1·00	19·30	5·23	8·764	0·206	4·886	3·612	0·62	0·61	48100	
A. C. LARIVIÈRE, INSPECTEUR.												
40·25	59·75	0·75	14·36	8·71	5·124	1·008	2·156	1·960	0·57	0·49	48601	Extrait fluide de viande.
12·05	87·95	3·85	35·20	24·74	7·476	1·582	3·612	2·282	0 70	0·44	48602	Cubes. Proportion de cendre et de sel trop élevé. Contient trop de matières grasses
24·50	75·50	0·85	18·50	2·68	9·884	0·402	4·610	4·872	0·72	1·27	48603	
32·97	67·03	0·50	17·00	7·48	7·080	1·580	3·820	1·680	0·48	0·51	48604	Extrait fluide de viande.
50·70	49·30	0·35	14·60	8·20	4·032	0·350	1·288	2·394	0·60	0·20	48605	,, ,,
R. W. FLETCHER, INSPECTEUR.												
34·70	65·30	1·30	19·30	9·23	5·964	0·994	2·478	2·492	0·50	0·44	44136	Extrait fluide de viande. Contient trop de matières grasses
41·75	55·25	1·00	14·99	8·39	5·628	1·036	2·632	1·960	0·62	0·27	44137	,, ,,
31·75	65·25	1·10	19·90	9·78	6·160	0·812	3·066	2·282	0·76	0·18	44138	,, ,,
33·02	66·98	0·65	17·05	8·27	7·610	1·180	4·819	1·631	0·57	0·28	44139	,, ,,
32·40	67·60	0·65	17·00	7·48	7·420	1·510	4·286	1·624	0·62	0·30	44140	,, ,,

5 GEORGE V, A. 1915

BULLETIN N° 267—

Date du prélèvement de l'échantillon.	Nature de l'échanti lon.	Numéro de l'échantillon.	Nom et adresse du vendeur.	Prix.		Nom et adresse du fabricant ou fournisseur tels que communiqué par le vendeur.		Description telle que par l'étiquette.
				Quantité.	Cents.	Fabricant.	Fournisseur.	

DISTRICT DE NELSON—

191 2.								
13 fév.	Extrait de viande.	48488	Mallory Drug Co , Kamloops, C.-B.	3 pots	150	Nat. Drug Co. Montréal.		
13 "	"	49605	Stevens & Allan, Kamloops, C.-B.	3 btes	150	Bovril Ltd., Montréal.		
13 "	"	49615	Wilson Grocery Co., Kamloops, C.-B.	3 floc.	120	Bovril Ltd., London.		
20 "	"	49627	J. J. Ling & Co., Ashcroft, C.-B.	3 btes.	105	Armour Co., Chicago.		
26 "	"	49631	Canada Drug & Book Co., Nelson, C.-B.	3 bout	105	"		

DISTRICT DE VANCOUVER—

21 fév.	Extrait de viande.	38310	Hudson's Bay Co., Vancouver.	3 floc.	180	Brand & Co., Londre. Ang		Se compose de jus de bœuf de prem. q.
21 "	"	38311	London Grocery Co., Ltd., Vancouver.	3 "	75	Bovril Ltd., Londre, Ang		Se compose des extraits de l'albumine et de la fibrine du bœuf. Absolument pure.
21 "	"	38312	Woodward Dept. Stores, Vancouver.	3 "	75	Am.Fluid Beef Co.,Montréal	)	Contient la fibrine et les albumoïdes de bœuf frais
21 "	"	38313	H. A. Edgett Co., Ltd., Vancouver.	3 "	75	Armour Ltd., Toronto.		Fabriqué seulement avec du bœuf de première qualité.
21 "	"	38314	David Spencer Ltd , Vancouver.	3 "	45	Northland Mfg., Co., Toronto.		Bœuf fluide concentré Nutri-Qx.

DISTRICT DE VICTORIA—

27 fév.	Extrait de viande.	49110	Windsor Grocery Co., Victoria, C.-B	3 pqts	150	Bovril Ltd., Montréal.		Bœuf fluide de Johnston.
28 "	"	49111	The West End Grocery Co., Ltd., Victoria, C.-B.	3 "	75	Armour Ltd., Toronto.		Armour's ....
29 "	"	49112	D. H. Ross & Co., Victoria, C.-B.	3 "	75	Armour & Co., Chicago.		Vigoral.
1er mars	"	49113	Capas & Young, Victoria, C.-B.	3 "	60	Bovril Ltd., Londre, Ang		Bovril.
1er "	"	49114	Wm. B. Hall, Victoria, C.-B.	3 "	90	Leibigs Co., Londre, Ang		Oxo.

EXTRAITS DE VIANDE.

Résultats des analyses.

Eau	Solides	Extrait d'éther de pétrole	Cendre	Chlorure de sodium	Nitrogène				Créatinine	Créatine	Numéro de l'échantillon	Remarques et opinion de l'analyste en chef.
					Total	Insoluble	Précipité au sel de tanin	Filtré au sel de tanin(bases de viande.)				
p. c.	p. c.	p. c.	p. c.	p. c.	p. c.	p. c.	p. c.	p. c.	p. c.	p. c.		
THOS. PARKER, INSPECTEUR.												
25·90	74·10	0·40	22 75	14·09	7·224	0·658	4·466	2·100	0·13	0·15	48488	
33·00	67·00	0·75	17·45	8·99	7·280	1·393	4·267	1·620	0·76	0·04	49605	Extrait fluide de viande.
44·70	55·30	0·85	15·30	8·90	5·628	1·090	2·498	2·040	0·76	0·28	49615	" "
22·25	77·75	0·90	20·55	5·58	8·484	0 364	4·480	3·640	0·65	0·55	49627	
52·20	47·80	0 30	15·40	8·33	3·752	0·175	1·673	1·904	0·36	0·16	49631	Extrait fluide de viande Ne contient pas assez de matières solides.
J. F. POWER, INSPECTEUR.												
90·30	9·70	0·90	1·40	0·98	1·652	0·044	0·343	1·265	tr'ce	tr'ce	38310	Jus de viande.
43·15	56·85	0 60	14·40	8·34	5·152	1·001	1·897	2·254	0·60	0·23	38311	Extrait fluide de viande.
45·25	54·75	1·35	14·62	8·39	5·684	1·361	3·021	1·302	0 53	0·10	38312	Extrait fluide de viande. Contient trop de matières grasses.
23·50	76·50	1·05	20·30	5·32	8·260	0·399	4·194	3·667	0·63	0 60	38313	
45·35	55·65	2·35	16·30	9·69	4·340	0·546	1·302	2·492	0·50	0·22	38314	Extrait fluide de viande. Contient trop de matières grasses.
D. O'SULLIVAN, INSPECTEUR.												
33·12	66·88	0 60	17·12	8·10	7·220	1·130	4·620	1·470	0·59	0·53	49110	Extrait fluide de viande.
21·35	78·65	0·75	19·80	5·19	8·204	0·315	4·501	3·388	0·60	0·74	49111	
50·80	49·20	0·25	15·23	8·60	3·808	0·448	1·330	2·030	0·58	0·21	49112	Extrait fluide de viande.
43·00	57·00	0·80	15·67	9·15	5·656	1·085	2·550	2·021	0 64	0·24	49113	" "
34·10	65·90	1·00	19·69	9·45	5·740	0·840	2·548	2·352	0·62	0·30	48114	" "

ANNEXE K.

BULLETIN N° 268 –POUDRES ANTI-NÉVRALGIQUES.

OTTAWA, le 17 novembre 1913.

M. WM. HIMSWORTH,
Sous-ministre du Revenu de l'Intérieur.

MONSIEUR—J'ai l'honneur de vous soumettre un rapport sur 171 échantillons de Poudres Anti névralgiques, achetés par nos Inspecteurs au cours des mois de février et mars de cette année.

La dernière analyse que nous avons faite des Poudres Anti-névralgiques l'a été en avril 1911 et paraît dans le bulletin n° 230. Il m'est agréable de constater que la présente analyse indique une sérieuse amélioration de la nature de ces drogues dont on fait un grand usage de nos jours, de même que des conditions de leur mise en vente.

Il est hors de tout doute que l'emploi, fait sans discrétion des Poudres Anti-névralgiques est de nature à nuire. Le désir naturel de mettre fin à la douleur fait que l'on ne songe pas assez que les douleurs névralgiques ne sont que le symptôme d'un dérangement quelconque dans l'économie, au lieu de constituer en soi une maladie propre. Le surmenage, une digestion irrégulière ou une constipation, un ébranlement nerveux, ainsi que bien d'autres causes, peuvent amener la névralgie qui devient alors un symptôme devant lequel les autres s'effacent ; et l'emploi d'une drogue sédative, destinée à calmer la douleur, remplaçant la recherche de la cause fondamentale des troubles dont on a à se plaindre, en même temps que le traitement de cette cause, peut amener des troubles très sérieux du fait que cet emploi se fait sans discernement. Les drogues auxquelles on attribue la vertu de la plupart de ces Poudres Anti-névralgiques, constituent des cardiaques déprimants d'une puissance sérieuse qui peuvent aller, suivant les circonstances, jusqu'à amener des conséquences fatales et qui, dans presque tous les cas, sont de nature à nuire.

C'est l'acétanilide (antifébrine) et la phénacétine que l'on rencontre le plus fréquemment dans ces Poudres Anti-névralgiques. La Loi concernant les Médicaments Brevetés (Sec. 7 (c)—) exige que, quand l'acétanilide se trouve en quantité de plus de deux grains par dose maxima, ou que la phanacétine existe en quantité de plus de cinq grains, le nom de la drogue et la déclaration de sa présence apparaissent sur l'étiquette. Chacune de ces drogues porte d'autres noms mais ceux que nous donnons ici sont les plus populaires et les seuls dont on puisse se servir pour la déclaration des drogues sur l'étiquette.

La composition essentielle de ces poudres est la suivante :—

		Échantillons.
Contenant de l'acétanilide		130
" de la phénacétine		23
" de l'acétanilide et de la phénacétine		9
" de l'antipyrine " "		1
" pas une seule des drogues ci-haut mentionnées		8
Total		171

Il est permis de faire une addition de plus de deux grains d'acétanilide (ou cinq grains de phénacétine) si la déclaration de la présence de l'une ou l'autre de ces drogues apparaît sur l'étiquette. Ci-suit un état de la quantité d'acétanilide découverte dans les poudres où elle se rencontre soit isolée, soit combinée avec la phénacétine :—

	Échantillons.
Moins que 2 grains	19
De 2 à 3 grains	47
De 3 à 4 "	40
De 4 à 5 "	19
De 5 à 6 "	7
Plus que 6 grains	7
Total	139

DOC. PARLEMENTAIRE No 14

Il semblerait que les manufacturiers et le public se rendent compte que les doses de deux grains ne donnent pas de résultats décisifs et que, conséquemment, les premiers préfèrent indiquer la présence de la drogue, et les autres, faire un emploi de doses plus fortes. Il se trouve environ 80 pour 100 des poudres d'acétanilide qui contiennent moins de 4 grains, et un très petit nombre d'entre elles qui en contiennent plus de six. La limite du dosage que prescrit la Pharmacopée Britanniquev a de un à trois grains. Il est évident que la plupart des poudres anti-névralgiques que l'on met sur le marché dépassant la quantité maxima que prescrit la pharmacopée, et il n'est pas permis de douter que des résultats d'une gravité sérieuse seraient, dans plus d'un cas, la conséquence de leur emploi, si elles ne contenaint pas d'autres drogues (ordinairement la caféine) qui agissent comme stimulants cardiaques. Un peu de réflexion de la part du consommateur de ces p udres apporterait chez lui la conviction qu'il joue avec sa santé aussi bien qu'avec sa vie.

Presque tous les échantillons que nous avons analysés renferment la déclaration de la présence d'acétanilide ou de phénacétine, et rencontrent ainsi les exigences de la loi concernant les Médicaments Brevetés. Il arrive quelquefois que la déclaration apparaît sur l'enveloppe de chacune de ces poudres, mais il arrive plus souvent qu'elle soit visible sur l'étiquette que porte une boîte dans laquelle sont contenues douze de ces poudres. Le ministère exige que cette déclaration soit imprimée sur chacune des enveloppes de ces poudres, le cas se présentant souvent où le client en fait l'achat de moins d'une douzaine à la fois et ne peut de ce fait être averti de la présence de l'acétanilide.

On rencontre nombre d'étiquettes qui garantissent une GUÉRISON par l'emploi de la poudre, ce qui ne devrait nullement être toléré. La névralgie ne constitue pas une maladie et ne saurait, de ce fait, comporter la guérison. La névralgie n'est que l'avertissement d'un état de chose désordonné; c'est donc le désordre fondamental qu'il importe de guérir. Ces drogues ne guérissent ni l'indigestion, ni la fatigue, ni rien de ce qui peut occasionner le désordre dont on peut avoir à se plaindre, et il est tout-à-fait faux de dire que les poudres anti-névralgiques opèrent une guérison.

Si nous exceptons quatre de ces échantillons prélevés qui déclarent la présence de l'acétanilide en lui donnant le nom de phénylacétamide, et sept échantillons qui déclarent la présence de la phénacétine en l'appelant acetphénétidine, il se trouve que tous, à part huit, doivent être considérés comme rencontrant les exigences de la loi des Médicaments Brevetés, cinq d'entre eux portant une déclaration de fabrication par J. C. Mathieu, de Marlboro, Massachusetts, à savoir :—

	Acétanilide.		Moyenne.
46420	4·9	5·0	4·95
1545	3·1	3·1	3·10
51213	3·5	4·2	3·85
51335.	2·7	2·7	2·70
51743	3·7	3·3	3·50

Moyenne ....3·62 grains.

Les autres sont comme suit :—

50596	3·3	3·8	3·05
47968	3·3	3·8	3·55
49823	3·2	3·2	3·20

Ces huit échantillons contiennent un excès réel d'acétanilide en sus de deux grains autorisés par la loi, et l'étiquette qu'ils portent n'indique aucunement la présence de cette drogue. Quoique la quantité d'acétanilide soit réellement moindre qu'elle ne l'est dans plus d'un cas où la déclaration de sa présence donne la légalité à la mise en vente de l'échantillon, on trouve ici une violation technique de la loi.

Je recommande la publication du présent rapport comme constituant le bulletin n° 268.

J'ai l'honneur d'être, monsieur,
Votre obéissant serviteur,
A. McGILL,
Analyste en chef.

Date du prélèvement de l'échantillon.	Nature de l'échantillon.	Numéro de l'échantillon.	Nom et adresse du vendeur.	Coût.		Nom et adresse du fabricant ou fournisseur tel que communiqué par le vendeur.		Description telle que par étiquette.
				Quantité.	Cents.	Fabricant.	Fournisseur.	

DISTRICT DE LA NOUVELLE-ECOSSE—

1913.								
6 mars.	Cachets anti-névralgiques	46956	National Drug Co., Halifax, N.-E.	1 douz	25	Nat. Drug Co., Toronto.	....	Cachets à l'état libre dans enveloppe de papier.
7 "	"	46957	Kinley's Ltd., Halifax, N.-E.	1 " .	25	Zymale Co., Win d s o r, Ont.	Fabricants..	....
7 "	Poudres anti-névralgiques	46958	Brown Bros. & Co., Halifax, N.-E.	1 " .	25	Nyals Co., Wind sor, Ont.	" ..	"N y a l's." Chaque poudre contient 3 grains d'acétanilide, et 1 gr. de caféi. Guérit les névralg. de t. provenances.
10 "	"	46959	C. A. Barnstead, Halifax, N.-E.	1 " .	30	F. J. Wheaton, A mherst, N.-E.	" ..	"Kumfort" acétanilide déclarée. Règ. n° 123 de la Loi des Médic. Brevetés.
10 "	"	46960	Buckley Drug Co., Halifax, N.-E.	1 " .	25	Vendeurs...	....	"Buckley's. Acétanilide déclarée. Règ. n° 353. de la Loi des Médic. Brevetés.
10 "	"	46961	J. McD. Taylor, Halifax, N.-E.	1 " .	25	T o r o n t o Phar. Co., Toronto, Ont.	Fabricants..	"Perfect." Acétanilide déclarée. Guérissent instantanément les névralgies et les maux de tête. Règ. n° 95 de la Loi d. Médic. Brevetés.
10 "	Cachets anti-névralgiques	46962	R. S. McDonald, Halifax, N.-E.	1 " .	25	N. D. & C. Co., Halifax, N.-E.	" ..	Cachets à l'état libre dans enveloppe de papier.
11 "	Poudres anti-névralgiques	46963	H. A. Watson, Halifax, N.-E.	1 " .	25	Vendeur....	....	"Perfect." Guérison instanta née de maux de tête et de la névralgie. Caféine, acétanilide, 2 gr. d. chaq. poudre.
19 "	"	46964	G. C. McDougall, Kentville, N.-E.	1 " .	30	United Drug Co., T oronto.	Fabricants.	"Rexall." Soulagement immédiat de névralgie. Contient 5 grains d'acet-phénétidine. Règ. n° 1803 de la Loi des Médic. Brevetés.
24 "	. "	46965	Crowe Bros., Truro, N.-E.	1 " .	15	" ..	" ..	Poudres à l'état libre dans enveloppe de papier.

DOC. PARLEMENTAIRE No 14

POUDRES ANTI-NÉVRALGIQUES.

Instructions figurant sur l'étiquette.	Poudres.	Po ds du con tenu d'un cachet, en gra ns.	Acétanilide = An Hébr ne grains.	Phénacétine, gra ns.	Phénazone = Anti-pyrine, grains.	Numéro de l'échantillon.	Remarques et opinion de l'analyste en chef.
		grains	grains	grains			
R. J. WAUGH, INSPECTEUR.							
....	N° 1..	4·8	Auc.	Auc.	Auc.	46956	Poudre conforme aux prescriptions de la loi.
	N° 2..	4·5	"	"	"		
....	N° 1..	8·5	4·0			46957	Acétanilide déclarée. Poud. conforme aux prescrip. de la loi.
	N° 2..	8·6	4·1				
Une poudre, répéter la dose au besoin au bout d'une heure. On ne devra pas prendre deux poudre successivement.	N° 1..	4·9	3·2			46958	"
	N° 2..	5·0	3·3				
Pour les enfants au-dessous de 10 ans, le ½ d'un cachet. Pour les enfants de 10 à 15 ans, la moitié d'un cachet. Pour les adultes, un cachet et répéter au besoin au bout d'une demi-h.	N° 1..	7·5	3·1			46959	"
	N° 2..	6·3	2·5				
Une poudre, répéter la dose au bout d'une ½ heure si le mal persiste. Puis 1 toutes les 4 h.	N° 1..	4·5	3·3			46960	"
	N° 2..	4·5	3·1				
Une poudre, répéter la dose au bout d'une demi-h. si le mal persiste.	N° 1..	10·8	2·1			46961	" "
	N° 2..	10·8	2·1				
....	N° 1..	4·7	Auc.	Auc.	Auc.	46962	Conforme aux prescriptions de la loi.
	N° 2..	9·0	"	"	"		
Une poudre, répéter la dose au bout d'une demi-h. si le mal persiste.	N° 1..	7·8	1·6			46963	Acétanilide déclarée. Poud. conforme aux prescrip. de la loi.
	N° 2..	11·0	2·3				
Une poudre. Pour un mal de tête obstiné, répéter la dose toutes les 20 minutes.	N° 1..	7·3		5·0		46964	Phénacétine déclarée sous l'étiquette de l'acetphénétidine. Conforme aux prescriptions de la loi.
	N° 2..	7·7		5·0			
....	N° 1..	6·5		4·2		46965	Poudre conforme aux prescriptions de la loi.
	N° 2..	7·4		4·5			

Date du prélèvement de l'échantillon.	Nature de l'échantillon.	Numéro de l'échantillon.	Nom et adresse du vendeur.	Prix. Quantié.	Cents.	Nom et adresse du fabricant ou fournisseur tel que communiqué par le vendeur. Fabricant.	Fournisseur.	Description telle que par l'étiquette.
				DISTRICT DE L'ILE-DU-PRINCE-EDOUARD—				
1913.								
. 26 fév.	Poudres anti-névral-giques.	46414	J. G. Jameson, Charlottetown, I.-P.-E.	1 boît.	25	The T. Milburn Co., Ltd., Toronto.		Identique au numéro 50592.
3 mars	Cachets anti-névral.	46415	Reddin Bros., Charlottetown, I.-P.-E.	1 ".	25	The Zymole Co., New York.		Cachets à l'état libre dans enveloppe de papier.
11 "	Poudres anti-névral..	46416	C. P. Rankin, Charlottetown, I.-P.-E.	1 ".	25	H. K. Wampole, Perth, Ont.		Poudres à l'état libre dans enveloppe de papier.
14 " " .		46417	E. A. Foster, Charlottetown, I.-P.-E.	3 paq	30	F. J. Wheaton Co., Ltd., Amherst, N.S.		Identique au numéro 50591.
14 "	Cachets anti-névral-giques	46418	" " ..	1 boît.	25	F. Stearns, Windsor, Ont.		Cachets à l'état libre dans enveloppe de papier, chaque cachet portant le mot Shac.
25 avril	Poudres anti-névral-giques	46119	Keir & McFadyen, Kensington, I.-P.-E.	1 douz	30	H. K. Wampole & Co., Perth, Ont.		"Keir's." Guér. des maux de tête, de la névral. et de l'état fiévreux. Acétanilide déclarée.
25 " " .		46420	Dr. F. W. Jardine,	1 ".	25	J. L. Mathieu, Marlboro, Mass.		Identique au numéro 1545.
25 " " .		46421	" " ..	1 ".	30	F.G. Wheaton Co., Ltd., Folly Village, N.-E.		Identique au numéro 50591.
25 " " .		46422	Gourlies Ltd., S. Side, I.-P. E.	1 ".	25	UnitedDrug Co., Ltd., Toronto.		Identique au numéro 46964.
25 " " .		46423	McLellan & Co., S. Side, I. P.-E.	1 ".	25	The T. Milburn Co., Ltd., Toronto.		"Dr. Lows".
				DISTRICT DU NOUVEAU-BRUNSWICK—				
27 fév.	Poudres anti-névral-giques	50590	William Hawker & Son, St. John, N.-B.	3 paq.	30	Toronto Phar. Co., Ltd., Toronto.		Identique au numéro 46961.
28 " " .		50591	Nat. Drug & Chem. Co., Ltd., St. John, N.-B.	1 ".	100	F.G.Wheaton Co., Ltd., Amherst, N.-E		"Kumfort." Apporte un prompt soulag. aux maux de tête, à la névr. ou à toute affect. se ratt à la grippe. Acétanilide déc. Reg. n° 126 de la loi des méd. brev.

DOC. PARLEMENTAIRE No 14

POUDRES ANTI-NÉVRALGIQUES.

Directions figurant sur l'étiquette.	Poudres.	Poids du contenu d'un cachet, en grains.	Acétanilide = Antilébrine.	Phénacétine.	Phénazone = Antipyrine.	Numéro de l'échantillon.	Remarques et opinion de l'analyste en chef.

WM. A. WEEKS, INSPECTEUR.

Directions	Poudres	Poids	Acétanilide	Phénacétine	Phénazone	Numéro	Remarques
			grains	grains	grains		
....	n° 1..	13·7	6·4	....	....	46414	Acétanilide déclarée. Poudre conforme aux prescriptions de la loi.
	n° 2..	14·2	5·7				
....	n° 1..	7·5	3·5	....	....	46415	"
	n° 2 .	7·4	3·5				
....	n° 1..	10·4	3·9	....	....	46416	"
	n° 2..	11·9	4·5				
....	n° 1.	2·4	1·2	....	....	46417	"
	n° 2..	7·5	3·0				
....	n° 1..	7·2	3·5	....	....	46418	"
	n° 2..	8·6	4·0				
Dose.—Une poudre. Répéter la dose au bout du demi-h., au besoin. On laissera s'écouler un interv. d'au m. 3 h. avant de p. une autre dose. On fera bien de prendre, en même temps que la première dose, une poudre de Seidlitz ou autre poudre laxative peu énergique. Pour l'insomnie, prendre une poudre avant de se mettre au lit.	n° 1..	11·4	4·2	....	......	46419	"
	n° 2..	12·3	4·7				
....	n° 1..	7·2	4·9	....	....	46420	Excès d'acétanilide non déclaré. Contraire aux prescriptions de la loi.
	n° 2..	8·1	5·0				
....	n° 1..	1·8	0·8	....	....	46421	Acétanilide déclarée. Poudre conforme aux prescriptions de la loi.
	n° 2..	8·3	3·3				
....	n° 1	5·6		3·7	......	46422	Phénacétine déclarée sous l'étiq. d'acetphénétidine. Poud. conforme aux prescript. de la loi.
	n° 2..	3·9		2·7			
Dose.—Une poud. p. adultes. P. l. enf. au-d. de 10 a., le t. d'u. poud. Pour ceux de 10 à 15 ans, la moitié d'une poudre. Répéter, au besoin, la dose au bout d'une demi-heure.	n° 1..	14·7	6·4	....	....	46423	Acétanilide déclarée. Poudre conforme aux prescriptions de la loi.
	n° 2..	14·4	5·5				

J. C. FERGUSON, INSPECTEUR.

Directions	Poudres	Poids	Acétanilide	Phénacétine	Phénazone	Numéro	Remarques
....	n° 1..	7·9	1·5	....	....	50590	Acétanilide déclarée. Poudre conforme aux prescriptions de la loi.
	n° 2..	7·8	1·5				
Pour les enfants au-dessous de 10 ans, le tiers d'une poudre. Pour ceux de 10 à 15 ans, la moitié d'une poudre. Pour les adultes, une poudre. Répéter la dose au bout d'une demi-heure, au besoin.	n° 1..	5·7	2·3	... .	......	50591	"
	n° 2..	7·4	3·0				

206 — REVENUS DE L'INTERIEUR

Date du prélèvement de l'échantillon.	Nature de l'échantillon.	Numéro de l'échantillon.	Nom et adresse du vendeur.	Coût.		Nom et adresse du fabricant ou fournisseur tel que communiqué par le vendeur.		Description telle que par étiquette.
				Quantité.	Cents.	Fabricant.	Fournisseur.	

DISTRICT DU NOUVEAU-BRUNSWICK—

1913.								
6 mars.	Poudres antinévralgiques	50592	The Canadian Drug Co., Ltd., St-Jean, N.-B.	3 pqts	30	The T. Milburn Co., Ltd., Toronto.		" Milburn's " "Sterling." Guérit les maux de tête, la névralgie et le corysa ; poud. absol. inoffens. Acétanilide déclarée. Chaq. poud. cont. 5˙866 g. Règ. n° 71 de la loi des Méd. Brevetés.
10 "	"	50593	Frank E. Porter, St-Jean, N.-B.	3 "	25	Vendeur		" Peerless." Guérit les maux de tête et la névralgie accompagnée de fièvre. Acétanilide déclar. Chaq. poudre contient 4½ grains.
12 "	"	50594	E. Clinton Brown, St-Jean, N.-B.	3 " "	25	"		" Brown's." Acétanilide déclarée.
10 avril.	"	50595	Johnston & Johnston, St-Stephen, N.-B.	3 "	30	United Drug Co., Ltd., Toronto.		Identique au n° 46964.
15 "	"	50596	John M. Wiley, Fredericton, N.-B.	1 douz.	30	Vendeur		" Wiley's."
16 "	"	50597	The Baird Co., Ltd., Woodstock, N.-B.	1 "	33	Vendeurs		" Bowman's." Guérit les m. de tête d'origine nerv., l'insomnie, la fièvre, les rhumes, etc. Acétanilide déclarée. Chaq. poudre contient 3 grains.
18 "	Cachets antinévralgiques	50598	Wade Drug Co., Perth, N.-B.	1 pqt.	25	F. Stearns & Co., Windsor, Ont.		" Shac." " Stearns' " Headache Cure. Ce cachet apporte un prompt soulag. aux m. de tête de t. orig. et guérit général. t. doul. Acétanilide décl. Chaq. cachet contient 3 grains.
23 "	Poudres antinévralgiques	50599	B. J. Sharp, Sussex, N.-B.	1 douz.	30	Gibson, Howell Co., Phila., Pa.		" Gibson's." Identi. au n° 50593.

DOC. PARLEMENTAIRE No 14

CACHETS ANTI-NÉVRALGIQUES.

Instruction figurant sur l'étiquette.	Poudres.	Résultats analytiques.				Numéro de l'échantillon.	Remarques et opinion de l'analyte en chef.
		Poids du contenu d'un cachet, en grains.	Acétanilide = Antifébrine, grains.	Phénacét ne)	Phénazone=An pyrine, grains.		

J. C. FERGUSON, INSPECTEUR.

		grains	grains	grains			
Pour les enfants de 5 à 10 ans, le quart ou le tiers d un cachet ; pour ceux de 10 a 15 ans, les ⅔ d'un cachet. Pour les adultes 1 cachet. Répéter la dose au bout de 30 minutes.	N° 1. N° 2.	17·2 16·3	7·4 7·2	....	......	50592	Acétanilide déclarée. Poudre conforme aux prescriptions de la loi.
Pour les maux de tête, 1 cachet ; répéter au besoin la dose au bout d'une demi-h. On ne devra pas prend. une autre dose avant 3 h. On pourra prend., en même temps que la 1re dose, un cachet de Seidlitz ou tout autre laxatif peu énerg. On dev. être prud. lorsq. s'agira des enfants. Pour l'ins., prendre un cachet avant de se mettre au lit.	N° 1. N° 2.	11·4 11·6	4·4 4·5	....	......	50593	"
Dose. Un cachet. Répéter la dose au bout d'une demi-heure si le mal persiste.	N° 1. N° 2.	5·1 6·9	3·7 4·9	....	......	50594	"
....	N° 1. N° 2.	9·4 8·9	......	6·0 5·9	......	50595	Phénacétine déclarée sous l'étiquette d'acetphénétidine et présente en léger excès. Conforme par ailleurs aux prescriptions de la loi.
Dose. Un cachet, répéter la dose au besoin, au bout d'une demi-heure.	N° 1. N° 2.	5·3 6·8	3·3 3·8	....	......	50596	
Dose. Un cachet, répéter la dose au bout de 20 minutes, au besoin.	N° 1. N° 2.	9·7 9·8	3·1 3·2	....	......	50597	Acétanilide déclarée. Conforme aux prescriptions de la loi.
Pour adultes, un cachet. Répéter la dose au bout d'une h., au besoin. On ne devra pas prendre plus que 2 cachets successivement.	N° 1. N° 2.	6·2 3·9	2·9 1·9	....	......	50598	"
....	N° 1. N° 2.	11·3 11·2	4·3 4·2	......	......	50599	"

Date du prélèvement de l'échantillon.	Nature de l'échantillon.	Numéro de l'échantillon.	Nom et adresse du vendeur.	Prix.		Nom et adresse du fabricant ou fournisseur tel que communiqué par le vendeur.		Description telle que par étiquette.
				Quantité.	Cents.	Fabricant.	Fournisseur.	

DISTRICT DE QUEBEC—

1913.								
24 fév.	Cachets anti-névralgiques.	37173	Benjamin Crépeault, 68 rue Crémasie, Montcalmville.	1 douz	15	Red Cross Pharmaceutical Co., Qué-bec.	N. Turcot & Cie, Qué-bec.	"Red Cross." Soulage les maux de tête et la névralgie, chaque cachet contient 3 grains de phénilacétamide.
25 "	"	37174	T. Racine, 66 rue Crémasie, Montcalmville.	1 "	18	" ..	" ..	"Red Cross." Cachet à l'état libre dans enveloppe de papier
25 "	"	37175	Dr A. Fournier, 65 rue Crémasie, Montcalmville.	1 "	15	Dunlop Phar. Co., Montréal.	Nat. Drug Co., Montréal.	"Dunlop's." Acétanilide déclarée.
25 "	"	37176	" " ..	1 "	20	The Hervay Chem. Co., St-Basile, Canada.	W. Brunet & Cie, Qué-bec.	"Hervey's." Guérison ass. des maux de tête de toute provenance. Chaque cach. cont. 4 grains d'acétanilide. Reg. n° 238 de la loi des Médic. Brevetés.
26 "	"	37177	Jos. Brulot, 11 Chemin Ste Foie.	1 "	20	Pharmaceutical Co., Québec.	Fabricant..	"Red Cross." Cachets à l'état libre dans enveloppe de papier.
27 "	"	37178	Jos. Bedard, 113 2em rue Stadacona, Québec.	1 "	20	The Ed. MorinLtd., Québec.	Inconnu....	"Morin's." Reg. n° 78 de la loi des Médicaments Brevetés. Chaque cachet contient 3 grains d'antifébrine.
27 "	"	37179	Francois Cléche, 4e rue 111 Stadacona, Québec.	1 "	15	" ..	Fabricant...	Identique au n° 37178
3 mars	"	37180	Jos. F. Goslin, 50 rue Orchester, Québec.	1 "	15	Red Cross Phar. Co., Québec.	"	Identiqne au n° 37173
3 "	"	37181	" " ..	1 "	15	Dr Ed. Morin Co., Québec.	"	Identique au n° 37178
3 "	"	37182	Charles Martel, 49 rue Artillerie, Qué.	1 "	15	Red Cross Pharmaceutical Co., Qué-bec.	Inconnu....	Identique au n° 37173

CACHETS ANTI-NÉVRALGIQUES.

Instructions figurant sur l'étiquette.	Poudres.	Poids du contenu d'un cachet; en gra. rls.	Acétanilide = Antifébrine, gra. rls.	Phénacétine, gra. rls.	Phénazone=Anti-pyrine, grains.	Numéro de l'échantillon.	Remarques et opinion de l'analyste en chef.

F. X. W. E. BÉLAND, INSPECTEUR.

Instructions figurant sur l'étiquette.	Poudres.	Poids	Acétanilide	Phénacétine	Phénazone	Numéro	Remarques et opinion de l'analyste en chef.
		grains	grains	grains			
Dose. Pour adultes, 1 cachet. Répéter la dose au bout d'une heure, au besoin. On ne devra pas prendre plus que 2 doses successivement.	N° 1. N° 2.	6·4 8·8	2·0 2·8	....	....	37173	Acétanilide déclarée sous l'étiquette de la phénylacétamide. Conforme aux prescriptions de la loi.
	N° 1. N° 2.	7·4 8·5	2·4 2·7	....	....	37174	Conforme aux prescriptions de la loi.
Dose. Un cachet. Répéter la dose au bout d'une heure. Ne pas prendre plus que 2 cachets successivement.	N° 1. N° 2.	9·4 9 4	3·4 3·5	....	....	37175	Acétanilide déclarée. Confor. me aux prescriptions de la loi.
Dose. Un cachet. Répéter la dose au bout d'une heure, au besoin. Ne pas prendre plus que 2 cachets de suite. Au cas de dépression on fera disparaître celle-ci en prenant une cuillérée à dessert de vin.	N° 1. N° 2.	14·3 14·1	4·0 3·9	....	....	37176	"
	N° 1. N° 2.	9·8 8·1	3·0 2·4	....	....	37177	Conforme aux prescriptions de la loi.
Dose. Un cachet. Répéter la dose au bout d'une heure, au besoin. Ne pas prendre plus que 2 cachets de suite. On fera disparaître toute trace de dépression en prenant une cuillerée à dessert de vin.	N° 1. N° 2.	11·1 9·3	2·8 2·5	....	....	37178	Acétanilide déclarée. Conforme aux prescriptions de la loi.
	N° 1. N° 2.	10·9 9·1	2·8 2·8	....	....	37179	" "
	N° 1. N° 2.	8·0 9·2	2·6 2·9	....	....	37180	Acétanilide déclarée. Sous l'étiquette de la phénylacétamide Conforme aux prescriptions de la loi.
	N° 1. N° 2.	9·9 8·8	3·6 3·1	....	....	37181	Acétanilide déclarée. Conforme aux prescriptions de la loi.
	N° 1. N° 2.	8·9 8·8	2·9 3·0	....	....	37182	Acétanilide déclarée, sous l'étiquette de la phénylacétamide. Conforme aux prescriptions de la loi.

Date du prélèvement	Nature de l'échantillon	Numéro de l'échantillen	Nom et adresse du vendeur.	Prix. Quantité.	Prix. Cents.	Fabricant.	Fournisseur.	Description telle que par étiquette.

DISTRICT DE TROIS-RIVIÈRES—

1913.								
7 mars	Cachets anti-né-vralgiques	57211	Esdras Asselin, St-Félix de Valois.	2½ btes	50	Williams Chem. Co., New-York.		Cachets à l'état libre dans enveloppe de papier. Chaq. cac. porte le nom et l'adresse du fabricant.
7 " "	.	57213	T. F. Gaudet, Joliette.	1 bte	20	Joliette Chem. Co., Joliette.		Cachets à l'état libre dans enveloppe de papier.
17 " "	.	57226	Jos. Mosseau, St-Félix de Valois.	1 "	25	J.A.E. Gauvin, Montréal.		
18 " "	.	57230	Ernest Asselin, St-Félix de Valois.	1 "	20	Granger Frères.		Cachets à l'état libre dans une boîte.
22 " "	.	57246	T. F. Gaudet, Joliette.	2 "	50	Joliette Chem. Co., Joliette.		"Dr Neys.' Acéta-nilide déclarée.
24 "	Pilules anti-né-vralgiques	57249	Wilfrid Bissette,St-Félix de Valois.	2 "	25	Dr Richards, Londres, Ang.		Dr Richards Eureka Tablets, pour maux de tête obstinés.
24 "	Cachets anti-né-vralgiques	57250	Esdras Asselin, St-Félix de Valois.	2 "	25	The Joliette Chem. Co., Joliette, P.Q.		Identique au n° 57246

DISTRICT DES CANTONS DE L'EST—

10 mars	Cachets anti-né-vralgiques	1544	Dr J. B. Drouin, Victoriaville.	1 bte.	25	Chas. E. Frosst&Co., Montréal.		Cachets à l'état libre dans enveloppe de papier.
12 "	Poudre anti-né-vraigiques	1545	P. C. Fortin, Beauceville.	1 "	15			Mathieu's Nervine Powders. Guérison instantanée des maux de tête et de la névralgie.
13 "	Pilules anti-né-vralgiques	1546	D.M.Déchêne, Ste-Marie .le Beauce.	1 "	20	B. N. Robinson Co., Coati-cooke.		"Zutoo" Tablets. "Japanese Headache Cure." Guérissent tous maux de tête et le rhume; calm. les doul. aig. du rhumat. et les indispos. de la femme. Guérissent aussi le vertige, l'acid. de l'estomac et font cesser les indigestions. Reg. n° 1134 de la loi des Médicaments Brevetés.

DOC. PARLEMENTAIRE No 14

POUDRES ANTI-NÉVRALGIQUES.

Instructions figurant sur l'étiquette.	Poudres.	Poids du con tenu d'un cachet, en grains.	Acétanilide = Antifébrine, grains.	Phénacétine, grains.	Phénazone =Antipyrine, grains.	Numéro de l'échantillon.	Remarques et opinion de l'analyste en chef.
Dr V. P. LAVALLÉE, INSPECTEUR.			grains	grains	grains		
....	N° 1..	13·1	3·2	......	......	57211	Acétanilide déclarée. Conforme aux prescriptions de la loi.
	N° 2..	14·7	3·1	...	...		
....	N° 1..	7·0	2·3	...	......	57213	Conforme aux prescriptions de la loi.
	N° 2	9·3	3·1	...	......		
....	N° 1..	13·7	4·3	....	......	57226	Acétanilide déclarée. Conforme aux prescriptions de la loi.
	N° 2..	15·9	4·6	....	......		
....	N° 1..	5·0	2·9	....	......	57230	„ „
	N° 2..	5·1	2·8	....	.....		
Dose—Un cachet. Répéter la dose au bout d'une heure, au besoin. Ne pas prendre plus de deux cachets de suite.	N° 1..	7·5	2·8	....	.....	57246	„
	N° 2..	8·9	3·4	....	....		
Dose.—Une pilule. Répéter la dose au bout d'une heure, au besoin. Ne pas prendre plus de deux pilules de suite.	N° 1..	4·0	aucun	aucun	aucun	57249	Conforme aux prescriptions de la loi.
	N° 2..	5·1	„	„	„		
....	N° 1..	10·1	3·8	....	......	57250	Acétanilide déclarée. Conforme aux prescriptions de la loi.
	N° 2..	8·8	3·5	....	......		
J. C. ROULEAU, INSPECTEUR.							
....	N° 1..	9·4	3·4	....	......	1544	Acétanilide déclarée. Conforme aux prescriptions de la loi.
	N° 2..	7·4	3·5	....	......		
Dose.—Une poudre toutes les 3 heures. Répéter la dose, au besoin, une seule fois au bout d'une heure. Pour les enfants de 1 à 2 ans, partager la poudre en 12 parties; en 8 parties, pour ceux de 3 à 4 ans ; en 4 parties, pour ceux de 5 à 10 ans, et en 2 parties, pour les enfants de 10 à 15 ans.	N° 1..	4·6	3·1	....	......	1545	Excès d'acétanilide; aucune déclaration. Contraire aux prescriptions de la loi.
	N° 2..	4·7	3·1	....	......		
Dose.—Une pilule. Répéter la dose au bout d'une demi-heure, au besoin.	N° 1	·9	0·9	2·3	.....	*1546	Conforme aux prescriptions de la loi.
	N° 2..	5·7	0·9	2·0	...		

* Approximativement.

Date du prélèvement	Nature de l'échantillon.	Numéro de l'échantillon.	Nom et adresse du vendeur.	Coût.		Nom et adresse du fabricant ou fournisseur tel que communiqué par le vendeur.		Description telle que par étiquette.
				Quantité.	Cents.	Fabricant.	Fournisseur.	

DISTRICT DES CANTONS

Date du prélèvement	Nature de l'échantillon.	Numéro de l'échantillon.	Nom et adresse du vendeur.	Quantité.	Cents.	Fabricant.	Fournisseur.	Description telle que par étiquette.
1913.								
13 mars	Cachets anti-névralgiques	1547	Solomon G. Hadaya, Scotts.	1 boîte	15	Red Cross Phar. Co., Québec.	....	Identique au numéro 37173.
19 „	Poudres anti-névralgiques	1548	F. T. Hewit, Sherbrooke.	1 „ .	25	Nyal, New-York.	....	Identique au numéro 46958.
19 „	„	1549	Pharmacie Beique, Magog.	1 douz	25	Vendeur....		Poudres à l'état libre dans envel. de pap.
17 avril	Cachets anti-névralgiques	1550	A. J. Boisvert, Plessisville.	1 boîte	25	J.A.Gauvin, Montréal.	....	"Gauvin's". Cachets recomm. p. le corps médical p. guérison de maux de tête, la névralgie, la grippe, le coryza et la nervosité. Etiquette sur le paquet.
17 „	„ .	1551	E. Anthier et Cie, Roxton-Falls.	1 „ .	20	„	....	Identique au n° 1550. Règ. n° 704 de la loi des Médicaments Brevetés.
23 „	„ .	1552	W. D. Bradford, Granby.	1 „ .	25	J. W. Lambley, Montréal.	....	"Lambly's" Head-ache Cure. Garantit la guérison des maux de tête et de dents, névralgie, douleurs d'oreilles, douleurs au dos, douleurs d'intestins ou d'estomac; stimule les fonctions cardiaques au lieu de leur nuire. Peuvent être prises en toute sécurité. Contiennent de l'acétanilide. 258 L.M.B.
23 „	„ .	1553	Dr McGowan, Knowlton.	1 „ .	25	The Toronto Phar. Co., Toronto.	....	Identique au n° 46961. Etiquette sur le paquet.

DISTRICT DE MONTRÉAL—

Date du prélèvement	Nature de l'échantillon.	Numéro de l'échantillon.	Nom et adresse du vendeur.	Quantité.	Cents.	Fabricant.	Fournisseur.	Description telle que par étiquette.
24 fév.	Poudres anti-névralgiques	51211	C. A. Champagne, 717 rue Ontario, Maisonneuve, P.Q.	1 boîte	25	The Toronto Phar. Co., Toronto.	....	Identique au n° 46961.
24 „	„	51212	„ ..	1 „ .	25	New York and London Drug Co.	....	Identique au n° 46958.
24 „	„ .	51213	Dr D. Chouinard, Adams St., Maisonneuve, P.Q.	1 „ .	20	....	....	Identique au n° 1545.

DOC. PARLEMENTAIRE No 14

CACHETS ANTI-NÉVRALGIQUES.

Instruction figurant sur l'étiquette.	Poudres.	Po ds du con tenu d'un cachet, en grains.	Acétanilide = Antifébrine, grains.	Phénacétine. grains.	Phénazone = Anti pyrine, grains.	Numéro de l'échantillon.	Remarques et opinion de l'analyste en chef.
			grains	grains	grains		
DE L'EST — *Fin.*							
....	N° 1..	11·0	3·3	.....	.....	1547	Acétanilide déclarée sous l'étiquette de phénylacétamide; conforme aux presc. de la loi.
	N° 2..	11·7	3·6	.....	.....		
....	N° 1..	3·8	2·4	.....	.....	1548	Acétanilide déclarée. Conforme aux prescriptions de la loi.
	N° 2..	4·3	2·8				
....	N° 1..	3·1	0·8	0·6	.....	*1549	Conforme aux prescriptions de la loi.
	N° 2..	3·3	0·7	0 8	.....		
Un cachet, répéter la dose au bout de 20 minutes au besoin. Dans des cas graves tels que la grippe prendre un cachet toutes les trois heures.	N° 1.	14·0	4·0	.....	.....	1550	Acétanilide déclarée Conforme aux prescriptions de la loi.
	N° 2..	14·3	4·2	.....	.....		
....	N° 1..	15·1	2·3	.....	...	1551	''
	N° 2.	14·6	2·1	...	.....		
Une poudre toutes les 3 hrs. Pour les enfants, le ¼ ou la ½ de cette dose.	N° 1..	9·9	7·7	.....	.....	1552	'' ''
	N° 2..	10·1	7 9	.....	.....		
....	N° 1..	13·3	8·8	.....	...	1553	''
	N° 2..	13·6	9·2	.....	.....		

J. J. COSTIGAN, INSPECTEUR.

....	N° 1..	11 3	2·3	.....	.....	51211	Acétanilide déclarée. Conforme aux prescriptions de la loi.
	N° 2..	11·8	2 4	.....	...		
....	N° 1..	2 8	1·5	.....	...	51212	''
	N° 2..	3·5	1·7	.....	..		
....	N° 1..	5·8	3·5	.....	.....	51213	Excès d'acétanilide non déclarée. Contraire aux prescriptions de la loi.
	N° 2..	6·3	4·2	.....	.....		

*Approximativement.

Date du prélèvement de l'échantillon.	Nature de l'échantillon.	Numéro de l'échantillon.	Nom et adresse du vendeur.	Prix.		Non et adresse du fabricant ou fournisseur tel que communiqué par le vendeur.		Description telle que par l'étiquette.
				Quantité.	Cents.	Fabricant.	Fournisseur.	

DISTRICT DE MONTRÉAL—

1913.								
27 mars.	Poudres anti-névral-giques	51214	A. Lebeau, 465 rue Saint-Jacques, Montréal.	1 bolt.	25	Vendeur....		"Lebeaus." Pour guérir les maux de tête nerveux ou autres, la névral. les doul. rhum. et menstruelles. Chaque poudre contient 4½ grs. d'acétanilide.
27 fév.	"	51215	" "	1 "	50	Orangeine Chemical Wks., Winsor, Ont.		"Orangéine." Calm. sûr et inoff. Guérit et fortifie. A la pro. d'agir promp. Apaise, fort., recons. et produit des effets durables. Acétanilide, 2½ grs. Régl. n° 37 de la Loi des Médic. Brevetés.
27 "	"	51216	A. M. Brunette, 1048 rue St-Jacques, Montréal.	1 "	50	Vendeur....		"Brunette's." Acétanilide 1 once par 100 poudres,
3 mars.	"	51217	A. D. Mann, 190 rue Villeneuve ouest, Montréal.	1 "	25	Hoffman Drug Co., Internat. Bridge, Ont		"Hoffman's Harmless." Guér. tous les maux de tête. Acétanilide décl. Régl. n° 947 de la Loi des Médic. Brevetés.
3 "	"	51218	" "	1 "	25	J. W. Lambly, Montréal.		Identique au n° 1552.
4 "	Cachets anti-névral-giques	51219	O. T. Pinck, 348 rue Notre-Dame ouest, Montreal.	1 "	25	Dr Fred J. Demers, Montréal.		Cachets du Dr. Fred Demers. Guérison assurée des maux de tête nerv. ou bil. Acétan. et phénacdéc. Régl. n° 11 de la Loi des Médicaments Brevetés.
4 "	"	51220	J. Pigeon, 412 rue Notre-Dame ouest, Montréal.	1 "	25	The Zymole Co., Ltd., New-York.		Identiq. au n° 50598.

DISTRICT DE VALLEYFIELD—

19 mars.	Cachets anti-névral-giques.	51326	D. J. - McIntosh, Vankleek Hill.	1 douz	25	Toronto Phar. Co., Toronto.		Headache Powders Pour la guérison instant. des maux de tête et de la név. Prép. de la pharm. McIntosh de Vankleek-Hill. Prép. de la Tor. Phar. Co., de Toronto. Régl. n° 95 de la Loi des Médic. Brevetés.

DOC. PARLEMENTAIRE No 14

CACHETS ANTI-NÉVRALGIQUES.

Résultats analytiques.

J. J. COSTIGAN, INSPECTEUR.

Instructions figurant sur l'étiquette.	Poudres.	Poids du contenu d'un cachet, en grains.	Acétanilide = Antifébrine, grains.	Phénacétine, grains.	Phénazone = Antipyrine, grains.	Numéro de l'échantillon.	Remarques et opinion de l'analyste en chef.
			grains	grains	grains		
Dose. Une poudre. Répéter la dose, au besoin, au bout de 20 à 30 minutes. Pour maux de tête, une poudre toutes les 2 ou 3 heures suiv. le cas, de même pour les douleurs névralgiques et rhumat., etc. Pour insomnie, pr. une p. av. de se m. au lit; répéter la d. au bout d'une h., au bes. P. les enf. p. la d. selon l'âge	N° 1. N° 2.	9·5 11·8	3·6 4·0			51214	Acétanilide déclarée. Conforme au prescription de la Loi des Médicaments Brevetés.
Dose. Une poudre. Répéter la dose, au besoin, au bout d'un ¼ d'heure ou d'une ½ h. ; après quoi, une poudre toutes les 4 ou 5 heures constituera une dose suffisante.	N° 1. N° 2.	4·6 5·4	2·4 2·8			51215	Acétanilide déclarée. Conforme aux prescriptions de la Loi des Médicaments Brevetés.
Dose. Une poudre. Répéter la dose au besoin, au bout d'une heure.	N° 1. N° 2.	17·6 16·1	·9 3·6			51216	Acétanilide déclarée. Conforme aux prescriptions d'une Loi des Médicaments Brevetés.
Dose. Une poudre. Répéter la dose au bout d'une ½ heure au besoin.	N° 1. N° 2.	12·1 11·2	· 5·0			51217	Acétanilide déclarée. Conforme aux prescriptions de la Loi des Médicaments Brevetés·
	N° 1. N° 2.	9·7 9·7	7·8 7·7			51218	Acétanilide déclarée. Conforme aux prescriptions de la Loi des Médicaments Brevetés.
Dose. Un cachet. Répéter la dose au bout d'une ½ heures, au besoin. Ne pas prendre plus que 2 cachets de suite.	N° 1. N° 2.	6·2 7·1	1·8 1·9	3·2 3·3		*51219	Acétanilide déclarée Conforme aux prescriptions de la Loi des Médicaments Brevetés.
	N° 1. N° 2.	8·9 7.5	4·2 3·5			51220	Acétanilide déclarée. Conforme aux prescriptions de la Loi des Médicaments Brevetés.

J. J. COSTIGAN, INSPECTEUR-SUPPLÉANT.

Instructions figurant sur l'étiquette.	Poudres.	Poids du contenu d'un cachet, en grains.	Acétanilide = Antifébrine, grains.	Phénacétine, grains.	Phénazone = Antipyrine, grains.	Numéro de l'échantillon.	Remarques et opinion de l'analyste en chef.
Dose. Une poudre. Répéter la dose au bout d'une demi-heure, au besoin.	N° 1. N° 2.	9·9 10·6	2·0 2·1			51326	Conf. aux prescrip. de la Loi des Médicaments Brevetés.

* Approximativement.

Date du prélèvement de l'échantillon.	Nature de l'échantillon.	Numéro de l'échantillon.	Nom et adresse du vendeur.	Coût.		Nom et adresse du fabricant ou fournisseur tels que communiqués par le vendeur.		Description telle que par étiquettes.
				Quantité.	Cents.	Fabricant.	Fournisseur.	

DISTRICT DE VALLEYFIELD—

1913.								
20 mars.	Cachets anti-névralgiques	51327	P. T. McLaurin, Vankleek-Hill.	1 boîte	25	Lymans, Ltd., Montreal.	....	"Lymans'." Guérison ass. des maux de tête bilieux ou autres et de la névralg. Règ. n° 213 de la Loi des méd. or.
11 "	Poudres anti-névralgiques	51328	H. Elvidge, Vankleek-Hill.	1 "	25	United Drug Co., Toronto.	....	Identique au n° 46964.
20 "	Cachets anti-névralgiques	51329	W. A. McRea, Hawkesbury.	1 "	25	Toronto Phar. Co., Toronto.	....	"Perfect." Règ. n° 95 de la Loi des médicaments brevetés.
19 "	Poudres anti-névralgiques	51330	G. E. McGibbon, Hawkesbury.	1 boîte	25	New York & London Drug Co.	....	Identique au n° 46958.
20 "	Cachets anti-névralgiques	51331	" "	1 "	25	....	....	Identique au n° 50598.
24 "	Poudres anti-névralgiques	51332	John McLeister, Alexandria.	1 douz	30	....	....	Identique au n° 46958.
24 "	Cachets anti-névralgiques	51333	" "	1 boîte	25	....	....	"Nyal's" Headache Cure. D'une grande effic. égalem. contre la névralg., la grippe, le rhumatis. et toutes douleurs de cette nature. Chaq. cach. c. 3 gr. d'acét. New-York and London Drug Co.,N.Y.
24 "	Poudres anti-névralgiques	51334	Brock, Ostrom & Son, Alexandria.	1 "	25	T. Milburn Co., Ltd., Toronto.	....	Identique au n° 50592.
24 "	"	51335	" "	1 "	25	....	....	Identique au n° 1545.

DISTRICT D'OTTAWA—

28 fév.	Poudres anti-névralgiques	51740	Hull Medical Hall, Hull, P.Q.	1 boîte	25	Vendeur....	....	"Antalgine," Anti-Pain, apaise la fièv. enlève sûrem. et pr. toute douleur et est absolum. inoffensif. Calme la névralgie sciatiq. chroniq. et possède une vertu sédative. Il guérit également le rhumatisme aigû. Antipyrétique.

_DOC. PARLEMENTAIRE No 14

POUDRES ANTI-NÉVRALGIQUES.

Instructions figurant sur l'étiquette.	Résultats analytiques.					Numéro de l'échantillon.	Remarques et opinion de l'analyste en chef.
	Poudres.	Poids du contenu d'un cachet, en grains.	Acétanilide= Antifébrine.	Phénacétine.	Phénazone= Antipyrine.		

J. J. COSTIGAN, INSPECTEUR-SUPPLÉANT.

			grains	grains	grains		
Dose.—Un cachet. Répéter la dose au bout d'une demi-heure ou d'une heure, au besoin.	N° 1..	4·9	....	3·3	....	51327	Conforme aux prescriptions de la Loi des Médic. Brevetés.
	N° 2..	4·0	.....	2·4	.....		
....	N° 1..	5·9	.....	3·8	.....	51328	Phénacétine déc. s. l'étiq. d'acet
	N° 2..	5·6	.....	3·6	.:....		phénacétine. Conf. a. presc. de la Loi des Méd. Brevetés.
Dose.—Un cachet. Rép. la dose au bout d'une heure si le mal persiste. Une poud. de seidlitz procure souvent un soulagement-sérieux.	N° 1..	12·3	2·6	.....	.....	51329	Conforme aux prescriptions de la Loi des Médic. Brevetés.
	N° 2..	10·4	2·1	...	.....		
.\....................	N° 1..	7·4	3·8	.....	.....	51330	Acétanilide déclarée. Conforme aux prescriptions de la Loi des Médicaments Brevetés.
	N° 2..	7·5	4·0	....	....		
....	N° 1..	6·5	3·2	..	.....	51331	" "
	N° 2..	7·0	3·3	...	.		
....\...	N° 1..	6·9	3·2	.....	.....	51332	"
	N° 2..	7·3	3·4	.....	.....		
Dose.—Un cachet. Répéter la dose, au besoin, au bout d'une heure. Ne pas prendre plus que 2 cachets en tout.	N° 1..	8·2	3·9	.....	.....	51333	"
	N° 2 .	8·6	4·0	.....	.....		
....	N° 1..	14·5	6·5	....	.....	51334	"
	N° 2..	16·1	7·5	.....	.....		
....	N° 1..	4·1	2·7	...	.....	51335	Excès d'acétanilide non déclar. Contraire aux presc. de la Loi des Médicaments Brevetés.
	N° 2..	4·8	2·7	... ·	.....		

J. A. RICKEY, INSPECTEUR.

Dose.—Une poudre dans les cas de grippe. Rép. la dose toutes les heures. Pour les maux de tête, répéter la dose, au besoin, au bout d'une heure.	N° 1..	10·6	2·0	4·7	.....	*51740	Acétanilide declarée. Conforme aux prescriptions de la Loi des Médicaments Brevetés.
	N° 1..	8·8	1·6	4·1	.....		

*Approximativement.

Date du prélèvement	Numéro de l'échantillon	Nature de l'échan tillon.	Nom et adresse du vendeur.	Quantité.	Cents.	Fabricant.	Fournisseur.	Description telle que par étiquette.
								DISTRICT D'OTTAWA—

1913.

								et fébrifuge égalem. cert. Efficacité gar. c. les maux de tête nerv. et c. le- doul. occos. par les mens- trues. Phénacétine. 5 g.; acétanilide 2 g. Règ. n° 580 de la Loi des Méd. Brevetés.
28 fév..	51741	Poudres anti-né- vralgiques	J. H. Edwards, Carleton Place.	1 boîte	25	Northrop & Lyman Co., Ltd., Toronto.	N. C. Pol- son & Co., Kingston.	"Millers" Headache and Grip. Remède prompt c. les m. de tête et les doul. né- vralgiques ou aut. Règ n° 40 de la Loi des Méd. Brevetés.
28 "	51742	Pilules anti-né- vralgiques	M. W. Grace, Arnprior.	1 "	25	Standard Mdcl. Co., Smiths- Falls.	Fabricants..	"Dows." Soulage prompt-m. l. maux de tête et l. spasmes hystériques. Apaise les nerfs et favorise le sommeil.
27 "	51743	Poudres anti-né- vralgiques	Motard & Cie., rue St-Patrick, Ottawa	1 "	25	....	....	Identique au n° 1545.
27 "	51744	Cachets anti-né- vralgiques	J. Mundy, rue St- Patrick, Ottawa.	1 " .	25	Dr. Fred. J. Demers, Montréal.	Fabricants..	Identique au n° 51219.
28 "	51745	"	H. Thérien, Hull, P.Q.	1 " .	25	Dunlop Phar. Co., Montréal.	" ..	Identique au n° 37175.
28 "	51746	"	"	1 " .	25	Vendeur....	.... ,	"Theriens." Calme sûrem. et s. danger t. les maux de tête nerveux ou t. doul. névralgiques. Cha- que cachet cont. 2 gr. d'acétanilide.
28 "	51747	Pilules anti-né- vralgiques	"	1 " .	25	Toronto Phar. Co., Toronto.	Fabricants..	"Neuralzine." Ces cach. guér. instant. les m. de tête d'orig. bilieuse ou nerv., et la névralg. Ils don. a. un prompt soul. p. l. naus., l'épuis., la ten. ment., l'ins., l. inq. et t. l. form. de dép. de l'esp. R. n° 9½d l L. d. M. B.
10 "	51748	Cachets anti-né- vralgiques	P. Daoust et Cie, Hull, P.Q.	1 " .	15	Franco Co- loniale Medicale Co., Mont- réal.	" ..	"Baridons" Im- , proved, p. la guérin. des maux de tête d. l'espace de 10 min. Règ. n° 15 de la Loi des Méd. Brevetés.

CACHETS ANTI-NÉVRALGIQUES.

Instructions figurant sur l'étiquette.	Poudres.	Poids du contenu d'un cachet en grains.	Acétanilide = Antifébrine, grains.	Phénacétine. grains.	Phénazone = Antipyrine, grains.	Numéro de l'échantillon.	Remarques et opinion de l'analyste en chef.
			grains	grains	grains		
J. A. RICKEY, INSPECTEUR.							
Dose. P. les ad., une poud. P. les enf. de 5 ans, le ½ d'une p.; p. c. de 8 ans, la ⅔ d'une p.; p. c. de 12 ans, les ¾ d'une p. Répéter la dose au bout d'une h., au be. Rép. de nouv. au b. de 4 h., si la doul. n'est p. tout-à-f. disp. .	N° 1. .	5·3	Auc.	Auc.	Auc.	51741	Conforme aux 'prescriptions de la loi.
	N° 2. .	5·1	"	"	"		
Dose. Une pilule. Répéter la dose au bout d'une demi-h., au bes. Répéter égal. au bout d'une h., suiv. le cas. On conseille de ne p. prendre pl. que 3 pil. de suite.	N° 1. .	6·7	1·9			51742	"
	N° 2. .	7·0	2·0				
. . . .	N° 1.	6·0	3·7			51743	Excès d'acétanilide non déclaré. Conforme aux prescriptions de la loi.
	N° 2. .	5·1	3·3				
. . . .	N° 1. .	7·5	2·5	3·5		*51744	Acétanilide. Conforme aux prescriptions de la loi.
	N° 2. .	6·4	1·9	3·1			
. . . .	N° 1.	8·3	2·9			51745	"
	N° 2. .	8·2	3·0				
Dose. Un cachet. Répéter la dose au bout d'une heure, suivant le cas.	N° 1. .	10·7	2·2			51746	"
	N° 2. .	10·1	2·1				
Dose. Une pilule toutes les heures jusqu'à complet rétablissement ; après quoi cesser tout-à-fait d'en prendre.	N° 1. .	6·1	1·9			51747	Conforme aux prescriptions d la loi.
	N° 2. .	6·1	1·5				
Dose. Un cachet. Répéter la dose au bout d'une heure, au besoin.	N° 1. .	3·7		2·4	. . .	51748	" "
	N° 2. .	6·1	. . .	4·0			

*Approximativement.

Date du prélèvement.	Nature de l'échantillon.	Numéro de l'échantillon.	Nom et adresse du vendeur.	Prix.		Nom et adresse du fabricant ou fournisseur, tel que communiqué par le vendeur.		Description telle que par étiquette.
				Quantité.	Cents.	Fabricant.	Fournisseur.	

DISTRICT D'OTTAWA—

1913.								
10 fév.,	Cachets anti-né-vralgiques	51749	P. Daoust et Cie, Hull, P. Q.	1 bte.	15	J. A. E. Gauvin, Montréal.	....	Identique au n° 1550. Acétanilide déclarée. Rég. n° 704 de la Loi des Médicaments Brevetés.

DISTRICT DE KINGSTON—

10 mars.	Cachets anti-né-vralgiques	45780	T. B. Wallace, Belleville.	1 bte.	25	Toronto Phar. Co., Toronto.	....	Identique au n° 46964.
10 "	"	45781	F. L. Hooper, Napanee.	1 "	25	Nyals, Windsor.	....	Identique au n° 46958.
10 "	"	45782	D. B. Bleeker, Belleville.	1 "	25	Nat. Drug Co., Toronto.	....	Cachets à l'état libre dans enveloppe de papier.
10 "	"	45783	J. S. McKeown, Belleville.	3 "	75	United Drug Co., Toronto.	....	Identique au n° 46964.
10 "	"	45784	Belleville Pharmacy, Belleville.	1 "	25	Nyals, Windsor.	....	Identique au n° 46958.
20 fév..	"	53087	W. H. Medley, Kingston.	1 "	25	Stearns, New-York	....	Cachets à l'état libre dans env. de papier.
21 "	"	53088	T. H. Sargent, Kingston.	1 "	25	Millers, Chatham.	....	Poudres à l'état libre dans enveloppe de papier.
21 "	"	53089	C. S. Prouse, Kingston.	1 "	25	Vendeur...	....	Poudres à l'état libre dans env. de papier.
21 "	"	53090	A. P. Chown, Kingston.	1 "	25	"	....	Poudres à l'état libre dans env. de papier.
21 "	"	53091	Geo. Mahood, Kingston.	1 "	25	United Drug Co., Toronto.	....	Identique au n° 46964.
24 "	"	53093	Belleville Pharmacy, Belleville.	1 "	25	Nyals Windsor.	....	Identique au n° 46958.
25 "	"	53094	W. H. Semple, Cobourg.	1 "	25	Ont. Chemists Co., Toronto.	....	The Chemists. Rég. n° 90 de la Loi des Médicam. Brevetés.
25 "	"	53095	W. J. B. Davison, Port-Hope.	1 "	25	Toro. Phar. Co., Toronto.	....	Identique au n° 46961.
26 "	"	53096	Warne Drug Co., Ltd., Peterboro.	1 "	25	"	....	Identique au n° 46961.

CACHETS ANTI-NÉVRALGIQUES.

Instructions figurant sur l'étiquette.	Poudres.	Poids du contenu d'un cachet, en grains.	Acétanilide= Antifébrine, grains.	Phénacétine, grains.	Phénazone=Anti-pyrine, grains.	Numéro de l'échantillon.	Remarques et opinion de l'analyste en chef.
				Résultats analytiques.			

J. A. RICKEV, INSPECTEUR.

.....	N° 1 .	15·6	3·7	.....	......	51749	Acétanilide déclarée. Conforme
	N° 2..	14·3	3·4	......	.....	. ...	aux prescriptions de la loi.

JAS. HOGAN, INSPECTEUR.

.....	N°1..	9·7	1·9	...	......	45780	Acétanilide déclarée. Conforme
	N°2..	9·1	1·8	...	......	......	aux prescriptions de la loi.
.....	N°1..	3·6	2 3	.....	......	45781	'' ''
	N°2..	9·5	3·0	....	......	......	
.....	N°1..	4·3	Auc.	Auc.	Auc.	45782	Conforme aux prescriptions de
	N°2..	4·5	''	''	''	......	la loi.
.....	N°1..	7·8	......	5·1	.....	45783	Phénacétine déclarée sous l'éti-
	N°2..	7·5	......	5·0	.....	......	quette d'acetphénétidine. Conforme aux piresc. de la loi.
.....	N°1..	7·3	3·3	....	......	45784	Acétanilide déclarée. Conforme
	N°2..	7·8	3·6	....	......	......	aux prescriptions de la loi.
.....	N°1..	7·3	3·5	.....	......	53087	'' ''
	N°2..	7·0	3·4	.....	......	......	
.....	N°1..	7·1	Auc.	Auc.	Auc.	53088	'' ''
	N°2..	5·7	''	''	''	.....	
.....	N° 1..	8·1	......	3·0	.. .	53089	Conforme aux prescriptions de
	N°2..	8·0	....	3·1	.....		la loi.
.....	N°1..	5·7	1·3	2·3	....	*53090	'' ''
	N°2..	6·1	1·8	1·9	.....		
.....	N°1..	5·8	....	3·9	.....	53091	'' ''
	N°2..	8·1	.....	5·3	.....		
.....	N° 1..	8·1	3·7	.....	......	53093	Acétanilide déclarée. Conforme
	N°2..	6·8	3·1	.....	......		aux prescriptions de la loi.
.....	N° 1..	15·7	5·4	.....	. ...	53094	'·'
	N°2..	13·8	4·8	.....	......		
.....	N°1..	11·4	2·3	.....	......	53095	''
	N°2.	12·5	2·5	.....	......		
.....	N°1..	9·5	2·0	.....	......	53096	'' ''
	N°2..	10·4	2·1	.....	......		

Approximativement. .

Date du prélèvement.	Nature de l'échantillon.	Numéro de l'échantillon.	Nom et adresse du vendeur.	Prix.		Nom et adresse du fabricant ou fournisseur tels que communiqués par le vendeur.		Description telle que par étiquette.
				Quantité.	Cents.	Fabricant.	Fournisseur.	

DISTRICT DE TORONTO—

1913.								
28 fév ..	Poudres anti-névralgiques.	57041	J. L. Nornabell, 465 Bloor st. west, Toronto.	1 douz	25	....	The Canadian Phar. Assoc. Toronto.	"Standard" soulage sans aucun danger et presque instantanément les maux de tête de toute proven. Acétanilide déclarée. Rég. n°90. Loi des médicam. brev.
4 mars.	Cachets anti-névralgiques.	57042	Owl Drug Co., Ltd., 990 Bathurst st., Toronto.	1 " .	25	The Nat. Drug & Chem. Co., Ltd., Toronto.	....	Na-Dru-Co. N° 591, Loi des médicam. brevetés.
4 " ..	Pastilles anti-névralgiques.	57043	D. Campbell, 161 Harbord st., Toronto.	1 boite	20	....	Dr. Shoop..	"Dr Shoop's",remède prompt p. maux de tête, névralgie, mal de dents, maux d'oreilles, dépres. nerv. et insomn. Ch pilule cont. 2 grs. d'acetp.
5 " ..	Poudres anti-névralgiques.	57044	Miss S. E. Gallagher, Broadview & Danforth ave., Toronto.	1 douz	25	Vendeur....	....	"Dr Steadman's' aussi étiq. 'Dr.Carroll's' Chaque poudre contient de l'acetphénétidine et acétanilide.
5 " ..	"	57045	The Carter Drug Co., 697 Queen st. west, Toronto.	1 " .	25	"	....	"Carter's" rem. sûr p. acidité de l'estom., p. maux de tête nerv. ou aut., occasionnés par la névralgie, la fatigue excess., la suralimenta., l'usage d'alcool ou du tabac. Acétan. décl. Règ. n° 442, Loi des m. b.
6 " ..	"	57046	J. A. Lunan, 194 Queen St. East, Toronto.	1 " .	25	The J. F. Taylor Phar. Co., Ltd., Toronto.	....	"Victoria". Remède inoffensif et sûr pour maux de tête et névralgie. Règ. n° 575 de la Loi des médicaments brevetés.
6 " ..	"	57047	G. Tamblyn, Ltd., 2171 Queen St. East, Toronto.	1 " .	25	Vendeurs...	....	"Tamblyn's." Guérit les maux de tête, la névralgie et l'insomnie. Règ. n° 1021 de la Loi des médicaments brevetés.
10 " ..	"	57048	Estate of J. S. Hanson Drug Store, 444 Spadina Ave., Toronto.	1 " .	25	"	....	"Fraser's." Remède inoffensif et sûr. Règ. n° 519, Loi des médicam. brevetés.
10 " ..	"	57049	H. M. Kipp, 168 McCaul St., Toronto.	1 " .	25	Vendeur....	....	"Imperial." Règ n° 649, Loi des médicaments brevetés.

DOC. PARLEMENTAIRE No 14

POUDRES ANTI-NÉVRALGIQUES.

Instructions figurant sur l'étiquette.	Poudres.	Poids du contenu d'un cachet, en grains.	Acétanilide = Antifébrine, grains.	Phénacétine, grains.	Phénazone = Antipyrine, grains.	Numéro de l'échantillon.	Remarques et opinion de l'analyste en chef.
				grains	grains	grains	

H. J. DAGER, INSPECTEUR.

Instructions figurant sur l'étiquette.	Poudres.	Poids du contenu d'un cachet	Acétanilide	Phénacétine	Phénazone	Numéro	Remarques et opinion de l'analyste en chef.
Dose. Une poudre. Répéter la dose au bout d'une demi-heure, au besoin.	N° 1.	12·2	4·8	....		57041	Acétanilide déclarée. Conforme aux prescriptions de la loi.
	N° 2.	8·8	3·6	....			
Dose. Un cachet, 3 fois par jour. Répéter la dose au bout d'une demi-heure, au besoin.	N° 1.	4·6	Auc.	Auc.	Auc.	57042	Conforme aux prescriptions de la loi.
	N° 2.	4·6	"	"	"		
Dose. Une pilule. Répéter la dose au bout de 20 minutes, si la douleur n'a pas tout-à-fait disparu.	N° 1.	20·2	....	1·2	......	57043	Conforme aux prescriptions de la loi.
	N° 2.	20·3	....	1·3	......		
Dose. Une poudre. Répéter la dose au bout d'une heur, au besoin. S'abstenir d'en prendre avant 3 heures d'intervalle après la première répétition.	N° 1.	7·1	2·7	3·4	....	*57044	Acétanilide déclarée. Conforme aux prescriptions de la loi.
	N° 2.	7·2	2·7	3·5	......		
Dose. Une poudre. Répéter la dose au bout d'une demi-heure, au besoin. Pour les enfants au-dessous de 12 ans, le ¼ d'une poudre.	N° 1.	16·9	4·1	....		57045	Acétanilide déclarée. Conforme aux prescriptions de la loi.
	N° 2.	20·5	5·6	....	....		
Dose. Une poudre. Répéter la dose au bout d'une demi-heure, au besoin. Pour les enfants, la ½ ou une partie quelconque d'une poudre, suivant l'âge.	N° 1.	7·9	1·8	....		57046	Conforme aux prescriptions de la loi.
	N° 2.	8·3	2·1				
Dose. Une poudre. Répéter la dose au bout d'une heure, au besoin.	N° 1.	7·4	......	2·2	1·2	57047	" "
	N° 2.	6·8	......	2·6	1·2		
Dose. Une poudre. Répéter la dose au bout d'une heure, et, de nouveau, au bout de 3 heures.	N° 1.	8·8	......	5·8	....	57048	Léger excès de phénacétine sans déclaration.
	N° 2.	9·3	....	6·1			
Dose. 1 poudre Rép. la dose au b. d'une ½ h. au bes. Ne p. cont. d'en prendre sans nécessité.	N° 1.	9·	2·0	....		57049	Conforme aux prescriptions de la loi.
	N° 2.	10·8	2·2				

* Approximativement.

Date du prélèvement de l'échantillon.	Nature de l'échantillon.	Numéro de l'échantillon.	Nom et adresse du vendeur.	Prix.		Nom et adresse du fabricant ou fournisseur tels que communiqués par le vendeur.		Description telle que par étiquette.
				Quantité.	Cents.	Fabricant.	Fournisseur.	

DISTRICT DE TORONTO—

1913.

12 mars	Poudres anti-névralgiques.	57050	W. A. Ellis, 148 Avenue Road, Toronto.	1 douz	25	Vendeur....	....	"Red Seal." Speedy and safe in the relief cure of headache, neuralgia and lagrippe. Reg. No. 1215. P. or P. Act.

DISTRICT DE HAMILTON—

8 avril	Poudres anti-névralgiques.	57141	M. H. Robertson, Market and Dalhousie Sts., Brantford.	1 douz	25	Vendeur....	....	"Robertson's." Reg. n˚1012 de la Loi des Médicaments Brevetés.
8 "	"	57142	C. A. C. Cameron, Colborne St., Brantford.	1 " .	25	"	....	"Ewens." Remède prompt et inoffensif. Étiquette sur le paq.
10 "	Cachets anti-névralgiques.	57143	Apps Ltd., Paris..	1¼ " .	25	Vendeurs...	....	"Apps" Saffron. Remède prompt, sûr et inoffensif p. les maux de tête et la névralgie. Règ. n˚ 2209, Loi des Médicaments Brevetés.
10 "	Poudres anti-névralgiques.	57144	J. S. Armitage, Paris.	1 douz	25	Vendeur....	....	"Armitage's." Ces poudres guéris. instantan. les maux de tête nerv. et autres. Guér. égal. la névr.
14 "	"	57145	W. A. Coleberry, Dunnville.	1 " .	25	"	....	" Dr. Michener's. " Remède prompt et p. les maux de tête nerve. et autres, la névral. et la grippe. Règ. n˚ 395, Loi des Médicaments Brev.
14 "	"	57146	R. A. Harrison, Dunnville.	1 " "	25	"	....	Poudres à l'état libre dans enveloppe de papier.
17 "	Pastilles anti-névralgiques.	57147	Wm. Erskine, 15 James Street, St. Catherines.	1 boîte	25	Vendeur..	....	"Rheumatic Tablets." Guérison assurée du rhumatisme, de la névr., mal de dents, lumbago, sciatique et maux de tête. "Erskine's Nox a Pain Tablets" font disparaître tout état de fièvre, ovarienne ou utérine, et assure une cure permanen.

DOC. PARLEMENTAIRE No 14

CACHETS ANTI-NÉVRALGIQUES.

Instructions figurant sur l'étiquette.	Poudres.	Résultats analytiques.				Numéro de l'échantillon.	Remarques et opinion de l'analyste en chef.
		Po ds du contenu d'un cachet, en grains.	Acétanilide = Antifébrine, gra ns.	Phénacétine, grains.	Phénazone = Ant pyrine, grains.		

H. J. DAGER, INSPECTEUR.

		grs.	grs.	grs.		
Dose. Une poudre. Répéter la dose au bout d'une demi-heure, au besoin. Après quoi, éviter d'en prendre avant une période de 4 heures.	N° 1.. N° 2..	12·6 11·9	....	3·f 3·:	..	57050 Conforme aux prescriptions de la loi.

H. J. DAGER, INSPECTEUR-SUPPLÉANT.

....	N° 1.. N° 2..	6·3 6·8	....	2·7 3·0	..	57141 Conforme aux prescriptions de la loi.
Dose. Une poudre. Rép. la dose au bout d'une demi-h., au bes.; ne pas en repr. avant 4 h. éc ..	N° 1.. N° 2..	10·3 12·7	1·4 1·8	1·6 1·9	......	*57142 "
.... :.	N° 1.. N° 2..	5·1 6·6	1·5 2·8	..... •	......	57143 "
Dose. Une poudre. Répéter la dose au bout d'une demi-heure, au besoin.	N°,1.. N° 2..	12·0 8·6	8·0 5·4	....:	.....	57144 Acétanilide déclarée. Conforme aux prescriptions de la loi.
....	N° 1.. N° 2..	6·5 7·4	2·5 2·4	....	....	57145 Conforme aux prescriptions de la loi.
Dose. Une poudre. Répéter la dose au bout d'une demi-heure, au besoin.	N° 1.. N° 2..	4·5 6·0	....	1·5 2·0	....	57146 "
....	N° 1.. N° 2..	6·2 6·1	2·2 2·1	....	......	57147 Conforme aux prescriptions de la loi.

* Approximativement.

14—15

Date du prélèvement.	Nature de l'échantillon.	Numéro de l'échantillon.	Nom et adresse du vendeur.	Prix.		Nom et adresse du fabricant ou fournisseur tels que communiqués par le vendeur.		Description telle que par l'étiquette.
				Quantité.	Cents.	Fabricant.	Fournisseur.	

DISTRICT DE HAMILTON—

Date du prélèvement.	Nature de l'échantillon.	Numéro de l'échantillon.	Nom et adresse du vendeur.	Quantité.	Cents.	Fabricant.	Fournisseur.	Description telle que par l'étiquette.
1913.								
17 avril.	Cachets anti-névralgiques	57148	Ervin C. Mc-Nally, 60 Erie Ave., Niagara Falls.	1 boîte	35	Vendeur		Aucun numéro d'enregistrement sur la boîte ou sur les poudres.
19 "	"	57149	A E. Drewery, 108 James st. south, Hamilton.	1 douz	25	Toronto Phar. Co., Toronto.		Indentique au n° 46963.
23 "	"	57150	W. B. Smith, 245 King street east, Hamilton.	1 "	25	Vendeur		"Smith's" Acétanilide, 5 grains.

DISTRICT DE WINDSOR—

Date du prélèvement.	Nature de l'échantillon.	Numéro de l'échantillon.	Nom et adresse du vendeur.	Quantité.	Cents.	Fabricant.	Fournisseur.	Description telle que par l'étiquette.
4 mars..	Cachets anti-névralgiques	47957	S. F. Parke & Co., Chatham.	1 paq.	25	Nyals.		"Nyal's."
4 "	"	47960	J. G. Clark, Chatham.	1 "	25	Druggists Corporation, Toronto.		"D. C." cont. de la phény lacétamide et autres méd. d'un effet assuré cont. t. doul. Règ. n° 642 de la Loi d. Méd. Brev.
4 "	"	47962	Powell Davis Co., Chatham.	1 "	25	Nyals, Windsor.		"Nyal's."
4 "	"	47963	A. J. McCall & Co., Chatham.	1 "	25	Hoffman Drug Co., Bridgeburg.		Indentiqué au n° 51217.
5 "	"	47965	W. A. Pond, Windsor.	1 "	25	Toronto Phar. Co., Toronto.		"Perfect." Rég. n° 1276 de la Loi des Médic. Brévétés.
5 "	"	47966	F. H. Laing, Windsor.	1 "	25	Vendeur		"Laing's." Rég. n° 959 Loi des Méd. Brev.
5 "	"	47968	Gardner Pickard Drug Co., Windsor.	1 "	25	Vendeurs		"Gardner." Guérison sûre des maux de tête de toute prov. Rég. n° 2143 de la Loi des Méd. Brev.
5 "	"	47972	A. J. Wilkinson, Windsor.	1 "	25	Vendeur		Rég. n° 851 de la Loi des Médica. Breve.
6 "	"	47978	S. H. Sadler, Essex	1 "	25	Toronto Phar. Co., Toronto.		"Perfect."
6 "	"	47984	Theo. B. S. Tweedale.	1 "	25	Nyals, New York and London.		"Nyal's."

DOC. PARLEMENTAIRE No 14

POUDRES ANTI-NÉVRALGIQUES.

Instructions figurant sur l'étiquette.	Poudres.	Poids du contenu d'un cachet, en grains.	Acétanilide = Antifébrine, grains.	Phénacétine, grains.	Phénazone=Antipyrine. grains.	Numéro de l'échantillon.	Remarques et opinion de l'analyste en chef.
				grains	grains grains		

H. J. DAGER, INSPECTEUR-SUPPLÉANT.

Instructions figurant sur l'étiquette.	Poudres.	Poids	Acétanilide	Phénacétine	Phénazone	Numéro	Remarques et opinion
Dose. Une poudre tout l. 3 heures jusqu'à guér. des maux de tête.	N° 1..	3·4			3·3	57148	Conforme aux prescriptions de la loi,
	N° 2..	4·2			4·1		
	N° 1..	9·7	2·0			57149	Acétanilide déclarée. Conforme
	N° 2..	9·7	2·0				aux prescriptions de la loi.
Dose. Une poudre. Rép. la dose au bout d'une ½ h. au besoin.	N° 1..	8·3	5·2			57150	" ..
	N° 2..	11·1	7·0				

JNO. TALBOT, INSPECTEUR.

Instructions figurant sur l'étiquette.	Poudres.	Poids	Acétanilide	Phénacétine	Phénazone	Numéro	Remarques et opinion
	N° 1..	4·8	2·8			47957	Acétanilide déclarée. Conforme
	N° 2..	3·9	2·3				aux prescriptions de la loi.
Dose. Une poudre. Répéter la dose au bout d'une ½ h. au bes puis lais. écoul. 4 h. s. en rep.	N° 1..	9·4	3·6			47960	" "
	N° 2..	9·0	3·2				
	N° 1..	2·1	1·3			47962	Conforme aux prescriptions de la loi.
	N° 2..	1·4	0·9				
	N° 1..	9·9	4·3			47963	Acétanilide déclarée. Conforme aux prescriptions de la loi.
	N° 2	10·3	4·6				
Dese. Une poudre. Rep. la dose au bout d'une ½ h. au besoin ; puis cesser, suivant le cas.	N° 1..	9·0	1·9			47965	Conforme aux prescriptions de la loi.
	N° 2..	9·1	1·9				
Dose. Une poudre. Rép. la dose au bout d'une heure, au besoin.	N° 1..	7·7	2·4			47966	"
	N° 2..	5·8	2·1				
Dose. Une poudre. Rép. la dose au bout de 2 h. au bes. Puis attend. 3 h. avant d'en repr.	N° 1..	5·1	3·3			47968	Excès d'acétanilide.
	N° 2..	5·9	3·8				
	N° 1..	9·5		3·8		47972	Conforme aux prescriptions de la loi.
	N° 2..	4·9		1·7			
	N° 1..	10·8	4·0			47978	Acétanilide déclarée. Conforme aux prescriptions de la loi.
	N° 2..	10·8	3·7				
	N° 1..	5·3	3·3			47984	"
	N° 2..	5·5	3·6				

14—15½

5 GEORGE V, A. 1915

BULLETIN N° 268—

Date du prélèvement de l'échantillon.	Nature de l'échantillon.	Numéro de l'échantillon.	Nom et adresse du vendeur.	Prix.		Nom et adresse du fabricant ou fournisseur tels que communiqués par le vendeur.		Description telle que par étiquette.
				Quantité.	Cents.	Fabricant.	Fournisseur.	

DISTRICT DU MANITOBA—

1913.	Poudres antiné-							
25 fév.	antiné-vralgiques	48835	P. T. Braund, Portage Ave., Winnipeg.	1 boîte	25	Inconnu.	Inconnu....	"Nyals."
26 "	"	48836	Public Drug Co., Winnipeg.	1 "	25	T o r o n t o Phar Co., Toronto.	Fabricants..	"Perfect."
26 "	"	48837	" "	1 "	25	The Drug-gists Corporation of C a n a d a, Toronto.	Inconnu....	Identique au n° 47960
26 "	"	48838	The Gordon Mitchell Drug Co., Winnipeg.	1 "	25	Knapp & Co, B e r l i n, Ger.	....	"German." Chaque poudre contient 4 gr. d'acétanilide et 2 gr. de phénacét.
26 "	"	48839	" "	1 "	25	United Drug Co., Toronto.	....	"Rexall."
27 "	"	48840	Colcleugh & Co., Notre Dame and Sherbrooke, Winnipeg.	1 "	25	Vendors....	....	"Colcleugh." Reg. n° 817. De la loi des médicam. brevetés.
27 "	"	46841	" "	1 "	25	T. Milburn Co., Ltd., Toronto.	Inconnu....	Identique au n° 50392
27 "	"	48842	D. W. Bradshaw, Notre Dame ave., Winnipeg.	1 "	25	"	.. ..	" "
13 mars.	"	48843	St.John Pharmacy, Winnipeg.	1 "	25	The Toronto Phar. Co., Ltd., Winnipeg.	....	"Perfect."
14 "	"	48844	W. G. Lang, Norwood Grove.	1 "	25	Vendor.....	....	"Langs."

DISTRICT DES MONTAGNES ROCHEUSES—

4 mars	"	49823	Rutherford Drug Co., Nelson, C.-B.	3 boîte	75	Vendeurs...	....	"Rutherford's Safe." Contre maux de tête bilieux ou nerveux.
4 "	"	49824	" "	3 "	75	The Zymole Co., New York.	....	Identique an n° 50598
4 "	"	49828	Poole Drug Co., Nelson, C.-B.	3 "	75	United Drug Co., Toronto.	....	" " 45964.
13 "	"	49854	J. Wylie, Hosmer, C.-B.	3 "	75	D u n l o p Phar. Co,, Montreal.	....	" " 37195.
13 "	"	49855	" - "	3 "	30	New York and London Drug Co,, N.Y.	....	" " 46058.

POUDRES ANTI-NÉVRALGIQUES.

Instructions figurant sur l'étiquette.	Poudres.	Po du contenu d'un cachet, en grains.	Acétati de = Antiéfébrine, grains.	Phénacétine, grains.	Phénazone=Antipyrine, grains.	Numéro de l'échantillon.	Remarques t opinion de l'analyste en chef.
		grains	grains	grains			
A. E. LARIVIÈRE, INSPECTEUR.							
....	N° 1..	4·7	3·0	......	....	48835	Acétanilide déclarée. Conforme
	N° 2..	5·8	3·7	.....	......		aux prescriptions de la loi.
Une poudre. Répéter la dose au	N° 1..	9·4	1·9	...	....	48836	Conforme aux prescriptions de
bout d'une demi-h., au besoin.	N° 2..	10·1	2·0	....			la loi.
Ne pas reprend. sans nécessité.							
.,..............................	N° 1..	7·8	2·3	......	....	48837	Acétanilide déclarée. Conforme
	N° 2..	9·0	2·8	....			aux prescriptions de la loi.
....	N° 1..	11·2	·8	2·2	......	*48838	ʺ ʺ
	N° 2..	9 7	3·6	1·6	.....		
....	N° 1..	4·0	.....	2·5	....	48839	Conforme aux prescriptions de
	N° 2..	4·9	.....	3·2	.....		la loi.
Une poudre. Répéter la dose	N° 1..	9·8	.....	6·2	......	48840	Léger excès de phénacétine dans
au bout d'une heure au besoin.	N° 2..	8·8	....	4·8	.....		une poudre.
....	N° 1..	16·1	6·5	....		48841	Acétanilide déclarée. Conforme
	N° 2..	15·6	7·1	....	..		aux prescriptions de la loi.
....	N° 1..	12·4	5·0	....		48842	ʺ ɪ
	N° 2..	14·2	5·6	.....	....		
Une poudre. Répéter la dose au	N° 1..	9 5	1·9	....	......	48843	Conforme aux prescriptions de
au bout d'une demi-heure, au	N° 2..	8·5	1·6	....	......		la loi.
besoin. Ne pas en reprendre sans nécessité.							
Une poudre. Répéter la dose au	N° 1..	4·3	2·2	......	......	48844	ʺ
bout d'une-heure, au besoin.	N° 2..	4·3	2·2	....			
◦THOS. PARKER, INSPECTEUR.							
Une pilule. Répéter la dose au	N° 1..	5·5	3·2	....		49823	Excès d'acétanilide dans les
bout d'une demi-h. au besoin.	N° 2..	5·5	3·2	....	......		deux poudres.
....	N° 1..	8·2	3·9	....		49824	Acétanilide déclarée. Conforme
	N° 2..	8·6	4·1	....			aux prescriptions de la loi.
....	N° 1..	7 3	....	4·8	......	49828	Phénacétine déclarée sous l'éti-
	N° 2..	7·3	....	4·7	....		quette d'acetphénatidine. Conforme aux prescript. de la loi.
....	N° 1..	9·4	3·0	....		49854	Acétanilide déclarée. Conforme
	N° 2..	7·9	2·9	....	......		aux prescriptions de la loi.
....	N° 1..	3·3	2·1	.. ..	......	49855	ʺ
	N° 2..	5·5	3·4	....	...		

*Approximativement.

Date du prélèvement.	Nature de l'échantillon.	Numéro de l'échantillon.	Nom et adresse du vendeur.	Prix.		Nom et adresse du fabricant ou fournisseur tel que communiqué par le vendeur.		Description telle que par étiquette.
				Quantité.	Cents.	Fabricant.	Fournisseur.	

DISTRICT DES MONTAGNES ROCHEUSES—

1913.								
17 mars.	Cachets antinévral.	49862	C. R. Macdonald, Revelstoke, C.-B.	3 bolt.	75	Nat. Drug & Chem. Co., Montréal.		Na-Dru. Co., N° 591 de la Loi des Médicaments Brevetés.
17 "	Pilules antinévralgiques.	49865	Walter Bews, Revelstoke, C.-B.	3 " .	75	Vendeurs...		"Perfect." Contient 5 grs. de phénacétine 5 grs de salol et ½ gr. de caféine.
7 avril.	Poudres antinévral.	49868	A. Reeves, Enderby, C.-B.	3 " .	75	Toronto Phar. Co., Toronto.		Identiq. au n° 46973.
7 "	" .	49869	" ..	3 " .	75	New-York & London Drug Co., N.-Y.		Identiq. au n° 46958.
9 "	" "	49875	E. T. Abbott, Armstrong, C.-B.	3 " .	75	Toronto Phar. Co., Toronto.		Identiq. au n° 46973.

DISTRICT DE VANCOUVER—

6 mars.	Poudres antinévralgiques.	53441	Leslie Henderson, rue Georgia et Granville, Vancouver, C.-B.	1 paq.	25	Vendeur....		"Gilmours." Règ. n° 809 de la loi des Médic. Brevetés.
" 6	" .	53442	Burns & Cairns, Vancouver Block, Vancouver, C.-B.	1 " .	25	Druggists Corporation Co., Toronto.		Identiq. au n° 47960.
" 6	Cachets antinévralgiques.	53443	Vancouver Drug Co., rues Richard et Hastings, Vancouver, C.-B.	1 " .	25	Manchester Drug Co., Toronto.		"Reids." Guér. inof. des maux de tête nerv. de toute prov. et de la névr. Spécifique contre les douleurs rhumatism. et nenstruelles Guérit aussi l'insomnie. Règ. n° 1560 de la loi des Méd. Brev
" 6	Poudres antinévralgiques.	53444	Brown & Dawson, 439 rue Hastings, Vancouver ouest, C.-B.	1 " .	25	Toronto Phar. Co., Toronto.		Identiq. au n° 46961.
" 6	Cachets antinévralgiques.	53445	McDuffey Bros., 132 rue Hastings, Vancouver ouest, C.-B.	1 " .	25	The Zymole Co., New-York.		Identiq. au n° 50598.
" 6	Poudres antinévralgiques.	53446	Owl Drug Co., rues Abbott et Cordova, Vancouver, C.-B.	1 " .	35	Hoffman Drug Co., Bridgeburg, Ont.		Identiq. au n° 51217.

DOC. PARLEMENTAIRE No 14

CACHETS ANTINÉVRALGIQUES.

Instructions figurant sur l'étiquette.	Poudres.	Résultats analytiques.				Numéro de l'échantillon.	Remarques et opinion de l'analyste en chef.
		Poids du contenu d'un cachet, en grains.	Acétanilide = Antifébrine.	Phénacétine.	Phénazone = Antipyrine.		

THOS. PARKER, INSPECTEUR.

		grains	grains	grains	grains		
Dose.—Un cac. Rép. la dose au b. d'une d.-h., au bes. ; p. l. doul. rhum., prend. un cac. 3 f. p. j.	N° 1..	4·3	aucun	aucun	aucun	49862	Conforme aux prescriptions de la loi.
	N° 2..	4·4	"	"	"		
Dose.—Une pilule t. les 4 heures.	N° 1..	10·1	......	4·2	......	49865	"
	N° 2..	10·1	......	3·9	......		
....	N° 1..	9·1	1·9	.....	......	49868	" "
	N° 2..	9·8	2·1	...	......		
....	N° 1..	4·9	3 1	.....	......	49869	Acétanilide déclarée. Conforme aux prescriptions de la loi.
	N° 2..	3·5	2·2	.....	......		
....	N° 1..	11·5	2·4	.....	......	49875	Conforme aux prescriptions de la loi.
	N° 2..	11·4	2·4	....	... .		

J. F. POWER, INSPECTEUR.

Dose.—Une poudre. Rép. la dose ʼau b. d'une demi-h., au besoin.	N° 1..	10·2	......	3·0	......	53441	Conforme aux prescriptions de la loi.
	N° 2..	9·9	......	2·9	......		
....	N° 1..	9·1	2·8	....	....	53442	Acétanilide déclarée. Conforme aux prescriptions de la loi.
	N° 2..	9·6	3·0	.....	......		
Dose.—Un cachet. Rép. la dose au b. d'une demi-h., au besoin.	N° 1..	13·4	2·7	......	.... .	53443	Conforme aux prescriptions de la loi.
	N° 2..	11·8	2·4	......	......		
....	N° 1..	10·7	1·9	.....	......	53444	Acétanilide déclarée. Conforme aux prescriptions de la loi.
	N° 2..	8·1	1·6	.....	......		
....	N° 1..	8·3	3·8	.....	......	53445	" "
	N° 2..	8·3	3·8	. . ...	......		
....	N° 1..	10·6	4·5	.....	......	52446	"
	N° 2..	11·3	4·9	.....	......		

Date du prélèvement.	Nature de l'échantillon.	Numéro de l'échantillon.	Nom et adresse du vendeur.	Coût. Quantité.	Cents.	Nom et adresse du fabricant ou fournisseur, tel que communiqué par le vendeur. Fabricant.	Fournisseur.	Description telle que par étiquette.
								DISTRICT DE VANCOUVER—
1913.								
6 mars.	Cachets anti-névralgiques	53447	Central Drug Store, 16 rue Cordova, Vancouver, C.-B.	1 pqt.	25	Wampole & Co., Perth, Ont.	....	"Gil /ans." Guérison sûre d. m. de tête de t. orig. et d'un car. nerv.; guér. aussi la névralgie. Acétanilide, 4½ grains, C. D. Gillanders.
10 ,,	Poudres anti-névralgiques	53448	W. E. Adams, rues Pender et Burrard, Vancouver, C.-B.	1 ,,	25	,,	....	"Almas." Remède p. les maux de tête nerveux, la névralgie, les douleurs rhumatismales et menstruelles, l'insomnie et la dépression nerveuse. Acétanilide 4½ grains.
10 ,,	,,	53449	Manhattan Pharmacy, rues Robson et Thurton, Vancouver, C.-B.	1 ,,	25	Gibson, Howell Co., Philadelphie, Pa.	....	"Gibson's" Identique au n° 53448.
10 ,,	,,	53450	Harrison's Drug Store, rues Robson et Granville, Vancouver, C.-B.	1 ,,	25	Rexall Co., Toronto.	....	Identique au n° 46964.
								DISTRICT DE VICTORIA—
10 mars.	Cachets anti-névralgiques	53520	F. J. Williams, 613 rue Fort, Victoria, C.-B.	1 douz.	25	Stearns, Détroit, Mich.	....	Identique au n° 50598.
10 ,,	,,	53522	D. E. Campbell, 650 rue Fort, Victoria, C.-B.	1 ,,	25	,,	....	,,
10 ,,	Poudres anti-névralgiques	53524	Terry's Drug Store, 705 rue Fort, Victoria, C.-B.	1 ,,	50	H. K. Wampole, Perth, Ont.	....	Identique au n° 53448.
10 ,,	Cachets anti-névralgiques	53526	Geo. A. Fraser Co., 912-914 rue Gouv., Victoria, C.-B.	1 ,,	25	Stearns, Détroit, Mich.	....	Identique au n° 50598.
10 ,,	,,	53528	Cyrus H. Bowes, 1228 rue Govt., Victoria, C.-B.	1 ,,	25	New York & London Drug Co., New-York.	....	Identique au n° 51333.
10 ,,	,,	53530	Ivel's Pharmacy, 1415 rue Gouv., Victoria, C.-B.	1 ,,	25	Toronto Ph. Co., Toronto.	....	"Ivel's." Identique au n° 53447.
11 ,,	,,	53532	Dean & Hiscocks, 627 rue Yates, Victoria, C.-B.	1 ,,	25	New York & London Drug Co.	....	Identique au n° 51333.
11 ,,	Poudres anti-névralgiques	53534	John Cochran, 1300 rue Douglas, Victoria, C.-B.	1 ,,	25	,,	....	Identique au n° 46958.
11 ,,	Cachets anti-névralgiques	53536	W. Jackson & Co., Victoria, C.-B.	1 ,,	25	Dom. Drug Co., Hamilton.	....	Cachets à l'état libre dans enveloppe de papier. Acétanilide déclarée.
11 ,,	Poudres anti-névralgiques	53538	Hall & Co., 702 rue Yates, Victoria, C.-B.	1 ,,	25	New York & London Drug Co., New-York.	....	Identique au n° 46958.

DOC. PARLEMENTAIRE No 14

POUDRES ANTINÉVRALGIQUES.

Instructions figurant sur l'étixuette.	Poudres.	Poids du contenu d'un cachet, en grains.	Acétanilide = Antifébrine, grains.	Phénacétine, grains.	Phénazone = Antipyrine, grains.	Numéro de l'échantillon.	Remarques et opinion de l'analyste en chef.
J. F. POWER, INSPECTEUR.			grains	grains	grains	grains	
Dose. Un cachet. Répéter la dose au bout d'une demi-heure au besoin. Laisser écouler 3 heures avant d'en reprendre. On pourra prendre une poudre de Seidlitz ou tout autre laxatif peu énerg. avec la prem. dose.	N° 1.. N° 2..	14·6 14·9	5·5 5·8			53447	Acétanilide déclarée. Conforme aux prescriptions de la loi.
Dose. Une poudre. Répéter la dose au bout de 20 ou 30 min., au besoin. Pour les 'douleurs névral. ou rhuma., prendre une poudre toutes les 2 ou 3 h., suivant le cas. Pour l'insomie et la dépr. nerv., pr. une pou. avant de se m. au lit; rép. la dose au b. d'une h., au bes. Pour les enf., prop. la dose à leur âge.	N° 1.. N° 2.	12·4 13·8	4·7 5·2			53448	''
....	N° 1.. N° 2..	11·4 12·9	4·2 4·8			53449	''
....	N° 1.. N° 2..	7·1 6·9		4·8 4·6		53450	Phénacétine déclarée, sous l'éti. d'acetphénatédine. Conforme aux prescriptions de la loi.
D. O'SULLIVAN, INSPECTEUR.							
....	N° 1.. N° 2..	8·9 9·4	4·2 4·4			53520	Acétanilide déclarée. Conforme aux prescriptions de la loi.
....	N° 1.. N₀ 2..	7·3 7·9	3·5 3·7			53522	'' ''
....	N° 1.. N° 2..	14·0 11·4	5·2 4·3			53524	''
....	N° 1.. N° 2..	4·9 5·5	2·4 2·6			53526	'' ¬ ''
....	N° 1.. N° 2..	8·5 8·4	4·0 4·0			53528	'' ''
....	N° 1.. N° 2..	15·5 13·1	5·8 4·7			53530	'' ''
....	N° 1.. N° 2..	8·1 8·5	3·9 4·0			53532	''
....	N° 1.. N° 2..	6·9 6·1	3·2 3·0			53534	''
....	N° 1.. N° 2..	3·9 5·1	3·2 3·9			53536	''
....	N° 1.. N° 2..	7·9 8·2	3·7 3·9			53538	''

APPENDIX L.

BULLETIN N° 269—FRUITS SÉCHÉS ET EMBALLÉS.

OTTAWA, 5 novembre 1913.

M. WM. HIMSWORTH,
Sous-ministre,
Revenu de l'Intérieur.

MONSIEUR,—J'ai l'honneur de vous soumettre un rapport concernant 176 échantillons, à titre de fruits séchés et emballés, recueillis par nos inspecteurs aux mois de juin, de juillet et d'août de la présente année. Les fruits prélevés se décomposent comme suit :—

	Échantillons.
Raisins	53
Raisins de Corinthe	26
Pruneaux	33
Figues	32
Dattes	10
Pommes	11
Abricots	6
Pêches	3
Poires	1
Conserves de pommes prélevées par erreur	1
Total	176

Notre dernière inspection systématique de fruits séchés et emballés a eu lieu en avril et en mai 1910, et elle est publiée comme bulletin 212.

Ce rapport traitait plus particulièrement des fruits emballés, et la plupart des échantillons étaient vendus dans des cartons contenant une livre de fruits ; et il a été constaté qu'une très grande partie des échantillons prélevés pesaient approximativement ce poids.

Dans le présent cas, 83 échantillons ont été pris dans des colis ouverts. En conséquence, il n'a été fait rapport que sur 92 échantillons de fruits emballés.

Les figues emballées sont d'ordinaire placées dans de petits cartons ou dans de Petites boîtes, contenant de 6 à 12 onces, poids net.

Les autres fruits emballés sont en général mis dans des cartons contenant nominalement une livre ; et il a été constaté que la grande majorité des colis examinés contiennent environ 15 onces nets.

DOC. PARLEMENTAIRE No 14

Les échantillons pesant moins que 15 onces se répartissent comme suit :—

	Echantillons.
Raisins de Corinthe	7
Raisins	7
Dattes	9
Pruneaux	1
Total	24

La Loi des Falsifications ne spécifie pas que le poids trop faible constitue la falsification. Les fabricants ne sont pas non plus tenus de déclarer le poids net des articles emballés. Je considère ceci comme un point faible, et je recommanderais que, si un colis est vendu au poids, tout acheteur constatant qu'il n'a pas reçu le poids voulu pourra se faire rendre justice sous le régime des dispositions de la Loi des Poids et Mesures.

L'emballage des fruits, épices, et de très nombreux produits alimentaires grandement utilisés est une innovation comparativement moderne. Elle se recommande fortement sous le rapport de la propreté, mais elle est exposée à des abus, et il faudrait que les colis soient des multiples ou des sous-multiples d'une livre ; ou bien il faudrait imprimer sur les colis le poids réel net. On ne peut cependant mettre ceci en vigueur, car les statuts ne renferment pas de loi qui établisse le poids des aliments emballés.

L'article 3 (e), déclare qu'un article alimentaire est falsifié, "si l'article, manufacturé ou non manufacturé, consiste, totalement ou partiellement, en quelque substance animale ou végétale malsaine, décomposée, putréfiée ou corrompue." D'après cette définition, je suis obligé de classifier comme suit les échantillons actuellement consignés :—

	Echantillons.
Satisfaisants	138
Douteux	20
Falsifiés	17
Prélevés par erreur	1
Total	176

Les échantillons falsifiés comprennent :—

	Echantillons.
Figues	9
Pruneaux	5
Pommes	1
Abricots	1
Poires	1
Total	17

En ce qui concerne les articles périssables, comme les fruits, il est raisonnable de tenir le vendeur strictement responsable de la nature de l'article vendu par lui.

En vérité, il est douteux qu'on puisse attendre du metteur en boîtes qu'il fournisse une garantie pour les articles de cette nature, dès qu'il ne sont plus en sa possession. Beaucoup de cartons sont souillés par les mouches et décolorés de façon à faire croire que le commerçant les a eus longtemps en sa possession, et qu'il les a exposés à la lumière.

Je me suis servi du mot "douteux" pour indiquer la présence d'état malsain, de saleté ou de vers, mis à un degré bien moindre que celui spécifié par l'article 3 (e) de la loi, comme constituant falsification.

J'ai l'honneur de recommander la publication du présent rapport comme bulletin n° 269.

J'ai l'honneur d'être, monsieur,

Votre obéissant serviteur,

A. McGILL,

Analyste en chef.

5 GEORGE V, A. 1915

BULLETIN N° 269—

Date du prélèvement.	Nature de l'échantillon.	Numéro de l'échantillon.	Nom et adrasse du vendeur.	Prix.		Nom et adresse du fabricant ou fournisseur, tel que communiqué par le vendeur.		Rapport de l'inspecteur (ne comportant aucune expression d'opinion).
				Quantité.	Cents.	Fabricant.	Fournisseur.	

DISTRICT DE LA NOUVELLE-ECOSSE—

1913

7 juill.	Raisins...	54102	Moriison & Williams, Halifax, N.-E.	3 paq.	22	Guggenheim Co., Californie.	J. W. Goreham, Halifax, N.-E.	....
7 "	Raisins de Corinthe	54103	"	3 "	22	Hills Bros., New-York.	"	....
8 "	Raisins...	54104	Bauld Bros., Ltd., Halifax, N.-E.	3 "	24	Kings Co. Fruit Co., Armona, Cal	Fabricants....	....
8 "	Raisins de Corinthe	54105	"	3 "	24	Hills Bros., New-York.	"	"Royal Excelsior" Brand.
8 "	Pêches...	54106	A. L. Doyle & Co., Halifax, N.-E.	3 "	45	Kings Co. Fruit Co., Armona, Cal	Dunn Co., Montréal.	....
8 "	Abricots..	54107	"	3 "	30	"	"	....
9 "	Pruneaux.	54108	"	3 "	30	Inconnu....	"	....
9 "	Figues....	54109	Wentzells, Ltd., Halifax, N.-E.	3 "	18	"	James Ballain, Agt. Halifax, N.-E.	....
11 "	Figues....	54110	R. B. Adams & Co., Halifax, N.-E.	3 "	20	"	Jno. Tobin & Co., Halifax, N.-E.	....
17 "	Figues....	54111	Wentworth Stores, Windsor, N.-E.	3 "	12	"	A. & W. Smith Co., Halifax, N.-E.	....

DISTRICT DU NORD DE LA NOUVELLE-ECOSSE ET DU CAP-BRETON—

7 août.	Raisins de Corinthe	53701	J. F. Doull, New-Glasgow, N.-E.	2 liv.	20	....	R. McGregor, New-Glasgow, N.-E.	....
7 "	Raisins...	53704	"	2 "	20	Fresno Packing Co., Fresno, Co., Cal.	....	....
7 "	Pruneaux.	53706	The 2 Barkers Co., New-Glasgow, N.-E.	2 "	26	....	The 2 Barkers, Ltd., St. Jean, N.-B.	....
7 "	Figues....	53707	"	2 "	26	....	"	....
7 "	Pruneaux.	53708	A. A. McDonald, New-Glasgow, N.-E.	2 "	30	J. K. Armsbury Co., Fresno, Cal.	....	....
7 "	Raisins...	53709	D. C. McKay.	2 "	24	"	....	....

DOC. PARLEMENTAIRE No 14

FRUITS SÉCHÉS ET EMBALLÉS.

Résultats analytiques.

Marque.	Sorte de fruit et nature du colis.	Poids net du contenu en onces.	Identité spécifique.	Qualité et grosseur du fruit.	État.	Propreté.	Nature des matières étrangères, s'il en est.	Numéro de l'échantillon.	Remarques et opinion de l'analyste en chef.

R. J. WAUGH, INSPECTEUR.

Marque.	Sorte	Poids	Identité	Qualité	État	Propreté	Nature	Numéro	Remarques
Pansy ...,....	Raisins dans une boîte de carton.	15·5	Normal.	Bonne qualité et gros.	Sains.	Propres.		54102	Satisfaisants.
Three C..... ...	Rais. de Cor. dans une bte de carton.	15	"	Bonne qualité, bonne grosseur.	"	"		54103	"
Red Bird.......	Raisins dans une boîte de carton.	16	"	" ..	"	"		54104	
....	Rais. de Cor. dans une bte de carton.	15	• "	" ..	"	"		54105	"
....	Pêches en vrac.	9	"	Bonne qualité et gros.	"	"		54106	"
... .	Abricots en vrac.	9	"	Bonne qual., bonne gross.	' "	"		54107	"
....	Pruneaux en vrac.	15·5	"	Bonne qual., gross. moy.	"	"		54108	"
....	Figues en vrac.	7·5	"	Bonne qual., bonne grosseur.	"	"		54109	
....	" ..	·10	"	Mauv. qual., bonne grosseur.	....	Sales..	Vers..	54110	Falsifiés.
....	" ..	8	"	" ..	Sains.	"	"	54111	"

M. DELORY, INSPECTEUR TEMPORAIRE.

Marque.	Sorte	Poids	Identité	Qualité	État	Propreté	Nature	Numéro	Remarques
Victory...	Rais. de Cor. dans une bte de cart..	15·5	Normal.	Bonne qual., bonne grosseur.	Sains.			53701	Satisfaisants.
Red Ribbon....	Raisins dans une boîte de carton.	16	"	" .	"	....		53704	"
..............-	Pruneaux en vrac.	14	"	Bonne qualité et grosseur moy.	"		..	53706	"
....	Figues en vrac.	16	"	Bonne qualité et bonne grosseur.			Lépis-mesdu suc. et quelq. vers.	53707	Douteux.
..............:..........	Pruneaux en vrac.	16	"	Bonne qualité, gros.	Sains.	Propres.	.....	53708	Satisfaisants.
Elk....	Raisins dans une boîte de carton.	15·5	"	Bonne qualité et bonne grosseur.	"	"		53709	"

Date du prélèvement.	Nature de l'echan- tillon.	Numéro de l'échantillon.	Nom et adresse du vendeur.	Prix, Quantité.	Cents.	Npm et adresse du fabricant ou fournisseur tel que com- muniqué par le vendeur. Fabricant	Fournisseur.	Rapport de l'inspecteur (ne comportant aucune expression d'opinion.)

DISTRICT DU NORD DE LA NOUVELLE-ECOSSE

1913.								
7 août	Raisins de corinthe.	53710	D. C. McKay.	2 liv.	20	....	R. McGregor, New-Glas- gow, N.-E.	....
8 "	Raisins...	53712	D. J. Murray.	2 "	24	The J. K. Arm- sbury Co., Fresno, Cal.		....
8 "	Raisins de Corinthe.	53714	"	2 "	20	....	R. McGregor, New-Glas- gow.	....

DISTRICT DU NOUVEAU-BRUNSWICK—

20 juin	Raisins...	50601	2 Barkers Ltd., St- Jean, N.-B.	3 pqts	21	Frank Lyman Co., Fresno, Cal.	....	No. 9744.
20 "	Pruneaux.	50602	"	3 "	30	Phœnix Pack- ing Co., Cal., E.-U.-A.	....	Pruneaux en vrac
23 "	Raisins de Corinthe.	50603	Walter Gilbert, St- Jean, N.-B.	3 "	30	The Hills Bros., New- York.	....	"Royal Excel- sior." Brand.
24 "	Figues....	50604	W. A. Porter, St- Jean, N.-B.	3 "	45	Inconnu......	Inconnu.......	Turkish Figs. Old stock. Would not guarantee quality.
24 "	Raisins...	50605	James Collins, St- Jean, N.-B.	3 "	30	Phœnix Pack- ing Co., Cal., E.-U.-A.	....	"Santa Claus" Brand.
8 juillet	Figues. ..	50606	The Yerxa Grocery Co., Frédéricton, N.-B.	1½ liv.	20	....	A.L.Goodwin, St-Jean, N.- B.	"Fountain" Brand.
9 "	Dattes ...	50607	"	3 liv..	27	....	"	Dattes en vrac.
10 "	Raisins de Corinthe.	50603	B. Beveridge, And- over, N.-B.	3 pqts	30	Jones & Scho- field, St- Jean, N.-B.	....	"Holly" Brand Cleaned Cur- rants.
23 "	Pruneaux.	50609	H. T. Brewster, Moncton, N.-B.	3 liv..	36	....	Reed & Co., Moncton.	'Cutting' Brand. Calif'nia Fruit Canners Ass'n, Hanford Co., Santa Clara Prunes.
23 "	Figues...	50610	D. A. McBeath, Moncton, N. B.	3 btes.	36	....	A.L.Goodwin, St-Jean, N.- B.	Turkish Figs. "Mignon" Brand.

FRUITS SÉCHÉS ET EMBALLÉS.

Marque.	Sorte de fruit et nature du colis.	Poids net du contenu en onces.	Identité spécifique.	Qualité et grosseur du fruit.	État.	Propreté.	Nature des matières étrangères, s'il en est.	Numéro de l'échantillon.	Remarques et opinion de l'analyste en chef.
				Résultats analytiques.					

ET-DU CAP-BRETON—*Fin.*

Blue Ribbon...	Raisins de Cor. d. une bte de car.	16	Normal.	Bonne qualité et gros.	Sains.	Propre.	......	53710	Satisfaisants.
Gold Ribbon....	Raisins dans une boîte de carton.	16·5	"	"	"	"	......	53712	"
Blue Ribbon....	Raisins de Cor. d. une bte de car.	17	"	Bonne qualité et bonne grosseur.	"	"	......	53714	"

J. C.·FERGUSON, INSPECTEUR.

Lymans......	Raisins dans une boîte de carton.	16	Normal.	Bonne qualité et bonne grosseur.	Sains.	Propres.	......	50601	Satisfaisants.
....	Pruneaux en vrac.	15	"	Bonne qualité et grosseur moy.	"	"	....	50602	"
Royal	Raisins de Cor. d. une bte de car.	14	"	Bonne qualité et bonne grosseur.	"	"	......	50603	14 on. nettes. Par ailleurs satisfaisants.
....	Figues, en vrac.	12	"	"	"	"	...... Lépismes du sucre.	50604	Douteux.
Santa Claus.....	Raisins dans une boîte de carton.	16	"	Bonne qualité et gros.	"	Propres.	......	50605	Satisfaisants.
....	Figues, en vrac·	8	"	Bonne qualité et bonne grosseur.	......	Sales.	Vers.	50606	Falsifiés.
....	Dattes, dans sac en pap.	16	"	Assez bon q. et bonne gr.	Sains.	"	....	50607	Douteux.
Holly	Raisins de Cor. d une bte de car.	14	"	Bonne qualité et bonne grosseur.	"	Propres.	....	50608	14 on. nettes. Par ailleurs satisfaisants.
....	Pruneaux en vrac.	16	"	Bonne qualité et petits	"	"	....	50609	Satisfaisants.
Mignon	Figues dans pap., dans boîte de bois.	6	"	Assez bon q. et bonne gr.	Gâtés.	......	Beau. de lépismes.	50610	Falsifiés.

Date du prélèvement	Nature de l'échantillon.	Numéro de l'échantillon.	Nom et adresse du vendeur.	PRIX.		Nom et adresse du fabricant ou fournisseur, tel que communiqué par le vendeur.		Rapport de l'inspecteur (ne comportant aucune expression d'opinion.)
				Quantité.	Cents.	Fabricant.	Fournisseur.	

DISTRICT DE QUÉBEC—

1913.								
17 juin.	Raisins de Corinthe.	37050	Alfred Marcotte, Charlebourg.	3 btes.	30	Patras-Pyrglos Amalico & Calamatas, Grèce.	Bédard & Frère.	....
17 "	Raisins...	37051	"	3 "	30	Arakelian Bros Co., Fresno, Cal.	"	....
18 "	Raisins de Corinthe.	37052	P. Légaré, Charlebourg.	3 "	30	Patras-Pyrglos Amalico & Calamatas, Grèce.	N. Turcot & Cie.	....
18 "	Raisins...	37053	"	3 "	30	Rosenberg Bros. & Co., Cal.	"	....
18 "	" ...	37054	T. Goudreault, Limoilou.	3 "	36	Griffin & Kelly, Cal.	J. B. E. Letellier.	....
18 "	Raisins de Corinthe.	37055	"	3 "	36	A. T. Zini, Patras, Grèce.	"	....
19 "	Pommes..	37056	Louis Verreault, Limoilou.	1½ liv.	23	Inconnu......	Turcotte & Frère.	....
19 "	" ..	37057	A. Lachance, Limoilou.	1½ "	23	"	Québec Preserving Co.	....
19 "	Raisins...	37058	"	3 btes.	45	Madison & Bonner, Cal.	"	....
19 "	Raisins de Corinthe.	37059	"	3 "	45	....	"	"Blue Bell" Brand.

DISTRICT DE QUÉBEC-EST—

24 juin.	Pruneaux.	53325	Dame J. A. Poliquin, Montmagny	3 btes.	45	Rosenberg Bros. & Co., Cal.	....	....
24 "	" ...	53329	A. N. Normand, Montmagny.	3 liv.	45	Cal. Fruit Co., Hanford, Cal.	J. B. Reneaud, Québec.	....
24 "	Figues...	53330	"	3 "	30	....	"	....
24 "	Pruneaux.	53333	A. Bouli, Montmagny.	3 "	36	....	Griffin & Skelly, Québec.	....
24 "	" ...	53334	Ad. Caron, Montmagny.	3 "	36	....	"	....
2 juill.	Figues....	53343	R. Lespérance, Montmagny. .	3 btes.	30	....	White Sleede, Turner, Québec.	....
3 "	Pruneaux.	53345	"	3 liv..	39	....	"	....
3 "	Figues....	53352	F. I. Caron, Cap-St-Ignace.	3 "	36	Inconnu.....	Inconnu......	....
4 "	" ...	53359	F. Lavale, St-Jean Port Joli.	3 "	45	"	"	....

FRUITS SÉCHÉS ET EMBALLÉS.

Marque.	Sorte de fruit et nature du colis.	Poids net du contenu en onces.	Identité spécifique.	Qualité et grosseur du fruit.	État.	Propreté.	Nature des matières étrangères, s'il en est.	Numéro de l'échantillon.	Remarques et opinion de l'analyste en chef.
				Résultats analytiques.					
F. X. W. E. BÉLAND, INSPECTEUR.									
Primrose	Rais. de Cor. d. une bte de carton.	16	Normal.	Bonne qualité et bonne grosseur.	Sains.	Prop.	......	37050	Satisfaisants.
Heart of California.	Raisins dans une boîte de carton.	16	"	Bonne qualité et gross. moyenne.	"	"	.....	37051	"
Narcissus	Rais. de Cor. d. une bte de carton.	16	"	"	"	"	.....	37052	"
Aztec	Raisins dans une boîte de carton.	15·5	"	Bonne qualité et gross. moyenne.	"	"	......	37053	"
Griffin	"	16	"	Bonne qual., bonne gros.	"	"	....	37054	"
Fairy	Rais. de Cor. d. une bte de carton.	15	"	Bonne qual. et gros.	"	"	....	37055	"
	Pommes en vrac.	9	"	Bonne qual., bonne gros.	"	"	......	37056	"
	"	8	"	"	"	"	......	37057	"
Blue Bell	Raisins dans une boîte de carton.	12	"	"	"	"	.....	37058	12 onc. nettes. Par ailleurs satisfaisants.
"	Rais. de Cor. d. une bte de carton.	11	"	"	"	"	....	37059	11 onc. nettes. Par ailleurs satisfaisants.
ALPHONSE PELLETIER, INSPECTEUR.									
	Pruneaux d. une boîte de carton.	12	Normal.	Bonne qualité et petits.	Sains.	Prop.	.....	53325	12 onc. nettes. Par ailleurs satisfaisants.
	Pruneaux en vrac.	16	"	Bonne qualité et gross. moyenne.	"	"	......	53329	Satisfaisants.
	Figues, dans une boîte de bois.	10	"	Bonne qual. bonne gros. et mous.	"	"	....	53330	"
	Pruneaux en vrac.	16	"	Séchés et gros.	"	Sales.	.....	53333	Douteux.
	"	16	"	Séchés et petits.	"	Prop.	......	53334	Satisfaisants.
	Figues, dans une boîte de bois.	9·	"	Bonne qual., bonne gros. et mous.	"	"	....	53343	"
	Pruneaux en vrac.	15	"	Bonne qualité et gros.	"	"	......	53345	"
	Figues en vrac.	15	"	Bonne qualité et bonne grosseur.	"	"	.....	53352	"
	"	16	"	"	"	"	......	53359	"

Date du prélèvement.	Nature de l'échantil- lon.	Numéro de l échantillon.	Nom et adresse du vendeur.	Coût.		Nom et adresse du fabricant ou fournisseur, tel que communiqué par le vendeur.		Rapport de l'inspecteur (ne comportant aucune expression d'opinion).
				Quantité.	Cents.	Fabricant.	Fournisseur.	

DISTRICT DE TROIS-RIVIÈRES—

1913.

20 juin	Raisins...	58917	C. Barrette,Joliette	3 liv.	30	........,..	HudonHébert, Montréal.	....
20 "	Pommes..	58918	"	3 "	36	West End Evap. Co., Brighton, Ont.		....
20 "	Pruneaux.	58919	"	3 "	36	J. K. Armsby, San Jose, Cal.	HudonHébert, Montréal.	....
25 "	Figues. ..	58935	O. Carignan, fils, Trois-Rivières.	3 paq.	45	....	L. Chaput fils, Montréal.	....
30 "	Confit. de pommes.	58937	Ernest Lacerte, Yamachiche.	3 btes	27	Dom. Canners, Montréal.	HudonHébert, Montréal.	"Gazelle" Brand
30 "	Figues....	58938	Isaac Giguère, Louisville.	3 paq.	24	....	L. Chaput fils, Montréal.	....
30 "	Raisins...	58939	" "	3 "	54	....	"	"King Edward" Brand.
30 "	Pommes..	58940	" "	3 "	30	....	HudonHébert, Montréal.	....
8 juillet	Fruits séchés..	58989	Louis Pauzé, L'Assomption.	3 liv.	15	....	L. Chaput fils. Montréal.	....
8 "	Raisins de Corinthe.	58990	W. H. Lacasse, L'Assomption.	3 btes	25	....	"	....

DISTRICT DES CANTONS DE L'EST—

15 juillet	Figues ...	1601	May & Houlahan, Sherbrooke.	1½ liv.	30	....	Mathewsons & Sons, Montréal.	....
15 "	Raisins...	1602	The Eastern Trading Co., Ayers Cliff.	3 paq.	25	Griffin&Skelly Co., Fresno, Cal.		....
16 "	Prunes....	1603	T. M. Bachelder & Co., Magog.	1½ liv.	18	....	G. T. Armstrong, Sherbrooke.	Box marked W. & S., New-York,Rose and Laflamme, Montréal.
16 "	" ...	1604	S. & W. Fortier, Ltd Sherbrooke, Est.	1½ "	20	Unknown	Inconnu..	....
22 "	"	1605	Longmoar & Mc-Elreary, Thetford Mines.	3 paq.	30	Rosenberg Bros. & Co., Cal.	Whitehead. & Turner, Québec.	....
23 "	Pruneaux	1606	La Cie des Cultivateurs, Ltée, St-Georges, Beauce.	1½ liv.	15	Cal. Fruit Canners Assoc., Hanford,Cal	J. B. Reneaud, Québec.	....
24 "	Pommes..	1607	A. M. McKenzie, Scottstown.	1½ "	15	Géo. W. Chatterson,Winklow, Ont.	G. T. Armstrong, Sherbrooke.	....

DOC. PARLEMENTAIRE No 14

FRUIT SÉCHÉS ET EMBALLÉS.

Résultats analytiques.

DR V. P. LAVALLÉE, INSPECTEUR.

Marque.	Sorte de fruit et nature du colis.	Poids net du contenu en onces.	Identité spécifique.	Qualité et grosseur du fruit.	Etat.	Propreté.	Nature des matières étrangères, s'il en est.	Numéro de l'échantillon.	Remarques et opinion de l'analyste en chef.
....	Raisins en vrac.	16·5	Normal.	Bonne quali-té et gros.	Sains.	Pres.	.....	58917	Satisfaisants.
....	Pommes en vrac.	15	"	Bonne quali-té et bonne grosseur.	"	"	.....	58918	"
....	Pruneaux en vrac.	15	"	Bonne quali-té et gros. moyenne.	"	"	.....	58919	"
Aristocratic.....	Figues dans papier dans b. de bois.	12	"	Bonne quali-té, bonne g. et mous.	"	"	.....	58935	"
....	Conserves de pommes.	...					.....	58937	Prélevés par erreur.
....	Figues dans papier dans b. de bois.	10·5	Normal.	Bonne quali-té, bonne g. et mous.	Sains.	Pres.	.....	58938	Satisfaisants.
King Edward...	Raisins dans une boîte de carton.	15	"	Bonne quali-té et petits.	"	"	.....	58939	"
....	Pommes en vrac.	15	"	Bonne quali-té et b. gr.	"	"	.....	58940	"
....	"	16	"	Séchés et gros.	"	"	.....	58989	"
Primus........	Rais. de Corinthe dans b.de carton.	14	"	Bonne quali-té et b. gr.	"	"	.....	58990	14 on. nettes, par ailleurs satisfaisants.

J. C. ROULEAU, INSPECTEUR.

	Figues en vrac.	7	Normal.	Bonne quali-té et bonne grosseur.			L'ép. du sucre.	1601	Douteux.
....	Raisins dans boîte de carton.	16	"	Bonne quali-té et gros. moyenne.	Sains.		Quel ques vers.	1602	"
....	Pruneaux en vrac.	8	"	" ..	"	Pro-pres.	......	1603	Satisfaisants.
....	" ..	8	"	" ..	"	"	.....	1604	"
....	" ..	11	"	Bonne quali-té et bonne grosseur.	"	"	......	1605	"
....	" ..	11	"	Bonne quali-té et petits.	"	"	... .	1606	"
....	Pommes. en vrac.	8	"	Bonne quali-té bonne grosseur.	"		Quel ques vers.	1607	"

14—16½

5 GEORGE V, A. 1915

BULLETIN N° 269—

Date du prélèvement.	Nature de l'échantillon.	Numéro de l'échantillon.	Nom et adresse de vendeur.	Prix.		Nom et addresse du fabricants ou fournisseur, tel que communiqué par le vendeur.		Rapport de l'inspecteur (ne comportant aucune expression d'opinion.
				Quantité.	Cents.	Fabricant.	Fournisseur.	

DISTRICT DES CANTONS DE L'EST—

1913.								
28 juillet	Pommes..	1608	J. Plamondon, St-Césaire.	1½ liv.	15	Lalar Co., Dunnville, Ont.	HudonHébert, Montréal.	....
29 ꞌꞌ	Raisins...	1609	J. ¦E. Boulais, Ste-Angèle Rouville.	1½ ꞌꞌ	12	W. Abel, Denia Spain.	L. Chaput, fils & Cie., Montréal.	....
30 ꞌꞌ	Pommes..	1610	H. Ledoux, Beloeil.	1½ ꞌꞌ	15	Jno. Whiddon, Bayfield, Ont	....	....

DISTRICT DE MONTRÉAL—

24 juin	Figues....	58736	D. Genser, 39 rue Sanguinet, Montréal.	3 paq.	30	....	Montreal Fruit Auction Co.	....
26 ꞌꞌ	Raisins...	58737	Isidore Gougeon, 368 rue Dorchester ouest, Montréal..	3 ꞌꞌ	45	J. K. Armsby Co., Californie.	....	
26 ꞌꞌ	Raisins de Corinthe.	58738	ꞌꞌ	3 ꞌꞌ	30	....	....	"Uno" Brand..
26 ꞌꞌ	Raisins...	58739	R. Walsh, 376 rue Dorchester ouest, Montréal.	3 ꞌꞌ	45	....	Hudon Hébert, Montréal.	... .
2 juillet	ꞌꞌ ...	58740	H. Montpetit, Ste-Anne de Bellevue.	3 ꞌꞌ	39	....	Hudon & Orsali, Montréal.	....ꜱ.....
2 ꞌꞌ	Raisins de Corinthe.	58741	J. Daoust & Cie., Ste-Anne de Bellevue.	3 ꞌꞌ	30	....	Bergeron, Whissell& Co., Montréal.	....
9 ꞌꞌ	Figues....	58742	W. J. Leduc, 2222 rue Notre-Dame ouest, Montréal.	3 liv.	60	....	W. Gilbert Frère, Montréal.	....
10 ꞌꞌ	ꞌꞌ	58743	F. X. Rouleau, 1839 rue St-Jacques ouest; Montréal.	3 ꞌꞌ	36	....	Bergeron, Whissell& Co., Montréal.	....
10 ꞌꞌ	Pruneaux.	58744	Victor Léveillé, 2014 rue St-Jacq. ouest, Montréal.	3 ꞌꞌ	30	....	Hudon Hébert & Cie, Montréal.	....
25 ꞌꞌ	Raisins de Corinthe.	58745	G. Pilon, St-Zotique.	3 paq.	30	....	L. Chaput & Fils, Montréal.	... .

FRUITS SÉCHÉS ET EMBALLÉS.

		Résultats analytiques.						
Marque.	Sorte de fruit et nature du colis.	Poids net du contenu en onces.	Identité spécifique.	Qualité et grosseur du fruit.	Etat.	Propreté.	Nature des matières étrangères s'il en est.	Numéro de l'échantillon.	Remarques et opinion de l'analyste en chef.

Fin.

....	Pommes en vrac.	6·5	Nor. mal.	Bonne qualité et bonne grosseur.	Sains.	Propres.	......	1608	Satisfaisants.
....	Raisins en vrac.	10	"	Séché et bonne qualité.	"	"	......	1609	"
....	Raisins en vrac.	7·5	"	"	..	"	...... Quelques vers.	1610	Douteux.

D. J. KEARNEY, INSPECTEUR.

....	Figues en vrac.	15	Normal.	Bonne qualité et bonne grosseur.	Sains.	Propres.	......	58736	Satisfaisants.
Sunkist....... ...	Raisins dans boite de carton.	15	"	Bonne qualité et gros.	"	"	......	58737	"
Juno............	Raisins de Corinthe "	16	"	"	"	"	......	58738	"
Sultana.........	Raisins "	16	"	Bonne qualité et petits.	"	"	......	58739	"
Oro............	"	15·5	"	Bonne qualité et bonne grosseur.	"	"	......	58740	"
Vulcan.........	Raisins de Cor. dans bte de car.	14	"	"	"	"	......	58741	14 on. nettes. Pareilleurs satisfaisants.
....	Figues en vrac.	16	"	"	......·	......	Quelques vers et mouches.	58742	Douteux.
....	"	15	"	Mauvaise qualité, assez gros.	......	Sales.	Vers,	58743	Falsifiés.
....	Pruneaux en vrac.	16	"	Bonne qualité, petits.	......	"	Quelques. vers.	58744	"
Primus.........	Raisins de Cor. dans bte de car.	14	"	Bonne qt alité et gros.	Sains.	Propres.	....	58745	14 on. nets. Par ailleurs satisfaisants.

5 GEORGE V, A. 1915

BULLETIN N° 269—

Date du prélèvement.	Nature de l'échantillon.	Numéro de l'échantillon.	Nom et adresse du vendeur.	Prix.		Nom et adresse du fabricant ou fournisseur tel que communiqué par le vendeur.		Rapport de l'inspecteur (ne comportant aucune expression d'opinion).
				Quantité.	Cents.	Fabricant.	Fournisseur.	

DISTRICT DE VALLEYFIELD—

1913.								
2 juillet	Raisins...	58001	T. Dallaire, Lachute, P.Q.	3 pkgs	30			
2 "	Raisins de Corinthe	58002	A. C. Bradford, Lachute, P.Q.	3 "	38			Nymph Brand..
2 "	Dattes....	58003	J. D. Campbell, Lachute, P.Q.	3 "	30			Anchor " ..
2 "	Raisins...	58004	Pariseau Bros., Brownsburgh, P:Q.	3 "	39			Pansy " ..
4 "	Pruneaux.	58005	Arthur Bissett, Farnham, P.Q.	3 liv.	30			
4 "	Raisins de Corinthe	58006	R. Bernard, Farnham, P.Q.	3 pkgs	36			
4 "	Raisins...	58007	J. E. Baillargeon, Farnham, P.Q.	3 "	25			Eagle Brand....
4 "	Raisins de Corinthe	58008	" ..	3 "	30			Primus " ....
10 "	Raisins...	58009	P. J. Roy, Saint-Jean, P.Q.	3 "	36			
10 "	Figues.. .	58010	E. Leblanc, Saint-Jean, P.Q.	3 liv.	30			

DISTRICT D'OTTAWA—

28 juin.	Dattes ...	59126	The MacKay Bros., Ltd., Renfrew, Ont.	3 pkgs	30	The Hills Bros. Co., New York.	Robertson Nicolle, Kingston.	Royal Excelsior Brand.
28 "	Raisins...	59127	Michael Vice, Renfrew, Ont.	3 "	25	Griffin Skelley Co., California.	Craig & Co., Kingston.	Silver Bar Brand (
28 "	Raisins de Corinthe	59128	" ..	3 "	30	Inconnu.......	Inconnu	Wapiti Brand...
30 "	Raisins...	59129	H. A. Coolidge, Smith's-Falls, Ont.	3 "	30	Chaddock & Son, Fresno, California	"	
2 juillet	Dattes....	59130	W. G. Becksted, Morrisburg, Ont.	3 "	30	The Hills Bros. Co., New York.	Forbes, Bros .	Anchor Brand..
2 "	Raisins...	59131	" ..	3 "	38	Guggenhime & Co., California.	Laporte Martin, Montreal.	Daphne Brand..
3 "	Raisins de Corinthe	59132	J.Y. Patrick, Westboro, Ont.	3 "	30	Hills Bros.Co., New York.	Castle & Co., Ottawa.	

DOC. PARLEMENTAIRE No 14

FRUITS SÉCHÉS ET EMBALLÉS.

Résultats analytiques.

Marque.	Sorte de fruit et nature du colis.	Poids net du contenu en onces.	Identité spécifique.	Qualité et grosseur du fruit.	État.	Propreté.	Nature des matières étrangères, s'il en est.	Nature de l'échantillon.	Remarques et opinion de l'an. en chef.

J. J. COSTIGAN, INSPECTEUR INTÉRIMAIRE.

Marque.	Sorte de fruit et nature du colis.	Poids	Identité	Qualité et grosseur	État.	Propreté.	Nature matières	Nature échantillon	Remarques
....	Raisins dans une boîte de carton.	15·5	Normal.	Très humides, bonne grosseur.	Saine.	Propres.		58001	Satisfaisants.
Nymph.........	Raisins d e Cor. d. une b. de cart.	15	"	Bonne qualité et bonne grosseur.	"	"		58002	"
Anchor...... ...	Dates d. une boîte d e carton.	13	"	Bonne qual., b. grosseur et nous.	"	"		58003	13 on. nettes. Par ai'-leurs satisfaisants.
Pansy..	Raisins dans une boîte de carton.	16	"	Bonne qualité et gros.	"	"		58004	Satisfaisants.
....	Pruneaux en vrac.	16	"	Bon. qual. et gros. moy.	"	"		58005	"
Signal.........	Raisins d e Cor. d. une b. de cart.	15·5	"	"	"	"		58006	"
Eagle..........	Raisins dans une boîte de carton.	16	"	Bonne qualité et bonne grosseur.	"	"		58007	"
....	Raisins d e Cor. d. une b. de cart.	14	"	"	"	"		58008	14 on. nettes. Par ailleurs satisfaisants.
....	Raisins dans une boîte de carton.	15	"	"	"	"		58009	Satisfaisants.
....	Fig.,en vrac.	14	"	Mauv. qual. et bon. gr.	"	"		58010	Douteux.

J. A. RICKEY, INSPECTEUR.

Marque.	Sorte de fruit et nature du colis.	Poids	Identité	Qualité et grosseur	État.	Propreté.	Nature matières	Nature échantillon	Remarques
Royal Excelsior.	Dates d. une boîte d e carton.	13·5	Normal.	Bonne qualité, gros et mous.	Saine.	Pro-pres.		59126	13·5 on.nettes.Par ailleurs satisfaisants.
Silver Bar......	Raisins dans une boîte de carton,	15	"	Bonne qual., et bonne grosseur.	"	"		59127	Satisfaisants.
Wapiti	Raisins d e Cor. d. une b. d. cart.	16	"	Bonne qualité et gros.	"	"		59128	"
Corona	Raisi s dans une boîte de carton.	13	"	Bonne qualité, et bonne gross.	"	"		59129	13 on. nettes. Par ailleurs satisfaisants.
Anchor	Dates dans une boîte de carton.	12·5	"	Bonne qual., b. grosseur et mous.	"	"		59130	12·5 on. nettes.Par ail leurs satisfaisants.
Daphne....... .	Raisins dans une boîte de cart·n.	15·5	"	Bonne qualité; et bonne gross.	"	"		59131	Satisfaisants.
Royal Excelsior.	Raisins d e Cor. d. une b. de cart.	15	"	Bonne qualité et gros.	"	"		59132	"

248   REVENUS DE L'INTERIEUR

5 GEORGE V, A. 1915

BULLETIN N°. 269—

Date du prélèvement.	Nature de l'échantillon.	Numéro de l'échantill'on.	Nom et adresse du vendeur.	PRIX.		Nom et adresse du fabricant ou fournisseur, tel que communiqué par le vendeur.		Rapport de l'inspecteur (ne comportant aucune expression d'opinion).
				Quantité.	Cents.	Fabricant.	Fournisseur.	

DISTRICT D'OTTAWA—

1913.								
3 juil.	Figues....	59133	W. S. Allan, Westboro, Ont.	3 liv.	25	....	Provost & Allard, Ottawa	....
3 "	"	59134	Graham & Acres, Westboro, Ont.	3 "	24	....	"	....
4 "	Dattes....	59135	H. Richardson, Ottawa.	3 paq.	30	Wm.Hills,Jr., New-York.	Castle & Co., Ottawa.	Buffalo Brand ,,

DISTRICT DE KINGSTON—

23 juin.	Raisins...	57309	A. Glover, Kingston.	3 paq.	39	Griffin & Skelley, Fresno, Cal.	....	....
23 "	Figues....	57310	J. E. Purdy, Kingston.	3 liv.	45	....	Geo. Robertson & Co., Kingston.	....
23 "	Raisins...	57311	P.A. Haffner, Kingston.	3 paq.	30	Griffin & Skelley, Fresno, Cal.	....	....
23 "	" ...	57312	J. Cullen, Kingston	3 "	45	Chaddock Co., Fresno, Cal.	....	....
23 "	" ...	57313	C. H. Pickering, Kingston.	3 "	36	"	....	....
23 "	Pruneaux.	57314	J. Kelley Co., Kingston.	3 liv.	45	....	Fenwick Hendry Co., Kingston.	....
25 "	Raisins...	57315	W. H. Lanning, Belleville.	3 paq.	30	Phœnix Packing Co., Fresno. Cal.	....	....
25 "	" ...	57316	J. H. P. Young, Belleville.	3 "	30	Giffin Hobbs Co., Fresno, Cal.	....	....
25 "	" ...	57317	T.R. Harvey & Son, Coburg.	3 "	38	Arnsey Co....	....	....
25 "	" ...	57318	Estate H. Crozier, Coburg.	3 "	38	Griffin Skelley	....	....

DISTRICT DE TORONTO—

23 juin.	Abricots..	57435	S. J. Bailey, Collingwood, Ont.	3 liv.	53	....	H. P. Eckerdt & Co., Toronto.	Echan. préle. d. la boîte étiquetée California Fruit Canners Association.
24 "	Figues....	57436	Wisdom & Co., Ltd., Allendale, Ont.	3 "	21	....	Inconnu...	....
24 "	"	57437	J. H. Wilson & Son, Orillia, Ont.	3 "	30	....	F. H. Haywood,Orillia.	....

DOC. PARLEMENTAIRE No 14

FRUITS SÉCHÉS ET EMBALLÉS.

Marque.	Sorte de fruit et nature du colis.	Poids net du contenu en onces.	Identité spécifique.	Qualité et grosseur du fruit.	État.	Propreté.	Nature des matières étrangères, s'il en est.	Numéro de l'échantillon.	Remarques et opinion de l'analyste en chef.
				Résultats analytiques.					

Fin.

....	Figues en vrac.	16	Normal.	Bon. qnal. et bon. gross.	....	Sales.	Vers.	59133	Falsifiés.
....	" ..	13	"	" ..	Sains.	Propres.	....	59134	Satisfaisants.
Buffalo	Dates dans une boîte de carton.	14	"	Bon. qualité, b. grosseur et mous.	"	"	......	59135	14 on. nettes, par ailleurs satisfaisants.

JAS. HOGAN, INSPECTEUR.

Gold Bar.......	Raisins dans une boîte de carton.	16	Normal.	Bonne qual. et bonne grosseur.	Sains.	Propres.	....	57309	Satisfaisants.
....	Figues en vrac.	12	"	" ..	"	"	......	57310	"
Easter	Raisins dans une boîte de carton.	15·5	"	" ..	"	"	. ...	57311	"
Corona.	" ..	15	"	" ..	"	"	......	57312	"
"	" ..	15	"	" ..	"	"	.....	57313	"
....	Pruneaux en vrac.	14	"	Bonne qual. et gros.	"	"	.....	57314	" .
Tulip	Raisins dans une boîte de carton.	16	"	Bonne qual. et grosseur moyenne.	"	"	......	57315	"
Red and Gold...	" ..	16	"	Bonne qual. et bonne grosseur.	"	"	......	57316	"
Sunkist	" ..	15	"	Bonne qual. et gros.	"	"	.....	57317	"
Griffin.........	" ..	15	"	" ..	"	"	......	57318	"

H. J. DAGER, INSPECTEUR.

....	Abricots en vrac.	17	Normal.	Bonne qual. et bonne grosseur.	Sains.	Propres.	....	57435	Satisfaisants.
....	Figues en vrac.	15·5	"	Mauv. qual. et bonne grosseur.	.. ..	Sales.	Vers .	57436	Falsifiés.
....	"	19	"	Bon. qual. et b. grosseur.	......	... ..	"	57437	Douteux.

5 GEORGE V, A. 1915

BULLETIN N° 269—

Date du prélèvement.	Nature de l'échantillon.	Numéro de l'échantillon.	Nom et adresse du vendeur.	Prix.		Nom et adresse du fabricant ou fournisseur tel que communiqué par le vendeur.		Rapport de l'inspecteur (ne comportant aucune expression d'opinion).
				Quantité.	Cents.	Fabricant.	Fournisseur.	

DISTRICT DE TORONTO—

1913.								
25 juin..	Pommes..	57438	A. Rayner, Barrie, Ont.	3	liv.	30	G. W. Chatterson, Wicklow.	....
26 " ..	Raisins de Corinthe.	57439	D. Simpson & Co., Pickering, Ont.	3	"	30	.... Davidson Hay Co., Ltd., Toronto.	....
27 " ..	Figues...	57440	W. B. Pringle & Co., Whitby, Ont.	2¼	"	13	.... Grocers Ltd., Toronto.	....
27 " ..	Pêches...	57441	S. F. Conlin, Oshawa, Ont.	3	"	38	.... Inconnu......	....
3 juil..	Pommes..	57442	A. Thompson, 157 King St. East, Toronto.	3	"	24	.... Cultivateur...	. ...
7 " ..	Figues..	57443	C. J. Carrall, 317 Parliament St., Toronto.	3	"	21	.... Inconnu......	....
8 " ..	Abricots..	57444	J. F. Cryderman, 763 Queen St. East, Toronto.	3	"	45	.... "	....

DISTRICT DE HAMILTON—

11 juil..	Pruneaux.	58816	C. Smith, 661 Barton Street. East, Hamilton	3	liv.	39	The J. K. Armsby Co.	....
11 " ..	Dattes....	58817	F. G. Morris, 731 Barton St. East, Hamilton.	3	paq.	30	The Hills Bros. Co., New-York.	....
11 " ..	Figues....	58818	J. Venator, 797 Barton St. East, Hamilton.	3	"	30	.... Vendeur......	....
11 " ..	Pruneaux.	58819	Mrs. C. Saneman, 821 Barton Street East, Hamilton.	3	liv.	38	Calf. Fruit Pack's Asso. San Francisco, Calf.	....
15 " ..	Abricots..	58820	J. Turnbull, 407 York St., Hamilton.	3	"	45	J. K. Armsby Co., Fresno, Calf.	....
15 " ..	Dattes....	58821	M. L. McBeath, 235 York Street, Hamilton.	3	"	30	The Hills Bros. Co., New-York.	....
20 août..	Abricots..	58822	James E. Eddie, Front St., Thorold.	3	"	31	Inconnu......	....
25 " ..	Figues....	58824	George Williams, Guelph.	1½	"	30	"	....

DOC. PARLEMENTAIRE No 14

FRUITS SÉCHÉS ET EMBALLÉS.

Marque.	Sorte de fruits et nature de colis.	Résultats analytiques.								Remarques et opinion de l'analyste en chef.
		Poids net du contenu en onces.	Identité spécifique.	Qualité et grosseur du fruit.	État.	Propreté.	Nature des matières étrangères, s'il en est.	Numéro de l'échantillon.		

Fin.

....	Pommes, en vrac.	16·5	Normal.	Bonne quali. et bonne grosseur.	Sains.	Propres.		.....	57438	Satisfaisants.
. . . .•....	Raisin de Cor.,en vrac.	17	"	"	"	"		....	57439	"
....	Figues, en vrac.	10	"	Petits.	Gâtés.	Sales.	Vers.		57440	Falsifiés.
....	Pêches, en vrac.	16	"	Bonne quali- té et gros.	Sains.	Propres.		.....	57441	Satisfaisants.
....'.	Pommes, en vrac.	15	"	Mauvaise qualité et b. grosseur.	Gâtés.	Gâtés.	Vers.		57442	Falsifiés.
....	Figues, en vrac.	18	"	"		......	"	"	57443	"
....	Abricots, en vrac.	15·5	"	"		......	"	"	57444	"

D. M. CAMERON, INSPECTEUR.

....	Pruneaux, en vrac.	15	Normal.	Mauvaise qualité et petits.	Gâtés.	Sales.	Vers.	....	58816	Falsifiés.
....	Dattes, dans une boîte de carton.	14	"	Bonne quali- té, gros et mous.	Sains.	Propres.		. . . .	58817	14 on. nettes. Par ailleurs satisfaisants.
....	Figues, dans une boîte de carton.	8·5	"	"	"	"		. . . .	58818	Satisfaisants.
....	Pruneaux, d. une boîte en carton,	16	"	Bonne quali- té, gross. moyenne.		......	Sales.	Vers.	58819	Falsifiés.
....	Abricots, en vrac.	16	"	Bonne qual. et bonne grosseur.		....	Quelques vers.		58820	Douteux.
....	Dattes, dans une boîte de carton.	14·5	"	Assez bon, gros et mous.	Quel. uns gâtés	En général prop.	...		58821	14.5 on. nettes. Douteux.
....	Abricots, en vrac.	15·5	"	Bonne qual. et bonne grosseur.	Sains.	Propres.		.....	58822	Satisfaisants.
....	Figues, en vrac.	8	"	"	"	"		.. ...	58824	"

Date du prélèvement	Nature de l'échantillon.	Numéro de l'échantillon.	Nom et adresse du vendeur.	Prix. Quantité-	Cents.	Fabricant.	Fournisseur.	Rapport de l'inspecteur (ne comportant aucune expression d'opinion).

DISTRICT DE WINDSOR—

1913.								
7 juillet	Fruits emballés.	54853	E. R. Snook, Chatham.	3 paq.	35	Califor. Fruit Canners' Assn.		"Rose Brand".
7 "	"	54855	Harry A. Andrew, Chatham.	1½ liv.	19		A. M. Smith & Co., London, Ont.	
7 "	Dattes....	54856	Geo. A. Young, Chatham.	3 paq.	30		Geo. Watt, Brantford.	"Dromedary Brand."
7 "	Fruits emballés.	54858	M. E. Wilson, Chatham.	3 liv.	38		Mc Pherson, Glascow & Co., Hamilton.	
7 "	"	54859	Geo. Taylor, Chatham.	3 " .	30		Inconnu	
8 "	Raisins...	54861	G. Adam, Windsor.	3 paq.	37		J. F. Smyth, Windsor, Ont.	"Red Feather Brand."
8 "	Fruits emballés.	54864	N. Barker, Windsor.	3 liv.	38		"	
8 "	"	54866	Jno. H. Luxford, Walkerville.	3 " .	30		"	
9 "	Raisins...	54871	R. T. Moran, Leamington.	3 paq.	38		G. Watt & Sons, Brantford.	"Purple and Gold' Brand.
9 "	Fruits emballés.	54872	C. B. Ellis, Leamington.	3 " .	30		Inconnu	Quail Brand....

DISTRICT DE MANITOBA—

26 juin.	Raisins...	48921	F. Fawley, 436 Notre-Dame, Winnipeg.	3 paq.	30	Malaca Packing Co., Malaca, Cal.		"Golden Ophir" Brand.
26 "	" ...	48922	John Dyke, William Ave., Winnipeg.	3 " .	40	Eby Blain, Ltd., Toronto.		"Anchor" Brand.
26 "	" ...	48923	" " ..	3 " .	30	Rosenberg Bros. Co., San Francisco, Cal.		"Guardian" Brand.
27 "	Pruneaux.	48924	W. J. Robinson, Portage Ave., Winnipeg.	3 liv.	30		A. Macdonald & Co., Winnipeg.	
27 "	" ...	48925	Heaney Bros., Portage Ave., Winnipeg.	3 " .	25			
27 "	Figues...	48926	" " ..	3 " .	25			
3 juillet	Pruneaux.	48927	O. Hughes, Pembina Ave., Winnipeg.	3 " .	30	J. K. Armsby. San Jose, Cal.		
3 "	" ...	48928	Bain's Grocery, Pembina Ave., Winnipeg.	3 " .	30	Inconnu		

FRUITS SÉCHÉS ET EMBALLÉS.

Résultats analytiques.

Marque.	Sorte de fruit et nature du colis.	Poids net du contenu en onces.	Identité spécifique.	Qualité et grosseur du fruit.	État.	Propreté.	Nature des matières étrangères, s'il en est.	Numéro de l'échantillon.	Remarques et opinion de l'analyste en chef.
JNO. TALBOT, INSPECTEUR.									
Rose...........	Raisins dans une boîte de carton.	16	Normal.	Bonne qualité et bonne grosseur.	Sains.	Prop..		54853	Satisfaisants.
... .	Pruneaux en vrac.	8	"	Bonne qualité et petits.	"	Sales.		54855	Douteux.
Dromedary.....	Dattes dans une boîte de carton.	14	"	Bonne qualité, bo. gr., et mous.	"	Prop..		54856	14 on. nettes. Par ailleurs satisfaisants.
....	Pruneaux en vrac.	16	"	Gros.		Sales.		54858	Douteux.
....	Rais. de Cor. en vrac.	16	"	Bonne qual. et b. gross.	Sains.	Prop..		54859	Satisfaisants.
Red Feather....	Raisins dans une boîte de carton.	15·5	"	" _ ..	"	"		54861	"
...,...........	Pruneaux en vrac.	15	"	Bonne qualité et petits,			Quelques vers.	54864	Douteux.
....	Rais. de Cor. en vrac.	15·5	"	Bonne qual. et b. gross.	Sains.	Prop..		54866	Satisfaisants.
Purple and Gold.	Raisins dans une boîte de carton.	15	"	Bonne qualité et petits.	"	"		54871	"
Quail..........	" ..	16	"	Bonne grosseur.	"	. "		54872	"
A. C. LARIVIÈRE, INSPECTEUR.									
Gold of Ophir ..	Raisins dans une boîte de carton.	15·5	Normal.	Bonne qualité et bonne grosseur.	Sains.	Prop..		48921	Satisfaisants.
Anchor........	" ..	15·5	"	Bonne qualite et gros.	"	"		48922	"
Guardian.......	" ..	14	"	" ..	"	"		48923	14 on. nettes. Par ailleurs satisfaisants.
....	Pruneaux en vrac.	18	"	" ..	"	"		48924	Satisfaisants.
....	" ..	12	"	" ..		Sales .	Vers .	48925	Falsifiés.
....	Fig. en vrac.	13	"	" ..			"	48926	Douteux.
....	Pruneaux en vrac.	16	"	" ..	Sains.		"	48927	. "
....	" ..	15	"	Bonne qualité et petits.		Sales .	Quelques vers.	48928	. "

Date du prélèvement.	Nature de l'échantillon.	Numéro de l'échantillon.	Nom et adresse du vendeur.	PRIX. Quantité.	PRIX. Cents.	Nom et adresse du fabricant ou fournisseur, tel que communiqué par le vendeur. Fabricant.	Nom et adresse du fabricant ou fournisseur, tel que communiqué par le vendeur. Fournisseur.	Rapport de l'inspecteur (ne comportant aucune expression d'opinion.)
							DISTRICT DE MANITOBA—	
1913.								
14 juillet	Pruneaux.	48929	T. A. Newman & Bros., Portage-La-Prairie.	3 liv.	30		Campbell Bros. & Wilson, Winnipeg.	....:......
15 "	" ...	48930	Ed. Bolton, Brandon.	3 "	30		The Codville Co., Brandon.	....
							DISTRICT DES MONTAGNES-ROCHEUSES—	
2 juillet	Figues....	49901	L. C. Masson, Revelstoke, C.-B.	3 liv..	45		Kelly, Douglas & Co., Vancouver, C.-B.	....:......
2 "	Raisins...	49902	"	3 paq.	45		"	......
2 "	Raisins de Corinthe.	49903	"	"	45		"	......
2 "	Pruneaux.	49904	"	3 liv..	45		W. H. Malkins & Co., Vancouver, C.-B.	......
2 "	Abricots..	49905	"	3 "	60		"	......
2 "	Pêches..	49906	"	3 "	45		"	......
2 "	Poires....	49907	"	3 "	45		"	......
2 "	Pommes..	49908	"	3 "	45		"	......
16 "	Figues....	49926	Union Co op. Ass'n Rossland, C.-B.	3 paq.	50		Rosenberg Bros. & Co., San - Francisco.	......
16 "	Pruneaux.	49927	"	3 liv..	40		North Ontario Packing Co., Californie.	......
							DISTRICT DE VANCOUVER—	
12 août..	Raisins...	54926	McTaggart's grocery, Granville St., Vancouver, C.-B.	3 paq.	40		Mowat & Co., Fresno, Cal.	......
12 "	" ...	54927	McKenzie's grocery, 711 Robson St., Vancouver, C.-B.	3 "	25		Kelly, Douglas & Co., Vancouver, C.-B.	"Nabob" Brand.
12 "	" ...	54928	A. & C grocery, 909 Georgia St., Vancouver, C.-B.	3 "	40		"	*"Columbia" Brand, choice bleached Sultana.
12 "	" ...	54929	Turner's grocery, Hornby and Pender Sts., Vancouver, C.-B.	3 "	40		Am. Vineyard Co, Fresno, Cal.	"Not-a-Seed" Brand, Sun Cured.

DOC. PARLEMENTAIRE No 14

FRUITS SÉCHÉS ET EMBALLÉS.

Résultats analytiques.

Marque.	Sorte de fruit et nature du colis. '	Poids net du contenu en onces.	Identité spécifique.	Qualité et grosseur du fruit.	État.	Propreté.	Nature des matières étrangères, s'il en est.	Numéro de l'échantillon.	Remarques et opinion de l'analyste en chef.

Fin.

| | Pruneaux en vrac. | 16 | Normal. | Bonne qualité, gr. moy. | Sains. | Sales. | Quelques vers. | 48929 | Douteux. |
| .... | " .. | 16 | " | Bonne qualité, petits. | " | Propres. | ..... | 48930 | Satisfaisants. |

THOS. PARKER, INSPECTEUR.

	Figues en vrac.	16	Normal.	Bonne qual. et bonne gr.	Sains.	....	Quelques vers.	49901	Douteux.
Columbia......	Raisins dans une boîte de carton.	14	"	"	"	Propres.	......	49902	14 on. nettes. Par ailleurs satisfaisants.
"	Rais. de Cor. dans une b. de carton.	16	"	Bonne qual. et gros.	"	"	......	49903	Satisfaisants.
....	Pruneaux en vrac.	16	"	"	"	"	......	49904	"
, ...	Abricots en vrac.	15	"	Bonne qual. et bonne gr.	"	"	......	49905	"
....	Pêches en vrac.	15	"	Bonne qual. et gros.	"	"	....	49906	"
....	Poires en vrac.	16	"	"	Gâtés.	Sales.	Mouc. et vers.	49907	Falsifiés.
....	Pommes en vrac.	16	"	Bonne qual. et bonne gr.	Sains.	Propres.	.....	49908	Satisfaisants.
Lily............	Figues dans papier de soie.	12·5	"	"	"	"	.....	49926	"
....	Pruneaux en vrac.	16	"	Bonne qual., gr. moy.	"	"	......	49927	"

J. F. POWER, INSPECTEUR.

	Raisins dans une boîte de carton.	16	Normal.	Bonne qual. et gros.	Sains.	Propres.	......	54926	Satisfaisants.
....	"	11·5	"	"	"	"	....,	54927	11·5 on. nettes. Par ailleurs satisfaisants.
....	"	15	"	Bonne qual. et petits.	"	"	......	54928	Satisfaisants.
Ideal.........	"	16	"	"	"	"	.....	54929	"

Date du prélèvement.	Nature de l'échantillon.	Numéro de l'échantillon.	Nom et addresse du vendeur.	Prix. Quantité.	Cents.	Nom et adresse du fabricant ou fournisseur, tel que communiqué par le vendeur. Fabricant.	Fournisseur.	Rapport de l'inspecteur (ne comportant aucune expression d'opinion).

DISTRICT DE VANCOUVER—

1913.								
13 août.	Raisins...	54930	E.Bailey, 537 Howe St., Vancouver, C.-B.	3 pqts	25	....	W. H. Malkin & Co., Vancouver,C.-B.	"Victoria Cross' Brand.
13 "	" ...	54931	J. R, Gosling, 942 Pender St., Vancouver, C.-B.	3 "	25	....	Chaddock & Co., Fresno., Cal.	"Blue Jay" Brand.
13 "	" ...	54932	D. McGregor, Pender and Bute Sts., Vancouver, C.-B.	3 "	40		Calif. Fruit Canners' Association, Fresno, Cal.	"Del Monte" Brand.
14 "	" ...	54933	T. Russell, 444 Pender St., Vancouver, C.-B.	3 "	30	....	Guggenheim & Co., California, E.-U.-A.	"Quaker" Brand
14 "	" ...	54934	H. A. Edgett & Co., Vancouver, C.-B.	3 "	25	....	"	"Ramona" "
15 "	" ...	54935	Gruchy & Carlow, 5th Avenue and Granville Street, Vancouver, C. B.	3 "	25	....	Wilson Bros., Victoria,C.-B	"Daisy" "

DISTRICT DE VICTORIA—

9 juil.	Pruneaux.	53587	Windsor Grocery Co., 817 Govt.St., Victoria, C.-B.	3 liv..	35	....	S.Leiser & Co., Victoria,C.-B	....
9 "	Dattes....	53588	"	3 pqts	15	The HillsBros. Co., New-York.	....	" Royal Excelsior "Brand.
9 "	Pruneaux.	53591	H. & K. Grocery, 1125 Douglas St., Victoria, C.-B.	3 liv..	25	....	Wilson Bros., Victoria,C.-B	....
9 "	Figues ...	53593	Pulice & Pulice, 729 Pandora Ave., Victoria, C.-B.	3 pqts	25	....	Patterson Bros., Victoria, C.-B.	"Khedive"brand
9 "	Raisins...	53594	"	3 "	30	... .	R. P. Rithet & Co., Victoria, C.-B.	"Gold Ribbon' Brand.
9 "	Figues ...	53595	"	3 "	30	....	Patterson Bros., Victoria, C.-B.	....
"	Raisins de Corinthe	53596	R. Erskine & Co., 861 Johnston St., Victoria, C.-B.	3 "	40	....	R. P. Rithet & Co., Victoria, C.-B.	"Narcissus" Brand.
15 "	Raisins...	53399	Henry W. Driver, 856 Yates St., Victoria, C.-B.	3 "	30	TheJ.K.Armsby Co., Fresno, Calif.	....	"Elk." Brand.
15 "	Raisins de Corinthe	57601	F. E. Plummer, 1118 Quadra St., Victoria, C.-B.	3 liv..	30	....	R. P. Rithet & Co., Victoria, C.-B.	....
18 "	Dattes....	57610	The West End Grocery Co.,Ltd., 1002 Govt. St., Victoria, C.-B.	3 pqts	45	The HillsBros. Co., New-York.	....	"Dromedary" Brand.

DOC. PARLEMENTAIRE No 14

FRUITS SÉCHÉS ET EMBALLÉS.

Marque.	Sorte de fruit et nature du colis.	Poids net du contenu en onces.	Identité spécifique.	Qualité et grosseur du fruit.	Blan.	Propreté.	Nature des matières étrangères, s'il en est.	Numéro de l'échantillon.	Remarques et opinion de l'analyste en chef.
Fin.									
Victoria Cross..	Rais ns dans une boîte de carton.	16	Normal.	Bonne qualité et bonne grosseur.	Sains.	Propres.		54930	Satisfaisants.
Blue Jay......	"	10	"	"	"	"	....	54931	10 on. nettes. Par ailleurs satisfaisants.
Del Monte.....	"	16	"	Bonne qualité et petite grosseur.	"		....	54932	Satisfaisants.
Quaker..	"	16	"	Bonne qualité et bonne grosseur.	"	"	.....	54933	"
Ramona	"	12	"	"	"	"	....	54934	12 on. nettes. Par ailleurs satisfaisants.
Daisy	"	16·5	"	"	"	"	......	54935	Satisfaisants.

D. O'SULLIVAN, INSPECTEUR.

....	Pruneaux en vrac.	13	Normal.	Bonne q 1alité et grosseur moy.	Sains.	Propres.		53587	Satisfaisants.
Royal Excelsior.	Dattes dans une boîte de carton.	14	"	Bonne qualité, gros et mous.	"	"	......	53588	14 on. nettes. Par ailleurs satisfaisants.
....	Pruneaux en vrac.	16	"	Bonne qualité et grosseur moy.	.....	Sales.	Vers.	53591	Falsifiés.
Khedive........	Figues dans papier.	11	"	Bonne qualité et bonne grosseur.	Sains.	Propres.		53593	Satisfaisants.
... .	Raisins dans une boîte de carton.	16·5	"	"	"	"	....	53594	"
Black Figs......	Figues dans petite boîte de carton.	9	"	"	"	"	......	53595	"
Narcissus.......	Raisins de Cor., d.bte de carton.	15	"	"	"	"	......	53596	"
.Elk	Raisins dans une boîte de carton.	16	"	"	"	"	....	53599	"
... .	Raisins de Cor., en vrac.	12	"	"	"	"	......	57601	" .
Dromedary.....	Dattes dans une boîte de carton.	12	"	"	"	"	......	57610	12 on. nettes. Par ailleurs satisfaisants.

ANNEXE M

BULLETIN Nº 270—SEL DE TABLE.

OTTAWA, le 10 novembre 1913.

M. WM. HIMSWORTH,
   Sous-ministre
   Revenu de l'Intérieur.

MONSIEUR,—J'ai l'honneur de vous soumettre un rapport sur 139 échantillons de sel de table prélevés par nos inspecteurs durant janvier et février de cette année.

Aucun échantillon ne peut être considéré comme repréhensible en quelque manière, encore moins comme dangereux pour les usages du sel de table.

En même temps, leur qualité varie beaucoup en ce qui a trait à leur exemption d'autres substances que le chlorure de sodium qu'on peut considérer comme étant le constituant essentiel et caractéristique du sel.

Je pense qu'il n'est pas irraisonnable d'exiger qu'un sel purifié pour l'usage de la table, devrait être pratiquement exempt d'autres chlorures que le chlorure de sodium ; et devrait renfermer des sulfates en quantité moindre que correspondant à 0·75 pour 100 d'acide sulfurique (SO_3).

Le seul sulfate ordinairement présent dans le sel est le sulfate de calcium ; et 0·75 pour 100 de SO_3 correspond à environ 1·28 pour 100 de sulfate de calcium.

D'après cette base, 24 échantillons contiennent une plus grande proportion des sulfates qu'on devrait trouver dans le sel raffiné.

Trente échantillons montrent des quantités excessives (au delà de 0·1 pour 100 de matières insolubles. Dans tous les cas elles sont d'une nature inoffensive ; et semblent avoir été ajoutées par exprès afin de rendre le sel moins hygroscopique, et l'empêcher ainsi de se prendre en pain. Comme je l'ai indiqué dans le Bulletin nº 220, ce fait devrait être mentionné sur l'étiquette.

A cause de l'urgence d'autres travaux, il n'a pas encore été possible de fixer des étalons pour cet article. Ceci sera fait aussitôt que possible.

Je recommande la publication du présent rapport sous le titre de bulletin nº 270.

J'ai l'honneur d'être, monsieur,
    Votre obéissant serviteur,

A. McGILL,
Analyste en chef.

14—17½

Date du prélèvement.	Nature de l'échantillon.	Numéro de l'échantillon.	Nom et adresse du vendeur.	Quantité.	Cents.	Nom et adresse du fabricant ou fournisseur tel que communiqué par le vendeur.	
						Fabricant.	Fournisseur.

DISTRICT DE LA NOUVELLE-ECOSSE—

Date	Nature	Numéro	Nom et adresse du vendeur	Quantité	Cents	Fabricant	Fournisseur
1913.							
14 janv.	Sel de table.	46661	A. L. Doyle & .Co., Halifax, N.-E.	3 liv.	5	Canadian Salt ,Co., Windsor, Ont.	John Tobin & Co., Halifax, N.-E
15 "	" ..	46662	T. J. Brown, Halifax, N.-E.	3 "	5	" " ..	Morrison & Williams, Halifax, N.-E.
17 "	" ..	46663	Wentzells Ltd., Halifax, N.-E.	2 "	10	Diamond Crystal Salt Co., St. Clair, Mich.	Manufacturers......
17. "	" ..	46664	Wm. Moore, Halifax, N.-E.	3 "	5	" " ..	" .....
22 "	" ..	46665	De Wolf & Lumont, Kentville, N.-E.	3 "	5	Canadian Salt Co., Windsor, Ont.	R. B.-Seaton & Co., Halifax, N.-E.
22 "	" ..	46666	Yerxas Store, Halifax, N.S.	3 "	5	" " ..	H. W.-Cole, St. John, N.-B.
23 "	" ..	46667	A. F. Ross & Co., Truro, N.-E.	2 "	10	Diamond Crystal Salt Co., St. Clair, Mich.	McColloch, Creel-man & Morrison, Truro, N.-E.
23 "	" ..	46668	H. W. Ryan & Co., Truro, N.-E.	2 "	5	" " ..	" ..
23 "	" ..	46669	The Truro Market, Truro, N.-E.	2 "	5	" " ..	" ..
23 "	" ..	46670	B. O. Bishop, Dartmouth, N.-E.	2 "	5	Canadian Salt Co., Windsor, Ont.	John Tobin & Co., Halifax, N.-E.

DISTRICT DE L'ILE DU PRINCE-ÉDOUARD—

Date	Nature	Numéro	Nom et adresse du vendeur	Quantité	Cents	Fabricant	Fournisseur
4 janv.	Sel de table.	46359	Beer & Goff, Charlottetown, I.-P.-E.	1 liv.	2	Canadian Salt Co,, Windsor. Ont.	....
7 "	" ..	46360	Sanderson & Co . Charlottetown, I.-P.-E.	1 "	2	Windsor Salt Co., Windsor, Ont.	....
8 "	" ..	46361	Coffin & Co., Charlottetown, I.-P.-E.	1 "	2	Canadian Salt Co., Windsor, Ont.	....
8 "	" ..	46362	W. W. Walker, Charlottetown, I.-P.-E.	1 "	2	....	J. A. Farquharson, Charlottetown, I.-P.-E.
13 "	" ..	46363	A. Gates & Co., Charlottetown, I.-P.-E.	1 "	2	Inconnu.	Carvell Bros., Charlottetown, I.-P.-E.
13 "	" ..	46364	Stewart & Son, Charlottetown, I.-P.-E.	1 "	2	Canadian Salt Co., Ltd., Windsor, Ont.	....
14 "	" ..	46365	J. A. Hynes, Kensington, I.-P.-E.	1 sac.	5	" "	....
15 "	" ..	46366	Brace McKay & Co., Ltd., Summerside, I.-P.-E.	1 bte.	10	" "	....
15 "	" ..	46367	Sinclair & Stewart, Summ rside, I.-P.-E.	1 "	10	Dearborn & Son, St. John, N.-B.	....
17 "	" ..	46368	L. Haszard, Charlottetown, I.-P.-E.	1 "	12	" " ..	....

DOC. PARLEMENTAIRE No 14

SEL DE TABLE.

Rapport de l'inspecteur (ne comportant aucune expression d'opinion).	Humidité.	Insoluble.	SO_3.	Chaux (CaO).	Magnésie (comme chlorure) $MgCl_2$.	Remarques.	Numéro de l'échantillon.	Remarques et opinion de l'analyste en chef.
						Résultats analytiques.		

R. J. WAUGH INSPECTEUR.

	p. c.	p. c.	p. c.	p. c.	p. c.			
"Windsor" Salt.	0·21	Indice..	0·54	0·39	Indice..		46661	
	0·21	" ..	0·57	0·43	" ..		46662	
"Shaker" Salt.	0·14	0·45	0·14	Indice..		Contient 1 pour cent $MgCO_3$.	46663	Excédent de matières insolubles.
"Peerless"Brand	0·08	Indice..	Indice..	0·08	Indice..		46664	
	0·12	" ..	0·63	0·43	" ..		46665	
	0·17	" ..	0·50	0·37	" ..		46666	
	0·12	0·45	0·09	Indice..		Contient 1 pour cent $MgCO_3$.	46667	Excédent de matières insolubles.
	0·11	Indice..	0·32	0·24	Indice..		46668	
	0·06	" ..	0·21	0·17	" ..		46669	
	0·19	" ..	0·83	0·57	" ..		46670	Excédent de sulfates.

WM. A. WEEKS, INSPECTEUR.

	0·19	Indice.	0·48	0·39	Indice..		46359	
	0·19	" ..	0·59	0·45	" ..		46360	
	0·23	" ..	0·56	0·41	u		46361	
	0·22	" ..	0·53	0·29	" ..		46362	
	0·15	" ..	0·42	0·31	" ..		46363	
	0·17	" ..	0·65	0·49	" ..	Echantillon reçu en mauvais état.	46364	
	0·11	" ..	0·59	0·41	" ..		46365	
	0·23	0·92	0·57	0·10	0·66	Résidu principalement C a C O₃ et CaSO₄.	46366	Excédent de matières insolubles.
	0·22	2·18	0·57	0·32	Indice..	Le résidu est de l'amidon.	46367	" "
	0·43	0·80	0·58	0·45	" ..	" " ..	46368	" "

5 GEORGE V, A. 1915

BULLETIN N° 270—

Date du prélèvement.	Nature de l'échantillon.	Numéro de l'échantillon.	Nom et adresse du vendeur.	Quantité.	Cents.	Fabricant.	Fournisseur.

DISTRICT DU NOUVEAU-BRUNSWICK—

1912.

20 déc.	Sel d. table	50535	H. S. Francis, St-Jean, N.-B.	1 liv..	3	....	G. E. Barbour & Co., Ltd.,St-Jean,N.-B.
" 23	"	50536	P. Nase & Son, St-Jean, N.-B.	1 " .	5	....	Gandy & Allison, St-Jean, N.-B.

1913.

7 janv.	"	50537	John McKnight, Fredericton, N.-B.	1 sac.	5	The Canadian Salt Co., Ltd., Windsor, Ont.	....
9 "	"	50538	M. S. Moorehouse, Woodstock, N.-B.	1 " .	5	" " ..	....
14 "	"	50539	Herman A. Myers, Norton, N.-B.	1 " .	5	" " ..	....
15 "	"	50540	Mills, Eveleigh Ltd., Sussex, N.-B.	1 " .	5	Diamond Crystal Salt Co., St. Clair, Mich., E.-U.-A.	....
15 "	"	50541	Sussex Mercantile Co., Ltd., Sussex, N.-B.	1 " .	12	The Can. Salt Co., Ltd., Windsor, Ont.	.. ..
16 "	"	50542	D. A. McBeath, Moncton, N.-B.	1 " .	10	Diamond Crystal Salt Co., St. Clair, Mich., E.-U.-A.	....
16 "	"	50543	Geo. A. Robertson, Moncton, N.-B.	1 liv..	3	The Canadian Salt Co., Ltd., Windsor, Ont.	....
16 "	"	50544	2 Barkers, Ltd., Moncton, N.-B.	1 " .	3	....	....

DISTRICT DE QUÉBEC—

1912.

23 déc.	Sel d. table	37118	Elzéar Gagnon, 138 rue Dorchester, Québec.	1 sac.	5	Windsor, Ont......	Inconnu............
23 "	"	37119	E. D. Marier, 136 rue Dorchester, Québec.	1 " .	5	" . . ᴛ.	J. B. Reneaud......
26 "	"	37120	Jos. Goslin, 50 rue Dorchester, Québec.	1 " .	5	Royal Table Salt...	Ed. Frénette, Québec.
26 " "	"	37121	Ed. Verreault, 204 rue de la Reine, Québec.	1 " .	5	Peerless, Bristol.....	Langlois et Paradis..
26 "	"	37122	A. Cloutier, 132 rue Laliberté, Québec.	1 " .	5	"	Drouin et Frère.....
27 "	"	37123	W. Hayfield, 60 rue Ste-Marguerite, Québec.	1 " .	5	Windsor, Ont......	J. B. Reneaud et Cie.

1913.

3 janv.	"	37124	Hamel et Bédard,728 rue St-Valier, Québec.	1 " .	5	"	Turcot et Frère.....
3 "	"	37125	L. Desgagné, 914 rue St-Valier, Québec.	1 " .	5	Family Dairy........	Gagnon et Garent...
3 "	"	37126	Cantin et Frère, 271 rue St-Joseph, Québec.	1 " .	5	Windsor, Ont......	Turcot et Cie........
7 "	"	37127	Myrand et Pouliot, 70 rue de la Couronne, Québec.	1 " .	5	"	Inconnu............

SEL DE TABLE.

Rapport de l'inspecteur (ne comportant aucune expression d'opinion)	Humidité.	Insoluble.	SO_3.	Chaux (CaO).	Magnésie (comme Chlorure) $MgCl_2$	Remarques.	Numéro de l'échantillon.	Remarques et opinion de l'analyste en chef.
J. C. FERGUSON, INSPECTEUR.								
	p. c.	p. c.	p. c.	p. c.	p. c.			
....	0·13	Indice..	0·65	0·42	Indice..	....	50535	
English	0·15	" ..	0·94	0·58	" ..	....	50536	Excédent de sulfates.
....	0·13	" ..	0·56	0·36	" ..	....	50537	
....	0·08	" ..	0·71	0·44	" ..	....٠...	50538	
....	0·38	" ..	0·50	0·31	" ..	.... .٠	50539	
....	0·09	" ..	0·18	Trace ..	" ..	....	50540	
Regal Table Salt.	0·26	1·06	0·66	0·16	0·71	Le résidu est $CaSO_4$ et Mg CO_3.	50541	Excédent de matières insolubles.
"Shaker" Brand.	0·09	0·62	0·12	Trace ..	0·50	Le résidu est $CaCO_3$ et Mg CO_3.	50542	" "
....	0·21	Indice..	0·72	0·49	Indice..	....	50543	
....	0·28	" ..	0·89	0·61	" ..	..٠...............	50544	Excédent de sulfates.
F. X. W. E. BÉLAND, INSPECTEUR.								
....	0·21	Indice..	0·96	0·56	Aucune.	...........٠.......	37118	Excédent de sulfates.
....	0·23	" ..	0·69	0·50	"	....	37119	
....	0·21	" ..	0·64	0·50	Indice..	....	37120	
....	0·09	" ..	0·34	0·28	" ..	...............٠..	37121	
....	0·11	" ..	0·24	0·19	Aucune.	....	37122	
....	0·18	" ..	0·54	0·39	"	....	37123	
....	0·15	" ..	0·60	0·49	"	....	37124	
............٠	0·20	" ..	0·56	0·43	Indice..	....	37125	
..........٠....	0·11	" ..	0·57	0·37	" ..	....	37126	
........٠.٠.....	0·15	" ..	0·56	0·39	" ..	....	37127	

Date du prélèvement.	Nature de l'échantillon.	Numéro de l'échantillon.	Nom et adresse du vendeur.	Prix.		Nom et adresse du fabricant ou fournisseur tel que communiqué par le vendeur.	
				Quantité.	Cents.	Fabricant.	Fournisseur.

DISTRICT DE QUÉBEC-EST –

1912.							
19 déc.	Seld.table	53302	F. Chouinard, St-Pamphile.	1 liv.	2	The Royal Table Salt Co., Canada.	
24 "	" ..	533C5	Talbot Ltd., Rimouski..	1 "	2	Canadian Salt Co., Windsor, Ont.	
26 "	" ..	53308	J. E. Pineau, Fraserville.	1 "	5	" "	

DISTRICT DES CANTONS DE L'EST—

1913.							
30 janv.	Seld.table	51156	L. Lafrance, Danville, Qué.	1 sac.	10		
30 "	" ..	51157	H. Brodeur, St-Hyacinthe, Qué.	1 "	5		
30 "	" ..	51158	E. Lafrance, St-Hyacinthe, Qué.	1 carton.	5	Diamond Crystal Salt Co.	
30 "	" ..	51159	J. B. St. Pierre, St-Hyacinthe, Qué.	2 liv.	2		
6 fév.	" ..	51160	J. A. Baraby, rue St-Jacques, St-Jean, Qué.	1 sac.	5	Canadian Salt Co., Ltd.	
6 "	" ..	51161	A. Dubois, rue St-Jacques, St-Jean, Qué.	2 liv.	2	Inconnu	
6 "	" ..	51162	P. J. Roy, rue St-Jacques, St-Jean, Qué.	2 "	2	"	
6 "	" ..	51163	" " ..	1 sac.	5	Diamond Crystal Salt Co.	
6 "	" ..	51164	Joseph Chartier,carré du Marché St-Jean, Qué.	2 liv.	2	Inconnu	
6 "	" ..	51165	W. Simpson, épicier, St-Jean, Qué.	1 carton.	15	Cerebus Ltd., England.	

DISTRICT DE MONTRÉAL—

22 janv.	Seld.table	51088	A. E. Sennat, 191 rue Villeneuve E., Montréal, Qué.	1 sac.	5	Canadian Salt Co....	
"	" ..	51089	St. Denis Grocery, 1660 rue St-Denis, Montréal, Qué.	1 liv.	2		
22 "	" ..	51090	S. J. Short, 1551 rue Denis, Montréal, Qué.	1 sac.	- 5	Canadian Salt Co....	
22 "	" ..	51091	" " ..	2 liv.	2		
22 "	" ..	51092	A. S. Clément, 151 rue Rachel E., Montréal, Qué.	2 "	3		
22 "	" ..	51093	R. & A. Blouin, 137 avenue Duluth E., Montréal, Qué.	2 "	3		
22 "	" ..	51094	M. Kahner, 90 rue Roy E., Montréal, Qué.	2 "	2		

DOC. PARLEMENTAIRE No 14

SEL DE TABLE.

Rapport de l'inspecteur (ne comportant aucune expression d'opinion).	Humidité.	Insoluble.	SO_3.	Chaux (CaO).	Magnésie (comme chlorure) $MgCl_2$.	Remarques.	Numéro de l'échantillon.	Remarques et opinion de l'analyste en chef.
					Résultats analytiques.			
A. PELLETIER, INSPECTEUR.								
	p. c.	p. c.	p. c.	p. c.	p. c.			
....	0·35	Indice..	0·84	0·60	Indice..	...	53302	Excédent de sulfates.
....	0·19	" ..	0·49	0·34	"	....	53305	
....	0·14	" ..	0·62	0·48	Aucune.	....	53308	

J. J. COSTIGAN, INSPECTEUR-SUPPLÉANT.

"Empire" Brand	0·18	Indice..	0·38	0·30	Indice..	....	51156	
"Windsor" Brand.	0·19	" ..	0·48	0.33	Aucune.	....	51157	
"Shaker" Brand.	0·14	0·80	0·21	0·15	0·24	Le résidu est Mg CO_3.	51158	Excédent de matières insolubles.
....	0·40	Indice	0·91	0·66	Indice..	....	51159	Excédent de sulfates.
Windsor Table Salt.	0·18	" ..	0·60	0·41	Aucune.	....	51160	
....	0·44	" ..	1·01	0·71	Indice..	....	51161	Excédent de sulfates.
....	0·17	" ..	0·96	0·58	"	....	51162	"
....	0·06	Aucune.	0·15	0·11	"	....	51163	
....	0·22	Indice .	0·79	0·50	"	....	51164	
Prepared Cerebos Table Salt.	0·19	3·31	0·98	0·45	"	Le résidu est Mg CO_3:	51165	Excédent de matières insolubles et de sulfates.

J. J. COSTIGAN, INSPECTEUR.

....	0·15	Indice..	0·62	0·43	Indice..	....	51088	
....	0·28	" ..	0·68	0·48	"	....	51089	
....	0·18	" ..	0·59	0·43	"	....	51090	
....	0·20	" ..	0·57	0·43	"	....	51091	
....	0·21	" ..	0·62	0·46	"	....	51092	
....	0·18	" ..	0·88	0·55	"	....	51093	Excédent de sulfates.
....	0·15	" ..	0·85	0·58	"	....	51094	"

Date du prélèvement.	Nature de l'échantillon.	Numéro de l'échantillon.	Nom et adresse du vendeur.	Quantité.	Cents.	Prix. Nom et adresse du fabricant ou fournisseur tels que communiqués par le vendeur.	
						Fabricant.	Fournisseur.

DISTRICT DE MONTRÉAL—

1913.							
22 jan .	Sel detable	51095	J. Merimer, 16 rue Roy E., Montréal.	2 liv .	2	....	
22 " ..	" ..	51096	S. Feldman, 24 avenue des Pins E., Montréal.	2 " .	2	....	
22 " .	" ..	51097	S. L. Mathanson & Son, 18 rue Ontario Est, Montréal.	2 " .	2	.... /	

DISTRICT D'OTTAWA—

1912.							
23 déc..	Sel detable	51657	Mundle & Percival, Kemptville.	1 sac.	5	Canadian Salt Co., Windsor, Ont.	Jno. Eligh, North Rideau.
24 " ..	" ..	51658	Jno. McKinnon, Almonte.	1 " .	10	" "	.. Mathewson's Sons, Montréal.
26 " ..	" ..	51659	W. J. Martin, Buckingham.	1 " .	5	" "	.. Chaput, fils et Cie, Montréal.
26 " ..	" ..	51660	McCallum & Lahaie, Buckingham.	1 " .	5	" "	.. Verret, Stewart et Co., Montréal.
26 " ..	" ..	51661	P. Lamoureux et Cie, rue Dalhousie, Ottawa.	1 " .	5	" "	. Provost et Allard, Ottawa.
30 " ..	" ..	51662	A Boivin, rue Queen Ouest, Ottawa.	1 " .	5	" "	.. Inconnu...........
30 " ..	" ..	51663	R. Lavigne, rue Queen Ouest, Ottawa.	1 " .	5	" "	" ....
31 " ..	. " ..	51664	J. C. Ray, rue Elgin, Ottawa.	1 " .	5	" "	.. Castle & Co., Ottawa.
31 " ..	" ..	51665	Crabtree & Trowbridge, rue Elgin, Ottawa.	3 boît.	30	The Snowflake Salt Co., cité de New-York.	" " ..
31 " ..	" ..	51666	D. A. Younghusband, rue Elgin, Ottawa.	1 sac.	5	Canadian Salt Co., Ltd., Windsor, Ont.	....

DISTRICT DE KINGSTON—

17 déc..	Sel detable	53026	A. Glover, Kingston....	3 liv .	5	Windsor	.. ..
17 " ..	" ..	53027	J. Crawford, Kingston.	3 " .	5	"	....
17 " ..	" ..	53028	D. Coupre, Kingston..	3 " .	5	"	....
17 " ..	" ..	53029	Anderson Bros., Kingston.	3 " .	5	"	.... \·.... .....
18 " ..	" ..	53030	Wm. J. Patterson, Belleville.	3 " .	5	Canadian Salt Co., Windsor.	
18 " ..	" .	53031	F. Rosevear, Port Hope.	3 "	5	" "	.. ..
		53032	H. Bradshaw, Peterboro'.	3 " .	5	" "	.. ..
19 " ..	" ..	53033	J. E, Lillico, Peterboro.	3 " .	5	" "	.. .., ...
19 " ..	" ..	53034	J. H. Heal, Peterboro.	3 " .	5	" "	.. ..
19 " ..	" ..	53035	W. J. Roulty, Peterboro.	3 " .	5	" "	.. ..

DOC. PARLEMENTAIRE No 14

SEL DE TABLE.

Rapport de l'inspecteur (ne comportant aucune expression d'opinion).	Humidité.	Insoluble.	SO_3.	Chaux (CaO).	Magnésie (comme chlorure) $MgCl_2$.	Remarques.	Numéro de l'échantillon.	Remarques et opinion de l'analyste en chef.
Fin.								
	p. c.	p. c.	p. c.	p. c.	p. c.			
....	0·17	Indice..	1·06	0·70	Indice..	....	51095	Excédent de sulfates.
....	0·22	" ..	0·83	0·60	" ..	....	51096	"
....	0·22	" ..	0·82	0·58	" ..	....	51097	"

J. A. RICKEY, INSPECTEUR.

....	0·23	Indice..	0·58	0·44	Indice..	....	51657	
....	0·15	" ..	0·66	0·47	Aucune.	....	51658	
....	0·19	" ..	0·65	0·48	" .	....	51659	
....	0·16	" ..	0·58	0·44	Indice..	....	51660	
....	0·22	" ..	0·50	0·38	Aucune.	....	51661	
....	0·15	" ..	0·45	0·34	" .	....	51662	
....	0·19	" ..	0·61	0·46	Indice..	....	51663	
....	0·20	" ..	0·67	0·56	" ..	....	51664	
....	0·34	0·60	0·65	0 36	0·38	Le résidu est $MgCO_3$	51665	Excédent de matières insolubles.
....	0·20	Indice..	0·62	0·47	Aucune.	....	51666	

JAS. HOGAN, INSPECTEUR.

....	0·25	Indice..	0·76	0·68	Aucune.	....	53026	
....	0·12	" ..	0·52	0·37	Indice..	....	53027	
....	0·16	" ..	0·46	0·33	Aucune.	....	53028	
....	0·18	" ..	0·56	0·43	" .	....	53029	
....	0·15	" ..	0·40	0·34	Indice..	....	53030	
....	0·14	" ..	0·76	0·53	" ..	....	53031	
....	0·19	" ..	0·57	0·44	" ..	....	53032	
....	0·18	" ..	0·89	0·82	" ..	....	53033	Excédent de sulfates.
....	0·22	" ..	0·64	0·54	Aucune.	....	53034	
....	0·17	" ..	0·52	0·39	Indice..	....	53035	

5 GEORGE V, A. 1915

BULLETIN N° 270—

Date du prélèvement.	Nature de l'échantillon.	Numéro de l'échantillon.	Nom et adresse du vendeur.	Prix.		Nom et a·lresse du fabricant ou fournisseur tel que communiqué par le vendeur.	
				Quantité.	Cents.	Fabricant.	Fournisseur.

DISTRICT DE TORONTO—

1912.							
26 déc.	Sel d. table	51521	Warren Bros. & Co., 87 rue Front ouest, Toronto.	1 liv.	5	The Carey Salt Co., Hutchison, Kan.	
26 "	"	51522	The Davidson & Hay, Ltd., 36 rue Young, Toronto, Ont.	1 "	10	The Selphosa Salt Co., Ltd., London, N.	
26 "	"	51523	H. P. Eckardt & Co., 19 rue Front ouest, Toronto.	2½ "	5	Diamond Crystal Salt Co., St Clair, Mich.	
26 "	"	51524	J. M. Evans & Co., 1743 rue Dundas ouest, Toronto.	1 "	5		Inconnu
1913.							
7 janv.	"	51525	T. Kinnear & Co., 49 rue Front est, Toronto.	2 "	3		Canadian Salt Co., Ltd., Windsor.
7 "	"	51526	Eby Blain Ltd., 21-23 rue Front est, Toronto.	2 "	10	Mis en boîtes par les vendeurs.	
7 "	"	51527	Canada Brokerage Co. Ltd., 9 rue Front est, Toronto.	2 "	Au-cun.	The Dom. Salt Co., Ltd., Sarnia.	
7 "	"	51528	Toronto Salt Works, 128 rue Adelaïde est, Toronto.	2 "	5	Mis en boîtes par les vendeurs.	
7 "	"	51529	Swan Bros., 162 r. King est, Toronto.	2 "	10		Toronto Salt Works Toronto.
7 "	"	51530	James Lumbers Co., Ltd., 67 rue Front est, Toronto.	2 "	8	Western Salt Co., Ltd., Mooretown, Ont.	

DISTRICT DE WINDSOR—

2 janv.	Sel d. table	47904	Wm. Cross, Strathroy.	1 sac.	10	Dominion Salt Co., Sarnia.	
3 "	"	47910	E. J. Coles Co., Woodstock, Ont.	1 "	5	" "	
3 "	"	47911	White & Co, Woodstock, Ont.	1 "	5	' "	
6 "	"	47914	Ideal Co-op. Asso. Co., St-Thomas.	1 liv.	5	Canadian Salt Co., Windsor.	
6 "	"	47915	G. M. Charlton, St-Thomas.	1 paq.	5	" "	
6 "	"	47916	A. Dingman, St-Thomas.	1 "	5	" "	
6 "	"	47917	D. H. McIntyre, St-Thomas.	1 "	5	" "	

SEL DE TABLE.

Rapport de l'inspecteur (ne comportant aucune expression d'opinion).	Humidité.	Insoluble.	SO_3.	Chaux (CaO).	Magnésie (comme chlorure) $MgCl_2$.	Remarques.	Numéro de l'échantillon.	Remarques et opinion de l'analyste en chef.
						Résultats analytiques.		

H. J. DAGER, INSPECTEUR.

	p. c.	p. c.	p. c.	p. c.	p. c.			
"Sunflower" Marque préparée avec une petite solution de bicarbonate de soude.	0·19	0·14	0·34	0·15	Indice..	....	51521	
"Salt Selphosa" reg. trade mark.	0·11	1·00	0·10	0·10	Indice..	Le résidu est principalem. $MgCO_3$ av. un peu $CaCO_3$.	51522	Excédent de matières insolubles.
Above 99 per cent pure.	0·05	Aucune.	0·10	0·07	"	....	51523	
"Salt Royal," Salt Royal Salt Co., Manchester, Ang.	0·03	0·23	Aucune.	Indice..	"	Le rési. est $MgCO_3$ et $CaCO_3$.	51524	Excédent de matières insolubles.
Windsor Table Salt, purest and best.	0·12	Aucune.	0·53	0·38	"	....	51525	
"Anchor" Brand free running shaker salt.	0·12	1·71	0·70	0·75	0·38	Le résidu est principalem. $MgCO_3$ avec quel. $CaCO_3$.	51526	Excédent de matières insolubles.
"Century" exempt de falsification de toute sorte.	·34	Indice.	1·02	0·74	Aucune.	....	51527	Ex. de sulfates.
"Cliffe" Brand.	0·26	0·91	0·55	0·44	"	Le résidu est de l'amidon.	51528	Excédent de matières insolubles.
'Acme" Salt ..	0·31	1·02	0·77	0·56	Indice..	" "	51529	"
"Purity" Brand.	0·17	1·06	0·58	0·35	"	Le résidu est $CaCO_3$	51530	"

JOHN TALBOT, INSPECTEUR.

Century Table Salt.	0.25	Indice..	0·82	0·61	Indice..	....	47904	Ex. de sulfates.
" ..	0·30	"	1·04	0·73	"	....	47910	"
" ..	0·44	"	1·00	0·72	"	....	47911	"
Windsor Table Salt, purest and best.	0·60	"	0·59	0·38	Aucune.	....	47914	
"	0·13	"	0·52	0·39	Indice..	....	47915	
" ..	0·12	"	0·39	0·33	"	....	47916	
" ..	0·16	"	0·54	0·42	Aucune.	....	47917	

Date du prélèvement	Nature de l'échantillon.	Numéro de l'échantillon.	Nom et adresse du vendeur.	Prix. Quantité.	Cents.	Nom et adresse du fabricant ou fournisseur tel que communiqué par le vendeur. Fabricant.	Fournisseur.

DISTRICT DE WINDSOR

Date du prélèvement	Nature de l'échantillon.	Numéro de l'échantillon.	Nom et adresse du vendeur.	Quantité.	Cents.	Fabricant.	Fournisseur.
1913.							
6 janv.	Sel de table.	47922	W. A. Mumr, St. Thomas.	1 paq.	5	Canadian Salt Co., Windsor, Ont.	
6 "	"	47923	J. C. Gillman, St. Thomas.	1 "	5	" "	

DISTRICT DU MANITOBA—

Date du prélèvement	Nature de l'échantillon.	Numéro de l'échantillon.	Nom et adresse du vendeur.	Quantité.	Cents.	Fabricant.	Fournisseur.
3 fév.	Sel de table.	48806	Hardy & Buchanan, 112 rue Osborne, Winnipeg.	1 liv.	5	Canadian Salt Co., Windsor, Ont.	Campbell Bros. & Wilson, Winnipeg.
3 "	"	48807	T. Brown, 193 rue Pembina, Winnipeg.	1 "	5	Dom. Salt Co	A. MacDonald & Co., Winnipeg.
3 "	"	48808	G. T. Grant, 211 rue Pembina, Winnipeg.	1 "	5	Canadian Salt Co., Windsor, Ont.	The Codville Co., Winnipeg.
"	"	48809	J. Bennett, 219 rue Nassau, Winnipeg.	1 "	10	" "	Richards Brown & Co., Winnipeg.
3 "	"	48810	McBeans, ave. Gertrude Winnipeg.	1 "	10	" "	The Codville Co., Winnipeg.
3 "	"	48811	W. Nicholson, 605 ave. Corydon, Winnipeg.	1 "	5	" "	Campbell Bros. & Wilson, Winnipeg.
3 "	"	48812	W. Allison, 759 ave. Corydon, Winnipeg.	1 "	10	Diamond Crystal Salt Co.	Richards Brown & Co., Winnipeg.
3 "	"	48813	L. Kirvel, 781 ave. Corydon, Winnipeg.	1 "	10	" "	" "
4 "	"	48814	Francis Bros., Norwood Grove.	1 "	5	Canadian Salt Co., Windsor.	The Codville Co., Winnipeg.
4 "	"	48815	J. Donnelly & Son, Norwood Grove.	1 "	10	" "	Campbell Bros. & Wilson, Winnipeg.

DISTRICT DES MONTAGNES-ROCHEUSES—

Date du prélèvement	Nature de l'échantillon.	Numéro de l'échantillon.	Nom et adresse du vendeur.	Quantité.	Cents.	Fabricant.	Fournisseur.
3 janv.	Sel de table.	49795	J. Davis &'Co., Grand Forks, C.-B.	1 sac.	15	Canadian Salt Co., Windsor.	
3 "	"	49800	J. Donaldson, Grand Forks, C.-B.	1 "	10	C. E. Whitney & Co., San Francisco, Cal.	
3 "	"	49801	" "	1 jar	15	W. H. Malkin & Co., Vancouver, C.-B.	
8 "	"	49805	J. Svoboda, Nelson, C.-B.	1 "	15	Diamond Crystal Salt Co., St. Clair, Mich.	
8 "	"	49808	Hudsons Bay Co., Nelson, C.-B.	1 "	15	C. E. Whitney & Co., San Francisco, Cal.	
8 "	"	49809	" "	1 sac.	10	Canadian Salt Co., Windsor, Ont.	
8 "	"	49810	Citizens Co-op. Asso., Nelson C.-B.	1 "	10	C. E. Whitney & Co., San Francisco, Cal.	
8 fév.	"	49815	Hunter Bros., Rossland, C.-B.	1 jar.	15	" "	
8 "	"	49816	H. T. Bilkey, Rossland, C.-B.	"	15	W. H. Malkin & Co., Vancouver, C.-B.	
8 "	"	49817	" "	1 sac.	10	Canadian Salt Co., Windsor, Ont.	

SEL DE TABLE.

Rapport de l'inspecteur (ne comportant aucune expression d'opinion).	Humide.	Insoluble.	SO_3.	Chaux (CaO).	Magnésie (comme chlorure) $MgCl_3$.	Remarques.	Numéro de l'échantillon.	Remarques et opinion de l'analyste en chef.
—*Fin.*								
	p. c.	p. c.	p. c.	p. c.	p. c.			
Windsor Table Salt.	0·18	Indice..	0·36	0·48	Indice..		47922	
....	0·14	" ..	0·48	0·35	" ..		47923	

H. ASHTON, INSPECTEUR SUPLÉANT.

....	0·26	Indice..	0·65	0·50	Indice..		48806	
....	0·43	" ..	1·12	0·81	" ..		48807	Excédent de sulfates.
....	0·19	" ..	0·81	0·54	" ..		48808	"
"Regal" Brand.	0·28	0·95	0·64	0·37	0·45	Le résidu est Mg CO_3 principalm.	48809	Excédent de matières insolubles.
"	0·25	0·90	0·74	0·31	0·48	Le résidu est Mg CO_3 et $CaSO_4$.	48810	"
....	0·19	Indice..	0·59	0·41	Aucune.	....	48811	
"Shaker"Brand.	0·15	0·56	0·12	Indice..	0·36	Le résidu est Mg CO^3 principalm.	48812	Excédent de matières insolubles.
....	0·12	0·55	0 12	" ..	0·36	" " ..	48813	"
....	0·17	Indice..	0·62	0·45	Indice..	....	48814	
"Regal" Brand.	0·30	0·90	0·70	0·28	0·49	Le résidu est Mg CO_3 et $CaSO_4$.	48815	Excédent de matières insolubles.

THOS. PARKER, INSPECTEUR.

....	0·16	Indice..	0·47	0·35	Aucune.	....	49795	
....	0·07	" ..	Indice..	0·08	Indice..	....	49800	
....	0·25	0·98	0·71	Indice..	1·04	Le résidu est Mg CO_3.	49801	Excédent de matières insolubles.
....	0·12	0·28	Indice..	" ..	0·81	" "	49805	"
"Leslie Baker."	0·07	0 85	" ..	" ..	Indice..	Le résidu est Mg CO_3 avec un peu de $CaCO_3$.	49808	"
" Windsor "	0·15	Indice..	0·58	0·42	" ..	....	49809	
'Leslie."	0·10	" ..	0 38	0·33	" ..	....	49810	
....	0·14	¬1·07	Indice..	Indice..	0·67	Le résidu est Mg CO_3.	49815	Excédent de matières insolubles.
....	0 36	0·95	0·68	" ..	1·08	" " ..	49816	"
....	0·10	Indice..	0·32	0·24	Indice..	....	49817	

BULLETIN N° 270—

Date du prélèvement	Nature de l'échantillon.	Numéro de l'échantillon.	Nom et adresse du vendeur.	Prix. Quantité.	Cents.	Fabricant.	Fournisseur.

DISTRICT DE VANCOUVER

Date du prélèvement	Nature de l'échantillon.	Numéro de l'échantillon.	Nom et adresse du vendeur.	Quantité.	Cents.	Fabricant.	Fournisseur.
1913.							
25 janv.	Sel de table.	38494	A. C. Bartig, Fairview, Vancouver, C.-B.	1 paq.	15	C. W. Whitney & Co., SanFrancisco, Cal.	....
25 „	„	38495	A. MacFarlane, 1449 Broadway W., Vancouver, C.-B.	1 „ ..	15	....	W. H. Malkin, Vancouver, C.-B.
25 „	„	38496	Morrow & Deane, rue Yew, Vancouver, C.-B.	1 „ ..	5	Canadian Salt Co., Windsor, Ont.	....
23 „	„	38497	Columbia Produce Co., 2234 rue Granville, Vancouver, C.-B.	1 „ ..	5	SanFrancisco Salt Refining Co., San Francisco.	....
20 fév..	„	38498	Webster Bros., rue Granville, Vancouver, C.-B.	1 „ ..	15	Diamond Crystal Salt Co., St. Clair, Mich., É.-U.-A...	....
20 „	„	38499	H. H. Owens, rues Granville et Helmken, Vancouver, C.-B.	1 „ ..	10	Windsor Salt Co., Windsor, Ont.	....
20 „	„	38500	Walford & Roney, rue Granville, Vancouver, C.-B.	1 „ ..	10	C. E. Whitney & Co , SanFrancisco.	....

DISTRICT DE VICTORIA—

Date du prélèvement	Nature de l'échantillon.	Numéro de l'échantillon.	Nom et adresse du vendeur.	Quantité.	Cents.	Fabricant.	Fournisseur.
13 janv.	Sel de table.	49283	Windsor Grocery Co., 817 rue Fort, Victoria, C.-B.	1 liv..	5	....	Simon Leiser & Co., Ltd., Victoria, C.-B.
13 „	„	49286	The West End Grocery Co , Ltd., 1002 rue Gouv., Victoria, C.-B.	1 „ ..	10	E. E. Whitney & Co., SanFrancisco, Cal.	....
14 „	„	49290	Dixi H. Ross & Co., 1317 rue Gouv., Victoria, C.-B.	1 „ ..	10	C. E. Whitney & Co., SanFrancisco, Cal.	....
14 „	„	19294	Harrison & McDonald, 1218 rue Douglas, Victoria, C.-B.	1 „ ..	10	„ „ ..	
15 „	„	49296	Copas & Young, 631 rue Fort, Victoria, C.-B.	1 „ ..	10	Canadian Salt Co., Windsor, Ont.	....
15 „	„	49298	H. O. Kirkham & Co., 741 rue Fort, Victoria, C.-B.	1 „ ..	10	C. E. Whitney & Co.; SanFrancisco, Cal.	....
15 „	„	53501	Acton Bros., 1317 rue Douglas, Victoria, C.-B.	1 „ ..	5	The Sarnia Salt Co., Ltd., Sarnia, Ont.	....
15 „	„	53503	H. & K. Grocery, 1425 rue Douglas, Victoria, C.-B.	1 „ ..	5	Windsor Salt Co., Liverpool, Ang.	....
15 „	„	53505	Woods & White, 1309 ave. Gladstone, Victoria, C.-B.	1 „ ..	15	Diamond Crystal Salt Co., St. Clair, Mich.	....
15 „	„	53507	Wm. Marshall, 1422 rue Fort, Victoria, C.-B.	1 „ ..	10	Canada Salt Co., Windsor, Ont.	....

DOC. PARLEMENTAIRE No 14

SEL DE TABLE.

Rapport de l'inspecteur (ne comportant aucune expression d'opinion).	Résultats analytiques.						Numéro de l'échantillon.	Remarques et opinion de l'analyste en chef.
	Humidité.	Insoluble.	SO_2.	Chaux (CaO)	Magnésie (chlorure) $MgCl_2$.	Remarques.		

J. F. POWER, INSPECTEUR.

	p. c.	p. c.	p. c.	p. c.	p. c.			
....	0·15	1·08	0·26	0·45	Indice..	Le résidu est principalement $MgCO_3$.	38494	Excéd. de matières insolubles.
....	0·30	1·13	0·64	0·32	0·42	Le résidu est $CaSO_4$ et $MgCO_3$.	38495	"
....	0·18	Indice..	0·58	0·44	Aucune.	....	38496	
.........·.......	0·06	Aucune.	0·05	0·07	Indice..	....	38497	
....	0·14	0·67	Indice..	Indice..	0·40	Le résidu est $CaSO_4$ et $MgCO_3$.	38498	Excéd. de matières insolubles.
....	0·22	Indice..	0·61	0·46	Indice..	....	38499	
"Leslie's" Table Salt.	0·00	, ..	0·15	0·15	Aucune.	....	38500	

D. O'SULLIVAN, INSPECTEUR.

....	0·29	Indice..	0·88	0·60	Indice..	....	49283	Excéd. de sulfates.
"Leslie" Salt..	0·10	" ..	Indice..	Indice .	" ..	....	49286	
" ..	0·10	" ..	0·27	" ..	" ..	....	49290	
" ..	0·09	" ..	0·19	0·14	" ..	....	49294	
"Windsor"Table Salt.	0·17	" ..	0·84	0·47	" ..	....	49296	Excéd. de sulfates.
"Leslie" Salt..	0·08	" ..	0·18	0·14	" ..	.. ..	49298	
"Beaver" Brand Salt.	0·14	" ..	0·50	0·39	" ..	....	53501	
....	0·24	" ..	0·87	0·57	" ..	....	53503	Excéd. de sulfates.
....	0·16	0·68	0·13	Indice..	" .	Le résidu est $MgCO_3$.	53505	Excéd. de matières insolubles.
"Windsor"Table Salt.	0·21	Indice..	0·56	0·42	Aucune.	... .	53507	

14—18

ANNEXE N.

BULLETIN N° 271 — MOUTARDE.

OTTAWA, 11 novembre 1913.

M. WM. HIMSWORTH,
  Sous ministre,
    Revenu de l'Intérieur.

MONSIEUR, — J'ai l'honneur de vous remettre un rapport sur 167 échantillons de moutarde achetés dans tout le Canada durant février, mars et avril de cette année.

On n'a pas encore pu établir d'étalons-types de cet article de consommation. Notre dernière inspection systématique s'est faite en 1909 et ses résultats sont publiés dans le bulletin n° 176.

Je cite les extraits suivants de la préface de ce bulletin :—

' Dans le bulletin n° 19, l'ancien analyste en chef attire l'attention sur la nécessité de types officiels pour la moutarde ; il suggère l'adoption d'un minimum de 30 p. 100 en huile fixe pour la moutarde puré, et de 22 p. 100 pour la moutarde composée.

'L'importance d'une définition officielle à cet égard est indéniable, et tant que cela ne sera pas fait il me sera tout-à-fait impossible de déclarer qu'il y a falsification d'aucun échantillon vendu sous le nom de moutarde, et appartenant aux catégories extrêmement variables.

'On ne voit pas trop bien, d'un autre côté, pourquoi une définition de ce genre doit dépendre surtout du pour-cent d'huile fixe dans le produit. L'huile fixe de la moutarde est présente dans les graines de moutarde (noire et blanche) dans la proportion d'environ 25 p. 100, et la farine de moutarde tamisée contient environ 35 p. 100 d'huile fixe ou peut-être plus. (Piese and Stawsell ; The analyst, 1880, p. 161.)

' Mais la valeur de la moutarde, en tant que condiment, ne dépend pas de son contenu en huile fixe. La moutarde blanche qui, par elle-même, offre peu de valeur condimentaire, contient autant d'huile fixe que la moutarde noire. L'ancien analyste-en-chef n'a pas non plus énoncé que la délimination de la quantité d'huile fixe dans la moutarde fût directement elle même un élément de valeur dans le condiment, mais qu'il fallait voir là plutôt un moyen de s'assurer de la quantité de matières étrangères présentes dans les mélanges. Ces matières sont habituellement de l'amidon ou de l'acide turmériqne, ne contenant pour ainsi dire aucun corps gras.

' Comme l'huile fixe, dans les graines de moutarde, est assez constante, il semble raisonnable de se baser sur le pour-cent d'huile fixe dans la moutarde pour calculer les quantités de matières étrangères qui ont été ajoutées, pourvu que la graine de moutarde soit toujours moulue en son état naturel, c'est à-dire sans enlever aucune partie de l'huile fixe. Cela cependant, n'est pas le cas. L'huile nuit beaucoup à la pulvérisation des graines, et plus de 75 p. 100 peuvent en être enlevés par pression avant le broyage ; d'où il s'ensuit que l'estimation de l'huile fixe dans le produit mené à terme n'offre aucune base sûre pour calculer les matières étrangères qui ont été ajoutées. L'huile fixe de la moutarde est une

14—18½

huile douce, applicable à diverses fins diététiques, mais dépourvue complètement des propriétés condimentaires qu'on aime à rencontrer dans la moutarde.

' L'âcreté caractéristique de la moutarde est due à une huile volatile, dont il n'existe que quelques traces dans la moutarde sèche, mais qui, sous l'influence de l'eau, est developpée par l'action d'un ferment (myrosine) sur le myronate de potassium. Ce n'est que par l'addition d'eau que l'arôme de la moutarde est développé. Le myronate de potassium est présent dans la graine de moutarde noire dans la proportion d'environ 1.5 p. 100, et pour ainsi dire absent de la moutarde blanche. Cette dernière ne contient que quelques traces d'huile volatile, alors qu'il y eu a environ la moitié de 1 p. 100 dans la moutarde noire. Il s'ensuit donc que la meilleure mânière d'évaluer la moutarde serait par l'estimation directe de son huile volatile, après traitement convertissant le myronate de potassium en cette huile.

' Il est démontré en pratique que bien que la graine de moutarde blanche ne contienne pas de myronate de potassium, sa présence dans.le mélange avec la graine noire aide à tirer de l'huile volatile de cette dernière, et c'est là pourquoi les deux variétés sont moulues ensemble. Cela est dû au fait qu'un ferment (myrosine) dont la présence détermine le myronate de potassium en l'huile volatile de moutarde, se présente en quantité plus considérable dans la moutarde blanche que dans la noire, bien que le glucoside (*sinigrine*) sur lequel il agit, pour développer l'huile volatile, manque pour ainsi dire dans la moutarde blanche. Un glucoside (*sinaibine*) existe dans la moutarde blanche, lequel, sous l'influence de l'eau en présence de la myrosine, donne une huile (huile de moutarde sinalbine) ayant le goût âcre et brulant ainsi que les propriétés vésicantes de l'huile volatile de moutarde noire. Mais cette huile ne se volatilise que légèrement à la vapeur, et sa présence n'intervient pas beaucoup dans l'estimation de l'huile volatile de moutarde (Allylisothiocyanate.)

' D'après les expériences de Piesse et Stansell, déjà citées plus haut, de F. Sutton (*Allen's Commercial Organic Analysis*; vol. III, partie 3, p. 116); Schlicht (*Zeits. Anal. Chem. XXX*, 661), et autres, je suis d'avis que la détermination de l'huile volatile de moutarde est praticable pour fixer le type de la moutarde du commerce, et j'espère bien pouvoir étudier bientôt ce sujet plus à fond.

' La définition suivante, pour la moutarde, a été adoptée par le dép. d'Agriculture des E.-U. (circulaire No. 13, 20 déc. 1904, p. 11) :—

" La moutarde moulue est une poudre provenant de la graine de moutarde, avec ou sans l'enlèvement des cosses et une partie de l'huile fixe, et ne contient pas plus que deux et cinq dixièmes (2.5) p. 100 d'amidon et pas plus que (8) p. 100 de cendres totales."

'Cette définition laisse beaucoup à désirer, car il n'est pas fait mention du constituant (huile volatile) d'où dépend la vraie valeur de la moutarde moulue, considérée comme condiment ou vésicant.

' On peut voir, en parcourant les tableaux de ce rapport, que très peu d'échantillons de moutarde en vente au Canada ne contiennent ni amidon ni acide turmérique. On ne doit pas non plus conclure que l'addition d'amidon et d'acide turmérique est faite dans un but de fraude. Certaines marques de ce condiment, qui sont en vente depuis des années dans le monde entier, et ont reçu des récompenses et des honneurs aux expositions internationales, sont manifestement des mélanges de farines de moutarde avec d'autres matières. Le public a pris goût à ces composés, et pour cette raison d'autres fabricants ont suivi l'exemple. Il peut se faire, comme le prétendent certains fabricants, que la présence de matières amidonnées est nécessaire, afin d'assurer la conservation du produit qui, sans amidon, a une tendance à devenir grumeleux et visqueux. Ils disent aussi que l'acide turmérique est désirable afin de donner une couleur agréable à la moutarde, surtout pour la table quand elle est mélangée avec de l'eau et que l'enlèvement d'une grande

DOC. PARLEMENTAIRE No 14

quantité d'huile fixe est nécessaire pour faciliter la mouture et le tamisage. D'un autre côté, on prétend que les graines de moutarde blanche, bien que ne possédant pas les propriétés d'âcreté essentielles à la moutarde comme condiment, contiennent les meilleurs arômes distinctifs de la moutarde, et sont aussi nécessaires que la moutarde noire pour la production d'un condiment désirable. On affirme encore que, dans une même variété de graines, il y a de si grandes différences résultant de récoltes de différentes années, qu'il est impossible de faire des mélanges satisfaisants excepté sous la direction d'un expert, qui se guide d'après le sens cultivé du goût et de l'odeur plutôt que par les différences de variétés des graines mêmes. Quoi qu'il en soit, il est certain que la moutarde devrait être vendue pour ce qu'elle est, et que la présence d'ingrédients étrangers devrait être indiquée sur l'étiquette.

' La question de la quantité de matières étrangères qui peut être permise est sérieuse, en nous plaçant au point de vue de l'emploi de la moutarde comme médicament domestique, pour les vésicatoires, les cataplasmes, les émétiques, etc. La moutarde de la pharmacopée ne permet aucun mélange. La moutarde envisagée, comme condiment, est autre chose, et le public devrait apprendre à faire la distinction entre les deux. La moutarde condimentaire peut être considérée, en des cas d'urgence, comme substitut de la moutarde de la pharmacopée, mais ne doit jamais être confondue avec cette dernière.

' Mais, même comme condiment, il y a un degré de dilution qui équivaut à la fraude. La fixation de limites définissant la moutarde pour des fins condimentaires est en ce moment à l'étude. Le problème est loin d'être simple, et je ne suis pas encore en mesure de pouvoir présenter une solution formelle. '

Il n'est impossible d'ajouter rien d'important à ce qui précède et qui établit parfaitement l'état de nos connaissances sur la moutarde.

Les résultats analytiques présentés dans le rapport qui suit valent quelque chose en ce qu'ils ajoutent des idées supplémentaires pour la définition des étalons-types pour la moutarde du commerce ou la montarde comme condiment.

Nous ferons notre possible pour préparer ces étalons-types le plus tôt possible et dans cette attente, je recommanderais respectueusement la publication de ce rapport comme Bulletin n° 271.

J'ai l'honneur d'être, monsieur,
Votre obéissant serviteur,

A. McGILL,
Analyste en chef.

Date du prélèvement.	Nature de l'échantillon.	Numéro de l'échantillon.	Nom et adresse du vendeur.	Prix. Quantités.	Cents.	Fabricant.	Fournisseur.
						Nom et adresse du fabricant ou fournisseur tel que communiqué par le vendeur.	

DISTRICT DE LA NOUVELLE-ECOSSE—

Date du prélèvement.	Nature de l'échantillon.	Numéro de l'échantillon.	Nom et adresse du vendeur.	Quantités.	Cents.	Fabricant.	Fournisseur.
1913.							
6 mars	Moutarde.	46926	National Dru g Co., Halifax, N.-E.	¾ liv.	30	J. & J. Coleman, Londres, Ang.	Fabricants.
10 "	" ..	46927	A. J. Baker, Halifax, N.-E.	¾ "	30	Gorman & Eckert, London, Ont.	"
10 "	" ..	46928	T. J. Brown, Halifax, N.-E.	¾ "	23	Inconnu......... ...	Morrison & Williams, Halifax, N.-E.
10 "	" ..	46929	W. J. Hopgood & Son, Halifax, N.-E.	¾ "	30	J. & J. Coleman, Londres, Ang.	John Tobin & Co., Halifax, N.-E.
11 "	" ..	46930	E. W. Crease & Son, Halifax, N.-E.	¾ "	25	Keens, Londres, Ang	Agent de fabricants.
12 "	" ..	46931	Morrison & Williams, Halifax, N.-E.	¾ "	15	E. E. Durkee & Co., New-York,	Fabricants.
19 "	" ..	46932	De Wolf & Lamont. Kentville, N.-E.	¾ "	38	Keens, Londres, Ang	R. B. Section, Halifax, N.-E.
24 "	" ..	46933	Black & Co., Truro, N.-E	¾ "	33	J. & J. Coleman, Londres, Ang.	Fabricants.
27 "	" ..	46934	C. McNab & Co., Dartmouth, N.-E.	¾ "	22	J. P. Mott, Halifax, N.-E.	Fabricants.
27 "	" ..	46935	G. A. Orman, Dartmouth, N.-E.	¾ "	23	Inconnu.........	Bauld Bros., Ltd., Halifax, N.-E.

DISTRICT DE L'ILE DU PRINCE-EDOUARD—

Date du prélèvement.	Nature de l'échantillon.	Numéro de l'échantillon.	Nom et adresse du vendeur.	Quantités.	Cents.	Fabricant.	Fournisseur.
27 fév.	Moutarde.	46379	L. A. Haszard, Charlottetown, I.P.-E.	¾ liv.	27	Colman's, Londres, An.	....
28 "	" ..	46380	A. Gates & Co., Charlottetown, I. E.-P.	¾ "	45	J. & J. Coleman, Londres, Ang.	....
3 mars	" ..	46381	Reddin Bros., Charlottetown, I.P.-E.	¾ "	30	Keens, Londres, Ang.	Lyman Sons & Co., Ltd., Montréal.
5 "	" ..	46382	S. Beaton, Bonshaw, I. P.-E.	¾ "	30	Scott's Extract Co., St-Jean, N.-B.	....
5 "	" ..	46383	Lord Co., Cap-Traverse, I.P.-E.	¾ "	24	Inconnu..........	....
6 "	" ..	46384	R. H. Cameron, Crapaud, I.P.-E.	¾ "	30	G. E. Barbour & Co., St-Jean, N.-B.	....
6 "	" ..	46385	P. D. Hagan, Tyrone, I.P.-E.	¾ "	30		Carvell Bros., Charlottetown, I.P.-E.
25 avril	" ..	46386	Sinclair & Stewart, Summerside, I.P.-E.	¾ "	30	Swartz & Sons, Halifax, N.-E.	... .

DISTRICT DU NOUVEAU-BRUNSWICK—

Date du prélèvement.	Nature de l'échantillon.	Numéro de l'échantillon.	Nom et adresse du vendeur.	Quantités.	Cents.	Fabricant.	Fournisseur.
25 fév.	Moutarde.	50555	H. W. Cole, Ltd., St-Jean, N.-B.	3 btes.	45	J. & J. Colman, Ltd., Londres, Ang.	....
25 "	" ..	50556	Dearborn & Co., Ltd., St-Jean, N.-B.	¾ liv.	21	Vendeurs............	....
27 "	" ..	50557	Baird & Peters, St-Jean, N.-B.	¾ "	12	Colburn, Philadelphie, Pa.	... .
27 "	" .	50558	Puddington, Wetmore, Morrison, Ltd., St-Jean, N.-B.	¾ "	25	G. S. Dunn & Co., Hamilton, Ont.	....

MOUTARDE.

Rapport de l'inspecteur (ne comportant aucune expression d'opinion).	Total des cendres.	Amidon (par inversion acide).	Résultats des analyses. Examen au microscope.	Numéro de l'échantillon.	Remarques et opinion de l'analyste en chef.

R. J. WAUGH, INSPECTEUR.

	p. c.			
....	4·1	Traces..	....	46926
....	3·4	28·1	Amidon de blé...............	46927
....	4·7	11·7	Traces d'amidon de blé........	46928
....	3·8	6·8	" "	46929
....	4·0	8·1	" "	46930
....	5·1	13·7	Turmeric	46931
....	4·0	6·8	Traces d'amidon de blé........	46932
....	4·1	11·8	Faible quantité d'amidon de blé	46933
....	2·2	50·6	Amidon de blé, turmérol. .	46934
....	4·1	22·5	" "	46935

WM. A. WEEKS, INSPECTEUR.

....	4·6	Traces..	....	46379
....	3·8	5·0	Traces d'amidon de blé........	46380
....	2·7	22·4	Amidon de blé	46381
....	4·3	5·6	Traces d'amidon de blé., ...	46382
....	2·1	34·6	Amidon de blé, turmérol.......	46383
....	4·3	5·0	....	46384
....	1·8	22·4	Amid. de blé, traces de turmérol	46385
....	2·9	51·8	Amidon de blé	46386

J. C. FERGUSON, INSPECTEUR.

Double Superfine........	3·7	6·8	Traces d'amidon de blé........	50555
....	4·0	15·6	" turmérol...	50556
Vendu comme mélange, marque English......	2·3	48·7	" ..	50557
....	4·8	21·2	" ..	50558

Date du prélèvement	Nature de l'échantillon	Numéro de l'échantillon	Nom et adresse du vendeur.	Quantité.	Cents.	Prix.	Fabricant.	Fournisseur.

Nom et adresse du fabricant ou fournisseur, tel que communiqué par le vendeur.

DISTRICT DU NOUVEAU BRUNSWICK—

1913.

7 mars	Moutarde.	50559	W. A. Simonds, St-Jean, N.-B.	¾	liv.	45	J. Farrow & Co., Peterborough, Ang.	.. ..
10 "	" ..	50560	M. F. Grass, St-Jean, N.-B.	¾	"	30	Inconnu........ ...	Inconnu....... ...
7 avril	" ..	50561	G. E. Barbour & Co., Ltd., St-Jean, N.-B.	¾	"	21	Vendeurs.....	....
18 "	" ..	50562	H. N. Djckinson, Perth, N.-B.	¾	"	30	G. E. Barbour & Co., Ltd., St-Jean,N.-B.	....
23 "	" ..	50563	J. A. Davidson, Sussex, N.-B.	¾	"	25	Scotts Extract Co., St-Jean, N.-B.	.. ..
24 "	" ..	50564	H. T. Brewster, Moncton, N.-B.	¾	"	27	....	Reed & Cie., Ltée, Moncton, N.-B.

DISTRICT DE QUÉBEC—

24 fév.	Moutarde.	37138	Benjamin Crépeault, 68 rue Crémaise, Montcalmville.	¾	liv.	18	J. & J. Coleman, Londres, Ang.	J.B. Reneaud & Cie., Québec.
25 "	" .	37139	F. Racine, 66 rue Crémaise, Montcalmville.	¾	"	24	" " ..	N. Turcot & Cie., Québec.
26 "	" ..	37140	Jos. Brulot, 11 chemin, Ste-Foie.	¾	"	30	" " ..	Boivin & Grenier, Québec.
27 "	" ..	37141	Jos. Bédard, 113 2me. rue Stadacona, Québec.	¾	"	30	" " ..	Inconnu.. ....
27 "	" ..	37142	François Cliche, 4 2m. rue 111 Stadacona, Québec.	¾	"	22	" " ..	Quebec Preserving Co., Québec.
3 mars	" ..	37143	F Grenier, 53 rue Scott, Québec.	¾	"	21	" " ..	Turcot & frère, Québec.
3 "	" ..	37144	F. Delisle, 60 rue Scott, Québec.	¾	"	18	" " ..	Langlois & Paradis, Québec.
3 "	" ..	37145	Jos. F. Goslin, 50 rue D'Orchester, Québec.	¾	"	45	" " ..	Joseph & Co., Québec
4 "	" ..	37146	Charles Martel, 49 rue D'Antigny, Québec.	¾	"	20	" " ..	J. B. Reneaud & Cie., Québec.
4 "	" ..	37147	A. Roy, 112½ rue Scott, Québec.	¾	"	21	" " ..	Turcot & frère, Québec.

DISTRICT DE TROIS-RIVIÈRES—

17 mars	Moutarde.	57215	G. H. Read, St-Félix de Valois.	¾	liv	45	Keens, Londres, Ang.	....
17 "	" ..	57218	Thermas Guibord, St-Félix de Valois.	¾	"	30	" " .	....
17 "	" ..	57221	Louis Enos, St-Félix de Valois.	¾	"	15	....	Jos. Dufresne, Joliette, Qué.
17 "	" ..	57224	Jos. Mosseau, St-Félix de Valois.	3 pqts		30	Keens, Londres, Ang.	....

DOC. PARLEMENTAIRE No 14

MOUTARDE.

Rapport de l'inspecteur (ne comportant aucune expression d'opinion).	Total des cendres.	Amidon (par inversion acide).	Résultats des analyses. Examen au microscope.	Numéro de l'échantillon.	Remarques et opinion de l'analyste en chef.

Fin.

	p. c.				
Farrows A. 1. Double Superfine....	4·1	11·2	Traces d'amidon de blé, turmérol	50559	
.,....	3·9	26 8	" " ..	50560	
....	3·9	Traces..	...........................,..........	50561	
Marque Acorn...	4·1	" ..	....	50562	
... .	4·5	6·7	....	50563	
... .	4·9	7·2	.............,..	50564	

F. X. W. E. BÉLAND, INSPECTEUR.

....	3·6	17·5	Amidon de blé, turmérol.......	37138
....	3·6	15·6	" "	37139
....	3·6	18·1	" " ...,.....	37140
....	3 8	10·6	Petite quantité d'amidon de blé.	37141
....	3·5	20 2	Amidon de blé, turmérol.......	37142
....	3·5	20·2	" "	37143
....	3·5	16·8	" "	37144
.............'.	3 8	12·5	Petite quantité d'amidon de blé.	37145
....	4·0	13·1	Petite quantité d'amidon de blé, traces de turmérol.	37146
....	1·8	.7 5	Amidon de blé, turmérol.......	37147

DR V. P. LAVALLÉE, INSPECTEUR.

....	3 1	45·1	Amidon de blé, turmérol.	57215
... .	4·1	6·2	Traces d'amidon de blé........	57218
....	2·9	30 6	Amidqn de blé, turmérol.... ..	57221
....	4·1	11·2	Traces d'amidon de blé, turmérol.	57224

Date du prélèvement	Nature de l'échantillon.	Numéro de l'échantillon.	Nom et adresse du vendeur.	Prix Quantité.	Prix Cents.	Fabricant.	Fournisseur.

DISTRICT DE TROIS-RIVIÈRES—

Date du prélèvement	Nature	Numéro	Nom et adresse du vendeur	Quantité	Cents	Fabricant	Fournisseur
1913.							
18 mars.	Moutarde.	57228	Ernest Asselin, St-Félix de Valois.	¾ liv.	30	Keens, Londres, Ang	
19 "	" ..	57232	Esdras Asselin, St-Félix de Valois.	¾ "	25		Jos. Dufresne, Joliette, Qué.
19 "	" ..	57235	Louis Bellerose, St-Félix de Valois.	¾ "	24	Keens, Londres, Ang	
22 "	" ..	57237	Arthur Guilbeault, Joliette.	¾ "	45	" " ..	
22 "	" ..	57240	C. Barrette, Joliette....	¾ "	42	" " ..	
22 "	" ..	57244	Magnan Frères, Joliette	¾ "	45	" " ..	

DISTRICT DES CANTONS DE L'EST—

Date du prélèvement	Nature	Numéro	Nom et adresse du vendeur	Quantité	Cents	Fabricant	Fournisseur
10 mars.	Moutarde.	1513	P. Thibault, Victoriaville.	3 pqts	39	Marratte, Leblanc & Cie, Montréal.	
10 "	" ..	1514	E. Lambert, Victoriaville.	3 "	45		
12 "	" ..	1515	F. X. Thivierge, Beauceville.	¾ liv.	18		Inconnu.........
13 "	" ..	1516	Ferd. Pépin, Ste-Marie.	¾ "	15		"
17 "	" ..	1517	Aug. Provencher, Windsor-Mills.	¾ "	19	Pure Gold Mfg. Co., Toronto.	
18 "	" ..	1518	J. O. Bertrand, Coaticook.	¾ "	28		Inconnu..
19 "	" ..	1519	Bernard & Cie, Sherbrooke.	¾ "	30		"
19 "	" ..	1520	H. Chamberlain, Magog.	¾ "	23		Forbes Brcs., Montréal.
15 avril.	" ..	1521	Mag. Martel, Actonvale.	¾ "	19		
17 "	" ..	1522	L. E. Thibaudeau, Plessisville.	¾ "	18	The F. F. Dalley Co., Ltd., Hamilton.	

DISTRICT DE MONTRÉAL—

Date du prélèvement	Nature	Numéro	Nom et adresse du vendeur	Quantité	Cents	Fabricant	Fournisseur
11 mars.	Moutarde.	51256	E. Tessier, 982 Ste-Catherine est, Montréal.	¾ liv.	28		F. G. Payette, Montréal.
11 "	" ..	51257	L. Mauer, 180 Dorchester ouest, Montréal.	¾ "	30	W. G. Dunn & Co., Hamilton, Ont.	
11 "	" ..	51258	Dr Drustein, 100 Ste-Catherine ouest, Montréal.	¾ "	23		
12 "	" ..	51259	E. Martin, 203 ave Laurier ouest, Montréal.	¾ "	25		
12 "	" ..	51260	E. Gaudey, 31 ave Laurier ouest, Montréal.	¾ "	25		

MOUTARDE.

Rapport de l'inspecteur (ne comportant aucune expression d'opinion).	Total des cendres.	Amidon (par inversion acide).	Résultats des analyses. Examen au microscope.	Numéro de l'échantillon.	Remarques et opinion de l'analyste en chef.

RIVIÈRES — *Fin.*

	p. c.				
....	3 0	28·1	Amidon de blé, turmérol. ...	57228	
....	2·9	31·8	" "	57232	
....	2 8	31·8	" " ...	57235	
....	4·0	11·2	Traces d'amidon de blé.......	57237	
....	3·8	11·8	" "	57240	
....	4 0	8·7	" "	57244	

J. C. ROULEAU, INSPECTEUR.

....	4·4	30·6	Amidon de blé, turmérol.......	1513	
....	4 0	Traces..	Traces d'amidon de blé	1514	
....	3·5	15·6	Amidon, traces de turmérol....	1515	
....	3·5	17·5	" "	1516	
....	2·8	43·2	" "	1517	
....	1·6	52·5	" "	1518	
....	0·4	8·1	Traces d'amid. de blé, turmérol.	1519	
....	3·2	48·1	Amidon de blé, turmérol.....,	1520	
....	4·5	30·6	" "	1521	
....	2·6	44·3	" "	1522	

J. J. COSTIGAN, INSPECTEUR.

....	3·2	49·9	Amidon de blé, turmérol....... "	51256	
....	3·1	36·8	" ."	51257	
....	2 4	48·7	" "	51258	
....	2·8	30·0	" "	51259	
Etiqueté mélange de moutarde fine.	2·3	33·7	" "	51260	

5 GEORGE V, A. 1915

BULLETIN N° 271—

Date du prélèvement.	Nature de l'échantillon.	Numéro de l'échantillon.	Nom et adresse du vendeur.	Prix.		Nom et adresse du fabricant ou fournisseur, tel que communiqué par le vendeur.	
				Quantité.	Cents.	Fabricant.	Fournisseur.

DISTRICT DE MONTREAL—

1913.

12 mars.	Moutarde.	51261	O. Sansregret, 2011 rue Clark, Montréal.	¾ liv.	30		
12 "	" ..	51262	J. A. Carrière, 91 ave Laurier est, Montréal.	¾ " ..	30		Hudon, Hébert & Cie, Montréal.
12 "	" ..	51263	J. M. Lefebvre, 166 ave Laurier, Montréal.	¾ " ..	30		
12 "	" ..	51264	Pelletier et frère, 1080 avenue Henri-Julien, Montréal.	¾ " ..	25		
12 "	" ..	51265	L. P. Deslières, 1750 rue Cadieux, Montréal.	¾ " ..	25		

DISTRICT DE VALLEYFIELD—

13 mars.	Moutarde.	51336	W. Beaudry, Valleyfield, P.Q.	¾ liv.	27		
13 "	" ..	51337	J. Z. Daoust, Valleyfield, P.Q.	¾ " ..	30		
19 "	" ..	51338	E. Z. Labrosse, Vankleek-Hill, Ont.	¾ " ..	30		
19 "	" ..	51339	P. T. McLaurin, Vankleek-Hill, Ont.	¾ " ..	18		
19 "	" ..	51340	John Wilson, Vankleek Hill, Ont.	¾ " ..	20		
20 "	" ..	51341	L. P. Pattee, Hawkesbury.	¾ " ..	25	J. V. Boudrais, Montréal.	
20 "	" ..	51342	A. M. Steele, Hawkesbury.	¾ " ..	27	J. Barron, Lachute, P.Q.	
20 "	" ..	51343	F. X. Bertrand, -Hawkesbury.	¾ " ..	19		
24 "	" ..	51344	A. Markson, Alexandria, Ont.	¾ " ..	20		

DISTRICT D'OTTAWA—

22 fév.	Moutarde.	51713	Thos. Stevens, Carleton Place.	¾ liv.	25	Pure Gold Mfg. Co., Toronto.	Fabricants..........
22 "	" ..	51714	Alex. Sibbitt, Carleton-Place.	¾ "	26	- " " ..	" ....
22 "	" ..	51715	Bowland & McRostie, Carleton Place.	¾ "	30	Inconnu...'..........	Robertson Nicolle, Kingston.
24 "	" ..	51716	Jas. MacPherson, Arnprior.	¾ "	20	Pure Gold Mfg. Co., Toronto.	Fabricants..........
25 "	" ..	51717	J. McDermid, Finch...	¾ "	22	Inconnu	Stedman Bros., Brantford, Ont.
25 "	" ..	51718	J. E. Cook, Winchester.	¾ "	35	" -............	Inconnu..........

MOUTARDE.

Rapport de l'inspecteur (ne comportant aucune expression d'opinion).	Total des cendres.	Amidon (par inversion acide).	Résultats des analyses. Examen au microscope.	Numéro de l'échantillon.	Remarques et opinion de l'analyste en chef.
Fin.					
	p. c.				
....	4·5	22·5	Amidon de blé. turmérol......	51261	
................'.........	4·0	31·8	" " ..	51262	
....	4·6	11·2	Traces d'amidon de blé, turmérol	51263	
....	3·3	31·8	" " ...	51264	
Vendu comme mélange de moutarde.	3·1	41 2	" " " ..	51265	

J. J. COSTIGAN, INSPECTEUR SUPPLÉANT.

....	2·8	31 8	Amidon de blé, turmérol......	51336	
....	1·7	54·3	" "	51337	
....	2·8	32·4	" "	51338	
Vendu comme mélange de Durham.	3·1	48·7	" "	51339	
Vendu comme moutarde Condiment.	2·6	48·7	" " ...	51340	
....	2·8	48·7	" "	51341	
....	1 1	57·4	" "	51342	
....	2·9	31·2	" "	51343	
....	3·4	36·8	" "	51344	

J. A. RICKEY, INSPECTEUR.

Superfine...............	6·2	40·6	Amidon de blé, turmérol......	51713	
Durham................	6·1	40·6	" "	51714	
....	3·8	55 6	" "	51715	
....	5·4	48·7	" "	51716	
....	5·5	5·5	Petite quantité d'amidon turmérol.	51717	
....	5·5	48·3	Amidon de blé, turmérol.......	51718	

5 GEORGE V, A. 1915

BULLETIN N° 271—

Date du prélèvement.	Nature de l'échantillon.	Numéro de l'échantillon.	Nom et adresse du vendeur.	Prix. Quantité.	Cents.	Nom et adresse du tabricant ou fournisseur, tel que communiqué par le vendeur. Fabricant.	Fournisseur.

DISTRICT D'OTTAWA—

1913.							
25 fév.	Moutarde.	51719	A. Sweet & Co., Winchester.	¾ liv.	23	..............~......	White Swan S. & C. Co., Toronto.
27 "	" ..	51720	E. Ackland, Creighton St., Ottawa.	¾ "	23	....	Provost & Allard, Ottawa.
27 "	" ..	51766	Motard & Cie, St. Patrick St., Ottawa.	¾ "	15	....	H. N. Bate & Sons, Ottawa.
27 "	" ..	51767	S. Dignard, St. Patrick St., Ottawa.	¾ "	20	....	S. J. Major, Ltd. Ottawa.

DISTRICT DE KINGSTON—

10 mars.	Moutarde.	45768	J. Paisley, Napanee....	3 bts.	45	Keens, Londres, Ang.	....
10 "	" ..	45769	H. W. Kelly, Napanee.	¾ liv.	24	Todhunter & Mitchell, Toronto.	....
10 "	" ..	45770	Newman Livingston, Napanee.	¾ "	30	....	F. Newman, Picton.
10 "	" ..	45771	G. W. Boyes, Napanee.	3 bts.	25	J. M. Lowes Co., Toronto.	....
20 fév.	" ..	53052	W. J. Lee, Kingston...	3 "	45	Keens, Londres, Ang.	....
20 "	" ..	53053	W. J. Arniel, Kingston.	¾ liv.	24	....	W. G. Craig, Kingston.
20 "	" ..	53054	W. J. Nesbitt, Kingston.	¾ "	20	J. M. Lowes Co., Ltd., Toronto.	....
21 "	" ..	53055	Jno. Gordon, Kingston.	3 bts.	45	Keens, Londres, Ang.	....
21 "	" ..	53056	W. E. Hopkinson. & Bro., Kingston.	¾ liv.	30	White Swan Co., Toronto.	....
25 "	" ..	53060	W. D. Stephens, Port Hope.	3 bts.	45	Keens, Londres, Ang.	....

DISTRICT DE TORONTO—

27 fév.	Moutarde.	57011	J. Everingham, 185 Wilton Ave., Toronto.	¼ liv..	10	White Swan Mills, Toronto.	....
28 "	" ..	57012	R. C. Soules, 234 De Grasse St., Toronto.	¼ " ..	8	....	Dalton Bros., Toronto.
28 "	" ..	57013	A. Devlin, 76 Ossington Ave., Toronto.	¼ " ..	8	....	Inconnu.
4 mars.	" ..	57014	P. Conlin, 493 Parliament St., Toronto.	¼ " ..	10	....	Todhunter, Mitchell & Co., Toronto.
4 "	" ..	57015	J. Whitelaw & Son, 874 Bathurst St., Toronto.	¼ " ..	10	....	Inconnu...........
5 "	" ..	57016	E. Broad,468 Pape Ave., Toronto.	¼ " ..	8	Dalton Bros., Toronto.	....
5 "	" ..	57017	H. Kelly, 1232 College St., Toronto.	¼ " ..	6	Pure Gold Mfg. Co., Ltd., Toronto.	....
6 "	" ..	57018	G. W. Blanchard, 2014 Queen St. east, Toronto.	¼ " ..	7	....	The J. M. Lowes Co., Ltd., Toronto.

DOC. PARLEMENTAIRE No 14

MOUTARDE.

Rapport de l'inspecteur (ne comportant aucune expression d'opinion).	Total des cendres.	Amidon (par inversion acide).	Examen au microscope.	Numéro de l'échantillon.	Remarques et opinion de l'analyste en chef.
			Résultats analytiques.		

Fin.

	p. c.				
....	4·9	8·0	Faible quantité d'amidon de blé, turmérol.	51719	
....	3·3	60·0	Amidon de blé, turmérol..	51720	
....	4·7	51·8	" "	51766	
....	5·1	56·2	" "	51767	

JAS. HOGAN, INSPECTEUR.

....	4·0	5·9	....	45768	
....	3·0	35·5	Amidon de blé, traces de turmérol.	45769	
....	2·7	23·0	Amidon de blé	45770	
....	2·2	22·5	Amidon de blé, turmérol......	45771	
....	4·1	6·2	Traces d'amidon de blé	53052	
....	5·0	50·0	Amidon de blé, turmérol.....	53053	
....	4·7	51·8	" "	53054	
....	4·1	8·1	Traces d'amidon de blé, turmérol.	53055	
....	3·6	53·1	Amidon de blé, turmérol......	53056	
....	4·2	8·3	Traces d'amidon de blé	53060	

H. J. DAGER, INSPECTEUR.

Vendue comme pure	4·7	33·7	Amidon de blé, turmérol......	57011	
....	2·7	33·1	" "	57012	
....	2·7	25·0	" "	57013	
....	2·3	36·8	" "	57014	
....	1·9	43·1	" "	57015	
....	2·6	35·5	" "	57016	
....	1·5	48·7	" "	57017	
....	1·7	46·2	" "	57018	

5 GEORGE V, A. 1915

BULLETIN N° 271—

Date du prélèvement	Nature de l'échantillon.	Numéro de l'échantillon.	Nom et adresse du vendeur.	Prix. Quantité.	Cents.	Nom et adresse du fabricant ou fournisseur tel que communiqué par le vendeur. Fabricant.	Fournisseur.

DISTRICT DE TORONTO—

1913.							
7 mars.	Moutaide.	57019	W. J. Cooper, 234 Royce Ave., Toronto.	¼ liv.	7	....	T. Kinnear, Toronto
7 " ..	" ..	57020	Baker & Linton, 1980 Dundas St. west, Toronto.	¼ " ..	7	....	White Swan Mills, Toronto.

DISTRICT D'HAMILTON—

9 avril.	Moutarde.	57111	James Bros., 431 Colborne St., Brantford.	¼ liv..	8	F. F. Dalley Co., Hamilton.	....
9 " .	" ..	57112	J. E. Church, 44 Mary St., Brantford.	¼ " ..	8	....	Inconnu ....
10 " ..	" ..	57113	John Walter, Paris, Ont.	¼ " ..	8	....	White Swan Cereal Co., Toronto.
10 " ..	" ..	57114	Rehder & Co., Paris, Ont.	¼ " ..	10	.........:...	Inconnu..........
14 " ..	" ..	57115	Jno. P. Brown, Dunnville, Ont.	¼ " ..	10	....	Balfour, Smye & Co., Hamilton.
14 " ..	" ..	57116	J. A. Bicknell, Dunnville, Ont.	¼ " ..	8	....	Inconnu... ....
17 " ..	" ..	57117	James Foley, 21 King St., St. Catharines.	¼ " ..	8	Inconnu......	
17 " ..	" ..	57118	Bradley, Nickolls, Ellis & St. Clair, Niagara Falls.	¼ " ..	10	....	Inconnn ....
18 " ..	" ..	57119	A. Hess, Hess and Market Sts., Hamilton.	¼ " ..	10	....	
19 " ..	" ..	57120	D. J. Donovan, Hunter and Walnut Sts., Hamilton.	¼ " ..	10	F. F, Dalley Co., Ltd., Hamilton.	....

DISTRICT DE WINDSOR—

3 mars.	Moutarde.	47948	Bradley & Son, Chatham, Ont.	3 paq.	30	I. X. L. Spice Mills, London, Ont.	....
3 " ..	" ..	47949	Alfred Deloge, Chatham, Ont.	¾ liv..	20	....	Dalley Co., Hamilton, Ont.
3 " ..	" ..	47951	Jas. Paul, Chatham, Ont.	3 paq.	45	Keens, Londres, Ang.	....
3 " ..	" ..	47952	J. D. Stark, Chatham, Ont.	¾ liv..	30	....	F. F. Dalley Co. Hamilton.
4 " ..	" ..	47954	Wm. Anderson, Chatham, Ont.	3 paq.	45	Keens, Londres, Ang.	....
4 " ..	" ..	47956	H. A. Andrew, Chatham, Ont.	¾ liv..	....	. .. .	Pure Gold Mfg. Co., Toronto.
5 " ..	" ..	47971	Wm. Burnie, Windsor, Ont.	¾ " ..	25	Inconnu........	
5 " ..	" ..	47975	A. St. Denis, Windsor, Ont.	¾ " ..	30	Gorman Eckert Co., London, Ont.	·...... ... .
6 " ..	" ..	47981	Laing & Moore, Essex.	3 paq.	30	Keens, Londres, Ang.	....
6 " ..	" ..	47982	A. Raines, Essex......	¾ liv..	22	Inconnu.......	

MOUTARDE.

Rapport de l'inspecteur (ne comportant aucune expression d'opinion).	Total des cendres.	Amidon (par inversion acide).	Examen au microscope.	Numéro de l'échantillon.	Remarques et opinion de l'analyste en chef.
			Résultats des analyses.		

Fin.

	p. c.				
....	2·6	42·5	Amidon de blé, turmérol	57019	
....	4·8	11·2	" "	57020	

H. J. DAGER, INSPECTEUR SUPPLÉANT.

....	2·6	36·8	Amidon de blé............	57111	
....	5·1	Traces..	" turmérol.....	57112	
....	2·7	45·6	Amidon de blé "	57113	
Echant. d'une bout. mar. moutarde pure "Feather" quality.........	1·9	46·8	" "	57114	
	4·8	42·5	" "	57115	
....	2·0	48·7	" "	57116	
....	2·3	45·0	" "	57117	
Etiquet. moutarde pure.	1·6	53·7	" "	57118	
Du stock de l'ancien propriétaire.....	4·7	Traces..	...........'...................	57119	
....	1·0	" .	Amidon de blé, turmérol.......	57120	

JNO. TALBOT, INSPECTEUR.

Marque "Sweetheart"·.	2·8	34·9	Amidon de blé, turmérol......	47948	
Moutarde Durham ... ·	2·8	37·5	Amidon de blé, trac.de turmérol.	47949	
....	4·1	11·8	Faible quantité d'amidon de blé.	47951	
Etiq. moutarde pure de Dalley.........	4·6	10·0	Faible quantité d'amidon, turmérol.	47952	
....	3·9	11·8	Faible quantité d'amidon de blé.	47954	
....	1·7	49·3	Amidon de blé, turmérol.......	47956	
....	3·2	33·1	" "	47971	
....	2·6	46·8	" "	47975	
....	4·0	15·0	Amidon de blé............	47981	
....	2·7	51·8	Amidon de blé, turmérol. ... ·	47982	

Date du prélèvement	Nature de l'échantillon.	Numéro de l'échantillon.	Nom et adresse du vendeur.	Quantité.	Cents.	Fabricant.	Fournisseur.
						Prix. — Nom et adresse du fabricant ou fournisseur, tel que communiqué par le vendeur.	

DISTRICT DU MANITOBA—

Date du prélèvement	Nature	N°	Nom et adresse du vendeur	Quantité	Cents	Fabricant	Fournisseur
1913.							
24 fév..	Moutarde.	48845	Blue Ribbon Ltd., Winnipeg.	¾ liv.	31	Vendeurs........	
24 "	" ..	48846	Campbell Bros. & Wilson, Winnipeg.	½ "	....	Inconnu...........	Inconnu...........
25 "	" ..	48847	The Dyson Co., Winnipeg.	½ "	....	G. S. Dunn & Co., Hamilton.	Fabricants.........
25 "	" ..	48848	The White Star Mfg. Co., Winnipeg.	3 pqts	45	Vendeurs,..........	
26 "	" ..	48850	The Gold Standard Mfg. Co., Winnipeg.	3 "	....	"	
4 mars.	" ..	48851	Moffett & Douglas, ave., Selkirk, Winnipeg.	3 "	45		
4 "	" ..	48852	S. Elliott & Co., rue Main N., Winnipeg.	3 "	45		
4 "	" ..	48853	D. Campbell, rue Main N., Winnipeg.	3 "	45		
11 "	" ..	48854	T. J. Acheson & Son, Morden.	3 "	45		
13 "	" ..	48865	J. B. Coyle, Winnipeg.	3 "	45		

DISTRICT DES MONTAGNES-ROCHEUSES—

Date	Nature	N°	Nom et adresse du vendeur	Quantité	Cents	Fabricant ou fournisseur	
4 mars.	Moutarde	49832	Star Grocery, Nelson, C.-B.	¾ liv.	40	J. & J. Coleman, Londres, Ang.	
4 "	" ..	49833	" , " ..	½ " ..	40	Climax Mfg. Co., Vancouver, C.-B.	
4 "	" ..	49837	Hudson's Bay Co., Nelson, C.-B.	½ " ..	25	J. & J. Coleman, Londres, Ang.	
4 "	" ..	49838	Christie & Benson, Nelson, C.-B.	3 pqts		Empress Mfg. Co., Vancouver, C.-B.	
4 "	" ..	49842	J. A. Irving & Co., Nelson, C.-B.	¾ liv.	30	" "	
7 "	" ..	49843	Morrin, Thompson & Co., Phœnix, C.-B.	¾ " ..	30	Kelly, Douglas & Co., Vancouver, C.-B.	
7 "	" ..	49844	" " ..	3 pqts	60	J. &. J. Coleman, Londres, Ang.	
17 "	" ..	49861	J. McIntyre & Son, Revelstoke, C.-B.	¾ liv.	30	Kelly, Douglas & Co., Vancouver, C.-B.	
17 "	" ..	49866	L. C. Masson, Revelstoke, C.-B.	3 pqts	45	Oriental Mills, Vancouver, C.-B.	
7 avril.	" ..	49872	Polson Mercantile Co., Enderby, C.-B.	¾ liv.	30	Empress Mfg. Co., Vancouver, C.-B.	

DISTRICT DE VANCOUVER—

Date	Nature	N°	Nom et adresse du vendeur	Quantité	Cents	Fabricant ou fournisseur	
11 mars.	Moutarde.	53466	H. A. Edgett & Co., Vancouver, C.-B.	¾ liv.	30	Keens, Londres, Ang	
12 "	" ..	53467	Gruchy & Carlaw, 5e ave. et Granville, Vancouver, C.-B.	¾ " ..	30	" "	
13 "	" ..	53468	T. Russell, 444 rue Pender, Vancouver, C.-B.	3 pqts	45	Coleman's Ltd., Londres, Ang.	

MOUTARDE.

Rapport de l'inspecteur (ne comportant aucune expression d'opinion).	Total des cendres.	Amidon (par inversion acide).	Résultats analytiques. Examen au microscope.	Numéro de l'échantillon.	Remarques et opinion de l'analyste en chef.
A. C. LARIVIÈRE.	p. c.				
....	3·6	11·2	Faible quantité d'amidon de blé, turmérol.	48845	
....	1·7	43·1	Amidon de blé, turmérol.......	48846	
....	5·5	Traces..	Traces d'amid, de blé, turmérol.	48847	
" White Star."	3·9	10·0	Traces d'amidon de blé et de turmérol.	48848	
" Gold Standard."	4·4	Traces..	....	48850	
" Keens."	4·1	9·3	Traces d'amidon de blé	48851	
"	4·1	8·7	" "	48852	
"	4·0	15·0	Faible quantité d'amidon de blé	48853	
"	4·0	16·8	" "	48854	
"	3·9	13·1	" "	48865	

THOS. PARKER, INSPECTEUR.

....	3·9	11·8	Amidon de blé, turmérol..	49832	
....	3·3	27·5	" "	49833	
Moutarde Keens, seconde qualité.	2·9	26·8	" "	49837	
....	4·9	Traces..	....	49838	
....	4·2	" ..	....	49842	
" Columbia "	5·7	41·2	Amidon de blé, turmérol......	49843	
....	4·0	15·0	" "	49844	
" Nabob "	5·0	46·2	" "	49861	
" Oriental"	3·8	37·5	" "	49866	
....	3·9	13·4	" "	49872	

J. F. POWER, INSPECTEUR.

Seconde qualité	2·7	29·3	Amidon de blé, turmérol......	53466	
"	2·6	45·6	" "	53467	
....	3·9	8·7	Faible quantité d'amid. de blé.	53468	

BULLETIN N° 271—

Date du prélèvement.	Nature de l'échantillon.	Numéro de l'échantillon.	Nom et adresse du vendeur.	Prix. Quantité.	Prix. Cents.	Nom et adresse du fabricant ou du fournisseur, tel que communiqué par le vendeur. Fabricant.	Nom et adresse du fabricant ou du fournisseur, tel que communiqué par le vendeur. Fournisseur.
						DISTRICT DE VANCOUVER—	
1913.							
13 mars	Moutarde.	53469	G. F. Cowley, 544 rue Georgia, Vancouver, C.-B.	¾ liv,	30	Keens, Londres, Ang.	....
14 "	" ..	53470	Kelly's Grocery, 2333 rue Main, Vancouver, C.-B.	¾ " ..	30	Inconnu	....
14 "	" ..	53471	Mills & McAdam, Kitsilano, Vancouver, C.-B.	¾ " ..	30	Keens Ltd., Londres, Ang.	....
22 "	" ..	53472	David Spencer, Ltd., Vancouver, C.-B.	¾ " ..	30	" " ..	....
22 "	" ..	53473	Dominion Grocery, rue Abbott, Vancouver, C.-B.	¾ " ..	30	" " ..	....
22 "	" ..	53474	F. Filion, rue Carrall, Vancouver, C.-B.	½ " ..	30	Empress Mfr. Co., Vancouver, C.-B.	....
28 "	" ..	53475	C. A. Welsh, New-Westminster, C.-B.	3 btes.	40	Keens Ltd., Londres, Ang.	....
						DISTRICT DE VICTORIA—	
14 mars	Moutarde.	53546	Acton Bros., 1317 r. Douglas, Victoria, C.-B.	¾ liv.	45	J. J. Colman, Londres, Ang.	....
14 "	" ..	53548	Fenerty Bros., Oak Bay Junction, Victoria, C.-B.	¾ "	45	" " ..	....
14 "	" ..	53550	Wm. Marshall, avenue Stanley et rue Fort, Victoria, C.-B.	¾ "	45	" " ..	....
18 "	" ..	53552	Copas & Young, 631 rue Fort, Victoria, C.-B.	¾ "	45	Keen Robertson Co., Ltd., Londres, Ang.	....
18 "	" ..	53554	Harrison & McDonald, 1218 rue Douglas, Victoria, C.-B.	¾ "	30	" " ..	....
18 "	" ..	53557	Dixi H. Ross Co., 1317 rue Govt., Victoria, C.-B.	¾ "	45	....	....
18 "	" ..	53558	H. & K. Grocery, 1425 Douglas, rue Victoria, C.-B.	1½ "	30	McLaren Cheese Co., Ltd., Toronto.	....
18 "	" ..	53559	H. O. Kirkham, 741 rue Fort, Victoria, C.-B.	1½ "	75	Inconnu...........	....
19 "	" ..	53561	W. A. Jameson Coffee Co., 75 rue Broughton, Victoria, C.-B.	1½ "	30	G. S. Dunn & Co., Hamilton.	....
19 "	" ..	53563	Pioneer Coffee and Spice Mills, 641 rue Pembroke, Victoria, C.-B.	1½ "	20	" " ..	....

MOUTARDE.

Rapport de l'inspecteur \ (ne comportant aucune expression d'opinion).	Total des cendres.	Amidon (par inversion acide).	Résultats analytiques.		Numéro de l'échantillon.	Remarques et opinion d e l'analyste en chef.
				Examen au microscope.		

Fin.

	p. c.				
Seconde qualité.........	2·7	33·7	Amidon de blé	53469	
"Coleman's" brand.....	4·1	44·3	"	53470	
Seconde qualité	2·9	31·2	"	53471	
"	2·8	28·1	"	53472	
"	3·0	43·7	"	53473	
....	2·8	33·7	"	53474	
Mélange sans composé dangereux.	4·1	13·7	"	53475	

D. O'SULLIVAN, INSPECTEUR.

Colman's	4·0	Traces..	Traces d'amidon de blé, pas de turmérol.	53546
"	4·0	11·2	Faible quantité d'amidon de blé, turmérol.	53548
....	4·0	12·5	Faible quantité d'amidon	53550
....	4·3	Traces..	....	53552
Keens......	2·8	34·3	Amidon de blé, turmérol.......	53554
Farrow's A. I..........	4·1	6·8	" "	53557
....	3·2	8·0	Turmérol....	53558
Durham................	1·7	56·2	Amidon de blé, turmérol.	53559
. ...	4·9	14·3	Traces d'amidon de blé, turmérol	53561
....	1·4	60·0	Amidon de blé, turmérol.......	53563

APPENDICE O.

BULLETIN N° 272—SAINDOUX

M. WM. HIMSWORTH,
Sous-ministre,
Revenu de l'Intérieur.

OTTAWA, le 18 novembre 1913.

MONSIEUR,—J'ai l'honneur de soumettre un rapport sur 182 échantillons de saindoux, achetés dans tout le Canada en février, mars et avril de cette année. Le résultat de l'analyse peut être résumé comme suit:

	Echantillons.
Normaux	169
Contiennent un excédent d'eau	3
Douteux	1
Falsifiés	8
Vendus comme composés	1
Total	182

La falsification consiste dans tous les cas en graisse étrangère ajoutée, d'origine végétale. Cette graisse n'est pas dangereuse pour la santé, mais constitue une falsification en vertu de l'article 3 (b), en tant que "une substance inférieure ou moins chère a été substituée en tout ou en partie à la matière alimentaire".

L'excédent d'eau dans trois échantillons dépasse de si peu la limite permise que je ne pense pas qu'il soit nécessaire de déclarer les échantillons comme falsifiés excepté dans un sens technique.

Je considère un échantillon (No 53485) comme douteux à cause d'indice d'iodine. Bien que ceci fasse douter s'il est normal, c'est toutefois insuffisant pour fournir une preuve concluante de la falsification.

L'échantillon vendu comme composé n'aurait pas dû être accepté par notre inspecteur.

J'ai maintenant une collection d'échantillons de saindoux et de ce qui le remplace. En signalant cette collection à une date ultérieure, je profiterai de l'occasion pour revoir plus en détail, le sujet du saindoux, et de ce qui le remplace, sur le marché canadien.

Je recommande la publication de ce rapport sous le titre de bulletin n° 272.

J'ai l'honneur d'être, monsieur,
Votre obéissant serviteur,

A. McGILL,
Analyste en chef.

5 GEORGE V, A. 1915

BULLETIN N° 272—

Date du prélèvement.	Nature de l'échantillon.	Numéro de l'échantillon.	Nom et adresse du vendeur.	Prix. Quantité.	Cents.	Nom et adresse du fabricant ou fournisseur, tel que communiqué par le vendeur. Fabricant.	Fournisseur.

DISTRICT DE LA NOUVELLE-ECOSSE—

Date du prélèvement.	Nature de l'échantillon.	Numéro de l'échantillon.	Nom et adresse du vendeur.	Quantité.	Cents.	Fabricant.	Fournisseur.
1913.							
12 mars.	Saindoux.	46916	P. T. Shea, Halifax, N.-E.	1½ liv.	30	Morrell & Co., Ottuma, E.-U.A.	Fabricants......... ...
12 "	"	46917	Wentzells Ltd., Halifax, N.-E.	1¼ " .	23	Swift & Co., Chicago, E.-U.A.	" ....
12 "	"	46918	G. Hirschfeld, Halifax, N.-E.	1¼ " .	25	Vendeur ....
12 "	"	46919	T. Spry, Halifax, N.-E.	1¼ " .	25	" ....
13 "	"	46920	A. L Doyle & Co., Halifax, N.-E.	1¼ " .	25	Veudeurs ....
13 "	"	46921	J. A. Leaman & Co., Halifax, N.-E.	1¼ " .	25	" ....
13 "	"	46922	Dillon Bros., Halifax, N.-E.	1¼ " .	25	F. W. Fearman, Hamilton, Ont.	Fabricant...........
19 "	"	46923	DeWolf & Lamont, Kentville, N.-E.	1¼ " .	23	Swift & Co., Chicago, E.-U.A.	R. B. Seeton & Co., Halifax, N.-E.
22 "	"	46924	S. Thomson, Dartmouth, N.-E.	1¼ " .	25	F. W. Fearman & Co., Hamilton, Ont.	Fabricants.........
24 "	"	46925	Truro Market, Truro, N.-E.	1¼ " .	25	Wm. Davies, Toronto.	Fabricant..........

DISTRICT DE L'ILE DU PRINCE-EDWARD—

Date du prélèvement.	Nature de l'échantillon.	Numéro de l'échantillon.	Nom et adresse du vendeur.	Quantité.	Cents.	Fabricant.	Fournisseur.
4 mars.	Saindoux.	46369	R. T. Maddigan, Charlottetown, I.-P.-E.	1½ liv.	30	Davies & Fraser, Ch'Town, I.-P.-E.	....
5 "	"	46370	S. Beaton, Bonshaw, I.-P.-E.	1½ " .	30	" ....
5 "	"	46371	Lord Co., Cap - Traverse, I.-P.-E.	2 " .	36	The Wm. Davies Co., Ltd., Toronto.	
6 "	"	46372	P. D. Hogan, Tyrone, I.-P.-E.	1½ " .	30	Davies & Fraser, Ch'Town, I.-P.-E.	
25 avril.	"	46373	J. A. Hynes, Kensington, I.-P.-E.	1½ " .	30	Morris & Co., Chicago.	....
25 "	"	46374	James Kennedy, Kensington, I.-P.-E.	1½ " .	30	Patrick McGuire, Clinton, I.-P.-E.	..
25 "	"	46375	Sinclair & Stewart, Summerside, I.-P.-E.	1½ " .	27	Mathews, Laing, Ltd., Montréal.	

DISTRICT DU NOUVEAU-BRUNSWICK—

Date du prélèvement.	Nature de l'échantillon.	Numéro de l'échantillon.	Nom et adresse du vendeur.	Quantité.	Cents.	Fabricant.	Fournisseur.
25 fév..	Saindoux.	50545	John Hopkins, St-Jean, N.-B.	1½ liv.	30	Vendeur ....
" 25	"	50546	F. S. Williams Co., Ltd., St-Jean, N.-B.	2 " .	40	Gunn's, West Toronto.	....
13 mars.	"	50547	G. B. Taylor, St-Jean, N.-B.	1½ " .	30	Vendeur........ . ...

DOC. PARLEMENTAIRE No 14

SAINDOUX.

Rapport de l'inspecteur (ne comportant aucune expression d'opinion).	Résultats de l'analyse.				Numéro de l'échantillon.	Remarques et opinion de l'analyste en chef.
	Eau.	Epreuve Halphen.	Butyro-réfracto-mètre. Observations à 40°C.	Indice d'iodine (Hanus).		

R. J. WAUGH, INSPECTEUR.

	p. c.					
....	Indices.	....	51	....	46916	Normal.
....	" ..	....	51·5	....	46917	"
....	" ..	....	50·5	....	46918	"
....	" ..	....	50	....	46919	"
....	" ..	....	49·5	....	46920	"
....	" ..	....	51	....	46921	"
....	" ..	....	51·5	....	46922	"
....	" ..	....	52	....	46923	"
....	" ..	Rose......	52	58·71	46924	"
....	" ..	....	52	....	46925	"

WM. A. WEEKS, INSPECTEUR.

....	Indices.	....	49	....	46369	Normal.
....	" ..	....	49·5	....	46370	"
....	" ..	....	51	....	46371	"
....	" ..	....	52	....	46372	"
....	" ..	....	51	....	46373	"
....	1·33 †2·97	....	50·5	....	*46374	Excédent d'eau.
....	Indices.	Rose-foncé..	51·5	61·60	46375	Normal.

J. C. FERGUSON, INSPECTEUR.

....	Indices.	Cramoisi...	51	57·97	50545	Normal.
"Maple Leaf" Brand...	" ..	....	51·5	....	50546	"
....	" ..	....	51·5	....	50547	"

*Un peu moisi.　　† Echantillon double.

Date du prélèvement.	Nature de l'échantillon.	Numéro de l'échantillon.	Nom et adresse du vendeur.	Prix.		Nom et adresse du fabricant ou fournisseur, tel que fourni par le vendeur.	
				Quantité.	Cents.	Fabricant.	Fournisseur.

DISTRICT DU NOUVEAU-

1913.							
13 mars.	Saindoux.	50548	Slipp & Flewelling, St-Jean, N.-B.	1½ liv.	30	Vendeurs.	....
13 "	"	50549	S. E. Rice, St-Jean, N.-B.	1½ "	30	F. W. Fearman Co., Hamilton.	....
10 avril.	"	50550	P. H. McKenna, St-Stephen, N.-B.	1½ "	25	....	G. E. Barbour Co., Ltd., St-Jean, N.-B.
15 "	"	50551	J. Boyle & Son, Fredericton, N.-B.	1½ "	30	Vendeurs....	....
23 "	"	50552	King & Asbell, Sussex, N.-B.	1½ "	30	Matthews-Laing, Toronto, Ont.	....
23 "	"	50553	D. A. McBeath, Moncton, N.-B.	1 mor.	40	Davis & Fraser, Charlottetown, I.-P.-E.	....
23 "	"	50554	The 2 Barkers Ltd., Moncton, N.-B.	1 "	26	Morris & Co., Chicago.	....
12 mors	"	50600	John Hopkins, St-Jean, N.-B.	1 "	30	Vendeur.	....
16 avril.	"	55901	C. B. Snow, Woodstock, N.-B.	1 "	27	Gunns Ltd., Toronto-ouest.	....

DISTRICT DE QUÉBEC—

24 fév.	Saindoux.	37128	Benjamin Cepeault, 68 rue Crémazie, Montcalmville.	1½ liv.	30	O'Keef, Chatham, Ont.	J. B. Reneaud & Cie, Québec.
25 "	"	37129	F. Racine, 66 rue Crémazie, Montcalmville.	1½ "	30	" " ..	Emond & Côté, Québec.
26 "	"	37130	Joseph Brulot, 11 Chemin Ste-Foie.	1½ "	30	Matthews-Laing Co.	Octave Jacques, Québec.
27 "	"	37131	Jos. Bédard, 113, 2me rue Stadacona.	1½ "	33	Swift Co., Winnipeg.	Gagnon & Garent, Québec.
27 "	"	37132	François Cliche, 4me, 130 rue Stadacona.	1½ "	30	F. M. Sinclair, Cedar Rapids, Iowa.	Octave Jacques, Québec.
3 mars.	"	37133	F. Grenier, 50 rue Scott, Québec.	1½ "	33	Boulet & Lavoie, Québec.	Fabricants.
3 "	"	37134	F. Delisle, 60 rue Scott, Québec.	1½ "	36	O'Keefe & Drew, Chatham, Ont.	Emond & Côté, Québec.
3 "	"	37135	Jos. F. Goslin, 50 rue D'Orchester, Québec.	1½ "	30	F. M. Sinclair Co., London.	Fabricants.
4 "	"	37136	Charles Martel, 49 rue Artillerie, Québec.	1½ "	30	E. M. Sinclair Ltd., Toronto.	Alfred Dombroski, Québec.
4 "	"	37137	A. Roy, 112½ rue Scott, Québec.	1½ "	30	Harris Abattoir, Rapides des Cèdres.	J. B. Reneaud & Cie, London.
5 "	"	37188	J. A. Martel, 155 rue St-Patrice, Québec.	1½ "	30	F. M. Sinclair, Rapides des Cèdres.	Octave Jacques, Québec.
5 "	"	37189	Ernest Tessier, 121 rue Scott, Québec.	1½ "	30	" " ..	D. D. Drolet, Québec.
5 "	"	37190	W. Gagnon, 112 rue Artillerie, Québec.	2 "	40	" " ..	N. Rioux & Cie, Québec.

SAINDOUX.

Rapport de l'inspecteur (ne comportant aucune expression d'opinion).	Résultats des analyses.				Numéro de l'échantillon.	Remarques et opinion de l'analyste en chef.
	Eau.	Epreuve Halphen.	Butyro-réfracto-mètre. Obser-vations à 40°c.	Indice d'iodine (Hanus).		

BRUNSWICK—*Fin.*

	p. c.					
... , ...	Indices.	....	51	....	50518	Normal.
....	0·39	....	53	....	50549	"
Swift's "Silver Leaf," Lard.	Indices.	....	51	....	50550	"
....	" ..	... ...	50	....	50551	"
...............'...........	" ..	Cramoisie ..	51	59·06	50552	"
.'......................	" ..	... .	50·5	....	50553	"
"Supreme Brand."....	" ..	....	52	....	50554	"
....	" ..	....:	51·5	....	50600	"
....	" ..	Rose forcé..	52	61·26	55901	"

F. X. W. E. BÉLAND, INSPECTEUR.

....	Indices.	....	52	. ....	37128	Normal.
....	" ..	....	51·5	....	37129	"
....	" ..	....	52	....	37130	"
....	" ..	....	52	....	37131	"
....	" ..	....	51	....	37132	"
. . ..	" ..	....	51·5	....	37133	"
. ...	" ..	....	51·5	....	37134	"
....	" ..	... .	51	....	37135	"
....	" ..	.. . .	51	....	37136	"
....	" ..	....	51·5	....	37137	"
....	" ..	....	51·5	....	37188	"
....	" ..	....	51	....	37189	"
....	..	.:...........	52·5	....	37190	"

5 GEORGE V., A. 1915

BULLETIN N° 272—

Date du prélèvement.	Nature de l'échan-tillon.	Numéro de l'échantillon.	Nom et adresse du vendeur.	Prix.		Nom et adresse du fabricant ou fournisseur, tel que communiqué par le vendeur.	
				Quantité.	Cents.	Fabricant.	Fournisseur.

DISTRICT DE

1913.							
5 mars.	Saindoux.	37191	J. Noël Rondeau, 6 rue Lachevrotière, Q u é-b+c.	1½ liv.		30	O'Keefe & Andrews Co., Granton, Ont.	J. B. Reneaud & Cie, Québec.
5 "	" ..	37192	Alphonse Côté, 381 rue St-Jean, Qéubec.	1½ "		30	Matthews, Toronto..	Emond & Côté, Québec.

DISTRICT DE TROIS-RIVIÈRES—

17 mars.	Saindoux.	57214	Louis Enos, St-Félix de Valois.	3 liv..		45	Laing, Montréal....	....
17 "	" ..	57217	G. H. Read, St-Félix de Valois.	3 "		45	National P a c k i n g Co., Québec.	....
17 "	" ..	57222	Thermas Guibord, St-Félix de Valois.	3 "		60	Davies Co., Mont-réal. .	....
17 "	" ..	57223	Jos. Mousseau, St-Félix de Valois.	3 "		54	Maple Leaf, Toron to-ouest..	... .
18 "	" ..	57227	Ernest Asselin, St-Félix de Valois.	3 "		51	W. Davies, Mont-réal.	....
19 "	" ..	57231	Esdras Asselin, St-Félix de Valois.	3 "		60	W. D a v i e s C o., Montréal.	....
19 "	" ..	57234	Louis Bellerose, St-Félix de Valois.	3 "		51	" " ..	,. ....
22 "	" ..	57238	C. Barrette, Joliette ...	3 "		54	Laing, Montréal	....
22 "	" ..	57243	Magnan Frères, Jo-hette.	3 "		54	" "	....
24 "	" ..	57248	Wilfrid Brissette, St-Félix de Valois.	3 "		54	W. D a v i e s C o., Montréal.	....

DISTRICT DES CANTONS DE L'EST—

10 mars.	Saindoux.	1501	Ciméon Gouin, Victoria-ville.	1 liv..		16	.. ..	L. Chaput Fils et Cie, Montréal.
12 "	" ..	1502	J. E. Ouellette, Beauce-ville.	5 "		90	Fowler's Canadian Co., Ltd., Hamilton	....
12 "	" ..	1503	P. F. Renaud, Beauce-ville.	3 "		58	The Hovev Bros., Packing Co., Sher-brooke.	....
17 "	" ..	1504	W. S. Samson & Son, Windsor-Mills.	1 "		17	Matthews L a i n g Ltd., Montréal.	....
18 "	" ..	1505	E, J. Planche et Cie, Cookshire.	1 seau		60	The Hovey Bros., Packing Co., Sher-brooke.	....
19 "	" ..	1506	A. L a c h a n c e, Sher-brooke.	3 liv..		55	Vendeur.........	.
16 avril.	" ..	1507	Geo. E. Blais, Danville.	5 "		90	Matthews L a i n g Ltd , Montreal.	....
18 "	" ..	1508	J. E. Alby, Drummond-ville.	1 "		13	The N. K. Fairbanks Co., Montréal.	....

DOC. PARLEMENTAIRE No 14

SAINDOUX.

Rapport de l'inspecteur (ne comportant aucune expression d'opinion).	Résultats analytiques.					Numéro de l'échantillon.	Remarques et opinion de l'analyste en chef.
	Eau.	Epreuve Halphen.	Butyro-réfractomètre. Observations à 40°c.	Indice d'iodine (Hanus).			

QUÉBEC—*Fin.*

	p. c.						
....	Indices.	.. ..	52	....		37191	Normal.
Saindoux pur..	" ..	....	52	....		37192	"

DR V. P. LAVALLÉE, INSPECTEUR.

....	0·25	Rose	50	63·85		57214	Normal.
....	Indices.	....	52	....		57217	"
....	" ..	....	51	....		57222	"
....	0·59	....	51	......		57223	"
....	Indices.	....	51·5	....		57227	"
....	" ..	....	52	....		57231	"
....	" ..	....	52	....		57234	"
....	0·63	Rose	52	61·77		57238	"
....	Indices.	"	52	62·27		57243	"
....	" ..	....	52	....		57248	"

J. C. ROULEAU, INSPECTEUR.

....	Indices.	....	51	....		1501	Normal.
Etiqueté " Pure Lard "..	" ..	....	50	....		1502	"
....	" ..	....	50	......		1503	"
....	" ..	Rose pâle...	51	56·17		1504	"
.............·..........	" ..	....	52	....		1505	"
....	" ..	....	51·5	....		1506	"
....	" ..	Rose pâle...	52·5	55·57		1507	"
Etiqueté "Compound ".	" ..	Cramoisi ...	61	85 14		1508	Etiqueté "Compound."

5 GEORGE V, A. 1915

BULLETIN N° 272—

Date du prélèvement.	Nature de l'échantillon.	Numéro de l'échantillon.	Nom et adresse du vendeur.	Prix.		Nom et adresse du fabricant ou fournisseur, tel que communiqué par le vendeur.	
				Quantité.	Cents.	Fabricant.	Fournisseur.

DISTRICT DES CANTONS

1913.							
21 avril.	Saindoux.	1509	R. J. Buckle, Sutton...	3	liv.	60	Alex. Ames & Sons, ... Sherbrooke.	
25 "	"	1510	L. Gurdreau, St-Hya-cinthe.	1	"	18	M. Lussier, St-Hya-cinthe.	

DISTRICT DE MONTRÉAL—

24 fév..	Saindoux.	51221	Jos. Lacombe, 677 rue Ontario, Maisonneuve.	1½	liv.	23	Swifts Packing and .... Prov. Co.
24 "	"	51222	J. Guay, 404 ave Orléans, Maisonneuve.	1½	"	30	Swifts Canadian Co., ... Montréal.
24 "	"	51223	V. Levac, 700 rue Adams, Maisonneuve.	1½	"	25	Swifts Packing and .... Prov. Co.
25 "	"	51224	P. J. Guay, 101 4ième ave, Viauville.	1½	"	27	Vendeur...... ....
25 "	"	51225	John Heaney, rue La-fontaine, Maison-neuve.	1½	"	27	Matthews-Laing, ... Ltd., Montréal.
25 "	"	51226	J. O. Maranda, 215 rue Ontario, Maisonneuve	1½	"	27	Swifts Packing and .... Prov. Co.
25 "	"	51227	M. A. Payette, 217 rue Ontario, Maisonneuve.	1½	"	27	Whyte Packing Co., ... Ltd., Montréal.
25 "	"	51228	D. Rochan, 525 rue On-tario, Maisonneuve.	1½	"	27	Swifts Packing and .... Prov. Co.
25 "	"	51229	H. Vallée, 2246 rue On-tario-est, Montréal.	1½	"	27	Gunns Ltd., Mont-réal. ....
25 "	"	51230	A. Asselin, 2026 rue On-tario-est, Montréal.	1½	"	27	Swifts Packing and .... Prov. Co.
3 mars.	"	51290	Phaneuf Carrière, 76 rue Duquette, Montréal.	1	seau	2.75	" " .. ..

DISTRICT DE VALLEYFIELD—

13 mars.	Saindoux.	51301	W. Plante, Valleyfield, Qué.	1½	liv.	27	Swifts Canadian Co., ... Ltd.
13 "	"	51302	W. Beaudry, Valley-field, Qué.	1½	"	30	... .
13 "	"	51303	The Industrial Co-Op Society Ltd., Valley-field, Qué.	1½	"	30	Wm. Davies Co., ...
13 "	"	51304	J. A. Major, Valley-field, Qué.	1½	"	30	Fowler's Canadian .... Co., Ltd.
19 "	"	51305	E. Z. Labrosse, Vank-leek-Hill, Ont.	2	"	40	Matthews-Laing .... Ltd.
19 "	" ...	51306	John Wilson, Vankleek-Hill, Ont.	1½	"	30	... .
20 "	"	51307	F. X. Bertrand, Haw-kesbury, Ont	1½	"	30	....

DOC. PARLEMENTAIRE No 14

SAINDOUX.

Rapport de l'inspecteur (ne comportant aucune expression d'opinion).	Eau.	Epreuve Halphen.	Butyro-réfractomètre Obser - vations à 40°C.	Indice d'iodine (Hanus).	Numéro de l'échantillon.	Remarques et opinion de l'analyste en chef.
		Résultats analytiques.				

DE L'EST—Fin.

Etiqueté "Pure Lard" ..	Indices.	....	51·5	....	1509	Normal.
....	"	....	51	....	1510	"

J. J. COSTIGAN, INSPECTEUR.

Etiqueté " Swift's Pure Lard".	0 47	Rouge foncé.	54·1	81·55	51221	Falsif. avec de la graisse étrangère
"Silver Leaf" Brand...	Indices.	....	50·5	....	51222	Normal.
Etiqueté " Swift's Pure Lard".	0·05	Rouge foncé.	53	80·78	51223	Falsif. avec de la graisse étrangère
....	Indices.	....	50	....	51224	Normal.
....	"	.. Rose foncé..	51	59·10	51225	"
Etiqueté " Swift's Pure Lard".	0·12	Rouge foncé.	53	82·69	51226	Falsif. avec de la graisse étrangère
....	Indices.	....	51 5	....	51227	Normal.
Etiqueté " Swift's Pure Lard".	0·09	Rouge foncé.	52 7	80·67	51228	Falsif. avec de la graisse étrangère
....	Indices.	....	51	....	51229	Normal.
Etiqueté " Swift's Pure Lard.	0·03	Rouge foncé.	53	82·35	51230	Falsif. avec de la graisse étrangère
Vendu comme "Pure Lard".	0·09	" ...	53	80·41	51290	"

J. J. COSTIGAN, INSPECTEUR SUPPLÉANT.

....	Indices.	....	52	....	51301	Normal.
....	"	.. ..	52	....	51302	"
....	"	.. . .	51·5	....	51303	"
....	"	....	52	....	51304	"
....	"	.. Rose foncé..	52	60·85	51305	"
....	"	.. Rose.......	51·5	56·05	51306	"
....	"	.. Rose foncé..	52	59 18	51307	"

Date du prélèvement.	Nature de l'échantillon.	Numéro de l'échantillon.	Nom et adresse du vendeur.	Quantité.	Cents.	Fabricant.	Fournisseur.

DISTRICT DE

1913.							
24 mars.	Saindoux.	51308	D. J. McDonald, Alexandria, Ont.	2 liv..	40	Matthews-Laing Ltd.	.. ..
24 "	"	51309	John Boyle, Alexandria, Ont.	1½ "	30	....	.. ..
24 "	" ...·.	51310	" " ..	2 "	40	Swift's Canadian Co. Ltd.	....

DISTRICT D'OTTAWA—

21 fév.	Saindoux.	51701	D. J. Gillies, Cornwall.	1½ liv.	27	Armour Co., Ogdensburg, É.-U. A.	Fabricants ....
21 "	"	51702	Fawthrop Bros., Cornwall.	1½ "	26	Gunn's Ltd., Toronto.	" ....
22 "	"	51704	The City Grocery, Carleton-Place.	1½ "	30	Matthews-Laing Ltd., Ottawa.	" ....
22 "	"	51705	" " ..	1 "	18	Gunn's Ltd., Toronto.	" ....
22 "	"	51706	R. D. Carmichael, Carleton-Place. '	2 "	36	Swift's Canadian Co., Ltd.	" ... .
24 "	"	51707	A. E. Thomas, Arnprior.	21 on..	23	Fowler's Canadian Co.,Hamilton,Ont.	" ....
24 "	"	51708	A. Murphy, Arnprior..	1 liv.	18	Matthews-Laing Ltd., Montréal.	" ... .
24 "	"	51709	T. McCormick, Arnprior.	1½ "	26	Swift's Packing and Prov. Co., Chicago, St-Louis et New-York.	" ....
27 "	"	51710	J. Mundy, rue St-Patrice, Ottawa.	1½ "	26	Fowler's Canadian Co., Ltd,, Hamilton.	" ....
1er mars	"	51765	Jos. Martel, Hull, Qué.	1½ "	26	Matthews-Laing Ltd., Ottawa.	" ....

DISTRICT DE KINGSTON—

3 mars.	Saindoux.	46584	H. C. Hampton, Belleville.	1½ liv.	27	Gunn's, Ltd., Toronto.	....
3 "	"	46585	S. R. Artis, Belleville .	1½ "	27	.. . .	J. Sloan, Belleville..
3 "	"	46586	W. H. Lanning, Belleville.	1½ "	27	Gunn's, Ltd., Toronto.	....
3 "	"	46587	W. Davies, Belleville ..	2 "	40	W. Davies Co., Toronto.	...·,.............
3 "	"	46588	E. A. Kellaway, Belleville.	1½ "	27	" " ..	....
27 fév.	"	50793	W. J. Lee, Kingston. .	1½ "	27	Morris Co., Chicago.	. ...
27 "	"	50794	W. J. Arnil, Kingston..	1½ "	27	Geo. Matthews, Peterborough.	....

SAINDOUX.

Rapport de l'inspecteur (ne comportant aucune expression d'opinion).	Eau.	Résultats de l'analyse.				Numéro de l'échantillon.	Remarques et opinion de l'analyste en chef.
		Epreuve Halphen.	Butyro réfracto-mètre. Observa-tions à 40ºC.	Indice d'iodine (Hanus).			

VALLEYFIELD—Fin.

		p. c.					
....	Indices.	Rose foncé..	51·5	58·82	51308	Normal.	
Rose Brand............	"	....	50·5	....	51309	"	
Silver Leaf Brand......	0·16	....	51	....	51310	"	

J. A. RICKEY, INSPECTEUR.

....	Indices.	....	51·5	....	51701	Normal.
....	"	....	51	....	51702	"
Matthews Pure Lard....	. ..Rose.......		50·5	53·42	51704	"
Gunn's Pure Lard "Maple Leaf" Brand.	"	....	52	....	51705	"
Silver Leaf Brand, Guaranteed absolutely pure.	"	....	53	....	51706	"
"Imperial" Pure Lard..	"	....	52	....	51707	"
....	"	..Rose pâle...	52	60·46	51708	"
Etiqueté "Pure lard "..	0·09	Rouge foncé.	53	81·04	51709	Falsifié avec de la graisse étrangère

"Imperial" Brand......	Indices.	....	52	......	51710	Normal.
Pure Lard.............	Indices.	Rose foncé..	52·5	59·09	51765	"

JAS. HOGAN, INSPECTEUR.

....	Indices.	....	51	....	46584	Normal.
....	"	....	51·5	....	46585	"
..................\.....	"	...:.......	50·5	....	46586	"
....	"	....	51	....	46587	"
....	"	... .	51	....	46588	"
....	"	....	52	....	50793	"
....	"	... .	51·5	....	50794	"

Date du prélèvement	Nature de l'échantillon.	Numéro de l'échantillon.	Nom et adresse du vendeur.	Prix.		Nom et adresse du fabricant ou fournisseur, tel que communiqué par le vendeur.	
				Quantité.	Cents.	Fabricant.	Fournisseur.

DISTRICT DE

1913.							
27 fév.	Saindoux .	50795	Anderson Bros., Kingston.	1½ liv.	30	Vendeurs.........	....
27 "	" ...	50796	W. Davies, Kingston...	2 "	40	Vendeur......... ...	....
27 "	"	50797	A. Maclean, Kingston..	1½ "	25	"	....

DISTRICT DE TORONTO—

27 fév.	Saindoux .	57001	Mme J. Crapper, 234 rue George, Toronto.	1½ liv.	30	... .	C. H. Rudd, Toronto.
28 "	"	57002	B. Sigstone, 130 rue Riー ver, Toronto.	1½ "	26	....	J. A. McLean Produce Co., Ltd., Toronto.
28 "	"	57003	J. P. Turner & Son, 185 rue Sumach, Toronto.	1½ "	27	The Swift's Canadian Co. Ltd., Toronto.	....
4 mars.	"	57004	J. W. Laister, 174 ave Wilton, Toronto.	1½ "	30	Vendeur...........	.....
4 "	"	57005	E. Gent, 461 rue Parliament, Toronto.	1½ "	28	....	Wm. Regan, Ltd., Toronto.
4 "	"	57006	W. M. Trewin, 768 rue Bathurst, Toronto.	1½ "	30	....	Maciver Bros., Toronto.
4 "	"	57007	E. T. Brittain, rues Lippincott et Lennox, Toronto	1½ "	30	Gunn's, Ltd., Toronto.	....
5 "	"	57008	K Ponney, 195 ave Danforth, Toronto.	1½ "	27	....	Inconnu...........
5 "	"	57009	W. J. O'Neill, 637 rue Dundas, Toronto.	1½ "	25	Gunn's, Ltd., Toronto.	....
6 "	"	57010	Guile Bros., 312 rue Queen est, Toronto.	1½ "	27	Vendeurs.........	....
6 "	"	57056	R. Starks, 1954 rue Queen est, Toronto.	1½ "	29	F. W. Fearman & Co., Hamilton.	....
7 "	"	57057	Yonge & Sons, 320 ave Royce, Toronto.	1½ "	27	....	F. W. Humphrey, Toronto.
12 "	"	57058	E. F. Churchill, 1479 rue Yonge, Toronto.	1½ "	28	F. W. Fearman & Co., Ltd., Toronto.	....

DISTRICT D'HAMILTON—

9 avril	Saindoux .	57101	Misner Bros., 407 rue Colborne est, Brantford.	1½ liv.	30	Matthew-Laing Co., Brantford.	....
9 "	" ...	57102	R. M. Copeland, 52 rue Port, Brantford.	1½ "	26	F. W. Fearman Co., Ltd., Hamilton.	....
10 "	"	57103	MacQueen & Co., Paris.	1½ "	27	....	Jas. Lumbers & Co., Toronto.
10 "	"	57104	Geo. Pirie, Lynden.	1½ "	27	Fowler's Canadian Co., Hamilton.	....

DOC. PARLEMENTAIRE No 14

ŠAINDOUX.

Rapport de l'inspecteur. (ne comportant aucune expression d'opinion).	Eau.	Résultats de l'analyse.				Remarques et opinion de l'analyste en chef.
		Epreuve Halphen.	Butyro-réfracto-mètre. Observations à 40°C.	Indice d'iodine (Hanus).	Numéro de l'échantillon.	

KINGSTON—*Fin.*

	p. c. Indices.	Teinte rose.	51	56·23	50795	Normal.
.....,.....	"	.....	51·5	....	50796	"
.....	"	.....	51	....	50797	"

H. J. DAGER, INSPECTEUR.

Swift's "Silver Leaf" Lard.	Indices.	....	51	....	57001	Normal.
.....	"	.....	50·5	....	57002	"
"Silver Leaf" Lard....	"	.....	51	....	57003	"
.....	"	.....	52·4	....	57004	"
.....	1·58	.....	52	....	57005	Léger excéd. d'eau.
.....	Indices.	.....	50	....	57006	Normal.
.....	"	.....	50	....	57007	"
Swift's "Silver Leaf" Lard.	"	.....	49·5	....	57008	"
"Maple Leaf" Brand...	"	.....	51	....	57009	"
.....	"	Rose......	51	57·56	57010	"
.....	"	.....	50	....	57056	"
.....	"	.....	51·5	....	57057	"
.....	"	Rose..	50·5	60·34	57058	"

H. J. DAGER, INSPECTEUR SUPPLÉANT.

.....	Indices.	....	50	....	57101	Normal.
Etiqueté "Star Brand" Pure Lard.	"	.....	52	....	57102	"
.....	"	.....	52	....	57103	"
.....	"	.....	51·5	....	57104	"

Date du prélèvement de l'échantillon.	Nature de l'échantillon.	Numéro de l'échantillon.	Nom et adresse du vendeur.	Prix.		Nom et adresse du fabricant ou fournisseur, tel que donné par le vendeur.	
				Quantité.	Cents.	Fabricant.	Fournisseur.

DISTRICT DE

1913.							
14 avril	Saindoux.	57105	L. Werner, Dunnville..	1½ liv.	30	....	Par un cultivateur près de Dunnville.
14 "	"	57106	A. G. McDowell, Dunn- ville.	1½ "	30	Moyer Bros., Ste- Catherine.	....
17 "	"	57107	E. Gander, St - Cathe- rine.	1½ "	25	....	W.H.Merriman, Ste- Catherine.
23 "	"	57108	J. McQuarrie, 11 r. King William, Hamilton.	1½ "	27	The F. W. Fearman Co., Hamilton.	....
23 "	"	57109	E. K. Horning, 140 rue John-nord, Hamilton.	1½ "	27	" "	....
23 "	"	57110	Trebilcock & Berry, 301 r. King est, Hamil- ton.	1½ "	30	Moyer Bros., Ltd., Ste-Catherine.	....

DISTRICT DE WINDSOR—

24 fév.	Saindoux.	47932	F. J. Webb, London, Ont.	1 liv.	27	Swift's Canadian Co., Toronto.	....
24 "	"	47933	Geo. Jackson, London, Ont.	1½ "	27	Vendeur	....
24 "	"	47934	T. Hamlyn, London, Ont.	1½ "	30	"	....
24 "	"	47935	H. A. Schafer, London, Ont.	1½ "	27	Fowler's Canadian Co., Hamilton.	....
24 "	"	47936	F. T. Adams, London, Ont.	1¾ "	28	Vendeur	....
25 "	"	47937	H. R. Griffith, London, Ont.	1½ "	30	"	....
25 "	"	47938	Trothan Bros., London East.	1 "	15	Vendeurs....	....
25 "	"	47939	Geo. Burn, London est.	3 "	54	Ingersoll Packing Co., Ingersoll.	....
25 "	"	47940	Mitchell & Hopkins.	3 "	54	O'Keefe & Drew, Chatham, Ont.	....
25 "	"	47941	G. B. Drake..........	3 "	60	Swift's Canadian Co., Toronto.	....

DISTRICT DE MANITOBA—

4 "	Saindoux.	48855	Moffett & Douglas, ave Selkirk, Winnipeg.	3 liv.	55	Swift's Canadian Co., Winnipeg.	Fabricants.... .....
4 "	"	48856	S. Elliott & Co., rue Main-n., Winnipeg.	3 "	60	Gordon Ironside Fares Co., Winni- peg.	" ....
4 "	"	48857	D. Campbell, rue Main- n., Winnipeg.	3 "	60	" " ..	" ....
5 "	"	48858	J. Paterson, rue Main- n., Winnipeg.	3 "	55	Swift's Canadian Co., Winnipeg.	" .....

SAINDOUX.

Rapport de l'inspecteur (ne comportant aucune expression d'opinion).	Éan.	Épreuve Halphen.	Butyro-réfractomètre. Observations à 40°C.	Indice d'iodine (Hanus).	Numéro de l'échantillon.	Remarques et opinion de l'analyste en chef.
D'HAMILTON—Fin.						
	p. c.					
....	Indices.	Rose pâle...	51	....	57105	Normal.
....	" ..	....	52	61·89	57106	"
Fowler's Canadian Co., "L. & S." Brand, Pure Lard.	" ..	....	52	....	57107	"
....	" ..	....	52	....	57108	"
....	" ..	....	52	....	57109	"
,..	" ..	....	52	....	57110	"

JOHN TALBOT, INSPECTEUR.

Etiqueté "Swift's Silver Leaf Lard."	Indices.	Rose foncé..	52	59·01	47932	Normal.
....	" ..	....	52	....	47933	"
....	" ..	.. . .	51·5	....	47934	"
Etiqueté "Fowler's Pure Lard."	" ..	....	52	....	47935	"
.. ..	" ..	...........·.. ...	52	....	47936	"
....	" ..	....	52	....	47937	"
....	" ..	....	52	....	47938	"
Etiqueté "Ingersoll Pure Lard," "Beaver Brand."	" ..	....	52	....	47939	"
Etiqueté "Diamond" Brand O.K. Pure Lard."	" ..	....	52·5	....	47940	"
Etiqueté "Swift's Silver Leaf" "Brand, Pure Lard."	" ..	....	52·5	....	47941	"

A. C. LARIVIÈRE, INSPECTEUR.

Marque "Silver Leaf"..	Indices.	....	51	61·43	48855	Normal.
"Sterling" Pure Lard..	" ..	....	50	........·.	48856	"
....	" ..	....	51	....	48857	"
Marque "Silver Leaf".	" ..	....	52	....	48858	"

5 GEORGE V, A. 1915

BULLETIN N° 272—

DISTRICT DE

Date du prélèvement	Nature de l'échantillon.	Numéro de l'échantillon.	Nom et adresse du vendeur.	Prix. Quantité.	Cents.	Nom et adresse du fabricant ou fournisseur, tel que communiqué par le vendeur. Fabricant.	Fournisseur.
1913.							
5 mars.	Saindoux.	48859	W. H. Stone & Co., rue Main-n., Winnipeg.	3 liv.	55	S w i f t's Canadian Co., Winnipeg.	Fabricants.........
5 "	"	48860	J. Smith & Son, rue Main-n., Winnipeg.	3 "	55	" " ..	" ....
6 "	"	48861	A. J. Bond & Co., St. James, Winnipeg.	3 "	55	" " ..	" ......
6 "	"	48862	J. Watson & Co., St. James, Winnipeg.	3 "	55	The Western Packing Co., Winnipeg.	" ......
6 "	"	48863	Dungan & Hunter, St. James, Winnipeg.	1½ "	30	" " .	" .....
6 "	"	48864	Gibson Gege Co., 534 Notre-Dame, Winnipeg.	3 "	55	Gallagher, Holman, Lafrance, Winnipeg.	" ......

DISTRICT DES MONTAGNES-ROCHEUSES—

Date	Nature	Numéro	Nom et adresse du vendeur	Quantité	Cents	Fabricant	Fournisseur
4 mars.	Saindoux.	49834	Star Grocery, Nelson C.-B.	1 seau	65	S w i f t's Canadian Co., Edmonton.	... .
"	"	49835	" " ..	1 "	65	Armour & Co., Chicago.	....
4 "	"	49840	Christie & Benson, Nelson, C.-B.	1 "	60	P. Burns & Co., Calgary.	....
4 "	"	49841	Bell Trading Co., Nelson, C.-B.	1 "	65	Armour & Co., Chicago.	....
7 "	"	49846	Morrin Thompson & Co., Phœnix, C.-B.	1 "	60	S w i f t's Canadian Co., Edmonton.	....
7 "	"	49847	P. Burns & Co., Phœnix, C.-B.	1 "	60	P. Burns & Co., Calgary.	... .
13 "	"	49850	E. F. Rahal, Hosmer, C.-B.	1 "	90	T. M. Sinclair Co., Cedar Rapids, Iowa.	....
13 "	"	49851	" " ..	1 "	65	Armour & Co., Chicago.	............., ...
13 "	"	49857	M. Lund, Hosmer, C.-B.	1 "	65	" " .	....
17 "	"	49860	C. B. Hume & Co., Revelstoke, C.-B.	1 "	65	S w i f t's Canadian Co., Edmonton.	....
17, "	"	49867	L. C. Masson, Revelstoke, C.-B.	1 "	65	P. Burns & Co., Calgary.	....
7 avril.	"	49871	Polson Mercantile Co., Enderby, C.-B.	1 "	75	Fry Bruhn Co,, Seattle.	....
9 "	"	49873	A. E. Morgan & Co., Armstrong, C.-B.	1 "	65	S w i f t's Canadian Co., Edmonton.	............., ...
9 "	"	49874	J. Fraser, Armstrong, C.-B.	1 "	65	Fry Bruhn Co., Seattle.	....

DOC. PARLEMENTAIRE No 14

SAINDOUX.

Rapport de l'inspecteur (ne comportant aucune expression d'opinion).	Résultats analytiques.					Numéro de l'échantillon.	Remarques et opinion de l'analyste en chef.
	Eau.	Épreuve Halphen.	Butyro-réfracto-mètre. Obser-vations à 40°C.	Indice d'iodine (Hanus).			

MANITOBA—*Fin.*

	p. c.						
Silver Leaf Brand	Indices.		52			48859	Normal.
" "	"		52			48860	"
	"		52	60·23		48861	"
	"		52·5	55·03		48862	"
	"		53·5	44·30		48863	"
Pure Lard	"		53	45·42		48864	"

THOS. PARKER, INSPECTEUR.

"Silver Leaf"	Indices.		52			49834	Normal.
"Shield"	"		52			49835	"
"Shamrock"	"		52			49840	"
"Simon Pure"	"		51			49841	"
"Silver Leaf"	"		51			49846	"
"Shamrock"	"		52			49847	"
"White Frost"	"		51			49850	"
"Shield."	"		51			49851	"
"Simon Pure"	"		50·5			49857	"
"Silver Leaf".	1·24		51·5			49860	Léger excéd. d'eau.
"Shamrock"	Indices.		51·5			49867	Normal.
	"		52			49871	"
	"		52			49873	"
	"		52			49874	"

5 GEORGE V, A. 1915

BULLETIN N° 272—

Date du prélèvement.	Nature de l'échantillon.	Numéro de l'échantillon.	Nom et adresse du vendeur.	Prix. Quantité.	Cents.	Nom et adresse du fabricant ou du fournisseur, tel que communiqué par le vendeur. Fabricant.	Fournisseur.

DISTRICT DE VANCOUVER—

1913.							
24 avril	Saindoux.	53476	Turner's Grocery, rue Pender, Vancouver.	1½ liv.	30	Frye & Co., Seattle, E.-U.-A.	....
24 ''	''	53477	Dickies Grocery, rue Hornby, Vancouver.	1½ ''	30	'' '' ..	....
24 ''	''	53478	T. Russell, rue·Pender, Vancouver.	1½ ''	30	Morrell & Co., Seattle, Wash.	....
24 ''	''	53479	Frank Wright, rue Seymour, Vancouver.	1½ ''	30	Swift ·& Co., Winnipeg.	....
24 ''	''	53480	P. Burns & Co., Granville Market, Vancouver.	1½ ''	30	Vendeurs	....
25 '' ·	''	53481	Slater Bros., 860 rue Granville, Vancouver.	1½ ''	30	P. Burns & Co., Vancouver.	.....· ....
25 ''	'' ...	53482	B. C. Market Co., 920 rue Granville, Vancouver.	1½ ''	20	Swift's Canadian Co., Vancouver.	... .
25 ''	''	53483	Murphy & Co., rues Helmken et Granville, Vancouver.	1½ ''	30	Swift's Canadian Co., Vancouver.	....
25 ''	.''	53484	Wm. Crossan, 735 rue Davie, Vancouver.	1½ ''	30	Swift's Canadian Co., Winnipeg.	....
25 ''	''	53485	W. H. Walsh Co., rue Seymour. Vancouver.	1½ ''	30	Frye & Co., Seattle, E.-U.-A.	....

DISTRICT DE VICTORIA—

14 mars	Saindoux.	53544	Acton Bros., 1317 rue Douglas, Victoria.	2 liv.	45	John Morrell & Co., Ottumwa, E.-U.	....
14 ''	''	53547	Fenerty Bros., Oak Bay Junction, Victoria.	2 ᴼ.	50	Swift's Canadian Co., Winnipeg.	....
14 ·''	''	53549	Wm. Marshall, avenue Stanley et rue Fort, Victoria.	3 ''	60	'' '' ..	....
18	''	53551	Copas & Young, 631 rue Fort, Victoria.	3 ''	60	Frye Bruhn & Co., ·Seattle, Wash.	...... ·.........
18 ''	''	53556	Dixi H. ·Ross & Co., 1317 rue Govt., Victoria.	3 ''	65	Vanc. Prince Rupert Meat Co., Vancouver.	....
26 ''	''	53567	P. Burns & Co., Ltd., 902 rue Govt. Victoria.	3 ''	60	....	Weederkind & Co., Londres, Ang.
27 ''	'' ...	53568	Vanc. Prince Rupert Meat Co., 1423 rue Douglas, Victoria.	3 ''	55	Vendeurs	....
27 ''	'' ...	53569	L. Goodacre & Sons, rue Govt., Victoria.	3 ''	60	Swift's Canadian Co., Winnipeg.	....
27 ''	''	58570	The Pork Shop, 1116 rue Blanchard, Victoria.	3 ''	50	'' '' ..	.̇...................
28 ''	''	53571	James Adams, rues Cook et Mears. Victoria.	3· ''	60	Frye Bruhn Co., Seattle, Wash.	....

SAINDOUX.

Rapport de l'inspecteur (ne comportant aucune expression d'opinion).	Résultats de l'analyse.				Numéro de l'échantillon.	Remarques et opinion de l'analyste en chef
	Eau.	Epreuve Halphen	Butyro-réfracto-mètre. Observations à 40°c.	Indice d'iodine (Hanus).		

J. F. POWER, INSPECTEUR.

		p. c.					
....	Indices.	....	50·5	....	53476	Normal.
....	"	....	50	....	53477	"
....	"	....	50·5	....	53478	"
....	"	....	50	....	53479	"
....	"	Rose......	51	62·00	53480	"
....	"	Rose pâle ..	51·5	63·50	53481	"
Jewell Brand..........	"	" ..	51	60·01	53482	"
....	"	....	51	......	53483	"
....	"	Cramoisi...	55·5	83·25	53484	Falsifié avec de la graisse étrangère.
....	"	"	52	67·26	53485	Douteux.

D. O'SULLIVAN, INSPECTEUR.

Morrell's Pure Lard.....	Indices.	....	52	....	53544	Normal.
"Silver Leaf" Brand....	"	....	52	....	53547	"
" " ..	"	....	52	....	53549	"
"Wild Rose" Brand....	"	....	51	....	53551	"
"White Lily" Pure Leaf Lard.	"	....	52	....	53556	"
Burn's Shamrock Leaf Brand.	"	....	51·5	......	53567	"
White Lily Pure Leaf Brand.	"	....	52	....	53568	"
Silver Leaf Brand.......	"	....	52	....	53569	"
" " ..	"	....	51	....	53570	"
Wild Rose Brand.......	"	....	51·5	....	53571	"

APPENDICE P.

BULLETIN N° 273—GÉLATINE.

OTTAWA, 6 février 1914.

WM HIMSWORTH, Ecr,
    Sous-Ministre, Revenu de l'Intérieur.

MONSIEUR,—J'ai l'honneur de vous présenter un rapport concernant 161 échantillons achetés comme gélatine, par nos inspecteurs, pendant les mois de juin et juillet de l'an dernier.

C'est la première analyse systématique de gélatine que nous ayons faite.

La gélatine comme comestible diffère de la colle ordinaire seulement dans le soin que l'on prend dans la fabrication. Les deux sont le produit du traitement des substances collagènes d'os, de tendons, de cartilages, etc., avec de l'eau bouillante.

Il est inutile de dire que dans la fabrication de la gélatine, il ne doit entrer que des matières choisies ; on ne devrait employer aucune partie de l'animal qui soit sale, ou malade ou autrement dégoûtante.

L'examen actuel ne traite que de la gélatine vendue comme telle. Il faut se rappeler que l'on emploie beaucoup de gélatine dans les différentes poudres à gelées, les cristaux et les blocs, vendus partout pour faire les gelées à la maison ; aussi dans les viandes vendues en boîtes et en pots, et comme affermisseur dans la crème à la glace.

Par des méthodes connues de raffinement et de blanchiment, etc., il est possible de faire de la gélatine un article très attrayant avec la matière brute la plus repoussante. Et il ne s'en suit pas que les procédés d'analyse de l'article fini puissent découvrir la nature des matières premières. Pour cette raison, l'inspection de toutes les manufactures de gélatine devrait être demandée avec insistance. Et la loi concernant l'inspection de de la viande, mise en vigueur par le ministère de Agriculture, demande cela.

La gélatine a une certaine valeur nutritive, quoiqu'aucunement égale à celle des vraies protéines. Hutchinson dit (Nourriture et Diététique, p. 76), " Une pinte. de gelée (contenant environ 2 pour 100 de gélatine) ne pourrait conserver que les matières protéiques de 2½ onces de viande".

La colle est faite légalement de toutes sortes de restes d'animaux contenant des matières collagènes ; mais quoique les procédés de la manufacture empêchent tout germe vivant de rester dans le produit, c'est violer tout sens de raffinement que de s'imaginer que de telles matières sont employées dans la fabrication de la gélatine mangeable ; c'est pour cette raison qu'il est nécessaire de distinguer entre la colle et la gélatine. On a prouvé plusieurs fois que la gélatine de commerce est un comestible peu recommandable Je puis citer les exemples suivants d'expériences faites aux laboratoires fédéraux des Etats Unis :—

Avis de jugements—

    N° 1127.—Matière sale, putride—642 paquets détruits.
    N° 1128.—Matière sale, putride—270 paquets détruits.
    N° 1365.—Matière sale, putride—5 barils détruits.
    N° 2062.—Colle, vendue comme gélatine—$40 d'amende.
    N° 2295.—Cont nait de 14 à 15 parties d'arsenic et 230 parties de zinc par million—caution de $500.
    N° 2629.—Contenait 13 parties d'arsenic par million—caution de $500.

La " British Pharmacopœia " décrit la gélatine comme suit (Edition 1898) :—

GÉLATINE.

La gélatine est produit séché à l'air du produit de l'action de l'eau bouillante sur les tissus d'animaux tels que la peau, les tendons, les ligaments et les os.

Caractéristiques et Essais.—En bandes ou feuilles transparentes et presque sans couleur. Une solution dans cinquante parties d'eau chaude n'a pas d odeur et se solidifie en gelée en se refroidissant. La gélatine ne se dissout pas dans l'alcool (90 p. 100) ni dans l'éther. Elle se dissout dans l'acide acétique. Sa solution aqueuse forme un précipité avec une solution d'acide tannique, mais non avec une solution d'autres acides, ni avec une solution d'alun, d'acétate de plomb ou de perchlorure de fer.

E. J. Parry (Nourriture et Médecines, Vol. I, page 414) dit :—

Au point de vue alimentaire, voici les condit ons essentielles d'une bonne gélatine :

1. Quand elle a trempé dans l'eau froide pendant quatre heures et que l'on a fait une gelée en la chauffant avec l'eau, elle ne devrait pas répandre de mauvaise odeur. Si l'odeur est nauséabonde, on devrait la rejeter comme impropre à la consommation.

2. Si elle forme un précipité appréciable dans une solution d'eau avec les réactifs nommés par la P.B., on doit la considérer comme de qualité inférieure, parce qu'elle contient un excès de chondrine, résultant de la décomposition des cartilages hyalins.

3. Si les cendres ne contiennent pas de métal lourd, tel que le cuivre, dont on rencontre parfois plus d'un grain par livre, et si elle ne contient pas plus que 10 sur 100,000 parties de fer.

4. Elle ne devrait pas contenir plus que cinq parties sur 100,000 parties de SO_2. Cet essai est fait en distillant une solution à cinq pour cent de la gélatine, oxydisant cette distillation par l'eau bromurée, et en précipitant le SO_3 formé par le $BaCl_2$. L'excès de SO_2 dû à l'usage de l'SO_2 comme agent de blanchiment, peut agir sur le métal des boîtes dans lesquelles ce produit est fréquemment empaqueté, et conséquemment une décoloration de ce produit dû à la formation des sulfites métalliques.

On n'a pas encore donné de définition satisfaisante qui distingue la gélatine de la colle. Je crois comprendre que cette question est à l'étude à Washington. On considère géneralement que les cendres de gélatine de première qualité ne devraient pas dépasser deux pour cent, alors qu'on peut en trouver quatre pour cent dans la colle sans que celle-ci perde rien de ses qualités adhésives, ce qui est le point important pour la colle. On devrait établir une limite sur la quantité de soufre permise dans les sulfites ou dans l'acide sulfureux; Mais l établissement du chiffre des limites demande une étude plus approfondie. L'acide sulfureux sert à blanchir le produit et doit être probablement en plus grande quantité quand on s'est servi de matériaux fortement colorés pour fabriquer la gélatine.

La quantité de cendre dépasse deux pour cent dans 38 des échantillons analysés et énuméfés dans ce rapport. Elle n'atteint 3 pour 100 dans aucun des échantillons. L'acide sulfureux (SO_2) se trouve légèrement jusqu'à 1090 parties par million. Il est certain que ce dernier chiffe est excessif.

La question d'établir un étalon type distinguant la gélatine de la colle demeure à l'étude, et les résultats analytiques que nous possédons nous aideront beaucoup, nous le croyons, à accomplir ce travail.

Je suggérerais respectueusement la publication de ce rapport sous le titre de bulletin n° 273.

J'ai l'honneur d'être, Monsieur,

Votre obéissant serviteur,

A. McGILL,

Analyste-en-chef.

Date du prélèvement.	Nature de l'échantillon.	Numéro de l'échantillon.	Nom et adresse du vendeur.	Prix.		Nom et adresse du fabricant ou fournisseurs, tel que communiqué par le vendeur.	
				Quantité.	Cents.	Fabricant.	Fournisseur.

DISTRICT DE LA NOUVELLE-ECOSSE—

1913.							
7 juill.	Gélatine	54112	Morrison & Williams, Halifax, N.-E.	3 pqts	36	C. B. Knox Co., Montréal.	Pyke Bros., Halifax.
8 "	"	54113	Bauld Bros., Ltd., Halifax, N.-E.	3 "	30	J. & G. Cox., Edinburgh, Ecosse.	Frbricants......
9 "	"	54114	Wentzells, Ltd., Halifax, N.-E.	3 "	30	"	" ....
16 "	"	54115	R. E. Harris & Sons, Wolfville, N.-E.	3 "	25	McLaren's, Toronto.	" ....
17 "	"	54116	Murphy & Demont, Windsor, N.-E.	3 "	30	Koepff & Co., Allemagne.	Inconnu........
17 "	"	54117	John Lynch & Son, Windsor, N.-E.	3 "	45	C. B. Knox Co., Montréal.	Jno. Tobin &Co., Halifax, N.-E.
23 "	"	54118	W. H. Stevens, Dartmouth, N.-E.	6 onc.	30	Inconnu............	N. D. & C. Co., Halifax.
24 "	"	54119	Crowe Bros., Truro, N.-E.	6 "	30	"	Standard Imports Co., Montréal.
24 "	"	54120	Ryan Bros, Truro, N.-E.	3 pqts	45	C. B. Knox Co., Montréal.	Black & Co., Truro, N.-E...
28 "	"	54121	Wm. Moore, Halifax, N.-E.	3 "	30	J. & G. Cox, Edinburgh, Ecosse.	Inconnu........

DISTRICT DU NORD DE LA NOUVELLE-ECOSSE ET DE CAP-BRETON—

7 août.	Gélatine......	53702	A. A. McDonald, New-Glasgow, N.-E.	4 onc.	30	Chas. B. Knox Co., Johnston, N.-Y.	....
7 "	"	53705	The 2 Barkers Co., New-Glasgow, N.-E.	4 "	30	"	....
7 "	"	53711	D. C. McKay, New-Glasgow, N.-E.	4 "	30	"	.........,.....

DISTRICT DU NOUVEAU-BRUNSWICK—

20 juin.	Gélatine......	50611	W. A. Simonds, St-Jean, N.-B.	3 pqts	45	C. B. Knox Co., Montréal.	....
23 "	"	50612	M. E. Grass, St-Jean, N.-B.	3 "	39	J. & G. Cox, Edinburgh, Ecosse.	.... ,...
8 juill.	"	50613	The Yerxa Grocery Co., Fredericton, N.-B.	3 "	25	Litster Pure Food Co., Ltd., Toronto.	....
9 "	"	50614	E. A. Burden, Woodstock, N.-B.	5 "	30	Pure Gold M'f'g. Co., Ltd., Toronto.	....
10 "	"	50615	D. R. Bedell, Andover, N.-B.	3 "	36	J. & G. Cox, Edinburgh, Ecosse.	:......... ....
11 "	"	50616	H. N. Dickinson, Perth, N.-B.	3 "	45	Chas. B. Knox Co.,	....
22 "	"	50617	W. B. McKay Co., Ltd., Sussex, N.-B.	3 "	30	Standard Imports, Ltd.	....

DOC. PARLEMENTAIRE No 14
GÉLATINE.

Résultats de l'analyse.

Rapport de l'inspecteur (ne comportant aucune expression d'opinion).	Cendres.	Parties de sulfates par 100,000 (SO₃).	Pouvoir de gélatination d'une solution de 5 p.c.	Odeur d'une solution de 5 p.c. exposée à l'air pendant 2 jours.	Papier de tourne-sol.	Réaction avec				Remarques.	Numéro de l'échantillon.
						Solution de sous-acétate (sp. gr. 1·26).	Solution de 5 p.c.	Solution de 5 p.c. d'alun.	Solution de 5 p.c. de cyl. rure de fer.		

R. J. WAUGH, INSPECTEUR.

	p. c.										
....	1·15	29	Positif.	Normal	Acide	Négatif.	Négatif.	Négatif.		....	54112
....	2·30	Trace	"	"	"	"	"	"		....	54113
....	2·55	"	"	"	"	"	"	"		....	54114
....	1·05	29	"	"	"	"	"	"		....	54115
....	1·25	7	"	"	"	"	"	"		....	54116
....	1·42	19	"	"	"	"	"	"		....	54117
Vendue comme gélatine en feuilles.	1·37	5	"	"	"	"	"	"	Rougie au moyen d'une teinture végét.	54118
" "	1·77	13	"	"	"	"	"	"		....	54119
....	1·22	21	"	"	"	"	"	"		....	54120
....	1·80	16	"	"	"	"	"	"		....	54121

MOSES DELOREY, INSPECTEUR TEMPORAIRE.

....	1·12	29	"	"	"	"	"	"	....	53702
....	1·25	16	"	"	"	"	"	"	....	53705
....	1·25	27	"	"	"	"	"	"	....	53711

JNO. C. FERGUSON, INSPECTEUR.

Gélatine Knox Sparkling n° 1.	1·00	33	"	"	"	"	"	"	....	50611
....	2·20	3	"	"	"	"	"	"	....	50612
Litsters............	1·25	Trace	"	"	"	"	"	"	....	50613
....	1·12	20	"	"	"	"	"	"	....	50614
"Cox's Instant" pulvérisée.	2·50	16	"	"	"	"	"	"	....	50615
Knox Sparkling n° 1.	1·42	27	"	"	"	"	"	"	....	50616
....	1·45	None	"	"	Neutre.	"	"	"	....	50617

Date du prélèvement.	Nature de l'échantillon.	Numéro de l'échantillon.	Nom et adresse du vendeur.	Prix.		Nom et adresse du fabricant ou du fournisseur, tel que communiqué par le vendeur.	
				Quantité	Cents.	Fabricant.	Fournisseur.

DISTRICT DU NOUVEAU-BRUNSWICK—

1913.							
23 juillet	Gélatine	50618	Rod. McLean, Moncton, N.-B.	3, pqts	36	J. & G. Cox, Edin-boro, Ecosse.	....
23 "	"	50619	J. T. Ryan, Moncton, N.-B.	3 "	45	Standard Imports, Ltd., Montréal.	....
24 "	"	50620	George Stables, New-castle, N.-B.	3 "	45	Chas. B. Knox Co., Montréal.	....

DISTRICT DE QUÉBEC—

18 juin..	Gélatine......	31069	P. Légaré, Charlebourg, Québec.	3 pqts	36	Gorgie Mills, Edin-boro, Ecosse.	N. Turcot et Cie.
19 "	"	56110	A. Lachance, Limoilou...	3 "	30	Standard Imports, Ltd., Montréal.	Quebec Preserv-ing Co.
19 "	"	56111	G. Lapointe.............	3 "	30	Inconnu....	Gaynor & Garent
19 "	"	56112	"	3 "	30	"	Gaynor & Frère.
20 "	"	56113	W. Cantin, 135 rue du Pont, Québec.	3 "	36	Standard Imports, Ltd., Montréal.	Joseph & Son...
20 "	"	56114	" ..	3 "	36	"	" ..
20 "	"	56115	H. St. Cyr, 95 rue du Pont, Québec.	3 "	30	" ..	W. Brunet......
20 "	"	56116	" ..	3 "	36	"	" ..
26 "	"	56117	Arthur Drolet, 714 rue St-Valier, Québec.	3 "	30	" ..	Turcot & Frère.
26 "	"	56118	" ..	3 "	36	Gorgie Mills, Edin-boro, Ecosse.	" ..

DISTRICT DE QUÉBEC EST—

23 juin	Gélatine......	53316	O. Carboneau, Berthier..	3 pqts	30	Inconnu.........	....
23 "	"	53318	G. E. O. Roy, Berthier..	3 "	30	T. &G. Co. Gelatin Wks., Edinboro.	....
23 "	"	53319	" ..	3 "	30	....	Inconnu....... .
23 "	"	53320	Z. Roi, St. François, Co. Montmagny.	3 "	30	Empaq. par Stand-ard, Montréal.	....
24 "	"	53322	L. G. Fournier, Mont-magny.	3 "	30	Inconnu.........	....
24 "	"	53327	A. N. Normand, Mont-magny.	3 "	30	Standard Imports, Montréal.	....
24 "	" .....:	53331	J. Fournier, St-Thomas, P.Q.	3 "	30	....	Turcot & Frère, Québec.

FALSIFICATION DES SUBSTANCES ALIMENTAIRES 319

DOC. PARLEMENTAIRE No .i4

GÉLATINE.

Résultats de l'analyse.

Rapport de l'inspecteur (ne comportant aucune expression d'opinion).	Cendres.	Parties de sulfites par 100,000 (SO₂).	Pouvoir de gélatination d'une solution de 5 p.c.	Odeur d'une solution de 5 p.c. exposée à l'air pendant 2 jrs.	Papier tournesol.	Réaction avec			Remarques.	Numéro de l'échantillon.
						Solution de sous-acétate de plomb (sp. gr. l 26).	Solution d'alun 5 p.c.	Solution de 5 p.c. de perchlorure de fer.		

Fin.

	p. c.									
Cox's	2·25	3	Positif....	Normal.	Acide	Négatif.	Négatif.	Négatif.		50618
The Lady Charlotte.	1·40	Aucune.	"	"	Neutre..	"	"	"		50619
Knox's Sparkling...	1·12	22	"	"	Acide	"	"	"		50020

F. X. W. E. BELAND, INSPECTEUR.

	2·50	Trace.	"	"	Acide	"	"	"		37069
	1·27	4	"	"	Neutre..	"	"	"		56110
	1·47	,4	"	"	"	"	"	"	Rougie au moyen de teinture végétale.	56111
	1·50	4	"	"	."	"	"	"		56112
	1·30	Aucune.	"	"	"	"	"	"		56113
	1·55	"	"	"	"	"	"	"	Rougie au moyen de teinture végétale.	56114
	1·10	"	"	"	"	"	"	"		5611 ?
	1·60	8	"	"	"	"	"	"	Rougie au moyen de teinture végétale.	56116
	1·52	6	"	"	"	"	"	"	"	5611 ?
	2·37	5	"	"	Acide	"	"			5611 ?

ALP PELLETIER, INSPECTEUR.

	1·42	1	"	"	Neutre..	"	"	"		5 ?
Sparkling	1·85	Trace.	"	"	Acide	"	"	"		533 1 ?
	1 37	Aucune.	"	"	Neutre..	"	"	"		53319
	1·37	"	"	"	"	"	"	"		? ? ? ? (
	1·25	6	"	"	"	"	"	"		5 ? ? ? ?
	1·40	Trace.	"	"	"	?	"	"		53327
	1 35	1	"	"	z	"	"	"	Rougie au moyen de teinture végétale.	5 ? ? 1

5 GEORGE V, A. 1915

BULLETIN N° 273—

Date du prélèvement.	Nature de l'échantillon.	Numéro de l'échantillon.	Nom et adresse du vendeur.	Coût.		Nom et adresse du fabricant ou fournisseur, tel que communiqué par le vendeur.	
				Quantité.	Cents.	Fabricant.	Fournisseur.

DISTRICT DE QUÉBEC-EST—

Date du prélèvement.	Nature de l'échantillon.	Numéro de l'échantillon.	Nom et adresse du vendeur.	Quantité.	Cents.	Fabricant.	Fournisseur.
1913.							
12 juil.	Gélatine......	53344	R. Lespérance, Mont-magny.	3 pqts	30	....	Whitehead & Turner, Québec
3 "	"	53349	F. T. Caron, Cap - St-Ignace.	3 "	30	Inconnu........	....
3 "	"	53354	J. Z. Guimond, Cap-St-Ignace.	3 "	30	....	Turcot et frère, Québec.

DISTRICT DE TROIS-RIVIÈRES—

Date du prélèvement.	Nature de l'échantillon.	Numéro de l'échantillon.	Nom et adresse du vendeur.	Quantité.	Cents.	Fabricant.	Fournisseur.
20 juin .	Gélatine......	58920	Camille Barrette, Joliette	1 liv..	40	....	L. Chaput et Cie, Montréal.
23 "	"	58926	Louis Enos, St-Félix de Valois.	¾ "	45	....	Jos. Dufresne, Joliette.
23 "	"	58927	Ernest Asselin, St-Félix de Valois.	20 feuille	23	....	"
24 "	"	58928	Williams, Trois-Rivières..	1 liv..	75	....	Lymans, Ltd., Montréal.
30 "	"	58929	Arthur Lacerte, Yamachiche.	1 "	50	....	L. Chaput et fils, Montréal.
30 "	"	58930	Bourret et fils, Louisville.	1 "	50	....	"
30 "	"	58931	Isaac Giguère, Louisville	1 "	27	....	Hudon Hébert, Montréal.
2 juil.	"	58932	G. A. De Lamirande, Louisville.	10onc.	32	....	"
2 "	" ...	58933	Phélias Auger, Louisville.	12 "	40	....	"
2 "	"	58934	J. T. Hogue, Louisville,	1 liv.,	50	....	"
25 juin.	"	58976	I. R. D. Dumont, Trois-Rivières.	1 . "	60	....	Lymans, Ltd., Montréal.

DISTRICT DES CANTONS DE L'EST—

Date du prélèvement.	Nature de l'échantillon.	Numéro de l'échantillon.	Nom et adresse du vendeur.	Quantité.	Cents.	Fabricant.	Fournisseur.
15 juil..	Gélatine......	1612	Dean & Lacey, Sher-brooke.	3 pqts	45	Chäs. B. Knox & Co., Montréal.	....
15 "	"	1613	Baille Normandier & Cie, Shefford-Ouest.	3 "	35	J. & G. Cox, Edin-burgh.	....
16 "	"	1614	Biron & Blouin, Sher-brooke-Est.	¾ liv..	30	....	C. O. Genest et fils, Sherbrooke
17 "	"	1615	La Cie Lafond Enregis-trée, Weedon.	¾ "	55	Inconnu..	Inconnu. .....
23 "	"	1616	Avard & Nadeau, Jonction de Beauce.	3 pqts	30	"	" ......
29 "	"	1617	O. Ostigny, Rougemont..	2 "	20	....	L. Chaput fils & Cie, Montréal

DOC. PARLEMENTAIRE No 14

GÉLATINE.

Résultats de l'analyse.

Rapport de l'inspecteur (ne comportant aucune expression d'opinion).	Cendre.	Parties de sulfites par 100,000 (SO_2).	Pouvoir de gélatinifier dans une solution de 5 p.c.	Odeur d'une solution de 5 p.c. exposée à l'air pendant 2 jours.	Pap er ourndso.	Réaction avec			Remarques.	Numéro de l'échantillon.
						So ution de sous-acé ate de plomb (Sp. gr. 1·26).	So ution d'alun, 5 p.c.	Solution de chlorure ferrique, 5 p.c.		

Fin.

	p.c.										
....	1·35	4	Positif.	Normal.	Neutre.	Négatif.	Négatif.	Négatil.	Rougie au moyen de teinture végétale.	53344
....	1·02	Indice	"	"	"	"	"	"	....	53349
....	1·05	Aucune.	"	"	"	"	"	"	....	53354

DR V. P. LAVALLÉE, INSPECTEUR.

Gelée...............	1·25	81	"	"	Acide	"	"	"	....	58920
....	1·22	5	"	"	"	"	"	"	Rougie au moyen de teinture aniline.	58926
....	1·90	5	"	"	"	"	"	"	" "	58927
....	1·92	45	"	"	"	"	"	"	....	58928
....	1·20	54	"	"	"	" -	"	"	....	58929
....	1·87	87	"	"	"	"	"	"	....	58930
....	2·05	87	"	"	"	"	"	"	....	58931
....	1·25	16	"	"	"	"	"	"	....	58932
....	1·07	66	"	"	"	"	"	"	Rougie au moyen de teinture végétale.	58933
....	1·30	Indice	.	"	"	"	"	"	....	58934
....	2·12	60	"	"	"	"	"	"	....	58976

J. C. ROULEAU, INSPECTEUR.

....	1·27	32	"	"	Acide	"	"	"	....	1612
....	2·25	6	"	"	"	"	"	"	....	1613
................, ...	1·82	43	"	"	"	"	"	"	....	1614
....	1·65	71	"	"	"	"	"	"	....	1615
...................,......	1·87	3	"	"	Neutre.	"	"	"	Rougie au moyen de teinture végétale.	1616
....	1·50	Aucune.	"	"	"	"	"	"	....	1617

14—21

5 GEORGE V, A. 1915

BULLETIN N° 273—

Date du prélèvement.	Nature de l'échantillon.	Numéro de l'échantillon.	Nom et adresse du vendeur.	Prix.		Nom et adresse du fabricant ou fournisseur, tel que communiqué par le vendeur.	
				Quantité.	Cents.	Fabricant.	Fournisseur.

DISTRICT DES CANTONS DE L'EST—

1913.							
30 juill.	Gélatine	1618	J. Dauphinais, St-Hilaire.	3 pqts	36	....	L. Chaput et fils etCie, Montréa
1er août	"	1619	E. Beaudry, La Providence, St-Hyacinthe.	7 oz..	19	....	O. Demers......
1er "	"	1620	R. O. Brodeur, St-Hyacinthe	½ liv.	15	....	Eug. Lahine.....
1er "	"	1621	S. Bourgeais & Cie, Jonction St-Hyacinthe.	3 pqts	43	Chas. B. Knox et Cie, Johnstown, N.-Y.	....

DISTRICT DE MONTRÉAL—

9 juill.	Gélatine	58726	Roméo Thouin,2654 Notre-Dame-ouest, Montréal.	3 pqts	60	....	Hudon Hébert..
9 "	"	58727	W. Royal, 2542 Notre-Dame-ouest, Montréal.	3 "	76	....	Inconnu....,...
10 "	"	58728	A.Gravel,1671 St-Jacques-ouest, Montréal.	3 .."	30	....	Bergeron, Whissell Co., Montréal.
10 "	"	58729	A. Jolicœur, 1707 St-Jacques, Montréal.	3 "	25	Pure Gold Mfg. Co., Ltd., Toronto.	....
22 "	"	58730	F. Langlois, Rivière Beaudette.	3 "	30	Standa d Imports, Ltd., Montréal.	....
22 "	"	58731	Joseph Sauvé, Rivière Beaudette.	3 "	45	Chas. B. Knox et Cie, Montréal.	....
23 "	"	58732	E. Guénette, St-Polycarpe.	3 "	30	Standard Imports, Ltd., Montréal.	....
23 "	"	58733	T. Boyer, St-Polycarpe..	1 liv.	60	....	L. Chaput et fils, Montréal.
24 "	"	58734	S. Brunet, Coteau Landing.	3 pqts	29	....	Laporte Martin, Montréal.
24 "	"	58735	J. Aumais, Coteau Landing.	1 liv.	50	....	....

DISTRICT DE VALLEYFIELD—

4 juill.	Gélatine	58021	L. E. Choquette, Farnham.	3 pqts	38	....	....
15 "	"	58022	J. A. N. Bourassa, Valleyfield.	1 liv	80	....	L. Chaput fils et Cie, Ltée,Montréal.
15 "	"	58023	Primeau frère, Valleyfield.	3 pqts	30	....	....
21 "	"	58024	Théodule Aubry, Lancaster, Ont.	6 ".	75	Chas. B. Knox et Cie, Montréal.	....
22 "	"	58025	J. Boyle, Alexandria.	3 "	30	Pure Gold Mfg. Co., Ltd.	....
26 "	"	58026	Adam Miller, Huntingdon.	3 "	39	....	....
26 "	"	58027	Jno. Smaill, Huntingdon.	3 "	36	....	....

GÉLATINE.

Résultats analytiques.

Rapport de l'inspecteur (ne comportant aucune expression d'opinion).	Cendre.	Parties de sulfites par 100,000 (SO₂).	Pouvoir de gélatinifier dans une solution de à 5 p.c.	Odeur d'une solution de 5 p.c. exposée à l'air pendant 2 jrs.	Papier tournesol.	Reaction avec			Remarques.	Numéro de l'échantillon.
						Solution de sous-acétate de plomb (Sp.gr. 1·26).	Solution d'alun 5 p.c.	Solution de chlorure ferrique 5 p.c.		
Fin.	p. c.									
....	2·02	3	Positif.	Normal.	Acide	Negatif.	Negatif.	Negatif.	....	1618
....	0·60	54	"	"	"	"	"	"	....	1619
....	1·82	6	"	"	"	"	"	"	Rougie au moy. d'une teinture aniline.	1620
....	1·17	32	"	"	"	"	"	"	....	1621

D. J. KEARNEY, INSPECTEUR.

....	1·45	54	"	"	"	"	"	"	....	58726
....	1·95	76	"	"	"	"	"	"	Rougie au moy. d'une teinture végétale.	58727
Cox	2·55	16	"	"	"	"	"	"	....	58728
Gellée Pure Gold	0·57	6	....						Poud. à gelée, essence artif. de citron Col. jaune au moy. d'une teint. aniline. Sucre.	58729
Lady Charlotte ...	1·52	aucune.	Positif.	Normal.	Neutre.	Negatif.	Negatif.	Negatif.	....	58730
Knox	1·00	17	"	"	Acide	"	"	"	....	58731
Lady Charlotte	1·20	aucune.	"	"	"	"	"	"	....	58732
....	1·70	45	"	"	"	"	"	"	....	58733
Cox	2·45	2	"	"	"	"	"	"	Rougie au moy. d'une teinture aniline.	58734
....	2·55	21	"	"	"	"	"	"	....	58735

J. J. COSTIGAN, INSPECTEUR TEMPORAIRE.

"Cox Instant" Pulvérisée	2·52	16	"	"	. "	"	"	"	....	58021
....	0·80	7	"	"	"	"	"	"	....	58022
Lady Charlotte	1·87	indice	"	"	Neutre.	"	"	"	Rougie au moy. d'une teinture aniline.	58023
....	1·07	"	· "	"	Acide	"	"	"	Rougie au moy. d'une teinture végétale.	58024
....	1·42	33	"	"	"	"	"	"	....	5802
Knox Sparkling	1·10	13	"	"	"	"	"	"	....	5802
"Cox Instant" Pulvérisé.	2·62	13	"	"	"	"	"	"	....	58027

14—21½

5 GEORGE V, A. 1915

BULLETIN N° 273—

Date du prélèvement.	Nature de l'échantillon.	Numéro de l'échantillon.	Nom et addresse du vendeur.	Prix. Quantité.	Cents.	Fabricant.	Fournisseur.

Nom et adresse du fabricant ou fournisseur tel que communiqué par le vendeur.

DISTRICT D'OTTAWA—

1913.

Date du prélèvement.	Nature de l'échantillon.		Numéro de l'échantillon.	Nom et addresse du vendeur.	Quantité.	Cents.	Fabricant.	Fournisseur.
24 juin	Gélatine	......	59106	The Anderson Langstaff Co., Kemptville.	3 pqts	45	Chas. B. Knox Co., Johnstown,N.-Y.	H. N. Bate et Sons, Ottawa.
28 "	"	......	59107	The Mackay Bros., Ltd., Renfrew.	3 "	45	J. & G. Cox. Edinboro, Ecosse.	Hudon,Hebert et Cie, Montréal.
4 juillet	"	......	59108	Cherry & Craig, Ottawa..	3 "	30	Inconnu.........	Castle et Cie, Ottawa.
4 "	"	......	59109	F. H. Gilchrist, Ottawa..	3 "	45	Chas. B. Knox, Montréal.	"
11 "	"	....	59110	Wall et Cie, Ottawa......	3 "	30	Pure Gold M'f'g. Co., Ltd., Toronto.	Fabricants.. ...
11 "	"	.....	59111	" "		30	Inconnu	Iuconnu........
11 "	"	......	59112	Jos. P. Valiquette, rue Dalhousie, Ottawa.	¼ liv..	18	....	S. J. Major, Ottawa.
11 "	"	.....	59113	" "	¼ " ..	18	Standard Imports, Ltd., Mon'réal.	....
11 "	"	....	59114	A. E. Rea et Cie, Ltée, Ottawa.	¼ " ..	38	Jas. Chalmers Son. Wil'msville, N.-Y	Inconnu.......
11 "	"	......	59115	" "	¼ " ..	38	J. & G. Cox, Edinboro, Ecosse.	"

DISTRICT DE KINGSTON—

Date du prélèvement.	Nature de l'échantillon.		Numéro de l'échantillon.	Nom et addresse du vendeur.	Quantité.	Cents.	Fabricant.	Fournisseur.
23 juin	Gélatine	......	57319	J. Gilbert, Kingston.....	3 pqts	45	Cox's, Edinboro, Ecosse.	....
23 "	"	......	57320	P. A. Haffner, Kingston..	3 "	45	C. B. Knox Co., Montréal.	....
23 "	"	......	57321	J. Cullen, Kingston ...	3 "	30	" - "	....
25 "	"	......	57322	J. H. P. Young, Belle-ville.	3 "	45	Knox Co., Montréal.	....
25 "	"	......	57323	Thompson Bros., Belle-ville.	3 "	45	" "	....
25 "	"	......	57324	Estate H.Crozier, Cobourg	3 "	38	Cox	....
26 "	"	......	57325	H. Bradshaw, Peterboro.	3 "	45	Knox .....'.....	....
26 "	"	....	57326	J. E. Lillico, Peterboro..	3 "	45	"	....
26 "	"	....	57327	P. S. White, Peterboro...	3 "	45	"	....
26 "	"	......	57328	W. H. Hamilton, Peter-boro.	3 "	45	"	....

GELATINE.

Résultats analytiques.

Rapport de l'inspecteur (ne comporte aucune expression d'opinion).	Cendre.	Parties de sulfite par 100,000 (SO_3).	Pouvoir de gélatinifier dans une solution de 5 p.c.	Odeur d'une solution de 5 p.c. exposée à l'air pendant 2 jours.	Papier de tournesol.	Réaction avec			Observations.	Numéro de l'échantillon.
						Solution de sous-acétate de plomb (Sp. gr. 1 26).	Solution d'alum 5 p.c.	Solution de chlorure ferrique 5 p.c.		

J. A. RICKEY, INSPECTEUR.

	p.c.									
Knox Sparkling No. 1.	1·35	'27	Positif.	Normal.	Acide	Negatif.	Negatif.	Négatif.		59106
Cox. garantie absolu Absolument pure.	2·00	13	"	"	"	"	''	"		59107
Lady Charlotte	1·32	Auc..	"	"	Neutre.	"	"	"		59108
Knox	1·40	38	"	"	Acide	"	"	"		59119
Gélatine rapide Pure Gold.	1·07	35	"	"	"	"	"	"		59110
Lady Charlotte	1·27	Auc..	"	"	Neutre.	"	"	"	Rougi au moyen d'une teinture végétale.	59111
Marque C. C. F	1·65	54	"	"	Acide	"	"	"		59112
Marque Fleur de Lys	2·25	49	"	"	"	"	"	"		59113
Chalmers	1·37	29	"	"	"	"	"	"		59114
'Cox's Instant' pulvérisé.	2·64	indice	"	"	"	"	"	"		59115

JAS. HOGAN, INSPECTEUR.

	2·62	6	Positif.	Normal.	Acide	Negatif.	Negatif.	Negatif.		57319
	1·27	54	"	"	"	"	"	"		57320
	1·22	25	"	"	"	"	"	"		57321
	1·22	2	"	"	"	"	"	"		57322
	1·29	29	",	"	"	"	"	"		57323
	2·12	5	"	"	"	"	"	"		57324
	2·75	3	"	' "	"	"	"	"		57325
	1·25	32	"	"	"	"	"	"		57326
	1·22	48	"	"	"	"	"	"		57327
	1·20	21	"	"	"	"	"	"		57328

5 GEORGE V, A. 1915

BULLETIN N° 273—

Date du prélèvement.	Nature de l'échantillon.	Numéro de l'échantillon.	Nom et adresse du vendeur.	Quantité.	Prix.		Nom et adresse du fabricant ou du fournisseur tel que communiqué par le vendeur.	
						Cents.	Fabricant.	Fournisseur.

DISTRICT DE TORONTO—

1913.								
23 juin..	Gélatine.....	57415	Darroch Bros., Colling-wood.	3 pqts	45		....	T. Long & Bros., Ltd., Colling-wood.
24 "	"	57416	Whitebread Bros., Allen-dale.	3 "	40		....	Unknown .....
24 "	"	57417	J. J. Hatley, Orillia......	3 "	30		..................·..	MacLarens Imp. Cheese Co., Limited, Toronto.
27 "	"	57418	J. E. Beaton, Oshawa....	3 "	45		Plymouth Rock Gelatine Co., Boston, Mass.	Inconnu........
27 "	"	57419	Puckett & Scilley, Oshawa	3 "	45		Knox, Johnston, N.Y.	. ...\....
7 juill.	"	57420	Bruce & Sanderson,377 rue Parliament rue Toronto.	3 ozs..	15		....	James Lumbers et Cie, Toronto
7 "	"	57421	F. Giles, 282 College rue Toronto.	3 pqts	30		MacLaren Imper-ial Cheese Co., Ltd., Toronto.	Inconnu. ......
7 "	"	57422	W. B. H. Taylor, 244, rue Harbor Toronto.	3 ozs..	15		....	T. Kinnear et Cie, Toronto.
8 "	"	57423	W. Miller, 351 rue Broad-view, Toronto.	3 pqts	38		Cox ......,.......	Inconnu........
8 "	"	57424	A. Provau, 134 rue, King Est, Toronto.	3 "	45		Knox.............	Inconnu........

DISTRICT D'HAMILTON—

25 août..	Gelatine......	58830	W. H. Beattie, rue Wind-ham, Guelph.	1 liv.	60	Inconnu..	....
25 "	"	58831	Benson Br., 25 rue Wind-ham, Guelph.	3 pqts	45	McLarens Ltd., Hamilton.	....
25 "	"	58832	Co-operative Association, 41 rue Quebec Guelph.	3 "	45	Chas. B. Knox Co, Montréal.	....
26 "	Gelée de cerise améliorée.	58833	J. C. Hadden, 1 Quebec rue, Guelph.	3 "	25	Young Winifield Ltd., Hamilton.	....
26 "	Poudre à gelée	58834	Betznor & Co., 48 rue King Berlin.	3 "	30	The Litster Pure Food Co.; Ltd., Toronto.	....

GELATINE.

Résultats de l'analyse.

Rapport de l'inspecteur (ne comportant aucune expression d'opinion).	Cendre.	Parties de sulfites par 100,000 (SO₃).	Pouvoir de gélatinifier dans une solution de 5 p.c.	Odeur d'une solution de 5p.c. exposée à l'air pendant 2 jours.	Papier de tournesol.	Réaction avec — Solution de sous-acétate de plomb (Sp. gr. 1.26).	Solution d'alun 5 p.c.	Solution de chlorure ferrique 5 p.c.	Remarques.	Numéro de l'échantillon.

H. J. DAGER, INSPECTEUR.

	p. c.									
....	1·13	2	Positif	Normal	Acide.	Neg-atif	Neg-atif	Neg-atif	....	57415
Cox.....	2·45	13	"	"	"	"	"	"	....	57416
Impériale Stréilisée .	1·05	13	"	"	"	"	"	"	....	57417
Phosphatée.........	2·67	6	Neg-atif	"	"	Posi-tif	"	"	....	57418
Acidulée améliorée n° 3 Knox. Supérieure à la phosphate.	1·00	22	Posi-tif	"	"	Neg-atif	"	"	....	57419
Marque Fleur de Lys	1·92	10	"	"	"	"	"	"	... .	57420
Impériale Stérilisée .	1 15	16	"	"	"	" -	"	"	....	57421
Dentelles Apperts Chapeaux de Paille Allemagne	1·32	6	.	"	"	"	"	"	... .	57422
Cox's Instant pulvérisée garantie absolument pure	2·25	3	"	"	"	"	"	"	. ...	57423
Knox Sparkling, No. 1.	0·95	21	"	"	"	"	"	"	....	57424

D. M. CAMERON, INSPECTEUR.

....	1·57	21	Posi-tif	Nor-mal	Acide	Neg-atif	Neg-atif	Neg-atif	... .	58830
....	1·40	93	"	"	"	"	"	"	....	58831
Knox Sparkling.....	1·10	27	"	"	"	"	"	"	....	58832
Youngs.·.........	0·75	6	... .	....	....	....	....		Poudre à gelée, essence artificielle de cerises, teinture aniline rouge et sucre.	58833
....	0·57	6	....	....	....	....	....		Poudre à gelée, essence de cerises artificielle, teinture aniline jaune et sucre.	58834

Date du prélèvement.	Nature de l'échantillon.	Numéro de l'échantillon.	Nom et adresse du vendeur.	Prix.		Nom et adresse du fabricant ou fournisseur tel que communiqué par le vendeur.	
				Quantité.	Cents.	Fabricant.	Fournisseur.

DISTRICT DE WINDSOR—

1913.							
3 juill.	Gélatine ..	54838	Orendorf frères, Ridgetown.	3 pqts	45	Chas. B. Knox et Cie, Johnstown, N.-Y.	....
3 "	"	54841	Ellsworth et fils, Ridgetown.	3 "	45	Chas. B. Knox et Cie, Johnstown, N.-Y.	....
3 "	"	54846	Clark et fils, Ridgetown.	3 "	45	Chas. B. Knox et Cie, Johnstown, N.-Y.	....
7 "	"	54852	Harry St. A n d r e w s, Chatham. *	3 "	38	....	A. M. Smith et Cie, London.
7 "	"	54857	Geo. A. Young, Chatham.	3 "	45	....	T. Kenny, Sarnia.
8 "	"	54865	D. M. Squire, Walkerville.	3 "	45	....	Inconnu.. ......
9 "	"	54867	Miller et Wiggle, Essex..	3 y	45	McLarens, Ltée., Hamilton.	....
9 "	"	54869	A. Raines, Essex........	3 "	45	Chas. B. Knox, Montréal.	....
9 "	"	54870	R. T. Moran, Leamington	3 "	45	. ...	F. Smyth et Cie, Windsor. -
10 "	"	54873	P. Phillips, Leamington..	3 "	45	....	Inconnu.. ......

DISTRICT DE MANITOBA—

26 juin	Gélatine.....	48911	F. Fawley, 436 Notre-Dame, Winnipeg.	3 pqts	45	Chas. B. Knox et Cie, Montréal.	....
26 "	"	48912	" "	3 "	40	Gorgie Mills, Edinboro, Ecosse.	....
26 "	"	48913	John Dyke, ave William, Winnipeg.	3 "	40	Chas. B. Knox, Montréal.	....
27 "	"	48914	W. J. Robinson, ave Portage, Winnipeg.	3 "	40	Gorgie Mills, Edinboro, Ecosse.	....
2 juill.	"	48915	The Central Grocery, 541 Ellice, Winnipeg.	3 "	38	Chas. B. Knox, Montréal.	....
2 "	"	48916	" "	3 "	37	Gorgie Mills, Edinboro Ecosse.	.... ,
3 "	" ....'.	48917	O. Hughes, rue Pembina, Winnipeg.	3 "	45	"	....
3 "	"	48918	Bain s Grocery, rue Pembina, Winnipeg.	3 "	45	"	....
14 "	"	48919	T. A. Newman et frére, Portage la Prairie.	3 "	45	....	Gorgie M i l l s, Edinboro, Ecosse
15 "	"	48920	Greenstone Grocery, Brandon.	3 "	45	....	K n o x et Cie, Montréal.

GÉLATINE.

Résultats analytiques.

Rapport de l'inspecteur (ne comportant aucune expression d'opinion).	Cendre.	Parties de sulfite par 100,000 (SO₂).	Pouvoir de gélatinifier dans une solution de 5 p.c.	Odeur d'une solution de 5 p.c. exposée à l'air pendant 2 jours.	Papier de tournesol.	Avec réaction.			Observations.	Numéro de l'échantillon.
						Solution de sous-acétate de plomb (Sp. gr. 1·26).	Solution d'alun 5 p.c.	Solution de chlorure ferrique 5 p.c.		

JNO. TALBOT, INSPECTEUR.

	p.c.									
Knox Sparkling, N° 1.	1·20	29	Positif.	Normal.	Acide	Negatif.	Negatif.	Negatif.	....	54838
Knox acidulée......	1·05	21	"	"	"	"	"	"	....	54841
Knox Sparkling, N° 1.	1·30	33	"	"	"	"	"		....	54846
"Cox's Instant" pulvérisée.	2·37	2	"	"	"	"	"	"	....	54852
Knox Sparkling, N° 1.	1·07	29	"	"	"	"	"	"	....	54857
Knox Sparkling.....	1·05	16	"	"	"	"	"	"	....	54865
"Invincible" granulée de McLaren...	1·30	Auc.	"	"	"	"	"	"	....	54867
Knox Sparkling.....	1·30	27	"	"	"	"	"	"	....	54869
....	1·32	32	"	"	"	"	"	"	....	54870
Knox Sparkling, N° 1.	1·15	29	"	"	"	"	"	"	....	54873

A. C. LARIVIÈRE, INSPECTEUR.

....	1·20	48	Positif.	Normal.	Acide	Negatif.	Negatif.	Negatif.	....	48911
Cox pulvérisée.....	2·62	5	"	"	"	"	"	"	....	48912
....	1·05	21	"	"	"	"	"	"	....	48913
Cox pulvérisée	2·10	5	"	"	"	"	"	"	....	48914
....	1·32	33	"	"	"	"	"	"	....	48915
Cox pulvérisée.	2·35	13	"	"	"	"	"	"	....	48916
"	2·52	16	"	"	"	"	"	"	....	48917
"	-2·40	1	"	"	"	"	"	"	....	48918
Cox..............	2·25	14	"	"	"	"	"	"	....	48919
....	1·55	17	"	"	"	"	"	"	....	48920

BULLETIN N° 273—

Date du prélèvement.	Nature de l'échantillon.	Numéro de l'échantillon.	Nom et adresse du vendeur.	Quantité.	Cents.	Fabricant.	Fournisseur.
						Nom et adresse du fabricant ou fournisseur tel que communiqué par le vendeur.	

DISTRICT DES MONTAGNES-ROCHEUSES—

Date du prélèvement.	Nature de l'échantillon.	Numéro de l'échantillon.	Nom et adresse du vendeur.	Quantité.	Cents.	Fabricant.	Fournisseur.
1913.							
2 juill.	Gélatine	49909	L. C. Masson, Revelstoke, C.-B.	3 pqts	45	Chas. B. Knox Co., Montréal.	....
2 "	"	49910	" "	3 "	45	J. et G. Cox, Edinboro, Écosse.	. .. .
2 "	"	49911	" "	1 liv..	65	....	W. H. Malkin & Co., Vancouver
16 "	"	49922	Trail Grocery Co., Trail, C.-B.	3 pqts	45	Chas. B. Knox et Cie, Montréal.	....
16 "	"	49924	Union Co-Op. Association, Rossland, C.-B.	3 "	30	Pure Gold M'f'g. Co., Toronto.	....
16 "	"	49925	Union Co-Op. Association, Rossland C.-B.	3 "	40	J. et G. Cox, Edinboro, Écosse.	....
16 "	"	49933	Hunter Bros., Rossland, C.-B.	3 "	30	Crosse et Blackwell, London, Ang.	....
28 "	"	49942	Star Grocery, Nelson, C.-B.	3 "	55	Chas. B. Knox et Cie, Montréal.	....
28 "	"	49944	Bell Trading Co., Nelson, C.-B.	3 "	55	" ..	....

DISTRICT DE VANCOUVER—

Date du prélèvement.	Nature de l'échantillon.	Numéro de l'échantillon.	Nom et adresse du vendeur.	Quantité.	Cents.	Fabricant.	Fournisseur.
29 juill.	Gélatine......	54901	Columbia Produce Co., 2234 Granville st., Vancouver, C.-B.	3 pqts	30	Genesee Pure Food Co., Bridgeburgh, Ont.	....
30 "	"	54902	Fairview Dept. Stores, 2020 Granville st., Vancouver, C.-B.	3 "	40	J. et G. Cox, Edinboro, Écosse.	....
8 août.	"	54903	G. H. Hodgson, Steveston, C.-B.	3 "	45	Chas. Knox et Cie, Montréal.	....
9 "	"	54904	Gruchy et Carlaw, 5th Ave. and Granville st., Vancouver.	3 "	45	"	.. ..
9 "	- "	54905	London Grocery Co., 2200 Granville st., Vancouver	3 "	60	Inconnu..........	Kelly Douglas, Vancouver.
9 "	"	54906	A. C. Bartig, 2437 Granville st., Vancouver.	3 "	60	....	W. H. Malkin, Vancouver.

DISTRICT DE VICTORIA—

Date du prélèvement.	Nature de l'échantillon.	Numéro de l'échantillon.	Nom et adresse du vendeur.	Quantité.	Cents.	Fabricant.	Fournisseur.
9 juill.	Gélatine	53590	Windsor Grocery Co., 817 Govt. st., Victoria, C.B.	1 liv..	65	The Grove Chem. Co., Ltd., Appley Bridge Wiggan, Ang.	....
9 "	"	53592	H. et K. Grocery, 1425 Douglas st., Victoria, C.-B.	3 pqts	60	Chas. B. Knox Co., Montréal.	....
9 "	"	53598	R. Erskine et Cie, 861 Johnston st., Victoria, C.-B.	3 "	30	J. et G. Cox, Edinboro, Écosse.	....

GÉLATINE.

Résultats des analyses.

Rapport de l'inspecteur (ne comportant aucune expression d'opinion).	Cendre.	Parties de sulfites par 100,000 (SO₂).	Pouvoir de gélatinisation d'une solution de 5 p. c.	Odeur d'une solution de 5 p. c. exposée à l'air pendant 2 jours.	Papier de tournesol.	Réaction avec — Solution de sous-acétate (sp. gr. 1.26.)	Solution de 5 p. c. d'alun.	Solution de 5 p. c. de perchlorure de fer.	Remarques.	Numéro de l'échantillon.
THOS. PARKER, INSPECTEUR.										
		p. c.								
Sparkling	1·35	27	Positif.	Normal.	Acide	Négatif.	Négatif.	Négatif.		49909
	2·55	4	"	"	"	"	"	"		49910
Argent	2·22	Indice	"	"	"	"	"	"		49911
Acidulée	1·07	17	"	"	"	"	"	"		49922
	1·15	5	"	"	"	"	"	"		49924
	2·50	16	"	"	"	"	"	"		49925
Star	1·12	66	"	"	"	"	"	"		49933
Acidulée	1·12	38	"	"	"	"	"	"		49942
Sparkling	1·37	33	"	"	"	"	"	"		49944
J. F. POWER, INSPECTEUR.										
Jell O	0·50	13							Poudre à gelée essence artificielle de fraises, teinture végétale rouge et sucre.	54901
Garantie absolument pure.	2·37	6	Positif.	Normal.	Acide	Négatif.	Négatif.	Négatif.		54902
	1·37	29	"	"	"	"	"	"		54903
Acidulée granulée	1·37	21	"	"	"	"	"	"		54904
Feuilles	0·92	Aucune.	"	"	"	"	"	"		54905
"	0·87	6	"	"	"	"	"	"		54906
D. O'SULLIVAN, INSPECTEUR.										
Etiquette Silver Leaf	1·75	109	"	"	"	"	"	"		53590
Knox Sparkling No.1	1·12	22	"	"	"	"	"	"		53592
	1·85	16	"	"	"	"	"	"		53598

5. GEORGE V, A. 1915

BULLETIN N° 273—

Date du prélèvement.	Nature de l'échantillon.	Numéro de l'échantillon.	Nom et adresse du vendeur.	Prix.		Nom eu adresse du fabricant ou fournisseur, tel que communiqué par le vendeur.	
				Quantité.	Cents.	Fabricant.	Fournisseur.

DISTRICT DE VICTORIA—

1913.							
15 juill.	Gélatine......	53600	Henry W. Driver, 856 rue Yates, Victoria, C.-B.	3 pqts	45	Chas. B. Knox, Montréal.	....
15 "	"	57602	M. Dyrland, 971 rue Yates Victoria, C.-B.	3 "	30	J. et G. Cox, Edin- boro, Ecosse. ..	....
16 "	"	57609	W. C.|Goode, 541 rue Johns- ton, Victoria, C.-B.	1 liv..	75	....	Nat. Drug & Chem. Co., Vic- toria, C.-B.
18 "	"	57611	The West End Grocery Co., Ltd., 1002 rue Govt. Victoria, C.-B.	1 "	50	....	Loewenberg et Cie, Victoria, C.-B.
18 "	"	57614	Copas et Young, 633 rue Fort, Victoria, C.-B.	1 "	50	....	R. P. Rithet et Cie, Victoria, C.-B.
18 "	"	57616	Acton Bros., 1317 rue Dou- glas, Victoria, C.-B.	1 "	60	The Grove Chem. Co.. Appley Bri- dge, Wigan, Ang.	....
18 "	"	57617	Dixi H. Ross et Cie, 1317 rue Govt., Victoria, C.-B.	1 "	50	....	W. P. Downey, Montréal.

GÉLATINE.

Résultats des analyses.

Rapport de l'inspecteur (ne comportant aucune expression d'opinion).	Cendre.	Parties de sulfites par 100,000 (SO₄).	Pouvoir dégélatinisation d'une solution de 5 p.c.	Odeur d'une solution de 5 p.c. exposée à l'air pendant 2 jours.	Paquet de tournesol.	Réaction avec.			Remarques.	Numéro de l'échantillon.
						Solution de sous-acétate (sp. gr. 1·26).	Solution de 5 p.c. d'alun.	Solution de 5 p.c. de perchlorure de fer.		
Fin.	p.c.									
Knox Sparkling No.1	1·25	16	Positif.	Normal.	Acide	Néga-tif.	Néga-tif.	Néga-tif.	....	53600
....	2·42	2	"	"	"	"	"	"	....	57602
....-....	2·37	76	"	"	"	"	"	"	. ...	57609
....	1·85	21	"	"	"	"	"	"	....	57611
Gélatine argent. ...	1·82	5	"	"	"	"	"	"	....	57614
Etiquette Silver Leaf	1·65	6()	"	"	"	"	"	"	Rougie au moyen d'une teinture aniline.	57616
Marque White Duck Supérieure.	1·80	76	"	"	"	"	"	"	....	57617

5 GEORGE V, A. 1915

ANNEXE Q.

BULLETIN N° 274—SAINDOUX ET ECHANTILLONS DE SAINDOUX.

OTTAWA, 19 janvier 1914.

M. WM HIMSWORTH,
    Sous-Ministre,
      Revenu de l'Intérieur.

MONSIEUR,—J'ai l'honneur de vous soumettre ci-joint un rapport de l'examen auquel ont été soumis 243 échantillons des saindoux et des succédanés du saindoux que l'on vend au Canada. Le prélèvement de ces échintillons a été effectué en juin et juillet 1913. Tels qu'ils sont offerts en vente, on peut, dans l'ensemble, en indiquer la nature . comme suit :

	Échantillons.
Offerts en vente comme saindoux..	157
" " saindoux composés..	46
Non vendus comme saindoux..	40
Total	**243**

Sur 157 échantillons des produits vendus comme saindoux, on a trouvé:.

Normaux	145
Falsifiés..	5
Douteux	7
Total	**157**

On impute falsification pour les raisons suivantes :

Au n° 58947, vendu comme saindoux, parce qu'il est un saindoux composé.
Au n° 58755, vendu comme saindoux, parce qu'il contient 3·45 p. 100. d'eau.
Au n° 58957, vendu comme saindoux, parce qu'il est un saindoux composé.
Au n° 58049, vendu comme saindoux, parce qu'il contient 1·67 p. 100. d'eau.
Au n° 58814, vendu comme saindoux, parce qu'il contient 1·47 p. 100. d'eau.

Six (6) échantillons sont tenus pour douteux, parce que les résultats de l'analyse indiquent la présence de produits de graine de cotonnier, mais la quantité en est tellement faible, qu'il se peut qu'elle doive être attribuée à une cause accidentelle. Le n° 1641 a été vendu comme saindoux ; mais le vendeur en a révélé la nature composée, une fois la vente effectuée. Il y a lieu de douter que son aveu puisse l'exonérer de l'accusation de falsification.

Quarante-six (46) échantillons sont vendus comme saindoux composé, comme suit :

	Echantillons.
Saindoux composé normal	43
Falsifié..	3
Total	**46**

DOC. PARLEMENTAIRE No 14

La falsification consiste en ce que :

Le n.° 50633 contient 1·93 p. 100 d'eau.
Le n° 57456 contient 1-33 p. 100 d'eau.
Le n° 58802 contient 1·47 p. 100 d'eau.

Quarante (40) échantillons sont vendus sous différents noms, mais non comme saindoux.

De ce nombre, 38 doivent être considérés comme réunissant les conditions de la vente. Deux échantillons, vendus comme Deb. n° 57454, et comme Flex, n° 57457, respectivement, doivent être considérés comme falsifiés, en tant qu'ils contiennent un excédent d'eau et de matières solides minérales, au nombre desquelles on relève des traces de nickel, métal vénéneux, comme ses dérivés solubles.

Je recommande la publication de ce rapport sous le titre de Bulletin n° 274.

J'ai l'honneur d'être, monsieur,
Votre obéissant serviteur,

A. McGILL,

Analyste en chef.

Date du prélèvement	Nature de l'échantillon	Numéro de l'échantillon	Nom et adresse du vendeur	Prix		Nom et adresse du fabricant ou fournisseur tel que communiqué par le vendeur	
				Quantité.	Cents.	Fabricant.	Fournisseur.

DISTRICT DE LA NOUVELLE-ÉCOSSE—

Date	Nature	N°	Nom et adresse du vendeur	Quantité	Cents	Fabricant	Fournisseur
1913.							
11 juillet	EasifirstShortening.	54127	Ritcey & Corkum, Halifax, N.-E.	1 lib..	13	Gunn Co., Ltd., Toronto.	Fabricants.....
11 "	Saindoux.....	54128	P.T.Shea, Halifax, N.-E.	1 " ..	20	J. Morrell et Cie, Ottumwa, N.-E.	" ......
11 "	Chopped Suet.	54129	Bentley & Layton, Ltd., Halifax, N.-E.	1 " ..	20	Vendeurs.........	....
11 "	Saindoux, composé.	54130	W.E.Ford, Halifax, N.-E.	1 " ..	16	M. K. Fairbanks Co., Montréal.	Inconnu........
11 "	Crisco........	54131	City Provision Store, Halifax, N.-E.	1½ " ..	30	Proctor, Gamble Co., Cincinnati, E.-U.	Jno. Tobin et Cie, Halifax, N.-E.
11 "	Chopped Suet.	54132	" " ..	1 " ..	20	Vendeur........	
14 "	Saindoux.....	54133	Jos. A. Leaman et Cie, Halifax, N.-E.	1 " ..	20	Vendeurs........	
14 "	Chopped Suet.	54134	" " ..	1 " ..	20	"	
14 "	Saindoux, composé.	54135	Geo. Henley, Halifax, N.-E.	1 " ..	16	Swift et Cie, Toronto.	Bauld Bros.Ltd. Halifax. N.-E.
14 "	Crisco........	54136	R. N. McDonald Estate, Halifax, N.-E.	1½ " ..	30	Proctor Gamble Co., Cincinnati, E.- U.	Jno. Tobin et Cie, Halifax, N.-E.
16 "	Saindoux composé	54137	Wm. Law et Cie, . Yarmouth, N.-E.	1 " ..	12	"	
16 "	Composé.....	54138	P. A. Yerxa, Yarmouth, N.-E.	1 " ..	15	Laing Packing Co., Montréal.	
24 "	Kokobut.. ...	54139	A. F. Ross et Cie, Truro, N.-E.	2 " ..	40	Coaco Nut Butter, Ltd., Montréal.	
25 "	Saindoux.....	54140	J. W. Smeltzer, Lunenburg, N.-E.	1 " ..	18	Wm. Davies Co., Ltd., Toronto.	
25 "	"	54141	B. G. Oxner, Lunenburg, N.-E.	1 " ..	18	Gunns Ltd., Toronto.	

DISTRICT DU NOUVEAU-BRUNSWICK—

Date	Nature	N°	Nom et adresse du vendeur	Quantité	Cents	Fabricant	Fournisseur
5 juin..	Saindoux	50626	2 Barkers, Ltd., [St-Jean, N.-B.	1½ liv.	27	Jno. P. Squire & Co., Boston, Mass.	
23 "	Crisco..	50627	M. E. Grass, St-Jean, N.-B.	1 " ..	30	The Proctor & Gamble Co., Cincinnati, E-.U.	
23 "	EasifirstShortening.	50628	Walter Gilbert, St-Jean, N.-B.	2 " ..	36	Gunns Ltée, Toronto.	
2 juillet	" ..	50629	E. J. Hieatt, St-Jean, N.-B.	1½ " ..	18	" " ..	
3 "	Saindoux, composé.	50630	Geo. J. Smith, St-Jean, N.-B.	1½ " ..	18	The Harris Abbatoir Co., Ltd., Toronto.	
3 "	Saindoux. ..	50631	W. S. Knowles, St-Jean, N.-B.	1½ " ..	30	Slipp et Flewelling, St-Jean, N.-B.	
3 "	. "	50632	J. H. Shaw Estate, St-Jean, N.-B.	1½ " ..	30	Swift, R.-U.A	

DOC. PARLEMENTAIRE No 14

SAINDOUX ET SUBSTITUTIFS.

Rapport de l'inspecteur (ne comportant aucune expression d'opinion).	Eau.	Epreuve Halphen	Réfractomètre Butyro à 40°C.	Quantité d'iodine (Hanus).	Numéro de l'échantillon.	Observations et opinion de l'analyste en chef.
						Résultats de l'analyse.

R. J. WAUGH, INSPECTEUR.

	p. c.					
....	Indice..	Cramoisi....	56·5	....	54127	Non vendu comme saindoux.
Vendu comme pur......	"	.	51	....	54128	Pur.
....				....	*54129	Non vendu comme saindoux.
....	Indice..	Cramoisi....	57·5	....	54130	Vendu comme composé.
....	"		55	....	54131	Conforme au nom. Non vendu comme saindoux.
....	" ..	....	47	....	54132	Non vendu comme saindoux.
Vendu comme pur......	0·15	....	50	....	54133	Pur.
....				....	†54134	Non vendu comme saindoux.
Marque Jewel............	0·14	Cramoisi....	58·5	....	54135	Vendu comme composé.
Purement végétal.....	Indice..	....	56	....	54136	Conforme au nom. Non vendu comme saindoux.
Flake white............	" ..	Cramoisi....	59	....	54137	Vendu comme composé.
De Laing...............	" ..	"	57	....	54138	" "
Beurre végétal pur.....:	"	..	36·5	....	54139	Conforme au nom. Non vendu comme saindoux.
Vendu comme pur......	"	....	49·5	......	54140	Pur.
Marque Maple Leaf.....	"	......	50	......	54141	"

J. C. FERGUSON, INSPECTEUR.

....	Indice..	....	52	....	50626	Pur.
....	" ..	....	55·5	....	50627	Conforme au nom. Non vendu comme saindoux.
....	" ..	Cramoisi....	57·5	....	50628	Non-vendu comme saindoux.
....	" ..	Rouge......	57·5	94·50	50629	" "
Domestic...............	" ..	Cramoisi....	57	90·78	50630	Vendu comme composé.
Saindoux en branches...	" ..	....	51	....	50631	Pur.
Marque Silver Leaf. Saindoux garantie pur.....	0·15	....	51	....	50632	"

* Indéterminé. Echantillon de suif très moisi. † Indéterminé. Très moisi.

14—22

338

5 GEORGE V, A. 1915

BULLETIN N° 274—

Date du prélèvement.	Nature de l'échantillon.	Numéro dd l'échantillon	Nom et adresse du vendeur.	Prix. Quantité.	Cents.	Nom et adresse du fabricant ou fournisseur, tel que communiqué par le vendeur. Fabricant.	Fournisseur.

DISTRICT DU NOUVEAU-BRUNSWICK—

1913.							
3 juill.	Composé	50633	Chas. Robinson, St-Jean, N.-B.	1½ liv.	20	N. K. Fairbanks Co., Ltd., Montréal.	
3 "	Matière analogue.	50634	Thos. J. Dean, St-Jean, N.-B.	1½ " .	25	Swift, Canadian Co., Ltd., Toronto.	
8 "	Composé	50635	H. O. Neill, Fredericton, N.-B.	1½ " .	20	The N. K. Fairbanks Co., Ltd., Montréal.	
9 "	Saindoux	50636	Geo. H. Dent, Woodstock, N.-B.	1½ " .	30		The Geo. E. Barbour Co., Ltd., Woodstock, N.-B.
11 "	"	50637	J. W. Craig, Perth, N.-B.	1½ " .	30		Purves & Co., St. Stephen, N.-B.
22 "	"	50638	Sussex Mercantile Co., Ltd., Sussex, N.-B.	2 " .	40	Gunns, Ltd., Toronto.	
22 "	"	50639	W. McD. Campbell, Sussex, N.-B.	1½ " .	30	Matthews, Laing Ltd., Toronto.	
23 "	"	50640	J. A. Marven, Moncton, N.B.	1½ " .	21	Morris & Co., Chicago, Ill.	

DISTRICT DE QUÉBEC—

20 juin.	Saindoux	37095	Joseph Paquet, 128 rue du Pont, Québec.	1½ liv.	26	T. M. Sinclair Co.	T. E. Grégoire..
23 "	"	37096	Hamel & Bédard, 728 rue St-Joseph, Québec.	1½ " .	30	Ingersoll Packing Co., Ingersoll.	P. T. Busière & Cie.
26 "	"	37097	Arthur Rinfret, 414 rue St-Joseph, Québec.	1½ " .	27	F. W. Fearman Co., Ltd.,Hamilton.	Octave Jacques..
26 "	"	37098	Joseph Lyonais, 50 rue Dorchester, Québec.	1½ " .	40	F. M. Sinclair, Cedar Rapids.	" ..
26 "	"	37099	Cantin & Frère, 271 rue St-Joseph, Québec.	1½ " .	30	O'Keefe & Drew, Chatham, Ont.	J. B. Renaud & Cie.
27 "	"	37100	Drolet & Bédard, 12 rue Bagot, Québec.	1½ " .	30	Vendeurs	
27 "	"	56101	Oliver Bacon, 28 rue Hermine, Québec.	1½ " .	30.	Louis Drolet	Fabricant......
27 "	"	56102	T. Gagnon, 132 rue Sauvageau, Québec.	1½ " .	30	Sinclair, Cedar Rapids.	Desire & Drolet.
27 "	"	56103	Joseph Cauchon, Sauvageau et Franklin, Québec.	1½ " .	30	Vendeur	
27 "	"	56104	Joseph Proulx, 284 rue Arago, Québec.	1½ " .	30	Fowler's, Hamilton.	Turcotte & Frère.
27 "	"	56105	T. Greffard, 133 rue Victoria, Québec.	1½ " .	27	O'Keefe, Chatham.	J. B. Renaud & Cie.
30 "	"	56106	Jean Drolet, 321 Prince-Edouard, Québec.	1½ " .	27	Vendeur	
30 "	"	56107	T. E. Morency, 172 rue Dorchester, Québec.	1½ " .	30	"	

DOC. PARLEMENTAIRE No 14

SAINDOUX ET SUBSTITUTIFS.

Rapport de l'inspecteur (ne comportant aucune expression d'opinion).	Résultats de l'analyse.				Remarques et opinion de l'analyste en chef.
	Eau.	Epreuve Halphen.	Réfractomètre Butyro à 40°c.	Quantité d'iodine (Hanus).	Numéro de l'échantillon.	

J. C. FERGUSON, INSPECTEUR—*Fin.*

	p. c.					
Boar's Head	1·93	Cramoisi....	59	98·30	50633	Vendu comme composé. Excès d'eau. Falsifié.
Marque Jewel	Traces..	"	58	....	50634	Non vendu comme saindoux.
Boar's Head	" ..	"	58	....	50635	Vendu comme composé.
Saindoux en branches Swift's Silver.	" ..	....	53	.....	50636	Pur.
" ..	" ..	....	52·5	....	50637	"
	" ..	....	51	....	50638	"
	" ..	Rouge tendre.	51·5	....	50639	"
Saindoux White Leaf...	" ..	....	52·5	....	50640	"

F. X. W. E. BÉLAND, INSPECTEUR.

....	Traces..	Rose pâle...	50·5	62·79	37095	Pur.
....	" ..	....	50	....	37096	"
....	" ..	....	51	......	37097	"
....	" ..	....	51	....	37098	"
....	" ..	....	50·5	....	37099	"
....	" ..	....	50	....	37100	"
....	" ..	....	53	....	56101	"
....	" ..	....	51·5	....	56102	"
....	0·25	....	51	....	56103	"
....	Traces..	....	51·5	....	56104	"
....	" ..	....	51	....	56105	"
....	" ..	....	51	....	56106	"
....	" ..	....	52	....	56107	"

14—22½

Date du prélèvement.	Nature de l'échantillon.	Numéro de l'échantillon.	Nom et adresse du vendeur.	Prix.		Non et adresse du fabricant ou fournisseur tel que communiqué par le vendeur.	
				Quantité.	Cents.	Fabricant.	Fournisseur.

DISTRICT DE QUÉBEC—

1913.							
30 juin..	Saindoux.....	56108	Louis Tremblay, 192 rue Dorchester, Québec.	1½ liv..	30	Vendeur	
30 "	"	56109	Dusauld & Audy, 94 rue Dorchester, Québec.	1½ " ..	30	Vendeurs	

DISTRICT DE QUÉBEC-EST—

24 juin..	Saindoux.. ..	53323	L. J. Fournier, Montmagny, Québec.	1½ liv..	30	O'Keefe & Drew, Chatham, Ont.	
24 "	"	53324	Dame J. A. Poliquin, Montmagny, Québec.	1½ " ..	27	Sinclair, Toronto.	
24 "	" ...	53328	A. N. Normand, Montmagny, Québec.	1½ " ..	30	Imperial Pure Lard, Hamilton.	
24 "	" ...	53332	J. Fournier, St-Thomas, P. Q.	1½ " .	30	Sinclair, Cedar Rapids, Iowa.	
24 "	"	53336	A. Letourneau, Montmagny, Québec.	1½ " ..	35	Matthews Laing, Montreal.	
24 "	"	53337	N. Letourneau, Montmagny, Québec.	1½ " ..	27	O'Keefe & Drew, Chatham, Ont.	
2 juillet	" ...	53339	F. A. Fournier, Montmagny, Québec	1½ " ..	30	Gunn's Ltd., Toronto.	
2 "	"	53341	M. Lemieux, Montmagny, Québec.	1½ " ..	30		Morris & Co., Montréal.
2 "	"	53347	J. A. Caron, Montmagny, Québec.	1½ " ..	30	Gunn's Ltd., Toronto Ouest	Fabricants......
2 "	"	53348	N. D. Laberge, St-Thomas, P. Q.	1½ " ..	30.	" "	" ....
2 "	"	53353	J. Z. Guimond, Cap St-Ignace, P. Q.	1½ " ..	30	T. E. Sinclair, Cedar Rapids, Iowa.	
2 "	"	53355	V. Bernier, Cap St-Ignace, P. Q.	1½ " ..	30	The Harris Abattoir, Toronto Ouest	
2 "	"	53356	A. Dalaire, Cap St-Ignace, P. Q.	1½ " ..	30	Ingersoll Packing Co., Ont.	
2 "	"	53357	Elz. Boulé, Cap St-Ignace, P. Q.	1½ " ..	30	T. M. Sinclair & Co., Iowa.	
2 "	"	53358	Z. Bernier, Cap St-Ignace, P. Q.	1½ " ..	30	Gunn's Ltd., Toronto Ouest.	

DISTRICT DE TROIS-RIVIÈRES—

20 juin..	Saindoux composé.......	58942	I. A. Boisvert, Joliette, P. Q.	2 pts..	36	O'Keefe & Drew, Chatham, Ont.	
24 "	Saindoux composé.......	58944	W. Brissette, St-Felix de Valois, P. Q.	5 liv..	70	N. K. Fairbank, Ltd., Montréal.	
25 "	Saindoux composé.......	58945	I. H. Chaine, Trois-Rivières, P. Q.	1½ " ..	21	" "	

DOC. PARLEMENTAIRE No 14

SAINDOUX ET SUBSTITUTIFS.

Raport de l'inspecteur (ne comportant aucune expression d'opinion.)	Eau.	Epreuve Halphen.	Réfractomètre Butyro à 40°c.	Quantité d'iodine (Hanus).	Numéro de l'échantillon.	Remarques et opinion de l'analyste en chef.
		Résultats des analyses.				

Fin.

		p.c.					
....	Indices.	....	50	....	56108	Pur.	
....	0·32	....	51	....	56109	"	

ALP. PELLETIER, INSPECTEUR.

	Indices.		52	....	53323	Pur.
....	" ..	....	50	....	53324	"
......,............... ..	" ..	....	52·5	....	53328	"
....	" ..	....	52·5	....	53332	"
....	" ..	Rose..:....	52·5	62·99	53336	"
....	" ..	....	52·5	....	53337	"
....	" ..	....	51	....	53339	"
....	" ..	....	52	....	53341	"
....	" ..	....	52	...ᴺ....	53347	"
....	" ..	....	51	....	53348	"
....	" ..	. ...	52·5	....	53353	"
....	" ..	Rose.......	52	60·25	53355	· "
....	" ..	....	52	....	53356	"
....	" ..	Rose pâle...	52	64·39	53357	"
....	" ..	" ..	51	60·52	53358	"

Dr V. P. LAVALLÉE, INSPECTEUR.

	Indices.		51	....	58942	Vendu comme composé.	
....	" ..	Cramoisi....	58·5	....	58944	" "	
....,..............	" ..	"	57·5	....	58945	" "	

Date du prélèvement	Nature de l'échantillon.	Numéro de l'échantillon.	Nom et adresse du vendeur.	Prix Quantité.	Prix Cents.	Nom et adresse du fabricant ou fournisseur, tel que communiqué par le vendeur. Fabricant.	Fournisseur.

DISTRICT DE TROIS-RIVIÈRES—

Date du prélèvement	Nature de l'échantillon	Numéro	Nom et adresse du vendeur	Quantité	Cents	Fabricant	Fournisseur
1913.							
25 juin	Saindoux.....	58946	O. Carignan Fils, Trois-Rivières.	1 seau	60	Ingersoll Packing Co.	
30 "	"	58947	Bourret et Fils, Louis-ville.	3 liv.	39	Matthews-Laing Co., Montréal.	
30 "	Saindoux composé.	58948	Isaac Guiguère, Louis-ville.	3 "	37	N. K. Fairbank, Ltd., Montréal.	Laporte-Martin, Montréal.
6 juill.	Saindoux.....	58977	Deschenes et Picard, Joli-ette.	3 "	54	Fowlers, Hamilton	....
6 "	"	58978	J. M. Pelletier, Joliette..	3 "	54	Laing-Matthews, Montréal.	
8 "	"	58979	W. H. Lacasse, L'Assomption.	3 "	50	Davies & Co.,Ltd., Montréal.	....
10 "	"	58980	A. Amirault,L'Epiphanie.	3 "	57	W. Davies, Ltd., Montreal.	....
10 "	"	58981	Maria Racette, L'Epi-phanie.	3 "	54	"	....
12 "	"	58982	Chevalier et Magnan, Joliette.	3 "	45	Laing-Matthews, Montréal.	
14 "	"	58983	Magnan et Chevalier, Joliette.	3 "	45	W. Davies Co., Ltd., Montréal.	....
14 "	"	58984	L. A. Chartier, Joliette..	3 "	53	Laing-Matthews, Ltd., Montréal.	....

DISTRICT DES CANTONS DE L'EST—

Date	Nature	Numéro	Vendeur	Quantité	Cents	Fabricant	Fournisseur
14 juill.	Saindoux....	1629	Isaïe Giroux, Coaticook..	3 liv.	54	Vendeur.........	....
14 "	Ko-Ko-But. ..	1630	Woodman &McKee,Coati-cook.	1 ohau.	25	Dom. Cocoanut Butters, Ltd., Montréal.	....
16 "	Crisco........	1631	Denault Grain et Prod. Co., Sherbrooke.	1 "	30	Procter & Gamble Co., Cincinnati, Ohio.	Forbes & Na-deau,. Mont-réal.
17 "	Saindoux.....	1632	Gosselin et Lussier, Wee-don.	5 liv.	90	FowlersCanad.Co., Ltd., Hamilton.	....
22 "	"	1633	Au Bon Marché, Limité, Black Lake.	3 "	55	....	Lafontaine et frère, Black L.
23 "	"	1634	Gagné et Rodrigue.......	5 "	90	F. M. Sinclair & Co., Ltd., Cedar Rapids, Iowa.	....
24 "	"	1635	Mackenzie & MacIver, Scottstown.	3 "	60	The Hovey Bros. Packing Co., Sherbrooke.	....
28 "	"	1636	Geo. W. Buzzell & Co., Abbotsford.	3 "	55	Matthews-Laing, Ltd., Montréal..	....
23 "	"	1637	C. A. Phaneuf, St-Césaire.	1 "	18	" ..	....
29 "	"	1638	H. J. Désautels, St-Angèle, Rouville.	1½ "	27	J. B. Deschamps	....
30 "	"	1639	Jos. Guertin, Belœil....:..	1½ "	27	Swift Canad. Co., Ltd., Toronto.	....

DOC. PARLEMENTAIRE No 14

SAINDOUX ET SUBSTITUTIFS.

Rapport de l'inspecteur (ne comportant aucune expression d'opinion.)	Résultats de l'analyse.				Numéro de l'échantillon.	Remarques et opinion de l'analyste en chef.
	Eau.	Epreuve Halphen.	Réfractomètre Butyro observations à 40°c.	Indice d'iodine (Hanus).		
Fin.						
	p. c.					
....	Traces.	....	50·5	....	58946	Pur.
....	"	Cramoisi...	57·5	90·67	58947	Falsifié; contient de l'huile de graine de cotonnier:
....	0·62	"	58	....	58948	Vendu comme composé.
....	Traces.	....	50·5	....	58977	Pur.
....	"	Rouge......	51	62·26	58978	Douteux. Voir p. 2.
... ...	"	....	50	....	58979	Pur.
... ...	"	....	50	....	58980	"
....	"	....	50·5	....	58981	"
....	0·11	Rouge..	51	60·10	58982	Douteux. Voir p. 2.
....	Traces.	....	51	....	58983	Pur.
....	"	Rose.......	51	65·64	58984	Douteux. Voir p. 2.

J. C. ROULEAU, INSPECTEUR.

....	Traces.	....	50	....	1629	Pur.
....	"	....	36·5	5·52	1630	Non vendu comme saindoux.
... .	"	....	55	....	1631	Conforme au nom; non vendu comme saindoux.
... .	"	....	51	....	1632	Pur.
....	0·24	....	51	....	1633	"
....	Traces.	... .	52	....	1634	"
... .	"	....	49·5	....	1635	"
Marqué pur............	"	Rose pâle...	51	62·19	1636	"
....	"	Rose.......	52	62·51	1637	"
....	"	"	52	60·71	1638	"
....	"	... .	51	....	1639	"

Date du prélèvement.	Nature de l'échantillon.	Numéro de l'échantillon.	Nom et adresse du vendeur.	Prix. Quantité.	Cents.	Nom et adresse du fabricant ou fournisseur tel que communiqué par le vendeur. Fabricant.	Fournisseur.

DISTRICT DES CANTONS DE L'EST—

1913.							
31 juill.	Saindoux	1640	J. B. Courchesnes, Drum-mndville.	1½ liv.	33	Vendeur	
31 ″	″	1641	J. B. Tremblay, Drummondville.	1½ ″ .	23	Fairbanks Co., Ltd., Montréal .	......
1er août	″	1642	Leop. Beaudry, La Providence, St-Hyacinthe..	1½ ″ .	30	Vendeur.......	
1er ″	″	1643	Grégoire Frères, St-Hyacinthe.	3 ″ .	50	Fowler's Canadian Co., Ltd., Montréal.	Gunn, Langlois & Cie.

DISTRICT DE MONTRÉAL—

8 juill.	Saindoux	58746	F. G. Flood, 252 rue La-gauchetière-ouest, Montréal.	1½ liv.	30	....	Inconnu. ...:...
8 ″	″	58747	S. Whitehead, 248 rue La-gauchetière-ouest, Montréal.	1½ ″ .	30	Whyte Packing Co.	....
8 ″	″	58748	H. Lalandey, 351 rue Orléans, Maisonneuve.	1½ ″ .	27	Matthews Ltd., Montréal.	....
8 ″	Shortening. ..	58749	Phaneuf & Carrière, 76 rue Duquette, Montréal.	1½ ″ .	23	Gunns Ltd., Toronto.	....
14 ″	Saindoux	58750	A. Bernier, 37 rue Frontenac, Montréal.	1½ ″ .	27	....	W. Champagne, Montréal.
14 ″	″	58751	C. Rollin, 108 rue Frontenac, Montréal.	1½ ″ .	27	Vendeur........	....
14 ″	″	58752	Jacob Levi, 1421 rue De-Montigny, Montréal.	1½ ″ .	29	....	Gunn, Langlois & Cie, Montréal.
14 ″	″	58753	N. Bolduc, 115 rue Iberville, Montréal.	1½ ″ .	30	F. W. Fearman, Co., Ltd., Hamilton.	....
14 ″	″	58754	J. Forest, 1393 rue Ste-Catherine-E., Montréal.	1½ ″ .	27	....	Gunn, Langlois, Montréal.
22 ″	″	58755	F. Langlois, Rivière Beau-dette.	1½ ″ .	27	,.............	Hudon & Orsali, Montréal.
22 ″	″	58756	Joseph Sauvé, Rivière Beaudette.	2 ″ .	38	The Wm. Davies Co., Ltd., Montréal.	....
23 ″	″	58757	Mlles Thériault et LeBlanc, St-Polycarpe.	1½ ″ .	24	Nat. Pack. and Prov. Co., Québec.	....
6 août.	″	58758	E. Martin, 203 avenue Laurier-ouest, Montréal.	1½ ″ .	30	The Whyte Pack. Co., Ltd., Stratford, Ont.	....
6 ″	″	58759	John Sullivan, Ave. Laurier-ouest et Esplanade, Montréal.	1½ ″ .	30	Fowler's Canadian Co., Ltd., Hamilton.	... .
6 ″	″	58760	Emile Gaudry, 31 avenue Laurier-ouest, Montréal.	1½ ″ .	30	....	Gunn, Langlois & Co., Montréal.

DOC. PARLEMENTAIRE No 14

SAINDOUX ET SUBSTITUTIFS.

Rapport de l'inspecteur (ne comportant aucune expression d'opinion).	Résultats des analyses.				Numéro de l'échantillon.	Remarques et opinion de l'analyste en chef.
	Eau.	Epreuve Halphen.	Réfractomètre Butyro Observations à 40°C.	Indice d'iodine (Hanus).		

Fin.

	p. c.					
....	Indices.	....	51	....	1640	Pur.
Après l'achat, on déclara que c'était un composé.	" ..	Cramoisi...	57·5	92·27	1641	Voir le rapport de l'inspecteur. Douteux.
....	0·42	....	50	....	1642	Pur.
....	Traces..	.... :...	52	....	1643	"

D. J. KEARNEY, INSPECTEUR.

....	Indices.	....	51·5	....	58746	Pur.
....	" ..	.. ..	52	....	58747	"
....	" ..	....	52	....	58748	"
....	" ..	Cramoisi ...	58	....	58749	Non vendu comme saindoux.
....	" ..	....	51·5	....	58750	Pur.
....	" ..	....	51	....	58751	"
....	" ..	Rose pâle...	51·5	62·36	58752	"
Fameuse marque Star..	0·12	....	51	....	58753	"
....	Indices.	....	52	....	58754	"
Swift's............	3·45	....	51·5	....	58755	Excès d'eau. Falsifié.
....	Indices	.,...	51·5	....	58756	Pur.
...................:	" ..	Cramoisi...	53	80·16	58757	Falsifié. Contient de l'huile de de graine de cotonnier.
....	" ..	....	50·5	....	58758	Pur.
....	" ..	....	51	....	58759	"
....	" ..	....	50	....	58760	"

Date du prélèvement.	Nature de l'échantillon.	Numéro de l'échantillon.	Nom et adresse du vendeur.	Prix.		Nom et adresse du fabricant ou fournisseur, tel que communiqué par le vendeur.	
				Quantité.	Cents.	Fabricant.	Fournisseur.

DISTRICT DE VALLEYFIELD—

1913.							
2 juil.	Saindoux.....	58036	J. Dallaire, Lachute, P.Q.	1½ liv.	30	Matthews-Laing, Ltd.	..,...........
2 "	"	58037	J. D. Campbell, Lachute, P. Q.	2 " ..	40	O'Keefe & Drew, Chatham, Ont.	....
4 "	Composé......	58038	Arthur Bisset, Farnham, P. Q.	1½ " ..	21	N. K. Fairbanks Co.	....
4 "	Saindoux.....	58039	R. Bernard, Farnham, P. Q.	1½ " ..	30	A. Archambault, Farnham.	....
10 "	"	58040	P. J. Roy, St-Jean, P. Q	1½ " ..	27	Wm. Davies Co., Ltd.	....
10 "	Shortening....	58041	E. Leblanc, St-Jean, P. Q	1½ " ..	23	Gunns Ltd.......	.....~......
10 "	Saindoux.....	58042	V. Grégoire, St-Jean, P. Q.	1½ " ..	27	....	Stewart & Denault, St-Jean, P. Q.
10 "	"	58043	Vallée & Montambault, St-Jean, P. Q.	1½ " ..	27	Morris Co., Chicago.	....
10 "	"	58044	Leduc et Frère, Valley-field, P. Q.	1½ " ..	28	....	....
15 "	"	58045	J. A. N. Bourassa, Valley-field, P. Q.	1½ " ..	27	....	....
15 "	"	58046	Primeau Frères, Valley-field, P. Q.	1½ " ..	27	....	....
21 "	Composé......	58017	Theodule Aubry, Lancaster, Ont.	1½ " ..	25	.... ,	....
21 "	Saindoux.....	58048	D. McRae, Lancaster, Ont.	1½ " ..	27	Wm. Davies Co., Ltd., Montréal.	....
21 "	"	58049	John Caron, Lancaster, Ont.	1½ " ..	24	Swifts Canad. Co., Ltd., Toronto.	....
26 "	"	58050	Adam Miller, Huntingdon Ont.	1½ " ..	30	Matthews-Laing, Ltd., Montréal.	....

DISTRICT D'OTTAWA—

28 juin	Crisco........	59136	The Mackay Bros., Ltd., Renfrew, Ont.	1½ liv.	35	The Proctor Gamble Co., Cincinnati, O.	Robertson Nicolle, Kingston.
28 "	Cottolene. ...	59137	Michael Vice, Renfrew, Ont.	1½ " ..	20	Fowlers Canadian Co., Hamilton.	Fabricants......
30 "	Saindoux compose.	59138	Baxter & Co., Falls, Ont.	Smith's-3 " ..	50	Geo. Matthews Co. Ltd., Hull, P.Q.	" ..
30 "	Saindoux composé.	59139	A. T. Elliott, Falls, Ont.	Smith's-1½ " ..	20	Swift Canadian Co.	" ..
30 "	Saindoux.....	59140	Jno Anderson, Falls, Ont.	Smith's-2 " ..	38	The Whyte Pack Co., Ltd., Stratford.	" ..
30 ".	Saindoux composé.	59141	Jno. Anderson, Falls, Ont.	Smith's-2 " ..	34	The Jones P. & P. Co.,Ltd.,Smith's Falls.	" ••
30 "	Snindoux composé.	59142	McLean Bros., Falls, Ont.	Smith's-1½ " ..	23	Gunns Ltd., Toronto.	" ••

SAINDOUX ET SUBSTITUTIFS.

Rapport de l'inspecteur (ne comportant aucune expression d'opinion.)	Résultats de l'analyse.				Numéro de l'échantillon.	Remarques et opinion de l'analyste en chef.
	Eau.	Epreuve Halphen.	Réfractomètre-Butyro à 40° C.	Quantité d'iodine (Hanus).		

J. J. COSTIGAN, INSPECTEUR.

		p. c.					
....	Traces..	Rose..	51·5	60·92	58036	Pur.
.... · ..	" ..	....	51	....	58037	"
....	" ..	Cramoisi...	58	......	58038	Vendu comme composé.
....	" ..	Rose pâle...	50·5	58·61	58039	Pur.
....	" ..	....	50·5	....	58040	"
Easifirst....... . .	" ..	Cramoisi....	56·5	....	58011	Non vendu comme saindoux.
....	" ..	....	50·5	....	58042	Pur.
....	" ..	Rose pâle...	51	64·27	58043	"
.. . .	" ..	....	52	....	58044	"
....	" ..	....	50·5	....	58045	"
....	" ..	....	50·5	....	58046	"
Fairbanks......	" ..	Cramoisi....	58	96·04	58047	Vendu comme composé.
.... ·	" ..	....	51·5	....	58048	Pur.
....	1·67	... .	51·5	....	58049	Excès d'eau falsifié.
....	Traces..	Rose tendre.	51	61·79	58050	Pur.

J. A. RICKEY, INSPECTEUR.

Purement végétal garanti.	Traces..	....	55·5	....	59136	Conforme au nom. Non vendu comme saindoux.
Marque Eclipse Com. Lard sold as Cottolene.	" ..	Cramoisi ...	58·5	90·63	59137	" "
Marque Buttercup......	" ..	"	55	....	59138	Vendu comme composé.
....	" ..	"	56·5	....	59139	" "
Marque White Pure....	" ..	....	50·5	....	59140	Pur.
Marque Ridora..........	" ..	Cramoisi ...	57·5	......	59141	Vendu comme composé.
Easifirst Shortening.....	" ..	"	57	....	59142	" "

348   REVENUS DE L'INTERIEUR

5 GEORGE V, A. 1915

BULLETIN N° 274—

Date du prélèvement.	Nature de l'échantillon.	Numéro de l'échantillon.	Nom et adresse du vendeur.	Prix. Quantité.	Cents.	Fabricant.	Fournisseur.

DISTRICT D'OTTAWA—

Date	Nature	N°	Vendeur	Quantité	Cents	Fabricant	Fournisseur
1913.							
3 juillet	Saindoux composé.	59143	J. Y. Patrick, Westboro, Ont.	2 liv.	30	Gunns, Ltd., Toronto.	Fabricant......
3 "	Saindoux......	59144	A. J. Lasalle, Westboro, Ont.	2 "	36	O'Keefe & Drew, Chatham, Ont.	H. N. Bate & Sons, Ottawa.
3 "	"	59145	Graham & Acres, Westboro, Ont.	2 "	36	Matthews-Laing, Ltd., Hull.	Fabricant......
4 "	"	59146	F. H. Gilchrist, Ottawa..	2 "	36	Fowlers Canadian Co., Hamilton.	" ..
4 "	"	59147	H. Richardson, 1087 Wellington st., Ottawa.	1½ "	27	Wm. Davies Co., Ltd., Montreal.	" ..
4 "	Cottolene	59148	A. G. Hannah, Ottawa...	1½ "	25	Fairbanks, Montreal.	Bow & Co., Toronto.
11 "	Saindoux composé.	59149	Jos. P. Valiquette, rue Dalhousie, Ottawa.	1½ "	23	The Jones P. & P. Co., Ltd., Smith's Falls.	Fabricant. ....
31 "	Crisco........	59150	A. E. Rea Co., Ltd., Ottawa.	3 chau	90	The Proctor-Gamble Co., Cincinnati, O.	Inconnu...... .

DISTRICT DE KINGSTON—

Date	Nature	N°	Vendeur	Quantité	Cents	Fabricant	
23 juin..	Saindoux.....	57334	J. Gilbert, Kingston.....	1½ liv.	27	Gunn Co., Toronto ...:	
23 "	"	57335	A. Glover, Kingston.....	1½ "	27	F. W. Fearman, Hamilton.	....,
22 "	"	57336	J. E. Purdy, Kingston....	1½ "	27	Gunn Co., Toronto	
31 "	"	57337	S. Jackson, Kingston....	1½ "	27	Freeman Co., Hamilton.	....
22 "	"	57338	C. Saunders, Kingston....	1½ "	30	Gunn Co., Toronto	
23 "	"	57339	C. H. Pickering, Kingston.	1½ "	27	Fowler Co., Hamilton.	.... '... .. .
23 "	"	57340	E. S. Suddard, Kingston	1½ "	27	Gunn Co., Toronto	
23 "	"	57341	D. Couper, Kingston....	1½ "	25	Geo. Matthews, Peterboro.	....
23 "	"	57342	J. Crawford, Kingston....	1½ "	27	Gunn Co., Toronto	
23 "	"	57343	J. Redden Co., Kingston.	1½ "	28	F. W. Fearman, Hamilton.	....
25 "	"	57344	W. H. Lanning, Belleville	1½ "	27	Fowler Co., Hamilton.	....
25 "	"	57345	J. H. P. Young, Belleville	1½ "	27	Fearman, Hamilton.	....
25 "	"	57346	Thompson Bros., Belleville.	1½ ñ	27	Gunn Co., Hamilton.	... .: ..
25 "	"	57347	Estate H. Crozier, Cobourg.	1½ "	27	Fowlers Co., Hamilton.	....
26 "	"	57348	P. S. White, Peterboro...	1½ "	30	Geo. Matthews Co. Peterboro.	....··

SAINDOUX ET SUBSTITUTIFS.

Rapport de l'inspecteur (ne comportant aucune expression d'opinion).	Résultats de l'analyse.				Numéro de l'échantillon.	Remarques et opinion de l'analyste en chef.
	Eau.	Epreuve Halphen.	Réfractomètre Butyro à 40°c.	Quantité d'iodine (Hanus).		

Suite.

	p. c.					
Easifirst Shortening.....	Traces.	Cramoisi....	57·5	....	59143	Vendu comme composé.
Garanti absolument pur..	"	....	51·5	....	59144	Pur.
Marqué saindoux pur. ..	"	. Rose........	51	60·42	59145	"
Saindoux pur. L. & S. Fowlers,marque supér.	"	. "	50·5	61·02	59146	"
Marqué saindoux........	"	. .. .	51	....	59147	"
....	"	. Cramoisi....	57	....	59148	Conforme au nom. Non vendu comme saindoux.
Marque Ridora..	"	. " ...	58	....	59149	Vendu comme composé.
Garanti végétal pur......	"	....	55·5	....	59150	Conforme au nom. Non vendu comme saindoux.

JAS. HOGAN, INSPECTEUR.

....	Traces.	....	51	....	57334	Pur.
....	"	....	51	....	57335	"
....	"	....	51	....	57336	"
....	"	. ...	50·5	....	57337	"
....	"	....	50·5	....	57338	"
....	"	. Rose.... ...	52	61·51	57339	"
....	""	. ...	51	....	57340	"
....	"	. ...	51	.. ....	57341	"
....	"	. ...	51	....	57342	"
....	"	. Cramoisi....	52	63·61	57343	Douteux. Voir p. 2.
....	"	....	51·5	....	57344	Pur.
....	"	. Rose......	51·5	60·84	57345	"
....	"	. ...	50	....	57346	"
....	"	. ...	51	....	57347	"
....	"	. ...	51	....	57348	"

Date du prélèvement	Nom de l'échantillon.	Numéro de l'échantillon.	Nom et adresse du vendeur.	Coût. Quantité.	Coût. Cents.	Fabricant.	Fournisseur.

DISTRICT DE TORONTO—

Date du prélèvement	Nom de l'échantillon.	Numéro de l'échantillon.	Nom et adresse du vendeur.	Quantité.	Cents.	Fabricant.	Fournisseur.
1913.							
24 juin.	Crisco.......	57445	T. B. Cramp, Orillia......	1 chau.	35	Proctor Gamble Co., Cincinnati, O.	Davidson Hay Co., Ltd., Toronto.
24 "	Saindoux.....	57446	Sinclair & Co.............	1½ liv.	27	Gunns Ltd., Toronto.	....
25 "	"	57447	H. J. Buchanan, Barrie..	1½ " ..	30	F. W. Fearman Co., Hamilton.	....
25 "	Easifirst... .	57448	P. Kearns, Barrie..	1½ " .	23	Gunns Ltd., Toronto.	....
27 "	Snow Drift Oil	57449	J. E. Waterhouse, Whitby	2 chau.	76	The Southern Cotton Oil Co.	T. Kinnear & Co. Ltd., Toronto.
30 "	Saindoux composé.	57450	The Harris, Abattoir Co., Ltd., Toronto.	2 liv.	23	Vendeurs........	....
2 juillet.	Cotosuet	57451	Swift's Canadian Co., Ltd., Toronto.	3 " ..	35	"	....
2 "	Cotolene......	57452	Nasmiths Ltd., 42 rue Duchess, Toronto.	1½ " ..	nil.	N. K. Fairbanks, Ltd., Montréal.	....
3 "	Snowflake Shortening.	57453	Matthews Laing Co., Ltd. Toronto.	2 " ..	23	Vendeur........	
3 "	Deb..........	57454	Geo. Weston Ltd., 420 rue Bathurst, Toronto.	1½ " ..	23	... .	W. G. Patrick Co., Toronto.
4 "	Saindoux composé.	57455	The Wm. Davies Co.,Ltd., 562 rue Queen, ouest, Toronto.	2 ...	34	Vendeurs........	....
7 "	Saindoux composé.	57456	T.Chisholm,298 rue Queen, est, Toronto.	1½ " ..	15	....	N.K. Fairbanks, Montréal.
7 "	Flex...	57457	W. J. Lloyd & Co., 520 rue Parliament, Toronto	1½ " ..	25	....	W. G. Patrick, & Co.,Toronto.
7 "	O. Shortening.	57458	H.C. Barker, 283 ave Spadina, Toronto.	1½ " ..	15	....	The Bowes Co., Ltd., Toronto.
8 "	Crisco........	57459	Kennedy Bros., 975 rue Queen-est, Toronto.	1 pqt.	30	....	Inconnu...... ..

DISTRICT DE HAMILTON—

Date du prélèvement	Nom de l'échantillon.	Numéro de l'échantillon.	Nom et adresse du vendeur.	Quantité.	Cents.	Fabricant.	Fournisseur.
8 juillet.	Saindoux composé.	58801	A. C. Vasper, 37-38 Central market, Hamilton.	1½ liv.	18	The Harris Abattoir Co., Toronto	....
8 "	Saindoux composé.	58802	A. J. Lambert, 17-18 Central market, Hamilton.	1½ " ..	25	N. K. Fairbanks Co., Montréal.	....
8 "	Shortening....	58803	O. W. Bessey, 31-32 Central market, Hamilton.	1½ " ..	25	Gunns Ltd., Toronto.	....
8 "	Saindoux composé.	58804	Jos. A. Farmer, 53-54 Cen. market, Hamilton.	1½ " ..	27	Vendeur.....	
8 "	Saindoux.....	58805	J. E. Church, 44 rue Mary Brantford.	1½ " ..	27	Fowlers Canadian Co., Hamilton.	....
10 "	"	58806	Spencer Smith, rue Brant, Burlington.	3 "	54	" "	....
10 "	Crisco........	58807	W. Kerns & Co., rue Water, Burlington.	3 ch .	90	The Proctor Gamble Co., Cincinnati, Ohio.	....
19 "	Saindoux.....	58808	Henry & Glacken. rue Church, Ste-Catharine.	1½ liv..	27	Moyer Bros., Ste-Catharine.	....

SAINDOUX ET SUBSTITUTIFS.

Rapport de l'inspecteur (ne comportant aucune expression d'opinion).	Résultats de l'analyse.				Numéro de l'échantillon.	Remarques et opinion de l'analyste en chef.
	Eau.	Epreuve Halphen.	Réfractomètre Butyro à 40°c.	Quantité d'iodine (Hanus).		

H. J. DAGER, INSPECTEUR.

	p. c.					
Purement végétal.......	Indices.	....	55·5	....	57445	Conforme au nom. Non vendu comme saindoux.
Marque Maple Leaf, saindoux pur.........	"	....	51·5	;......	57446	Pur.
....	"	.. Rose pâle...	53	51·90	57447	"
....	"	.. Cramoisi....	57·5	....	57448	Vendu comme composé.
Huile Weeson Snow Drift Huile d'hiver de graine de cotonnier de choix..	"	"	58	122·9	57449	Huile de graine de cotonnier conforme au nom. Non vendu comme saindoux.
Domestique............	"	"	57·5	....	57450	Vendu comme composé.
Huile de graine de cotonnier clarifiée.........	"	"	58	....	57451	Conforme au nom. Non vendu comme saindoux.
....	"	"	58	....	57452	" " " "
Snowflake.............	"	"	55·5	....	57453	Vendu comme composé.
...., ...	9·75	....	58	73·15	57454	Excès d'eau. Falsifié. Contient d. trac. d. nickel. Cendre=1·55
Peerless...........	Indices.	Cramoisi....	57·5	....	57455	Vendu comme composé.
....	1·33	"	57	94·74	57456	Excès d'eau. Falsifié.
Boars Head.	8·83	....	56·5	61·11	57457	Excès d'eau− traces de nickel. Cendre=0·77. Falsifié.
....	Indices.	Cramoisi....	57·5	....	57458	Non vendu comme saindoux.
Velvet, O..........	" ..	....	55·5	...:....	57459	Conforme au nom. Non vendu comme saindoux.

D. Mᶜ CAMERON, INSPECTEUR.

. ...	Indices.	Cramoisi....	57	88·90	58801	Vendu comme composé.
....	1·75	"	57	....	58802	Vendu comme composé. Excès d'eau. Falsifié.
....	Indices.	"	57	....	58803	Vendu comme composé.
.. ..	" ..	.. ..	50·5	....	58804	Vendu comme composé.
L. & S............	" ..	.. ..	51	....	58805	Pur.
Pur......	" ..	....	50·5	....	58806	"
....	" ..	....	53	....	58807	Conforme au nom. Non vendu comme saindoux.
Pur.....	" ..	....	51	....	58808	Pur.

Date du prélèvement	Nature de l'échantillon.	Numéro de l'échantillon.	Nom et adresse du vendeur.	Prix. Quantité.	Cents.	Nom et adresse du fabricant ou fournisseur tel que communiqué par le vendeur. Fabricant.	Fournisseur.

DISTRICT DE HAMILTON—

Date du prélèvement	Nature de l'échantillon.	Numéro de l'échantillon.	Nom et adresse du vendeur.	Quantité.	Cents.	Fabricant.	Fournisseur.
1913.							
19 juillet	Saindoux.....	58809	Wilson's, 33 rne Queen, St-Catharine.	3 liv.	51	F. W. Fearman Co., Ltd., Hamilton.	....
20 "	"	58810	L. McMann, rue Front, St-Thorold.	3 pqts	54	SwiftCanadianCo., Ltd.	....
20 "	"	58811	I. A. Smith, rue Front, St-Thorold.	1½ liv.	27	St. Thomas Packing Co., St-Thomas.	....
20 "	Shortening....	58812	W. Diamond, rue Front, St-Thorold.	1½ "	23	Gunn's, Ltd., Toronto.	....
25 août	Saindoux. ...	58813	Hood et B e n n a l a c k rue Windham, Guelph.	1½ "	30	Fowlers Canadian Co., Hamilton.	....
26 "	"	58814	J. M. Schneider, rue King, Berlin.	1½ "	27	Vendeur.........	....
26 "	"	58815	W. J. McCutcheon, rue King, Berlin.	1½ "	27	"	....
26 "	"	58823	J. S. O'Neil, 57 rue Main, Welland.	1½ "	30	Inconnu.........	....

DISTRICT DE WINDSOR—

Date du prélèvement	Nature de l'échantillon.	Numéro de l'échantillon.	Nom et adresse du vendeur.	Quantité.	Cents.	Fabricant.	Fournisseur.
23 juin	Saindoux....	54828	A. E. Rosenberger, London.	1½ liv.	27	Ingersoll Packing Co.	....
23 "	"	54829	Alp. Johnson, London...	1½ "	27	Inconnu.........	....
23 "	"	54830	F. C. Toon, London	1¼ "	23	....:	Elliot Marr & Co., London.
23 "	"	54831	Hoskin et Reynolds, London.	1½ "	25	Hammond Standish Co., Detroit	....
24 "	"	54832	St. Thomas Packing Co., London.	1 seau	48	St. Thomas Packing Co., St-Thomas.	....
24 "	"	54833	Mrs. F. Boug, London, Ouest.	1¼ liv.	23	Jno. Duff & Son, Hamilton.	....
24 "	"	54834	R. H. Wade, London, Ouest.	1¼ "	24	F. W. Fearman Co., Hamilton.	....
24 "	"	54835	W. T. Mullens, London, Ouest.	1¾ "	33	Dom. Abattoir Co., London.	....
24 "	"	54836	Taples Market, London..	2 pqts	36	Fowlers Canadian Co., Hamilton.	....
3 juillet	"	54837	Orendorf Bros., Ridgetown	1½ liv.	30	Matthews-Laing, Ltd., Brantford.	....
3 "	"	54839	J. Caron, Ridgetown.....	1½ "	30	St. Thomas Packing Co., St-Thomas.	....
3 "	"	54840	Jas. White, Ridgeton....	1 chau	40	"	.. . .
3 "	"	54844	Clark & Sons, Ridgeton..	1¾ "	37	Matthews-Laing, Co., Brantford.	....

SAINDOUX ET SUBSTITUTIFS.

Rapport de l'inspecteur (ne comportant aucune expression d'opinion).	Résultats de l'analyse.				Numéro de l'échantillon.	Remarques et opinion de l'analyste en chef.
	Eau.	Epreuve Halphen.	Réfractomètre Butyro à 40°c.	Quantité d'iodine (Hanus).		

Fin.

	p.c.					
Pur....................	l'races.	....	50·5	....	58809	Pur.
"	"	..	51·5	....	58810	"
"	"	.	51·5	....	58811	"
Easifirst........... ...	"	Cramoisi...	57	....	58812	Non vendu comme saindoux.
....	"	.	51	....	58813	Pur.
....	1·47	.. ....	50	....	58814	Excès d'eau. Falsifié.
....	Traces..	....	51	....	58815	Pur.
....	"	.. .	50·5	....	58823	"

JNO. TALBOT, INSPECTEUR.

Saindoux pur, marque Beaver.	Traces..	....	52	......	54828	pur.
....	"	Cramoisi...	51·5	65·21	54829	Douteux. Voir p. 2.
Saindoux pur, Silver Star.	"	....	52	......	54830	Pur.
Saindoux Silver Star, garanti pur.	"	....	51	....	54831	"
Saindoux pur : marque Elgin. .	"	....	51	....	54832	"
Saindoux pur, marque Horse Shoe.	"	....	51·5	....	54833	"
Saindoux pur, marque Star.	"	....	52	....	54834	"
Saindoux pur, National..	"	....	50	....	54835	"
Marque L. & S., saindoux pur de choix.	"	Rose pâle...	50	60·04	54836	"
Saindoux pur..........	"	....	51·5	......	54837	"
Saindoux pur, marque Elgin.	"	....	52	....	54839	"
" ..	"	.. ..	51·5	....	54840	"
Saindoux en branches de Matthews.	"	.... , ...	50·5	....	54844	"

BULLETIN N° 274—

Date du prélèvement de l'échantillon.	Nature de l'échantillon.	Numéro de l'échantillon.	Nom et adresse du vendeur.	Quantité.	Coût. Cents.	Nom et adresse du fabricant ou fournisseur tel que communiqué par le vendeur. Fabricant.	Fournisseur.

DISTRICT DU MANITOBA—

1913.							
19 juin.	Saindoux.....	48870	A. J. Kemball, rue Main-N., Winnipeg.	2½ liv.	55	Swift's Canadian Co., Winnipeg.	..............,
19 "	"	48871	Jas. Enright, Main et Jarvis, Winnipeg.	2½ "	55	Western Packing Co., Ltd., Winnipeg.	....
19 "	"	48872	J. B. Coyle, rue Main-N., Winnipeg.	2½ "	60	Swift's Canadian Co., Ltd., Winnipeg.	....
19 "	"	48873	H. A. Paul, rue Main-N., Winnipeg.	2½ "	55	"	....
19 "	Crisco........	48874	J. A. McDowell, rueSher- brooke, Winnipeg.	1½ "	30	The Procter, Gamble Co., Cincinnati, O.	....
20 "	Saindoux.....	48875	J. A. McDowell, rue Sherbrooke, Winnipeg.	2½ "	55	Western Packing Co., Ltd., Winnipeg.	....
20 "	Crisco.......	48876	Dungan & Hunter, avenue Logan, Winnipeg.	1½ "	30	The Procter&Gamble Co., Cincinnati, O.	....
20 "	"	48877	Patterson Grocer, Elmwood P.O., Winnipeg.	1½ "	30	"	....
20 "	"	48878	Gallagher Bros., Elmwood P.O., Winnipeg.	1½ "	30	"	....
20 "	Saindoux.....	48879	..	2½ "	55	Swift's Canadian Co., Ltd., Winnipeg.	....
4 juillet	"	48880	Portage Prov. Store, ave Portage, Winnipeg.	1 seau	55	Gordon, Ironsides, Fares Co., Winnipeg.	....
4 "	"	48881	Western Cash Store, aye Portage, Winnipeg.	1 "	55	"	....
14 "	"	48882	T. A. Newman & Bros., Portage-la-Prairie.	1 "	60	"	....
15 "	"	48883	Ed. Bolton, Brandon.....	1 "	60	Swift's Canadian Co., Winnipeg.	....
15 "	"	48884	Greenstone Grocery,Brandon.	1 "	60	The Cudahy Packing Co.	TheCodvilleCo., Brandon.

DISTRICT DES MONTAGNES ROCHEUSES—

2 juillet	Saindoux.....	49912	L. C. Masson, Revelstoke, C.-B.	1 seau	65	P. Burns Co., Calgary.	....
2 "	"	49913	" "	1 "	65	Swift's Canadian Co., Edmonton.	....
2 "	Saindoux composé.	49914	" "	1 "	55	"	....
16 "	Saindoux.....	49930	H. T. Bilkey, Rossland, C.-B.	1 "	75	"	....
16 "	"	49931	" "	1 "	75	Armour & Co., Chicago.	....

SAINDOUX ET SUBSTITUTIFS.

Rapport de l'inspecteur (ne comportant aucune expression d'opinion).	Résultats de l'analyse.				Numéro de l'échantillon.	Remarques et opinion de l'analyste en chef.
	Eau.	Epreuve Halphen.	Réfractomètre Butyro 40° C.	Quantité d'iodine (Hanus).		

A. C. LARIVIÈRE, INSPECTEUR.

	p. c.					
....	Traces.	Rose pâle'..	50·5	63·76	48870	Pur.
....	....	....	51·5	....	48871	"
....	"	....	52	....	48872	"
....	"	Rose tendre.	52	62·73	48873	"
....	"	....	55·5	74·89	48874	Conforme au. nom. Non vendu comme saindoux.
....	0·27	....	51	....	48875	Pur.
.. ..	Traces.	....	55·5	....	48876	Conforme au nom. Non véndu comme saindoux.
....	"	....	55·5	....	48877	"
....	"	Rose... ...	54·5	79·37	48878	"
....	"	....	51	....	48879	Pur.
....	"	... .	51·5	....	48880	"
....	"	....	52	....	48881	"
....	"	....	53	....	48882	"
....	0·19	... .:......	52	....	48883	"
Saindoux pur "Rex"....	0·19	....	52	....	48884	"

THOS. PARKER, INSPECTEUR.

Shamrock............	Traces .	Rose tendre.	51	63·37	49912	Pur.
Silver Leaf............	"	.. Rose pâle. .	51·5	63·97	49913	"
Saindoux pur avec 35 p. 100 de gras de bœuf...	"	....	50·5	....	49914	Vendu comme composé.
Silver Leaf............	"	.. Rose pâle...	51·5	59·60	49930	Pur.
Shield............... ...	"	....	52	....	49931	"

5 GEORGE V, A. 1915

BULLETIN N° 274—

Date du prélèvement de l'échantillon.	Nature de l'échantillon.	Numéro de l'échantillon.	Nom et adresse du vendeur.	Prix. Quantité.	Cents.	Fabricant.	Fournisseur.

Nom et adresse du fabricant ou fournisseur tel que communiqué par le vendeur.

DISTRICT DES MONTAGNES ROCHEUSES—

1913.

Date	Nature	Numéro	Nom et adresse du vendeur	Quantité	Cents	Fabricant	Fournisseur
16 juil.	Saindoux....	49934	Hunter Bros., Rossland, C.-B.	1 seau.	100	E. H. Stanton Co., Spokane, Wash.	
16 "	Crisco.	49935	" "	1 chau.	40	Proctòr-Gamble Co., Cincinnati, Ohio.	
28 "	Saindoux composé.	49936	A. J. Shirley, Rossland, C.-B.	1½ liv.	25	Swift's Canadian Co., Edmonton.	
28 "	Saindoux......	49937	P. Burns & Co., Nelson, C.-B.	1 seau.	60	P. Burns & Co., Calgary.	
28 "	Saindoux composé.	49938	" "	1 "	45	"	
28 "	"	49939	G. G. Peters, Nelson, C.-B	1 "	70	Swift's Canadian Co., Edmonton.	
28 "	Saindoux......	49941	Star Grocery, Nelson, C.-B	1 "	70	Armour & Co., Chicago.	

DISTRICT DE VANCOUVER—

Date	Nature	Numéro	Nom et adresse du vendeur	Quantité	Cents	Fabricant	Fournisseur
19 août.	Saindoux composé.	54946	Western Grocery Co., rue Main, Vancouver, C.-B.	1½ liv.	20	P. Burns & Co., Vancouver.	
19 "	Saindoux	54947	J. S. Kelly, 2333 rue Main, Vancouver, C.-B.	1½ "	30	"	
19 "	Saindoux composé.	54948	Vancouver-Prince Rupert Meat Co., Mt. Pleasant Branch, Vancouver, C.-B.	1½ "	20	Vendeurs........	
19 "	Saindoux......	54949	K. & M. Grocery, 2505 rue Main, Vancouver, C.-B.	1½ "	30	P. Burns & Co., Vancouver.	
20 "	"	54950	Vancouver-Prince Rupert Meat Co., 608 rue Granville, Vancouver, C.-B.	1½ "	25	Vendeurs........	
20 "	Composé.. ...	54951	Slater Bros., 856 rue Granville, Vancouver, C.-B.	1½ "	20	P. Burns. & Co., Vancouver.	
21 "	" ...	54952	Kamloops–Vancouver Meat Co., rue Powell et Main, Vancouver, C.-B.	1½ "	25	Vendeurs...	
3 sept.	"	54953	David Spencer, Ltd., Vancouver.	3 "	40	Swift's Canadian Co., Winnipeg.	

SAINDOUX ET SUBSTITUTIFS.

Rapport de l'inspecteur (ne comportant aucune expression d'opinion).	Eau.	Epreuve Halphen.	Réfractomètre Butyro à 40°c.	Quantité d'iodine (Hanus).	Numéro de l'échantillon.	Remarques et opinion de l'analyste en chef.
			Résultats de l'analyse.			

Fin.

		p.ci				
......\.......:..........	Traces.	....	50·5	....	49934	Pur.
....	"	..........,.....	55	....	49935	Conforme au nom. Non vendu comme saindoux.
Jewel....................	"	.. Cramoisi....	55	....	49936	Vendu comme composé.
Shamrock..............	"	.. Rouge......	51·5	64·76	49937	Douteux. Voir p. 2.
White Carnation........	"	.. Cramoisi....	54·5	..:.....	49938	Vendu comme composé.
Jewel...................	"	.. "	55·5	....	49939	" "
Simon, pur	"	....	51·5	....	49941	Pur.

J. F. POWER, INSPECTEUR.

Marque Carnation.......	Traces .	Cramoisi....	55	....	54946	Vendu comme composé.
Saindoux pur, marque Shamrock......,.....,	"	.. Rose........	52	63·26	54947	Pur.
Marque Oak Leaf.......	"	.. Cramoisi....	54·5	....	54948	Vendu comme composé.
Shamrock...............	"	..........,...	51	..:.....	54949	Pur.
Marque White Lily, saindoux pur.	"	.. ..:	51	....	54950	"
....	"	.. Cramoisi....	54	.. ..	54951	Vendu comme composé.
....,	"	....	50·5	....	54952	"
....	"	.. Cramoisi....	54	... .	54953	"

5 GEORGE V, A. 1915

BULLETIN N° 274.—

Date du prélèvement de l'échantillon.	Nature de l'échantillon.	Numéro de l'échantillon.	Nom et adresse du vendeur.	Prix.		Nom et adresse du fabricant ou fournisseur tel que communiqué par le vendeur.	
				Quantité.	Cents.	Fabricant.	Fournisseur.

DISTRICT DE VICTORIA—

1913.							
18 juillet	Saindoux substitutifs.	57612	The West End Grocery Co., Ltd., 1002 rue Govt. Victoria, C.-B.	2 liv.	45	Frye Bruhn Inc., Seattle, Wash.	....
18 "	Cotosuet......	57613	The West End Grocery Co., Ltd., 1002 rue Govt, Victoria, C.-B.	5 " ..	75	Swift's Canadian Co., Winnipeg.	....
18 "	Crisco........	57615	Copas & Young, 633 rue Fort, Victoria, C.-B.	1½ " ..	35	....	....
18 "	Saindoux composé.	57618	Vanc.,Prince Rupert Meat Co., 1423 rue Douglas, Victoria, C.-B.	1½ " ..	20	Vendeurs	....
18 "	Saindoux composé.	57619	Vanc.,Prince Rupert Meat Co., Ltd., 586 r. Johnson, Victoria, C.-B.	3 " ..	50	"	....
21 "	Saindoux composé.	57620	H. O. Kirkham & Co., 741 rue Fort, Victoria, C.-B	1½ " ..	20	"	....
21 "	Crisco........	57621	H. O. Kirkham & Co., 741 rue Fort, Victoria, C.-B.	1½ " ..	35	The Proctor Gamble Co., Cincinnati, O.	....
21 "	Saindoux composé.	57624	P. Burns & Co., Ltd., 902 rue Fort, Victoria, C.-B	3 " ..	45	Vendeurs	....
21 "	Saindoux composé.	57625	P. Burns & Co., Ltd., 902 r. Govt., Victoria, C.-B.	1½ " ,.	25	P. Burns & Co., Vancouver,C.-B.	....
22 "	Saindoux composé.	57626	Dom. Market, Oak Bay Junction, Victoria,C.-B.	3 " ..	20	Swift's Canadian Co., Ltd., Winnipeg.	....
22 "	Saindoux composé.	57627	Fernwood Market, 1308 rue Gladstone, Victoria, C.-B.	2 " ..	20	Swift's Canadian Co., Ltd., Winnipeg.	....
22 "	Saindoux composé.	57628	Vanc., Prince Rupert Meat Co., Ltd., 1056 ave Pandora, Victoria, C.-B.	3 l. ..	45	Vendeurs à Vancouver.	....
22 "	Saindoux composé.	57629	Jolly's Store, ave Cook et Pandora, Victoria, C.-B.	1½ ɪ .	25	P. Burns & Co., Ltd. Vancouver, B.-C.	....
22 "	Saindoux composé.	57630	Dom. Market Co., 1307 ave Gladstone, Victoria, C.-B.	1½ " :	15	Swift's Canadian Co., Ltd., Winnipeg.	....
22 "	Saindoux composé.	57631	P. Burns & Co.,Ltd., 2009 chemin Fernwood, Victoria, C.-B.	1½ " ..	25	P. Burns & Co., Ltd., Vancouver	....

DOC. PARLEMENTAIRE No 14

SAINDOUX ET SUBSTITUTIFS.

Rapport de l'inspecteur (ne comportant aucune expression d'opinion).	Eau.	Résultats de l'analyse.				Remarques et opinion de l'analyste en chef.
		Epreuve Halphen.	Réfractomètre Butyro à 40° c.	Quantité d'iodine (Hanus).	Numéro de l'échantillon.	

D. O'SULLIVAN, INSPECTEUR.

Cont. de l'huile de graine de cotonnier clarifiée et du gras de bœuf.	Traces..	Cramoisi...	55·5	....	57612	Vendu comme composé.
Cont. de l'huile de graine de cotonnier clarifiée et de la stéarine.	" ..	"	54·5	....	57613	Conforme au nom. Non vendu comme saindoux.
....	" ..	....	54·5	....	57615	" " " "
Saindoux Oak Leaf, gras de bœuf et huile de graine de cotonnier.	" ..	Cramoisi...	53·5	....	57618	Vendu comme composé.
Saindoux Oak Leaf composé.	" ..	....	53·5	....	57619	" "
Graisse de rôti	" ..	....	48	....	57620	" "
Purement végétal	" ..	....	54·5	... .	57621	Conforme au nom. Non vendu comme saindoux.
White Carnation........	" ..	Cramoisi...	55·5	....	57624	Vendu comme composé.
" "	" ..	"	55	....	57625	" "
....	" ..	"	55	....	57626	" "
Swifts Jewel	" ..	"	55	....	57627	" "
Saindoux composé Oak Leaf.	" ..	"	53	....	57628	" "
White Carnation........	" ..	"	54	....	57629	" "
Saindoux composé Swifts Jewel.	0·11	Rouge......	55	..... ,..	57630	" "
... .	Traces..	Cramoisi...	55	... .	57631	" "

APPENDICE R.

BULLETIN N° 275—CATSUP AUX TOMATES (CATCHUP, CATSUP).

OTTAWA, le 12 février 1914.

M. Wм Himsworth,
Sous-ministre du Revenu de l'Intérieur.

Monsieur,—J'ai l'honneur de vous soumettre un rapport sur 70 échantillons achetés par nos inspecteurs, comme ketchup ou catsup, en septembre et en octobre derniers.

Soixante-sept de ces échantillons représentent du catsup aux tomates. Cet article a été l'objet de l'étude suivante dans ces laboratoires :—

Bulletin   83- -Décembre 1902—26 échantillons rapportés.
  "   129—   "   1906—49   "   "
  "   224—Mai   1911—75   "   "

En 1902, on a constaté la présence de préservatifs (acide salicylique et benzoïque) dans 65 pour 100 des articles prélevés.

En 1906, 57 pour 100 des articles prélevés contenaient des préservatifs.

En 1911, 68 pour 100 contenaient des préservatifs, surtout de l'acide benzoïque.

Les articles prélevés cette année révèlent la présence de 74 pour 100 de préservatifs. Dans tous les cas, le préservatif est de l'acide benzoïque, ce qui indique que le benzoate de soude a remplacé l'acide salicylique comme préservatif du catsup.

Il est évident que les fabricants de catsup aux tomates sont convaincus de la nécessité d'ajouter un préservatif, soit aux articles achevés soit aux matières dont il provient.

Nous n'avons pas encore défendu l'usage du benzoate de soude dans les substances alimentaires, car son emploi, en faibles quantités, afin d'empêcher la corruption, ne témoigne pas d'une manière convaincante qu'il soit préjudiciable à la santé.

La Commission des arbitres du ministère de l'Agriculture des Etats-Unis a fait une étude minutieuse de cette question en 1909. Et l'arrêt n° 104 (3 mars 1909) relatif à l'inspection des substances alimentaires déclare ce qui suit :—

" Comme il a été déterminé que le benzoate de soude mélangé aux aliments n'est ni délétère ni vénéneux et qu'il n'est pas préjudiciable à la santé, il ne sera pas soulevé, en vertu de la loi des substances alimentaires et des drogues, d'objection à l'emploi du benzoate de soude dans les aliments, pourvu que chaque récipient ou colis soit visiblement étiqueté de manière à indiquer la présence et la quantité du benzoate de soude."

Toutefois, plusieurs lois des Etats-Unis en défendent l'emploi dans les aliments.

Le fait que 17 échantillons du présent prélèvement de catsup ne contiennent pas de préservatif et qu'ils ont néanmoins été constatés être en bon état prouverait qu'on peut fabriquer le catsup et le mettre sur le marché sans préservatif. M. A. W. Bitting, l'inspecteur du Bureau de chimie de Washington, en est arrivé à cette conclusion après une étude minutieuse. Cette étude a été publiée comme Bulletin n° 119. Les conclusions de M. Bitting se résument comme suit :—" Les expériences ont été dirigées dans différentes conditions de fabriques et sur une échelle commerciale. Les résultats démontrent que le catsup de cette nature peut être délivré au consommateur en parfait état; le produit incriminé étant déjà resté dix mois sans être ouvert, sans indiquer le moindre indice de détérioration." En outre, il a été démontré que, après avoir été ouvert, l'article pourrait rester pendant huit jours à une température de 67, sans qu'il se produise de moisissure.

Puisque le catsup est plutôt apprécié comme sauce que comme aliment, il peut être injuste d'attacher trop d'importance à la quantité de matières solides qu'il contient. En même temps, il est difficile de croire que, dans quelques-uns de ces échantillons, les matières solides extrêmement faibles ne constituent pas une infériorité. Il est certain que la plupart des marques reconnues de première qualité par le commerce sont caractérisées par un contenu relativement considérable en matières solides.

Les échantillons jusqu'ici rapportés révèlent comme suit la présence de matières solides :—

Au delà de 30 pour 100, dans 11 échantillons.
"   25   "   3   "
"   20   "   11   "
"   15   "   14   "
"   10   "   24   "
Moins de 10   "   4   "

On constatera que 60 pour 100 de ces échantillons contiennent pratiquement de 15 à 30 pour 100 de matières solides.

Il a suffisamment été démontré qu'un catsup fabriqué au moyen de tomates mûres et fraîches a une bonne couleur sans qu'on y ait ajouté une teinture. 42 échantillons du présent prélèvement (62 pour 100) ne contiennent pas de teintures, et la plupart de ces échantillons sont d'une couleur très satisfaisante. L'ancien analyste en chef, M. T. MacFarlane, maintenant décédé, a écrit ce qui suit en 1906 (Bulletin 129, page 3) : " Je suis porté à croire que les échantillons, dans la fabrication desquels entre

5 GEORGE V, A. 1915

de la teinture, sont falsifiés aux termes de la loi.   Ce jugement ne serait pas basé sur la nature préjudiciable de la teinture, mais il résulterait de ce que l'emploi de la teinture est défendue par la loi des Falsifications.   L'article 3 (*h*) de cette loi prescrit que les aliments seront censés falsifiés au sens de la présente loi, s'ils sont colorés, ou enduits, ou polis, ou poudrés de manière à en cacher le dommage, ou s'ils sont arrangés de manière à paraître meilleurs ou de plus grande valeur qu'ils ne le sont en réalité.   D'après les renseignements obtenus des fabricants, l'emploi de la teinture est inutile lorsque le catsup est fabriqué avec des tomates fraîches.   C'est lorsque les fruits sont hors de saison et lorsqu'il faut conserver la pulpe pendant un temps considérable qu'il est porté préjudice à la couleur et que l'emploi de la teinture devient nécessaire.   Dans ce cas, on pourrait avec raison conclure que le catsup a été coloré afin de cacher le dommage, ou bien qu'on a employé de la teinture pour faire paraître l'article d'une plus grande valeur qu'il ne l'est en réalité, et, par suite, il faudrait appliquer le mot falsifié."

J'incline à croire que la décision ci-dessus est exacte en général.   Cependant, en l'absence d'une preuve directe de la nature inférieure de la matière utilisée, je pense qu'il est à peine justifiable d'affirmer que cette matière doit nécessairement avoir été d'une qualité inférieure, à cause de la présence d'une teinture dans le produit achevé.

Il ne faudrait fabriquer le catsup aux tomates qu'au moyen de tomates saines, fraîches et mûres.   Il y trop lieu de croire que certains fabricants de l'article ont parfois utilisé des fruits qui n'auraient pu être écoulés sans être déguisés, et qu'ils ont employé des antiseptiques pour arrêter la détérioration et des teintures pour donner une couleur désirable.   Cette conclusion est justifiée par des faits de la nature suivante: le gouvernement fédéral des Etats-Unis a obtenu des jugements contre dix-neuf consignations de catsup entre des Etats, dans la période comprise entre mai 1912 et mars 1913, pour le motif que ces consignations consistaient en partie d'une substance végétale décomposée et putride.   Tous ces échantillons contenaient du benzoate de soude, et il va sans dire que ce préservatif avait été ajouté à une matière déjà décomposée ou gâtée, afin d'empêcher une plus ample détérioration.

La décomposition et la corruption d'une matière végétale de l'espèce incriminée sont indiquées (1) par le pourcentage de champs microscopiques qui révèlent des filaments de moisissure, (2) par le nombre de levains et de spores rencontrés dans $\frac{1}{60}$ d'un millimètre cube, (3) par le nombre de bactéries trouvées dans un centimètre cube.

Il a été démontré d'une manière concluante (Circulaire n° 68, Bureau de chimie, Washington), que, dans de bonnes conditions de fabriques, le pourcentage maximum des champs indiquant des moisissures ne doivent jamais dépasser 25; que le nombre de levures et de spores dans $\frac{1}{60}$ d'un millimètre cube ne doivent jamais dépasser 25 pour 100; et que le nombre de bactéries par centimètre cube ne doivent jamais dépasser 25,000,000.   Les maxima cités sont très généreux, et une étude du présent rapport révélera qu'un très petit nombre des échantillons examinés accusent des nombres qui en approchent.   Les dix-neuf échantillons examinés par les tribunaux des Etats-Unis, et ci-dessus mentionnés, ont tous révélé des quantités qui ont grandement dépassé ceux-ci.   On a trouvé de la moisissure jusqu'à concurrence de 32 à 84 pour 100 des substances examinées; des levains et des spores, dont le nombre a varié de 65 à 225 pour 100 par millimètre cube, et le nombre des bactéries par centimètre cube variait de 60,000,000 à 480,000,000 ?

Aucun des échantillons consignés au présent rapport ne donnent des résultats qui justifieraient leur condamnation; mais il existe une grande variété de ces échantillons; et le lecteur attentif y trouvera grande matière à réflexion, s'il étudie avec soin les tableaux annexés.

La question de fixer des étalons exacts au moyen-desquels on jugera le catsup commercial sera étudiée à la lumière du présent rapport et des rapports précédents.

J'ai l'honneur de recommander sa publication comme Bulletin n° 275.

J'ai l'honneur d'être, monsieur,

Votre obéissant serviteur,

A. McGILL,

Analyste en chef.

5 GEORGE V, A. 1915

BULLETIN N° 275—

Date du prélèvement de l'échantillon.	Nature de l'échantillon.	Numéro de l'échantillon.	Nom et adresse du vendeur.	Prix.		Nom et adresse du fabricant ou fournisseur tel que communiqué par le vendeur.	
				Quantité.	Cents.	Fabricant.	Fournisseur.

DISTRICT DE LA NOUVELLE-ECOSSE—

1913.							
13 oct.	Catsup.......	54306	Yerxas, Yarmouth, N.-E.	3 bou.	30	Wm. Davies Co., Toronto, Ont.	Fabricants......
23 "	"	54307	E. W. Crease & Son, Halifax, N.-E.	3 "	75	Crosse & Blackwell, Londres, Ang.	" ....
23 "	"	54308	Jas. Scott & Co., Halifax, N.-E.	3 "	90	" ..	" ...
23 "	"	54309	A. L. Doyle & Co., Halifax, N.-E.	3 ,	30	Canadian Canners, Hamilton, Ont.	Payzant & King, Halifax, N.-E.
23 "	"	54310	Wm. Moore, Halifax, N.-E.	3 "	25	Gorman & Eckert Co., London, Ont.	Fabricants......

DISTRICT DU NOUVEAU-BRUNSWICK—

22 sept.	Catsup.......	50347	H. W. Cole, Ltd., St-Jean, N.-B.	3 bou.	44	Libby, McNeill & Libby, Chicago.	....
25 "	"	50348	Q. Barkers, Ltd., St-Jean, N.-B.	3 "	30	The Wm. Davies Co., Ltd., Toronto, Ont.	....
8 oct..	"	50349	G. A. Irving Estate, St-Stephen, N.-B.	3 "	30	The Lea's Ltd., Simcoe, Ont.	....
16 "	"	50350	E. A. Burden, Woodstock, N.-B.	3 "	45	Gorman, Eckert Co., Ltd., London, Ont.	....
22 "	" .....".	50351	Mme P. White, Moncton, N.-B.	3 "	36	The Aylmer Canning, Aylmer, Ont	....

DISTRICT DE QUEBEC—

23 sept.	Catsup.......	56129	G. Pépin, 132 rue Massue, Québec.	3 bou.	75	Heinz Co., Pittsburgh, E.-U.	J. B. Renaud..
23 "	"	56130	" ..	3 "	30	T. A. Lytle Co., Toronto.	Turcotte & Frère
24 "	"	56131	O. Bacon, 28 rue Hermine, Québec.	3 "	45	" ..	Langlois & Paradis.
24 "	"	56132	" ..	3 "	30	Heinz Co., Pittsburgh, E.-U.	" ..
24 "	"	56133	" ..	3 "	45	T. A. Lytle Co., Toronto.	J. B. Renaud & Cie.

DISTRICT DE TROIS-RIVIERES—

17 sept.	Catsup.......	59711	P. A. Guilbeault, St-Norbert.	3 bou.	30	Quebec Preserving Co.	Chevalier & Pouliat, Joliette.
18 "	....	59712	J. O. Daviau, Berthierville.	3 "	45	T. A. Lytle Co., Toronto.	....

DOC. PARLEMENTAIRE No 14

CATSUP.

Résultats de l'analyse.

Rapport de l'inspecteur (ne comportant aucune expression d'opinion).	Matières solides.	Préservatifs.	Teinture de houille de goudron.	Pourcentage des mat. examin. au microsc. et port. tra. de moisissure.	Examen micro-chimique.		Remarques.	Numéro de l'échantillon.	Remarques et opinion de l'analyste en chef.
					Levain et spores par ¼c. mm.	Bactéries par cc.			

R. J. WAUGH, INSPECTEUR.

	p. c.								
Tomates.............	11·60	Acide benzoïque	Présence	6	6	12,000,000	....	54306	
Champignons.....	12·74	Aucun	Aucune.	......	......	......	Champignons.	54307	Champignons.
Noix..........	22·96	''	''	......	......	......	Noix	54308	Noix.
Tomates............	9·00	Acide benzoïque	Présence	5	18	10,800,000	....	54309	
''	14·82	''	Aucune.	Traces.	20	7,200,000	....	54310	

J. C FERGUSON, INSPECTEUR.

....	19·30	Aucun	Aucune.	Traces.	4	4,800,000	....	50347	
....	10·50	Acide benzoïque	Présence	''	14	4,800,000	....	50348	
Tomates........	26·34	''	Aucune.	''	39	12,000,000	....	50349	Trop gr. quantité de levain et de spores.
'' (Rex)......	15·20	''	''	''	8	9,600,000	....	50350	
Canada First....	13·60	''	Présence	10	8	12,000,000	....	50351	

F. X. W. E. BELAND, INSPECTEUR.

....	31·30	Aucun	Aucune.	Traces.	18	18,800,000	....	56129	
....	18·47	Acide benzoïque	Présence	10	12	16,800,000	....	56130	
....	16·46	''	Aucune.	Traces.	4	4,800,000	....	56131	
....	26·12	''	''	''	8	4,800,000	....	56132	
....	31·18	Aucun	''	''	16	24,000,000	....	56133	

DR V. P. LAVALLÉE, INSPECTEUR.

....	12·14	Acide benzoïque	Présence	25	28	9,600,000	....	59711	
....	21·30	''	Aucune.	Traces..	6	24,000,000	....	59712	

Date du prélèvement de l'échantillon.	Nature de l'échantillon.	Numéro de l'échantillon.	Nom et adresse du vendeur.	Quantité.	Coût. Cents.	Fabricant.*	Fournisseur.

Nom et adresse du fabricant ou fournisseur tel que communiqué par le vendeur.

DISTRICT DE TROIS-RIVIERES—

1913.							
18 sept.	Catsup.......	59713	A. L. Caisse, Berthierville.	3 bout.	36	Upton Co., Hamilton, Ont.	....
19 "	"	59714	O. Paquette, Berthierville,	3 "	75	Heinz Co., Leamington, Ont.	....
19 "	"	59715	J. A. Laporte, Berthierville.	3 "	75	"	....

DISTRICT DES CANTONS DE L'EST—

29 sept.	Catsup.......	1712	F. Maken & Fils, Arthabaskaville.	3 bout.	45	....	Quebec Preserving Co., Qué.
30 "	"	1713	F. W. Gibson, Danville..	3 "	75	H. J. Heinz Co., Leamington, Ont.	....
30 "	"	1714	A. J. Hudon, Richmond.	3 "	45	Grantham Canning Co., St. Catharines, Ont.	L. Chaput fils et Cie, Montréal.
oct.	"	1715	O. Bienvenue, Granby ...	3 "	45	Canadian Canners' Consolidated Co., Ltd., Hamilton.	....
"	"	1716	N. Hamel, Magog	3 "	36	Aylmer Canning Co., Aylmer,Ont	....

DISTRICT DE MONTREAL—

21 oct.	Catsup.......	58611	F. Dunbouchel, 244 ave., Church, Verdun.	3 bout	36	Burlington Canning Co., Hamilton, Ont.	....
21 "	"	58612	Jos. Bonenfant, 42b ave Church, Verdun.	3 "	45	H. J. Heinz Co...	....
21 "	"	58613	P. Brunet, 418 ave Church, Verdun.	8 "	36	H. Bourque et Fils, Montréal.	....
21 "	"	58614	P. Lajoie, 514 ave Church, Verdun.	3 "	36	The Upton Co., Hamilton, Ont.	....
21 "	"	58615	L.LeBlanc,143 ave Church, Verdun.	3 "	75	E. D. Smith, Winona, Ont.	....

DISTRICT D'OTTAWA—

17 sept.	Catsup.......	59186	N. Dean & Son, Renfrew, Ont.	3 bout.	75	Gorman, Eckert & Co., Ltd., London, Ont.	....
20 "	"	59187	Alex. Sibbitt, Carleton Place.	3 "	30	The T. Upton Co., Hamilton, Ont.	S.J.Major, Ltd., Ottawa.

CATSUP.

Resultats de l'alyaise.

Rapport de l'inspecteur (ne comportant aucune expression d'opinion).	Matières solides.	Préservatifs.	Teinture de houille de goudron.	Pourcent.des mat. exam.au microsc. et portant traces de moisissure.	Levain et spores per o/o c. mm.	Bactéries par cc.	Remarques.	Numéro de l'échantillon.	Remarques et opinion de l'analyste en chef.
Fin.				Examen micro-Chimique.					

	p.c.								
....	19·90	Aucun.	Aucune.	Traces.	12	17,200,000	....	59713	
....	32·10	"	"	10	14	16,000,000	....	59714	
....	31·24	"	"	Traces.	16	18,600,000	....	59715	

J. C. ROULEAU, INSPECTEUR.

....	7·96	Acide benzoïque.	Présence.	25	20	16,800,000	....	1712	
Factory 16........	32·64	Aucun.	Aucune	6	14	24,000,000	....	1713	
....	10·26	Acide benzoïque.	Présence.	50	64	9,600,000	Trop de mois. Levain et spores proviennent probabl. des fruits putréfiés.	1714	Quantité trop grande de moisissure, levains et spores.
....	12·30	"	Aucune.	10	8	2,400,000	....	1715	
....	15·90	"	Présence.	30	10	9,600,000	Trop de moisis	1716	

D. J. KEARNEY, INSPECTEUR.

....	15·32	Acide benzoïque.	Aucune.	15	35	9,600,000	Trop de levains et de spores.	58611	Quantité plutôt trop grande de lev. et spores.
....	32·70	Aucun.	"	Traces.	12	19,200,000	....	58612	
....	11·60	Acide benzoïque.	"	10	10	7,200,000	....	58613	
....	18·30	Aucun.	"	10	16	14,400,000	....	58614	
....	20·10	Acide benzoïque.	Présence.	10	4	2,400,000	....	58615	

J. A. RICKEY, INSPECTEUR.

Tomates.........	12·30	Acide benzoïque.	Aucune	Traces.	14	10,200,000	....	59186	
"	19·50	Aucun.	"	" ..	12	7,200,000	....	59187	

Date du prélèvement de l'échantillon.	Nature de l'échantillon.	Numéro de l'échantillon.	Nom et adresse du vendeur.	Prix.		Nom et adresse du fabricant ou fournisseur tel. que communiqué par le vendeur.	
				Quantité.	Cents.	Fabricant.	Fournisseur.

DISTRICT D'OTTAWA—

1913.							
30 sept.	Catsup	59188	McDonald Bros., ave Gladstone, Ottawa.	3 bout	30	T. A. Lytle Co., Ltd., Toronto.	F. J. Castle Co., Ottawa.
30 "	"	59189	M. Greenburg, rue Bank, Ottawa.	3 "	30	Quebec Preserving Co.	Dover, Ottawa.
1er oct.	"	59190	J. H. Bradley, Prescott..	3 "	45	Standard Canning Co., Hamilton, Ont.	Lumsden Bros., Hamilton.

DISTRICT, DE KINGSTON—

22 sept.	Catsup	60011	Thompson Bros., Belleville.	3 bout	75	Heinz	
23 "	"	60012	M. C. Nichols, Cobourg..	3 "	45	Canada Preserving Co., Hamilton.	
22 "	"	60013	Geo. Boyle, Belleville....	3 "	30	Davies, Toronto..	
23 "	"	60014	W. P. Platt, Cobourg....	3 "	35	Standard Canning Co., Hamilton.	
24 "	"	60015	P. S. White, Peterboro...	3 "	35	Gorman, Eckert & Co., London, Ont.	

DISTRICT DE TORONTO—

19 sept.	Catsup	57489	M. R. Yost & Son, 84 rue Dundas, Toronto.	3 bout	20	Vendeurs	
19 "	"	57490	The Wm. Davies Co., Ltd., 300 rue Queen-Est, Toronto.	3 "	45	"	
22 "	"	57491	Bishop & Son, 1039 rue Gerrard-Est, Toronto.	3 "	30	C. Gildner & Co., Toronto.	
22 "	"	57492	F. W. Newell, 250 avenue Greenwood, Toronto.	3 "	30	Aylmer Canning Co., Aylmer, Ont	
22 "	"	57493	The T. A. Lytle Co., Ltd., chemin Sterling, Toronto.	3 "	37	Vendeurs	

DISTRICT DE HAMILTON—

29 sept.	Catsup	50895	George Hareling, 227 rue King-Est, Hamilton.	3 bout	30	London Canning Co.	
29 "	"	50896	Young Bros., 241 rue King-Est, Hamilton.	3 "	30	W.SommervilleCo.	

CATSUP.

Rapport de l'inspecteur (ne comportant aucune expression d'opinion).	Matières solides.	Préservatifs.	Teinture de houille de goudron.	Pourcentage des mat. examin. au microsc. et port. tra. de moisissure.	Levain et spores par s¿c. mm.	Bactéries par cc.	Remarques.	Numéro de l'échantillon.	Remarques et opinion de l'analyste en chef.
				Résultats de l'analyse. Examen micro-chimique					

Fin.

	p.c.									
Tomates, garanties libre de mat. colorante artificielle.	22·48	Acide benzoïque.	Auc. .		10	24	4,800,000	....	59188	
Tomates.........	6·56	"	Présence		25	36	19,200,000	Trop de levains et spores.	59189	Trop grande quantité de levains et spores.
" Old Church	13·02	"	"		25	41	19,200,000	" "	59190	" "

JAS. HOGAN, INSPECTEUR.

....	31·40	Auc. .	Auc. .		5	· 16	9,600,000	....	60011
....	16·70	Acide benzoïque.	"	Traces..		4	4,800,000	....	60012
....	14·04	"	Présence	" ..		4	4,800,000	....	60013
....	12·56	"	"		10	24	4,800,000	....	60014
....	15·14	"	Auc. .	Traces..		14	4,800,000	....	60015

H. J. DAGER, INSPECTEUR.

Marque Yost......	14·87	Acide benzoïque	Présence	Traces..		2	Quelques-une.		57489
Davies.........	2·46	"	"	Présence.		16	2,400,000	....	57490
Marque Gildner's Standard.	13·70	"	"	"		20	2,400,000	....	57491
Canada First.....	12·04	"	"	"		4	Quelques-unes.	....	57492
Sterling.........	29·92	"	Auc. .	Aucune.		20	14,400,000	....	57493

J. J. COSTIGAN, INSPECTEUR SUFFLÉANT.

Marque Peacock.	9·82	Acide benzoïque.	Présence	Traces..		22	16,000,000	....	50895	
Sweet Clover.....	12·84	"	Auc. .		35	12	12,000,000	Trop de moisissure.	50896	Trop de moisissure.

5 GEORGE V. A. 1916

BULLETIN N° 275—

Date du prélèvement de l'échantillon.	Nature de l'échantillon.	Numéro de l'échantillon.	Nom et adresse du vendeur.	Prix.		Nom et adresse du fabricant ou fournisseur tel que communiqué par le vendeur.	
				Quantié.	Cents.	Fabricant.	Fournisseur.

DISTRICT DE HAMILTON—

1913.							
29 sept.	Catsup.......	50897	G. Lees, 201 rue King est,. Hamilton.	3 bout.	30	National Canners, Ltd.	..............:....
29 "	"	50898	A. V. Brown, 241 rue James nord, Hamilton.	3 "	45	Aylmer Canning Co.	....
29 "	"	50899	" "	3 "	45	H. J. Heinz Co...	....

DISTRICT DE WINDSOR—

8 oct.	Catsup.......	54407	Fred Scarsbrook, Petrolia	3 bout.	30	....	....
9 "	"	54430	A. H. Gammon & Son, Sarnia.	3 ."	45	Aylmer Canning Co., Aylmer, Ont	....
9 "	" ....:	54432	Heinz Co., Leamington ..	3 "	45	Vendeurs........	....
10 "	"	54436	Gill Bros., Strathroy.....	3 "	30	Gorman Eckert Co., London, Ont	....
10 "	" ...:	54440	Wm. Cross, Strathroy....	3 "	45	Loa's Ltd., Simcoe, Ont.	....

DISTRICT DE MANITOBA—

1er oct.	Catsup... ...	48971	F. Abbott, Kildonan West	3 bout	75	Upton & Co., Hamilton.	The Codville Co., Winnipeg.
7 "	"	48972	Green & Co., Kildonan West.	3 "	45	Aylmer Canning Co., Aylmer, Ont	Campbell Bros. & Wilson, Winnipeg.
7 "	"	48973	Stanley's, 1623 ave Logan-Ouest, Winnipeg.	3 "	45	" "	....
. "	"	48974	" "	3 "	75	Heinz, Leamington, Ont.	....
. 7	"	48975	J. B. Bell, ave Logan-Ouest, Winnipeg.	3 "	30	Gorman, Eckert Co., London, Ont	Mason & Hickey, Winnipeg.

DISTRICT DES MONTAGNES ROCHEUSES—

2 oct.	Catsup..'....	49949	Bell Trading Co., Nelson, C.-B.	3 bout	60	Curtice Bros., Rochester, .N.-Y.	..........>....
2 "	"	49950	" ..	3 "	45	Impérial Spice Co., Hamilton.	.... ..:......:.
17 "	"	49984	Trites Wood Co., Fernie, C.-B;	3 "	75	Kelowna Canning Co., Kelowna, C.-B.	....

DOC. PARLEMENTAIRE No 14

CATSUP.

Rapport de l'inspecteur (ne comportant aucune expression d'opinion.)	Matières solides.	Préservatifs.	Teinture de houille de goudron.	Pourcent. des mat. exam. au microsc. et portant trace de moisissure.	Levain et spores par ½c. mm.	Bactéries par cc.	Remarques.	Numéro de l'échantillon.	Remarques et opinion de l'analyste en chef.
						Examen micro-chimique.			

Fin.

	p. c.								
....	21·40	Acide ben-zoïque	Pré-sence.		25	28	21,600,000	....	50897
....	18·32	''	Au-cune.	Traces..	2	2,400,000		....	50898
....	32·12	Au-cun.	''		5	14	9,600,000	....	50899

JNO. TALBOT, INSPECTEUR.

Rex Brand. ...	15·00	Acide ben-zoïque	Au-cune.	Traces..	10	11,200,000		....	54407
Canada First.....	14·24	''	''		15	8	9,600,000	....	54430
Heinz Tomato....	31·50	Au-cun.	''	Traces..	12	26,000,000		....	54432
Rex Brand. Guaranteed Pure.	12·80	Acide ben-zoïque	''	''	22	Quelques-unes.		....	54436
Lea's Quality Tomato.	23·76	''	''	''	8	9,600,000		....	54440

A. C. LARIVIÈRE, INSPECTEUR.

Tomates.........	20·30	Au-cun.	Au-cune.	Traces..	18	20,800,000		....	48971
''	21·10	Acide ben-zoïque	Pré-sence.		10	8	Quelques-unes.	....	48972
''	20·78	''	''		20	6	''	....	48973
Factory No. 16....	31·42	Au-cun.	Au-cune.		5	12	4,800,000	....	48974
Tomates.....	13·20	Acide ben-zoïque	''	Traces..	8	7,200,000		... .	48975

THOS. PARKER, INSPECTEUR.

Blue Label.....	22·52	Acide ben-zoïque	Au-cune.	Traces..	✓ 8	24,000,000		... .	49949	
Champion	12·18	''	Pré-sence.		20	28	14,400,000	'...	49950	
Blue Funnell.....	11·62	''	Au-cune.	Traces..	98	12,000,000	La plupart des levains prov. prob. de fruits fermentés.	49984	Trop gr. quantité de levains et spores.

14—24½

5 GEORGE V., A. 1915

BULLETIN N° 275—

Date du prélèvement de l'échantillon.	Nature de l'échantillon.	Numéro de l'échantillon.	Nom et adresse du vendeur.	Prix.		Nom et adresse du fabricant ou fournisseur tel que communiqué par le vendeur.	
				Quantité.	Cents.	Fabricant.	Fournisseur.

DISTRICT DES MONTAGNES-ROCHEUSES—

1913.							
17 oct..	Catsup........	49985	Trites Wood Co.; Fernie, C.-B.	3 bout	75	Aylmer Canning Co.,Aylmer, Ont.	....
17 "	"	49986	" ..	3 "	75	Taylor & Pringle Co., Owen-Sound	....

DISTRICT DE VICTORIA—

29 oct..	Catsup.......	57674	Windsor Grocery Co., 817 rue Govt., Victoria, C.-B.	3 bout	75	W. K. Houston & Co., Victoria, C.-B.	....
29 "	"	57678	The West End Grocery Co.,Ltd:, 1002 rue Govt., Victoria, C.-B.	3 "	1.05	Crosse&Blackwell, Londres, Ang.	....
29 "	"	57682	Fenerty Bros., Oak Bay Junction, Victoria, C.-B.	3 "	90	H. J. Heinz & Co., Pittsburgh, E.-U.	....
29 "	"	57687	James Adam, rues Cook et Mears, Victoria, C.-B.	3 "	90	Curtice Bros. Co., Rochester, E.-U.	....
5 nov.	"	57690	H. O. Kirkham, 714 rue Fort, Victoria, C.-B.	3 "	90	The T. A. Snider Preserve Co., Cincinnati.	....

-DOC. PARLEMENTAIRE No 14

CATSUP.

Rapport de l'inspecteur (ne comportant aucune expression d'opinion).	Résultats de l'analyse.						Remarques.	Numéro de l'échantillon.	Remarques et opinion de l'analyste en chef.
	Matières solides.	Préservatifs.	Teinture de houille / de goudron.	Pourcentage des mat. examin. au microsc. et port. tra. de moisissure.	Levain et spores par 1⁄10 c. mm.	Bactéries par cc.			
				Examen micro-chimique.					

Fin.

	p. c.								
Canada First.	16·30	Acide ben- zoïque	Pré- sence	Traces..	12	7,200,000	:	49985	
T. & P.	10·70	''	''	25	24	7,200,000	. . . .	49986	

D. O'SULLIVAN, INSPECTEUR.

Queen City, Tomato.	14·04	Acide ben- zoïque	Au- cune.	Traces..	12	9,600,000	. . . .	57674	
Champignons . .	14·04	Au- cune.	''	. . . .	. . . .	. . . .	. . . .	57678	Champignons.
Heinz Tomato....	32·52	''	''	Traces..	8	6,000,000	. . . .	57682	
Blue Label Tomato	23·00	Acide ben- zoïque	''	15	18	16,000,000	. . . .	57687	
Snider's Tomato .	21·40	Au- cune.	''	Traces..	6	4,500,000	. . . .	57690	

APPENDICE S.

BULLETIN No 276—CRÈME À LA GLACE.

OTTAWA, 14 février 1914.

M. WM. HIMSWORTH,
Sous-ministre, Revenu de l'Intérieur.

MONSIEUR,—J'ai l'honneur de vous soumettre un rapport relativement à la crème à la glace.

Nos inspecteurs en ont acheté cent trente-six échantillons durant les mois de septembre, octobre et novembre de l'année dernière et un échantillon durant le mois de mars de l'année courante.

Voici un sommaire des résultats obtenus par les analyses de ces échantillons :—

Echantillons purs...................................	77
" falsifiés.................................	49
" quelque peu inférieurs à l'étalon...............	8
" perdus.....................................	2
Vendu comme imitation................................	1
	137

Nos étalons pour la crème à la glace, publiés en novembre 1910 (G. 934) exigent 14 pour cent de matières grasses du lait dans la crème à la glace ordinaire, et 12 pour cent dans celle qui est préparée avec des fruits ou des noix.

Je n'ai pas placé parmi les échantillons falsifiés ceux auxquels il manquait moins de 1 pour cent de matières butyreuses, mais parmi ceux qui étaient quelque peu inférieurs à l'étalon exigé. Notre dernière inspection de la crème à la glace eut lieu en septembre et octobre 1910 ; et le rapport fut publié sous le titre de Bulletin n° 218.

Je recommande la publication de ce rapport sous le titre de Bulletin n° 276.

J'ai l'honneur d'être, monsieur,
Votre obéissant serviteur,

A. McGILL,
Analyste en chef.

5 GEORGE V., A. 1915

BULLETIN N° 276—

Date du prélèvement de l'échantillon.	Nature de l'échantillon.	Numéro de l'échantillon.	Nom et adresse du vendeur.	Prix.		Nom et adresse du fabricant ou fournisseur tel que communiqué par le vendeur.	
				Quantité.	Cents.	Fabricant.	Fournisseur.

DISTRICT DE LA NOUVELLE-ÉCOSSE—

1913.							
29 oct.	Crème à la glace.	54346	Succession de Wm. Patrick, Halifax, N.-E.	1 pte.	50	Vendeur..	
29 "	"	54347	"	1 " ..	50	"	
29 "	"	54348	"	1 " ..	50	"	
30 "	"	54349	A. Bond & Co., Halifax, N.-E.	1 " ,..	50	Vendeurs	
30 "	"	54350	"	1 " ..	50	"	
30 "	"	54351	D. R. Ross, Halifax, N.-E.	1 " ..	50	Vendeur.....	
30 "	"	54352	Scotia Pure Milk Co., Halifax, N.-E.	1 " ..	40	Vendeurs...	
30 "	"	54353	"	1 " ..	40	"	
30 "	"	54354	Jas. Karas, Halifax, N.-E.	1 " ..	50	Scotia Pure Milk Co., Halifax, N.-E	
31 "	"	54355	A. N. Melitides, Halifax, N.-E.	1 " ..	40	"	

DISTRICT DU NOUVEAU-BRUNSWICK—

30 sept.	Crème à la glace.	50377	Thos. J. Phillips, St-Jean, N.-B.	1 pte,	25	Vendeur...	
30 "	"	50378	People's Dairy, R. H. Crother, propr., St-Jean, N.-B.	1 " ..	30	"	
30 "	"	50379	A. Demerson, St-Jean, N.-B.	1 " ..	nil.	"	
1er oct.	"	50380	Frank White, St-Jean, N.-B.	1 " ..	60	"	
1er "	"	50381	St. John Creamery, W. H. Bell, propr., St-Jean, N.-B.	1 " ..	40	"	
1er "	"	50382	Wm. Hawker & Son, St-Jean, N.-B.	1 " ..	60	Vendeurs...	
8 "	"	50383	A.V. Checchi, St-Stephen, N.-B.	1 " ..	nil.	Vendeur...	
14 "	"	50384	L. M. Vanwart, Fredericton, N-B.	1 " ..	60	"	
14 "	"	50385	Geo. F. Wilkes, Fredericton, N.-B.	1 " ..	60	"	
21 "	"	50386	Maritime Dairy Co., Ltd., Sussex, N.-B.	1 " ..	50	Vendeurs...	

DISTRICT DE QUÉBEC—

22 sept.	Crème à la glace.	56159	George Jobin, 390 rue St-Joseph, Québec.	1 chop	30	Vendeur.	
22 "	"	56160	Edouard Boilard, 536 rue St-Valier, Québec.	1 " ..	50	"	
22 "	"	56161	J. D. Vaillancourt, 358 rue St-Joseph, Québec..	1 " ..	50	"	
24 "	"	56162	O. Vézina & Cie, 691 rue St-Valier, Québec.	1 " ..	30	"	

CRÈME À LA GLACE.

Rapport de l'inspecteur (ne comportant aucune expression d'opinion).	Résultats de l'analyse. Matières grasses.	Remarques.	Numéro de l'échantillon	Remarques et opinion de l'analyste en chef.
R. J. WAUGH, INSPECTEUR.				
	p. c.			
Ananas.................	5·80	....	54346	Trop peu de matières grasses. Falsifié.
Vanille............. ..	5·54	....	54347	" "
Chocolat...............	7·82	....	54348	" "
Ananas................	7·72	....	54349	" · ··
Vanille.....	8·58	....	54350	"
Fraises.................	11·18	....	54351	Normal.
Vanille.................	14·96	....	54352	"
Ananas....	13·24	Contient de l'ananas........	54353	"
Vanille.........	13 18	Contient des graines de fraise et de la pulpe.	54354	"
"	15·44	....	54355	"
J. C. FERGUSON, INSPECTEUR.				
Vanille.................	16·06	....	50377	Normal.
Fraises.................	18·68	....	50378	"
....	25·36	....	50379	"
Fraises.....	11·79	....	50380	Trop peu de matières grasses. Falsifié.
Vanille............	30·34	....	50381	Normal.
"	10·00	Contient de l'amidon........	50382	Trop peu de matières grasses. Falsifié.
"	12·10	Contient de la gélatine	50383	" "
"	16·42	....	50384	Normal.
Chocolat.	14·02	....	50385	"
Vanille.................	19·66	....	50386	"
F. X. W. E. BÉLAND, INSPECTEUR.				
....	8·68	....	56159	Trop peu de matières grasses. Falsifié.
....	13·02	Contient de l'amidon........	56160	Quelque peu inférieur à l'étalon.
....	12·74	....	56161	" " "
....	14·14	....	56162	Normal.

5 GEORGE V, A. 1915

BULLETIN N° 276—

Date du prélèvement de l'échantillon.	Nature de l'échantillon.	Numéro de l'échantillon.	Nom et adresse du vendeur.	Coût.		Nom et adresse du fabricant ou fournisseur tel que communiqué par le vendeur.	
				Quantité.	Cents.	Fabricant.	Fournisseur.

DISTRICT DE QUÉBEC—

1913.							
24 sept..	Crème à la glace.	56163	F. Clément, 785 rue St-Valier, Québec.	1 ch..	15	Vendeur.........	....
25 "	"	56164	Emile Béland, 188 rue Durocher, Québec.	1 " ..	20	"	....
25 "	"	56165	N. Tcharosg Pergantes, 264½ rue St - Joseph, Québec.	1 " ..	30	"	....
25 "	"	56166	A. L. Poliquin, 142 rue du Pont, Québec.	1 " .	30	"	....
25 "	"	56167	Jos. Lanson, 269 rue St-Joseph, Québec.	1 " ..	30	"	....
26 "	"	56168	W. Hamelin, 300 rue St-Joseph, Québec.	1 " ..	25	"	....

DISTRICT DE TROIS-RIVIÈRES—

24 sept..	Crème à la glace.	59742	Philippe Gervais, Joliette.	24 onc	25	Vendeur...........	....
24 "	"	59743	Wilfrid St. George, Joliette.	24 "	25	"	....
24 "	"	59744	M. Stavros, Joliette......	24 "	30	"	....
26 "	"	59745	I. Antoine Duval, Trois-Rivières.	24 "	25	"	....
26 "	"	59746	I. R. O. Dumont, Trois-Rivières.	24 "	30	"	....
26 "	"	59747	Adams Bros., Trois-Rivières.	24 "	30	Vendeurs........ ...	....
26 "	"	59748	S. Chamberland, Trois-Rivières.	24 "	30	Vendeur..	....
27 "	"	59749	Elie Rivard, Trois-Rivières.	24 "	25	"	....
27 "	"	59750	Zéphirin Bernaguez, Trois-Rivières.	24 "	25	"	....
22 "	"	59752	Veuve Ducharme, St-Félix de Valois.	24 "	30	"	....

DISTRICT DES CANTONS DE L'EST—

29 sept..	Crème à la glace.	1746	F. Beaudette, Victoriaville.	1 pte..	60	Vendeur...........	
29 "	"	1747	C. Beaudette, Arthabaskaville.	1 " ..	50	"	....
29 "	"	1748	J. P. Edwards, Danville..	1 " ..	50	"	....
1er oct..	"	1749	J. A. McLean, Sherbrooke	1 " ..	50	"	....
2 "	"	1750	A. J. Lemieux, Mégantic.	1 " ..	60	"	....
6 "	"	1751	Y. Angelos et Cie, Coaticook.	1 " ..	50	Vendeurs....	....

CRÈME À LA GLACE.

Rapport de l'inspecteur (ne comportant aucune expression d'opinion).	Résultats de l'analyse. Matières grasses.	Remarques.	Numéro de l'échantillon.	Remarques et opinion de l'analyste en chef.

Fin.

	p.c.			
....	6·16	....	56163	Trop peu de matières grasses. Falsifié.
....	2·35	Amidon	56164	" "
....	15·58	....	56165	Normal.
....	6·41	....	56166	Trop peu de matières grasses. Falsifié.
....	7·90	....	56167	" "
....	21·54	....	56168	Normal.

DR V. P. LAVALLÉE, INSPECTEUR.

....	20·68	....	59742	Normal.
....	16·38	....	59743	"
....	14·62	....	59744	"
....	7·57	....	59745	Trop peu de matières grasses. Falsifié.
....	13·24	....	59746	Quelque peu inférieur à l'étalon.
....	15·08	....	59747	Normal.
....	6·97	Amidon	59748	Trop peu de matières grasses. Falsifié.
....	8·73	....	59749	- "
....	9·00	....	59750	" "
Cette crème à la glace m'a été vendue comme étant préparée avec du "Jello" au lieu de crème.	3·09	....	59752	Vendu comme imitation.

J. C. ROULEAU, INSPECTEUR.

....	27·32	....	1746	Normal.
....	13·74	....	1747	"
....	12·16	....	1748	Trop peu de matières grasses. Falsifié.
....	10·26	....	1749	" "
....	11·42	....	1750	" "
....	Echantillons perdus.	....	1751	Echantillons perdus.

5 GEORGE V, A. 1915

BULLETIN N° 276—

Date du prélèvement de l'échantillon.	Nature de l'échantillon.	Numéro de l'échantillon.	Nom et adresse du vendeur.	Prix. Quantité.	Prix. Cents.	Nom et adresse du fabricant ou fournisseur tel que communiqué par le vendeur. Fabricant.	Fournisseur.
			DISTRICT DES CANTONS DE L'EST—				
1913.							
7 oct.	Crème à la glace.	1752	H. A. Thayer, Rock Island.	1pinte	50	Vendeur	
9 "	"	1753	Xenos & Xenos, Granby.	1 " ..	50	Vendeurs	
14 "	"	1754	Fouriegos & Christakos...	1 " ..	40	"	
14 "	"	1755	Alf. Ganam	1 " ..	50	Vendeur	
			DISTRICT DE MONTRÉAL—				
14 nov.	Crème à la glace.	58646	J. Thomas, 623 rue Wellington, Montréal.	1pinte	40	Vendeur	
17 "	"	58647	M. Manos, 757 rue Notre-Dame-Ouest, Montréal.	1 " ..	50	"	
17 "	"	58648	M. L. Michelson, 999 r. N.-Dame-Ouest, Montréal.	1 " ..	40	"	
17 "	"	58649	Sperdokos Brs., 1382 r. N.-Dame-Ouest, Montréal.	1 " ..	50	Vendeurs	
18 "	"	58650	Olympia Candy Co., 2433 rue Notre-Dame-Ouest, Montréal.	1 " ..	40	"	
18 "	"	58651	S. Thomas, 2025 Notre-Dame-Ouest, Montréal.	1 " ..	40	Montreal Dairy Co.	
18 "	"	58652	Litson Bros.,1917 r. Notre-Dame-Ouest, Montréal.	1 " ..	40	Vendeurs	
18 "	"	58653	Verdun Confectionery,179 rue Church, Verdun.	1 " ..	40	"	
18 "	"	58654	Jeffery Bros., 221a rue Church, Verdun.	1 " ..	40	"	
18 "	"	58655	D. Milaros, 1254 rue Wellington, Verdun.	1 " ..	40	Vendeur	
1914.							
26 mars	"	62404	Montreal Dairy Co. Ltd., Montréal.	1 gall.	100	Vendeurs	
			DISTRICT D,OTTAWA—				
1913.							
17 sept.	Crème à la glace.	59161	W. B. Clark, Renfrew ...	1pinte	50	Neilson's, Toronto.	Fabricants
17 "	"	59162	D. J. Ritza, Renfrew....	1 " ..	100	Ottawa Dairy Co., Ltd., Ottawa.	" ..
20 "	"	59163	W. Jenkins, Carleton Place.	1 " ..	50	" ..	" ..
24 "	"	59164	Chas. H. Roger,Britannia.	1 " ..	50	Vendeur	
24 "	"	59165	T. D. Sayer, Aylmer Park, P.Q.	1 " ..	50	"	
24 "	"	59166	Thos. Burns, rue Sparks, Ottawa.	1 " ..	60	Ottawa Dairy Co., Ltd., Ottawa.	Fabricants
26 "	"	59167	Walter Nixon, rue Sparks, Ottawa.	1 " ..	60	Vendeur	
29 "	"	59168	Harrison Pharmacy, rue Rideau, Ottawa.	2briq.	50	Ottawa Dairy Co., Ltd., Ottawa.	Fabricants
29 "	"	59169	J. S. Brown, rue Rideau, Ottawa.	2 " ..	50	" ..	" ..
1er oct.	"	59170	Alex. McLaughlin, Prescott.	1pinte	50	Vendeur	
1er "	"	59200	C. A. Kavanagh,Prescott.	1 " ..	50	"	

CRÈME À LA GLACE.

Rapport de l'inspecteur (ne comportant aucune expression d'opinion).	Résultats de l'analyse. Matières grasses.	Remarques.	Numéro de l'échantillon.	Remarques et opinion de l'analyste en chef.
Fin.				
	p. c.			
....	11 00	....	1752	Trop peu de matières grasses. Falsifié.
....	18·18	....	1753	Normal.
....	20·18	....	1754	"
....	23·44	....	1755	"

D. J. KEARNEY, INSPECTEUR.

....	11·07	....	58646	Trop peu de matières grasses. Falsifié.
....	14·32	....	58647	Normal.
....	14·62	....	58648	"
....	15·32	....	58649	"
....	8·89	....	58650	Trop peu de matières grasses. Falsifié.
....	8·58	....	58651	" "
....	9·85	....	58652	"
....	7·73	....	58653	" "
....	16·42	....	58654	Normal.
....	14·56	....	58655	"
....	6·82	....	62404	Trop peu de matières grasses. Falsifié.

J. A. RICKEY, INSPECTEUR. -

Chocolat..	10·62	Gélatine....................	59161	Trop peu de matières grasses. Falsifié.
Fraises	14·04	Très fortement colorée.......	59162	Normal.
Vanille.................	16·44	....	59163	"
Fraises.................	10·18	Quelques pulpes de fraises...	59164	Trop peu de matières grasses. Falsifié.
Vanille.................	11·68	Gélatine....................	59165	" ..
"	14·94	....	59166	Normal.
....	14·00	....	59167	"
Glace aux noix..........	12·62	Gélatine, morceaux de noix et pulpes de fruits........ ...	59168	"
"	13·86	....	59169	"
....	20·62.	....	59170	"
....	15·24	....	59200	"

5 GEORGE V, A. 1915

BULLETIN N° 276—

Date du prélèvement de l'échantillon.	Nature de l'échantillon.	Numéro de l'échantillon.	Nom et adresse du vendeur.	Prix.		Nom et adresse du fabricant ou fournisseur tel que communiqué par le vendeur.	
				Quantité.	Cents.	Fabricant.	Fournisseur.

DISTRICT DE KINGSTON—

1913.							
19 sept..	Crème à la glace.	60031	N. R. Grimm, Kingston..	1 pte.	50	Vendu	
19 "	"	60032	T. Sakells, Kingston.....	1 " ..	50	"	
19 "	"	60033	H. P. Pappas, Kingston..	1 " ..	50	"	
19 "	"	60034	T. Sakells, Kingston.....	1 " ..	50	"	
19 "	"	60035	H. T. Prices, Kingston..	1 " ..	50	"	
19 "	"	60036	F. J. Hoag, Kingston....	1 " ..	50	"	
19 "	"	60037	Geo. Masoud, Kingston..	1 " ..	50	"	
19 "	"	60038	Geo. Mahood, Kingston..	1 " ..	50	"	
19 "	"	60039	B. Zbar, Kingston.......	1 " ..	50	George Masoud, Kingston.	
19 "	"	60040	W. W. Gibson, Kingston.	1 " ..	50	Neilson's, Toronto.	

DISTRICT DE TORONTO—

24 sept..	Crème à la glace.	57521	The City Dairy Co., Ltd., Spadina Crescent, Toronto.	3 onc.	25	Vendeurs........	
24 "	"	57522	Geo. Coles, Ltd., 719 rue Yonge, Toronto.	3 " ..	25	"	
25 "	"	57523	Patterson Candy Co., 951 r.Queen-Ouest, Toronto.	3 " ..	25	"	
25 "	"	57524	The Wm.Neilson Co.,Ltd., 307 ave Gladstone, Toronto.	3 " ..	25	"	
25 "	"	57525	J. P. Langley, assignee of Union Dairy Ice Cream Co., 12 rue Breadlebare, Toronto.	3 " ..	30	"	
25 "	"	57526	Devonhisre Mfgr. Co., en arrière de 64-68 Davenport road, Toronto.	3 " ..	25	"	
25 "	"	57527	H. W. Hunt, 788 rue Yonge, Toronto.	3 " ..	25	Vendeur........	
25 "	"	57528	Huylers, 130 rue Yonge, Toronto.	3 " ..	25	"	
25 "	"	57529	James Boukydes, 153 rue Yonge, Toronto.	3 " ..	25	"	
26 "	"	57530	Wm. Uusser, 410 rue Bloor-Ouest, Toronto.	3 " ..	30	"	

DISTRICT DE HAMILTON—

1er oct..	Crème à la glace.	50880	Louis Christopher, 79 rue King est, Hamilton.	1 pte.	40		Burke Bros., Hamilton.
1er "	"	50881	H. McArdle, 113 rue King est, Hamilton.	1 " ..	40		

DOC. PARLEMENTAIRE No 14

CRÈME À LA GLACE,

Rapport de l'inspecteur (ne comportant aucune expression d'opinion).	Résultats de l'analyse. Matières grasses.	Remarques.	Numéro de l'échantillon.	Remarques et opinion de l'analyste en chef.

JAS. HOGAN, INSPECTEUR.

	p. c.			
Vanille....	17·64	...., ...,	60031	Normal.
Fraises.........	22·08	....	60032	"
Vanille	21·36	....· ...	60033	"
"	24·22	....	60034	"
Noix et essence d'érable.	18·70	....	60035	"
Vanille...............	13·06	....	60036	Quelque peu infér. à l'étalon.
"	18·32	....	60037	Normal.
Chocolat.............	11·67	....	60038	Trop peu de matières grasses. Falsifié.
Fraises..............	18·42	....	60039	Normal.
Café....	10·81	Gélatine	60040	Trop peu de matières grasses. Falsifié.

H. J.·DAGER, INSPECTEUR. .

Vanille............	17·60	....	57521	Normal.
Fraises....	....	Les deux échantillons ont été gâtés par la fermentation et par le sautage des bouchons.	57522	Echantillons perdus.
Vanille..........	17·78	....	57523	Normal.
"	11·03	Gélatine....	57524	Trop peu de matières grasses. Falsifié.
Noix et essence d'érable.	11·88	Gélatine et gomme	57525	Normal.
Vanille	10·79	....	57526	Trop peu de matières grasses. Falsifié.
"	17·84	. . ..	57527	Normal.
Chocolat........	20·12	....	57528	"
Fraises...... .. ·.....	20·92	....	57529	"
Café....................	13·88	....	57530	"

J. J. COSTIGAN, INSPECTOR SUPPLÉANT.

....	15·34	....	50880	Normal.
....	14·84	....·..........	50881	

5 GEORGE V, A. 1915

BULLETIN N° 279—

Date du prélèvement de l'échantillon.	Nature de l'échantillon.	Numéro de l'échantillon.	Nom et adresse du vendeur.	Prix.		Nom et adresse du fabricant ou fournisseur tel que communiqué par le vendeur.	
				Quantité.	Cents.	Fabricant.	Fournisseur.

DISTRICT DE HAMILTON—

1913.							
1er oct.	Crème à la glace.	50882	C. J. Christopher, 133 rue King est, Hamilton.	1 pte.	40	Vendeur...........	....
1er "	" ..	50883	Pure Milk Co., rue John, Hamilton.	1 " ..	40	Vendeurs........	....
1er "	" ..	50884	George Knapman, 136 rue James nord, Hamilton.	1 " ..	40	Vendeur........	....
1er "	" ..	50885	A. Sinerneos, 105 rue James nord, Hamilton.	1 " ..	45	"	....
1er "	" ..	50886	J. H. Ausseur, 84 rue James nord, Hamilton.	1 " ..	50	"	....
1er "	" ..	50887	C. E. Walker, 100 rue King ouest, Hamilton.	1 " ..	40	"	....
1er "	" ..	50888	J. D. Chilman, 54 rue King ouest, Hamilton.	1 " ..	40	....	D. O. Buist. Hamilton.
1er "	" ..	50889	Christophers, Ltd., 5 rue King est, Hamilton.	1 " ..	40	Vendeurs	....

· DISTRICT DE WINDSOR—

6 oct.	Crème à la glace.	54879	Olympia Candy Co., London.	1 pte.	gra- tuit	Vendeurs........	....
6 "	" ..	54880	Geo. Peters, London.....	1 " ..	20	....	....
6 "	" ..	54881	J. E. Boomer, London....	1 " ..	40	....	....
6 "	" ..	54882	Silverwood, Ltd.,London.	1 " ..	gra.	Vendeurs........	....
6 "	" ..	54883	Fawkes & Son, London...	1 " ..	30	"	....
6 "	" ..	54884	C. J. Leach, London....	1 " ..	gra.	Vendeur....	....
6 "	" ..	54885	P. H. Hiriskos, London..	1 " ..	25	"	....
7 "	" ..	54886	Angus Taylor, St. Thomas	1 " ..	40	"	....
7 "	" ..	54887	R. H. Beattie, "	1 " ..	40	"	....
7 "	" ..	54888	T. L. Short, "	1 " ..	40	"	....

DISTRICT DU MANITOBA—

25 sept.	Crème à la glace.	48931	The Crescent Creamery Co., Ltd., Winnipeg.	1 pte.	gra- tuit	Vendeurs........	....
25 "	" ..	48932	" "	1 " ..	"	"	....
25 "	" ..	48933	The Carson Hygienic Dairy Co., Ltd., Winnipeg.	1 " ..	"	"	....
25 "	" ..	48934	" "	1 " ..	"	"	....
26 "	" ..	48935	Premier Creamery Co., Winnipeg.	1 " ..	"	"	....

CRÈME À LA GLACE.

Rapport de l'inspecteur (ne comportant aucune expression d'opinion).	Résultats de analyse. Matières grasses.	Observations.	Numéro de l'échantillon.	Remarques et opinion de l'analyste en chef.

Fin.

	p. c.			
....	20·56	....	50882	Normal.
. , ...	16·32	....	50883	" "
....	18·82	....	50884	" "
....	14·04	....	50885	" "
....	13·24	Gélatine................ .	50886	Quelque peu inférieur à l'étalon.
....	19·22	....	50887	Normal.
....	16·78	....	50888	"
. ...	18·58	....	50889	"

JNO. TALBOT, INSPECTEUR.

....	15·78	....	54879	Normal.
... .	17·38	...., ...	54880	"
....	17 58	.. ..	54881	"
....	15·78	....	54882	"
....	15·92	....	54883	"
....	15·46	. ...	54884	"
....	14·06	....	54885	"
....	11·84	. ...	54886	Trop peu de matières grasses. Falsifié.
....	20 66	....	54887	Normal.
....	12·64	....	54888	Trop peu de matières grasses. Falsifié.

A. C. LARIVIÊEE, INSPECTEUR.

Fraises...............	7·90	Gélatine.....	48931	Trop peu de matières grasses. Falsifié.
Vanille......... .	8·35	"	48932	" "
Fraises.............	10·50	" ...../..... ...	48933	"
Vanille.............. ..	12·08	"	48934	" . "
"	14 50	....	48935	Normal.

5 GEORGE V, A. 1915

BULLETIN N° 276—

Date du prélèvement de l'échantillon.	Nature de l'échantillon.	Numéro de l'échantillon.	Nom et adresse du vendeur.	Coût.		Non et adresse du fabricant ou fournisseur tel que communiqué par le vendeur.	
				Quantité.	Cents.	Fabricant.	Fournisseur.
						DISTRICT DU MANITOBA—	
1913.							
9 oct.	Crème à la glace.	48936	Cunliffe & Whitlock. ave Notre-Dame, Winnipeg.	1 pte.	60	The Crescent Creamery Co., Winnipeg.	....
9 "	"	48937	W. Reid, ave Notre-Dame, Winnipeg.	1 "	60	" "	....
24 "	"	48938	Osborne Candy Kitchen, P. J. Zissus, prop., rue Osborne, Winnipeg.	1 "	50	The Carson Hygienic Dairy, Winnipeg.	....
24 "	"	48939	Royal Candy Kitchen, G. Gerasse, prop., rue Main, Winnipeg.	1 "	50	Vendeur	....
25 "	"	48940	Pusateri Bros., ave Portage, Winnipeg.	1 "	50	The Crescent Creamery Co., Winnipeg.	....
						DISTRICT DES MONTAGNES-ROCHEUSES—	
1er oct.	Crème à la glace.	49946	R. W. & E. H. Griffith, Nelson, C.-B.	1 pte.	75	Vendeurs	....
1er "	"	49947	M. Scanlon, Nelson, C.-B.	1 "	75	Hazelwood Co., Spokane, Wash.	....
1er "	"	49948	Poole Drug Co., Nelson, C.-B.	1 "	75	Spokane Bakery, Spokane, Wash.	....
17 "	"	49970	Jas. Wood, Fernie, C.-B.	1 "	75	Hazelwood Co., Spokane, Wash.	....
3 nov.	"	49991	Mme H. J. Jones, Rossland, C.-B.	1 "	50	Vendeurs..... ...	....
						DISTRICT DE VICTORIA—	
7 oct.	Crème à la glace.	57648	H. A. Lilly, 1417 rue Douglas, Victoria, C.-B.	1 pte.	50	Vendeur..........	....
7 "	"	57651	V. Paul, 611 rue Johnston, Victoria, C.-B.	1 "	60	Royal Dairy, Victoria, C.-B.	....
15 "	"	57653	John Balma, 812 rue Yates, Victoria, C.-B.	1 "	50	Connaught Dairy, Victoria, C.-B.	....
15 "	"	57655	Dom. Candy Kitchen, 806 rue Yates, Victoria, C.-B.	1 "	50	Northwestern Creamery Co., Victoria, C.-B.	....
16 "	"	57656	The Empress Confectionery Co., 1325 rue Govt., Victoria, C.-B.	1 "	50	Vendeurs	....
16 "	"	57657	Ivel's Pharmacy, 1415 rue Govt., Victoria, C.-B.	1 "	50	Vendeur..........	....
16 "	"	57660	Royal Dairy, 1110 rue Douglas, Victoria, C.-B.	1 "	50	"	....
16 "	"	57661	Northwestern Creamery Co., 650 rue Cormorant, Victoria, C.-B.	1 "	50	Vendeurs	....
17 "	"	57662	Terry's Drug Store, 705 rue Fort, Victoria, C.-B.	1 "	50	Vendeur........	....
17 "	"	57664	The Bon Ton, 640 rue Yates, Victoria, C.-B.	1 "	50	"	....

DOC. PARLEMENTAIRE No 14

CRÈME À LÁ GLACE.

.Rapport de l'inspecteur (ne comportant aucune expression d'opinion).	Résultats de l'analyse. Matières grasses.	Remarques.	Numéro de l'échantillon.	Remarques et opinion de l'analyste en chef.
Fin.				
	p. c.			
....	9·50	Gélatine...................	48936	Trop peu de matières grasses. Falsifié.
... .	8 84	,, ...	48937	,,
....	12·26	....	48938	,,
....	14·18	....	48939	Normal.
....	11·16	....	48940	Trop peu de matières grasses. Falsifié.
THOS. PARKER, INSPECTEUR.				
....	27·50	....	49946	Normal.
....	12·36	....	49947	Trop peu de matières grasses. Falsifié.
....	10·40	....	49948	,, ,,
....	12·65	....	49970	,,
....	17 62	....	49991	Normal.
D. O'SULLIVAN, INSPECTEUR.				
....	5·90	....	57648	Trop peu de matières grasses. Falsifié.
....	15·26	....	57651	Normal.
....	9·40	....	57653	Trop peu de matières grasses. Falsifié.
....	13·84	....	57655	Normal.
....	13·04	....	57656	Quelque peu inférieur à l'étalon.
....	16·06	....	57657	Normal.
....	18·38	....	57660	,,
....	16·54	....	57661	,,
....	13·28	....	57662	Quelque peu inférieur à l'étalon.
....	12·96	....	57664	,, ,,

14—25½

APPENDICE T.

BULLETIN N° 277—TEINTURE D'IODE.

OTTAWA, 18 février 1914.

WM. HIMSWORTH, écr.,
Sous-ministre du Revenu de l'Intérieur.

MONSIEUR,—J'ai l'honneur de vous soumettre ce rapport contenant 72 échantillons de teinture d'iode, achetés durant les mois de septembre et octobre derniers.

Voici un état des résultats :—

	Echantillons.
Trouvés purs	62
" falsifiés	8
" douteux	2

La falsification consiste dans l'emploi de l'alcool méthylique (alcool de bois) au lieu de l'alcool éthylique dans la préparation. L'alcool éthylique seul est prescrit par les règles de la pharmacopée ; et la loi du Revenu de l'Intérieur, sec. 266. requiert la mention de la présence d'alcool méthylique, en lettres de pas moins d'un quart de pouce en hauteur, partout où il est employé.

Deux échantillons sont marqués "douteux" parce qu'ils ne sont pas conformes aux règles de la pharmacopée britannique, et qu'ils ne sont pas exactement préparés suivant les règles d'aucune pharmacopée. Cependant, ils ont évidemment été préparés avec une bonne intention, car un échantillon contient au-dessus de 5 pour cent d'iode, et l'autre est préparé suivant la formule pour une teinture décolorée, qui ne doit pas être confondu avec la teinture d'iode P. B.

Le dernier rapport concernant la teinture d'iode a été fait en 1908, et le résultat en est publié dans le Bulletin n° 152.

Je vous recommande la publication de ce rapport comme Bulletin n° 277.

J'ai l'honneur d'être, monsieur,
Votre dévoué serviteur,
A. McGILL,
Analyste en chef.

5 GEORGE V, A. 1915

BULLETIN N° 277—

Date du prélèvement de l'échantillon.	Nature de l'échantillon.	Numéro de l'échantillon	Nom et adresse du vendeur.	Prix.		Nom et adresse du fabricant ou fournisseur tel que communiqué par le vendeur.	
				Quantité.	Cents.	Fabricant.	Fournisseui.

DISTRICT DE LA NOUVELLE-ECOSSE

1913.							
18 oct.	Teint. d'iode..	54311	L. C. Gardener Co., Yarmouth, N.-E.	12 onc	75	Vendeur........	
16 "	" ..	54312	H. E. Wilson, Windsor, N.-E.	12 "	100	"	
23 "	" ..	54313	Brown Bros. & Co., Halifax, N.-E.	12 " .	90	Vendeurs...........	
27 "	"	54314	Crowe Bros., Truro, N.-E.	12 " .	100	" , ...	
27 "	"	54315	J. J. Kinley, Lunenburg, N.-E.	12 " .	100	Vendeur...... ....|............	

DISTRICT DU NOUVEAU-BRUNSWICK—

20 sept.	Teint. d'iode..	50387	Nat. Drug & Chem. Co., Ltd., St.-Jean, N.-B.	3 bout	120	Vendeurs........|....	
3 oct.	" ..	50388	The Canadian Drug Co., Ltd., St-Jean, N.-B.	3 " .	120	" .... |..............	
16 "	" ..	50389	The Baird Co., Ltd., Woodstock, N.-B.	3 " .	120	" .... |..............	
22 "	" ..	50390	Leger Drug Co., Ltd., Moncton, N.-B.	3 " .	120	" .... |..............	
23 "	" ..	50391	C. P. Hickey, Chatham, N.-B.	3 " .	100	Vendeur .... |..........	

DISTRICT DE QUÉBEC—

22 sept.	Teint. d'iode.	56169	J. B. Giroux, 385 rue St-Joseph, Québec.	12 onc	180	Vendeur........ |..............	
22 "	" ..	56170	Jos. Masson, 808 rue St-Valier, Québec.	12 " .	160	" .... |........... ...	
23 "	" .	56171	A. Martineau, 734 rue St-Joseph, Québec.	12 " .	120	" .... |..............	
26 "	" ..	56172	W. Brunet & Cie, 139 rue St-Joseph, Québec.	12 " .	120	Vendeurs........ |..............	
26 "	"	56173	L. E. Martel, 51 rue St-Joseph, Québec.	12 " .	90	Vendeur........ |..............	

DISTRICT DE TROIS-RIVIÈRES—

24 sept.	Teint. d'iode.	59740	A. L. Boucher, Joliette..	12 onc	125	Vendeur....... |....	
25 "	" ..	59755	R. W. Williams, Trois-Rivières.	12 " .	100	Lymans, Ltd., Montréal. |.............	
25 "	" ..	59756	J. A. Peltier, Trois-Rivières.	12 " .	120	Vendeur........ |..............	
25 "	" .	59757	L. P. Normand, Trois-Rivières	12 " .	110	" .... |............	
27 "	" ..	59758	J. T. Gaudet, Joliette....	12 " .	125	" .... |......... ......;	

DOC. PARLEMENTAIRE No 14

TEINTURE D'IODE.

Rapport de l'inspecteur (ne comportant pas une expression d'opinion).	Résultats de l'analyse.				Numéro de l'échantillon.	Remarques et opinion de l'anayste en chef.
	Iode	Iodure de potassium.	Alcool.			
			Pourcentage.	Espèce		

R. J. WAUGH, INSPECTEUR.

	p. c.	p. c.	p. c.			
Vendu comme étant d'après la formule P. B.	8·94	Aucun.	89 80	Ethyl 13·83 Méthyl 75·97	54311	Pas d'après la formule de la P. B. Contient de l'alcool méthylique falsifié.
" " ..	2·56	2 36	79·71	Ethyl·	54312	Normal.
" " ..	2·49	2·51	79·71	"	54313	"
" " ..	2·54	2·42	79·71	"	54314	"
" " ..	2·65	2·28	76·24	"	54315	"

J. C. FERGUSON, INSPECTEUR.

....	3·19	3·05	81·60	Ethyl	50387	Normal.
....	2·66	2·80	81·60	"	50388	"
Form. de la ph. des E.-U.	5·79	Aucun.	85·41	Méthyl (brut).	50389	Contenant de l'alcool méthylique. Falsifié.
....	2·89	3·05	75·21	Ethyl	50390	Normal.
Formule de la P. B......	2·82	2·80	76·91	"	50391	"

F. X. W. E. BÉLAND, INSPECTEUR.

....	5·61	Aucun.	78·48	Ethyl.	56169	Pas d'après formule de la P. B. Douteux.
....	2·25	2·17	80·10	"	56170	Normal.
....	3·53	2·10	80·10	"	56171	"
....	2·26	2·78	79·32	"	56172	"
....	2·41	2·48	75·52	"	56173	"

DR V. P. LAVALLÉE, INSPECTEUR.

....	2·07	3·32	70·62	Ethyl.	59740	Normal.
... ...\......	2·52	2·65	76·91	"	59755	"
....	2·36	2·62	78·48	"	59756	"
....	2·37	2·20	80·10	"	59757	"
....	2·07	3·32	68·78	"	59758	"

5 GEORGE V, A. 1915

BULLETIN N° 277—

Date du prélèvement de l'échantillon.	Nature de l'échantillon.	Numéro de l'échantillon.	Nom et adresse du vendeur.	Prix.		Nom et adresse du fabricant ou fournisseur tel que communiqué par le vendeur.	
				Quantité.	Cents.	Fabricant.	Fournisseur.

DISTRICT DES CANTONS DE L'EST—

1913.							
29 sept..	Teinture d'iode.	1757	H. Ferron, Arthabaska-ville.	12 onc	150	....	....
1er oct..	"	1758	E. C. Frazer, Sherbrooke.	12 "	150	Vendeur..	....
2 " .	"	1759	G. A. Codère, Mégantic..	12 "	180	" •	....
9 " .	"	1760	A. Vaillancourt, Waterloo	10 "	100	"	....
15 " .	"	1761	Dr E. St. Jacques, St-Hyacinthe.	12 "	120	"	....

DISTRICT DE MONTRÉAL—

3 nov..	Teinture d'iode.	58621	Arthur Clément.rue Notre-Dame. Lachine.	3 bout	125	Vendeur......	....
3 " .	"	58622	Lachine Pharmacy, 370 rue St-Joseph, Lachine.	3 "	100	"	....
4 " .	"	58623	J. Victor Richmond, 701 rue Wellington, Lachine	3 "	120	"	....
4 " .	"	58624	J. A. Asselin, 546 rue Cen-tr·, Montréal.	......	100	"	....
4 " .	"	58625	Dr Gauthier, 665 rue Cen-tre, Montréal.	....	135	"	....

DISTRICT DE VALLEYFIELD—

20 nov..	Teinture d'iode.	58671	Pharmacie St. Onge, Val-leyfield.	3 bout	150	Vendeur..........	.. ..
20 " .	"	58672	Dr J. I. A. Gauthier, Valleyfield.	3 "	135	"	....

DISTRICT D'OTTAWA—

17 sept.	Teinture d'iode.	59171	W. B. Clark, pharmacien, Renfrew.	12 onc	100	Vendeur........	.. ..
17 " .	"	59172	D. J. Ritza, Renfrew.....	12 "	120	"	....
4 oct..	"	59173	Clarence H. Lewis, rue Bay, Ottawa.	12 "	120	"	....
4 " .	"	59174	Fred Brethour, ave Bron-son, Ottawa.	10 "	100	"	....
4 " .	"	59175	Allen & Cochrane, phar-maciens, rues Bank et Gilmour, Ottawa.	12 "	120	Vendeurs..........	....

DOC. PARLEMENTAIRE No 14

TEINTURE D'IODE.

Rapport de l'inspecteur (ne comportant aucune expression d'opinion).	Iode	Iodure de potassium	Alcool.		Numéro de l'échantillon.	Remarques et opinion de l'analyste en chef.
			Pourcentage.	Espèce.		

J. C. ROULEAU, INSPECTEUR.

	p.c.	p.c.	p.c.			
Bouteille marquée Lyman Knox & Co., Montréal.	·2·12	2·20	67·69	Ethyl....	1757	Normal.
....	2·85	2·03	82·45	" ...	1758	"
Décoloré................					*1759	Pas d'après P. B. Douteux.
....	2·43	2·37	79·71	Ethyl....	1760	Normal.
....	2·97	3·05	81·28	" ...	1761	"

D. J. KEARNEY, INSPECTEUR.

....	2·38	2·79	78·48	Ethyl. ...	58621	Normal.
....	2·57	0·78	70·62	"	58622	Trop peu d'iodure de potassium. Falsifié.
....	2·97	3·31	75·52	" ...	58623	Normal.
....	2·59	1·05	80·05	"	58624	Trop peu d'iodure de potassium. Falsifié.
....	2·38	2·25	77·69	"	58625	Normal.

D. J. KEARNEY, INSPECTEUR SUPPLÉANT.

....	1·55	2·73	78·48	Ethyl....	58671	Trop peu d'iodure. Falsifié.
....	2·39	3·05	76·55	"	58672	Normal.

J. A. RICKEY, INSPECTEUR.

....	2·55	2·45	78·48	Ethyl....	59171	Normal.
....	2·96	2·53	78·09	"	59172	"
....	2·50	2·62	76·91	" ...	59173	"
....	3·74	2·63	78·88	"	59174	"
....	3·10	2·32	81·28	" ...	59175	"

* Marque : Teinture d'iode décolorée

5 GEORGE V, A. 1915

BULLETIN N° 277—

Date du prélèvement de l'échantillon.	Nature de l'échantillon.	Numéro de l'échantillon.	Nom et adresse du vendeur.	Prix.		Nom et adresse du fabricant ou ournisseur tel que communiqué par le vendeur.	
				Quantité.	Cents.	Fabricant.	Fournisseur.

DISTRICT DE KINGSTON—

1913.							
22 sept.	Teinture d'iode	60041	W. H. Lattimer, Belleville.	12 onc.	100	Vendeur........	
22 "	" ..	60042	F. C. Clarke, Belleville..	12 "	120	"	
23 "	" ..	60043	O. G. Johns, Cobourg....	12 "	120	"	
23 "	" ..	60044	H. W. Mitchell, Port Hope.	12 "	150	"	
24 "	" ..	60045	W. J. Kent, Peterboro...	12 "	100	"	

DISTRICT DE TORONTO—

18 sept.	Teinture d'iode	57494	W.M. Adams, rues Queen et Duncan, Toronto.	10 onc.	90	Vendeur........	
22 "	" ..	57495	J.A. Gallagher, rues James et Gerrard, Toronto.	12 "	150	"	
22 "	" ..	57496	J.S. Dyer, 590 rue Dundas, Toronto.	12 "	75	"	
24 "	" ..	57497	J. W. Struthers & Sons, rues Arthur et Euclid, Toronto.	12 "	125	Vendeurs.......	
24 "	" ..	57498	W. Latimer, 462 rue Queen-Ouest, Toronto.	12 "	150	Vendeur........	

DISTRICT DE HAMILTON—

1er oct.	Teinture d'iode	50890	V. F. Christilam, rues James et Cameron, Ham.	12 onc.	100	Vendeur........	
1er "	" ..	50891	Sweet & Dunlop, 270 rue King-Ouest, Hamilton.	12 "	120	"	
1er "	" ..	50892	R. C. Sexsmith, 240 rue York, Hamilton.	12 "	110	Nat. Drug & Chemical Co., Ltd.	
2 "	" ..	50893	W. Ward, Simpson, 28 rue Market, Brantford.	12 "	100	Vendeur........	
3 "	" ..	50894	Walker, Abbs & Co., 295 rue St-Paul, St-Catherines.	12 "	100	Vendeurs.......	

DISTRICT DE WINDSOR—

8 oct.	Teinture d'iode	54411	J. McRobie, Petrolia.	12 onc.	100	Vendeur........	
8 "	" ..	54413	Jackson & Co., Petrolia.	12 "	120	Vendeurs	
9 "	" ..	54428	G. G. Ingersoll, Sarnia.	12 "	100	Vendeur........	
9 "	" ..	54429	P. T. McGibbon, Sarnia.	12 "	100	"	
9 "	" ..	54434	H. Robertson, Sarnia.	12 "	120	"	

DOC. PARLEMENTAIRE No 14

TEINTURE D'IODE.

Rapport de l'inspecteur (ne comportant aucune expression d'opinion).	Résultats de l'analyse.				Numéro de l'échantillon.	Remarques et opinion de l'analyste en chef.
	Iode.	Iodure de potassium.	Alcool.			
			Pourcentage.	Espèce.		

JAS. HOGAN, INSPECTEUR.

	p. c.	p. c.	p. c.			
....	2·34	2·59	77·30	Ethyl	60041	Normal
....	2·30	3·03	79·71	,, ...	60042	,,
....	3·12	2·68	78·09	,, ...	60043	,,
....	1·90	1·57	83·59	Ethyl .. 68·27 Méthyl... 15·32	60044	Présence d'alcool méthylique. Trop peu d'iode. Falsifié.
....	3·49	2·13	73·79	Ethyl....	60045	Normal.

H. J. DAGER, INSPECTEUR.

....	2·66	2·78	80·88	Ethyl	57494	Normal.
....	2·77	2·76	81·28	,, ...	57495	,,
....	2·89	2·91	79·71	,, ...	57496	,,
....	2·64	2·45	73·79	,, ...	57497	,,
....	2·59	2·57	80·10	,, ...	57498	,,

J. J. COSTIGAN, INSPECTEUR SUPPLÉANT.

....	2·52	2·39	81·28	Ethyl.....	50890	Normal.
....	2·13	2·90	65·36	,, ...	50891	,,
....	2·46	2·44	76·24	,, :...	50892	,,
....	2·50	2·66	86·44	Méthyl....	50893	Falsifié avec alcool méthylique.
....	3·26	2·61	79·32	Ethyl.....	50894	Normal.

JNO. TALBOT, INSPECTEUR.

....	3·03	2·79	75·70	Ethyl.....	54411	Normal
....	2·82	2·86	81·60	,, ...	54413	,,
....	2·67	2·44	77·69	,, ...	54428	,,
....	2·69	2·61	82·37	,, ...	54429	,,
....	3·19	2·86	80·10	,, ...	54431	,,

5 GEORGE V, A. 1915

BULLETIN N° 277—

Date du prélèvement de l'échantillon.	Nature de l'échantillon.	Numéro de l'échantillon.	Nom et adresse du vendeur.	Prix.		Nom et adresse du fabricant ou fournisseur tel que communiqué par le vendeur.	
				Quantité.	Cents.	Fabricant.	Fournisseur.

DISTRICT DE MANITOBA—

1913.							
6 oct.	Teinture d'iode...	48985	McLellan Drug Store, avenue Selkirk, Winnipeg.	12 onc	150	Vendeur........	
6 "	" "	48986	North Main Pharmacy, Winnipeg.	12 ".	150	"	
6 "	" "	48987	R. C. Jamieson, druggist, avenue Ellice.	12 "	180	"	
6 "	" "	48988	Robinson Drug Store, rùes Ellis et Sherbrooke.	12 "	180	"	
7 "	" "	48989	A. J. Brown & Co., rue Market.	12 "	180	"	

DISTRICT DES MONTAGNES-ROCHEUSES—

3 oct.	Teinture d'iode...	49968	Rutherford Drug Co., Nelson, C.-B.	12 onc	180	Vendeurs...	
3 "	" "	49969	Canada Drug & Book Co., Nelson, C.-B.	12 "	135	"	
17 "	" "	49976	N. E. Suddaby, Fernie...	12 "	135	Vendeur	
17 "	" "	49977	McLean Drug and Book Store, Fernie.	12 "	180	"	
3 nov.	" "	49990	Thos. Stout, Rossland....	12 "	150	"	

DISTRICT DE VICTORIA—

18 oct.	Teinture d'iode...	57643	Hall & Co., 702 rue Yates, Victoria, C.-B.	12 onc	150	Vendeurs........	
16 "	" "	57658	Ivels Pharmacy, 1415 rue Government, Victoria, C.-B.	12 "	150	Vendeur....	
16 "	" "	57659	Oak Bay Pharmacy, Oak Bay Junction, Victoria, C.-B.	12 "	150	"	
17 "	" "	57663	Terry's Drug Store, 705 rue Fort, Victoria, C.-B.	12 "	150	"	
18 "	" "	57609	Dean & Hiscock's, 627 rue Yates, Victoria, C.-B.	12 "	150	Vendeurs........	

TEINTURE D'IODE.

Rapport de l'inspecteur (ne comportant aucune expression d'opinion).	Résultats de l'analyse.				Numéro de l'échantillon	Remarques et opinion de l'analyste en chef.
	Iode	Iodure de potassium	Alcool.			
			Pourcentage	Espèce.		

A. C. LARIVIÈRE, INSPECTEUR.

	p. c.	p. c.	p. c.			
....	2·42	2·45	83·09	Ethyl. . .	48985	Normal.
....	2·69	2·83	80·49	" ...	48986	"
....,....................	2·95	2·97	83·43	"	48987	"
....	2·59	2·56	78·48	"	48988	"
....	2·94	2·91	83·43	" ...	48989	"

THOS. PARKER, INSPECTEUR.

....	2·79	2·79	79·71	Ethyl.....	49968	Normal.
....	2·74	2·62	76·55	" ...	49969	"
....	3·06	2·83	77·69	" ..	49976	"
....	2·59	2·58	75·52	" ...	49977	"
....	2·61	2·51	78·88	"	49990	"

D. O'SULLIVAN, INSPECTEUR.

. .. .	2·21	2·40	82·70	Ethyl.....	57643	Normal.
....	2·82	2·47	79·71	"	57658	"
....	3·15	3·36	78·48	"	57659	"
....	4·15	Aucune.	75·88	Ethyl 58·60 Méthyl 17·28	57663	Contient de l'alcool méthylique. Falsifié.
....	2·69	2·47	78·09	Ethyl.. .	57669	Normal.

APPENDICE U.

BULLETIN N° 278—ALIMENTS DES JEUNES ENFANTS ET DES MALADES.

OTTAWA, 19 février 1914.

WM HIMSWORTH,
  Sous-ministre du Revenu de l'Intérieur.

MONSIEUR,—J'ai l'honneur de vous soumettre ce rapport contenant 86 échantillons achetés comme aliments des jeunes enfants et des malades, durant les mois de juin et juillet de l'an dernier.   Cette classe d'aliments a été étudiée en deux occasions précédentes, en 1898 (voyez Bulletin n° 59) et en 1909 (voyez Bulletin n° 185).

Ils entrent dans les trois groupes essentiellement - caractérisés par l'abondance de gras, de protéine ou d'amidon, et tous sous certaines conditions sont appréciables. Leur usage économique dépend beaucoup de la façon intelligente dont on les emploie. Considérés seulement au point de vue nutritif, ils sont incontestablement des aliments dispendieux, mais sous la direction d'un docteur ou d'un garde-malade diplomé, ils peuvent devenir économiques ou du moins pas trop dispendieux.   Trente variétés différentes sont contenues dans cet ouvrage, et ce rapport sera utile aux mères et aux médecins.

Aucune falsification n'a été constatée dans aucun de ces aliments.

Je vous recommande respectueusement de le faire publier comme Bulletin n° 278.

J'ai l'honneur-d'être, monsieur,
Votre dévoué serviteur,

A. McGILL,
Analyste en chef.

5 GEORGE V, A. 1915

BULLETIN N° 278—

Date du prélèvement de l'échantillon.	Nature de l'échantillon.	Numéro de l'échantillon.	Nom et adresse du vendeur.	Coût.		Nom et adresse du fabricant ou fournisseur tel que communiqué par le vendeur.	
				Quantité.	Cents.	Fabricant.	Fournisseur.

DISTRICT DE LA NOUVELLE-ECOSSE—

Date	Nature	Numéro	Vendeur	Quantité	Cents	Fabricant	Fournisseur
1913.							
8 juil.	Aliments pour enf. et malade	54122	Nat. Drug & Chem. Co., Halifax, N.-E.	3 paq.	60	Wells, Richardson Co., Montréal.	Fabricants.
14 "	" ..	54123	Brown Bros., Halifax, N.-E.	3 "	45	Keen Robertson Co., Londres, Ang.	N. D. & C. Co., Halifax, N.-E.
14 "	" ..	54124	J. R. Rawley Estate, Halifax, N.-E.	3 "	90	Allen & Hanburys, Londres, Ang.	"
15 "	" ..	54125	L. C. Gardner & Co., Yarmouth, N.-E.	3 "	105	Smith, Klin & French, Philadelphie, Pa.	Inconnu.
23 "	" ..	54126	W. H. Stevens, Dartmouth, N.-E.	3 "	120	Ridges Food Co., Boston.	N. D. & C. Co. Halifax, N.-E.

DISTRICT DU NOUVEAU-BRUNSWICK—

Date	Nature	Numéro	Vendeur	Quantité	Cents	Fabricant	Fournisseur
30 juin.	Alim. pour enf. et malades.	50621	The Nat. Drug & Chem. Co., Ltd., St-Jean, N.-B.	3 paq.	75	Keen Robinson & Co., Londres, A.	....
26 "	" ..	50622	The Canadian Drug Co., Ltd., St-Jean, N.-B.	3 "	150	J. R. Neave & Co., Fordingbridge, Ang.	....
8 juil.	" ..	50623	R. T. Mack, Fredericton, N.-B.	3 "	150	Hörlicks Malted Milk Co., Racine, Wis., E.-U.	....
9 "	" ..	50624	Edgar W. Mair, Woodstock, N.-B.	3 "	150	Allen & Hanburys, Ltd., Londres, Ang.	....
23 "	" ..	50625	Fairweather Bros., Moncton, N.-B.	3 "	150	Henri Nestle, Vuvey, Suisse.	....

DISTRICT DE QUEBEC—

Date	Nature	Numéro	Vendeur	Quantité	Cents	Fabricant	Fournisseur
23 juin.	Alim. pour enf. et malades.	37070	J. B. Giroux, 385 rue St-Joseph, Québec.	3 btes	150	Nestle's Food, Suisse.	J. E. Livernois.
23 "	" ..	37071	" "	3 "	150	Horlick's Malted Milk Co.	"
23 "	" ..	37072	" " ..	3 "	120	La nentricia Lacken, Belgique.	" ..
23 "	" ..	37073	" " ..	3 "	195	Virol, Ltd., 155-156 rue Old, Londres, Ang.	" ..
23 "	" ..	37074	" " ...	3 "	150	Allen & Hanburys, Ltd., Londres.	" ..

DISTRICT DE TROIS-RIVIERES—

Date	Nature	Numéro	Vendeur	Quantité	Cents	Fabricant	Fournisseur
20 juin	Alim. pour enf. et malades.	58921	C. Barrette, Joliette....	3 paq.	75	....	T. Coursol, Montréal.
20 "	"	58922	" ..	3 "	75	Christie, Brown Co , Toronto.	
20 "	"	58923	" ..	3 "	150	Henri Nestle, Vevey, Suisse.	Hudon, Hébert, Montréal.
20 "	" ..	58924	I. T. Gaudet, Joliette....	3 "	150	Mellins M. F. G. Co., London, Ont	....

DOC. PARLEMENTAIRE No 14

ALIMENTS POUR ENFANTS ET MALADES.

Rapport de l'inspecteur (ne comportant aucune expression d'opinion).	Résultats de l'analyse.						Remarques.	Numéro de l'échantillon.
	Eau.	Gras.	Matières protéiques N x 6·25.	Cendres.	Solubilité à l'eau.	Amidon, etc., par différence		

R. J. WAUGH, INSPECTEUR.

	p. c.	p. c.	p. c.	p. c.	p. c.	p. c.		
....	6·92	0·20	8·47	0·78	....	....	(Amidon de blé) on recommande de préparer avec du lait.	54122
"Robertson's Patent Barley."	9·90	0·90	7·20	0·80	....	....	(Amidon d'orge) on recommande de préparer avec du lait.	54123
....	5·30	0·62	9·67	0·80	14·95	68·66	(Amidon de blé) on recommande de préparer avec du lait.	54124
"Eskay's Food"	3·00	1·30	6·83	0·91	52·75	35·21	(Amidon d'arrowroot) on recommande de prép. avec du lait.	54125
En magasin depuis plus d'un an.	6·45	0·22	10·02	0·49	3·91	78·91	(Amidon de blé) on recommande de préparer avec du lait.	54126

J. C. FERGUSON, INSPECTEUR.

"Robinson's Patent Barley."	9·00	0·92	7·22	0·72	....	....	(Amidon d'orge) on recommande de préparer avec du lait.	50621
....	6·70	1·28	11·22	0·57	5·17	75·06	(Amidon d'orge et de blé) on recommande de préparer avec du lait.	50622
"Horlick's Malted Milk"	3·98	7·70	14·88	3·12	...	....	Devant être employé avec de l'eau ou du lait comme on le désire.	50623
"Allenbury's Milk Food No. 2."	3·92	15·00	9·19	2·60	....	....	Devant être employé avec de l'eau seulement.	50624
"Nestle's Food".........	1·88	4·92	11·79	1·10	64·85	15·46	(Amidon de blé). Devant être employé avec de l'eau seulem.	506251

F. X. W. E. BÉLAND, INSPECTEUR.

....	1·35	5·67	12·12	1·13	....	....	(Amidon de blé). Devant être employé avec de l'eau seulem.	37070
....	2·98	8·08	15·18	3·34	....	....	Devant être empl. avec de l'eau ou du lait comme on le désire.	37071
....	67·23	0·16	6·83	1·67	21·79	2·32	Devant être employé avec de l'eau seulement.	37072
....	22·36	12·08	3·09	1·37	62·30	....	Devant être employé avec du lait pour les enfants.	37073
....	3·17	15·83	9·34	3·01	....	....	Devant être employé avec de l'eau seulement.	37074

DR. V. P. LAVALLÉE, INSPECTEUR.

"Peptonine"	7·25	0·58	9·65	0·26	29·76	52·60	(Amidon de blé). Devant être employé avec du lait.	58921
"Christie's"............	5·52	3·02	7·28	0·82	....	....	(Amidon de blé). Devant être employé avec de l'eau seulement.	58922
"Nestle's" .....·.......	2·60	5·40	11·53	1·11	....	....	(Amidon de blé). Devant être employé avec de l'eau seulement.	58923
....	2·95	0·10	10·83	3·30	87·42	....	Devant être employé avec du lait.	58924

5 GEORGE V, A. 1915

BULLETIN N° 278—

Date du prélèvement de l'échantillon.	Nature de l'échantillon.	Numéro de l'échantillon.	Nom et adresse du vendeur.	Prix.		Nom et adresse du fabricant ou fournisseur, tels que communiqués par le vendeur.	
				Quantité.	Cents.	Fabricant.	Fournisseur.

DISTRICT DE TROIS-RIVIERES—.

1913.							
25 juin.	Aliments pour enfants et malades.	58925	Williams, Trois-Rivières..	1 boît.	50	Allen et Hanbury, Lée., Londres, Ang.	....
1 juillet	"	58941	Isaac Giguère, Louisville.	3 boît.	120	Wells, Richardson Co., Burlington, Vt.	....
8 "	"	58985	Louis Pauzé, L'Assomption.	3 "	90	Christie, Brown Co., Toronto, Ont.	....
8 "	"	58936	N. H. Lacasse, L'Assomption.	3 "	50	"	....
10 "	"	58987	A. Amirault, L'Epiphanie.	3 "	75	"	....
10 "	"	58988	Magnan et Chevalier, Joliette.	3 "	120	Henri Nestle, Vevey, Suisse.	....

DISTRICT DES CANTONS DE L'EST—

14 juillet	Aliments pour enfants et malades.	1623	F. Savary, Compton.....	3 boît.	75	Christie, Brown et Cie., Lée., Toronto, Ont.	....
15 "	"	1624	A. E. Hurd, Ayers Cliff..	4 "	50	Horlicks Malted Milk Co., Racine, Wis.	....
16 "	"	1625	A. H. Moore & Co., Magog.	3 "	60	McLarens Imperial Cheese Co., Ltd., Toronto.	....
23 "	"	1626	J. A. Poulin, Beauce Junction.	3 "	150	Henri Nestle, Vevey, Suisse.	....
1 août.	"	1627	La Pharmacie Brodeur, St. Hyacinthe.	3 "	150	Fairchild Bros. et Foster, New York.	....

DISTRICT DE MONTREAL—

23 juin.	Aliments pour nfants et malades.	58711	O. Dowler, 300 rue Ste-Catherine, ouest, Montréal	3 pqts.	75	Keen Robinson Co., Ltd.	....
"	"	58712	Isidore Gougeon, 368 Dorchester, west, Montréal	3 "	75	Christie, Brown Co., Ltd., Toronto	....
2 juillet	"	58713	Ste. Anne de Bellevue Drug Store, St. Anne's.	3 "	150	Henry K. Wampole, Perth, Ont.	....
2 "	"	58714	Reynolds et Christie, 1295 Wellington st., Verdun.	3 "	75	Mack Smith, Hamilton.	....
3 "	"	58715	S. Champagne, Drug Store, Wellington and Church ave., Verdun.	3 "	75	F. Coursol, 382 City Hall ave., Montréal.	....

DOC. PARLEMENTAIRE No 14 ·

ALIMENTS POUR ENFANTS ET MALADES.

Rapport de l'inspecteur (ne comportant aucune expression d'opinion).	Résultats de l'analyse.						Remarques.	Numéro de l'échantillon.
	Eau.	Gras.	Matières prtéiques N × 6·25.	Cendres.	Solubilité à l'eau.	Amidon, etc., par différence.		

Fin.

	p.c.	p.c.	p.c.	p.c.	p.c.	p.c.		
....	3·78	16·58	10·17	3·04	...	......	Cet échantillon avait été changé de sa boîte originale à une boîte en papier.	58925
Lactés...............	6·20	0·20	8·42	0·77	32·02	52·39	(Amidon de blé). On recommande de préparer avec du lait.	58941
....	6·25	2·60	7·28	0·85	....	......	(Amidon de blé) devant être employé avec de l'eau seulement.	58985
....	4·58	3·34	6·52	1·36	...	......	"	58986
....	5·85	2·98	7·04	·1·00	......	......	"	58987
....	1·78	5·57	11·43	1·09	...	......	"	"	58988

J. C. ROULEAU, INSPECTEUR.

Christies............	5·90	3·28	6·60	0·92	36·42	46·88	(Amidon de blé) devant être employé avec de l'eau seulement.	1623
Malted Milk.........	3·55	8·36	15·64	3·52	.....	......	Devant être employé avec du lait ou de l'eau comme on le désire.	1624
Peanut Butter	...	......	....	....	.....	......		*1625
Nestlés	1·55	5·47	11·33	1·14	....	......	(Amidon de blé) devant être employé avec de l'eau seulement.	1626
Peptogenic Milk Powder	0·65	trace.	0·81	1·11	89·93	7·50	(Pas d'amidon) devant être employé avec du lait.	1627

D. J. KEARNEY, INSPECTEUR.

Robinson's Patent Barley	9·78	0·96	6·74	0·78	5·18	76·56	(Amidon d'orge). On recommande de préparer avec du lait.	58711
Christies......... ...	6·20	3·58	6·36	1·05	.....	......	(Amidon de blé) devant être employé avec de l'eau seulement.	58712
Milk Food...............		....	....	......	.....	.....	Cet échantillon est mal coagulé et hors de service.	*58713
Triticumina.......... ..	8·57	1·08	12·69	0·50	6·19	71·17	(Amidon de blé) On recommande de préparer avec du lait.	58714
La Peptonine...........	7·42	0·56	8·17	0·28	36·34	47·23	(Amidon de blé) On recommande de préparer avec du lait.	58715

* Non analysé.

14—26½

5 GEORGE V, A. 1915

BULLETIN N° 278—

Date du prélèvement.	Natûre de l'échantillon.	Numéro de l'échantillon.	Nom et adresse du vendeur.	Prix.		Nom et adresse du fabricant ou fournisseur, tels que communiqués par le vendeur.	
				Quantité.	Cents.	Fabricant.	Fournisseur.

DISTRICT DE VALLEYFIELD—

1913.							
15 juill.	Aliments pour enfants et malades.	58031	J. A. N. Bourassa, Valleyfield.	3 boît.	75	....	....
22 "	"	58032	J. Boyle, Alexandria.....	3 "	75	....	....
22 "	"	58033	Brock, Ostrom et Fils, Alexandria.	3 "	75	Wellis Richardson Co.	....
26 "	"	58034	James Fortune, Huntingdon.	3 "	1.50	Nat. D. et C. Co., Ltd.	....
26 "	"	58035	" "	3 "	1.50	....	....'.......

DISTRICT D'OTTAWA—

18 nov.	Alim. p. enf. et malades.	42900	T. T. Beattie, Ottawa ..	3 paq.	3 00	Bauer & Co., Berlin, Germany.	....
21 juin.	"	59101	W. H. Raney, Prescott...	3 "	1 05	Woolrick & Co., Palmer, Mass.	Inconnus ....
21 "	"	59102	S. E. Mills, Prescott.....,	3 "	1 50	Bengers' Food, Lt'., Manchester	" ....
23 "	"	59103	Beattie & Argue, Ottawa	3 "	1 05	The Lacto Globulin Co., Montreal.	Fabricants......
11 juill.	"	59104	D. J. Stalker. Ottawa....	3 "	1 50	H.K.WampoleCo., Philadelphia,Pa.	" . .
11 "	"	59105	" "	3 "	1 05	W. C. Wagner, Brooklyn, N.-Y.	Inconnus ....

DISTRICT DE KINGSTON—

23 juin.	Alim. p. enf. et malades.	57329	F. J. Hoag, Kingston ...	3 paq.	1 50	....	.... ,......
23 "	"	57330	G. W. Mahood, Kingston	3 "	90	....	....
23 "	"	57331	W. W. Gibson, Kingston.	3 "	1 50	....	....
24 "	"	57332	T. H. Sargent, Kingston.	3 "	1 50	....	....
26 "	"	57333	W. J. Kent, Peterboro...	3 "	1 05	....	....

DISTRICT DE TORONTO—

24 juin.	Alim. p. enf. et malades.	57411	A. E. Patterson, Allendale.	3 paq.	90	....	Inconnu .. ...
24 "	"	57412	W. C. George, Orillia ...	3 "	1 50	....	Drug Trading Co., Ltd., Toronto.
25 "	"	57413	D. H. MacLaren, Barrie .	3 "	1 50	....	Inconnu. ......
27 "	"	57414	J. E. Willis, Whitby.....	2 "	50	....	" ....
27 "	"	57500	Jurÿ et Lovell, Oshawa...	3 "	30	MacKay Milling Co., Bowmanville	....

DOC. PARLEMENTAIRE No 14

ALIMENTS POUR ENFANTS ET MALADE.

Rapport de l'inspecteur (ne comportant aucune expression d'opinion).	Résultats de l'analyse.						Remarques.	Numéro de l'échantillon.
	Eau.	Gras.	Matières protéides N x 6·25.	Cendres.	Solubilité à l'eau.	Amidon, etc. par différence.		

J. J. COSTIGAN, INSPECTEUR SUPPLÉANT.

	p.c.	p.c.	p.c.	p.c.	p.c.	p.c.		
" Christies "	5·55	3·06	6·98	1·10	36·43	46·89	(Amidon de blé) à employer avec de l'eau seulement.	58031
" Robinson's Patent Barley"	10·20	0·98	6·78	0·72			(Amidon d'orge) on recommande de préparer avec du lait.	58032
" Lactated "	6·78	0·20	7·96	0·84			(Amidon de blé) on recommande de préparer avec du lait.	58033
"Sugar of milk ".	2·22			trace.	97·78			58034
" Nestle's"	2·33	5·33	12·21	1·11			(Amidon de blé) à employer avec de l'eau seulement.	58035

J. A. RICKEY, INSPECTEUR.

" Sanatogen "	10·28	Trace.	79·30	5·68			(Pas d'amidon) à employer avec de l'eau seulement.	42900
" Ridges' Patent Food ".	9·62	0·80	12·59	0·42	3·90	74·67	(Amidon de blé) on recommande de préparer avec du lait.	59101
" Bengers"	8·02	0·34	11·66	0·85	11·85	67·28	" "	59102
" Lacto Globulin "	10·35	0·36	71·92	7·98	29·04		A employer avec de l'eau seulement.	59103
" Wampole's Milk Food"	5·22	7·87	12·73	2·22	76·55		" "	59104
"Nutritionum, Wagners"	8·35	3·74	13·76	1·54	23·04	49·57	(Amidon de blé) à employer avec de l'eau ou du lait comme on le désire.	59105

JAS. HOGAN, INSPECTEUR.

" Nestle's Food "	2·20	5·42	10·98	1·14	64·70	15·56	(Amidon de blé) à employer avec de l'eau seulement.	57329
" Allenbury's Malted Food."	4·45	0·74	9·95	0·80	18·32	65·74	(Amidon de blé) on recommande de préparer avec du lait.	57330
" Nestle's "	2·23	5·18	11·27	1·08			(Amidon de blé) à employer avec de l'eau seulement.	57331
"Horlick's Malted Milk"	2·68	8·17	14·52	3·34			A employer avec de l'eau ou du lait comme on le désire.	57332
" Allenbury's Malted Food"	6·07	0·72	10·24	0·87			(Amidon de blé) on recommande d'employer avec du lait.	57333

H. J. DAGER, INSPECTEUR.

" Robinson's Patent Barley "	10·33	0·92	6·57	0·75			(Amidon d'orge) on recommande de préparer avec du lait.	57411
" Allenbury Milk Food, No. 2."	3·10	16·27	9·56	2·87	67·45	0·75	A employer avec de l'eau seulement.	57412
" Lactated "	7·20	0·22	7·13	0·83	29·90	54·72	(Amidon de blé) on recommande de préparer avec du lait.	57413
" The Royal Food for Infants.''	9·90	0·34	9·65	0·54	5·75	73·82	(Amidon de blé) à préparer avec du lait ou de l'eau.	57414
" Real Macka Barley Milk."	12·30	1·02	10·36	1·24	7·80	67·28	(Amidon d'orge) on recommande d'employer avec du lait.	57500

Date du prélèvement de l'échantillon.	Nature de l'échantillon.	Numéro de l'échantillon.	Nom et adresse du vendeur.	Prix.		Nom et adresse du fabricant ou fournisseur, tels que communiqués par le vendeur.	
				Quantité.	Cents.	Fabricant.	Fournisseur.
						DISTRICT DE HAMILTON—	
1913.							
9 juillet	Alim. p. enf. et malades.	58841	Hawkins, Ltd., 6 Market square, Hamilton.	3 paq.	75	Triangle Food Co., Hamilton.	....
9 "	"	58842	John A. Barr et Cie, 68 rue James, Hamilton nord.	3 "	1 50	Fairchild frères, et Foster, New-York.	....
10 "	"	58843	T. A. L. Patourel, rue Brant, Burlington.	3 "	1 50	Nat. Drug.&Chem. Co., Hamilton.	....
15 "	"	58844	R. C. Sexsmith, 240 rue York. Hamilton.	3 "	75	Keen Robinson et Cie,Londres, Ang	....
19 "	"	58845	Walker, Abbs et Cie, Ste-Catherines.	3 "	75	Christie, Brown & Cie, Toronto.	....
						DISTRICT DE WINDSOR—	
3 juillet	Aliments pour enfants et malades.	54843	M. M. Mitton, Ridge-town.	3 paq.	1.50	Horlick's Malted Milk Co.,Racine, Wis.	....
3 "	" ..	54848	P. Bawden, Ridgetown..	3 "	1.05	Weir Specialty Co., Toronto.	....
7 "	" ..	54830	A. J. McCall et Cie, Chat-ham.	3 "	1.05	Inconnu......	Inconnu ....
7 "	" .	54851	J. G. Clark, Chatham ...	3 "	1.50	Allen et Hanburys, Londres, Ang.	....
7 "	" ..	54852	W. W. Turner, Chatham.	3 "	1.50	Henri Nestle, Ve-vey, Switz.	....
						DISTRICT DE MANITOBA—	
26 juin..	Aliments pour enfants et malades.	48885	J. N. Sommerville, ave. William, Winnipeg.	3 paq.	1.05	J. R. Neave et Cie, Fordinbridge, Ang.	...., ...
2 juillet	" ..	48886	Connell & Co., rue Main, Winnipeg.	3 "	1.20	Glaxo, 88 Grace-church st., Lon-dres, Ang.	....
2 "	"	48887	" " ..	3 "	1.35	Horlick's Malted Milk Co., Racine, Wis.	....
2 "	"	48888	J. R. Robinson, rue Sher-brooke, Winnipeg.	3 "	1.20	....	....
2 "	" ..	48889	E. Nesbitt, rue Sargent, Winnipeg.	3 "	1.35	Allen et Hanbury,, Lée.; W. London	....
						DISTRICT DES MONTAGNES-ROCHEUSES—	
3 juillet	Alim. p. enf. et malades.	49915	C. R. Macdonald, Revel-stoke, C.-A.	3 paq.	1.50	Woolrich et Cie, Palmer, Mass.	....
3 "	" ..	49916	" " ..	3 "	1.50	Wells, Richardson et Cie, Montréal.	......:.. .....
3 "	"	49919	Walter Bews, Revelstoke, C. A.	3 "	3.75	Smith, Klines & French Co., Phi-ladelphia, Pa.	....
16 "	" ..	49921	E. W. Hazlewood, Trail, C.-A.	3 " '	90	Keen, Robinson et Cie,Londres, Ang	.......: ... ...
16 "	" ..	49923	T. Stout, Rossland.....	3 "	1.50	Henri Nestle, Ve-vey, Switz.	....

DOC. PARLEMENTAIRE No 14

ALIMENTS POUR ENFANTS ET MALADES.

Rapport de l'inspecteur (ne comportant aucune expression d'opinion).	Résultats de l'analyse.						Remarques.	Numéro de l'échantillon.
	Humidité.	Gras.	Matières protéiques N x 6.25.	Cendres.	Solubilité à l'eau.	Amidon, etc., par différence.		
D. M. CAMERON, INSPECTEUR.	p. c.	p. c.	p. c.	p. c.	p.c.	p.c.		
"Triangle"	8.05	1.12	12.69	0.52	7.03	70.59	(Amidon de blé.) On recommande de préparer avec du lait.	58841
"Peptogenic Milk Powder."	0.80	Trace.	0.52	1.10	89.76	7.82	(Pas d'amidon.) A préparer avec du lait.	58842
"Sugar of Milk"	1.80	......	....	Trace.	98.20	......		58843
"Patent Barley"	9.60	0.96	6.58	0.75	....	......	(Amidon d'orge.) A préparer avec du lait.	58844
....	5.85	2.82	6.94	1.06	....	......	(Amidon d'orge.) A préparer avec de l'eau seulement.	58845
JNO. TALBOT, INSPECTEUR.								
"Horlick's Malted Milk"	2.90	7.77	14.96	2.92	75.10	....	A préparer avec de l'eau ou du lait comme on le désire.	54843
"Wematta"	7.50	0.68	12.32	0.94	4.95	73.61	(Amidon de blé.) A préparer avec de l'eau seulement.	54848
....	3.70	1.39	6.65	0.94	53.15	34.17	(Amidon d'arrowroot.) On re-comm. de prép. avec du lait.	54850
"Allenbury's Milk Food No. 2."	3.37	16.03	10.04	2.61	....	......	A employer avec de l'eau seulement.	54851
....	1.70	5.17	12.18	1.09	....	......	(Amidon de blé.) A préparer avec de l'eau seulement.	54852
A. C. LARIVIÈRE, INSPECTEUR.								
....	5.90	1.18	11.66	0.57	5.02	75.67	(Amidons d'orge et de blé.) On recommande de préparer avec du lait.	48885
....	2.25	25.66	26.51	4.88	43.30	......	A préparer avec de l'eau seulement.	48886
....	3.72	8.37	14.79	3.19	....	......	A préparer avec de l'eau ou du lait comme on le désire.	48887
"Nestle's"	1.82	5.25	11.90	1.09	....	......	(Amidon de blé.) A préparer avec de l'eau seulement.	48888
"Allenbury's Milk Food No. 1."	2.72	17.80	10.13	3.45	66.50	......	A préparer avec de l'eau seulement.	48889
THOS. PARKER, INSPECTEUR.								
"Dr. Ridge's Patent Food."	9.60	0.88	13.78	0.46	....	......	(Amidon de blé.) On recommande de prép. avec du lait.	49915
"Lactated"	8.75	0.12	7.72	2.16	....	......	(Amidon de blé.) On recommande de prép. avec du lait.	49916
"Eskay's Albumenized."	2.13	1.43	6.34	1.16	....	......	(Amidon d'arrowroot.) On recommande de prép. avec du lait.	49919
"Patent Barley"	9.50	0.84	7.10	0.68	4.68	77.20	(Amidon d'orge.) On recommande de prép. avec du lait.	49921
"Nestle's"	1.48	5.47	12.06	1.11	....	......	(Amidon de blé.) A préparer avec de l'eau seulement.	49923

5 GEORGE V, A. 1915

BULLETIN N° 278—

Date du prélèvement.	Nature de l'échantillon.	Numéro de l'échantillon.	Nom et adresse du vendeur.	Prix.		Nom et adresse du fabricant ou fournisseur, tels que communiqués par le vendeur.	
				Quantité.	Cents.	Fabricant.	-Fournisseur.

DISTRICT DE VANCOUVER—

1913.							
9 août	Aliments pour enfants et malades.	54921	Harrison's Drug Store, 7th avenue et Granville, Vancouver.	3 pqts	75	Canadian Milk Products,Toronto	....
9 "	"	54922	Broadway Pharmacy, Broadway et Granville, Vanconver.	3 "	1.50	Horlick's Malted Milk Co.,Racine, Wis.	....
11 "	"	54923	Campbells, Ltd., Hastings et Granville, Vancouver.	3 "	75	Ridges, Lée., Londres, Ang.	....
11 "	"	54924	Brown et Dawson, rue Hastings, Vancouver.	3 "	1.35	Allen et Hanburys, Lée., Londres, Ang.	....
12 "	"	54925	Leslie G. Henderson, Georgia et Granville, Vancouver.	3 "	1.50	Nestle's Food Co., Switzerland.	....

DISTRICT DE VICTORIA—

16 juillet	Aliments pour enfants et malades.	57603	F. J. Williams, 613 rue du Fort, Victoria, C.-B.	3 pqts	75	....	National Drug & Chemical Co., Victoria, C.-B.
16 "	"	57604	F. J. Williams, 613 rue du Fort, Victoria, C.-B.	3 "	1.50	Horlick's Malted Milk Co., Racine, Wis.	....
16 "	"	57606	Dean et Hiscocks, Victoria, C.-B.	3 "	75	Keen RobinsonCo., London, Eng.	....
16 "	"	57607	Thos. Shotbolt, 589 rue Johnson, Victoria, C.-B.	3 "	1.50	Allan et Hanburys, Lée., Londres, Eng.	....
16 "	"	57608	W. J. Goode, 241 rue Johnson, Victoria, C.-B.	3 "	75	Keen Robinson et Cie,Londres,Ang.	....

DOC. PARLEMENTAIRE No 14

ALIMENTS POUR ENFANTS ET MALADES.

Rapport de l'inspecteur (ne comportant aucune expression d'opinion).	Résultats de l'analyse.						Remarques.	Numéro de l'échantillon.
	Humidité.	Gras.	Matières protéiques N x 6·25.	Cendres.	Solubilité à l'eau.	Amidon, etc., par différence		

J. F. POWER, INSPECTEUR.

	p. c.	p. c.	p. c,	p. c.	p. c.	p. c.		
Matières protéiques modifiées tendant à conserver les propriétés antiscorbuliq. du lait frais.	5·05	8 65	18 27	6 44	68·75	. . . .	On recommande de le préparer avec de l'eau seulement.	54921
. . . .	3·22	7·53	14 09	2·88	75 50	. . .	A employer avec de l'eau ou du lait comme on le désire.	54922
Empêche l'acidité	9 05	1·28	9·57	0·68	4·00	75·42	(Amidon de blé). On recommande de le préparer avec du lait.	54923
Un substitut complet au lait de la mère	2·88	17·40	10·15	3·63	66·15	. . . . .	A employer avec de l'eau seulement	54924
Un aliment nutritif parfait pour les enfants et les malades.	1 35	5·53	11·53	1·13	. . .	. . . . .	(Amidon de blé). A employer avec de l'eau seulement.	54925

D. O. SULLIVAN, INSPECTEUR.

"Nestle's"	1·75	5·10	11·79	1·14	. . . .	. . . .	(Amidon de blé). A employer avec de l'eau seulement.	57603
"Horlick's Malted Milk"	2·50	8·37	14·57	3·48	. . . .	. . . .	A être employé avec de l'eau ou du lait comme on le désire.	57604
" Robinson's Patent Barley."	6·85	7·64	12·33	1·54	17·75	53·84	(Amidon de riz). Pour le gruau.	57606
"Allenbury's Milk Food No. 2."	4·55	15·07	9 30	3·04	69·55	. . . .	A employ. avec de l'eau seulem.	57607
" Robinson's Patent Barley."	9·75	0·86	6·61	0 68	. . . .	. . . . . .	(Amidon d'orge). On recommande de préparer avec du lait.	57608

410   *REVENUS DE L'INTÉRIEUR*

5 GEORGE V, A. 1915

ANNEXE V

BULLETIN N° 279—FLEUR DE FARINE.

OTTAWA, 24 février 1914.

M. WM. HIMSWORTH,
Sous-ministre du Revenu de l'Intérieur.

MONSIEUR,—J'ai l'honneur de vous soumettre un rapport de l'examen de 139 échantillons de fleur de farine que nos inspecteurs ont achetés en septembre et octobre de l'année dernière.

L'un des problèmes que l'inspection a cherché à résoudre est celui de la quantité d'humidité que contient la fleur de farine, dans l'état où on la trouve ordinairement sur le marché canadien. Nous avons reçu de nombreuses plaintes au sujet de la rapide altération de cette farine. (Voir le dossier 104959 des archives du ministère.) Douze des échantillons en particulier étaient empaquetés de telle manière qu'ils ne pouvaient perdre d'humidité au cours de leur transport, non plus que pendant la durée de leur détention au laboratoire. Ces échantillons contiennent 12·92 pour cent d'humidité, en moyenne, et trois d'entre eux plus de 13 pour cent. Le reste du prélèvement était contenu dans des sacs de papier et comportait une quantité assez uniforme d'humidité, variant de 9·5 à 10·5 pour cent et offrant une moyenne se rapprochant de 10 pour cent.

Les types de qualité pour la fleur de farine, tels que publiés dans la Circulaire G., 932, fixent 13·5 pour cent comme constituant un maximum de quantité d'humidité, et un seul échantillon de ce prélèvement porte un excédent quelconque. (N° 59191). Il ne peut y avoir de doute cependant que même ce chiffre est plus élevé qu'il ne devrait être et plus spécialement tel, pour ce qui concerne les expéditions durant la saison chaude et à destination des climats tropicaux.

Le maximum de la cendre est établi à 1 pour cent par nos types de qualité. Quatre échantillons dépassent cette limite. Deux de ceux-ci sont des farines de blé complet et auraient dû être vendus comme tels. La cendre n'est pas en excès pour cette classe de farine. Les deux autres contiennent des phosphates ajoutés et l'un d'eux paraît aussi contenir de l'alun. Ces derniers sont ce qu'on désigne comme farines préparées.

Le nitrogène organique de deux échantillons est en quantité un peu inférieure au minimum établi par le type de qualité, soit : 1·25 pour cent.

Les fleurs de farine portant jusqu'à deux (2) parties par million de nitrogène réactif nitrite sont probablement blanchies par l'emploi d'oxydes de nitrogène. Sept échantillons sont de cette classe.

On tient pour preuve de blanchiment la présence de deux parties par million de nitrogène nitrite. Trois (3) échantillons de ce prélèvement doivent être considérés comme blanchis. Ils auraient dû être vendus non comme "Fleur de farine" mais comme "Fleur de farine blanchie".

On a poursuivi une étude approfondie des fleurs de farine blanchies dans nos laboratoires en 1910, et les résultats obtenus ont été publiés sous le titre de Bulletin N° 206.

Nous n'avons pas, au Canada, de loi qui interdise le blanchiment de la fleur de farine ; mais la fleur de farine blanchie est définie par l'arrêté en Conseil du 29 octobre 1910 : il est en conséquence illégal de vendre une fleur de farine blanchie sous un autre nom. Il n'existe rien, dans aucun cas, pour justifier une déclaration de falsification.

Je recommande la publication de ce rapport sous le titre de Bulletin N° 279.

J'ai l'honneur d'être, monsieur,
Votre obéissant serviteur,

A. McGILL,
Analyste en chef.

412   REVENUS DE L'INTERIEUR

5 GEORGE V, A. 1915

BULLETIN N 279—

Date du prélèvement.	Nature de l'échantillon.	Numéro de l'échantillon.	Nom et addresse du vendeur.	Prix. Quantité.	Prix. Cents.	Fabricant.	Fournisseur.

DISTRICT DE LA NOUVELLE ECOSSE—

1913.							
13 oct.	Fleur de farine	54336	Cain Bros., Yarmouth, N.-E.	3 liv.	12	Campbell M. Co., Toronto.	Fabricants.. ...
15 "	" ..	54337	Roach et Barteaux, Annapolis, N.-E.	3 " ..	12	Maple Leaf M. Co., Toronto.	" ..:
16 "	" ..	54338	R. H. Dodge et Cie, Kentville, N.-E.	3 " ..	12	Canadian Cereal M. Co., Toronto.	R. E Harris Wolfville,N.-E
16 "	" .	54339	Shand Frères, Windsor, N.-E.	3 " ..	12	Quaker Oats Co., Peterboro.	Fabricants......
16 "	" ..	54340	Canada Food Co., Windsor, N.-E.	3 " ..	12	Dominion F. M. Co., Montreal.	" ..
16 "	" ..	54341	J. Lynch et Fils, Windsor, N.-E.	3 " ..	12	McLeod Milling Co., Stratford.	Jno.Tobin et'Cie, Halifax, N.-E.
23 "	" ..	54342	Wentzells, Lée., Halifax, N.-E.	3 " ..	11	Platsville M. Co., Platsville, Ont.	Fabricants.'
23 "	" ..	54343	A. L. Doyle et Cie, Halifax, N.-E.	3 " ..	12	T. H. Taylor Co., Chatham, Ont,	" ..
23 "	" ..	54344	Wm. Moore, Halifax, N.-E.	3 " ..	11	McLeod Milling Co., Stratford.	" .
23 "	" ..	54345	Ritcey et Corkum, Halifax. N.-E.	3 " ..	10	T. H. Taylor Co., Chatham, Ont.	" .

DISTRICT DE NOUVEAU-BRUNSWICK—

25 sept.	Fleur de farine	50352	2-Barkers, Lée., St-Jean, N.-B.	3 liv..	10	Platsville M. Co., Platsville Ont.	....
25 "	"	50353	" .	3 " ..	10	Peterboro Cereal Co., Peterboro.	....
3 oct.	" ..	50354	J. V. Holland, St. John, N -B.	3 " ..	12	Canadian Cereal & F. M., Ltd., Toronto.	... .
8 "	" ..	50355	P. F. McKenna, St. Stephen, N.-B.	3 " ..	15	" ..	....
14 "	" ..	50356	M. E. Doohan, Fredericton N -B.	3 " ..	15	Campbell F. M. Co., West Toronto.	....
15 "	" ..	50357	J. M. Fripp, Woodstock, N -B.	3 " ..	10	Meduxnakeag Mills, J. M. Fripp,Woodstock, N.B.	....
21 "	" ..	50358	Sussex Mercantile Co., Ltd., Sussex, N.-B.	3 " ..	15	Ogilvie's, Montreal.	....
21 "	" ..	50359	" ..	3 " ..	15	Western Canada F. M., Montreal.	....
22 "	" ..	50360	J. A. Marven, Lée., Moncton, N.-B.	3 " ..	Nil.	Inconnu...........	Inconnu........
23 "	" ..	50361	J. B. Snowball Co., Ltd., Chatham, N.-B.	3 " ..	15	S. J. Cherry,Preston, Ont.	....

DISTRICT DE QUÉBEC—

23 sept	Fleur de farine	56134	J. Pepin, 132 rue Massue, Qué.	2 liv..	12	Inconnu...	Kirouack et Fils.
4 "	" ..	56135	O. Bacon, 28 rue Hermine, Qué.	2 " ..	7	"	P. T. Busière...
6 "	" ..	56136	Ph. Boulet, Grant et Desprairie, Qué.	2 " ..	...	"	M. A. Lachance
26 "	" ..	56137	W. Douie, 31 rue Laliberté, Qué.	2 " ..	7	"	Bégin et Frère..

FLEUR DE FARINE.

Rapport de l'inspecteur (ne comportant aucune expression d'opinion).	Humidité.	Cendres.	Nitrogène.	Protéine N x 5'7	Nitrogène réact. nitrite.		Contenant.	Numéro de l'échantillon.	Remarques et opinion de l'analyste en chef.
					Part. par million.	Calculé comme Na NO₃.			

R. J. WAUGH, INSPECTEUR.

	p. c.	p. c.	p. c.						
Cream of the wheat...	10·10	0·41	2·02	11·50	Aucun.	......	En sacs de pap.	54336	
King's Quality........	9·82	0·39	2·04	11·62	"	....	"	54337	
Rainbow.	9·92	0·37	2·03	11·57	"	......	"	54338	
Victor.............	9·52	0·41	1·93	11·00	0·2	1·0	"	54339	
Regal.....	9·72	0·36	2·07	11·79	Aucun.	.....	"	54340	
McLeod's Special....	10·00	0·44	1·96	11·16	"	..	"	54341	
Swansdown	9·90	0·44	1·75	9·98	"	......	"	54342	
Beaver.	9·92	0·51	1·92	10·94	"	......	"	54343	
McLeod's Special.....	9·75	0·38	1·91	10·89	0 1	0·5	"	54344	
Beaver.....	9 90	0·47	2 04	11·62	Aucun.	.....	"	54345	

J. C. FERGUSON, INSPECTEUR.

Strathcona Blend.....	11·25	0·47	1·77	10·08	0·1	0·5	En sacs de pap.	50352	
Chariot.............,	9·60	0·39	1·94	11·05	0·2	1·0	"	50353	
Goldies Star	10·20	0·44	1·76	10·02	Aucun.	......	"	50354	
Primrose............	9·92	0·41	2·08	11·85	"	......	"	50355	
Monarch.	9·70	0·46	1·50	8·54	"	.....	"	50356	
Primrose.....	9·92	0·60	2·15	12·25	"	.....	"	50357	
Royal Household.....	10·10	0·37	2·07	11·79	"	......	"	50358	
Morwena.............	10·00	0·48	1·47	8·37	"	......	"	50359	
Biscuit.......... . ..	9·92	0·42	1·46	8·32	"	......	"	50360	
Jersey Lilly	10·42	0·41	1·87	11·65	"	.....	"	50361	

F. X. W. E. BÉLAND, INSPECTEUR.

....	10·25	0·43	1·60	9·11	Trace	.....	En sacs de pap.	56134	
....	10·05	0·42	1·44	8·20	0·1	0·5	"	56135	
....	9·87	0·47	1·55	8·83	Aucun.	.....	"	56136	
....	9·95	0·37	1·43	8·14	"	.....	"	56137	

5 GEORGE V, A. 1915

BULLETIN N° 279—

Date du prélèvement de l'échantillon.	Nature de l'échantillon.	Numéro de l'échantillon.	Nom et adresse du vendeur.	Prix.		Nom et adresse du fabricant ou du fournisseur, tels que communiqués par le vendeur.	
				Quantité.	Cents.	Fabricant.	Fournisseur.

DISTRICT DE QUÉBEC—

1913.							
29 sept.	Fleur de farine	56138	J. A. Talbot, 410 rue de la Reine, Québec.	2 liv.	7	Inconnu...........	J. B. Renaud et Cie.
29 "	" ..	56139	Elz. Couture, 124 rue Caron, Québec.	2 " ..	6	"	W. Carrier et Fils.
29 "	" ..	56140	G. H. Turcot, 92 rue Caron.	2 " ..	7	"	P. T. Busière et Cie.
29 "	" ..	56141	Mad. P. Dubuc, 131 rue Charest, Québec.	2 " .	6	"	W. A. Lachance
29 "	" ..	56142	Emile Jalbert, 16 rue Dorchester.	2 " ..	8	"	W. A. Lachance
29 "	" ..	56143	Jas. J. Goslin, 50 rue Dorchester.	2 " ..	7	"	W. Carrier et Fils.

DISTRICT DE TROIS RIVIÈRES—

18 sept..	Fleur de farine	59716	J. O. Davian, Berthierville.	2 liv.	8	W. Snider, Waterloo, Ont.	....
18 "	" ..	59717	A. L. Caisse, Berthierville.	2 " ..	8	F. O. Lamarche, Berthierville.	....
19 "	" ..	59718	O. Paquette, Berthierville.	3 " ..	15	....	Inconnu........
20 "	" ..	59719	J. S. Bayeur, Berthierville.	3 " ..	15	....	Viau et Frère, Montréal.
20 "	" ..	59720	F. O. Lamarche, Berthierville.	2 " ..	10	Alex. Brown, M. & E. Co., Toronto.	....
20 "	" ..	59721	J. R. Coyle, Berthierville.	3 " ..	10	Ogilvie, F. M. Co., Montréal.	....
22 "	" ..	59722	J. N. Read, St-Félix de Valois.	2 " ..	10	Seaforth, M. Co., Ltd Ont.	....
22 "	" ..	59723	Louis Emos, St-Félix de Valois.	2 " ..	8	Wm. Scott, Ottawa.	....
24 "	" ..	59725	Camille Barrette, Joliette.	2 " ..	6	Alex. Brown, M. & E. Co., Toronto.	....
24 "	" ..	59741	Magnan & Frères, Joliette.	2 " ..	6	Alex. Brown, M. & E. Co., Toronto.	....

DISTRICT DES CANTONS DE L'EST—

29 sept..	Fleur de farine	1718	F. Lavigne, Victoriaville.	2 liv.	6	Canadian Cereal & F. M., Ltd., Toronto.	J. B. Paradis, agent, Victoriaville.
2 oct..	" ..	1719	Eus. Huard et Cie., Mégantic.	2 " ..	6	L. of the Woods M. Co., Montréal.	....
"	" ..	1720	Cookshire Flour Mills Co., Cookshire.	2 " ..	....	Vendeurs........	....
"	" ..	1721	Dme A. Vaillancourt, Coaticook.	2 " ..	7	....	D. S. Banchaud, Coaticook.
"	" ..	1722	The Daly Grocery Co., Stanstead.	2 " ..	8	L. of the W. M. Co., Montréal.	J. B. Paradis et Fils, Stanstead
"	" ..	1723	J. A. Coté, Granby....	2 " ..	7	....	Mercure et Frère.
"	" ..	1724	Geo. F. Lebrocy, Waterloo, P.Q.	2 " ..	7	L. of the W. M. Co., Montréal.	....

FARINE.

Rapport de l'inspecteur (ne comportant aucune expression d'opinion).	Résultats de l'analyse.				Nitrogène réactif nitrite.	Remarques.	Numéro de l'échantillon.	Remarques et opinion de l'analyste en chef.
	Humidité.	Cendres.	Nitrogène.	Protéine $N \times 5.7$.	Parties par million. Calculé comme $NaNO_2$			

F. X. W. E BÉLAND, INSPECTEUR—*Fin.*

	p. c.	p. c.	p. c.					
....	9 77	0·48	1·66	9·46	Aucun.	..	En sacs de pap.	56138
....	10·05	0·40	1·41	8·03	"	......	"	56139
....	10·02	0·29	1·73	9·85	"	......	"	56140
....	9·87	0·45	1.47	8·37	"	.....	"	56141
....	9·57	0·67	2·2	13·05	"	.....	"	56142
....	9·67	0 27	1·68	9·57	"	......	"	56143

Dr V. P. LAVALLÉE, INSPECTEUR.

....	9·85	0·53	1·80	10·25	Aucun.		......	En sacs de pap.	59716
....	9·62	0·57	1·64	9·35	"		......	"	59717
Crescent self raising flour.	9·60	4·01	1·56	8·88	0·2	1·0		"	59718 Est une farine préparée.
....	9·52	2·67	1·45	8·26	0 1	0·5		"	59719 " "
....	9·60	0·48	1·85	10·53	Aucun.		......	"	59720
Glenora	9·70	0·53	2·24	12·75	"		.....	"	59721
....	9·85	0·44	1·45	8·26	"		.....	"	59722
Polar Star..........	9·80	0·56	2·14	12·20	"		......	"	59723
....	9·62	0·56	1·60	9·11	"		......	"	59725
....	9·55	0·51	1·63	9·28	"		......	"	59741

J. C. ROULEAU, INSPECTEUR.

...~...........	9·67	0·44	2·14	12·19	Aucun.	.....	En sacs de pap.	1718
....	9·62	0·37	2·35	13·39	"	......	" ..	1719
Graham Flour.......	9·85	1·42	2·11	12·02	"	......	" ..	1720 Farine de blé complet.
....	10·17	0·46	1·49	8·49	"	....	" ..	1721
....	10·10	0·40	2·16	12·30	"	......	" ..	1722
....	9·65	0.29	1·62	9·24	"	....	" ..	1723
....	9·92	0·36	2·11	12·02	"	......	" ..	1724

5 GEORGE V, A. 1915

BULLETIN No. 279—

Date du prélèvement de l'échantillon.	Nature de l'échantillon.	Numéro de l'échantillon.	Nom et adresse du vendeur.	Prix.		Nom et adresse du fabricant ou fournisseur, tels que communiqués par le vendeur.	
				Quantité.	Cents.	Fabricant.	Fournisseur.

DISTRICT DES CANTONS DE L'EST—

1913.							
9 oct.	Fleur de farine	1725	L. Bergeron, Waterloo, P.Q.	2 liv..	6	St. Lawrence M. Co.. Montréal.	
10 "	" ..	1726	Gosslin et Paradis, Magog.	2 " ..	7	Dominion F. M. Ltd.	
14 "	" ..	1727	S. Rcusseau, St - Hyacinthe.	2 " ..		Vendeur....... ...	

DISTRICT DE MONTREAL—

21 oct.	Fleur de farine	58626	F. Dumouchel, 244 ave. Church, Verdun.	2 liv..	12		BrodieetHarvey Montréal.
21 "	" ..	58627	J. Bonefant, 425 avenue Church, Verdun.	2 " ..	8		" ..
21 "	" ..	58628	P. Brunet, 481 avenue Church, Verdun.	2 " ..	8		" ..
21 , "	" ..	58629	P. Lajoie, 514 avenue Church, Verdun.	2 " ..	8		St. Germain, Montréal.
21 "	" ..	58630	L. LeBeauce, 143 avenue Church, Verdun.	2 " ..	8		BrodieetHarvey, Montréal.
21 "	" ..	58631	D. Legault, 1220 rue Wellington, Verdun.	2 " ..	8		
21 "	" ..	58632	N. Gauthier, 1218 rue Wellington, Verdun.	2 " ..	8		" ..
21 "	" ..	58633	O. Montpetit, 1265 rue Wellington, Verdun.	2 " ..	8		LarivièreetFrère Montréal.
31 "	" ..	58634	Trudeau et Frère, 302 r. Charlevoix, Verdun	2 " ..	9		BrodieetHarvey, Montréal.
31 "	" ..	58635	Taylor et Peacock, 330 r. Charlevoix, Verdun	2 " ..	8	Lake of the Woods, Montréal.	

DISTRICT D'OTTAWA—

23 sept.	Fleur de farine	59191	Renfrew Flour M i l l s, Ltd., Pakenham.	3 liv..	10	Vendeurs........	
30 "	" ..	59192	McDonald Bros., a v e. Gladstone, Ottawa.	2 " ..	8	Ogilvies, Ottawa....	Fabricants......
30 "	" ..	59193	M. Greenberg, rue Bank, Ottawa.	3 " ..	12	Inconnu.......	Dover, Ottawa..
30 "	" ..	59194	W. D. Ardley, rue Bank, Ottawa.	3 " ..	12	Lake of the Woods M. Co., Ottawa.	Fabricants.. ...
30 "	" ..	59195	" "	3 " ..	12	Canadian Cereal F. Mills Ltd.,Ottawa.	"
30 "	" ..	59196	" "	3 " ..	12	Ont. & Manitoba F. Mills Ltd.,Ottawa.	"
30 "	" ..	59197	" "	3 " ..	12	Maple Leaf Milling Co., Ltd., Ottawa.	"
30 "	" ..	59198	" "	3 " ..	12	"	""
30 "	" ..	59199	" "	3 " ..	12	Western Canada F. Mills Co., Ottawa.	"
9 oct.	" ..	59211	J. W. McKay, rue Wellington, Ottawa.	3 " ..	10	Ogilvies, Ottawa....	"

FLEUR DE FARINE.

Rapport de l'inspecteur (ne comportant aucune expression d'opinion).	Humidité.	Cendre.	Nitrogène.	Protéine N × 57	Nitrog. réact. nitrite. Part. par million.	Calculé comme NaNO₂	Contenant.	Numéro de l'échantillon.	Remarques et opinion de l'analyste en chef.
	p. c.	p. c.	p. c.						

J. C. ROULEAU, INSPECTEUR—*Fin.*

....	10·02	0·38	2·02	11·50	Aucun.	.....	En sacs de pap.	1725	
....	9·95	0·40	2·18	12·41	"	....	"	1726	
....	9·80	·0·44	1·83	10·42	"	......	"	1727	

D. J. KEARNEY, INSPECTEUR.

....	9·30	0·48	1·43	8·14	0·8	4·0	En sacs de pap.	58626	Blanchie.
....	9·85	0·63	1·47	8·38	0·4	2·0	"	58627	Probabl. blanchie.
....	9·50	0·47	1·46	8·32	0·4	2·0	"	58628	"
....	9·52	0·42	1·44	8·20	0·1	0·5	"	58629	
....	10·17	0·58	1·51	8·60	0·4	2·0	"	58630	Probabl. blanchie.
....	9·67	0·44	1·48	8·44	0·8	4·0	"	58631	Blanchie.
....	9·55	0·46	1·40	7·97	Aucun.	......	"	58632	
....	9·82	0·43	1·65	9·40	"	......	"	58633	
....	10·00	0·52	1·55	8·84	0·4	2·0	"	58634	Probabl. blanchie.
....	10·17	0·41	1·50	8·55	0·6	3·0	"	58635	Blanchie.

J. A. RICKEY, INSPECTEUR.

White Star............	14·12	0·44	1·86	10·60	Aucun.	......	En btes métal.	59191	Haut degré d'humidité.
Glenora...............	13·42	0·49	1·99	11·35	"	......	"	59192	
High Loaf.............	13·45	0·64	1·99	11·35	"	.....	"	59193	
Five Roses, guaranti non blanche.	9·67	0·39	2·13	12·12	"	....	En sacs de pap.	59194	
Rainbow..............	9·52	0·38	2·09	11·91	"	....	"	59195	
Body Builder.	9·50	0·39	1·99	11·35	"	.....	"	59196	
Castle................	9·47	0·44	2·16	12·30	"	......	"	59197	
Quality.	9·42	0·38	1·94	11·05	"	.....	"	59198	
Purity, étiqueté non blanche.	9·57	0·38	2·02	11·50	"	......	"	59199	
Royal Household......	9·65	0·34	1·97	11·22	"	....	"	59211	

5 GEORGE V, A. 1915

BULLETIN N° 279—

Date du prélèvement.	Nature de l'échantillon.	Numéro de l'échantillon	Nom et adresse du vendeur.	Prix.		Nom et adresse du fabricant ou fournisseur, tel que communiqué par le vendeur.	
				Quantité.	Cents.	Fabricant.	Fournisseur.

DISTRICT DE KINGSTON—

1913·							
22 sept.	Fleur de farine	60016	C. Rathman, Belleville.	2 lb...	8	Western Canada, Goderich.	....
22 "	"	60017	A. G. Vermilylea, Belleville.	2 " ..	7	C. Smith, Campbellford.	... .
22 "	"	60018	F. O. Diamond, Belleville.	2 " ..	6	Cooper, Belleville...	....
23 "	"	60019	F. McIntosh, Cobourg..	2 " ..	8	Pratte, Cobourg.....	....
23 "	"	60020	M. C. Nichols, Cobourg.	2 " ..	7	"	....
23 "	"	60021	The Thompson Mac Donald, Cobourg.	2 " ..	10	"	....
23 "	"	60022	S. Sleeman, Port-Hope	2 " ..	5	Watkford, Carton...	. ...
23 "	"	60023	T. H. Brown, Port-Hope.	2 " ..	6	Balbraiths, Port-Hope.	....
24 "	"	60024	P. S. White, Peterboro.	2 " ..	8	R. Denne, Peterboro	....
24 "	"	60025	J. R. Bell, Peterboro..	2 " ..	10	Peterboro Cereal Co. Peterboro.	... .

DISTRICT DE TORONTO—

22 sept.	Fleur de farine	57511	Cameron & Fowler, 36 ave Pope, Toronto.	2 lb...	8	The Alex. Brown M. & E. Co., Ltd., Toronto.	....
22 "	"	57512	C. T. Simpson, 960 rue Gérard-Est, Toronto.	2 " ..	10	Lake of the Woods M. Co., Ltd., Keewatin.	....
22 "	"	57513	H. Bracken & Son, 1020 rue Dundas, Toronto.	2 " ..	10	Western Flour M. Co., Toronto.	....
23 "	"	57514	Hammett & Harper, 652 rue Dufferin, Toronto.	2 " ..	5	D. W. Reid & Son, Streetsville.	....
23 "	"	57515	Lake of the Woods Co., Ltd., 224 rue Dupont. Toronto.	2 " ..	5	Vendeurs.....	....
23 "	"	57516	Maple Leaf Milling Co., Ltd., 200 Board of Trade Bldg., Toronto.	2 " ..	5	"	....
23 "	"	57517	Canadian Cereal Flour Mills, Ltd., 285 ave Howland, Toronto.	2 " ..	5	"	.
23 "	"	57518	John Williamson, 514 rue Bloor-Ouest, Toronto.	2 " ..	13	....	The Campbell F. M. Co., Ltd., Toronto.
24 "	"	57519	A. Brock, 52 rue Arthur, Toronto.	2 " ..	5	Ogilvie M. Co., Ltd., Montréal.	....
24 "	"	57520	The Alex. Brown M. & E. Co., Ltd., rue Esplanade, Toronto.	2 " ..	7	Vendeurs..	.. ..

FLEUR DE FARINE.

Rapport de l'inspecteur (ne comportant aucune expression d'opinion).	Résultats analytiques.						Contenant.	Numéro de l'échan on.	Remarques et opinion de l'analyste en chef.
	Humidité.	Cendres.	Nitrogène.	Protéine. N x 5·7.	Nitrogène réactif nitrite				
					Part. par million.	Calculé comme Na NO₃			

JAS. HOGAN, INSPECTEUR.

	p. c.	p. c.	p. c.						
....	9·25	0·37	2·03	11·56	Aucun.	.....	En sacs de pap.	60016	
..................'........	9·17	0·46	1·74	9·91	''	......	'' ..	60017	
....	8 92	0·44	l·40	7 97	''	.....	'' ..	60018	
....	9·30	0·38	2·14	12·20	''	......	'' ..	60019	
....	9·32	0·43	1·35	7·69	''	......	'' ..	60020	
....	9·37	0·42	1·35	7·69	''	......	'' ..	60021	
....	9·37	0·41	1·21	6·89	''	..	'' ..	60022	Faible en nitrogène.
....	9·12	0·40	l·35	7·69	''	....	'' ..	60023	
....	9·32	0·44	1·19	6·78	''	......	'' .	60024	Faible en nitro-gène.
....	9·30	0·45	1·41	8·03	0·1	0·5	'' .	60025	

H. J. DAGER, INSPECTEUR.

White Rose	9·65	0 48	1·49	8·49	Aucun.	......	En sacs de pap.	57511	
Five Roses..........	9·50	0·34	2·17	12 37	''	....	'' ..	57512	
Crown	9·72	0·44	1·55	8·23	''	......	'' ..	57513	
....	9·37	0·48	2·12	12·09	''	......	'' ..	57514	
Harvest Queen........	9·20	0·43	2·31	13·17	''	....	'' ..	57515	
King's Quality.........	9·22	0·37	2 11	12·02	''	......	'' ..	57516	
Rainbow........	10·37	0·36	1·97	11·23	0·1	0·5	'' .	57517	
Monarch.............	9·15	0·43	l·45	8·26	Aucun.	....	'' ..	57518	
Royal Household.	9·60	0·34	1·96	11·18	''	....	'' ..	57519	
Osgoode..	9·47	0·37	1·53	8·72	0·4	2·0	'' ..	57520	Probablement blanchie.

5 GEORGE V, A. 1915

BULLETIN N° 279—

Date du prélèvement de l'échantillon.	Nature de l'échantillon.	Numéro de l'échantillon.	Nom et adresse du vendeur.	Prix.		Nom et adresse du fabricant ou du fournisseur, tel que communiqué par le vendeur.	
				Quantité.	Cents.	Fabricant.	Fournisseur.
						DISTRICT DE HAMILTON—	
1913.							
2 oct.	Fleur de farine	50845	S. Simons, 67 rue Colborne, Brantford.	2 liv..	6	R. A. Thompson, Brantford.	....
2 "	" ..	50846	" ..	2 " ..	5	" ..	....
2 "	" ..	50847	George Cooper, 135 rue Market, Brantford.	2 " ..	5	Wood Bros., Brantford.	....
2 "	" ..	50848	W. D. Davidson, 259 rue St-Paul, St-Catherines	2 " ..	10	Maple Leaf Co., Ltd.	....
2 "	" ..	50849	" ..	2 " ..	10	Canadian Cereal Co.	....
2 "	" ..	50850	" .	2 " ..	10	....	....
2 "	" ..	50851	" ..	2 " .	10	Caledonia M. Co....	....
2 "	" ..	50852	Henry & Gloukin, rue Church, St. Catherines	2 " ..	8	J. K. Black........	....
2 "	" ..	50853	" ..	2 " ..	8	Maple Leaf M. Co., Ltd.	....
2 "	" ..	50854	F. R. Hall, 97 rue Geneva, St. Catherines.	2 " ..	8	Jameson Black & Son	....
						DISTRICT DE WINDSOR—	
8 oct.	Fleur de farine	54401	J. C. Bell, Petrolia....	3 bocaux.	6	D. Lambert & Sons, Oil-Springs.	....
8 "	" ..	54402	" "	3 "	6	N. H. Stevens (Kent-Mills), Chatham..	....
8 "	" ..	54403	" "	3 "	6	Ogilvie Co..........	....
8 "	" ..	54404	" "	3 "	6	Canadian Cereal & M Co., Tillsonburg.	....
13 "	" ..	54889	Jas. Twitchen, London.	3 "	8	....	J. Schoenhalas, Clinton.
13 "	" ..	54890	" "	3 "	8	Arva Roller M. Co., Arva, Ont.	....
13 "	" ..	54891	" . "	3 "	8	Lucan Milling Co., Lucan, Ont.	... .
13 "	" ..	54892	Reid & Marshall.......	3 "	8	Empire Milling Co., St-Thomas.	....
13 "	" ..	54893	" "	3 "	8	Lake of the Woods M. Co., Keewatin.	....
						DISTRICT DU MANITOBA—	
30 sept.	Fleur de farine	48976	The Ogilvie F. M. Co., Ltd., Winnipeg.	2 liv..	Aucun.	Vendeurs...........	....
2 oct.	" ..	48977	Western Canada F. M. Co., Ltd., St-Boniface.	3 " ..	"	"	....
8 "	" ..	48978	C. E. Bragg, Elmwood, P. O.	3 " ..	30	Lake of the Woods Milling Co., Ltd., Keewatin.	....
8 "	" ..	48979	J. Paterson, Elmwood, P. O.	3 " ..	25	Leitch, Oak-Lake...	....
8 "	" ..	48980	" "	3 " ..	25	Ogilvie F. M. Co., Ltd., Winnipeg.	....

FLEUR DE FARINE.

Rapport de l'inspecteur (ne comportant aucune expression d'opinion).	Résultats analytiques.				Nitrogène réactif nitrite.		Contenant.	N° de l'échantillon.	Remarques et opinion de l'analyste en chef.
	Humidité.	Cendre.	Nitrogène.	Protéine N x 5.7	Part. par million.	Calculé com.étant Na NO₂			

J. J. COSTIGAN, INSPECTEUR SUPPLÉANT.

	p. c.	p. c	p. c.						
Astor..............	9·77	0·48	1·86	11·60	Au-cun.	......	En sacs de papiers.	50845	
Delight	9·75	0·53	1·80	11·25	"	.....	"	50846	
....	9·62	0·43	1·40	7·97	0·4	2·0	"	50847	Probablement blanche.
King's Quality.......	9·95	0·41	2·07	11·79	Au-cun.	....	"	50848	
Rainbow.............	9·52	0·34	2·11	12·02	"	....	"	50849	
Robinhood...........	9·95	0·38	1·98	11·28	"	.....	"	50850	
Bridal Veil..........	9·87	0·45	1·64	9·35	"	.....	"	50851	
Herald.......... ...	9·42	0·44	1·86	11·60	"	.....	"	50852	
Perfection.	10·02	0·45	1·91	11·88	"	.....	"	50853	
....	9·75	0·42	1·86	11·60	"	.....	"	50854	

JOHN TALBOT, INSPECTEUR.

Gold Dust...........	12·70	0·44	1·80	10·26	Au-cun.	......	En bocaux de verre.	54401	
Kent Mills...........	12·80	0·42	1·72	9·80	"	....	"	54402	
Royal Household......	12·67	0·35	2·00	11·40	"	....	"	54403	
Rainbow.	12·75	0·35	1·95	11·12	"	.....	"	54404	
Maple Leaf..........	12·77	0·45	1·95	11·12	0·1	0·5	"	54889	
Daisy....	12·75	0·40	1·67	9·52	Au-cun.	......	"	54890	
Delight.	12·52	0·26	1·80	10·26	"	......	"	54891	
Sunbeam	12·40	0·33	1·76	10·02	0·4	2·0	"	54892	Probablement blanche.
Five Roses...........	12·70	0·36	2·03	11·58	Au-cun.	....	"	54893	

A. C. LARIVIÈRE. INSPECTEUR.

....	9·77	0·38	1·95	11·10	Au-cun.	......	En sacs de papiers.	48976	
....	10·25	0·36	1·98	11·28	"	.....	"	48977	
....	10·17	0·39	2·12	12·07	"	....	"	48978	
Anchor..............	9·90	0·45	2·17	12·36	Trace.	....	"	48979	
....	9·65	0·35	2·07	11·79	Au-cun.	....	"	48980	

5 GEORGE V, A. 1915

BULLETIN N° 279—

Date du prélèvement.	Nature de l'échantillon.	Numéro de l'échantillon.	Nom et adresse du vendeur.	Prix. Quantité.	Cents.	Nom et adresse du fabricant ou du fournisseur, tel que communiqué par le vendeur. Fabricant.	Fournisseur.

DISTRICT DU MANITOBA—

1913.

24 oct..	Fleur de farine	48981	T. Brown & Co., Pembina ave., Winnipeg.	3 liv..	30	Western Canada F. M. Co., Ltd.	...
24 "	" ...	48982	" "	3 " ..	30	Ogilvie F. M. Co., Winnipeg.	...
27 "	" ...	48983	Western Canada F. M. Co., Brandon.	3 " ..	Aucun	Vendeurs...	...
27 "	" ...	48984	The Maple Leaf M. Co., Brandon.	3 " ..	"	"	...
28 "	" ...	48990	Francis Bros., Norwood-Grove.	3 " ..	30	Western Canada F. M. Co.	...

DISTRICT DES MONTAGNES-ROCHEUSES—

2 oct..	Fleur de farine	49955	Bell Trading Co., Nelson, C.-B.	3 liv..	25	Ogilvie M. Co., Winnipeg.	...
2 "	"	49956	" "	3 " ..	25	Lake of the Woods M. Co., Winnipeg.	...
2 "	"	49957	"	3 " ..	25	Maple Leaf M. Co., Toronto.	...
2 "	"	49958	"	3 " ..	25	Western Canada F. M. Co., Winnipeg.	...
2 "	"	49959	"	3 " ..	25	Robinhood M. Co., Calgary.	...
2 "	"	49960	"	3 " ..	25	Brackman Ker M. Co., Calgary.	...
17 "	"	49982	Trites Wood Co., Fernie, C.-B.	3 " ..	25	Medicine Hat M, Co., Medicine-Hat.	...
17 "	"	49983	"	3 " ..	25	Robinhood M. Co., Calgary.	...
3 nov.	"	49992	Union Co-op. Assocn., Rossland.	3 " ..	25	"	...
3 "	"	49993	"	3 " ..	25	Centennial Mills, Spokane, Wash.	...

DISTRICT DE VICTORIA—

29 oct..	Fleur de farine	57672	Windsor Grocery Co., 517 rue Govt., Victoria, C.-B.	3 liv..	12½	Royal Standard M. Co., Vancouver, C.-B.	...
29 "	"	57673	"	3 " ..	12½	The Portland F. M. Co., Albany, Or.	...
29 "	"	57677	The West End Grocery Co., Ltd., 1002 Govt., Victoria, C.-B.	3 " ..	20	Vancouver M. & Grain Co. Ltd., Vancouver, C.-B.	...
29 "	"	57681	Fenerty Bros., Oak-Bay, Junction, Victoria, C.-B.	3 " ..	15	Ogilvie F. M. Co., Medicine-Hat.	...
5 nov.	"	57683	H. O. Kirkham, 714 Fort st., Victoria,C.-B	3 " ..	15	Vancouver M. & Grain Co., Ltd., Vancouver, C.-B.	...

FLEUR DE FARINE.

Rapport de l'inspecteur (ne comportant aucune expression d'opinion).	Résultats analytiques. Humidité.	Cendre.	Nitrogène.	Protéine N. x 5·7.	Nitrogène réact. nitrite. Part. par million.	Calculé comme Na NO₂	Contenant.	Numéro de l'échantillon.	Remarques et opinion de l'analyste en chef.
A. C. LARIVIÈRE, INSPECTEUR—*Suite.*									
	p. c.	p. c.	p. c.						
....	9·82	0·39	2·02	11·50	Auc.	.....	En sacs de pap.	18981	
....	9·95	0·37	2·03	11·56	"	.....	"	48982	
....	9·27	0·48	2·34	13·32	"	.....	"	48983	
....	9·25	0·40	2·34	13·32	"	.....	"	48984	
....	9·80	0·40	2·04	11·62	Trace	.....	"	48990	
THOS. PARKER, INSPECTEUR.									
Royal Household.....	11·10	0·36	2·00	11·40	Auc.	......	En sacs de pap.	49955	
Five Roses..........	10·90	0·41	2·04	11·62	"	.....	" ..	49956	
King's Quality......	9·75	0·45	1·84	10·48	"	......	" ..	49957	
Purity..............	10·25	0·36	1·97	11·22	"	......	" ..	49958	
Robinhood...........	9·90	0·38	2·07	11·79	"	......	" ..	49959	
Bread...............	10·05	0·40	1·98	11·28	0·1	0·5	" ..	49960	
Prairie Pride........	10·02	0·45	2·12	12·07	0·1	0·5	" ..	49982	
Harvest Queen........	10·20	0·36	2·24	12·77	Auc.	.....	" ..	49983	
Seal of Alberta.......	10·05	0·42	2·05	11·68	0·2	1·0	" ..	49992	
Gold Drop............	9·52	0·41	1·62	9·24	Auc.	....	" ..	49993	
D. O'SULLIVAN, INSPECTEUR.									
Hungaria.............	9·72	0·32	1·97	11·22	Auc.	......	En sacs de pap.	57672	
Snow Flake..........	10·45	0·50	1·41	8·03	"	......	" ..	57673	
Wild Rose............	9·27	0·44	1·54	8·77	0·2	1·0	" ..	57677	
Royal Household.....	9·50	0·41	1·69	9·62	Auc.	......	" ..	57681	
Royal Standard.......	9·85	0·36	2·26	12·89	"	......	" ..	57688	

5 GEORGE V, A. 1915

BULLETIN N° 279—

Date du prélèvement.	Nature de l'échantillon.	Numéro de l'échantillon.	Nom et adresse du vendeur.	Prix.		Nom et adresse du fabricant ou du fournisseur, tel que communiqué par le vendeur.	
				Quantité.	Cents.	Fabricant.	Fournisseur.

DISTRICT DE VICTORIA —

Date du prélèvement.	Nature de l'échantillon.	Numéro de l'échantillon.	Nom et adresse du vendeur.	Quantité.	Cents.	Fabricant.	Fournisseur.
1913.							
5 nov..	Fleur de farine	57689	H. O. Kirkham, 714 rue Fort, Victoria, C.-B.	3 liv..	15	Brackman Ker M. Co., Ltd., Victoria, C.-B.	....
5 "	"	57693	Copas & Young, rues Fort & Broad, Victoria, C.-B.	3 " ..	15	Ogilvie F. M. Co., Ltd., Medicine-Hat	....
6 "	"	57694	Brackman Ker M. Co., Ltd., rues Broad & Pandora, Victoria, C.-B.	3 " .	20	Vendeurs............	.. ..
6 "	"	57695	" ..	3 " ..	15	"	....
6 "	"	57696	" ..	3 " ..	15	Western Canada F. M. Co., Ltd., Winnipeg.	....

FLEUR DE FARINE.

Rapport de l'inspecteur (ne comportant aucune expression d'opinion.	Résultats analytiques.						Contenant.	Numéro de l'échantillon.	Remarques et opinion de l'analyste en chef.
	Humidité.	Cendres.	Nitrogène.	Protéine N x 57	Nitrogène réact. nitrite.				
					Pat. par million.	Calculé comme Na NO₃.			

D. O'SULLIVAN, INSPECTEUR—*Fin.*

	p. c.	p. c.	p. c.						
Pain............	10·37	0·40	2·10	11·98	0·2	1·0	En sacs de pap.	57689	
Blé dur du Manitoba..	9·91	0·41	2·18	12·42	None......		" ..	57693	
Fleur Graham B. & K..	9·95	1·53	2·09	11·91	"		" ..	57694	Farine de blé complet.
Pain B. & K.........	10·40	0·38	2·00	11·40	0·2	1·0	" .	57695	
Purity..............	10·62	0·38	2·02	11·51	None......		" ..	57696	

ANNEXE W.

BULLETIN N° 280—LIQUEURS DE TEMPÉRANCE OU BOISSONS DOUCES.

OTTAWA, 26 février 1914.

M. WM HIMSWORTH,
Sous-ministre du Revenu de l'Intérieur.

MONSIEUR,—J'ai l'honneur de vous soumettre un rapport relativement à l'examen de 150 échantillons vendus comme boissons douces (liqueurs non-alcooliques ou de tempérance), durant les mois de septembre et octobre derniers. Ces articles étaient offerts en vente sous les noms spécifiques suivants:—

	Échantillons.
Ginger Ale..	45
Bière de gingembre..	14
Lemon Sour..	20
Soda à la crème..	23
Iron Brew..	7
Cidre de champagne..	13
Soda à l'extrait de fraises..	6
Salsepareille..	5
Noxi-Cola..	1
Cidre de cerises..	1
Soda à l'extrait de framboises..	1
Wineo..	1
Soda citronné..	1
Phosphate à l'orange..	1
Grape Smash..	1
Petite bière..	1
Liqueur de framboises..	1
Lagerine..	1
Eaux de table..	7
Total..	150

Trois échantillons ont été perdus par le bris des bouteilles durant le transport. Des sept échantillons classés comme eaux de table, cinq (5) sont vendus à titre de Soda-Water, et contiennent le pourcentage suivant de parties solides dissoutes:—

Soda-Water, n° 60051, p. c. de parties solides..	0.060
" " 54417 " ..	0.020
" " 54427 " ..	0.020
" " 48948 " ..	0.140
" " 49967 " ..	0.060

Il n'existe, que je sache, aucune définition admise du terme Soda-Water. Sans doute que les eaux artificielles ainsi dénommées sont vendues avec l'intention de les faire passer pour des imitations des eaux alcalines naturellement effervescentes qui ont rendu Eme, Vichy et autres endroits célèbres. L'eau de Vichy contient environ 0.700 pour-cent de parties solides, consistant surtout en bicarbonate de soude. Il est évident que les échantillons ci-dessus ne ressemblent nullement à l'eau de Vichy;

et la quantité de soude qu'ils contiennent est si petite qu'on devrait plutôt les appeler eaux carbonatées, attendu que leur seul caractère particulier est d'être imprégnés de gaz acide carbonique sous pression.

Les deux autres échantillons sont des eaux de table ordinaires de bonne qualité.

L'on peut dire que la plupart de ces échantillons de boissons douces ne sont que des solutions de sucre (variant de 1 à 10 pour cent) auxquelles on ajoute (pour les aromatiser) diverses essences ou extraits de fruits (la plupart artificiels) imprégnés de sous-oxyde de carbone (gaz acide carbonique) sous pression.

Jusqu'à présent il a été tout à fait impossible, en se basant sur les divers résultats analytiques, de donner un caractère spécifique au Ginger Ale, à la Bière de Gingembre, au Lemon Soür, etc. Ces boissons ne sont sans doute pas préparées d'après une formule généralement admise, mais leur caractère ne dépend que du caprice du fabricant. On ne peut pas dire qu'elles sont nuisibles à la santé; et aussi longtemps que le public désirera s'en servir comme boisson douce effervescente, personne ne s'y opposera.

On a pu constater la présence d'acide salicylique (pour empêcher la fermentation du sucre) dans treize (13) échantillons; mais la quantité n'était excessive dans aucun cas. On a trouvé de la saccharine (employée pour remplacer une partie du sucre) dans trente-quatre (34) échantillons. Les Etats-Unis d'Amérique se sont objectés à l'emploi de cet article comme substitut du sucre (voyez Décision sur l'Inspection des Substances Alimentaires n° 142, du mois de mars 1912), mais la preuve que cet article est nuisible à la santé ne paraît pas être bien convaincante. Conformément à la décision de l'inspection des substance alimentaires n° 146, du mois de juillet 1912, les Etats-Unis d'Amérique permettent l'emploi de la saccharine dans certaines sortes d'aliments, mais mention doit être faite sur l'étiquette. Cette précaution, et la limitation de la quantité qui peut être employée quotidiennement, est tout ce qui semble nécessaire de connaître des effets physiologiques de la saccharine. L'investigation faite par le comité d'arbitrage des Etats-Unis d'Amérique, et rendue publique le 13 janvier 1912, a démontré que la consommation de la saccharine à une quantité de 0.30 gramme par jour n'était pas préjudiciable à la santé.

Naturellement, on ne doit pas employer la saccharine au lieu de sucre dans une substance alimentaire où le sucre est un ingrédient essentiel. Mais il n'y a pas, que je sache, de définition légale de ces boissons douces qui exige l'emploi du sucre comme ingrédient essentiel; et je ne crois pas que le public recherche autre chose que le goût dans ces liqueurs sans s'occuper de leur composition, pourvu qu'elles ne soient pas préjudiciables à la santé.

Il serait cependant juste d'exiger, lorsqu'un nouvel article est employé en vue d'obtenir un résultat qui pendant longtemps a été dû à la présence du sucre, que mention en soit faite sur l'étiquette. Les mots "sucré (entièrement ou partiellement) avec de la saccharine", devraient, il me semble, apparaître sur l'étiquette, lorsqu'on y fait entrer de la saccharine.

Il n'y a que cinq de ces échantillons qui contiennent plus que des traces d'alcool; et encore n'y en a-t-il que trois sur ce nombre qui dépassent deux (2) pour cent en volume, la limite permise pour les boissons non-alcooliques. (G.947).

Des échantillons portant le même nom ont été placés ensemble sous les divers titres de " Ginger Ale, Bière de Gingembre, Lemon Sour ", etc., mais l'examen de ces articles ainsi dénommés n'a pu nous révéler une homogénéité qui nous permette de les classer autrement que d'une manière générale.

Je recommande la puplication de ce rapport sous le titre de Bulletin n° 280.

J'ai l'honneur d'être, monsieur,
Votre obéissant serviteur,

A. McGILL,
Analyste en chef.

5 GEORGE V, A. 1915

BULLETIN N° 280—

Date du prélèvement.	Nature de l'échantillon.	Numéro de l'échantillon.	Nom et adresse du vendeur.	Prix.		Nom et adresse du fabricant ou fournisseur, tel que fourni par le vendeur.	
				Quantité.	Cents.	Fabricant.	Fournisseur.

DISTRICT DE LA NOUVELLE-ECOSSE—

1913.							
13 oct..	Soda à la crème	54316	Burns Grocery, Yarmouth, N.-E.	3 bout.	20	J. Pink & Co., Yarmouth, N.-E.	Fabricant. .....
13 " .	Jersey Cream.	54317	" "	3 "	20	J. W. Grant & Co., Yarmouth, N.-E	" ....
24 " .	Ginger Ale...	54318	F. J. Quinn, Halifax, N.-E	3 "	20	Vendeur............	....
24 " .	Jersey Cream.	54319	Whelan & Ferguson, Halifax, N.-E.	3 "	20	Vendeurs............	....
24 " .	Soda à l'extrait de fraises.	54320	Jas. Rowe, Halifax, N.-E.	3 "	20	"	....
24 " .	Grape Smash..	54321	W. H. Donovan, Halifax, N.-E.	3 "	20	"	....
27 " .	Lemon Sour..	54322	Biglow & Hood, Truro, N.-E.	3 "	20	"	....
27 " .	" " ..	54323	V. Pitkavitch, Truro, N.-E	3 "	30	F. Drak, New-Glasgow, N.-E.	Fabricant.......
28 " .	Apple Tart...	54324	H. C. Burns, Lunenburg, N.-E.	3 "	25	Pearn & Boulton, Sussex, N.-B.	" ....
28 " .	Wineo	54325	A. Sodero, Lunenburg, N.-E.	3 "	31	Kempton Bros., Milton, N.-E.	" ....

DISTRICT DU NOUVEAU-BRUNSWICK—

24 sept..	Soda citronné.	50367	Ready's Breweries, Ltd., St-Jean, N.-B.	3 bout.	20	Vendeurs... ...	....
24 " .	Ginger Ale...	50368	" "	3 "	20	. "	....
24 " .	Salsepareille..	50369	" "	3 "	20	"	....
29 " .	Ginger Ale...	50370	W. A. Simonds, St-Jean, N.-B.	3 "	24	Sussex Beverage Co., Sussex, N.-B.	....
3 oct..	Iron Brew....	50371	W. B. Daley, St-Jean, N.-B.	3 "	15	Vendeur.........	....
8 " .	Extrait de fraises.	50372	F. H. Tyrrell, St-Stephen, N.-B.	3 "	15	"	....
14 " .	Jersey Cream.	50373	A. H. Wood, Frédéricton, N.-B.	3 "	20	"	....
21 " .	Iron Brew....	56374	Sussex Mineral Springs, Ltd., Sussex, N.-B	3 "	60	"	....
22 " .	Ginger Ale...	50375	Havelock's Mineral Springs Co., Moncton, N.-B.	3 "	Nil.	"	....
23 " .	Soda citronné.	50376	Charles Cassidy, Chatham, N.-B.	3 "	45	"	....

DOC. PARLEMENTAIRE No 14

BOISSONS DOUCES.

R. J. WAUGH, INSPECTEUR.

Rapport de l'inspecteur (ne comportant aucune expression d'opinion).	Corps solides	Sucre inverti	Sucrose	Sucre	Corps solides, non déterminés.	Acidité, telle l'acide tartrique.	Alcool.	Saccharine.	Préservatifs.	Remarques.	Numéro de l'échantillon.	Remarques et opinion de l'analyste en chef.
	p.c.	p.c.	p.c.	p.c.	p.c.		p.c.					
....	9.91	5.00	4.10	9.10	0.81	0.090	0.20	Non..	Non..		54316	
....	10.10	7.88	2.00	9.88	0.22	0.262	0.33	"	"		54317	
....	6.45	1.38	4.54	5.92	0.53	0.412	0.20	"	"		54318	
....	7.26	4.24	2.28	6.52	0.74	0.135	0.20	"	"		54319	
....	11.56	5.04	5.14	10.19	1.37	0.142	0.20	"	"	Arome artificiel.	54320	
....	9.34	6.48	2.39	8.87	0.47	0.13	0.18	"	"		54321	
....	7.44	3.45	3.59	7.04	0.40	0.175	0.46	"	"		54322	
....	3.44	3.10	0.10	3.20	0.24	0.224	0.99	"	Acide salicylique.		54323	
....	14.14	6.88	5.69	12.57	1.57	0.240	0.46	"	"	Arome artificiel.	54324	
....	10.09	5.25	4.00	9.25	0.84	0.20	0.187	"	Non..		54325	

J. C. FERGUSON, INSPECTEUR.

Rapport de l'inspecteur	Corps solides	Sucre inverti	Sucrose	Sucre	Corps solides, non déterminés.	Acidité, telle l'acide tartrique.	Alcool.	Saccharine.	Préservatifs.	Remarques.	Numéro de l'échantillon.	Remarques et opinion de l'analyste en chef.
....	8.18	4.42	2.80	7.22	0.96	0.210	0.40	Non..	Non..		50367	
....	10.22	3.18	6.22	9.40	0.82	0.200	0.20	"	"		50368	
....	10.48	5.50	3.64	9.24	1.24	0.105	0.26	"	"		50369	
....	11.00	3.38	6.93	10.31	0.69	0.210	0.00	Présent.	Acide salicylique.		50370	
....	8.45	1.62	5.52	7.14	1.31	0.165	0.26	Non..	Non..		50371	
....	....	....	....	....	....	....					*50372	
....	11.14	6.80	3.04	9.84	1.30	0.173	0.26	Non..	Non..		50373	
....	12.64	1.18	9.48	10.66	1.98	0.202	0.20	"	"		50374	
....	7.12	1.61	5.15	6.76	0.36	0.172	0.26	"	Acide salicylique.		50375	
....	4.78	4.06	0.60	4.66	0.12	0.280	0.33	"	Non..		50376	

* Brisées durant le transport.

5 GEORGE V, A. 1915

BULLETIN N° 280—

Date du prélèvement.	Nature de l'échantillon.	Numéro de l'échantillon.	Nom et adresse du vendeur.	Prix. Quantité.	Cents.	Nom et adresse du fabricant ou fournisseur, tel que communiqué par le vendeur. Fabricant.	Fournisseur.

DISTRICT DE QUÉBEC—

1913.							
22 sept..	Boissons douces.	56149	George Jobin, 390 rue St-Joseph, Québec.	3 bout.	30	F. A. Fleuet, Québec.	
22 ,,	,,	56150	Edouard Boileau, 836 rue St-Valier, Québec.	3 ,, ..	25	Timmons & Son, Québec.	
22 ,,	, ,,	56151	Jos. Vaillancourt, 358 rue St-Joseph, Québec.	3 ,, ..	30	Bédard & Dion, Québec.	
23 ,,	,,	56152	G. Pepin, 132 rue Massue, Québec.	3 ,, ..	37	Elzéar Fortier, Québec.	
23 ,,	,,	56153	,, ,, .	3 ,, ..	37	Edouard Coulombe, Québec.	
23 ,,	,,	56154	,, ,, ..	3 ,, ..	22	Elzéar Fortier & Cie, Québec.	
23 ,,	,,	56155	,, ,, ..	3 ,, ..	22	,, ,, ..	
23 ,,	,,	561`6	" ,, ..	3 ,, ..	22	,, ,, ..	
24 ,,	,,	56157	O. Bacon, 28 rue Hermine, Québec.	3 ,, ..	20	F. A. Fleuet, Québec.	
24 ,,	,,	56158	,, ,, ..	3 ,, ..	20	,, ,, ..	

DISTRICT DL TROIS-RIVIERES—

19 sept..	Ginger Ale ...	59731	A. S. Caisse, Berthierville.	3 bout.	30	J. Christian & Co., Montréal.	
19 ,,	Bière de ging.	59732	O. Paquette, Berthierville.	3 ,, ..	45	,, ,, ..	
19 ,,	Cidre	59733	J. A. Laporte, Berthierville.	3 ,, ..	25	,, ,, ..	
22 ,,	Ginger Ale....	59734	George Gouin, St-Félix de Valois.	3 ,, ..	15	Vendeur........	
22 ,,	Soda Water...	59735	,, ,,	3 ,, ..	15	,,	
22 ,,	Ginger Ale....	59736	Oct. Rainville, St-Félix de Valois.	3 ,, ..	15	Geo. Gouin, St-Félix de Valois.	
22 ,,	Soda Water...	59737	,, ,,	3 ,, ..	15	,, ,,	
22 ,,	Ginger Ale....	59738	Ludger Duperrault, St-Félix de Valois.	3 ,, ..	30	,, Goulet et frère, Montréal.	
22 ,,	Soda Water...	59739	,, ,, ..	3 ,, ..	30	A. D. Lapierre, Joliette.	
22 ,,	Cidre...... ..	59751	,, ,, ..	3 ,, ..	45	,, ,, ..	

DOC. PARLEMENTAIRE No 14

BOISSONS DOUCES.

Rapport de l'inspecteur (ne comportant aucune expression d'opinion).	Grammes par 100 cc.								Remarques.	Numéro de l'échantillon.	Remarques et opinion de l'analyste en chef.
	Corps solides.	Sucre inverte.	Sucrose.	Sucre.	Corps solides, non déterminés.	Acidité, telle l'acide tartrique.	Alcool.	Saccharine.	Préservatifs.		

Résultats analytiqes.

F. X. W. E. BÉLAND, INSPECTEUR.

	p. c.	p. c.	.p. c.	p. c.	p. c.		p. c.				
....	7·23	2·37	4·28	6·65	0·58	0·075	0·07	Non..	Non..	....	56149
....	4·99	3·90	0·52	4·42	0·57	0·247	0·33	Pré-sent.	"	.........·.	56150
....	4·68	3 28	1·32	4·60	0·03	0·190	0 20	"	"	....	56151
....	9·60	5·00	3·70	8 70	0·90	0·142	0·20	Non..	"	Arome artificiel.	56152
....	5·37	4·20	1·02	4·22	0·15	0·202	0·33	"	"	·" ..	56153
....	10·46	3·42	5·92	9·34	1·12	0·045	0·20	"	"	....	56154
....	7·18	1·44	4·50	5·94	1·24	0·410	0·20	"	"	....	56155
... .	8·74	2·84	4·11	6·95	1·79	0·120	0·26	"	"	....	56156
....	7·72	2·61	3·95	6·56	1·16	0·105	0·20	"	"	....	56157
....	7·07	0·88	5·45	6·33	0·74	0·161	0·00	"	"	....	56158

DR V. P. LAVALLÉE, INSPECTEUR.

	p. c.	p. c.	p. c.	p. c.	p. c.		p. c.				
....	7·64	3·28	3·86	7·14	0·50	0·210	0·33	Pré-sent.	Non..	.... ,.	59731
....	6·28	4·18	1·42	5·60	0·68	0·150	0·26	Non..		Arome artificiel.	59732
....	5·46	2·42	2·25	4·67	0·79	0·502	0·20	"	Acide Salicyliq.	" ..	59733
....	4·58	0·75	3·16	3·91	0·67	0·225	0·20	Pré-sent.	Non..	....	59734
....	4·89	2·32	2·10	4.42	0·47	0·052	0·46	"	"	....	59735
....	4·88	0·93	3·42	4·35	0·55	0 240	0·26	"	"	... .. ,. ..	59736
....	5·18	1 14	3·37	4·51	0·67	0·060	0·33	Non .	"	....	59737
....	3 38	2 70	0·65	3·35	0·03	0·112	0·33	Pré-sent.	"	....	59738
....	5·01	0·73	3·61	4·34	0·67	trace	0·46	Non..	"	....	59739
.. ..	5·16	4 08	0·61	4·69	0·46	0·065	0·60	"	"	Arome artificiel.	59751

5 GEORGE V, A. 1915

BULLETIN N° 280—

Date du prélèvement.	Nature de l'échantillon.	Numéro de l'échantillon.	Nom et adresse du vendeur.	Prix.		Nom et adresse du fabricant ou fournisseur, tel que communiqué par le vendeur.	
				Quantité.	Cents.	Fabricant.	Fournisseur

DISTRICT DES CANTONS DE L'EST—

1913.							
29 sept..	Soda à la crème	1735	J. M. Brunette, Victoria-ville.	3bout.	25	Vendeur	
30 "	" ...	1736	J. E. Jeannette, Rich-mond-E.	3 "	25	"	
2 oct..	Ginger Ale....	1737	Alp. Moisan, Mégantic...	3 "	30	"	
3 "	Lemon Sour..	1738	J. H. Bryant, Sherbrooke	3 "		"	
3 "	Sirop de framboises	1739	D. M. McMahon, Sherbrooke.	3 "		"	
6 "	Sirop de fraises	1740	J. H. Poloquin, Coaticooke	3 "	20	"	
9 "	Sirop de framboises.	1741	F. B. Perkins, Waterloo..	3 "		"	
9 "	Noxi-Kola....	1742	" " ..	3 "		"	
9 "	Cidre de champagne.	1743	H Torand, Waterloo	3 "		"	
31 "	"	1744	F. Orsali & Cie, St-Hya-cinthe.	3 "	15	Vendeurs	

DISTRICT DE MONTRÉAL—

21 oct ..	Ginger Ale....	58636	D. Legault, 1320 rue Wellington, Verdun.	3bout.	24	J. Christin & Co., Montréal.	
21 "	"	58637	N. Gauthier, 1218 rue Wellington, Verdun.	3 "	24	Stewart Bottling Co., Montreal.	
21 "	Sirop de fraises	58638	O. Montpetit, 1265 rue Wellington, Verdun.	3 "	24	J. Christin & Co., Montréal.	
31 "	Ginger Ale....	58639	Trudeau Frère, 302 rue Charlevoix, Verdun.	3 "	24	Stewart Bottling	
4 nov..	Soda à la crème	58640	Taylor et Peacock, 330 rue Charlevoix, Verdun.	3 "	15	Chas. Gurd & Co., Montréal.	
4 "	Lemon Sour..	58641	N. Lalande, 364 rue Charlevoix, Verdun.	....	24	E. F. Kelly, Montréal.	
4 "	Ginger Ale....	58642	H. Harel, 361 rue Charlevoix, Verdun.	....	24	Rowan Bros., Montréal.	
1 "	Cidre de champagne.	58643	A. Rathé, 555 rue Grand-Tronc, Verdun.	...	24	Millars, Montréal.	
4 "	Soda à la crème	58644	E. Valade, 230 rue Châteauguay, Verdun.	.....	21	H. Girouard & Co., Montréal.	
4 "	Cidre de champagne.	58645	H. Piché, 628 rue Centre, Verdun.	.....	24	La Renna Bottling Co., Montréal.	

DOC. PARLEMENTAIRE No 14

BOISSON DOUCES.

Rapport de l'inspecteur (ne comportant aucune expression d'opinion).	Résultats analytiques. Grammes par 100 cc.									Remarques.	Numéro de l'échantillon.	Remarques et opinion de l'analyste en chef.
	Corps Solides.	Sucre inverte.	Sucrose.	Sucre.	Corps solides, non déterminés.	Acidité, telle l'acide tartrique.	Alcool.	Saccharine.	Préservatifs.			

J. C. ROULEAU, INSPECTEUR.

	p.c.	p.c.	p.c.	p.c.	p.c.		p.c.					
....	9·62	1·37	7·04	8·41	1·21	0·052	0·33	Non.	Non.	....	1735	
....	7·18	0·26	6·60	6·86	0·32	0·015	0·20	"	"	....	1736	
....	8·23	0·42	6·72	7·14	1·09	0·075	0·33	"	"	....	1737	
....	9·58	4·37	4·15	8·52	1·06	0·224	0·40	"	Acide sali-cyliq.		1738	
....	7·89	3·25	3·64	6·89	1·00	0·33	0·150	Pré-sent	Non.	Arome artificiel.	1739	
....	4·80	0·61	3·10	3·71	1·09	0·045	0·33	"	"	"	1740	
....	6·64	2·66	3·80	6·46	0·18	0·090	0·33	"	"	"	1741	
....	4·96	4·07	None.	4·07	0·89	0·07	0·180	Non.	"		1742	
....	10·78	5·16	4·20	9·36	1·42	0·240	0·33	Pré-sent	"	Arome artificiel.	1743	
....	8·24	4·80	2·07	6·87	0·37	0·452	0·33	Non.	"	"	1744	

D. J. KEARNEY, INSPECTEUR.

....	7·64	4·92	2·55	7·47	0·17	0·105	0·20	Non.	Non.	Arome artificiel.	58636	
....	4·22	0·62	3·32	3·94	0·28	0·300	0·26	Pré-sent	"		58637	
....	7·12	3·38	3·52	6·70	0·42	0·067	0·33	Non.	Acide sali-cyliq.	Arome artificiel.	58638	
....	5·60	0·57	4·54	5·11	0·49	0·262	0·20	Pré-sent	Non.		58639	
....	7·11	0·45	5·51	5·96	1·15	.0·098	0·33	Non.	"		58640	
....	6·18	2·45	3·05	5·50	0·68	0·172	0·13	"	Acide sali-cyliq.		58641	
....	5·50	1·15	3·12	4·27	1·23	0·067	0·40	"	"		58642	
....	5·98	3·65	1·42	5·07	0·91	0·232	0·60	Pré-sent	Non.	Arome artificiel.	58643	
....	4·63	4·00	0·40	4·40	0·23	0·075	0·07	"	"		58644	
....	4·58	2·62	1·72	4·34	0·24	0·065	0·33	"	"	Arome artificiel.	58645	

5 GEORGE V, A. 1915

BULLETIN N° 280—

Date du prélèvement de l'échantillon.	Nature de l'échantillon.	Numéro de l'échantillon.	Nom et adresse du vendeur.	Prix.		Nom et adresse du fabricant ou fournisseur, tel que communiqué par le vendeur.	
				Quantité.	Cents.	Fabricant.	Fournisseur.

DISTRICT DE VALLEYFIELD—

Date	Nature	N°	Vendeur	Quantité	Cents	Fabricant	Fournisseur
1913.							
12 nov.	Ginger Ale....	58661	John McDonald, rivière Beaudette.	3 bout	30	C. Robillard et Cie, Montréal.	....
12 "	Ginger Ale....	58662	M. Beauchamp, rivière Beaudette.	3 " ..	45	1,000 Island Mineral Water Co., Brockville.	....
20 "	Ginger Ale....	58663	P. J. Pulos, Valleyfield..	3 " ..	25	T. Saniel, Valleyfield.	... .
20 "	Soda à la crème	58664	N. Boutin, Valleyfield ...	3 " ..	30	" " ..	.. .. ".........↘
20 "	Bière de gingembre.	58665	Hôtel Salaberry, Valleyfield.	3 " ..	25	" " ..	....
21 "	Soda à la crème	58666	Geo. Greff, Coteau-Landing.	3 " ..	30	" " ..	....
21 "	Ginger Ale....	58667	J. E. Lalonde, St-Zotique	3 " ..	30	Goulet Frères, Montréal.	....
21 "	Ginger Ale....	58668	E. Poirier, Coteau-Landing.	3 " ..	60	Pilgrim M. W. Co., Brockville.	....
21 "	Lemon Sour .	58669	O. Besner, Coteau-Landing	3 " ..	60	F. N. Pilgrim, Brockville.	....
21 "	Ginger Ale....	58670	Chas. Jasmin, Coteau-Landing.	3 " ..	30	T. Saniel, Valleyfield.	....

DISTRICT D'OTTAWA—

Date	Nature	N°	Vendeur	Quantité	Cents	Fabricant	Fournisseur
3 oct.	Ginger Ale....	59201	J. J. McLaughlin, rue Lyon, Ottawa.	3 bout	16	Vendeurs........:	....
"	Soda citronné.	59202	" " ..	3 " ..	16	"	... .
"	Soda à la crème	59203	" " ..	3 " ..	16	"	....
3 "	Ginger Ale....	59204	Morel Bros., rue Bay. Ottawa.	3 " ..	25	"	... .,.... . . ..
3 "	Cidre de Champagne.	59205	Eug. Mirault, rue Rideau, Ottawa.	3 " ..	16	Vendeur............	
3 "	Tonique de fer.	59206	" ..	3 " ..	16	"	....
"	Ginger Ale....	59207	" " ..	3 " ..	16	"	.........:. ... ...
3 "	Ginger Ale....	59208	J. R. Shaw, rue Besserer, Ottawa.	3 " ..	16	"	....
3 "	Lemon Sour ..	59209	" " ..	3 " ..	16	"	....
3 "	Ginger Ale....	59210	A. L. Pinard et Fils, rue Rideau, Ottawa.	3 " ..	16	Pilgrim's M. W. Co., Aylmer, P.Q.	....

BOISSONS DOUCES.

Rapport de l'inspecteur (ne comportant aucune expression d'opinion).	Résultats analytiques.									Remarques.	Numéro de l'échantillon.	Remarq. et opinion de l'analyste en chef.
	Grammes par 100 cc.											
	Corps solides.	Sucre invert.	Sucrose.	Total sucre.	Corps solides, non déterminés.	Acidité, telle l'acide de tartrique.	Alcool en valeur.	Saccharine.	Préservatifs.			

D. J. KEARNEY, INSPECTEUR-INTÉRIMAIRE.

	Corps solides	Sucre invert.	Sucrose.	Total sucre.	Corps solides non dét.	Acidité	Alcool	Saccharine	Préservatifs	Remarques	No
	p.c.	p.c.	p.c.	p.c.	p.c.		p.c.				
....	4·22	1·26	2·90	4·16	0·06	0 120	0·07	Non..	Non..	....	58661
....	4·10	1·78	1·95	3·77	0·33	0·090	0 20	"	"	....	58662
....	5·94	3·85	1·75	5·60	0·34	0 097	0·40	"	"	....	58663
....	7·94	1·71	5·24	6·95	0·99	0·038	0·13	Pré-	"	....	58664
....	6·18	3·4x	2·45	5 93	0·25	0·09	0·40	sent	"	....	58665
....	7·16	0·54	5·90	6·41	0·72	0·045	0·20	Non..	"	....	58666
....	4·34	2·75	1·16	3·91	0·43	0·105	0·20	"	"	....	58667
....	3·52	1·74	1·65	3·39	0·13	0·103	0·20	Pré-sent.	"	....	58668
....	3·06	2 83	0·10	2·90	0·16	0·165	0·33	Non..	"	....	58669
....	5·70	0·92	3·96	4·88	0·82	0·070	0·33	" -	"	....	58670

J. A. RICKEY, INSPECTEUR.

	Corps solides	Sucre invert.	Sucrose.	Total sucre.	Corps solides non dét.	Acidité	Alcool	Saccharine	Préservatifs	Remarques	No
....	9·09	3·09	5·72	8·81	0·2x	0·214	0·33	Non..	Non..	....	59201
....	9·08	2·51	5·92	8·43	0·65	0·182	0·20	"	"	....	59202
....	9·41	2·80	5·78	8·58	0·83	0·060	0·26	"	"	....	59203
....	5·16	0·65	4·03	4·68	0·48	0·352	0·20	Présent.	"	....	59204
....	4·43	3·98	None.	3·98	0·50	0 180	0·40	Non..	"	Arome artificiel.	59205
....	4·40	1·80	1·92	3·72	1·08	0·067	0·26	"	"	....	59206
....	2·82	1·84	0 71	2·55	0·27	0·045	0·20	Présent.	"	....	59207
....	4·78	0·56	3·59	4·15	0·63	0·337	0·26	"	"	....	59208
....	4·45	1·00	3·26	4·26	0·19	0·168	0·20	Non..	"	....	59209
....	4·22	2·46	1·63	4 09	0·13	0·180	0·20	Présent.	"	....	59210

5 GEORGE V, A. 1915

BULLETIN N° 280—

Date du prélèvement.	Nature de l'échantillon.	Numéro de l'échantillon.	Nom et adresse du vendeur.	Prix.		Nom et adresse du fabricant ou fournisseur, tel que communiqué par le vendeur.	
				Quantité.	Cents.	Fabricant.	Fournisseur.

DISTRICT DE KINGSTON—

1913.							
18 sept.	Ginger Ale...	60046	S. V. Horne, Kingston...	3 bout	10	Vendeur............	....
18 "	Lemon Sour..	60047	"	3 "	10	"	....
18 "	Soda Water...	60048	"	3 "	10	"	....
18 "	Bière de gingembre.	60049	"	3 "	10	"	....
18 "	Ginger Ale...	60050	J. M. Parland, Kingston.	3 "	35	Gurd Co., Montréal.	....
18 "	Soda Water...	60051	J. Gordon, Kingston.....	3 "	30	"	....
18 "	Bière de gingembre.	60052	Geo. Thompson, Kingston	3 "	30	Vendeur............	....
18 "	Lemon Sour..	60053	" ..	3 "	45	"	....
18 "	Ginger Ale...	60054	" ..	3 "	30	"	....
18 "	Lemon Sour..	60055	E. Beaupré, Kingston ...	3 "	45	....	....

DISTRICT DE TORONTO—

Sept. 17	Cidre de pommes.	57474	G. Famnan, 11 rue Caer Howell, Toronto.	3 bout	15	Vendeur............	....
17 "	Cidre de cerise.	57475	Toronto Soda Water Co., Toronto.	3 "	20	Vendeurs.........	....
17 "	Salsepareille..	57476	Dom. Soda Water Mfg. Co., 24 rue Walton, Toronto.	3 "	15	"	....
17 "	Soda à la crème	57477	Chas. Wilson, Ltd., 517 rue Sherbourne, Toronto.	3 "	25	"	....
18 "	Tonique de fer	57478	Petersons, Ltd., 104 rue Front, Toronto.	3 "	16	"	....
18	Lemon Sour..	57479	Ont. Soda Water Mfg.Co., 209½ rue McCaul, Toronto	3 "	15	"	....
18 "	Ginger Ale...	57480	The Union Soda Water Mfg.Co., 30 rue William, Toronto.	3 "	15	"	....
18 "	Limonade concentrée.	57481	Dalton Bros., 11 rue Front-Est, Toronto.	3 "	30	"	....
19 "	Crème Jersey.	57482	L. A. Kirkland, 36 rue Dundas, Toronto.	3 "	35	Vendeur............	....
19 " .	Bière de gingembre.	57483	The Mineral Springs, Ltd., 349 rue Front-Est, Toronto.	3 "	36	Vendeurs............	....

DOC. PARLEMENTAIRE No 14

BOISSONS DOUCES.

Rapport de l'inspecteur (ne comportant aucune expression d'opinion).	Grammes par 100 cc.						Alcool.	Saccharine.	Préservatifs.	Remarques.	Numéro de l'échantillon.	Remarques et opinion de l'analyste en chef.
	Corps solides.	Sucre inverti.	Sucrose.	Sucre.	Corps solides, non déterminés.	Acidité, telle l'acide tartrique.						

JAS. HOGAN, INSPECTEUR.

	p. c.	p. c.	p. c.	p. c.	p. c.		p. c.					
	7·65	0·95	5·97	6·92	0·73	0·160	0·40	Non.	Non.		60046	
	6·56	1·49	4·60	6·09	0·47	0·063	0·40	Présent.	''		60047	
	4·70	2 25	1·83	4·08	0 62	0·060	0 46	Non.	''		60048	
	5·00	2·00	1·80	3 80	1·10	0·300	2·86	''	''		60049	Alc. dép. quelq.peu la limite.
	8·40	1 34	6 24	7·58	0 82	0·210	0·40	Présent.	''		60050	
	0 060	....	....	....	....	....	...		....	A basse de sodium et calcium.	60051	
	7·00	2 23	4·08	6·31	0 69	0·157	·20	Non.	Non.		60052	
	6·65	2·94	3·50	6·44	0 21	0·119	·40	''	''		60053	
	6·79	1·37	5·00	6·37	0·42	0 232	·33	''	''		60054	
	6·00	0·95	4·46	5·41	0·59	0·050	0·46	''	''		60055	

H. J. DAGER, INSPECTEUR.

	10·50	4·69	4·19	8·83	1 62	0·105	0·26	Non.	Non.	Arome artificiel.	57474	
	6·92	0·97	5·60	6·57	0·35	0·03	0·120	''	''		57475	
	5·85	2·96	2 15	5·11	0·74	0·210	0·20	''	''		57476	
Première qualité.	10·90	4·82	4 77	9·59	1·31	0·235	0·13	''	''		57477	
Arome conf. à l'étalon.	6·90	3·70	2·43	6·13	0·7⁶	0·128	0·20	''	''		57478	
	4·53	1 53	2·76	4·29	0·24	0·075	0·33	Présent.	''		57479	
	4·75	1·15	3 22	4·37	0·38	0·060	0·33	Non.	''		57480	
Pure limon. au citron ne conten. pas d'aut.acide.	48·70	36·58	5·90	42·48	6·22	*4·09	0·99	''	''		5748	
	7·35	5·00	1 78	6·78	0·57	0·120	0·13	''	''		57482	
York springs	5·92	2·54	3·15	5·69	0 23	0·285	2·62	''	''		57483	Alc. dép. quelq.peu la limite.

*L'acide a été séparé et reconnu comme acide citrique, et estimé comme tel acide (4·09 gms. par 100cc.)

5 GEORGE V, A. 1915

BULLETIN N° 280—

Date du prélèvement.	Nature de l'échantillon.	Numéro de l'échantillon.	Nom et adresse du vendeur.	Prix.		Nom et adresse du fabricant ou fournisseur, tel que fourni par le vendeur.	
				Quantité.	Cents.	Fabricant.	Fournisseur.

DISTRICT DE HAMILTON—

1913.							
30 sept.	Phosphate d'orange.	50870	Sutherlands, Ltd., rue York, Hamilton, Ont.	3 bout.	25	Vendeurs.........	...............;
30 ʺ	Lemon Sour..	50871	ʺ　　　　ʺ	3 ʺ ..	25	ʺ　.........	....
30 ʺ	Ginger Ale....	50872	ʺ　　　　ʺ　..	3 ʺ ..	20	ʺ　.........	....
30 ʺ	Saseparella....	50873	ʺ　　　　ʺ　..	3 ʺ ..	25	ʺ　...... .	....
30 ʺ	Lagerine......	50874	William Bolus, 412 rue York, Hamilton, Ont.	3 ʺ .	30	The Kuntz Brew- ery, Ltd.	....
30 ʺ	Ginger Ale ...	50875	C. Katzemire, 105 rue John, Hamilton, Ont.	3 ʺ ..	35	Cumner & Son, Hamilton.	... .
30 ʺ	Saseparella....	50876	Geo. O. Elder, 121 rue McGregor, Hamilton, Ont.	3 ʺ ..	30	ʺ　　　ʺ　...	....
30 ʺ	Lemon Sour..	50877	Louis Econople, 2 rue Merrick, Hamilton, Ont.	3 ʺ ..	20	ʺ　　　ʺ　..	....
30 ʺ	Lemon Sour ..	50878	E. Fanman, 448 rue York, Hamilton, Ont.	3 ʺ ..	30	Vendeur.........	....
30 ʺ	Ginger Ale....	50379	ʺ　　　　ʺ　..	3 ʺ ..	30	ʺ　...... ...	....

DISTRICT DE WINDSOR—

9 oct.	Ginger Ale....	51116	D. Donaldson, Sarnia....	3 bout.	45	S h a r p & Kirkpatrick, Sarnia.	....
9 ʺ	Soda Water ..	54417	ʺ　　　ʺ　....	3 ʺ ..	30	Gummer & Son, Hamilton.	....
9 ʺ	Eau Sanitaris.	54418	ʺ　　　ʺ　....	3 ʺ ..	40	Sanitaris L t d ., Arnprior, Ont.	....
9 ʺ	Bière de gingembre.	54419	ʺ　　　ʺ　....	3 ʺ ..	40	ʺ　　　ʺ　..	....
9 ʺ	Ginger Ale...	54420	ʺ　　　ʺ　....	3 ʺ ..	40	Goderich M. W. C o ., Goderich, Ont.	....
9 ʺ	Eau minérale.	54423	C. H. Pugh, Sarnia....	3 ʺ ..	25	Saugeen M. W. Co., Southampton.	....

BOISSONS DOUCES.

Rapport de l'inspecteur (ne comportant aucune expression d'opinion).	Résultats analytiques. Grammes par 100 cc.									Remarques.	Numéro de l'échantillon.	Remarques et opinion de l'analyste en chef.
	Corps solides.	Sucre inverte.	Sucrose.	Sucre.	Corps solides, non déterminés.	Acidité, telle l'acide tartrique.	Alcool.	Saccharine.	Préservatifs.			

J. J. COSTIGAN, INSPECTEUR INTÉRIMAIRE.

Rapport	Corps solides	Sucre inverte	Sucrose	Sucre	Corps sol. non dét.	Acidité	Alcool	Saccharine	Préservatifs	Remarques	Numéro	Remarques analyste
	7·48	5·14	2·18	7·32	0·16	0·20	0·165	Non.		Acide salicyliq.	50870	
	8·12	3·52	3·6	7·17	0·95	0·103	0·07	"	Non.		50871	
	6·31	0·82	5·08	5·90	0·41	0·100	0·26	"			50872	
	8·82	2·01	6·40	8·41	0·41	0·33	0·063	"		Acide salicyliq.	50873	
	4·46						1·34			Alcool preuve 2·34.	50874	
	1·88	0·60	1·22	1·82	0·08	0·150	0·20	Présent.	Non.		50875	
											*50876	
	1·78	0·38	1·20	1·58	0·20	0·098	0·26	Non.	Non.		50877	
	9·96	2·06	6·84	8·90	1·06	0·063	0·07	"	"		50878	
	9·54	1·68	7·85	9·53	0·01	0·178	0·20	"	"		50879	

JNO. TALBOT, INSPECTEUR.

Rapport	Corps solides	Sucre inverte	Sucrose	Sucre	Corps sol. non dét.	Acidité	Alcool	Saccharine	Préservatifs	Remarques	Numéro	Remarques analyste
	4·77	1·53	2·61	4·19	0·53	0·270	0·20	Non.	Non.		54416	
Club Soda..	0·020									Sodium et calcium.	54417	
La meilleure des eaux m'nérales.	0·483									Magnesium et potassium, sodium et calcium.	54418	
Crested.....	10·00	3·35	5·47	8·82	1·18	0·127	0·33	Non.	Non.		54419	
Sparkling Dry.	5·57	1·42	3·02	4·44	1·13	0·165	0·26	"	"		54420	
Saugeen Natural Mineral Water.	0·310									Ca, Mg, Na. et K. acid radicals. SO_3 et certaines traces de CO_2.	54423	

* Brisées en route.

5 GEORGE V, A. 1915

BULLETIN N° 280—

Date du prélèvement de l'échantillon.	Nature de l'échantillon.	Numéro de l'échantillon.	Nom et adresse du vendeur.	Prix.		Nom et adresse du fabricant ou du fournisseur, tel que communiqué par le vendeur.	
				Quantité.	Cents.	Fabricant.	Fournisseur.

DISTRICT DE WINDSOR—

1913.							
9 oct.	Ginger Ale...	54424	C. H. Pugh, Sarnia......	3 bout.	35	Hamilton M. W. Co., Hamilton.	....
9 "	Ginger Ale....	54425	" "	3 " ..	30	Mineral Spring Co., Toronto.	....
9 "	Ginger Ale....	54426	" " ...	3 " ..	25	C. H. Tune, London.	....
9 "	Soda Water...	54427	" " ...	3 " ..	30	Gummer & Sons, Hamilton.	....

DISTRICT DU MANITOBA—

26 sept.	Bière de gin-gembre.	48946	Pelissier et fils, Winnipeg.	3 bout.	Nil.	Vendeurs........	....
26 "	Ginger Ale...	48947	" "	3 "	"	"	....
27 "	Crystal Soda..	48948	E. L. Drewery, Winnipeg	3 "	"	Vendeur...... ...	....
27 "	Bière de gin-gembre.	48949	" "	3 "	"	"	....
29 "	Ginger Ale...	48950	Blackwood, Ltd., Winni-peg.	3 "	"	Vendeurs........	....
29 "	Bière de gin-gembre.	48951	" "	3 "	"	"	....
20 "	Limonade	48952	" "	3 "	"	"	....
29 "	Soda à la crème	48953	The American Soda Water Co., 358–360 rue Flora, Winnipeg.	3 "	15	"	....
27 oct.	Bière de gin-gembre.	48954	The Empire Brewing Co., Brandon.	3 "	....	"	....
27 "	Ginger Ale...	48955	The Brandon Brewing Co., Brandon.	3 "	....	"	....

BOISSONS DOUCES.

Rapport de l'inspecteur (ne comportant aucune expression d'opinion).	Grammes par 100 cc.						Alcool.	Saccharine.	Préservatifs.	Remarques.	Numéro de l'échantillon.	Remarques et opinion de l'analyste en chef.
	Corps solides.	Sucre invert.	Sucrose.	Sucre.	Corps solides, non déterminés.	Acidité, telle l'acidité tartrique.						

Fin.

	p.c.	p.c.	p.c.	p.c.	p.c.		p.c.					
ImperialBelfast Ginger Ale.	1·70	0·52	1·12	1·64	0·06	0·102	0·13	Présent.	Non.	....	54124	
YorkSprings DryGinger Ale.	5·61	1·49	3·56	5·05	0·56	0·075	0·13	Non.	"	....	54125	
London Dry GingerAle.	7·48	2·85	2·55	5·40	2·08	0·255	0·20	"	"	....	54126	
Club Soda ..	0·020	....	.....	.....	.....	.....	.....	.....	.....	Sodium et calcium.	54127	

A. C. LARIVIÈRE, INSPECTEUR.

Beaver Brand.	4·76	1·00	2·26	3·26	1·50	0·105	0·46	Présent.	Non.	....	48946	
"	3·30	1·07	2·15	3·30	0·00	0·105	0·20	"	"	....	48947	
The Golden Key Brand.	0·140	....	....	.....	.....	.....	..	..	..	Sodium et calcium.	48948	
"	5·70	4·70	0·90	5·60	0·10	0·277	4·71	Non.	Acide salicylique.	....	48949	Alcool dépassant 2%.
....	8·13	1·20	6·71	7·91	0·22	0·322	0·26	"	Non.	....	48950	
....	7·96	1·04	6·70	7·74	0·22	0·270	0·33	"	"	....	48951	
....	7·12	1·22	5·38	6·60	0·52	0·084	0·07	"	"	....	48952	
....	. ..	.....	.....	.....	.....	...	..			....	*48953	
....	8·13	0·44	5·78	6·22	1·91	0·045	0·40	Non.	Acide salicylique.	....	48954	
....	10·44	1·38	7·66	9·04	1·40	0·240	0·33	"	Non.	....	48955	

* Brisées en route.

5 GEORGE V, A. 1915

BULLETIN N° 280—

Date du prélèvement.	Nature de l'échantillon.	Numéro de l'échantillon.	Nom et adresse du vendeur.	Prix.		Nom et adresse du fabricant ou fournisseur, tel que fourni par le vendeur.	
				Quantité.	Cents.	Fabricant.	Fournisseur.

DISTRICT DES MONTAGNES ROCHEUSES—

Date du prélèvement.	Nature de l'échantillon.	Numéro de l'échantillon.	Nom et adresse du vendeur.	Quantité.	Cents.	Fabricant.	Fournisseur.
1913.							
3 oct.	Ginger Ale...	49963	Thorpe & Co., Nelson, C.-A	3bout.	40	Vendeurs.........	....
3 "	Iron Brew....	49964	" "	3 "	40	"	....
3 "	Soda à la crème	49965	" "	3 "	40	"	... .
3 "	Salsepareille ..	49966	" "	3 "	"	"	....
3 "	Soda Water..	49967	" "	3 "	25	"	... .
17 "	Iron Brew....	49971	Jas. Wood, Fernie, C.-A.	3 "	30	Fernie Fort Steele By. Co., Fernie, C.-A.	....
17 "	Ginger Ale. .	49972	" "	3 "	30	" "	....
17 "	Bière de gingembre.	49973	" "	3 "	30	" "	..... :........
17 "	Soda au sirop de fraises.	49974	" "	3 "	30	" "	....
17 "	Soda à la crème	49975	" "	3 "	30	" "	....

DISTRICT DE VICTORIA—

Date du prélèvement.	Nature de l'échantillon.	Numéro de l'échantillon.	Nom et adresse du vendeur.	Quantité.	Cents.	Fabricant.	Fournisseur.
7 oct.	Ginger Ale...	57649	H. A. Lilley, 1417 Douglas, rue Victoria, C.-A.	3bout.	30	Thorpe & Co., Ltd. Victoria, C.-A.	....
7 "	"	57650	" "	3 "	15	C. Marleys, Victoria, C.-A.	....
7 "	Soda citronné.	57652	V Paul, 611 rue Johnston, Victoria, C.-A.	3 "	15	Kirk & Co., Ltd., Victoria, C.-A.	....
15 "	Iron Brew....	57654	John Balma, 812 rue Yates, Victoria, C.-A.	3 "	15	Regal Mineral Water Co., Victoria, C.-A.	....
18 "	Petite bière...	57665	K. Peppas, r. Cook et North Park, Victoria, C.-A.	3 "	15	Kirk & Co., Ltd., Victoria, C.-A.	....
18 "	Limonade	57666	" "	3 "	15	" "	... .
18 "	Bière de gingembre.	57667	" "	3 "	30	" "	....
18 "	Limonade	57668	" "	3 "	15	Royal Mineral Water Co , Victoria, C. A.	....
21 "	Ginger Ale...	57670	W. Stamatarous, 620 rue Yates, Victoria, C.-A.	3 "	15	Thorpe & Co., Ltd , Victoria, C.-A.	....
21 "	Sirop de framboises.	57671	" "	3 "	15	" "	....

DOC. PARLEMENTAIRE No 14

BOISSONS DOUCES.

Rapport de l'inspecteur (ne comportant aucune expression d'opinion).	Résultats analytiques. Grammes par 100 cc.							Saccharine.	Préservatifs.	Remarques.	Numéro de l'échantillon.	Remarques et opinion de l'analyste en chef.
	Corps solides.	Sucre inverte.	Sucrose.	Sucre.	Corps solides, non déterminés.	Acidité, telle l'acidité tartrique.	Alcool.					

THOS. PARKER, INSPECTEUR.

	p. c.	p. c.	p. c.	p. c.	p. c.		p. c.					
....	7·49	2·83	4·40	7·23	0 26	0·157	0·33	Non.	Non.	....	49963	
....	9·71	3·92	4·53	8·45	1·26	0·150	0·26	"	"	....	49964	
....	6·52	3·63	2·21	5·84	0·68	0·165	0·07	"	"	....	49965	
....	7·16	5·00	2·00	7·00	0·16	0·20	0·20	" ~	"	....	49966	
....	0·060	....	...	....	.....	...	......	......	A bases de sodium et calcium.	49967	
....	7·22	1·01	5·76	6·77	0·45	0·157	0·60	Non.	Non.	....	49971	
....	9·00	1·78	6·07	7·85	1·15	0·375	0·20	Présent.	"	....	49972	
....	9·42	4·87	3·38	8·25	1·17	0·125	0·20	Non.	"	....	49973	
....	6·98	1·91	4·91	6·82	0·16	0·060	0·20	"	"	....	49974	
....	7·13	1·01	5·76	6·77	0·36	0·038	0·33	"	"	....	49975	

D. O'SULLIVAN, INSPECTEUR.

Ye. old fashioned Ginger Ale.	6·58	2 59	2·33	4·92	1·66	0·315	1 13	Non.	Non.	....	57649	
....	5·86	3 75	1·75	5·50	0·36	0·225	0 33	Présent.	"	.........'.......	57650	
....	5·80	4 66	0·40	5·06	0·74	0·20	0·045	Non.	"	... .	57652	
....	5·46	1·88	3·20	5·08	0·38	0·202	0·07	"	"	....	57654	
... .	5·93	1 27	3·63	5·00	0·93	0·20	0·045	"	"	....	57665	
....	4·78	2·46	1·25	3·71	1·07	0·203	0·33	"	"	....	57666	
Old English	3·41	2·12	0·45	2·58	0·83	0·352	0·86	"	"	....	57667	
....	5·18	1·41	3·70	5·11	0·07	0·112	0·46	Présent.	"	....	57668	
....	3·70	2 05	1·49	3·54	0·16	0·210	0·20	Non.	"	....	57670	
....	3·75	2·10	1 58	3·68	0·07	0·150	0·20	"	"	Arome artificiel.	57671	

5 GEORGE V, A. 1915

ANNEXE X.

BULLETIN N° 281—BEURRE.

Monsieur Wm. Himsworth,
	Sous-ministre, Revenu de l'Intérieur.

Monsieur,—J'ai l'honneur de vous soumettre un rapport sur 340 échantillons de beurre que nos inspecteurs ont prélevés, durant les mois de novembre et décembre 1913 et de janvier de cette année, en différents endroits du pays. A ce rapport se trouve attaché, sous forme d'appendice, un autre rapport sur 26 échantillons prélevés en mars 1913, dans le district de Québec, en vue de constater si réellement on offrait en vente de l'oléo-margarine sur ces marchés, suivant l'affirmation de certaines gens se prétendant renseignées à ce sujet. L'examen du marché a été fait d'après les indications particulières que ces gens ont fournies et nous avons lieu de nous réjouir que tous les échantillons obtenus se soient trouvés normaux.

L'arrêté en Conseil du 3 novembre 1910 donne du beurre la définition légale suivante: " le produit net et doux, obtenu en recueillant, d'une manière quelconque, le gras du lait frais ou mûri, ou de la crème, en une masse qui contient aussi quelque-unes des autres parties constituantes du lait, avec ou sans sel, et contient au moins quatre-vingt-deux et cinq dixièmes (82.5) pour cent de gras de lait, et au plus (16) seize pour cent d'eau. Le beurre peut aussi contenir de la matière colorante d'une nature inoffensive."

La somme de la proportion légale, au minimum, des matières grasses, et de la proportion légale, au maximum, de l'eau, dans le beurre, est de 98.5 du poids de ce dernier, d'où il suit que, dans un beurre contenant le maximum de la quantité d'eau permise, le sel, le lait caillé, la lactose, l'albumine et les autres substances constituantes du lait, dont il existe toujours des traces dans le beurre, ne forment ensemble qu'environ un et demi pour cent (1.5) au plus. Veut-on indroduire plus de un pour cent environ de sel dans le beurre, on doit diminuer le contenu en eau, et, en réalité, il arrive rarement que l'on trouve une proportion de (16) pour cent d'eau dans le beurre. Cinq seulement des échantillons qui composent le prélèvement dont il est ici question offrent plus de 16 pour cent d'eau, savoir :—

Numéro des échantillons.	Eau, p.c.	Matières grasses, p.c.	Sel, p.c.
56192	16·75	78·69	4·56
59291	16·44	83·47	0·09
53247	20·28	76·68	3·04
53250	16·48	80·84	2·78
51821	16·94	81·47	1·59

Et les matières grasses du beurre donnent un contenu nécessairement peu élevé, dans ceux de ces échantillons qui offrent une proportion appréciable de sel. Le numéro 59291 ne présente que de simples traces de sel ; aussi les matières butyreuses y existent-elles en une proportion entièrement satisfaisante.

Le contenu en matières grasses constitue, naturellement, l'élément le plus important dans l'appréciation de la qualité du beurre, et celui qui détermine le coût de la production du beurre. On peut le réduire par l'addition d'un excédent de sel ou d'eau. C'est pour cette raison que l'on a fixé une limite à la proportion d'eau que peut légalement offrir le beurre ; et, quoique la quantité admissible de sel n'ait pas été précisément définie, il est évident que les chiffres indiquant les matières grasses et l'eau déterminent en réalité une limite l'environ 7 pour 100. Le contenu normal en eau, dans un bon beurre, est, en effet, d'environ dix pour cent, tandis que le lait caillé et les autres parties constituantes du lait dont on trouve toujours des traces forment réunies environ un demi de un pour cent. Quand le beurre contient plus de 7 pour 100 de sel, non seulement est-il, de ce chef, non satisfaisant quant au goût, mais son contenu est ordinairement peu élevé en fait de matières grasses.

S'il existe un excédent considérable d'eau, il arrive habituellement qu'une partie de cette eau se sépare en reposant ; au cas même où la quantité d'eau n'est pas excessive, il peut y avoir séparation de jusqu'à un ou deux pour cent. Cette eau a été vendue et, il y a lieu de croire, pesée avec le beurre ; d'où, en stricte justice, compte devrait en être tenu à l'acheteur, comme partie de son achat. Dans le présent rapport, j'ai concédé au vendeur l'avantage que cette partie d'eau peut lui donner, mais cette concession ne doit pas être considérée comme constituant un précédent justifiant pareille manière d'agir.

Il n'a été trouvé aucune matière grasse étrangère dans ces échantillons.

Le tableau synoptique suivant indique les résultats de l'inspection effectuée :—

ECHANTILLONS.

Trouvés normaux	316
Acceptés comme ne dépassant pas les limites raisonnables d'une erreur explicable	18
Falsifiés pour cause d'excédent d'eau ou d'insuffisance notable des matières butyreuses	6
Echantillons dont il est fait rapport dans l'appendice	26
Total	366

Je recommande la publication de ce rapport sous le titre de Bulletin Numéro 281

J'ai l'honneur d'être, monsieur,

Votre obéissant serviteur.

A. McGILL,
Analyste en chef.

5 GEORGE V, A. 1915

BULLETIN N° 281—

Date du prélèvement.	Nature de l'échantillon	Numéro de l'échantillon.	Nom et adresse du vendeur.	Prix.		Nom et adresse du fabricant ou du fournisseur, tel que communiqué par le vendeur.	
				Quantité.	Cents.	Fabricant.	Fournisseur.

DISTRICT DE LA NOUVELLE-ECOSSE—

1913.							
15 déc.	Beurre...... ..	53813	D. C. Mulhall, Liverpool, N.-E.	2 liv.	66	Inconnu............	Jno. Tobin & Co., Halifax, N.-E
1914.							
27 janv.	''	53814	Jas. A. Leaman & Co., Halifax, N.-E.	2 '' ..	76	Brookfield Creamery Co., Brookfield, N.-E.	Fabricants.
27 ''	......	53815	P. T. Shea, Halifax, N.-E.	2 '' ..	70	Crapaud Creamery Co., Crapaud, I.-P.-E	''
27 ''	'' ....:..	53816	Rooney & Lovett, Halifax, N.-E.	2 '' ..	66	F. W. Foster, Kingston, N.-E.	Fabricant
27 ''	''	53817	Wentzells, Ltd., Halifax, N.-E.	2 '' ..	70	Acadia Creamery Co., Kingston, N.-E.	Fabricants.
27 ''	''	53818	F. S. Burns & Co., Halifax, N.-E.	2 '' ..	68	Illsley Bros., Berwick, N.-E.	''
27 ''	''	53819	Geo. Hirschfeld, Halifax, N.-E.	2 '' ..	70	Inconnu	A. Patterson, Patterson Siding, N.-E.
27 ''	''	53820	I. E. Sanford, Halifax, N.-E.	2 '' ..	70	''	Olive & Stroud Montréal.
27 ''	''	53821	F. S. Short, Halifax, N.-E.	2 '' ..	70	''	Smith & Proctor, Halifax, N.-E.
28 ''	''	53822	R. B. Calwell, Halifax, N.-E.	2 '' ..	60	''	A. Rockwell, Kings Co., N.-E.
28 ''	''	53323	Linton & McLeod, Halifax, N.-E.	2 '' ..	64	''	C. H. Crowe, Montrose, Colchester Co., N.-E.
28 ''	''	53824	B. H. Dodge & Co., Kentville, N.-E.	2 '' ..	56	L. Cogswell, rue Belcher, Kings co., N.-E.	Fabricant.
29 ''	''	53825	Wentworth Stores, Windsor, N.-E.	2 '' ..	70	Mme A. Clark, Clarksville, N.-E.	''
29 ''	''	53826	John Lynch & Son, Windsor, N.-E.	2 '' ..	70	Inconnu............	S. T. Jefferson, Lawrencetown, N.-E.
30 ''	''	53827	A. D. Bruce, Halifax, N.-E.	2 '' ..	66	''	Banks & Williams, Halifax, N.-E.
30 ''	''	53828	Succ. de H W. Brown, Halifax, N.-E.	2 '' ..	70	''	P. T. Shea, Halifax, N.-E.
30 ''	''	53829	S. Thomson, Dartmouth, N.-E.	2 '' ..	64	''	F. J. Holman, Ch'town, I.P.-E
30 ''	''	53830	Colin McNab & Co., Dartmouth. N.-E.	2 '' .	70	J. C. Welton, North-Kingston, N.-E.	Fabricant.
30 ''	''	53831	A. W. Huxtable, Dartmouth, N.-E.	2 '' ..	68	A. C. Bates, M. Musquodoboit, N.-E.	''
30 ''	'' ....:.	53832	Coleman & Eisenor, Dartmouth, N.-E.	2 '' ..	70	Inconnu............	Smith & Proctor, Halifax, N.-E.

BEURRE.

Rapport de l'inspecteur (ne comportant aucune expression d'opinion).	Résultats analytiques.								Remarques et opinion de l'analyste en chef.
	Eau.								
	Séparée.	Incorporée.	Total.	Cendre.	Réfractomètre-Butyro à 40°c.	Titre Reichert Meissl.	Matières grasses par différenciation.	N° de l'échant on.	

R. J. WAUGH, INSPECTEUR.

	p. c.	p. c.	p. c.	p. c.			p. c.		
Canadian Tub........	0·25	9·18	9·43	2·56	42·6	......	88·26	53813	Normal.
Creamery Flat.......	0·75	9·20	9·95	2·90	43·0	......	87·90	53814	"
" Block	0·75	12·25	13·00	3·25	42·4	.....	84·50	53815	"
Laiterie.............	0·25	11·88	12·13	2·68	42·0	.....	85·44	53816	"
Creamery Flat........	1·50	12·02	13·52	2·80	41·6	......	85·18	53817	"
" Marque "Scotia"	0·25	13·00	13·25	2·26	42·0	......	84·74	53818	"
Laiterie.............	1·00	11·68	12·68	3·70	41·6	....	84·62	53819	"
Block Creamery......	......	11·16	11·16	3·76	43·4	......	85·08	53820	"
Dairy Block	0·25	12·68	12·93	2·40	42·4	...	84·92	53821	"
" Print..........	1·25	8·32	9·57	6·42	41·4	....	85·26	53822	"
" Tub..	....	7·97	7·97	6·35	44·0	......	85·68	53823	"
"	....	10·16	10·16	3·55	41·0	......	86·29	53824	"
"	0·25	10·02	10·27	4·80	43·2	......	85·18	53825	"
" Print....	2·00	12·00	14·00	5·60	42·0	......	82·40	53826	"
"	0·25	10·70	10·95	8·00	43·2	......	81·30	53827	Insuffisance de matières grasses, par suite d'excédent de sel. Accepté.
"	......	10·18	10·18	1·97	41·2	......	87·85	53828	Normal.
"	0·50	10·92	11·42	7·36	42·0	......	81·72	53829	Insuffisance de matières grasses, par suite d'excédent de sel. Accepté.
"	1·00	12·62	13·62	0·94	42·6	.....	86·44	53830	Normal.
"	0·50	10·50	11·00	1·92	43·8	......	86·58	53831	"
"	1·00	9·95	10·95	2·58	45·2	23·7	87·47	53832	"

5 GEORGE V, A. 1915

BULLETIN N° 281—

Date du prélèvement de l'échantillon.	Nature de l'échantillon.	N° de l'échantillon.	Nom et adresse du vendeur.	Prix.		Nom et adresse du fabricant ou du fournisseur, tel que communiqué par le vendeur.	
				Quantité.	Cents.	Fabricant.	Fournisseur.

DISTRICT DU NOUVEAU-BRUNSWICK—

Date du prélèvement de l'échantillon.	Nature de l'échantillon.	N° de l'échantillon.	Nom et adresse du vendeur.	Quantité.	Cents.	Fabricant.	Fournisseur.
1913.							
26 nov.	Beurre........	59313	R. H. Cother, St-Jean, N.-B.	2 lbs .	74	Vendeur............	....
26 "	"	59314	W. H. Bell, St-Jean, N.-B.	2 " .	74	"	....
8 déc..	"	59315	M. E. Grass, St-Jean, N.-B.	2 " .	66	....	Matthews, Laing Co., Toronto, Ont.
8 "	"	59316	Harry G. McBeath, St-Jean, N.-B.	2 " .	64	....	G. E. Barbour Co., Ltd,, St-Jean, N.-B.
8 "	"	59317	Vanwart Bros., St-Jean, N.-B.	2 " .	76	Sussex Cheese & Butter Co., Sussex, N.-B.	....
9 "	"	59318	W. Fenwick, St-Jean, N.-B.	2 " .	60	Farmers' Trading Harvey York Co., N.-B.	....
9 "	"	59319	W. C. Broadbent, St-Jean, N.-B.	2 " .	74	Farmers' Dairy & Produce Co., St-Jean, N.-B.	....
12 "	"	59320	P. Nase & Son, St-Jean, N.-B.	2 " .	70	Amos Hood, Magaguadarie, York Co., N.-B.	....
12 "	"	59321	W. H. Dunham, St-Jean, N.-B.	2 " .	70	....	Jones & Schofield, St-Jean, N.-B.
12 "	"	59322	W. J. Dalton, St-Jean, N.-B.	2 " .	64	....	Puddington, Wetmore, Morrison, Ltd., St-Jean, N.-B.
17 "	"	59323	P. J. McKenna, St-Stephen, N.-B.	2 " .	68	David Scott, St-James, Charlotte, N.-B.	....
1914.							
6 janv.	"	59324	John McCluskey, Frédéricton, N.-B.	2 " .	70	Matthew-Laing Co., Toronto, Ont.	....
6 "	"	59325	E. J. Hoben, Frédéricton, N.-B.	2 " .	70	Inconnu........,....	Inconnu... ....
7 "	"	59326	E. A. Binden, Woodstock, N.-B.	2 " .	65	Geo. Sharp, Pembrook, Carleton Co., N.-B.	....
7 "	"	59327	Watson & True, Woodstock, N.-B.	2 " .	64	Geo. McLeod, Farmerston, Carleton Co., N.-B.	....
8 "	"	59328	B. Beveridge, Andover, N.-B.	2 " .	70	W. W. Wilson & Co., Centreville, Carleton Co., N.-B.	....
13 "	"	59329	Sussex Mercantile Co., Sussex, N.-B.	2 " .	64	Inconnu............	Inconnu........
14 "	"	59330	H. T. Bréwester, Moncton, N.-B.	2 " .	64	Mme Arthur Steeves, Coverdale, Albert Co., N.-B.	....
14 "	"	59331	Mrs. P. White, Moncton, N.-B.	2 " .	70	Pure Milk Co., Moncton, N.-B.	....
16	"	59332	J. B. Snowball Co., Ltd., Chatham, N.-B.	2 " .	70	Maritime Dairy Co., Ltd., Sussex, N.-B.	....

DOC. PARLEMENTAIRE No 14

BEURRE.

Rapport de l'inspecteur (ne comportant aucune expression d'opinion).	Résultats analytiques.							Numéro de l'échantillon.	Remarques et opinion de l'analyste en chef.
	Eau.			Cendre,	Réfractomètre-Butyro à 40°c.	Titre Reichert Meissl.	Matières grasses par différenciation.		
	Séparée.	Incorporée.	Total.						
	p. c.	p. c.	p. c.	p. c.	—		p. c.		

J. C. FERGUSON, INSPECTEUR.

Creamery Prints......	......	11·70	11·70	5·00	43·2	....	83·30	59313	Normal.
"	1·00	10·90	11·90	3·44	43·2	......	85·66	59314	"
Tub........	....	8·88	8·88	2·37	43·4	....	88·75	59315	"
Dairy Tub.......	......	7·91	7·91	5·95	44·5	29·8	86·14	59316	"
Creamery Prints......	1·00	9·23	10·23	2·27	43·2	....	88·50	59317	"
Country "	....	10·36	10·36	3·02	45·4	23·6	86·62	59318	"
Crèmerie	2·00	7·93	9·93	2·68	43·8	....	89·39	59319	"
Dairy Prints...........	......	11·00	11·00	2·42	44·0	......	86·58	59320	"
Creamery Tub..... ..	4·30	12·11	16·41	2·19	45·0	28·1	84·70	59321	"
Dairy Tub.............	......	6·52	6·52	2·25	43·9	......	91·23	59322	"
Dairy Prints..........	4·10	12·50	16·60	4·60	43·4	......	82·90	59323	"
Dairy Prints, (marque "Anchor ").	....	9·70	9·70	1·43	44·2	.....	88·87	59324	"
Country Prints	1·00	10·80	11·80	4·33	42·4	.....	84·87	59325	"
"	0·20	8·37	8·57	3·84	43·1	.....	87·79	59326	"
Choice Dairy	....	10·02	10·02	2·52	41·6	.. ..	87·43	59327	"
Country Prints	0·50	10·10	10·60	4·08	43·2	......	85·82	59328	"
Dairy	....	10·77	10·77	2·01	45·4	22·3	87·22	59329	"
" Farm..........	1·00	9·25	10·25	5·70	42·0	......	85·05	59330	"
Crèmerie	2·00	10·88	12·88	2·08	42·4	......	87·04	59331	"
"	....	10·05	10·05	2·94	43·8	....	87·01	59332	"

5 GEORGE V, A. 1915

BULLETIN N° 281—

Date du prélèvement de l'échantillon.	Nature de l'échantillon.	Numéro de l'échantillon.	Nom et adresse du vendeur.	Prix.		Nom et adresse du fabricant ou fournisseur, tel que communiqué par le vendeur.	
				Quantité.	Cents.	Fabricant.	Fournisseur.

DISTRICT DE QUÉBEC—

1913.							
25 nov.	Beurre	56186	Eugène Lacasse, 48 rue St-Ambroise, Québec.	2 lbs..	68	Inconnu...	Emond et Côté.
25 "	"	56187	J. B. Lapointe, 59 rue St Ambroise, Québec.	2 "	64	"	" ..
25 "	"	56188	N. Côté, 79 rue St-Ambroise, Québec.	2 "	64	"	J. B. Renaud et Cie.
26 "	"	56189	C. Bédard, 58½ rue St-François, Québec.	2 "	70	"	"
26 "	"	56190	Eudore Delisle, 2me ave Tachereau, Québec.	2 "	64	"	Octave Jacques.
26 "	"	56191	J. P. Gagnon, 109 rue St-Ambroise, Québec.	2 "	60	"	Emond et Côté.
26 "	"	56192	J. P. Gagnon, 109 rue St-Ambroise, Québec.	2 "	68	"	" ..
27 "	"	56193	F. Picard, 117 rue St-Ambroise, Québec.	2 "	64	"	" ..
27 "	"	56194	Victor Beaupré, 59 rue Carillon, Québec.	2 "	66	"	" ..
27 "	"	56195	J. H. Debonville, 11 ave Renaud, Québec..	2 "	64	"	Dom. Fish & Fruit Co.
27 "	"	56196	L. Desgagné, 914 rue St-Valier, Québec.	2 "	70	"	Emond et Côté.
28 "	"	56197	Emiline Blouin, 30 rue Carillon. Québec.	2 "	64	"	J. B. Renaud et Cie.
28 "	"	56198	Jos. Poulin, 26 ave Renaud, Québec.	2 "	64	"	"
28 "	"	55199	Louis Blouin, 81 ave Renaud, Québec.	2 "	64	"	Dom. Fish & Fruit Co.
28 "	"	56200	Z. Goslin, 975 rue St-Valier, Québec.	2 "	64	"	J. B. Renaud et Cie.
1er déc..	"	56001	Jos. Blouin, 36 rue Châteauguay, Québec.	2 "	60	Beurre, St-Jean, Ile d'Orléans.	Fabricant.
1er "	"	56002	H. Plante, 182 rue Durocher, Québec.	2 "	64	Inconnu...........	F. X. Lachance.
1er "	"	56003	F. X. Lachance, 185 rue Bayard, Québec.	2 "	56	Beurre, St-Jean, Ile d'Orléans.	Fabricants.
1er "	"	56004	O. Pichette, 164 rue Châteauguay, Québec.	2 "	64	Beurre, Ancienne Lorette.	"
2 "	"	56005	T. Lebel, 86 rue Durocher, Québec.	2 "	64	Inconnu..	Edmond Sylvain

DISTRICT DE QUEBEC-EST—

26 déc..	Beurre........	2407	N. Pelletier, jr., Cap-Chat.	2 lb..	52	Hipolite Soucy, Cap-Chat.	....
29 "	"	2414	Cyril Charest, Matane.	2 " ..	56	Jos. Mury, Matane.	....

BEURRE

Rapport de l'inspecteur (ne comportant aucune expression d'opinion).	Résultats analytiques.							Numéro de l'échantillon.	Remarques et opinion de l'analyste en chef.
	Eau.			Cendre.	Réfraction e-tre-Butyro 40°c.	Titre Reichert Meissl.	Matières grasses par différenciation.		
	Séparée.	Incorporée.	Total.						

F. X. W. E. BÉLAND, INSPECTEUR.

	Séparée	Incorporée	Total	Cendre	Réfraction	Titre Reichert	Mat. grasses	Numéro	Remarques
	p. c.	p. c.	p. c.	p. c.			p. c.		
....	14·33	14·33	1·37	44·2	....		84·30	56186	Normal.
....	15·28	15·28	1·92	43·6	...		82·80	56187	"
....	9·37	9·37	2·00	43·3	....		88·63	56188	"
....	13·40	13·40	2·82	43·8	....		83·78	56189	"
....	12·18	12·18	3·28	48·6	...		84·54	56190	"
....	11·93	11·93	5·46	43·2	....		82·61	56191	"
....	16·75	16·75	4·56	43·9	....		78·69	56192	Excédent d'eau et insuffisan. de mat. grasses; falsifié.
....	13·80	13·80	2·11	43·8	....		84·09	56193	Normal.
....	15·18	15 18	0·94	43·1	....		83·88	56194	"
....	12·39	12·39	2·77	43·8	...		84·84	56195	"
....	12·32	12·32	1·25	43·4	....		86·43	56196	"
....	10.00	10·00	2·47	43·3	....		87·53	56197	"
....	11·78	11·78	2·18	44·1	....		86·04	56198	"
....	13·18	13·18	1·75	44·2	....		85·07	56199	"
....	13·75	13·75	2·60	43·2	....		83·65	56200	"
....	11·75	11·75	1·29	43·1	....		86·96	56001	"
....	11·69	11·69	1·51	43·4	....		86·80	56002	"
....	11·30	11·30	3·84	44·0	....		84·86	56003	"
....	11·45	11·45	9·36	44·0	....		79·19	56004	Insuffisance de mat. grass. prov. d'un exc. de sel; fal.*
....	8·55	8·55	2·36	43·8	....		89·09	56005	Normal.

ALP. PELLETIER, INSPECTEUR.

	Séparée	Incorporée	Total	Cendre	Réfraction	Titre Reichert	Mat. grasses	Numéro	Remarques
....	2·50	8·14	10·64	3·13	44·0	....	88·73	2407	Normal.
....	2 00	8·73	10·73	3·80	44·2	....	87·47	2114	"

* Les fabricants expliquent l'excès de sel dans cet échantillon comme y ayant été additionné pour satisfaire à la demande de certains clients qui exigeaient un beurre fortement salé.

14—29½

5 GEORGE V, A. 1915

BULLETIN N° 281—

Date du prélèvement de l'échantillon.	Nature d l'échantillon.	Numéro de l'échantillon.	Nom et adresse du vendeur.	Prix.		Nom et adresse du fabricant ou fournisseur, tel que communiqué par le vendeur.	
				Quantité.	Cents.	Fabricant.	Fournisseur.

DISTRICT DE QUÉBEC-EST—

1914.							
10 janv.	Beurre	2430	A. F. Boutin, Ste-Flavie	2 livs.	60	Jos. Dubé, St-Joseph	
10 "	"	2441	C. Leteque & Cie., Ste-Flavie.	2 "	70	François Baulin, Ste-Flavie.	
12 "	"	2444	A. Voyer, Ste-Flavie...	2 "	60	Thomas Beaulieu, St-Flavie.	
12 "	"	2447	J. A. Dufour, Ste-Flavie.	2 "	60		Matthews-Laing Co., Toronto.
13 "	"	2451	Belasence & Cie., Rimouski.	2 "	60	Ant. Gagnon, Ste-Flavie.	
13 "	"	2454	Talbot, Lim., Rimouski.	2 "	70		Matthews-Laing Ltd., Toronto.
15 "	"	2458	R. Lévesque, R.-du-Loup	2 "	66	J. B. Therriault, St-Modeste.	
15 "	"	2459	H. Pagé, R.-du-Loup...	2 "	66	Ludger Voyer, St-Antonin.	
15 "	"	2462	J. S. Proulx, R.-du-Loup	2 "	64	" "	
15 "	"	2464	P. Ouellet, R.-du-Loup.	2 "	60	Inconnu	
15 "	"	2465	Ouellet & Ouellet, R.-du-Loup.	2 "	60	Syndicat de R.-du-Loup.	
15 "	"	2467	J. L. Drolet, R.-du-Loup	2 "	64	Matthews-Laing Co., Toronto.	
15 "	"	2469	E. Michaud, R.-du-Loup	2 "	70	L. Voyer, St-Antonin.	
16 "	"	2471	Jos. St. Pierre, R.-du-Loup.	2 "	60	S. Michaud, St-Alexandre.	
16 "	"	2472	Ed. Lapointe, Fraserville.	2 "	64	Aug. Breton, St-Épiphaie.	
16 "	"	2473	Jos. Viel, Fraserville...	2 "	70	J. B. Therriault, St-Modeste.	
16 "	"	2475	V. Drolet, Fraserville..	2 "	70	" "	
16 "	"	2477	J. B. Michaud, Fraserville.	2 "	64		Matthews-Laing, Montréal.

DISTRICT DE TROIS-RIVIÈRES—

1913.							
23 nov.	Beurre	59754	Edouard Desrosiers, St-Félix.	3 livs.	90	Vendeur	
25 "	"	59759	Edouard Fréchette, St-Félix.	"	90	"	
26 "	"	59760	Moïse Boucher, Ste-Mélanie.	"	90	"	
26 "	"	59761	Albert Massicotte, Ste-Mélanie.	"	90	"	
26 "	"	59762	Samuel Pelerin, Ste-Mélanie.	"	90	"	
27 "	"	59763	Alfred Desrosiers, Ste-Elizabeth.	"	90	"	
27 "	"	59764	Anselme Plante, Ste-Elizabeth.	"	90	"	

DOC. PARLEMENTAIRE No 14

BEURRE.

Fin.

Rapport de l'inspecteur (ne comportant aucune expression d'opinion).	Résultats analytiques.							Numéro de l'échantillon.	Remarques et opinion de l'analyste en chef.
	Eau.			Cendre.	Réfractomètre-Butyro à 40°c.	Titre Reichert Meissl	Matières grasses par différenciation.		
	Séparée.	Incorporée.	Total.						
	p.c.	p.c.	p.c.	p.c.			p. c.		
....	0.70	7.55	8.25	1.19	44.2	.....	91.26	2430	Normal.
....	2.00	11.30	13.30	2.59	42.4	.....	86.11	2441	"
....	2.50	8.31	10.81	1.57	43.0	.....	90.12	2444	"
....	....	10.55	10.55	1.76	44.8	27.6	87.69	2447	"
....	2.20	9.28	11.48	3.68	43.0	.....	87.04	2451	"
....	1.30	9.94	11.24	2.07	44.0	.....	87.99	2454	"
....	....	12.58	12.58	1.93	43.4	.....	85.49	2458	"
....	0.30	11.79	12.09	2.90	44.0	....	85.31	2459	"
....	0.30	10.11	10.41	3.33	44.2	.....	86.59	2462	"
....	1.00	10.00	11.00	6.13	44.2	.....	83.87	2464	"
....	1.00	10.96	11.96	1.74	43.2	.....	87.30	2466	"
....	....	7.95	7.95	1.49	45.0	28.0	90.56	2467	"
....	....	12.68	12.68	3.15	44.2	.....	84.17	2469	"
....	1.00	11.35	12.35	4.32	43.6	....	84.33	2471	"
....	0.50	11.10	11.60	2.73	43.8	....	85.17	2472	"
....	....	13.96	13.96	2.27	43.4	.....	83.77	2473	"
....	0.40	13.49	13.89	2.59	44.2	.....	83.92	2475	"
....	....	5.87	5.87	1.27	45.0	27.7	92.86	2477	"

DR V. P. LAVALLÉE, INSPECTEUR.

....	....	12.02	12.02	1.03	43.4	.....	86.95	59754	Normal.
....	....	12.52	12.52	2.60	43.0	....	84.88	59759	"
....	....	12.56	12.56	1.06	43.0	....	86.38	59760	"
....	....	12.18	12.18	2.44	44.2	.....	85.38	59761	"
....	....	9.18	9.18	2.49	43.8	.....	88.33	59762	"
....	....	10.28	10.28	2.26	42.1	.....	87.46	59763	"
....	....	11.88	11.88	0.93	44.0	.....	87.19	59764	"

5 GEORGE V, A. 1915

BULLETIN N° 281—

Date du prélèvement de l'échantillon.	Nature de l'échantillon.	Numéro de l'échantillon.	Nom et adresse du vendeur.	Prix.		Nom et adresse du fabricant ou du fournisseur, tel que communiqué par le vendeur.	
				Quantité.	Cents.	Fabricant.	Fournisseur.

DISTRICT DE TROIS-RIVIÈRES—

1913.							
28 nov.	Beurre........	59765	Ulric Desroches, St-Gabriel.	3 liv.	90	Vendeur...........	....
9 "	"	59766	Henri Lavallée, St-Gabriel.	"	90	"	......
29 "	"	59767	Joseph Contin, St-Gabriel.	"	90	"	......
2 déc.	"	59768	Agnus Roy, St-Jean de Matha.	"	90	"	......
3 "	"	59769	Eucher Guérard, St-Félix.	"	90	"	......
3 "	"	59770	Alexis Rainville, St-Félix.	"	00	"	......
4 "	"	59771	Joseph Longpré, Ste-Eméline.	"	90	"	......
7 "	"	59772	Albert Champagne, Ste-Eméline.	"	90	"	......
3 "	"	59773	Camille Joly, Ste-Eméline.	"	90	"	......
5 "	" ......,..	59774	William Landreville, St-Jean de Matha.	"	90	"	......
6 "	"	59775	Auguste Boucher, St-Cléophas.	"	90	"	......
0 "	"	59776	Narcisse Gadboury, St-Jean de Matha.	"	90	"	......
11 "	"	59777	Octavien Roberge, St-Norbert.	"	90	"	Roberge, St-Norbert.

DISTRICT DES CANTONS DE L'EST—

9 déc.	Beurre........	2201	Thérriault & Leduc, Sherbrooke.	2 liv.	60	A. W. Burton, Ascot	....
9 "	"	2202	A. Buisvert, Sherbrooke	2 "	66	Inconnu	....
10 "	"	2203	G. Girouard, Victoriaville.	2 "	64	C. Desfosse, St. Valier de Beel'de.	....
10 "	"	2204	F. Paquette, Windsor-Mills.	2 "	64	N. Boucher, Windsor-Mills.	....
11 "	"	2205	J. B. Le Baron, Ltd., No. Hatley.	2 "	66	J. W. McKay, No. Hartley.	....
12 "	"	2206	Aimé Cardin, Actonvale.	2 "	60	A. Ménard, Actonville.	....
15 "	"	2207	O. F. Piché, Drummondville.	2 "	64	E. Carrignan, Drummondville.	....
15 "	"	2208	F. P. Williams, Knowlton.	2 "	51	Geo. Gorgette, Bolton-Glen.	....
16 "	"	2209	J. P. McMahon, West-Shefford.	2 "	65	West Shefford, Creamery.	....
16 "	"	2210	A. S. Kendall & Co., Lawrenceville.	2 "	60	Mme H. Hudon, Lawrenceville.	....
16 "	"	2211	R. H. Peardon, Eastman.	2 "	64	R. Rogers, Eastman.	....
16 "	"	2212	Jas. Aramotte, Magog.	2 "	70	....	Gun Langlois & Co., Ltd, Montréal.
17 "	"	2213	H. Bird, Waterloo, P.Q	2 "	62	A. Young, Waterloo, P.Q.	....
17 "	"	2214	Sweet Bros., Granby.	2 "	64	Inconnu......... ...	Inconnu.......

BEURRE.

Rapport de l'inspecteur (ne comportant aucune expression d'opinion).	Résultats analytiques.								Remarques et opinion de l'analyste en chef.
	Eau.			Cendre.	Réfractomètre-Butyro à 40°c.	Titre Reichert Meissl.	Matières grasses par différenciation.	Numéro de l'échantillon.	
	Séparée.	Incorporée.	Total.						
Fin.	p. c.	p. c.	p. c.	p. c.			p. c.		
		11·15	11·15	2·98	43·6		85·87	59765	Normal.
		9·68	9·68	1·10	43·9		89·22	59766	"
		12·76	12·76	2 66	43·6		84 58	59767	"
		13·20	13·20	2·10	43·4		84·70	59768	"
		9·60	9·60	3·09	42·2		88·31	59769	"
	5·00	12·28	17·28	3·04	43·0		84·68	59770	"
		10·68	10·68	2·64	43·6		86·68	59771	"
		11·55	11·55	2·21	42·8		86·24	59772	"
		12·40	12·40	1·42	44·0		86·18	59773	"
		11·28	11·28	1 66	43·8		87·06	59774	"
		10·56	10·56	2·52	43·5		86·92	59775	"
		12·90	12·90	1·99	44·4	25·7	85·11	59776	"
		· 8·28	8 28	1·65	43·4		90·07	59777	"

J. C. ROULEAU, INSPECTEUR.

Rapport	Séparée	Incorporée	Total	Cendre	Réfractomètre	Titre R.M.	Matières grasses	Numéro	Remarques
	3·00	9·45	12·45	3·06	43·4		87·49	2201	Normal.
	1·00	5·91	6·91	3 11	42 8		90·98	2202	"
		14·30	14 30	1·18	43·4		84·52	2203	"
		9·90	9·90	4·87	43·6		85 23	2204	"
		10 50	10·50	3·33	43·0		86·11	2205	"
		12·28	12·28	3·04	43·8		84·68	2206	"
		14·32	14 32	2·82	43·2		82·86	2207	"
		13·61	13·61	3·92	44·2		2·47	2208	"
		13·30	13·30	7·13	43·5		79·57	2209	"
		11 92	11·92	1·52	43·1		86·56	2210	"
		13·22	13·22	1·97	43·3		84·81	2211	"
		9·42	9·42	1·23	44·3		89·35	2212	"
	2·20	8·40	10·60	4·12	42·8		87·48	2213	"
		10·60	10·60	3·07	42·6		86· 3	2214	

5 GEORGE V, A. 1915

BULLETIN N° 281—

Date du prélèvement de l'échantillon.	Nature de l'échantillon.	Numéro de l'échantillon.	N..m et adresse du vendeur.	Prix.		Nom et adresse du fabricant ou fournisseur, tel que communiqué par le vendeur.	
				Quantié.	Cents.	Fabricant.	Fourniseur.

DISTRICT DES CANTONS DE L'EST—

Date	Nature	Numéro	Nom et adresse du vendeur	Quantié	Cents	Fabricant	Fourniseur
1914.							
14 janv.	Beurre.......	2215	A. Dionne, St-Georges, P.Q.	2¼ liv.	62	Inconnu............	Inconnu.......
15 "	"	2216	La Cie Avaid & Nadeau Lim., Valley-Junction.	2 "	56	"	" ....
15 "	"	2217	J..E. Lacoursière, St-Victor de Tring.	2 "	52	"	" ....
15 "	"	2218	Morency et Fils, St-Evariste.	2 "	50	"	" ....
20 "	"	2219	J. S. Gingras, Marieville.	2 "	68	....	Matthews Ltd., Montréal.
22 "	"	2220	J Brousseau, St-Hyacinthe.	2 "	62	R. St-Jean, St-Barnabé.	....

DISTRICT DE MONTRÉAL—

Date	Nature	Numéro	Nom et adresse du vendeur	Quantié	Cents	Fabricant	Fourniseur
1913.							
3 déc.	Beurre.......	58761	F. P. Horan, 1607 Boul. Saint-Laurent, Montréal.	2 liv.	68	....	Canadian Swift Co.
3 "	"	58762	C. E. Oliver, 1798 Boul. Saint-Laurent, Montréal.	2 "	70	J. J. Joubert, Lim., Montréal.	....
9 "	"	58763	A. Walgensinger, 394 rue Charlevoix, Montréal.	2 "	70	....	Gunn, Langlois & Cie, Montréal.
9 "	"	58764	J. A. Bourdeau, 305 rue Charlevoix, Montréal.	2 "	70	....	J. A. Vaillancourt, Montréal
9 "	"	58765	D. Hadden, 1 rue Rushbrooke, Montréal.	2 "	68	....	Olive Dorion & Stroud, Montréal.
9 "	"	58766	A. O. Galarneau, 624 rue Wellington, Montréal.	2 "	66	....	Matthews, Ltd., Montréal.
9 "	"	58767	Ed. Upton, 358 rue Bourgeois, Montréal.	2 "	68	....	Swift Canadian Co.
9 "	"	58768	J. Pringle, 340 rue Bourgeois, Montréal.	2 "	70	....	Whyte Packing Co.
11 "	"	58769	J. Stetson, 364 rue Hibernia, Montréal.	2 "	68	....	Matthews, Ltd..
11 "	"	58770	N. Fortin, 80 rue Cole raine, Montréal	2 "	66	....	Lunham & Graham, Montréal
11 "	"	58771	P. Blais, 288 rue Liverpool, Montréal.	2 "	64	....	Jas. J. Dalrymple & Sons, Montréal.
12 "	"	58772	H. Benoit, 340 rue Charron, Montréal.	2 "	68	....	
16 "	"	58773	E Lamarche, 2101 Boul. Saint-Laurent, Montréal.	2 "	68	Lamarche & Lachapelle, St-Esprit.	....
16 "	"	58774	E. Morin, 2301 Boul. St-Laurent, Montréal.	2 "	68	....	Swift Canadian Co.
17 "	"	58775	J. A. Tardif, 2441 rue Clark, Montréal.	2 "	70	....	Matthews Ltd.

BEURRE.

Rapport de l'inspecteur (ne comportant aucune expression d'opinion).	Resultats analytiques.							Numéro de 'échantillon.	Remarques et opinion de l'analyste en chef.
	Eau.			Cendre.	Réfractomètre Butyro à 40°c.	Titre Reichert Meissl.	Différenciation.		
	Séparée.	Incorporée.	Total.						
Fin.									
	p.c.	p.c.	p.c.	p.c.			p. c.		
....	2·00	11·05	13·05	8·23	43·6	....	80·72	2215	Insuffis. de matière grass., excédent de sel. Accepté.
....	1·25	10·70	11·95	2·47	42·6	....	86·83	2216	Normal.
....	2·50	11·62	14 12	6·45	44·2	....	81 93	2217	Lég. insuffis. de mat. grass., excédent de sel. Accepté.
....	2·50	13·30	15·80	2·57	43·2	....	84·13	2218	Normal.
....	....	11·97	11·97	1·21	43·8	....	86·82	2219	"
....	....	12·45	12·45	2·82	43·6	....	84·73	2220	"

D. J. KEARNEY, INSPECTEUR.

....	....	13·36	13·36	1·35	42·6		85·29	58761	Normal.
....	....	12·30	12·30	2·28	42·5		85·42	58762	"
....	....	11·95	11·95	2·18	45·0	29·9	85·87	58763	"
....	....	15·05	15·05	1·98	44·1		82·79	58764	"
....	0·50	10·40	10·90	1·39	45·2	26·4	88·21	58765	"
....	0·25	12·95	13·20	1·17	44·9	25·6	85·88	58766	"
....	....	13·77	13·77	1·97	44·2		84·26	58767	"
....	....	11·57	11·57	1·47	43·0		86·96	58768	"
....	1·00	10·42	11·42	2·97	43·2		86·61	58769	"
....	0·70	10·22	10·92	1·36	44·7	28·1	88·42	58770	"
....	....	12·80	12·80	2·16	44·2	. .	85·04	58771	"
....	....	13·18	13·18	2·54	44·2		84·28	58772	"
....	1·50	12·20	13·70	1·88	44·2		85·92	58773	"
....	....	14·10	14·10	1·03	44·0		84·87	58774	"
....	....	14·72	14·72	2·24	43·0		83·10	58775	

5 GEORGE V, A. 1915

BULLETIN N° 281—

Date du prélèvement de l'échantillon.	Nature de l'échantillon.	Numéro de l'échantillon.	Nom et adresse du vendeur.	Prix.		Nom et adresse du fabricant ou fournisseur, tel que communiqué par le vendeur.	
				Quantité.	Cents.	Fabricant.	Fournisseur.

DISTRICT DE MONTRÉAL—

1913.							
17 déc.	Beurre.. ..	58776	W. Desrosiers. 69 Bernard, Montréal.	2 liv..	68	....	Gunn, Langlois
18 "	"	58777	St. George Grocery, 66 Bernard, Montréal.	2 "	70	....	W. Champagne.
18 "	" ..:...	58778	Alf. Boivin, 2498 rue Waverley, Montréal.	2 "	68	....	A. Ayer & Co.
18 "	"	58779	J. I. Blair & Co., 113 ave. Bernard, Montréal.	2 "	70	Jas. Dalrymple & Sons.	....
22 "	"	58780	J. A. Ménard, 59 rue Richmond, Montréal.	2 "	70	" "	....

DISTRICT D'ARGENTEUIL, DES DEUX-MONTAGNES ET DE TERREBONNE—

5 déc.	Beurre......	2302	Wilfrid Mayer, St-Jérôme, P.Q.	2 liv..	64	J. B. Lanthier. St-Hypolite, P.Q.	....
22 "	"	2303	Charles Tallon, St-Jérôme, P.Q.	2 "	64	Delphin Dion.	....
22 "	"	2304	Alcide Beauchamp, St-Jérôme, P.Q.	2 "	70	Wilbrod Gareau	....
19 "	"	2306	Anicet Leduc, St-Agathe des Monts.	2 "	76	Brookfield Creamery	....

DISTRICT DE VALLEYFIELD—

1914.							
26 janv.	Beurre.	58580	L. Moreau, St-Jean, P. Q.	2 liv .	64	L. Larocque, Lacadie	....
26 "	"	58581	W. R. Simpson, St-Jean, P.Q.	2 "	68	....	Z. Limoges, Montréal.
26 "	"	58582	A. L. Duhamie, St-Jean, P.Q.	2 "	56	....	Inconnu........
26 "	"	58583	M. A. Comtis, St-Jean, P.Q.	2 "	64	....	Wm Davies, Montréal.
26 "	"	58584	T. Lacoste, St-Jean, P.Q.	2 "	66	....	Wm Copping, St-Jean.
28 "	"	58585	J. G. Léonard, Beauharnois.	2 "	66	Donat Dagenais, Beauharnois.	....
28 "	"	58586	J. A. Faubert, Beauharnois.	2 "	66	E. I. McGowan, St-Martin.	....
28 "	"	58587	O. Marchand, Beauharnois.	2 "	66	" "	....
28 "	"	58588	M. Martin, Beauharnois	2 "	66	" "	....
28 "	"	58589	J. L. E. Guimond, Beauharnois.	2 "	64	" "	....
30 "	"	58590	Bonneville, Gagnon & Cie, Beauharnois.	2 "	68	Joseph Hébert, Halton, P.Q.	....
30 "	"	58591	La Maison L. P. Lazure, St-Remi.	2 "	64	....	Swift Canadian Co., Montréal.
30 "	"	58592	O. H. Lamarre, St-Remi.	2 "	66	Lussier & Surprenant, St-Remi.	....

DOC. PARLEMENTAIRE No 14

BEURRE.

Rapport de l'inspecteur (ne comportant aucune expression d'opinion).	Eau.			Cendre.	Réfractomètre-Butyro à 40°c.	Titre Reicher Meissl.	Matières grasses par différenciation.	Numéro de l'échantillon.	Remarques et opinion de l'analyste en chef.
	Séparée.	Incorporée.	Total.						
Fin.									
	p.c.	p.c.	p.c.	p.c.			p.c.		
....	...	10·85	10·85	3·68	42·8	......	85·47	58776	Normal.
....	... ..	14·50	14·50	3·29	42·9	......	82·21	58777	"
....	... ..	13·78	13·78	2·52	43·0	....	83·64	58778	"
....	......	12·92	12·92	2·00	43·8	......	85·08	58779	"
....	.....	12·22	12·22	1·50	43·4	...	86·28	58780	"

N. CADIEUX, INSPECTEUR TEMPORAIRE.

....	2·50	13·55	16·05	2·93	44·2	.....	83·52	2302	Normal.
....	1·00	13·27	14·27	4·88	43·5	......	81·85	2303	Légère insuffisance de mat. grasses.
....,.....	1·00	7·50	8·50	2·19	44·0	......	90·31	2304	Normal.
....		15·68	15·68	2·05	44·0	......	82·27	2306	"

D. J. KEARNEY, INSPECTEUR SUPPLÉANT.

....		16·00	16·00	2·65	44·2	....	81·35	58580	Insuffisance de matières grasses prov. d'un contenu maximum d'eau.
....		14·10	14·10	1·63	44·0	....	84·27	58581	Normal.
....		11·03	11·03	1·85	44·2	....	87·12	58582	"
....		12·40	12·40	1·70	45·2	26·9	85·90	58583	"
....		11·50	11·50	2·72	45·0	25·6	85·48	58584	"
....		12·20	12·20	1·53	43·6	.....	86·27	58585	"
....		15·15	15·15	3·20	43·8	.....	81·65	58586	Légère insuffisance de mat. grasses. Accepté.
....		13·25	13·25	2·49	44·0	..	84·25	58587	Normal.
....		12·80	12·80	2·18	43·0	.....	85·02	58588	"
....		12·80	12·80	2·52	43·0	.....	84·68	58589	"
....		14·50	14·50	2·70	44·8	25·1	82·80	58590	"
....		14·87	14·87	1·99	43·4	.....	83·14	58591	"
....		12·26	12·26	3·11	43·4	.....	84·63	58592	"

5 GEORGE V, A. 1915

BULLETIN N° 281—

Date du prélèvement de l'échantillon.	Nature de l'échantillon.	Numéro de l'échantillon.	Nom et adresse du vendeur.	Prix.		Nom et adresse du fabricant ou fournisseur, tel que communiqué par le vendeur.	
				Quantité.	Cents.	Fabricant.	Fournisseur.

DISTRICT DE VALLEYFIELD—

Date du prélèvement de l'échantillon.	Nature de l'échantillon.	Numéro de l'échantillon.	Nom et adresse du vendeur.	Quantité.	Cents.	Fabricant.	Fournisseur.
1914.							
30 janv.	Beurre.......	58593	P. A. Collette, Beauharnois.	2 livs.	66	Lussier & Suprenault, St-Remi.	....
30 "	"	58594	Mme C. Benoit, Beauharnois.	2 "	66	Joseph Hébert, Holton, P.Q.	....
3 fév.	"	58595	M. Moriarty, Huntingdon.	2 "	68	P. Moriarty, Huntingdon.	....
3 "	"	58596	E. C. McCoy, Huntingdon, P.Q.	2 "	66	....	Matthews, Ltd., Montréal.
3 "	"	58597	John Hunter & Sons, Huntingdon, P.Q.	2 "	64	P. Moriarty, Huntingdon.	....
3 "	"	58598	Geo Dixon, Huntingdon, P.Q.	2 "	66	....	W. T. Leonard & Co., Huntingdon.
3 "	"	58599	J. Brown, Huntingdon, P.Q.	2 "	66	....	Matthews Ltd., Montréal.

DISTRICT D'OTTAWA—

Date du prélèvement de l'échantillon.	Nature de l'échantillon.	Numéro de l'échantillon.	Nom et adresse du vendeur.	Quantité.	Cents.	Fabricant.	Fournisseur.
1913.							
8 déc.	Beurre.	59224	W. West, Almonte.....	3 lbs..	96	Renfrew Creamery Co., Renfrew.	Mfrs...........
8 "	"	59225	H. H. Cole, Almonte ..	2 " ..	60	Mme Andrews, Pakenham.	" ....
9 "	"	59226	W. C. Edwards & Co., Rockland.	3 " ..	99	Maxville Creamery, Maxville.	" ... .
11 "	"	59227	Geo Patterson, Wakefield.	2½" ..	57	Thos. Cafferty, St-Cécile de Mash.	" ....
11 "	"	59228	Alex. Maclaren, Wakefield.	3 " ..	90	Thérèse Dion, St-Cécile de Mash.	" ....
16 "	"	59229	R. Clark Cummings, Cummings-Bridge.	3 " ..	99	J. Moyneur, Ltd., Ottawa.	" ...:.....
16 "	"	59230	Emond Co., Eastview..	2 " ..	56	J. Lerner, Ottawa...	" ...:......
17 "	"	59231	T. W. Collins, rue Friel, Ottawa.	2 " ..	70	The Alderney Dairy Co., Ottawa.	" ....
18 "	"	59232	O. Lemieux, rue du Pont, Hull.	2½" ..	78	Moyneur, Ottawa...	" .. ..
18 "	"	59233	Jos. Martel & Co., rue Duc, Hull.	4⅔" ..	150	J.Freedman,Ottawa.	" ... .
18 "	"	59234	M. J. Laverdure, rue Albert, Hull.	3 " ..	96	Ottawa Cold Stores, Ltd., Ottawa.	· " ....
19 "	"	59235	J. H. Lever, marché du quartier By, Ottawa.	3 " ..	84	Inconnu	W. A. Hodgins, Shawville.
19 "	"	59236	" " ..	2 " ..	64	"	Jas. Alexander, Ltd., St-Paul, Montréal.
19 "	"	59237	Gougeon & Fils, marché du quartier By, Ottawa	3 " ..	96	J.Freedman,Ottawa.	....
19 "	"	59238	S. Diamend, marché du quartier By, Ottawa.	3 " ..	96	E. M. Lerner & Sons, Ottawa.	.... ·
19 "	"	59239	Matthews Laing, Ltd., marché du q. By, Ottawa.	3 " ..	96	Inconnuu...........	....
"	"	59240	" " ..	2 " ..	56	"	....

DOC. PARLEMENTAIRE No 14

BEURRE.

Rapport de l'inspecteur (ne comportant aucune expression d'opinion).	Résultats analytiques.							Numéro de l'échantillon	Remarques et opinion de l'analyste en chef.
	Eau.			Cendre.	Réfractomètre-Butyro à 40°c.	Titre Reichert Meisl.	Matières grasses par différenciation.		
	Séparée.	Incorporée.	Total.						
Fin.									
	p.c.	p.c.	p.c.	p.c.			p. c.		
....	.....	13·22	13·22	3·34	43·0	.....	83·44	58593	Normal.
....	.....	13·02	13·02	2·38	44·8	23·4	84·60	58594	"
....	.....	12·45	12·45	0·90	42·5	.....	86·65	58595	"
....	.....	12·87	12·87	1·52	44·6	28·3	85·61	58596	"
....	.....	12·50	12·50	1·36	43·6	.....	86·14	58597	"
....	.....	10·40	10·40	3·94	43·8	.....	85·66	58598	"
....	.....	12·90	12·90	3·56	44·6	29·6	83·54	58599	"

J. A. RICKEY, INSPECTEUR.

....	.....	10·60	10·60	2·15	45·0	26·2	87·25	59224	Normal.
....	.....	12·40	12·40	2·87	44·6	23·1	84·73	59225	"
....	....	12·25	12·25	2·24	43·4	.....	85·51	59226	"
....	3·50	10·52	14·02	0·96	45·8	24·8	88·52	59227	"
The Gatineau Creamery.	.....	9·55	9·55	1·84	44·8	26·4	88·61	59228	"
Gold Medal	.....	14·30	14·30	3·29	44·8	27·4	82·41	592 9	"
Beachburg Creamery. Reg. No. 1532.	.....	8·40	8·40	2·04	43·6	.....	89·56	59230	"
Crown Brand.........	2·63	13·20	15·83	2·82	43·0	.. ...	83·98	59231	"
....	2·68	10·42	13·10	2·53	44·7	27·1	86·99	59232	"
....	.....	12·55	12·55	6·25	42·8	....	81·20	59233	Insuffisance de matières grasses. Accepté.
Sweet Clover Brand...	1·00	10·10	11·10	2·11	43·8	....	87·79	59234	Normal.
....	0·50	8·48	8·98	4·50	43·5	.....	87·02	59235	"
....	0·40	11·04	11·44	3·30	43·5	.....	85·66	59236	"
Capital Creamery.....	.....	11·85	11·85	1·27	43·4	.....	86·88	59237	"
Rising Sun	.....	11·85	11·85	1·90	43·8	....	86·25	59238	"
Rose Brand Choice Creamery.	0·50	10·42	10·92	3·00	43·4	...:	86·58	59239	"
....	0·25	10·00	10·25	8·00	44·6	27·2	82·00	59240	Légère insuffisance de matières grasses, excédent de sel. Accepté.

5 GEORGE V, A. 1915

BULLETIN N° 281—

Date du prélèvement de l'échantillon.	Nature de l'échantillon.	Numéro de l'échantillon.	Nom et adresse du vendeur.	Prix. Quantité.	Prix. Cents.	Nom et adresse du fabricant ou du fournisseur, tel que communiqué par le vendeur. Fabricant.	Fournisseur.
						DISTRICT D'OTTAWA—	
1913.							
19 déc.	Beurre.....	59241	B. Slattery, rue Sparks, Ottawa	3 liv..	105	Valley Creamery of Ottawa, Ottawa.	Fabricants......
19 "	"	59242	Valley Creamery of Ottawa, rue Sparks, Ottawa.	3 " ..	90	Vendeurs.....	....
22 "	"	59243	Ottawa Dairy Co., Ltd., Ottawa.	2 " ..	64	"	....
1914.							
17 janv.	"	59291	" " ..	2 " ..	70	"	....
						DISTRICT DE KINGSTON—	
1913.							
8 déc.	Beurre.....	61013	James Redden, Kingston	1 liv..	35	Eastern Dairy School, Kingston.	....
8 "	"	61014	James Crawford, Kingston.	1 liv..	35	Eldon Creamery, Lornville.	....
8 "	"	61015	J. B. Hutcheson, Kingston.	1 liv..	33	Victoria Creamery, Lindsay.	....
8 "	"	61016	Wm Davis, Kingston..	1 liv..	35	Woodside Creamery.	....
8 "	"	61017	W. E. Hopinson Bros., Kingston.	1 liv..	35	Royal Township Creamery.	....
8 "	"	61018	Geo. Gibson, Kingston..	1 liv..	32	C. McCrane.......	....
8 "	"	61019	L. W. Murphy, Kingston.	1 liv..	35	Favourite Creamery.	....
8 "	"	61020	James Kennedy, Kingston.	1 liv..	34	Eldon Creamery, Lornville.	....
8 "	"	61021	J. D. Valleau, Kingston	1 liv..	33	Brooklin Creamery.	....
8 "	"	61022	Mme Irwin, Kingston..	1 liv..	33	Beachburg Creamery	....
8 "	"	61023	J. R. B. Gage, Kingston	1 liv..	33	Brooklin Creamery..	....
8 "	"	61024	J. A. Lemmons, Kingston	1 liv..	32	Mme Brown, Odessa.	....
9 "	"	61025	W. H. Milling, Napanee	1 liv..	33	Central Smith Dairy, Peterboro.	....
9 "	"	61026	G. W. Royes, Napanee.	1 liv..	32	Laings Special Creamery, Brockville,	
9 "	"	61027	F. H. Perry, Napanee..	1 liv..	32	....	....
9 "	" .... .,	61028	W. D. Nickle, Napanee	1 liv..	32	Laings Special Creamery, Brockville.	
9 "	"	61029	H. C. Hampton, Belleville.	1 liv..	32	H. A. Brann, Creamery.	
9 "	"	61030	L. R. Artis, Belleville..	1 liv..	35	Laings Special Creamery, Brockville.	....
9 "	"	61031	R. Elvins, Belleville...	1 liv..	33	A. H. Campbell, Harwood.	....:
9 "	"	61032	H. E. Fairfield, Belleville.	1 liv..	33	Laings Special Creamery, Brockville.	....

DOC. PARLEMENTAIRE No 14

BEURRE.

Rapport de l'inspecteur (ne comportant aucune expression d'opinion).	Résultats analytiques.								Numéro de l'échantillon.	Remarques et opinion de l'analyste en chef.
	Eau.									
	Séparée.	Incorporée.	Total.	Cendre.	Réfractomètre-Butyro à 40°c.	Titre Reichert Meissl.	Matières grasses par différenciation.			
Fin.	p. c.	p. c.	p. c.	p. c.			p. c.			
Ottawa Creamery.....	......	12·16	12·16	2·82	43·5	.....	85·02		59241	Normal.
"	......	11·82	11·82	2·72	43·0	.....	85·46		59242	"
Favorite	......	13·50	13·50	2·23	44·1	.....	84·27		59243	"
"	.....	16·44	16·44	0·09	42·4	.....	83·47		59291	Léger excédent d'eau, mais le contenu en matière grasses est élevé. Accepté.
JAS. HOGAN, INSPECTEUR.										
.....	.....	13·44	13·44	0·09	43·2	.....	86·47		61013	Normal.
.....	.....	11·38	11·38	2·89	43·5	.....	85·73		61014	"
.....	.....	13·07	13·07	2·74	44·0	.....	84·19		61015	"
.....	.....	11·83	11·83	2·23	43·6	.....	85·94		61016	"
.....	.....	11·35	11·35	2·17	43·0	.....	86·48		61017	"
.....	.....	11·45	11·45	2·32	43·0	...	86·23		61018	"
.....	.....	10·08	10·08	2·09	43·4	.....	87·83		61019	"
.....	.....	10·00	10·00	3·34	43·8	...	86·66		61020	"
.....	1·50	11·50	13·00	2·69	43·2	.....	85·81		61021	"
.....	0·50	12·72	13·22	2·46	44·2	.....	84·82		61022	"
.....	.....	11·40	11·40	2·58	43·0	.....	86·02		61023	"
.....	.....	11·45	11·45	3·55	44·0	.....	85·00		61024	"
.....	.....	11·06	11·06	3·20	42·6	.....	85·74		61025	"
.....	.....	13·90	13·90	1·95	43·5	.....	84·15		61026	"
'Anchor Brand Dairy.'	.....	11·43	11·43	2·50	43·8	.....	86·07		61027	"
.....	.....	9·50	9·50	0·80	44·3	25·4	89·70		61028	"
.....	.....	9·87	9·87	2·67	43·6	...	87·46		61029	"
.....	.....	8·19	8·19	2·30	43·0	.....	88·51		61030	"
Finest Creamery.....	.....	11·49	11·49	3·04	43·6	...	85·47		61031	"
.....	.....	9·50	9·50	2·07	43·8	.....	88·43		61032	"

5 GEORGE V, A. 1915

BULLETIN N° 281—

Date du prélèvement de l'échantillon.	Nature de l'échantillon.	Numéro de l'échantillon.	Nom et adresse du vendeur.	Prix.		Nom et adresse du fabricant ou fournisseur, tel que communiqué par le vendeur.	
				Quantité.	Cents	Fabricant.	Fournisseur.

DISTRICT DE TORONTO—

Date du prélèvement de l'échantillon.	Nature de l'échantillon.	Numéro de l'échantillon.	Nom et adresse du vendeur.	Quantité.	Cents	Fabricant.	Fournisseur.
1913.							
20 déc.	Beurre......	57540	F. S. Cleaverley, 84 St. Lawrence mkt., Toronto.	2 livs.	56	....	W. C. Latimer, Beaverton.
19 "	"	57572	L. Miller, 192 rue Parliament, Toronto.	2 " ..	64	....	Spoffard, Almira
19 "	"	57573	L. Bell, 244 rue Dundas-West, Toronto.	2 " ..	65	....	Matthews-Laing, Ltd., Toronto.
19 "	"	57574	T. H. Whitely, 287 St. Johns Road west, Toronto.	2 " ..	70	....	Swift's Canadian Co., Ltd., West Toronto.
20 "	"	57575	R. Tomlin, St. Lawrence mkt., Toronto.	2 " ..	50	....	W. Fairburn, Orangeville.
20 "	"	57576	H. Forsythe, 81 St. Lawrence mkt., Toronto.	2 " ..	60	....	Gunn's, Ltd., Toronto.
22 "	"	57577	J. E. Harrison. 827 av. Lansdowne, Toronto.	2 " ..	60	Mme T. A. Harvey, Jack's Lake.	J. J. Fee, Toronto.
22 "	"	57578	Jas. Gourlay, 43 av. Wallace, Toronto.	2 " ..	68	....	Wm. Duckworth Toronto.
26 "	"	57579	J. H Cardy, 675 Broadview ave., Toronto.	2 " ..	70	Wilmot Creamery Co., Baden, Ont.	Willard & Co., Ltd., Toronto.
26 "	"	57580	The Wm. Davies Co., Ltd., 749 av. Broadview, Toronto.	2 " ..	64	....	Wm. Davies Co., Ltd., Packing House, Toronto.
26 "	"	57581	J. Atkinson, 2706 rue Yonge-North, Toronto.	2 " ..	66	....	R. Whiticker...
26 "	"	57583	J. B. Whaley, 2295 rue Yonge-Nord, Toronto.	2 " ..	64	Mme W. Perry, Linton.	....
30 "	"	57584	A. Hibben, 2444 rue Queen-Est, Toronto.	2 " ..	70	....	Gunn's, Ltd., Toronto.
30 "	"	57585	W. J. Snell, 2165 rue Queen-Est, Toronto.	2 " ..	70	....	MacLaren's Imperial Cheese Co., Ltd., Toronto.
31 "	"	57586	Brown Bros., 552 rue Queen-Ouest, Toronto.	2 " ..	70	....	Rutherford, Marshall & Co., Toronto.
31 "	"	57587	D. C. Murray, 1441 rue Yonge, Toronto.	2 " ..	70	Mme Jas. McEwan, Lloydtown.	....
31 "	"	57588	The Wm. Davies Co., Ltd., 1152 rue Yonge, Toronto.	2 " ..	68	....	The Wm. Davies Co., Ltd., Packing House, Toronto.
1914.							
2 janv.	"	57589	Puckel & Scillary, Oshawa.	2 " ..	62	....	Inconnu... .....
2 "	"	57590	F. I. Armstrong, Oshawa.	2 " ..	60	....	McDowell&Morris, Oshawa.

DOC. PARLEMENTAIRE No 14

BEURRE.

Rapport de l'inspecteur (ne comportant aucune expression d'opinion).	Résultats de l'analyse.							Numéro de l'échantillon.	Remarques et opinion de l'analyste en chef.
	Eau.			Cendre.	Réfractomètre Buyro à 40°c.	Titre Reichert Meissl.	Matières grasses par différenciation.		
	Séparée.	Incorporée.	Total.						

H. J. DAGER, INSPECTEUR.

	p. c.	p. c.	p. c.	p. c.			p. c.		
....	0·25	9·34	9·59	2·09	43·7	.....	88·57	57540	Normal.
....	0·75	11·12	11·87	5·54	42·6	.....	83·34	57572	"
Favourite Creamery...	1·00	11·80	12·80	2·55	43·6	.....	85·65	57573	"
Brookfield Extra Creamery.	.....	11·70	11·70	2·50	44·1	.....	85·80	57574	"
....	0·25	8·98	9·23	7·00	44·0	.....	84·02	57575	"
....	1·00	13·65	14·65	2·62	44·2	.....	83·73	57576	"
ChoiceSeparatorButter	2·60	9·35	11·95	4·46	44·0	...	86·19	57577	
Gold Medal Creamery,	2·80	11·85	14·65	2·88	44·2	.....	85·27	57578	"
Made from pure pastuerized cream.	2·40	14·18	16·58	14·82	42·3	...	81·00	57579	Insuffisance de matières grasses. Accepté.
Buttercup Creamery.	.....	12·92	12·92	1·49	44·6	29·3	85·59	57580	Normal.
....	0·50	11·65	12·15	2·22	40·6	33·3	86·13	57581	"
Choice Dairy.	0·25	9·62	9·87	2·45	42·8	.....	87·88	57583	"
Willowdale Creamery.	2·00	10·72	12·72	2·08	43·0	....	87·20	57584	"
Primrose Choice Creamery.	1·50	11·55	13·05	1·59	44·2	.....	86·86	57585	"
ChoicePastuerizedGold Medal Creamery.	.....	10·58	10·58	1·39	45·5	29·1	88·03	57586	"
Choice Dairy........	0·50	11·45	11·95	5·00	43·6	. .	83·55	57587	"
Woodside Creamery...	0·25	10·11	10·36	1·75	44·6	30·1	88·14	57588	" .
....		8·38	8·38	4·25	40·6	33·1	87·37	57589	"
....	0·50	15·35	15·85	3·10	43·6	.....	81·55	57590	Légère insuffisance de matières grasses. Accepté.

5 GEORGE V, A. 1915

BULLETIN N° 281—

Date du prélèvement.	Nature de l'échantillon.	Numéro de l'échantillon.	Nom et adresse du vendeur.	Quantité.	Cents.	Fabricant.	Fournisseur.

DISTRICT DE HAMILTON—

1913.							
2 déc.	Beurre	59801	McDougal & Evans, Owen-Sound.	2 liv.	50		Fermier
3 "	"	59802	D. J. Cunningham, Owen-Sound.	3 "	56		Inconnu
3 "	"	59803	A. W. McFaul, Owen-Sound.	2 "	58		Fermiers
4 "	"	59804	Shields & Co., Palmerston.	2 "	56		Joseph Kennedy
5 "	"	59805	C. T. Hicks, Guelph...	2 "	68	Guelph Creamery Co., Guelph.	
5 "	"	59806	J. M. Dooley, Guelph.	2 "	68	"	
9 "	"	59807	John Walker, Paris....	2 "	68	Princeton Creamery, Princeton.	
9 "	"	59808	J. M. Patterson, Paris.	2 "	60	J. K. Nill, Falkland.	
10 "	"	59809	A. Caulbeck, 104 rue Market, Brantford.	2 "	68	Brant Creamery, Brantford.	
10 "	"	59810	Geo. Cooper, 135 rue Market, Brantford.	2 "	68		Swift Canadian Co., Ltd., Toronto.
10 "	"	59811	M. B. O'Loughlin, 131 rue Clarence, Brantford.	2 "	62	Wm. Doddy, Brantford.	
16 "	"	59812	A. Culbert, 188 rue Locke, Hamilton.	2 "	70		Fearman,Hamilton.
16 "	"	59813	John Slattery, 137 rue Locke, Hamilton.	2 "	60		P.W.Armstrong, Selkirk.
16 "	"	59814	R. J. Hewson, 312 rue Main-Ouest, Hamilton	2 "	70	Hagersville Creamery, Hagersville.	
16 "	"	59815	W. A. Atkinson, 311 rue Barton, Hamilton.	2 "	70	R. B. Moore, Galt.	
16 "	"	59816	Wm. Carrall, 595 rue Barton-Ouest, Hamil.	2 "	60		Inconnu
16 "	"	59817	H. Stewart, 114 rue Sanford, Hamilton.	2 "	70	Robert Snell, Norwich.	
16 "	"	59818	H. Taylor, 563 rue King-Est, Hamilton.	2 "	64		Inconnu
17 "	"	59819	E. H. Soules, 99 rue St. John-Sud, Hamilton.	2 "	60		"
17 "	"	59820	D. Sullivan, 175 rue Yonge, Hamilton.	2 "	70		A. Pain, Hamilton.

DISTRICT DE WINDSOR—

12 dec.	Beurre	53602	W. J. O. Neil, Clinton.	2 liv.	54	Inconnu	
16 "	"	53608	Ginsberg Bros., London	2 "	66	Silverwoods, Ltd., London.	
16 "	"	53612	G. C. Carley, Lambeth.	2 "	68	" "	
16 "	"	53614	Earle & Sons, Lambeth	2 "	60	Geo. Jaives, Tempo, P. O.	
9 "	"	54455	W. R. Butcher, St-Marys.	2 "	60	Winchelsea Creamery (W.J. Meda)	

DOC. PARLEMENTAIRE No 14

BEURRE.

H. J. DAGER, INSPECTEUR SUPPLÉANT.

Rapport de l'inspecteur (ne comportant aucune expression d'opinion).	Eau.			Cendre.	Réfractomètre Butyro à 40cc.	Titre Reichert Meissl.	Matières grasses par différenciation.	Numéro de l'échantillon.	Remarques et opinion de l'analyste en chef.
	Séparée.	Incorporée.	Total.						
	p.c.	p.c.	p.c.	p.c.			p. c.		
....	2·70	13·80	16·50	9·57	42·8	.....	77·63	59801	Les mat. grasses du beurre en faible quant. par suite l'excéd. du sel. Falsifié.
Désigné comme n° 1....	1·00	8·07	9·07	3·29	44·0	.....	88·64	59802	Normal.
Vendu comme n° 1.....	0·50	9·72	10·22	1·69	43·3	....	88·59	59803	''
....	2·50	11·48	13·98	1·85	42·3	.....	86·67	59804	''
....	1·00	13·23	14·23	3·72	42·6	.....	83·05	59805	''
Etiqueté Creamery Butter, g.c.c.	0·70	10·74	11·44	3·24	42·9	.....	86·02	59806	''
Clover Brand Creamery.		8·58	8·58	4·64	43·4	.....	86·78	59807	''
....		13·70	13·70	3·32	42·6	.....	82·98	59808	''
Brant Creamery, enrégist. n° 1533. Garanti d'une pureté absolue.	...	10·42	10·42	1·33	42·6	.....	88·25	59809	''
Brookfield Extra Creamery.	....	12·48	12·48	3·54	44·7	27·6	83·98	59810	''
....		11·08	11·08	2·42	41·5	....	86·50	59811	''
Meado Brook Creamery.	0·50	12·16	12·66	2·29	43·6	.....	85·55	59812	''
....		12·92	12·92	2·13	43·0	....	84·95	59813	''
Clover Leaf Brand....	2·00	11·50	13·50	4·10	43·2	.....	84·40	59814	''
Maple Leaf Brand. Finest·Creamery.	1·20	11·70	12·90	3·04	43·0	.....	85·26	59815	''
Finest Creamery, Walkerton Creamery.		11·83	11·83	1·35	43·2	.....	86·82	59816	''
Norwich Gore Creamery.	1·00	10·23	11·23	2·32	43·4	.....	87·45	59817	''
....	0·70	10·55	11·25	2·22	43·0	.	87·23	59818	''
....		8·74	8·74	5·34	45·0	27·0	85·92	59819	''
Choice Creamery, Jackson's Creamery.	1·50	11·95	13·45	2·93	44.2	....	85·12	59820	''

JOHN TALBOT, INSPECTEUR.

....	1·00	10·57	11·57	2·21	43·0	.....	87·22	53602	Normal.
....'.....		12·50	12·50	2·19	44·6	26·7	85·31	53608	''
....		11·80	11·80	1·89	44·0	.....	86·31	53612	''
....		10·66	10·66	2·92	42·2	.....	86·52	53614	''
Star Brand.	1·00	13·10	14·10	1·59	44·4	27·9	85·31	54455	''

14—30½

5 GEORGE V, A. 1915

BULLETIN N° 281—

Date du prélèvement.	Nature de l'échantillon.	Numéro de l'échantillon.	Nom et adresse du vendeur.	Prix.		Nom et adresse du fabricant ou fournisseur tel que communiqué par le vendeur.	
				Quantité.	Cents.	Fabricant.	Fournisseur.

DISTRICT DE WINDSOR—

Date du prélèvement.	Nature de l'échantillon.	Numéro de l'échantillon.	Nom et adresse du vendeur.	Quantité.	Cents.	Fabricant.	Fournisseur.
1913.							
9 déc.	Beurre.......	54457	Geo. Smith, St. Marys..	2 liv..	50	Inconnu...................	....
9 "	....	54464	J. M. Adam, St. Marys	2 " .	54	Mme Tunnie............	....
10 "	"	54466	Oman & Mallion, Strat-ford.	2 " ..	56	Inconnu.........	....
10 "	"	54470	Searth Grocery Co., Stratford.	2 " ..	56	"	....
10 "	"	54476	M. O'Brien, Stratford..	2 " ..	66	Dempsey & Holmes....	....
11 "	"	54481	Chas. S. Andrews, Seaforth.	2 " ..	56	Inconnu........,..	....
11 "	"	54482	Sproat & Finnegan, Sea-forth.	2 " ..	50	"	....
11 "	"	54487	Thos. Daly, Seaforth...	3 " ..	56	A. A. Cuthill....	....
11 "	"	54490	M. Williams. Seaforth.	2 " ..	50	Mme J. Morrison.......,	......;
12 "	"	54495	Geo. McLennan & Co., Clinton.	2 " .:	52	Inconnu.............	....
12 "	"	54497	J. P. Shepperd & Co., Clinton.	2 " ..	50	"	....

DISTRICT DE MANITOBA—

Date du prélèvement.	Nature de l'échantillon.	Numéro de l'échantillon.	Nom et adresse du vendeur.	Quantité.	Cents.	Fabricant.	Fournisseur.
1914.							
7 janv..	Beurre......	53240	D. Christie, rue Main, O, Winnipeg.	2 liv..	75	....	Dom. Produce Co.,Winnipeg.
7 "	"	53241	" "	2 " ..	70	....	Lang Bros......
7 "	"	53242	B. Clay, 181 Bannerman, Winnipeg.	2 " ..	76	Carson Hygienic Dairy Co., Winnipeg.	Fabricants......
7 "	"	53243	Gibson Gage Co., rue Main, O., Winnipeg.	2 " ..	66	....	....
7	"	53244	W. & D. Mayrs, rue Main, O., Winnipeg.	2 " ..	76	Swift Canadian Co., Winnipeg.	Fabricants......
7	"	53245	" "	2 " ..	76	Carson Hygienic Dairy Co., Winnipeg.	" ......
8 "	"	53246	Bond & Co., St-James.	2 " ..	76	Crescent Creamery Co., Winnipeg.	Fabricants......
8 "	"	53247	" "	2 " ..	70	" " ..	" .....
8 "	"	53248	" "	2 " ..	76	....	Matthews-Laing Ltd., Winnipeg.
8 "	"	53249	C. Killeen, St-James...	2 " ..	75	....	Gordon Ironsides Fares Co., Winnipeg.
8 "	"	53250	W. H. Tucker, Notre-Dame-Ouest, St-James	2 " ..	70	Crescent Creamery Co., Winnipeg.	Fabricants......

BEURRE.

Rapport de l'inspecteur (ne comportant aucune expression d'opinion).	Eau. Séparée.	Eau. Incorporée.	Eau. Total.	Cendre.	Réfractomètre Butyro à 40°c.	Titre Reichert Meisl.	Matières grasses par différenciation.	Numéro de l'échantillon.	Remarques et opinion de l'analyste en chef.
Fin.									
	p.c.	p.c.	p.c.	p.c.			p. c.		
....	3·50	16·00	19·50	1·17	44·6	24·1	82·83	54457	Normal.
....	....	11·09	11·09	1·74	43·0	.....	87·17	54464	"
....	2·50	10·35	12·85	1·84	41·2	29·6	87·81	54466	"
....	4·20	11·80	16·00	4·78	43·2	...	83·42	54470	"
....	....	12·15	12·15	1·55	43·0	.....	86·30	54476	"
....	....	8·33	8·33	1·81	45·2	21·2	89·86	54481	"
....	3·00	8·82	11·82	3·40	44·8	24·9	87·78	54482	"
....	1·00	10·08	11·08	1·86	44·8	28·5	88·06	54487	"
....	1·00	13·90	14·90	2·14	43·0	.....	83·96	54490	"
....	2·00	9·73	11·73	1·74	43·7	.....	89·53	54495	"
....	2·00	10·54	12·54	2·94	42·3	.....	86·52	54497	"

A. C. LARIVIÈRE, INSPECTEUR.

Eastern Townships Devon-Dale Creamery.		12·90	12·90	2·00	44·6	29·2	85·10	53240	Normal.
Perfection Creamery..		12·50	12·50	1·57	44·0	.....	85·93	53241	"
....	....	11·82	11·82	2·70	43·6	.....	85·28	53242	"
Fabriqué express. pour Gibson Gage Co.		10·35	10·35	1·45	43·8	...:	88·20	53243	"
Brookfield Brand.....		9·65	9·65	1·14	43·5	.....	89·21	53244	"
....		14·00	14·00	2·49	43·0	.....	83·51	53245	"
Crescent Brand.......	....	15·80	15·80	2·35	43·8	.....	81·95	53246	Légère insuffisance de matières grasses. Accepté.
Aylesbury Brand	....	20·28	20·28	3·04	43·6	.....	76·68	53247	Excédent d'eau et insuffisance de matières grasses. Falsifié.
Empaq. par les fournisseurs "Rose"Brand.		12·40	12·40	2·20	44·5	28·7	85·40	53248	Normal.
Marque "Cloverdale"		14·30	14·30	3·12	43·8	.....	82·58	53249	"
Marque "Aylesbury"	.....	16·48	16·48	2·78	43·5	,.....	80·84	53250	Excédent d'eau et insuffisance de matières grasses. Falsifié.

5 GEORGE V, A. 1915

BULLETIN N° 281—

Date du prélèvement.	Nature de l'échantillon.	Numéro de l'échantillon.	Nom et adresse du vendeur.	Prix.		Nom et adresse du fabricant ou fournisseur tel que communiqué par le vendeur.	
				Quantité.	Cents.	Fabricant.	Fournisseur.
						DISTRICT DE MANITOBA—	
1914.							
8 janv.	Beurre.......	53251	W. H. Tucker, Notre-Dame-Ouest, St-James	2 liv..	76	....	Gordon Ironsides Fares Co., Winnipeg.
12 "	"	53252	Western Cash Grocery, avenue Portage, St-James.	2 " ..	70	....	Simpson Produce Co.
12 "	"	53253	" " ..	2 " ..	72	Carson Hygienic Dairy Co., Winnipeg.	Fabricants......
12 "	"	53254	" " ..	2 " ..	68	" " ..	" ......
12 "	"	53255	G. J. Caswell, avenue Logan, St-James.	2 " ..	80	Laurentia Milk Co. of Manitoba, Ltd , Neepawa, Man.	....
12 "	"	53256	" " .	2 " ..	64	....	Gallagher Holman, Lafrance, Winnipeg.
13 "	"	53257	St-Boniface Creamery Co., St-Boniface, Man.	2 " ..	Nil.	Fabricants.........	
13 "	"	53258	Berlin & Co., St-Boniface, Man.	2 " ..	80	Crescent Creamery Co., Winnipeg.	Fabricants . ....
13 "	"	53259	" " ..	2 " ..	60	Carson Hygienic Dairy Co., Winnipeg.	" ... ..
						DISTRICT D'ALBERTA—	
1913.							
1 déc..	Beurre.......	51813	Hallier & Aldridge, Edmonton.	2 liv..	80	Edmonton Dairy Co., Edmonton.	:............. .
1 "	"	51814	I. H. Morris & Co., Edmonton.	2 " ..	75	Golden Meadow Creamery, Edmonton.	....
2 "	"	51815	The Acme Co., Edmonton.	2 " ..	78	Swift Canadian, Edmonton.	....
3 "	"	51816	La Cie de la Baie d'Hudson, Edmonton.	2 " ..	80	Edmonton City Dairy, Edmonton.	....
4 "	"	51817	Montgomery & West, Wetaskiwin.	2 " ..	70	Mme H. T. Rix, Wetaskiwin.	....
4 "	"	51818	Aboussafy & Murray, Wetaskiwin.	2 " ..	80	M. Badry, Wetaskiwin.	....
5 "	"	51819	F. E. McLeod, Lacombe.	2 " ..	60	C. W. Gaitskell, Lacombe.	....
11 "	"	51820	S. G. Freeze, Calgary..	2 " ..	80	Cheltenham Dairy Co., New Zealand.	....
11 "	"	51821	La Cie de la Baie d'Hudson, Calgary.	2 " ..	50	....	P. Burns & Co., Calgary.
12 "	"	51822	" "	2 "	75	P. Burns & Co., Calgary.	....
12 "	"	51823	Pryce-Jones (Canada) Ltd., Calgary.	2 "	80	" "	....
12 "	"	51824	" "	2 "	80	Swift Canadian, Calgary.	....

BEURRE.

Rapport de l'inspecteur (ne comportant aucune expression d'opinion).	Résultats de l'analyse.								Remarques et opinion de l'analyste en chef.
	Eau.							Numéro de 'échal	
	Séparée.	Incorporée.	Total.	Cendres.	Réfractomètre Butyrc à 40°c.	Titre Reichert Meissl.	Matières grasses par différenciation.		
Fin.	p.c.	p.c.	p.c.	p.c.			p. c.		
Marque "Cloverdale".	.....	12·70	12·70	1·91	43·4	......	85·39	53251	Normal.
" "Brookside"..	.....	11 51	11·51	1·64	43·8	......	86·85	53252	"
" "Carson's"....	.....	13·61	13·61	3·26	43·6	......	83·13	53253	"
" "Globe Valley"	.....	13·32	13·32	2·95	44·0	.....	83·73	53254	"
" "Laurentia"...	......	13·86	13·86	3·38	43·6	......	82·76	53255	"
Beurre de laiterie fraîchement fabriqué.	....	9·95	9·95	0·66	43·0	....	89·39	53256	"
....	......	13·15	13·15	4·28	44·2	......	82·57	53257	"
Marque "Crescent"..	.....	15·85	15·85	2·00	43.4	......	82·15	53258	Légère insuffisance de matières grasses. Accepté.
....	.....	12·43	12·43	2·57	43 8	.....	85·00	53259	Normal.

A. W. R. MARKLEY, INSPECTEUR.

....	.....	12·92	12·92	2·00	42·6	......	85·08	51813	Normal.
....	0·75	12·0:	12·77	3·06	43·2	......	84·92	51814	"
....	.....	12·62	12·62	1·84	43·5	......	85·54	51815	"
....	.....	12·07	12·07	2·10	42 8	.....	85·82	51816	"
....	....	11·14	11·14	1·84	44·0	......	87·02	51817	"
....	....	9·82	9·82	2·00	43·8	......	88·18	51818	"
....	....	8·60	8·60	2·30	43·9	......	88·10	51819	"
....	....	14·60	14 60	1·02	43·7	......	84·38	51820	"
.. ..	.....	16·94	16·94	1·59	42 8	.. ..	81·47	51821	Excédent d'eau et insuffisance de matières grasses. Falsifié.*
....	.....	13·05	13·05	2·44	44·2	....	84·51	51822	Normal.
....	....	12·45	12·45	1·59	43·0	....	85·96	51823	"
....	....	13·95	13·95	2 38	43·3	......	83·67	51824	"

* Indiqué vendu comme du beurre de cuisine, et non comme étant de première qualité.

5 GEORGE V, A. 1915

BULLETIN N° 281–

Date du prélèvement.	Nature de l'échantillon.	Numéro de l'échantillon.	Nom et adresse du vendeur.	Prix.		Nom et adresse du fabricant ou fournisseur tel que communiqué par le vendeur.	
				Quantité.	Cents.	Fabricant.	Fournisseur.
						DISTRICT D'ALBERTA—	
1913.							
12 déc..	Beurre.......	51825	John Irwin & Co., Calgary.	2 liv..	80	P. Pallesen, Calgary.	....
12 "	"	51826	I. A. Nolan, Calgary...	2 "	80	" "	....
13 "	"	51827	P. Burns & Co., Calgary	2 "	80	Fabricants..........	
13 "	"	51828	" "	2 "	80	"	....
13 "	"	51829	" "	2 "	70	"	....
13 "	"	51830	" "	2 "	70	"	....
13 "	"	51831	" "	2 "	70	"	....
13 "	"	51832	Plunkett & Savage, Calgary.	2 "	65	Provincial Creamery, Calgary.	.. ..
						DISTRICT DES MONTAGNES-ROCHEUSES—	
2 déc..	Beurre..	49997	R. G. Ritchie, Cascade, C.-B.	2 liv..	75	Swift Canadian Co., Edmonton.	....
2 "	"	49998	" "	2 "	80	....	W. H. Malkins, & Co., Vancouver.
2 "	" .. :....	49999	" "	2 "	75	Crèm. du gouv. prov. d'Alberta, Calgary	....
4 "	"	50006	N. L. McInnes & Co., Grand-Forks, C.-B.	2 "	80	A. H. Campbell, Harwood, Ont.	.........: ....
4 "	"	50007	" "	2 "	90	....	A. Polade & Co., Vancouver.
4 "	"	50013	McKim & LeRoy, Grand-Forks, C.-B.	2 "	80	....	P. Burns & Co., Nelson, C.-B.
15 "	"	50019	Trail Grocery Co., Trail, C.-B.	2 "	80	A. H. Campbell, Harwood, Ont.	....
15 "	"	50024	T. Lauriente & Son, Trail, C.-B.	2 "	90	Burlew Creamery Co. Burlew, Wash.	........: .....
15 "	"	50025	" "	2	80	Harris Dairy Products Co., Camrose, Alta.	....
17 "	"	50031	Agnew & Co., Rossland, C.-B.	2 "	75	Swift Canadian Co., Edmonton.	.. . .
17 "	"	50043	T. P. Rogers, Rossland, C.-B.	2 "	90	Hazelwood Co., Spokane.	....
1914.							
3 janv.	"	50044	P. Burns & Co., Nelson, C.-B.	2 "	80	....,....	P. Burns & Co., Vancouver.
3 "	"	50045	" " :.	2 "	80	....	" ..
3 "	"	50046	" " ..	2 "	70	P. Burns & Co., Calgary.	....
7 "	"	50056	R. B. Bell, Salmo, C.-B.	2 "	90	....	P. Burns & Co., Nelson.
7 "	"	50057	" " ..	2 "	80	The O. K. Creamery, Morningside, Alta.	. . ..

BEURRE.

Rapport de l'inspecteur (ne comportant aucune expression d'opinion).	Résultats de l'analyse.							Numéro de l'échantillon.	Remarques et opinion de l'analyste en chef.
	Eau.			Cendre.	Réfractomètre Butyre à 40°c.	Titre Reichert Meissl.	Matières grasses par différenciation.		
	Séparée.	Incorporée.	Total.						
Fin.	p.c.	p.c.	p.c.	p.c.			p. c.		
....	.....	12·78	12 78	3·30	43·5	......	83·92	51825	Normal.
....	.....	12 85	12·85	2 48	44·2	....	84·67	51826	"
....	.. ..	11·21	11·21	3·48	43·8	......	85·31	51827	"
....	....	11·94	11·94	4·00	45·0	28·3	84·06	51828	"
....	...	11·70	11·70	1·09	43·8	......	87·21	51829	"
....	·....	14·90	14·90	1·66	43·7	....	83·44	51830	"
....	.....	9·95	9·95	2·82	43·5	......	87·23	51831	"
....	....	13·50	13·50	2·61	43·6	......	83·89	51832	"

THOS. PARKER, INSPECTEUR.

Brookfield	...	12·32	12·32	2·50	43·6	....	85·18	49997	Normal.
New Zealand...........	..·.	13·92	13·92	1·62	44·1	.....	84·46	49998	"
....·.	.....	11·39	11·39	2·11	43 5	.....	86·50	49999	"
....	....	12·38	12·38	2·81	44·6	30·2	84 81	50006	"
New Zealand	.....	15·40	15·40	2·54	43·6	.... .	82·06	50007	Légère insuffisance 'de matières grasses. Accepté.
Empress	....	13·48	13·48	2·90	44·2	......	83·62	50013	Normal.
....	0·20	10·90	11·10	2·42	44·7	29·6	86·68	50019	"
.. ..	.....	13·05	13·05	0·92	42·4	..,.	86·03	50024	"
Golden Meadow.. ..	....	10·97	10·97	1·86	43·4	....	87·17	50025	"
Sweet Clover....	......	10·59	10·59	1·87	43·2	......	87·54	50031	"
Hazelwood.	......	14·00	14·00	1·5t	43·8	.. ...	84·44	50043	"
Fancy New Zealand...	....	15·20	15·20	1·95	42·8	......	82·85	50044	"
Southern Cross, New Zealand.	......	14·65	14·65	1·85	43·2	......	83·50	50045	"
Alberta Dairy....	.....	15·42	15 42	2·52	43·5	....	82·06	50046	Légère insuffisance de matières grasses. Accepté.
Fancy, N.Z ... .·..:	.....	13 00	13·00	2·15	43 4	....	84·85	50056	Normal.
... .	0·50	11·65	12·15	1·34	43·2	......	87·01	50057	"

5 GEORGE V, A. 1915

BULLETIN N° 281—

Date du prélèvement de l'échantillon.	Nature de l'échantillon.	Numéro de l'échantillon.	Nom et adresse du vendeur.	Prix.		Nom et adresse du fabricant ou fournisseur tel que communiqué par le vendeur.	
				Quantité.	Cents.	Fabricant.	Fournisseur.
			DISTRICT DES MONTAGNES-ROCHEUSES—				
1914.							
23 janv.	Beurre	50065	S. A. Speers, Creston, B.C.	2 liv..	80	....	A.P.Slade & Co., Vancouver.
23 "	"	50068	Creston Mercantile Co., Creston, C.-B.	2 " ..	80	....	" ..
23 "	"	50069	" " ..	2 " ..	70	A. N. Couling, Creston, C.-B.	....
23 "	"	50070	" " ..	2 " ..	70	Jas. Haseroft, Creston, C.-B.	....
			DISTRICT OF VICTORIA—				
1913.							
9 déc..	Beurre	57697	Windsor Grocery Co., 817 rue Government, Victoria, C.-B.	2 liv..	75	....	S. Leiser & Co., Ltd., Victoria, C.-B.
9 "	"	57698	" " ..	2 " ..	110	Cowichan Creamery Assn.,Duncan,C.B	....
9 "	"	57705	Copas & Young, 633 rue Fort,Victoria,C.-B	2 " ..	70	F. R. Stewart, Victoria, C.-B.	....
9 "	"	57706	" " ..	2 " ..	90	Norwestern Creamery, Victoria, C.-B	....
11 "	"	57714	The West End Grocery Co., Ltd., 1002 rue Govt., Victoria, C.-B.	2 " ..	90		
11 "	"	57715	" " ..	2 ..	100	Salt Spring Island Creamery, Ganges, C.-B.	....
11 "	"	57716	" " ..	2 " ..	80	T. Simmonds, Lac Perdu, Victoria,C.-B	John Vaio & Sons, Victoria, C.-B.
11 "	"	57721	Acton Bros., 1317 rue Douglas, Victoria, C.-B.	2 " ..	70	....	P. Burns & Co., Ltd., Victoria, C.-B.
11 "	"	57722	" " ..	2 " ..	75	............—.....	Swift Canadian Co , Ltd., Victoria, C.-B.
12 "	"	57729	Dixi H. Ross & Co., 1316 rue Broad, Victoria, C.-B.	2 " ..	90	The Comox Creamery Assn., Ltd., Courtenay, C.-B.	....
12 "	"	57730	" " ..	" ..	70	....	B. Wilson & Co., Ltd., Victoria, C.-B.
12 "	"	57737	James Adam, 1023 rue Cook, Victoria, C.-B.	2 " ..	70	....	F. R. Stewart, Victoria, C.-B.
16 "	"	57744	H.O Kirkham, 714 rue Fort, Victoria C.-B	2 " ..	80	B. Wilson & Co., Ltd., Victoria,C.-B	....
16 "	"	57745	" " ..	2 " ..	70	A. P. Slade & Co.,	....
17 "	"	57752	Henry W. Driver, 856 rue Yates, Victoria, C.-B.	2 " ..	70	P. Burns & Co.,Ltd., Victoria, C.-B.	•
18 "	"	57756	Erskine & Co., 861 rue Johnston, Vict., C.-B.	2 " ..	70	A. P. Slade & Co., Victoria, C.-B.	....
18 "	"	57759	Fenerty Bros., Oak Bay Junction, Victoria, C.-B.	2 " ..	70	" ..	....

DOC. PARLEMENTAIRE No 14

BEURRE.

Rapport de l'inspecteur (ne comportant aucune expression d'opinion).	Résultats de l'analyse.								Remarques et opinion de l'analyste en chef.
	Eau.			Cendre.	Réfractomètre Butyro à 40°c.	Titre Reichert Meissl.	Matières grasses par différenciation.	Numéro de l'échantillon.	
	Séparée.	Incorporée.	Total.						
Fin.	p.c.	p.c.	p.c.	p.c.				p. c.	
Thames Valley, N.Z..	.....	13·40	13·40	0·86	43·2	.....		85·74	50065	Normal.
Pakeha, N.Z	.....	14·62	14·62	3·24	42·8	.....		82·14	50068	Légère insuffisance de matières grasses. Accepté.
....	.....	14·65	14 65	1·14	42·8	....		84 21	50069	Normal.
....	.....	10·40	10·40	0 79	42·8	....		88·81	50070	"

D. O'SULLIVAN, INSPECTEUR.

New Zealand Creamery	......	14·60	14·60	0·97	43·2	......		84·43	57697	Normal.
Cowichan Creamery...	.....	11·65	11·65	1·24	43·0	......		87·11	57698	"
Independent Creamery	.. ..	13·65	13·65	1 95	43·8	......		84·40	57705	"
Northwestern Creamery.	....	11·56	11·56	1·66	42·5	... .		86·78	57706	"
White Clover Creamery.	......	9·85	9·85	2·03	43·8	......		88·12	57714	"
Salt Spring Island Creamery.	......	10·92	10·92	2·07	42·6	.....		87·01	57715	"
Ranch Butter...	5·00	9·35	14·35	1·15	43·0	......		89·50	51716	"
Linden Grove.........	....	12·73	12·73	1·49	44·5	27·5		85·78	57721	"
Fancy New Zealand Creamery.	....	13·90	13·90	1·26	43·5	.....		84·84	57722	"
....	....	9·46	9·46	1·80	43·8	......		88·74	57729	"
Auburn Creamery	......	12·75	12·75	1·53	42·7	....		85·72	57730	"
Eastern Townships. ..	......	15 90	15 90	1·68	45·4	28·8		82·12	57737	"
Marque B. C. Special Creamery.	......	14·20	14·20	0·10	43·4	......		85·70	57744	"
Finest Quality, Clover Valley Creamery.	......	15·05	15·05	3·32	43·2	......		81·63	57745	Légère insuffisance de matières grasses. Accepté.
Eureka Brand Creamery.	1·00	11·80	12·80	3·38	44·2	....		84·82	57752	Normal.
Pure Best Victoria Creamery.	.....	14·50	14·50	3·28	43·6	......		82·22	57756	"
Mayflower Creamery..	.....	14·08	14·08	3·14	44·2	... ..		82·78	57759	"

Date du prélèvement.	Nature de l'échantillon.	Numéro de l'échantillon.	Nom et adresse du vendeur.	Prix.		Nom et adresse du fabricant ou fournisseur tel que communiqué par le vendeur.	
				Quantité.	Cents.	Fabricant.	Fournisseur.

DISTRICT DE VICTORIA—

1913.							
31 déc.	Beurre..	57767	P. Burns & Co., Ltd., 902 rue Government, Victoria, C.-B.	2 liv..	70	P. Burns & Co., Ltd., Vancouver, C.-B.	....
31 ″	″	57768	″ ″ ..	2 ″ ..	75	....	P. Burns & Co., Ltd., Vancouver, C.-B.
31 ″	″	57769	L. C. Adams Co., Ltd., rues Douglas et Johnston, Victoria, C.-B.	2 ″ ..	60	....	S. Leiser & Co., Ltd., Victoria, C.-B.

BEURRE.

Rapport de l'inspecteur (ne comportant aucune expression d'opinion).	Résultats de l'analyse.				Réfractomètre Butyro à 40°c.	Titre Reichert Meissl.	Matières grasses par différenciation.	Numéro de l'échantillon.	Remarques et opinion de l'analyste en chef.
	Eau.								
	Séparée.	Incorporée.	Total.	Cendre.					

Fin.

	p. c.	p. c.	p. c.	p. c.				p. c.	
Burns Carnation Creamery.	......	12·45	12·45	2·00	44·2	......		85·55	57767 Normal.
New Zealand Creamery.	......	14·40	14·40	1·73	43·0	......		83·87	57768 "
Choice Fresh Dairy. ..	0·50	9·20	9 70	1·97	43·0	......		88·83	57769 "

APPENDICE.

BULLETIN N° 281—BEURRE (PRÉLÈVEMENT SPÉCIAL.)

DISTRICT DE QUÉBEC—F. X. W. E. BÉLAND, INSPECTEUR.

Date du prélèvement.	Numéro de l'échantillon.	Nature de l'échantillon.	Nom et adresse du vendeur.	Prix. Quantité.	Prix. Cents.	Fabricant.	Fournisseur.	Rapport de l'inspecteur (ne comportant aucune expression d'opinion).	Eau.	Réfractomètre Butyro à 40°.	Titre Reichert Meissl.	Numéro de l'échantillon.
1913. 11 mars	37001	Beurre	Ulric Vachon, St-Grégoire, Montmorency.	1 liv.	30	Inconnu	J. B. Renaud & Cie		11·2	44·0	29·7	37001
12	37002	"	U. M. Côté, 23 Chemin St-Foie.	1 "	34	Stanislas Gagnon, Ile Orléans	Fabricant		11·0	44·0	29·0	37002
12	37003	"	E. Tessier, 121 rue Scott.	1 "	32	Inconnu	Emond & Côté		8·6	44·0		37003
12	37004	"	Mulcaire Bros., 21 rue St-Michel, Qué.	1 "	34	"	J. B. Renaud & Cie		11·8	43·0		37004
12	37005	"	Charles Martel, 49 rue Artillery, Québec.	1 "	27	"	Harris Abattoir, Québec.		7·5	43·0		37005
12	37006	"	O. Lamontagne, 372 rue St-Jean, Québec.	1 "	24	"	Dom. Fish & Fruit, Québec.		11·0	44·0		37006
12	37007	"	Jules Rochet, 7 rue Deli	1 "	35	"	Emond & Côté		9·2	43·5		37007
13	37008	"	G. Donalson, 243 rue St-Valier, Québec.	1 "	28	"	Harris Abattoir, Québec.		12·6	41·0		37008
13	37009	"	A. Pichette, 176 rue Dorchester, Québec.	1 "	33	"	J. B. Renaud & Cie		7·0	42·5		37009
13	37010	"	Cautin, Frère, 271 rue St-Joseph, Québec.	1 "	34	"	Eugène Fortin, St-Jean Port Joli.		9·0	42·0		37010
13	37011	"	La Cie Paquet, Ltée, Québec.	1 "	27	"	Emond & Côté		10·0	43·0		37011
13	37012	"	Verret & Lepine, 58 rue de la Couronne, Québec	1 "	28	"			11·6	43·0		37012
14	37013	"	Jos. Gagnon, 155 rue de la Couronne, Québec.	1 "	34	"	J. B. Renaud & Cie		8·9	44·0	30·8	37013
14	37014	"	Québec Preserving Co., 33 rue Smith, Que.	1 "	28	"	Emond & Côté		13·0	43·5		37014

DOC. PARLEMENTAIRE No 14

								No
44	=	37015	Elzéar Turcotte, 74 rue Desfossés, Québec.	29	"	J. B. Renaud & Cie.	10·0 43·5	37015
■	=	37016	Gash Mt, 46½ rue St-Joseph, Québec.	33	E. Pepin, St-Basile....	Fabricant.	11·0 42·5	37016
14	=	37017	O. Lacroix, 19 rue St-Joseph, Québec.	35	" "		8·9 ·43·0	37017
17	=	37018	L. F. Mt, 64 rue du Pont, Québec.	35	Inconnu	J. B. Renaud & Cie.	9·8 44·0 28·6	37018
17	=	37019	O. Gauvin, 149 rue St-Paul, bec.	32	Hardy & Frère, St-Basile.	Fabricants	8·5 44·0 24·9	37019
17	=	37020	J. B. Renaud & Cie, Qué-bec.	30	Antoine Genvis, St-Raymond.	"	8·6 44·0 29·7	37020
17	=	921	L. Paul, Québec.	30	Hardy & Frère, St-Basile.	"	10·0 44·0	37021
17	=	37022	Emd & Coté, Québec.	21	Kamouraska Dairy.	"	7·0 43·5	37022
10 avril	=	37035	Finlay, Québec. Boucher of Dom. Fruit & Fish Co., Qc.		....	E. G. Tobin, 206 rue Bayard, Québec.	9·7 42·0 *30·72	37035
10	=	37198	A. Doré, Sillery, Qc.	35	Inconnu..........	Emond & Coté......	9·0 43·0	37198
1	=	37199	A. Parent, Beauport....	30	"	J. B. Renaud & Cie.	8·7 42·0	37199
11	=	37200	Narcisse Fortier, Sault-Montmorency.	28	"	N. Rioux & Cie......	7·5 42·0	37200

* Sel 1'84.

ANNEXE Y.

BULLETIN N° 282—MEDICAMENTS A BESTIAUX.

OTTAWA, 13 mars 1914.

WM. HIMSWORTH,
  Sous-ministre du Revenu de l'Intérieur.

MONSIEUR,—J'ai l'honneur de vous soumettre un rapport sur 120 échantillons de ce que l'on peut classer sous le titre de Médicaments à bestiaux, bien que la valeur de certains, comme tels, puisse être mise en doute. Un grand nombre de ces articles sont venus entre les mains des inspecteurs comme nourritures à bestiaux et j'ai attiré votre attention, en août 1912, (*voir* Bulletin 241) sur le fait que, des 138 échantillons achetés comme nourriture à bestiaux durant cette année, 41 se rangeaient plutôt dans la catégorie des articles étudiés dans le rapport qui suit:

Les termes "produit de commerce pour l'alimentation des animaux" sont définis au chapitre 14 Ed. VII 8.9, comme "tout article offert en vente pour l'alimentation des animaux domestiques et les produits auxquels sont attribuées des propriétés médicinales tout aussi bien qu'alimentaires, etc." Il semble que les articles désignés sous le nom de produits pour l'alimentation des animaux doivent posséder, tout d'abord, des qualités nutritives, bien que le fait qu'ils ont en même temps des qualités médicinales ne puisse empêcher leur classement comme "produits pour l'alimentation".

On doit avouer que la définition donnée par la loi est quelque peu ambiguë. Dans beaucoup, si ce n'est dans la plupart des échantillons énumérés ici, la valeur nutritive que peuvent posséder les articles est due à des composants comme la farine de graine de lin, le son, les criblures, etc., qui sont employés comme délayants plutôt qu'ils ne forment partie essentielle du mélange. Si l'article est acheté pour sa valeur nutritive, le prix est hors de toute proportion à sa valeur réelle. Si l'article était donné seul aux animaux comme nourriture, il pourrait être dangereux et même fatal, à cause de la grande quantité qu'il en faudrait donner.

Il serait à désirer qu'on définît les produits alimentaires pour animaux et les médicaments à bestiaux, de manière à ce que ces articles ne puissent se confondre; et je suggérerais un amendement à l'article 2 (*b*) de la loi concernant les produits de commerce destinés à l'alimentation des animaux en supprimant la phrase "et les produits auxquels sont attribuées des propriétés médicinales aussi bien qu'alimentaires". Quand un article s'attribue des propriétés médicinales il devient remède ou médecine et cesse d'être produit alimentaire au sens ordinaire du mot. On n'a pas fait d'inspection systématique de cette catégorie d'articles depuis 1906. Cette année-là, un rapport sur 35 échantillons fut publié sous le titre de Bulletin 117. Je ne saurais faire d'autres commentaires sur le sujet que ceux qui ont été présentés par mon prédécesseur dans sa préface à ce bulletin. Parlant du rapport sur les 35 échantillons, M. Macfarlane dit:

"On voit donc qu'il n'y a là que 5 échantillons sur 35 qui soient des médicaments pour cas spéciaux, alors que les trente autres sont supposés guérir toutes les maladies possibles. Cette supposition est d'autant plus fondée qu'on en fait la déclaration même pour environ les deux tiers de ces échantillons, sur les étiquettes ou enveloppes, ainsi qu'on peut le voir dans la colonne du tableau sous l'en-tête "Rapport des inspecteurs". D'autres échantillons, comme les n°⁸ 5, 7, 8, 9, 18, etc., ont été vendus en gros, sans qu'on ait émis à leur sujet aucune prétention. Quelques-unes de ces prétentions (voir les n°⁸ 4, 10 et 20) seraient absolument comiques, si ce n'était qu'on ne peut alors s'empêcher d'éprouver de la pitié pour les pauvres animaux auxquels on administre ces sortes de drogues.

" Les poudres de condition consistent surtout en farine de lin, en farine de tourteau ou son, additionnés en plus ou moins grande quantité d'autres substances auxquelles on attribue des vertus purgatives, diurétiques, hématiniques ou toniques. Ces poudres sont en réalité les médicaments brevetés qu'on suppose être bons pour les animaux de ferme. La composition en varie beaucoup. Certaines poudres contiennent des chlorures et des nitrates; en d'autres ces sels sont absents. Une autre catégorie contient en outre des sulfates. Une quatrième catégorie ne contient que des sulfates en quantité considérable. Dans quelques-unes, le soufre désagrégé paraît être le principal constituant, et dans d'autres c'est l'antimoine. Ce n'est pas, ce nous semble, se montrer honnête à l'égard des cultivateurs que de leur vendre, sous un même nom, des remèdes contenant autant d'ingrédients dissemblables; et il ne peut pas être bon non plus pour les animaux qu'on leur administre ces médicaments sans se soucier de la nature de leur mal. Les " régulateurs " contiennent, en règle générale, des sels de fer, mais à d'autres égards ils offrent autant de diversité de composition que les poudres de condition.

" Parmi les remèdes spécifiques, les poudres vermifuges montrent la même diversité de composition, et il ne nous paraît pas qu'elles contiennent des drogues prescrites habituellement contre les vers par les vétérinaires.

" Il n'y a aucun doute qu'il se vend des remèdes pour des maladies spécifiques, traitées par des vétérinaires, mais pour ce qui est de ces soi-disant médicaments un " guérisseur " universel, il est fort douteux que le cultivateur en retire la valeur de son argent.

" Comment régulariser ce commerce? Voilà la question difficile qui s'impose ".

Ces remarques s'appliquent d'une manière générale aux échantillons qui font le sujet de ce rapport. Sans aller jusqu'à dire que les remèdes brevetés qui passent pour posséder toutes les vertus curatives d'une manière vague et indéfinie et qui, pour cette raison, sont universellement applicables, ne sont d'aucune valeur pour le cultivateur, on peut dire que ces panacés offrent les mêmes désavantages que l'on rencontre dans la majorité des remèdes brevetés à l'usage des hommes.

La plupart sont composés de matières à très bon marché qui peuvent se vendre ainsi très cher parce qu'on les donne comme remèdes brevetés. La simple réflexion suffit pour convaincre n'importe qui que des remèdes ou des drogues véritablement effectives ne peuvent se trouver dans un article dont le premier venu peut se servir et dont on peut donner une quantité quelconque aux animaux. De telles drogues ne sauraient être employées par d'autres que par un vétérinaire dûment qualifié.

Les meilleurs de ces médicaments ne doivent leur valeur qu'aux épices ou produits de ce genre qu'ils contiennent et dont le but est de provoquer l'appétit. On pourrait mieux les classer comme condiments que comme médicaments.

On doit remarquer que beaucoup de ces médicaments contiennent des criblures pour remplir. Dans quelques-uns de ceux-ci, nous avons trouvé des graines de mauvaises herbes, comme on pouvait s'y attendre. Nous n'avons pas vérifié si ces graines étaient vitales ou non et, par conséquent, si elles constituaient une falsification en vertu de la loi sur les graines, mais il est probable que plusieurs sont à même de germer et de pousser. Ce point devra s'étudier spécialement lors de la prochaine inspection des médicaments à bestiaux.

Ce rapport permettra aux cultivateurs de juger de la nature des articles qu'ils achètent, et je recommande sa publication sous le titre de Bulletin N° 282.

J'ai l'honneur d'être, monsieur,
Votre obéissant serviteur,

A. McGILL,
Analyste en chef.

14—31

BULLETIN N° 282—

Date du prélèvement.	Nature de l'échantillon.	Nature de l'échantillon.	Nom et adresse du vendeur.	Prix.		Nom et adresse du fabricant ou fournisseurs tel que communiqué par le vendeur.	
				Quantité.	Cents.	Fabricant.	Fournisseur.
						DISTRICT DE LA NOUVELLE-ECOSSE—	
1912.							
9 fév..	Médicaments à bestiaux.	47051	Wentzells, Ltd., Halifax, N.-E.	1 paq.	50	International Stock Food Co., Toronto.	Fabricant .... .
21 " .	"	47052	Halifax Seed Co., Halifax, N.-E.	1 "	50	Pratt Food Co., Toronto.	" ......
21 " .	"	47053	" ..	1 "	50	W. A. Jenkins Co., London, Ont.	" .....
1913.							
6 mars	"	46901	Nat. Drug Co.. Halifax, N.-E.	1 bout.	30	Danial's, Boston, Mass.	" ......
7 " .	"	46902	Kinleys, Ltd., Halifax, N.-E.	1 paq.	25	International Stock Food Co., Toronto.	" ......
" .	"	46903	Halifax Seed Co., Halifax, N.-E.	1 "	25	Pratt Food Co., Toronto.	" ......
7 " .	"	46904	" ..	1 liv.	10	Blatchford Co., Waukegan, Ill.	" .....
7 " .	"	46905	J. R. Rawley Estate, Halifax, N.-E.	1 bout.	50	Tuttle Elexir Co., Boston, Mass.	N. D. & Co., Halifax, N.-E.
						DISTRICT DE L'ILE DU PRINCE-EDOUARD—	
1912.							
21 fév..	Médicaments à bestiaux.	46188	Mathers & McLean, Ltd., Ch. Town, I.P.-E	4 liv.	50	The eaver Mfg. Co., Galt, Ont.	....
1913.							
28 fév..	"	46399	J. G. Jamieson, Ch. Town, I.P.-E.	1 paq.	25	Vendeur.........	....
23 " .	"	46400	Geo. E. Hughes, Ch. Town, I.P.-E.	1 " ..	25	"	....
28 " .	"	46401	" ..	1 " ..	25	Fraser, Thornton & Co., Cookshire, P.Q	....
28 " .	"	46402	" ..	1 " ..	50	The Naisbett Co., Toronto.	....
3 mars.	"	46403	Reddin Bros., Ch.Town, I.P.-E.	1 " ..	25	Vendeurs.........	....
						DISTRICT DU NOUVEAU-BRUNSWICK—	
28 fév.	Médicaments à bestiaux.	50575	Nat. Drug & Chem. Co , Ltd., St-Jean, N.-B.	1 paq.	25	Frasier, Thornton Co., Ltd., Cookshire, P.Q.	....
6 mars	"	50576	The Canadian Drug Co., Ltd., St-Jean, N. B.	1 "	25	Dr. S. A. Tuttle Co., Boston, Mass., et Montréal.	....
16 avril.	"	50577	The Baird Co., Ltd., Woodstock, N.-B.	1 bolt.	15	Vendeurs.........	....
23 " .	"	50578	B. J. Sharp, Sussex, N.-B.	1 paq.	25	Nyall, New-York, E. U.	....
24 " .	"	50579	The Leger Drug Co., Ltd., Moncton, N.-B.	1 "	35	The Acadia DrugCo., Moncton, N.-B.	....

MÉDICAMENTS À BÉSTIAUX.

Résultat de l'analyse. (colonnes : Cendres — Sel ordinaire — Acide sulfurique que en sulfates — Couperose verte — Azote — Antimoine — Protéine brute — Extrait d'eau)

Rapport de l'inspecteur (ne comportant aucune expression d'opinion).	Cendres.	Sel ordinaire.	Acide sulfurique que en sulfates.	Couperose verte.	Azote.	Antimoine.	Protéine brute.	Extrait d'eau.	Autres ingrédients reconnus.	Numéro de l'échantillon.
	p. c.	p. c.	p. c.	p. c.	p. c.	p. c.	p. c.	p. c.		
R. J. WAUGH, INSPECTEUR.										
....	18·3	14·8					6·3		Capsique, ch. de bois, gentiane, produits de grains et gr. d. m. h.	47051
....	22·2	15·1	0·3	Présent.			14·3		Gentiane, déch. de gingembre du crible.	47052
....	11·0	..	6·2	"		Présent.			Fenugrec, grai. d'anis.	47053
Distemper cure......	*									46901
....	16·7	13·6	0·7	Présent.			8·5		Capsique, ch. de bois, gentiane, produits de grains et gr. d. m. h.	46902
....	25·0	16·5					12·4		Gentiane, déch. de gingembre du crible.	46903
Etiquetté. Old English Tonic.	8·9	2·0	1·67	Présent.			20·6		Graine de lin.	46904
Etiquetté. Bon pour les coliques.	†									46905
WM. A. WEEKS, INSPECTEUR.										
Herbageum	15·85	10·3					20·1		Ch. de bois, son, gentiane, gr. de lin.	46188
Poudre de condition.	10·9		0·5	Présent.	Présent.				Gentiane, graine de lin, soufre.	46399
"	‡									46400
"	16·9								Grai. d'anis, capsique, carbonate, gentiane, soufre et balle.	46401
"	7·0	0·7							Fenugrec, gr. de lin.	46402
"	22·8	5·5	4·7	Présens.	Présent.	Présent.			Fenugrec, gr. de lin, réglisse et résine.	46403
JNO. C. FERGUSON, INSPECTEUR.										
Poudre de condition de Woodbury.	13·4				Présent.	Présent.			Capsique, carbonate, gentiane, gingembre, fenugrec, son et soufre.	50575
Poudre de condition de Tuttle Américaine.	11·9	7·4			"				Son, légèrement amer.	50576
Poudre de condition de "Granger".	26·8		2·1	Présent.	"	Présent.			Gentiane, graine de lin, soufre.	50577
....	20·1	5·4	4·4	"	"				Aloès, sanguinaire, gentiane, gingembre, réglisse et résine.	50578
Poudre de condition Acadia.	23·9	7·2	4·5	"			11·3		Ch. de bois, produits de grains.	50579

*Préparation liquide. †Préparation liquide, contient de l'ammoniaque, du camphre, de la térébenthine et du savon. ‡Détruite dans le transport.

BULLETIN N° 282—

Date du prélèvement.	Nature de l'échantillon.	Numéro de l'échantillon.	Nom et adresse du vendeur.	Prix.		Nom et adresse du fabricant ou fournisseur tel que communiqué par le vendeur.	
				Quantité.	Cents.	Fabricant.	Fournisseur.

DISTRICT DE QUÉBEC—

Date du prélèvement.	Nature de l'échantillon.	Numéro de l'échantillon.	Nom et adresse du vendeur.	Quantité.	Cents.	Fabricant.	Fournisseur.
1912.							
7 février	Médicaments à bestiaux.	37388	Arthur Drolet, 714 rue St-Valier, Québec.	3 liv..	75	International Stock Food Co., Toronto.	P. T. Légaré, Québec.
9 "	" "	37389	Hamel&Bédard, 728 rue St-Valier, Québec.	3 " ..	75	" "	"
14 "	" "	37390	Jos. Masson, 808 rue St-Valier, Québec.	3 " ..	30	Davis Lawrence, Montréal.	Manufacturiers..
14 "	" "	37391	" "	3 " ..	50	Nyals, New-York...	" ..
14 "	" "	37392	" "	3 " ..	45	L. E. Martel, Québec	Manufacturier...
14 "	" "	37393	" "	3 " ..	75	Toronto Pharmacal Co.	Manufacturiers..
14 "	" "	37394	" "	3 " ..	35	Dr. Ed. Morin....	" ..
14 "	" "	37395	Hamel & Bédard, 728 rue St-Valier, Qué.	3 " ..	1·05	Jos. Julien, Port-Rouge.	W. Brunet, et Cie, Québec.
14 "	" "	37396	P. Reneaud, 597 rue St-Valier, Québec.	3 " ..	50	Pratt Food.........	A. E. Vallerand, Québec.
1913.							
6 mars.	" "	37193	A. E. Francoeur, 379½ rue St-Jean, Québec.	3 pqts	1·05	Toronto Pharmacal Co., Toronto.	Manufacturiers..
6 "	" "	37194	" "	3 " ..	45	" "	" ..
7 "	" "	37195	Alfred Jolicoeur, 338 rue St-Jean, Qué.	3 " ..	75	F. Stearns, Windsor, Ont.	" ..
7 "	" "	37196	F. C. Delachevrotière, 224 rue St-Jean, Qué.	3 " ..	75	" "	" ..
7 "	" "	37197	W. B. Rogers, 44 rue la Fabrique, Qué.	3 " .	75	National Drug Co., Montréal.	" ..

DISTRICT DE TROIS-RIVIÈRES—

Date du prélèvement.	Nature de l'échantillon.	Numéro de l'échantillon.	Nom et adresse du vendeur.	Quantité.	Cents.	Fabricant.	Fournisseur.
17 mars.	Médicaments à bestiaux.	57216	Louis Enos, St-Félix de Valois.	1½ liv.	40	Dr Gatien, St-Hyacinthe.	....
19 "	" "	57236	Louis Bellerose, St-Félix de Valois.	1 liv..	15	Z. Dufresne, Montréal.	....
22 "	" "	57241	C. Barrette, Joliette....	1 "	50	International Stock Food Co., Toronto	....
22 "	" "	57245	Magnan, Frères, Joliette.	1 pqt.	25	E. St-Jean, Montréal.	....
22 "	" "	57247	Theop. Enos, St-Félix de Valois.	1 "	15	Pratt Food Co., Philadelphie.	....

DOC. PARLEMENTAIRE No 14

MÉDICAMENTS À BESTIAUX.

Rapport de l'inspecteur (ne comportant aucune expression d'opinion).	Résultats analytiques.								Autres ingrédients reconnus.	N° de l'échantillon.
	Cendre.	Sel ordinaire.	Acide Sulfurique en sulfates.	Couperose verte.	Azote.	Antimoine.	Protéine brute.	Extrait d'eau.		

F. X. W. E. BÉLAND. INSPECTEUR.

	p.c.	p.c.	p.c.	p.c.	p.c.	p.c.	p.c.	p.c.		
....	18·75	15·9	...	.....	.....	.....	.....	12·1	Capsique, charbon de bois, gentianne, produits de grain.	37388
....	5·25	.....	0·5·	Présente	.....	.....	.....	15·0	Ging., capsiq., charb. de b., gent., carbonates, prod. de grain.	37389
....	9·40	.....	0·9	"	Présente	.....	... ...	.....	Gentiane, graine de lin.	37390
....	20·4	5·0	2·5	"	"	.....	....	.....	Sanguinn., gent., ging., réglisse, résine.	37391
... .	20·3	.....	.....	....	"	Présente	....	. ...	Sénégrain, gent., gingembre, graine de lin et autres drogues.	37392
....	26·20	10·5	0·1	Présent	"	.....	... ...	....	Gentiane, ocre jaune, soufre, produits de grain.	37393
....	9·5	1·9	.....	.....	"	.....	.....	.....	Soufre, et tourteaux d'huile amère.	37394
....	30·0	4·3	0·6	Présente	"	.....	... ...	....	Carbonate, gingembre, charbon de bris, soufre, produits de grain et graine de lin.	37395
....	17·7	12·2	...	.....	.....	...	13·0	....	Gentiane et criblures.	37396
....	15·55	3·56	.....	.....	Présente	.....	.....	19·54	Fenugrec, soufre, et gr. de mauv. herbes.	37193
....	17·64	0·82	4·76	Présente	.....	.....	.....	27·9	Fenugrec, graine de lin.	37194
....	19·8	3·04	4·15	"	.....	Présente	..... .	28·30	Graine de lin, moutarde, racine de réglisse, et soufre.	37195
....	20·6	3·19	5·03	"	....	"	.....	31·8	Graine de lin, racine de réglisse, résine, soufre, Fenugrec.	37196
....	15·7	.... .	.....	.....	Présente	.....	.....	.....	Capsique, gentiane, résine, et aut. drogues.	37197

DR. V. P. LAVALLÉE, INSPECTEUR.

Poudres de Condition.	31·26	4·36	.....	Présente	.....	. ...	.....	40·30	Charb. de b., fenugrec, symp. fétide, résine, carbonate et alum.	57216
Quinquinal...	18·7	9·0	.....	.....	.....	.....	11·6	.....	Balle de grain, son, légèrement amer.	57236
....	10·0	1·39	....	Présente	.....	.....	.....	31·94	Tourteaux de brasserie, racine de réglisse.	57241
....	6·2	....	1·6	"	...	Présente	.....	... .	Aloès, son, résine.	57245
....	14·3	8·7	0·2	"	.....	...	11·5	.....	Gentiane, criblures.	57247

5 GEORGE V, A. 1915

BULLETIN N° 282—

Date du prélèvement.	Nature de l'échantillon.	Numéro de l'échantillon.	Nom et adresse du vendeur.	Prix.		Nom et adresse du fabricant et fournisseur tel que communiqué par le vendeur.	
				Quantité.	Cents.	Fabricant.	Fournisseur.

DISTRICT DES CANTONS DE L'EST—

Date du prélèvement.	Nature de l'échantillon.	Numéro de l'échantillon.	Nom et adresse du vendeur.	Quantité.	Cents.	Fabricant.	Fournisseur.
1912.							
19 fév.	Médicaments à bestiaux.	39057	Berthiame & Lanoue, Farnham.	1 bid.	50	American Pure Food Co., Montréal.	....
19 "	"	39058	J. E. Baillargeon, Farnham.	3 pqts	25	International Stock Food Co., Toronto	....
21 "	"	39059	Vaughan Bros., Magog.	1 "	50	Pratts Food Co., of Canada, Ltd., Toronto.	.. ..
21 "	"	39060	B. E. Goyette, Magog.	1 "	25	Nat. Drug & Chem. Co., Montréal.	....
27 "	"	39061	T. Ledoux, St-Guillaume.	1 "	25	The Interprovincial S. F. Co., St-Basile.	....
27 "	"	39062	E. Sylvestre, St-Guillaume.	1 "	25	The Joliette Chem. Co., Ltd., Joliette.	....
27 "	"	39063	G. E. Aubin, Actonvale	1 "	50	Dr. Fréchette, St-Hyacinthe.	....
27 "	"	39064	A. Chicoine, Actonville	1 "	25	Frazier, Thornton & Co., Cookshire.	... .
28 "	"	39065	O. T. Piché, Drummondville.	1 "	50	The Hackney S. F. Co., Ltd., Toronto	....
28 "	"	39066	T. A. Bourgault, Drummondville.	1 "	25	J. T. Hebert, Drummondville.	
28 "	"	39067	A. Birtz, Drummondville.	1 "	40	....	J. N. Potvin, Drummondville
28 "	"	39068	R. Cardin, Drummondville.	1 "	50	The Beaver Mfg. Co., Ltd., Galt...	....
1913.							
13 mars.	"	1555	F. Morency, Ste-Marie	1 boîte	18	.. ..	Inconnu........
13 "	"	1556	S. Corriveau, Scotts....	1 "	25	Pratt Food Co., Philadelphie.	....
17 "	"	1557	A. Milotte, Windsor Mills.	1 "	25	J. Burton, Sherbrooke.	....
17 "	"	1558	J. Masse & fils, Roxton Falls.	1 "	50	International Stock Food Co., Minneapolis.	....
18 "	"	1559	R. Cardin, Drummondville.	1 "	25	The D. & D. Nat. Med. Co., St. Basile Station.	....

DISTRICT DE MONTRÉAL—

Date du prélèvement.	Nature de l'échantillon.	Numéro de l'échantillon.	Nom et adresse du vendeur.	Quantité.	Cents.	Fabricant.	Fournisseur.
5 mars.	Médicaments à bestiaux.	51231	Wm. Ewing Co., rue McGill, Montréal.	1 boîte	50	Wm. Rust & Sons, New Brunswick, N.J.	....
5 "	"	51232	O. T. Pinck, 348 rue Notre-Dame Ouest, Montréal.	1 pqt.	25	Vendeur....	....

MÉDICAMENTS À BESTIAUX.

Rapport de l'inspecteur (ne comportant aucune expression d'opinion).	Cendre.	Sel ordinaire.	Acide sulfurique en sulfate.	Couperose verte.	Azote.	Antimoine.	Protéine brut.	Extrait d'eau.	Autres ingrédients reconnus.	Numéro de l'échantillon.
J. C. ROULEAU, INSPECTEUR.										
	p.c.	p.c.	p.c.	p.c.	p.c.	p.c.	p.c.	p.c.		
Quinquinol.....	12·6	6·3	0·1	.....	.. ..	......	16·8	.....	Balle, son, gentiane.	39057
International......	19·8	14·9	0·1	Présente	......	......	13·7	......	Capsique, charb. de b., gentiane, gingembre, prod. de grains et gr. de lin.	39058
Pratts	17·9	9·2	.....	.....	.....	....	11·9	.....	Gentiane, gingembre, avec un léger arome.	39059
Anglo Saxon........	12·7	5·3	0·9	Présente	Présente	......	......	.....	Chabon de bois, gentiane, gingembre, son et soufre.	39060
Interprovincial.	20·0	8·1	.....	.....	.....	.....	16·9	.....	Gentiane, charbon de b., prod. de grains, graines de lin.	39061
Vinks.............	38·2	32·5	1·3	Présente	Présente	Présente	.....	.....	Gentiane, réglisse, pr. de grains.	39062
Perfection.........	24·4	4·6	3·6	"	"	....	.....	.....	Sanguinaire, fénugrec, gingembre, gr. de lin, réglisse, résine, soufre.	39063
Acme..............	5·5	.....	.....	.....	....	.....	17·2	.....	Charbon de bois, fénugrec, son gras.	39064
Hackney...........	18·2	13·2	0·4	Présente	... ..	....	13·0	...	Capsique, charbon de bois, gentiane, prod. de grains.	39065
L'Acadienne........	19·2	10·1	0·4	"	.....	.....	22·1	. ..	Gr. de lin, fénugrec, son gras, soufre.	39066
Purina..	18·7	16·9	0·2	"	.....	.....	17·4	.. ..	Graine de lin, maïs.	39067
Herbageum	13·3	10·1	....	.....	.. ..	.....	24·2	....	Son, charbon de b., gr, lin, gentiane.	39068
Maud S............	10·0	....	1·6	Présente	Présente	Présente	...	.....	Fenugrec, gentiane, graine de lin.	1555
Reg. No. 448	20·4	2·1	....-	.....	.....	.....	12·0	.	Gentiane, gingembre, balle, criblures.	1556
Pick-Me-Up........	18·2	......	5·5	Présente	Présente	.....	.....	.....	Pr. de grains, balle, résine et gentiane.	1557
....	8·9	......	0·8	.....	.. ..	......	13·2	...	Balle, son, résine.	1558
....	21·8	20·2	.....	.....	....	.....	13·9	......	Son gras.	1559
J. J. COSTIGAN, INSPECTEUR.										
Rusts Haven's Climax Powder.	7·25	.....	......	Présente	...	... ..	... .	10·0	Gr. d'anis, gr. de lin, racine de réglisse.	51231
Youatt's Condition Powder.	23·4	5·5	....	......	Présente	.....	....		Char. de b., fénugrec, gr. de lin, soufre.	51232

5 GEORGE V, A. 1915

BULLETIN N° 282—

Date du prélèvement.	Nature de l'échantillon.	Numéro de l'échantillon.	Nom et adresse du vendeur.	Prix.		Nom et adresse du fabricant ou fournisseur, tel que communiqué par le vendeur.	
				Quantité.	Cents.	Fab·icant.	Fournisseur,

DISTRICT DE MONTRÉAL—

1913.							
5 mars	Médicaments à bestiaux	51233	A. Guertin, 538 rue Notre-Dame ouest, Montréal.	1 boît.	50	International Stock Food Co.	....
5 "	"	51234	Leo. P. Ryan, 545 rue Dame ouest, Montréal	1 "	25	Thé Wingate Chem. Co.	....
5 "	"	51235	Standard Pharmacy, 549 rue St-Jacques, Montréal.	1 "	25	New York & London Drug Co.	....

DISTRICT D'OTTAWA—

1912.							
6 fév.	Médicaments à bestiaux	50176	J. W. McKay, Ottawa.	3 liv.	9	The Beaver Mfg. Co., Ltd., Galt, Ont.	Fabricant.
6 "	" ..	50181	" " ..	3 paq.	75	International Stock Food Co., Minneapolis.	" ....
1913.							
28 fév.	" ..	51760	S. G.. Lindsay, Aylmer, P.Q.	1 paq.	25	International Stock Food Co., Toronto.	" ....
25 "	" ..	51761	B. F. Smith, Winchester	1 " ..	50	W. A. Jenkins Mfg. Co., London, Ont.	" ....
28 "	" ..	51762	R. Picard, Hull..	1 " ..	25	Hull Medical Hall, Hull.	" ....
4 mars	" ..	51763	T. T Beattie, Ottawa..	1 " ..	50	Pratt Food Co., Philadelphia, Pa.	" ....
7 "	" ..	51764	" " ..	1 " ..	50	The Hackney Stock Food Co., Ltd., Toronto.	" ....

DISTRICT DE KINGSTON—

1912. 5 fév.	Médicaments à bestiaux.	49551	J. McLeod, Kingston..	3 liv..	1·00	W. A. Jenkins, London, Ont.	....
1913.							
21 fév.	" ..	53072	Geo. Gibson, " ..	1 paq.	25	Pratt Food Co., Toronto.	....
21 "	" ..	53073	W. P. Peters, " ..	1 " ..	50	International Stock Food Co., Toronto.	....
21 "	" ..	53074	J. B. McLeod, " ..	1 " ..	25	Stearns, Windsor, Ont.	....
24 "	" ..	53075	C. Rathman, Belleville.	1 " ..	25	International Stock Food Co., Toronto.	....
25 "	" ..	53076	W. H. Semple, Cobourg.	1 " ..	25	H. Semple, Cobourg.	... .

MÉDICAMENTS À BESTIAUX.

Rapport de l'inspecteur (ne comportant aucune expression d'opinion.)	Résultats des analyses.								Autres ingrédients reconnus.	Numéro de l'échantillon.
	Cendre.	Sel ordinaire.	Acide sulfurique en sulfates.	Couperose verte.	Azote.	Antimoine.	Protéine brute.	Extrait d'eau.		
	p.c.	p.c.	p.c.	p.c.	p.c.	p.c.	p.c.	p.c.		
Fln.										
International Heave Cure.	10·3	1·6	2·0	......	......	......	13·2	......	Balle, son gras, résine.	51233
Harry Bradley's Tonic Condition Powder.	12·6	......	......	......	Pré-sence.	Pré-sence.	......	......	Fénugrec, graine de lin.	51234
Nyall's Condition Powder.	24·1	5·1	5·7	Pré-sence.	"	......	......	......	Aloès, sanguinaire, gingemb., résine, soufre.	51235
J. A. RICKEY, INSPECTEUR.										
Herbageum........	14·1	10·0	0·1	......	......	......	......	......	Son, ch. de bois, gentiane, graine de lin.	5017G
....	18·7	14·7	0·1	Pré-sence.	......	......	......	......	Capsique, ch. de bois, gentiane, produits de grains.	50181
International.......	12·07	3·36	......	......	......	......	......	22·23	Tourteaux, gr. de lin, moutarde, pr. de gr.	51760
Royal Purple Stock Specific.	9·73	......	4·53	......	......	......	......	12·45	Gr. de lin, rac. de régl., gr. d'anis, gentiane.	51761
"Our Own" Condition Powder.	17·9	1·14	4·80	Pré-sence.	Pré-sence.	Pré-sence.	......	26·9	Fénugrec, racine de réglisse, gentiane.	51762
Pratt's Calf Tonic...	17·26	4·82	......	"	"	......	......	22·56	Produits de grains, acide tartrique.	51763
Hackney Stock Tonic.	14·88	4·10	......	"	......	......	......	26·25	Son, charbon de bois.	51764
JAS. HOGAN, INSPECTEUR.										
Royal Purple.	13·4	....	6·4	Pré-sence.	......	......	23·0	......	Fénugrec, gentiane, gr. de lin et soufre.	49551
....	24·10	2·82	7·10	...	Pré-sence.	......	......	29·66	Fénugrec, gentiane, tourteaux.	53072
....	47·4	44·8	0·2	Pré-sence.	......	......	......	......	Gentiane, ansérine, produits de grains.	53073
....	*	......	......	......	......	......	......	......		53074
....	*	......	......	......	......	......				53075
....	*	...	....	......	......					53076

* Détruite pendant le trajet.

5 GEORGE V, A. 1915

BULLETIN N° 282

Date du prélèvement.	Nature de l'échantillon.	Numéro de l'échantillon.	Nom et adresse du vendeur.	Prix.		Nom et adresse du fabricant ou fournisseur tel que communiqué par le vendeur.	
				Quantité.	Cents.	Fabricant.	Fournisseur.

DISTRICT DE TORONTO—

1913.							
25 fév..	Médicaments à bestiaux.	51588	J. A. Johnstone & Co., 171 rue King-est, Toronto.	1 liv..	20	....	....
28 "	" ..	51589	The Veterinary Spe-cialty Co., 163 rue Dundas, Toronto.	1 "	25	....	....
7 mars.	" ..	51590	International Stock Food Co., 92 rue Adé-laïde-est, Toronto.	1 "	25	....	....
7 "	" ..	51591	Pratt Food Co. of Can-ada, Ltd., 85 rue Ter-auley, Toronto.	1 "	25	....	....
10 "	" ..	51592	Dominion Stock Food Co., rue Duncan, Toronto.	1 "	50	....	....

DISTRICT DE HAMILTON—

23 avril.	Médicaments à bestiaux.	57151	Robt. Ralston & Co., 26 rue McNab-sud, Hamilton.	5 liv..	50	Vendeurs.....	....
23 "	" ..	57152	G. C. Briggs & Sons, 122 rue King-ouest, Hamilton.	2 paq.	25	"	... .
23 "	" ..	57153	Thos. Moffatt, 20 rue King William, Hamil-ton.	2½ liv.	25	W. H. Wodehouse, Hamilton.	....
24 "	" ..	57154	Blaicher & Reche, rues John et Main, Hamil-ton.	1 paq.	25	Vendeurs	....
24 "	" ..	57155	The Jas. Dunlop Co., Ltd.,127-131 rue John-sud. Hamilton.	1 "	50	The W. A. Jenkins Mfg. Co., London, Ont.	....

DISTRICT DE LONDON—

1912.							
9 fév..	Médiments à bestiaux.	47890	W. J. Heaman, Exeter.	3 boc.	25	International Stock Food Co., Toronto.	....
20 "	" ..	48204	Ford & McLeod, Clin-ton.	3 "	50	W. A. Jenkins Mfg. Co., London, Ont.	....
20 "	" ..	48206	" ..	3 "	25	Pratt Food Co., To-ronto.	....

DOC. PARLEMENTAIRE No 14

MÉDICAMENTS À BESTIAUX.

H. J. DAGER, INSPECTEUR.

Rapport de l'inspecteur ne (comporte aucune expression d'opinion).	Cendres.	Sel ordinaire.	Acide sulfurique en Sulfates.	Couperose verte.	Azote.	Antimoine.	Protéine brute.	Extrait d'eau.	Autres ingrédients reconnus.	Numéro de l'échantillon.
	p. c.	p. c.	p. c.	p. c.	p. c.	p. c.	p. c.	p. c.		
Etiqueté The Stockman's Favourite Yorkshire Stock Food. Reg. No. 43.	15·9	5·7	1·7	Présence	.....	Présence	......	......	Fénugrec, son gras, résine, gentiane, soufre.	51588
Etiqueté Drs. Yanzant & Waring's Stock Tonic and Blood Purifier.	22·5	10·8	.....	......	Présence	......	......	.....	Gentian, son gras, carbonate.	51589
Etiqueté International Medicinal Stock Food Tonic. Strictly Medicinal.	15·99	3·90	1·86	.....	.....	.....	.....	25·59	Tourteaux, graine de lin, moutarde, produits de grains.	51590
Pratt's, of Canada, Ltd., Animal Regulator.	11·03	4·50	.....	Présence	... .	....	......	24·68	Fénugrec, charbon de bois, produits de grains.	51591
Dominion Stock Food.	15·54	0·61	.. ..	"	.....	......	.....	20·91	Graine de lin, sulfates.	51592

H. J. DAGER, INSPECTEUR.

Rapport de l'inspecteur	Cendres.	Sel ordinaire.	Acide sulfurique en Sulfates.	Couperose verte.	Azote.	Antimoine.	Protéine brute.	Extrait d'eau.	Autres ingrédients reconnus.	Numéro de l'échantillon.
Etiqueté Reg. No. 19, Can. gold medal, Kingston, Jamacia Food.	13·84	4·49	.....	... ..	Présence	.....	......	25·66	Graine de lin, symplocarpe fétide.	57151
Etiqueté Wade's Condition Powder.	39·46	2·82	.....	......'.	"	Présence	......	49·39	Son, fénugrec, charbon de bois, graine de lin, cristaux.	57152
Etiqueté Wodehouse's Animal Invigorator.	7·15	1·45	.....	......	.....	......	......	11·36	Résine, graine de lin, produits de grain.	57153
Etiqueté Reche's Condition Powder.	30·7	10·6	1·7	Présence	Présence	Présence	.....	....	Gentiane, graine de lin, résine, soufre.	57154
Royal Purple Stock Specific.	16·8	.....	2·23	.....	....	......	......	17·4	Graine de lin, racine de réglisse.	57155

JNO. TALBOT, INSPECTEUR SUPPLÉANT.

Rapport de l'inspecteur	Cendres.	Sel ordinaire.	Acide sulfurique en Sulfates.	Couperose verte.	Azote.	Antimoine.	Protéine brute.	Extrait d'eau.	Autres ingrédients reconnus.	Numéro de l'échantillon.
....	19·1	16·3	.....	......	....	.....	12·6	......	Capsique, gentiane, produits de grain, charbon de bois.	47890
Royal Purple Stock Specific.	10·4	.....	6·2	Présent	Présent	Présence	... .	......	Fénugrec, graine de lin, soufre.	48204
Pratt Conditioner Reg. No. 448.	10·0	7·9	0·2	"	.....	......	14·7	......	Gentiane, graine de lin, graines diverses.	48206

5 GEORGE V, A. 1915

BULLETIN N° 282—

Date du prélèvement.	Nature de l'échantillon.	Numéro de l'échantillon.	Nom et adresse du vendeur.	Coût		Nom et adresse du fabricant ou fournisseur, tel que communiqué par le vendeur.	
				Quantité.	Cents.	Fabricant.	Fournisseur.

DISTRICT DE WINDSOR—

1913.							
27 fév.	Médicaments à bestiaux.	47942	A. I. Morgan, London, Ont.	1 paq.	50	Drs Hess & Clark, Cleveland, U.S.A.	....
27 "	" ..	47943	" ..	1 "	25	Pratt Food Co., Toronto.	....
27 "	" ..	47944	" ..	3 btes.	150	Conkey Co., Cleveland, U.S.A.	....
27 "	" ..	47945	W. A. Jenkins, London, Ont.	1 paq.	Nil.	Vendeur............	....
27 "	" ..	47946	F. W. Heighway, London, Ont.	1 "	50	Dr E. W. Heighway, Masonville.	....

DISTRICT DE MANITOBA—

1912.							
15 fév.	Médicaments à bestiaux.	48631	Olafsson Grain Co., Winnipeg.	4 liv..	50	International Stock Food Co., Toronto.	Scott Bathgate & Co., Winnipeg.
15 "	" ..	48632	Carnefac Stock Food Co., Winnipeg.	3 " ..	50	W. G. Douglas, Winnipeg.	....
15 "	" ..	48633	Laing Bros., Winnipeg.	3 " ..	25	Colonial Stock Food Co., Weston, Ont.	....
15 "	" ..	48634	" " ..	3 " ..	50	Pratt Food Co. of Canada, Ltd.	....
1913.							
10 mars	Médicaments à bestiaux.	48866	" " ..	1 paq.	25	Pratt Food Co.	....
10 "	" ..	48867	A. J. Brown & Co., Winnipeg.	1 " ..	25	Nyal Drug Co., New-York and London.	....
10 "	" ..	48868	The Mayer Co., Winnipeg.	1 " ..	50	Vendeurs............	....
10 "	" ..	48869	" " ..	1 " ..	50	"	....
15 "	" ..	a48869	Elmwood Drug Store, 303 ave. Nairn, Elmwood, P.O.	1 " ..	75	Nyal Drug Co., New-York and London.	....

DISTRICT DE CALGARY—

1912.							
9 mars	Médicaments à bestiaux.	44151	Hegler & Hegler, Edmonton.	3 liv..	25	Drs Hess & Clark, Ashland, U.S.A.	....
9 "	" ..	44152	" " ..	3 " ..	25	International Stock Food Co., Minneapolis.	....
19 "	" ..	44153	A. E. McKenzie Co., Ltd., Calgary.	3 " ..	25	G. E. Lee Co., Omaha, Neb.	....
19 "	" ..	44154	" " ..	3 " ..	75	The G. E. Conkey, Co., Cleveland, E.-U	....

DOC. PARLEMENTAIRE No 14

MÉDICAMENTS À BESTIAUX.

JNO. TALBOT, INSPECTEUR.

Rapport de l'inspecteur (ne comportant aucune expression d'opinion).	Cendre.	Sel ordinaire.	Acide sulfurique en sulfates.	Couperose verte.	Azote.	Antimoine.	Protéine brute.	Extrait d'eau.	Autres ingrédients reconnus.	Numéro de l'échantillon.
	p.c.	p.c.	p.c.	p.c.	p.c.	p.c.	p.c.	p.c.		
Etiquetté: Dr. Hess Worm Powder.	19·2	......	6·86	Présence				27·04	Son, graine d'anis, gentiane, carbonate.	47942
Pratt's Animal Regulator.	21·1	17·4	.....	....			12·0	......	Gentiane, gingembre, fénugrec, criblures.	47943
Conkey's Worm Remedy.	8·9								Naphthaline.........	47944
Royal Purple Stock Specific.	11·73	......	5·97	Présence				17·07	Fénugrec, graine de lin, graine d'anis, racine de réglisse.	47945
Dr. Heighway Stock Conditioner	15·0	......	5·34			Présence		22·19	Gr. de lin, charb. de b. gr. de mauv. herbes.	47946

A. C. LARIVIÈRE, INSPECTEUR.

Rapport de l'inspecteur	Cendre.	Sel ordinaire.	Acide sulfurique en sulfates.	Couperose verte.	Azote.	Antimoine.	Protéine brute.	Extrait d'eau.	Autres ingrédients reconnus.	Numéro de l'échantillon.
....	19·0	14·8	0·4	Présence			13·7	......	Capsique, gentiane, charbon de bois, produits de grains.	48631
....	12·0	4·1	8·1	"			18·9	.....	Carbonate, ch. de bois, graine de lin, amers.	48632
....	35·9	21·0	9·5	"			7·5	......	Gentiane, gingembre, écailles de noix.	48633
....	22·3	16·9	....	....			12·0	....	Gentiane, gingembre, criblures.	48634
Poudres de condition	12·6	4.4					12·6	....	Gentiane, criblures,	48866
....	24·1	4·7	5·5	Présence	Présence					48867
Poudres vermifuges..	13·7	......	8·3	"						48868
Poudres de condition	26·1	0·2	4·4	"	Présence					48869
" " ..	22·6	5·5	4·2	"	"					a48869

R. W. FLETCHER, INSPECTEUR.

Rapport de l'inspecteur	Cendre.	Sel ordinaire.	Acide sulfurique en sulfates.	Couperose verte.	Azote.	Antimoine.	Protéine brute.	Extrait d'eau.	Autres ingrédients reconnus.	Numéro de l'échantillon.
....	42·5	34·5	1·5	Présence	Présence				Ch. de bois, gentiane, produits de grains.	44151
....	5·2	..	0·4	"			16·6	....	Capsique, carbonate, ch. de bois, gentiane, gingembre, son gras.	44152
....	18·2	9·7	1·9	"					Capsique, ch. de bois, prod. de grains, gentiane, graine de lin.	44153
....	20·0	......	4·3	"					Ch. de bois, gentiane, produits de grains.	44154

5 GEORGE V, A. 1915

BULLETIN N° 282—

Date du prélèvement.	Nature de l'échantillon.	Numéro de l'échantillon.	Nom et adresse du vendeur.	Prix.		Nom et adresse du fabricant ou fournisseur, tel que communiqué par le vendeur.	
				Quantité.	Cents.	Fabricant.	Fournisseur.

DISTRICT DE NELSON—

1912.							
13 fév.	Médicaments à bestiaux.	49602	J. H. Clements, Kamloops, C.-B.	1 paq.	50	International Stock Food Co., Minneapolis.	....
20 "	" ..	49630	Harvey Bailey, Ltd., Ashcroft, C.-B.	5 liv.	60	Beaver Mfg. Co., Galt, Ont.	....

DISTRICT DES MONTAGNES-ROCHEUSES—

1913.							
11 mars.	Médicaments à bestiaux.	49825	Rutherford Drug Co., Nelson, C.-B.	1 paq.	25	Vendeurs..........	....
11 "	" ..	49826	" " ..	1 " ..	25	"	....
11 "	" ..	49829	Poole Drug Co., Nelson, C.-B.	1 " ..	25	New York & London Drug Co., New-York	....
11 "	" ..	49830	" " ..	1 " ..	50	Pratt Food Co.. Philadelphie.	....
11 "	" ..	49831	Brackman Ker, M. Co., Nelson, C.-B.	1 " ..	25	" " ..	....

DISTRICT DE VANCOUVER—

11 mars.	Médicaments à bestiaux.	53451	Nat. Drug and Chem. Co., Vancouver, C.-B.	1 liv.	25	Vendeurs..... ...	....
11 " .	"	53452	Broadway Pharmacy, Broadway & Granville, Vancouver, C.-B.	1 paq.	25	Nyals, Ltd., Windsor, Ont.	....
14 "	" ..	53453	Marrett & Reid, 7e ave et Main, Vancouver, C.-B.	1 " ..	25	LePatourel & McRae, Vancouver, C.-B.	....
14 "	" ..	53454	J. B. Boyle, Kitselano, C.-B.	1 "	50	Henderson Bros., Vancouver, C.-B.	....

DISTRICT DE VICTORIA—

11 mars.	Médicaments à bestiaux.	53539	John Cochrane, 1300 rue Douglas, Victoria, C.-B.	1 liv.	25	New York & London Drug Co., New-York.	....
11 "	" ..	53540	Hall & Co., 702 rue Yates, Victoria, C.-B.	1 "	25	Canadian Pharmacal Assn., Toronto, Ont.	....
18 "	" ..	53541	Fernwood Pharmacy, 1301 ave Gladstone, Victoria, C.-B.	1 "	25	Stearns, Windsor, Windsor, Ont.	....
28 "	" ..	53542	Thos. Shotbolt, 589 rue Johnston, Victoria, C.-B.	1 "	50	Vendeur..........	....
28 "	" ..	53543	Scott & Peden, 3-5-7 rue Store, Victoria, C.-B.	1 "	1.00	John Potter & Sons, Sydney, Australie.	....

DOC. PARLEMENTAIRE No 14

M´DICAMENTS À BESTIAUX.

Rapport de l'inspecteur (ne comportant aucune expression d'opinion).	Résultats de l'analyse.								Autres ingrédients reconnus.	Numéro de l'échantillon.
	Cendre.	Sel ordinaire.	Acide sulfurique en sulfate.	Couperose verte.	Azote.	Antimoine.	Protéine brut.	Extrait d'eau.		

THOS. PARKER, INSPECTEUR.

	p.c.	p.c.	p.c.	p.c.	p.c.	p.c.	p.c.	p.c.		
....	20·0	14·7	...	......	......	......	12·9	......	Capsique, charbon de bois, gentiane, produits de grains.	49602
... .	15·4	10.5	0·1	Pié-sence	....	...	21·4	......	Charbon de bois, gentiane, graine de lin et un arome quelconque	49630

THOS. PARKER, INSPECTEUR.

Poudre de condition.	35·5	9·2	9·4	Pré-sence	Pré-sence	......	......	......	Carbonate, graine de lin, résine, soufre et quelque amer.	49825
Poudre de vermifuge	39·9	22 8	1·4	"	.....	Pré-sence	......	......	Fénugrec, tartre-émétique, ansérine.	49826
Poudre de aondition.	23·7	4·9	4·4	"	Pré-sence	......	... ..	...	Aloès, sanguin., gentiane, réglisse, résine	49829
" " ..	14·4	5·0	.. .	......	. ...	......	12·7	......	Gentiane, criblures.	49830
"Régulateur animal"	11·1	9·0	......	......	......	......	9·8	......	Gentiane, produits de grains, un peu de charbon de bois.	49831

J. F. POWER, INSPECTEUR.

Poudre de condition.	21·0	....	......	......	Pré-sence	Pré-sence	......	.....	Graine de lin, résine, soufre.	53451
" ..	21·7	5·3	3·9	Pré-sence	"	......	......	.....	Sanguinaire, gentiane, gingembre, résine, réglisse.	53452
" ..	13·91	0·67	6·20	"	......	......	......	15 94	Ecorces, gentiane.	53453
" ..	20·8	..	....	....	Pré-sence	......	..	26·19	Résine, graine de lin, soufre, séné.	53454

D. O'SULLIVAN, INSPECTEUR.

....	24·8	4·4	2·4	Pré-sence	. ..	......	......	...	Sanguinaire, gingembre, réglisse, résine, soufre.	53539
. ...	36·5	8·0	9·6	"	Pré-sence	......	......	....	Graine de lin, résine, soufre.	53540
....	15·3	0·5	3·7	"	"	Pré-sence	......	.....	Bicarbonate, sanguinaire, gentiane et autres drogues.	53541
....	22·0	....	.. ..	......	"	"	......	...	Capsique, fénugrec, gentiane, résine, soufre.	53542
....	16·9	....	10·2	....	...	.. ..	....	.....	Asafoetida, balle, gr. de lin, résine, soufre.	53543

5 GEORGE V, A. 1915

ANNEXE Z.

BULLETIN N° 283—ALE (BIÈRE)

OTTAWA, 26 mars 1914.

M. WM HIMSWORTH,
        Sous-ministre du Revenu de l'Intérieur.

MONSIEUR,—J'ai l'honneur de vous soumettre ci-joint un rapport sur l'analyse de 75 échantillons, vendus à titre de Ale ou Bière; ces échantillons ont été prélevés par nos inspecteurs durant les mois de septembre, octobre et novembre de l'année dernière.

Le tableau I fait connaître la provenance des échantillons; leur prix, les noms des fabricants ou fournisseurs et les remarques de l'inspecteur.

Le tableau II donne les résultats analytiques dans le même ordre numérique que celui des échantillons du tableau I.

Le tableau III contient les résultats numériques des analyses dans un ordre qui permet de comparer facilement les différents résultats obtenus avec des bières de même nom. En lisant ce tableau, l'on peut constater que le même fabricant offre en vente des ales de différentes marques de force ou de différentes qualités, ce qui ne veut pas dire que, dans chaque cas, il y ait négligence dans leur fabrication quand les résultats analytiques obtenus avec des ales qui apparaissent en juxtaposition dans ce tableau, montrent des différences sensibles. Il peut arriver que les renseignements qui nous ont été fournis en même temps que les divers échantillons d'ale qui portent le même nom, il existe une ressemblance marquée. Ceci indique que les fabricants adoptent une méthode systématique, et qu'ils se donnent beaucoup de peine pour la suivre.

Cette explication est due, en toute justice, aux fabricants; mais une étude suivie du tableau III démontre que, parmi les divers échantillons d'ale qui portent le même nom, il existe une ressemblance marquée. Ceci indique que les fabricants adoptent une méthode systématique, et qu'ils se donnent beaucoup de peine pour la suivre.

Un décret du Conseil Exécutif en date du 8 février 1911 (publié comme circulaire N° 947) définit les liqueurs de malt comme suit:—

6. LIQUEURS ET BREUVAGES DE MALT.

1. La liqueur de malt est un breuvage produit par la fermentation alcoolique, dans de l'eau potable, d'une infusion de malt d'orge et de houblon.

2. L'ale ou bière est un breuvage produit par la fermentation de surface, dans de l'eau potable, d'une infusion de malt d'orge et de houblon, avec ou sans autres substances amidonnées et saccharines. Elle contient dans cent (100) centimètres cubes (20° C.) au moins deux grammes et soixante-quinze centièmes (2·75) d'alcool, soit l'équivalent, en volume, de six (6) p. 100 d'esprit de-preuve, au moins trois grammes et demi (3·5) d'extrait, et au moins onze centièmes (0·11) de gramme de cendres, surtout du phosphate de potassium.

3. Le *porter* et le *stout* sont des variétés d'ale ou bière faites en partie avec du malt ou de l'orge très torréfié. Sous tous les autres rapports, ces variétés sont conformes aux conditions exigées pour l'ale ou bière.

4. La bière lager est une bière produite par la fermentation de fond. Elle contient dans cent (100) centimètres cubes (20° C.), au moins trois grammes et demi (3·5) de matière extractive et onze centièmes (0·11) de grammes de cendres, surtout du phosphate de potassium, au moins deux grammes et cinquante centièmes (2·50) d'alcool, soit l'équivalent, en volumes, de quatre et quatre dixièmes pour cent d'esprit de preuve.

5. La bière légère est une bière contenant dans cent (100) centimètres cubes, (à 20° C.), au moins deux (2) grammes d'alcool, soit l'équivalent, au volume, de moins de quatre et quatre dixièmes (4·4) p.c. d'esprit-preuve.

Excepté en ce qui regarde la quantité minimum d'alcool y contenue, l'on constate que la bière lager et l'ale sont définies de la même manière.

La matière extraite est quelque peu au-dessous de l'étalon dans 7 échantillons, et très inférieure à l'étalon dans 8 échantillons du prélèvement actuel.

Il est à espérer que l'étude de ces résultats analytiques nous permettra de pouvoir les interpréter de manière à nous rendre compté du système que l'on emploie pour fabriquer les ales et des ingrédients employés. D'autres chimistes sont à étudier ce problème si difficile, et l'on a obtenu des résultats assez encourageants. Pour arriver à le résoudre, il faudrait faire des recherches expérimentales sur des ales dont l'origine est connue; et jusqu'à présent la chose a été impossible à cause du nombre limité de mon personnel.

Pour permettre aux parties intéressées d'étudier ces données analytiques, je recommande respectueusement la publication de ce rapport sous le titre de Bulletin N° 283.

J'ai l'honneur d'être, monsieur,

Votre obéissant serviteur,

A. McGILL,

Analyste en chef.

5 GEORGE V, A. 1915

BULLETIN N° 283—

Date du prélèvement.	Nature de l'échantillon.	Numéro de l'échantillon.	Nom et adresse du vendeur.	Prix.		Nom et adresse du fabricant ou fournisseur, tel que communiqué par le vendeur.		Rapport. de l'inspecteur (ne comportant aucune expression d'opinion).
				Quantité.	Cents.	Fabricant.	Fournisseur.	

DISTRICT DE LA NOUVELLE-ECOSSE—R. J. WAUGH, INSPECTEUR.

Date	Nature	No	Vendeur	Quantité	Cents	Fabricant	Fournisseur	Rapport
1913.								
22 oct.	Ale	54301	Halifax Breweries, Ltd., Halifax, N.-E.	3 bout	Nil.	Vendeurs.....	....	India Pale Ale.
22 "	"	54302	Kelley & Glassey, Halifax, N.-E.	3 " ..	40	McEwen, Edinborough, Ecosse.	Fabricant..	Scotch Ale.
22 "	"	54303	" " ..	3 " ..	45	Bass & Co., Londres, Ang.	G. C. Hiberts&Co., Londres, Ang.	Pale Ale.
22 :	"	54304	A. Keith & Son, Halifax, N.-E.	3 " ..	Nil.	Vendeurs.....	.. ..	"
22 "	"	54305	Oland & Son, Halifax, N.-E.	3 " ..	"	"	....	"

DISTRICT DU NOUVEAU-BRUNSWICK—J. C. FERGUSON, INSPECTEUR.

Date	Nature	No	Vendeur	Quantité	Cents	Fabricant	Fournisseur	Rapport
20 sept.	Ale (bière)	50362	Simeon Jones, Ltd., St-Jean, N.-B.	3 bout	50	Vendeurs.....	....	
24 "	" ..	50363	Ready's Breweries, Ltd., St-Jean, N.-B	3 " ..	50	"	....	Ready's Pale Ale. Diamond R.
29 "	" ..	50364	Comeau & Sheehan, St-Jean, N.-B.	3 " ..	75	Alexander Keith & Son, Halifax,N.-E	....	Nova Scotia Brewery. "Veritas Vincent."
29 "	" ..	50365	John Labatt, Ltd., St-Jean, N.-B.	3 " ..	60	John Labatt, Ltd., London, Ont.	....	India Pale Ale.
29 "	" ..	50366	R. Sullivan & Co., St-Jean, N.-B.	3 " .	75	Bass & Co., Burton Trent, Ang.	....	India Pale Ale. "Hawk's Head."

DISTRICT DE QUÉBEC—F. X. W. E. BELAND, INSPECTEUR.

Date	Nature	No	Vendeur	Quantité	Cents	Fabricant	Fournisseur	Rapport
23 sept.	Ale (bière)	56144	G. Pepin, 132, rue Massue, Québec.	3 bout	37	Fox Head, Québec.	Mfr........	
23 "	" ..	56145	" " ..	3 " ..	37	Brasserie & Champlain, Québec.	"	
23 "	" ..	56146	" " ..	3 " ..	42	Bossnell, Québec.	"	
23 "	" ..	56147	" " ..	3 " ..	32	FoxHead,Québec.	"	
23 "	" ..	56148	O. Bacon, 28, rue Hermine, Québec.	3 " ..	40	Bossnell, Québec.	"	

ALE (BIÈRE)—Tableau I.

Date du prélèvement.	Nature de l'échantillon.	Numéro de l'échantillon.	Nom et adresse du vendeur.	Prix.		Nom et adresse du fabricant ou fournisseur, tel que communiqué par le vendeur.		Rapport de l'inspecteur (ne comportant aucune expression d'opinion).
				Quantité.	Cents.	Fabricant.	Fournisseur.	

DISTRICT DE TROIS-RIVIÈRES—DR V. P. LAVALLÉE, INSPECTEUR.

1913.								
19 sept.	Ale	59726	A. L. Caisse, Berthierville.	3 bout	45	Dawes Co., Lachine.	....	
19 "	"	59727	O. Paquette, Berthierville.	3 " ..	45	Gold Lion BrewingCo., Ltd., Valley-field.	... .	
19 "	"	59728	J. A. Laporte, Berthierville.	3 " ..	30	Eckers Brewing Co., Montréal.	....	
22 "	"	59729	George Gouin, St-Félix de Valois.	3 " ..	30	Silver Spring, Sherbrooke.	....	
22 "	"	59730	Ludger Duperrault, St-Félix de Valois.	3 " ..	50	Molson, Montreal.	....	

DISTRICT DES CANTONS DE L'EST—J. C. ROULEAU, INSPECTEUR.

29 sept.	Bière	1729	J. U. Brunnette, Victoriaville.	3 bout	35	Silver Spring Brewery, Ltd., Sherbrooke.	....	Silver Spring.
1 oct.	"	1730	Silver Spring Brewery, Ltd., Sherbrooke.	3 "	35	Vendeurs	....	
1 "	"	1731	National Breweries, Ltd., Sherbrooke.	3 "	25	Wm. Dow & Co., Montréal	... ...	Dow's
13 "	"	1732	Leop. L. Hureux, St-Hyacinthe.	3 "	25	St. Lawrence Brewery, Ltd., Cornwall.	....	Cornwall.
13 "	"	1733	F. Orsali & Cie, St-Hyacinthe.	3 "	25	Dow's Breweries, Lachine.	....	Red Horse.

DISTRICT DE MONTRÉAL—D. J. KEARNEY, INSPECTEUR.

4 nov.	Bière	58616	V. Lalonde, 364 rue Charlevoix, Montréal	3 bout	38	Dawes Breweries, Lachine.	....	Black Horse Ale
4 "	"	58617	H. Harel, 361 rueCharlevoix, Montréal.	3 "	38	Wm. Dow & Co.	....	\
4 "	"	58618	A. Jean, 471 rue Charlevoix, Montréal.	3 "	31	Canadian Breweries.	....	
4 "	"	58619	A. Kathe, 555r. Grand-Tronc, Montréal.	3 "	38	John H. R. Molson & Bros.	....	
4 "	"	58620	E. Valade, 230r. Châteauguay, Montréal.	3 "	30	The Independent Breweries Co., Ltd.	....	

14—32½

Date du prélèvement.	Nature de l'échantillon.	Numéro de l'échantillon.	Nom et adresse du vendeur.	Prix.		Nom et adresse du fabricant ou fournisseur, tel que communiqué par le vendeur.		Rapport de l'inspecteur (ne comportant aucune expression d'opinion).
				Quantité.	Cents.	Fabricant.	Fournisseur.	

DISTRICT DE VALLEYFIELD—D. J. KEARNEY, INSPECTEUR SUPPLÉANT.

1913.								
12 nov	Bière....	58656	John McDonald, Rivière Beaudette.	3 bout	45	John McCarthy & Sons, Prescott.	....	
12 "	" ...	58657	M. Beauchamp, Rivière Beaudette.	3 "	45	Dawes Breweries, Lachine	....	Red Horse Ale
20 "	"	58658	Salaberry Hotel, Valleyfield.	3 "	45	Gold Lion Brewing Co., Valleyfield.	....	
20 "	"	58659	Arthur Sauvé, Valleyfield.	3 "	45	"	....	
20 "	"	58660	A. D. Leduc, Valleyfield.	3 "	45	" ..	....	

DISTRICT D'OTTAWA—J. A. RICKEY, INSPECTEUR.

30 sept.	Ale......	42895	Chelsea Trading Co., Ltd., rue Bank, Ottawa.	3 bout	45	Wm. Dow & Co., Montréal	Dawes, Ottawa.	Indian Pale Ale.
30 "	"	42896	" ..	3 "	45	Dawes, Ottawa	Fabricants..	"
30 "	"	42897	J. Lavigne, rue Wellington, Ottawa.	3 "	45	The Brading BrewingCo., Ltd., Ottawa.	"	Cette ale est fab. avec du malt pur et le meilleur houblon Anglo-Bavarois.
30 "	"	42898	" ..	3 "	45	Carling's Ottawa.	"	
3 oct.	"	42899	Walter Cunningham, rue Rideau, Ottawa.	3 "	45	The Reinhardt Salvador Brewery Ltd., Toronto.	"	Sterling Spécial.

DISTRICT DE KINGSTON—JAS. HOGAN, INSPECTEUR.

18 sept.	Bière.....	60026	James McParland, Kingston.	3 bout	45	Labatts, London.	....	
18 "	"	60027	J. Gordon, Kingston	3 "	45	Coplands, Toronto.	....	
18 "	"	60028	G. Thompson, Kingston.	3 "	45	J. Fisher, Portsmouth.	....	
18 "	"	60029	E. Beaupré, Kingston.	3 "	60	O'Keefe, Toronto.	....	
22 "	"	60030	J. Ray, Belleville.	3 "	27	Vendeur......	....	

ALE (BIÈRE)—Tableau I.

Date du prélèvement.	Nature de l'échantillon.	Numéro de l'échantillon.	Nom et adresse du vendeur.	Prix.		Nom et adresse du fabricant ou fournisseur, tel que communiqué par le vendeur.		Rapport de l'inspecteur (ne comportant aucune expression d'opinion).
				Quantité.	Cents.	Fabricant.	Fournisseur.	
DISTRICT DE TORONTO—H. J. DAGER, INSPECTEUR.								
1913.								
17 sept.	Bière....	57484	J. W. Ryan, 188 rue Queen West, Toronto.	3bout.	36	....	The Cosgrave B. Co., Ltd., Toronto.	
18 "	"	57485	H. P. Redway, 212 rue Queen East, Toronto.	3 " ..	35	....	The Dom. B. Co., Ltd., Toronto	Pale Ale.
18 sept.	"	57486	John Mather, 152 rue King East, Toronto.	3 " ..	36	....	Copland B Co., Ltd., Toronto.	Pale Ale.
18 "	"	57487	A. Graham, 3 rue McCaul, Toronto.	3 " ..	45	....	The O'keefe B.Co.,Ltd., Toronto.	O'keefe's Special bière extra douce
19 "	"	57488	E. T. Sandell, 525 rue Yonge Hamilton	3 " ..	45	....	Sleeman & Sons,Ltd., Guelph.	Silver Creek Brewery Ale.
DISTRICT DE HAMILTON—J. J. COSTIGAN, INSPECTEUR SUPPLÉANT.								
29 sept.	Ale..	50865	John O. Carpenter, 10 Market Square, Hamilton.	3bout.	36	Carlings, London, Ont.	....	Amber Ale.
29 "	"	50866	" "	3 " ..	36	Grant's Spring B. Co., Ltd	....	Pale Ale.
29 "	"	50867	" "	3 " ..	36	Dom B. Co., Ltd., Toronto	....	Export White Label.
29 "	"	50868	M. Cummings, 2, rue Barton Hamilton.	3 " ..	30	Grant's Spring B. Co., Ltd	....	East India Pale Ale.
29 "	"	50869	" "	3 " ..	30	....	....	Labatt's India Pale Ale.
DISTRICT DE WINDSOR—JOHN TALBOT, INSPECTEUR.								
8 oct.	Ale.	54412	R. Callinan,Petrolia.	3bout.	45	J. Labatt, London.	....	Labatt's India Pale Ale.
9 "	"	54414	D. Donaldson,Sarnia	3 " ..	60	Coplands, Toronto.	....	Copland's Pale Ale.
9 "	Bière lager	54415	" "	3 " ..	45	B. Am. B. Co., Windsor.	....	Cincinatti Cream Export.
9 "	Ale.... ..	51421	C. H. Pugh, Sarnia.	3 " ..	50	Carling B. & M. Co., London.	....	Carling's Amber Ale.
9 "	Bière lager	54422	" "	3 " ..	50	Walkerville B. Co., Walkerville.	....	Superior Lager Beer.

5 GEORGE V, A. 1915

BULLETIN N° 283—

Date du prélèvement.	Nature de l'échantillon.	Numéro de l'échantillon.	Nom et adresse du vendeur.	Prix.		Nom et adresse du fabricant ou fournisseur, tel que communiqué par le vendeur.		Rapport de l'inspecteur (ne comportant aucune expression d'opinion).
				Quantité.	Cents.	Fabricant.	Fournisseur.	

DISTRICT DU MANITOBA—A. C. LARIVIÈRE, INSPECTEUR.

Date du prélèvement.	Nature de l'échantillon.	Numéro de l'échantillon.	Nom et adresse du vendeur.	Quantité.	Cents.	Fabricant.	Fournisseur.	Rapport de l'inspecteur.
1913.								
27 sept.	Ale (bière)	48941	E. L. Drewery, Winnipeg.	3 bout.	Nil	Vendeur......	....	Refined Ale.
29 "	" ..	48942	McDonagh & Shea, Winnipeg.	3 "	....	Vendeurs	....	
30 "	" ..	48943	T. D. Cavanagh, Winnipeg.	3 "	50	Bass & Co....	....	Embout. par C.C. Hibbert & Co., London.
27 "	" ..	48944	The Empire Brewing Co., Brandon.	3 "	....	Vendeurs.....	....	
27 "	" ..	48945	The Brandon Brewing Co., Brandon.	3 "	....	"	....	

DISTRICT DES MONTAGNES-ROCHEUSES—THOS. PARKER, INSPECTEUR.

Date du prélèvement.	Nature de l'échantillon.	Numéro de l'échantillon.	Nom et adresse du vendeur.	Quantité.	Cents.	Fabricant.	Fournisseur.	Rapport de l'inspecteur.
2 oct.	Bière.....	49961	E. A. Taylor, Nelson, C.-B.	3 bout.	1.00	Fernie Fort Steele B. Co., Fernie.	....	
2 "	" ..	49962	Nelson Brewery Co., Nelson, C.-B.	3 "	1.00	Vendeurs.....	....	
17 "	" ..	49987	Pollock Wine Co., Fernie, C.-B.	3 "	1.00	Elk Valley B. Co., Michel, C.-B.	....	
1 nov.	" ..	49988	A. Mueller, Trail, C.-B.	3 "	1.00	Vendeur......	....	
3 "	" ..	49989	Smith & Belton, Rossland, C.-B.	3 "	1.00	Le Roi B. Co., Rossland, C.-B.	....	

DOC. PARLEMENTAIRE No 14

ALE (BIÉRE)—Tableau 1.

Date du prélèvement.	Nature de l'échantillon.	Numéro de l'échantillon.	Nom et adresse du vendeur. .	Prix.		Nom et adresse du fabricant ou fournisseur, tel que communiqué par le vendeur.		Rapport de l'inspecteur (ne comportant aucune expression d'opinion.)
				Quantité.	Cents.	Fabricant.	Fournisseur.	
			DISTRICT DE VICTORIA—D. O'SULLIVAN, INSPECTEUR.					
1913								
24 sept.	Ale.	57641	T. J. Jackman, 608 rue View, Victoria, C.-B.	3 chop	50	Silver Spring B. Co., Ltd., Victoria, C.-B	... ...	Tate's English Ale.
24 "	"	57642	B.C. Wine Co., Ltd., 1216 rue Douglas, Victoria, C.-B.	3 "	45	Victoria Phœnix B. Co., Ltd., Victoria, C.-B.	....	Victoria Phoenix Ale.
6 oct.	"	57645	The West End Grocery Co., Ltd., 1002 rue Government, Victoria, C.-B.	3 "	90	Bass & Co., Ang.	....	Bass's Red Label Pale Ale.
6 "	"	57646	D. Stewart, 607 rue Yates, Victoria C.-B.	3 "	90	Meux & Co., London.	....	Meux's London Pale Ale.
6 "	"	57647	Dixi H. Ross & Co., 1316 rue Broad, Victoria, C.-B.	3 "	90	Bass & Co., Ang.	....	Bass & Co., Pale Ale. Marque Castor.

5 GEORGE V, A. 1915

BULLETIN Nº 283—ALE—(BIÈRE)—TABLEAU II.

Nom du district d'inspection.	Numéro de l'échantillon.	Densité spécifique à 15.5°c. Bière.	Densité spécifique à 15.5°c. Distillation.	Densité spécifique à 15.5°c. Résidu.	Alcohol p.c. Au poids.	Alcohol p.c. Au volume.	Alcohol p.c. Comme esprit de preuve.	Matières solides dans moûts originaux.	Pour-cent de matières solides dans la bière.	Malt employé, livres par gallon.	Degré de fermentation.	Total des grammes d'acide lactique par 100cc.	Cendre. p.c.	Protéine. p.c.	P₂O₅. p.c.	Réaction salicylique.	SO₃. p.c.	Numéro de l'échantillon.	Remarques et opinion de l'analyste en chef.
Nouvelle-Écosse	54301	1·0066	0·98977	1·0158	6·027	7·51	3· 15	16·08	4·08	2·75	74·64	0·32	0·292	0·656	0·096	négative	......	54301	Matière extractive insuffisante.
	54302	0·9997	0·99060	1·0091	5·51	6·87	2·01	13·37	2·35	2·26	82·41	0·36	0·256	0·390	0·056	"	......	54302	"
	54303	1·0091	0·99070	1·0184	5·46	6·78	1· 50	15·65	4·77	2·66	69·53	0·29	0·356	0·484	0·066	"	......	54303	"
	54304	1·0075	0·99074	1·0168	5·416	6·75	11·84	15·16	4·34	2·58	71·86	0·34	0·270	0·646	0·069	salicylic	......	54304	"
	54305	1·0065	0·99270	1·0128	4·15	5·24	1· 68	13·50	3·30	1·91	71·73	0·23	0·202	0·528	0·072	négative	......	54305	"
Nouveau-Brunswick	50362	1·0065	0·99292	1·0145	4·15	5·24	9·18	12·95	3·74	2·16	71·12	0·23	0·280	0·562	0·063	"	......	50362	Matière extractive légèrement insuffisante
	50363	1·0078	0·99074	1·0171	5·16	6·75	10·10	1· 41	3·43	1·89	71·01	0·53	0·320	0·644	0·068	"	......	50363	"
	50364	1·0088	0·99346	1·0 53	3·73	4·66	8·23	13·50	3·51	1·89	65·37	0·35	0·250	0·554	0·077	"	......	50364	"
	50365	1·0111	0·99245	1·0186	4·345	5·43	9·52	1· 41	4·22	2·50	64·30	0·30	0·344	0·686	0·066	"	0·0063	50365	"
	50366	1·0064	0·98806	1·0186	6·177	7·69	13·48	16·63	4·34	2·84	73·98	0·30	0·334	0·534	0·080	"	......	50366	"
Québec	56144	1·0120	0·99247	1·0193	4·185	5·23	9·31	13·50	4·82	2·25	63·2	0·47	0·222	0·592	0·060	salicylic	......	56144	"
	56145	1·0108	0·99246	1·0183	4·185	5·23	9·17	13·37	5·01	2·24	62·52	0·36	0·253	0·360	0·051	"	......	56145	"
	56146	1·0133	0·99362	1·0205	3·984	4·98	8·73	13·40	4·74	2·24	64·61	0·39	0·264	0·630	0·080	"	......	56146	"
	56147	1·0119	0·99252	1·0184	4·155	5·24	9·27	13·21	5·28	2·21	60·12	0·43	0·206	0·522	0·069	"	......	56147	"
	56148	1·0063	0·98825	1·0136	6·17	7·70	12·80	12·80	5·01	2·25	61·87	0·35	0·246	0·636	0·080	"	......	56148	"
Trois-Rivières	59726	1·0053	0·99218	1·0126	4·515	5·16	8·68	12·74	4·74	2·31	72·14	0·31	0·228	0·666	0·079	négative	0·0060	59726	"
	59727	1·0066	0·99218	1·0144	4·515	5·85	8·39	12·74	3·73	2·36	70·79	0·37	0·230	0·568	0·065	"	......	59727	Matière extractive légèrement insuffisante
	59728	1·0084	0·99235	1·0114	4·015	5·01	9·65	11·76	2·94	1·45	74·59	0·40	0·236	0·484	0·063	"	......	59728	Mat. extact. insuffisant
	59729	1·003	0·99303	1·0119	4·15	5·51	8·74	14·09	3·07	1·83	72·36	0·44	0·244	0·426	0·066	"	0·0060	59729	"
	59730	1·0051	0·99285	1·0122	4·095	5·12	8·97	14·51	3·15	1·87	72·21	0·42	0·207	0·426	0·058	"	0·0082	59730	"
Cantons de l'Est	1729	1·0067	0·99074	1·0130	3·57	4·47	7·86	10·49	3·35	1·72	66·06	0·24	0·207	0·574	0·055	salicylic	0·0017	1729	Matière extractive légèrement insuffisante
	1730	1·0094	0·99151	1·0179	4·946	5·12	10·81	14·51	4·63	2·41	68·10	0·30	0·199	0·644	0·040	"	......	1730	"
	1731	1·0094	0·9·4286	1·0126	4·095	5·12	8·97	12·33	3·25	1·89	71·58	0·29	0·237	0·402	0·057	"	......	1731	"
	1732	1·0181	0·99247	1·0256	4·335	5·42	9·36	15·27	6·12	2·67	75·37	0·28	0·210	0·472	0·060	"	......	1732	"
	1733	1·091	0·93368	1·0154	3·604	4·50	7·90	11·17	3·971	1·85	73·43	0·20	0·216	0·490	0·060	"	0·0085	1733	"
Montréal	58616	1·091	0·99203	1·0171	4·60	5·76	10·09	13·62	4·22	2·28	67·56	0·34	0·242	0·632	0·074	négative	0·0041	58616	"
	58617	1·0098	0·93065	1·0167	3·964	4·96	8·69	12·23	4·31	2·03	64·76	0·26	0·220	0·482	0·059	"	0·0047	58617	"
	58618	0·0099	0·99297	1·0178	4·68	5·73	9·36	13·77	4·61	2·30	66·51	0·45	0·248	0·558	0·006	"	......	58618	"
	58620	1·0146	0·99472	1·01992	9·93	3·75	6·36	1· 15	5·171	1·88	53·64	0·35	0·92	0·420	0·060	"	......	58620	"

DOC. PARLEMENTAIRE No 14

5 GEORGE V, A. 1915

BULLETIN N° 283—ALE (BIÈRE)—TABLEAU III.

Nom.	Densité spécifique à 15·5°c.			Alcohol, p.c.			Matières solides dans moûts originaux.	Pour-cent de matières solides dans la bière.	Malt employé, livres par gallon.	Degré de fermentation.	Total des grammes d'acide lactique par 100cc.	Centre.	Protéine.	P_2O_5.	Réaction salicylique.	SO_3.	Numéro de l'échantillon.	Remarques et opinion de l'analyste en chef.
	Bière.	Distillation.	Résidu.	Au poids.	Au volume.	Comme esprit de preuve.												
				p. c.	p. c.	p. c.	p.c.	p.c.	p.c.			p. c.	p. c.	p. c.		p. c.		
Bass	1·0040	0·98954	1·0185	6·18	7·71	13·51	17·15	4·79	2·92	72·07	0·35	0·356	0·562	0·062	négative		57645	
"	1·0067	0·	1·0191	6·17	7·69	13·48	17·30	4·95	2·94	71·34	0·38	0·340	0·562	0·066	"		57647	
"	1·0064	0·98956	1·0186	6·17	7·69	13·48	16·68	4·34	2·84	73·98	0·38	0·334	0·531	0·060	"		50506	
"	1·0100	0·99124	1·0185	5·106	6·37	15·0	15·65	4·88	2·55	67·66	0·34	0·310	0·514	0·064	"		48943	
"	1·0091	0·99070	1·0184	5·44	6·78	11·89	13·40	4·74	2·66	69·03	0·29	0·306	0·481	0·060	"		54303	
Boswell	1·0108	0·99246	1·0183	4·33	5·42	9·50	13·47	4·77	2·24	61·61	0·39	0·284	0·430	0·080	salicyliq		56146	
"	1·0119		1·0193	4·35	5·30	9·27	9·18	5·01	2·25	61·28	0·41	0·282	0·618	0·080	négative	0·0066	56148	
Brading	1·0073	0·99479	1·0127	2·95	3·70	6·41		3·28	1·49	62·47	0·21	0·157	0·314	0·07	salicyliq	0·0041	42297	Matière extractive lé-
Brund'n	1·0138	0·99186	1·0249	4·72	5·89	10·32	15·11	5·67	2·51	63·47	0·21	0·199	0·500	0·040	"	0·0170	48945	gèrement insuffisante
Canadian	1·0068	0·99·06	1·0167	3·96	4·96	8·69	12·23	4·31	2·03	64·76	0·26	0·220	0·482	0·039	salicyliq	0·0173	58618	
Carlings	1·0163	0·99246	1·0178	4·33	5·42	9·89	13·27	4·61	2·21	65·25	0·41	0·352	0·546	0·054	négative	0·0126	54421	
"	1·0115	0·99218	1·0193	4·51	5·65	9·89	14·03	5·01	2·34	61·30	0·47	0·317	0·516	0·052	"		50895	
"	1·0128	0·99286	1·0205	4·46	5·58	9·78	14·25	5·33	2·58	62·61	0·41	0·272	0·360	0·039	"		42898	
Champlain	1·0120	0·99271	1·0193	4·13	5·16	9·17	13·37	5·01	2·22	62·71	0·54	0·253	0·646	0·051	salicyliq	0·0055	56145	
Cincinati Cream	1·0155	0·99·16·1	0298	3·01	3·70	6·49	13·99	6·29	2·34	55·03	0·32	0·160	0·722	0·078	négative	0·0002	54415	
Copland	1·0177	0·99313	0244	3·85	4·82	8·45	14·36	6·52	2·39	54·48	0·32	0·256	0·634	0·064	"	0·0074	60027	
"	1·0185	0·99318	0253	3·90	4·87	8·54	14·32	6·14	2·41	55·16	0·51	0·255	0·624	0·061	"		54114	
Cornwall	1·0053	0·99268	1·0126	4·10	5·12	8·97	12·94	3·25	1·89	71·58	0·20	0·199	0·402	0·057	salicyliq		57486	
Cosgrave	1·0119	0·99307	1·0188	3·94	4·93	8·61	12·80	4·88	2·13	60·88	0·65	0·308	0·491	0·079	négative		57834	
Dawes	1·0126	0·99330	1·0193	3·94	4·95	8·68	12·95	4·52	2·15	61·87	0·33	0·236	0·486	0·067	salicyliq	0·0060	59736	
"	1·0103	0·99368	1·0176	4·20	5·26	9·19	11·17	4·52	1·85	64·86	0·24	0·216	0·489	0·060	"		42896	
"	1·0091	0·99335	1·0163	3·94	4·51	7·90	11·79	4·97	1·93	65·43	0·21	0·234	0·480	0·039	"		58657	
"	1·0097	0·99247	1·0256	4·33	5·42	9·32	15·72	6·61	2·57	75·37	0·28	0·210	0·472	0·060	"		1743	
Dom. B. Co.	1·0124	0·99186	1·0205	4·71	5·89	10·32	14·73	5·33	2·48	75·87	0·50	0·308	0·690	0·071	négative (export,)	0·0011	50867	
Dow & Co.	1·0136	0·99201	1·0215	4·57	5·73	9·89	14·71	5·57	2·47	62·13	0·63	0·316	0·682	0·074	négative	0·0074	57485	
"	1·0093	0·99162	1·0177	4·80	6·04	10·64	14·30	4·58	2·40	67·9	0·31	0·290	0·836	0·096	saliq	0·0110	42895	
"	1·09·4	0·99151	1·0179	4·94	6·17	10·81	14·51	4·63	2·44	68·10	0·30	0·237	0·644	0·080	"	0·0047	1731	
"	1·0091	0·92203	1·0171	4·60	5·76	10·09	13·62	4·42	2·28	67·56	0·34	0·242	0·632	0·074	"	0·0085	56617	

Drewry	1·0101	0·99194	1·0182	4·66	5·83	10·21	14·03	4·71	2·34	66·43	0·25	0·233	0·476	0·058	négative	48941	Mat. extract, lég. insuf.
Elkers	1·0064	1·19218	0·0144	4·51	5·65	9·89	12·74	3·72	2·12	70·79	0·27	0·208	0·568	0·043	"	59728	Mat. extractive insuffi.
Elk Valley	1·0121	0·9946	0·174	3·02	3·78	9·76	10·62	4·50	1·73	57·29	0·54	0·170	0·424	0·057	"	49887	
Empire	1·0092	0·99227	0·169	4·46	5·58	9·71	13·28	4·36	2·21	67·17	0·21	0·284	0·532	0·058	salicyli.	48944	
Fernie	1·0100	0·994.9	0·216	3·19	3·99	6·98	11·98	5·60	1·98	53·25	0·20	0·174	0·659	0·059	négative	49361	
Fisher Bros.	0·1108	0·99240	0·034	4·37	5·47	9·58	13·61	4·77	2·25	64·71	0·04	0·368	0·731	0·087		+0028	
Gold Lion	1·0053	0·99267	0·0126	4·21	5·26	9·22	1·67	3·05	1·94	72·14	0·31	0·228	0·66	0·060	"	59725	
"	1·0045	0·9553	0·0118	4·22	5·28	9·24	11·49	3·05	1·90	73·45	0·42	0·240	0·474	0·051	"	5946	
"	1·0043	0·99251	0·0117	4·24	5·31	9·36	1·10	3·02	1·91	73·79	0·12	0·224	0·462	0·051	"	58659	
Grant	1·0046	0·9923	0·0117	4·04	5·06	8·85	14·19	3·02	1·82	72·8	0·41	0·224	0·445	0·047	"	58658	
"	1·0203	0·9961	0·287	3·61	4·55	7·99	14·19	6·91	2·35	51·39	0·41	0·30	0·564	0·074	"	50868	
"	1·0177	0·9925	0·0248	4·07	5·10	8·93	14·5	6·39	2·43	56·02	0·43	0·308	0·556	0·076	"	50860	
Howards	1·0066	0·9897	0·0158	6·02	7·51	13·16	16·08	4·082	1·83	74·64	0·32	0·252	0·656	0·096	"	54301	
Independent	1·0146	0·99472	0·199	2·99	3·75	6·56	1·15	5·171	1·83	53·64	0·35	0·192	0·420	0·060	"	58620	
Keith	1·0075	0·90074	0·168	3·41	4·10	6·84	1·41	4·34	2·58	65·37	0·34	0·270	0·646	0·089	"	54304	
"	1·0088	0·99463	0·155	3·73	4·66	8·23	11·41	4·93	1·89	65·37	0·39	0·250	0·564	0·077	"	56364	
Labatt	1·0093	0·99200	0·017	4·62	5·78	10·13	13·71	4·47	2·30	67·41	0·30	0·328	0·746	0·083	"	54412	
"	1·0111	0·99215	0·0186	4·34	5·43	9·52	13·50	4·82	2·25	64·30	0·30	0·334	0·686	0·066	"	56365	0·0030
"	1·0168	0·9374	0·0231	3·57	4·46	7·82	13·1	5·97	1·18	54·46	0·54	0·320	0·58	0·068	"	60026	0·0063
"	1·0 42	0·99357	0·236	3·67	4·58	8·04	13·18	5·84	2·19	55·69	0·50	0·314	0·568	0·066	"	50860	0·0071
Le-Roi	1·0135	0·9974	0·0138	3·57	4·46	7·82	12·29	5·15	2·03	58·11	0·28	0·190	0·402	0·066	"	49969	
McCarthy	1·0116	0· 994	0·0200	4·85	6·07	10·62	12·96	5·20	2·51	65·10	0·50	0·396	0·568	0·071	"	58656	
McDonagh & Shea	0·0093	0·99227	0·0170	4·46	5·58	9·76	13·31	4·39	2·22	67·02	0·51	0·263	0·606	0·049	"	48942	
McEwan	0·9997	0·99460	0·0015	5·16	6·37	12·04	1·98	2·35	2·6	82·41	0·36	0·256	0·394	0·065	"	54302	Matière extractive insuffisante.
Menx	0·0089	0·93097	0·0158	3·95	4·94	8·67	1·98	4·081	1·99	65·94	0·35	0·213	0·285	0·056	"	57646	
Molsons	0·0099	0·99207	0·0178	4·54	5·73	10·02	1·09	4·61	2·30	66·56	0·45	0·248	0·558	0·040	"	58619	
National	1·0019	0·99303	0·0119	4·01	5·01	8·74	11·09	3·07	1·83	72·36	0·41	0·244	0·540	0·066	"	59730	0·0025
"	1·0117	0· 91	0·0203	4·27	5·34	9·3	13·02	4·96	2·36	63·27	0·47	0·222	0·592	0·060	salicyli.	56144	0·0047
"	1·0133	0·99303	0·0203	3·98	4·98	8·73	13·24	5·28	2·24	60·12	0·43	0·206	0·522	0·069	"	56147	0·0060
Nelson	1·0124	0·93065	0·0187	3·61	4·52	7·92	12·07	4·85	2·00	59·82	0·38	0·176	0·498	0·071	négative	49962	
Oland	1·0035	0·99270	0·0128	4·19	5·24	9·18	1·68	3·30	1·94	71·73	0·33	0·202	0·528	0·072	sa icyli.	54306	0·0030
O'Keefe	1·0107	0·99244	0·0179	4·12	5·15	9·03	12·87	4·63	2·14	64·01	0·40	0·208	0·532	0·069	négative	57487	0·0063
Ready	1·0023	0·99281	0·0197	4·11	5·15	9·03	13·34	5·12	2·52	61·02	0·41	0·216	0·536	0·064	"	6002	0·0071
Reinhardt	1·0044	0· 9943	0·0104	3·71	4·64	1·94	13·21	4·24	2·59	72·46	0·63	0·320	0·544	0·066	"	50563	
Roy	1·0056	0·99238	0·0132	4·36	5·49	9·61	15·21	3·81	2·03	73·46	0·37	0·228	0·562	0·056	"	60030	
Silver Creek ((Gu lph)	0·0038	0·99235	0·0144	4·15	5·51	9·65	12·19	2·94	1·55	72·00	0·40	0·240	0·412	0·032	"	57488	Mat. extract. lég. insuf.
Silver Spring (Sherbrooke)	1·0051	0·9285	1·0122	4·09	5·12	1·76	1·33	2·91	1·72	74·99	0·40	0·216	0·436	0·055	"	59729	Mat. extracti. insuffis
Simeon Jones	1·0067	0·9374	0·130	3·57	4·47	7·86	10·49	3·15	1·87	72·21	0·42	0·207	0·374	0·055	"	1729	
Tate	1·0065	0·99262	0·145	4·17	5·77	10·10	12·96	3·742	1·76	66·06	0·20	0·290	0·562	0·3	"	50362	Matière extractive légèrement insuffisante
Trail	1·0043	0·99474	0·125	4·76	5·95	10·41	12·75	3·23	2·13	74·67	0·36	0·272	0·354	0·058	"	57641	
Victoria	1·0099	0·9947	0·0152	2·98	3·73	6·54	9·88	3·92	1·62	60·32	0·31	0·138	0·288	0·061	"	49898	
Walkerville (Lager Bær)	1·0112	0·99410	0·0171	3·33	4 20	7·36	1 12	4·42	1·84	60·26	0·24	0·174	0·514	0·070	"	57642	
	1·0135	0·99440	0·0191	3 19	3 98	6·97	1 32	4·96	1·86	56·18	0·41	0·168	0·582	0·078	"	54422	

5 GEORGE V, A. 1915

APPENDICE Z2.

BULLETIN N° 284—ARSÉNIATE DE PLOMB.

OTTAWA, 27 mars 1914.

M. Wm Himsworth,

Sous-ministre du Revenu de l'Intérieur.

Monsieur,—J'ai l'honneur de vous soumettre un rapport relativement à quatre-vingt-deux échantillons achetés comme arséniate de plomb durant les mois de juin, juillet et août de l'année dernière.

Par suite du grand nombre de plaintes qui furent portées relativement à la nature de cet article, tel que mis en vente sur le marché canadien, un prélèvement de 26 échantillons fut fait en 1910 (voir Bulletin n° 205).

Et à la suite de ce travail et autres études subséquentes sur le même sujet, les étalons suivants furent recommandés et sont contenus dans la quatrième annexe de la "Loi dès Falsifications," conformément à l'amendement du 6 juin 1913.

ARSÉNIATE DE PLOMB.—1. Insecticide, contenant au moins 48 p. 100 de son poids de solides comme un résidu lorsqu'il est séché au poids constant sur le bain à vapeur; et ces solides doivent consister essentiellement en pentoxyde d'arsénic en combinaison avec le monoxyde de plomb. L'insecticide tel que vendu ne doit pas contenir plus d'un pour 100 de son poids d'arsénic soluble dans l'eau (désigné sous le nom de tri-oxyde d'arsénic).

2. L'arséniate de plomb doit être considéré comme falsifié si quelque substance y a été mêlée ou mise dans la même enveloppe, de manière à réduire, diminuer sa qualité ou sa force ou lui nuire.

Les résultats de l'analyse des 82 échantillons en question doivent être jugés d'après les étalons ci-dessus.

La grande majorité de ces échantillons sont vendus sous forme de pâte, ceci étant la forme sous laquelle cet article peut le plus facilement être employé. Pour l'empêcher de sécher sur les étagères du marchand, on le met ordinairement dans des bouteilles ou des boîtes de fer-blanc hermétiquement cachetées. L'analyste a pu obtenir quarante et un (41) de ces échantillons dans leurs bocaux ou boîtes propres, et mention en est faite dans le tableau. Les autres échantillons ont été prélevés dans des bouteilles ou des boîtes de fer-blanc que nos inspecteurs avaient remplies à même les gros paquets des marchands. A cause de la grande difficulté qui existe d'analyser une pâte de ce genre, il n'est pas facile de déterminer la quantité du contenu aqueux de ces échantillons; et lorsque les bouteilles ou boîtes n'ont pas été cachetées d'une manière parfaite par nos inspecteurs, il arrive que les échantillons sèchent plus ou moins durant l'intervalle qui s'écoule entre la date du prélèvement et celle de l'analyse. Même on a pu constater que l'eau s'était échappée des boîtes ou des bouteilles qui avaient été préparées par les fabricants eux-mêmes, parce qu'elles n'avaient pas été cachetées hermétiquement. Quelques-uns de ces échantillons, contenus dans des boîtes de fer-blanc, étaient secs et le fer-blanc rouillé presque de part en part. Ce cas se rapporte surtout à l'échantillon 54148. Malgré ces imperfections, un nombre suffisant d'échantillons (plus de 30) ont été reçus dans une assez bonne condition pour permettre de conclure, en tant qu'il s'agit de la matière solide y contenue. que les fabricants d'arséniate de plomb font leur possible pour remplir les conditions requises par la définition légale.

L'arsénic soluble dans l'eau varie considérablement, mais dans aucun cas atteint-il la limite permise.

Pour ce qui regarde la quantité d'arséniate de plomb contenue dans l'acide arsénique et l'oxyde de plomb, qui sont les ingrédients actifs de cet insecticide, le travail suivant fait par la "New Jersey Experiment Station" (Bulletin n° 222) est important. "L'arséniate de plomb est préparé par l'action de l'acétate de plomb ou du nitrate de plomb sur l'arséniate de di-sodium. Si l'on emploie des produits chimiques purs le produit préparé avec l'acétate contient théoriquement 74.40 p. 100 d'oxyde de plomb et 25.60 p. 100 d'anhydride arsénique. Dans une convention de fabricants et d'entomologistes, il fut adopté un étalon stipulant que l'arséniate de plomb ne devrait pas contenir plus de 50 p. 100 d'eau et moins de 12.5 p. 100 d'anhydride arsénique. Quinze échantillons de cet article de commerce ont donné les résultats suivants, calculés à base sèche:—

Anhydride arsénique................ 17.94 à 33.30 p. 100.
Oxyde de plomb.................... 62.48 à 70.63 "

La grande différence remarquée entre la composition théorique et la composition réelle de l'article fabriqué est due à la formation de sels dont la quantité et la nature varient suivant la méthode employée par les fabriques, les mélanges de sels aux différentes phases du procédé déterminant (en même temps que la température et les autres conditions) l'établissement de l'équilibre qui change chaque fois que les conditions sont changées. Il est à remarquer que l'article canadien est plus uniforme et remplit mieux les exigences théoriques que les échantillons analysés au poste de New-Jersey.

Les résultats obtenus jusqu'ici démontrent bien que cet article, tel qu'offert sur le marché canadien, est d'une qualité très satisfaisante.

Je recommande la publication de ce rapport comme Bulletin n° 284.

J'ai l'honneur d'être, monsieur,
Votre obéissant serviteur,

A. McGILL,
Analyste en chef.

5 GEORGE V, A. 1915

BULLETIN N° 284.—

Date du prélèvement.	Nature de l'échantillon.	Numéro de l'échantillon.	Nom et adresse du vendeur.	Prix.		Nom et adresse du fabricant ou fournisseur, tel que communiqué par le vendeur.	
				Quantité.	Cents.	Fabricant.	Fournisseur.

DISTRICT DE LA NOUVELLE-ECOSSE—

1913.							
8 juillet	Arséniate de plomb. (insecticide)	541l:	National Drug Co., Halifax, N.-É.	3 liv..	65	Inconnu.............	N. D. & C. Co. Montréal.
15 "	" ..	54143	J. A. Craig, Yarmouth, N.-É.	3 "	90	Canada Paint Co., Montréal.	Canadian Drug Co., St-Jean, N.-B.
16 "	" ..	54144	T. L. Harvey, Wolf-ville, N.-É.	1½ "	Rien	Vendeur..........	....
16 "	" ..	54145	W. W. Rockwell, Kent-ville, N.-É.	3 "	25	Corona Chem. Co., Newark, N.-J.	Fabricants.......
17 "	" ..	54146	Wilcox Bros., Wind-sor, N.-É.	1½ "	20	Canada Paint Co., Montréal.	" ..
17 "	" ..	54147	F. H. Manning, Fal-mouth, N.-É.	1½ "	20	Merrimac Chem.Co., Boston.	Capt. Allen, Kent-ville, N.-É.
... ' "	" ..	54148	Halifax Seed Co., Hali-fax, N.-É.	3 "	75	May & Baker, Lon-dre, Ang.	E. B. Sutcliffe, Halifax, N.-É.
24 "	" ..	54149	E. G. Moxon, Truro, N.-É.	1 "	25	Chemical Labora-tories, Ltd.	N. D. & C. Co., Halifax, N.-É.
25 "	" ..	54150	G. J. Kinley, Lunen-burg, N.-É.	3 "	75	" ..	" ..
28 "	" ..	54151	Brown Bros., Halifax, N.-É.	3 "	75	N. D. & C. Co., Halifax.	"

DISTRICT DU NOUVEAU-BRUNSWICK—

20 juin.	Arséniate de plomb. (insecticide)	50652	The Nat. Drug & Chem. Co., Ltd., St-Jean, N.-B.	3 liv.	75	Dow Chem. Co., Midland, Mich.	....
24 "	" ..	50653	W. H. Thorne Co., Ltd., St-Jean, N.-B.	3 "	75	The Grasselli Chem. Co., Cleveland, Ohio.	....
25 "	" ..	50654	P. Nase & Son, St-Jean, N.-B.	3 "	75	The Canada Paint Co., Ltd., Montréal.	....
26 "	" ..	50655	The Canadian Drug Co., Ltd., St-Jean, N.-B.	3 "	75	"	....
8 juillet	" ..	50656	J. S. Neill & Son, Frédéricton, N.-B.	3 "	75	" ..	....
8 "	" ..	50657	R. H Mack, St-Jean, N.B.	3 "	75	....	The Nat. Drug & Chem.Co.,Ltd., St-Jean, N.-B.
11 "	" ..	50658	Wade Drug Co., Perth, N.-B.	3 "	75	The Canada Paint Co., Montréal.	....
24 "	— " ..	50659	Dickison & Troy, New-castle, N.-B.	3 "	75	....	Nat. Drug & Chem. Co., Ltd., St-Jean, N.-B.
25 "	" ..	50660	J. D. B. F. Mackenzie, Chatham, N.-B.	3 "	95	Sherwin–Williams Co., Ltd., Montréal	....

ARSÉNIATE DE PLOMB. (Insecticide.)

Rapport de l'inspecteur, (ne comportant aucune expression d'opinion.)	Eau dans l'échantillon reçu.	Résultats analytiques.						P.c. du poids dans l'échantillon primitif.		Analyse d'un paquet original.	Numéro de l'échantillon.	Remarques et opinion de l'analyste en chef.
		Résultats calculés sur l'échantillon sec.										
		Total arsenic p.c. As₂ O₄	Total plomb p.c. Pb.O.	Mat. so idée so ub ds dans l'eau.	P.c. arsent c sol. dans l'eau As₂ O	P.c. p omb so ub dans l'eau Pb. O.	Impuretés so ub ds dans l'eau.	Arsenic (As₂ O₄)	Plomb (Pb.O.)			

R. J. WAUGH, INSPECTEUR.

	p. c.	p. c.	p. c.	p. c.	p. c.	p. c.	p. c.	p. c.	p. c.			
....	41·27	28·75	66·59	1·5	0·12	0·C0	1·38	16·87	39·11	Non.	54142	
....	36·16	27·31	71·56	1·0	0.12	0·36	0·52	17·44	45·68	Oui.	54143	
....	44·48	30·19	64·38	6·0	0·72	0·72	4·56	16·75	35 75	Non.	54144	
Etiqueté Powdered Arsenate of Lead	0·20	31·62	65·30	0·5	0·12	0·18	0·20	......	......	Non.	54145	
.. ..	28·08	30·19	67·14	2·0	0·12	0·18	1·70	21·71	48·29	Non.	54146	
Etiqueté Swift's Arsenate of Lead	35·54	28·75	69 35	2·0	0·12	0·18	1·70	18·53	44·70	Non.	54147	
....	0·80	25·88	69·53	2·0	0·12	0·00	1·88	......	......	Oui.	54148	La boîte contenant ce produit était percée de rouille.
"Vanco" Brand..	42·52	31·90	61·26	1·5	0·12	0·00	1·38	18·34	35·21	Oui.	54149	
,, ..	45·05	28·75	63·98	1·5	0·12	0·18	1·20	15·80	37·90	Oui.	54150	
....	44·50	31·07	66·22	2·0	0·24	0·00	1·76	17·25	36·75	Non.	54151	

J. C. FERGUSON, INSPECTEUR.

....	49·16	31·62	65·49	1·0	0·24	0·18	0·58	16·07	33·30	Oui.	50652	
....	43·65	27·31	69·90	1·0	0·24	0·18	1·58	15·39	39·39	Oui.	50653	
....	47·05	25·88	71·92	1·5	0·12	0·18	1·20	13·71	38·08	Oui.	50654	
Specially prepared for C. D. Co., Ltd.	43·64	25·15	72·11	2·0	0·12	0·36	1·52	14·13	40·64	Oui.	50655	
....	47·80	23·00	72·66	3·0	0·12	0·36	2·52	11·96	37·86	Oui.	50656	
"Vanco" Brand..	44·70	27·31	69·13	1·0	0·12	0·00	0·88	15·11	38·23	Oui.	50657	
Neutral Arsenate of Lead.	47·96	25·88	71·00	3·5	0·48	0·36	2·66	13·47	36·95	Non.	50658	
Product of Canada Paint Co., Montréal.	39·55	26·83	68·24	1·5	0·12	0·00	1·38	16·22	41·25	Oui.	50659	
....	38·72	27·31	71·00	1·0	0·12	0·36	0·52	16·74	43·51	Non.	50660	

5 GEORGE V, A. 1915

BULLETIN N° 284—

Date du prélèvement.	Nature de l'échantillon.	Numéro de l'échantillon.	Nom et adresse du vendeur.	Prix. Quantité.	Cents.	Nom et adresse du fabricant ou du fournisseur, tel que communiqué par le vendeur. Fabricants.	Fournisseur.
						DISTRICT DE QUÉBEC—	
1913.							
23 juin.	Arsé. de plomb (insecticide.)	37075	J. B. Giroux, 385 rue St-Joseph, Québec.	3 btes.	50	Inconnu............	J. E. Livernois, Québec.
30 "	" ..	37076	L. E. Martel, 54 rue St-Joseph, Québec.	½ liv..	45	Canada Paint Ltd., Montréal.	Lymans, Ltd., Montréal.
2 juillet	" ..	37077	J. E. Livernois, Couil-lard, St-Jean, Qué.	3 " ..	75	" " ..	Fabricants.... .
2 "	" ..	37078	Dr Éd Morin, 113 Côte Lamontagne, Q.	3 " ..	75	Lyman Knox, Mon-tréal.	" ......
						DISTRICT DE TROIS-RIVIÈRES—	
24 juin.	Arsé. de plomb (insecticide.)	58957	Williams, Trois-Riviè-res.	6 onc.	30	Nat. D. & C. Co., Montréal.	....
25 "	" ..	58958	J. A. Peltier, Trois-Rivières.	6 " ..	30	" " ..	....
						DISTRICT DES CANTONS DE L'EST—	
28 juillet	Arsé. de plomb (insecticide.)	1645	H. Neven, St-Césaire.	3 btes	1.20	The Canada Paint Co., Ltd., Mont-réal.	....
30 "	" ..	1646	P. H. Hébert, St-Hilaire.	1 jarre	75	The Sherwin-Wil-liams Co., Ltd., Montréal.	....
						DISTRICT DE MONTRÉAL—	
24 juin.	Arsé. de plomb (insecticide.)	58701	Dupuy et Ferguson, Carré St - Jacques. Montréal.	3 paq.	1.05	Merrimac Chem. Co., Boston.	....
24 "	" ..	58702	H. L. Déry, 21 Notre-Dame-est, Montréal.	3 " ..	1.05	Canada Paint Co ...	....
26 "	" ..	58703	Wm. Rennie & Co., Ltd., 109 rue McGill, Montréal.	3 " ..	1.50	The Grasselli Co., Ltd., Hamilton, Ont.	....
21 août.	" ..	58704	The Canada Paint Co., rue William, Mon-tréal.	3 liv..	75	Vendeurs............	.. ..
22 "	" ..	58705	Nat. Drug & Chem. Co., 34 rue St-Gabriel, Montréal.	3 " ..	57	....	Dow Chem. Co., Midland, Mich.
22 "	" ..	58706	The Lyman Knox Co., 374 rue St - Paul, Montréal.	3 " ..	75	Canada Paint Co....	....
27 "	" ..	58707	Lymans, Ltd., 474 rue St-Paul, Montréal.	3 " ..	60	....	Dow Chem. Co., Midland, Mich.
28 "	" ..	58708	The Dr. Leduc Drug Co., carré Chaboillez, Montréal.	3 " ..	90	....	Nat. Drug & Chem. Co.

DOC. PARLEMENTAIRE No 14

ARSÉNIATE DE PLOMB. (Insecticide).

Rapport de l'inspecteur (ne comportant aucune expression d'opinion).	Eau dans l'échantillon reçu.	Total arsenic p.c. As₂O₅.	Total plomb p.c. Pb.O.	Matières solides solubles dans l'eau.	P.c. arsenic soluble dans l'eau As₂O₃.	P.c. plomb soluble dans l'eau Pb.O.	Impuretés solubles dans l'eau.	Arsenic (As₂O₅).	Plomb (Pb.O).	Analyse d'un paquet original.	Numéro de l'échantillon.	Remarques et opinion de l'analyste en chef.
	p. c.	p. c.	p. c.	p.c.	p.c.	p.c.	p.c.	p. c.	p. c.			
F. X. W. E. BÉLAND, INSPECTEUR.												
....	0·40	27·31	70·27	1·0	0·24	0·00	0·76	....	....	Non.	37075	
....	50·00	27·31	71·00	1·5	0·12	0·36	1·02	13·65	35·50	Non.	37076	
....	0·15	25·88	72·66	1·0	0·12	0·18	0·70	....	....	Non.	37077	La boîte en fer-blanc contenant le prod., était perc. de rouille.
....	41·12	27·31	71·00	1·0	0·12	0·18	0·70	16·08	41·90	Oui.	37078	
DR V. P. LAVALLÉE. INSPECTEUR.												
....	29·12	28·03	65·49	1·0	0·12	0·18	0·70	17·73	46·39	Non.	58957	
....	0·15	30·19	66·96	1·0	0·36	0·18	0·46	....	....	Non.	58958	
J. C. ROULEAU, INSPECTEUR.												
....	40·25	27·31	71·00	0·5	0·12	0·00	0·38	16·32	42·42	Oui.	1645	
....	46·92	25·88	72·11	1·5	0·12	0·36	1·02	13·74	38·28	Non.	1646	
D. J. KEARNEY, INSPECTEUR.												
....	45·26	31·62	65·85	2·0	0·12	0·18	1·70	17·31	36·05	Oui.	58701	
....	27·85	26·59	71·00	1·5	0·12	0·18	1·20	19·19	51·24	Oui.	58702	
....	46·53	31·62	65·49	2·5	0·12	0·36	2·02	16·91	35·02	Oui.	58703	
....	47·79	27·31	70·27	1·5	0·12	0·18	1·20	17·95	36·69	Oui.	58704	
....	41·39	31·62	64·56	1·0	0·12	0·18	0·70	18·53	57·84	Non.	58705	
....	40·16	25·45	70·67	1·0	0·12	0·36	0·64	15·23	41·33	Oui.	58706	
....	45·33	30·19	67·69	2·0	0·12	0·36	1·52	16·89	37·01	Oui.	58707	
....	38·90	30·19	66·96	1·0	0·12	0·18	0·70	18·49	40·91	Non.	58708	

5 GEORGE V, A. 1915

BULLETIN N° 284—

Date du prélèvement.	Nature de l'échantillon.	Numéro de l'échantillon.	Nom et adresse du vendeur.	Prix.		Nom et adresse du fabricant ou du fournisseur, tel que communiqué par le vendeur.	
				Quantité.	Cents.	Fabricant.	Fournisseur.

DISTRICT DE VALLEYFIELD—

1913.							
15 juill.	Arsé. de plomb (insecticide).	58051	Besner & Chasle, Valleyfield, P.Q.	3 jarres.	75	Canada Paint Co., Ltd.	....
26 "	" ..	58052	Jas. Fortune. Huntingdon, P.Q.	3 " ..	1.20	Sherwin - Williams Co., Ltd.	....
26 "	" ..	58053	A. Anderson, Herdman, P.Q.	3 " ..	1.20	" ..	....

DISTRICT D'OTTAWA—

11 juill.	Arsé. de plomb (insecticide).	59151	F. G. Newman, Byward Market, Ottawa	3 jarres.	1.50	Canada Paint Co., Ltd., Toronto.	....
12 "	" "	59152	The National Drug & Chemical Co., Ltd., Ottawa.	3 liv..	75	Vendeurs........., ..	... .
12 "	" "	59153	J. S. Skinner & Son, rue Wellington, Ottawa.	1½ " .	38	....	Lymans Ltd., Montréal.
14 "	" "	59154	Standard Drug Co., rue Rideau, Ottawa.	3 " .	1.05	Canada Paint Co., Ltd., Toronto.	Drug Trading Co. Toronto.
14 "	" "	59155	Harrison's Pharmacy, rue Rideau, Ottawa.	1½ " .	30	....	Ottawa Drug Co., Ottawa.
14 "	" "	59156	M. A. Henderson, rue Bank, Ottawa.	1 " .	25	....	" ....
14 "	" "	59157	F. W. Day, rue Bank, Ottawa.	1 " .	25	Nat. Drug & Chem. Co., Ltd., Ottawa.	Fabricants.
14 "	" "	59158	W. J. Graham, rue Sparks, Ottawa.	1½ " .	40	Lymans Ltd., Montréal.	" ....
14 "	" "	59159	Graham Bros., rue Queen, Ottawa.	3 " .	75	The Canada Paint Co., Montréal.	" ....
15 août.	" "	59160	Graham Bros., rue Queen, Ottawa.	1½ " .	25	May & Baker, Battersea, Londres, Ang.	" ....

DISTRICT DE KINGSTON—

23 juin	Arsé. de plomb (insecticide).	57350	G. W. Mahood, Kingston.	3 boît.	75	The Canada Paint Co., Montréal.	....
23 "	" "	57351	W. A. Mitchell, Kingston.	3 jarres.	90	National Drug Co., London, Ont.	........./.......
25 "	" "	57352	A. Geen, Belleville....	3 liv..	75	....	Drug Trading Co. Toronto.
25 "	" "	57353	H. R. Smith, Cobourg.	3 boît.	1.05	Sanderson & Peardy Co., Toronto.	....
26 "	" "	57354	McDermid & Jury, Peterboro,	3 bout.	75	Canada Paint Co., Montréal.	....

DOC. PARLEMENTAIRE No 14

ARSÉNIATE DE PLOMB. (Insecticide).

Rapport de l'inspecteur (ne comportant aucune expression d'opinion).	Eau dans l'échl. reçu.	Total arsent c p.c. As₂ Q	Total plomb p.c. Pb. O.	Mat. solides solubles dans l'eau.	P. c. arsenic sol. d. l'eau As₂ O₃	P. c. plomb soluble d. l'eau Pb. O.	Impuretés solubles dans l'eau.	Arsenic (As₂ 'O).	Plomb (Pb. O.).	Analyse d'un paquet original.	Numéro de l'échantillon.	Remarques et opinion de l'analyste en chef.
			Résultats calculés sur l'échantillon sec.					P. c. du poids dans l'échantillon primitif.				

J. J. COSTIGAN, INSPECTEUR-ADJOINT.

	p. c.	p. c.	p. c.	p. c.	p. c.	p. c.	p. c.	p. c.	p. c.			
....	30·02	25·88	70·09	2·0	0·12	0·18	1·70	15·85	42·74	Oui.	58051
....	40·45	25·88	71·19	2·0	0·24	0·36	1·40	15·41	42·40	Oui.	58052
....	39·62	25·88	71·37	2·0	0·12	0·00	1·88	15·79	43·00	Oui.	58053

J. A. RICKEY, INSPECTEUR.

Etiqueté, Neutral, C. P. Arsenate of Lead.	43·35	25·88	71·74	1·5	0·48	0·18	0·84	14·66	40·64	Oui.	59151
Portant la garantie d'un contenu de 15% d'oxyde ars.; de m.q.50%d'eau: de m. que ¼de 1% d'oxyde ars. sol.	43·45	28·75	65·85	1·5	0·12	0·00	1·38	16·26	37·24	Non.	59152
....	44·81	25·88	71·74	2·0	0·24	0·00	1·76	14·27	39·60	Non.	59153
Neutral C.P., Arsenate of Lead.	41·75	25·45	72·11	1·0	0·12	0·18	0·70	16·74	37·68	Oui.	59154
....	0·15	28·75	68·98	2·5	0·36	0·00	2·14			Non.	59155
....	0·25	27·31	68·61	1·5	0·48	0·00	1·02			Non.	59156
....	0·25	28·03	66·77	2·5	0·12	0·00	2·38			Non.	59157
....	0·25	25·88	71·37	2·0	0·36	0·36	1·28			Non.	59158
Neutral C.P., Arsenate of Lead.	44·33	27·31	71·00	1·0	0·24	0·00	0·76	15·21	39·53	Oui.	59159
....	0·45	28·75	64·93	3·0	0·12	0·18	2·70			Non.	59160

JAS. HOGAN, INSPECTEUR.

....	40·91	25·88	71·74	1·5	0·48	0·00	1·02	15·32	42·47	Oui.	57350
....	44·45	31·62	65·49	1·0	0·12	0·00	0·88	17·61	36·38	Non.	57351
....	34·74	30·19	68·42	1·5	0·24	0·36	1·10	19·70	44·65	Non.	57352
....	39·69	25·88	72·11	1·0	0·12	0·18	0·70	15·61	43·49	Oui.	57353
....	41·56	27·31	70·27	1·0	0·12	0·18	0·70	15·96	41·06	Oui.	57354

5 GEORGE V, A. 1915

BULLETIN N° 284—

Date du prélèvement.	Nature de l'échantillon.	Numéro de l'échantillon.	Nom et adresse du vendeur.	Prix.		Nom et adresse du fabricant ou fournisseur, tel que communiqué par le vendeur.	
				Quantité.	Cents.	Fabricant.	Fournisseur.

DISTRICT DE KINGSTON—

1913.							
26 juin..	Arsé. de plomb (insecticide).	57355	The Warne Drug Co , Peterboro.	3 boît.	75	....	National Drug Co., Toronto.
26 "	" "	57356	E. L. Payne, Peterboro	3 bout.	75	Canada Paint Co., Montréal.	....
26 "	" "	57357	Nugent Drug Co., Peterboro	3 "	90	The Grasselle.......	....
26 "	" "	57358	W. Madill, Peterboro.	3 boît.	75	....	Drug Trading Co. Toronto.

DISTRICT DE TORONTO—

23 juin.	Arsé. de plomb (insecticide).	57460	Jury & Gregory, Collingwood.	1 liv..	25	....	Inconnu . ....
4 "	"	57461	H. Cooke & Co., Orillia.	1 "	25	....	Lyman Bros. & Co., Ltd., Toronto.
25 "	"	57462	Wm Crossland, Barrie.	3 paq .	90	....	The Drug Trading Co., Ltd., Toronto.
26 "	"	57463	D. Pettit, Pickering ..	1¼ liv.	30	....	Nat. Drug & Chem. Co., Ltd., Toronto.
27 "	"	57464	G. M. Rice, Whitby..	1½ "	20	The Sherwin-Williams Paint Co., Toronto.	....
8 juill.	"	57465	Sanderson, Pearcy Co., 65 rue Adelaide, Toronto.	2 "	40	Canada Paint Co., Montréal.	....
8 "	"	57466	The T. Eaton Co., Ltd., Toronto.	3 paq .	51	Interstate Chem. Co., Cité de Jersey, N.-J.	....

DISTRICT DE HAMILTON—

9 juill..	Arsé. de plomb (insecticide).	58825	Parke & Parke, 17 Market Square, Hamilton.	3 boît.	60	Grasselli Chem. Co., Hamilton.	....
9 "	" ..	58826	Grasselli Chem. Co., rue Ottawa, Hamilton.	3 jar.	54	Vendeurs.....	... .
10 "	" ..	53827	Niagara Brand Spray Co., rue Brant, Burlington.	3 brls.	4.20	Merimac Chem. Co., Boston, Mass.	....

ARSÉNIATE DE PLOMB. (Insecticide).

Rapport de l'inspecteur (ne comportant aucune expression d'opinion).	Eau dans l'échantillon reçu.	Résultats calculés sur l'échantillon sec.						P.c. du poids dans l'échantillon primitif.		Analyse d'un paquet origl.	Numéro de l'échantillon.	Remarques et opinion de l'analyste en chef.
		Total arent c p.c. As_2O_5	To el p ombl p.c. $Pb.O.$	Mat. so del so u-bes dans l'eau.	P.c. arent c solub. dans l'eau As_3O_3	P.c. p ombl solub. $Pb.O.$	Impure es so ub les dans l'eau.	Arsenic ($As_2 O_3$).	Plomb ($Pb.O.$)			
	p.c.	p.c.	p.c.	p.c.	p.c.	p.c.	p.c.	p.c.	p.c.			
....	43·06	31·62	66.04	2·5	0·48	0·36	1·66	18·01	37·6I	Non.	57355	
.. ..	35·79	26·53	71·96	1·5	0·12	0·18	1·20	17·04	46·21	Oui.	57356	
....	38·45	27·31	70·27	2·0	0·12	0·00	1·88	16·81	43·25	Oui.	57357	
.. ..	43·67	28·75	68·80	2·5	0·27	0·36	1·90	16·23	38·83	Oui.	57358	

Fin

H. J. DAGER, INSPECTEUR.

Rapport	Eau	As_2O_5	$Pb.O.$	Mat. sol.	Arent sol.	Pb sol.	Impur.	Arsenic	Plomb	Orig.	Numéro	
....	0·15	28·75	65·85	2·5	0·24	0·18	2 08	......	......	Non.	57460	
Grasselli Arsenate of Lead.	0·20	25·88	68·24	4·0	0·48	0·36	3·16	......	......	Non.	57461	
Neutral Arsenate of Lead.	38·27	25·88	70·82	2·0	0·12	0·18	1·70	15·98	43·72	Oui.	57462	
.....	46·14	30·19	66·96	1·5	0·12	0·00	1·38	16·26	36·06	Non.	57463	
....	44·46	25·88	71·74	2·0	0·12	0·36	1·52	14·38	39·85	Non.	57464	
....	32·21	25·88	70·27	1·0	0·12	0·00	0·88	17·55	47·64	Non.	57465	
Contenant 15½ p.c. d'oxyde arsénical.	45·40	30·19	64·56	1·0	0·12	0·00	0·88	16·49	35·25	Oui.	57466	

D. M. CAMERON, INSPECTEUR.

Rapport	Eau	As_2O_5	$Pb.O.$	Mat. sol.	Arent sol.	Pb sol.	Impur.	Arsenic	Plomb	Orig.	Numéro	
....	44·44	31·62	66·04	2·0	0·12	0·00	1·88	17·56	36·69	Oui.	58825	
....	47·93	28·75	67·69	1·0	0·12	0·36	0·52	14·96	35·25	Oui.	58826	
....	38·55	28·75	62·91	2·0	0·12	0·00	1·88	17·67	38·66	Oui.	58827	

5 GEORGE V, A. 1915

BULLETIN N° 284—

Date du prélèvement.	Nature de l'échantillon.	Numéro de l'échantillon.	Nom et adresse du vendeur.	Prix.		Nom et adresse du fabricant ou fournisseur, tel que communiqué par le vendeur.	
				Quantité.	Cents.	Fabricant.	Fournisseur.

DISTRICT DE WINDSOR—

1913.							
3 juill.	Arsé. de plomb (insecticide).	54847	P. Bawden, Ridge-town.	3 paq.	60	....	Nat. Drug Co., Hamilton.
7 "	"	54849	A. I. McCall & Co., Chatham, Ont.	3 "	60	....	Chemical Laboratory, Toronto.
11 "	"	54878	Dardi & Hunter, London, Ont.	3 "	75	Canada Paint Co., Montréal.	....

DISTRICT DES MONTAGNES-ROCHEUSES—

3 juill.	Arsé. de plomb (insecticide).	49917	C. R. Macdonald, Revelstoke, C.-B.	¾ liv.	40	Merimac Chem. Co., Boston, Mass.	....
3 "	"	49918	Walter Bews, Revelstoke, C.-B.	¾ "	55	Vreeland Chem. Co., New-York.	....
16 "	"	49920	E. W. Hazlewood, Trail, C.-B.	¾ "	45	" "	....
16 "	"	49932	Goodeve Bros., Rossland, C.-B.	¾ "	40	" "	....
28 "	"	49940	Poule Drug Co., Nelson, C.-B.	3 boît.	75	The B.C. Soap Wks., Vancouver, C.-B.	....
28 "	"	49943	Rutherford Drug Co., Nelson, C.-B.	3 "	45	Vreeland Chem. Co., New-York.	....

DISTRICT DE VANCOUVER—

8 août.	Arsé. de plomb (insecticide).	51911	Dr Hepworth, Steveston, C.-B.	3 paq.	90	....	J. A. Teeporten, Vancouver.
14 "	"	54912	Nat. Drug & Chem. Co., Vancouver, C.-B.	3 "	45	Vreeland Chem. Co., New-York.	....

DISTRICT DE VICTORIA—

28 juill.	Arsé. de plomb (insecticide).	57632	Wm. Jackson & Co., 1411 rue Douglas, Vicoria.	1 liv.	35	Inconnu............	Inconnu ....
29 "	"	57635	Nat. Drug. & Chem. Co., Ltd., 519 rue Yates, Victoria.	3½ "	150	Vreeland Chem. Co., New-York.	....
29 "	"	57636	The Victoria Chem. Co., Ltd., 7 chemin Dallas, Victoria.	3 "	75	Nobel, Glasgow, Sc.	....
29 "	"	57637	W. J. Pendray & Sons, Ltd., Laurel Point, Victoria.	3 "	60	Vendeurs............	....

ARSÉNIATE DE PLOMB. (Insecticide.)

JNO. TALBOT, INSPECTEUR.

Rapport de l'inspecteur (ne comportant aucune expression d'opinion).	Eau dans l'échantillon reçu.	Total arsenic p.c. As_2O_5.	Total plomb p.c. Pb.O.	Mat. solides solubles dans l'eau.	P.c. arsenic sol. dans l'eau As_2O_5.	P.c. plomb solubles dans l'eau Pb.O.	Impuretés soluble dans l'eau.	Arsenic (As_2O_5).	Plomb Pb.O.	Analyse d'un paquet original.	Numéro de l'échantillon.	Remarques et opinion de l'analyste en chef.
	p. c.	p. c.	p. c.	p.c.	p.c.	p.c.	p.c.	p. c.	p. c.			
....	43·70	25·88	70·45	1·5	0·12	0·00	1·38	14·56	39·67	Oui.	54847	
....	41·67	25·88	68·80	4·0	0·12	0·00	3·88	15·09	40·13	Oui.	54849	
....	39·91	25·88	69·35	1·0	0·12	0·00	0·88	15·55	41·67	Oui.	54878	

THOS. PARKER, INSPECTEUR.

Rapport de l'inspecteur	Eau	Total arsenic	Total plomb	Mat. solides	P.c. arsenic sol.	P.c. plomb sol.	Impuretés sol.	Arsenic	Plomb	Analyse paquet	Numéro	Remarques
....	0·25	27·31	67·14	1·5	0·12	0·36	1·02			Non.	49917	
....	0·20	28·75	65·12	4·0	0·60	0·54	2·86			Non.	49918	
....	0·15	31·62	65·12	1·0	0·12	0·18	0·70			Non.	49920	
....	0·20	30·19	64·75	2·5	0·12	0·00	2·38			Non.	49932	
....	38·47	28·75	70·09	1·0	0·12	0·18	0·70	17·69	43·14	Oui.	49940	
....	0·15	28·75	65·12	2·0	0·24	0·18	1·58			Non.	49913	

J. F. POWER, INSPECTEUR.

Rapport de l'inspecteur	Eau	Total arsenic	Total plomb	Mat. solides	P.c. arsenic sol.	P.c. plomb sol.	Impuretés sol.	Arsenic	Plomb	Analyse paquet	Numéro	Remarques
....	0·20	31·62	66·41	2·0	0·24	0·00	1·76			Non.	54911	
....	0·15	32·34	66·22	1·5	0·12	0·18	1·20			Non.	54912	

D. O'SULLIVAN, INSPECTEUR.

Rapport de l'inspecteur	Eau	Total arsenic	Total plomb	Mat. solides	P.c. arsenic sol.	P.c. plomb sol.	Impuretés sol.	Arsenic	Plomb	Analyse paquet	Numéro	Remarques
....	26·96	29·47	66·96	3·5	0·12	0·00	3·38	19·73	48·91	Non.	57632	
Electro	0·15	31·62	64·93	0·5	0·12	0·18	0·20			Non.	57635	
....	44·69	28·75	68·80	2·5	0·36	0·18	1·96	15·90	38·06	Oui.	57636	
....	33·05	25·88	68·80	6·0	0·12	0·36	5·52	17·25	46·06	Non.	57637	

RAPPORT

DU

MINISTRE DE L'AGRICULTURE

DU

CANADA

POUR

L'EXERCICE CLOS LE 31 MARS

1914

Traduit au Bureau de traduction du Ministère.

IMPRIMÉ PAR ORDRE DU PARLEMENT.

OTTAWA

IMPRIMÉ PAR J. DE L. TACHÉ, IMPRIMEUR DE SA
TRÈS EXCELLENTE MAJESTÉ LE ROI

1915

TABLE DES MATIÈRES

INDEX DES APPENDICES

SANTE PUBLIQUE.

DIVERS.

RAPPORT

DU

MINISTRE DE L'AGRICULTURE

1913-14

Au Feld-maréchal Son Altesse Royale le Prince Arthur William Patrick Albert, Duc de Connaught et Strathearn, K.G., K.T., K.P., etc., etc., Gouverneur général et Commandant en chef de Notre Puissance du Canada.

PLAISE À VOTRE ALTESSE ROYALE:

J'ai l'honneur de soumettre à Votre Altesse Royale le rapport du ministère de l'Agriculture pour l'exercice clos le 31 mars 1914.

I.—OBSERVATIONS GENERALES.

L'activité du ministère a été féconde en résultats, et Votre Altesse Royale pourra voir, sous leurs titres respectifs, le résumé des travaux exécutés par les diverses divisions qui le composent.

La législation suivante, affectant ce ministère, a été adoptée au cours de cette période:—

Chapitre 5, 3-4 Georges V, intitulé "Loi ayant pour objet de donner de l'aide pour l'avancement de l'instruction agricole dans les provinces." (Sanctionnée le 6 juin 1913).

Chapitre 6, 3-4 Georges V, intitulé "Loi modifiant la loi des épizooties." (Sanctionnée le 6 juin 1913.) (En vigueur le 15 juillet 1913.) Voir proclamation en date du 13 juin 1913, *Gazette du Canada* en date du 14 juin 1913.

Chapitre 25, 3-4 Georges V, intitulé "Loi modifiant la loi des inspections et des ventes." (Sanctionnée le 6 juin 1913.)

Par arrêté en conseil en date du 14 avril 1913, l'application du chapitre 30, 7-8 Edouard VII, intitulé "Loi modifiant la loi concernant la vente et la marque des objets fabriqués en or ou en argent et des objets plaqués d'or et d'argent", précédemment appliquée par le ministre de l'Agriculture, a été transférée au ministre du Commerce.

Par arrêté en conseil en date du 25ème jour de juin 1913, les règlements suivants ont été établis sous les provisions de l'article 320a de la loi des inspections et des ventes:—

1. Dans ces règlements:
    (a) "importateur" signifie la personne, la maison ou la compagnie au Canada à laquelle des fruits venant de l'extérieur du Canada sont vendus, expédiés, consignés ou livrés.

    (b) "fruit" signifie les pommes, pommettes, poires, prunes et pêches, expédiées en colis fermés.

    (c) "inspecteur" signifie un inspecteur employé par le ministère de l'Agriculture du Canada pour appliquer les dispositions de la partie IX de la loi des inspections et des ventes, chapitre 85, statuts révisés du Canada 1906, et les règlements établis en vertu de cette loi.

2. Il est interdit d'importer des fruits au Canada, sauf aux conditions suivantes:

3. Chaque importateur de fruits ou son représentant doit faire complètement enlever, effacer ou oblitérer les marques de qualité trouvées sur les colis fermés contenant des fruits importés lorsque ces marques diffèrent des marques requises par les articles 320 et 321 de la loi des inspections et des ventes ou l'article 4 de ces règlements, ou ne concordent pas avec elles.

4. Chaque importateur de fruits ou son représentant fera marquer d'une façon claire et lisible en lettres ou en chiffres d'au moins un demi pouce de long, et sous la forme suivante, tous les colis fermés contenant ces fruits importés:—

{ Mettre ici la marque   { Mettre ici le nom exact
{   de qualité.   {   de la variété.

Importé par

{ Insérer ici le nom et l'adresse
{   de l'importateur.

5. L'enlèvement, l'effacement ou l'oblitération des marques originales de qualité sur les colis fermés qui contiennent des fruits importés ou le remarquage de ces colis fermés, conformément aux dispositions de la loi des inspections et des ventes et aux exigences de ces règlements, se fera au moment où lesdits colis sont enlevés du wagon du chemin de fer, du navire ou autre moyen de transport par lequel ils sont arrivés au Canada.

6. Les marques spécifiées dans l'article 4 de ces règlements seront placées sur le bout du colis.

Voir *Gazette du Canada*, vol. xlvi, p. 4797.

Par arrêté en conseil en date du 8ème jour d'octobre 1913, les règlements établis par l'arrêté en conseil en date du 11 mai 1910, pour l'application de la loi des insectes et des fléaux destructeurs, ont été de nouveau modifiés par l'insertion des mots "North Portal, Sask." dans la ligne 7 du règlement 3, après le mot "Manitoba."

Voir *Gazette du Canada*, vol. xlvii, p. 1091.

Par arrêté en conseil en date du 4ème jour de décembre 1913, les règlements établis par arrêté en conseil en date du 11 mai 1910, pour l'application de la loi des insectes et des fléaux destructeurs, ont été de nouveau modifiés par l'enlèvement de ces mots "les importations faites par la malle seront sujettes aux mêmes règlements" dans la ligne 14 du règlement 3 et par l'insertion du nouveau règlement suivant:—

    "18· Il est interdit d'importer par la malle tous les produits de pépinière, y compris arbres, arbustes, plantes, vignes, greffes, greffons, boutures ou boutons, à l'exception des fleurs de serre, des fleurs coupées, des fleurs de pleine terre et de couche chaude, qui seront admises à condition qu'un état détaillé du contenu soit attaché à ces paquets."

Ledit règlement entrera en vigueur à partir du 1er jour de mars 1914.

Voir *Gazette du Canada*, vol. xlvii, p. 1865.

Considérant que, par arrêté en conseil en date du 19 août 1911, des règlements ont été établis en vue de faire disparaître certaines maladies contagieuses qui sévissent parmi les chevaux dans certaines parties de la province de l'Alberta;

Et considérant que le vétérinaire général a fait rapport qu'il serait dans l'intérêt public de supprimer les restrictions actuellement en vigueur dans une partie du territoire de ladite province actuellement soumise à ces restrictions;

Les règlements sus-nommés ont été modifiés de la façon suivante par arrêté en conseil en date du 4ème jour de décembre 1913:—

    Les mots "cantons 40 et 41" dans le deuxième paragraphe dudit arrêté en conseil, en date du 19 août 1911, sont abrogés et remplacés par les mots "cantons 34 et 35."

Voir *Gazette du Canada*, xlvii, p. 1865.

Considérant que, par arrêté en conseil en date du 8 juin 1911, des règlements ont été établis au sujet de la gale des bovins dans certaines parties des provinces de l'Alberta et de la Saskatchewan parce que ladite maladie de la gale était répandue dans lesdites provinces;

Et considérant que le directeur général vétérinaire a fait rapport qu'il serait à conseiller, dans l'intérêt public, de supprimer les restrictions actuellement en vigueur dans une partie du territoire actuellement soumis à ces restrictions dans la province de l'Alberta;

Les règlements ci-haut mentionnés ont été amendés de la façon suivante par arrêté en conseil en date du 4ème jour de décembre 1913:—

Les mots "cantons 40 et 41" dans le deuxième paragraphe de l'arrêté en conseil du 8 juin 1911, sont abrogés et remplacés par les mots "cantons 34 et 35."

Voir *Gazette du Canada*, vol. xlvii, p. 1865.

Par arrêté en conseil en date du 13ème jour de décembre 1913, les règlements établis en vertu de la "loi des quarantaines" ont été de nouveau modifiés par l'enlèvement des chiffres "18" dans la deuxième ligne du sous-article (*d*) du paragraphe 31, pour être remplacés par les chiffres "14", de sorte que la période reconnue d'incubation pour la petite vérole est maintenant fixée à quatorze jours au lieu de dix-huit jours.

Voir *Gazette du Canada*, vol. xlvii, p. 1969.

Par arrêté en conseil en date du 10ème jour de janvier 1914, les règlements établis par arrêté en conseil du 30 novembre 1909, en vertu de la loi des épizooties, ont été de nouveau amendés par l'addition à la clause 42 de ces règlements de la sous-clause suivante:—

"L'importateur sera également requis de produire un affidavit attestant que les porcs qu'il se propose d'importer n'ont pas été immunisés contre le choléra du porc par l'injection simultanée du virus et serum du choléra des porcs."

Voir *Gazette du Canada*, vol. xlvii, p. 2337.

Par arrêté en conseil en date du 14ème jour de février 1914, les règlements établis en conseil du 11 mai 1910, pour l'application de la loi des insectes et des fléaux destructeurs, ont été de nouveau modifiés par l'enlèvement de la clause 6 de ces règlements et la substitution de la clause suivante:—

"6. Les produits de pépinière, autres que ceux dispensés en vertu de l'article 3 des présents règlements, et originaires d'Europe, ne seront importés que par les ports, et, à l'exception de St-Jean, N.-B., et aux époques spécifiées dans l'article 3 pour les produits sujets à fumigation, ainsi que les ports de Halifax, N.-E., Sherbrooke, Qué., et Montréal, Qué., ainsi que le port de St-Jean, N.-B., où ils seront admis entre le 15 septembre et le 15 mai. Ces produits de pépinière européens, et les autres végétaux que le Ministre désignera, seront dispensés de la fumigation mais devront être inspectés, soit au port d'entrée, soit au port de destination auquel il leur est permis de se rendre; mais dans ce dernier cas, ces produits ne doivent pas être déballés sans la présence d'un dernier cas."

Voir *Gazette du Canada*, vol. xlvii, p. 2794.

Par arrêté en date du 16 février 1914, les règlements établis par arrêté en conseil du 30 novembre 1909 pour l'application de la loi des épizooties ont été de nouveau modifiés par l'addition du chapitre additionnel suivant:—

5 GEORGE V, A. 1915

"IMPORTATION D'ANIMAUX VENANT DU ROYAUME-UNI.

"Article 30½. Les animaux importés de Grande-Bretagne, mentionnés dans les articles précédents, doivent être accompagnés d'un certificat officiel du ministère de l'Agriculture et des Pêcheries au lieu d'un certificat de l'autorité locale, et les animaux importés directement d'Irlande ou transportés en Grande-Bretagne doivent être accompagnés d'un certificat officiel du ministère de l'agriculture et de l'instruction technique de l'Irlande.

"Cet amendement entrera en vigueur le 1er jour de juin 1914."

Voir *Gazette du Canada*, vol. xlvii, p. 2775.

Par arrêté en conseil en date du 7ème jour de mars 1914, les règlements établis par arrêté en conseil en date du 11 mai 1910, pour l'application de la loi des insectes et des fléaux destructeurs, ont été de nouveau modifiés par l'addition, à l'article 12 de ces règlements, lequel contient une liste des insectes, maladies et fléaux destructeurs auxquels ladite loi s'applique, l'insecte suivant: "la teigne de la pomme de terre (*Phthorimaea Operculella* Zett)"; et par l'insertion à l'article 13, après le mot "Miquelon" sur la deuxième ligne de cet article, des mots suivants: "également l'état de Californie qui est un des états de l'union américaine."

Voir *Gazette du Canada*, vol. xlvii, p. 3119.

LA LOI DE L'INSTRUCTION AGRICOLE.

Cette loi qui a été sanctionnée le 6 juin 1913, a pour objet d'accorder de l'aide afin de hâter les progrès de l'enseignement agricole dans les diverses provinces.

Les crédits accordés aux provinces en vertu de cette loi seront affectés exclusivement à l'enseignement agricole. Ils seront dépensés dans chaque province suivant une entente conclue entre le ministère fédéral de l'Agriculture et les ministères provinciaux respectifs. Ces crédits permettront aux provinces d'augmenter l'efficacité et l'outillage des collèges d'agriculture, d'établir des écoles d'agriculture, d'industrie laitière et d'horticulture, des cours abrégés d'agriculture, d'entreprendre l'enseignement agricole dans les écoles publiques et d'engager un personnel d'instructeurs-voyageurs ou fixes, et enfin d'entreprendre tous les autres travaux de vulgarisation agricole qui peuvent paraître nécessaires.

Aux termes de cette loi, la somme de dix millions de piastres doit être donnée aux provinces et dépensée sur l'enseignement agricole pendant les dix années qui vont suivre. Après l'adoption de la loi, $700,000 ont été alloués la première année et ce montant sera augmenté de $100,000 tous les ans jusqu'en 1917. A partir de 1917 jusqu'à 1923, l'allocation sera de $1,100,000.

De façon générale la répartition de l'argent entre les provinces se fera sur la base de population. Ce principe subira cependant de légères modifications. En premier lieu la somme de $20,000 par an sera réservée pour être répartie entre les collèges d'art vétérinaire qui accordent des diplômes et qui atteignent le degré d'efficacité prescrit. Il sera accordé en outre, à chaque province, quelle que soit sa population, la somme de $20,000. Voici les montants reçus par les diverses provinces en 1913:—

Ile du Prince-Edouard	$ 26,529.85
Nouveau-Brunswick	44,509.93
Alberta	46,094.95
Colombie-Britannique	47,334.76
Manitoba	51,730.05
Nouvelle-Ecosse	54,288.45
Saskatchewan	54,296.29
Québec	159,482.40
Ontario	195,733.32

La loi stipule que si, en une année quelconque, une province n'est pas prête à utiliser toute son allocation, la partie non utilisée sera retenue par le Dominion jusqu'au moment où cette province pourra fournir des motifs valables justifiant le versement de cette allocation. Si, par suite du manque de système d'enseignement ou pour une autre raison, une des provinces n'était pas prête à soumettre un programme satisfaisant, le gouvernement fédéral sera prêt à en élaborer un pour le soumettre à l'assentiment de cette province.

Au commencement de l'année civile le ministère a commencé la publication d'un magazine mensuel intitulé la "Gazette Agricole du Canada". Cette revue, qui est publiée par le bureau des publications, constitue l'organe officiel du ministère. Les renseignements qu'elle contient cependant ne se bornent pas aux opérations du département; elles indiquent, d'un mois à l'autre, la plupart des opérations les plus importantes des ministères provinciaux et·d'autres organisations sur tous les points du Canada, grâce à la collaboration des fonctionnaires des ministères provinciaux de l'agriculture et des autres institutions, dûment organisées, s'occupant d'instruction et de recherches agricoles.

La *Gazette Agricole* n'est pas destinée à la circulation générale; elle est envoyée à la presse, aux législateurs, aux fonctionnaires et aux professeurs d'agriculture. Il s'imprime un petit nombre d'exemplaires supplémentaires de chaque numéro que l'on peut se procurer moyennant la somme de un dollar par an.

Un événement important a eu lieu à Ottawa les 24 et 25 mars dernier. C'est la conférence de l'enseignement agricole à laquelle se trouvaient réunies des représentants des ministères provinciaux d'agriculture et d'instruction publique, des collèges d'art vétérinaire, cinq ministres provinciaux de l'agriculture, huit sous-ministres provinciaux d'agriculture, dix-neuf représentants des ministères d'agriculture et des institutions enseignantes et un certain nombre des fonctionnaires les plus importants des gouvernements provinciaux et fédéral.

L'objet de la conférence devait être de discuter des programmes et d'échanger des idées sur les opérations entreprises par les diverses provinces en vertu de la loi de l'instruction générale.

La réunion, qui était plus ou moins semi-officielle, a occupé deux séances par jour, le matin et l'après-midi. Il n'y avait pas de programme préparé. Au nombre des principaux sujets discutés se trouvaient les démonstrations pratiques, les opérations des représentants régionaux, l'enseignement agricole dans les écoles, les travaux des écoles et des collèges d'agriculture et la *Gazette Agricole*. Les délégués ont apprécié également cette occasion qui leur était donnée de faire connaissance les uns avec les autres et d'apprendre ce qu'ils faisaient dans des champs très éloignés les uns des autres pour le développement d'une cause commune.

En mai 1913, les réunions de l'assemblée générale de l'Institut international de l'agriculture ont été tenues à Rome. Le Canada était représenté par M. Philémon Cousineau, C.R., LL.D.; M. R. F. Stupart, F.R.S.C., F.R.A.S.C., directeur du service météorologique canadien; M. H. G. Dering, M.V.O., premier conseiller de l'ambassade britannique à Rome; et M. T. K. Doherty, LL.B., commissaire canadien de l'Institut international d'agriculture.

Depuis la dernière assemblée générale, le nombre d'états adhérents à l'Institut a été porté de quarante-huit à cinquante-trois. Le développement continuel de l'œuvre de l'Institut et l'augmentation de dépenses qui en est résulté a exigé une augmentation dans la cotisation régulière des Etats adhérents. Cette cotisation, qui avait été jusqu'ici de 1,500 francs par unité, a été portée à 2,500 francs par unité à partir du premier janvier 1914. La contribution annuelle du Canada sera donc portée de 12,000 à 20,000 francs.

Les délibérations de l'assemblée générale se sont signalées par trois mesures importantes, savoir: la création d'une commission météorologique permanente, la rédaction de "l'Acte Final" pour la création d'une commission internationale

5 GEORGE V, A. 1915

phytopathologique, l'adoption de mesures spéciales pour le rassemblement et la publication plus rapide de rapports sur les récoltes.

(1) *Création d'une commission météorologique internationale.*—M. R. F. Stupart, directeur du service météorologique canadien, qui est membre de cette commission, a dû, à la suite de cette mesure internationale, ajouter à son personnel trois diplômés du collège d'agriculture de Guelph, ayant la compétence voulue pour étudier l'application de la météorologie à l'agriculture. On développe rapidement ce système de façon à en faire bénéficier un grand nombre d'industries agricoles.

(2) *Rédaction de "L'Acte Final" pour la création d'une commission phytopathologique internationale.*—M. H. T. Güssow, botaniste du Dominion, a représenté le Canada à la conférence phytopathologique internationale, tenue à Rome du 24 février au 4 mars 1914. Il a été l'un des signataires de "L'Acte Final" qui a été signé également par soixante-cinq autres représentants, dont quatre du Royaume-Uni de Grande-Bretagne et d'Irlande.

L'objet principal de cette conférence devait être de compléter les dispositions tendant à maîtriser les maladies des plantes, dispositions qui, sous réserve de certaines conditions spécifiques, permettraient de transmettre régulièrement et gratuitement, par les voies ordinaires du commerce, des plantes de pépinières ou plutôt des plantes vivantes ou des parties vivantes de plantes (tubercules, boutures, greffons, bulbes, fleurs coupées), destinées à l'exportation.

Ce but a été accompli à la conférence par l'application de dispositions semblables à celles que la convention du Phylloxera avait adoptées pour la protection de la vigne, et qui ont donné de bons résultats. Les gouvernements adhérents doivent être prêts à déclarer qu'ils ont pris (1) les dispositions voulues pour la surveillance efficace des superficies où les plantes sont cultivées; (2) les dispositions voulues pour l'inspection des colis de plantes; (3) les dispositions voulues pour accorder aux plantes des certificats d'absence de maladie. Les dispositions de la conférence ne s'appliquent pas aux vignes, semences, céréales, tubercules, bulbes, fruits, légumes, etc. Depuis que l'Institut est leur centre officiel, les membres de la commission internationale des experts doivent se réunir à Rome, à l'époque des réunions des assemblées générales, pour en venir à une entente sur les questions de recherches et d'études communes.

(3) *Adoption par l'Institut de mesures spéciales destinées à hâter le rassemblement et la publication des rapports sur les récoltes.*—Cette question a été soulevée aux réunions de l'assemblée générale par M. T. K. Doherty, un des représentants canadiens.

Le 24 janvier 1914, la deuxième commission de l'Institut a fait un rapport favorable par l'intermédiaire de son président, le Dr Müeller, d'Allemagne. A sa réunion du 12 mars, le comité permanent a déclaré qu'il croyait possible d'avancer la publication du bulletin des statistiques agricoles et il a donné ordre au secrétaire général de se mettre en communication avec les divers gouvernements en vue d'obtenir une transmission plus rapide des données officielles. On espère que, grâce aux mesures qui doivent être proposées et recommandées par l'Institut, d'autres pays seront encouragés à imiter la célérité des Etats-Unis et seront prêts à fournir leur rapport à l'Institut au plus tard le 10 de chaque mois.

On trouvera dans l'appendice un rapport détaillé des délibérations de la dernière assemblée générale ainsi que le rapport du délégué canadien à la conférence phytopathologique internationale (voir appendice no. 19).

Le bureau du commissaire canadien de l'Institut a continué à publier le bulletin mensuel intitulé "Les publications de l'Institut international de l'agriculture." En janvier 1914, le nom de ce bulletin a été changé, il s'appelle maintenant "le bulletin d'intelligence agricole étrangère." La circulation de ce bulletin se monte maintenant à 9,500 exemplaires par mois. La plupart des articles qu'il renferme sont extraits du "Bulletin d'intelligence agricole et des maladies des plantes", les articles écrits par des experts agricoles sont reproduits au complet. Le bureau a donné également des statistiques mensuelles sur les récoltes, les recensements de bestiaux, les importations et les exportations de céréales. On a continué à expédier, au reçu des rapports cablés par l'Institut, des rapports au multigraphe sur les récoltes.

L'Institut a publié cette année, en sus du bulletin régulier, quelques publications utiles, dont voici les plus importantes: "Notes sur les statistiques du commerce étranger dans les différents pays; publications statistiques, territoire, genres de commerce, provenance et destination des marchandises," "Organisation de la statistique du commerce étranger en Italie", "Comptoirs de produits agricoles de Hambourg et Budapest", "Le marché de blé d'Anvers," "Division agricole du territoire des différents pays", "Organisation actuelle des services pour la lutte contre la maladie des plantes et les insectes nuisibles dans les différents pays", "Production et emploi des engrais chimiques dans l'univers", "Monographie sur la coopération agricole dans les différents pays, vol. 2", et "Crédit et coopération agricoles en Italie."

Le bureau a continué à rassembler toutes les publications officielles récentes des divers pays pour sa bibliothèque; 400 nouveaux volumes ont été ajoutés pendant l'année, ce qui porte le nombre total des volumes reliés à 1,578; 110 publications périodiques sont reçues soit à titre d'échange, soit par abonnement. De nouvelles chambres ont été aménagées et il y a maintenant 630 pieds de rayons. Les bulletins et les cartes du ministère de l'agriculture des Etats-Unis et des stations expérimentales sont reçus et classés régulièrement. Les cartes se rapportant aux publications agricoles dans la bibliothèque du congrès sont reçues également tous les trois mois. On en effectue actuellement le classement. On reçoit également les cartes analytiques des sujets traités dans les annales des institutions agronomiques.

On trouvera en appendice à ce rapport un rapport du commissaire canadien des expositions pour l'année fiscale terminée le 31 mars 1914. (Voir appendice n° 18.)

Le commissaire canadien des expositions et son personnel s'occupent actuellement de préparer un étalage canadien des ressources naturelles du Dominion pour l'exposition Panama-Pacifique qui doit se tenir à San Francisco au commencement de l'année prochaine.

J'ai le regret d'avoir à signaler la mort d'un précieux fonctionnaire du bureau de la santé publique, le Dr A. T. Watt, surintendant de quarantaine de la Colombie-Britannique. Le Dr Watt est mort le 27 juillet 1913.

Le Canada a participé à la troisième réunion du congrès international de réfrigération tenue à Chicago en septembre 1913. Il a été représenté par M. J. A. Ruddick, le commissaire de l'industrie laitière et de la réfrigération.

H. Rundle Nelson, M.D., B.Ch.L., M.B.A., de Victoria, C.-B., a été nommé à la position de surintendant médical de la station de quarantaine à William-Head, C.-B., à partir du 22 septembre 1913, remplaçant feu le Dr A. T. Watt.

Un incendie désastreux a eu lieu dans la matinée du 11 octobre 1913, à la ferme expérimentale d'Ottawa; la vacherie principale, l'étable des taureaux et la bouverie ont été totalement détruites. Des dispositions ont été prises de suite pour reconstruire ces bâtiments.

J'ai visité moi-même, l'été dernier, l'exposition de Gand, en Belgique, où le Canada avait une exposition importante.

Cette exposition a obtenu un grand succès et a attiré beaucoup d'attention. L'étalage que le Canada avait fait de ses ressources et de ses produits naturels lui a valu beaucoup d'éloges.

Tandis que j'étais en Europe, j'ai étudié certaines questions agricoles en Grande-Bretagne et sur le continent, et discuté des questions se rapportant au ministère fédéral de l'Agriculture.

II.—ARTS ET AGRICULTURE.

DIVISION DE L'INDUSTRIE LAITIERE ET DE LA RÉFRIGÉRATION.

Il n'y a pas eu de changement dans l'organisation de la division de l'industrie laitière et de la réfrigération l'année dernière. Les quatre services d'industrie laitière, de fruits, d'extension des marchés et de réfrigération, qui composent cette division, ont été maintenus sous la direction générale de M. J. A. Ruddick, commissaire de l'industrie laitière et de la réfrigération.

LA SAISON LAITIÈRE DE 1913.

La saison de 1913 s'est signalée, dans quelques-uns des principaux districts laitiers de l'est du Canada, par une période de très grande sécheresse, et la production du lait en a quelque peu souffert. On a détourné l'année dernière une quantité considérable du lait que l'on portait autrefois aux fromageries de l'Ontario et de l'ouest de Québec pour le porter aux villes, où la demande de lait et de crème va toujours croissant. Les crèmeries des villes continuent toujours à se développer. Il est à regretter toutefois que ces crèmeries tirent leur provision de crème principalement des patrons des anciennes fromageries et beurreries, réduisant ainsi les recettes de ces fabriques, déjà trop faibles pour assurer la prospérité de leur industrie. Les opérations de quelques-unes de ces crèmeries couvrent un très grand territoire.

L'augmentation dans la production du lait a été générale dans toutes les parties du Canada. Mais c'est la province de la Nouvelle-Ecosse et les trois provinces des prairies qui accusent, à l'heure actuelle, le plus grand pourcentage de développement dans l'industrie laitière en fabriques. Il s'établit de nouvelles beurreries dans toutes ces provinces et les autorités locales signalent une recrudescence d'intérêt dans l'industrie laitière.

AUGMENTATION DE LA PRODUCTION LAITIÈRE.

Les chiffres du recensement de 1911 qui viennent d'être publiés accusent, pour les dix années, une augmentation totale de 185,502 dans le nombre de vaches au Canada, tandis que la valeur totale des produits laitiers dans la même période a été portée de $66,470,953 à $109,340,024.

La production moyenne du lait par vache et par an a été portée de 2,850 livres en 1900 à plus de 4,000 livres. Ce résultat provient d'une amélioration générale du bétail, mais il est évident également que l'œuvre du contrôle des vaches laitières, lancée par la division de l'industrie laitière, y a puissamment contribué. Cette amélioration a augmenté d'environ $25,000,000 la valeur annuelle de la production laitière au Canada, et nous ne sommes pas encore au bout.

LE COMMERCE D'EXPORTATION.

Les exportations de fromage pour la saison de 1913 accusent une nouvelle diminution d'environ 15,000,000 de livres, tandis que les expéditions de lait et de crème aux Etats-Unis ont légèrement augmenté. Les exportations de produits laitiers en 1913 se sont montées à environ 15 pour cent de la production totale, contre 34 pour cent en 1900.

LE COMMERCE LOCAL DE PRODUITS LAITIERS.

La consommation totale de lait et de produits laitiers au pays a augmenté de 75 pour cent en ces dix dernières années et la consommation par tête, pendant la même période, accuse une augmentation d'environ 30 pour cent. Il semble d'après ces chiffres que la consommation locale augmente plus rapidement que la production.

CONTRÔLE LAITIER.

L'œuvre du contrôle laitier, entreprise il y a plusieurs années, fait maintenant de rapides progrès. Il y avait en 1913 vingt-deux centres de contrôle laitier et la division venait en aide à un grand nombre de petites sociétés de contrôle dans différents points du pays. Elle fournit également à des centaines de cultivateurs des feuilles pour l'enregistrement de leurs relevés. On encourage ce contrôle de la façon suivante:—

(a) Publication de bulletins et de circulaires de vulgarisation.

(b) Publication fréquente d'articles pour la presse, traitant de diverses phases du travail, et citant des cas spécifiques d'augmentation de production, grâce au contrôle systématique.

(c) Conférences données par les contrôleurs, les surintendants provinciaux et les membres du personnel de la division.

(d) Visites personnelles des cultivateurs par les contrôleurs.

(e) Correspondance très volumineuse.

C'est aux quartiers généraux que se fait la plus grande partie des travaux de bureau exigés par les calculs et la compilation des relevés.

BEURRERIES ET FROMAGERIES MODÈLES.

La fabrique modèle de beurre et de fromage à Finch, Ont., et la beurrerie modèle de Brome, Qué., ont fonctionné cette année. Elles ont été visitées par un grand nombre de personnes qui s'intéressent à la fabrication du beurre et du fromage. La valeur d'un bon outillage et d'un bon aménagement pour les opérations d'hiver a été clairement démontrée l'hiver dernier; la demande extraordinaire de lait et de crème sur le marché de Montréal a permis à la direction de vendre ces produits à des prix très avantageux pour les patrons. La quantité de lait reçue l'hiver dernier à la station de Finch a été trois fois plus grande que la quantité apportée en 1912-13.

INSPECTION DES FRUITS.

Pour l'application de la loi, le pays est divisé en cinq districts. Chacun de ces districts est confié aux soins d'un inspecteur en chef qui a sous ses ordres un personnel de sous-inspecteurs auxquels sont assignés des territoires définis.

Cinquante et un inspecteurs ont été employés pendant la saison de 1913-14. On ne cherche pas à inspecter tous les colis de fruits. La responsabilité de l'emballage et du marquage repose sur l'emballeur.

On donne une attention toute spéciale aux ports de Montréal, Halifax, Québec et Vancouver, et aux fruits importés des Etats-Unis dans les provinces des prairies.

Les fruits importés doivent être marqués de la même façon que les fruits indigènes, et l'importateur qui est responsable doit marquer sur chaque colis son nom et son adresse.

Les emballeurs ou les importateurs qui violent la loi sont poursuivis et le nom des individus condamnés est publié. Il y a eu 103 condamnations pendant l'année 1913-14.

5 GEORGE V, A. 1915

APPLICATION DES LOIS CONCERNANT L'INDUSTRIE LAITIÈRE.

La partie VIII de la loi des inspections et des ventes est appliquée également par le commissaire de l'industrie laitière et de la réfrigération. Un certain nombre de poursuites ont été intentées pendant l'année contre les beurreries et les marchands qui vendent du beurre contenant plus que la limite légale de 16 pour cent d'eau.

On a éprouvé une certaine difficulté à obtenir des condamnations à cause d'une certaine ambiguïté dans les lois existantes. Dans le but de corriger ces défauts et d'élargir la portée des lois, j'ai présenté à la Chambre des Communes un bill qui a pour but de remplacer la partie VIII de la loi des inspections et des ventes.

RAPPORT SUR LA RÉCOLTE DES FRUITS.

Cette division publie tous les ans, de mai à septembre, un rapport mensuel sur la récolte des fruits, donnant l'état de la perspective de cette récolte au Canada, et, jusqu'à un certain point, dans les autres pays.

INSTRUCTIONS SUR L'EMBALLAGE DES FRUITS, ETC.

La demande de renseignements sur l'emballage des pommes en caisses dans l'est du Canada ayant considérablement augmenté, nous avons chargé un expert, attaché à cette division, de faire des démonstrations pendant toute la saison. Pendant la saison de repos, les inspecteurs permanents de fruits assistent aux réunions de vergers pour donner des instructions sur la taille, la greffe, etc.

ENTREPÔT EXPÉRIMENTAL POUR LES FRUITS.

On construit actuellement un entrepôt frigorifique expérimental pour les fruits à Grimsby, Ont. Cet entrepôt permettra d'effectuer des expériences sur la conservation au froid de fruits de différentes variétés et de démontrer également la valeur du refroidissement préalable pour les expéditions à longue distance.

SERVICE DE WAGONS-GLACIÈRES.

L'entente conclue avec les chemins de fer pour la mise en circulation d'un service de wagons-réfrigérants pour le beurre, à partir du milieu de mai jusqu'à la fin d'octobre, et ayant pour terminus Montréal, Québec et Halifax, a été de nouveau conclue cette année. Ces wagons passent toutes les semaines ou toutes les deux semaines, suivant les exigences de la route. L'itinéraire est annoncé d'avance et les expéditeurs peuvent apporter leur beurre à la station de chemin de fer en l'exposant le moins possible à la chaleur. On peut expédier dans ces wagons n'importe quelle quantité de beurre à partir d'une caisse, au taux régulier, sans frais supplémentaires pour la mise de la glace ou pour le service spécial. Le ministère garantit sur chaque wagon les deux-tiers des recettes d'une charge minimum, à partir du point de départ jusqu'à la destination, et il paye en sus les deux-tiers de la glace.

De même que par ces années passées, des inspecteurs ont été employés aux gares de terminus pour surveiller le déchargement de ces wagons et faire rapport de l'état de température du beurre et de la quantité de glace qui restait dans la caisse. Ces inspecteurs font des rapports quotidiens au département et l'on attire promptement l'attention des autorités responsables du chemin de fer sur tous les cas de négligence constatés. On arrive de cette façon à maintenir un service efficace.

A partir du milieu de juin et pendant une période de onze semaines, le département a payé les frais de la mise de la glace jusqu'à concurrence de la somme de
$5 par wagon, sur un nombre restreint de wagons-réfrigérants employés pour l'ex-
pédition du fromage en charge complète de wagons.

Des dispositions semblables, mais qui n'imposaient aucune limite au nombre
des wagons, ont été en vigueur du premier août au premier octobre pour les expéditions de pommes hâtives et de fruits tendres consignées à Montréal et à Québec
pour exportation au froid.

INSPECTION DES CARGAISONS.

Des inspecteurs de cargaisons ont été employés pendant l'année à Montréal,
Québec, Halifax, Liverpool, Londres, Glasgow, et pendant la saison d'hiver à
Portland, pour examiner l'état dans lequel les marchandises périssables se trouvent
au déchargement des steamers et pour surveiller, de façon générale, la manutention
de ces marchandises. Plus de 200 thermographes ont été employés dans ce service
et plus de 3,700 copies de relevés ininterrompus de température ont été distribuées.

SUBVENTIONS POUR ENTREPÔTS FRIGORIFIQUES.

La loi des installations frigorifiques (chapitre 6, 6-7 Edouard VII), dont
l'application est confiée au commissaire de l'industrie laitière et de la réfrigération,
a principalement pour but d'encourager la construction de petits entrepôts publics
pour la conservation des produits alimentaires périssables. Elle stipule que le
gouvernement peut accorder une somme n'excédant pas 30 pour cent du coût total
de l'emplacement, de l'outillage et de la construction de ces entrepôts. Cette subvention est payée par versements qui se répartissent sur une période de quatre
années. On n'accorde aucune subvention aux compagnies qui construisent dans
les villes où il se trouve déjà un entrepôt frigorifique public. Les taux d'emmagasinage pris par ces entrepôts subventionnés doivent être soumis à l'approbation
du Gouverneur en conseil.

BEURRERIE ET RÉFRIGÉRATEURS DE FERME.

La division paye une prime de $100 aux beurreries qui se construisent des
chambres froides convenables d'après les plans et les devis que le ministère fournit
gratuitement.

On distribue également gratuitement, à tous ceux qui en font la demande, des
plans et des devis pour de petits réfrigérateurs et des laiteries propres à l'usage du
cultivateur.

PUBLICATIONS ET INSTRUCTION.

La division publie tous les ans un rapport annuel détaillé de ses opérations.
Elle publie également, de temps à autre, des bulletins et des circulaires sur divers
sujets, qui sont distribués gratuitement.

Les membres du personnel portent la parole pendant l'année à un grand nombre
de réunion de cultivateurs. Ils font l'appréciation des produits laitiers et des fruits
aux expositions et aux concours laitiers, et, au moyen d'une volumineuse correspondance, fournissent des renseignements sur un grand nombre de sujets.

DIVISION DU COMMISSAIRE DES SEMENCES.

L'objet de cette division est d'encourager la production et l'emploi de semences
de qualité supérieure. Elle le fait au moyen des concours de culture, des foires de
semences, des expositions provinciales de semences, établies avec la collaboration

des ministères provinciaux d'agriculture. Il faut aussi mentionner le subside qu'elle accorde à l'association canadienne des producteurs de semence, les subventions directes données aux producteurs de semences, de racines et de légumes qui ne sont pas cultivés de façon générale au Canada, et aux divers travaux de vulgarisation. Elle maintient à Ottawa et à Calgary des laboratoires où l'on fait l'essai et le classement de semences pour les cultivateurs et les grainetiers. Enfin, l'inspection des semences offertes en vente par les marchands de détail, inspection prévue par la loi du contrôle des semences, lui permet d'exercer un certain contrôle sur le commerce.

Les semences des céréales et de la plupart des espèces de graminées fourragères et de trèfles employés sur les fermes canadiennes sont produites au pays, mais presque toutes nos semences de racines et de légumes potagers sont importées. Certaines espèces de semences, généralement employées par les cultivateurs et les jardiniers, demandent une attention particulière à cause de leur faible pureté ou de leur faible vitalité qui est le résultat de conditions atmosphériques défavorables. Heureusement la récolte de 1913 fait exception à la règle, et il est encourageant de pouvoir dire que jamais l'approvisionnement de semences produites au pays ou importées n'a été meilleur que cette année.

PRODUCTION DES SEMENCES.

Je suis heureux de pouvoir dire que l'aide accordée par mon département aux ministères provinciaux d'agriculture, en vue d'encourager les producteurs de grain de semence à prendre plus de soins, a donné de bons résultats et j'ai pris des dispositions pour que cette œuvre soit poursuivie et agrandie. L'année dernière il y a eu 315 concours de culture, 183 foires de semences et 12 expositions provinciales de semences. Toutes les provinces disent avoir fait de bons progrès.

L'association canadienne des producteurs de semence a continué sur une échelle encore plus grande à rendre des services à l'agriculture. En ces deux dernières années mon ministère lui a accordé une subvention annuelle et les fonctionnaires de cette division lui ont rendu beaucoup d'aide. Il avait été entendu, au moment de son organisation, que dès que cette association serait suffisamment bien établie pour prendre elle-même le contrôle de ses affaires, elle se chargerait elle-même de tout son travail. J'ai pu, cette année, suivre cette idée et augmenter le montant de la subvention afin de permettre à l'association de poursuivre ses travaux de façon plus efficace.

Depuis bien des années un petit nombre de cultivateurs et de jardiniers canadiens produisent, pour leur propre emploi, de petites quantités de graines de racines et de légumes de qualité supérieure. Les renseignements dont nous disposons semblent indiquer que ces graines produites au pays donnent en général des résultats plus satisfaisants que les graines importées. En vue d'étendre graduellement les efforts des producteurs de ces récoltes, dont la graine ne s'est pas jusqu'ici produite sur une grande échelle au Canada, j'ai autorisé l'octroi de subventions basées sur la quantité produite de semences sélectionnées. Cet encouragement a eu l'effet de stimuler les efforts et il y a de bonnes raisons de croire que les résultats en seront très avantageux.

ESSAI DE SEMENCES.

L'essai des semences comprend (1) une analyse de pureté qui a pour but de déterminer l'espèce et la quantité de graines de mauvaises herbes et de substances étrangères ou inertes, (2) un essai de germination en vue de déterminer le pourcentage de graines qui peuvent germer dans des conditions favorables et (3) des parcelles d'essai de semences pour savoir si un échantillon est identique à la variété ou à l'espèce représentée. On maintient à Ottawa un laboratoire de semences pour le service de l'est et un autre à Calgary pour l'ouest du Canada. On y fait des essais de pureté et de germination en même temps que d'autres travaux de vulgarisation, se rapportant à l'application de la loi.

Le nombre total d'échantillons sur lesquels on a fait rapport aux cultivateurs et aux grainetiers pendant l'année a été de 20,000. Quarante-cinq de ces échantillons venaient de cultivateurs.

Les certificats de classement sur tous les échantillons de graines de mil et de trèfle sont promptement envoyés. La durée des essais de germination varie suivant la sorte de semences. Les certificats publiés fournissent aux cultivateurs et aux grainetiers les renseignements nécessaires pour leur permettre de se conformer aux dispositions de la loi. C'est pendant les mois de janvier, février, mars et avril que ces laboratoires sont le plus occupés. Pendant l'été et le commencement de l'automne, le personnel de ces laboratoires s'occupe de préparer des collections de graines pour les distribuer aux écoles d'agriculture et il entreprend des recherches sur les conditions dans lesquelles se fait l'approvisionnement de semences.

Le transport des criblures du blé et du lin a été une cause de souci considérable parmi les cultivateurs et les associations de cultivateurs dans les différentes parties du Canada et j'ai fait faire une enquête soigneuse sur cette question dans ses rapports avec l'agriculture. Les renseignements dont nous disposons actuellement semblent indiquer qu'avec des règlements appropriés on pourrait grandement réduire, sinon complètement supprimer, le danger que présente l'emploi de criblures moulues pour l'alimentation. La grande masse des déchets qui résultent du nettoyage des graines de céréales préparées pour l'exportation a beaucoup de valeur pour l'alimentation du bétail et je compte prendre, dès que j'aurai les renseignements nécessaires, des moyens pour en réglementer la manutention au plus grand avantage de tous les intéressés.

J'ai eu le plaisir de collaborer avec mon collègue, le ministre du Revenu de l'intérieur, dans l'analyse de denrées alimentaires moulues, pour connaître leur teneur en graines vitales de mauvaises herbes. Trois cent quatre-vingt-seize échantillons avaient été rassemblés par les agents du ministère du Revenu de l'intérieur qui étaient chargés de l'application de la loi de l'adultération des produits alimentaires, et sur ce nombre on en a trouvé 140 qui contenaient des graines de mauvaises herbes dangereuses.

INSPECTION DES SEMENCES.

L'inspection des semences est nécessaire pour faire respecter la loi du contrôle des semences. Les cultivateurs ou les grainetiers prélèvent des échantillons de graminées fourragères ou de trèfles et les expédient à un des laboratoires. Ces échantillons sont examinés et des certificats de classement sont émis. Les échantillons sont conservés au bureau pour fins de comparaison. Lorsque les semences ainsi classées sont mises en vente dans le commerce de détail, elles restent sous la surveillance du personnel d'inspecteurs de cette division. Lorsqu'il y a des raisons de croire qu'un lot de semences porte une marque fausse, l'inspecteur en tire un échantillon qu'il expédie au laboratoire des semences, où cet échantillon est comparé avec l'échantillon original sur lequel le certificat de classement a été émis. Naturellement, on tolère une latitude raisonnable pour les variations naturelles qui peuvent se produire dans la proportion de la pureté. Mais si la semence est de qualité inférieure au premier échantillon, le marchand ou le cultivateur qui est responsable du classement doit fournir des explications. L'année dernière nos inspecteurs ont visité au total 4,212 marchands et cultivateurs; 839 contraventions à la loi, la plupart d'une nature secondaire ou triviale, ont été constatées. On ne recherche l'intervention de la justice que lorsqu'il y a des raisons de croire qu'il n'y a pas d'autre moyen d'obtenir que la loi soit observée raisonnablement. J'ai le regret de dire qu'il a été nécessaire l'année dernière d'intenter des poursuites contre 87 personnes qui vendent des semences.

Un manuel fort utile et très bien illustré: "Plantes fourragères, prairies et pâturages" dont la préparation a exigé un temps considérable, vient d'être publé. On en fait maintenant la distribution aux institutions publiques. Les particuliers pourront se le procurer à un prix modéré.

LA DIVISION DE L'INDUSTRIE ANIMALE.

Jamais, peut-être, dans l'histoire de l'agriculture canadienne, on ne s'est mieux rendu compte de l'importance vitale de l'élevage, non seulement au point de vue de l'exploitation permanente et avantageuse de nos richesses agricoles, si nombreuses et si étendues, mais aussi au point de vue indirect du développement stable et équitable du commerce et de l'industrie de ce pays. Le dernier recensement nous a fait voir que la production animale n'a pas tenu tête au progrès industriel et à l'augmentation de population enregistrée au cours de la dernière période; ceci nous fournit une explication de la cherté actuelle de la vie et nous fait voir qu'il existe un anneau faible dans la chaîne des entreprises qui contribuent à notre prospérité nationale. Croyant que l'occasion se présentait d'entreprendre des travaux efficaces, j'ai jugé bon de renforcer considérablement cette division de mon ministère et de mettre à sa disposition des crédits mieux proportionnés à ses fonctions et aux responsabilités qui lui incombent dans le développement de notre industrie animale. Grâce à cette augmentation de crédits que j'ai réussi à obtenir, la division a maintenant à sa disposition un budget deux fois plus élevé qu'en ces années passées, et elle a pu entreprendre un nouveau programme dont tous les détails ont déjà été portés à la connaissance des cultivateurs. Je veux parler de l'aide que prête ce département aux associations de cultivateurs dans les districts nouvellement colonisés en leur prêtant des reproducteurs de race pure pour la monte. Ce programme a eu deux grands avantages: les cultivateurs ont pu se procurer de bons reproducteurs de race, dans des conditions raisonnables et ils se sont débarrassés d'un grand nombre de ereproducteurs communs et sans race, pour le plus grand bien de l'éleveur et du nourrisseur. De même l'industrie de l'élevage des animaux de race pure a été grandement stimulée, grâce à l'ouverture d'un champ d'opérations encore non développé.

Ce programme n'ayant été entrepris que vers la fin du printemps de 1913, nous avons dû nous limiter, au moins pour la distribution des étalons et des taureaux, aux nouveaux districts des provinces de l'ouest et au Nouvel-Ontario. Nous avons confié aux associations, pendant l'année, cinq étalons et 101 taureaux. Les cinq étalons, qui comprenaient quatre Clydesdales et un Percheron, ont été distribués dans le Nouvel-Ontario et dans Québec. La distribution des taureaux par race et par province est indiquée dans le tableau suivant:—

	Shorthorn.	Hereford.	Angus.	Holstein.	Ayrshire.	Red Polled.	Total.
Ontario	9			3			12
Manitoba	19	3	1	4			27
Saskatchewan	29		1	3	1	1	35
Alberta	19	1		4			24
Colombie-Britannique				1	2		3
	76	4	2	15	3	1	101

Les étalons achetés pour être prêtés aux associations sont soumis à un examen vétérinaire rigoureux, ils doivent être d'âge convenable et répondre à certaines exigences rigoureuses en ce qui concerne la conformation, la qualité et l'allure.

On ne prend que des animaux élevés au Canada, car on croit qu'il serait peu sage de faire concurrence aux importateurs d'animaux de race. Les animaux canadiens, et particulièrement les étalons, sont parfaitement acclimatés et l'on peut donc compter qu'ils donneront un pourcentage de rejetons forts, rustiques et vigoureux; c'est là un avantage à considérer. Les prix ne sont pas extravagants, mais l'on admettra qu'ils laissent une bonne marge de profit aux éleveurs canadiens. Les taureaux sont achetés sous réserve de l'épreuve de la tuberculine. Il ne faut pas qu'ils aient moins de douze mois.

Disons, pour expliquer ce programme, que le but de cette entreprise est de venir en aide aux districts où les reproducteurs de race faisaient défaut et d'encourager les nouveaux groupements à suivre un système intelligent et efficace d'élevage. Nous n'avons pas l'intention de mettre ces animaux dans des districts où il se trouve déjà de bons reproducteurs de la même race, appartenant à des particuliers. Les animaux achetés restent la propriété du ministère, mais les sociétés locales auxquelles ils sont prêtés sont responsables de leur maintien et de leur exploitation, sous la surveillance générale des agents de la division. Dans le cas d'un étalon, les membres des associations doivent payer un droit couvrant une prime annuelle d'assurance. Pour profiter de l'offre de ce département, les cultivateurs du district doivent s'organiser en une association locale dont les officiers, suivant les dispositions de la constitution arrêtée, se rendent responsables du maintien de l'animal demandé et de la bonne administration de toutes les transactions.

A la suite de cette distribution de taureaux et d'étalons pendant l'été, nous avons prêté aux associations, pendant l'automne et le commencement de l'hiver, un nombre considérable de béliers et de verrats. Les provinces Maritimes et les provinces de l'Ouest, ainsi que les parties les plus nouvelles de Québec et d'Ontario, ont participé aux avantages de ces distributions. Nous avons aussi fourni pendant l'année cent quatre-vingt-dix-neuf béliers, représentant les meilleures races, et cent neuf verrats.

Le développement de l'œuvre du Livre d'Or Canadien, entreprise il y a déjà un bon nombre d'années, a été très rapide et, pendant l'année fiscale 1913-14, le nombre de vaches inscrites a été plus du double du nombre inscrit pendant douze mois il y a trois ans. L'augmentation dans le nombre des entrées est particulièrement intéressante en vue du fait qu'aucun effort spécial n'a été tenté pour encourager les éleveurs à prendre part aux avantages de ce contrôle. Le développement a donc été sain. Il est dû, dans une grande proportion, à la demande des acheteurs eux-mêmes qui voulaient des preuves de productivité dans les ascendants des bestiaux laitiers. Le contrôle du Livre d'Or est le seul contrôle officiel qui indique la production, pendant toute la période de lactation d'une vache portant un veau. Sa valeur et son importance ont été bien comprises par les éleveurs, et le champ graduellement croissant de son influence est un résultat naturel de cette valeur. Il est intéressant de noter sous ce rapport qu'à sa réunion essentielle de 1913, l'association des éleveurs de Shorthorns du Canada a adopté un type modèle et autorisé le contrôle des vaches dans le Livre d'Or Canadien aux conditions posées par le ministère. Le grand nombre de vaches qui ont été inscrites jusqu'ici est une preuve encourageante des efforts que l'on s'impose pour développer l'aptitude laitière latente de cette race.

Pour faire suite au programme déjà élaboré, des dispositions ont été prises pour venir en aide, de façon pratique, aux producteurs de laine, en démontrant les bonnes méthodes de classer et de préparer la laine pour le marché. Deux classeurs-experts ont été stationnés dans les provinces de l'Ouest pendant la saison de toute l'été dernier. Leurs conseils et leurs services, relativement au classement et à l'emballage de la laine, ont été mis à la disposition des producteurs, et l'on a raison de croire que cette aide a été très appréciée.

Pour donner plus d'effet à ces travaux, un groupe de laines étrangères et domestiques a été préparé et présenté à quelques-unes des grandes expositions d'automne et d'hiver au Canada. Des dispositions ont été prises également pour faire expédier sur le marché de Londres, Angleterre, à titre d'essai, une expédition d'environ 50,000 livres de laine, afin de faire connaître les laines canadiennes sur ce marché qui est le centre principal du monde pour la vente des laines. Le département a payé 25 pour cent des frais d'expédition. La laine s'est vendue avantageusement, et il est encourageant de savoir que les experts ont fait des commentaires favorables sur son état et sa qualité.

A la suite des recherches mentionnées dans mon dernier rapport, une campagne vigoureuse a été conduite l'année dernière en vue de supprimer, au moins en partie, les pertes énormes qui se produisaient jusqu'ici dans le commerce des œufs. Cette campagne comprenait le programme suivant:—

  1. Recommandations précises au commerce de gros, favorisant l'adoption du paiement des œufs suivant la qualité.
  2. Organisation de sociétés coopératives de vente parmi les producteurs.
  3. Instruction des consommateurs pour leur apprendre à connaître la qualité des œufs.

Les conseils donnés aux marchands en ce qui concerne le paiement d'après la qualité ont été bien reçus, malheureusement, comme il n'existe pas dans ce pays de type modèle reconnu dans le classement des œufs, il n'a pas été possible de perfectionner ce système d'achat autant qu'on aurait pu le désirer. Cependant le commerce a généralement adopté le paiement d'après la qualité, en ce sens qu'il a décidé d'acheter après déduction des non-valeurs (*on a loss-off basis*). Ce système consiste à faire une déduction pour tous les mauvais œufs et à payer un prix plus élevé pour les produits triés que l'on ne payait autrefois pour les œufs achetés au nombre.

Grâce aux prix très élevés que les œufs frais ont obtenus l'année dernière sur les meilleurs marchés canadiens, le public a fait preuve d'une très vive appréciation des avantages de l'industrie avicole. Cette division reçoit un nombre rapidement croissant de demandes au sujet de l'organisation de coopératives pour la vente des œufs. Cet intérêt s'est surtout manifesté dans la province de l'île du Prince-Edouard, où près de soixante sociétés se sont formées, comprenant un nombre total d'environ 4,000 cultivateurs. D'autres provinces sont entrées également dans le mouvement, mais pas d'une façon aussi considérable.

Pour assurer le succès de ce mouvement la division s'est efforcée également d'attirer l'attention des consommateurs sur les moyens de connaître la qualité des œufs. On a expliqué le procédé du mirage, on a fait des démonstrations de mirage, à un certain nombre d'expositions d'automne et d'hiver, et un nombre considérable de mireuses en carton ont été préparées pour être distribuées gratuitement.

Le développement des opérations de ce service nous a obligé à augmenter le nombre du personnel. De nouveaux commis ont été engagés, de nouveaux inspecteurs ont été nommés pour l'œuvre du Livre d'Or, ainsi qu'un certain nombre d'agents spéciaux dans plusieurs services. Je tiens à mentionner sous ce rapport la nomination du Dr J. P. Creamer, qui représente la division de l'industrie animale dans les provinces de l'Alberta, de la Saskatchewan et du Manitoba.

FERMES ET STATIONS EXPÉRIMENTALES DU DOMINION.

Le système des fermes expérimentales fédérales a continué à se développer cette année suivant le programme déjà tracé. La superficie de quelques stations-annexes a été agrandie, ce qui permettra d'étendre le champ des recherches expérimentales; la construction et l'aménagement des bâtiments sur les nouvelles stations ont été activement poussés de même que l'outillage de ces bâtiments pour leur permettre d'entreprendre les diverses recherches expérimentales dont ils seront chargés.

Une superficie de terre pour l'établissement d'une station expérimentale a été achetée, en mars, à Lennoxville, Qué. Les travaux préliminaires seront activement poussés cette année.

Sur les fermes-annexes déjà en bon état de fonctionnement, de nouvelles recherches ont été entreprises et les anciennes ont été poursuivies, dans bien des cas, sur une échelle beaucoup plus grande que par le passé.

A la ferme centrale l'augmentation de travail a rendu nécessaire la nomination de plusieurs aides dans les différents services. L'agrandissement du laboratoire de chimie est à peu près terminé et on est en train de construire de nouvelles serres et de nouveaux poulaillers. La nouvelle étable, en remplacement de celle qui a été détruite par le feu le 11 octobre dernier, est bien avancée.

Les ouvrages suivants ont été publiés pendant l'année ou étaient sous presse à la fin de l'année:—

Série régulière: No 72, La production du lait au Canada; No 73, Maladies charbonneuses des plantes cultivées; No 74, Rapport sommaire, Céréales, 1913; No 75, Culture du sol, rapport sommaire, 1913; No 76, Plantes fourragères, rapport sommaire, 1913; No 77, Horticulture, rapport sommaire, 1913.

Deuxième série: No 15, Préparation de la terre à la culture du grain sur la prairie; et le No 16, De l'âge des poules et des pigeons.

Deux circulaires pour les cultivateurs ont été publiées: No 4, Maladies des pommes de terre qui se transmettent par l'emploi de tubercules de semence affectés; et le No 5, sur la Gale poudreuse.

SERVICE DE LA CULTURE DU SOL.

L'objet de ce service est d'obtenir un maximum de profit sur les plantes de grande culture.

Les recherches actuellement entreprises aux diverses fermes et stations expérimentales fédérales sont de nature très pratique. En voici un résumé:—

1. Etude des mérites relatifs des divers assolements. Sur les fermes et les stations de l'est du Canada et de la Colombie-Britannique, on se propose de soumettre à un essai complet les différents assolements propres à l'élévage du bétail. Dans les provinces des prairies, où la production du grain est toujours l'objet principal de la majorité des cultivateurs, les assolements ont été préparés plus particulièrement dans ce but. Mais devant la demande toujours croissante de plantes fourragères nous avons entrepris également un certain nombre d'assolements de culture mixte.

2. Etude des méthodes de culture et de fanage des récoltes. Il se poursuit depuis trois ans, sur chacune des six fermes et stations des prairies, une série d'expériences sur la culture du sol, en vue des conditions spéciales de sécheresse qui sévissent dans les prairies. L'objet principal de ces expériences est de rassembler des données sur la conservation de l'humidité et de la fertilité du sol et la destruction des mauvaises herbes.

3. Prix de revient des plantes de grande culture dans les conditions ordinaires de la ferme.

4. Valeur du drainage et de l'irrigation.

5. Influence ou effet de la grosseur et de la nature des instruments de culture sur le prix de revient des récoltes.

6. Comparaisons sur une petite échelle de divers grains et de diverses plantes fourragères pour l'alimentation du bétail.

22 *MINISTERE DE L'AGRICULTURE*

5 GEORGE V, A. 1915

SERVICE DE LA CHIMIE.

Les travaux de ce service ont fait des progrès satisfaisants. Mais en raison du rapide développement du pays, il a eu beaucoup de peine à tenir tête à la demande croissante de renseignements qui lui parviennent de la part des cultivateurs qui demandent à la chimie de leur aider à résoudre les nombreux problèmes qui se présentent à eux. Il n'a même pas toujours été possible de leur venir en aide. Un fait fort encourageant, c'est qu'un intérêt toujours croissant se manifeste, sur toute l'étendue du Canada, sur ce que l'on appelle généralement les principes de l'agriculture, la connaissance de la nature, de la composition et des propriétés du sol, des engrais chimiques, des plantes fourragères et des matériaux qui, par diverses agences, sous une direction habile, peuvent être transformés en produits agricoles avantageux. Aussi la correspondance et l'examen des échantillons fournis par les cultivateurs prennent maintenant beaucoup plus de temps de notre personnel qu'il y a quelques années. Nous avons encouragé cette partie de nos travaux, car c'est l'un des moyens les meilleurs et les plus directs d'instruire le cultivateur sur les questions qui touchent à sa profession et de répandre ces renseignements qui lui assureront le succès s'il les met en pratique.

Au cours de l'année, 2,915 échantillons ont été reçus pour être analysés et examinés. C'était des échantillons de sols, d'engrais naturels, de fourrage et de provendes, insecticides et fongicides, eau de puits, etc. Un bon nombre de ces échantillons avaient été spécialement rassemblés en vue des recherches faites par ce service. Mais une proportion très considérable provenait directement des cultivateurs. Il y a aussi parmi ce nombre quelque 500 échantillons fournis par le service de l'inspection des viandes, de la division de l'hygiène du bétail. Ces échantillons avaient été pris au cours d'une inspection des divers établissements de salaison et de conserves au Canada; ils se composaient de saindoux, de viande conservée, d'épices et condiments, pommes sèches, etc., etc.

Ce n'est pas ici le lieu de présenter un compte-rendu détaillé des nombreuses recherches effectuées par ce service. L'énumération de ces recherches, avec quelques mots d'explication, suffira pour indiquer le vaste champ qu'elles couvrent et l'utilité pratique qu'elles présentent pour les cultivateurs canadiens.

Sols vierges.—La plupart de ces sols proviennent des superficies nouvellement colonisées des provinces de l'Ouest. Nous en avons fait l'analyse pour savoir s'ils étaient propres à la culture. La nature générale et la composition de ces sols ont été déterminées et les données obtenues ont permis d'exprimer une opinion sur leur valeur au point de vue culture et sur les récoltes auxquelles ils conviennent le mieux. Leurs défauts ont été notés et les moyens les plus économiques d'amélioration ont été recommandés.

Nous avons fait une étude critique d'un certain nombre de sols rassemblés dans la section de l'ouest de la zone d'irrigation du Pacifique Canadien, à l'est de Calgary, afin de savoir si ces terrains, une fois irrigués, pouvaient être mis en culture. Cette enquête n'est pas encore terminée.

Conservation de l'humidité du sol.—C'est là une poursuite des travaux commencés il y a trois ans sur plusieurs des fermes expérimentales de l'Ouest et qui avaient pour but de connaître l'influence de divers systèmes de culture sur la conservation de l'humidité du sol. Elle a toujours donné des résultats utiles qui peuvent servir de guide aux cultivateurs dans les districts où la pluie est rare.

Engrais naturels et amendements.—Ce service a fait l'analyse des herbes marines que l'on rencontre sur les rivages de l'Atlantique et du Pacifique en vue de déterminer leur valeur relative à titre d'engrais potassiques. Ces recherches sont encore en cours mais les données déjà obtenues montrent clairement que beaucoup de ces plantes ont une bonne valeur fertilisante. Non seulement beaucoup d'entre elles renferment de la potasse mais également une proportion appréciable d'azote. Les herbes marines se décomposent promptement dans le sol et dégagent leurs principes fertilisants; nous pouvons donc nous attendre à des effets rapides lorsque ces herbes sont enfouies, principalement dans les sols chauds, humides et légers, qui manquent de potasse.

L'attention s'est portée dernièrement dans l'est du Canada sur la valeur de la marne et de la chaux finement moulue comme amendements pour améliorer l'état physique et augmenter la productivité du sol. Nos analyses ont fait voir qu'un bon nombre de sols canadiens seront améliorés par l'emploi de ces substances qui corrigent l'acidité et suppléent au manque de chaux. Il y a de nombreux dépôts de marne et de pierre à chaux au Canada, un peu dans toutes les parties du pays, mais on n'a pas encore mis de marne ou de pierre à chaux moulue sur le marché. L'analyse chimique est nécessaire pour connaître la teneur en chaux de ces matériaux et nous poursuivons ces recherches lorsque les occasions se présentent.

Fourrage et provendes.—Ce service a analysé une quantité de produits, criblures d'élévateur, graines de mauvaises herbes, etc., en vue de connaître leur composition et leur valeur alimentaire probable. Etant donné le mauvais goût d'un bon nombre des graines dont ces criblures sont composées, l'utilisation de ce sous-produit devient un problème sérieux car chaque année le nettoiement du blé et du lin aux élévateurs donne lieu à la production d'une très forte quantité de criblures. Il semble probable que l'on pourrait, au moyen de tamis convenables, effectuer une séparation et qui donnerait, d'une part, un produit que l'on pourrait employer dans l'alimentation, et, de l'autre, des graines oléagineuses d'où l'on pourrait extraire de l'huile pour les arts et les manufactures.

Voulant connaître la valeur de ces produits dans l'alimentation de la volaille ce service a institué une série d'engraissements de cochets. Ces essais sont encore en cours et nous n'avons pas de résultats définitifs. On croit que certaines de ces graines mélangées avec du grain moulu peuvent être utilisées dans cet engraissement. On se propose de répéter ces essais sur des moutons et des porcs.

Racines.—Un grand nombre de variétés de betteraves fourragères, de carottes et de navets, généralement cultivés, ont été analysés et leur valeur alimentaire a été déterminée. Ces renseignements devraient être utiles à tous les nourrisseurs.

Une enquête, commencée en 1900, sur l'influence de l'hérédité dans les betteraves fourragères, a été poursuivie. Les résultats indiquent que la qualité est héréditaire et que, jusqu'à un certain point, elle ne dépend pas de l'influence de la saison.

Betteraves à sucre.—Les variétés de betteraves à sucre les plus importantes au point de vue du raffinage,—variétés cultivées sur les diverses fermes et stations expérimentales,—ont été analysées. Les données indiquent, comme par les années passées, que l'on peut cultiver des betteraves d'excellente qualité et très propres à l'extraction du sucre sur un grand nombre de points au Canada, fort éloignés les uns des autres.

Blé.—Nous avons poursuivi nos recherches sur l'influence des conditions environnantes sur la composition du blé. Un fait est établi, c'est qu'une modification profonde de la teneur en gluten peut être causée par les conditions du sol et de saison. Ces influences, qui pourraient être généralement comprises sous le terme "climat", ont certainement une importance considérable en ce qui concerne la qualité du blé et ces recherches, poursuivies depuis 1905, nous ont fourni beaucoup de preuves établissant que la qualité boulangère exceptionnelle du blé du Nord-Ouest, est due, en grande partie, aux conditions favorables qui sévissent généralement vers la fin de l'été dans les districts producteurs de grain et qui hâtent la maturation du grain.

Eaux de puits.—Rien n'a autant d'importance sur la ferme qu'un bon approvisionnement d'eau pure. L'examen des eaux de consommation des fermes, qui a toujours été un des travaux les plus importants de ce service, a été poursuivi. Nous sommes heureux de constater que l'intérêt sur cette question devient de plus en plus vif à la campagne. Cet accroissement d'intérêt dans la question de pureté d'eau ne peut manquer d'avoir un bon effet sur la santé et la prospérité de la ferme.

SERVICE DE L'HORTICULTURE.

Le service de l'horticulture s'est largement développé l'année dernière. La nomination de M. M. B. Davis, B.S.A., comme aide en pomologie, et de M. C. F. W. Dreher, B.S.A., comme aide dans la culture des légumes potagers, rendue nécessaire par le développement rapide des fermes expérimentales, nous a permis d'étendre le champ des recherches sur les fruits et légumes, a soulagé l'horticulteur du Dominion de beaucoup de travaux de routine à la ferme centrale et lui a permis de consacrer plus de temps au développement de l'horticulture sur les fermes et stations-annexes et aux travaux d'administration toujours croissants de son service.

Quatre nouvelles serres ont été construites à la ferme centrale; elles couvrent une superficie d'environ 7,400 pieds carrés. Ces serres sont maintenant occupées et on y fait des expériences sur la floriculture, la culture des fruits et des légumes. Ces expériences portent sur la culture améliorante des fleurs, des fruits et des légumes. On compte que les résultats de ces expériences entreprises dans ces serres auront une valeur considérable, aussi bien pour ceux qui ont déjà des serres que pour les gens toujours plus nombreux qui désirent s'en construire.

En 1913, l'horticulteur du Dominion a visité à deux reprises la plupart des fermes et stations expérimentales pour voir les régisseurs et leur donner des conseils au besoin sur les opérations. Il a dirigé également les plantations et commandé les matériaux nécessaires pour les nouvelles stations. Il a assisté aux réunions annuelles de la plupart des sociétés canadiennes de producteurs de fruits, pour donner des renseignements et se tenir en contact avec les horticulteurs et au courant de leurs problèmes dans les différentes parties du Canada.

Les opérations entreprises sur la pomologie aux fermes et aux stations-annexes en 1913 ont été les suivantes: étude des variétés de fruits essayées dans les divers vergers d'expérimentation du Canada; identification de fruits envoyés à cet effet et description de nouveaux fruits; essais de pulvérisation et de culture sur les fruits et les légumes. Aux nouvelles stations une partie considérable des vergers a été disposée de façon à ce que l'on puisse entreprendre un plus grand nombre de travaux de culture qu'il n'avait été possible de faire aux fermes plus anciennes, où l'essai de variétés, en vue de trouver celles qui conviennent le mieux aux différents climats du Canada, semblait être le travail le plus utile lorsque les vergers ont été plantés.

En 1913, des vergers ont été plantés dans ce but à Kentville, N.-E., à Ste-Anne de la Pocatière, Qué., à Cap-Rouge, Qué. et à Invermere, C.-B. A cette dernière station on a planté également des vergers qui serviront à des essais d'irrigation.

La station de Kentville, N.-E. a donné une attention spéciale aux essais de pulvérisation en 1913. Les résultats obtenus dans la lutte contre la gale de la pomme (tavelure) ont démontré l'importance qu'il y a à pulvériser parfaitement et de bonne heure.

Un bon nombre de nouvelles variétés de pommes ont été créées au service de l'horticulture et des greffons des meilleures espèces ont été distribués l'année dernière sur différentes parties du Canada. Celles qui s'annoncent le mieux sont les suivantes: Melba, Joyce, Glenton, Rocket, Niobe et Bingo.

Croyant que l'on finirait par trouver des pommes de bonne grosseur et de bonne qualité qui se montreraient rustiques dans les conditions pénibles des prairies, étant donné que certaines variétés réussissent déjà dans des conditions favorables, ce service s'efforce toujours de trouver ou de créer de nouvelles espèces. La méthode la plus récente que l'on ait essayée sur une grande échelle, sur les fermes des prairies, est de produire des semis des variétés les plus rustiques en rangs de pépinières et de soumettre les espèces tendres aux rigueurs de l'hiver avant de les essayer en vergers. Les résultats de 1913 sont encourageants; des arbres isolés ont fait preuve de bonne rusticité.

C'est la pomme qui a reçu le plus d'attention, mais les autres fruits n'ont pas été négligés. La valeur de la fraise Senator Dunlap et de la framboise King pour les régions les plus froides du Canada a été démontrée de façon frappante en 1913. Les fraises viennent bien sur la prairie, surtout lorsqu'on les recouvre d'un paillis. On a vu, à la station de Rosthern, en 1913, combien il était avantageux de laisser le paillis aussi tard que possible au printemps pour empêcher les plantes de se développer afin de les protéger contre les gelées tardives. La récolte de Rosthern a été sauvée de cette façon.

Comme les légumes constituent un produit alimentaire important au Canada et qu'un grand nombre de personnes sont engagés dans leur production, le service de l'horticulture leur a toujours donné beaucoup d'attention. Maintenant qu'un assistant spécial a été nommé pour l'étude de cette récolte, il sera possible de rendre encore plus de services au maraîcher. En 1913 on a fait un essai spécial des mêmes variétés de légumes venant de différents grainetiers canadiens afin de savoir combien d'entre eux sont identiques au nom et à l'espèce. On a constaté de grandes différences dans les variétés de certaines espèces de légumes de diverses provinces. Il y en avait qui étaient bien meilleures que d'autres. On a fait l'essai de méthodes de culture, et notamment de certaines manières de cultiver les tomates et de l'éclaircissage de légumes à divers écartements. La station expérimentale de Frédéricton, N.-B. s'est occupée tout spécialement des pommes de terre en 1913, cette récolte ayant beaucoup d'importance au Nouveau-Brunswick. Un grand nombre de variétés ont été rassemblées et on a constaté que la différence de rendement était très sensible. Les meilleures de ces variétés seront essayées sur une plus grande échelle en 1914, ce qui permettra de distribuer, aussitôt que possible, des tubercules de semence dans le Nouveau-Brunswick.

On a commencé également à cette station à sélectionner des pommes de terre afin d'améliorer les variétés et les types. Des essais de légumes ont été effectués sur toutes les stations-annexes en 1913. La culture améliorante des légumes est l'objet d'une attention toute particulière à la ferme centrale. On donne beaucoup de temps et de soin au développement et à la sélection des espèces hâtives. On a distribué en 1913 des graines de la tomate Alacrity et du maïs Early Malcolm, deux variétés créées par le service de l'horticulture; beaucoup de rapports favorables ont été reçus. On essaye également diverses espèces hâtives de fèves, pois et autres légumes.

Le service de l'horticulture est convaincu que les Canadiens devraient s'attacher plus qu'ils ne le font à embellir leurs demeures, et il fait des efforts spéciaux pour répandre des renseignements dans ce but. Il a rassemblé pour les étudiants de grandes collections de plantes rustiques: roses, pivoines, iris, phlox, et beaucoup d'autres sortes de fleurs annuelles, de fleurs vivaces de pleine terre, d'arbres et d'arbustes d'ornement. La saison de 1913 a été très favorable aux plantes annuelles et les caractéristiques d'un grand nombre de variétés ont été notées. On apprécie beaucoup, dans les parties nouvelles du Canada, les essais de fleurs effectués aux fermes et stations-annexes et ces essais sont l'objet de commentaires très favorables. Les pépiniéristes et les floristes qui ont actuellement beaucoup de capitaux placés au Canada tirent également des renseignements très utiles des essais de plantes d'ornement. De même, les essais de fleurs dans les nouvelles serres de la ferme expérimentale centrale devraient rendre de grands services à tous ceux qui cultivent des fleurs pour la vente.

SERVICE DES CÉRÉALES.

Après deux saisons pendant lesquelles les céréales ont été, dans l'ensemble, bien inférieures à la moyenne au point de vue de la qualité, il nous fait plaisir de dire que l'année dernière a été exceptionnellement favorable, en dépit de quelques circonstances fâcheuses dans certaines régions du pays. Dans les provinces maritimes le printemps et l'été ont été satisfaisants, mais les longues pluies d'automne ont fortement endommagé la plus grande partie des céréales à maturation tardive. Cependant les champs qui ont pu être coupés de bonne heure ont été rentrés en bon état.

Dans l'Ontario et dans Québec, de vastes superficies ont souffert d'une longue sécheresse qui a sensiblement réduit la production du grain, surtout dans les champs où les semailles étaient faites en retard. Les champs qui avaient été ensemencés de bonne heure, et particulièrement les semis de variétés précoces, ont bien réussi et ont donné une bonne récolte. Une bonne partie du grain dans ces deux provinces a un excellent aspect. Le blé de printemps à la ferme expérimentale centrale a produit des grains remarquablement bien nourris, durs, clairs, les meilleurs peut-être que l'on ait jamais obtenus à la ferme.

Dans le centre et l'ouest du Canada, les conditions ont en général permis d'obtenir des céréales dont la production et la qualité étaient plutôt supérieures à l'ordinaire.

VARIÉTÉS NOUVELLES IMPORTANTES.

Les recherches sur le blé de printemps sont l'objet d'une attention spéciale. Nous avons à l'étude une grande quantité de matériaux. Nous désirons appeler l'attention sur trois des nouvelles variétés de blé de printemps hâtif créées par le céréaliste du Dominion.

Prélude.—Une autre saison d'expériences sur cette variété d'une précocité remarquable a confirmé les opinions déjà exprimées. Ce blé forme par lui-même une catégorie spéciale. C'est le seul blé encore présenté qui puisse être recommandé en toute confiance à ces districts du nord où le Marquis ne mûrit pas assez tôt pour échapper aux premières gelées automnales. Le Prélude se recommande tout spécialement pour les sols riches et humides. Il donne une paille trop courte dans des conditions de grande sécheresse. Nous avons distribué gratuitement pendant l'hiver un grand nombre d'échantillons de cinq livres et vendu également de la semence à quelques cultivateurs par lots d'environ deux boisseaux, afin de leur permettre de commencer à cultiver cette variété sur une échelle un peu plus grande.

Marquis.—Pour la troisième année de suite, cette variété extraordinaire a remporté les plus hauts prix dans les concours internationaux. Les succès de 1911 à New York et de 1912 à Lethbridge ont été suivis d'un nouveau triomphe l'automne dernier au congrès international de culture en terre sèche à Tulsa, Okla., où le Marquis a remporté le plus haut prix. En 1911, le prix avait été remporté par un échantillon de blé du centre de la Saskatchewan; en 1912, par un échantillon du sud de l'Alberta et, en 1913, par un autre échantillon du centre de la Saskatchewan. Il est inutile d'insister sur ce fait.

Pioneer.—Cette variété est la dernière que le céréaliste du Dominion a tirée de la grande collection de blés de printemps provenant de sa propre culture améliorante et qui sont maintenant à l'essai. Au point de vue de la précocité, le Pioneer vient entre le Prélude et le Marquis. Sous certains rapports, il ressemble au Prélude, mais sa paille est plus longue et il résiste mieux à la sécheresse. A la station expérimentale de Lethbridge, il a donné de très bons résultats sur les parties irriguées et non irriguées de la ferme. Le Pioneer a donné une très bonne récolte de grain excellent, rouge et dur, qui a produit de la farine de très bonne couleur et de très bonne valeur boulangère. Cette variété n'a pas été présentée pour l'emploi général, mais on en recommande l'essai dans les districts où le Marquis mûrit trop tard et où le Prélude produit une paille trop courte.

NOUVELLES VARIÉTÉS D'AVOINE ET D'ORGE.

Un bon nombre de nouvelles espèces hybrides d'avoine et d'orge sont à l'essai, mais nous n'avons pas encore poursuivi l'étude de ces grains assez longtemps pour pouvoir les présenter au public. Un bon nombre des types mentionnés se débarrassent de leur balle au battage et peuvent avoir une certaine valeur sous ce rapport. Quelques-unes des orges n'ont pas de barbe, et, pour cette raison, il est probable qu'elles seront bien accueillies.

ESSAIS DE MOUTURE ET DE CUISSON.

Un aide spécial a été chargé des essais de mouture et de cuisson, qui, pendant longtemps, ont été exécutés par le céréaliste du Dominion lui-même. Grâce à ce changement, il sera possible d'augmenter la portée de ces recherches et d'essayer, aussi souvent que cela peut être nécessaire, les nouvelles variétés de blé qui se produisent ainsi que celles provenant de sources extérieures. On pourra également essayer des échantillons de blé et de farines pour le public en général. Une série très considérable de recherches ont été effectuées l'hiver dernier dans les laboratoires d'Ottawa.

DISTRIBUTION D'ÉCHANTILLONS DE GRAINS ET DE POMMES DE TERRE.

La distribution annuelle et gratuite attire toujours beaucoup d'attention. Nous sommes heureux de pouvoir dire que la demande de bonne semence s'accroît si rapidement qu'il est extrêmement difficile de lui tenir tête et de fournir chaque année une quantité suffisante de matériaux de la qualité voulue pour satisfaire le goût du public. La distribution faite par la ferme d'Ottawa sera bientôt close pour la saison. On aura fourni à peu près 6,800 échantillons de grain et 2,300 échantillons de pommes de terre.

SERVICE DE LA BOTANIQUE.

Les travaux effectués l'année dernière par ce service peuvent être considérés sous le titre de recherches pathologiques et recherches botaniques au sens le plus restreint de ces expressions, car ils se rapportent aux maladies des plantes et à l'identification des plantes florifères et à leurs caractéristiques.

Travaux pathologiques.—Une des phases les plus importantes de ce travail est celle qu'a rendu nécessaire la découverte de la gale poudreuse de la pomme de terre (*Spongospora subterranea*) dans les provinces de l'est du Canada. Cette maladie ne s'était pas montrée dangereuse dans nos conditions, mais son importance s'était grandement accrue à cause de l'attitude prise par les autorités des Etats-Unis qui la considéraient suffisamment sérieuse pour mettre l'embargo sur les pommes de terre canadiennes, sauf sur celles qui avaient été cultivées dans les districts officiellement reconnus exempts de la maladie et qui, avant l'expédition, avaient été inspectées par un fonctionnaire et reconnues saines.

Il a donc fallu faire des observations minutieuses dans les provinces où cette maladie avait été constatée ou où elle était soupçonnée. La plupart de ces opérations sont maintenant terminées et l'on compte pouvoir faire une déclaration précise relativement aux superficies saines avant l'époque de la plantation. Les inspecteurs qui ont été chargés de ce travail ont aidé également les ministères provinciaux de l'agriculture à former divers membres de leurs services pour leur apprendre à reconnaître la maladie, à donner des conférences sur ce sujet et à faire des démonstrations. Pour satisfaire la demande de renseignements, une circulaire sur la nature de la maladie et les moyens de la détruire a été préparée. C'est la circulaire No 5 de ce service. Elle sera bientôt distribuée.

Les enquêtes qui ont été faites au sujet de la gale poudreuse ont fait voir qu'il existe beaucoup d'ignorance et d'indifférence chez les planteurs en ce qui concerne la présence de la maladie sur les tubercules de semence. Pour répandre des renseignements sur ce sujet, une circulaire a été préparée donnant, en couleurs naturelles, les maladies les plus importantes des tubercules de semence ainsi qu'un résumé sommaire des méthodes pratiques pour empêcher la propagation de ces maladies.

Le laboratoire de campagne de Ste-Catherine a fait beaucoup de recherches sur les maladies des fruits qui sévissent dans la péninsule de Niagara. Un bulletin donnant les résultats de ces recherches est en préparation. Une enquête a été faite également dans la nature et la distribution des chancres de pommiers qui se rencontrent dans certaines parties du Nouveau-Brunswick et de la Nouvelle-Ecosse. Cette enquête portait spécialement sur une maladie que l'on considère être le chancre européen (*Nectria ditissima*).

Ce service a reçu de nombreuses demandes de renseignements et donné de nombreux conseils sur les maladies qui s'attaquent aux fruits, aux fourrages et aux grains et aux légumes.

En décembre le botaniste du Dominion a été nommé membre de la délégation chargée de présenter les arguments canadiens à la réunion convoquée à Washington pour les représentants des gouvernements étrangers, avant que les Etats-Unis adoptent les règlements sur l'embargo des pommes de terre. En février il a assisté, à titre de délégué officiel du Canada, au congrès international de phytopathologie tenu à Rome.

Travaux botaniques.—Nous recevons tous les ans un grand nombre de plantes pour identification et ce nombre s'accroît toujours. La majeure partie sont des mauvaises herbes plus ou moins dangereuses et des herbes vénéneuses dont on veut connaître les habitudes et les moyens de les détruire. Nous donnons autant que possible des conseils sur ces sujets, mais il est à remarquer que les données expérimentales exactes nous font défaut. Ce service a fait des expériences sur une petite échelle pour connaître l'utilité de certains ingrédients chimiques et de certaines pulvérisations dans la destruction des mauvaises herbes, mais il n'a pas encore pu se charger d'expériences en plein champ sur une échelle tant soit peu importante.

Un nombre toujours croissant de correspondants nous demandent des renseignements sur des plantes médicinales indigènes, leur localité, leur culture, la vente de ces plantes. Nous nous occupons de ce sujet et nous comptons publier, de temps à autre, des études sur les plus importantes de ces plantes.

La collection de plantes dans l'arboretum et le jardin botanique s'est enrichie d'un plus grand nombre d'espèces. On se propose de faire entrer dans cette collection tous les spécimens intéressants et instructifs de la flore des climats tempérés. Nous profitons de cette occasion pour remercier les fonctionnaires des divers jardins botaniques du monde qui nous ont aidé à accomplir cet objet au moyen d'échanges et de dons de graines et de plantes.

SERVICE DE L'ENTOMOLOGIE.

Les opérations de ce service ont été les suivantes: application de la loi des insectes et des fléaux destructeurs; lutte contre le bombyx cul-brun et introduction des parasites de cet insecte et de ceux de la spongieuse dans le Nouveau-Brunswick et la Nouvelle-Ecosse; recherches sur les insectes qui attaquent la ferme, les jardins, les vergers, les arbres de forêts et d'ornement, le bétail, la maison, l'hygiène publique, les produits de meunerie, les produits emmagasinés et réponse aux demandes de conseils et de renseignements sur la lutte contre les insectes; identification des collections d'insectes pour les instituteurs et les particuliers; recherches sur l'apiculture ét aide à cette industrie; administration des crédits pour le soin des vergers dans les réserves indiennes de la Colombie-Britannique.

En vertu de la loi des insectes et des fléaux destructeurs, les produits de pépinières venant des pays où se trouve le kermès San José ont été fumigés à nos diverses stations de fumigation. Voulant faciliter l'importation des produits de pépinières et des arbres dans les provinces de l'Ouest, nous avons construit une nouvelle station de fumigation, à North-Portal, qui a été convertie en port d'entrée. La quantité de produits de pépinières qui arrivent dans l'est du Canada augmentant toujours, et comme on désire en faciliter l'expédition, nous construisons actuellement une nouvelle station plus grande et plus commode à St-Jean, N. B. Plus de quatre millions d'arbres et de plantes importées venant d'Europe, du Japon et des Etats de la Nouvelle-Angleterre, ont été inspectés pour le bombyx cul-brun, la spongieuse et d'autres insectes.

Le bombyx cul-brun se répand, malheureusement, de façon alarmante au Nouveau-Brunswick et en Nouvelle-Ecosse, venant des états voisins. Un grand vol de papillons femelles en juillet dernier a fait avancer considérablement les limites de la superficie infestée, de même que l'intensité de l'infection dans ces provinces. Cet insecte occupe maintenant plus de 9,000 milles carrés du territoire canadien. Dans le Maine, la spongieuse est maintenant à quarante ou cinquante milles de la frontière du Nouveau-Brunswick. Nous nous efforçons autant que possible d'enrayer ses progrès en faisant détruire les toiles d'hiver dans les provinces infestées, par un personnel d'inspecteurs, et je suis heureux de reconnaître à ce sujet la collaboration des gouvernements qui fournissent la moitié du nombre des hommes nécessaires pour ce travail.

Le bombyx cul-brun et la spongieuse ne peuvent être détruits à la longue que par des agents naturels, tels que les insectes parasites, les maladies fongueuses et autres; on s'efforce donc d'introduire et d'établir ces ennemis naturels partout où ces insectes commencent à se propager. Deux laboratoires de campagne ont été établis dans ce but à Bridgetown, N.-E., et à Frédéricton, N.-B.

Grâce à la courtoisie de l'entomologiste en chef du ministère de l'agriculture des Etats-Unis, nous avons pu stationner un de nos agents dans le Massachusetts pour rassembler des chenilles de la spongieuse et du cul-brun infestés de parasites. Ces parasites ont été expédiés au laboratoire du Nouveau-Brunswick et mis en liberté sur différents points de la province de la Nouvelle-Ecosse. Nous avons également importé plusieurs centaines de coléoptères carnivores et plus de 50,000 parasites de trois espèces différentes. Tous ces insectes ont été distribués de façon à former douze colonies. Nous avons trouvé une des espèces qui s'était établie avec succès en Nouvelle-Ecosse.

L'établissement de laboratoire de campagne ou de laboratoire régionaux dans les différentes parties du Canada, afin d'étudier les insectes les plus dangereux dans les districts même où ils se trouvent, donne d'excellents résultats. Mes agents se procurent les renseignements qui leur sont nécessaires pour tracer un programme de lutte et ils poursuivent diverses expériences sur les moyens de prévention ou d'enrayement. Deux nouvéaux laboratoires ont été établis pendant l'année. Nous donnons ici la liste complète des laboratoires de campagne où se font actuellement des recherches entomologiques.

Bridgetown, N.-E.—Recherches sur le cul-brun, l'introduction de ses parasites et la destruction de cet insecte; le pique-bouton et ver des fruits verts.

Frédéricton, N.-B.—Destruction du bombyx cul-brun, recherches sur cet insecte et introduction de ses parasites; parasites et agents naturels de destruction contre les insectes indigènes; chenilles à tente, arpenteuses d'automne, ver du bourgeon de l'épinette.

Covey-Hill, Qué.—Insectes de la pomme, notamment le charançon de la pomme, destruction des sauterelles au moyen des maladies bactériennes.

Jordan-Harbour, Ont.—Ver de la pomme; puceron de la pomme; destruction des fléaux de serre; destruction des insectes qui infestent les moulins.

Strathroy, Ont.—Recherches sur les vers gris, les vers fil-de-fer et les insectes qui nuisent aux plantes de grande culture.

Treesbank, Man.—Recherches sur le ver gris et principaux insectes qui nuisent aux céréales. Mouche de Hesse, ver de la tige du blé, mouche à scie du blé et sauterelles.

Lethbridge, Alta.—Recherches sur les vers gris et sur les dégâts causés au blé d'hiver; cette dernière recherche comprend une étude sur les anguillules.

Agassiz, C.-B.—Poursuite d'une étude sur l'otiorhynque du fraisier; recherches sur le petit ver de la pomme, le pique-bouton, et d'autres insectes nuisibles aux fruits décidus.

En dehors de ces recherches importantes, entreprises sur différents points du pays, ces laboratoires de campagne ont un autre grand avantage, c'est qu'ils nous permettent de placer des experts dans les différentes régions. Nos experts ont pu fournir sur place des conseils aux cultivateurs du voisinage sur la destruction des insectes et, lorsque l'apparition d'un insecte est signalée à mon département, un de ces agents peut souvent faire une étude sur place, ce qui épargne du temps et assure un diagnostique exact et des conseils utiles.

Des progrès considérables ont été faits dans les recherches sur les insectes qui nuisent aux fruits; celles qui portent sur le ver de la pomme, le pique-bouton, l'otiorhynque du fraisier, sont près d'être terminées ou ont été terminées.

On donne une attention toute spéciale au puceron des pommes qui cause de grands ravages parmi les fruits et les plantes de pépinières. La lutte contre les vers blancs a été difficile jusqu'ici parce que l'on n'avait pas de connaissances exactes sur l'identité, l'évolution et les habitudes des différentes espèces. Mes agents poursuivent actuellement une enquête internationale, avec la collaboration du bureau entomologique des Etats-Unis, et déjà ils ont obtenu des données surprenantes et précieuses.

L'étude comparative des méthodes de destruction pour les vers des racines à été poursuivie, deux de mes agents ont étudié l'épidémie de vers gris dans le sud de l'Alberta et ont fait des expériences sur les moyens de destruction. Je suis heureux de constater que cette espèce, inconnue jusqu'ici, a fait moins de dégâts dans un grand nombre de districts où elle avait causé de fortes pertes en ces années précédentes. Les moyens ordinaires de destruction paraissent être inutiles à cause des habitudes singulières des chenilles, et cette enquête sera poursuivie. Une étude sur les causes probables de la destruction du blé d'hiver, dans laquelle les anguillules paraissent jouer un rôle, a été commencée.

Les coléoptères qui s'attaquent à l'écorce et d'autres insectes des forêts ayant causé de grands dégâts dans les forêts de la Colombie-Britannique, mes fonctionnaires chargés des enquêtes sur les insectes des forêts ont commencé une étude spéciale cet été avec la collaboration du service provincial des forêts. Plusieurs apparitions sérieuses de ces insectes ont été constatées et étudiées et des moyens de destruction, basés sur cette enquête, ont été recommandés au gouvernement provincial. La valeur commerciale énorme des bois marchands en Colombie-Britannique et la présence de ces dangereux insectes, qu'il est possible de détruire, nous font un devoir de poursuivre cette étude, et nous prenons des dispositions à cet effet. On a continué à introduire des parasites de la mouche à scie du mélèze, venant d'Angleterre. Une expédition de cocons fortement parasités, reçue au printemps, a été établie dans le sud du Manitoba. Dans l'est du Canada, les chenilles à tente se sont montrées en nombre anormal. De grandes superficies de forêts ont été dépouillées de leurs feuilles dans Québec et au Nouveau-Brunswick, et les vergers où des moyens de destruction n'avaient pas été pris ont été entièrement dégarnis. De même, les arbres d'ornement ont perdu leurs feuilles dans les villes de Montréal et d'Ottawa. Mes agents ont étudié les facteurs naturels de destruction et ils ont constaté la présence de parasites qui s'attaquent aux œufs et à la larve, et, également, d'une maladie bactérienne qui attaque les chenilles.

Une enquête ayant pour but de découvrir une méthode pratique de détruire les mouches à la campagne a été commencée. Il faudrait pouvoir se procurer des insecticides bon marché et efficaces pour détruire les larves dans les tas de fumier, sans réduire la valeur fertilisante du fumier. Ces travaux ne sont pas assez avancés pour que nous puissions publier des résultats définitifs; ils seront poursuivis l'été prochain.

. La nomination d'un agent spécial, chargé des travaux d'apiculture, a donné de très bons résultats. Il est maintenant possible de commencer à organiser des ruchers sur les fermes-annexes du Dominion. Nous avons commencé des essais d'élevage pour nous procurer des variétés d'abeilles propres aux conditions du Canada et résistant aux maladies, et nous avons importé directement dans ce but des reines venant d'Italie, Suisse, Autriche et des Etats-Unis. Je suis heureux de constater l'attention toujours plus grande que l'on apporte à cette branche importante de l'agriculture au pays.

En sus des visites qu'il a faites aux différentes parties du Dominion, nécessitées par les enquêtes entreprises par mon agent, l'entomologiste du Dominion a visité en octobre, les états de l'Orégon, Californie et Utah, pour étudier les méthodes entomologiques employées dans ces états et pour faire une enquête sur la teigne de la pomme de terre en Californie et la mite de la luzerne dans l'Utah, afin de savoir quelles mesures de protection nous devons prendre pour empêcher l'introduction au Canada de ces fléaux sérieux qui se sont introduits aux Etats-Unis et ont déjà causé de très grandes pertes aux agriculteurs. Comme on a découvert, à plusieurs reprises, des pommes de terre venant de la Californie et importées en Colombie-Britannique infestées des larves de la teigne de la pomme de terre, et comme, d'autre part, il est impossible d'empêcher l'introduction de cet insecte par l'inspection et la fumigation, l'importation des pommes de terre venant de Californie a été interdite en vertu de la loi des insectes et fléaux destructeurs par un arrêté en conseil adopté le 7 mars.

L'importation de plantes de pépinières, à l'exception de certaines catégories de produits de floristes par la malle, a été interdite également. Les agents de la division ont porté la parole devant les conventions d'agriculteurs, de forestiers et autres sur la lutte contre les insectes et des expositions ont été organisées à Ottawa, Winnipeg et autres villes. Plusieurs bulletins et circulaires ont été publiés pendant l'année.

SERVICE DES PLANTES FOURRAGÈRES.

Les opérations effectuées par ce service se décomposent ainsi:

1. Essais de variétés, en vue de connaître la valeur relative de variétés déjà établies, des diverses plantes fourragères cultivées.

2. Culture améliorante, en vue de produire de nouvelles variétés de plantes fourragères cultivées, supérieures à celles qui existent déjà et mieux adaptées aux diverses conditions climatériques des différentes parties du pays.

3. Etude des graminées sauvages et indigènes.

Un certain nombre de variétés de maïs, betteraves fourragères, navets, carottes et de betteraves à sucre ont été essayées à la ferme expérimentale centrale et aux fermes-annexes pendant l'année.

Chaque variété a été cultivée sur deux parcelles chacune, située dans une partie différente du champ et le rendement par acre a été calculé d'après la production moyenne de ces deux parcelles. Grâce à cette disposition qui a été prise en 1913, on élimine, au moins jusqu'à un certain point, l'influence perturbatrice des variations dans la nature du sol dans le champ d'expérience. En employant ainsi deux parcelles, on obtient des résultats plus exacts dans les essais comparatifs. Ce fait a été amplement démontré à toutes les fermes et stations expérimentales, même sur celles où la nature du sol était des plus uniformes.

CULTURE AMÉLIORANTE.

Luzerne.—Par suite de la température très défavorable au printemps de 1913, les parcelles de luzerne ont été en partie détruites. Nous avons laissé la plupart de ces parcelles monter à graine, en nous basant sur cette supposition que les plantes qui survivent représentent les types les plus rustiques. Une partie de la graine ainsi obtenue sera employée en 1914 pour de nouveaux essais de culture améliorante.

Voulant obtenir une variété rustique et uniforme de haute productivité, nous avons commencé à soumettre certaines plantes isolées à une culture améliorante. Un millier de plantes ont été sélectionnées dans ce but et transplantées en plein champ.

Trèfles.—Voulant obtenir par la sélection naturelle des types de trèfle parfaitement rustiques, nous avons entrepris une expérience sur le trèfle rouge et le trèfle d'alsike portant sur 24 parcelles et 84 rangées. Cette expérience, qui sera continuée pendant plusieurs années, a non seulement pour but de produire des variétés biologiques qui se caractérisent par la résistance au froid, mais aussi de démontrer par des chiffres réels la valeur de la graine produite au pays.

Nous avons entrepris également la culture d'espèces hautement productives, provenant de plantes isolées possédant des caractères morphologiques bien marqués, indiquant une forte productivité. Près de 900 plantes de trèfle rouge ont été sélectionnées dans ce but.

HERBES CULTIVÉES.

Dix-sept plantes ont été choisies parmi quelque mille deux cent plantes de mil (*fléole des prés*), plantées en 1912. Ces plantes, qui se sont fécondées d'elles-mêmes, ont produit une assez bonne quantité de graine; qui sera employée l'année prochaine pour la production de nouvelles variétés.

SERVICE DE L'ÉLEVAGE.

Les travaux de ce service se sont rapidement accrus cette année et de façon très satisfaisante. Voici principalement en quoi ils consistent: alimentation, élevage, achat, exploitation et logement des animaux de la ferme, fabrication et vente de leurs produits, ainsi que tous les travaux de routine et toutes les expériences nécessaires effectuées à la ferme centrale et aux fermes et stations-annexes, après consultation avec le directeur des fermes expérimentales et les régisseurs des diverses fermes et stations.

Les travaux à la ferme expérimentale centrale d'Ottawa ont été grandement retardés l'année dernière par l'incendie de quelques-uns des bâtiments les plus importants. Au nombre de ces bâtiments se trouvent la vacherie principale, l'étable à veaux et à taureaux, la bouverie ainsi que les silos, les enclos et les bascules. Heureusement, grâce à la promptitude des employés de la ferme, il n'y a pas eu de perte de bestiaux à enregistrer. Néanmoins toutes les expériences sur le bétail ont dû être interrompues à cause du manque de commodités et de la nécessité de rédistribuer et d'entasser les bestiaux dans tous les départements.

LES TROUPEAUX À LA FERME CENTRALE.

Les chevaux de la ferme, à l'exception de ceux qui sont nécessaires pour les voitures, sont tous des chevaux de gros trait. Il n'y avait que des chevaux hongres en ces dernières années, mais depuis deux ans on s'est attaché à remplacer au moins la moitié des chevaux hongres par des juments et on a commencé des opérations d'élevage dans le but de rassembler de nouvelles données sur l'élevage du cheval. Un poulain a été élevé l'année dernière. Il y a maintenant huit juments Clydesdale de choix dont la plupart sont en gestation.

En ce qui concerne les opérations sur le bétail de boucherie, le manque de terrain sur la ferme nous oblige à nous borner à faire des essais d'engraissement sur des bœufs, nous ne tenons pas de reproducteurs. La perte des bâtiments et des fourrages dont nous venons de parler a supprimé ces essais d'engraissement.

Le bétail laitier reçoit une attention toujours plus grande, cinq races sont représentées: Holstein, Ayrshire, Guernesey, Jersey et Canadienne; toutes ont donné d'excellents rendements. Naturellement, la production du lait a beaucoup souffert lorsque les bâtiments ont été détruits et que les bestiaux ont été gardés plusieurs semaines en plein air. Nous vendons tous les ans, à des prix modérés, un grand nombre d'animaux de race pure venant de ces troupeaux; ils sont très recherchés par les cultivateurs de toutes les parties du Canada. De même, un certain nombre de bons animaux ont été envoyés pendant l'année à plusieurs fermes-annexes pour l'organisation de troupeaux à ces endroits. Douze animaux Ayrshires de race pure ont été ainsi fournis à la station expérimentale de Ste-Anne de la Pocatière. Les essais d'élevage et d'alimentation de bétail laitier s'étendent rapidement. Le nombre des troupeaux a augmenté et leur qualité et leur état se sont améliorés pendant l'année. Cette amélioration provient en partie de ce que nous utilisons aujourd'hui les bords des chemins pour le pâturage. Nous avons été obligés de le faire à cause de l'état peu salubre des très petites superficies dont on se servait jusqu'ici comme pâturage. Il faut admettre cependant que cette méthode d'exploitation est beaucoup trop coûteuse pour pouvoir être pratiquée partout au Canada. Le manque de place nous oblige à ne tenir que deux troupeaux, Shropshire et Leicester, mais nous en avons tiré un certain nombre de très bons sujets qui ont été distribués aux fermes-annexes et aux cultivateurs.

L'élevage des porcs s'est montré de nouveau l'une des opérations les plus avantageuses de l'industrie animale. Nous avons tenu des Yorkshires, Berkshires et Tamworths, qui nous ont donné un grand nombre de jeunes animaux de race pure qui ont été vendus pour la reproduction. La plupart des essais d'engraissement de porcs ont dû être suspendus parce que nous avons utilisé une partie des porcheries pour le bétail. Cependant quelques expériences utiles ont été poursuivies l'année dernière.

Nous avons fait beaucoup d'expériences pour tâcher d'arriver à connaître les méthodes les plus avantageuses dans la production et la vente des produits laitiers. Nous avons augmenté le champ de nos opérations et les recettes provenant de la fabrication du beurre, du fromage Cheddar, de plusieurs sortes de fromages mous et notamment du fromage de crème, du fromage de Coulommiers, du lait pur et du lait certifié ont été très satisfaisantes. Le total des recettes brutes, pour ce seul service de la ferme expérimentale, a dépassé $11,000. Nous avons fait des progrès considérables dans l'essai de divers types de seaux laitiers, de machines à traire et d'autres appareils au point de vue de l'efficacité et de l'économie. Mais malheureusement tous ces essais ont dû être suspendus à cause de la perte des bâtiments et de l'outillage. Lorsque les nouveaux bâtiments seront terminés et aménagés, nous reprendrons ces travaux dont nous comptons tirer beaucoup de rènseignements utiles.

BÂTIMENTS POUR LE SERVICE DE L'ÉLEVAGE, FERME EXPÉRIMENTALE.

Pendant l'été de l'année dernière, quelques nouvelles constructions ont été faites pour ce service. Les bâtiments qui ont été plus tard détruits par le feu venaient d'être réparés et remis à neuf. Un hangar pour l'alimentation des moutons a été construit. Un cottage a été déplacé pour fournir un emplacement pour une laiterie, qui sera probablement construite l'année prochaine. Immédiatement après l'incendie qui a détruit les gros bâtiments, nous avons commencé à déblayer l'emplacement et à refaire les fondations. La reconstruction a été si bien poussée que les deux grandes ailes du bâtiment principal ont été terminées avant la fin de l'année courante, ce qui a permis d'abriter une bonne partie du troupeau laitier. Lorsque ces nouveaux bâtiments seront terminés l'année prochaine, il y aura, à la ferme centrale, un des meilleurs bâtiments laitiers au Canada, qui sera sans doute examiné avec soin par les nombreux cultivateurs qui viennent voir cette ferme.

AIDE DONNÉE AUX FERMES-ANNEXES.

En visitant les fermes-annexes au Canada, l'éleveur a pu venir en contact plus intime avec leurs travaux. Il a pu aider les régisseurs, sous la surveillance du directeur, à poser des bases de nouvelles expériences sur le bétail et à conduire de façon plus systématique les travaux qui sont en cours depuis quelque temps.

Les plans des nouvelles granges et des autres bâtiments pour le logement du bétail, pour les fermes et les stations-annexes, ont été exécutés principalement par le service de l'élevage. Dans bien des cas tous les devis de ces bâtiments ont été faits par ce service, sous la surveillance du directeur, mais dans la plupart des cas la disposition générale et les détails nécessaires ont été soumis au ministère des Travaux publics. Grâce à la collaboration de ce ministère, les constructions sur les fermes-annexes ont été grandement facilitées cette année et beaucoup de bâtiments de construction économique, mais satisfaisants sous tous les rapports, ont été terminés et sont maintenant employés. Ces bâtiments améliorés non seulement fournissent les moyens de conduire les expériences sur le bétail, mais ils ont déjà exercé une heureuse influence sur les cultivateurs du voisinage et de la province, car un bon nombre d'éleveurs, grands et petits, copient ces bâtiments, au moins dans leurs détails essentiels.

SERVICE DE L'AVICULTURE.

Depuis le rapport de 1912, le service de l'aviculture a été réorganisé et établi sur les mêmes bases que les autres services de la ferme expérimentale. Il est maintenant confié à un aviculteur du Dominion. Ce service dirige également les travaux des diverses fermes et stations expérimentales. Avant 1913, il ne se tenait pas de poulaillers aux fermes-annexes, sauf pour les besoins de la ferme, mais cette année des poulaillers ont été construits aux fermes et stations suivantes: Agassiz, C.-B.; Invermere, C.-B.; Lacombe, Alta.; Indian-Head, Sask.; Brandon, Man.; Frédéricton, N.-B.; Nappan, N.-E.; Kentville, N.-E.; Charlottetown, I. P.-E.

L'installation et l'aménagement des fermes et stations-annexes comprend plusieurs acres de terre, choisis de préférence dans le verger ou sur les bords du verger. De 100 à 400 poules pondeuses et divers genres de poulaillers, des incubateurs et des éleveuses permettant d'élever une quantité suffisante de volailles pour maintenir l'effectif des pondeuses et pour répondre aux demandes des cultivateurs. A la plupart des fermes le soin de la volaille et des abeilles a été confié à un homme, et l'on compte que dans une année il y aura sur chaque ferme et chaque station expérimentale une basse-cour bien outillée, assez grande pour exiger toute l'attention d'un homme et qui sera confiée aux soins d'un aviculteur pratique.

Presque toutes les expériences se font actuellement à la ferme centrale, qui dispose d'un meilleur outillage que les autres, mais il se fait cependant, aux fermes-annexes, des expériences d'un caractère spécial ou local et c'est par l'intermédiaire de ces fermes-annexes que l'on fera la démonstration des méthodes qui se sont montrées avantageuses et que ce service recommande.

Les expériences de cette année sont les mêmes que celles de 1912, savoir: poulailler à devant ouvert ou fermé, alimentation pour la production des œufs, aliments qui conviennent le mieux aux poussins et au stock d'élevage. Les résultats ont fait de nouveau ressortir la valeur de l'air pur dans le poulailler. Ils ont montré qu'un froid sec n'est pas mauvais pour la santé des poules pondeuses. Ceci a été particulièrement établi pendant l'hiver de 1913-14. Un parquet de Leghorns blanches, à crête simple, avait été tenu dans un poulailler de 10 x 14 pieds, dont la façade, du côté du sud, se composait de un-tiers de vitre et de deux-tiers de coton. Pendant les trois jours où la température maximum avait été de 30, 28 et 25 degrés au-dessous de zéro, les volailles n'ont pas souffert des froids extrêmes dans ce poulailler relativement ouvert. Il n'y a pas eu une seule crête de gelée chez les poules et la production des œufs n'a pas diminué pendant les froids. Cependant ces températures sont trop basses pour les coqs et nous cherchons maintenant à trouver le moyen d'empêcher leurs crêtes de geler par les grands froids.

Nous continuons à faire les divers essais d'alimentation ci-haut mentionnés. Les résultats seront publiés sous forme de bulletins lorsqu'ils seront terminés. Il y a à mentionner, parmi les nouvelles expériences de cette année, l'enregistrement de la généalogie pour connaître la valeur de l'hérédité dans la production des œufs; cause de la mortalité parmi les poussins provenant d'incubateurs et d'éleveuses, et remèdes; recherches sur les maladies des volailles; valeur des canards Coureurs Indiens dans la production des œufs de table; valeur des criblures et des graines de mauvaises herbes provenant des élévateurs de Port-Arthur, pour l'alimentation des volailles; incubation artificielle d'œufs de dindons; élevage des dindons et leurs maladies; élevage des oies et des canards, etc.

On s'occupe de former, à la ferme centrale, des familles de poules bonnes pondeuses appartenant à plusieurs races d'utilité; les cochets sont distribués aux fermes et stations-annexes. La ferme centrale ne vend guère d'œufs ni de volailles, mais dès que les poulaillers des fermes-annexes seront organisés, ils pourront vendre des sujets et des œufs aux cultivateurs et aux aviculteurs.

Trois nouveaux bâtiments ont été construits cette année à la ferme centrale; un pavillon à cochets de 10 sur 70 pieds; un poulailler expérimental d'élevage de 12 sur 100 pieds; un pavillon expérimental d'alimentation et d'approvisionnement de 30 sur 40 pieds. La superficie affectée au service s'est également agrandie d'un terrain de quatorze acres sur le bord du lac Dows, qui sera consacré aux dindons, oies et canards, etc.

SERVICE DES TABACS.

Le service des tabacs a poursuivi ses recherches pendant la saison de 1913-14 sur les stations expérimentales de St-Jacques l'Achigan et Farnham, dans la province de Québec, et à Harrow, Ont., en sus des travaux effectués à la ferme expérimentale centrale d'Ottawa. De même que par les années passées, la superficie affectée à la culture du tabac à la ferme centrale a été spécialement consacrée à la production de graine pour la distribution. On a largement augmenté le nombre de variétés à l'étude, en vue de certains travaux portant sur la sélection et la culture améliorante commencée cette année et au moyen desquels on espère établir et maintenir au Canada des types d'une qualité supérieure et possédant des caractéristiques mieux fixées. Malgré la saison plutôt défavorable, les résultats de ces travaux en 1913 ont été des plus encourageants, surtout pour les tabacs jaunes dont certaines variétés, récemment introduites, se sont montrées plus précoces que toutes celles qui ont été essayées jusqu'ici au Canada.

La récolte abondante de semence a permis à ce service de répondre à presque toutes les demandes d'échantillons. On a distribué au total plus de 4,000 échantillons.

A la station de St-Jacques l'Achigan, de même que sur tous les points de la partie nord du centre de Québec, la récolte de tabac a été fortement réduite par la sécheresse et par la température froide qui a sévi en juin. La feuille était courte, un peu trop épaisse pour faire une enveloppe de choix. Cependant, malgré la lenteur de la végétation au début, la récolte a bien mûri et sa couleur était bonne. Les variétés cultivées sont les Comstock, Aurora et Cubain.

A la station de Farnham, qui couvre une plus grande superficie, les recherches expérimentales ont été plus nombreuses. Les variétés à l'essai sont les Comstock, Spanish, Havana Seed Leaf, Yamaska, Big Ohio x Sumatra, Cubain et Canelle. Parmi ces variétés, celles qui donnent les résultats les plus intéressants sont les Comstock, Havana Seed Leaf et Yamaska. En raison des conditions défavorables qui se sont produites peu après la plantation, le Cubain et le Brésil ont donné une récolte de développement assez inégal et à peine mûre. Le Big Ohio x Sumatra a donné de bons résultats sur terrain bien cultivé, mais n'a pas réussi aussi bien sur la terre qui venait d'être labourée, et spécialement sur un relevé de vieille prairie. Le Yamaska avait une bonne texture, son développement était uniforme. Il y avait une bonne proportion de feuilles à enveloppes (20 pouces à 24 pouces). Cette variété paraît mieux acclimatée et d'un type mieux fixé que le Big Ohio x Sumatra.

Malheureusement, une gelée précoce a détruit complètement quelques 2,500 plants qui avaient été sélectionnés pour la production de la semence sur différentes parties de la plantation. Ce fait et la destruction de la graine elle-même ont retardé d'une année les travaux de sélection individuelle et d'hybridation qui étaient en cours.

A la station de Harrow, Ont., la récolte de tabac a été complètement détruite par l'orage de grêle du 3 août 1913. L'essai systématique d'engrais chimiques sur le tabac n'a donc donné aucun résultat à cause de ce fait. En ce qui concerne le tabac jaune, il a été impossible de tirer des conclusions plus ou moins exactes de l'essai comparatif des variétés connues, relativement à la précocité et à la tendance à produire une feuille à la couleur désirée.

L'emploi de tables graduées, beaucoup plus simples que celles qui sont employées à Farnham et à St-Césaire, a permis d'économiser beaucoup de main-d'œuvre dans le triage de la récolte de St-Jacques l'Achigan, triage fait à la ferme centrale d'Ottawa.

STATION EXPÉRIMENTALE DE CHARLOTTETOWN, I. P.-E.

La saison a été tardive à cause du temps couvert et froid en mai et en juin. Cependant, dans l'ensemble, elle a été favorable aux grands rendements. A l'époque de la moisson, en septembre et aux premiers jours d'octobre, la température a été favorable au grain hâtif. La dernière partie d'octobre a été très humide et ce n'est pas avant novembre que l'on a pu rentrer la majeure partie du grain, généralement en mauvais état. Les fruits et les légumes ont donné de très bonnes récoltes.

Il ne s'est pas construit de nouveaux bâtiments à la station de Charlottetown cette année, à l'exception de quelques poulaillers portatifs et de quelques dépendances.

STATION EXPÉRIMENTALE, FRÉDÉRICTON, N.-B.

Les seules expériences qui ont été faites cette année à cette station étaient une série d'essais d'engrais chimiques sur les pommes de terre. On s'est appliqué à nettoyer, à labourer, à drainer et à construire les bâtiments. Une écurie est très avancée, la vacherie et la laiterie sont terminées à l'exception de la peinture. La construction sera poursuivie cette année et l'on espère entreprendre également de nombreuses recherches.

FERME EXPÉRIMENTALE DE NAPPAN, N.-E.

La saison de végétation a été assez tardive à Nappan. Les semis ont été faits un peu plus tôt qu'en 1912,mais la température humide et froide qui a sévi a retardé la germination. Août et septembre ont été favorables à la croissance et à la rentrée des grains premiers semés, mais les grains semés plus tard ont dû être rentrés pendant les pluies d'octobre et une bonne proportion de ces grains n'ont pu être utilisés pour l'alimentation. La récolte de pommes était au-dessous de la moyenne en quantité et en qualité; le manque de soleil en est sans doute la cause.

STATION EXPÉRIMENTALE DE KENTVILLE, N.E-.

En avril la température chaude a hâté la pousse, mais les froids qui ont suivi l'ont retardée pendant la première moitié de mai. En mai, juin, juillet et août la température moyenne était au-dessous de la normale et la pluie beaucoup moins forte que d'habitude. Les récoltes ont beaucoup souffert du manque d'humidité.

Une superficie de 14½ acres a été plantée en arbres fruitiers et des plantations de vignes et de petits fruits ont été faites également. Des arbres et des arbustes d'ornement ont été plantés et des pelouses ont été formées.

Les travaux de démonstration aux vergers commencés l'année dernière ont été poursuivis.

Les défrichements et les labours ont été continués et quelques récoltes de grande culture ont été semées. Mais il n'a pas été fait d'expériences sur les céréales.

STATION EXPÉRIMENTALE DE STE-ANNE DE LA POCATIÈRE, QUÉ.

On a continué à faire des préparatifs à cette station sous forme de drainage et de clôturage. Des plantes de grande culture ont été semées, principalement de l'avoine Banner.

La superficie de cette station s'est augmentée d'environ 125 arpents pendant l'année.

Le printemps a été très sec et ce fait, ainsi que la profondeur atteint par la gelée pendant l'hiver, a beaucoup retardé la végétation. La température a été normale pendant la saison. Il a été planté quelque trois acres et demi en vergers et de nouvelles plantations seront faites cette année. Une écurie et une vacherie ont été construites; elles sont maintenant terminées à l'exception de la peinture. On continuera cette année à construire, à drainer et à clôturer, et on entreprendra quelques expériences.

STATION EXPÉRIMENTALE DE CAP ROUGE, QUÉ.

Le printemps a fait son apparition de très bonne heure et toutes les parcelles d'essais de céréales ont été ensemencées vers la fin d'avril. Les grains semés plus tard ont souffert de la sécheresse. Mais le grain semé de bonne heure a produit une forte récolte dans tous les districts. Les légumes ont donné de très bons résultats.

Une écurie a été construite pendant l'année et un système d'approvisionnement d'eau a été installé.

Une superficie considérable a été drainée avec des tuyaux pendant l'automne. On s'est servi d'un excavateur à gazoline pour creuser la plupart des tranchées.

FERME EXPÉRIMENTALE DE BRANDON, MAN.

Le printemps de 1913 n'a pas été hâtif; mais il n'est pas venu de vague froide et les semailles se sont faites rapidement. L'été sec a nui à la production des récoltes. Cependant les rendements ont été d'une bonne moyenne et la qualité excellente. Une porcherie, un cottage et des bureaux ont été construits pendant l'année.

FERME EXPÉRIMENTALE D'INDIAN HEAD, SASK.

Les semis ont été commencés vers le milieu d'avril dans des conditions favorables. La pousse a été rapide. La récolte a mûri de bonne heure et n'a pas souffert de la gelée. La plus grande partie de cette récolte a été coupée avant les pluies d'octobre.

Les terrains d'ornement ont été fort améliorés et de nouvelles plantations d'arbres fruitiers ont été faites. Une résidence pour le vacher a été construite cette année.

STATION EXPÉRIMENTALE DE ROSTHERN, SASK.

La saison de 1913 a été plus sèche que celles de 1911 et de 1912. Cependant les récoltes n'en ont pas souffert, car il a tombé beaucoup de pluie en juillet et août. Elles ont été rentrés en bon état sans avoir souffert de la gelée.

STATION EXPÉRIMENTALE DE SCOTT, SASK.

La saison a fait son apparition de bonne heure, et le grain a été semé le 8 avril. La température a été sèche et fraîche, cependant le sol contenait assez d'humidité pour activer la pousse. La moisson s'est faite de bonne heure dans de bonnes conditions. En automne le battage a pu se faire sans interruption. La production a été passable dans tout le district et la qualité excellente.

Un pavillon d'expériences a été construit cette année et la lumière électrique a été installée dans tous les bâtiments de la station.

STATION EXPÉRIMENTALE DE LETHBRIDGE, ALTA.

La plupart des expériences poursuivies sur la ferme non irriguée ont été comme d'habitude répétées sur la terre irriguée. Sur la première la sécheresse de mai et juin a beaucoup nui aux récoltes de la station, de même qu'à celles de tout le district. Les légumes et les petits fruits ont donné de bons résultats; 85 pommiers ont rapporté, ce sont les premières pommes que nous avons eues à cette station, à l'exception d'une petite récolte de pommettes sur un arbre l'année dernière.

Il ne s'est pas construit de bâtiments cette année. Une fosse septique a été installée. La lumière électrique a été posée dans les bâtiments de la station et un système d'approvisionnement d'eau a été installé.

STATION EXPÉRIMENTALE DE LACOMBE, ALTA.

Les semis ont été commencés le 10 avril. La température est restée fraîche et sèche jusqu'au 10 mai, puis elle a été favorable à la végétation. Ces conditions favorables se sont maintenues toute la saison, jusqu'à la fin de la rentrée des récoltes et du battage.

Les petits fruits et légumes ont bien rapporté et nous avons eu cette année notre première récolte de pommes. Il ne s'est pas construit de nouveaux bâtiments à la station de Lacombe. On y a fait des opérations assez considérables sur l'industrie laitière, des essais d'engraissement de bœufs et des opérations sur la volaille.

FERME EXPÉRIMENTALE D'AGASSIZ, C.-B.

La saison d'Agassiz a été humide et fraîche et les céréales n'ont pas été d'aussi bonne qualité que si les circonstances avaient été plus favorables.

Un verger d'environ quatre acres a été planté et l'on a fait comme d'habitude des essais de variétés de légumes et de fruits.

Le troupeau laitier a donné de bons résultats, de même que les porcs et les volailles.

Il s'est construit quelques petits bâtiments, hangar pour le rucher, poulailler, etc.

STATION EXPÉRIMENTALE D'INVERMERE, C.-B.

Il s'est planté quelque 700 arbres à cette station et des préparatifs ont été faits pour de nouvelles plantations cette année.

Il ne s'est pas fait d'expériences sur les céréales, mais on a semé quelques champs de céréales.

Une maison pour le régisseur et une autre pour le contremaître ont été construites.

STATION EXPÉRIMENTALE DE SIDNEY, C.-B.

On a poursuivi les travaux de défrichement. On a défriché, épierré, aplani et labouré quelque 50 acres. De grands travaux de drainage ont été effectués, des clôtures ont été posées et des avenues et des chemins tracés.

On a fait de grandes plantations d'arbres et d'arbustes d'ornement, importés et indigènes, et quelques expériences sur les légumes et les petits fruits.

SOUS-STATIONS.

Des expériences ont été faites à Grouard, Fort-Résolution et Fort-Providence, en Alberta, et à Kamloops en Colombie-Britannique. Sauf à ce dernier endroit les résultats ont été partout satisfaisants, étant données les difficultés de situation et de climat.

LA RÉCOLTE AU CANADA.

Entre l'ouest et l'est du Canada, la différence dans les conditions atmosphériques a été très marquée pendant la saison de 1913. Dans l'ouest les conditions ont été des plus favorables aux semailles, à la végétation, à la moisson et au battage; le seul inconvénient dont on ait souffert a été le manque de pluie dans quelques localités.

D'autre part, dans l'Ontario et Québec et certaines parties des provinces maritimes, les récoltes ont souffert de la sécheresse et de la pluie pendant la moisson.

Dans l'ensemble, au Dominion, les principales récoltes de grain ont produit beaucoup plus qu'en 1912, tandis que le foin, le trèfle, les racines et les pommes de terre sont en diminution.

5 GEORGE V, A. 1915

Les tableaux suivants sont compilés d'après les données fournies par la statistique mensuelle. Le premier indique la superficie et les évaluations finales de production et de valeur pour les principales récoltes du Canada en 1913. Les données de la récolte de 1912 sont indiquées dans le deuxième tableau pour fins de comparaison. On voit qu'en 1912 une superficie totale de 42,216,820 acres en grande culture a donné une récolte évaluée à $635,473,100, tandis qu'en 1913 la superficie en culture a été de 46,390,430 acres et la valeur de la récolte de $709,230,500.

SUPERFICIE EN CULTURE et évaluation du rendement et de la valeur des récoltes, 1913

Récoltes.	Surface.	Rendement à l'acre.	Rendement total.	Poids par boisseau, mesuré.	Prix moyen.	Valeur totale.
	Acres.	Boiss.	Boiss.	Liv.	$	$
Blé d'automne	970,000	23.29	22,592,000	60.25	0.80	18,185,000
Blé de printemps	10,045,000	20.81	209,125,000	60.37	0.66	138,277,000
Blé, toutes sortes	11,015,000	21.04	231,717,000	....	0.67	156,462,000
Avoine	10,434,000	38.78	404,669,000	36.48	0.32	128,893,000
Orge	1,613,000	29.96	48,319,000	48.41	0.42	20,144,000
Seigle	119,300	19.28	2,300,000	55.66	0.66	1,524,000
Pois	218,980	18.05	3,951,800	60.00	1.11	4,382,000
Sarrasin	380,700	21.99	8,372,000	50.32	0.64	5,320,000
Grains mélangés	473,800	33.33	15,792,000	44.74	0.55	8,685,000
Lin	1,552,800	11.30	17,539,000	55.79	0.97	17,084,000
Fèves	46,600	17.19	800,900	59.70	1.88	1,505,000
Maïs	278,140	60.30	16,772,600	56.27	0.64	10,784,300
Pommes de terre	473,500	165.88	78,544,000	....	0.49	38,418,000
Navets, etc	186,400	358.30	66,788,000	....	0.28	18,643,000
Foin et trèfle	8,169,000	1.33 ton.	10,859,000	....	11.48 ton.	124,696,000
Maïs-fourrage	303,650	8.62	2,616,300	....	4.78	12,506,000
Luzerne	93,560	2.54	237,770	....	11.85	2,816,200
Betteraves à sucre	17,000	8.71	148,000	....	6.12	906,000

SUPERFICIE EN CULTURE et évaluation du rendement et de la valeur des récoltes, 1912.

Récoltes.	Surface.	Rendement à l'acre.	Rendement total.	Poids par boisseau, mesuré.	Prix moyen.	Valeur totale.
	Acres.	Boiss.	Boiss.	Liv.	$	$
Canada—						
Blé d'automne	781,000	20.99	16,396,000	60.21	0.84	13,735,000
Blé de printemps	8,977,400	20.37	182,840,000	58.90	0.60	109,787,000
Blé, toutes sortes	9,758,400	20.42	199,236,000	59.22	0.62	123,522,000
Avoine	9,216,900	39.25	361,733,000	35.40	0.32	116,996,000
Orge	1,415,200	31.10	44,014,000	47.59	0.46	20,405,000
Seigle	136,110	19.06	2,594,000	54.84	0.73	1,904,000
Pois	250,820	15.04	3,773,500	56.88	1.26	4,771,800
Sarrasin	387,000	26.34	10,193,000	47.62	0.62	6,337,000
Grains mélangés	522,100	34.38	17,952,000	44.48	0.59	10,690,000
Lin	1,677,800	12.92	21,681,500	54.88	0.91	19,626,000
Fèves	59,800	17.40	1,040,800	59.05	2.20	2,291,500
Maïs	292,850	56.58	16,569,800	55.67	0.62	10,325,400
Pommes de terre	472,400	172.19	81,343,000	....	0.39	32,173,000
Navets, etc	217,400	402.51	87,505,000	....	0.23	20,713,000
		Tonnes.			Par tonne.	
Foin et trèfle	7,633,600	1.47	11,189,000	....	11.07	124,009,000
Maïs-fourrage	287,740	10.26	2,858,900	....	4.74	13,557,500
Betteraves à sucre	19,000	10.74	204,000	....	5.00	1,020,000
Luzerne	111,300	2.79	310,100	....	11.65	3,609,900

BÉTAIL.

On voit, d'après le tableau donné ci-dessous, que le nombre du bétail au Dominion accuse une augmentation, sauf dans le cas des porcs. Les chiffres sont donnés pour les années 1909-1913.

STATISTIQUES DU BÉTAIL sur les fermes, 1909-1913.

Bétail.	1909.	1910.	1911.	1912.	1913.
	Nombre.	Nombre.	Nombre.	Nombre.	Nombre.
Canada—					
Chevaux................................	2,132,489	2,213,199	2,595,912	2,692,357	2,866,008
Vaches................................	2,849,305	2,853,957	2,594,179	2,604,488	2,740,434
Autres bovins.........................	4,384,779	4,250,963	3,939,257	3,827,373	3,915,657
Moutons..............................	2,705,390	2,598,470	2,175,302	2,082,381	2,128,531
Porcs.................................	2,912,509	2,753,964	3,610,428	3,477,310	3,448,326

DIVISION DE L'HYGIÈNE DES ANIMAUX.

SERVICE DES MALADIES CONTAGIEUSES.

Les fonctionnaires de cette division se sont occupés d'enrayer les épizooties, d'inspecter tous les animaux qui entrent au Canada, de soumettre à l'épreuve de la malléine tous les chevaux qui n'étaient pas accompagnés par des certificats satisfaisants montrant qu'ils avaient déjà été soumis à cette épreuve, d'inspecter les animaux destinés aux exportations transatlantiques, de surveiller le nettoiement et la désinfection des wagons à bestiaux aux grands centres de trafic, aux termes de la loi des épizooties, et d'inspecter les animaux, les viandes et les conserves dans les salaisons, en vertu de la loi des viandes et des conserves.

La fièvre aphteuse ayant fait une nouvelle apparition en Grande-Bretagne, nous avons dû réimposer, le 17 novembre, les restrictions contre l'émission de permis pour l'importation d'animaux ruminants et de porcs venant de ce pays. Il est probable que ces restrictions devront être maintenues encore quelque temps.

La *morve* accuse une diminution des plus encourageantes, de près de 50 pour cent sur les chiffres de l'année dernière; c'est dans les provinces de l'Ouest où la maladie a causé tant d'ennuis pendant si longtemps que cette diminution est la plus accusée; 310 chevaux ont été abattus cette année contre 604 en 1912-13. En Saskatchewan le chiffre des chevaux abattus est tombé de 722 en 1911 à 428 en 1912, ce taux de diminution s'est maintenu en 1913, pendant laquelle le total n'a été que de 190. Le nombre total de chevaux abattus pour cause de morve au Dominion a été de 350 contre 638 l'année dernière. Ce résultat est dû aux efforts énergiques que se sont imposés nos inspecteurs vétérinaires, qui sont souvent obligés de parcourir plusieurs centaines de milles par toutes sortes de temps et de vivre dans les circonstances les plus primitives, en s'efforçant de maîtriser une épidémie parmi les chevaux des colons qui vivent à une longue distance du chemin de fer.

Tous les chevaux entrant au pays sont éprouvés, soit avant d'être expédiés, soit en arrivant à la frontière; le département s'impose de grands frais pour l'abatage des chevaux canadiens infectés et le paiement de compensation. Il doit donc veiller à ce que la maladie ne soit pas ré-introduite par des importations venant de pays qui ne sont pas soumises à la même surveillance, sinon tous ces efforts seraient en vain.

Une épidémie importante de *dourine* a été constatée dans un district du sud de l'Alberta. Elle entraînera probablement l'abatage de 450 chevaux. Le diagnostic de cette dangereuse maladie n'a pu se faire jusqu'ici que par l'examen clinique, mais notre pathologiste chargé du laboratoire des recherches vétérinaires de Lethbridge, le Dr A. Watson, s'est servi d'une méthode de diagnostic qui s'est montrée très utile, et grâce à ce fluide on peut combattre la maladie avec succès dans les haras infectés, que les animaux en montrent ou non les symptômes. Plusieurs centaines d'épreuves ont été faites et il faut espérer que lorsque cette épidémie sera enrayée il ne restera plus que quelques cas isolés comme d'habitude. Cette année 465 chevaux ont été abattus dans la Saskatchewan et l'Alberta, contre 18 l'année dernière.

La *gale* des bovins et des chevaux a été l'objet d'une attention spéciale de la part de nos vétérinaires dans l'Alberta et la Saskatchewan; ces vétérinaires ont sous leurs ordres un corps de cavaliers qui parcourent la prairie pour découvrir les animaux infectés. Un grand nombre d'animaux ont été lavés, soit volontairement, soit par les ordres du département. La gale des chevaux a été un peu plus répandue que d'habitude dans Ontario. Il y a eu également une légère augmentation de cette maladie dans les provinces de l'Ouest. Le nombre total des chevaux affectés a été de 300 contre 126 l'année dernière; 1,500 animaux ont été mis en quarantaine contre 712 l'année dernière. La gale des bovins accuse de nouveau une diminution encourageante. Le nombre des animaux infectés a été de 2,825 contre 3,321 l'année dernière. D'autre part, il n'a fallu mettre en quarantaine que 67,500 animaux contre 82,677 en 1912. La maladie ayant complètement disparu de la partie nord de la superficie en quarantaine en Alberta, on a pu réduire cette superficie en déplaçant la limite nord de six cantons vers le sud. Si la situation continue à s'améliorer, cette ligne pourra être reculée de nouveau.

La *gale des moutons* est toujours à peu près inconnue. Il n'y a eu qu'une petite explosion de cette maladie dans la province de Québec et le nombre d'animaux trouvés infectés n'était que de quatre. Cette épidémie a pu être enrayée et il n'y a pas actuellement au Canada un seul cas de cette maladie. Quelques milliers de moutons ont été importés des provinces de l'Ouest, et, par mesure de précaution, une quarantaine de trente jours leur a été imposée à tous, à l'exception de ceux qui sont importés pour l'abatage immédiat.

Le *choléra des porcs*, je regrette de le dire, exige une bonne partie du temps des fonctionnaires. Certains propriétaires continuent à se servir de déchets crus de cuisine. On ne paye aucune compensation à ces individus qui enfreignent délibérément les instructions qui leur sont données. Malheureusement, dans la majorité des cas, une épidémie se répand avant que l'on puisse prendre des mesures. La maladie est en grande diminution dans l'est du Canada, mais elle a fait des progrès sensibles dans l'ouest. L'abatage obligatoire et la désinfection des locaux sont strictement imposés et j'espère que les chiffres de l'année prochaine accuseront une bonne diminution. Un fait intéressant à noter c'est que, tandis que la valeur des porcs morts ou abattus par suite du choléra au Canada, l'année dernière, est loin d'atteindre la somme de $100,000, la valeur des porcs perdus en raison de la même cause aux Etats-Unis et pendant la même période est évaluée à $100,000,000. Nous avons abattu cette année 9,950 porcs contre8, 466 l'année dernière, et nous avons payé en compensation la somme de $60,500 contre $52,785.94 en 1912.

La *rage* nous a causé très peu d'ennuis. Il n'a fallu mettre en quarantaine que 100 animaux, dont 78 étaient des chiens,—58 dans l'Ontario et 20 en Colombie-Britannique.

De même que par les années passées nos opérations contre la tuberculose se sont bornées à l'épreuve des animaux importés et exportés, destinés à la reproduction, ceux qui sont placés sous la surveillance de cette division, ou qui sont importés pour la monte en Colombie-Britannique; nous avons fourni gratuitement de la tuberculine aux vétérinaires à condition qu'ils fassent un rapport des résultats obtenus sur des cartes fournies à cet effet. Les fonctionnaires de cette division ont'fait 2,050 épreuves contre 3,034 l'année précédente. Le pourcentage de réaction a été de 8 pour cent contre 1¼ pour cent en 1912. Les vétérinaires privés ont fait 4,750 épreuves contre 3,839 l'année précédente et le pourcentage de réaction a été de 7 pour cent contre 4 pour cent en 1912.

Le Dr Hadwen a fait des recherches sur l'hématurie au laboratoire d'Agassiz, C.-B., et le Dr Watson, à Lethbridge, a trouvé une épreuve satisfaisante au sérum pour la dourine, qui s'est montrée des plus utiles.

Une nouvelle station de quarantaine a été établie à Northgate, Sask., pour faciliter l'entrée des animaux venant au Canada par le nouveau chemin de fer.

Nous avons acheté un terrain près de Lévis, Qué., pour une nouvelle station de quarantaine pour les animaux et l'on pousse activement la construction des bâtiments afin d'être prêt à recevoir les importations venant d'outre-mer.

A la requête du gouvernement provincial de l'île du Prince-Edouard, nous avons entrepris l'inspection de tous les renards qui entrent dans cette province afin de protéger la santé de ces précieux animaux que l'on emploie dans la production de la fourrure.

Le laboratoire biologique a préparé un vaccin contre le charbon symptomatique et la fièvre charbonneuse. Il le vend au public à un prix modéré. Le premier de ces vaccins a été l'objet d'une très grande demande, quant au dernier il en a été peu fourni à cause de l'absence de la fièvre charbonneuse.

Ce service a fait régulièrement l'examen de l'eau fournie aux divers édifices publics à Ottawa, et les résultats de cet examen ont été transmis au ministère des Travaux publics. Il a également prêté son concours au ministère des Finances, en faisant l'examen des résultats des diverses méthodes de stérilisation de billets de banque.

SERVICE DES VIANDES ET DES CONSERVES.

Les agents de cette division ont été extrêmement occupés cette année.

Le nombre des bestiaux abattus accuse une augmentation d'environ 75,000 par comparaison aux douze mois précédents.

Le nombre des porcs abattus accuse une augmentation d'environ 200,000 têtes, due exclusivement à l'augmentation de la production dans les provinces de l'Ouest, car l'abatage dans l'Ontario et dans l'est est en diminution de 154,000 têtes, contre une augmentation de 354,000 têtes dans le Manitoba et l'Ouest.

Le nombre des moutons abattus a augmenté de 47,000 têtes.

Les producteurs de viande ont reçu de bons prix pendant l'année. En raison de l'augmentation de nos travaux et du perfectionnement de nos méthodes d'inspection, il est devenu nécessaire d'augmenter le nombre de nos inspecteurs vétérinaires et autres.

La demande de viandes qui ont subi l'inspection augmente rapidement, tellement qu'il est parfois difficile d'évaluer les besoins de l'avenir.

Les directeurs des divers établissements ont montré un empressement louable à se conformer aux exigences de la loi et des règlements. Nos instructions concernant l'état sanitaire sont bien observées.

De grandes dépenses ont été faites pour remettre à neuf quelques-unes des installations les plus anciennes afin qu'elles puissent répondre aux exigences.

Les établissements qui viennent d'être terminés ont été construits d'après les dernières idées sanitaires et font honneur à leurs propriétaires et au Canada. Un grand nombre de nouveaux établissements de conserves, de fruits et de légumes ont été construits pendant l'année dernière et fonctionnent activement.

La température ayant été favorable à la production des fruits et des légumes, une grande quantité de ces produits ont été mis en conserves et leur prix a baissé en proportion.

BUREAU DES PUBLICATIONS.

Le bureau des publications est chargé de faire connaître au public les travaux du ministère de l'Agriculture. Il le fait en distribuant les rapports et les bulletins émanant des services purement agricoles du département et en préparant et en éditant la *Gazette Agricole du Canada*.

Jusqu'au 17 novembre 1913, ce bureau comprenait également les opérations du commissaire canadien de l'institut international d'agriculture, après cette date ces deux services ont été séparés l'un de l'autre. Ce rapport ne traite donc que des travaux du bureau des publications jusqu'au moment où la séparation a été effectuée; il couvre ensuite les travaux de la division des publications.

Il a été envoyé cette année aux divers correspondants dont les noms paraissent sur les listes cinquante-quatre publications nouvelles du ministère de l'Agriculture, deux dépositions faites devant le comité permanent de la Chambre des Communes sur l'agriculture et la colonisation, en sus de petites éditions des trois bulletins mensuels publiés par l'Institut international d'agriculture de Rome. Ces publications se composaient de huit rapports, vingt-huit bulletins, dix circulaires, huit feuillets, trois feuilles, douze numéros des publications de l'Institut international d'agriculture et trois numéros de la *Gazette Agricole du Canada*. En sus des publications envoyées aux personnes dont les noms paraissent sur la liste des correspondants, un bon nombre de publications anciennes et nouvelles ont été expédiées en réponse aux demandes reçues journellement.

Le nombre total de paquets envoyés a été de 1,069,433; il se décompose ainsi: aux correspondants, sur les listes, 180,548 exemplaires de rapports, 542,350 exemplaires de bulletins, y compris les témoignages et les publications mensuelles, et 93,000 exemplaires de circulaires et de feuillets; à ceux qui ont fait une demande spéciale; 13,465 rapports, 196,553 bulletins et 9,082 circulaires et feuillets; et aux fermes et stations-annexes et autres bureaux extérieurs du gouvernement, 5,640 rapports, 26,126 bulletins et 2,670 circulaires et feuillets.

Au commencement de l'année la liste de correspondants de la ferme expérimentale a été refaite. Jusqu'ici cette liste qui contient quelque 60,000 noms comprenait les cultivateurs, les jardiniers et tous ceux qui s'occupent de toutes les branches de l'agriculture. La nouvelle liste est divisée par sujets et les noms contenus sur l'ancienne ont été répartis suivant les sujets. On s'est mis pour cela en communication avec tous les correspondants. Des cartes postales en double ont été expédiées à tous les noms sur la liste des fermes expérimentales. Le correspondant devait indiquer, sur la partie de la carte à renvoyer, le sujet sur lequel il désirait recevoir des renseignements. A mesure que l'on reçoit ces cartes, on transfère le nom et l'adresse du correspondant de la liste originale à la liste des sujets. Un bon nombre de personnes ayant négligé de répondre au premier appel il a fallu envoyer une deuxième carte, ce qui a exigé beaucoup de travail supplémentaire.

Trois nouvelles machines à faire des adresses ont été installées pendant l'année; elles donnent de bons résultats.

Il se fait aussi beaucoup de travaux à multigraphe. Chaque fois qu'une nouvelle publication paraît, on prépare un communiqué que l'on envoie à près de six cents journaux agricoles et autres. Ces communiqués, avec les lettres circulaires, font un total de 45,000 copies imprimées et distribuées de cette façon.

La distribution du livre "Plantes fourragères, prairies et pâturages" qui s'est faite dans les derniers mois de l'année aux écoles publiques, aux écoles et aux collèges d'agriculture et aux fonctionnaires agricoles, nous a imposé beaucoup d'ouvrage supplémentaire. Comme les adresses ne pouvaient être faites à la machine et qu'il fallait marquer, à l'intérieur de chaque exemplaire, le nom de l'institution ou du fonctionnaire, il a fallu employer des commis supplémentaires.

La *Gazette Agricole du Canada* a fait sa première apparition en janvier 1914. C'est une publication mensuelle qui a pour but d'enregistrer les opérations du ministère fédéral et des ministères provinciaux d'agriculture, ainsi que des autres organisations agricoles, et de passer en revue la législation agricole au Canada. Le personnel permanent employé par la division des publications comprend: six commis à l'année, trois commis pendant trois mois et demi, deux messagers et deux emballeurs à l'année, et des commis temporaires, représentant environ cinq employés.

III.—BREVETS D'INVENTION.

Suit un relevé des opérations du bureau des brevets d'invention, du 1er avril 1913 au 31 mars 1914:—

Demandes de brevets.	Brevets et certificats accordés.			Demandes provisoires (Caveat.)	Cessions de brevets.	Avis donnés sous l'empire de l'article 8.
	Brevets.	Certificats.	Total.			
8,359	7,918	1,323	9,241	354	3,432	923

ÉTAT DES DROITS PERÇUS AU BUREAU DES BREVETS, 1913-14.

Mois.	Avis.	Brevets.	Cessions.	Copies.	Caveats.	Divers.	Abonnements.	Total.
1913	$ c.	$ c.	$ c.	$ c.	$ c.	$ c.	$ c.	$ c.
Avril..........	172.00	17,394.55	643.30	352.20	165.15	13.75	83.20	18,824.15
Mai..........	174.00	16,821.65	666.95	278.27	162.50	27.00	45.95	18,176.32
Juin..........	159.00	17,554.42	699.60	263.05	160.85	18.24	28.90	18,884.06
Juillet..........	156.00	17,226.73	554.05	311.45	180.00	32.00	21.20	18,481.43
Août..........	131.90	15,398.35	639.80	226.70	105.00	10.50	15.80	16,528.05
Septembre..........	122.00	15,629.77	509.45	371.40	160.15	6.00	19.20	16,817.97
Octobre..........	139.00	15,957.55	783.35	285.68	140.15	17.00	44.15	17,366.88
Novembre..........	161.90	15,135.95	621.20	253.70	150.00	10.90	86.90	16,420.55
Décembre..........	169.90	15,447.30	610.15	252.15	174.90	9.00	57.50	16,720.90
1914								
Janvier..........	142.90	17,655.88	664.25	315.35	185.65	20.50	20.85	19,005.38
Février..........	144.00	16,336.37	721.95	338.72	129.90	25.25	13.40	17,709.59
Mars..........	172.00	18,510.82	752.45	345.00	235.00	22.00	29.16	20,066.43
	1,844.60	199,069.34	7,866.50	3,593.67	1,949.25	212.14	466.21	215,001.71

Le nombre total de brevets accordés à des inventeurs canadiens a été de 1,334. Voici la répartition de ces brevets, par province.

Ontario.	Québec.	Colombie-Britannique.	Manitoba.	Alberta.	Saskatchewan.	Nouveau-Brunswick.	Nouvelle-Ecosse.	Ile du Prince-Edouard.	Yukon.
607	278	157	115	46	59	30	39	2	1

Brevets accordés à des personnes résidant au Canada et proportion de la population par brevet accordé:—

Provinces.	Brevets.	Un brevet par
Colombie-Britannique	157	2,500
Manitoba	115	3,962
Ontario	607	4,157
Québec	278	7,206
Alberta	46	8,145
Saskatchewan	59	8,346
Yukon	1	8,512
Nouveau-Brunswick	30	11,729
Nouvelle-Ecosse	39	12,624
Ile du Prince-Edouard	2	46,864

NATIONALITÉ DES INVENTEURS ÉTRANGERS.

Brevets délivrés à des personnes résidant dans des pays étrangers pendant les cinq dernières années:—

Pays.	1909.	1910.	1911.	1912.	1913.	1914.
Etats-Unis d'Amérique	4,602	5,021	4,885	4,997	4,964	5,220
Grande-Bretagne	346	392	359	506	495	558
Allemagne	215	241	304	336	307	300
Australie	58	60	77	99	75	76
France	59	75	97	108	100	115
Nouvelle-Zélande	36	37	33	46	47	50
Suède	40	39	54	52	64	40
Belgique	17	20	25	20	28	33
Autriche	33	23	20	24	40	35
Italie	10	8	12	6	16	14
Suisse	11	12	26	23	20	22
Danemark	8	8	5	14	15	16
Transvaal	12	12	16	10	7	1
Hongrie	5	7	6	6	6	5
Russie	4	14	18	6	17	13
Norvège	9	18	20	17	10	32
Terre-Neuve	1	2	3	1	2	1
Pays-Bas	4	0	0			7
Mexique	4	11	7	10	8	7
Colonie du Cap	1	0	3	4	4	1
Cuba	0	1	5	1	1	9
Espagne	2	1	3			1
Chili	1	0	1		1	0
Finlande	1	0	0			0
Portugal	1	0	0			0
Roumanie	1	0	1	1		0
Grand Duché de Luxembourg	1	0	0			0
Algérie	0	0	1			1
Japon	1	2	0	2	2	0
Indes	0	0	5	3	1	7
Natal	0	0	0	1	2	0
Nicaragua	0	0	1			1
Brésil	0	0	2	1		0
Turquie	0	0	0			1
Pologne	0	2	0			0
Hollande	3	2	11	8	7	8
Argentine	4	5	1	1		2
Panama (zone du canal)	2	0	0	3		3
Egypte		0	1			1
Rhodésie du Sud		1				0
Pérou				3	3	2
Hawai					3	1
Venezuela					2	0
Trinidad				1		1
Porto-Rico				1	2	0
Tunisie					1	0
Ceylan					1	0
Straits-Settlements					1	0
Iles Philippines						1
Iles Canaries						1
Java						1
Iles de la Manche						1

Tableau indiquant le nombre de brevets délivrés en vertu de la loi pour lesquels les droits ont été payés pour des périodes de 6, 12 ou 18 ans, au choix du breveté; et le nombre des brevets pour lesquels les certificats de paiement des droits ont été émis, après la délivrance des brevets originalement accordés pour des périodes de six à douze ans.:—

Période pour laquelle les droits ont été payés en premier lieu.			Brevets pour lesquels des certificats de paiement pour prolongation ont été émis.		Brevets. redélivrés.		
6 ans.	12 ans.	18 ans.	6 ans.	12 ans.	6 ans.	12 ans.	18 ans.
7,867	4	26	1,230	93	19	1	1

ETAT COMPARATIF des transactions du bureau des brevets, depuis la première année où les demandes étrangères ont été admises, en 1872, jusqu'en 1914, inclusivement.

Année.	Demandes de brevets.	Brevets et certificats émis.			Cavéats.	Con-cessions.	Droits perçus.
		Brevets.	Certificats.	Total.			$ c.
1872	752	671		671	184	327	18,651.65
1873	1,124	1,016	10	1,026	171	547	28,889.64
1874	1,376	1,218	27	1,245	200	711	32,962.48
1875	1,418	1,266	57	1,323	194	791	33,380.82
1876	1,548	1,337	46	1,383	185	761	34,429.38
1877	1,445	1,277	75	1,352	168	841	33,656.30
1878	1,428	1,172	96	1,268	172	832	31,992.42
1879	1,358	1,137	101	1,238	203	728	30,868.88
1880	1,601	1,252	156	1,408	227	855	38,334.99
1881	1,956	1,510	222	1,732	226	907	48,083.95
1882	2,266	1,846	291	2,137	198	955	55,854.79
1883	2,641	2,178	291	2,469	242	1,052	67,625.48
1884	2,681	2,456	167	2,623	238	1,772	63,257.47
1885	2,518	2,233	214	2,447	222	1,075	62,176.23
1886	2,776	2,610	250	2,860	187	1,322	67,176.23
1887	2,874	2,596	254	2,850	219	1,335	67,940.21
1888	2,747	2,257	282	2,539	240	1,159	65,246.51
1889	3,279	2,725	356	3,081	221	1,437	78,046.72
1890	3,560	2,428	369	2,797	248	6,307	84,150.78
1891	3,233	2,343	393	2,736	215	1,231	77,723.63
1892	3,176	3,417	415	3,832	242	1,500	77,216.76
1893 (seulement 10 mois)	2,614	3,153	292	3,445	229	1,345	63,850.19
1894	3,291	2,756	412	3,218	301	1,445	80,682.56
1895	3,387	3,074	422	3,496	343	1,550	86,358.48
1896	3,728	3,488	413	3,901	306	1,420	93,532.52
1897	4,300	4,013	284	4,297	377	1,551	102,117.92
1898	4,200	3,611	262	3,873	363	1,657	99,361.95
1899	3,805	3,151	412	3,563	311	1,467	107,261.56
1900	4,628	4,522	482	5,004	283	1,914	113,852.46
1901	4,817	4,766	551	5,317	302	2,323	120,064.37
1902	5,801	4,391	510	4,901	317	2,339	129,896.82
1903	5,912	5,673	432	6,105	328	2,384	141,363.81
1904	6,061	6,091	517	6,607	303	2,472	145,896.10
1905	6,355	6,111	536	6,647	300	2,576	152,085.45
1906 (seulement 6 mois)	2,857	2,378	271	2,649	137	1,232	69,700.46
1907	7,077	6,121	634	6,755	285	3,003	169,548.78
1908	7,406	6,774	744	7,518	317	2,900	178,482.49
1909	7,239	6,395	827	7,222	319	3,001	176,692.05
1910	7,789	7,223	1,010	8,233	448	3,147	194,571.54
1911	8,037	7,249	1,002	8,251	406	3,356	200,164.41
1912	8,293	7,399	1,113	8,512	348	3,725	207,762.77
1913	8,681	7,502	1,199	8,701	353	3,741	218,125.02
1914	8,359	7,918	1,323	9,241	354	3,432	215,001.71

Le nombre total des rapports émis par les examinateurs au cours de l'année a été de 12,742, soit une augmentation de 1,791, et 21 brevets ont été remis et accordés de nouveau.

Sur le nombre total des brevets accordés par ce bureau au cours de l'année, 5,220 étaient en faveur d'inventeurs ou de leurs représentants, résidant aux Etats-Unis, soit 66 pour 100 de l'émission totale.

Ce bureau continue à recevoir les rapports officiels des brevets de la Grande-Bretagne, de l'Australie, de la Nouvelle-Zélande, des Etats-Unis, du Mexique, du Portugal, de l'Italie, de la Belgique, de la France et du Japon, outre d'autres publications périodiques d'une nature scientifique, en échange contre le *Canadian Patent Office Record*.

Le nombre de brevets placés sous les conditions du "système de licence obligatoire", article 44 de la loi des brevets, a été de 2,142, soit une augmentation de 235 sur l'année précédente.

Le nombre d'avis donnés sous l'empire de l'article 8 a été de 923.

IV.—DROITS D'AUTEUR, MARQUES DE COMMERCE, DESSINS DE FABRIQUE ET MARQUES DE BOIS.

ÉTAT des droits perçus par la division des droits d'auteur et des marques de commerce, du 1er avril 1913 au 31 mars 1914

Mois.	Marques de commerce.	Droits d'auteur.	Dessins de fabrique.	Marques de bois.	Cessions.	Copies.	Total.
1913	$ c.	$ c.	$ c.	$ c.	$ c.	$ c.	$ c.
Avril....................	3,599.40	155.00	95.00	2.00	41.00	34.25	4,091.15
Mai......................	3,946.85	157.90	95.00	....	64.50	56.75	4,321.00
Juin.....................	4,004.63	180.00	107.00	16.00	48.00	26.60	4,382.23
Juillet..................	3,198.00	141.00	75.00	....	63.00	33.65	3,510.65
Août.....................	3,165.12	146.50	70.00	2.00	35.00	59.00	3,477.62
Septembre...............	4,250.25	194.50	40.00	8.00	27.00	26.85	4,546.60
Octobre..................	3,964.05	161.50	60.00	6.00	33.90	66.50	4,291.95
Novembre................	3,274.95	204.50	86.00	40.00	27.10	12.75	3,645.30
Décembre................	3,540.50	155.35	112.50	26.00	54.00	22.50	3,910.85
1914							
Janvier..................	4,205.35	142.47	45.00	42.00	67.00	24.00	4,525.82
Février.................	3,635.15	168.20	75.00	6.00	34.00	61.50	3,979.85
Mars....................	4,509.36	203.50	82.00	12.00	41.90	42.40	4,891.16
	45,293.61	2,010.42	942.50	160.00	536.40	466.75	49,574.18
Remboursements........	8,016.20	53.50	79.50	....	3.00	5.50	8,157.70
	37,277.41	1,956.92	863.00	160.00	533.40	461.25	41,416.48

Relevé des droits d'auteur, marques de commerce, etc., enregistrés durant l'exercice expiré le 31 mars 1914:—

I. Droits d'auteur—

Droits d'auteur réguliers sans certificat.........	1,469	
Droits d'auteur réguliers avec certificat........	207	
Droits d'auteur temporaires sans certificat.....	62	
Droits d'auteur temporaires avec certificat......	1	
Droits d'auteur provisoires sans certificat.......	92	
Droits d'auteur provisoires avec certificat......	4	
Cessions de droits d'auteur..................	20	
		1,855

II. Marques de commerce.................................	1,378
Renouvellements de marques de commerce spécifiques...	56
Cessions de marques de commerce....................	215

III. Dessins de fabrique.................................. 165
    Renouvellements.................................. 9
    Cessions... 23

IV. Marques de bois..................................... 57
    Cessions... 3

       Total des enregistrements...................... 3,761

Suit un relevé comparatif des opérations de cette division de 1903 à 1913 inclusivement:—

Années.	Lettres reçues.	Lettres envoyées.	Droits d'auteurs enregistrés.	Certificats de droits d'auteur.	Marques de commerce enregistrées.	Dessins de fabrique enregistrés.	Marques de bois enregistrées.	Cessions enregistrées.	Droits perçus.
1903..................	2,687	3,211	900	176	557	88	23	272	18,086.25
1904..................	2,858	3,293	1,106	228	621	107	25	118	20,647.30
1905..................	3,367	3,902	1,130	189	661	139	22	154	23,706.75
1906..................	5,340	5,193	1,228	169	1,119	125	47	282	33,107.10
1907..................	4,475	4,353	1,140	175	848	182	33	136	30,073.20
1908..................	6,647	4,980	1,418	170	892	162	44	343	37,514.00
1909..................	6,320	5,750	1,535	171	1,059	143	108	174	38,071.31
1910..................	6,411	7,688	1,699	206	1,021	118	39	286	42,153.76
1911..................	7,027	7,091	1,593	213	1,212	149	39	230	46,327.86
1912..................	9,435	9,322	1,760	205	1,315	28	15	559	51,043.21
1913..................	8,441	9,220	1,835	207	1,378	165	57	264	49,409.68

V.—SANTÉ PUBLIQUE ET QUARANTAINE.

La tâche de ce service a été très lourde cette année. Le nombre de personnes inspectées aux quarantaines de la côte, sur l'Atlantique et le Pacifique, a été de 582,687, et il a fallu placer dix-sept officiers médicaux temporaires le long de la frontière internationale, entre ce pays et les Etats-Unis, pour empêcher l'introduction des maladies au Canada.

Les hôpitaux des diverses stations ont reçu le nombre considérable de 1,964 individus. Chaque fois la maladie a été enrayée à la station et n'a pu se propager à l'intérieur du pays.

Le service a été grandement amélioré; tous les ans les mesures de protection contre les maladies contagieuses s'améliorent, et les ennuis qui résultaient du fonctionnement des premiers systèmes de quarantaine pour les particuliers ou le commerce disparaissent graduellement.

Ainsi, grâce à la surveillance exercée par les fonctionnaires qui ont travaillé nuit et jour sur nos côtes et sur nos frontières, le peuple canadien a de nouveau été protégé cette année contre les invasions des maladies épidémiques venant de l'étranger.

Choléra asiatique.—Cette maladie a été signalée cette année dans les pays suivants: Autriche-Hongrie, Bulgarie, Ceylan, Chine, Indes hollandaises (Bornéo, Célèbes, Java et Sumatra), Indes, Indo-Chine, Iles Philippines, Roumanie, Russie, Serbie, Siam, Straits-Settlements, Turquie d'Asie, Turquie d'Europe, et Zanzibar.

C'est à la suite de la guerre des Balkans, après la démobilisation des armées, que la situation a été plus critique, car les soldats rapportaient avec eux la maladie dans leurs foyers. Cependant les opérations intelligentes des divers gouvernements intéressés ont réussi à l'empêcher de se répandre.

(7004 — 4)

Peste bubonique.—Cette maladie a été signalée cette année dans les pays suivants:—Australie, Açores, Brésil, Afrique Orientale Britannique, Ceylan, Chili, Chine, Cuba, Indes orientales hollandaises, Equateur, Egypte, Indes, Indo-Chine, Japon, Ile Maurice, Maroc, Nouvelle Calédonie, Pérou, Iles Philippines, Russie, Siam, Tripoli, Turquie d'Asie, Etats-Unis d'Amérique et Zanzibar.

Deux cas fatals de la maladie ont été enregistrés cette année dans l'état de la Californie, ils provenaient apparemment d'écureuils pestiférés.

A Seattle, Wash., dix-huit rats infestés de la peste ont été trouvés depuis le 30 septembre dernier, les deux derniers au commencement de ce mois. Devant ces faits, nous avons demandé au ministère de la Marine, conformément à une entente passée à cet effet, de donner l'ordre à tous les maîtres des hâvres en Colombie-Britannique de veiller à l'exécution des règlements appliqués aux navires qui viennent de Seattle, relativement à l'accostage, etc. Ces règlements sont donnés en détail dans mon dernier rapport annuel.

Trois cas de peste ont été signalés à la Havane le 25 courant.

Au Japon, le dernier rapport reçu de Hong-Kong, en date du 14 courant, donne 38 cas à Hong-Kong et 27 décès. On signale également des cas de peste de Kobe et Yokohama.

Petite vérole.—Cette maladie s'est de nouveau manifestée dans presque tout l'univers.

Elle a été signalée sur des navires aux stations de quarantaine suivantes: Grosse-Isle, Qué.; Halifax, N.-E., trois navires; William-Head, C.-B., Sydney, N.-E. et Louisbourg, N.-E., un navire chacune. Dans chaque cas la maladie a été enrayée à la station.

L'apparition de cette maladie dans les états de Washington, Dakota-Nord Minnesota, Michigan et New-York nous a obligé de nommer les agents temporaires de quarantaine suivants pour faire des inspections internationales sur la frontière entre ce pays et les Etats-Unis: Colombie-Britannique, deux officiers médicaux et cinq gardiens; Manitoba, huit officiers médicaux et un gardien; Ontario, sept officiers médicaux et dix gardiens.

La quarantaine internationale a depuis été levée sur la frontière du sud de la Colombie-Britannique, du Manitoba et à Niagara-Falls. Je dois encore la tenir en vigueur cependant sur la rivière à la Pluie (Rainy-River), à Fort-Francis, Rainy-River et Emo; et à Sault-Ste-Marie.

Conformément aux représentations faites par les compagnies de navigation, nous avons modifié nos règlements par arrêté en conseil en date du 13 décembre dernier, de façon à fixer à quatorze jours la période reconnue d'incubation et d'observation pour la petite vérole. C'est là la période d'incubation universellement acceptée pour la petite vérole et reconnue par les quarantaines des autres pays.

Lèpre.—Il y a actuellement dix-neuf patients (10 hommes et 9 femmes) dans le lazaret de Tracadie, N.-B. Quinze de ceux-ci sont d'origine canadienne-française, deux sont Anglais, 1 Islandais et un Russe. Il y a eu quatre décès et deux nouveaux malades y ont été admis pendant l'année. Les deux anciens patients qui paraissaient guéris en 1912 et qui avaient été mis en liberté sont restés depuis en bonne santé. Leur guérison est-elle due à un traitement, ou provient-elle d'un arrêt naturel de la maladie ou d'une auto-immunité acquise naturellement, c'est ce que nous ne pouvons encore dire.

Au lazaret de l'Ile Darcy, C.-B., il y a maintenant un lépreux chinois, admis le 19 courant.

Béri-béri.—De nouvelles observations ont été faites et des articles publiés pendant l'année sur l'étiologie de cette maladie et des arguments ont été présentés pour ou contre la théorie qui veut qu'elle soit causée par le riz poli.

L'opinion semble être unanime sur ce point que, s'il est vrai qu'un régime au riz dépouillé de son péricarpe produit la neurite, il ne s'ensuit pas qu'il n'existe pas d'autres types de neurite tropicale endémique, dont les causes restent indéterminées.

Fièvre entérique.—L'inoculation contre la fièvre typhoïde se répand de plus en plus. Beaucoup d'articles ont été publiés et des conférences données recommandant son adoption générale. Au cours de ce mois, plusieurs discours ont été faits sur ce sujet au Canada par Sir William B. Leishman, K.C.M.G., F.R.S., professeur de pathologie, Royal Army Medical College, Londres.

Sir William B. Leishman appartient à un comité d'experts qui étaient chargés de réquérir des renseignements sur le sujet de faire de nouvelles recherches en vue d'améliorer le vaccin. Ce comité vient de présenter son rapport final; il recommande l'adoption universelle de la vaccination contre la fièvre typhoïde dans l'armée britannique.

Typhus.—Cette maladie a été constatée cet hiver aux ports des Etats-Unis plus souvent qu'en ces dernières années. Elle se produit principalement parmi les immigrants venant du sud de l'Europe. Elle existe sous une forme bénigne à New-York et dans les autres grandes villes, sous le nom de maladie de Brill.

Tuberculose.—Je parlais dans mon dernier rapport annuel des prétentions du Dr Friedman, de Berlin, qui disait avoir découvert un vaccin au sérum de tortue pour prévenir et guérir la tuberculose. L'association canadienne de la lutte contre la tuberculose a nommé un comité pour étudier les cas traités à Montréal, Ottawa, Toronto et London, et en faire rapport. Ce comité a fait rapport que les résultats sont désappointants, que les avantages dont le remède se réclame n'ont pas été prouvés et que rien n'a été trouvé qui puisse justifier la moindre confiance dans ce remède.

Circulaires.—Des lettres-circulaires ont été envoyées de temps en temps aux divers agents, rappelant leur attention sur diverses questions se rapportant à l'apparition de maladies épidémiques à l'étranger. .

Nouvelle station de quarantaine.—En octobre dernier, j'ai converti la station de quarantaine non organisée de Summerside, I. P.-E., en station régulière complète, semblable à celle de Charlottetown, I. P.-E., pour l'inspection, etc., de navires arrivant au port. Le Dr A. A. McLellan a été nommé officier de quarantaine, directeur de la station. L'île du Prince-Edouard a le droit de se faire protéger par le gouvernement fédéral contre les maladies venant de ses provinces-sœurs du Dominion aussi bien que de l'étranger.

Inspecteurs supplémentaires sur les paquebots-malles.—Le nombre de paquebots-malles ayant été porté de un à trois par semaine sur le Saint-Laurent, le printemps dernier, j'ai nommé deux officiers médicaux supplémentaires, les Drs Bouillon et Lord, en sus du récent officier, le Dr Lepage, pour rencontrer ces paquebots à Rimouski, Qué. Un de ces officiers remonte le Saint-Laurent sur chacun de ces navires et en fait une inspection détaillée entre Rimouski et Grosse-Isle.

Changement de personnel.—Nous avons perdu l'été dernier le Dr Watt, décédé, surintendant médical de la station de William-Head, C.-B., et le Dr Hunter, assistant-officier médical et bactériologiste, démissionnaire. Le Dr Rundle Nelson a été nommé surintendant médical. Il n'a pas encore été nommé de bactériologiste pour remplacer le Dr Hunter. Le Dr Watt était un officier expérimenté et précieux. Sa mort est une perte pour le service.

Loi de l'hygiène des travaux publics.—L'inspecteur de l'est du Canada, M. C. A. L. Fisher, dit avoir trouvé une absence presque complète de maladies infectieuses pendant l'année parmi les hommes employés sur les divers travaux de chemin de fer, de tunnels et de canaux, tombant sous son inspection. Il a constaté que le service médical donné était complet, que l'état sanitaire des camps était bon, l'aménagement des hôpitaux excellent, et que les logements et la pension des hommes ne le cédaient en rien à ceux des années précédentes.

Le nombre des hommes employés pendant l'année a été en moyenne de 13,220; le nombre des médecins compétents chargés de la surveillance des travaux était de trente-sept.

Le Dr Clendenan, inspecteur pour la construction des chemins de fer et les travaux d'irrigation dans l'ouest du Canada, fait rapport que les maladies épidémiques ont été moins nombreuses qu'en ces dernières années. Le nombre moyen d'hommes employés était de 24,465.

Canal du Panama.—La construction du canal de Panama est un triomphe pour la science médicale encore plus que pour la science de l'ingénieur. La fièvre jaune a été entièrement bannie d'un district qui, il y a neuf ans seulement, était considéré comme presque inhabitable. Il n'y a pas eu un seul cas de maladie depuis mai 1906.

Ce triomphe a rendu non seulement possible la construction du canal de Panama, mais il a montré que les régions des tropiques, qui étaient considérées comme des foyers d'infection, peuvent être rendues habitables grâce aux ressources de la science sanitaire qui fait toujours des progrès.

Le tout respectueusement soumis,

MARTIN BURRELL,

Ministre de l'Agriculture.

SANTÉ PUBLIQUE

APPENDICE N° 1.

RAPPORT DU DIRECTEUR GÉNÉRAL DE LA SANTÉ PUBLIQUE.

(F. Montizambert, I. S.O., M.D. Ed., F.R.C.S.E., D.C.L.)

31 mars 1914.

Monsieur le Ministre,

J'ai l'honneur de vous soumettre le rapport suivant, à titre de directeur général de la santé publique, pour l'exercice qui prend fin ce jour.

Choléra asiatique.—Depuis mon dernier rapport annuel, cette maladie a été signalée dans les pays suivants: Autriche-Hongrie, Bulgarie, Ceylan, Chine, Indes hollandaises (Bornéo, Célèbes, Java et Sumatra), Indes, Indo-Chine, Japon, Iles Philippines, Roumanie, Russie, Serbie, Siam, Straits-Settlements, Turquie d'Asie, Turquie d'Europe et Zanzibar.

Il semble que la propagation de la maladie dans le sud de l'Europe ait eu pour cause principale la démobilisation des armées. Les soldats l'ont rapportée avec eux en revenant de la ligne de bataille.

La nouvelle que le choléra s'était répandu au delà des frontières des Balkans et qu'il avait fait son apparition en Hongrie a confirmé la crainte depuis longtemps entretenue par les hygiénistes. Lorsque la maladie éclata à Sophia, des bactério-logistes du laboratoire de Weichselbaum s'y rendirent précipitamment et firent un examen bactériologique complet de 120 cas. L'enrayement de la maladie parmi les troupes des Balkans peut être attribué en grande partie aux efforts héroiques et admirables de Kraus et ses associés. Des laboratoires furent établis, des approvisionnements d'eau pure pourvus, les cas douteux furent examinés bacté-riologiquement et la vaccination pratiquée sur une grande échelle. Les mesures appliquées suffirent pour circonscrire le fléau et de stricts règlements furent adoptés pour enrayer la marche de cette menaçante épidémie hongroise. L'Allemagne et les autres nations européennes prirent des précautions pour protéger leur territoire. L'apparition récente du choléra à Tunis, Constantinople, dans les Indes, l'Extrême-Orient, la Chine et d'autres parties des tropiques et des sous-tropiques, sans parler de son introduction en Europe et aux États-Unis, a redoublé la crainte d'une épidémie cholérique. Mais, grâce à l'intérêt et à l'activité intelligente déployés par les divers gouvernements, la visite de ce fléau a été épargnée au monde tempéré.

Le *Bulletin des maladies tropicales* du 15 juillet passe en revue un article de Salimbeni et Orticoni sur le traitement, au moyen d'énèmes d'un sérum spécifique, des porteurs sains du vibrio du choléra. Les expériences citées ne sont pas assez complètes pour donner des résultats définitifs, mais elles peuvent fournir des idées à ceux qui font des recherches sur le mode de traitement des porteurs de la fièvre typhoïde. Voici cet article:

"Pendant une épidémie à Marseilles, en 1911, nous avons trouvé dans un asile 34 personnes qui portaient les vibrios sans exhiber aucun symptôme précis du choléra; toutes cependant avaient une légère diarrhée cholérique. Toutes furent traitées de la façon suivante: chacune reçut un énème éva-cuant et nous fîmes des cultures avec les déjections obtenues. Immédiate-ment après nous injectâmes lentement un énème de 50 centimètres cubes du sérum du choléra dans 200 centimètres cubes d'une solution saline en nous efforçant de faire pénétrer l'injection aussi loin que possible dans l'intestin. Dans 9 des 34 cas les vibrios disparurent à la première injection; dans 22 autres ils disparurent au bout de deux jours et, dans les autres, de trois à six jours après l'injection. Aucun d'eux ne contracta le choléra. Ce nombre est faible, mais dans un autre hôpital plusieurs porteurs continuèrent à excréter les organismes du choléra pendant quinze jours et deux d'entre eux développèrent la maladie et moururent. Les auteurs considèrent que le traitement mérite un nouvel essai. Dans aucun de leurs cas ils n'ont pu découvrir la présence d'anticorps du choléra dans le sérum des patients traités."

Du 5 au 8 septembre 1913, 75 cas de choléra furent signalés sur le steamer *Canada Maru*, qui est arrivé à Kobe le 31 août. Deux malades avaient été enlevés du navire à Nagasaki avant son arrivée à Kobe. Le 9 août, deux porteurs du choléra furent trouvés parmi les employés de ce navire qui avaient été transportés aux quartiers de détention de Pointe Wada. Ce navire est arrivé à la station de quarantaine de William-Head le 3 octobre. Il avait été retenu onze jours à Kobe, fumigé, ses passagers et son équipage avaient été lavés, leurs effets désinfectés et un nouvel équipage mis à bord. Tout le monde se portait bien à son arrivée à William-Head.

Peste bubonique.—Cette maladie a été signalée dans les pays suivants: Australie, Açores, Brésil, Afrique-est britannique, Ceylan, Chili, Chine, Cuba, Indes hollandaises, Equateur, Egypte, Indes, Indo-Chine, Japon, Ile Maurice, Maroc, Nouvelle-Calédonie, Pérou, Iles Philippines, Russie, Siam, Tripoli, Turquie d'Asie, Etats-Unis et Zanzibar.

Au sujet du rapport qui existe entre le trafic et la propagation de la peste, W. C. Rucker, assistant chirurgien général, bureau d'hygiène des Etats-Unis, nous écrit ce qui suit:

"Le trafic date de l'origine même de l'humanité et l'homme, qui est le seul animal qui vende ou fasse des échanges, a été obligé de construire des barrières spéciales pour empêcher ses ennemis végétaux et animaux de l'attaquer par la voie des transports commerciaux. La maladie qui, après tout, n'est qu'un signe extérieur et visible de cette lutte éternelle, a toujours été reconnue comme le compagnon constant du commerce, et, de toutes les maladies, la peste est la pire sous ce rapport. Qui peut douter qu'en un siècle reculé la peste ait été limitée à une petite vallée, d'où elle a été transportée à tous les points du globe par les voies du commerce qui sillonnent tout l'univers. Une galère venant chercher de l'étain du pays de Cornouailles a apporté en Angleterre le premier rat pestiféré, tout comme l'arche a communiqué la maladie aux Philistins.

"Le rapport entre le trafic et la propagation de la peste bubonique est une simple équation, l'une est à l'autre en raison directe des occasions que le commerce fournit pour la propagation des rats de la zone infectée. Nous pouvons donc considérer comme un axiome ce fait que, si nous voulons garantir le trafic contre la peste, nous devons concentrer tous nos efforts pour empêcher la migration des rats. Si nous parvenons à supprimer les pérégrinations de ces rongeurs, nous aurons enrayé la propagation de la peste, car, pour toutes fins pratiques, l'homme peut être considéré comme un facteur peu important dans les grandes tactiques de la peste. Il est vrai que la peste pneumonique humaine a causé certaines épidémies; c'est un fait également connu, que des personnes vermineuses, souffrant d'une forme septicémique, ont agi comme foyers d'infection, mais ce sont là des questions purement locales, qui n'ont aucun rapport vital à la propagation de la peste dans l'univers. La peste passe généralement des rats à l'homme, et non pas de l'homme aux rats.

"Il serait à désirer que les autorités sanitaires fussent toujours et exactement renseignées sur l'existence des rongeurs dans les ports, malheureusement on ne peut pas toujours se procurer des renseignements ou peut-être se les procure-t-on trop tard pour empêcher un exode de la maladie d'un foyer de peste déjà existant. La mesure est donc tout indiquée:—que l'univers entier mette un embargo sur les rats. Que jamais on 'ne permette aux rats de prendre passage sur un navire et que l'on mette à mort tous les rats que l'on trouvera à bord d'un navire au port de destination. Tous les rats nés sur les navires doivent être considérés comme un ennemi potentiel, non seulement pour la vie, mais aussi pour la prospérité de l'homme. On ne saurait trop insister sur ce point, car là propagation de la peste sur un continent n'a pas une influence matérielle sur les résultats. La peste ne suit pas la route des caravanes avec les rats, il est plus que probable que ce sont les personnes vermineuses qui, dans ces circonstances, jouent le rôle d'agents de propagation; sans doute les trains de marchandises transportent parfois des rongeurs infestés, mais ce sont là des questions secondaires dans la propagation universelle de la peste. L'agent principal est le rat né à bord d'un navire.

"Nous nous sommes trop préoccupés des passagers du navire dans le passé, et nous n'avons pas donné assez d'attention aux rongeurs. Il est futile d'examiner et de détenir des personnes qui ont été exposées à l'infection de la peste et de négliger des rongeurs qui portent déjà la maladie. Il est absurde également de mettre en quarantaine les passagers qui arrivent des ports infectés et de permettre le débarquement de rats venant de ports que l'on considère sans danger, tout simplement parce qu'on n'y a pas signalé la présence de la peste. Il n'y a qu'un programme que nous puissions suivre logiquement; c'est de regarder tous les rats nés sur les navires comme des éléments de danger, de les empêcher d'entrer sur le navire ou d'en sortir et de nous borner, dans nos opérations sur les passagers, à empêcher les personnes qui souffrent réellement de la maladie ou qui portent des vers de s'embarquer. Il est temps que l'on fasse une révision des règlements de la convention sanitaire internationale de Paris, afin de se conformer à l'interprétation moderne de la propagation de la peste bubonique. C'est la peste chez les rats qu'il s'agit d'enrayer et il ne faut pas que notre attention se borne aux passagers humains.

"Pour empêcher les rats d'entrer sur les navires, il faut tout d'abord un quai à l'épreuve des rongeurs. Ce point est des plus importants. Non seulement c'est par là que l'on empêche la propagation de la peste par le trafic, mais c'est par ce moyen également que l'on prévient les incendies et les pertes que causent les rongeurs. Les navires débarrassés des rats ne sont pas obligés de se tenir éloignés des quais qui sont imperméables aux rongeurs. Le déchargement de la cargaison en est facilité, parce que le navire peut décharger au quai d'un côté et sur des embarcations de l'autre.

"Il est également nécessaire d'empêcher par d'autres moyens les navires qui sont amarrés au quai de recevoir des rats ou d'en décharger dans des mêmes conditions. Dans ce but l'emploi de garde-rats sur les amarres est à recommander. Il faut avoir soin que ces garde-rats soient toujours perpendiculaires à l'amarre et d'un diamètre suffisant pour empêcher les rats de sauter par-dessus. On peut très bien construire un quai et un navire de telle façon que les rats seront pris dès qu'ils y entreront. On doit, pour cela, installer, en construisant le quai ou le navire, des passages propres à attirer les rats. Au moyen de portes à coulisses que l'on fait fonctionner d'une plate-forme, il est très facile de capturer de cette façon tous les rats qui se trouvent à bord d'un navire ou d'un quai. Les rats sont emprisonnés dans un passage et l'on peut, quand on le désire, les chasser par la fumée ou par un autre moyen dans une chambre commune dont on ferme les portes et où les rongeurs sont asphyxiés.

"Toutefois il serait impossible à l'heure actuelle de faire adopter immédiatement et par tout l'univers les mesures que nous venons de mentionner. Il faudrait des années pour y arriver et des efforts persistants et ininterrompus. Dans l'intervalle, la fumigation périodique des navires pour tuer les rats est une mesure vivement à désirer."

Insistons donc sur ce fait que le rat est l'animal le plus coûteux que l'homme entretienne, et qu'il est tout aussi important, au point de vue économique qu'au point de vue humanitaire, de réduire son espèce, de l'isoler de la demeure de l'homme et de contrôler ses migrations.

California.—Un cas fatal de peste bubonique s'est produit dans le comté de Contra Costa et un autre dans le comté de San Benito. Un décès de la peste bubonique s'est produit à Martinez, d'après les rapports reçus au bureau de santé de l'état, émanant du docteur J. D. Long, du service des hôpitaux de la marine à San Francisco. En même temps le bureau a reçu de son secrétaire, le docteur W. F. Snow, aujourd'hui à Washington, D.C., un message établissant que le gouvernement fédéral avait décidé d'affecter une nouvelle somme de $40,000 à la lutte contre la maladie.

Le corps de la victime de Martinez, dont le nom n'a pas été donné, a été examiné par le docteur D. H. Curry, du service du laboratoire fédéral de San Francisco. Le docteur Long a étudié lui-même les résultats de l'examen avant de déclarer qu'il s'agissait d'un cas de peste.

On a dit, au bureau de santé, qu'une femme japonaise du comté de San Benito était morte de la peste bubonique en juin, cette année. Ces deux cas sont les seuls qui aient été signalés depuis bien des mois.

Depuis le premier jour où la peste bubonique s'est établie sur ce continent, elle a continué à sévir parmi les rats et les écureuils de terre. Le journalier de Martinez et la cueilleuse de fraises japonaise de San Benito travaillaient dans un voisinage que l'on savait infestés d'écureuils morts. Sans doute ils se sont infectés eux-mêmes en travaillant dans la terre qui avait été infectée par les écureuils.

Seattle, Washington, 9 octobre.—Un rat infecté de peste bubonique a été tué sur les quais ici il y a quelques jours. C'est le premier depuis des années. Le service de la santé a immédiatement répandu du poison dans le voisinage et a pris d'autres mesures pour exterminer les rongeurs. Depuis bien des années Seattle a payé une prime de dix centins sur chaque cadavre de rat apporté au service de la santé; la ville a employé également des hommes pour prendre les rats. Le danger de la peste existe toujours, car les rats sautent des embarcations orientales dans la mer et nagent jusqu'au rivage, parfois sur une distance d'un mille.

Le docteur James E. Crichton, officier de santé de Seattle, dit que la situation à Seattle est grave à cause des rats pestiférés, mais que le service de la santé espère empêcher une épidémie.

Nous n'avons pas eu, depuis six ans, un cas de peste bubonique parmi les hommes à Seattle. En ces six années nous avons trouvé 24 rats pestiférés. Il y a six ans, pendant l'épidémie de peste, nous en avions pris un nombre considérable; dernièrement sept ont été tués sur une section des quais qui avait été parfaitement isolée. Nous avons dépensé à Seattle, par l'ordre du service de la santé, des milliers de dollars pour abattre des bâtiments en bois, condamnés, construire des soubassements en ciment, enfin pour rendre autant que possible les quais imperméables aux rats. Le district infecté a deux blocs de long et un bloc de profondeur. Il fait face à la baie et par derrière se trouve une rue pavée en madriers. Nous essayons de faire en sorte que les rats ne puissent se loger ou se propager sur le rivage.

Du 30 septembre au 28 octobre, 9 rats pestiférés ont été trouvés. D'autres ont été trouvés les 5 novembre, 9 et 13 décembre, 1, 12, 16 et 19 janvier et 1 et 7 mars. Le total depuis le 30 septembre dernier est de dix-huit.

Au premier rapport nous avons donné l'ordre au docteur Nelson, officier de santé de William-Head, C.-B., de se rendre à Seattle pour étudier la situation, et nous avons demandé au département de la marine, conformément à l'entente qui avait été conclue, d'ordonner à tous les gardiens de havres en Colombie-Britannique d'appliquer les dispositions relatives à l'accostage des navires de Seattle, prévues dans les règlements spéciaux qui gouvernent les cas de ce genre.

Une femme mourut le 27 décembre à Seattle, d'une maladie aiguë. On fit une autopsie dont les résultats furent vérifiés par une commission de quatre médecins, dont l'un était officier du service de la santé publique des Etats-Unis et un autre inspecteur en chef du service médical de santé. Avant l'autopsie, le corps avait été embaumé; il était donc impossible de faire des cultures et de déterminer exactement la nature de la maladie. La commission a fait rapport que le diagnostic anatomique était le suivant:—

"Infection aiguë présentant dans la rate et dans la cavité du cerveau des microorganismes morphologiquement identiques aux bacilles de la peste, aux diplocoques de Gram, mais non d'un caractère spécifique.

"Le corps ayant été parfaitement embaumé, il était impossible d'obtenir des cultures de ces organismes.

"Conclusions: diagnostic probable, peste septicémique, diagnostic absolu, impossible."

Ce rapport a été rédigé et signé par les docteurs Charles B. Ford, F.S. Bourns, chirurgien B. J. Lloyd, service de la santé publique des Etats-Unis et docteur C. F. Davidson, inspecteur médical en chef.

Le *British Medical Journal* de janvier 1914 publie les constatations suivantes, fournies par les docteurs Castellani et Philip, sur l'explosion récente de peste à Ceylan:—

"(1) Pour la première fois dans l'histoire de Ceylan la peste a fait son apparition dans l'île, mettant ainsi fin à cette vieille croyance générale que ce fléau n'apparaîtrait jamais dans ce pays.

"(2) Tous les cas de maladie observés par nous étaient du type septicémique, à l'exception de deux récemment constatés, qui présentaient des bubons auxiliaires. Tous les malades sont morts au bout de vingt-quatre à quarante-huit heures. Aucun cas du type pneumonique n'a été observé jusqu'ici.

"(3) Il est probable que la maladie a été importée d'un port des Indes du Sud, mais nous n'avons pu la retracer avec certitude et il est à noter qu'il n'est pas arrivé à Colombo, depuis plus d'une année, des navires ou des bâteaux portant des cas suspects. Une autre hypothèse est qu'il existe un foyer non reconnu de peste à Ceylan.

"(4) Cette épidémie se signale par un fait intéressant, c'est que, avant l'épidémie humaine, il n'y a pas eu, autant du moins que nous ayons pu le constater, une épizootie parmi les rats. Ceci donne à penser que l'infection s'est déclarée d'abord parmi les hommes et que les rats ont été infectés plus tard.

"(5) Les rats infectés examinés jusqu'ici ne présentaient pas de bubons, quoique le sang du cœur fut rempli de bacilles de la peste. La peste qui existait chez les rats semble donc avoir été du même type que chez les

5 GEORGE V A. 1915

hommes. Il est probable que dès que la maladie perdra un peu de sa virulencelle type bubonique fera son apparition chez les rats et le monde. Dans l'homme nous avons déjà trouvé deux cas de ce dernier type."

Londres.—On prend régulièrement au piège et on empoisonne des rats dans le voisinage des principaux quais de Londres. On fait également un examen bactériologique de ces rats. Il y a eu 1,250 examens de ce genre en 1911 et un seul rat a été trouvé pestiféré. En 1912, 1,310 rats ont été examinés et 13 étaient infectés de la peste. Deux rats infectés seulement ont été trouvés cette année, le dernier ayant été pris au piège vers le 12 novembre 1913. Au cours des six dernières années, on a trouvé tous les ans des rats infectés parmi ceux qui ont été pris au piège sur les quais de Londres.

Cuba.—Un rapport de la santé publique, en date du 20 courant, dit ce qui suit:—

"Du 5 au 9 mars, deux cas de peste humaine ont été signalés à la Havane, Cuba. Autrefois une constatation de ce genre aurait causé une consternation générale et aurait été une source très vive d'anxiété pour les ports des Etats-Unis. Mais dans les circonstances actuelles il n'y a pas grand'chose à craindre. On sait de quelle façon la peste se propage. On sait qu'elle se répand par l'intermédiaire des rats et que, généralement, partout où un cas de peste se produit chez les hommes, c'est qu'il existait déjà chez les rats. Ce sont ces faits qui ont porté les épidémiologistes à donner plus d'attention à l'existence de la peste chez les rongeurs qu'à sa présence chez l'homme. C'est pour cela que, chaque fois que des cas de maladie sont constatés chez les hommes, on tend des pièges pour prendre les rats dans les mêmes districts, et généralement sur un rayon considérable. On examine ces rats au laboratoire afin de savoir si la maladie existe chez eux. Il suffit alors, pour enrayer cette maladie, de détruire les rongeurs ou de les empêcher, par des mesures spéciales, de pénétrer dans les habitations humaines afin qu'ils ne puissent y porter la maladie avec les puces infectées dont ils sont recouverts.

"On peut fort bien enrayer la maladie en employant des mesures sanitaires intelligentes, mais ce qui est tout aussi important que des mesures sanitaires intelligentes et peut-être plus encore, au triple point de vue du danger de propagation, des intérêts commerciaux et des craintes injustifiables qui se produisent dans les ports et les pays avec lesquels on entretient des relations commerciales, est l'honnêteté sanitaire.

"Par honnêteté sanitaire nous entendons le fait de donner franchement, à tous ceux qui peuvent être affectés par l'existence de la maladie dans un port, des renseignements prompts et complets sur la situation. Lorsque cette situation est connue, il y a peu à craindre au sujet de la peste ou de la plupart des autres maladies. Ce n'est qu'en l'absence de renseignements précieux, quand les gens ne connaissent pas la situation et qu'ils laissent leur imagination prendre un libre cours, que l'apparition de quelques cas d'une maladie comme la peste peut causer des désordres importants dans les relations sociales et commerciales."

Le 25 mars, trois nouveaux cas de peste ont été signalés à la Havane; les personnes attaquées étaient des commis espagnols employés dans une raffinerie. Un décès a été signalé le 26 courant.

Japon.—Le dernier rapport reçu de Hong-Kong, en date du 14 mars, donne pour la semaine terminée ce jour un total de 38 cas et de 29 décès. On signale également des cas à Kobe et Yokohama.

Iles Philippines.—Dix-huit cas de peste humaine suivis de 14 décès ont été signalés depuis le 10 novembre sur ces îles. Il n'a pas été trouvé de rats pestiférés depuis le mois de septembre.

Petite vérole.—Cette maladie s'est de nouveau manifestée sur presque tous les points de l'univers pendant l'année. Les navires qui sont arrivés à nos stations de quarantaine en ont signalé des cas, notamment à Grosse-Ile, Québec (cinq vaisseaux), William-Head, C.-B. (un navire), Halifax (trois navires), Louisbourg et Sydney, N.-E. (un navire). Chaque fois la maladie a été enrayée à la station de quarantaine.

En raison de l'apparition épidémique de cette maladie dans les états de Washington, Dakota-Nord, Minnesota, Michigan et New-York, vous avez nommé des agents médicaux temporaires de quarantaine pour effectuer des inspections sur la frontière internationale. En Colombie-Britannique, deux officiers médicaux avec cinq gardes ont été nommés; au Manitoba, huit officiers médicaux et un garde; en Ontario, sept officiers médicaux et dix gardes. La quarantaine internationale sur la frontière sud de la Colombie-Britannique, du Manitoba et des Chutes Niagara a depuis été levée. Elle existe encore sur la rivière de la Pluie (*Rainy-River*), à Fort-Francis, Rainy-River et Emo, et au Sault-Ste-Marie.

Conformément aux représentations des compagnies de navigation et afin de rendre nos règlements conformes à la période d'incubation universellement adoptée pour la petite vérole par tous les autres pays, nous avons fixé cette période à quatorze jours, par arrêté en conseil, le 13 décembre dernier.

Dans un article sur "La vaccination, négligence croissante dans les lois récentes", publié en décembre dernier par le *Public Health*, le journal de la société des officiers médicaux de santé, le docteur W. McWanklyn, aide-officier médical au conseil du comté de Londres, donne le tableau morphologique suivant les lois anglaises sur la vaccination:—

"1840. 3 et 4 Vict., c. 29. Première loi sur la vaccination. Cette loi pourvoit les moyens au frais du public, mais elle n'en fait pas une obligation. Abrogée par la loi de 1867.

"1841. 4 et 5 Vict., c. 32, amendant la loi de 1840. Abrogée par la loi de 1867.

"1853. 16 et 17 Vict., c. 100. Pour la première fois la vaccination est obligatoire. L'application en est confiée aux "Poor Law Guardians". Une peine est imposée aux parents en faute. Abrogée par la loi de 1867.

"1858. 21 et 22 Vict., c. 97. Cette loi transfère les pouvoirs du bureau général de santé qui expiraient cette année-là au conseil privé et le conseil est autorisé à émettre des règlements sur la vaccination. (Ces pouvoirs ont été abrogés par la loi de 1867.) Le conseil est également autorisé à nommer un officier médical. La loi n'a été en vigueur que pendant un an.

"1859. 22 et 23 Vict., c. 3. A rendu la loi de 1858 perpétuelle, à l'exception de l'article 8 qui se rapporte à l'institution de procédures légales.

"1861. 24 et 25 Vict., c. 59. Destinée à faciliter les procédures devant les juges. Abrogée par la loi de 1867.

"1866. Projet de loi introduit pour consolider et modifier les statuts qui se rapportent à la vaccination en Angleterre. Ce projet a été • retiré.

"1867. 30 et 31 Vict., c. 84. Cette loi consolide les anciennes lois et en élargit la portée. Elle impose aux gardiens l'obligation de former des districts de vaccination et de s'entendre avec les médecins pour faire la vaccination. Cette loi forme la base du système en vigueur à l'heure actuelle. C'est la loi principale.

"1871. La loi de cette année est le résultat des conclusions atteintes par
       un comité spécial sur le fonctionnement de la loi de 1867. Elle
       autorisait, entre autres choses, la commission du gouvernement
       local à faire des règlements et elle obligeait les gardiens à nommer
       des agents de vaccination. Cette nomination était facultative,
       aux termes de la loi de 1867.

"1874. Arrêté de la commission du gouvernement local réglant la nomi-
       nation des agents de vaccination et de la procédure pour appliquer
       les dispositions de la loi.

"1889. Commission royale nommée pour étudier le fonctionnement des
       lois de la vaccination, principalement à cause des adversaires de
       la vaccination obligatoire. Cette commission a siégé pendant
       sept ans.

"1898. Loi basée sur les conclusions de la commission royale de 1889.
       Elle permet à un parent ou à un tuteur qui a prouvé, à la satis-
       faction du magistrat, qu'il avait des objections à la vaccination,
       de n'encourir aucune peine pour ne pas avoir fait vacciner son
       enfant. Modifié par la loi de 1907.

"1907. Loi permettant aux adversaires de bonne foi d'obtenir une dispense
       par une déclaration assermentée, au lieu d'avoir à faire preuve
       devant un magistrat de la sincérité de leur conviction."

L'article suivant est extrait du *Journal of the American Medical Association*,
en date du 28 février 1914:

"On ne saurait nier qu'un grand nombre croient que la vaccination
entraîne de pénibles symptômes à cause des suites qui, dans le passé, cau-
saient des désagréments au sujet vacciné. Aujourd'hui on devrait franchement admettre que la plupart des circonstances désagréables sont, sans
aucun doute, le résultat de la façon dont l'opération est faite plutôt que
l'effet du vaccin. Isidore Dyer, du collège de médecine de l'université de
Tulane, Nouvelle-Orléans, recommande fortement la modification de
certaines pratiques communes dans la vaccination. Il croit que ces pratiques non seulement entraînent des souffrances inutiles, mais qu'elles sont
contraires aux lois de l'hygiène, parce qu'elles développent l'immunité à la
petite vérole en produisant la vaccine dans le sujet même. Beaucoup
d'opérateurs laissent la personne vaccinée se soigner elle-même après la
vaccination; ils ne s'inquiètent pas des vésicules et des pustules, et les marques
qui restent sur le bras fournissent la preuve d'une vaccination qui a réussi.
Or Dyer fait remarquer que lorsqu'un vésicule se forme à l'endroit où l'inoculation a été faite, la personne qui a été inoculée a la vaccine, tout comme
une personne qui porte un chancre a la syphillis. Il insiste sur ce point que
la vaccination ne devrait pas produire autre chose que des vésicules et qu'il
faut prévenir les pustules, qui, avec les organismes de pus, sont un signe
d'infection locale. Dans la petite vérole on prend toutes les précautions
possibles pour empêcher l'apparition de pustules ainsi que les marques qui
en résultent. Pourquoi ne pas faire de même dans la vaccination? Si
nous admettons que le procédé de la vaccination doit s'arrêter aux vésicules
et que la pustule est non seulement inutile, mais qu'elle n'est pas à désirer,
alors on devrait enrayer l'éruption avant cette phase non désirable en
ouvrant le vésicule et en traitant l'endroit vacciné avec des antiseptiques.
Dyer fait remarquer que l'on prévient par ces procédés les mauvais effets
de la vaccination. Grâce à ce traitement il ne peut y avoir d'empétigos ni

d'érythèmes multiformes causés par l'absorption du pus. Dyer prétend qu'il vaudrait mieux assurer une protection plus complète contre la petite vérole en répétant l'opération jusqu'à ce que l'on ait obtenu le plus haut degré d'immunité contre la vaccine. Ne vaudrait-il pas mieux, demande-t-il, vacciner le sujet à plusieurs reprises jusqu'à ce que le vaccin ne prenne plus? En d'autres termes, si un vésicule se forme, vacciner de nouveau et tout de suite, au lieu d'attendre une année, et continuer à vacciner tant qu'un vésicule se forme jusqu'à ce qu'un individu soit complètement immunisé."

Quarantaine de la frontière internationale.—J'ai dit plus haut que vous avez trouvé nécessaire d'instituer cette quarantaine pour protéger notre pays contre la petite vérole.

En octobre dernier, cette maladie a pris une forme épidémique autour de Oroville et à certains points de l'état de Washington, près de la frontière sud de la Colombie-Britannique.

Devant ces faits vous avez nommé, le 31 octobre dernier, des médecins inspecteurs à Grand-Forks, Keremeos et Hedley, avec des gardes pour surveiller les chemins, etc., à Brideville, Chapaka, Keremeos, Myncaster et Osoyoos. Une fois l'épidémie arrêtée, cette quarantaine a été levée à la fin de février.

Au sud du district de Rainy-River, dans l'Ontario, une épidémie de petite vérole au Minnesota vous a contraint à nommer un médecin inspecteur à Emo, le 17 octobre, et la maladie se répandant au sud de la frontière, vous avez nommé des médecins inspecteurs à Rainy-River le 27 décembre et également à Fort-Frances, le 23 janvier. Ces trois officiers médicaux remplissent encore leurs fonctions.

A Niagara-Falls, vous avez nommé, le 24 janvier, deux officiers médicaux et un troisième le 30 janvier, à cause d'une apparition de la petite vérole à Niagara-Falls, New-York. En raison des nombreuses facilités de communication qui existent, dix gardes ont dû être employés avec ces officiers médicaux. Grâce à l'efficacité des mesures prises par le bureau de santé de l'état de New-York, cette épidémie a été si bien enrayée que vous avez pu supprimer cette quarantaine internationale le 23 courant.

Dans le Dakota-Nord, Etats-Unis, une apparition sérieuse de la petite vérole a été signalée en décembre dernier, notamment dans les comtés de Bottineau, Pierce, Ramsay, Rolette et Stutsman, et dans la ville de St. John. Pour faire face à ce danger menaçant, vous avez nommé des inspecteurs médicaux à la frontière internationale, sur la frontière sud du Manitoba, à Boisevain, Cartwright, Crystal City, Deloraine, Gretna, Killarney, Morden et Waskada, avec un garde à Cartwright. Ces nominations ont été faites les 28, 29 et 30 décembre. Toutes ces inspections, sauf une, ont été supprimées le 28 février dernier et la dernière le 11 courant.

Au Sault-Ste-Marie, vous avez nommé un officier médical le 27 janvier dernier pour faire l'inspection des quarantaines internationales à cause d'une grave épidémie de petite vérole qui avait éclaté dans l'état voisin du Michigan. Cette inspection est encore en vigueur.

Lèpre.—Il y a actuellement, dans votre lazaret de Tracadie, N.-B., dix-neuf lépreux, dont dix hommes et neuf femmes. Sur ces dix-neuf, quinze sont Canadiens-Français, deux Anglais, un Islandais et un Russe. Il y a eu quatre décès et deux malades ont été admis pendant l'année.

Les deux anciens patients qui ont été libérés en février et en novembre 1912, parce qu'ils paraissaient guéris, sont encore en bonne santé. Ils souffrent, car ils ont à travailler durement pour gagner leur vie. D'autres cas du même genre nous ont été signalés par d'autres observateurs. Deux sur lesquels aucun traitement n'a été employé sont sur observation. Nous ne pouvons dire encore si ces deux malades, qui ont été renvoyés en 1912, ont été guéris par notre traitement actue ou si ce sont des exemples de la limitation de la maladie ou de la production d'une auto-immunité contre la maladie.

Au lazaret de l'île Darcy, C.-B., il y a maintenant un lépreux chinois qui a été admis le 18 courant. Il était au pays depuis quinze mois et la maladie a commencé à se montrer trois mois après qu'il avait débarqué. Il attend maintenant la déportation prescrite par la loi de l'immigration.

Le docteur H. Bayon, un bactériologiste chargé de recherches sur la lèpre par le gouvernement de l'union du Sud-Afrique, a dit, dans un discours fait devant la société royale de médecine, le 29 novembre dernier:

"Lorsqu'on étudie la lèpre au point de vue nosologique, on remarque les faits suivants: la longue durée de l'incubation, le cours lent et chronique de la maladie, les mutilations terribles qu'elle peut produire sans diminuer de façon appréciable la vie de ses victimes. Son infection, ou, pour parler plus correctement, le degré de contagion de la maladie, paraît varier quelque peu suivant les climats, parce que, si, aujourd'hui, la maladie, à en juger par le nombre des malades, est virtuellement limitée aux pays tropicaux ou sous-tropicaux, cependant c'est encore un fléau universel qui se rencontre du nord au sud, sur tout l'univers habité. En d'autres termes, il semble qu'elle se soit propagée ou qu'elle se soit maintenue sous certaines conditions et elle est disparue sous d'autres, car nous savons qu'elle était extrêmement répandue en Europe au moyen-âge.

"Au point de vue scientifique, il est encore impossible de nier que la lèpre soit contagieuse, bien que nous ne sachions pas encore exactement de quelle façon elle se transmet d'un individu à un autre. Notre opinion qu'elle est contagieuse se base sur les observations suivantes:

"1. La lèpre est causée par un micro-organisme bien défini.

"2. Dans le nord de l'Allemagne, où la maladie venant de Russie a fait une nouvelle apparition dans les temps modernes, on a constaté que la lèpre se répand de façon concentrique à partir du premier foyer d'infection.

"3. La grande majorité des cas de lèpre prennent naissance dans des pays où ce fléau est relativement commun.

"4. Dans les rares cas où la maladie a été contractée dans les pays où la lèpre n'est pas indigène, comme en Angleterre, en Hollande et dans le sud de l'Allemagne, nous avons vu chaque fois qu'il y avait eu contact plus ou moins intime avec des lépreux qui, eux-mêmes, étaient venus dans ces pays après un séjour plus ou moins prolongé dans un pays affecté par la lèpre.

"5. Dans les pays où la lèpre est relativement rare, on constate que la maladie s'attache à un foyer ou à une famille. Ce fait a été constaté dans les Alpes Maritimes, sur la Riviéra et le Valais.

"6. Les pays qui ont mis les lépreux en stricte quarantaine ont été récompensés par une diminution graduelle et constante du fléau.

"7. Partout où la ségrégation a été abandonnée ou mal pratiquée, le fléau a attaqué un nombre toujours croissant d'individus.

"Le médecin moderne est donc d'avis que la lèpre est une maladie contagieuse, mais que cette contagion peut être fortement réduite au moyen de bonnes précautions sanitaires. Lorsque les précautions hygiéniques sont mauvaises et qu'il existe un contact assez intime entre individus malades et individus sains, par exemple, lorsqu'un lépreux couche dans le même lit que les autres membres de la famille et que les soins de propreté personnelle sont négligés, il y a assurément danger de contagion, dans une certaine mesure.

"Nous savons qu'il y a, à l'heure actuelle, en Angleterre, de vingt-cinq à cinquante lépreux ou plus, et cependant un seul de ces lépreux a contracté la maladie dont il souffre au Royaume-Uni. Les simples précautions que prennent ces malheureux dans leurs familles ont suffi pour empêcher la contagion.

"Dans les Indes, d'autre part, le dernier recensement indique une augmentation dans le nombre des lépreux de 100,000 à 110,000.

"Dans le Basutoland, le principal officier médical a compté 300 lépreux il y a vingt-cinq ans. Un rapport officiel demandait au gouvernement d'appliquer la ségrégation, sinon il faudrait s'attendre à ce que le nombre de lépreux doublât pendant une période de vingt-cinq ans. Pour des raisons financières et autres ce conseil n'a pas été suivi. L'année dernière le recensement accusait de 800 à 900 lépreux, de sorte que l'officier médical ne semble pas s'être beaucoup trompé dans son évaluation.

"On a essayé presque tous les remèdes imaginables et on en essaie encore un bon nombre dans l'espoir de découvrir une cure pour la lèpre, mais nous ne connaissons pas encore de modes de traitement spécifiques et sûrs.

"Pour résumer la situation actuelle, disons que même les agents thérapeutiques les plus utiles exigent l'aide d'un diagnostic de la maladie au début même de son apparition et de bonnes conditions hygiéniques, mais jamais la perspective thérapeutique n'a été aussi pleine d'espoir qu'à l'heure actuelle.

"Dans ses premières phases, la lèpre affecte si peu l'état général de santé et l'aspect d'un individu, que les efforts thérapeutiques qui ont réussi à arrêter la maladie chez un certain nombre de malades étaient considérés comme une cure.

"Cependant il arrive assez souvent que la maladie s'arrête spontanément et que cette guérison apparente dure pendant des années, dans un cas quinze ans ou plus, après quoi elle redevient virulente et emporte rapidement ses victimes au tombeau. On ne peut donc se prononcer sur l'efficacité d'un remède ou d'une méthode de traitement tant qu'ils n'ont pas subi l'épreuve du temps, cinq ans ou plus, et qu'ils n'ont pas été appliqués à un nombre suffisant de patients.

"Sans prendre en considération ces premiers facteurs importants, il est tout à fait prématuré de parler de guérison dans une maladie si chronique, si lente et si intraitable que la lèpre.

"Une revue de tous les efforts thérapeutiques, dont beaucoup sont très intéressants, remplirait un volume. Que l'on me permette cependant de citer les résultats des expériences faites à l'île Robben et généralement dans le sud de l'Afrique. Pour toutes les phases naturelles avancées, l'huile Chaulmoogra, ou, ce qui vaut mieux encore, son constituent raffiné, l'antiléprol, injecté dans les muscles en doses de 3 à 5 c.c.m. est encore le meilleur palliatif que je connaisse. Les injections devraient être répétées tous les trois jours pendant au moins cinq mois ou plus, si le patient peut y résister, car l'injection devient parfois très douloureuse. L'huile Chaulmoogra et l'antiléprol peuvent aussi être donnés de façon interne, en petites capsules. Pour ce mode de traitement l'antiléprol est nettement préférable, car il ne cause pas les troubles gastriques que produit l'huile non raffinée. Les doses, variant entre 15 minims et dix fois cette quantité, peuvent être prises tous les jours.

"Ayant établi que la lèpre n'est que légèrement contagieuse, pourvu que l'on prenne de bonnes précautions sanitaires, et que le traitement, pour avoir une chance de succès, doit être appliqué au début même de la maladie, il peut sembler illogique de dire que ce n'est que par un système universel de ségrégation que l'on peut empêcher promptement la maladie de se répandre.

"Cependant les Américains aux Philippines ont réussi, grâce à une ségrégation énergique de tous les patients, à réduire de 90 pour cent les cas de maladie. Dans le sud de l'Afrique où, à cause des conditions financières, on ne met en quarantaine, dans certains districts, que la moitié de la population lépreuse, le nombre de malades admis est resté constant en ces dix dernières années. La loi de la répression des lépreux dans la Colonie du Cap est extrêmement rigoureuse et c'est à cause de cette rigueur même qu'elle n'a pas été appliquée à la lettre.

"Les adversaires de la ségrégation considèrent qu'il est cruel de séparer les lépreux de leurs familles et de leurs amis. On oublie cependant deux faits. Le premier c'est que lorsqu'un individu manifeste des symptômes avancés de la lèpre, ses amis l'abandonnent bientôt et que la sentimentalité de l'un peut causer la mort de plusieurs, car un seul lépreux peut répandre la maladie autour de lui. Dans un cas observé dans le nord de l'Allemagne, une jeune fille a directement et indirectement infecté vingt-huit personnes.

"Ce n'est que dans des asiles bien construits et bien conduits que l'on peut prendre un bon soin des lépreux et les empêcher de répandre l'infection autour d'eux. Si, au cours du temps, on arrive à guérir, au moyen d'un traitement, les cas peu avancés de la maladie et même une certaine proportion des cas les plus avancés, ou même si les résultats actuels résistent à l'épreuve du temps, il y a de bonnes raisons d'espérer que l'on pourra complètement extirper ce fléau au moyen de l'enregistrement et de la ségrégation universelle, car ces deux mesures assurent également les meilleurs soins.

"La lèpre a de tels résultats au point de vue social, tant celui qui en est affecté est redouté par ses collègues, qu'il est presque impossible au lépreux de gagner sa vie. A quelque point de vue que l'on se place, soit à celui de l'humanité, soit à celui de l'efficacité du traitement, il semble donc que c'est le devoir de tous les gouvernements de l'empêcher de se répandre".

Je dois des remerciements à Victor G. Heiser, chirurgien du service de la santé publique des Etats-Unis, chef de quarantaine et directeur du service de santé aux îles Philippines, pour les précieux renseignements qu'il m'a fournis sur la lèpre dans l'hôpital de San Lazaro, Manille, renseignements publiés dans l'un des rapports de son bureau en 1913. Voici un extrait de ce rapport:

"Le 11 juin deux personnes qui avaient autrefois souffert de la lèpre et qui depuis ont été déclarées exemptes de la maladie sont sorties de l'hôpital de San Lazaro.

"C. A., homme philippin, âgé de vingt-sept ans, admis le 29 mai 1909. A l'admission on a constaté des taches rouges épaisses sur le nez, une décoloration et un renflement du lobe de l'oreille droite. L'examen du sang provenant des lésions a révélé positivement la présence de bacilles de la lèpre. A partir du mois d'août 1909, il a reçu le traitement du vaccin à intervalles, pendant une année, mais il n'y a pas eu de changement dans son état pendant cette période. A partir de septembre 1910 à novembre 1910, il a pris de l'huile Chaulmoogra brute, par la bouche, en commençant par des doses quotidiennes de quinze gouttes pour finir en novembre avec une dose de soixante gouttes par jour. L'huile était donnée trois fois par jour en doses divisées. A partir de novembre il a reçu des injections hypodermiques du mélange suivant:

"Huile Chaulmoogra...................cc... 60
Huile camphrée......................cc... 60
Résorcine.........................grammes 4
    Mélanger et faire dissoudre à l'aide d'un bain-
marie, puis filtrer.
"Le mélange ci-dessus a été donné comme
suit:

"Novembre............ 2 cc. tous les trois jours.
Décembre............ 5 cc. tous les huit jours.
Janvier.............10 cc. tous les huit jours.

"Comme il supportait mal cette forte dose, elle a été réduite à 5 cc. et
cette quantité a été injectée tous les huit jours, de février à mai. Il n'y
avait apparemment aucun changement à son état à la fin de l'année qui a
suivi le traitement au vaccin. Mais son état s'est amélioré lorsque nous
l'avons traité à l'huile Chaulmoogra brute, donnée par la bouche. Cette
amélioration s'est maintenue lorsque les injections hypodermiques ont été
données et le 6 mai 1911, toutes les lésions ci-dessus décrites avaient disparu,
et il était impossible de trouver le bacille de la lèpre. Nous avons alors
interrompu le traitement pendant une année, au cours de laquelle tous les
examens microscopiques ont donné des résultats négatifs. A partir d'août
1912 à juin 1913, on lui a donné tous les dix ou treize jours 2 cc. jusqu'au
moment de la libération.
"Deuxième cas, G. A., femme philippine, âgée de vingt-deux ans, entrée
à la lèproserie de San Lazaro le 7 janvier 1910. Elle avait la figure couverte
de rougeurs et de petites taches rouges sur les joues, le front et le menton.
La présence du bacille de la lèpre fut constatée dans des grattages de ces
lésions. Le traitement au vaccin a été commencé pendant le mois de
janvier et continué pendant une période de cinq mois. Au bout du premier
mois il ne semblait pas qu'il y eut d'amélioration dans son état et l'huile
Chaulmoogra brute lui a été donnée par la bouche en doses croissantes.
La première dose était de trente gouttes par jour et elle était de trois cents
gouttes à la fin du quatrième mois; au bout de cette période il semblait y
avoir un peu d'amélioration, mais la malade ne supportait plus bien l'huile
et le mélange d'huile Chaulmoogra mentionné dans le cas précédent a été
administré. Pendant le premier mois on lui a injecté dans les fesses 1 cc.
tous les huit jours. Le mois suivant, l'injection a été de 10 cc. tous les
quatre jours puis on lui a donné une injection de 15 cc. Après quoi on a
injecté 5 cc. tous les six jours. Le 6 mai 1911 l'aspect général de la malade
s'était grandement amélioré et l'examen microscopique ne trouvait plus de
bacilles. En septembre le traitement a été interrompu pendant un an.
A partir de janvier 1912 nous avons injecté 2 cc. tous les huit jours. Des
examens microscopiques effectués tous les huit jours ont toujours donné des
résultats négatifs. Le 11 juin, date de sa libération, toutes les taches avaient
disparu, mais la figure était encore un peu rouge.
"On ne sait pas si le traitement au vaccin a exercé quelque influence
sur ces guérisons. Disons cependant qu'il y a un certain nombre d'autres
cas à la lèproserie de San Lazaro et à celle de Culion qui sont restés négatifs
depuis près de deux ans et qui présentaient au début des lésions plus caractéristiques que ceux qui ont déjà été libérés, et cependant ces malades
n'avaient reçu que l'huile Chaulmoogra et pas de vaccin.
"On a signalé de temps à autre des guérisons apparentes à l'hôpital de
San Lazaro, malheureusement tous ces individus sont retombés malades
ou sont morts d'une autre maladie bientôt après. Les individus dont nous
parlons sont restés négatifs pendant une période de deux ans et il semble

y avoir des raisons de croire que la guérison est permanente. Dès que les résultats favorables sont devenus généralement connus parmi les lépreux, le traitement a été en grande demande et plusieurs centaines de malades prennent maintenant l'huile Chaulmoogra sous une forme ou sous une autre. Cependant, étant donné la longue période de traitement et les nausées que produit l'huile Chaulmoogra quand elle est donnée par la bouche, l'expérience a montré que peu d'individus ont assez de courage pour suivre le traitement pendant une longue période.

"Les résultats acquis jusqu'ici ne nous permettent pas de croire qu'un spécifique contre la maladie a été trouvé, mais l'on croit que si l'on trouve des fonds suffisants pour ouvrir un laboratoire qui se consacrerait à l'étude de ce traitement et auquel serait attaché un hôpital disposant des moyens voulus pour faire des observations exactes, on trouverait peut-être un moyen qui permettrait d'arriver au succès. Disons, pour ne pas trop exciter l'espoir que ces guérisons peuvent avoir suscité, que nous connaissons un lépreux qui s'est guéri spontanément, c'est-à-dire sans l'administration d'aucun traitement et que, sur une vingtaine de patients soumis à ce traitement pendant une période de plus d'une année, il n'y a qu'un petit nombre qui aient donné des signes d'amélioration."

Le chirurgien Heiser, de Manille, m'écrit la lettre suivante en date du 31 octobre 1913:

"Il vous intéressera peut-être de savoir que nous avons mis en liberté conditionnelle, hier, une jeune fille de quatorze ans qui avait été admise à l'hôpital de San Lazaro le 5 janvier 1911 avec un diagnostic de lèpre confirmé par l'examen microscopique. Elle a pris le traitement décrit dans le rapport trimestriel. L'examen clinique et microscopique a donné, depuis deux ans, des résultats négatifs au point de vue de la lèpre. Cette malade n'a été soumise à aucun traitement.

"Je compte publier sous peu un rapport préliminaire sur quatorze lépreux qui ont pris ce traitement depuis le 21 février 1912. Vingt de ces individus étaient affligés de divers types de lèpre. Six de ces derniers ont refusé de continuer après quelques mois d'essai. Il en reste donc quatorze. L'un de ceux-ci est devenu négatif, trois se sont beaucoup améliorés, trois, un peu, quatre légèrement, l'un est mort et l'état des deux autres n'a pas changé.

"L'auteur est d'avis qu'il n'y a rien dans les faits constatés jusqu'ici de nature à encourager l'espoir que l'on a trouvé un spécifique contre la maladie. C'est notre expérience que les lépreux s'améliorent souvent sans traitement et nous avons au moins un exemple d'un lépreux qui s'est remis complètement, sans aucun traitement."

Le numéro de février du *Journal of State Medicine* parle dans les termes suivants des conditions qui existent actuellement en France:

"L'augmentation de la lèpre en France donne lieu à quelque alarme, particulièrement à Paris, et le docteur Marchoux, de l'institut Pasteur, doit présenter un rapport sur les mesures les plus propres à enrayer la propagation de la maladie."

Lorsque j'ai été chargé, il y a vingt ans, de diriger le lazaret de Tracadie, j'ai introduit le traitement à l'huile Chaulmoogra et au fenouge. Lorsque le *Nastin* était en vogue, nous en avons fait l'essai, mais sans obtenir des résultats très encourageants. Cependant un patient qui s'est amélioré grâce à ce traitement n'a pas empiré depuis, quoiqu'il n'ait reçu aucune injection depuis novembre dernier. Nous nous servons actuellement d'un mélange d'huile Chaulmoogra, d'huile camphrée et de résorcine que nous injectons dans les muscles fessiers une fois par semaine. Des dispositions ont été prises pour faire l'essai de l'antiléprol, l'élément raffiné de l'huile Chaulmoogra que j'ai mentionné plus haut en citant un extrait du discours du docteur Bayer.

Béri-béri.—De nouvelles constatations ont été faites pendant l'année et des articles ont été publiés sur l'étiologie de cette maladie. Le docteur Arthur Stanley, M.D., Lond., M.O.H. Shanghai, écrit ce qui suit dans le *British Medical Journal:*

"Comme l'attention se porte de plus en plus sur le béri-béri et que l'on a ressuscité la théorie qui veut que le riz soit l'origine de cette maladie, théorie qui paraît être fondée sur des expériences mal interprétées, portant sur l'alimentation des volailles, et comme la nouvelle loi proposée se base sur le fait que la maladie est causée par l'emploi du riz décortiqué, il semble à propos de signaler un fait évident que les derniers investigateurs semblent avoir perdu de vue.

"Quinze années d'observations minutieuses à Shanghai et dans d'autres parties de la Chine nous ont fait voir que le béri-béri est répandu dans certaines institutions, telles que les prisons, les institutions charitables et les écoles, où un grand nombre de personnes vivent ensemble, mais qu'il est relativement peu connu parmi la masse de la population. Il n'y a, pour ainsi dire, pas de différence en ce qui concerne l'alimentation, au moins en ce qui concerne la sorte de riz consommé, car en Chine tout ce riz est invariablement décortiqué par le même procédé. Si le béri-béri était causé par la perte d'un élément dans la balle extérieure du grain du riz, pourquoi cette maladie se manifesterait-elle de préférence parmi les personnes qui vivent ensemble? Car ce sont là les conditions qui favorisent sa propagation.

"L'isolation des malades, la désinfection ordinaire des vêtements humains, etc., n'ont que peu ou point d'effet sur la propagation du béri-béri, mais il y a de bonnes raisons de croire, au contraire, que l'on peut enrayer immédiatement et de façon très efficace la marche de la maladie en détruisant la vermine du corps et en fumigeant au soufre les appartements pour détruire les punaises, etc. Ceci montre que l'infection se produit au moyen d'animaux parasites extérieurs.

"Un fait intéressant à noter, c'est que presque tous les investigateurs qui s'occupent de ce sujet sont d'abord attirés par la théorie du riz, surtout parce que l'on attribue d'autres formes de névrite périphérale, tels que l'ergotisme, le lathyrisme et peut-être le pellagra, aux résultats de végétations parasitiques sur les semences. C'est là, semble-t-il, la première idée, mais que l'on abandonne toujours dès que l'on s'aperçoit, après avoir poussé plus loin ses recherches, qu'elle ne peut être soutenue. Mais le fait d'accepter la théorie du riz comme finale et de conseiller au gouvernement de faire des lois dans ce sens pour empêcher la propagation du béri-béri, serait de décourager les recherches ultérieures tant que l'inutilité de ces lois n'aura pas été démontrée. Dans l'intervalle, le commerce pourrait en souffrir, de même que les habitudes de la population."

Cette question est bien résumée dans une étude qui a été lue à la dixième réunion annuelle de la société américaine de médecine tropicale tenue en mai à Washington. Cette étude avait été préparée par le Major Weston P. Chamberlain, du corps médical de l'armée américaine.

"Disons d'abord que toutes les autorités ne s'accordent pas à reconnaître que le riz poli est la cause du béri-béri. Me basant sur l'évidence clinique et expérimentale que j'ai rassemblée dans les Philippines, je suis moi-même absolument convaincu de la justesse de cette théorie, en ce qui

5 GEORGE V, A. 1915

concerne le béri-beri que l'on rencontre en Orient. Dans certains cas, et particulièrement sur les navires et au Brésil, on rencontre une maladie également appelée béri-béri qui se manifeste parmi les personnes mangeant peu ou point de riz. On peut offrir trois explications de ce fait : premièrement, le régime alimentaire peut ne pas être bien équilibré, il peut manquer de substances propres à prévenir la névrite, quand bien même ce ne serait pas un régime au riz; deuxièmement, le principe qui prévient la névrite peut avoir été détruit par une chaleur excessive, par exemple par la cuisson à la vapeur sous pression; troisièmement, le terme béri-béri peut comprendre plusieurs variétés de névrite produites par différents facteurs. La névrite qui est causée par les poisons, tels que le plomb, l'arsenic, l'alcool et. les toxines, produites par les bactéries, par exemple le bacille Klebs-Loeffler sont bien connues. Il semble bien prouvé qu'un régime alimentaire au riz dépouillé de son péricarpe produit la névrite, mais il ne s'ensuit nullement qu'il n'existe pas d'autres types de névrite tropicale endémique dont les causes restent encore indéterminées.''

Fièvre entérique.—Inoculation antityphoïdique. Nous trouvons dans le rapport annuel du bureau de santé de la Colombie-Britannique d'avril dernier, la déclaration suivante énamant du docteur Fagan, le secrétaire:

"Nous avons envoyé, l'année dernière, dans toute la province, des avis rappelant l'attention sur la valeur de l'inoculation contre la fièvre typhoïde. Appuyés par un grand nombre de médecins, ces avis ont généralement eu de bons effets, et une grande quantité de vaccin contre la fièvre typhoïde a été distribuée gratuitement. Les résultats ont été des plus encourageants. Je recommande respectueusement que la province continue à distribuer largement ce produit biologique, car les vies et les santés qu'il permet d'épargner ont une grande importance au point de vue économique dans le progrès du pays.

"Les rapports sur l'emploi de la fièvre typhoïde établissent les faits suivants:

"(1) Soixante et un mille six cent vingt-deux soldats anglais immunisés dans les Indes en 1911. Fréquence de la fièvre typhoïde parmi les immunisés, 1.7 par mille, parmi les non-immunisés, 6.7 par mille, soit une réduction de 75 pour cent. Taux de la mortalité parmi les immunisés, 0.17 par mille, parmi les non-immunisés, 1.15 par mille, soit une réduction de 85 pour cent dans la mortalité.

"(2) Quatre-vingt-deux mille soldats des Etats-Unis immunisés jusqu'au 1er juillet 1912. La proportion de la fièvre typhoïde est descendue de 3.03 par mille en 1909 à 0.3 par mille en 1912, soit une réduction de 90 pour cent.

"(3) Vingt-quatre mille sept cent quatre-vingt-quinze soldats japonais immunisés en 1909. Une comparaison entre 12,915 soldats immunisés et 20,245 non immunisés, vivant dans les mêmes conditions, nous montre qu'il y a eu un cas par mille parmi les immunisés et 14.52 par mille parmi les non-immunisés, soit une réduction parmi les immunisés de 93 pour cent de cas de fièvre typhoïde.

"(4) Trente mille personnes immunisées à Memphis, Tenn., pendant une épidémie récente de la fièvre typhoïde. Cinq cent dix-sept étaient des enfants de un à cinq ans. Le rapport du service de l'hygiène dit: 'Nous croyons, d'après notre expérience, que cette vaccination a prévenu une épidémie très grave de fièvre typhoïde.'

"(5) Deux mille quarante-quatre personnes immunisées à Baltimore en 1911-12. Pas un seul cas de fièvre typhoïde n'a éclaté parmi ces personnes. Parmi les gardes-malades et les aides immunisées dans les trois cent neuf hôpitaux, il n'y a pas eu un seul cas de fièvre typhoïde. Parmi quatre-vingt-deux gardes-malades et aides qui n'avaient pas été immunisées, il y a eu sept cas.

"(6) Mille trois cent quatre-vingt et un gardes-malades et aides d'hôpital dans les hôpitaux du Massachusetts, immunisés. Il n'y a eu que deux cas de fièvre typhoïde. Chez les non-immunisés, les cas de fièvre typhoïde ont été neuf fois plus nombreux.

"La vaccination est sans danger. Un fait le prouve; c'est que sur 62,000 inoculations contre la fièvre typhoïde qui ont été faites dans la marine des Etats-Unis depuis janvier 1912, seulement un pour cent des hommes ont eu des réactions qui les ont forcés à s'absenter du service, et sur les 263,842 immunisations que nous venons de citer on n'a pas constaté de mauvais résultats."

Le bulletin hebdomadaire du service de santé de la ville de New-York publie ce qui suit en date du 26 avril dernier:

"L'immunisation contre la fièvre typhoïde est pratiquée par ce département depuis le 1er janvier 1913. Lorsqu'un cas de maladie est signalé on se rend à la demeure du patient pour connaître la source de l'infection. En même temps, et avec l'assentiment du médecin, on offre de vacciner les membres de la famille. On administre trois doses de sept à dix jours d'intervalle; la première contient 500 millions de bactéries tuées dans une suspension en glycérine, les autres un million chacune. On observe les réactions et on enregistre soigneusement les observations.

"Plus de 1,200 injections ont été données à environ 400 personnes; il n'y a pas eu de réaction sérieuse. Dans la réaction la plus grave que l'on ait constaté jusqu'ici, il y a eu des nausées et des vomissements, un refroidissement marqué, aucune élévation de température et un malaise considérable. Tous ces symptômes ont disparu dans les quarante-huit heures. Il n'y a pas eu d'autres mauvais effets. Cette réaction s'est manifestée à la première dose, les deuxième et troisième doses n'ont causé que la plus faible réaction.

"Parmi les personnes vaccinées, une seule a contracté la fièvre typhoïde. C'était un enfant, déjà dans l'état d'incubation, qui s'est manifesté deux jours après la première dose. Ce fut un cas exceptionnellement bénin, une forme avortée de la maladie et cependant on ne peut pas dire que la maladie avait montré peu de virulence, car deux autres enfants de la même famille sont morts de la fièvre typhoïde juste avant que la culture ait été administrée aux autres membres. Il ne semble pas y avoir de raison pour la façon dont la fièvre s'est comportée dans le troisième cas, si ce n'est l'influence favorable de la culture injectée.

"Dans une famille de onze personnes il y a eu deux cas de fièvre typhoïde. On offrit de vacciner les neuf autres membres, huit acceptèrent et ne contractèrent pas la fièvre; un refusa et contracta la fièvre peu de temps après.

"Dans d'autres cas observés par ce département, des personnes qui avaient été exposées à la maladie et qui ont refusé le traitement préventif ont succombé. D'autre part, aucune de celles qui ont été vaccinées ne l'ont contracté, à la seule exception de l'enfant déjà mentionné qui était déjà infecté et dont le cas a été si bénin, malgré la forme très virulente du *bacillus typhosus*.

"Ces résultats sont corroborés par des statistiques étrangères. Nous voyons, par exemple, qu'au cours d'une épidémie dans l'asile Maidstone en Angleterre, il y a eu quatre cents vaccinations. La proportion de cas de fièvre typhoïde parmi les vaccinés n'a été que de un pour cent, tandis qu'elle a été de quatorze pour cent parmi ceux qui n'avaient pas été vaccinés.

"La fièvre typhoïde a fait peu de ravages dans la ville de New-York et les occasions pour la vaccination sont peu nombreuses. A mesure que la saison s'avance et que les cas de maladie augmentent, le nombre des injections augmentera certainement et l'on compte qu'il en résultera une réduction dans le pourcentage des infections par contact.

"On a pensé qu'il valait mieux ne pas administrer le traitement à ceux qui portaient des lésions tuberculeuses, car un auteur a fait remarquer que la vaccination pourrait hâter le développement de la tuberculose. Le département n'injectera donc pas la culture chez les patients qui présentent des lésions tuberculeuses ou autres lésions sérieuses tant que cette question n'aura pas été réglée par de nouvelles observations."

Plusieurs conférences favorables à l'inoculation contre la fièvre typhoïde ont été données dans ce pays au cours du mois par Sir William B. Leishman, K.C.M.G., F.R.S., professeur de pathologie, collège médical de l'armée royale, Londres. Sir William formait partie d'un comité d'experts qui était chargé de recueillir des renseignements sur la question et de faire de nouvelles recherches afin d'améliorer le vaccin. Ce comité ayant présenté son rapport final est maintenant dissous. Ce rapport recommandait l'adoption universelle de la vaccination contre la fièvre typhoïde dans l'armée.

En ce qui concerne la désinfection des salles de typhoïques, la méthode recommandée par le docteur Kaiser, de l'institut d'hygiène de l'université de Gratz, est la plus simple et la plus efficace. Elle consiste à ajouter une quantité suffisante d'eau chaude pour recouvrir les selles dans le récipient, puis à ajouter environ un quart du volume entier de chaux vive (oxyde de calcium), puis on recouvre le récipient et on laisse le tout pendant deux heures. La combustion de la chaux engendre assez de chaleur pour détruire les organismes typhoïques.

Linenthal et Jones, du bureau de santé de l'état du Massachusetts, ont publié le résultat d'expériences qui ont été faites pour essayer l'efficacité de cette méthode. Ils ont constaté que lorsqu'on se servait d'eau chaude, comme il vient d'être dit, la température s'élève invariablement à 75 degrés C. ou plus en dix minutes et à 85 et souvent 90 degrés en vingt minutes; la température reste à plus de 60 degrés pendant une heure et demie au plus. Ils essayèrent ensuite l'effet de la méthode sur la destruction des bacilles typhoïques et ils constatèrent, dans toutes leurs expériences, que ces bacilles étaient tuées. Leurs conclusions sont les suivantes:

"L'addition d'une tasse de chaux vive commerciale et d'eau aux selles d'un typhoïque engendrent suffisamment de chaleur pour détruire les organismes de la fièvre typhoïde. L'eau froide peut suffire, mais il ne faut pas compter sur elle à cause de la qualité variable de la chaux. L'eau chaude, au contraire, de 50 à 60 degrés centigrades, donnera toujours les résultats désirés. La chaux employée devra être en morceaux cassés en petits fragments et répartis sur toutes les selles.

"Nous croyons que cette méthode, simple et efficace, devrait supplanter toutes les diverses méthodes que recommandent actuellement les bureaux locaux de santé."

Typhus.—Entre le 1er janvier et le 8 courant il est arrivé aux ports des Etats-Unis treize cas de typhus apportés sur huit navires qui venaient de Marseilles, Trieste et le Havre. D'autres cas se sont produits à la suite de contact avec les cas précédents. Les gens infectés étaient principalement des Turcs, Arméniens, Syriens et Kurdes.

La période d'incubation du typhus dure assez longtemps pour permettre à un immigrant de prendre passage sur un navire après l'infection et d'arriver à un port de ce pays sans montrer de symptômes de la maladie. Par conséquent les passagers d'entrepont venant de l'Asie occidentale et de l'Europe orientale en général et des localités ci-haut mentionnées en particulier, devraient être minutieusement examinés au moment de l'arrivée à la station de quarantaine et examinés de nouveau par les officiers du service chargé de l'examen des étrangers, afin que l'on puisse déterminer si les passagers d'entrepont sont plus exposés que les autres à apporter l'infection du typhus. Cette constatation serait très importante.

Tuberculose.—Les docteurs Adami, Mackenzie, Caulfield, Harding, McCulloch, Ross, Elliott et Porter ont signé un rapport sur les résultats du traitement Friedman. Le docteur Hodgetts, membre du comité, s'opposant à ce qu'un rapport fut présenté, n'a pas signé. Lecture de ce rapport a été donnée à une réunion générale de l'association médicale canadienne, tenue à London, Ont., le 25 juin 1913:

"En vue d'apaiser l'opinion publique et pour donner aux médecins et au peuple du Canada une déclaration autorisée sur la valeur du traitement du docteur Friedman, l'association canadienne pour la prévention de la tuberculose a nommé un comité de cinq membres et les a chargés d'étudier les malades inoculés par le docteur Friedman, à Montréal, Toronto, Ottawa et London et d'en faire rapport. Le comité s'est adjoint ces médecins qui ont sous observation les patients traités dans ces villes. Le comité ainsi constitué a l'honneur de faire savoir qu'il a soigneusement étudié l'évolution de la maladie dans les patients inoculés par les docteur Friedman. Ces patients sont au nombre de 161, savoir: 55 à Montréal, 10 à Ottawa, 81 à Toronto et 15 à London. A la suite de nos opérations, du 11 mars jusqu'à ce jour, les conclusions suivantes semblent s'imposer:

"1· Les inoculations n'ont pas été suivies d'un changement sensible dans le cours clinique de la maladie, ni constamment ni fréquemment.

"2. La guérison ou l'acheminement vers la guérison dont le traitement du docteur Friedman se réclame n'ont jamais, de façon constante ou même fréquente, eu lieu pendant le temps où ces cas sont restés sous observation.

"3· Après enquête le comité constate donc que les résultats ont été désappointants, que les avantages prétendus pour ce remède n'ont pas été prouvés et que rien n'a été établi qui puisse justifier la confiance dans ce remède."

Canal de Panama.—L'achèvement du canal de Panama est un plus grand triomphe au point de vue de la science médicale qu'au point de vue des ingénieurs. La seule raison pour laquelle les Français n'ont pu terminer le canal, c'est qu'ils ne pouvaient maintenir des hommes en vie dans la zone de construction. Jusqu'en 1903, un rapport officiel déclarait encore: "Le district du canal de Panama est l'une des régions les plus chaudes, les plus humides et les plus fiévreuses qui existent. Les fièvres malignes et intermittentes y dominent et il y a parfois des épidémies de fièvre jaune. La mortalité, dans les conditions normales, est considérable." Le colonel Gorgas, agent sanitaire en chef de la zone du canal, exprime cette mortalité en chiffres, il dit qu'elle était de plus de 240 par mille chez les employés français.

Or, dans ce district, qui, il y a seulement neuf ans, était regardé comme inhabitable, la fièvre jaune a entièrement disparu. Il ne s'en est pas produit un seul cas depuis mai 1906.

Et le coût total de cette amélioration ne s'est pas élevé à un pour cent des crédits totaux alloués pour la construction du canal. Le colonel Gorgas dit que lorsque le canal sera terminé on pourra prouver que l'hygiène n'a coûté que $365,000 par an; ceci revient à environ un centin par jour et par personne pour une population de 100,000 âmes. La population de la zone du canal est évaluée à 150,000. Ce triomphe a non seulement rendu possible la construction du canal de Panama, mais il a fait plus, il a démontré que les régions tropicales, toujours considérées jusqu'ici comme des foyers d'infection, peuvent être rendues habitables grâce à une dépense qui ne dépasse nullement les moyens d'un territoire fertile.

Circulaires.—Nous avons envoyé, de temps à autre, à vos différents agents, des lettres-circulaires appelant leur attention sur les diverses conditions se rapportant aux explosions de maladies épidémiques à l'étranger.

Bulletins, etc.—Nous avons reçu régulièrement les rapports hebdomadaires du service de la santé publique des Etats-Unis. Ces publications nous sont très utiles de même que les bulletins mensuels du bureau de santé des provinces, des Etats, et des municipalités du Canada, des Etats-Unis et d'autres pays. Nous avons également reçu régulièrement pendant l'année les bulletins du bureau international de la santé publique de Paris et du bureau de la maladie du sommeil à Londres, et dans chaque cas des exemplaires supplémentaires ont été distribués aux bureaux provinciaux d'hygiène.

Nouvelle station de quarantaine.—En octobre dernier vous avez élevé la station de quarantaine non organisée de Summerside, I. P.-E. au rang de station régulière de quarantaine pour l'inspection, etc. des navires et confié cette station au docteur A. A. McLellan. L'île du Prince-Edouard a le droit de se faire protéger par le gouvernement fédéral -contre les maladies provenant de ses provinces-sœurs du Dominion aussi bien que de l'étranger.

Inspecteurs supplémentaires sur les paquebots-malles.—Le nombre de paquebots-malles ayant été porté à trois par semaine au lieu de un, vous avez nommé les docteurs Bouillon et Lord, en sus du docteur Lepage, pour rencontrer à Rimouski, Qué. les paquebots-malles remontant le Saint-Laurent. Un de vos agents remonte donc le Saint-Laurent sur chacun de ces paquebots trois fois par semaine et fait une inspection minutieuse entre Rimouski et Grosse-Isle.

Changements dans le personnel.—L'été dernier le docteur Watt, surintendant médical de la station de quarantaine de William-Head, est décédé et le docteur Hunter, aide médical et bactériologiste à cette station, a démissionné. Vous avez nommé le docteur Rundle Nelson surintendant médical, mais aucun aide bactériologiste n'a encore été nommé. Le docteur Watt était un agent précieux, un bon travailleur qui avait eu seize années d'expérience dans ses fonctions. Sa mort est une perte pour le service.

Visites officielles et inspections.—Le 13 juin dernier je suis parti d'Ottawa sous vos ordres pour inspecter la côte de l'Atlantique. J'ai visité la station de Grosse-Isle, Qué.; le lazaret de Tracadie, N.-B.; les stations de quarantaine de Chatham et St-Jean, N.-B.; Digby, Halifax, Sydney et Louisbourg, N.-E.; Charlottetown et Summerside, I. P.-E.; Rimouski, Qué., et visité de nouveau Grosse-Isle, Qué. au sujet des travaux d'amélioration en cours.

Le 14 août je suis parti pour la côte du Pacifique. J'ai inspecté les stations de Vancouver, Victoria, William-Head et Prince-Rupert, et la léproserie de l'île Darcy.

Au cours de mon voyage de retour, j'ai assisté à la réunion annuelle de la American Public Health Association à Colorado Springs, Col. De là je me suis rendu à Régina, Sask., où j'ai assisté à la réunion annuelle de l'association canadienne de santé publique. A cette réunion j'ai eu l'occasion de rencontrer les agents provinciaux de l'Alberta et de Saskatchewan et plus tard j'ai vu à Winnipeg l'officier de santé de la province du Manitoba.

Le 5 octobre je me suis rendu, par votre ordre, à St-Jean, N.-B. pour voir un steamer d'inspection, les appareils de fumigation et leur barge.

Stations, etc., Grosse-Isle, Qué.—Navires inspectés à cette station et à sa sous-station de Rimouski, 442. Personnes inspectées, 293,568. Admissions à l'hôpital, 1,720. Maladies: petite vérole, fièvre scarlatine, diphtérie, rougeole, rougeole allemande, varicelle, fièvre entérique. Décès à l'hôpital, 16. Cinq navires ont signalé des cas de petite vérole. Près de 7,000 personnes ont été vaccinées.

Les travaux suivants ont été à peu près terminés: nouveau bâtiment pour la détention des passagers de première classe, agrandissement du quai de l'ouest, 200 x 60 pieds, boulangerie, menuiserie, plomberie, maisons pour le bactériologiste et du deuxième aide médical, demeure pour les gardes-malades, annexe au bâtiment de désinfection de l'hôpital. On a commencé les travaux suivants: brise-lames à la baie de l'ouest, un nouvel étage sur le bâtiment de désinfection, réservoir d'eau et enfouissement des conduites d'eau au-delà de l'atteinte des gelées.

Rimouski, Qué.—En faisant le trajet entre cette sous-station et la station de Grosse-Isle, le docteur Lepage a inspecté 30 navires et 45,487 personnes, le docteur Bouillon, 28 navires et 38,710 personnes, et le docteur Lord, 28 navires et 39,785 personnes.

Halifax, N.-E.—Navires inspectés, 385. Personnes inspectées, 203,810, soit une augmentation de 46,311 sur l'année dernière. Des maladies infectieuses ont été signalées sur 36 navires. Les entrées à l'hôpital étaient au nombre de 204. Maladies: petite vérole, rougeole, fièvre scarlatine, diphtérie, varicelle. Deux décès ont eu lieu à l'hôpital, un causé par la diphtérie et l'autre par la rougeole.

Le docteur J. J. Hagerty, du personnel de la Grosse-Isle, a rempli les fonctions d'aide surintendant médical et de bactériologiste pendant l'absence du docteur V. N. McKay, à l'université McGill, Montréal.

St-Jean, N.-B. — Navires inspectés, 173. Personnes inspectées, 37,949. Admissions à l'hôpital, 35. Les nouveaux bâtiments (laboratoire bactériologique, maison de l'aide surintendant médical, demeures des bateliers et de l'assistant-gardien) ont été complétés et sont maintenant occupés. Un bâtiment pour la détention des passagers de première classe est maintenant en voie de construction. L'*Eleanor*, le canot-automobile de la station, a été complètement remis à neuf et amélioré.

Chatham, N.-B.—Navires inspectés, 35. Personnes inspectées, 737. Aucune maladie sujette à la quarantaine n'a été signalée. Des améliorations ont été faites à la demeure du gardien de la station et un système de chauffage à eau chaude a été installé. Un launch plus grand et plus sûr pour faire l'inspection a été acheté.

Digby, N.-E.—Navires inspectés, 8. Personnes inspectées, 160. Un cas de rougeole.

Sydney, N.-E.—Navires inspectés, 126. Personnes inspectées, 3,426. Un cas de petite vérole.

Louisbourg, N.-E.—Navires inspectés, 34. Personnes inspectées, 909. Un cas de petite vérole.

Charlottetown, I. P.-E.—Navires inspectés, 6. Personnes inspectées, 44. Aucune maladie sujette à la quarantaine n'a été signalée. On a installé, au cours de l'année, un réfrigérateur à l'hôpital.

Summerside, I. P.-E.—Vous avez établi cette station le 31 octobre dernier; le docteur A. A. McLellan en est chargé. Il n'y a pas eu d'inspection de vaisseaux étrangers.

William-Head, C.-B.—Navires inspectés, 169. Personnes inspectées, 42,094. Entrées à l'hôpital, 4; deux cas de petite vérole et deux de rougeole.

Les changements suivants ont eu lieu dans le personnel pendant la période couverte par ce rapport: le 18 juin le docteur J. D. Hunter nous a remis sa démission, et je regrette d'avoir à dire que le docteur A. T. Watt est décédé le 28 juillet suivant, à l'hôpital St-Joseph, Victoria, après avoir rempli pendant seize ans les fonctions de surintendant médical de la station de quarantaine de William-Head et des quarantaines de la Colombie-Britannique.

Pendant la durée de la maladie du surintendant et jusqu'au 22 septembre, les docteurs Bapty et Walker ont fait l'inspection, et le 22 septembre le docteur H. Rundle Nelson a été nommé surintendant médical.

Un grand nombre d'améliorations ont été effectuées à cette station depuis novembre dernier. Une chambre d'attente pour les dames a été construite dans le bâtiment de désinfection près du bain des dames; l'agrandissement du power-house pour la réception des malles et le logement des passagers d'entrepont après les bains remplira un besoin qui se faisait depuis longtemps sentir. Le réfrigérateur est également une amélioration très utile. Il y a longtemps que nous en avions besoin. Tous les bâtiments permanents à la station ont été revêtus de brique, à l'exception de la demeure du régisseur, de la maison de l'aide-médecin et du bâtiment de détention des passagers de deuxième classe. Ce revêtement de brique améliore de beaucoup leur aspect et les protégera contre le feu; il supprimera également les frais annuels de peinture. Les toits d'ardoise en rehaussent également l'aspect et les protégeront contre les incendies. Le nouveau bâtiment à l'épreuve du feu pour l'emmagasinage de la gazoline et du soufre protégera ces matériaux si inflammables, et sera très utile sous ce rapport. Des garde-fous ont été placés le long des chemins, partout où ils touchent au rivage, ce qui les rend beaucoup plus sûrs pour le trafic, surtout pendant la nuit. Les chemins en général ont été tenus en bon état de réparation et l'éclairage électrique de la station a été complètement réorganisé. De nouveaux poteaux ont été posés pour les fils de téléphone et de lumière et les onze lampes à arc ont été remplacées par vingt-cinq lampes tungstènes de 500 volts. Ces lampes répartissent la lumière de façon plus égale, particulièrement autour des limites de la propriété. Grâce à ces lampes, la capacité de l'installation d'énergie électrique a été largement augmentée. Le système de téléphone a été grandement amélioré, un tableau central de raccordement a été installé. Une parcelle de terrain d'environ un acre de superficie a été convertie en cimetière et clôturée.

Prince-Rupert, C.-B.—Il n'est pas arrivé de maladie sujette à la quarantaine à ce port. Nos quais ont été terminés et des lumières y ont été placées. La demeure du surintendant médical a été terminée. On a commencé à nettoyer les terrains et on fait les préparatifs pour la construction des bâtiments de détention et de désinfection.

Lazaret de Tracadie, N.-B.—Patients actuels, dix-neuf: quinze Canadiens-Français, deux Anglais, un Islandais et un Russe. Dix hommes et neuf femmes. Décès pendant l'année, quatre; entrées, deux. On continue le traitement à l'huile Chaulmoogra sous diverses formes. On l'emploie actuellement en mélange avec l'huile camphrée et de la résorcine pour faire des injections dans les muscles. On doit faire sous peu l'essai de l'antiléprol, le produit raffiné de l'huile Chaulmoogra, qui a été introduit par le docteur Bayon.

Les deux patients libérés en février et novembre 1912, comme étant apparemment guéris ou exempts de la maladie, sont en bonne santé.

Le dévouement et les soins apportés aux malades par les religieuses gardes-malades méritent les plus grands éloges.

Léproserie de l'île Darcy, C.-B.—Il y a un lépreux à cette léproserie, un Chinois, qui attend d'être déporté en vertu des règlements du département de l'immigration.

Loi de l'hygiène des travaux publics.—Votre inspecteur pour l'est du Canada, chargé d'appliquer la loi de l'hygiène des travaux publics, M. C. A. L. Fisher, déclare que l'année s'est de nouveau signalée par une absence presque complète de maladies infectieuses parmi les hommes employés à la construction de chemins de fer, de tunnels et de canaux; il a constaté que le service était complet, que les hôpitaux étaient excellents et que les logements et la pension des hommes ne le cédaient en rien aux très bonnes conditions déjà observées dans le passé. L'état sanitaire des camps était également généralement bon. Pendant l'année la moyenne du nombre des ouvriers était d'environ 13,220; le nombre des officiers médicaux compétents préposés aux hôpitaux de camps était de 37.

Votre inspecteur pour l'ouest du Canada, le docteur A. E. Clendenan, déclare ce qui suit: "Quand on considère l'humeur vagabonde d'un grand nombre des employés sur les constructions de chemins de fer et d'irrigation, leurs habitudes peu hygiéniques, on s'étonne qu'il y ait si peu de maladies et si peu de décès en dehors des accidents." Les maladies épidémiques ont été bien moins nombreuses que pendant les années précédentes. Le rapport couvre les diverses entreprises dans l'ordre où elles ont été visitées. Les distances parcourues ont été de 2,282 milles et le nombre d'employés sur ces entreprises était de 24,465.

J'ai l'honneur d'être, monsieur le Ministre,

Votre obéissant serviteur;

F. MONTIZAMBERT, M.D.,
Directeur général de la santé publique.

A l'honorable ministre de l'Agriculture,
Ottawa.

5 GEORGE V, A. 1915   •

APPENDICE No. 2.

(G. E. Martineau, M.D.)

Grosse-Isle, Qué., 31 mars 1914.

Monsieur le Ministre,—

J'ai l'honneur de vous soumettre mon rapport annuel, à titre de surintendant médical du service des quarantaines du Saint-Laurent, pour l'année terminée ce jour:

Il a été inspecté cette année 442 navires à la quarantaine de Grosse-Isle, et à sa sous-station de Rimouski.

Le nombre total de navires inspectés accuse une augmentation de 58 sur celui de l'année dernière. Sur les 442 navires inspectés, 262 étaient des navires de voyageurs, ce qui représente une moyenne de 60 pour cent sur le total et une augmentation de 2 pour cent par comparaison à l'année dernière.

Le personnel des navires inspectés se décomposait ainsi: 10,071 passagers de première classe, 59,007 passagers de deuxième classe, 157,372 passagers d'entrepont, 67,014 équipage, 59 bouviers, 45 rats-de-cale (*stowaways*), un total de 293,568, soit une augmentation de 82,891 sur l'année dernière, ce qui est de beaucoup le plus grand nombre de passagers qui ait jamais été inspecté à cette station. L'augmentation est de 223,457, soit une augmentation de 76 pour cent, si nous comparons les chiffres de cette année à ceux d'il y a dix ans.

Tous les navires qui ont remonté le Saint-Laurent cette saison ont débarqué des gens affectés de maladies contagieuses en une ou plusieurs occasions, à l'exception du steamer *Oceania*, de Trieste, qui n'a fait qu'un voyage.

Les maladies signalées ou découvertes à l'inspection et détenues ici comprenaient les suivantes: petite vérole, fièvre scarlatine, diphtérie, rougeole, rougeole allemande, varicelle, fièvre entérique, fébricules, oreillons et érysipèle.

Des malades ont été débarqués en 139 occasions différentes.

Il y a eu 25 décès à bord, dus aux causes suivantes: maladie du cœur, 4; péritonite, 1; bronchite, 1; œdème des poumons, 1; syncope, 1; pneumonie, 3; bronchopneumonie, 3; convulsions, 3; perdu en mer, 2; fracture du crâne, 1; chancre de l'estomac, 1; accident, 1; épuisement causé par la chaleur, 1; suicide, 1; varicelle, 1.

Il y a eu dix naissances, sept garçons et trois filles.

On a signalé plusieurs passagers ayant refusé de se faire vacciner, mais ils ont fini par céder, à l'exception de deux, sur le steamer *Ultonia*, le 8 mai, et sur le steamer *Victorian*, le 31 mai. En ces deux occasions les personnes réfractaires ont été débarquées pour la période habituelle d'observation.

Navires infectés de petite vérole.—Suit un tableau sommaire des navires sur lesquels la petite vérole a été découverte ou signalée à bord, avec les principales données qui s'y rapportent:

Nom du navire.	Venant de	Arrivée.	Passagers.			Equipage.	Malades.	Descendus.	
			1ère Classe.	2e Classe.	Entre-pont.			Passagers.	Equipage.
Canada	Trieste	14 mai			2190	154	1	501	48
Pisa	Rotterdam	20 juin			1148	80	1	166	10
Wittekind	Rotterdam	12 juillet			1265	100	1	219	10
Hartlepool	Marseilles	22 juillet				29			29
Megantic	Liverpool	4 octobre	168	441	622	364	2	66	19

Le délai causé aux navires par suite du débarquement, de la vaccination des passagers et de la désinfection des navires, varie de six à vingt et une heures; nous avons fait les opérations le plus promptement possible dans tous les cas pour que le délai soit aussi court que possible, tout en prenant les précautions nécessaires pour bien exécuter les travaux.

Le steamer *Hartlepool* ayant fait escale à Sydney avant de venir ici, le malade de la petite vérole qu'il portait a été débarqué à cet endroit et nous avons donné permission au navire de continuer son voyage avec le reste de l'équipage, à condition que la période de quarantaine pour observation soit complétée à cette station de quarantaine.

Tous ces steamers ont été traités de la façon ordinaire en ce qui concerne la désinfection des compartiments infectés, la vaccination des passagers et de l'équipage, etc.

Près de 7,000 personnes ont été vaccinées à cette quarantaine.

Le nombre de personnes débarquées pour observation à cause de la petite vérole a été de 1,068.

Tous les malades atteints de la petite vérole, traités à l'hôpital de cette quarantaine, se sont complètement remis; il ne s'est pas produit de nouveaux cas parmi les divers groupes qui avaint été retenus pour observation et ces personnes ont été relâchées à l'expiration de la période habituelle d'observation.

Cas suspect de petite vérole.—Le 14 novembre, le steamer *Corinthian*, de Londres, est arrivé à la quarantaine et le chirurgien du navire ayant signalé un cas suspect de petite vérole à bord, nous avons examiné soigneusement le patient et nous avons trouvé le cas tellement suspect que nous avons décidé qu'il était prudent de prendre les mêmes précautions que si nous avions affaire à un cas réel de petite vérole, en attendant les complications. Cependant après quatre jours d'observations, il fut établi que ce n'était pas un cas de petite vérole mais seulement de rougeole et tous ceux qui étaient détenus (73 y compris l'équipage) ont été de suite remis en liberté et on leur a permis de continuer leur voyage.

Parmi d'autres steamers qui sont arrivés à cette quarantaine dans un état très insalubre, il y aurait à mentionner le *Willehad*, de Rotterdam, qui est arrivé le 29 courant avec 968 passagers d'entrepont parmi lesquels se trouvaient de nombreux cas de fièvre scarlatine et de rougeole qui n'avaient pas été isolés à bord. Nous avons trouvé nécessaire de débarquer tous les passagers qui avaient été exposés à la contagion, 207 en tout, et de fumiger complètement le compartiment qu'ils avaient occupé.

Les travaux de cette station augmentent tous les ans, particulièrement à l'hôpital, où nous avons eu 1,270 admissions cette année contre 943 l'année dernière.

Les décès à l'hôpital ont été au nombre de 16; ils étaient dus aux causes suivantes: méningite, 3; rougeole, 4; diphtérie, 2; pneumonie, 1; fièvre entérique, 1; fièvre scarlatine, 5.

Le corps d'un enfant qui était mort de convulsions à bord du steamer *Canada*, a été débarqué pour être enterré à la quarantaine. Un traitement préventif au moyen du serum a été appliqué à 258 personnes.

Le nombre considérable de personnes admises à l'hôpital la saison dernière exige de nouveau la construction immédiate d'un nouvel hôpital. Celui que nous avons actuellement est trop petit et ne nous suffit pas. Il nous a fallu, comme par les années passées, nous servir de tentes, de granges, de hangars, etc., et ouvrir, à la division de l'ouest, un hôpital supplémentaire afin d'isoler les cas de maladies contagieuses.

Nous avons eu, à l'hôpital, de 31 à 292 personnes en une fois. Il nous a fallu traiter un grand nombre de cas souffrant de diverses complications, telles que diphtérie et fièvre scarlatine, rougeole et fièvre scarlatine, rougeole et diphtérie, etc., qui compliquent la situation et bien des fois nous avons craint que ces différentes maladies contagieuses ne se propagent par tout l'hôpital à cause du manque de place.

Je dois dire ici que ces complications provenaient en partie d'un mauvais diagnostic des maladies fait à bord par le médecin du navire. Le docteur Aylen, premier aide-médical à cette station, qui est spécialement chargé de l'inspection des navires, a déjà signalé le fait que quelques-uns des médecins employés par les compagnies de navigation ne paraissent pas du tout être à la hauteur de leur position, et je recommande respectueusement que des mesures soient prises pour remédier à cet état de choses. Un fait qui semble prouver que le docteur Aylen a raison c'est que, au cours de la dernière saison, il est passé par la station de quarantaine près de quarante cas de maladies contagieuses qui n'avaient pas été signalés par le médecin du navire. Tous ces cas sont passés pendant la nuit, quand nous ne faisons pas d'inspection et lorsqu'il faut nous fier à l'affidavit du médecin du navire, celui-ci est donc entièrement responsable. Tous ces malades ont été renvoyés à la station de quarantaine après avoir été découverts par les agents de l'immigration, à Québec.

Laboratoire.—Suit un résumé des travaux effectués au laboratoire pendant la dernière saison: examens de diphtérie, 509; analyse de lait, 1; d'eau, 2; réaction au widal, 19; examens du sputum, 10; fèces, 6; urine 6, total 553.

Je suis heureux de pouvoir dire que le nouveau laboratoire, commencé l'année dernière, a été à peu près terminé cette année. On y a installé une fournaise à eau chaude, un appareil Blaugas et tous les accessoires. Nous avons donc maintenant un des facteurs les plus efficaces dans la découverte de certaines maladies infectieuses. En quelques heures notre bactériologiste peut dire si un cas suspect est positif ou négatif. Ce système est surtout utile parce qu'il nous permet de découvrir les porteurs de germes; il est très important également dans le diagnostic de certaines maladies traitées à l'hôpital, telles que la diphtérie et la fièvre entérique, car il permet de déterminer exactement la nature de la maladie et de décider si les malades doivent être retenus à l'hôpital ou peuvent être relâchés.

Sous-station de Rimouski.—Cette sous-station est restée ouverte cette année sous la direction du docteur L. F. Lepage. Deux nouveaux médecins, les docteurs A. Bouillon et P. Lord, ont été nommés ce printemps en raison du fait que le nombre de paquebots-malles a été porté de un à trois. Ces deux nouveaux agents de quarantaine font chaque saison l'inspection des deux paquebots-malles supplémentaires, lorsque ces paquebots remontent toutes les semaines à Grosse-Isle, tout comme le faisait le docteur Lepage en 1912. Chaque paquebot trouve donc à son arrivée à Rimouski un agent de quarantaine qui est prêt à faire l'inspection à bord pendant le parcours, ce qui supprime les délais inutiles à Rimouski ou à Grosse-Isle. Ils ne s'arrêtent ici que pour débarquer les maladies sujettes à la quarantaine.

Suit un résumé des travaux effectués par chaque agent de quarantaine à cette station:

```
Docteur L. F. Lepage—
    Navires inspectés......................................................      40
    Personnes inspectées—
        Première classe.................................      4,004
        Deuxième classe................................     10,525
        Entrepont......................................     20,403
        Equipage.......................................     10,555
            Total.......................................................  45,487
    Navires qui ont débarqué des cas de maladies contagieuses à Grosse-Isle...........      11
    Cas de maladies contagieuses débarqués à Grosse-Isle......................      20
Docteur A. Bouillon—
    Navires inspectés......................................................      28
    Personnes inspectées—
        Première classe.................................      2,311
        Deuxième classe................................      9,354
        Entrepont......................................     18,278
        Equipage.......................................      8,770
            Total.......................................................  38,713
    Navires qui ont débarqué des cas de maladies contagieuses à Grosse-Isle...........
    Cas de maladies contagieuses débarqués à Grosse-Isle......................
```

Docteur P. Lord—

Navires inspectés		28
Personnes inspectées—		
Première classe	3,509	
Deuxième classe	8,871	
Troisième classe	17,842	
Equipage	9,563	
Total		39,785
Navires qui ont débarqué des cas de maladies contagieuses à Grosse-Isle		15
Cas de maladies contagieuses débarqués à Grosse-Isle		113

Améliorations.—Il s'est fait beaucoup de travaux cette année à cette station; parmi les plus importants, je dois mentionner les suivants qui sont à peu près terminés: un nouveau bâtiment de détention pour les passagers de première classe, l'extension du quai de 200 x 60 pieds, une nouvelle boulangerie avec des appareils modernes dans la division de l'ouest; un nouvel atelier de menuiserie; une nouvelle plomberie; deux nouvelles demeures pour le bactériologiste et pour le deuxième assistant médical respectivement; une nouvelle résidence pour les gardes-malades, une nouvelle annexe au bâtiment de désinfection de l'hôpital. Beaucoup d'autres travaux ont été commencés mais n'ont pu être terminés. Au nombre de ceux-ci se trouvent le brise-lames en béton destiné à protéger les bâtiments de la division de l'ouest contre les inondations, la construction d'un nouvel étage sur le bâtiment de désinfection afin d'augmenter le nombre de douches et d'améliorer le système de désinfection pour les passagers tenus sous observation. Une partie de la conduite d'eau a été enfouie sous terre, hors de l'atteinte des gelées, et l'on a commencé à installer le nouveau réservoir de 75,000 gallons pour fournir de l'eau à cette quarantaine.

Choses nécessaires.—Je vous ai déjà soumis une liste détaillée des travaux qui seraient nécessaires à cette station; qu'il me soit permis de mentionner ici quelques-uns des plus importants et des plus urgents.

Le premier, et le plus urgent, la construction immédiate d'un nouvel hôpital afin de pouvoir loger de façon plus confortable les gens qui sont retenus ici. Je suis heureux de dire que le contrat a déjà été donné pour les fondations de ce nouvel hôpital et j'espère que les travaux seront activement poussés, afin que l'érection de la structure puisse être commencée cette année, si cela est possible, et rapidement terminée.

Nous avons fait le premier pas dans la construction d'un quai à eau profonde à la division de l'ouest en allongeant, cette année, le vieux quai de 200 x 60 pieds, mais il reste encore un nouveau prolongement de 200 pieds à faire et j'ai des raisons de croire que ce prolongement sera fait la saison prochaine. Il sera également nécessaire de remplacer le steamer *Alice* par une plus grande embarcation, aménagée en brise-glace, les raisons de ce changement ont déjà été données dans mon dernier rapport annuel.

Les vieux hangars en bois qui ont été construits en 1846 devraient être remplacés par des bâtiments modernes, en brique, avec un aménagement moderne. Lorsque toutes ces améliorations seront faites, la station de la Grosse-Isle pourra être considérée comme l'une des mieux aménagées et des plus modernes pour l'exécution des travaux exigés par le service des quarantaines.

Le tout respectueusement soumis.

J'ai l'honneur d'être, monsieur le Ministre,

Votre obéissant serviteur,

G. E. MARTINEAU, M.D.,

Surintendant médical du service des quarantaines du St-Laurent.

A l'honorable ministre de l'Agriculture,
Ottawa.

APPENDICE No. 3.

(N. E. McKay, M.D., M.R.S.C.)

HALIFAX, N.-E., 31 mars 1914.

MONSIEUR LE MINISTRE,

J'ai l'honneur de vous soumettre mon rapport pour l'année terminée le 31 mars 1914:

Nous avons inspecté le même nombre de navires cette année que l'année dernière, 385. Les 203,810 personnes inspectées se répartissent ainsi: première classe 4,657, deuxième 25,663, entrepont 132,097, équipage 41,383, bouviers 2, rats-de-cale 3, et marins naufragés 3—soit 46,311 de plus que l'année dernière.

Nous avons eu, cette année, plus que notre part habituelle de travaux. Trois navires chargés d'immigrants sont arrivés au port avec des cas de petite vérole et nous avons eu également plus que le nombre habituel de maladies d'ordre secondaire, sujettes à la quarantaine.

On a constaté des cas de petite vérole à bord des navires suivants: *Ryndam*, de Rotterdam, le 16 juin 1913—un cas pour New-York; *Chemnitz*, de Brême, le 13 février 1913—un enfant mort à bord de petite vérole; *Russia*, de Libau, le 6 mars —un cas pour Halifax.

On a trouvé des cas de rougeole sur les navires suivants: *Canada, Graf Waldersee, President Lincoln, Bremen, Frankford, Czar, Potsdam, Rhein, Brandenburg, Neckar, Ryndam, Patricia, Cassel, Hanover, Volturno, Russia, Noordam, Campanello, Dominion, Chemnitz et Pallanza*.

Diphtérie: *Graf Waldersee, Russia, Andania, Empress of Britain* et *Alsatian*.

Fièvre scarlatine: *Czar, Palermo, Cassel, Campanello, Carthagenian, Kursk* et *Aluania*.

Des décès ont eu lieu sur les navires suivants qui les ont signalés en arrivant au port, en voici les causes: *Palermo* (3): fièvre scarlatine, 1, inanition 1, diarrhée 1; *Uranium* (6): pneumonie 2, bronchite 2, inanition 2; *Campanello* (3): pneumonie 3; *Wellikind* (2): méningite 1, maladie du cœur; *Kursk* (3): alcoolisme 1, inanition 2; *Wasgenwald* (1): œdème de laglotte; *Pollanza* (1): pneumonie; *Frankford* (1): rougeole; *Main* (2): pneumonie 1, inanition 1; *Patricia* (1): pneumonie; *Birona* (1): iléus; *Russia* (1): pneumonie; *Cymric* (2): maladie du cœur 1, décrépitude 1; *Carthaginian* (1): diarrhée; *Chemnitz* (1) petite vérole (enfant).

Les maladies suivantes, non sujettes à la quarantaine, ont été signalées: pneumonie, bronchite, méningite, maladie du cœur, alcoolisme, inanition, érysipèle, oreillons, iléus, épilepsie, diarrhée, décrépitude, jambe fracturée, abcès et appendicite.

Nombre de personnes admises à l'hôpital 204, se répartissant ainsi: bien portantes (familles des malades), 128; rougeole, 59; rougeole et diphtérie, 1; diphtérie, 1; diphtérie et rougeole, 1; fièvre scarlatine, 2; fièvre scarlatine et rougeole, 1; fièvre scarlatine et petite vérole volante, 1; petite vérole volante, 7; petite vérole volante et rougeole, 1; petite vérole, 2. Sur quelques-uns des navires chargés d'immigrants, où deux maladies infectieuses s'étaient déclarées, un enfant qui contractait l'une de ces maladies développait parfois l'autre pendant sa convalescence de la première. Exemple: diphtérie et rougeole, petite vérole volante et rougeole, etc.

Il y a eu deux décès à cette station, un causé par la diphtérie laryngienne et l'autre par la rougeole qui s'est développée pendant une convalescence de la fièvre scarlatine. Cette apparition d'une nouvelle maladie pendant la convalescence d'une autre maladie est due, dans chaque cas, au fait que l'isolation n'a été ni prompte ni efficace sur les steamers.

Nous avons détenu en quarantaine 616 personnes suspectes de petite vérole, cette année, dont 391 étaient à bord le steamer *Ryndam*, le 16 juin 1913, venant de Rotterdam. Nous les avons gardées en quarantaine pendant dix-huit jours à dater du dernier jour où elles étaient exposées à la maladie; 214 du steamer *Chemnitz*, de Brême, le 13 février 1914 et 11 du steamer *Russia*, de Libau, le 6 mars. Les personnes suspectes du *Chemnitz* et du *Russia* n'ont été sous observation que pendant quatorze jours, parce que la période de détention de cas suspects avait été réduite à la période normale d'incubation de la maladie. Ce changement est un pas vers le progrès. Il n'y a eu qu'un seul cas de petite vérole parmi les personnes détenues.

En février, lorsque les personnes qui ont été en contact avec des cas de petite vérole étaient en quarantaine, nous avons éprouvé beaucoup de difficultés par suite de la glace dans le passage de l'est, de même que les agents du *Chemnitz* et du *Russia*. La température était alors très froide et la glace s'est formée rapidement dans le chenal. Il a fallu faire venir toutes les provisions par traîneau sur une distance d'environ un mille sur la glace. Il n'en a pas été ainsi pour les passagers du *Ryndam* en juin 1913, car nous étions alors en été, toutes les communications étaient faciles et ces passagers ont été tout à fait à leur aise.

Les bâtiments de détention ne conviennent pas pour l'hiver. Ce ne sont que des hangars et il est impossible de les tenir chaudement. La fumée dans le bâtiment principal (bâtiment d'entrepont), nous a causé beaucoup d'ennuis. Elle provient surtout de la longueur des tuyaux de poêle qui se remplissent de suie tous les trois jours. Il a fallu, tous les trois jours, descendre ces tuyaux pour les nettoyer, ce qui causait beaucoup d'ennuis et beaucoup de saleté. Nous avons grandement souffert du manque d'une salle de lavage.

Il nous faudrait pour l'hiver de nouveaux bâtiments qui puissent être chauffés facilement à l'eau chaude ou à la vapeur. Le manque d'eau nous gêne également beaucoup dans nos opérations et je ne vois pas de quelle façon ce problème peut être résolu sur l'île Lawlor. Je crois que le seul moyen de le résoudre serait de changer l'emplacement de la station.

Le docteur J. J. Heagerty, de la station de Grosse-Isle, m'a assisté pendant les cinq mois d'hiver. C'est avec plaisir que je reconnais le zèle qu'il a apporté dans l'exécution de son travail. C'était un grand soulagement que de l'avoir.

Tous les bâtiments et l'installation à cette station sont en bon état de réparation, mais nous avons besoin de bâtiments mieux construits, car la majeure partie de nos travaux se font en hiver.

J'ai l'honneur d'être, monsieur le Ministre,

Votre obéissant serviteur,

N. E. McKAY, M.D., M.R.S.C., Eng.

Officier de quarantaine.

A l'honorable ministre de l'Agriculture,
Ottawa.

APPENDICE No. 4.

(R. C. RUDDICK, M.D.)

St-Jean, N.-B., 31 mars 1914.

Monsieur le Ministre,

J'ai l'honneur de vous soumettre mon rapport annuel pour la station de quarantaine de St-Jean. Ce rapport couvre l'année expirée le 31 mars 1914:

Nous avons inspecté 173 navires à cette station, pendant l'année, soit une augmentation de 24 sur l'année dernière. Le nombre total de personnes inspectées est de 37,949, se décomposant ainsi: première classe, 997; deuxième classe 5,715; entrepont, 16,927; équipage, 14,310.

Trente-cinq personnes ont été admises à l'hôpital pour y être traitées; sept sont restées sous observation. Maladies: rougeole, fièvre scarlatine, oreillons et petite vérole. Tous les malades se sont bien remis.

Améliorations.—Tous nos nouveaux bâtiments (laboratoire bactériologique, maison du bactériologiste, maison du batelier, maison de l'aide-gardien) ont été terminés et sont maintenant occupés. Notre bateau de quarantaine, *Eleanor*, a été remis à neuf et amélioré. Nous construisons actuellement un bâtiment de détention pour les passagers de première classe.

Choses nécessaires.—Notre besoin le plus pressant est un quai à eau basse, où nous puissions attacher notre bateau de quarantaine. Je suis heureux de dire que des soumissions ont été demandées pour ce quai et j'espère qu'il sera prêt pour l'hiver prochain.

Dans les conditions actuelles, le docteur Warwick est obligé de demeurer à St-Jean afin de prendre le remorqueur de la quarantaine pour monter à bord des navires qui arrivent, car bien des fois, à cause des tempêtes, nous ne pouvons débarquer sur le bateau de cette station. Il faudrait démolir la maison du steward qui est insalubre. Il faudrait construire une nouvelle maison pour le surintendant médical et donner la maison que celui-ci occupe actuellement au steward. Une conduite d'eau a été posée sur les deux-tiers de la distance en travers du chenal, jusqu'à la conduite principale à l'est de St-Jean. Ces travaux ont été suspendus pour des raisons que je ne connais pas. Je crois qu'ils pourraient être terminés en trois ou quatre semaines.

J'ai l'honneur d'être, monsieur le Ministre,

Votre obéissant serviteur,

R. C. RUDDICK, M.D.,
Surintendant médical.

A l'honorable ministre de l'Agriculture,
Ottawa.

APPENDICE No. 5.

(J. BAXTER, M.D.)

CHATHAM, N.-B., 31 mars 1914.

MONSIEUR LE MINISTRE,

J'ai l'honneur de vous soumettre le rapport des opérations effectuées à cette station de quarantaine pendant l'année qui prend fin ce jour:

La maison du gardien a été surélevée de deux pieds. Les travaux en béton ont été effectués. Une fournaise à eau chaude avec des radiateurs a été installée dans la maison qui est maintenant très confortable; cette fournaise a très bien marché. Une embarcation à gazoline, plus grande et plus sûre, a été achetée et la cabane a été agrandie de 12 pieds pour la recevoir. Nous avons examiné, l'année dernière, trente-cinq navires et 737 hommes. Ces navires se composaient de vingt-huit steamers, une barque, trois brigantines et trois goélettes à trois mâts. Nous n'avons pas constaté, sur ces navires, de maladies sujettes à la quarantaine.

J'ai l'honneur d'être, monsieur le Ministre,

Votre obéissant serviteur,

J. BAXTER.

A l'honorable ministre de l'Agriculture,
  Ottawa.

APPENDICE No. 6.

(EDWARD DUVERNET, M.D.)

DIGBY, N.-E., 1er avril 1914.

MONSIEUR LE MINISTRE,

J'ai l'honneur de vous faire rapport que les navires suivants ont été examinés à cette station pendant la saison: quatre steamers, une barque et trois goélettes. Aucun cas de maladie contagieuse n'a été découvert, à l'exception d'un cas de rougeole. Personnes inspectées, 160.

J'ai l'honneur d'être, monsieur le Ministre,

Votre obéissant serviteur,

E. DUVERNET, M.D.,
Officier de quarantaine.

A l'honorable ministre de l'Agriculture,
  Ottawa.

5 GEORGE V, A. 1915

APPENDICE No. 7.

(WM. McK. McLEOD, M.D.)

NORTH-SYDNEY, C.-B., 31 mars 1914.

MONSIEUR LE MINISTRE,

J'ai l'honneur de vous soumettre le rapport annuel de cette station de quarantaine pour l'année qui vient de se terminer:

Depuis le 31 mars 1913 nous avons inspecté 126 navires; 22 des navires à voiles et le reste, 104, des navires à vapeur. Personnes inspectées, 3,426.

Le 10 juillet, le steamer *Hartlepool*, Thos. Ward, capitaine, venant de Marseilles, par voie de Louisbourg, est arrivé à la quarantaine avec un chauffeur, Wm. Proctor, malade de petite vérole maligne. Le malade a été transporté à l'hôpital où il s'est guéri. Le steward G. L. Fraser a contracté la maladie et s'est remis également. L'équipage a été si bien vacciné par le docteur Morrison, agent de quarantaine à Louisbourg, que tous ont réagi. Le navire s'est rendu à Grosse-Isle, avec instructions spéciales, le 19 juillet.

J'ai l'honneur d'être, monsieur le Ministre,
Votre obéissant serviteur,
WM. McK. McLEOD, M.D.,
Officier de quarantaine.

A l'honorable ministre de l'Agriculture,
Ottawa.

APPENDICE No. 8.

(D. A. MORRISON, M.D.)

LOUISBOURG, N.-E., 1er avril 1914.

MONSIEUR LE MINISTRE,

J'ai l'honneur de vous présenter mon rapport pour l'année terminée le 31 mars 1914:

Le nombre total de navires inspectés à cette station pendant l'année est de 34—30 navires à vapeur et 4 navires à voiles. Personnes inspectées, 909.

Le 9 juillet le steamer britannique *Hartlepool* est arrivé à la quarantaine avec un cas de petite vérole à bord, mais comme nous n'avons pas ici d'hôpital de quarantaine, le navire a dû se rendre à Sydney, le lendemain, pour y débarquer son malade.

Parfois les glaces ne permettent pas à un navire de se rendre au port de Sydney et dans ce cas un bâtiment qui aurait à bord un cas de maladie sujette à la quarantaine serait forcé de se rendre à Halifax, N.-E., ce qui occasionnerait une perte considérable de temps ainsi que des conséquences probablement graves pour la personne malade et les autres passagers du navire.

Je recommande donc respectueusement que l'on construise, aussi rapidement que possible, à cette station, un hôpital qui me semble absolument nécessaire.

Il n'y avait pas de maladies sujettes à la quarantaine sur les autres navires.

J'ai l'honneur d'être, monsieur le Ministre,
Votre obéissant serviteur,
D. A. MORRISON, M.D.,
Officier de quarantaine.

A l'honorable ministre de l'Agriculture,
Ottawa.

APPENDICE No. 9.

(PETER CONROY, M.D.)

CHARLOTTETOWN, I. P.-E., 31 mars 1914.

MONSIEUR LE MINISTRE,

J'ai l'honneur de vous présenter mon rapport pour l'année terminée le 31 mars 1914:

Il n'y a pas eu de maladies contagieuses à cette station l'année dernière. Aucune épidémie ne s'est produite dans les provinces voisines. Les navires venant de tous les ports au nord de la ligne d'exemption ont pu passer en toute liberté. Six navires venant des Indes occidentales ou de l'autre côté de l'océan ont été examinés. Personnes inspectées, 44. .

L'hôpital a été muni, l'année dernière, d'un réfrigérateur très commode que le gardien a construit lui-même avec les matériaux que lui a fournis le département. Ce bâtiment nous rend de grands services dans la conservation des produits alimentaires périssables. Tous les bâtiments sont en bon état de réparation.

J'ai l'honneur d'être, monsieur le Ministre,

Votre obéissant serviteur,

PETER CONROY, M.D.,

Médecin inspecteur.

A l'honorable ministre de l'Agriculture,
Ottawa.

APPENDICE No. 10.

(A. A. McLELLAN, M.D.)

SUMMERSIDE, I. P.-E., 17 avril 1914.

F. MONTIZAMBERT, M.D.,
Ottawa.

MONSIEUR,—En réponse à votre lettre du 11 courant, je dois dire que je suis entré en fonctions à titre d'agent de quarantaine au poste de Summerside le 1er octobre 1913 et que, depuis cette époque, le havre est resté fermé à l'exception de six semaines. Il n'est pas arrivé de navires étrangers depuis mon entrée en fonctions.

J'ai l'honneur d'être, monsieur,

Votre obéissant serviteur,

A. A. McLELLAN.

APPENDICE No. 11.

(H. RUNDLE NELSON, M.D.)

VICTORIA, C.-B., 31 mars 1914.

MONSIEUR LE MINISTRE,

J'ai l'honneur de vous soumettre mon premier rapport annuel pour l'année terminée le 31 mars 1914:

Les inspections suivantes ont été faites:

	Nombre.	Comparé à l'année dernière.	
		Augmentation.	Diminution.
Navires	169	15	
Passagers:—			
1ère classe	5,974	1,034	
Entrepont	16,432		1,221
Equipage	19,611	5,886	

On voit, par ce tableau, qu'il y a une augmentation totale de 5,699 dans le nombre des personnes inspectées, quoique le nombre des passagers d'entrepont ait diminué, sans doute à cause des nouveaux règlements plus stricts concernant l'immigration.

Suit une liste des personnes inspectées en dehors des passagers et de l'équipage des navires:

Passagers payant par leur travail 6
Marins naufragés 13
Rats-de-cale 58

Il nous a été signalé: en différentes circonstances au cours de l'année, trois naissances, vingt-quatre décès et 126 cas de maladies contagieuses.

Les inspections ont été effectuées par les médecins suivants:

Navires
inspectés.
Docteurs Watt et Hunter 51
Docteur Fraser 7
Docteur Bapty 25
Docteur Walker 7
Docteur H. R. Nelson 79

Un seul navire a été mis en quarantaine cette année, le *Monteagle*, qui est arrivé le 30 mars 1913 et qui a été mis en liberté le 2 avril avec une partie de son équipage. Les passagers ont été détenus jusqu'au milieu d'avril. Deux cas de petite vérole ont éclaté et le premier de ces malades a été relâché pendant la semaine terminée le 3 mai. Au mois de mai deux cas de rougeole ont été mis en quarantaine; ils provenaient du navire japonais *Sado Maru;* ce sont là tous les cas qui aient été détenus ici pendant l'année.

Les changements suivants sont à noter dans le personnel: le 18 juin, le docteur J. D. Hunter a démissionné, et je regrette beaucoup d'avoir à dire que le 28 juillet suivant le docteur A. T. Watt est décédé à l'hôpital St-Joseph, Victoria, après seize années de service à titre de surintendant médical de la station de quarantaîne de la Colombie-Britannique.

Pendant la maladie du docteur Watt à l'hôpital et jusqu'au 22 septembre, les docteurs Bapty et Walker ont fait les travaux d'inspection et le 22 septembre j'ai été nommé surintendant médical.

Aucun assistant médical n'a encore été nommé pour remplir le poste laissé vacant par la démission du docteur J. D. Hunter. Un grand nombre d'améliorations ont été effectuées à cette station depuis novembre dernier. Une salle d'attente et d'habillement pour les dames a été construite près de la salle de bain des dames, dans le bâtiment de détention; le powerhouse où l'on reçoit les malles et qui reçoit les passagers d'entrepont, qui viennent de se baigner, a été agrandi. Cette amélioration était depuis longtemps nécessaire. Le nouveau réfrigérateur est aussi une grande amélioration dont le besoin se faisait sentir depuis longtemps. Tous les bâtiments permanents de la station ònt été recouverts en brique à l'exception de la maison du surintendant médical, de la demeure de l'aide-surintendant médical et du bâtiment de détention des passagers de deuxième classe. Ils sont aussi protégés contre les incendies, et les frais annuels de peinture en seront diminués d'autant. Les toits d'ardoise améliorent non seulement leur aspect, mais sont une grande protection contre le feu. Le nouveau bâtiment à l'épreuve du feu pour l'emmagasinage de la gazoline, des distillés et du soufre, sont très nécessaires pour protéger ces substances hautement inflammables. Une balustrade a été placée le long des chemins, sur les endroits qui touchent au rivage, ce qui les rend beaucoup plus sûrs, surtout pendant la nuit. Les chemins en général ont été tenus en bon état de réparation, l'éclairage électrique de la station a été complètement remis à neuf. De nouveaux poteaux ont été installés pour les fils de téléphone et d'électricité et les onze vieilles lampes à arc ont été remplacées par vingt-cinq tungstène de 500 volts. Ces lampes répartissent plus également la lumière, surtout près du rivage. Grâce à l'emploi de ces lampes, la capacité du générateur d'électricité a été largement augmentée. Le système de téléphone a été amélioré également, un tableau central de raccordement y a été installé. Une parcelle de terre couvrant environ un acre de superficie a été clôturée et convertie en cimetière.

Il y a actuellement à l'île Darcy un lépreux chinois qui sera déporté au mois d'avril. Les frais de sa détention et de son transport en Chine devront être payés par la compagnie qui l'a apporté au pays il y a quinze mois.

J'ai l'honneur d'être, monsieur le Ministre,

Votre obéissant serviteur,

H. RUNDLE NELSON, M.D.,
Surintendant médical.

A l'honorable ministre de l'Agriculture,
Ottawa.

APPENDICE No. 12.

(R. L. Fraser, M.D.)

* Victoria, C.-B., 31 mars 1914.

Monsieur le Ministre,

J'ai l'honneur de vous présenter mon rapport pour l'année qui vient de se terminer. Les navires côtiers sont dispensés d'inspection. J'ai examiné, pendant l'année, six steamers transocéaniques. Ces steamers ont été examinés pendant la maladie de feu le docteur Watt. Je n'ai pas trouvé de cas de maladies contagieuses sur aucun d'eux.

J'ai l'honneur d'être, monsieur le Ministre,

Votre obéissant serviteur,

R. L. FRASER, M.D.,
Officier de quarantaine.

A l'honorable ministre de l'Agriculture,
Ottawa.

APPENDICE No. 13.

(L. N. MacKechnie, M.D.)

Vancouver, C.-B., 22 avril 1914.

Monsieur le Ministre,

J'ai l'honneur de vous présenter mon rapport pour l'année qui vient de se terminer:

· Les navires côtiers étant dispensés des règlements de quarantaine, il n'a pas été fait d'inspection à ce poste pendant l'année.

J'ai l'honneur d'être, monsieur le Ministre,

Votre obéissant serviteur,

L. N. MACKECHNIE, M.D.,
Officier de quarantaine.

A l'honorable ministre de l'Agriculture,
Ottawa.

APPENDICE No. 14.

(H. ERNEST TREMAYNE, M.D.)

MONSIEUR LE MINISTRE,

PRINCE-RUPERT, 1er avril 1914.

J'ai l'honneur de vous présenter mon rapport annuel pour l'année terminée le 31 mars 1914:

Il n'est arrivé, à ce port, aucune maladie sujette à la quarantaine.

Au commencement de l'année le quai a été terminé et des lumières y ont été placées.

La résidence du surintendant médical est terminée et dès qu'elle sera pourvue d'eau elle sera prête à être occupée.

Nous avons commencé à nettoyer le terrain et à faire les préparatifs nécessaires pour la construction du bâtiment de détention et de désinfection.

Il sera nécessaire de peindre l'hôpital cette année.

J'ai l'honneur d'être, monsieur le Ministre,

Votre obéissant serviteur,

H. ERNEST TREMAYNE, M.D.,
Officier de quarantaine.

A l'honorable ministre de l'Agriculture,
Ottawa.

APPENDICE No. 15.

(J. A. LANGIS, M.D.)

MONSIEUR LE MINISTRE,

TRACADIE, N.-B., 31 mars 1914.

J'ai l'honneur de vous soumettre mon rapport annuel à titre de surintendant médical du lazaret de Tracadie, N.-B. Ce rapport couvre l'année terminée le 31 mars 1914:

Il y a actuellement dix-neuf patients à cette institution: dix hommes et neuf femmes, dont quinze Canadiens-Français, deux Anglais, un Islandais et un Russe.

Nous avons eu quatre décès et deux nouveaux malades ont été admis pendant l'année.

L'âge des pensionnaires variait de 10 à 84 ans. Quinze sont indigènes de la province, les quatre autres se décomposent ainsi: un né au Canada, un venant de Barbades, un d'Islande et un autre de Russie.

La santé des pensionnaires a été généralement passable pendant l'année. Ils n'ont pas souffert d'autres maladies. Les causes des décès sont les suivantes: congestion des poumons, le patient ayant contracté un grave refroidissement, il était dans la deuxième phase de la lèpre; les trois autres étaient dans la dernière phase de la maladie.

J'ai visité, comme d'habitude, pendant l'année, les familles de nos patients qui demeurent dans des paroisses éloignées. La maladie n'a fait son apparition chez aucun d'eux.

Les deux patients mis en liberté en février et novembre 1912 et que j'ai vus depuis mon dernier rapport, sont encore en bonne santé, mais tous deux souffrent parce qu'ils ont à travailler dûrement pour gagner leur vie.

Notre traitement consiste en des applications d'huile Chaulmoogra sous différentes formes et des toniques. Dernièrement, à la recommandation de votre directeur général de la santé publique, le docteur F. Montizambert, nous nous sommes servis d'un mélange d'huile Chaulmoogra, d'huile camphrée et de résorcine. On injecte, dans les muscles du fessier, de 5 cc. à 10 cc. une fois par semaine.

Grâce à votre générosité nous aurons bientôt une bonne provision de l'antiléprol de Bayer et nous ferons un bon essai de ce remède. On dit qu'il est supérieur à l'huile Chaulmoogra, car c'est un produit purifié et qui peut être pris en doses plus considérables sans causer d'irritations gastriques. Il n'affecte pas la digestion, l'assimilation et l'appétit comme l'huile brute.

Le malade que je disais très amélioré dans mon rapport de 1912, grâce au traitement Nastin, donne encore des signes d'amélioration bien qu'il n'ait reçu aucune injection de cette substance bactérienne depuis novembre dernier. Tous redoutent tellement l'aiguille hypodermique que j'ai décidé de leur donner quelques mois de repos. Certains patients acceptent plus volontiers le nouveau mélange qui ne leur cause pas une sensation de brûlure aussi vive après l'injection que le Nastin. Nos patients se trouvent bien de la direction générale de l'institution. Ils apprécient beaucoup les jeux et la musique qu'on leur fournit pendant l'hiver ainsi que la sympathie et les bons soins dont ils sont l'objet quand ils sont malades.

En réponse à votre requête, je suis venu à Winnipeg vers le milieu de mars pour amener un patient au lazaret. C'est une femme russe, âgée de trente-neuf ans, qui est dans une phase avancée de la lèpre, de la forme noduleuse anesthésique ou lèpre mixte. Cette femme se trouvait dans le quartier isolé de l'hôpital général, "l'annexe". Son cas ayant déjà été diagnostiqué par les médecins de l'hôpital, il ne me restait qu'à me procurer un wagon coloniste spécial et à le faire aménager pour le voyage à Tracadie, N.-B., qui a pris cinq jours. La garde-malade qui était chargée de cette malade à l'hôpital général l'a amenée jusqu'à sa nouvelle demeure au lazaret et a fait tout son possible pour assurer son bien-être dans les circonstances.

J'ai dû rester quelques jours à Winnipeg pour faire préparer le wagon et régler le programme du voyage.

J'ai l'honneur d'être, monsieur le Ministre,

Votre obéissant serviteur,

J. A. LANGIS, M.D.,
Surintendant médical du lazaret.

A l'honorable ministre de l'Agriculture,
   Ottawa.

APPENDICE No. 16.

(Chas. A. L. Fisher, J.P.)

Montréal, 31 mars 1914.

Monsieur le Ministre,

J'ai l'honneur de vous soumettre le rapport suivant, à titre d'inspecteur chargé d'appliquer la loi de l'hygiène des travaux publics, 1899, sur le territoire s'étendant de Winnipeg jusqu'à l'océan Atlantique. Ce rapport couvre l'année terminée le 31 mars 1914:

J'ai visité et inspecté moi-même pendant cette période tous les travaux couverts par cette loi sur lesquels mon attention a été appelée.

Cette année s'est de nouveau signalée par l'absence presque complète des maladies contagieuses parmi les hommes employés sur les divers travaux publics du Dominion que j'ai inspectés. Il y a eu, cependant, une épidémie de fièvre typhoïde dans trois camps du Nord-Canadien, à l'est de Nipigon.

Je suis heureux de pouvoir dire qu'en mes diverses tournées d'inspection, j'ai constaté de nouveau cette année que le service médical était très complet et que le logement et la pension des hommes ne le cédaient en rien à ceux qui ont été fournis les années passées.

Les travaux publics qui tombaient sous les règlements de cette loi dans le territoire à l'est de Winnipeg se composaient de chemins de fer et de construction de tunnels et de canaux. Suit un rapport détaillé des travaux que j'ai visités et inspectés en personne en ces douze derniers mois et qui tombent sous les règlements de ladite loi:

CHEMIN DE FER TRANSCONTINENTAL-NATIONAL.

Ce chemin de fer est construit par le gouvernement fédéral. A l'heure actuelle toutes les sections entre Winnipeg et Moncton, N.-B. sont munies de leurs rails et la construction touche à sa fin ou est terminée.

Je suis heureux de dire que dans mes visites aux travaux sur lesdites sections j'ai trouvé, comme par le passé, d'excellents hôpitaux et des médecins compétents. La section de camps confiée à chaque médecin n'était pas trop grande pour qu'il lui fut possible de la surveiller conformément aux exigences des règlements.

Il n'y a pas eu de maladies contagieuses et la santé des hommes a été excellente. Je donne ici l'étendue et l'emplacement de ces camps ainsi que d'autres détails sur les travaux effectués par les divers sous-entrepreneurs:

Section de Superior-Junction. — De Superior-Junction vers l'est, 150 milles jusqu'à la jonction de la section ouest, louée à MM. E. F. et G. E. Fauquier. Le contrat pour cette entreprise avait été adjugée à MM. O'Brien, Fowler et Mc-Dougall Bros., qui ont leurs quartiers généraux à Superior-Junction, Ont.

J. E. Joseph, Pembroke, Ont., médecin en chef de l'entreprise, et J. M. Mc-Grady, M.D., de Port-Arthur, médecin chargé des travaux.

Camps de Superior-Junction. —Quatre trous à gravier exploités par les entrepreneurs; MM. Morris, Mackie et Co., sous-entrepreneurs; également une équipe de poseurs de rails employés par les entrepreneurs.

Environ sept cents hommes sont employés, répartis en cinq camps, logés et nourris par les entrepreneurs et les sous-entrepreneurs, dans des constructions en billots et en planches; les poseurs de rails étaient logés dans des wagons.

Il n'y a pas eu de cas de maladies contagieuses et la santé et les conditions hygiéniques étaient bonnes. Quelques accidents peu graves et un décès causé par une fracture de l'épine dorsale. Il y avait deux bons hôpitaux, l'un d'eux à douze milles de Superior-Junction et l'autre près de l'extrémité est de l'entreprise. W. Graham, M.D., et G. E. Denison, M.D., étaient les médecins chargés des travaux; John Brandon, M.D., médecin de l'entreprise. W. Graham, M.D., ayant démissionné, il y a cinq mois, sa place a été remplie par J. Mackenzie, M.D.

Section de Nipigon.—A partir de l'extrémité est de l'entreprise O'Brien, Fowler et McDougall Bros., vers l'est, 75 milles. Entreprise adjugée à E. F. et G. E. Fauquier, Ottawa, qui l'ont sous-louée à la Nipigon Construction Company, Limited, dont les quartiers généraux sont à Nipigon, Ont. Les travaux, sur cette section, sont à peu près terminés, les rails ayant été posés par MM. O'Brien, McDougall et O'Gorman.

Section de Missanabie.—Adjugée à MM. M. P. et J. T. Davis, de Québec, qui ont sous-loué l'entreprise à MM. O'Brien, McDougall et O'Gorman. Ce contrat couvre la route à partir de l'extrémité est de la section de Nipigon vers l'est, 150 milles, jusqu'à la jonction de la section d'Abitibi. Contratad jugé à MM. E. F. et G. E. Fauquier.

Camps de Missanabie.—MM. O'Brien, McDougall et O'Gorman ont surveillé l'ouvrage personnellement; il n'y avait qu'un sous-entrepreneur. Environ 1,200 hommes employés, répartis en treize camps, logés et nourris dans des cabánes en bois.

Trois décès, deux causés par l'écroulement d'un pont et un autre par la chute d'un arbre. Santé des hommes excellente, état sanitaire des camps, bon. Deux hôpitaux sur les lieux. Médecin de l'entreprise, A. Henderson, de Cochrane, Ont., aidé de deux docteurs, chacun chargé d'un hôpital (docteurs Künsey et Lípman). Un convoi circule sur cette section et les travaux sont presque terminés.

Section Abitibi-ouest.—A partir de huit milles à l'ouest de la rivière Abitibi, allant vers l'ouest, environ 100 milles. Entreprise de E. F. et G. E. Fauquier, Ottawa. On s'y rend par Cochrane, Ont. Médecin de l'entreprise, A. Henderson, M.D., de Cochrane.

Des convois ont circulé sur cette section pendant un an et il n'y a pas eu de camps parce que les travaux étaient terminés.

Section de l'Abitibi est.—A partir de huit milles à l'ouest de la rivière Abitibi, dans une direction est, 150 milles. Contrat adjugé à la compagnie de construction du Grand Tronc Pacifique qui l'a sous-louée à MM. Foley, Welch et Stewart dont les quartiers-généraux se trouvent à Cochrane, Ont.

Cette section a été desservie par un seul hôpital, dernièrement. Médecin de l'entreprise, John McCombe, M.D., aidé de deux officiers médicaux de district.

Camps de l'Abitibi-est.—Après la pose des rails et l'entrée en circulation des trains, la compagnie de construction du Grand-Tronc-Pacifique s'est chargée d'achever les travaux commencés, avec Bell et McMullin, comme sous-entrepreneurs.

Environ 400 hommes employés, répartis le long de la ligne en trois camps et plusieurs wagons, logés et nourris dans des constructions en bois et des wagons, par les entrepreneurs. Un décès causé par un accident. Santé des hommes et état sanitaire des camps, bons. Excellent hôpital, situé à Peter-Brown-Creek, d'accès facile des travaux ou des camps. D. R. Cameron était le médecin résident; il était aidé par le docteur C. O. Hamilton, pendant la première partie de la saison. Cette section est presque terminée.

Section d'Ontario et de Québec.—A partir de l'extrémité est de la section d'Abitibi-est, sous-louée à MM. Foley, Welch et Stewart, jusqu'à la section de Québec ouest à Weymontachne, Qué., environ 250 milles. Entreprise Macdonnell et O'Brien; on s'y rend par leurs autres contrats sur le Transcontinental, qui ont été achevés à partir de Harvey-Junction, Qué. Medecin de l'entreprise, John Mc-Combe, M.D.

Camps d'Ontario et de Québec.—MM. F. Munro and Co., Macdonnell Co., M. McCarthy, Doheny et Gordon, H. McKinnon, O'Brien et Martin, Shea et Egan, sous-entrepreneurs.

Près de 1,900 hommes employé, répartis en treize camps le long de la ligne et logés et nourris dans des constructions en bois, par les sous-entrepreneurs.

Un cas d'érysipèle, un de rougeole et un autre de phtisie. Huit décès: deux noyades, un accident, un d'appendicite, un de phtisie, un de diarrhée aiguë, un d'embolie, un de tuberculose des poumons et un de fracture du crâne. Santé des hommes et état sanitaire des camps, bons.

Ces camps ont été desservis par trois hôpitaux: No. 1, hôpital principal, très grand, quatre salles séparées construit au bord de la ligne; No. 2 à la rivière Atik; No. 3, à Peter Brown-Creek, dans la situation la plus avantageuse pour les camps de l'ouest.

Les docteurs Thos. H. Jackson, J. P. Benny, J. C. Smith et D. R. Cameron sont les médecins chargés des travaux, résidant aux hôpitaux. Le docteur John McCombe, médecin en chef de l'entreprise, réside à l'hôpital, à l'ouest de La Tuque; il a la direction générale du service médical.

Les hôpitaux Nos. 1 et 2 sont maintenant fermés, le docteur Benny s'occupe d'autres travaux et Thos. H. Jackson, M.D. se trouve à l'extrémité est, avec quartiers généraux à Parent, et prend soin des quelques hommes qui s'y trouvent actuellement. Des convois circulent maintenant sur toute la section, qui est presque terminée.

CHEMIN DE FER CANADIAN NORTHERN ONTARIO.

Section Port-Arthur-Sudbury.—Ligne construite par MM. Mackenzie, Mann & Co., de Port-Arthur à Ruel, distance de 550 milles environ; elle formera un tronçon de la ligne transcontinentale du Canadian Northern entre le Pacifique et l'Atlantique.

Entrepreneurs principaux: MM. Foley, Welch et Stewart et la Northern Construction Co. MM. Mackenzie et Mackenzie, M.D. ont la direction du service médical avec quartiers généraux à Winnipeg.

Nombreux sous-entrepreneurs; 5,000 hommes répartis le long de la ligne en trente-cinq camps, logés et nourris par les entrepreneurs et les divers sous-entrepreneurs, dans de bonnes constructions en bois. Trente-cinq cas de fièvre typhoïde (trois camps); neuf décès, deux résultant d'une explosion et sept de typhoïde. Huit hôpitaux situés le long de la ligne, sous la direction de C. M. Burroughs, M.D., dont les quartiers généraux sont à Sudbury. Les médecins suivants étaient sous ses ordres et répartis parmi les divers hôpitaux: S. R. Zealland, J. J. Middleton, E. M. Ellis, C. R. Young, N. J. Barton, Wm. Cody, E. Evans, R. A. Dick, E. Laurie, T. M. Sexton, W. W. Smith et W. Wellman.

Section Sudbury-Ottawa.—Cette section forme partie de la ligne transcontinentale; Angus Singlair, C. E., entrepreneur en chef pour une partie de la section de Sudbury à Pembroke, Ont.

Médecin de l'entreprise: J. Mitchell, M.D., Toronto.

Nombreux sous-entrepreneurs; 2,000 hommes logés et nourris par les divers sous-entrepreneurs, dans des constructions en bois et des wagons, répartis le long de la ligne. Aucune maladie sérieuse; sept décès (deux asphyxiés, un de syncope du cœur et quatre noyés).

L'hôpital Saint-Joseph, à Sudbury, et l'hôpital à Mattawa étaient à la disposition des malades.   Médecins chargés des travaux: W. N. Robertson, J. R. Boyd, H. G. Dowse et M. G. Thompson ainsi que le docteur Brandon, de North-Bay.
Des trains circulent sur cette section et les travaux sont presque terminés.

CHEMIN DE FER CANADIAN NORTHERN QUEBEC.

Tunnel sous le Mont-Royal.—Ceci forme partie de la construction du chemin de fer transcontinental Canadian Northern et fournira à la compagnie une entrée dans l'ouest de la ville de Montréal.   Entrepreneurs principaux : Mackenzie, Mann & Co.,- de Toronto; ingénieur en chef chargé des travaux : M. Sidney P. Brown.
Environ 600 hommes; la plupart vivent chez eux et les autres dans des maisons pourvues par les entrepreneurs.   Tous sont nourris par la Consolidated Boarding and Supply Company, de Montréal.
Pas de maladies contagieuses ou d'accidents sérieux; deux décès (fracture du crâne et empoisonnement du sang).   Un hôpital d'urgence est maintenu au camp de West-Portal.   Médecins en chef, docteurs Mackenzie et Mackenzie, de Winnipeg, et J. A. Charette, M.D., de Montréal, surintendant médical des travaux.
Les ingénieurs chargés de ces travaux méritent de grands éloges pour la rapidité avec laquelle ils les ont exécutés.

CHEMIN DE FER ALGOMA CENTRAL AND HUDSON BAY.

Prolongement de la ligne principale.—Du mille 68 à la jonction avec le chemin de fer Canadien-Pacifique à Hobon, Ont., de là jusqu'à une jonction avec le chemin de fer Canadian Northern au lac Oba, et de là à une jonction avec le Transcontinental à Hearst, Ont.   Entrepreneurs principaux: The Superior Construction Co., Ltd., de Sudbury, Ont., T. J. Kennedy, de Sudbury, Ont., et Bourke et McGinty.
Environ 1,000 hommes, répartis en six camps le long de la ligne, logés et nourris par lesdits entrepreneurs ou par la Federal Commissary and Supply Co., dans des constructions en bois.
Aucune maladie contagieuse ou accident sérieux et pas de décès.
Santé des hommes et état sanitaire des camps, bons.
Deux bons hôpitaux sur place, un à Hobon et l'autre à Hearst.   Médecin en chef, R. McLean, M.D., de Sault Ste-Marie, Ont., aidé de deux autres médecins chargés des travaux.
Tous les chantiers ont été fermés en novembre.

CANAL WELLAND.

Ce canal est une entreprise du gouvernement fédéral et les travaux sont divisés en neuf sections, des soumissions ont été demandées pour quatre de ces sections et les contrats adjugés comme suit:

Section No. 1.—Entreprise : Dominion Dredging Company avec quartiers généraux à Ottawa.   Les termes du contrat exigent une excavation de un mille et demi et un dragage de un mille et demi. Le camp No. 1 est situé à Fort-Weller, Ont., et actuellement il n'y a que 150 hommes logés et nourris, dans des cabanes en planches, par la compagnie. Un cas de fièvre typhoïde, mais pas de décès; santé des hommes, bonne. Un hôpital de camp a été érigé à Fort-Weller et jusqu'à ce qu'un hôpital permanent ait été bâti sur les lieux, l'hôpital général de St. Catharines sera employé.
John McCombe, M.D., médecin en chef de la section et James J. Benny, M.D., médecin de district.

Section No. 2.—Cette section a été louée à la maison de Baldry, Yerburgh et Hutchinson, de London et St. Catharines; cinq milles d'excavation. Sous-entrepreneurs encore à l'ouvrage: Yale et Regan, Hill et Leonard. Jusqu'à présent, il n'y a eu que 100 hommes employés, logés et nourris par les sous-entrepreneurs dans des constructions en planches.

Aucune maladie sérieuse ni décès; santé des hommes, bonne. L'hôpital général de St. Catharines est à la disposition des malades.

Médecin en chef, John McCombe, M.D.; le docteur Benny est le médecin chargé du district.

Section No. 3.—Entreprise adjugée à la Confederation Construction Company, Limited, avec quartiers généraux à Thorold, Ont.; excavations de deux milles et demi.

Camp No. 1, à Thorold; environ 200 hommes, logés et nourris dans des constructions en planches, par la Harris Abbatoir Company.

Aucune maladie contagieuse, aucun décès; santé des hommes, bonne. Un hôpital de camp a été construit à Thorold; on se sert actuellement de l'hôpital général de Ste-Catherine.

Médecin en chef, John McCombe, M.D.; médecin de district, James J. Benny.

Section No. 5.—Entreprise donnée à la Canadian Dredging Company, dont les quartiers généraux sont à Midland, Ont. Docteurs Colbeck et Streight, de Welland, chargés du service médical. On n'a pas commencé les travaux sur cette section.

Dans le but d'obtenir un service médical parfait sur toutes les sections du canal Welland, j'ai l'honneur de faire les recommandations suivantes:

Le service médical n'est pas le meilleur possible mais le meilleur que l'on puisse obtenir pour la somme d'argent que l'on perçoit des hommes; somme qui est limitée par la loi. Par exemple, sur le canal de Panama, le crédit voté annuellement par le congrès pour le service médical est de $1,600,000. Sur cette somme, $600,000 sont utilisés par le service sanitaire; ce montant n'est pas exagéré, étant donné les difficultés de la médecine tropicale. Le reste, $1,000,000, représente environ trois dollars par homme et par mois pour chaque ouvrier. Les hôpitaux de Colon et d'Ancon, ainsi que le sanatorium de l'île Tobogo, ont été construits en grande partie par les Français et ont beaucoup aidé le service médical américain. Dans la province de l'Ontario, la loi fixe la somme que l'on peut prélever sur le salaire des hommes à un dollar par homme et par mois, de sorte que le service médical doit prendre ses dispositions en conséquence. Il est clair que si l'on permettait aux entrepreneurs d'en faire autant, leurs recettes en seraient accrues ainsi qu'il en résulte une augmentation correspondante dans les dépenses, et l'on pourrait dépenser plus d'argent sur l'outillage et l'amélioration générale du service à l'avantage de tous.

Ces recommandations peuvent être modifiées suivant le nombre d'hommes qui entrent dans le service. Le service médical devrait avoir son docteur ou ses docteurs et ses propres hôpitaux. C'est là, d'après mon expérience, la seule méthode satisfaisante pour les hommes, pour les entrepreneurs et le service lui-même.

En ce qui concerne la construction du canal, la nécessité d'avoir de vastes logements pour les épidémies qui peuvent se produire est encore plus importante là qu'ailleurs, afin de protéger les populations environnantes au cas où une grave épidémie se produirait. La plupart des entrepreneurs ou des compagnies sont prêts à faire tout leur possible pour éloigner la maladie de leurs camps ou de leurs travaux, en se conformant aux recommandations raisonnables de l'ingénieur en chef, du docteur ou de l'inspecteur.

En ce qui concerne la question de l'approvisionnement d'eau pour le même canal, je constate que Thorold et les autres villes voisines font venir leur eau du nouveau canal actuel de Welland. Il est défendu, bien entendu, d'envoyer les eaux d'égout dans ce canal; mais la loi est continuellement enfreinte par les steamers qui laissent tomber leurs latrines directement dans l'eau. Il en résulte naturellement que l'eau de Thorold contient des bactéries, parmi lesquelles peut se trouver à tout moment le bacille de la fièvre typhoïde. Il est encore une autre source d'infection plus dangereuse, c'est le crique de dix milles, un petit cours d'eau qui prend naissance un peu en amont de Thorold et qui descend jusqu'à Port-Welland où il se jette dans le lac Ontario. Ce cours d'eau est infecté des eaux d'égout de Thorold et d'autres endroits, au moyen de petits tributaires. Les puits dont se servent les cultivateurs sur les terrains expropriés par le gouvernement offrent la meilleure eau d'approvisionnement et je conseillerais aux entrepreneurs de faire tirer l'eau de ces puits seulement.

En ce qui concerne les latrines, je recommande la fosse, pourvu qu'elle soit creusée profondément et qu'elle soit mise à l'abri des mouches au moyen d'un bâtiment convenable et qu'elle soit tenue propre, soit en recouvrant les excréments tous les jours avec de la terre ou du sable ou encore mieux avec de la chaux. Quant à l'évacuation des eaux de lavage, je crois qu'un système de distribution au moyen de tuyaux poreux, comme ceux dont on se sert dans le drainage de la ferme, qui partiraient du tuyau principal d'égout et qui seraient enfouis environ à un pied sous terre, donneraient les meilleurs résultats. Quant aux déchets ou boîtes de fer-blanc, il faut les brûler ou les enfouir.

Tous les docteurs devraient avoir une licence pour pratiquer dans Ontario; ils devraient avoir l'expérience de ce genre de travail et se borner aux opérations du canal, afin d'éviter toute friction avec les docteurs de la localité. Ils devraient soigner les malades dans leurs hôpitaux, visiter tous les dispensaires à intervalles réguliers, parcourir souvent la ligne et se mettre au contact avec les ouvriers et faire fonctions d'agent de santé sur leur district immédiat.

On devrait établir, aussi vite que possible, un bon hôpital de base pour chaque service médical, et cet hôpital devrait offrir toute la place voulue pour les cas médicaux et chirurgicaux, ainsi qu'un bâtiment séparé pour les maladies infectieuses et des quartiers séparés pour les gardes-malades ou la garde-malade, ainsi que la buanderie, le magasin, etc. Le personnel devrait se composer d'une garde-malade ou de gardes-malades et d'un homme à tout faire. Il doit y avoir également un aide d'hôpital et le docteur ou les docteurs devraient y établir leurs quartiers généraux. Cet hôpital devrait être situé vers le milieu des travaux couverts par un service. Sur chaque contrat où il n'existe pas d'hôpital général on devrait construire un hôpital de camp, le confier à un médecin et le munir d'une bonne provision de médecine et d'instruments nécessaires pour les opérations secondaires de chirurgie. Comme chaque section couvre plusieurs milles, il devrait y avoir une ambulance à chaque hôpital de base, et chaque hôpital de camp devrait être muni d'une civière qui puisse être remplacée par celle de l'ambulance (s'il y en a une), afin que le malade puisse être transporté de l'endroit où il a été blessé, soigné à l'hôpital et plus tard porté à l'ambulance de l'hôpital sans qu'il soit nécessaire de l'enlever de la civière, ce qui permet d'éviter les blessures qui résulteraient des mouvements des fragments d'un os cassé.

On devrait avoir, aux hôpitaux de base et à d'autres endroits à portée, des tentes d'urgence avec l'ameublement voulu, qui pourraient être installées dès qu'une grave épidémie de maladie contagieuse se déclare.

Il faudrait également, dans tous les camps, sur les barges, etc., des coffres de médecine contenant de simples médecines, des bandages, etc., et les docteurs devraient montrer aux commis à s'en servir. On pourrait ainsi venir immédiatement en aide aux malades jusqu'à l'arrivée du docteur.

Je suis heureux de dire que ces recommandations ont été suivies par le docteur John McCombe sur ses contrats médicaux sur les sections 1, 2 et 3 du canal Welland. En ce qui concerne l'eau contaminée dont je parle plus haut, on a défendu aux employés de la boire et le docteur McCombe a fait afficher des avis à cet effet dans des endroits en vue, sur les trois sections couvertes par son service médical.

Sur les travaux publics dans le territoire à l'est de Winnipeg il y a eu cette année 13,220 employés en moyenne et 37 médecins compétents ont été chargés des hôpitaux et des camps.

Décès et causes.—Appendicite 1, phtisie 1, diarrhée aiguë 1, embolie 1, tuberculose 1, fièvre typhoïde 7, fracture de l'épine dorsale 1, fracture du crâne 2, faiblesse du cœur 1, empoisonnement du sang 1, asphyxiation 2, explosion 2, noyade 6, accidents 5; total des décès 32.

Cas de maladies contagieuses et infectieuses.—Rougeole 1, tuberculose 1, fièvre typhoïde 35, érysipèle 1, phtisie 1; total 39.

Je suis heureux, en terminant mon rapport pour les douze mois qui ont pris fin. le 31 mars 1914, d'appeler votre attention sur la diminution des cas de maladies contagieuses et infectieuses (à l'exception de la fièvre typhoïde dans trois camps à l'est de Nipigon, la bonne santé générale des hommes, l'état sanitaire de la plupart des camps situés aux dits travaux, et les soins apportés par les compagnies, entrepreneurs, sous-entrepreneurs et officiers médicaux, à observer les dispositions des règlements établis en vertu de la loi de l'hygiène des travaux publics, en 1899.

En terminant ce rapport, j'ai l'honneur de vous proposer, dans l'intérêt des entrepreneurs et des médecins de camps, et en vue du bien-être des ouvriers employés sur les chantiers publics, de faire modifier, dans le plus bref délai possible, les règlements établis en vertu de cette loi.

J'ai l'honneur d'être, monsieur le Ministre,

Votre obéissant serviteur,

CHAS. A. L. FISHER,
Inspecteur de l'hygiène des travaux publics.

A l'honorable ministre de l'Agriculture,
Ottawa.

5 GEORGE V, A. 1915

APPENDICE No. 17.

(A. E. CLENDENAN, M.D.)

EDMONTON, ALBERTA, 31 mars 1914.

MONSIEUR LE MINISTRE,

J'ai l'honneur de vous soumettre le rapport suivant pour l'année terminée le 31 mars 1914:

Mes inspections, qui couvrent l'ouest du Canada, ont été plus nombreuses que jamais cette année. Les chemins de fer Nord-Canadien et Grand-Tronc-Pacifique n'ont pas fait autant de construction qu'ils l'espéraient au commencement de la saison, cependant sur les lignes principales, à la côte du Pacifique et sur le chemin de fer Pacifique-Canadien, le nombre total de milles complétés est considérable.

Quand on considère les habitudes de vagabondage des ouvriers employés aux constructions de chemins de fer et d'irrigation, leur négligence, on s'étonne qu'il y ait si peu de maladies et si peu de décès provenant d'autres causes que les causes violentes. Les morts causées par les accidents sont dues à la trop grande familiarité avec la dynamite, qui engendre l'insouciance; souvent aussi on fait sauter, sans précautions, des talus qui causent des avalanches assez fortes pour enfouir un ou deux hommes à la fois.

La demande de main-d'œuvre est toujours allée en augmentant depuis trois ans et jusqu'à la fin de la première moitié de cette année. Un ouvrier qui se faisait payer aujourd'hui pouvait trouver de l'ouvrage au camp voisin ou avec une compagnie voisine. Il est rare cependant qu'il retourne au travail tant qu'il n'a pas mangé tout son argent. Les gages ont toujours augmenté et les services rendus vont toujours en diminuant. Il n'y a pas un homme qui n'ait eu l'occasion, s'il avait l'énergie, l'ambition voulues, de pouvoir ramasser assez d'argent pour s'établir. Sauf un maigre pourcentage, les employés d'aujourd'hui ne restent guère plus d'une semaine ou dix jours sur un travail quelconque. Il y a quatre ans, ils restaient en moyenne trois semaines. La prospérité a eu pour résultat direct de diminuer de cinquante pour cent la durée du travail. Je consigne ces remarques dans ce rapport afin d'expliquer les mécontentements qui s'expriment si souvent dans les journaux et de faire remarquer que l'imprévoyance fait plus de ravages que les maladies contagieuses et infectieuses.

J'ai visité, aussi souvent que les conditions l'exigeaient, les entreprises suivantes qui comprennent tous les travaux publics dont la loi exige l'inspection dans l'ouest du Canada.

Ligne Canadian Northern.—Sur la voie principale entre Edmonton, Alberta et Vancouver, C.-B., toutes les phases de la construction se sont déroulées cette année, depuis le cassage de la prairie jusqu'à l'achèvement de ponts d'acier, et sur une distance de 125 milles à l'ouest d'Edmonton jusqu'à 600 milles de Port-Mann, sur la côte du Pacifique, une distance de quelque 600 milles. On se rend facilement à l'extrémité ouest des travaux, de Kamloops jusqu'à la côte, par la ligne principale du Pacifique-Canadien. Les rails sont posés à partir de Kamloops et longeant la rivière North-Thompson jusqu'au mille 125, où l'on construit un pont. Les travaux de nivellement sont presque terminés sur une distance de vingt-cinq autres milles, puis viennent les deux dernières sous-entreprises, de dix milles chacun, de S. D. Hogan et C. N. Parsons, qui complètent le dernier tronçon raccordant l'extrémité est et l'extrémité ouest de la ligne, à travers le Yellowhead-Pass et vers Edmonton. Entrepreneurs; Northern Construction Company. Tout l'ouvrage a été sous-loué et les principaux sous-entrepreneurs sont: Twohy Brothers,

A. Murdock, Grant Smith, Swan et Benson, Graff Construction Co., Armstrong et Morrison, Martin Nelson, S. D. Hogan, Palmer Bros., Henning, Phelan et Shirley, et C. N. Parsons. Ce serait allonger inutilement ce rapport que de décrire les mouvements de ces sous-entrepreneurs et le grand nombre des plus petits sous-entrepreneurs, d'une partie des travaux à l'autre. A l'époque de la première inspection il y avait 1,723 employés, ce nombre s'est accru graduellement pendant l'été, et en novembre il y en avait 4,011. Bon service médical donné par les docteurs Mackenzie et Mackenzie, de Winnipeg et Vancouver. Médecins chargés des travaux: docteurs Howell et Asselstine, sur la rivière North-Thompson; docteur Ford de Wallachin, docteurs Bennett et Irving, de Kamloops, docteur Wightman, de Ashcroft, docteur Jardine, mille 86 Colombie-Britannique, docteur J. A. Briggs, mille 49, docteur Niven, de Fitzhugh: On se servait des hôpitaux de villes qui se trouvent sur la ligne principale du Pacifique-Canadien. Sur le reste des travaux, on se servait d'hôpitaux de camps. Maladies et accidents: 1 fièvre scarlatine, 14 typhoïde, 3 pneumonie, 5 jambes fracturées ,2 côtes brisées, 1 fracture de l'épine dorsale, 2 fractures du pelvis, 3 noyades.

Bassano-Swift-Current, embranchement du Pacifique-Canadien.—Complété par l'achèvement de la rampe entre Bassano et Empress dans l'Alberta. Entrepreneurs principaux: Janse, Boomer et Hughes; sous-entrepreneurs : Jackson, Clifford, D. Fitzgerald, McCorkindale et Janse, Noehrein et Mannix, Warren et Carson, Larsen, McDonald et Riley. Huit cent cinquante hommes employés pendant une courte période sur une distance de 60 milles, sous la surveillance du docteur Pickard, employé par les docteurs Ker et Anderson, de Bassano. Cas admis à l'hôpital envoyés à Bassano, au docteur Anderson.

Travaux d'irrigation du Canadien-Pacifique.—Les tributaires aux principaux fossés ont été creusés en 1913 et l'entreprise complétée après plusieurs années de travail. Entrepreneurs : Janse, McDonald Co.; sous-entrepreneurs : Noehrein et Mannix, F. Jackson, Kimball Bros., Worth, McLauglin, Larsen, Marshall, Calliway, McKinney Co., Janse Bros., et Tilley, Geo. Jackson, qui ont tous sous-loué à d'autres les contrats pour les fossés tributaires. J. McKinery a reçu les contrats pour tous les ponts en bois, et Kettlewell et Sissons, pour les ponts en acier; 1,815 employés. Distance parcourue par les docteurs, 120 milles. En prenant l'hôpital de Bassano comme centre, le camp le plus éloigné était à vingt-huit milles. Docteurs chargés des travaux: Anderson et Scott, de Bassano; Kenny et Fraser, de Brooks. On se servait des hôpitaux de ces deux villes. Les conditions sanitaires des camps ont été bonnes, à l'exception des quelques cas de fièvre typhoïde dans un camp de sous-entrepreneur. Pour les deux dernières années, les cas de fièvre typhoïde étaient plus nombreux sur ces travaux que sur toute autre entreprise de la prairie.

Pont de Bow-River, compagnie du Pacifique-Canadien, sur la ligne Suffield-Kipp.—Cent hommes employés sous la surveillance de J. R. C. Macready, chargé des affaires de la compagnie. Médecin, docteur Smith de Medecine-Hat; hôpital à Medicine-Hat. Le contrat des travaux de nivellement adjugé l'année dernière a été terminé par J. G. Hargreaves et Brandenbury; 65 employés sous les soins du docteur Scott, de Bassano.

Embranchement Gleichen-Shepherd, chemin de fer Pacifique-Canadien.—J. A. Sangren a établi deux camps sur les travaux; il a sous-loué le reste à Goodman, Carlson, Rose et Wrixton, Smith et Hansen, Sandahl et Swanson. Cent quatre-vingt-neuf hommes employés sur une distance de trente milles; médecin: le docteur Salmon de Langdon. Aucune maladie contagieuse ou infectieuse n'a fait son apparition.

Ligne Coronation à Sedgewick, compagnie du Pacifique-Canadien.—Janse, Boomer et Hughes, entrepreneurs principaux; sous-entrepreneur, John Timothy,

5 GEORGE V, A. 1915

qui a sous-loué cette section à d'autres sous-entrepreneurs; 185 employés. Les travaux couvrent vingt-quatre milles. Médecin: docteur Hurlburt, de Coronation; hôpital à Coronation. Maladies: un cas de rougeole, deux de pneumonie (un décès) et des maladies peu graves.

Grand-Tronc-Pacifique, ligne Weyburn-Talmage. — Entrepreneur principal : John Bradley; sous-entrepreneurs, Winslow, Lindsay, Wright. Cinquante hommes employés sur une distance de 13 milles; médecin : docteur Nickle, de Weyburn, Sask.

Grand-Tronc-Pacifique, frontière Saskatchewan. — Noyes et Davis, Gordon Wilson et Hansen, et Latimer, avec 85 employés, ont complété ces quinze milles; docteur Murison a pris soin des hommes à partir de Oxbox.

Grand-Tronc-Pacifique, Moosejaw-Régina, et Moosejaw-Nord-Ouest.—Terminé cette année par Marsch, Siems Carey, Hyland et Galloway et de petits sous-entrepreneurs; cent hommes répartis sur sept milles, sous les soins du docteur Bowden, de Moosejaw.Pas de maladies.

Pacifique-Canadien, Régina-Indian-Head, doublement de voie.—Entrepreneur principal, Jas. O'Connor, avec quartiers généraux à Qu'Appelle. Sous-entrepreneurs: Kuhns, Ryan Bros., Doherty, Powell et Beatty, Tracy, Butterworth, Cowan et MacPherson, Foshnier, Moore, O'Hanlan et Riley, Williams. Trois cents hommes, répartis sur quarante milles; médecin : docteur Scott, de Indian-Head. La disposition des latrines dans un certain nombre de camps était défectueuse, mais une lettre d'instructions envoyée au docteur Scott pour être transmise aux entrepreneurs a remédié les choses.

Pacifique-Canadien, Grenfell-Whitewood, doublement de voie.—Entrepreneur : L. B. Wilmot, de Broadview; sous-entrepreneurs : Bryson, Sutherland et Waters; 125 employés, répartis sur 30 milles, aux soins du docteur Wilmot, avec hôpital à Indian-Head.

Pacifique-Canadien, Kerrobert à Consort, Alberta.—Les entrepreneurs : Janse, Boomer et Hughes ont sous-loué la fin de cette ligne à la Northern Construction Co., qui, à son tour, l'a sous-louée à Madden, W. Hopgood, Mackenzie, Allen Bros., McLean, McDonald et Donald, Samson, Doyle, Dechene, et Panlon. Trois cent vingt et un hommes, répartis sur soixante milles, confiés au docteur Neville, de Kerrobert, aidé du docteur Preston, sur les travaux. L'hôpital est à vingt-cinq milles à l'ouest de Kerrobert. Aucune maladie sérieuse n'a fait son apparition; un décès causé par une ruade de cheval.

Pacifique-Canadien, Weyburn-Lethbridge.—Entrepreneurs : Edward Peterson & Co. avec un camp; ils ont sous-loué le reste des travaux à Studer et Gorman, John Fitzgerald, Pearson and Son, Erickson, Thomplins, Samson, N. Peterson, Keck Bros., Scholtz and Son, Shipman Bros., Caughey Bros., Olsen et Nelson, O'Connor, Higdon Ker et Brandenburg, McKenna, Higgins, Daly, Barnes Bros., Machelvey, Gorman Bros., Whelan, Duggan et Young, Berger, Kerr, Gibbs Bros. Mille cent quatre-vingt-seize hommes, répartis sur une distance de 145 milles. Les docteurs H. A. Cullen, de Notre-Dame, et Pelletier, de Viceroy, médecins, envoyaient les malades au docteur Smith, hôpital général, Swift-Current, et au docteur Dawson, à l'hôpital de Maple-Creek. Deux cas de fièvre typhoïde et un décès pendant la saison de travail.

A l'extrémité ouest de cette ligne, à partir de Stirling en allant vers l'est sur une distance de vingt-cinq milles, se trouvait l'entreprise H. G. Webster; sous-entrepreneurs : Hoglund, Dunwoody, Hargraves et Brooks, Miller, Gus Smith, Thacker, Rollings, Anderson. Cent hommes employés pour y mettre la dernière main. L'approvisionnement d'eau provenait de puits et de criques quelque peu éloignés, mais pendant la saison de travail l'eau fournie était saine. Médecin : docteur Harris, de Taber, remplissait le contrat du docteur Webster; hôpital à Taber.

Pacifique-Canadien, extrémité ouest de la ligne Suffield-Kipp.—Terminé sur vingt-sept milles par G. H. Webster et six sous-entrepreneurs; 175 employés, au commencement de l'été. Médecins chargés des travaux, docteur Harris, de Taber, et le docteur Bryans, de Carmangay.

Pacifique-Canadien, Swift-Current-Chaplin, doublement de voie.—Entrepreneurs : the Northern Construction Company, qui a obtenu ce contrat du Pacifique-Canadien; sous-entrepreneurs : Boomer, Hughes et McKinney, McCarty et McDonald, Wilson et Fraleck, Milton, McKenzie, Enfold, Nothan, Herbert; 311 employés, répartis sur soixante milles. Médecins : docteur McLean, de Swift-Current, avec hôpital à Swift-Current, aidé sur la ligne par le docteur Ross. Aucune maladie grave.

Chemin de fer de la Baie-d'Hudson, The-Pas-Thicket-Portage.—Entrepreneurs principaux : J. D. McArthur et N. Boyd; sous-entrepreneurs : McMillan Bros., qui ont des caches à tous les dix milles. Ces derniers ont sous-loué à huit cents gardiens de dépôt. Il y avait également 50 'freighters'. Cent soixante-cinq milles couverts par les sous-entrepreneurs. Médecin : docteur Orok, M.P.P., Le Pas, aidé du docteur Hogan, Le Pas; docteur Holmes, au mille 67; et du docteur Beavens, au mille 125. Hôpitaux à Le Pas, au mille 67 et au mille 125. Une bonne partie de la route se faisait en canot. Les conditions sanitaires étaient très satisfaisantes; un décès seulement (noyade).

Grand-Tronc-Pacifique, embranchement Brandon-Hart.—Terminé de bonne heure par John Bradley et trois sous-entrepreneurs, employant 119 hommes. Ils travaillaient sur les neuf derniers milles, près de Brandon. Médecin : docteur Templeton, de Brandon; hôpital à Brandon.

Pacifique-Canadien, Kenmay-Virden, doublement de voie.—Cette section a été terminée vers la fin de juillet par McPherson et Dutton, Richards et McRae. Quatre cents hommes, répartis sur 32 milles, confiés au docteur Templeton, de Brandon. Deux cas de fièvre typhoïde.

Pacifique-Canadien, Snowflake-ouest.—Un prolongement de 9 milles par D. F' McArthur, avec 40 hommes aux soins du docteur Smith, de Snowflake, Manitoba.

Gimli-Nord, Manitoba.—Soixante hommes employés sur ce prolongement de vingt-six milles, et confiés au docteur Raymond, de Gimli.Entrepreneurs : Foley, Welsh et Stewart.

Pacifique-Canadien, Bergen à l'est, Manitoba.—Foley, Welsh et Stewart ont sous-loué cette entreprise à John Marsch, qui a employé 300 hommes sur les équipes de convois, de poseurs de rails et de pelle à vapeur. Contrat couvrant trois milles. Médecin : docteur Gunn, de Kenora. Aucune maladie grave.

Canadien-Nord, Camrose-Coronation.—Entrepreneurs principaux : Noehrein et Mannix, sur une distance de 59 milles, 202 hommes employés. Sous-entrepreneurs : MacArthur, Morrison et Cusach, Schultz, Kelly et Ferris, McLeod, Cummings, Nelson Bros., et d'autres de moindre importance. Médecins : docteur Stewart, de Camrose, qui s'occupait de l'hôpital, et le docteur Smith qui visitait les camps automobile. Aucune maladie grave. Une réclamation promptement réglée.

Chemin de fer Edmonton-Dunvegan.—On a travaillé sur ce contrat à partir du mille 85 au mille 218 d'Edmonton, Alberta. Sous-entrepreneurs : Windsor, Negro, Fallis et Déchène, Murphy, MacPherson et Quigley, et d'autres petits sous-entrepreneurs. Mille cent hommes, répartis sur 133 milles. Médecin chargé du service: docteür Farquharson, de Edmonton, aidé du docteur Astoff, à l'extrémité des rails; du docteur Gibson, à Mirror-Landing; et du docteur Hall, à Grouard. Il y a eu une épidémie de la gale des prairies (*prairie itch*); c'est la seule maladie contagieuse qui ait causé des ennuis. Un accident peu grave, rien d'important, à part cela.

Grand-Tronc-Pacifique, à partir du mille 5 à l'ouest du Yellowhead-Pass (frontière de l'Alberta et de la Colombie-Britannique) jusqu'au mille 19, Colombie-Britannique.—Cette entreprise est la dernière sur le Grand-Tronc-Pacifique entre Edmonton et Prince-Rupert.

Entrepreneurs en chef: Foley, Welsh et Stewart. Ils ont beaucoup de grandes et de petites caches confiées à des commis; 500 conducteurs de barges travaillant sur la rivière Fraser, équipes de poseurs de rails, de ballast, de construction des ponts et de télégraphie. Les sous-entrepreneurs les plus importants sont: Bates et Rogers, six gros camps; McPeek, ponts de bois; Canadian Bridge Co., ponts d'acier; Burns Jordon Co.; A. E. Griffin et Seims Carey Co. Les trois dernières maisons ont quarante-huit sous-entrepreneurs, qui ont sous-loué dans quelques cas. Pendant une période de presse il y a eu, sur 265 milles, plus de 7,000 hommes. `La jonction des rails ayant été effectuée pendant avril 1914, il n'en reste que le quart de ce nombre. On aura besoin de quelques cents hommes dans un mois ou deux pour élargir les coupes et compléter la ligne. Médecin: le docteur Ewart, de Vancouver; ses aides étaient chargés d'un hôpital chacun: docteur Swenerton, Fort-George; docteur Kearney, Willow-Creek; docteur Blaskee, mille 160; docteur Leacock, Tête-Jaune; docteur Wagner, mille 288; docteur Ferguson, Fraser-Lake; docteur Park, Burns-Lake. Le service médical n'était pas très bon et on y a suppléé en employant les chirurgiens du Grand-Tronc-Pacifique qui ont été envoyés sur les lieux par le service d'exploitation de cette compagnie. Les difficultés de construction étaient plus grandes sur cette ligne que toute autre ligne de l'ouest, et le nombre de noyades et d'accidents sérieux y est plutôt élevé. Les maladies épidémiques étaient beaucoup moins nombreuses dans les montagnes que par-les années passées.

Pacifique-Canadien, tunnel de Rogers-Pass, doublement de voie.—Tunnel de cinq milles, avec abords de plusieurs milles. Ces abords portent, à une extrémité, le nom de Cambie-Camp et à l'autre de Bear-Creek·Camp; 220 et 180 hommes y travaillent respectivement. Entrepreneurs: Foley, Welsh et Stewart; ils pensent que le travail durera trois ou quatre ans. Médecin en chef: docteur Ker, aidé du docteur McArthur, chargé des travaux; un hôpital a été construit à l'extrémité de Cambie.

Pacifique-Canadien, Revelstoke-Taft, doublement de voie.—Entrepreneurs: Grant, Smith et McDonell, Limited; sous-entrepreneurs: Murchison, Wilson & Co.; Salvas, Bright & McDonald; Westberg et Maguire. Neuf cent dix hommes employés sur une distance de 24 milles. Docteur Gilchrist, de Three-Valley, médecin chargé des travaux; il envoyait les patients aux docteurs Sutherland et Hamilton, de Revelstoke. Aucune maladie.

Chemin de fer Kettle-Valley, à partir de Hope, C.-B., à Coquahalla.—McArthur Bros., de Hope, et un sous-entrepreneur, Bright & McDonald, employaient 500 hommes sur une distance de 23 milles; les docteurs Whitehouse, de Hope, et Gillis, de Merritt, avaient soin des hommes de chaque extrémité de la section. De bonnes précautions avaient été prises contre les accidents dans les excavations de rocs.

Pacifique-Canadien, Kamloops-ouest à Tranquille et est à Pritchard, doublement de voie.—Entrepreneurs: Grant Smith & Co.; trois sous-entrepreneurs: Holly, Owens et Tupper; Schacht et Zimmerman, ont couvert les 50 milles, employant 121 hommes. Les docteurs Burris, Archibald et Burris, de Kamloops, se servant de l'hôpital de Kamloops, ont pris soin des hommes; le docteur Agnew voyageait sur la ligne. La santé des hommes n'a pas été bonne et il y eut une explosion de la fièvre typhoïde (quinze cas), la plupart venant d'un camp sur la rivière Thompson, au-dessous de Kamloops; on a dit que cette fièvre était causée par les eaux d'égout de Kamloops. On aura beau faire des recommandations sur l'eau d'approvisionnement, les ignorants et les étrangers continueront à boire de l'eau des rivières, n'importe où.

Chemin de fer Kettle Valley, Colombie-Britannique, de Hydraulic Summit est de Kelowna à Penticton à l'extrémité sud du lac Okanagan.—Entrepreneurs: Grant Smith & Co.; sous-entrepreneurs Chew; Morrissey & Co.; Swan, Benson & Co.; Baker; Kimball Bros. et Campbell; Griffin, Hunt Co.; King, Walsh Co.; Harmount & Co.; Dovenport, Gray Co.; Brandt Co.; Valley Construction Co.; Schacht Co. Mille sept cent trente employés, répartis sur 76 milles. Santé générale et conditions hygiéniques, bonnes. Médecin en chef; docteur Ker, aidé du docteur Bruce, à l'hôpital de la mission d'Okanagan, près de Kelowna; du docteur Petman, sur la ligne; docteur Cruikshank, à Carmi; et du docteur Robinson, à Narawanta. Cas graves: trois cas de fièvre typhoïde, trois hommes écrasés, un décès d'appendicite et un de hernie.

Pacifique-Canadien-Nord.—Terminus à Victoria, C.-B., et Alberni, sur la côte ouest de l'île Vancouver, et une ligne de Victoria à North-Saanich, 17 milles. Entrepreneurs: Moore et Pethick; sous-entrepreneurs: Ledingham et Cooper, et Murdock & Co., avec Proctor et Headman, 655 hommes, doivent terminer les travaux sous peu. Nettleton, Bruce et Echback, 150 employés, sont sur la ligne North-Saanich. Les docteurs Bechtel, Luton et Asselstine, employés par les docteurs Mackenzie et Mackenzie, sont chargés des travaux, avec un hôpital à Victoria et deux sur les travaux. A l'exception des oreillons, aucune maladie contagieuse n'a fait son apparition, mais les cas chirurgicaux étaient nombreux, plusieurs nécessitant un long séjour à l'hôpital.

Pacifique-Canadien, embranchement Esquimalt et Nanaïmo, connu sous le nom de prolongement Comox.—Trois entrepreneurs: Moore et Pethick, Hoard et Cullerton. Trois cent quatre-vingt-cinq hommes, répartis sur trente milles, confiés aux soins du docteur McNaughton, de Cumberland. Service excellent, et aucune maladie grave n'a été constatée.

Les différents contrats sont énumérés dans l'ordre des premières visites et le millage (2,282 milles), et le nombre des employés (24,465), sont ceux qui ont été constatés à ce moment.

J'ai l'honneur d'être, monsieur le Ministre,

Votre obéissant serviteur,

A. E. CLENDENAN,

Inspecteur de l'hygiène des travaux publics·

A l'honorable ministre de l'Agriculture,
   Ottawa.

DIVERS

APPENDICE No. 18.

EXPOSITIONS.

OTTAWA, 31 mars 1914.

MONSIEUR LE MINISTRE,

J'ai l'honneur de vous soumettre le rapport suivant sur les opérations du service des expositions de votre ministère, pour l'année fiscale terminée le 31 mars 1914:

Au commencement du mois d'avril 1913, nous étions fort occupés à construire notre pavillon à l'exposition internationale et universelle de Gand, pour laquelle le comité exécutif de l'exposition nous avait cédé un terrain mesurant 425 pieds sur 200 pieds.

Notre pavillon qui était du style Greco-Renaissance, couvrait une superficie de quarante-cinq mille (45,000) pieds carrés. Il était considéré comme un des plus beaux édifices sur les terrains. Il occupait une position très avantageuse, étant situé près de l'une des avenues principales, au milieu des édifices nationaux belges, notamment les palais des villes de Bruxelles, Liège, Anvers et Ostende; il était aussi très près du palais des colonies belges, construit à grands frais par le gouvernement belge.

Notre installation comptait parmi le petit nombre de celles qui étaient prêtes pour la journée d'ouverture et ce fait lui a valu de grands éloges de la part des journaux et du public.

Je ne me propose pas de faire un rapport détaillé de notre installation, car elle était conçue à peu près sur les mêmes lignes que les installations précédentes, savoir:—un étalage de nos ressources agricoles, horticoles, forestières et des produits de nos pêcheries et de nos mines. Jamais notre étalage de grains et d'herbes n'avait été aussi beau que cette année, et c'est sans doute pour cette raison que nous avons eu tant de visiteurs. Nous avons distribué au public une grande quantité d'ouvrages sur le Canada; les visiteurs recherchaient avec empressement les exemplaires de nos atlas et des autres publications.

Notre bureau de renseignements a dû répondre à une grande quantité de demandes posées par des gens qui s'intéressaient au Canada, et, à en juger par les apparences, notre participation à l'exposition donnera de bons résultats.

L'exposition de Gand n'a pas été visitée par cette catégorie de gens qui fréquentent les grands hôtels et les grands magasins, et, à ce point de vue, l'assistance a causé des désappointements, mais je puis dire, sans crainte d'être contredit, que les gens auxquels le Canada s'intéresse le plus, savoir, ceux des districts ruraux, étaient en plus grand nombre qu'à toutes les expositions auxquelles nous avons assisté jusqu'ici, et je suis heureux de pouvoir dire que le Canada était très populaire parmi eux et qu'aucun pavillon n'était aussi fréquenté que le nôtre.

Le Canada a reçu le grand prix pour son installation.

L'exposition a été close le troisième jour de novembre 1913, et nous nous sommes mis de suite à classer et emballer nos produits pour les expédier.

Quelques mois après l'ouverture de notre pavillon à Gand, j'ai commencé à faire les premiers préparatifs pour l'exposition internationale Panama-Pacifique à laquelle nous devons participer. J'ai fait préparer les plans du pavillon dont la construction sera entreprise dès que j'arriverai à San-Francisco.

Je suis parti de Belgique le 22 novembre, accompagné de certains membres de cette commission dont la présence n'était pas nécessaire à Gand, et nous sommes arrivés à San-Francisco le 14 janvier, après un court séjour au Canada, où il y avait également des préparatifs à faire.

La construction de notre pavillon à l'exposition internationale Panama-Pacifique est maintenant bien avancée et je ne doute pas que notre section ne soit prête pour le jour de l'ouverture, 22 février 1915. Nous n'épargnerons aucun effort pour présenter une installation aussi attrayante que possible, et j'ai l'espoir qu'elle fera honneur au Canada.

J'ai l'honneur d'être, monsieur le Ministre,

Votre obéissant serviteur,

WM. HUTCHISON,
Commissaire canadien des expositions.

A l'honorable ministre de l'Agriculture,
MARTIN BURRELL, M.P.,
Ottawa.

APPENDICE No. 19.

INSTITUT INTERNATIONAL D'AGRICULTURE.

ROME, ITALIE, 7 juin 1913.

MONSIEUR LE MINISTRE,

J'ai l'honneur de vous soumettre le rapport suivant sur les délibérations de l'assemblée générale de l'Institut international d'agriculture, tenue à Rome, du 6 au 12 mai 1913:

La délégation canadienne, sous la présidence de M. Philémon Cousineau, C.R., LL.D., se composait de M. R. F. Stupart, F.R.S.C., F.R.A.S.C., directeur du service météorologique, qui venait d'assister à une réunion du comité météorologique international à Rome; M. H. G. Dering, M.V.O., premier conseiller de l'ambassade britannique à Rome et M. T. K. Doherty, LL. B., chef du bureau des publications du ministère de l'Agriculture et commissaire canadien de l'Institut.

La délégation anglaise se composait de sir Sydney Oliver, K.C.M.G., secrétaire permanent du ministère de l'agriculture et des pêcheries; Sir Robert Wright, président du ministère de l'agriculture d'Écosse; M. T. P. Gill, secrétaire du ministère de l'agriculture et de l'instruction technique de l'Irlande; et M. H. G. Dering, M.V.O., premier conseiller de l'ambassade anglaise à Rome, et délégué au comité permanent de l'Institut pour la Grande-Bretagne et autres puissances britanniques, y compris le Canada, qui lui doit une dette de reconnaissance pour les services qu'il lui a rendus sous ce rapport.

Sir Edward Buck, K.C.I., qui représente l'Inde sur le comité permanent, était également délégué à l'assemblée générale. L'Union du Sud-Afrique était représentée par M. J. B. Moffat, directeur du recensement.

L'esprit de camaraderie et de collaboration qui existait entre les membres de la délégation britannique et ceux de la délégation canadienne a produit d'excellents résultats.

Les principaux pays étaient représentés par de nombreuses délégations. L'Allemagne avait envoyé huit délégués; l'Autriche, cinq; la Hongrie, six; la Belgique, quatre; les Etats-Unis, cinq; la France, six; l'Italie, onze; et la Russie, cinq.

La réunion d'ouverture à l'assemblée générale a été tenue le 6 mai; le professeur Vittorio Emanuelo Orlando, membre de la chambre italienne des députés, a été élu président de l'assemblée; le baron Bernhard von Ehrenfels, président de la société Impériale et Royale d'agriculture de Vienne, membre de la Diète, pour la Basse-Autriche, et monsieur de Vuyst, directeur-général du bureau d'agriculture, du ministère de l'agriculture et des travaux publics de Belgique, ont été élus vice-présidents.

Leurs Majestés, le roi et la reine d'Italie, qui, aux assemblées générales précédentes avaient visité le palais de l'Institut à l'ouverture des délibérations, sont venues cette année le dimanche qui précédait la clôture, et les cent délégués des Etats-Unis qui venaient d'arriver à Rome pour entreprendre l'étude des sytèmes de crédits agricoles européens ont pu être présentés à Leurs Majestés en même temps que les membres de l'assemblée générale.— Le marquis Cappelli, président permanent de l'Institut, a lu un discours de bienvenue aux souverains italiens et a remercié Sa Majesté de l'intérêt et de l'appui qu'il accorde à l'Institut. L'honorable M. Nitti, ministre italien de l'agriculture, de l'industrie et du commerce, a répondu au nom de Sa Majesté par des phrases cordiales de bienvenue à l'adresse des délégués. La délégation américaine a présenté également à Leurs Majestés des adresses complimentaires. L'attention personnelle que Leurs Majestés ont montrée aux délégués a été pour tous une source de vive satisfaction.

Les affaires dont l'assemblée générale s'est occupée viennent sous les en-têtes suivants:—

1. Administration.
    (a) Revue des travaux de l'Institut.
    (b) Finance.
2. Statistique agricole.
3. Statistique du bétail.
4. Statistique commerciale.
5. La protection des oiseaux.
6. Statistique des engrais chimiques.
7. Culture en terre sèche.
8. Tenue des livres agricole.
9. Météorologie agricole.
10. Maladies des plantes.
11. Statistique de la coopération.
12. Assurance contre les pertes causées par la grêle.

Des rapports sur chacun de ces sujets, préparés par un membre du comité permanent de l'Institut nommé, à cette fin, ainsi que les conclusions du comité permanent sur ces rapports ont été soumis à l'assemblée et référés respectivement à l'un des grands comités nommés pour étudier les divers sujets en détail.

1.—ADMINISTRATION.

Revue des traveaux de l'Institut.

Un rapport des travaux effectués par l'Institut pendant les deux années qui se sont passées depuis la dernière assemblée tenue en mai 1911, a été présenté par le marquis Cappelli. Nous ne mentionnons ici que quelques-uns des faits principaux de ce rapport très intéressant.

En mai 1911, les Etats représentés étaient au nombre de 48; ils sont maintenant au nombre de 53. Les cinq Etats nouveaux adhérents sont le Paraguay, l'Union du Sud-Afrique, le Guatémala, les Indes Hollandaises, Tripolitaine et Cyrénaïque. L'adhésion de ces Etats fournit une nouvelle preuve de l'estime dans laquelle on tient l'Institut et de l'utilité des services qu'il commence à rendre.

Il y a deux ans, l'Institut ne faisait que commencer ses publications. Les premiers bulletins des statistiques agricoles ne paraissaient que depuis une année ou à peu près et la publication des grands bulletins des renseignements agricoles, des maladies des plantes et de l'intelligence sociale et écononomique, n'avait été entreprise que six mois avant la dernière assemblée. Ces dernières publications n'ont pas encore la forme qu'elles doivent avoir. Grâce à des efforts considérables, leur valeur intrinsèque s'est accrue, elles paraissent plus régulièrement, on a pris ou on prend actuellement des dispositions pour les publier dans six langues différentes, ce qui offre beaucoup de difficultés. L'Institut accorde pour chaque langue, principalement pour fin de propagande, une contribution spéciale de 25,000 francs, et le pays qui parle cette langue paie les frais de traduction.

Ces éditions sont en français, anglais, italien, allemand, espagnol et hongrois, il y a donc 600,000,000 d'hommes qui peuvent lire dans leur propre langue les publications de l'Institut. Il ne saurait y avoir de meilleure preuve de la valeur de ces publications que le fait que les pays à la tête du progrès agricole en publient des éditions, à leurs propres frais, dans leur langue.

Le président a passé en revue les travaux des quatre bureaux différents: (1) bureau du secrétaire général (administration et finances); (2) bureau des statistiques générales; (3) bureau de l'intelligence agricole et des maladies des plantes; (4) bureau des institutions économiques et sociales.

Sous le premier en-tête, le président a expliqué la situation financière de l'Institut, en raison de laquelle il a été nécessaire de porter la contribution régulière, par les états adhérents, de 1,500 francs qu'elle était jusqu'ici, à 2,500 francs par unité à partir du premier janvier 1914. On compte aussi augmenter d'environ $60,000 les recettes annuelles; celles-ci se montent maintenant à $163,000. On avait éprouvé des difficultés en ces deux dernières années à maintenir les dépenses dans les limites des crédits ordinaires. Le fonds de réserve qui, en décembre 1910, se montait à environ $133,000, n'était plus que de $109,000 en décembre 1912.

Cette diminution provient, jusqu'à un certain point, de l'insuffisance du budget pour les dépenses ordinaires, mais elle est due en grande partie à des dépenses extraordinaires. Ces frais ne peuvent que s'accroître à l'avenir, en raison des exigences déjà prévues ou non encore prévues, auxquelles il faut s'attendre. Nous ne mentionnerons que quelques-unes de premières. Tôt ou tard il faudra publier des éditions dans d'autres langues. Il faudra, aussitôt que possible, réduire le prix de l'abonnement afin d'augmenter la circulation des bulletins, et il est évident qu'il en résultera, pendant quelques années, une diminution de revenu, mais ce revenu remontera plus tard au montant original et le dépassera peut-être. Toutefois on n'a que le fonds de réserve pour faire face au déficit de la première période. Le temps n'est peut-être pas éloigné où, pendant un an ou deux, il faudra consacrer la généreuse contribution du roi de l'Italie à l'agrandissement de l'édifice, qui ne suffit déjà plus à loger les bureaux et les publications; il a fallu chercher une place pour ces dernières en dehors du bâtiment de l'Institut. La contribution du roi de l'Italie ($60,000 annuellement) a été donnée, en premier lieu, pour que l'Institut ait un palais digne de lui à Rome, et, en second lieu, pour défrayer, avec les contributions des états adhérents, les frais ordinaires de fonctionnement.

Si cette nécessité se produit, il faudra, pendant une année ou deux, tirer un montant considérable du fonds de réserve. Il sera donc nécessaire de réorganiser ce fonds de réserve et de l'augmenter en vue des exigences futures. En outre les frais ordinaires eux-mêmes seront plus considérables. Les chefs de bureau demandent des employés supplémentaires, etc. Pour toutes ces raisons on a demandé aux Etats adhérents de porter l'unité de contribution à 2,500 francs à partir de l'année 1914.

Le président appelle l'attention sur l'annuaire international de législation agricole dont l'Institut vient de distribuer la deuxième édition pour l'année 1912. Cet annuaire comprend toutes les lois concernant l'agriculture, qui ont été promulguées dans l'univers entier. Les lois importantes sont données au complet, en français, la langue officielle de l'Institut. Pour les `lois moins impor-tantes, la date et le titre exacts de publication sont donnés, ou un extrait de la loi et des règlements exécutifs. Le docteur Dade, président de la Landwirtschaftsrat allemande, écrivant dans la *Zeitschrift fur Agrarpolitik*, a dit très justement au sujet de cette publication:—"Ce manuel est indispensable à toutes les organisations représentant des intérêts agricoles, aux fonctionnaires du gouvernement, aux mem-bres du parlement et aux économistes. Elle suffirait à elle seule pour convaincre le monde de l'utilité économique de l'Institut." L'annuaire contient une table de matières d'après les sujets et les états; elle rendra les plus grands services à tous les hommes d'état de tous les pays. On en a demandé des éditions au moins en anglais et en allemand, mais l'Institut n'a pas les fonds nécessaires.

Il serait inutile de rapporter ici les observations faites par le président concer-nant les autres bureaux. Il sera plus commode d'étudier séparément chacun des quatre bureaux dont les travaux ont été considérés à l'assemblée générale par quatre comités correspondants. Nous grouperons tous les sujets déjà énumérés sous l'en-tête de chaque comité et nous étudierons chaque groupe de façon à donner une idée au moins sommaire des délibérations et des décisions de l'assemblée générale.

PREMIER COMITÉ.

(Questions d'administration.)

Décisions I-VI. — L'assemblée générale ayant écouté le rapport administratif du président, l'approuve chaleureusement et présente des félicitations et des remerciements au président, aux membres du comité permanent et aux fonction-naires des différents services de l'Institut. Le président est prié également de pré-senter à Sa Majesté le roi, qui, par sa présence à l'Institut, a fourni des preuves de l'intérêt qu'il lui porte, l'expression de l'hommage respectueux et de la profonde gratitude de l'assemblée.

De même qu'en 1911, le comité permanent est requis de nouveau d'expédier aux gouvernements la liste des sujets qui doivent être discutés à la prochaine assem-blée générale au moins deux mois avant la date fixée pour l'ouverture, qui est en mai 1915.

Sur la proposition de M. Lesage, de Paris, le comité permanent est prié d'étu-dier la question de la préparation et de la publication d'un vocabulaire des princi-paux termes employés en agriculture.

L'augmentation proposée de la contribution annuelle au maximum pourvu par la convention de 1905, est approuvée, de même que les états financiers pour les années 1911, 1912 et 1913. La somme de $220,000 est votée pour 1914, et une somme égale pour 1915, en sus du reliquat qui peut rester de l'année précédente.

DEUXIÈME COMITÉ.

Statistique agricole et commerciale.—Statistique agricole.

Décision I.—L'assemblée générale, s'inspirant de l'idée créatrice de l'Institut, exprime le désir que les gouvernements adhérents s'efforcent de toutes façons d'aider l'Institut à accomplir une de ses missions principales, mission qui consiste à organiser un service international régulier de renseignements complets et rapides sur la production animale et végétale et sur la consommation, le commerce, et les cours des produits agricoles. Le comité permanent est invité à prélever sur la somme générale votée le budget nécessaire pour assurer un développement aussi complet que possible de ce service à l'avenir.

110 · *MINISTERE DE L'AGRICULTURE*

Cette décision devait faire ressortir la grande importance relative de ce travail. Le docteur Müeller, qui avait présenté un rapport très habile sur ce sujet, voulait qu'il fut dit que c'était là la mission principale de l'Institut. M. Lesage présentait un amendement de compromis par lequel il était déclaré que c'était "une des principales missions de l'Institut." Cet amendement fut accepté.

Deuxième décision.— L'assemblée, tenant compte des améliorations qui ont été introduites ou que l'on se propose d'introduire dans le service de statistique agricole, croit que l'on devrait prier les Etats adhérents de faire de nouveaux efforts pour mettre l'Institut en mesure de fournir un service international de renseignements rapide, complet et efficace. On prie donc le comité permanent de déterminer, produit par produit, les améliorations que chaque Etat devrait introduire dans son système de statistiques afin d'établir le service international sur une base ferme. Les résultats de l'enquête doivent être communiqués à chaque gouvernement, avec la requête que ce gouvernement adopte les mesures qui satisferont les exigences des services de l'institut.

Sur proposition de M. Doherty, un des délégués canadiens, le terme "rapide" a été introduit dans la décision qui précède, afin de faire ressortir l'importance relative de cet élément dans le rassemblement et la transmission des rapports sur les récoltes, d'abord du champ même au bureau central national, puis du bureau national à l'institut qui devrait transmettre ces renseignements par cablogramme à l'univers avec la même rapidité. A l'heure actuelle les rapports sont câblés à l'institut du 8 au 15 de chaque mois pendant la saison de végétation, la dernière date est la limite accordée par l'Institut, et l'Institut publie son bulletin le samedi le plus proche du 20 de chaque mois, c'est-à-dire à des dates variant entre le 17 et le 23.

A cette dernière date les nouvelles ne sont pas fraîches, les spéculateurs et les commerçants sont en possession des faits qui leur ont été communiqués du 8 au 15 par la presse des divers pays. La publication de suppléments par l'Institut ne suffit pas. Il faudrait que les correspondants de la campagne transmissent plus rapidement leurs rapports au bureau central, et une requête à cet effet devrait être présentée aux gouvernements. Ce délai devrait être de quatre ou cinq jours au lieu de huit ou dix jours comme il est actuellement. S'il le faut, que l'on établisse des centres de statistiques aux points qui, en raison de leur éloignement du bureau central ne peuvent envoyer de rapports rapidement par la malle, aient des sommaires couvrant toute une province ou tout un district soient préparés à ces centres et télégraphiés au bureau central: C'est de cette façon que les Etats-Unis opèrent et dans ce pays les rapports sur les récoltes sont publiés le 7 du mois.

M. Doherty fait ressortir ces questions dans une communication spéciale, en vue de définir plus particulièrement la signification que le comité permanent doit attribuer au mot "rapide" dans la décision en question. Une campagne d'instruction devrait être entreprise pour faire comprendre l'avantage pratique de la rapidité à la majorité des pays producteurs les plus importants. Plus tard, l'Institut pourrait fixer le dix de chaque mois comme limite pour la transmission des données par les services nationaux, ce qui lui permettrait de câbler aux pays adhérents vers les midi du jour suivant un résumé des données, qui paraîtraient plus en détail, un jour ou deux plus tard dans le bulletin mensuel. Le même argument s'appliquerait également aux statistiques commerciales et aux cours qui sont publiés dans le même bulletin.

L'Institut ne pouvait s'engager à mettre immédiatement sur pied un service aussi efficace, mais il peut se faire qu'à la prochaine assemblée générale (mai 1915) les gouvernements adhérents soient prêts à se charger de cette responsabilité.

Le président donna l'assurance que la proposition de M. Doherty serait mise à l'ordre du jour pour être discutée à la première réunion du comité permanent, après les vacances. Le 24 janvier 1914, la deuxième commission présentait un rapport nouveau par l'intermédiaire de son président, le docteur Mueller, d'Allemagne. Le comité permanent, à sa réunion du 12 mars, déclara partager l'opinion qu'il était possible d'avancer la publication du "bulletin des statistiques agricoles" et il donna l'ordre au secrétaire général de se mettre en communication avec les divers gouvernements pour essayer d'obtenir une transmission plus rapide des données officielles.

Troisième décision.—L'assemblée sollicite la collaboration des gouvernements pour faire de l'annuaire international d'agriculture, un ouvrage complet de référence sur la production, le commerce, la consommation et les prix des produits agricoles.

Quatrième décision.—Un appel semblable est adressé au Congrès des Statistiques Internationales dont les membres doivent se réunir à Vienne l'automne prochain—leur demandant d'étudier la question de l'unification des statistiques se rapportant aux superficies cultivées et aux évaluations préliminaires, provisoires et finales de production, de manière à pouvoir faire des recommandations spécifiques. Le comité permanent est invité à préparer une liste des propositions qui devraient être soumises aux membres de l'Institut à temps pour leur aider à résoudre la question au cours de l'année actuelle.

Cinquième décision.—Sur la proposition de M. le Chevalier de Weil, un des délégués de l'Autriche, les gouvernements sont priés de faire rapport: (1) des méthodes suivies par les correspondants en fournissant au bureau des statistiques les éléments de leur enquête sur l'état des récoltes; (2) qu'ils disent nettement s'ils donnent simplement leur appréciation sur l'aspect des récoltes au moment de l'enquête (par exemple sous forme de notes "très bon", "bon", "passable", etc.), ou s'ils se basent sur le volume probable de la récolte, en fournissant, par exemple, des indications du rendement moyen et probable par unité de superficie; (3) qu'ils indiquent les raisons qui les ont conduit à l'adoption de la méthode dont ils se servent, donnant en même temps, si cela est nécessaire, les raisons qui ne leur permettent pas de suivre à l'avenir les méthodes recommandées par l'Institut.

Le comité permanent est prié de s'assurer qu'il soit établi à l'avenir, dans les publications, une distinction très nette entre les évaluations faites avant la moisson et celles qui sont faites après la moisson.

STATISTIQUE DU BÉTAIL.

La plupart des propositions présentées au nom du comité permanent furent adoptées. Quelques changements furent proposés par le rapporteur, M. de Pozzi, d'Autriche, en vue de donner aux résolutions plus de précision et de clarté.

Décision I.—L'assemblée croit qu'il est absolument nécessaire, au point de vue national et international, que chaque Etat possède des statistiques du bétail. Dans les pays où ces statistiques n'existent pas, où elles ne sont pas organisées de manière à satisfaire les exigences d'un service international, on demande que ces services soient organisés aussitôt que possible.

Décision II.—L'assemblée est d'avis que ces statistiques devraient faire connaître tous les ans, et de façon spécifique, le nombre de têtes de chaque sorte de bétail et de chacune des catégories mentionnées ci-après. Si la création immédiate d'une énumération aussi détaillée n'est pas possible dans certains pays, on prie ces pays de faire un recensement décennal de ce genre au moins pendant l'année 1920 et de compiler tous les ans des statistiques d'une portée moins étendue.

Décision III.—La période recommandée dans chaque cas pour l'énumération est celle qui est comprise entre les mois de décembre et d'avril, les résultats provisoires doivent être publiés dans un délai de trois mois après l'énumération. Cette recommandation est le résultat d'un compromis entre les délégués qui désiraient l'adoption d'une date fixe et uniforme, et ceux qui désiraient laisser quelque latitude aux divers gouvernements, leur permettant de choisir, pour l'énumération, la date où le nombre efficace de leurs bestiaux serait à son maximum, ou une date qui concorderait avec les nécessités administratives.

L'assemblée demande l'adoption d'un classement, qui, tout en répondant aux conditions particulières de chaque Etat, puisse rendre possible la tabulation des données sous les en-têtes suivants:—

Chevaux.—(1) Poulains et juments poulinières; (2) étalons employés pour la monte; (3) animaux non compris dans les classes précédentes.

Bovins.—(1) Animaux au-dessous d'un an; (2) bœufs, taurillons et génisses; (3) vaches; (4) taureaux; (5) bœufs.

Moutons.—(1) Moutons et brebis de moins d'un an;(2) béliers d'un an ou plus; (3) brebis d'un an ou plus;(4) moutons d'un an ou plus.

Porcs.—(1) Jeunes porcs; (2) porcs en cours d'engraissement; (3) truies; (4) verrats.

Espèces caprines.—Nombre total des espèces.

La proposition qui précède et qui a été soumise par le comité permanent, comprend deux listes de catégories pour chaque espèce d'animaux, l'une se rapportant aux périodes du recensement général et l'autre aux statistiques mensuelles. Elle a été modifiée de la façon indiquée, afin de répondre à la décision qui avait été prise d'établir des statistiques aussi détaillées que possible. C'est à cause de cette décision que la liste qui précède a été rédigée. Il est bien compris que dans le cas de statistiques annuelles d'une nature plus limitée, l'énumération comprendrait la fusion de toutes les catégories ou d'une partie des catégories, pourvues dans le tableau pour chacune des espèces, mais qu'elle resterait cependant dans le tableau, afin qu'il soit facile de comparer entre eux divers groupes de statistiques. Ces catégories ont été établies après un examen soigneux et une vive discussion où l'on a tenu compte de tous les intérêts en jeu. Les remarquables déclarations faites par les délégués de la Hollande furent les causes principales des changements apportés aux premières résolutions; un compromis fut habilement ménagé par M. Lesage, de Paris.

Décision V.—Le comité permanent est prié de présenter à la prochaine assemblée un rapport détaillé sur les systèmes de statistiques du bétail dans les divers pays.

Décision VI.—L'assemblée est d'avis que ces statistiques seraient heureusement complétées par la publication de renseignements aussi détaillés que possible sur la consommation et le commerce des viandes, et il prie le comité permanent d'étudier ce sujet et d'en faire rapport à la prochaine assemblée générale.

STATISTIQUES COMMERCIALES.

Décision I.—Le comité permanent doit continuer le programme exposé dans les décisions de 1911; publication mensuelle régulière des importations, exportations, approvisionnement visible et prix du blé, du seigle, de l'avoine, de l'orge, du maïs et du coton. Des renseignements concernant l'offre et les prix seront obtenus d'autres sources, avec l'autorisation des gouvernements intéressés, en l'absence de renseignements officiels.

Décision II.—Le mouvement commercial des céréales et les statistiques douanières doivent être l'objet d'une enquête, et un rapport sera présenté à la prochaine assemblée, suivant les décisions de 1911. L'organisation des statistiques douanières et les méthodes suivies par les pays adhérents seront étudiées et l'on tiendra compte des résultats des congrès tenus par les services douaniers.

Décision III.—Les services de statistiques sont priés de compiler, au moins une fois par an, à la première évaluation numérique, l'approvisionnement invisible des céréales (stocks dans les greniers des cultivateurs). Ces renseignements ne seraient publiés qu'avec l'autorisation des gouvernements.

Décision IV.—L'Assemblée insiste pour que les gouvernements s'appliquent eux-mêmes à perfectionner leurs services de renseignements sur l'approvisionnement visible des cinq céréales mentionnées, et à organiser un service mensuel s'ils n'en possèdent pas déjà un.

Décision V.—En ce qui concerne les prix, l'Institut doit poursuivre ses études, basées sur une enquête détaillée qui doit être faite sur l'organisation des principaux marchés, les produits agricoles, les pratiques commerciales et les éléments qui entrent dans la composition des prix. De même, avec l'autorisation des gouvernements, on aura recours aux sources de renseignements privées, si cela est nécessaire, afin d'obtenir des renseignements spécifiques concernant chaque marché.

M. Lubin a donné lecture à ce sujet d'une communication très intéressante que nous aimerions à voir publier par l'Institut. Cette communication se rapporte aux valeurs relatives des différents facteurs qui entrent dans la formation des prix, savoir:—(1) prix payé au cultivateur; (2) prix de transport par terre et par mer; (3) droit de douane; (4) droit de commission; (5) assurance, etc. On pourrait ainsi découvrir les causes qui exercent une influence adverse sur la formation des prix. Le public aurait ainsi à sa disposition les renseignements que possèdent généralement les grands acheteurs. M. Lubin parle également des services que pourrait rendre l'Institut en intervenant directement pour réduire le tarif du fret, en fournissant aux expéditeurs les renseignements sur lesquels ils pourraient régler, à l'avantage de tous les intéressés, le cours de leurs opérations sur les voyages d'aller et de retour. Depuis, l'assemblée générale a adopté la proposition de M. Lubin, et elle doit demander aux gouvernements de fournir les renseignements requis.

TROISIÈME COMITÉ.

Protection des oiseaux.

Décisions I et II.—L'assemblée se déclare satisfaite des mesures adoptées par certains pays en ces deux dernières années et prie le comité permanent de poursuivre ses travaux de propagande et de faire rapport à la prochaine assemblée générale. Le rapport de M. Ed. de Miklos, de Hongrie, sur ce sujet, est rempli de faits très intéressants, de même que la communication présentée par M. A. A. Silantieff, de Russie, sur "La protection des oiseaux en Russie."

Statistique concernant les engrais chimiques.

Décisions I et II.—Le bureau d'intelligence agricole de l'Institut publiera dans un de ses bulletins, au printemps et à l'automne de chaque année, une revue donnant tous les renseignements officiels et non-officiels qu'il peut avoir rassemblés sur le sujet de la production, de la consommation et du commerce des engrais chimiques et sur les effets de ces engrais sur le progrès de l'agriculture. Ces renseignements seront reproduits dans l'annuaire statistique de l'agriculture. Le comité permanent étudiera les moyens que les gouvernements devraient prendre pour organiser, compléter et unifier les statistiques de la production, de la consommation et du commerce des engrais chimiques destinés à l'agriculture.

5 GEORGE V, A. 1915

Culture en terre sèche.

L'assemblée, notant l'extension rapide de l'application de nouveaux procédés à la culture des terres arides et les résultats obtenus par ces méthodes, exposées dans le rapport du septième congrès de culture en terre sèche, à Lethbridge, Canada, en 1912, prie le comité permanent de continuer à recueillir des données sur cette question et invite de nouveau les gouvernements à faire parvenir à l'Institut les résultats de leurs expériences.

Tenue des livres agricole.

Se basant sur le rapport du docteur Laur, de Suisse, où la tenue des livres agricole a été parfaitement organisée, l'assemblée prie l'Institut de préparer, pour sa prochaine réunion, un rapport en vue d'étendre cette institution à un aussi grand nombre de pays que possible, afin que l'Institut puisse utiliser les résultats de ces institutions pour les études statistiques et économiques.

Météorologie agricole.

Cette question est maintenant entrée dans une sphère d'action internationale à la suite des délibérations du comité international météorologique qui s'est réuni à Rome, le 7 avril 1913. M. R. F. Stupart, un des délégués canadiens à l'assemblée générale, a pris une part active aux délibérations du comité météorologique dont il était également membre.

Le docteur Shaw, président du comité météorologique international et directeur du service météorologique de la Grande-Bretagne, a déclaré au président de l'Institut qu'il avait demandé, en premier lieu, aux services météorologiques de tous les pays de communiquer les règlements déjà adoptés par eux pour le service météorologique dans ses rapports à l'agriculture.

Et en vue de la réunion qui avait été tenue la semaine précédente à Rome, le bureau du comité avait demandé à M. Angot, directeur du bureau central de météorologie de France, et à M. Palazzo (directeur du service italien) de convoquer à Paris un comité provisoire afin de formuler une proposition définitive.

Le comité provisoire a tenu une réunion à la fin de septembre l'année dernière, à laquelle étaient présents, en sus de MM. Angot et Palazzo, MM. Bornstein, Broounoff et Dop. Le comité a proposé au comité international de désigner une commission pour l'étude des diverses questions de météorologie agricole.

D'après les usages établis, cette commission du comité est à peu près permanente. Elle a le pouvoir de régler ses délibérations et de choisir des membres supplémentaires. A l'occasion de la prochaine réunion du comité, le président de la commission présentera un rapport de ses délibérations.

A la réunion du 7 avril, le comité adopta la proposition ci-haut mentionnée, M. Angot fut nommé président de la commission permanente et les suivants furent nommés membres de la commission: MM. Bornstein (Allemagne), Broounoff (Russie), Dop (France), Hergesell (Allemagne), Palazzo (Italie), Ruder (Danemark) et Stupart (Canada)—le président est ex-officio au service de la commission.

On a reconnu que la météorologie agricole, en sus de la prédiction du temps, embrasse l'étude de l'application agricole des données météorologiques déjà nombreuses, ce qui exige une bonne organisation et des travaux assez considérables. La commission devra faire tout en son pouvoir pour développer cette organisation et assurer l'exécution des travaux nécessaires.

Etant donné l'importance exceptionnelle de la question de la météorologie agricole, le comité espère que les méthodes de procédure qui viennent d'être mentionnées donneront de bons résultats et il demande à l'Institut international d'agriculture de lui venir en aide.

DOCUMENT PARLMEENTAIRE No 15

Décision I.—En raison du rapport du docteur Shaw, transmis à l'assemblée générale par M. Dop, de France, l'assemblée décide de présenter au comité météorologique international, par le président de l'Institut, l'expression de sa gratitude envers ce comité pour le traitement favorable qu'il a donné aux propositions for‑mulées par l'assemblée générale de 1911, particulièrement pour la création de la commission internationale permanente de la météorologie agricole.

Décision II.—Le rapport de M. Dop (1913), avec l'approbation de l'assemblée, sera transmis officiellement au président de la commission à laquelle il servira de base.

Décision III.—L'assemblée est d'avis que la commission permanente devrait être composée de météorologistes, agronomes, botanistes, phytopathologistes et agrogéologistes.

M. Dop déclare donc dans son rapport que chacun des Etats aura le privilège de communiquer au président de la commission permanente les noms des personnes qu'il désire voir former partie de cette commission.

Décision IV.—L'Assemblée exprime le désir que la commission permanente puisse examiner les questions suivantes:—

1. Statistique des pertes maxima causées par les orages.

2. Importance des rapports quotidiens de température dans la préparation des statistiques de conditions favorables.

3. Etude des facteurs qui contribuent à augmenter la production des récoltes. Tendance vers un maximum de production.

4. Etude des rapports qui existent entre la production d'une récolte et les divers facteurs atmosphériques.

5. Création d'un type modèle de bonne année agricole au point de vue atmosphérique.

6. Préparation d'un système d'annotation ou d'une échelle de points indiquant une bonne année ou une année ordinaire.

7. Etude des facteurs qui contribuent à faire une bonne année.

8. Etude des divers facteurs qui contribuent à la production d'une bonne récolte.

(*a*) Temps requis pour donner une bonne récolte.
(*b*) Heures de soleil nécessaires pour une bonne récolte.
(*c*) Somme de chaleur nécessaire pour une bonne récolte.
(*d*) Pluie nécessaire pour une bonne récolte.

9. Préparation de questionnaires à envoyer aux cultivateurs.

Les maladies des plantes.

Etant convaincu de l'importance d'une entente internationale dans la campagne contre les maladies des plantes, les phytopathologistes qui assistaient à Paris au Congrès de pathologie comparative, ont décidé, à la requête de M. Dop, de demander au gouvernement français de convoquer à Rome une réunion de spécialistes chargés de l'étude de la question. Il n'a pas été possible de tenir cette assemblée.

Décisions I et II.—Se basant sur le rapport du professeur Cuboni, au nom du comité permanent, et de M. Foex (de France), au nom du comité compétent de l'assemblée générale, cette assemblée reconnaît que la réunion d'une commission internationale de spécialistes est indispensable, et elle exprime le désir que le gouvernement français puisse poursuivre l'initiative en convoquant, aussitôt que possible, une réunion d'une commission internationale, au plus tard en mai 1914.

5 GEORGE V, A. 1915

Décisions III et IV.—L'assemblée est d'avis qu'à chacune de ses réunions, les spécialistes des gouvernements adhérents se réunissent en une commission spéciale dans le but d'en venir à une entente au sujet de recherches et d'études communes; elle sollicite les Etats adhérents d'étudier, à partir de ce moment, les diverses questions qui forment l'objet des études de la commission internationale de phytopathologistes sur la base des documents fournis par l'Institut.

La conférence internationale de phytopathologie a été tenue à Rome, du 24 février au 4 mars; le Canada y était représenté par M. H. T. Güssow, botaniste du Dominion, l'un des signataires de "l'acte final" pour la création d'une commission internationale de phytopathologie. L'objet de la conférence devait être de compléter des dispositions pour l'extirpation des maladies des plantes, dispositions qui, sous réserve de certaines conditions, permettraient d'envoyer, par les voies ordinaires du commerce, des produits destinés à l'exportation.

Adultération des semences.

L'assemblée, se basant sur le rapport de M. Jacsewski, de la station expérimentale de l'Empire, St-Petersbourg, au sujet de la publication des résultats des essais de semences et de grains, et reconnaissant l'importance pratique qu'il y a à répandre rapidement des renseignements sur ce sujet, exprime le désir que le comité permanent puisse examiner la question de faire insérer, dans le bulletin périodique de l'Institut, des renseignements concernant la falsification des semences et du grain et des mélanges nuisibles qui peuvent être trouvés dans le grain de semence; ces renseignements devraient être fournis par les stations gouvernementales d'essais de semence. L'assemblée considère que le comité permanent devrait conseiller aux Etats adhérents d'exiger que les stations d'essais de semence expédient ces données à l'Institut.

QUATRIÈME COMITÉ.

Institutions économiques et sociales.—Statistiques de coopération agricole.

Dans son rapport sur cette question, le délégué autrichien, M. de Pozzi, déclara que le président de l'Institut, conformément aux décisions de l'assemblée générale de 1911, a invité tous les gouvernements adhérents à dire quelles mesures ils ont prises pour l'organisation de statistiques internationales de coopération agricole. Quatorze gouvernements ont répondu. L'Autriche, l'Espagne, la France, l'Italie et la Belgique déclarent qu'elles organisent actuellement ou revisent leur système de statistiques sur ce point et qu'elles prennent note des exigences de l'Institut. La Hollande, la Suisse, le Danemark, l'Allemagne, le Japon et la Grande-Bretagne déclarent être déjà en mesure de fournir à l'Institut la plupart des renseignements exigés. La Suède, le Mexique et les Etats-Unis disent qu'ils ne sont pas prêts à donner des renseignements. L'auteur de ce rapport ajoute:—

"Il est encourageant de noter que les gouvernements des divers pays où le développement de la coopération agricole a pris le plus d'importance voient du même œil que l'Institut l'organisation d'un service international de statistiques pour la coopération agricole."

Les résolutions suivantes ont été unanimement adoptées par la quatrième commission, à laquelle le rapport avait été soumis, et par l'assemblée générale:

"1. L'assemblée générale note avec satisfaction les résultats ressortant de l'enquête faite par le comité permanent sur l'organisation d'un service international de statistiques de coopération agricole, basé sur les décisions de la troisième assemblée générale, en autant que ces résultats ne sont pas incompatibles avec les législations des divers pays adhérents.

"2. Elle donne ordre au comité permanent de continuer cette enquête et de commencer aussitôt que possible la publication régulière de statistiques comparatives de la coopération agricole dans différents pays.

"3· Elle donne l'ordre au comité permanent de soumettre à la prochaine session de l'assemblée générale un rapport des nouveaux résultats auxquels ces travaux auront donné lieu."

Statistique de l'assurance des récoltes contre la grêle.

M. Bolle, délégué de la Belgique, soumit au nom du comité permanent un rapport détaillé sur ce sujet. Conformément aux décisions de l'assemblée générale de 1911, les pays adhérents avaient été invités à répondre à un questionnaire envoyé par l'Institut sur les statistiques de la grêle. Certains gouvernements se sont contentés d'accuser réception de ce questionnaire sans fournir les renseignements demandés, sous prétexte que les orages de grêle n'avaient pas une grande importance dans leurs pays; d'autres au contraire l'ont renvoyé dûment rempli en en transmettant le texte des lois promulguées dans leurs pays sur l'assurance contre la grêle. Ces réponses font clairement voir la grande importance de l'assurance contre la grêle et l'utilité qu'il y a à répandre, par les publications de l'Institut, la connaissance des mesures prises dans les divers pays pour développer cette sorte d'assurance.

Les résolutions suivantes ont été adoptées:—

"1· En raison des précieux services que l'assurance contre la grêle a rendus à l'agriculture, l'assemblée générale prie les gouvernements adhérents, dont les récoltes sont menacées par ce fléau, de communiquer régulièrement à l'Institut les mesures législatives administratives ou privées qui ont été reprises dans leur juridiction pour promouvoir, encourager, développer et contrôler l'assurance contre la grêle.

"2· L'assemblée générale ordonne au comité permanent de faire connaître ces mesures aux moyens du bulletin mensuel du bureau des renseignements économiques et sociaux."

T. K. DOHERTY.

A l'honorable Ministre de l'agriculture,
    Ottawa.

Lightning Source UK Ltd.
Milton Keynes UK
UKHW010338120219
337137UK00004B/222/P